Jürgen Grunwald
Das Energierecht der Europäischen Gemeinschaften

de Gruyter Handbuch

Jürgen Grunwald

Das Energierecht der Europäischen Gemeinschaften

EGKS-EURATOM-EG

Grundlagen – Geschichte – Geltende Regelungen

W DE G RECHT

De Gruyter Recht · Berlin

Dr. *Jürgen Grunwald,* M.C.L., Hauptrechtsberater im Juristischen Dienst der Kommission der Europäischen Gemeinschaften in Brüssel; seit 1989 Lehrbeauftragter am Europa-Institut der Universität des Saarlandes („Europäische Energiewirtschaft")

Gedruckt auf säurefreiem Papier,
das die US-ANSI-Norm über Haltbarkeit erfüllt.

ISBN 3-89949-078-9

Bibliografische Information Der Deutschen Bibliothek

Die Deutsche Bibliothek verzeichnet diese Publikation in der Deutschen Nationalbibliografie; detaillierte bibliografische Daten sind im Internet über http://dnb.ddb.de abrufbar.

Printed in Germany
Umschlaggestaltung: Christopher Schneider, Berlin
Datenkonvertierung/Satz: WERKSATZ Schmidt & Schulz GmbH, Gräfenhainichen
Druck und Bindung: Hubert & Co., Göttingen

Vorwort

Die vorliegende Studie ist aus meiner Vorlesung „Europäische Energiewirtschaft“ hervorgegangen, die seit 1989 auf dem Lehrplan des Europa-Instituts der Universität des Saarlandes steht. Über die Jahre fragten die Kursteilnehmer immer wieder, ob es **ein** Buch gäbe, in dem sie das Vorgetragene im Zusammenhang nachlesen könnten. Ich wußte keines, und so machte ich mich 1999 nach langem Zögern selbst an die Arbeit.

Inzwischen ist die Anzahl der energierechtlichen Schriften ins Unüberschaubare gewachsen, und jeder neue Versuch bedarf der Rechtfertigung. Im vorliegenden Falle ist es das Bestreben, in einem **einzigen** Text aus **einer** Feder einen Überblick über Grundlagen, Geschichte und geltendes Recht des Energiesektors der Gemeinschaften zu geben, ohne die technisch-ökonomische Basis zu vernachlässigen und die zur Zeit erörterten Tagesfragen überzubewerten.

Der Zeitpunkt hierfür ist günstig und ungünstig zugleich. Günstig, weil das Energierecht der Gemeinschaften mit den Rechtsakten zur Liberalisierung der Energiemärkte an Bedeutung und Regelungsdichte gewonnen hat; ungünstig, weil mit dem Auslaufen des EGKS-Vertrages und dem ungewissen Schicksal des Euratom-Vertrages und der Kernenergie ehedem wichtige Regelungen entfallen oder in Frage gestellt sind. Zwar hat sich der europäische Verfassungskonvent für eine Beibehaltung des Euratom-Vertrages ausgesprochen, doch bleibt das Ergebnis der Regierungskonferenz abzuwarten.

Die Darstellung versucht, sich unter Auswertung der Primärquellen des Gemeinschaftsrechts (Rechtsakte, Urteile und Mitteilungen) auf das Wesentliche zu beschränken. Institutionelle Fragen, Haushalts- und Verfahrensprobleme auf Gemeinschaftsebene werden hierbei ebenso ausgeklammert wie die riesige Rechtsmasse des Energierechts der Mitgliedstaaten. Soweit Rechtsansichten vertreten werden, geben sie nur die persönliche Auffassung des Autors wieder.

Mein Dank gilt allen, die mir bei der Arbeit geholfen haben, für Rat und Tat, den Studenten des Europa-Instituts für ihr beharrliches Drängen und vor allem meiner ehemaligen Sekretärin, Frau *Jutta Borgwardt*, für ihre stete Hilfsbereitschaft.

Brüssel, Oktober 2003 — Jürgen Grunwald

Inhaltsverzeichnis

Abkürzungsverzeichnis

A	Ampere, Österreich (Austria)
a. a. O.	am angegebenen Ort
a. F.	alte Fassung (in der Numerierung vor dem Vertrag von Amsterdam)
ABl.	Amtsblatt der Europäischen Gemeinschaften/Union
Abs.	Absatz
Anw. Bl.	Anwaltsblatt
AöR	Archiv des öffentlichen Rechts
Art.	Artikel
ASEAN	Association of South East Asian Nations
atw	Atomwirtschaft
Aufl.	Auflage
AVR	Archiv des Völkerrechts
BB	Der Betriebsberater
BENELUX	Zoll- und Wirtschaftsunion zwischen Belgien, den Niederlanden und Luxemburg
bfrs	belgische Francs
BGB	Bürgerliches Gesetzbuch
BGBl.	Bundesgesetzblatt
BKKSIU	Beratende Kommission für Kohle, Stahl und industrielle Umstellung
Bq	Becquerel
BRT	Bruttoregistertonne
BullEG	Bulletin der Europäischen Gemeinschaften
BVerfGE	Entscheidungssammlung des Bundesverfassungsgerichts
bzw.	beziehungsweise
c	Lichtgeschwindigkeit
C.E.C.A., CECA	EGKS
cal	Kalorie
CEA	Commissariat à l'Energie Atomique
CERN	Europäische Organisation für kernphysikalische Forschung
cif	cost, insurance, freight
CMLR	Common Market Law Review
COCOM	Coordination Committee
D	Deutschland
d. h.	das heißt
DB	Der Betrieb
DDR	Deutsche Demokratische Republik
DEM, DM	Deutsche Mark
ders.	derselbe
dies.	dieselbe(n)
Dok.	Dokument
DÖV	Die Öffentliche Verwaltung
DVBl.	Deutsches Verwaltungsblatt
EA	Europa-Archiv
EAG	Europäische Atomgemeinschaft

EAGV, Euratom-Vertrag	Vertrag zur Gründung der Europäischen Atomgemeinschaft
EAK	Erneuerbare Energien, Abfallenergien, Kraft-Wärme-Koppelung
ecolex	Österreichische Fachzeitschrift für Wirtschaftsrecht
ECU	frühere europäische Währungseinheit
Ed.	Editor (Herausgeber)
EdF	Electricité de France
EDICOM	Electronic Data Interchange on Commerce
EE	Erneuerbare Energieträger
EEA	Einheitliche Europäische Akte
EEF	Europäischer Entwicklungsfonds
EFRE	Europäischer Fonds für regionale Entwicklung
EFTA	Europäische Freihandelszone
EG	Europäische Gemeinschaft
EGKS	Europäische Gemeinschaft für Kohle und Stahl
EGKSV	Vertrag über die Gründung der Europäischen Gemeinschaft für Kohle und Stahl
EGV	Vertrag zur Gründung der Europäischen Gemeinschaft
EIB	Europäische Investitionsbank
erg	ältere physikalische Energieeinheit
ESF	Europäischer Sozialfonds
et	Energiewirtschaftliche Tagesfragen
etc.	und so weiter (et cetera)
EuGH	Gerichtshof der Europäischen Gemeinschaften
EuGRZ	Europäische Grundrechte Zeitschrift
EuR	Europarecht
EUR 15	Europäische Gemeinschaft der 15 Mitgliedstaaten
EUR 6	Europäische Gemeinschaft der (ursprünglichen) 6 Mitgliedstaaten
EURATOM	Europäische Atomgemeinschaft
EuZW	Europäische Zeitschrift für Wirtschaftsrecht
EVU	Energieversorgungsunternehmen
EWG	Europäische Wirtschaftsgemeinschaft
EWGV, EWG-Vertrag	Vertrag zur Gründung der Europäischen Wirtschaftsgemeinschaft
EWR	Europäischer Wirtschaftsraum
ex-Art.	Artikel vor der Umnumerierung durch den Vertrag von Amsterdam
F	Frankreich
f.	folgende(r)
F.I.D.E.	Internationale Föderation für Europarecht
FCKW	Fluorchlorkohlenwasserstoffe
ff.	fortfolgende(r)
ffrcs	französische Francs
FIN	Finnland
Fn.	Fußnote
FuE	Forschung und Entwicklung
FuT	Forschung und Technologie
G	Giga (10^9)
g	Gramm
GASP	Gemeinsame Außen- und Sicherheitspolitik
GATT	Allgemeines Zoll- und Handelsabkommen
GCC	Gulf Cooperation Council
GD	Generaldirektion
GdF	Gaz de France
GeI	Gericht erster Instanz der Europäischen Gemeinschaften
GG	Grundgesetz für die Bundesrepublik Deutschland
ggfs.	gegebenenfalls

GHT	Gewichtshundertteile
GUS	Gemeinschaft Unabhängiger Staaten
GW	Gigawatt
GZT	Gemeinsamer Zolltarif
Hdb.	Handbuch
Hrsg.	Herausgeber
i. d. F.	in der Fassung
i. d. R.	in der Regel
i. S.	im Sinne
i. V. m.	in Verbindung mit
IAEA	Internationale Atomenergiebehörde
IAEO	Internationale Atomenergieorganisation
ibid	ebenda (ibidem)
IEA	Internationale Energie-Agentur
INFCIRC	Information Circular der IAEA
ITER	International Thermonuclear Experimental Reactor
J	Joule
Jg.	Jahrgang
JV	Joint Venture
JZ	Juristenzeitung
kcal	Kilokalorie
KEDO	Korean Peninsular Energy Development Organisation
kg	Kilogramm
KKW	Kernkraftwerk
km	Kilometer
KMU	Kleine und mittlere Unternehmen
KN	Kombinierte Nomenklatur
kV	Kilovolt
kw	Kilowatt
kwh	Kilowattstunde
KWK	Kraft-Wärme-Koppelung
l	Liter
lit.	Buchstabe (litera)
LNG	Flüssiggas (Liquid Natural Gas)
LPG	Flüssiggas (Liquid Propan Gas)
m	Masse/Meter
M	Mega (10^6)
m. w. N.	mit weiteren Nachweisen
m^3	Kubikmeter
MeV	Megaelektronenvolt
mg	Milligramm
Mia, Mrd	Milliarde
Mill., Mio	Million
Mtoe	Millionen Tonnen oil equivalent
MW	Megawatt
MWh	Megawattstunde
n. a.	no answer (keine Antwort)
n. F.	neue Fassung (in der Numerierung des Vertrags von Amsterdam)
NJW	Neue Juristische Wochenschrift
NL	Niederlande

Nr.	Nummer
NuR	Natur und Recht
NVwZ	Neue Zeitschrift für Verwaltungsrecht
o. a.	oben angeführt
o. J.	ohne Jahresangabe
OECD	Organisation für wirtschaftliche Zusammenarbeit und Entwicklung
OEEC	Europäische Organisation für Wirtschaftliche Zusammenarbeit
OGLTR	Oil & Gas Law and Taxation Review
OPEC	Organisation Erdöl exportierender Staaten
ÖZW	Österreichische Zeitschrift für Wirtschaftsrecht
p.	page (Seite)
ppm	parts per million
Pta	spanische Peseten
RabelsZ	Rabels Zeitschrift für ausländisches und internationales Privatrecht
RdE	Recht der Energiewirtschaft (vor 1992: Recht der Elektrizitätswirtschaft)
RGBl.	Reichsgesetzblatt
RIW	Recht der Internationalen Wirtschaft
RÖE	Rohöleinheiten
Rs.	Rechtssache
S	Schweden
s.	siehe
s. o.	siehe oben
s. u.	siehe unten
SKE	Steinkohleneinheiten
Slg.	Sammlung (der Entscheidungen des Gerichtshofs der Europäischen Gemeinschaften und des Gerichts erster Instanz)
sog.	sogenannt
t	Tonnen
T	Tera (10^{12})
Twh	Terawattstunde
u. a.	unter anderem
ÜA	Abkommen über die Übergangsbestimmungen (EGKS)
UdSSR	Union der sozialistischen Sowjetrepubliken
UK	Vereinigtes Königreich
UKAEA	United Kingdom Atomic Energy Authority
US, USA	Vereinigte Staaten von Amerika
UVPG	Umweltverträglichkeitsprüfung
V	Volt
VerwArch.	Verwaltungs-Archiv
VN	Vereinte Nationen
Vol.	Volume (Band)
VwVfG	Verwaltungsverfahrensgesetz
W	Watt
WSA	Wirtschafts- und Sozialausschuß
WTO	Welthandelsorganisation
WuW	Wirtschaft und Wettbewerb
z. B.	zum Beispiel
z. T.	zum Teil

z. Zt.	zur Zeit
ZaöRV	Zeitschrift für ausländisches öffentliches Recht und Völkerrecht
ZEuS	Zeitschrift für europäische Studien
ZfE	Zeitschrift für Energiewirtschaft
ZfVerkWiss	Zeitschrift für Verkehrswissenschaft
ZfZ	Zeitschrift für Zölle und Verbrauchssteuern
ZG	Zeitschrift für Gesetzgebung
ZHR	Zeitschrift für das gesamte Handelsrecht und Wirtschaftsrecht
ZIP	Zeitschrift für Wirtschaftsrecht
ZRP	Zeitschrift für Rechtspolitik
ZUR	Zeitschrift für Umweltrecht

Allgemeines Literaturverzeichnis

Jürgen F. Baur, Holger Blask, Regelungszuständigkeiten der EG im Bereich Energie, et 2002, S. 636;

Jürgen F. Baur, Andreas Lückenbach, Fortschreitende Regulierung der Energiewirtschaft, Baden-Baden 2002;

Jürgen F. Baur, Bodo J. Herrmann, Vom gebundenen Abnehmer zum unabhängigen Kunden – Auswirkungen der Energierechtsnovelle für den Verbraucher, BB 2000, Beilage 6 zu Heft 20/2000, S. 10;

Jürgen F. Baur, Sinn und Unsinn einer Energierechtsreform, in: *Herbert Leßmann, Bernhard Großfeld, Lothar Vollmer* (Hrsg.), Festschrift für *Rudolf Lukes* zum 65. Geburtstag, Köln u. a. 1989, S. 235;

ders., Der Beitrag *Bodo Börners* zum Energierecht, RdE 1995, S. 215;

ders., Entstehung und Wandel des Energierechts, in: Festschrift für *Bodo Börner,* 1992, S. 487;

ders. (Hrsg.), Energiewirtschaft – Der neue energie- und kartellrechtliche Rahmen, Baden-Baden 1999;

ders. (Hrsg.), Die Energiewirtschaft im Umbruch, Baden-Baden 2000;

ders., Gegenwärtige und zukünftige Entwicklungen in der deutschen und europäischen Energiewirtschaft, Baden-Baden 2001;

ders., Die Energiewirtschaft im gemeinsamen Markt, Baden-Baden 1998;

Ulf Böge, Perspektiven des liberalisierten Energiemarkts in Deutschland, BB 2000, Beilage 6 zu Heft 20/2000, S. 3;

Edmund Brand, Alexander Witthohn, Die energiepolitischen Handlungsmöglichkeiten der EG, et 2002, S. 253;

Ulrich Büdenbender, Gunther Kühne (Hrsg.), Das neue Energierecht in der Bewährung, Baden-Baden 2002;

Ulrich Büdenbender, Wolff Heintschel von Heinegg, Peter Rosin, Energierecht I. Recht der Energieanlagen, Berlin, New York 1999;

Ulrich Büdenbender, Energierecht und die Energierechtsreform, JZ 1999, S. 62;

ders., Möglichkeiten und Grenzen einer Deregulierung in der leitungsgebundenen Energiewirtschaft, DÖV 2002, S. 375;

ders., Die Entwicklung des Energierechts seit In-Kraft-Treten der Energierechtsreform von 1998, DVBl. 2001, S. 952;

ders., Energierecht. Eine systematische Darstellung des gesamten Rechts der öffentlichen Energieversorgung, München, Köln 1982;

Christian Brodowski, Dirk Lerch, Aktuelle Entwicklungen im deutschen und europäischen Energiewirtschaftsrecht – Problemfelder und Lösungsansätze, RdE 2003, S. 55;

Peter Duncanson Cameron, Competition in Energy Markets: Law and Regulation in the European Union, Oxford 2002;

Guy de Carmoy, Georges Brondel, L'Europe de l'énergie, Objectif 1992 et perspectives 2010, Brüssel, Luxemburg 1991;

Carsten Corino, Energy Law in Germany and its Foundations in International and European Law, München 2003;

Martin Cronenberg, Das neue Energiewirtschaftsrecht, RdE 1998, S. 85;

Terence Daintith, Leigh Hancher, Energy Strategy in Europe: The Legal Framework, Berlin, New York 1986;

Hans-Rudolf Ebel, Preisgestaltung im neuen Energiewirtschaftsrecht, BB 2000, Beilage 6 zu Heft 20/2000, S. 15;

Claus-Dieter Ehlermann, The role of the European Commission as regards National Energy Policies, Journal of Energy and Natural Resources Law, Vol 12 N° 3, 1994, p. 342;

ders., EG-Binnenmarkt für die Energiewirtschaft, EuZW 1992, S. 689;

Wilfried Erbguth, Zu Rechtsfragen regionaler Energieversorgungskonzepte, DVBl. 1983, S. 305;

Hans-Ulrich Evers, Das Recht der Energieversorgung, 2. Aufl., Baden-Baden 1983;

Peter Faross, Die Energiepolitik der Europäischen Gemeinschaften, in: *Hans von der Groeben, Jochen Thiesing, Claus-Dieter Ehlermann* (Hrsg.), Kommentar zum EU-/EG-Vertrag, 5. Aufl., Band 5, Baden-Baden 1997, S. 5/1306;

H. Fischerhof, Rechtsfragen der Energiewirtschaft, Frankfurt a. M. 1956;

ders., Rechtsfragen der Energiewirtschaft, Band II, Gräfelfing, München 1966;

Jürgen Grunwald, Energiepolitik, in: *Moritz Röttinger, Claudia Weyringer*, Handbuch der europäischen Integration, 2. Aufl., Wien 1996, S. 941;

Erwin Häckel, Energiepolitik, in: *Werner Weidenfeld, Wolfgang Wessels*, Jahrbücher der Europäischen Integration, Bonn;

Walter Hallstein, Der unvollendete Bundesstaat, Düsseldorf, Wien 1969, S. 168 (Energiepolitik);

Georg Hermes, Staatliche Infrastrukturverantwortung, Tübingen 1998;

Frank Hölzer, Der Energiesektor zwischen Marktwirtschaft und öffentlicher Aufgabe, Köln u. a. 2000;

Günter Hünecke, Gestaltungskräfte der Energiewirtschaft, Leipzig 1937;

Hans Peter Ipsen, Europäisches Gemeinschaftsrecht, Tübingen 1972, S. 889 (Energiepolitik);

Knut Ipsen (Hrsg.), Energiepolitik der Europäischen Gemeinschaften und ihr gemeinschaftsrechtlicher Rahmen, Stuttgart 1992;

Hans D. Jarass, Europäisches Energierecht, Bestand – Fortentwicklung – Umweltschutz, Berlin 1996;

Otto Kimminich, Eigentum und Energieversorgung, Frankfurt a. M. 1972;

Siegfried Klaue, Liberalisierung und/oder Regulierung der Energiewirtschaft, BB 2002, S. 162;

ders., Europäisches Kartellrecht und Energiewirtschaft, in: *Herbert Leßmann, Bernhard Großfeld, Lothar Vollmer,* Festschrift für *Rudolf Lukes* zum 65. Geburtstag, Köln u. a. 1989, S. 407;

ders., Wettbewerb und Privatisierung als mögliche Bestimmungsfaktoren zukünftiger versorgungswirtschaftlicher Rahmenbedingungen, RdE 2/1994, S. 51;

Gunther Kühne, Die Rolle des Staates im neuen Energiewirtschaftsrecht, BB 2000, Beilage 6 zu Heft 20/2000, S. 4;

Gunther Kühne, Jürgen F. Baur, Michael Baron, Ulrich Büdenbender, Das deutsche Berg- und Energierecht auf dem Wege nach Europa, Baden-Baden 2002;

Otto Graf Lambsdorff, Anforderungen an den Energiestandort Deutschland, RdE 1997, S. 125;

Wolfgang Löwer, Energieversorgung zwischen Staat, Gemeinde und Wirtschaft, Köln u. a. 1989;

Wolfgang Ludwig, Hans Odenthal, Lexikon des Rechts der Energie- und Wasserversorgung, Neuwied, Kriftel;

dies., Recht der Elektrizitäts-, Gas- und Wasserversorgung, einschl. 64. Lfg., Neuwied, Kriftel 2001;

Rudolf Lukes, Energierecht, in: *Manfred A. Dauses* (Hrsg.), Handbuch des EU-Wirtschaftsrechts, Band 2, München 1998;

Bertrand Malmendier, Max Uebe, Handbuch des Energiewirtschaftsrechts, Berlin 2002;

Christel Möller, Aufgaben und Instrumente der Energieaufsicht im freien Markt, et 2001, S. 674;

Peter Michael Mombaur, Auf dem Weg zu einem wirtschaftlichen europäischen Energiemarkt, et 2001, S. 546;

Herbert F. Mueller, Energierecht, in: *Erwin von Beckerath* u. a. (Hrsg.), Handwörterbuch der Sozialwissenschaften, Dritter Band, Stuttgart, Tübingen, Göttingen 1961, S. 204;

Wolfgang Obernolte, Wolfgang Danner, Energiewirtschaftsrecht, München, Stand 2003;

Thomas Oppermann, Europarecht, München 1991, S. 457 (Energiepolitik);

Peter Palinkas, Energiepolitik, in: Jahrbuch der Europäischen Integration 2001/2002, Bonn 2002;

Johann-Christian Pielow, Grundstrukturen öffentlicher Versorgung, Tübingen 2001;

Günter Püttner, Die Rechtsfragen einer Energiepolitik, in: Einführung in die Rechtsfragen der europäischen Integration, Köln 1969;

Alexander Rinne, Die Energiewirtschaft zwischen Wettbewerb und öffentlicher Aufgabe, NJW 1999, S. 1312;

M. Roggenkamp, A. Rønne, C. Redgwell, I. del Guayo, Energy Law in Europe, Oxford 2001;

Karl Roth, Auf dem Weg zu einer neuen Struktur in der Versorgungswirtschaft, et 2001, S. 244;

Matthias Ruffert, Grundlagen und Maßstäbe einer wirkungsvollen Aufsicht über die kommunale wirtschaftliche Betätigung, VerwArch 2001, S. 27;

Franz Jürgen Säcker (Hrsg.), Reform des Energierechts: Beiträge zum Energiewirtschaftsrecht, Energiewettbewerbsrecht, Energievertragsrecht und Verwaltungsverfahrensrecht, Heidelberg 2002;

Dieter Schmitt u. a., Energierecht zwischen Umweltschutz und Wettbewerb, Berlin 2002;

Jens-Peter Schneider, Christian Theobald (Hrsg.), Handbuch zum Recht der Energiewirtschaft, München 2002;

Boris Scholtka, Die Entwicklung des Energierechts in den Jahren 2000 und 2001, NJW 2002, S. 483;

Rupert Scholz, Stefan Langer, Europäischer Binnenmarkt und Energiepolitik, Berlin 1992;

Helga Steeg, Augenmaß und Realismus, Plädoyer für eine gesicherte Energieversorgung, Int. Politik 1999, S. 87;

dies., Energiepolitik aus internationaler Sicht, EA 1989, S. 677;

Alfred Steffek, Überblick über das österreichische Energierecht, RdE 1995, S. 64;

Volker Stern, Vorrang für Private in der öffentlichen Energieversorgung, Wiesbaden 1992;

Christian Stoffaës, Entre Monopole et Concurrence. La régularisation de l'énergie en perspective historique, 1994;

Wilm Tegethoff, Ulrich Büdenbender, Heinz Klinger, Das Recht der öffentlichen Energieversorgung, Kommentar, 19. Lfg., Essen 2000;

Peter J. Tettinger, Recht der Energiewirtschaft und Recht des Bergbaus, in: *R. Schmidt* (Hrsg.), Öffentliches Wirtschaftsrecht, Besonderer Teil 1., Berlin 1995, S. 691;

ders., Die öffentlichen Unternehmen im primären Gemeinschaftsrecht unter besonderer Berücksichtigung der Energiewirtschaft, DVBl. 1994, S. 88;

Christian Theobald, Daniel Schiebold, Aktuelle Entwicklungen des Energierechts, Verw-Archiv 2003, S. 157;

Wolfgang Weiß, Kommunale Energieversorger und EG-Recht: Fordert das EG-Recht die Beseitigung der Beschränkungen für die kommunale Wirtschaft?, DVBl. 2003, S. 564.

1. Teil: Grundlagen

A. Begriffliche Grundlagen

I. Der Begriff der Energie

1. Ursprung und Bedeutung

Der Begriff der Energie ist zugleich ein alter und – in seinem umfassenden heutigen Gebrauch – sehr neuer Begriff. Als energeia (ενέργεια, von ergon = Werk) bezeichnet er bei *Aristoteles* „die reine Wirksamkeit aus sich selbst“[1], den „actus überhaupt ... enthaltend das was werden soll; die sinnliche Gestalt ... ist nur die Veränderung“[2]. Als „Tätigkeit“, die den Zweck verwirklicht, ist sie „der Werkmeister“, der seinem Wesen nach allen möglichen Werken vorgeordnet ist, denn – so *Aristoteles* in der Sprache *Hegels* – „das absolute erste Wesen ist das, was in gleicher Wirksamkeit sich immer gleich bleibt“[3].

Mag diese Wesensbestimmung schon auf den Satz von der Erhaltung der Energie vorausweisen, so sollten doch fast 2000 Jahre vergehen, bis der Begriff der Energie wieder Eingang in die Sprache der Physik fand. Die mittelalterliche Philosophie bediente sich statt der griechischen Begriffe „energeia“ (Wirksamsein und Wirksamwerden) und „dynamis“ (Möglichkeit des Wirksamwerdens) der lateinischen Begriffe „actus“ und „potestas“. Erst bei *Giordano Bruno, Kepler, Galileo Galilei, Leibniz* und *Johann Bernoulli* wird der Begriff der Energie (energia, énergie) vereinzelt verwendet[4], ohne jedoch eine allgemeine physikalische Bedeutung zu erlangen. Zum energetischen Leitbegriff der anbrechenden Moderne wurde der Begriff der „Kraft“, der in der Physik *Newtons* unangefochten die Mechanik des Himmels und der Erde beherrschte. Erst mit dem beginnenden Zeitalter der Dampfmaschine und ihres physikalischen Kindes, der Thermodynamik, zeigte sich das Bedürfnis nach einem über die Mechanik und den *Newtonschen* Kraftbegriff hinausgehenden allgemeinen Energiebegriff, und man erinnerte sich – zunächst in England – dem Land der Dampfmaschine, aber auch in Deutschland, an das „alte Wort Energie“[5]. Hierbei führte *Mauthner* die Wiederentdeckung des Begriffes auf die „Vorliebe der Engländer für griechisches Denken, oft nur für griechische Wörter und politische Sympathien aus der Zeit des Panhellenis-

---

1 Zitiert nach G. W. F. *Hegel*, Vorlesungen über die Geschichte der Philosophie, Werke in zwanzig Bänden, Band 19, S. 154, Frankfurt 1971.
2 A. a. O. S. 157.
3 A. a. O. S. 160.
4 S. H. *Schimank*, Die geschichtliche Entwicklung des Kraftbegriffs bis zum Aufkommen der Energetik, in: Robert Mayer und das Energieprinzip 1842–1942, S. 97 ff., Berlin 1942.
5 S. *Fritz Mauthner*, Wörterbuch der Philosophie, 1. Band, S. 271, Zürich 1980.

mus"[6] zurück. Der englische Arzt, Physiker und Linguist *Thomas Young* (1773–1829) führte den Ausdruck Energie 1807 für lebendige Kräfte ein[7], und der deutsche Arzt *Robert Mayer* (1814–1878) formulierte 1842 den Satz von der Erhaltung der Energie[8]. In einer der Royal Society in Edinburgh am 15. Dezember 1851 vorgelegten Abhandlung über die dynamische Wärmetheorie („On the dynamical theory of Heat") verwandte der große englische Physiker und (spätere *Lord Kelvin*) *William Thomson* (1824–1907) statt des bis dahin benutzten Begriffes „mechanical work" den Ausdruck „mechanical energy", eine Begriffswahl, die der Physiker *William Macquorn Rankine* (1820–1872) 1853 in seiner im Philosophical Magazine veröffentlichten Abhandlung „On the general Law of the transformation of energy" übernahm[9]. In dieser Schrift prägte *Rankine* die Begriffe „potentielle" und „aktuelle" Energie – eine Benennung, der sich *Thomson* und *Helmholtz* (1821–1894) anschlossen und die seither zum Allgemeingut geworden ist („aktuelle" = kinetische Energie).

Gilt das von *Robert Mayer* 1842 entdeckte Prinzip der Erhaltung der Energie („Die Energie eines abgeschlossenen Systems ist konstant") als der 1. Hauptsatz der Thermodynamik, so formulierte *Rudolf Clausius* (1822–1888) im Jahre 1865 den 2. Hauptsatz der Thermodynamik: „Die Entropie eines abgeschlossenen Systems kann nur anwachsen oder gleichbleiben". In seiner Anwendung auf das gesamte Weltall führte dieser 2. Hauptsatz zur Hypothese des Wärmetodes, da bei allen Energieumwandlungen ein Teil der Wärme „verloren geht" und der Zustand des Universums damit als einem thermischen Gleichgewicht zustrebend gedacht wird.

War der Begriff der Energie damit in der zweiten Hälfte des 19. Jahrhunderts als einer der „wichtigsten und umfassendsten Begriffe der Physik"[10] etabliert, so gewann er durch die *Einsteinsche* Entdeckung der Äquivalenz von Masse und Energie ($E = m c^2$) im 20. Jahrhundert eine zusätzliche universale Dimension, die das Tor zum Atomzeitalter öffnete. Hinfort wurde Energie nicht mehr nur als „Arbeitsvermögen", sondern auch als Zerstörungsvermögen verstanden, wodurch der Begriff zum ersten Male in seiner über 2000-jährigen Geschichte in ein ambivalentes Licht rückte.

Entscheidend für den Begriff der Energie im 20. Jahrhundert wurde jedoch, daß er durch den gewaltigen Aufschwung des nach ihm bezeichneten Sektors, d. h. den explosionsartig ansteigenden Energiebedarf der modernen Welt und die strategische Bedeutung der Energieträger aus dem hermetischen Bereich von Philosophie und Physik hinaustrat und zu einem der wichtigsten ökonomisch-politischen Schlüsselbegriffe unserer Zeit wurde. Wenn es zutrifft, daß die Bedeutung eines Begriffes sein Gebrauch in der Sprache ist (*Wittgenstein*), dann dient der Begriff der Energie im heutigen allgemeinen Bewußtsein zum einen dazu, subjektive Befindlichkeiten auszudrücken („Mir fehlt es an Energie ...") und zum andern, ein Gut höchsten öffentlichen Interesses zu bezeichnen, dessen allzeitige und uneingeschränkte Verfügbarkeit als die

---

6 A. a. O.

7 S. dtv-Lexikon der Physik, Band 10, S. 157, München 1971.

8 S. C. F. *von Weizsäcker*, Die Auswirkung des Satzes von der Erhaltung der Energie in der Physik, in: Robert Mayer und das Energieprinzip 1842–1942, S. 149 ff., Berlin 1942.

9 Noch heute wird in Großbritannien und den USA das Grad Rankine (°Rank oder °R) als Temperatureinheit gebraucht.

10 S. dtv-Lexikon der Physik, Band 3, S. 9, München 1970.

Grundvoraussetzung politischer Macht, expandierenden Wirtschaftens und privaten Komforts verstanden wird.

Doch weckt das neue Absolutum Energie auch dialektische Gegenkräfte. Seit die „Grenzen des Wachstums“ bekannt sind und das Thema „Energie und Umwelt“ mehr und mehr in den Vordergrund rückt, verstärkt sich die schon oben festgestellte Ambivalenz. Vor dem Hintergrund maßloser Energieverschwendung auf der einen und lähmender Energiearmut auf der anderen Seite tritt trotz oder gerade wegen der zunehmenden Globalisierung im globalen Energiegefälle die Ungleichzeitigkeit des Gleichzeitigen immer mehr hervor, wobei sich beide Extreme als gleichermaßen pathologisch erweisen. Der Energiesucht („Droge Energie“) der einen steht der chronische Energiemangel der anderen gegenüber, wodurch der Begriff der Energie eine Innenspannung gewinnt, deren politisches, wirtschaftliches und rechtliches Problempotential immer offensichtlicher wird.

2. Arten der Energie

Energie ist Arbeitsvermögen. Enthält ein physikalisches System Energie, so kann es Arbeit leisten und dabei Energie aus dem eigenen Energievorrat nach außen abgeben[11]. Hierbei tritt Energie in verschiedenen Erscheinungsformen auf (mechanische, elektrische, magnetische, thermische, chemische, atomare, Kern- und Masse-Energie). Eine bestimmte Menge Energie in einer Erscheinungsform entspricht einer bestimmten Menge Energie in einer anderen Erscheinungsform, wobei zwischen beiden Formen jeweils feste Äquivalenz-Verhältnisse bestehen.

Bei der **mechanischen Energie** wird zwischen potentieller und kinetischer Energie unterschieden. Die **potentielle** oder **äußere Energie (Lagen-Energie)** hängt von der Lage des materiellen Systems im Raum ab. Geht das System in eine Lage geringerer potentieller Energie über (z. B. beim Fall aus einer bestimmten Fallhöhe), so leistet es während der Lagenänderung Arbeit und gibt Energie nach außen ab, während ihm umgekehrt Energie zugeführt werden muß, um es in eine Lage höherer potentieller Energie zu bringen. Die **kinetische Energie (Bewegungsenergie, Wucht)** einer Masse ergibt sich aus der Arbeit, welche die beschleunigende Kraft während der Beschleunigung der Masse aus dem Zustand der Ruhe bis zu ihrer Endgeschwindigkeit geleistet hat.

Bei der **elektrischen und magnetischen Energie** werden folgende vier Energieformen unterschieden: Die **Energie des elektrischen Feldes** entsteht durch die Kraft, die elektrische Ladungen aufeinander ausüben. Die **Energie des magnetischen Feldes**, die zuerst als Kraftwirkung in Form von Anziehung oder Abstoßung bei Magneteisen beobachtet wurde, ist physikalisch an das Vorhandensein elektrischer Ströme oder schnell veränderlicher elektrischer Felder gebunden. Veränderungen des elektrischen Feldes gehen jeweils mit Veränderungen des magnetischen Feldes (und umgekehrt) einher, wobei die Wechselwirkungen zwischen beiden Feldern die **Energie des elektromagnetischen Feldes** bestimmen (*Maxwellsche* Gleichungen). Die **Energie des elek-**

11 A. a. O.

trischen Stroms beruht auf der Energie des elektrischen Feldes, das die freien Ladungen im Leiter in Bewegung setzt und damit Arbeit leistet. Durch Reibung der Ladungen mit den umgebenden Molekülen entstehen Wärme und bei elektromagnetischen Ausbreitungsvorgängen Strahlungswellen wie Licht-, ultraviolette oder Röntgenstrahlung.

Thermische Energie oder **Wärmeenergie** entsteht durch die Umwandlung anderer Energieformen in Wärme (Wärme als Energieform: 1. Hauptsatz der Thermodynamik). Hierbei werden geordnete Energiezustände anderer Energieformen in ungeordnete Zustände der Wärmebewegung der Moleküle umgewandelt, d. h. die Entropie nimmt zu. Während andere Energieformen leicht und vollständig in Wärme übergehen, kann daher Wärmeenergie ihrerseits nur unvollständig in andere Energieformen umgewandelt werden (2. Hauptsatz der Thermodynamik).

Unter **chemischer Energie** ist die Bindungsenergie der Atome in den Molekülen zu verstehen, die bei chemischen Reaktionen entweder in Form von Wärmeenergie freigesetzt wird (exotherme Prozesse) oder die zur Ermöglichung der Reaktionen von außen zuzuführen ist (endotherme Prozesse).

Als **atomare Energien** werden alle Energien bezeichnet, die im inneren Aufbau der Atome (Kern und Elektronenhülle) wirken. Hierbei sind die Kräfte, die im Kern der Atome eine Rolle spielen, um zahlreiche Größenordnungen höher als diejenigen in der Elektronenhülle. Durch Kernspaltung und Kernfusion werden diese Kernkräfte als **Kernenergie** freigesetzt.

Die letzte Energieform, die **Masse-Energie**, wird durch die *Einsteinsche* Relativitätstheorie beschrieben, nach der Masse eine Erscheinungsform der Energie ist. Energie und Masse sind danach durch die Beziehung $E = m c^2$ (c = Lichtgeschwindigkeit) verknüpft.

3. Maße und Einheiten

Energiepolitik und Energierecht bedienen sich einer Sprache, die mit technischen und physikalischen Begriffen und Abkürzungen durchsetzt ist. Soweit sich diese auf Maße und Einheiten beziehen, mögen folgende Erläuterungen hilfreich sein.

Als Basiseinheiten der **Wärmemenge** werden **Kalorie** (cal) und **Joule** (J) verwandt. Hierbei ist 1 cal die Wärmemenge, die erforderlich ist, um 1 Gramm Wasser um 1° Celsius zu erwärmen. 1 J entspricht der Wärmemenge, die 1 Watt (W)[12] Leistung in einer Sekunde erzeugt, d. h. 1 W = 1 J/s (wobei 1 Watt als 1 Volt (V)[13] × 1 Ampere (A)[14] (VA) definiert wird). Für die Umrechnung gilt: **1 cal = 4,19 J**. Entsprechend leistet 1 Kilowattstunde (kWh) 3600 J.

Der **Energiegehalt** von Brennstoffen (Heizwert) wird vornehmlich in **Steinkohleneinheiten** (SKE) oder **oil equivalent** (oe) ausgedrückt. 1 kg SKE entspricht 7000 kcal bzw.

---

12 Watt ist eine Leistungseinheit, wobei Leistung als Arbeit ./. Zeit definiert ist.
13 Stromspannung.
14 Stromstärke: 1 A scheidet in 1 sec 1,118 mg Silber ab.

29300 kJ, was im Mittel dem Heizwert eines Kilogramms Steinkohle entspricht. 1 kg Erdöl (oe) hat im Mittel etwa den Heizwert von 1,4 kg SKE, d. h. 9800 kcal bzw. 41062 kJ. Zum Vergleich: 1 m³ Erdgas der Gruppe H (High)[15] hat einen Brennwert[16] von etwa 9875 kcal, der wiederum 11,48 Kilowattstunden (KWh) entspricht. Im einzelnen ergibt sich für die Energieeinheiten folgende Umrechnungstabelle:

	kWh	kg SKE	kg oe	kcal	kJ
1 kWh	1	0,123	0,172	860	3600
1 kg SKE	8,13	1	0,715	7000	29300
1 kg oe	11,38	1,4	1	9800	41062
1 kcal	0,001	0,000143	0,000102	1	4,19
1 kJ	0,0003	0,0000341	0,0000244	0,238	1

Für das **Rohöl** gilt als Raummaß üblicherweise das amerikanische **Barrel**[17], das etwa 159 Liter enthält und dessen Gewicht bei ca. 0,1429 Tonnen (t) liegt. 1 m³ entspricht etwa 6,29 Barrel.

Als Maßeinheit aus der **Strahlentechnik** ist das Becquerel (Bq) zu nennen, wobei gilt: 1 Bq = 1 radioaktives Zerfallsereignis pro Sekunde[18].

II. Der Begriff des Energierechts

1. Zur Evolution des Begriffes: Energierecht und Energiepolitik

Ebenso wie der Begriff der „Energie" im heutigen Sinne, so ist auch der des „Energierechts" ein noch junger Begriff (allerdings mit sehr alten Wurzeln), der zudem in Deutschland traditionell eng definiert wird. Noch 1961 heißt es im Handwörterbuch der Sozialwissenschaften[19]:

> „Mit ‚Energierecht' wird in Deutschland etwa seit dem ersten Weltkrieg das Recht der Elektrizität und des Gases bezeichnet ... Energierecht ist also nach dem üblichen Sprachgebrauch weder das Recht der gesamten Energiewirtschaft noch das aller Energiearten ..."

15 Bei der Gaszusammensetzung wird zwischen der Gruppe L (Low) (z. B. Gas von Slochteren, Holland) und der Gruppe H (High) (z. B. Gas aus dem Ekofiskfeld, Nordsee, aus der Sowjetunion und dem Iran) unterschieden.

16 Der Brennwert (H_o) drückt die bei vollständiger Verbrennung eines Brennstoffs freiwerdende Verbrennungswärme aus. Er ist vom Heizwert (H_u) zu unterscheiden, der sich ergibt, wenn die Verdampfungswärme des im Brennstoff vorhandenen und bei der Verbrennung gebildeten Wassers vom Brennwert abgezogen wird.

17 Wörtlich: Faß, da das Rohöl ursprünglich in Fässern transportiert wurde.

18 Früher galt: 1 Curie (Ci) = $3{,}7 \cdot 10^{10}$ Zerfallsereignisse pro Sekunde.

19 3. Band, S. 204, Stuttgart, Tübingen, Göttingen 1961.

Und auch das renommierte Staatslexikon in seiner 6. Auflage von 1958 vertritt die gleiche enge Auffassung, schließt allerdings für die Zukunft einen weitergefaßten Begriff nicht aus[20]:

> „Das Energierecht ist ein junges, in der Entwicklung begriffenes Rechtsgebiet. Es umfaßt **bisher** allein alle öffentlich-rechtlichen und privatrechtlichen Normen zur Ordnung der Erzeugung, Fortleitung und Verteilung von Elektrizität und Gas. Heute ist als neues umfassendes Rechtsgebiet das Atom-Energierecht hinzugekommen ..."

Selbst 1996 stellt *Jarass* seiner Schrift „Europäisches Energierecht"[21] noch die einschränkende Erläuterung voraus:

> „Der Begriff des Energierechts wird im folgenden, von Ausnahmen im Bereich der Bestandsaufnahme abgesehen, eng verstanden und auf den Bereich der leitungsgebundenen Energiewirtschaft, konkret auf die Elektrizitätswirtschaft und die Gaswirtschaft, beschränkt."

Doch allein die Tatsache, daß ein Begriff eng verstanden wird, zeigt an, daß auch eine weite Auslegung möglich ist. Mag ein enges Verständnis des Begriffes auch historisch erklärbar sein, so sprechen doch heute gewichtige Gründe für einen **weiten** Begriff des Energierechts.

Als erster Grund ist die **evolutive Natur** des Energiesektors zu nennen, der mit dem Erscheinen neuer Energieträger neue Rechtsfragen aufwirft und neue rechtliche Regelungen notwendig macht. Das o. a. Zitat aus dem Staatslexikon weist auf diesen evolutiven Charakter des Energierechts zu Recht hin. Nicht nur die dort erwähnte Kernenergie hat seit den 50er Jahren einen neuen Teilbereich des Energierechts geschaffen, sondern auch der Aufschwung des Mineralöls und des Erdgases, die erneuerbaren Energien und sogar der Niedergang des Steinkohlensektors in der Gemeinschaft. Hinzu kommen neue horizontale Problemstellungen, die sich aus der Begrenztheit der fossilen Energieressourcen, energiebedingten Umweltbelastungen und der zunehmenden internationalen Verflechtung des Energiesektors ergeben.

Der zweite Grund besteht darin, daß **Energierecht in Rechtsform gefaßte Energiepolitik** darstellt. Für den Begriff der Energiepolitik hat sich jedoch schon seit langem ein der Breite ihres Gegenstandes angemessener weiter Bedeutungsumfang durchgesetzt, der nicht nur sämtliche Energieträger isoliert und in ihren Substitutions- und Konkurrenzverhältnissen umfaßt, sondern auch die Steuerung von Angebot und Nachfrage und die Bedingungen von Erzeugung, Verteilung und Verbrauch einschließt. Eine Verdichtung der Regelungsmaterie aus dem Aggregatzustand des Politischen in den des Rechtlichen kann indes zu keinem Substanzverlust führen.

Der dritte Grund ergibt sich aus den **gemeinsamen Wesensmerkmalen des Energiesektors**, der differentia specifica, die ihn von anderen benachbarten Regelungsgebieten wie Umwelt, Verkehr und Industrie unterscheidet. Wo immer Zuständigkeits- und

---

20 2. Band, Spalte 1180, 6. Aufl., Freiburg 1958.

21 *Hans D. Jarass*, Europäisches Energierecht, Schriften zum Europäischen Recht, Band 23, S. 11, Berlin 1996.

Verfahrensregelungen dazu zwingen, die Finalität und den Rechtscharakter einer Maßnahme genau zu definieren, wird eine Wesensbestimmung und Abgrenzung der jeweiligen Rechtsgebiete unumgänglich. Eine Wesensbestimmung ist jedoch nur möglich, wenn der gesamte Sektor in seiner historischen Entwicklung bis zur Gegenwart erfaßt wird, denn das Wesen ist, was sich in der Veränderung gleichbleibt (*Hegel*).

Ist der Begriff des Energierechts heute weit zu fassen, so empfiehlt sich eine Definition, die ihn – wie jene von *Lukes* – an den Begriff der **Energiepolitik** koppelt:

> „Als Energierecht sind in einer Rechtsordnung die Rechtsnormen zu verstehen, die zur Durchsetzung einer Energiepolitik geschaffen und angewandt werden. Energierecht dient – oder sollte doch dienen – zur **Verwirklichung einer Energiepolitik**, setzt also die Existenz einer solchen voraus. Energiepolitik ist die Gestaltung des Energiebereichs in einer Wirtschaft derart, daß der gegenwärtige und künftige Energiebedarf in dem Wirtschaftsraum gedeckt wird“[22].

Darüber, wie der Begriff der **Energiepolitik** zu fassen sei, besteht im Kern weitgehend Einigkeit[23]:

- „Unter staatlicher Energiepolitik wird gewöhnlich die Gesamtheit der Maßnahmen des Staates zur sicheren, preisgünstigen und gerechten Versorgung der Wirtschaft und der Bevölkerung mit der erforderlichen Energie verstanden“[24].
- „Unter Energiepolitik werden hoheitliche Eingriffe auf das Wirken von Angebot und Nachfrage im Energiebereich verstanden“[25].
- „Unter Energiepolitik versteht man die Gesamtheit aller hoheitlichen Maßnahmen, die auf Angebot und Nachfrage der Primärenergien (Kohle, Erdöl, Erdgas, Kernbrennstoffe, Sonnenenergie, Wasserkraft, Erdwärme usw.) und der Sekundärenergien (Elektrizität, Erdölprodukte, Koks, Briketts usw.) Einfluß nehmen“[26].
- „Energiepolitik umfaßt Maßnahmen zur Regulierung von *Angebot, Nachfrage* und *Verteilung* der verschiedenen Energieträger (Kohle, Heizöl, Gas, Kernenergie, Wasserkraft etc.) mit dem Ziel einer preisgünstigen Versorgung der Bevölkerung und Wirtschaft. Zunehmend wird Energiepolitik auch von Erwägungen der *langfristigen Versorgungssicherung* und des *Umweltschutzes* geprägt“[27].

---

22 *Rudolf Lukes*, Energierecht, in: *Dauses* (Hrsg.) Hdb. Eu-WirtschaftsR, A. I., 2. Aufl. München, Band 2, M, S. 2. Das Zitat verweist auf *H.-K. Schneider*, Zur Konzeption einer Energiepolitik, in Burgbacher (Hrsg.), Ordnungsprobleme und Entwicklungstendenzen in der deutschen Energiewirtschaft – Festschrift *Wessels*, 1967, S. 7.

23 Zum Begriff der *Politik* selbst s. in diesem Zusammenhang die großartige, ganz vom französischen Staatsdenken geprägte Definition von *D. B. Spinelli*: „Une *politique* est un ensemble cohérent de décisions destinées à atteindre, en un temps donné, un ou plusieurs objectifs déterminés quantitativement et qualitativement. Elle définit les moyens de ses propres actions et les *règles de conduite* qu'elle suivra à l'égard d'actions exogènes. Etant, par définition, *choix*, elle n'est pas régie par le marché mais suppose une emprise sur le marché et peut tendre à accroître cette emprise“ (*Danièle Blondel Spinelli*, L'énergie dans l'Europe des Six. Fondements d'une politique énergetique commune, Paris 1965, S. 7).

24 *Günter Püttner*, Die Rechtsfragen einer Energiepolitik, in: Einführung in die Rechtsfragen der Europäischen Integration, Köln 1969, S. 138.

25 *Hans-Eike von Scholz*, Energiepolitik, in: *v. d. Groeben, Thiesing, Ehlermann*, Kommentar zum EWG-Vertrag, Band 4, S. 6244, 4. Aufl., Baden-Baden 1991.

26 *Albert Bleckmann*, Europarecht, 5. Aufl., Köln, Berlin, Bonn, München, 1990, S. 809.

27 *Roland Bieber*, in: *Bengt Beutler, Roland Bieber, Jörn Pipkorn, Jochen Streil*, Die Europäische Union, Rechtsordnung und Politik, 4. Aufl., Baden-Baden 1993, S. 484.

Als älterer Begriff tritt in Deutschland der Begriff des „Energiewirtschaftsrechts" mit dem des „Energierechts" in Konkurrenz[28]. Terminologisch auf dem „Energiewirtschaftsgesetz" von 1935[29] fußend, hat sich das Energiewirtschaftsrecht als ein Teil des Wirtschaftsverwaltungsrechts[30] entwickelt, in dessen Zusammenhang es mehrfach Darstellungen gefunden hat[31].

2. Natur und Handlungsformen des Energierechts

Im Gegensatz zu den meisten anderen Rechtsbereichen zeichnet sich das Energierecht durch eine Reihe von Besonderheiten aus, die nicht nur seinen Charakter auf nationaler Ebene bestimmen, sondern auch seinen – etwas unglücklichen – Standort im Gemeinschaftsrecht erklären.

Wie oben schon angedeutet, hat das Energierecht erst spät zu seiner heutigen finalen und begrifflichen Einheit gefunden. Ausgehend von den spezifischen Regelungsfragen der einzelnen Energieträger ist es in seiner inneren Struktur nicht einheitlich, sondern in sich **amorph**, asynchron und in zeitlich versetzten Entwicklungsschüben gewachsen. Während für das Recht der Steinkohle ursprünglich bergbauliche Fragen und Probleme der Wirtschaftsorganisation im Vordergrund standen, verschob sich der Regelungsbedarf ab den 60er Jahren mehr und mehr auf Schutzmaßnahmen zum Erhalt der heimischen Förderung. Der Niedergang der westeuropäischen Steinkohle ging mit einer zunehmenden Abhängigkeit vom Mineralöl einher, wodurch sich – im Sinne einer Gegenbewegung – Rechtsprobleme ganz anderer Art ergaben (Krisenregime, Garantie der Versorgungssicherheit, Drosselung des Verbrauchs etc.). Rechtsfragen wiederum anderer Natur warfen die leitungsgebundenen Energien Elektrizität und Gas (Stadtgas/Erdgas) auf, deren besondere Erzeugungs- und Verteilungsstrukturen staatlicher Planungs- und Interventionsrechte bedurften. Die Kernenergie erforderte demgegenüber vornehmlich anlagentechnische und strahlenschutzrechtliche Sicherheitsbestimmungen, die erneuerbaren Energieträger hingegen, ähnlich wie die Kernkraft in ihren Anfangsjahren, vornehmlich Subventionen und entwicklungsfördernde rechtliche Rahmenbedingungen.

Weist somit das Energierecht in seinen Teilen **heterogene** Strukturen auf, so enthält es andererseits **homogene** Elemente. Angesichts der Höhe der in diesem Sektor getätigten Investitionen, die sich erst über lange Zeiträume amortisieren, bedarf es eines rechtlich stabilen Planungsrahmens und eines ausreichenden Investitionsschutzes. Zur Verfolgung der Ein- und Ausfuhrströme sowie zur Erfassung der Erzeugungs-, Verteilungs- und Verbrauchsstrukturen benötigen Staat, Wirtschaft und Wissen-

---

28 So trägt der alle Energiegebiete umfassende große Kommentar von *Wolfgang Obernolte* und *Wolfgang Danner* den Titel „Energiewirtschaftsrecht" (2 Bände, 41. Aufl., München 2003).

29 Vom 13. Dezember 1935, RGBl. I S. 1451.

30 S. insbesondere *Ernst Rudolf Huber*, Wirtschaftsverwaltungsrecht, 2 Bände, 2. Aufl., Tübingen 1953/54.

31 S. u. a. *Gerd Rinck*, Wirtschaftsrecht, 4. Aufl., Köln, Berlin, Bonn, München 1974, S. 137 ff. Für die Regulierung der Energiewirtschaft und das Recht der public utilities in den USA s. *Horst Ehmke*, Wirtschaft und Verfassung, Berkeley-Kölner Rechtsstudien, Kölner Reihe, Band 2, Karlsruhe 1961, S. 148 ff. und S. 418 ff.

schaft gesicherte Daten, deren Erhebung das Recht der Energiestatistik dient. Ebenso erfassen steuerliche und wettbewerbsrechtliche Maßnahmen den Sektor als horizontale Lenkungsinstrumente. Auch die Regelungen des Ein- und Ausfuhrrechts sowie die Rahmenvorgaben des Umweltrechts beeinflussen den Energiesektor spartenübergreifend in allen seinen Teilen.

Seiner Natur nach stellt das Energierecht damit keinen einheitlichen oder reinen Rechtstypus dar, sondern ein **Mischgebiet**, das Fragen des Gewerberechts, des Außenhandelsrechts, des Wettbewerbsrechts, des Verkehrsrechts, des Umweltrechts, des Steuerrechts und des Subventionsrechts umfaßt, wobei sämtliche Instrumente dieser „linearen" Rechtsbereiche steuernd auf den Energiesektor einwirken können. Als Mischgebiet gleicht das Energierecht am ehesten dem Landwirtschaftsrecht, das ebenfalls Elemente aus allen vorbezeichneten Rechtsgebieten enthält. Wie jenes lenkt es einen Wirtschaftssektor von höchster strategischer Bedeutung, selbst wenn im Zuge der Globalisierung nationales Autarkiedenken mehr und mehr in den Hintergrund treten mag.

Ebenso vielfältig wie die innere Struktur des Energierechts sind seine einzelnen **Handlungsformen**. Sie umfassen den Vertrag, das zwingende Recht (hard law), das soft law und die Vergabe von Beihilfen.

Der **Vertrag** als Rechtsform des Versprechens und des Leistungsaustausches unter gleichberechtigten Partnern ist im Energierecht vor allem in Gestalt des Konzessionsvertrages gebräuchlich, durch den die Gemeinden als Wegeeigentümer Versorgungsunternehmen Nutzungsrechte einräumen. Aber auch gesellschaftsrechtliche Vertragsbeziehungen sind gebräuchlich, über die die öffentliche Hand Beteiligungs- und Lenkungsrechte in der Energiewirtschaft ausübt. Verträge sui generis, wie der Hüttenvertrag und der Jahrhundertvertrag, beide geschlossen zur Sicherung des Absatzes deutscher Steinkohle, ermöglichen die Lösung energiepolitischer Einzelfragen, soweit diese nur im Konsens zwischen Politik und Wirtschaft möglich ist. Selbst wenn die öffentliche Hand hierbei nicht selbst als Vertragspartner auftritt, sind ihr doch solche Verträge als Handlungsmittel zuzurechnen, deren Abschluß auf ihrem politischen Einfluß und Lenkungswillen beruhen. Ob derartige Verträge hingegen dem öffentlichen oder privaten Recht zuzuordnen sind, ist demgegenüber von untergeordneter Bedeutung.

Auch im Energiesektor ist das **zwingende Recht (hard law)** bis heute die vorherrschende Rechtshandlungsform, wenn auch das soft law und die Vergabe von Geldmitteln in einzelnen Teilbereichen zunehmend an Bedeutung gewinnen. Zwingend sind vor allem der gewerberechtliche Kern des Energierechts, das Energiewirtschaftsrecht im engeren Sinne, die wettbewerbsrechtlichen Rahmenbedingungen, zahlreiche umweltrechtliche Vorgaben sowie die Auskunftspflichten. Auch das Recht der baulichen und technischen Anlagensicherheit, das Planungsrecht und – soweit vorhanden – das Preisrecht besitzen zwingenden Charakter. Hinzu kommen das Strahlenschutzrecht und transportrechtliche Bestimmungen auf dem Nuklearsektor sowie – übergreifend für fast alle Energiesparten – ein- und ausfuhrrechtliche Bestimmungen.

Mag auch der Begriff des **soft law** neueren Ursprungs sein, so ist doch die Sache, für die er steht, dem Energiesektor seit langem vertraut: Es geht um Programme, Empfehlungen, Hinweise, Orientierungen und Stellungnahmen der öffentlichen Hand, die zwar keinen zwingenden Charakter haben, zwingende Regelungen aber durchaus vorbereiten können. Terminologisch vornehmlich im anglo-amerikanischen Rechtskreis und in internationalen Organisationen beheimatet, dient das soft law hier zur Verbreitung von Rechtsgrundsätzen einer „legal culture", die auf eine Handlungsorientierung durch „codes of conduct" und „best practices" setzt, d. h. auf die Eigenverantwortlichkeit und Selbstregulierungskräfte der Wirtschaft vertraut, bevor sie staatlichen Zwang ausübt. Ist der Einsatz eines solchen milderen Mittels fallweise durchaus sinnvoll, so darf die öffentliche Gewalt auf der anderen Seite nicht durch eine Flucht in das soft law unpopulären Entscheidungen durch hartes Recht ausweichen. Leider besteht heute gerade im Energie- und Umweltsektor die Tendenz, zwar Handlungswillen zu zeigen, doch vor einer zwingenden Durchsetzung des als richtig erkannten zurückzuschrecken, sei es wegen des Widerstandes mächtiger Wirtschaftsinteressen, sei es wegen befürchteter Nachteile im internationalen Wettbewerb.

Als ähnlich „schmerzfrei" erweist sich für die Adressaten das Lenkungsinstrument der staatlichen **Beihilfen**, das in Teilbereichen des Energiesektors ebenfalls eine große Bedeutung erlangt hat. Doch gilt es hier zu unterscheiden zwischen weitgehend gegenleistungsfrei ausgekehrten Subventionen und die an Gegenleistungen gebundene finanzielle Unterstützung von Energie- und Umweltprojekten im Rahmen entsprechender Programme.

3. Schichten des Energierechts

Das Energierecht in seiner heutigen Gestalt umfaßt Rechtsakte auf sämtlichen Handlungsebenen des Rechts – der unterstaatlichen, der staatlichen, der der Gemeinschaft und der des Völkerrechts.

Die Aufgabenverteilung zwischen der **unterstaatlichen** und der staatlichen **Ebene** bestimmt sich nach Maßgabe des nationalen Verfassungsrechts und ist von Staat zu Staat verschieden. In Deutschland kommen den Städten, Gemeinden und Landkreisen wichtige Aufgaben bei der lokalen und regionalen Energieversorgung zu. Vor allem bei den leitungsgebundenen Energien weist das Energiewirtschaftsgesetz den Kommunen Aufsichts- und Genehmigungsrechte zu. Bau- und gewerberechtliche Zuständigkeiten sind ebenfalls der kommunalen Ebene übertragen, und auch Fragen der Raumordnung, Entwicklungsplanung und des Umweltschutzes können in die Kompetenz unterstaatlicher Gebietskörperschaften fallen.

Unbeschadet der Befugnisse unterstaatlicher Gliederungen und unabhängig davon, ob ein Land zentralistisch oder föderal verfaßt ist, liegt die energiepolitische und damit auch die energierechtliche Gesamtverantwortung bis heute nach wie vor auf der **Ebene des Staates.** Ihm obliegt die Entscheidung energiepolitischer Grundsatzfragen und die zentrale Lenkung des Energiesektors im Rahmen der Handlungsmittel der staatlichen Rechtsordnung. Bei der Wahrnehmung dieser Lenkungsfunktion wird sich der Staat von den objektiven und subjektiven Vorgaben leiten lassen, die nur für ihn typisch und als solche kaum auf andere Staaten übertragbar sind. Zu den wichtigsten objektiven Vorgaben zählen die Größe, Lage und Bevölkerungsstärke des Staates, seine Ausstattung mit fossilen und anderen Energieträgern sowie die Struktur des heimischen Energieverbrauchs durch Industrie, Verkehr und private Haushalte. Als subjektive Vorgaben sind der politische Gestaltungswille des Staates zu nennen, die Einstellung seiner Bevölkerung zum Energieverbrauch und zu einzelnen Energiearten (Kernkraft) sowie das Ausmaß nationaler Autarkiebestrebungen im Energiesektor.

Auch die Entscheidung über die Teilnahme an überstaatlichen Rechtsordnungen, wie der der Gemeinschaft und der internationalen Organisationen, sowie der Abschluß von völkerrechtlichen Abkommen kommt allein dem Staat als dem Träger politischer und rechtlicher Gesamtverantwortung zu. Während der Akt des Eintritts in eine überstaatliche Rechtsordnung einen Akt freier staatlicher Entscheidung (getroffen zu seinem eigenen Nutzen) darstellt, kann eine spätere Anwendung ihrer Regeln im Einzelfall durchaus mit späteren staatlichen Interessen in Konflikt stehen und den Staat in unvorhergesehene Zwangslagen versetzen.

Letzteres gilt im besonderen Maße für die dritte Schicht des Energierechts, die **Ebene des Gemeinschaftsrechts.** Die der Gemeinschaft durch ihre Mitgliedstaaten übertragenen Kompetenzen haben zum Aufbau einer Rechtsordnung eigener Art geführt, die für die Mitgliedstaaten und ihre Bürger auch auf dem Gebiet des Energierechts bedeutende Rechte und Verpflichtungen vorsieht. Die unbestreitbaren Vorteile, die die Teilnahme an einer höherrangigen und räumlich erweiterten Rechtsordnung im Zeitalter der Globalisierung bietet, sind auf Dauer jedoch nur zu gewährleisten, wenn sich jedes Mitglied dieser Gemeinschaft ihrer Disziplin unterwirft, selbst wenn einige ihrer Maßnahmen momentanen staatlichen Einzelinteressen widersprechen sollten.

Es ist diese dritte Schicht des Energierechts, die in der vorliegenden Untersuchung näher betrachtet werden soll. Zwar geht es vorliegend nur um das Recht der Europäischen Gemeinschaften, doch steht es prinzipiell auch anderen Ländern in anderen Weltgegenden frei, staatenübergreifende regionale Wirtschaftsorganisationen mit ähnlichen oder gleichen Befugnissen zu gründen, wie sie die EG besitzt.

Sowohl Staaten als auch qualifizierte regionale Wirtschaftsorganisationen können sich ihrerseits auf der **Ebene des Völkerrechts** an **internationalen Abkommen auf dem Energiesektor** beteiligen. Diese Abkommen können bilateraler oder multilateraler Natur sein, sie können spezialisierte Organisationen mit Rechtspersönlichkeit und Organen einsetzen oder lediglich exekutive Sekretariate vorsehen oder keines von beiden. Sie können zeitlich unbegrenzt oder befristet abgeschlossen werden, exklusiv nur für bestimmte Mitglieder zugänglich sein oder offen strukturiert allen Interessenten den Beitritt ermöglichen.

III. Das Energierecht der EG als Inbegriff der Energiepolitiken der drei Gemeinschaftsverträge

Der Begriff des Energierechts der Europäischen Gemeinschaften ist ein Sammelbegriff, der alle energierechtlichen Regelungen umfaßt, die in den drei Verträgen über die Europäischen Gemeinschaften enthalten sind (Primärrecht) oder die auf der Grundlage dieser Verträge erlassen wurden (Sekundärrecht).

Da die Gemeinschaft seit den 50er Jahren auf drei selbständigen völkerrechtlichen Verträgen beruht, d. h. dem Vertrag über die Europäische Gemeinschaft für Kohle und

Stahl, dem Euratom-Vertrag und dem EWG/EG-Vertrag, handelt es sich genau genommen um **drei eigenständige Energierechtssysteme**, die jeweils dem spezifischen Regelungswillen ihres Vertrages folgen und ihre eigenen Besonderheiten aufweisen. Diese Eigenständigkeit der Verträge wird primärrechtlich in Art. 305 (ex-Art. 232) EWG/EG-Vertrag ausdrücklich anerkannt und festgeschrieben, insoweit als der letztgenannte Vertrag den EGKS-Vertrag nicht „ändert“ und den Euratom-Vertrag nicht „beeinträchtigt“. Trotz dieser Besonderheiten gibt es allerdings auch **Gemeinsamkeiten** zwischen den Verträgen, die es erlauben, von einer weitgehenden Einheit des Gemeinschaftsrechts zu sprechen. Inwieweit diese Einheit auch zu einer **einheitlichen Energiepolitik** geführt hat oder führen konnte, ist eine andere Frage. Hier geht es zunächst nur darum, die drei Gemeinschaftsverträge auf ihren jeweils eigenen energiepolitischen Gehalt zu befragen und hierbei Gemeinsamkeiten und Unterschiede festzustellen.

1. EGKS-Vertrag

Am umfassendsten war das energiepolitische Konzept des **EGKS-Vertrages** ausgebildet. Zunächst bestimmt der Vertrag in Art. 81 i. V. m. seiner Anlage I, auf welche Brennstoffe er Anwendung findet (Steinkohle, Steinkohlenbriketts, Steinkohlenschwelkoks). Für diese Brennstoffe – zusammengefaßt unter dem Sammelbegriff „Kohle“ – schafft der Vertrag in Art. 2 i. V. m. Art. 4 einen **gemeinsamen Markt**, indem er die Märkte der Mitgliedstaaten zu einem einheitlichen Wirtschaftsgebiet zusammenfügt. Als unvereinbar mit dem gemeinsamen Markt für Kohle werden durch Art. 4 aufgehoben und untersagt:

- „Ein- und Ausfuhrzölle oder Abgaben gleicher Wirkung sowie mengenmäßige Beschränkungen des Warenverkehrs“ zwischen den Mitgliedstaaten,
- „Maßnahmen oder Praktiken, die eine Diskriminierung zwischen Erzeugern oder Käufern oder Verbrauchern herbeiführen, insbesondere hinsichtlich der Preis- und Lieferbedingungen und der Beförderungstarife, sowie Maßnahmen oder Praktiken, die den Käufer an der freien Wahl seines Lieferanten hindern“,
- von den Mitgliedstaaten „bewilligte Subventionen oder Beihilfen oder von ihnen auferlegte Sonderlasten, in welcher Form dies auch immer geschieht“,
- „einschränkende Praktiken, die auf eine Aufteilung oder Ausbeutung der Märkte abzielen“.

In diesem gemeinsamen Markt hat die Gemeinschaft ihre Kohlepolitik nach den Grundsätzen des Art. 3 zu betreiben. Während der gemeinsame Markt in Art. 4 durch **Verbots**regelungen gleichsam **negativ** definiert wird („omnis definitio est negatio“), werden die **Gebote** der Kohlepolitik in Art. 3 **positiv** formuliert. Danach hat die Gemeinschaft

- „auf eine geordnete Versorgung des gemeinsamen Marktes unter Berücksichtigung des Bedarfs dritter Länder zu achten“,
- „allen in vergleichbarer Lage befindlichen Verbrauchern des gemeinsamen Marktes gleichen Zugang zu der Produktion zu sichern“,
- auf die Bildung niedrigster (jedoch wirtschaftlich vertretbarer) Preise zu achten,
- darauf zu achten, daß die Unternehmen einen Anreiz behalten, „ihr Produktionspotential auszubauen und zu verbessern und eine Politik rationeller Aus-

nutzung der natürlichen Hilfsquellen (sprich: Bodenschätze) unter Vermeidung von Raubbau zu verfolgen",
- „auf eine Verbesserung der Lebens- und Arbeitsbedingungen der Arbeiter hinzuwirken",
- den Handel mit Drittländern zu angemessenen Preisen zu fördern,
- „die geordnete Ausweitung und Modernisierung der Erzeugung sowie die Verbesserung der Qualität ... zu fördern, die jede (sprich: ungerechtfertigte) Schutzmaßnahme gegen Konkurrenzindustrien ausschließt".

Angesichts der Tatsache, daß zu Beginn der 50er Jahre die Kohle mit 80 % an der Gesamtenergieversorgung der Gemeinschaft beteiligt war, ist es nicht übertrieben festzustellen, daß der EGKS-Vertrag mit dem kohlepolitischen Grundsatzkatalog seines Art. 3 sogleich die wesentlichen energiepolitischen Ziele der Gemeinschaft insgesamt formuliert hat. Diese bestehen in dem Prinzip der Versorgungssicherheit, der Nichtdiskriminierung, der Bildung wirtschaftlich günstigster Preise, der Investitionsförderung, der Rationalisierung, der sozialen und marktwirtschaftlichen Verantwortung des Sektors und der Förderung des Außenhandels. Wie sich zeigen wird, besitzen diese Grundsätze noch heute Gültigkeit.

Interessanterweise läßt es der Vertrag nicht bei der Aufstellung dieser Ziele bewenden, denn in seinem Art. 5 nimmt er selbst eine Typisierung seiner **Instrumente** im Sinne der oben beschriebenen Rechtshandlungsformen vor:

> „Die Gemeinschaft erfüllt ihre Aufgabe unter den in diesem Vertrag vorgesehenen Bedingungen durch begrenzte Eingriffe.
> Zu diesem Zweck
> - erhellt und erleichtert sie das Handeln der Beteiligten dadurch, daß sie Auskünfte einholt, für Beratungen sorgt und allgemeine Ziele bestimmt;
> - stellt sie den Unternehmen Finanzierungsmittel für ihre Investitionen zur Verfügung und beteiligt sich an den Lasten der Anpassung;
> - sorgt sie für Schaffung, Aufrechterhaltung und Beachtung normaler Wettbewerbsbedingungen und greift in die Erzeugung und den Markt nur dann direkt ein, wenn es die Umstände erfordern;
> - gibt sie die Gründe für ihr Handeln bekannt und ergreift die Maßnahmen, die erforderlich sind, um die Beachtung der Bestimmungen dieses Vertrags zu gewährleisten."

Es ist unschwer zu erkennen, daß sich in den vier Gedankenstrichen dieser Vorschrift eine **Graduierung** ausdrückt, die sich – mit heutigen Begriffen gesprochen – vom soft law (1. Gedankenstrich) über die Vergabe von Finanzmitteln (2. Gedankenstrich) bis hin zum harten Recht (3. und 4. Gedankenstrich) erstreckt und die, abgesehen vom Vertrag[32], alle wesentlichen Rechtshandlungsformen umfaßt. Bemerkenswert ist weiterhin, daß der EGKS-Vertrag dort mit zwei Worten auskommt („begrenzte Eingriffe"), wo Art. 5 Abs. 3 EG-Vertrag (ex-Art. 3 lit. b)) achtzehn braucht („Die Maßnahmen der Gemeinschaft gehen nicht über das für die Erreichung der Ziele dieses Vertrags erforderliche Maß hinaus").

Zur Erreichung seiner energiepolitischen Ziele räumt der Vertrag der Gemeinschaft weitreichende Handlungsbefugnisse ein, wobei sich die EGKS sämtlicher der oben unter

---

32 Der Abschluß von Verträgen ist nach Art. 6 EGKSV möglich.

II. 2. beschriebenen Handlungsformen bedienen kann. Im einzelnen sieht der Vertrag als **hartes Recht** folgende Maßnahmen vor:

- Beschaffung der erforderlichen Daten und Statistiken (Art. 47),
- Erhebung einer Umlage zur Finanzierung energiepolitischer Maßnahmen (Art. 49, 50),
- Krisenregime im Falle eines Rückgangs der Nachfrage bzw. einer ernsten Mangellage (Art. 57, 58, 59),
- Preisrechtliche Regelungen zur Gewährleistung von Preistransparenz, Nichtdiskriminierung und zur Regelung des Preisniveaus (Höchst- und Mindestpreise) (Art. 60–64),
- Wettbewerbsregeln einschließlich Fusionskontrolle (Art. 65, 66),
- Mindeststandards auf dem Gebiet der Löhne (Art. 68),
- Freizügigkeit der Arbeitnehmer (Art. 69),
- Frachtrechtliche Regelungen zur Gewährleistung von Tariftransparenz und Nichtdiskriminierung (Art. 70),
- Außenhandelsregelungen (Art. 71–75).

Den Charakter von **weichem Recht (soft law)** besitzen die folgenden Maßnahmen der EGKS (s. Art. 46):

- Hinweise durch Veröffentlichung von Programmen für Erzeugung, Verbrauch, Ausfuhr und Einfuhr unter Berücksichtigung der voraussichtlichen Entwicklung,
- Veröffentlichung allgemeiner Ziele für die Modernisierung und Orientierung der Fabrikation auf lange Sicht und die Ausweitung der Produktionskapazität.

Hilfeleistungen finanzieller Art sind vorgesehen als

- Investitionshilfen zugunsten der Kohleunternehmen i. S. des Art. 80 durch Gewährung von Krediten oder die Übernahme der Gewährleistung von Anleihen (Art. 54 Abs. 1),
- Investitionshilfen für dritte Unternehmen zum Zwecke der Produktionssteigerung, Senkung der Gestehungskosten und Absatzförderung im Kohlesektor (Art. 54 Abs. 2),
- Forschungsförderung (Art. 55),
- Hilfe zur Wiederbeschäftigung und Umschulung freigewordener Arbeitskräfte (Art. 56).

2. Euratom-Vertrag

Wie der EGKS-Vertrag ist der **Euratom-Vertrag** (EAGV) ein sektorieller Vertrag, dessen Regelungen sich nur auf einen kleinen Teil der gesamtwirtschaftlichen Betätigungen erstrecken. Doch während der erstgenannte Vertrag neben kohlepolitischen Regelungen auch den gesamten Stahlsektor erfaßte, verfolgt der Euratom-Vertrag **ausschließlich** energiepolitische Ziele (nebst Schaffung geeigneter Rahmenbedingungen). Schon im Eingang der Präambel bezeichnet der Vertrag „die Kernenergie (als) eine unentbehrliche Hilfsquelle für die Entwicklung und Belebung der Wirtschaft und für den friedlichen Fortschritt“ und bringt die Entschlossenheit der Mitgliedstaaten zum Ausdruck, „die Voraussetzungen für die Entwicklung einer mächtigen Kernindustrie zu schaffen, welche die Energieerzeugung erweitert, die Technik modernisiert und auf zahlreichen anderen Gebieten zum Wohlstand ihrer Völker beiträgt".

Wie der EGKS-Vertrag, so bestimmt auch der Euratom-Vertrag, auf welche Brennstoffe und Produkte er Anwendung findet. Es sind dies die Erze und Kernbrennstoffe i. S. des Art. 197 EAGV und die Güter und Erzeugnisse i. S. des Art. 92 i.V. m. Anhang IV EAGV, für die der Vertrag in Kapitel IX seines zweiten Titels einen **gemeinsamen Markt** auf dem Kerngebiet schafft, der im Gegensatz zum gemeinsamen Markt des EWG-Vertrages in seinen wesentlichen Teilen schon innerhalb **eines** Jahres nach Inkrafttreten des Vertrages zu errichten war (s. Art. 94 lit. c) EAGV). Anders als der gemeinsame Markt des EGKS-Vertrages umfaßt dieser einen gemeinsamen Außenzoll, enthält jedoch **kein Verbot von Beihilfen und Subventionen.**

Nach Art. 2 EAGV hat die Gemeinschaft zur Erfüllung ihrer Aufgabe nach Maßgabe des Vertrages

> „a) die Forschung zu entwickeln und die Verbreitung der technischen Kenntnisse sicherzustellen;
> b) einheitliche Sicherheitsnormen für den Gesundheitsschutz der Bevölkerung und der Arbeitskräfte aufzustellen und für ihre Anwendung zu sorgen;
> c) die Investitionen zu erleichtern und, insbesondere durch Förderung der Initiative der Unternehmen, die Schaffung der wesentlichen Anlagen sicherzustellen, die für die Entwicklung der Kernenergie in der Gemeinschaft notwendig sind;
> d) für regelmäßige und gerechte Versorgung aller Benutzer der Gemeinschaft mit Erzen und Kernbrennstoffen Sorge zu tragen;
> e) durch geeignete Überwachung zu gewährleisten, daß die Kernstoffe nicht anderen als den vorgesehenen Zwecken zugeführt werden;
> f) das ihr zuerkannte Eigentumsrecht an besonderen spaltbaren Stoffen auszuüben;
> g) ausgedehnte Absatzmärkte und den Zugang zu den besten technischen Mitteln sicherzustellen, und zwar durch die Schaffung eines gemeinsamen Marktes für die besonderen auf dem Kerngebiet verwendeten Stoffe und Ausrüstungen, durch den freien Kapitalverkehr für Investitionen auf dem Kerngebiet und durch die Freiheit der Beschäftigung für die Fachkräfte innerhalb der Gemeinschaft;
> h) zu den anderen Ländern und den zwischenstaatlichen Einrichtungen alle Verbindungen herzustellen, die geeignet sind, den Fortschritt bei der friedlichen Verwendung der Kernenergie zu fördern."

In seinem energiepolitischen Kern stimmt dieser Grundsatzkatalog mit jenem des EGKS-Vertrages überein: Unter Berücksichtigung der näheren Bestimmungen in seinen einzelnen Politik-Kapiteln lassen sich auch für den Euratom-Vertrag folgende energiepolitische Prinzipien aufstellen:

- Versorgungssicherheit (Art. 2 lit. d), 52, 60, 70, 72, 76),
- Nichtdiskriminierung (Art. 2 lit. d), 12, 52, 60, 68),
- Bildung marktwirtschaftlicher Preise (Art. 60, 67, 68),
- Forschungs- und Investitionsförderung (Art. 2 lit. a) und c), 4 ff., 40 ff., 45 ff., 172 Abs. 4, 174 Abs. 2, 176),
- freier Warenverkehr im gemeinsamen Markt (Art. 2 lit. g), 92 ff.),
- Förderung der Außenbeziehungen (Art. 2 lit. h), 29, 64, 73, 77 lit. b), 101 ff., 199 ff.).

Bedingt durch das **Strahlenrisiko** und die **militärische Verwendbarkeit** von Kernmaterial treten zu den spezifisch energierechtlichen Zielsetzungen noch die Aufgaben des **Strahlenschutzes** (Art. 2 lit. b) i. V. m. Art. 30 ff. „Der Gesundheitsschutz") und der **Kernmaterialkontrolle** (Art. 2 lit. e) i. V. m. Art. 77 ff. „Überwachung der Sicherheit") hinzu. Als unverzichtbare Begleitpolitiken der friedlichen Nutzung der Atomkraft sind sie ein wesentlicher Bestandteil des Kernenergierechts und im folgenden als ein solcher zu behandeln.

Auch der Euratom-Vertrag bedient sich zur Durchsetzung seiner energiepolitischen Ziele der Instrumente des harten Rechts, des soft law, der Vergabe finanzieller Mittel und des Vertrages.

Den Charakter **harten Rechts** besitzen

- die Kernbestimmungen des Strahlenschutzes (Art. 30 ff.),
- die Pflicht zur Anzeige von Investitionen (Art. 41 f.),
- die Kernbestimmungen über die Versorgung (Art. 52 ff.),
- das Recht der Sicherheitsüberwachung (Art. 77 ff.),
- das Eigentumsrecht der Gemeinschaft (Art. 86 ff.),
- die Warenverkehrsbestimmungen des gemeinsamen Marktes auf dem Kerngebiet (Art. 92 ff.),
- das Recht der Außenbeziehungen (Art. 29 und 101 ff.),
- Sanktionen bei Rechtsverstößen (Art. 83 und 145).

Dem **soft law** sind folgende Bestimmungen zuzurechnen, da die Empfehlungen oder Stellungnahmen, die auf ihrer Grundlage ergehen, für ihre Adressaten, d. h. die Mitgliedstaaten oder die Personen und Unternehmen i. S. des Art. 196 keine verbindliche Wirkung entfalten (vgl. Art. 161 in fine):

- Stellungnahmen zu Forschungsprogrammen (Art. 5),
- Empfehlungen und Stellungnahmen im Bereich des Strahlenschutzes (Art. 33, 34, 37 und 38 Abs. 1),
- Veröffentlichung hinweisender Programme hinsichtlich der Ziele für die Erzeugung von Kernenergie und der Investitionen (Art. 40),
- Erörterung von Investitionsvorhaben (Art. 43),
- Empfehlungen für die Entwicklung der Schürfung und der Erzgewinnung (Art. 70),
- Empfehlungen über steuer- und bergrechtliche Regelungen (Art. 71),
- Empfehlungen zur Beachtung der Verpflichtungen auf dem Gebiet der Sicherheitsüberwachung (Art. 83 Abs. 3),
- Empfehlungen zur Erleichterung des Kapitalverkehrs (Art. 99),
- Empfehlungen oder Stellungnahmen auf den im Vertrag bezeichneten Gebieten, soweit es die Kommission für notwendig erachtet (Art. 124, 2. Gedankenstrich).

Die **Gewährung finanzieller Hilfen** ist für folgende Zwecke vorgesehen:

- Forschungsförderung (Art. 6 lit. a)) und im Rahmen von Forschungs- und Ausbildungsprogrammen (Art. 7 und 10),
- Vergünstigungen direkter und indirekter Art für gemeinsame Unternehmen (Art. 46 und 48 i. V. m. Anhang III),
- Beteiligung an Schürfungsvorhaben (Art. 70).

Das Instrument des **Vertrages** findet in folgenden Typen Anwendung:

- als Forschungsvertrag (Art. 6 lit. a) und 10),
- als Lizenzvertrag (Art. 12),
- als Vertrag über den Austausch von wissenschaftlichen oder gewerblichen Kenntnissen (Art. 29),
- als Liefervertrag von Kernmaterial (Art. 52, 57 Abs. 2, 60, 61, 65, 66),
- als Abkommen oder Übereinkunft mit dem Hauptzweck der Lieferung von Kernmaterial aus dem Aufkommen von Drittländern (Art. 64),
- als Abkommen oder Vereinbarung mit einem dritten Staat, einer zwischenstaatlichen Einrichtung oder einem Angehörigen eines dritten Staates (Art. 101, 102),
- als Vertrag zur Vornahme von Intendanzgeschäften (Art. 185).

3. EWG/EG-Vertrag

Bei der Betrachtung des **EWG/EG-Vertrages** ergibt sich ein in vielfältiger Weise verändertes Bild. Als Rahmenvertrag regelt der EWG/EG-Vertrag keinen spezifischen Wirtschaftssektor (außer der Landwirtschaft und dem Verkehr), sondern fügt die Märkte der Mitgliedstaaten zu einem gemeinsamen Markt (Waren-, Dienstleistungs-, Kapital- und Arbeitsmarkt) zusammen, dessen grundlegende Funktionsregeln er festlegt, sowohl im Innern wie nach Außen. Im Laufe der Jahre sind diese Regeln in vier Vertragsänderungen immer mehr erweitert worden, während der EGKS- und der Euratom-Vertrag von diesen Änderungen weitgehend unberührt blieben. Der EWG/EG-Vertrag bietet daher kein statisches Bild wie der EGKS- und Euratom-Vertrag, sondern ein bewegtes, bewegt insbesondere im Hinblick auf die Entwicklung der EWG/EG-Energiepolitik und des Energierechts.

Am Anfang steht ein erstaunlicher Befund: Im EWG-Vertrag in seiner ursprünglichen Gestalt kommt der Begriff der Energie an keiner Stelle vor. Abgesehen von einem Protokoll über die Mineralöle und einige Mineralölerzeugnisse trifft der Vertrag keine einzige spezifisch energiepolitische Regelung. Zwar grenzt er sich in seinem Art. 232 (Art. 305 n. F.) gegenüber dem EGKS- und Euratom-Vertrag ab, indem er deren Vorrang anerkennt, doch wird hieraus kein spezieller Regelungsbedarf für die damit auf Gemeinschaftsebene sektoriell „regelungsfreien“ Energieträger Mineralöl, Gas, Elektrizität und erneuerbare Energien hergeleitet. Die in diesen Energiesektoren tätigen Wirtschaftszweige unterfallen zwar als Teil der Gesamtwirtschaft den Bestimmungen des Vertrages, doch machten sie vor dem Hintergrund des Regelungsziels des EWG-Vertrages keine besonderen Vorschriften erforderlich. Dieses Ziel kommt insbesondere im ersten, zweiten, vierten und fünften Erwägungsgrund der Präambel des Vertrages zum Ausdruck, die wie folgt lauten:

> „IN DEM FESTEN WILLEN, die Grundlagen für einen immer engeren Zusammenschluß der europäischen Völker zu schaffen,
> ENTSCHLOSSEN, durch gemeinsames Handeln den wirtschaftlichen und sozialen Fortschritt ihrer Länder zu sichern, indem sie die Europa trennenden Schranken beseitigen,
> ...
> IN DER ERKENNTNIS, daß zur Beseitigung bestehender Hindernisse ein einverständliches Vorgehen erforderlich ist, um eine beständige Wirtschaftsausweitung,

einen ausgewogenen Handelsverkehr und einen redlichen Wettbewerb zu gewährleisten;
IN DEM BESTREBEN, ihre Volkswirtschaften zu einigen und deren harmonische Entwicklung zu fördern, indem sie den Abstand zwischen einzelnen Gebieten und den Rückstand weniger begünstigter Gebiete verringern".

Der Weg zu einem „immer engeren Zusammenschluß", zu „gemeinsame(m) Handeln" und dazu, die „Volkswirtschaften zu einigen", führte über die „Beseitigung der bestehenden Hindernisse", die Aufhebung der „Europa trennenden Schranken", d. h. die Beseitigung von Negativa zur Durchsetzung des Positivum. In dieser Arbeit der Beseitigung aber war kein Wirtschaftssektor per se über andere hinausgehoben, auch nicht der Energiesektor. Das Mineralöl spielte 1957 noch nicht die ihm heute zukommende dominierende Rolle, die Gasversorgung erfolgte weitgehend lokal durch Stadtgas der örtlichen Stadtwerke ohne jede grenzüberschreitende Bedeutung, der länderübergreifende Verbund elektrischer Hochspannungsnetze bestand ohnehin und die Debatte über erneuerbare Energieträger hatte noch kaum begonnen. Was also gab es zu regeln?

Und doch, versteckt zwischen den Zeilen, finden sich erste Ansatzpunkte für energiepolitische Regelungen. Art. 103 Abs. 4 EWG-Vertrag (Art. 100 Abs. 1 n. F.) ermächtigt den Rat zu handeln „für den Fall, daß Schwierigkeiten in der Versorgung mit bestimmten Waren auftreten". Art. 90 Abs. 1 (Art. 86 n. F.) spricht von öffentlichen Unternehmen und „Unternehmen, denen (die Mitgliedstaaten) besondere oder ausschließliche Rechte gewähren", und Art. 90 Abs. 2 von „Unternehmen, die mit Dienstleistungen von allgemeinem wirtschaftlichen Interesse betraut sind". Art. 37 (Art. 31 n. F.) erfordert die Umformung aller „staatlichen Handelsmonopole", Art. 85 Abs. 1 lit. c) (Art. 81 n. F.) verbietet „die Aufteilung der Märkte oder Versorgungsquellen" und Art. 86 (Art. 82 n. F.) die mißbräuchliche Ausnutzung einer beherrschenden Stellung durch die „Erzwingung von unangemessenen Einkaufs- oder Verkaufspreisen oder sonstigen Geschäftsbedingungen".

In gleicher Weise für den Energiesektor bedeutsam sind die Festlegung der Zollsätze für die Einfuhr von Energieprodukten in die Gemeinschaft (s. Art. 18 ff. a. F.), das Verbot mengenmäßiger Ein- und Ausfuhrbeschränkungen und Maßnahmen gleicher Wirkung (Art. 30, 34 und 36; Art. 28–30 n. F.), die Möglichkeit der Harmonisierung von Verbrauchssteuern (Art. 99; Art. 93 n. F.) und marktrelevanten Rechts- und Verwaltungsvorschriften (Art. 100; Art. 94 n. F.), die Herstellung von Transparenz durch die Einholung von Auskünften und Nachprüfungen (Art. 213; Art. 284 n. F.) sowie schließlich der Erlaß ergänzender Maßnahmen, die zur Verwirklichung der Vertragsziele erforderlich sind (Art. 235; Art. 308 n. F.). Die Ermächtigungsgrundlagen zu energiepolitischem Handeln bestanden mithin seit Anbeginn, es fehlte allein – trotz einiger Ansätze – ein ausdrücklicher primärrechtlicher Auftrag zur Entwicklung einer gemeinsamen EWG-Energiepolitik.

Trotz oder vielleicht gerade wegen zweier großer Energiekrisen in den 70er Jahren wurde dieser Auftrag auch nicht durch die **Einheitliche Europäische Akte**, die **erste große Änderung** des EWG-Vertrages, erteilt. Zwar fanden nunmehr die beiden Schwestern der Energiepolitik, die Forschungs- und die Umweltpolitik, Eingang in den Vertrag, doch die Energie blieb weiterhin außen vor. Allein in den Vorschriften über die

Umwelt findet sie kurz Erwähnung, insoweit nämlich, als die Umweltpolitik der Gemeinschaft nach Art. 130 lit. r) 3. Gedankenstrich (Art. 174 n. F.) u. a. zum Ziel hat, „eine umsichtige und rationelle Verwendung der natürlichen Ressourcen“ zu gewährleisten. Doch gerade zu dieser ersten zaghaften Bestimmung nahm die Regierungskonferenz eine Erklärung an, die hohen Erwartungen an den Umweltschutz und der Hoffnung auf eine gemeinsame Energiepolitik gleichermaßen einen Dämpfer versetzte:

> „Die Konferenz stellt fest, daß die Tätigkeit der Gemeinschaft auf dem Gebiet des **Umweltschutzes** sich nicht **störend** auf die **einzelstaatliche** Politik der Nutzung der **Energieressourcen** auswirken darf“[33].

Auch am Konzept des **Binnenmarktes**, für dessen Errichtung insbesondere mit den Art. 8a) (Art. 14 n. F.) und 100a)ff. (Art. 95ff. n. F.) neue Vorschriften in den Vertrag aufgenommen wurden, nahm der Energiesektor als solcher nicht teil. Das in einer Erklärung der Regierungskonferenz zu Art. 8a)[34] erwähnte Weißbuch über den Binnenmarkt sah keine spezifisch energiepolitischen Regelungen vor. Erst mit einer Verzögerung von mehreren Jahren legte die Kommission im Mai 1988 einen Bericht über den Binnenmarkt für Energie vor, der aber bei der nächsten Vertragsänderung ebenfalls weitgehend unberücksichtigt blieb.

Diese nächste Änderung des EWG-Vertrages trat am 1. November 1993 in Gestalt des **Vertrages von Maastricht** in Kraft, der den EWG-Vertrag in EG-Vertrag umbenannte. Mit der Aufnahme der Energie in die Zielbestimmungen nach Art. 3 lit. n) und 3 lit. t) (lit. o) und lit. u) n. F.) sowie in die Art. 129b)ff. (Art. 154 n. F.) und Art. 130s) Abs. 2 (Art. 175 n. F.) trat der Begriff im Vertrag zumindest terminologisch erstmals in sein Recht, wenn auch die Regelungen inhaltlich sehr begrenzt blieben. Nach Art. 3 lit. n) i. V. m. Art. 129b)f. (Art. 3 lit. o) i. V. m. Art. 154 n. F.) umfaßt die Tätigkeit der Gemeinschaft nunmehr auch „die Förderung des Auf- und Ausbaus transeuropäischer Netze“ im Bereich der Energieinfrastruktur, und Art. 3 lit. t) (Art. 3 lit. u) n. F.) sieht „Maßnahmen in den Bereichen Energie, Katastrophenschutz und Fremdenverkehr“[35] vor. Jedoch korrespondieren der Zielbestimmung des Art. 3 lit. t) (Art. 3 lit. u) n. F.) keine zum Erlaß einzelner Rechtsakte ermächtigenden operativen Artikel im politischen Teil des Vertrages, so daß die Vorschrift – genau genommen – in der Luft hängt. Die Regierungskonferenz hat dies gespürt und dem Vertrage eine „Erklärung (Nr. 1) zu den Bereichen Katastrophenschutz, Energie und Fremdenverkehr“ beigegeben, mit der sie die Lösung des Problems vertagte[36].

Im Zuge der Einführung neuer Verfahrensvorschriften erhielt der Vertrag durch Neufassung des Art. 130s (Art. 175 n. F.) das Erfordernis der Einstimmigkeit im Rat u. a.

---

33 Abgedruckt in: Verträge zur Gründung der Europäischen Gemeinschaften, Band I, Brüssel, Luxemburg, 1987, S. 1073, Hervorhebungen hinzugefügt.

34 A. a. O. S. 1067.

35 Es ist zu vermuten, daß den Autoren dieser Bestimmung die unfreiwillige Komik dieser Begriffstrias entgangen ist.

36 „Die Konferenz erklärt, daß die Frage der Einfügung von Titeln über die in Artikel 3 Buchstabe t des Vertrags zur Gründung der Europäischen Gemeinschaft genannten Bereiche in jenen Vertrag nach dem Verfahren des Artikels N Absatz 2 des Vertrags über die Europäische Union anhand eines Berichts geprüft wird, den die Kommission dem Rat spätestens 1996 vorlegen wird“. S. Europäische Union, Textsammlung, Band I, Teil I, 1995, Brüssel, Luxemburg 1995, S. 649.

aufrecht für „Maßnahmen, welche die Wahl eines Mitgliedstaats zwischen verschiedenen Energiequellen und die allgemeine Struktur seiner Energieversorgung erheblich berühren". Als weitere Änderung wurde die Regelung des alten Art. 103 Abs. 4 verschärft und in einem neuen Art. 103a (Art. 100 n. F.) dahingehend gefaßt, daß der Rat Maßnahmen ergreifen kann, „falls **gravierende** Schwierigkeiten in der Versorgung mit bestimmten Waren auftreten". Als den Energiesektor eher mittelbar betreffende neue Politiken führte der Vertrag von Maastricht in Art. 3 lit. l) i. V. m. Art. 130 (Art. 3 lit. m) i. V. m. Art. 157 n. F.) eine Politik der „Stärkung der Wettbewerbsfähigkeit der Industrie der Gemeinschaft" ein sowie in Art. 3 lit. s) i. V. m. Art. 129a (Art. 3 lit. t) i. V. m. Art. 153 n. F.) „einen Beitrag zur Verbesserung des Verbraucherschutzes".

Der **Vertrag von Amsterdam**, der am 1. Mai 1999 in Kraft trat, führte in bezug auf Energie zu keinerlei Neuerungen, wenn man von den neu eingefügten Artikeln über die Dienste von allgemeinem wirtschaftlichen Interesse (Art. 16 n. F.) und die Erstellung von Statistiken (Art. 285 n. F.), die implizit auch für den Energiesektor gelten, einmal absieht. Mit der Einführung einer neuen Numerierung der Artikel des Vertrages erhielten auch die vorstehend zitierten Vorschriften neue Artikelnummern. Die für den Energiesektor wesentlichen Bestimmungen tragen nunmehr folgende Nummern (in numerischer Reihenfolge):

- Art. 3 lit. o) (3 lit. n) a. F.): „Förderung des Auf- und Ausbaus transeuropäischer Netze",
- Art. 3 lit. u) (3 lit. t) a. F.): „Maßnahmen in den Bereichen Energie, Katastrophenschutz und Fremdenverkehr",
- Art. 14ff. (7a a. F., ex-Art. 8a a. F.): Errichtung des Binnenmarktes,
- Art. 16 (7d a. F.): Dienste von allgemeinem wirtschaftlichem Interesse,
- Art. 26 (28 a. F.): Festlegung der Sätze des Gemeinsamen Zolltarifs,
- Art. 28, 29, 30 (30, 34, 36 a. F.): Verbot mengenmäßiger Ein- und Ausfuhrbeschränkungen und Maßnahmen gleicher Wirkung,
- Art. 31 (37 a. F.): Gebot der Umformung staatlicher Handelsmonopole,
- Art. 81 (85 a. F.): Verbot von Wettbewerbsverstößen, insbes. Verbot der „Aufteilung der Märkte oder Versorgungsquellen",
- Art. 82 (86 a. F.): Verbot des Mißbrauchs einer marktbeherrschenden Stellung,
- Art. 86 (90 a. F.): Regelungen für „öffentliche Unternehmen" und Unternehmen, „denen ... besondere oder ausschließliche Rechte" gewährt sind sowie für „Unternehmen, die mit Dienstleistungen von allgemeinem wirtschaftlichem Interesse betraut sind",
- Art. 93 (99 a. F.): Harmonisierung der Verbrauchssteuern,
- Art. 94 (100 a. F.): Harmonisierung von Rechts- und Verwaltungsvorschriften, die sich unmittelbar auf das Funktionieren des Gemeinsamen Marktes auswirken,
- Art. 95 (100a a. F.): Angleichung der Rechts- und Verwaltungsvorschriften, welche die Errichtung und das Funktionieren des Binnenmarktes zum Gegenstand haben,
- Art. 100 (103 a. F.): Maßnahmen bei gravierenden Schwierigkeiten in der Versorgung mit bestimmten Waren,
- Artikel 154ff. (129b ff. a. F.): Auf- und Ausbau transeuropäischer Energienetze,
- Art. 157 (130 a. F.): Förderung der Wettbewerbsfähigkeit der Industrie,
- Art. 163ff. (130f ff. a. F.): Förderung der Forschung und technologischen Entwicklung,

- Art. 174ff. (130r ff. a. F.): Umweltschutz,
- Art. 284 (213 a. F.): Auskunfts- und Nachprüfungsrecht der Kommission,
- Art. 285 (213a a. F.): Erstellung von Statistiken,
- Art. 305 (232 a. F.): Vorrang des EGKS- und Euratom-Vertrages,
- Art. 308 (235 a. F.): Maßnahmen, die zur Verwirklichung der Vertragsziele erforderlich sind und für die keine spezifische Ermächtigungsgrundlage besteht.

Wenn die EWG/EG auch somit bis heute keinen primärrechtlichen Verfassungsauftrag zur Gestaltung einer gemeinsamen Energiepolitik besitzt – der **Vertrag von Nizza**[37] brachte insoweit keine Änderung –, so hat dies die Gemeinschaft doch nicht davon abgehalten, seit den 60er Jahren zahlreiche Rechtsakte auf dem Gebiet des Energierechts zu erlassen. Auf der Grundlage der bestehenden Ermächtigungsnormen ist zwischenzeitlich eine große Anzahl energierechtlicher Vorschriften verabschiedet worden, wie das weitgespannte Regelungsspektrum des 2. und 3. Teils dieser Studie zeigen wird. Es sind diese Bestimmungen des **Sekundärrechts**, die den Corpus des EWG/EG-Energierechts ausmachen, ein Corpus, der nicht aus einem Guß als die Umsetzung eines einmal beschlossenen energiepolitischen Gesamtkonzepts enstanden ist, sondern der langsam Schritt für Schritt, Regelung für Regelung, im Reagieren auf Lagen (*Herbert Krüger*) – gleichsam im Sinne des *Popperschen* „piecemeal engineering“ oder des *Toynbeeschen* „challenge and response“ – gewachsen ist. Überspitzt ließe sich damit das Paradoxon feststellen, die EWG/EG besitze ein Energierecht ohne Energiepolitik. Tatsächlich besitzt die EWG/EG durchaus eine Energiepolitik, die im Grundsatz von denselben Prinzipien beherrscht ist, die schon dem EGKS-Vertrag zugrundelagen.

B. Historische Grundlagen

I. Die Entwicklung des Energiesektors

Literatur:

Fritz Baade, Weltenergiewirtschaft, Hamburg 1958; *Commission of the European Communities*, Energy 2000, Brussels, Luxembourg 1986; *Robert Gerwin*, Die Welt-Energieperspektive, 3. Aufl., Stuttgart 1983; *Patrick Graichen*, Energiepolitik als Ausdruck umweltpolitischer Konflikte: Ein historischer Rückblick auf die Umwelt- und Energiepolitik in Deutschland, ZfE 2002, S. 209; *Måns Lönnroth, Peter Steen, Thomas Johansson*, Energy in Transition, Berkeley, Los Angeles, London 1980; *Martin Meyer-Renschhausen*, Energiepolitik in der BRD von 1950 bis heute, Köln 1977; *Peter Müller*, Energie, Wien 1978; *Mitchell Wilson*, Energie, Reinbek 1969.

Die Entwicklung des Energiesektors ist die Geschichte der Erschließung der Energieträger durch den Menschen und ihrer Nutzung in Wirtschaft und Gesellschaft. Aus wirtschaftlicher und rechtlicher Perspektive ist es vornehmlich die arbeits- bzw. kapitalintensive Ausbeute der **materiellen** Energiestoffe wie Holz, Kohle, Kohlenwasserstoffe, Kernbrennstoffe, die diese Entwicklung geprägt hat; die Nutzung von Wind, Sonne und Wasser war über viele Jahrtausende frei und gewann erst im Zeitalter moderner Techniken der Energiegewinnung eine eigene Bedeutung als Wirtschafts-

37 S. ABl. Nr. C 80 vom 10. 3. 2001, S. 1. Der Vertrag trat am 1. Februar 2003 in Kraft.

faktor. Hierbei zeigt die Entwicklung in Europa nach einer Jahrtausende andauernden Dominanz des Holzes und der Holzkohle ab 1750 einen raschen Aufstieg neuer Energieträger wie der Kohle (ab 1750), des Erdöls (ab 1900), des Erdgases (ab 1960) und der Kernenergie (ab 1960). Ob die erneuerbaren Energieträger, die Kernfusion oder gar Silane[1], einen ähnlichen Aufstieg nehmen werden, bleibt abzuwarten. Sicher ist allerdings, daß sich nach jetzigen Vorhersagen die fossilen Energieträger Kohle, Braunkohle und Kohlenwasserstoffe in den nächsten 50 bis 250 Jahren erschöpfen werden[2], so daß die Grundlagen für ein neues Energiezeitalter in allernächster Zukunft zu legen sein werden. Am Anfang aber stand das Holz, und mit ihm ist zu beginnen.

1. Das Zeitalter des Holzes

Literatur:

Dieter Hägemann, Helmuth Schneider, Propyläen Technikgeschichte, Erster Band: Landbau und Handwerk 750 v. Chr. bis 1000 n. Chr., Berlin 1997; *Karl-Heinz Ludwig, Volker Schmidtchen,* Propyläen Technikgeschichte, Zweiter Band, Metalle und Macht 1000 bis 1600, Berlin 1997.

Seit jenem Urbeginn, als der Mensch lernte, sich die Kraft des **Feuers** nutzbar zu machen, bis zur Hälfte des 19. Jahrhunderts war das Holz weltweit der wichtigste Energieträger, und in ländlichen Teilen der Dritten Welt nimmt das Holz diese Rolle noch heute ein. Wo genau dieser Urbeginn auf der Zeitachse festzumachen ist, wird sich wohl nie mit Sicherheit feststellen lassen[3], ebensowenig wie der Zeitpunkt, in dem der Mensch zum ersten Mal entdeckte, daß unter der Glut zurückgebliebene Reste von **Holzkohle** mit heißerer Flamme und rauchloser verbrannten als Holz. Zufällig gefundene geschmolzene Erzklumpen in der erkalteten Glut mögen den Menschen auf die Spur der Metallgewinnung geführt haben, doch erst die Erfindung des Blasebalgs um das Jahr 4500 v. Chr., mit dessen Hilfe sich die Temperatur des Feuers durch verstärkte Sauerstoffzufuhr drastisch erhöhen ließ, markierte den Beginn der Bronzezeit und die Entwicklung der potamischen Kulturen an Euphrat, Tigris und Nil. Die Bronzezeit ging in die Eisenzeit über, und mit der räumlichen Erweiterung der potamischen zu den thalassischen Kulturen um das Mittelmeer erhöhte sich auch der Holzbedarf in bis dahin ungeahnter Weise. Nicht nur zur Herstellung der Holzkohle wurde das Holz gebraucht, sondern ebenso als **Brennstoff** zum Feuersetzen bei der Erzgewinnung[4], als **Baustoff** für Gebäude, Schiffe, Wagen und Geräte, sowie als **Hausbrand** und als **Rohstoff** in Gestalt von Pottasche für die Glasherstellung. Die Holzreserven des Mittelmeerraumes begannen sich zu erschöpfen, Verkarstung setzte ein, und die Mittelmeerkulturen sahen sich gezwungen, mehr und mehr in die wald- und damit holzreichen Regionen der europäischen Mitte und des Nordens vorzudringen. Der Mythos des Waldes, sein Reichtum und seine Gefah-

---

1 S. *Peter Plichta,* Benzin aus Sand. Die Silan-Revolution, München 2001.

2 Für das Mineralöl wird von einer Restdauer von ca. 40 bis 50 Jahren ausgegangen, für die Kohle verbleiben noch ca. 250 Jahre.

3 S. hierzu *Johan Goudsblom,* Die Entdeckung des Feuers, Frankfurt am Main und Leipzig 2000.

4 Bei der Technik des Feuersetzens wurde das abzubauende Gestein durch brennende Holzstöße erhitzt und dadurch für den Abbau mürbe gemacht, s. *Karl Bax,* Schätze aus der Erde: Die Geschichte des Bergbaus, Düsseldorf, Wien 1981, S. 56 ff.

ren, die Lichtung, die Köhler als schwarze Gesellen, *Wieland der Schmied*; hier liegen die Wurzeln und die Stärke der mittel- und nordeuropäischen Kulturen der dunklen Jahrhunderte und des sich entwickelnden Mittelalters. Das Holz aber bildete die materielle und energetische Grundlage, und dies erst recht, als sich um das Jahr 1000 mit der Erfindung des Hufeisens und der Entdeckung der ersten großen Silber- und Kupfervorkommen nördlich der Alpen der Reichtum der Stadtkulturen und der Fernhandel zu entwickeln begannen. Mit dem Wachsen der Bevölkerung stieg auch der Holzbedarf beständig an, die Entdeckung von Salzquellen und die Befeuerung der Sudpfannen der Salinen rissen riesige – z. T. bis heute nicht geschlossene – Löcher in die nordeuropäischen Landschaften. Brandrodung zur Gewinnung von Siedlungsland und Holzeinschlag zum Heizen der Backöfen, Braukessel und Glashütten, zum Kalk- und zum Ziegelbrennen taten ein übriges. Wer sich über die Ausbreitung der Technik, die Energiequellen und die Metallverarbeitung im 15.–18. Jahrhundert ein plastisches Bild machen möchte, der lese das 5. Kapitel im 3. Bande von *Braudels* großer Sozialgeschichte des 15.–18. Jahrhunderts und seine Ausführungen zum „Holz als tägliche Energiequelle“[5].

Zwar bedienten sich die Menschen auch der Kraft des Wassers und der Winde, der Zugkraft der Tiere und ihrer eigenen Muskelkraft, doch das Holz war und blieb der universellste und unentbehrlichste Energieträger. Mit der Entdeckung neuer Erdteile wuchsen ab dem 16. Jahrhundert die Flotten der Seemächte und damit der Bedarf an Holz als Baustoff; mit der Entwicklung der Waffentechnik wuchs der Bedarf an Kanonen und Geschützen und damit der Bedarf an Holzkohle zur Erschmelzung der Metalle, und mit der rapiden Bevölkerungszunahme stieg der Bedarf an Brenn-, Bauholz und Pottasche. Die Nachfrage nach Metallen in allen Wirtschaftsbereichen ließ auch die Holzkohle immer unentbehrlicher werden; die Holzvorräte begannen sich zu erschöpfen.

Angesichts des solchermaßen beständig anwachsenden Holzbedarfs begann sich in der ersten Hälfte des 17. Jahrhunderts auch in zahlreichen Regionen Nordeuropas ein spürbarer Holzmangel abzuzeichnen, der die Suche nach einem „alternativen“ Energieträger unausweichlich machte. Vor allem im – ohnehin nicht waldreichen – England näherten sich die Holzreserven rapide ihrem Ende – die erste europäische Energiekrise zeichnete sich ab[6]. Es zeugt vom Ingenium Europas, daß es diese Krise bewältigte, indem es sich einen neuen – und gleichzeitig altbekannten – Energieträger nutzbar machte: die Steinkohle. Daß mit dieser Hinwendung zur Steinkohle die Grundlagen für die erste industrielle Revolution und für den materiellen Aufbau unserer modernen Welt gelegt werden sollten, konnte damals freilich niemand ahnen.

Obwohl die Steinkohle und der Steinkohlenkoks zunächst in England, dann aber auch auf dem Kontinent zunehmend das Holz und die Holzkohle als Brennstoff und

---

5 *Fernand Braudel*, Sozialgeschichte des 15.–18. Jahrhunderts, „Der Alltag“, München 1985, S. 359 ff. (390 ff.).

6 Zum Bemühen um eine möglichst sparsame Holzverwendung s. *Johann Georg Leutmann*, Vulcanus Famulans oder Sonderbahre Feuer-Nutzung, welche durch gute Einrichtung der Stuben-Ofen, Camine, Brau- oder Saltz-Pfannen, Schmelz-, Destillir-, Treib und anderer Ofen kan erlangt und auf solche Art mit wenigem Holtze starcke Wärme und grosse Hitze gemacht werden, Dritte Edition, Wittenberg 1735.

Reduktionsmittel bei der Erzverhüttung verdrängten, blieb und bleibt das Holz nicht nur als Bau- und Rohstoff, sondern auch als Energieträger weiterhin von wesentlicher Bedeutung. Als billiger, dezentral verfügbarer und nachwachsender Rohstoff wird das Holz auch in Zukunft bei der Energieversorgung in zahlreichen Ländern eine wichtige Rolle spielen, vorausgesetzt, es wird dem Raubbau und der fortschreitenden Vernichtung der Regenwälder Einhalt geboten und weltweit eine nachhaltige Forstpolitik betrieben. Im Gegensatz zu den fossilen Energieträgern Kohle, Erdöl und dem Erdgas, deren Reserven begrenzt sind und die in historisch absehbaren Zeiträumen erschöpft sein werden, wird das Holz unter geeigneten Rahmenbedingungen prinzipiell auf unbeschränkte Zeit verfügbar sein. Zwar wird sein Beitrag – gemessen am gegenwärtigen Energieverbrauch – nur einen begrenzten Aktivposten in künftigen Energiebilanzen darstellen, doch werden die Angebots- und Nachfragestrukturen künftiger Jahrhunderte und Jahrtausende ohnehin grundlegend anders aussehen als die heutigen. Das Zeitalter des Holzes ist daher nicht nur das älteste, sondern es wird andauern und vermutlich auch das letzte sein.

2. Das Zeitalter der Steinkohle

Literatur:

Wilhelm Gumz, Rudolf Regul, Die Kohle, Entstehung, Eigenschaften, Gewinnung und Verwendung, Essen 1954; *Hans Hartmann*, Weltmacht Kohle, Stuttgart 1940; *W. Stanley Jevons*, The coal question, London 1865; *Folker Kraus-Weysser*, Kohle: Aufstieg, Fall und neue Zukunft, Wien-München 1981; *Anton Zischka*, Kohle im Atomzeitalter, Die Zukunft der Weltenergieversorgung, Gütersloh 1961.

Als in England die ersten Pioniere des Steinkohlensektors die Eigenschaften von Kohle und Koks als Ersatz für Holz und Holzkohle erprobten, war die Kohle als brennbares schwarzes Mineral in Europa schon seit Jahrhunderten – in China sogar seit Jahrtausenden – bekannt. Soweit sie zu Tage lag und leicht verfügbar war, benutzte man sie auch lokal als **Brennstoff**, doch fand sie in Ermangelung von Handel und Transport sowie wegen ihrer starken Rauchentwicklung keine allgemeine Verbreitung. Einige Städte – wie London – verbannten sie aus Gründen des Umweltschutzes ganz aus ihren Mauern.

Daß Steinkohle durch Erhitzen unter Luftabschluß in **Koks** verwandelt werden konnte, war seit dem 16. Jahrhundert bekannt, doch lohnten sich Abbau, Transport und Verkokung der Steinkohle erst, als die verfügbaren Holzreserven – wie oben beschrieben – zur Neige gingen. Da der Brennwert der Steinkohle den des Holzes übertraf und sich der Koks bei der Verhüttung von Erzen der Holzkohle überlegen zeigte, wuchs der Bedarf an Steinkohle im England des 18. Jahrhunderts rasch an. Durch die neue Technik der Herstellung von **Gußeisen**, das sich insbesondere im Brücken- und Gerätebau bewährte, stieg die Nachfrage nach Roheisen und mit ihr die nach Koks.

Die ersten, schon bestehenden Steinkohlenbergwerke erweiterten ihre Produktion, und neue Bergwerke entstanden. Der Abbau der Kohle wurde in größere Tiefen vorgetrieben, womit sich Probleme der Wasserhaltung und Belüftung stellten. Die Technik des Abpumpens von Wasser aus Bergwerken konnte aus dem Erzbergbau übernommen werden – was fehlte, war eine **Kraftmaschine**, um die Pumpen zu betreiben. Ihr Baustoff und ihr Brennstoff, Gußeisen und Steinkohle, standen zur Verfügung, und auch das Wirkungsprinzip des Dampfkessels war bekannt: die Zeit war reif für die Entwicklung der **Dampfmaschine.** *Denis Papin* (1690), *Thomas Savary* (1698), *Thomas Newcomen* (1711) und *James Watt*: mit ihren Erfindungen und der Steinkohle begann das Zeitalter der Dampfmaschine und mit ihr die erste industrielle Revolution, die Welt der Moderne. Das eigentliche Problem der Anfangsjahre war der **Wirkungsgrad** der in den Gruben eingesetzten Dampfmaschinen. Erst wenn mit ihrer Hilfe mehr Kohle gefördert werden konnte, als sie selbst verbrauchten, wurde ihr Betrieb wirtschaftlich sinnvoll. Mit der doppelt wirkenden Dampfmaschine *James Watts* (1782) war dieses Ziel erreicht[7], und von da ab verlief die weitere Entwicklung sehr schnell. Als erstes hatte das **Transportwesen** sein Gesicht verändert: Kohle war ein Massengut; um es schnell und billig zu transportieren, wurde ab der Mitte des 18. Jahrhunderts in England ein Netz von schmalen und noch heute bestehenden Kanälen gebaut, auf denen die Barken die Kohlen zu den Verbrauchern brachten[8]. Da der Betrieb von Dampfmaschinen nicht an die Kraft fließenden Wassers gebunden war, verloren die Flüsse ihre beherrschende Stellung als Kraftquelle und Ansiedlungsort für maschinenabhängige Wirtschaftsbetriebe. Die Erfindung der Dampfmaschine zog nun in schneller Folge die Erfindung anderer Maschinen nach sich, wie die mechanische Spinnmaschine (*Richard Arkwright* 1769), die mechanische Zylinderbohrmaschine (*John Wilkinson* 1776) und der mechanische Webstuhl (*Edmund Cartwright* 1785), deren Betrieb wiederum die Nachfrage nach Dampfmaschinen und Steinkohle zu ihrer Befeuerung erhöhte.

Mit der zunehmenden Verkokung von Steinkohle zu Koks wurde die Frage akut, ob sich auch für die hierbei anfallenden Nebenprodukte Gas und Teer die Möglichkeit einer wirtschaftlichen Verwendung bot. Für das **Steinkohlengas**, das bei der trockenen Destillation der Kohle entstand, war eine Nutzanwendung bald gefunden, da es selbst brennbar war und als Leuchtstoff eingesetzt werden konnte. Schon kurz nach der Wende vom 18. zum 19. Jahrhundert wurden in vielen Städten Gaslampen betrieben, das Zeitalter des „Gaslight“ mit seiner Romantik und seinen Schrecken begann.

Auch für den zunächst als eher lästig empfundenen **Steinkohlenteer** fand sich eine Verwendung, als der Schotte *MacAdam* seine Eignung als Straßenbelag entdeckte. Noch heute heißt der Straßenasphalt im Französischen „macadam“. Doch sollten bis zur wirklichen Entdeckung des gewaltigen Potentials des Steinkohlenteers noch mehrere Jahrzehnte vergehen. Denn ehe die Steinkohle über ihr Derivat, den Teer, die Revolution der Kohlechemie, der organischen Chemie, auslöste, sollte sie – zusammen mit der Dampfmaschine – das Verkehrswesen und damit die Begriffe von Raum und Zeit revolutionieren.

Die ersten Schienen aus Gußeisen waren schon 1767 in englischen Bergwerken verlegt worden, auf denen von Pferden gezogene Karren rollten. 1804 setzte *Trevithick* die Dampfmaschine auf Räder und schuf die erste **Lokomotive** für den Schienenbetrieb in Bergwerken. *Robert Fulton* und andere installierten die **Dampfmaschine auf Flußschiffen** (1807) und fuhren auf Binnengewässern und längs der Küsten, soweit die

---

7 S. *James Patrick Muirhead*, The Life of James Watt, London 1858.
8 S. zur „Kanalära“ *Wilhelm Treue*, Wirtschaftsgeschichte der Neuzeit 1700–1960, Stuttgart 1962, S. 66f.

Bunkerplätze für Kohle reichten. Wenige Jahrzehnte später wurden dann auch die ersten **Hochseesegler mit Dampfmaschinen** ausgerüstet, doch konnte an einen küstenfernen Hochseebetrieb und an Reisen von Kontinent zu Kontinent erst gedacht werden, als an den Küsten der Weltmeere die von Etappe zu Etappe erforderlichen Kohlenbunker eingerichtet und politisch-militärisch abgesichert waren. Das Zeitalter des Imperialismus hatte begonnen, und es ist nicht uninteressant, die Weltkarte der Kolonialreiche einmal unter dem Gesichtspunkt gesicherter **Dampfschiffrouten** zu betrachten. Die eigentliche Verkehrsrevolution fand jedoch nicht zu Wasser, sondern zu Lande statt, denn mit der Einführung der **Eisenbahnen** wurde der Transport von Mensch und Gütern nicht nur in bisher unbekanntem Maße beschleunigt, vor allem wurde er demokratisiert. Erst mit der Eisenbahn konnte das moderne Zeitalter der Massen beginnen, und erst mit der Eisenbahn ließen sich moderne Wirtschaftsräume aufbauen und Kontinente erschließen, wie das amerikanische und russische Beispiel zeigen. Aber auch moderne Massenkriege ließen sich erst durch die Eisenbahn führen – die Ambivalenz der Moderne zeigt hier nicht zum ersten Mal ihr Gesicht. Doch erschloß die Eisenbahn nicht nur Wirtschaftsräume, sie stellte selbst einen der wichtigsten Wirtschaftszweige dar; Vermögen wurden in den Streckenbau investiert, Vermögen gingen im Streckenbau verloren, die Eisenbahn blieb und ihr Netz wuchs unaufhörlich. Erst in England, dann in Belgien, dann in Deutschland und in anderen Ländern. Die Eisenbahn schuf die **Einheitszeit**[9], die Eisenbahn schuf den Bahnhofstresen, vor allem aber schuf die Eisenbahn eine immense Nachfrage nach Kohle und Stahl. Neue Kohlereviere wie das Ruhrgebiet und die belgischen Reviere entstanden, deren Ausbau weit mehr Arbeitskräfte erforderte, als in diesen ursprünglich ländlichen Gebieten verfügbar waren. Hier liegt nächst dem Zuge vom Land in die Stadt der Ursprung der modernen Massenmigration von Arbeitskräften. Polen kamen ins Ruhrgebiet, Italiener nach Belgien. Damit aber hatte die Steinkohle nicht nur den modernen Industrie- und Verkehrssektor geschaffen, sondern mit ihnen auch den modernen Kapitalismus, die soziale Frage in neuer Gestalt und das erhöhte Kriegspotential moderner Industrienationen. Auch die politische Frage nach der demokratischen Teilhabe der Massen an der Macht ließ sich nun nicht mehr verdrängen. Daran aber, daß diese Massen im 19. Jahrhundert überhaupt entstehen konnten, war die Steinkohle ebenfalls beteiligt, denn das rapide Bevölkerungswachstum dieser Zeit ist wesentlich den Erfolgen der Medizin, der Hygiene und den verbesserten Ernährungs- und Wohnmöglichkeiten der zweiten Hälfte dieses Jahrhunderts zu verdanken. Am Anfang dieser Erfolge stand der **Steinkohlenteer**.

Die einzelnen Etappen dieser nun in aller Kürze zu beschreibenden Entwicklung gehören zu den spannendsten und allgemein am wenigsten bekannten Kapiteln der Geschichte des 19. Jahrhunderts. Am Anfang standen Chemiker wie *Runge* in Deutschland und *Perkin* und *Hoffmann* in England, die den Steinkohlenteer auf seine Bestandteile analysierten und deren Verwertbarkeit prüften. Dabei entdeckte *Runge* im Jahre 1834 das Anilin, den ersten aus Teer gewonnenen künstlichen Farbstoff. Indigo und andere Farben folgten: der Anfang der **Teerchemie** war gemacht und das Jahrtausende alte Monopol der Farbenpflanzen Waid und Krapp gebrochen. Die Suche

---

9 S. *Clark Blaise*, Die Zähmung der Zeit: *Sir Sandford Fleming* und die Erfindung der Weltzeit, 2. Aufl., Frankfurt am Main 2001.

ging weiter: die Teerchemie entwickelte sich zur **Kohlechemie**, der Chemie der Kohlenstoffverbindungen, d. h. der organischen Chemie. *Kekulé* entdeckte den Benzolring, der Analyse folgte die Synthese. Erste Konservierungsstoffe wie Karbol und erste Desinfektionsmittel wie Ichtyol wurden aus Teer gewonnen. Mit Teerfarben ließen sich erstmals Präparate unter dem Mikroskop einfärben, Bakterien sichtbar machen und die Entwicklung von Zell- und anderen Kulturen unter dem Mikroskop auszählen und verfolgen. Die materiellen Voraussetzungen für die Arbeiten eines *Robert Koch* und *Louis Pasteur* waren gelegt. Aber nicht nur die **medizinische Forschung** wurde durch die Teerchemie begünstigt, der Teer stellte auch den Grundstoff für die Herstellung zahlreicher neuer **Arzneimittel** dar, die **pharmazeutische Industrie** konnte sich ab den 60er Jahren des 19. Jahrhunderts auf der Grundlage der Kohlechemie entwickeln. Um die Jahrhundertwende sollten die deutschen Pharmaprodukte führend in der Welt sein.

Doch damit nicht genug: auch die Welt der **Kunststoffe** ist dem Steinkohlensektor zu verdanken und mit ihr die Welt der **Elektrotechnik, Elektronik** und der **Leichtmetalle.** Die wesentlichen Eigenschaften des elektrischen Stroms waren um die Mitte des 19. Jahrhunderts bekannt, nur ließ er sich mangels geeigneter **Isolatoren** zur Ummantelung der Drähte und Kabel nur sehr begrenzt nutzen. Guttapercha war nicht temperaturresistent und witterungsbeständig, Glas und Keramik waren nicht flexibel und bruchsicher. Erst mit der Entwicklung geeigneter Isolatoren auf Kunststoffbasis konnte die Elektrotechnik ihren Siegeszug antreten, wobei der Steinkohle als Teerlieferant zur Kunststofferzeugung und als Kesselkohle zur Befeuerung von Elektrizitätswerken erneut eine Schlüsselrolle und ein weiteres riesiges Absatzgebiet zufielen. Mit dem Einsatz der Elektrotechnik im Transportwesen konnten die Städte in die Breite und durch die Erfindung des elektrisch angetriebenen **Fahrstuhls** in die Höhe wachsen. Zum Wachsen in die Höhe gehörte freilich auch der **Stahl** – doch auch an seiner Produktion und an der Revolutionierung des Bauwesens durch ihn war und ist die Steinkohle – zusammen mit dem Eisenerz – beteiligt. Etwas anders liegen die Dinge bei der Herstellung der **Leichtmetalle**, die nicht durch Reduktion im Hochofen erschmolzen, sondern elektrolytisch gewonnen werden. Doch auch hier stellte die Steinkohle nicht nur die Primärenergie zur Erzeugung des für die Elektrolyse erforderlichen Stroms, sondern auch die Isolatoren für die eingesetzte Elektrotechnik. Die Welt der Leichtmetalle aber erzeugte die Welt des **Flugverkehrs**; auch sie ist damit historisch in direkter Linie auf die Steinkohle zurückzuführen, ebenso wie die moderne Welt der **Kommunikations- und Informationstechnologie.**

Der der Steinkohle zu verdankende technische Fortschritt steigerte nicht nur die Nachfrage nach ihr in nahezu exponentieller Weise, sondern erleichterte auch die Bedingungen ihrer Förderung. Der Steinkohlenbergbau wurde zunehmend produktiver, die Arbeitsbedingungen für die Bergleute sicherer und die Produkte hochwertiger. Im Jahre 1906 wurde der **Preßlufthammer** erfunden, was die Produktivität erneut ansteigen ließ. Am Vorabend des ersten Weltkrieges erzeugten Deutschland 190 Mio Tonnen, England 292 Mio Tonnen und die USA 517 Mio Tonnen[10] Steinkohle. Doch nicht nur im industriellen Bereich beruhte der Fortschritt auf der Stein-

10 S. *Gustav Hempel*, Die deutsche Montanindustrie, Berlin 1934, S. 219.

kohle und ihren Derivaten, auch die **Landwirtschaft** sollte von ihnen profitieren. Als Kraftquelle für den Betrieb von Mahlwerken und anderen landwirtschaftlichen Großgeräten wurden zunehmend stationäre Dampfmaschinen verwendet und auf den Feldern die beweglich einsetzbaren **Lokomobile** und der Dampfpflug. Der eigentliche Durchbruch zur Ertragssteigerung wurde jedoch durch den Einsatz von **Kunstdünger** erzielt, dessen Wirkungsprinzip schon *Justus von Liebig* beschrieben hatte. Die Lösung lieferten Kohle und Stahl und die Idee eines schottischen Gerichtsschreibers und Amateurforschers: *Stanley Gilchrist Thomas*. Hatte sich bisher die Verhüttung stark phosphorhaltigen Eisenerzes aufgrund der mangelhaften Qualität des Eisens als wirtschaftlich unergiebig erwiesen, so fand *Thomas* heraus, daß eine Auskleidung der Hochöfen mit einer Kalkschicht dem Eisen den Phosphor entzog. Hierbei bildete sich **Phosphorkalk**, der als sog. **Thomasmehl**, als erster in großen Maßstäben hergestellter Kunstdünger, die landwirtschaftlichen Erträge und damit die Ernährungslage insgesamt entscheidend verbesserte.

Mit dem ersten Weltkrieg verwandelte sich der bis dahin friedliche Wettkampf der großen Mächte in eine militärische Auseinandersetzung, deren energetische Grundlage wiederum die Steinkohle bildete. Zur Sicherstellung ihrer Produktion und zur Zuteilung knapper Ressourcen wurden besondere Maßnahmen ergriffen, die z. T. auch nach dem Kriege in Kraft blieben.

Schon im ersten Weltkrieg und in den zwanziger Jahren entstand der Steinkohle mit dem Erdöl in Teilbereichen ein Konkurrent, der sich mit der zunehmenden Verbreitung von Verbrennungsmotoren im Schwertransport Schritt für Schritt durchsetzen sollte. Dampfschiffe und Lokomotiven rüsteten erst vereinzelt und dann zunehmend auf Ölfeuerung um, und auch der bis dahin zu vernachlässigende Individualverkehr gewann mehr und mehr an Bedeutung. Doch erst nach dem zweiten Weltkrieg sollte die **strategische Rolle des Erdöls** offenbar werden, das sich aufgrund seiner leichten Handhabbarkeit im Verkehrssektor und bei den mobilen militärischen Einsatzkräften schließlich vollends durchsetzte. Am Ende des zweiten Weltkriegs stand das Kräfteverhältnis zwischen Kohle und Öl noch 75 % zu 25 %, Ende der 50er Jahre war die Parität erreicht und von da ab dominierte das Erdöl.

Doch solange weltweit Steinkohle gefördert wird, ist ihr Zeitalter nicht zu Ende. Nach verfügbaren Schätzungen reichen die bekannten Reserven noch für 200–250 Jahre, länger jedenfalls als die des Erdöls. Bis dahin aber wird der Steinkohle weiterhin eine unverzichtbare Rolle bei der Energieversorgung und der Stahlerzeugung zukommen.

3. Das Zeitalter des Erdöls

Literatur:

Fren Förster, Geschichte der Deutschen BP 1904–1979, Hamburg 1979; *David Glasner*, Politics, Prices and Petroleum, The Political Economy of Energy, San Francisco 1985; *Georg Engelbert Graf*, Erdöl, Erdölkapitalismus und Erdölpolitik, Jena, o. J.; *Stephen Howarth*, A Century in Oil, The „Shell" Transport and Trading Company 1897–1997, London 1997; *Godfried Jaeken*, Big Oil van Bagdad tot de Noordzee, Berchem 1991; *Kurt Kuberzig*, Öl aus der Tiefe, Würzburg 1964; *Henry Longhurst*, Adventure in Oil. The Story of British Petroleum, London 1959; *L. Nauwelaerts*, Petroleum, Macht der Erde, Leipzig 1937; *Ohne Autorenangabe*, Our Industry, Anglo-Iranian Oil Co. Ltd., Second Edition, London 1949; *Gordon A. Purdy*, Petroleum, Prehistoric to Petrochemicals, Vancouver, Toronto, Montreal 1957; *Anthony Sampson*, The Seven Sisters, the Great Oil Companies and the World they made, London 1975; *Christopher Tugendhat*, Erdöl, Treibstoff der Weltwirtschaft, Sprengstoff der Weltpolitik, Reinbek 1972; *Daniel Yergin*, The Prize. The Epic Quest for Oil, Money and Power, London u. a. 1991; deutsche Fassung: Der Preis – Die Jagd nach Öl, Geld und Macht, Frankfurt a. M. 1991; *Anton Zischka*, Ölkrieg, Wandlung der Weltmacht Öl, Leipzig 1939.

Als Erdpech, Bitumen, Asphalt war das Erdöl schon im Altertum bekannt. Wo immer es an die Oberfläche trat, konnte es für friedliche Zwecke als Heilmittel und für kriegerische Zwecke – z. B. in Gestalt des legendären „griechischen Feuers" – Verwendung finden. Größere praktische Bedeutung hat es indessen bis zur Hälfte des 19. Jahrhunderts nicht erlangen können. Die als Lampen- und Schmieröle eingesetzten Substanzen wurden entweder aus Pflanzen gewonnen, wie das Rapsöl, oder man benutzte das ebenso beliebte wie teure Tranöl, zu dessen Gewinnung die Wale der Weltmeere gejagt wurden. Kerzen waren nur als Wachskerzen bekannt, und ihr Gebrauch war aufgrund des hohen Preises von Bienenwachs allein den Reichen und der Kirche vorbehalten. Doch – wie gesagt – Tranöl war teuer und Rapsöllampen hatten die unangenehme Eigenschaft zu blaken. Kurzum: um die Mitte des 19. Jahrhunderts gab es einen potentiell riesigen Markt für einen billigen und sauber brennenden **Leuchtstoff** für die breiten Massen der Bevölkerung in Stadt und Land. Er wurde gefunden im Erdöl, dessen erste bekannte Lagerstätten am Südrand der Lüneburger Heide und in Titusville/Pennsylvania im Jahre 1859 erschlossen wurden. Das Rohöl wurde zu Lampenöl destilliert und in Fässern (Barrels) verfrachtet. Der Handel entwickelte sich gut und die Nachfrage stieg. Doch sollte das Erdöl seinen kometenhaften Aufstieg nicht als Leuchtstoff erleben – hier stand es in Konkurrenz zum Leuchtgas und wurde schon ab der Jahrhundertwende schrittweise durch die elektrische Glühbirne ersetzt – sondern als **Kraftstoff** zum Antrieb von Verbrennungsmotoren und als **Brennstoff** zum Beheizen von Dampfkesseln.

Auch bei der Entwicklung der **Verbrennungsmotoren** hatte die Steinkohle – indirekt – Pate gestanden. Das Prinzip der Expansion eines Gases im Zylinder zum Antrieb eines Kolbens war von der Dampfmaschine her bekannt, doch gab es einen Zwischenschritt zwischen ihr und dem modernen Verbrennungsmotor: den stationären Gasmotor. Nicht mit Benzin oder Diesel wurden die ersten Verbrennungsmotoren angetrieben, sondern mit Steinkohlengas: *Lange* und *Otto* stellten ihren ersten stationären Viertaktgasmotor auf der Weltausstellung 1867 in Paris vor. Indes sollte sich das Prinzip des Viertaktverbrennungsmotors erst durchsetzen, als es gelang, die Motoren von ihrer stationären Gasversorgung unabhängig zu machen. Der entscheidende Schritt hierzu war die Erfindung des **Vergasers**, mit dessen Hilfe Benzin und Luft in ein brennbares gasförmiges Gemisch verwandelt und im Zylinder zur Explosion gebracht werden konnten. Damit war der „mobile" Motor erfunden, dessen Verbindung mit dem Prinzip der Kutsche „auf Räder gesetzt" das „Auto"-mobil, das selbstbewegte Fahrzeug, erschuf.

Während im **Benzinmotor** die leichteren Fraktionen des Erdöls mit Luft vermischt durch einen Zündfunken zur Explosion gebracht werden, liegt dem **Dieselmotor** ein anderes und völlig eigenständiges Wirkungsprinzip zugrunde: der Dieselmotor verzichtet auf die Vergasung des Brennstoffs und benötigt auch keinen Zündfunken, um die Kraftstoffexplosion auszulösen. Ebensowenig wird ein Dieselmotor mit höherwertigen leichten Fraktionen betrieben, sondern mit dem schwereren Dieselöl. Das

Wirkungsprinzip des Dieselmotors beruht auf einer außerordentlich **hohen Verdichtung** der angesaugten oder eingepreßten Luft, die deren Temperatur auf über 600 Grad ansteigen läßt. In diese „glühende" Luft wird ein winziges Tröpfchen Dieselkraftstoff eingespritzt, das im Zylinder explosionsartig verbrennt und dadurch den Kolben treibt. Als robusterer, sparsamerer und langlebigerer Motor sollte der Dieselmotor und nicht der Benzinmotor die eigentliche Nachfolge der Dampfmaschine antreten, die er ab dem 1. Weltkrieg Schritt für Schritt erst im Dampfschiff- und dann im Lokomotivbau verdrängte. Mit der Dampfmaschine wurde aber auch ihr Brennstoff, die Steinkohle, verdrängt, und selbst dort, wo Dampfmaschinen bzw. Dampfturbinen weiter betrieben wurden, trat an die Stelle der Steinkohle zunehmend das bequemere, billigere und einfacher zu handhabende Schweröl.

Lediglich im Bereich des **Straßenverkehrs** verdrängte das Erdöl nicht die Kohle, sondern das Pferd. Mit dem benzinbetriebenen Personenkraftwagen, dem dieselbetriebenen Lastkraftwagen und dem Flugzeug schuf das Erdöl gänzlich neue Verkehrsmittel, deren unaufhaltsamer Erfolg die moderne Lebenswelt grundlegend verändert hat.

Aber nicht nur als Brenn- und Kraftstoff trat das Erdöl mehr und mehr an die Stelle der Kohle, sondern auch als Grundstoff für die Herstellung von Kunststoffen und Arzneimitteln; die **Petrochemie** verdrängte die Kohlechemie. Ähnlich wie im Falle der Steinkohle beruhte der Erfolg des Erdöls nicht zuletzt darauf, daß sich das Produkt in allen seinen Bestandteilen nebst sämtlichen Nebenprodukten restfrei wirtschaftlich verwerten ließ. Wie die Steinkohle in ihrer Zeit sollte sich das Erdöl mit wachsender Nachfrage zu einem Erzeugnis von geostrategischer Bedeutung entwickeln, dessen Förderung, Transport und Verteilung zu einem der weltweit wichtigsten Wirtschaftssektoren heranwuchs, um dessen willen Staatenbündnisse geschlossen und Kriege geführt wurden und werden.

4. Das Zeitalter der Kernkraft

Literatur:

Günther Anders, Die atomare Bedrohung, München 1981; *Heimo Hardung-Hardung*, Chancen in der Atomwirtschaft, Düsseldorf 1958; *Jost Herbig*, Kettenreaktion, Das Drama der Atomphysiker, München 1979; *Erwin Erasmus Koch*, Uran. Ein Erz verändert die Welt, Bonn 1957; *William L. Laurence*, Die Geschichte der Atombombe, München 1952; *Norman Moss*, The Politics of Uranium, London 1981; *J. Robert Oppenheimer*, Atomkraft und menschliche Freiheit, Hamburg 1957; *Thomas Power*, Heisenberg's War, The secret History of the German Bomb, New York 1993; *Joachim Radkau*, Aufstieg und Krise der deutschen Atomwirtschaft 1945–1975, Reinbek 1983; *Richard Rhodes*, The Making of the Atomic Bomb, London 1988; *Edward Teller*, Energy from Heaven and Earth, San Francisco 1979; *Edward Teller, Allen Brown*, The Legacy of Hiroshima, New York 1962.

150 Jahre vor der Entdeckung der Kernspaltung durch *Otto Hahn*, *Fritz Strassmann* und *Lise Meitner* fand der deutsche Apotheker *Klaproth* bei seinen Forschungen ein Metall, dessen spezifisches Gewicht und chemische Eigenschaften es als neues, bis dahin unbekanntes Element auswiesen. Es war das Jahr 1789, das Jahr der französischen Revolution. Nur wenige Jahre zuvor, 1781, hatte der große deutsch-britische Astronom *Herschel* den Planeten Uranus entdeckt. *Klaproth*, ein großer Bewunderer *Herschels*, benannte das von ihm entdeckte Element Herschel zu Ehren **Uran**. Vom Uran, dessen Hauptfundort zu damaliger Zeit die Randgebiete Böhmens waren, wußte man, daß

es Gläser gelblich färbte, wenn es der Glasschmelze beigegeben wurde („Böhmische Gläser"). Ansonsten hatte man für das schwere Metall nur wenig Verwendung. Noch 1936, also knapp zwei Jahre vor der Entdeckung der Kernspaltung und dem Anbruch des Atomzeitalters hieß es in einem angesehenen Lehrbuch der Chemie: „Das Uran hat bisher als Metall keine besondere Bedeutung erlangt" [11].

Und in der Tat bedurfte es auf dem Weg von der Entdeckung des Urans bis zum Atomzeitalter noch zahlreicher Zwischenschritte, deren erster die **Entdeckung der Radioaktivität** durch *Becquerel* im Jahre 1896 werden sollte. Becquerel bemerkte, daß Uransalze Photoplatten belichten konnten und schloß daraus auf eine neue Art von Strahlung, die vom Uran ausging. Das Element erwies sich – ähnlich einer Lichtquelle – als „strahlen-aktiv", d. h. als radio-aktiv. Die Forschungen des Ehepaars *Curie* entwickelten die Theorie der Radioaktivität, und 1907 beschrieb der Neuseeländer *Ernest Rutherford* erstmalig die Natur der radioaktiven Strahlen, die er in α-, β- und γ-Strahlen unterteilte [12]. Im gleichen Zeitraum entdeckte *Max Planck*, daß die Natur Energie nicht kontinuierlich – d. h. in jeder beliebigen Stückelung – erzeugt, sondern nur in Form kleinster unteilbarer Energiepakete, der sog. Quanten. Über weitere Zwischenschritte wie das *Bohrsche* Atommodell, die Entdeckung der Äquivalenz von Masse und Energie durch *Einstein* sowie die Quantenphysik wurde der Boden bereitet für die Entdeckung der **Kernspaltung** – und vor allem für die Erkenntnis des gewaltigen energetischen Potentials einer atomaren Kettenreaktion. Daß dieses Potential im Manhattan-Projekt zuerst für militärische Ziele eingesetzt wurde, liegt bis heute wie ein Fluch über der Kernkraft, obwohl man schon bald nach Hiroshima und Nagasaki über ihre Verwendung für friedliche Zwecke nachdachte. *Edward Teller* entwickelte sein Ploughshare-Programm [13], und erste Kernreaktoren für den Schiffsantrieb wurden entwickelt. 1954 lief das erste mit Atomkraft angetriebene Unterseeboot vom Stapel, und 1955 wurde der erste atomgetriebene sowjetische Eisbrecher „Lenin" in Dienst gestellt. Die reaktorgetriebenen Frachtschiffe „Savannah" und „Otto Hahn" (Stapellauf 1964) hingegen sollten nur eine Episode bleiben.

Der industrielle Ursprung der Kernkraft im militärischen Sektor, die strategische Bedeutung des Kernmaterials und die hohen Kosten der Entwicklung einer zivilen Kernindustrie führten dazu, daß die zivile Nutzung der Kernkraft im wesentlichen im Rahmen staatlicher Atomprogramme vorbereitet und ins Werk gesetzt wurde. Die USA, Frankreich und Großbritannien schufen zu diesem Zwecke nationale Agenturen; in Bonn wurde 1955 ein Atomministerium gegründet. Als internationale Kernforschungseinrichtung wurde 1953 CERN gegründet. 1957 folgte die Internationale Atomenergie-Behörde und 1958 EURATOM und die Nuclear Energy Agency der OEEC/OECD in Paris.

Das erste Kernkraftwerk der Welt, Calder Hall in England, ging 1956 ans Netz, es folgte in Deutschland 1961 das erste Versuchs-Kernkraftwerk in Kahl am Main. Im

---

11 *Walter Hückel*, Anorganische Chemie, Leipzig 1936, S. 496.

12 *Ernest Rutherford*, Die Radioaktivität, Berlin 1907.

13 Das Programm sieht den Einsatz von Nuklearexplosionen als Sprengmittel für zivile Zwecke vor (z. B. bei Kanal- und Tunnelbauten sowie im Bergbau), s. *Edward Teller* with *Allan Brown*, The Legacy of Hiroshima, Garden City, New York 1962, p. 83 ff.

Jahr 2000 wurden in der Gemeinschaft 143 Kernreaktoren mit einer Nettoleistung von 123 GWe betrieben, weltweit sind es zur Zeit 426. Doch besteht die Kernindustrie nicht nur aus Kernkraftwerken. Hinzu kommen der Uranerzbergbau, die Anreicherungsanlagen, die Brennelementefertigung, die Wiederaufarbeitung sowie die Zwischen- und Endlagerung der nuklearen Abfälle.

II. Die historischen Wurzeln des Energierechts

1. Das Bergrecht

Literatur:

Herbert Weller, Erläuterungen zum Bundesberggesetz, in: Das deutsche Bundesrecht, III D 50, Juni 1999, Baden-Baden; *Raimund Willecke*, Vom Preußischen Allgemeinen Berggesetz zum Bundesberggesetz – Entwicklungstendenzen im deutschen Bergrecht, Stuttgart 1988.

Unter Bergrecht im weiteren Sinne versteht man die Gesamtheit der den Bergbau betreffenden Sonderrechtssätze bezüglich der Aufsuchung und Gewinnung, der Be- und Verarbeitung sowie des Absatzes von Mineralien [14].

Mit der Entwicklung des Bergbaus in Deutschland ab dem 10. Jahrhundert entstanden regional die ersten **Bergrechtsgewohnheiten** und insbesondere der Grundsatz der **Bergbaufreiheit**, der sich von Sachsen und Thüringen aus über ganz Zentraleuropa verbreitete. Eingeschränkt wurde dieser Grundsatz durch sog. **Bergregalien** (Königliche bzw. Kaiserliche Rechte), wie sie *Friedrich I. Barbarossa* in den Constitutionen von 1158 festlegte [15] und wie sie späterhin auf die Landesfürsten übergingen (Goldene Bulle *Kaiser Karls IV*, 1356, Kapitel X).

Mit der zunehmenden geographischen Ausbreitung des Bergbaus im Hochmittelalter entstand das Bedürfnis nach Kodifizierungen der gewohnheitsrechtlichen Regelungen, die insbesondere in Gestalt des **Iglauer Bergrechts** von 1249 allgemeine Geltung gewannen. Auf ihrer Grundlage erließen die Landesherren ab dem 14. Jahrhundert **Bergordnungen** für ihre Territorien, wobei anzumerken ist, daß hierbei sowohl tatsächlich wie rechtlich der **Erzbergbau** im Vordergrund stand. Zwar sind auch Zeugnisse und Urkunden über den mittelalterlichen **Steinkohlenbergbau** überliefert [16] (1113–1115 Aachener Revier, 1261 Lüttich, 1239 Newcastle, 1302 Dortmund), doch erwähnt selbst noch das Allgemeine Preußische Landrecht von 1794 die Stein- und Braunkohlen unter den „Inflammabilien" an letzter Stelle [17].

In der zweiten Hälfte des 19. Jahrhunderts traten an die Stelle der Bergordnungen die von den deutschen Einzelstaaten erlassenen **Berggesetze** und insbesondere das Preußische Allgemeine Berggesetz vom 24. 6. 1865. Nach Gründung des deutschen

---

14 Staatslexikon, Erster Band, Spalte 1068, 6. Aufl., Freiburg 1957.

15 S. *Kurt Pfläging*, Die Wiege des Ruhrkohlenbergbaus, Essen 1987, S. 15.

16 A. a. O. S. 19f.

17 S. Teil II, Titel 16, Vierter Abschnitt „Vom Bergwerksregal" §§ 69, 72: „... gehören ... ausschließlich zum Bergwerksregal ... so wie auch alle Inflammabilien als: Schwefel, Reißblei, Erdpech, Stein- und Braunkohlen" (Allgemeines Landrecht für die Preußischen Staaten, 4. Band, Berlin 1863, S. 174f.).

Reiches traten einige reichsrechtliche Regelungen hinzu, und nach Gründung der Bundesrepublik Deutschland unterfiel das Bergrecht nach Art. 74 Ziffer 11 GG dem Bereich der konkurrierenden Gesetzgebung des Bundes. Das heute geltende Bundesberggesetz wurde am 13. August 1980 verabschiedet[18].

2. Das Gewerberecht

Literatur:

Winfried Schmitz, Das Recht der Energiewirtschaft im Ausland (Westeuropa), München 1953; *Klaus Schnyder*, Die Handels- und Gewerbefreiheit in der Energiewirtschaft, Winterthur 1958.

Ist das Bergrecht als spezielles Gewerberecht des Montansektors für die **Erschließung** und **Gewinnung** der mineralischen und fossilen Energiestoffe zuständig[19], so gehören die mit der **Verarbeitung, Lagerung** und **Vermarktung** von Energiestoffen zusammenhängenden Aktivitäten[20] zu jenen Tätigkeiten, die traditionell dem allgemeinen Gewerberecht unterfallen[21]. In der Ausgestaltung der Gewerbegesetzgebung stehen historisch zwei Hauptrichtungen einander gegenüber: die etatistische, die das Gewerbe teils in staatlicher Regie, teils durch Vorschriften und Zwangseinrichtungen organisiert und steuert, und die liberale, die auf die freie wirtschaftliche Betätigung der Gewerbetreibenden setzt und ihr lediglich gewisse Rahmenbedingungen vorgibt. Dieser Gegensatz zwischen Etatismus und Gewerbefreiheit kennzeichnet nicht nur das Energierecht der Mitgliedstaaten, er hat auch das Energierecht der Gemeinschaften in entscheidender Weise geprägt. Auf der Ebene der Mitgliedstaaten ist es vornehmlich Frankreich, dessen große Staatsbetriebe noch heute den Energiesektor beherrschen, aber auch anderen Mitgliedstaaten sind z. B. staatliche Handelsmonopole auf dem Energiesektor nicht fremd. Größer ist hingegen das Lager der Mitgliedstaaten, die sich durch eine dezentrale Organisation der Wirtschaft auszeichnen. Zu ihnen gehört auch Deutschland. Auf der Ebene des Gemeinschaftsrechts reicht das Spektrum von monopolistischen Strukturen (s. das Beispiel der Euratom-Versorgungsagentur) bis hin zur vollständigen Liberalisierung des Energiesektors im Binnenmarkt.

Unabhängig von der Organisationsform der Wirtschaft hat das alte gewerberechtliche Prinzip der **Zuverlässigkeit** für den Energiesektor eine besondere Bedeutung erlangt; die Gewerbeuntersagung wegen Unzuverlässigkeit ist als sog. **Abmeierung** in das deutsche Energiewirtschaftsgesetz eingegangen. Aber auch andere wesentliche Prinzipien des Gewerberechts haben im Energiewirtschaftsrecht eine spezifische Ausprägung erfahren wie das Erfordernis von Anzeigepflichten sowie einer besonderen Überwachung und Genehmigung, die insbesondere auf der Gefährlichkeit bestimmter Energieanlagen beruhen (s. hierzu unten 3.). Darüberhinaus leben historische Maß-

---

18 BGBl. I S. 1310.
19 Sog. up-stream Tätigkeiten.
20 Sog. down-stream Tätigkeiten.
21 S. für Deutschland die Gewerbeordnung für den Norddeutschen Bund von 1869 sowie heute die Bekanntmachung der Neufassung der Gewerbeordnung vom 22. Februar 1999, BGBl. 1999 I S. 202.

nahmen „zur Förderung des Gewerbefleisses" in modernen Programmen zur Wirtschaftsförderung fort, die nicht nur im nationalen Recht, sondern auch im Gemeinschaftsrecht eine immer wichtigere Rolle einnehmen.

3. Das Recht der Sicherheit technischer Anlagen

Literatur:

Rüdiger Breuer, Anlagensicherheit und Umweltschutz im Energiesektor, in: *Klaus-Peter Dolde*, Umweltrecht im Wandel, Berlin 2001, S. 915.

Zwar war und ist die Sicherheit im Bergbau eines der Anliegen des Bergrechts, doch sind dessen Regelungen auf Bergwerke und Bergleute beschränkt. Abgesehen von frühen Verordnungen zum Schutze der Bevölkerung vor Kohlenrauch und Ruß und von feuerpolizeilichen Bestimmungen wurden rechtliche Vorschriften zur Sicherheit der Energienutzung erst mit der Einführung und Verbreitung der Dampfmaschine erforderlich. Zur Abwehr der Gefahren durch explodierende Dampfkessel führten die europäischen Industriestaaten in der zweiten Hälfte des 19. Jahrhunderts die sog. **Dampfkesselpolizei** ein, die für alle Maßnahmen zur Verhütung von Unfällen beim Betrieb von Dampfkesseln zuständig war[22]. Entweder wurde der Betrieb einer Anlage einem vorherigen Genehmigungsverfahren unterworfen (sog. **Konzessionsverfahren**) oder der Betreiber wurde zur Anzeige der Betriebsaufnahme und Einhaltung der technischen Regeln verpflichtet und der Verstoß mit der Verfügung der Betriebseinstellung geahndet (sog. **Deklarationsverfahren**). Zur Durchführung periodischer Überprüfungen der Anlagen (Revisionen) wurden sog. Kesselrevisionsverbände gegründet, die im Interesse ihrer Mitglieder, teils auch im staatlichen Interesse und jenem der Versicherer, die private Beaufsichtigung übernahmen. In einem weiteren Schritt wurde einzelnen Vereinen die staatliche Anerkennung ihrer Prüfergebnisse zugesichert und schließlich sogar die Überwachung der Anlagen von Nichtmitgliedern übertragen.

Mit zunehmendem technischen Fortschritt und dem Bedürfnis nach Gewährleistung der Sicherheit auch anderer technischer Anlagen als Dampfkessel erweiterte sich der Tätigkeitsbereich der **technischen Überwachungsvereine** und der Umfang an rechtlichen Regelungen auf technischem Gebiet. Mit der Entwicklung des Elektrizitätssektors wurde die **Überprüfung elektrischer Anlagen** erforderlich, und der Siegeszug des Automobils bedingte die Einführung periodischer technischer Kontrollen zur Gewährleistung der **Kfz-Sicherheit.** Mit dem Verbrauch von Gas und Mineralöl sind weiterhin **Vorschriften über Pipelines und Druckbehälter** hinzugekommen, und der vorläufige Gipfelpunkt der Komplexität wird mit den Vorschriften über die **Sicherheit kerntechnischer Anlagen** erreicht.

---

22 S. hierzu ausführlich den Eintrag: Dampfkesselpolizei, im Handwörterbuch der Staatswissenschaften, Dritter Band, 2. Aufl., Jena 1900, S. 108.

4. Das Kriegswirtschaftsrecht

Literatur:

Heinrich Dörner, Preiskontrollen im Ersten Weltkrieg. Ein Beitrag zur Geschichte des Wirtschaftsrechts, in: *Herbert Leßmann, Bernhard Großfeld, Lothar Vollmer*, Festschrift für *Rudolf Lukes* zum 65. Geburtstag, Köln u. a. 1989; *Ernst Heymann*, Die Rechtsformen der militärischen Kriegswirtschaft als Grundlage des neuen deutschen Industrierechts, Marburg 1921; *Ernst Schulin*, Krieg und Modernisierung. Rathenau als philosophierender Industrieorganisator im Ersten Weltkrieg, in: *Tilmann Buddensieg* u. a. (Hrsg.), Ein Mann vieler Eigenschaften. Walther Rathenau und die Kultur der Moderne, Berlin 1990. S. 55. S. dort auch die Beiträge von *Thomas P. Hughes*, Walter Rathenau: „system builder" (S. 9) und *Hans-Dieter Hellige*, Walter Rathenau: Ein Kritiker der Moderne als Organisator des Kapitalismus.

Während das Recht der Anlagensicherheit auf die **technische** Natur des Energiesektors verwies, zeigte sich zu Beginn des 20. Jahrhunderts – und insbesondere im 1. Weltkrieg – insbesondere sein gestiegenes **politisch-ökonomisches** Gewicht. Als strategisches Wirtschaftsgut trat die Energie aus dem Bereich des Privaten heraus und wurde durch das Kriegswirtschaftsrecht zentraler staatlicher Lenkungsgewalt unterworfen. Die Regelung von Produktion, Verteilung und Verbrauch der kriegswichtigen Ressource Steinkohle machte Lenkungseingriffe erforderlich, die über die klassischen Regelungen des Gewerbe- und Polizeirechts weit hinausgingen, ja es ist nicht übertrieben festzustellen, daß das moderne Wirtschaftsverwaltungsrecht, wie wir es heute kennen, in wesentlichen Teilen im 1. Weltkrieg entstanden ist. Die Erkenntnis *Walther Rathenaus*, daß die Wirtschaft unser Schicksal sei, veranlaßte ihn 1917 zur Gründung des **Reichswirtschaftsamts**, aus dem das **Reichswirtschaftsministerium** und später das Bundesministerium für Wirtschaft hervorgingen.

Schon am 4. August 1914 erging das Gesetz über die Ermächtigung des Bundesrats zu wirtschaftlichen Maßnahmen[23], auf dessen Grundlage der Bundesrat am 24. Februar 1917 die **„Verordnung über die Regelung des Verkehrs mit Kohle"** erließ[24]. Ihr § 1 verfügte lapidar:

> „Der Reichskanzler wird ermächtigt, die im Deutschen Reiche vorhandenen Erzeugnisse der Steinkohlen- und Braunkohlenwerke (Steinkohlen, Braunkohlen, Briketts und Koks) für die Versorgung des Inlands sowie für die Ausfuhr in Anspruch zu nehmen."

Soweit eine Einigung über den Übernahmepreis nicht erreicht werden konnte, wurde er nach § 4 „durch ein Schiedsgericht endgültig festgesetzt"[25]. Die Befugnisse des Reichskanzlers wurden am 28. Februar 1917 einem **„Reichskommissar für Kohlenverteilung"** übertragen[26], der „in engster Fühlung mit dem Kriegsamt" – und diesem angegliedert – seine Geschäfte wahrzunehmen hatte. Dem Reichskommissar wurde ein Beirat beigegeben, der aus „Vertretern des Reichsamts des Innern,

---

23 RGBl. S. 327.

24 RGBl. S. 167.

25 Mit Anordnung über das Schiedsgericht für die Kohlenverteilung vom 21. März 1917 wurde diese Aufgabe einer besonderen Abteilung des Reichsschiedsgerichts für Kriegswirtschaft übertragen (RGBl. S. 250).

26 RGBl. S. 193.

des Reichs-Marineamts, der Landesregierungen, des Kohlenbergbaus, des Kohlenhandels und der Kohlenverbraucher" bestand. Am 8. April 1917 folgte das Gesetz über die Kohlensteuer[27], dessen Gültigkeitsdauer bis zum 31. Juli 1920 festgelegt wurde.

Auch das Recht der Nachkriegszeit bewahrte kriegswirtschaftliche Züge. Am 23. März 1919 wurde das Sozialisierungsgesetz verkündet[28], das das Reich befugte, „für die Vergesellschaftung geeignete wirtschaftliche Unternehmungen, insbesondere solcher zur Gewinnung von Bodenschätzen und zur Ausnutzung von Naturkräften, in Gemeinwirtschaft zu überführen" [29]. Noch am gleichen Tage erging das **Gesetz über die Regelung der Kohlenwirtschaft**[30], das „die gemeinwirtschaftliche Organisation der Kohlenwirtschaft" verfügte und ihre Leitung einem Reichskohlenrat übertrug. Die umfangreichen Ausführungsbestimmungen zu diesem Gesetz[31] gliederten das Reich in 11 Bergbaubezirke[32] und verpflichteten die Besitzer der Kohlenbergwerke jedes Bezirks, sich zu einem **Kohlensyndikat** zusammenzuschließen[33]. Entsprechend hatten sich „die Besitzer der Gasanstalten im Deutschen Reiche, die Koks erzeugen, ... zu einem **Gaskokssyndikat** zusammenzuschließen"[34]. Weitere Bestimmungen galten der Einrichtung eines **Reichskohlenverbandes**[35] und eines **Reichskohlenrates**[36], der 60 Mitglieder umfaßte und der die Brennstoffwirtschaft unter der Oberaufsicht des Reichswirtschaftsministers nach gemeinwirtschaftlichen Grundsätzen zu leiten hatte[37].

Abschließend seien an dieser Stelle noch das Gesetz über wirtschaftliche Maßnahmen vom 3. Juli 1934[38] und die Verordnung über Mitteilungspflichten in der Energiewirtschaft vom 30. Juli 1934[39] erwähnt, die die Funktion eines „Führers der Energiewirtschaft" einführten[40] und die dem Staate weitgehende Eingriffs- und Auskunftsrechte einräumten[41]. Das 1935 erlassene **Gesetz zur Förderung der Energiewirtschaft (Energiewirtschaftsgesetz)**[42], das die Elektrizitäts- und Gasversorgung der Aufsicht

27 RGBl. S. 340.
28 RGBl. S. 341.
29 A. a. O. § 2 Ziff. 1.
30 RGBl. S. 342.
31 Vom 21. August 1919, RGBl. S. 1449.
32 S. § 3.
33 S. § 5.
34 S. § 18.
35 S. 620 ff.
36 S. 624 ff., § 47 ff.
37 S. hierzu auch *Graf Hue de Grais, Hans Peters,* Handbuch der Verfassung und Verwaltung in Preußen und dem Deutschen Reiche, 25. Auflage, Berlin 1930, S. 583.
38 RGBl. I S. 565.
39 RGBl. I S. 765.
40 S. § 1 der o. a. Verordnung vom 30. Juli 1934.
41 S. § 1 Abs. 1 des Gesetzes über wirtschaftliche Maßnahmen: „Der Reichswirtschaftsminister wird ermächtigt, innerhalb seines Geschäftsbereichs alle Maßnahmen zu treffen, die er zur Förderung der deutschen Wirtschaft sowie zur Verhütung und Beseitigung wirtschaftlicher Schädigungen für notwendig hält".
42 Vom 13. Dezember 1935, RGBl. I S. 1451.

des Reichs unterstellte, wobei letztere 1941 einem „Generalinspektor für Wasser und Energie“ übertragen wurde[43], galt bis 1998[44], ab 1945 allerdings ohne seinen Vorspruch[45], der noch heute in mehrfacher Hinsicht aufschlußreich ist[46].

III. Die Entwicklung der EG-Energiepolitik

Die Geschichte der EG-Energiepolitik ist eines der spannendsten Kapitel im großen Buche des Europäischen Einigungsprozesses. Sie wäre einer eingehenden Betrachtung würdig. Bruchstücke hierzu liegen seit langem vor. Es ist die Geschichte einer ebenso schwierigen wie realistischen Idee, eines mutigen Beginns, einer großen Hoffnung und ihrer Enttäuschung, eines langen Anlaufs und späten Absprungs, eine Geschichte des allmählichen Niedergangs alter Giganten und des Aufstiegs neuer Akteure, eine Geschichte von Abhängigkeit, Eigennutz und Rivalität, und – nach vorne geblickt – eine Geschichte mit ungewissem Ausgang. Doch jede Geschichte hat ihre Vorgeschichte, und mit ihr ist zu beginnen.

1. Vorgeschichte

Am Ende des zweiten Weltkriegs lag Europa in Trümmern. Der Wiederaufbau stellte die Besiegten wie die Sieger vor gewaltige Aufgaben; Aufgaben nicht nur finanzieller und materieller Art, sondern vor allem politischer Natur. Denn spätestens mit dem Beginn des kalten Krieges stellte sich die Kernfrage nach dem künftigen Schicksal Deutschlands. Sollte es schwach und unterentwickelt bleiben, wie *Morgenthau* und Frankreich es wollten, oder sollte es – wie die US-Regierung es wünschte – als Industriemacht wiedererstehen, um – nunmehr im Lager der Westmächte – ein starkes Bollwerk gegenüber dem kommunistischen Osteuropa und der Sowjetunion zu bilden. Ein auf Dauer geschwächtes und gedemütigtes Deutschland, das hatte der Versailler Vertrag gezeigt, war unkontrollierbarer Reaktionen fähig. Zudem hätte es einer weiteren Ausdehnung des kommunistischen Machtbereichs nach Westen wenig Widerstandskräfte entgegensetzen können, wenn es nicht sogar aus eigenem Willen den Anschluß gesucht hätte. Als neuerstarkter Industriestaat nach altem Muster wäre Deutschland hingegen für Frankreich und andere Nachbarstaaten unannehmbar gewesen: es galt, die Quadratur des Kreises zu lösen.

---

43 S. Erlaß des Führers und Reichskanzlers über den Generalinspektor für Wasser und Energie vom 29. Juli 1941, RGBl. I S. 467, der mit den besonderen Erfordernissen des Krieges und der Notwendigkeit einheitlicher Planung im großdeutschen Raum begründet wurde („... zur Führung und Neuordnung des Energieausbaues und der Energie- und Wasserwirtschaft ...“).

44 Ersetzt durch das Energiewirtschaftsgesetz vom 24. April 1998, BGBl. I S. 730.

45 Durch die Allierten aufgehoben.

46 „Um die Energiewirtschaft als wichtige Grundlage des wirtschaftlichen und sozialen Lebens im Zusammenwirken aller beteiligten Kräfte der Wirtschaft und der öffentlichen Gebietskörperschaften einheitlich zu führen und im Interesse des Gemeinwohls die Energiearten wirtschaftlich einzusetzen, den notwendigen öffentlichen Einfluß in allen Angelegenheiten der Energieversorgung zu sichern, volkswirtschaftlich schädliche Auswirkungen des Wettbewerbs zu verhindern, einen zweckmäßigen Ausgleich durch Verbundwirtschaft zu fördern und durch all dies die Energieversorgung so sicher und billig wie möglich zu gestalten, hat die Reichsregierung das folgende Gesetz beschlossen, das hiermit verkündet wird.“

Der Schlüssel zur Lösung lag im **Wechsel von der Konfrontation zur Kooperation.** Wenn es gelänge, die deutsche Kohle und Schwerindustrie zum Wohle Europas und nicht zu seiner Eroberung einzusetzen, dann wäre die deutsche Frage ein für allemal gelöst. Doch während dieser ebenso einfache wie schwer umzusetzende Gedanke in Washington gefaßt wurde, mehrten sich die Widerstände in Europa. Zwar gelang 1948 die Gründung der **OEEC**, der **Organization for European Economic Cooperation**, die zur Erleichterung der Vergabe der Mittel des *Marshall*-Plans errichtet wurde, doch waren weder Großbritannien noch Frankreich für eine weitergehende Zusammenarbeit oder gar für einen Zusammenschluß zu gewinnen: England war wegen seiner Verflechtung im Empire zu keinem weiteren Engagement in Europa bereit, und Frankreich blieb bei seiner harten Linie gegenüber Deutschland: Angliederung des Saargebiets an Frankreich, Demontage deutscher Industrieanlagen, Forderung nach internationaler Kontrolle des Ruhrgebiets.

Die Haltung Großbritanniens war über Jahrhunderte gewachsen und auch von Washington nicht zu ändern; die USA mußten daher auf Frankreich setzen, in dessen Denken sich 1949 dann auch tatsächlich die Wende vollzog. Wenn eine **internationale** Kontrolle des Ruhrgebiets französischen Sicherheitsinteressen entsprach, warum dann nicht auch eine **europäische** Kontrolle von deutscher Kohle und deutschem Stahl? Wenn deutsche Kohle zu **europäischer Kohle** und deutscher Stahl zu europäischem Stahl werden würde, dann wären künftige Sonderwege Deutschlands so gut wie ausgeschlossen.

Amerikanisches und französisches Denken begann nun – wenn auch unter anhaltendem amerikanischen Druck – in dieselbe Richtung zu laufen – vereinigt und personifiziert in einem Manne, der sowohl mit der französischen wie der amerikanischen Wirtschaftsstruktur engstens vertraut war: *Jean Monnet.* Aus seiner Zeit in den USA hatte *Monnet* die New-Deal-Politik Präsident *Roosevelts* und das Victory Program aus der Nähe kennengelernt und zahlreiche Kontakte zu amerikanischen Politikern und Wirtschaftsführern geknüpft. Als *Commissaire au Plan* wurde er 1946 von *General de Gaulle* mit dem Wiederaufbau und der Modernisierung der französischen Wirtschaft beauftragt und lernte so die wirtschaftlichen Realitäten Frankreichs, aber auch Deutschlands, aus eigener Anschauung und an verantwortlicher Stelle kennen. Hierbei gelangte *Monnet* zu der Überzeugung, daß die unter amerikanischem Einfluß unweigerlich wieder erstehende Wirtschaftskraft Deutschlands, der auch unter dem französischen Fünf-Jahresplan nicht aufzuholende Wirtschaftsrückstand gegenüber Deutschland und die seit 1947 immer spürbarer werdende europäische Bewegung für Frankreich nur eine realistische Perspektive zuließen: den Weg der Zusammenarbeit mit Deutschland. Die Frucht dieser Erkenntnis war der **Schuman-Plan,** der – von *Monnet* unter amerikanischem Einfluß konzipiert – vom französischen Außenminister *Robert Schuman* am 9. Mai 1950 verkündet wurde. Es war der Plan der Gründung eines gemeinsamen Marktes für Kohle und Stahl, der allein der unabhängigen Autorität einer Hohen Behörde unterstehen sollte. Die Verhandlungen der sechs beteiligten Regierungen begannen am 20. Juni 1950 und wurden am 18. April 1951 mit der Unterzeichnung des Vertrages über die Gründung der Europäischen Gemeinschaft für Kohle und Stahl beendet. Wiederum ein Jahr später ratifizierte der deutsche Bundestag den Vertrag mit Zustimmungsgesetz vom 29. April 1952 (BGBl. II S. 445). Am 23. Juli 1952 trat der Vertrag in Kraft (Bekanntmachung vom 14. Oktober 1952, BGBl. II S. 978).

2. Die frühen Jahre (1952–1957)

Mit dem Inkrafttreten des EGKS-Vertrages hatte sich das Europa der Sechs verbindliche Regeln für die Gestaltung seines Kohlemarktes gegeben. Nun galt es, den Vertrag in Gang zu setzen und mit Leben zu erfüllen. Nach Art. 85 des Vertrages hatten die „Hohen Vertragschließenden Teile“ hierfür in einem Zusatzabkommen Anlauf- und Übergangsmaßnahmen festgelegt („Abkommen über die Übergangsbestimmungen“). Nach § 1 Abs. 3 dieses Abkommens begann die **Anlaufzeit** bei Inkrafttreten des Vertrages und endete bei Errichtung des gemeinsamen Marktes. Nach der Einsetzung der Organe, den einleitenden Untersuchungen und Beratungen sowie Verhandlungen mit dritten Ländern konnte der gemeinsame Markt für Kohle am 1. Februar 1953 eröffnet werden. Gleichzeitig begann die sog. **Übergangszeit**, deren Dauer auf 5 Jahre festgelegt worden war (§ 1 Abs. 4 des Abkommens). Während dieser Zeit galten gemäß den §§ 24 bis 28 „besondere Vorschriften für Kohle“, die „Schutzeinrichtungen“ und nationale Subventionen sowie bestimmte Sonderregelungen für Belgien, Italien und Frankreich vorsahen.

Zur Herstellung der **Preistransparenz** erließ die Hohe Behörde 1953 die ersten **Preisregeln.** Um plötzliche Marktstörungen nach der Errichtung des gemeinsamen Marktes zu verhindern, legte sie 1953 für die meisten Reviere **Höchstpreise** fest. Die unter amerikanischem Einfluß geschaffenen **Wettbewerbsregeln** des Vertrages fanden ihre erste Anwendung, desgleichen die Vorschriften über das **Verkehrswesen.** Die ersten Urteile des Europäischen Gerichtshofs ergingen in Kohlesachen und unterstrichen den Charakter der EGKS als Rechtsgemeinschaft.

In wirtschaftlicher Hinsicht waren die ersten Jahre des gemeinsamen Marktes für Kohle durch eine **starke Nachfrage**, den **Ausbau und die Steigerung der Gemeinschaftsproduktion** und die Erhöhung der Einfuhren gekennzeichnet. Innerhalb der Gemeinschaft wurde Deutschland zum bei weitem größten Nettoexporteur von Steinkohle in die anderen Mitgliedstaaten. Mit steigender Nachfrage nach Stahl in den Aufbaujahren und den Jahren des Wirtschaftswunders stieg der Bedarf an Kokskohle, die wachsende Nachfrage nach Elektrizität erweiterte den Markt für Kesselkohle, und auch beim Hausbrand und im industriellen Verbrauch (einschließlich Kohlechemie) lag die Kohle an erster Stelle. Doch schon gegen Ende des Jahres 1957 regierte die „Weltmacht Kohle“[47] nicht mehr unangefochten. Das Mineralöl drängte mehr und mehr in klassische Absatzmärkte der Kohle ein, und die Kohlewirtschaft trug ihrerseits mit unklugen Preiserhöhungen und der Verweigerung langfristiger Liefergarantien zur Erschwerung ihrer Lage bei.

Trotz einiger unvermeidlicher Anlaufschwierigkeiten bewährte sich das Kooperationsmodell EGKS, während das ebenfalls von *Jean Monnet* geförderte Projekt einer Europäischen Verteidigungsgemeinschaft 1954 ausgerechnet am Widerstand Frankreichs scheiterte. Damit stellte sich die Frage, ob und wie der europäische Einigungsprozeß auf anderen Gebieten fortgesetzt werden könnte, eine Frage, die schließlich im **EWG- und Euratom-Vertrag** ihre Antwort finden sollte. Auch wenn es heute in der Rückschau überraschen mag, wurde damals von vielen das Projekt einer Europäischen

---

47 So der Titel eines Buches von *Hans Hartung*, Stuttgart 1940.

Atomgemeinschaft für wichtiger und zukunftsträchtiger als das einer Europäischen Wirtschaftsgemeinschaft gehalten. Das gewaltige Energiepotential der Kernkraft war den Menschen seit Hiroshima und Nagasaki bekannt; nun galt es, über ihre friedliche Nutzung nachzudenken. Im Sommer 1953 wurde die Errichtung einer **Europäischen Organisation für kernphysikalische Forschung** mit Sitz in Genf (**CERN**) beschlossen[48]; Frankreich betrieb im Rahmen des CEA schon seit längerem Kernforschung und Bonn richtete 1955 ein eigenes Atomministerium ein. Zwei Jahre später wurde in Wien die Internationale Atomenergiebehörde, eine Unterorganisation der Vereinten Nationen, ins Leben gerufen und Großbritannien und die USA verkündeten langjährige Programme für den Bau von Kernkraftwerken und Reaktoren. Die Zeit für eine europäische Initiative war reif. Ab dem Sommer 1955 traten die Vertreter der sechs EGKS-Mitgliedstaaten zusammen und berieten über die künftige Weiterentwicklung der europäischen Integration. Schon die Resolution der Eröffnungskonferenz von **Messina** am 1. und 2. Juni 1955 enthielt in nuce das gesamte künftige **Euratom-Programm:**

> „Le développement de l'énergie atomique à des fins pacifiques ouvrira à brève échéance la perspective d'une nouvelle révolution industrielle sans commune mesure avec celle de cent dernières années.
> Les six Etats signataires estiment qu'il faut étudier la création d'une organisation commune, à laquelle seront attribués la responsabilité et les moyens d'assurer le développement pacifique de l'énergie atomique, en prenant en considération les arrangements spéciaux souscrits par certains gouvernements avec des tiers.
> Ces moyens devraient comporter:
> a) L'établissement d'un fonds commun alimenté par des contributions de chacun des pays participants et permettant de financer les installations et les recherches en cours ou à entreprendre;
> b) L'accès libre et suffisant aux matières premières, le libre échange de connaissances et des techniciens, des sous-produits et des outillages spéciales;
> c) La mise à disposition, sans discrimination, des résultats obtenus et l'octroi d'aides financières en vue de leur exploitation;
> d) La coopération avec les pays non membres."[49]

Die konzeptionelle Ausformung dieser Programmpunkte erfolgte im sog. **Spaak-Bericht** vom 21. April 1956[50], dessen 2. Teil „Euratom" gewidmet war und dessen 3. Teil die Energie als eines der drei vordringlichen Regelungsgebiete behandelte. Einen zusätzlichen Impuls zur Gründung der Europäischen Atomgemeinschaft gab die Suez-Krise vom Oktober 1956 bis zum Frühjahr 1957, die der Gemeinschaft ihre Verwundbarkeit auf dem Energiesektor vor Augen führte[51].

Noch bevor der Euratom- und EWG-Vertrag am 1. Januar 1958 in Kraft traten, stellte sich für die Hohe Behörde und den Ministerrat der EGKS die Frage, wie künftig eine

---

48 BGBl. 1954 II S. 1014.

49 Abgedruckt in: *J. Errea/E. Symon/J. van der Meulen/L. Vernaeve*, EURATOM, Analyse et Commentaires du Traité, Bruxelles 1958, S. 11.

50 Comité Intergouvernemental crée par la Conférence de Messine, Rapport des Chefs de Délégation aux Ministres des Affaires Etrangères, Bruxelles, 21 avril 1956, Secrétariat.

51 S. zur Suez-Krise und ihren Folgen für die Mineralölversorgung *Daniel Yergin*, The Prize, London u. a. 1991, S. 479 ff.

koordinierte Energiepolitik unter drei Verträgen mit sechs Mitgliedstaaten zu gestalten sei. Um dieser Frage nachzugehen, wurde in einem „Protokoll vom 8. Oktober 1957 zwischen Ministerrat und Hoher Behörde über Mittel und Wege zu einer koordinierten Energiepolitik“[52] vereinbart, den **Gemischten Ausschuß der EGKS** mit der Durchführung eines Untersuchungsprogramms zu beauftragen, an dessen Arbeiten sich auch Vertreter der künftigen Euratom- und EWG-Kommission beteiligen sollten. Hierbei sollte der Gemischte Ausschuß „periodische Berichte unterbreiten mit Vorschlägen über die Gleichgewichtsbedingungen der Energieversorgung auf kurze, mittlere und lange Sicht und über die geeigneten Maßnahmen, um dieses Gleichgewicht zu verwirklichen“ (Art. 3). Die einleitende Begründung des Protokolls hat bis heute nichts von ihrer Aktualität verloren:

> „Die Energiebilanz (der Gemeinschaft) weist bereits ein schwierig zu deckendes Defizit auf, und der Energiebedarf nimmt rascher zu als das eigene Energieaufkommen. Die Aufrechterhaltung einer möglichst wirtschaftlichen Versorgung mit Energie bestimmt den Verlauf der allgemeinen Produktionsentwicklung. Die Investitionen auf dem Energiegebiet sind sehr langfristig und besonders kostspielig. Trotz des Austausches von Erzeugnissen, Strom oder Gas besteht die Gefahr, daß die Kosten dieser Investitionen schwerer wiegen, wenn jedes Land die Maßnahmen zur Deckung seines Bedarfs unabhängig von den anderen durchführt. Die immer größer werdende Abhängigkeit von der Einfuhr wirft für die Sicherheit der Versorgung schwere Probleme auf, denen sich die europäischen Länder gemeinsam gegenübersehen ... Diese Gesamtlage erfordert Möglichkeiten einer raschen und koordinierten Anpassung der Auffassungen und der Politik“.

3. Energiepolitik unter drei Verträgen (1958–1967)

Mit dem Inkrafttreten des Euratom- und des EWG-Vertrages standen ab 1. Januar 1958 drei Gemeinschaftsverträge in Geltung: zwei energiepolitisch bedeutsame **sektorielle Verträge** und ein **Rahmenvertrag**, der keine spezifisch energiepolitischen Regelungen traf. In welchem Verhältnis standen diese drei Verträge untereinander? Die Antwort gab Art. 232 (Art. 305 n. F.) des EWG-Vertrages, der schlicht bestimmte, daß der EWG-Vertrag den EGKS-Vertrag nicht „ändert“ und den Euratom-Vertrag nicht „beeinträchtigt“. Aber nicht nur zwei neue Verträge traten am 1. Januar 1958 in Kraft, sondern es nahmen zusätzlich zur **Hohen Behörde der EGKS** auch zwei neue Institutionen ihre Arbeit auf: die **Euratom-Kommission** und die **EWG-Kommission.** Jede dieser Institutionen hatte ihren eigenen primärrechtlichen Auftrag zu vollziehen, ihrem eigenen Arbeitsrhythmus zu folgen und die an sie gerichteten Erwartungen der Mitgliedstaaten und der beteiligten Wirtschaftskreise zu erfüllen.

Anders als der EGKS-Vertrag und sein Zusatzabkommen sahen die Bestimmungen des **Euratom-Vertrages** eine **beschleunigte Ingangsetzung** des Vertrages vor (s. Art. 209 ff.): Das erste Forschungs- und Ausbildungsprogramm war dem Vertrag selbst schon als Anhang V beigegeben, die Vorschläge zur Errichtung der in Art. 9 vorgesehenen Universität sollten dem Rat innerhalb eines Jahres nach Inkrafttreten

---

52 ABl. Nr. 35 vom 7. 12. 1957, S. 574/57.

unterbreitet werden (Art. 216), die Verschlußsachen-Verordnung war vom Rat innerhalb von 6 Monaten zu erlassen (Art. 217), die Grundnormen für den Gesundheitsschutz der Arbeiter und der Bevölkerung innerhalb eines Jahres festzulegen (Art. 218) und das bestehende Strahlenschutzrecht der Mitgliedstaaten der Kommission innerhalb von nur 3 Monaten mitzuteilen (Art. 219). Die gleiche kurze Frist galt für die Übermittlung der Vorschläge der Kommission an den Rat betreffend die Satzung der Euratom-Versorgungsagentur (Art. 220). Der gemeinsame Markt auf dem Kerngebiet war in seinen wesentlichen Elementen (Abschaffung der Binnenzölle und mengenmäßigen Beschränkungen, Aufstellung des Gemeinsamen Zolltarifs) innerhalb eines Jahres nach Inkrafttreten des Vertrages zu verwirklichen; der EWG-Vertrag sah demgegenüber für die Errichtung der Zollunion eine Übergangsperiode von insgesamt 12 Jahren (3 Stufen zu 4 Jahren) vor.

Doch anders als die hohen Ziele des Vertrages vermuten ließen („... daß die Kernenergie eine unentbehrliche Hilfsquelle darstellt"; „... die Voraussetzungen für die Entwicklung einer mächtigen Kernindustrie zu schaffen..."), sollte der Euratom-Vertrag schon im ersten Jahr seines Bestehens in schwere Wasser geraten: 1958 erneut an die Macht gekommen, ließ *General de Gaulle* durch seinen Premierminister *Debré* in der Nationalversammlung verkünden, daß es sich beim Euratom-Vertrag um den schändlichsten Vertrag handele, den Frankreich je unterzeichnet habe. Der partielle Verzicht auf nationale Souveränität auf dem hochsensiblen Kerngebiet in einem Moment, als Frankreich sich anschickte, zum Kernwaffenstaat aufzurücken, erschien dem General unannehmbar. Die ablehnende Haltung Frankreichs gegenüber Euratom und seine sich abzeichnende Distanz zu den USA veranlaßten Deutschland sehr bald, seine Kernindustrie in Anlehnung an die Vereinigten Staaten zu entwickeln. Obwohl Frankreich nach einiger Zeit zu einem modus vivendi mit Euratom finden sollte, blieben die Anfangsjahre dieser Gemeinschaft doch trotz unbestreitbarer Erfolge in mehrfacher Hinsicht überschattet.

Auf Seiten der **EGKS** gab die sich ständig verschlechternde Lage der Steinkohle zur Besorgnis Anlaß. Die Tendenzwende auf dem Energiemarkt 1957/58 markierte den Anfang einer anhaltenden Kohlenkrise, der auf Dauer nur durch die Schließung unrentabler Zechen und/oder die Zahlung von Beihilfen zu begegnen war. 1965 wurde offensichtlich, daß das strikte Beihilfeverbot des Art. 4 lit. c) EGKS-Vertrag nicht durchzuhalten war. Gestützt auf Art. 95 EGKS-Vertrag wurde ein **gemeinschaftliches Beihilferegime** konzipiert, das in veränderter Form noch heute besteht.

Obwohl der **EWG**-Vertrag in seiner ursprünglichen Fassung das Wort Energie an keiner Stelle erwähnte, war sich auch die EWG-Kommission ihrer energiepolitischen Verantwortung von Anfang an bewußt. Schon ihr erster Gesamtbericht über die Tätigkeit der Gemeinschaft vom 17. September 1958 enthält eine kurze Bestandsaufnahme unter dem Titel „Energieprobleme"[53] und fordert „eine vollkommene Koordinierung der Tätigkeiten der drei Europäischen Gemeinschaften und der Regierungen der Mitgliedstaaten". Am 25. Mai 1959 setzten die Hohe Behörde der EGKS, die Euratom-Kommission und die EWG-Kommission eine **„interexekutive Arbeitsgruppe Energie"** ein, die ab März 1960 erste Vorschläge vorlegte. Aufgrund dieser Vorarbeiten konnten die

---

53 A. a. O. S. 49 f.

drei Exekutiven im Dezember 1962 eine äußerst detaillierte „Untersuchung über die langfristigen energiewirtschaftlichen Aussichten der Europäischen Gemeinschaft" veröffentlichen, deren 1964 in Luxemburg erschienene 2. Auflage bereits 656 Seiten umfaßte[54]. Für besonders vordringlich hielt die EWG-Kommission die **Verwirklichung eines gemeinsamen Marktes für Erdöl** und die **Herstellung gleicher Wettbewerbsbedingungen** für die im gemeinsamen Markt konkurrierenden Energieträger.

Nicht zuletzt aufgrund der Insistenz der Exekutivorgane der drei Gemeinschaften entschlossen sich die Mitgliedstaaten am 21. April 1964 zu einem ersten bedeutsamen Schritt: sie vereinbarten ein **„Protokoll eines Abkommens über Energiefragen"**[55], in dem sie die Notwendigkeit, einen „gemeinsamen Energiemarkt zu verwirklichen" anerkannten, und ihren Willen bekräftigten, „die Erarbeitung und Durchführung einer gemeinsamen Energiepolitik ... fortzusetzen". In drei gesonderten Kapiteln wurden die vordringlichsten energiepolitischen Maßnahmen für die Kohle, die Kohlenwasserstoffe (Erdöl, Erdgas) und die Kernenergie aufgelistet, ohne daß jedoch konkrete Rechtsakte erlassen wurden. Hierzu bedurfte es nach Auffassung der Regierungen noch einer geraumen Zeit („... setzen die Fristen, die für die Definition einer gemeinsamen Energiepolitik noch erforderlich sind..."), zumal sie zunächst die in Aussicht genommene Fusion der Gemeinschaften abwarten wollten.

Der Vertrag zur Einsetzung eines gemeinsamen Rates und einer gemeinsamen Kommission der Europäischen Gemeinschaften (**Fusionsvertrag**) wurde am 8. April 1965 unterzeichnet[56] und trat am 1. Juli 1967 in Kraft[57]. Wenn auch das Ziel einer Fusion der drei Gemeinschaften zu einer einzigen nicht erreicht wurde[58], so waren die Gemeinschaften nunmehr doch institutionell so verklammert, daß der Verwirklichung einer gemeinsamen Energiepolitik nichts mehr im Wege stand.

4. Die ersten Jahre der Gemeinsamen Kommission (1967–1973)

Zwar trat mit der **gemeinsamen Kommission** am 6. Juli 1967 eine neue, einheitliche und gestärkte Exekutive ins Amt, doch die Mitgliedstaaten waren die alten geblieben. Dort, wo die Umwälzungen im Energiesektor ein Handeln aus nationalen Gründen politisch unausweichlich machten, wie beim Niedergang der Steinkohle, wurden punktuell Maßnahmen ergriffen. Soweit es jedoch um die vorausschauende Entwicklung einer **gemeinsamen Energiepolitik zugunsten der Gemeinschaft als ganzer** ging, wurden die Entscheidungen weiterhin vertagt und nur das Allernötigste getan. Trotz intensiver Vorschlagstätigkeit der Kommission[59] und ständigen Drängens des

---

54 Veröffentlichungsdienste der Europäischen Gemeinschaften 3365/1/64/1.

55 ABl. Nr. 69 vom 30. 4. 1964, S. 1099.

56 ABl. Nr. 152 vom 13. 7. 1967, S. 2.

57 Doch wurde dieses Ziel auch nicht gänzlich aufgegeben, wie Art. 32 Abs. 1 des Fusionsvertrages belegt, der eine Fristenregelung „bis zum Inkrafttreten des Vertrages zur Gründung einer einzigen Europäischen Gemeinschaft" trifft.

58 S. *Hans Peter Ipsen*, Fusionsverfassung Europäische Gemeinschaften, Bad Homburg v. d. H., Berlin, Zürich 1969.

59 Als Basisdokument legte die Kommission dem Rat am 18. Dezember 1968 eine fast 200 Seiten umfassende „Erste Orientierung für eine gemeinschaftliche Energiepolitik" vor.

Europäischen Parlaments sah sich der Rat auf dem Gebiet der Energie bis zum Vorabend der ersten Energiekrise nur zur Annahme einiger weniger Rechtsakte in der Lage. Diese Haltung mochte zwar dem *Popperschen* Prinzip des „piecemeal engineering“ entsprechen, doch sollte es die Gemeinschaft als ganze angesichts der gewaltigen Veränderungen auf dem Energiesektor und der gestiegenen **Abhängigkeit von importiertem Mineralöl** extrem verwundbar machen.

Die Zahlen sprachen für sich: Hatte die Gemeinschaft 1960 insgesamt 86 Mio t an Mineralölprodukten verbraucht, so betrug der Verbrauch 1968 schon 347 Mio t, d. h. das Vierfache, wobei über 90 % des Mineralöls aus Drittländern eingeführt werden mußten. Lag der Anteil des Mineralöls am Gesamtenergieverbrauch 1960 noch unter 30 %, so war er bis 1968 auf fast 52 % angestiegen, während die Steinkohle die genaue Gegenbewegung vollzog: sie deckte 1960 noch 54 % des Primärenergieverbrauchs und fiel bis 1968 auf 30 % ab, um bald darauf noch wesentlich tiefer zu sinken. Sowohl die Versorgung mit Erdgas als auch die mit Nuklearstrom standen Mitte der 60er Jahre erst in ihren Anfängen. Insgesamt war der Energieverbrauch der Gemeinschaft von 1960 bis 1968 von 460 Mio t SKE auf 672 Mio t SKE gestiegen und hatte sich die Abhängigkeit der Gemeinschaft von auswärtigen Versorgungsquellen aufgrund der rapide wachsenden Mineralölimporte auf 61 % erhöht.

Als erste wesentliche Maßnahme erließ der Rat 1968 eine **Richtlinie über die Mineralölbevorratung**[60], nachdem einige Mitgliedstaaten, wie Deutschland, schon zuvor nationale Regelungen getroffen hatten[61]. Nach weiteren drei Jahren nahm der Rat einen Rechtsakt zur **Mitteilung der Einfuhr von Kohlenwasserstoffen**[62] und einen weiteren zur **Mitteilung von Investitionsvorhaben** auf dem EWG-Energiesektor[63] an. Im Sommer 1973 folgte eine **Richtlinie über „Maßnahmen zur Abschwächung der Auswirkungen von Schwierigkeiten bei der Versorgung mit Erdöl und Erdölerzeugnissen“**[64].

Am 1. Januar 1973 traten das Vereinigte Königreich von Großbritannien und Nordirland, die Republik Irland und Dänemark der Gemeinschaft bei, womit die südliche Nordsee mit ihren **Erdöl- und Erdgasreserven** zu einem „Binnenmeer“ der Gemeinschaft wurde; 1975 sollte das erste Nordseeöl gefördert werden.

---

60 ABl. Nr. L 308 vom 23. 12. 1968, S. 14, zuletzt geändert durch Richtlinie 98/93/EG, ABl. Nr. L 358 vom 31. 12. 1998, S. 100.

61 Gesetz über Mindestvorräte an Erdölerzeugnissen vom 9. September 1965, BGBl. I S. 1217.

62 Verordnung (EWG) Nr. 1055/72 des Rates vom 18. Mai 1972 über die Mitteilung der Einfuhr von Kohlenwasserstoffen an die Kommission, ABl. Nr. L 120 vom 25. 5. 1972, S. 3, s. dazu die Verordnung (EWG) Nr. 1068/73 der Kommission vom 16. März 1973 zur Durchführung der Verordnung des Rates (EWG) Nr. 1055/72, ABl. Nr. L 113 vom 28. 4. 1973, S. 1.

63 Verordnung (EWG) Nr. 1056/72 des Rates vom 18. Mai 1972 über die Mitteilung der Investitionsvorhaben von gemeinschaftlichem Interesse auf dem Erdöl-, Erdgas- und Elektrizitätssektor an die Kommission, ABl. Nr. L 120 vom 25. 5. 1972, S. 7, s. dazu die Verordnung (EWG) Nr. 1069/73 der Kommission vom 16. März 1973 zur Anwendung der Verordnung (EWG) Nr. 1056/72 des Rates, ABl. Nr. L 113 vom 28. 4. 1973, S. 14.

64 ABl. Nr. L 228 vom 16. 8. 1973, S. 1.

Als anhaltend schwierig erwies sich die **Lage der Steinkohle**. Das 1965 eingeführte System der Gemeinschaftsbeihilfen mußte fortgeführt[65] und 1973 sogar um ein weiteres Beihilferegime für die Kokskohle und Koks ergänzt werden[66].

Auch auf Seiten des **Euratom-Vertrages** wurde die Gemeinschaft zunehmend vor Probleme gestellt. Schon während der Laufzeit des zweiten Forschungs- und Ausbildungsprogramms[67] ergaben sich Schwierigkeiten durch Kostenerhöhung und Umstrukturierungspläne[68] sowie einen zu großzügig projektierten Personalbestand der Gemeinsamen Kernforschungsstelle (GFS)[69]. Angesichts der sich häufenden Probleme lief daher 1967 das zweite Programm aus, ohne daß die Verabschiedung eines mehrjährigen Anschlußprogramms gelungen wäre. Das Jahr 1968 wurde durch ein Interimsprogramm überbrückt[70], das eine Personalreduzierung der GFS um 22 % vorsah[71]. Für das folgende Jahr erging ein „Beschluß des Rates zur Festlegung eines aus einem gemeinsamen Programm und aus Ergänzungsprogrammen bestehenden Forschungs- und Ausbildungsprogramms der Europäischen Atomgemeinschaft für das Haushaltsjahr 1969"[72]. Auch für die Jahre 1970[73], 1971[74] und 1972[75] verabschiedete der Rat jeweils ein aus einem gemeinsamen Programm und aus Ergänzungsprogrammen bestehendes Forschungs- und Ausbildungsprogramm für die Dauer jeweils eines Jahres. Erst mit seinen beiden Beschlüssen vom 21. Juni 1971[76] kehrte der Rat zur Festlegung fünfjähriger Forschungs- und Ausbildungsprogramme zurück, die allerdings insoweit punktuell blieben, als sie nur „Biologie und Gesundheitsschutz" sowie „Fusion und Plasmaphysik" umfaßten.

---

65 S. Kommission der Europäischen Gemeinschaften, 25 Jahre gemeinsamer Markt für Kohle 1953–1978, Brüssel-Luxemburg 1977, S. 97 ff.

66 Entscheidung der Kommission 73/287/EGKS vom 25. Juli 1973 über Kokskohle und Koks für die Eisen- und Stahlindustrie der Gemeinschaft, ABl. Nr. L 259 vom 15. 9. 1973, S. 36; Entscheidung der Kommission 3544/73/EGKS vom 20. Dezember 1973 betreffend die Durchführung der Entscheidung 73/287/EGKS, ABl. Nr. L 361 vom 29. 12. 1973, S. 18; Entscheidung Nr. 751/77/EGKS der Kommission vom 12. April 1977 zur Änderung der Entscheidung 73/287/EGKS über Kokskohle und Koks für die Eisen- und Stahlindustrie der Gemeinschaft, ABl. Nr. L 91 vom 13. 4. 1977, S. 7; Entscheidung Nr. 1613/77/EGKS der Kommission vom 15. Juli 1977 zur Änderung der Entscheidung 73/287/EGKS über Kokskohle und Koks für die Eisen- und Stahlindustrie der Gemeinschaft, ABl. Nr. L 180 vom 20. 7. 1977, S. 8; Entscheidung Nr. 2216/77/EGKS der Kommission vom 5. Oktober 1977 zur Änderung der Entscheidung Nr. 3544/73/EGKS betreffend die Durchführung der Entscheidung 73/287/EGKS über Kokskohle und Koks, ABl. Nr. L 256 vom 7. 10. 1977, S. 12; Entscheidung Nr. 2287/78/EGKS der Kommission vom 29. September 1978 zur Änderung der Entscheidung Nr. 3544/73/EGKS über Kokskohle und Koks, ABl. Nr. L 275 vom 30. 9. 1978, S. 78.

67 ABl. Nr. 70 vom 6. 8. 1962, S. 2008.

68 S. zu den Einzelheiten und Hintergründen den ersten Gesamtbericht über die Tätigkeiten der Gemeinschaften 1967, S. 25 ff.

69 Für Ende 1967: 3 200 Bedienstete.

70 ABl. Nr. 311 vom 21. 12. 1967, S. 23.

71 Auf 2 750 Bedienstete zum 31. 12. 1968.

72 ABl. Nr. L 64 vom 14. 3. 1969, S. 6.

73 ABl. Nr. L 20 vom 27. 1. 1970, S. 9.

74 ABl. Nr. L 245 vom 11. 11. 1970, S. 27.

75 ABl. Nr. L 112 vom 14. 5. 1972, S. 1.

76 ABl. Nr. L 143 vom 29. 6. 1971, S. 31, 33.

Angesichts der sich häufenden Schwierigkeiten auf dem Kerngebiet zog die Kommission im Oktober 1968 in ihrem „Bericht über die Probleme der Nuklearpolitik der Gemeinschaft“[77] resigniert Bilanz:

> „Der Vertrag zur Gründung der Europäischen Atomgemeinschaft sieht die Schaffung der für die Entwicklung einer leistungsstarken Kernindustrie erforderlichen Voraussetzungen vor. Nachdem nun zehn Jahre vergangen sind, muß man zugeben, daß dieses Ziel erst zu einem recht geringen Teil erreicht worden ist.
> Zweifellos ist die eigene Tätigkeit der Euratom häufig innerhalb der ihr auferlegten Grenzen erfolgreich gewesen. Jedoch ist es der Gemeinschaft nicht gelungen, die Anstrengungen ihrer Mitgliedstaaten zu koordinieren, geschweige denn, sie in einem geschlossenen Ganzen zusammenzufassen.“

5. Von der ersten zur zweiten Energiekrise (1973–1979)

Am Tage des Jom Kippur Festes im Oktober 1973 drangen ägyptische Truppen über den Suezkanal in israelisches Hoheitsgebiet ein. In einem **Zweifrontenkrieg auf dem Sinai und den Golan-Höhen** gelang es Israel aufgrund seiner Luftüberlegenheit, sich gegenüber seinen arabischen Gegnern zu behaupten, mit Hilfe seiner westlichen Partner die ägyptischen Truppen im Sinai zu schlagen und die syrischen Golan-Höhen zu besetzen. Als Reaktion auf die Parteinahme des Westens beschlossen die zehn erdölproduzierenden arabischen Staaten des Nahen Ostens (1/3 der Weltrohölproduktion) am 4. November 1973 in Kuwait, ihre Erdölproduktion um ein Viertel zu drosseln. Dieser Maßnahme folgte eine **Verdoppelung des Erdölpreises**[78] und die **Verhängung einer totalen Liefersperre** gegen „unfreundliche“ Staaten wie die Niederlande.

Gemäß dem Grade ihrer individuellen Betroffenheit reagierten die nunmehr neun Mitgliedstaaten der Gemeinschaft jeder für sich auf seine Weise. Deutschland erließ am 9. November 1973 „in Rekordzeit“ (*Volkmar Götz*)[79] das **Energiesicherungsgesetz**[80], das zugleich die Richtlinie des Rates vom 24. Juli 1973 über Maßnahmen zur Abschwächung der Auswirkungen von Schwierigkeiten bei der Versorgung mit Erdöl und Erdölerzeugnissen[81] in deutsches Recht umsetzte.

Auf Gemeinschaftsebene drängte die Kommission auf gemeinsame Lösungen und die Behandlung ihrer dem Rat seit langem vorliegenden Vorschläge. Abgesehen vom Erlaß der Verordnung (EWG) Nr. 3056/73 vom 9. November 1973 über die Unterstützung gemeinschaftlicher Vorhaben im Bereich der Kohlenwasserstoffe[82] verharrte der Rat zwischen dem Eintritt der Krise und dem Jahresende 1973 in Passivität, so daß die Kommission in ihrem Jahresbericht 1973 enttäuscht feststellte: „Der Rat hat es

---

77 Suppl. 9/10 – 1968, S. 5.

78 Von $ 2,70 am 1. Juni 1973 auf $ 4,75 am 16. Oktober 1973. Zum 1. Januar 1974 wurde der Rohölpreis auf $ 10,84 erhöht.

79 *Volkmar Götz*, Das Energiesicherungsgesetz vom 9. November 1973, NJW 1974, S. 113.

80 BGBl. 1973 I S. 1585.

81 ABl. Nr. L 228 vom 16. 8. 1973, S. 1.

82 ABl. Nr. L 312 vom 13. 11. 1973, S. 1.

jedoch nicht für angezeigt gehalten, sich zu diesen Vorschlägen zu äußern"[83]. Schon im Oktober 1973 hatte die Kommission die in Art. 3 der o. a. Richtlinie vorgesehene Gruppe von nationalen Sachverständigen einberufen. In mehreren Sitzungen erörterten die Experten die Versorgungslage auf dem Erdölmarkt, wobei für die Kommission zwei Ziele im Vordergrund standen: die eingehende, rasche und regelmäßige Unterrichtung der Mitgliedstaaten und der Gemeinschaftsorgane über die Bewegungen von Rohöl und Erdölerzeugnissen sowie die Aufrechterhaltung des Funktionierens des Gemeinsamen Marktes[84].

Es sollte ein Jahr nach den Ereignissen des Herbstes 1973 vergehen, bis der Rat auf Drängen der Kommission am 17. September 1974 in seiner **Entschließung betreffend eine neue energiepolitische Strategie** für die Gemeinschaft[85] anerkannte, „daß eine gemeinschaftliche Energiepolitik durch die neuen Gegebenheiten auf dem Weltmarkt notwendig und dringlich geworden ist". Damit bekräftigte der Rat zum ersten Mal „seinen politischen Willen, eine gemeinschaftliche Energiepolitik auszuarbeiten und durchzuführen". Hierfür sei zunächst „die Ausarbeitung gemeinsamer zahlenmäßiger Ziele" erforderlich, „welche Leitlinien für die einzelstaatliche Politik und gleichzeitig wichtige Orientierungen für die Energieproduktion und -verbrauch der Gemeinschaft darstellen". Als **qualitative** Leitlinien billigte der Rat

> „a) bezüglich der **Energienachfrage**: Senkung der Wachstumsrate des innergemeinschaftlichen Verbrauchs durch Maßnahmen zur rationellen Energieverwendung und zur Energieeinsparung, ohne daß hierdurch die Ziele der wirtschaftlichen und sozialen Entwicklung beeinträchtigt werden;
> b) bezüglich des **Energieangebots**: Verstärkung der Versorgungssicherheit dadurch, daß unter zufriedenstellendsten wirtschaftlichen Bedingungen auf folgendes zurückgegriffen wird:
> – Entwicklung der Kernenergieerzeugung[86],
> – Vorkommen der Gemeinschaft an Kohlenwasserstoffen und festen Brennstoffen,
> – diversifizierte und sichere Versorgung von außen,
> – Bemühungen um die technologische Forschung und Entwicklung, so daß der gewünschte Ausbau der verschiedenen Energiequellen sichergestellt werden kann,
> c) Berücksichtigung der Probleme des **Umweltschutzes**, insbesondere durch Einhaltung der Zielsetzungen der einzelstaatlichen oder gemeinschaftlichen Programme für diesen Bereich, sowohl bei der Erzeugung als auch beim Verbrauch von Energie."

Innerhalb der folgenden Monate konkretisierte der Rat seine Vorstellungen auch in **quantitativer** Hinsicht. In einer Entschließung vom 17. Dezember 1974 betreffend die **Ziele der gemeinschaftlichen Energiepolitik für 1985**[87] nahmen sich die

---

83 Siebenter Gesamtbericht über die Tätigkeit der Gemeinschaften 1973, Brüssel-Luxemburg, Februar 1974, S. 336.
84 A. a. O.
85 ABl. Nr. C 153 vom 9. 7. 1975, S. 1.
86 Es wurde im Ratsprotokoll vermerkt, daß die dänische und die niederländische Delegation einen Vorbehalt zu diesem Gedankenstrich einlegen.
87 ABl. Nr. C 153 vom 9.7.1975, S. 2. Ergänzt durch die Entschließung des Rates vom 13. Februar 1975 betreffend Maßnahmen zur Erreichung der vom Rat am 17. Dezember 1974 festgelegten Ziele der gemeinsamen Energiepolitik, ABl. Nr. C 153 vom 9. 7. 1975, S. 6.

Minister vor, die Abhängigkeit der Gemeinschaft von aus Drittländern eingeführter Energie bis zum Jahr 1985 auf unter 50 % und wenn möglich auf 40 % (gegenüber 63 % im Jahre 1973) zu verringern. In einer gleichzeitig angenommenen Entschließung für ein Aktionsprogramm der Gemeinschaft im Bereich der rationellen Energienutzung[88] setzte sich der Rat weiterhin das Ziel, den Energieverbrauch bis 1985 um 15 % gegenüber der von der Kommission erstellten Vorausschau zu senken. Hinsichtlich des Erdöls wurde beschlossen, den Verbrauch für 1975 um 9 % im Vergleich zu 1973 auf 500 Millionen Tonnen zu senken[89].

Zur Erreichung des Ziels der **Verminderung des Energieverbrauchs** setzte die Gemeinschaft im wesentlichen auf die Einsicht und freiwillige **Kooperation der Wirtschaftsbeteiligten** sowie auf **finanzielle Unterstützungsprogramme.** In einer Reihe von rechtlich unverbindlichen **Empfehlungen** gab sie ab 1976 Anleitungen zur rationellen Nutzung der Energie[90] und stellte durch Verordnungen Fördermittel bereit[91]. Soweit sie sich das Ziel setzte, den Verbrauch von Kohlenwasserstoffen (zugunsten der Kohle und der Kernenergie) in Kraftwerken einzuschränken[92], galten die entsprechenden Regelungen nicht für schon bestehende Anlagen.

Während sich die Mitgliedstaaten in der Gemeinschaft nur langsam über gemeinsame Maßnahmen einigen konnten, gelang ihnen im Rahmen der **OECD** innerhalb nur eines Jahres die Verständigung über ein **Krisenregime zur Aufrechterhaltung der Mineralölversorgung.** Am 15. November 1974 wurde in Paris der Beschluß zur

---

88 ABl. Nr. C 153 vom 9. 7. 1975, S. 5.

89 S. Entschließung des Rates vom 26. Juni 1975 betreffend die Festlegung eines kurzfristigen Ziels im Bereich der Verringerung des Erdölverbrauchs, ABl. Nr. C 153 vom 9. 7. 1975, S. 9.

90 S. Empfehlung des Rates 76/492/EWG vom 4. Mai 1976 zur rationellen Energienutzung durch verbesserte Wärmedämmung in Gebäuden, ABl. Nr. L 140 vom 28. 5. 1976, S. 11; Empfehlung des Rates 76/493/EWG vom 4. Mai 1976 über die rationelle Energienutzung bei Heizanlagen in bestehenden Gebäuden, ABl. Nr. L 140 vom 28. 5. 1976, S. 12; Empfehlung des Rates 76/494/EWG vom 4. Mai 1976 über die rationelle Nutzung der von Straßenfahrzeugen verbrauchten Energie durch Verbesserung des Fahrverhaltens, ABl. Nr. L 140 vom 28. 5. 1976, S. 14; Empfehlung des Rates 76/495/EWG vom 4. Mai 1976 über die rationelle Nutzung der im Personennahverkehr verbrauchten Energie, ABl. Nr. L 140 vom 28. 5. 1976, S. 16; Empfehlung des Rates 76/496/EWG vom 4. Mai 1976 über die rationelle Nutzung der für den Betrieb von elektrischen Haushaltsgeräten erforderlichen Energie, ABl. Nr. L 140 vom 28. 5. 1976, S. 18; Empfehlung des Rates 77/712/EWG vom 25. Oktober 1977 betreffend Heizungsregulierung, Erzeugung von Warmbrauchwasser und Messung der Wärmemengen in Neubauten, ABl. Nr. L 295 vom 18. 11. 1977, S. 1; Empfehlung des Rates 77/713/EWG vom 25. Oktober 1977 betreffend die rationelle Energienutzung in Industriebetrieben, ABl. Nr. L 295 vom 18. 11. 1977, S. 3; Empfehlung des Rates 77/714/EWG vom 25. Oktober 1977 betreffend die Einsetzung beratender Organe und Ausschüsse in den Mitgliedstaaten zur Förderung der kombinierten Wärme/Krafterzeugung und der Valorisierung von Abwärme, ABl. Nr. L 295 vom 18. 11. 1977, S. 5.

91 S. Verordnung (EWG) Nr. 1302/78 des Rates vom 12. Juni 1978 über die Gewährung einer finanziellen Unterstützung für Vorhaben zur Nutzung alternativer Energiequellen, ABl. Nr. L 158 vom 16. 6. 1978, S. 3; Verordnung (EWG) Nr. 1303/78 des Rates vom 12. Juni 1978 über die Gewährung einer finanziellen Unterstützung für Demonstrationsvorhaben zur Energieeinsparung, ABl. Nr. L 158 vom 16. 6. 1978, S. 6.

92 S. Richtlinie des Rates 75/404/EWG vom 13. Februar 1975 über die Einschränkung des Einsatzes von Erdgas in Kraftwerken und Richtlinie des Rates 75/405/EWG über die Einschränkung des Einsatzes von Erdölerzeugnissen in Kraftwerken, ABl. Nr. L 178 vom 9. 7. 1975, S. 24 und 26.

Errichtung einer Internationalen Energie-Agentur gefaßt[93] und drei Tage später das „Übereinkommen über ein Internationales Energieprogramm" unterzeichnet[94], an dem sich alle damaligen Mitgliedstaaten der Gemeinschaft außer Frankreich beteiligten. Nach seinem Art. 72 Abs. 1 steht das Übereinkommen den Gemeinschaften zum Beitritt offen, der jedoch bis heute nicht erfolgt ist. Ziel des Übereinkommens, das auf unbegrenzte Zeit abgeschlossen wurde, ist die Schaffung eines internationalen Rechtsrahmens, um Notständen in der Ölversorgung durch den Aufbau einer Selbstversorgung mit Öl in Krisenlagen, durch Nachfragedrosselung und durch Zuteilung des verfügbaren Öls an die Teilnehmerländer auf gerechter Grundlage zu begegnen.

Zwischen 1975 und 1978 folgten dann auch auf Gemeinschaftsebene **zwingende Rechtsakte auf dem Energie- und insbesondere Mineralölsektor** zur Einrichtung eines Informationssystems über die Energieversorgungslage[95], zur Unterrichtung über die Erdölpreise[96], über den innergemeinschaftlichen Warenverkehr mit Erdöl und Erdölprodukten im Krisenfalle[97], über die Mitteilung der Ausfuhr von Kohlenwasserstoffen in Drittländer[98] sowie über Leistungsstandards von Wärmeerzeugern und die Isolierungen in Gebäuden[99]. Der Vorschlag der Kommission für eine Verordnung über die Unterstützung gemeinschaftlicher Vorhaben zur Aufsuchung von Kohlenwasserstoffen[100] wurde vom Rat nicht aufgegriffen.

Trotz all dieser legislativen Maßnahmen vermochten jedoch weder die Gemeinschaft noch ihre Mitgliedstaaten das energiepolitische Paradoxon aufzulösen, daß dem **Mangel an Erdöl** ein **Überfluß an Kohle** gegenüberstand. Denn während auf der einen Seite die Nachfrage nach billigem Erdöl nicht gedeckt werden konnte, wuchsen auf der anderen Seite die Halden mit unverkäuflicher Steinkohle. Ein Teil dieser Überschußproduktion konnte zur Erfüllung der neu eingeführten **Bevorratungspflicht für Wärmekraftwerke** verwendet werden[101]. Für die Förderung des Absatzes und der

---

93 BGBl. 1975 II S. 739.

94 BGBl. 1975 II S. 702.

95 Verordnung (EWG) Nr. 1729/76 des Rates vom 21. Juni 1976 betreffend die Mitteilung von Informationen über die Energieversorgungslage der Gemeinschaft, ABl. Nr. L 198 vom 23.7.1976, S. 1.

96 Richtlinie des Rates Nr. 76/491/EWG vom 4. Mai 1976 über ein gemeinschaftliches Verfahren zur Unterrichtung und Konsultation über die Preise für Rohöl und Mineralölerzeugnisse in der Gemeinschaft, ABl. Nr. L 140 vom 28.5.1976, S. 4; dazu Entscheidung der Kommission 77/190/EWG vom 26. Januar 1977 zur Durchführung der Richtlinie 76/491/EWG, ABl. Nr. L 61 vom 5.3.1977, S. 34.

97 Entscheidung des Rates Nr. 77/186/EWG vom 14. Februar 1977 über die Ausfuhr von Erdöl und Erdölerzeugnissen von einem Mitgliedstaat nach einem anderen bei Versorgungsschwierigkeiten, ABl. Nr. L 61 vom 5.3.1977, S. 23.

98 Verordnung (EWG) Nr. 388/75 des Rates vom 13. Februar 1975 über die Mitteilung der Ausfuhr von Kohlenwasserstoffen nach Drittländern an die Kommission, ABl. Nr. L 45 vom 19.2.1975, S. 1.

99 Richtlinie des Rates Nr. 78/170/EWG vom 13. Februar 1978 betreffend die Leistung von Wärmeerzeugern zur Raumheizung und Warmwasserbereitung in neuen oder bestehenden nichtindustriellen Gebäuden sowie die Isolierung des Verteilungsnetzes für Wärme und Warmwasser in nichtindustriellen Neubauten, ABl. Nr. L 52 vom 23.2.1978, S. 32.

100 ABl. Nr. C 18 vom 25.1.1975, S. 3.

101 Richtlinie des Rates Nr. 75/339/EWG vom 20. Mai 1975 zur Verpflichtung der Mitgliedstaaten, Mindestvorräte an fossilen Brennstoffen bei den Wärmekraftwerken zu halten, ABl. Nr. L 153 vom 13.6.1975, S. 35.

Lagerung der unverkäuflichen Überschußmengen schlug die Kommission ein Bündel von finanziellen Unterstützungsmaßnahmen vor[102], das der Rat allerdings nicht billigte. Einigkeit bestand hingegen über den Erlaß von Maßnahmen zur **Überwachung der Einfuhr billiger Importkohle** in die Gemeinschaft[103]. Als unumgänglich erwies sich die Fortführung der bestehenden **Beihilferegime für die Steinkohle**[104] sowie für **Kokskohle und Koks**[105].

Die Sorge der Gemeinschaft um eine ausreichende Energieversorgung lenkte den Blick schließlich auf einen **verstärkten Beitrag der Kernindustrie** und damit auf die **Instrumente des Euratom-Vertrages.** Schon 1972 hatte die Kommission eine Gemeinschaftsstrategie für die **Versorgung mit angereichertem Uran** vorgeschlagen[106], in deren Folge der Rat 1973 einen ständigen Ausschuß für Urananreicherung einsetzte und zwei Entschließungen faßte[107]. Als weiteres Thema beschäftigte die Institutionen die **Aufbereitung von Brennelementen** zum Zwecke der Rückgewinnung von Kernmaterial[108], für die der Rat 1980 einen Beratenden Ad-hoc-Ausschuß einsetzte[109], und

---

102 S. Vorschlag einer Verordnung (EWG) des Rates über finanzielle Maßnahmen der Gemeinschaft zur Förderung des Kohleeinsatzes für die Stromerzeugung, ABl. Nr. C 22 vom 29. 1. 1977, S. 4, s. dazu die Stellungnahme des Wirtschafts- und Sozialausschusses im ABl. Nr. C 114 vom 11. 5. 1977, S. 24; Vorschlag für eine Verordnung (EWG) des Rates über finanzielle Maßnahmen der Gemeinschaft zur Finanzierung konjunktureller Haldenbestände an Steinkohle, Koks und Briketts, ABl. Nr. C 87 vom 7. 4. 1977, S. 6, s. dazu die Stellungnahme des Wirtschafts- und Sozialausschusses im ABl. Nr. C 180 vom 28. 7. 1977, S. 31; Vorschlag für eine Verordnung (EWG) des Rates über finanzielle Maßnahmen der Gemeinschaft zugunsten des innergemeinschaftlichen Austauschs von Kraftwerkskohle, ABl. Nr. C 243 vom 13. 10. 1978, S. 3, s. dazu die Stellungnahme des Wirtschafts- und Sozialausschusses im ABl. Nr. C 133 vom 28. 5. 1979, S. 19.

103 S. Beschluß 77/707/EGKS der im Rat vereinigten Vertreter der Regierungen der Mitgliedstaaten der Europäischen Gemeinschaft für Kohle und Stahl vom 7. November 1977 über eine gemeinschaftliche Überwachung der Einfuhren von Steinkohle mit Ursprung in Drittländern, ABl. Nr. L 292 vom 16. 11. 1977, S. 11.

104 S. EG-Kommission, 25 Jahre gemeinsamer Markt für Kohle 1953–1978, Brüssel-Luxemburg 1977, S. 97 ff.

105 A. a. O. S. 100 ff.

106 S. hierzu die Entschließungen des Europäischen Parlaments zur Schaffung einer Urananreicherungskapazität der Gemeinschaft, ABl. Nr. C 19 vom 12. 4. 1973, S. 42 und ABl. Nr. C 55 vom 13. 5. 1974, S. 25.

107 S. Entschließung des Rates vom 4. Juni 1974 über die Versorgung der Gemeinschaft mit angereichertem Uran, ABl. Nr. C 69 vom 14. 6. 1974, S. 1.

108 S. Entschließung des Europäischen Parlaments zu der Notwendigkeit einer gemeinschaftlichen Politik für die Aufarbeitung von Brennelementen und bestrahlten Materialien, ABl. Nr. C 125 vom 8. 6. 1976, S. 14; Entschließung des Europäischen Parlaments bezüglich der Elemente einer gemeinschaftlichen Strategie für das Gebiet der Wiederaufbereitung bestrahlter Kernbrennstoffe, ABl. Nr. C 85 vom 10. 4. 1978, S. 46, 47 sowie dazu die Stellungnahme des Wirtschafts- und Sozialausschusses, ABl. Nr. C 269 vom 13. 11. 1978, S. 18; Entschließung des Rates vom 18. Februar 1980 betreffend die Aufarbeitung bestrahlter Kernbrennstoffe, ABl. Nr. C 51 vom 29. 2. 1980, S. 4; Empfehlung 82/74/Euratom der Kommission vom 3. Februar 1982 auf dem Gebiet der Lagerung und Wiederaufarbeitung bestrahlter Kernbrennstoffe, ABl. Nr. L 37 vom 10. 2. 1982, S. 36.

109 Beschluß 80/237/Euratom des Rates vom 18. Februar 1980 über die Einsetzung eines Beratenden Ad-hoc-Ausschusses für die Aufarbeitung bestrahlter Kernbrennstoffe, ABl. Nr. L 52 vom 26. 2. 1980, S. 9.

auch die Entwicklung des äußerst energiereichen **Schnellen Brüters** wurde auf Gemeinschaftsebene erörtert[110].

Zum Ende der 70er Jahre sollte die Politik ein zweites Mal die Mineralölmärkte erschüttern. Am 16. Januar 1978 verließ der Schah von Persien für immer sein Land. Zwei Wochen später landete *Ajatollah Khomeini* in Teheran, und die islamische Revolution übernahm die Kontrolle über das seinerzeit zweitgrößte Erdöl-Exportland. Im Dezember 1978 stellte der Iran seine Erdölausfuhren ein; an den Märkten griff Panik um sich. Im Zuge dieses *zweiten Ölschocks* schossen die Erdölpreise von 13 $ auf 34 $ pro Barrel in die Höhe und sollten für mehrere Jahre nicht signifikant sinken.

6. Von der zweiten Energiekrise zur Einheitlichen Europäischen Akte (1979–1987)

Nach den Turbulenzen der 70er Jahre trat der Energiesektor in den 80er Jahren in eine ruhigere Phase der Entwicklung. Zur Konsolidierung der Gemeinschaft im Innern trat ihre Erweiterung im Raume durch den Beitritt Griechenlands (1981), Spaniens und Portugals (1986). Auf internationaler Ebene fiel die Gemeinschaft im Wettbewerb mit den USA, Japan und den Tigerstaaten Südostasiens zwar merklich zurück, doch ließen sich die Mitgliedstaaten abermals Zeit, auf neue Herausforderungen gemeinsame Antworten zu finden. Drei Entwicklungsstränge waren es schließlich, die sich in der ersten großen Reform der Gemeinschaft zusammenwoben, ohne daß sich hieraus jedoch sofort Rückwirkungen auf den Energiesektor ergeben hätten. Der erste Strang erwuchs aus der allmählichen Einsicht in die Notwendigkeit, die **Gemeinschaft im sich weltweit verschärfenden Wettbewerb politisch und wirtschaftlich zu stärken.** Gleichzeitig galt es, den Bürgern die Einheit des Gemeinsamen Marktes durch die **Abschaffung aller Grenzkontrollen** sichtbar vor Augen zu führen und die Binneneffizienz des gemeinsamen Wirtschaftsraums zu erhöhen. Und zum dritten erwies sich eine **Stärkung der Rechte des Europäischen Parlaments** als unabweisbar, nicht zuletzt um das Europa der Waren durch ein **Europa der Bürger** zu ergänzen. Als Resultante dieser Einsichten entstand das Konzept des **Binnenmarktes** und seine Verwirklichung durch die erste Änderung des EWG-Vertrages, die Einheitliche Europäische Akte (EEA), die am 1. 7. 1987 in Kraft trat[111].

Doch während der Binnenmarkt, das **Umweltrecht** und das **Forschungsrecht** Eingang in den EWG-Vertrag fanden, wurde das Energierecht bewußt von jedweder primärrechtlichen Regelung in der EEA ausgeschlossen. Ja schlimmer noch, die Regierungskonferenz stellte ausdrücklich fest, „daß die Tätigkeit der Gemeinschaft auf dem Gebiet des Umweltschutzes sich nicht störend auf die **einzelstaatliche**

110 S. zur Forschung auf dem Gebiet des Schnellen Brüters den Vorschlag der Kommission im ABl. Nr. C 233 vom 3. 10. 1978, S. 4, zur Stellungnahme des Wirtschafts- und Sozialausschusses ABl. Nr. C 269 vom 13. 11. 1978, S. 15 und ABl. Nr. C 128 vom 21. 5. 1979, S. 36, zur Entschließung des Europäischen Parlaments ABl. Nr. C 6 vom 8. 1. 1979, S. 18 sowie die Entschließung des Rates vom 18. Februar 1980 betreffend Schnelle Brüter, ABl. Nr. C 51 vom 29. 2. 1980, S. 5.
111 ABl. Nr. L 169 vom 29. 6. 1987, S. 1.

Politik der Nutzung der Energieressourcen auswirken darf"[112]. Auch aus dem Weißbuch über den Binnenmarkt[113] von 1985 blieb der Bereich der Energie bewußt ausgeklammert, da das in ihm enthaltene Rechtsetzungsprogramm ohnehin als derartig ehrgeizig galt, daß es durch Energieakte nicht noch zusätzlich überfrachtet werden sollte. Die hierdurch im Weißbuch klaffende energiepolitische Lücke sollte erst 1988 durch die Mitteilung über den Binnenmarkt für Energie[114] geschlossen werden (s. hierzu unten Ziffer 7). Nicht geschlossen wurde bis heute die primärrechtliche Lücke, die der Energiepolitik auf der Ebene des EG-Vertrages eigene Bestimmungen verweigert und die das **Energierecht** zunehmend als eine **Annexmaterie des Binnenmarktes, des Umwelt-, Steuer- und Wettbewerbsrechts** erscheinen läßt, in denen es sich auflöst und seine Eigenständigkeit zu verlieren droht.

Die energiepolitischen Aktivitäten der Gemeinschaft von 1979 bis 1987 blieben solchermaßen auf den Erlaß von **Einzelmaßnahmen** beschränkt, die schon bestehende Rechtsakte fortschrieben, ergänzten oder punktuell neue Regelungen einführten. Zum teilweisen Ausgleich der britischen[115] und deutschen Nettozahlungen an die Gemeinschaft erließ der Rat 1983 und 1984 zwei Verordnungen, mit denen die Gemeinschaft in großem Umfang Energieprojekte in beiden Mitgliedstaaten unterstützte[116]. In den Genuß der Förderung kamen in Deutschland u. a. der Schnelle Brüter in Kalkar und der Thorium-Hochtemperaturreaktor Schmehausen, die Produktion von Kokskohle sowie sieben weitere Projekte auf dem Kohlesektor und ein Solarprojekt.

In programmatischer Hinsicht schrieb die Gemeinschaft ihre früheren energiepolitischen Ziele fort, wobei abermals die **Reduzierung der Abhängigkeit vom Mineralöl** im Vordergrund stand[117]. Aus der Sicht des Europäischen Parlaments allerdings fiel die energiepolitische Eröffnungsbilanz für die 80er Jahre vernichtend aus. In einer energiepolitischen Entschließung vom 14. Februar 1980[118] stellte das Parlament „mit Bestürzung fest, daß die durch Ratsbeschluß bereits 1974/75 festgeschriebenen ener-

---

112 Erklärung zu Artikel 130r des EWG-Vertrages, Verträge zur Gründung der Europäischen Gemeinschaften, Band I, 1987, S. 1073 (Hervorhebung hinzugefügt).

113 Die Vollendung des Binnenmarktes, Weißbuch der Kommission an den Europäischen Rat (Mailand, 28.–29. Juni 1985) vom 14. Juni 1985 (KOM(85) 310 endg.).

114 KOM(88) 238 endg. vom 2. 5. 1988.

115 Wie erinnerlich, forderte die damalige britische Premierministerin Margaret Thatcher mit Insistenz: „I want my money back".

116 Für das Jahr 1983 s. Verordnung (EWG) Nr. 625/83 des Rates vom 15. März 1983 betreffend im Gemeinschaftsinteresse liegende Sondermaßnahmen auf dem Gebiet der Energiestrategie, ABl. Nr. L 73 vom 19. 3. 1983, S. 8; s. zur Durchführung die Entscheidungen der Kommission vom 23. März 1983 in bezug auf Deutschland (83/122/EWG) und das Vereinigte Königreich (83/123/EWG), ABl. Nr. L 82 vom 29. 3. 1983, S. 23 und 25, nebst Änderungsentscheidungen vom 12. Dezember 1983 (84/6/EWG und 84/7/EWG), ABl. Nr. L 9 vom 12. 1. 1984, S. 20 und 22. Für das Jahr 1984 s. Verordnung (EWG) Nr. 1890/84 des Rates vom 26. Juni 1984 über im Gemeinschaftsinteresse liegende Sondermaßnahmen auf dem Gebiet der Energiestrategie, ABl. Nr. L 177 vom 4. 7. 1984, S. 7; s. zur Durchführung die Entscheidungen der Kommission vom 17. Oktober 1984 in bezug auf das Vereinigte Königreich (84/510/EWG) und Deutschland (84/511/EWG), ABl. Nr. L 283 vom 27. 10. 1984, S. 48 und 50.

117 S. Entschließung des Rates vom 9. Juni 1980 über die energiepolitischen Ziele der Gemeinschaft für 1990 und die Konvergenz der Politik der Mitgliedstaaten, ABl. Nr. C 149 vom 18. 6. 1980, S. 1.

118 ABl. Nr. C 59 vom 10. 3. 1980, S. 41 (Ziffern 1, 2 und 7).

giepolitischen Grundsätze für eine gemeinsame Energiepolitik in ihrem wichtigsten Ziel, nämlich eine ausreichende Energieversorgung der EG mittelfristig sicherzustellen, nicht ausgeführt wurden und daher nur Absichtserklärungen geblieben sind". Es bedauerte „die permanente Handlungsunfähigkeit des Energieministerrats, bereits gefaßte Beschlüsse des Europäischen Rates zur gemeinsamen Energiepolitik in die Tat umzusetzen" und gelangte zu der Schlußfolgerung, „daß der mangelnde Erfolg des Rates in erster Linie auf die Unfähigkeit zurückzuführen ist, zugunsten echter Gemeinschaftsinteressen auf kurzfristige nationale Vorteile zu verzichten". An die Kommission erging der Auftrag „zu prüfen, ob es notwendig und zweckmäßig ist, den **Euratom-Vertrag** zu einem **Energie-Vertrag** weiterzuentwickeln"[119].

Auch in seiner Entschließung vom 16. September 1986 über **neue energiepolitische Ziele der Gemeinschaften für 1995** und die Konvergenz der Politik der Mitgliedstaaten[120] beharrte der Rat darauf, daß es im Bereich der Energiepolitik „Aufgabe der Mitgliedstaaten" sei, „das Spiel der Marktkräfte sicherzustellen", wobei Gemeinschaftsziele einen Orientierungsrahmen „für die Koordinierung und die Harmonisierung der einzelstaatlichen Energiepolitik" böten.

7. Der Weg zum Binnenmarkt für Energie (1987 bis heute)

Mit dem Inkrafttreten der EEA hatte sich die Gemeinschaft auf das Ziel der schrittweisen Errichtung des Binnenmarktes bis zum 31. Dezember 1992 verpflichtet[121]. Hierbei wurde der Binnenmarkt definiert als ein „Raum ohne Binnengrenzen, in dem der freie Verkehr von Waren, Personen, Dienstleistungen und Kapital gemäß den Bestimmungen (des) Vertrages gewährleistet ist" (Art. 8a a. F.). Dieses Ziel galt auch für Energie und Energieprodukte. Gleichwohl hatte das Weißbuch über den Binnenmarkt, d. h. gleichsam das Legislativprogramm für seine Errichtung, den Energiesektor bewußt ausgespart[122]. Diese Lücke wurde 1988 mit dem Arbeitsdokument der Kommission **„Der Binnenmarkt für Energie"**[123] geschlossen, woran ein wesentliches Verdienst dem damals für Energie zuständigen Kommissar, dem Portugiesen *Cardoso e Cunha*, zukam.

Auf 85 Seiten stellte dieses Dokument die allgemeine Problematik und die Besonderheiten des gemeinsamen Energiemarktes dar, setzte Prioritäten bei der Beseitigung technischer und fiskalischer Grenzen und listete die erforderlichen Maßnahmen zur Durchsetzung des freien Waren- und Dienstleistungsverkehrs, zur Umformung staatlicher Handelsmonopole, zur Anwendung der Wettbewerbsregeln und der staatlichen Beihilfedisziplin auf. In detaillierten Anhängen erfolgte eine Bestandsaufnahme der

119 S. Entschließung des Europäischen Parlaments vom 14. Februar 1980 zur langfristigen, ausreichenden und preisgünstigen Energieversorgung in der Gemeinschaft, Ziffer 10, ABl. Nr. C 59 vom 10. 3. 1980, S. 46 (47).
120 ABl. Nr. C 241 vom 25. 9. 1986, S. 1.
121 Art. 8a EWGV sowie Erklärung der Regierungskonferenz zu Art. 8a, wonach die Festsetzung des Termins 31. Dezember 1992 „keine automatische rechtliche Wirkung" mit sich bringt.
122 KOM(85) 310 endg. vom 14. 6. 1985.
123 KOM(88) 238 endg. vom 2. 5. 1988.

bestehenden Hemmnisse auf den Märkten für feste Brennstoffe, Erdöl, Erdgas, Elektrizität und Kernenergie.

Auf der Grundlage dieses Dokuments legte die Kommission in den nachfolgenden Jahren mehrere Legislativvorschläge vor und ergriff selbst autonome Maßnahmen zur Beseitigung bestehender Hemmnisse. Doch von Anfang an war deutlich, daß auf dem Energiesektor das Zieldatum zur Errichtung des Binnenmarktes, der 31. Dezember 1992, nicht eingehalten werden konnte. Während die Gemeinschaft auf dieses Ziel hinarbeitete, sollte sich Ende 1989 die weltpolitische Lage ebenso unerwartet wie dramatisch verändern.

Mit dem **Fall der Berliner Mauer** im November 1989 und der **deutschen Wiedervereinigung** im Oktober 1990 sah sich auch die Gemeinschaft vor eine neue Situation und Fragen gestellt, deren Beantwortung der Gegenstand des **Vertrages von Maastricht** werden sollte[124]. Mit diesem Vertrag, der am 1. November 1993 in Kraft trat, wurde die Energie erstmalig ausdrücklich im EWG-Vertrag erwähnt, wenn es auch nicht – wie von der Kommission vorgeschlagen – zur Aufnahme eines eigenen Titels „Energiepolitik“ kam[125]. In Art. 3 des Vertrages wurde ein Buchstabe t) (nunmehr u))

---

124 Vertrag über die Europäische Union vom 7. Februar 1992, ABl. Nr. C 191 vom 29. 7. 1992, S. 1.

125 S. Textentwurf in: Regierungskonferenz: Beiträge der Kommission, Beilage 2/91 zum Bulletin der Europäischen Gemeinschaften, S. 151:

„Artikel 1
Die Ziele des Vertrages werden, was den von diesem Titel geregelten Bereich anbelangt, im Rahmen einer gemeinsamen Energiepolitik verfolgt.
Die gemeinsame Energiepolitik wird mit den im Rahmen des EGKS- und des Euratom-Vertrags verfolgten Politiken eng koordiniert.

Artikel 2
Die gemeinsame Energiepolitik bezweckt,
a) die Sicherheit der Versorgung der gesamten Union unter wirtschaftlich befriedigenden Bedingungen zu gewährleisten;
b) zur Stabilität der Energiemärkte beizutragen;
c) die Verwirklichung des Binnenmarktes im Energiebereich sicherzustellen;
d) für jeden Energieträger die in Krisenzeiten zu treffenden Maßnahmen zu definieren;
e) die sparsame Energieverwendung sowie den Einsatz neuer und erneuerbarer Energiequellen zu fördern.
Sie soll ein hohes Schutzniveau sowohl hinsichtlich der Umwelt als auch der Gesundheit und der Sicherheit gewährleisten.

Artikel 3
Die zur Erreichung der in Artikel 2 genannten Ziele erforderlichen Maßnahmen erhalten Gesetzesform und werden vom Europäischen Parlament und vom Rat gemeinsam auf Vorschlag der Kommission und nach Anhörung des Wirtschafts- und Sozialausschusses verabschiedet. Die eventuell notwendigen gemeinschaftlichen Forschungsanstrengungen werden im Rahmen der Bestimmungen von Artikel 130 f bis 130 q geleistet.

Artikel 4
1. Die Vorschriften des Artikels 85 Absatz 1 können auf jede Vereinbarung im Energiebereich für unanwendbar erklärt werden, die dazu beiträgt, die Versorgungssicherheit der Union zu gewährleisten, soweit die damit verbundenen Beschränkungen zur Erreichung dieses Ziels unerläßlich sind und es den jeweiligen Unternehmen nicht ermöglichen, den Wettbewerb für einen wesentlichen Teil der betreffenden Erzeugnisse auszuschalten.
2. Als mit dem Gemeinsamen Markt vereinbar angesehen werden können die in Artikel 92 Absatz 1 genannten Beihilfen, die effektiv dazu beitragen, die Versorgungssicherheit der Union zu gewähr-

eingefügt, der dem Tätigkeitskatalog der Gemeinschaft an letzter Stelle „Maßnahmen in den Bereichen Energie, Katastrophenschutz und Fremdenverkehr" hinzufügte. Jedoch blieb diese Vorschrift als lex imperfecta insoweit unvollständig, als im Vertrage keine speziellen Ermächtigungsgrundlagen zum Erlaß und zur Durchführung derartiger Maßnahmen vorgesehen waren und sind. Mit dem Resultat ihrer Bemühungen offenbar selbst unzufrieden, erklärte die Konferenz in einer „Erklärung (Nr. 1) zu den Bereichen Katastrophenschutz, Energie und Fremdenverkehr"[126], daß die Frage der Einfügung von Titeln über die in Art. 3 lit. t) genannten Bereiche zu einem späteren Zeitpunkt geprüft werden solle. Zur Einfügung eines Titels über die Energiepolitik ist es aber weder im **Vertrag von Amsterdam**[127] noch in dem von **Nizza** gekommen[128]. Die Kommission erklärte ihrerseits, „daß die Gemeinschaft ihre Tätigkeit in diesen Bereichen auf der Grundlage der bisherigen Bestimmungen der Verträge zur Gründung der Europäischen Gemeinschaften fortsetzen wird"[129]. Als einzige substantielle Neuerung führte der Vertrag von Maastricht in einem Titel XII Vorschriften über **transeuropäische Netze** in den Bereichen der Verkehrs-, Telekommunikations- und **Energieinfrastruktur** ein (Art. 129 b bis 129 d a. F.). Ziel der Initiative der Gemeinschaft ist „die Förderung des Verbunds und der Interoperabilität der einzelstaatlichen Netze sowie des Zugangs zu diesen Netzen"[130], insbesondere durch eine finanzielle Unterstützung der Vorhaben von gemeinsamem Interesse; eine reglementierende Tätigkeit der Gemeinschaft ist nicht vorgesehen.

Besonders enttäuscht vom mangelnden energiepolitischen Gehalt des Maastricht-Vertrages zeigte sich das Europäische Parlament. In einer Entschließung vom 12. März 1992 zu einer gemeinsamen Energiepolitik[131] bedauerte das Parlament „zutiefst, daß bei der Revision des EWG-Vertrages ... keinerlei Grundsatz mitaufgenommen wurde, um das Fundament für eine echte Gemeinsame Energiepolitik (GEP) zu schaffen" und

---

leisten, sofern sie das Funktionieren des Binnenmarktes im Energiebereich nicht in einer dem gemeinsamen Interesse zuwiderlaufenden Weise beeinträchtigen".

Diesem Textentwurf waren folgende Erläuterungen beigegeben:
„Die drei Verträge – EGKS-, EWG- und Euratom-Vertrag – finden auf den Energiesektor je nach Art des betreffenden Energieträgers Anwendung.
Hinsichtlich des EGKS-Vertrags, der im Jahre 2002 ausläuft, ist die Kommission der Auffassung, daß es nach den Schlußfolgerungen des Europäischen Rates in Rom vom 14. und 15. Dezember 1990 zum gegenwärtigen Zeitpunkt nicht ratsam erscheint, ihn im Rahmen der derzeitigen Regierungskonferenz zu ändern. Ebensowenig hält die Kommission eine Änderung des Euratom-Vertrags für angebracht.
Dagegen erscheint ihr die Aufnahme einer besonderen Vorschrift betreffend die Energiepolitik in den EWG-Vertrag notwendig,
– um in den Vertrag den Begriff der Versorgungssicherheit der Gemeinschaft einzuführen,
– um die Notwendigkeit zu bekräftigen, den Binnenmarkt auch auf dem Gebiet der Energie zu verwirklichen, und um die Beschlußfassung auf diesem Sektor effizienter zu gestalten.
Bei dieser Gelegenheit erweist es sich als zweckmäßig, die Situation hinsichtlich der Anwendbarkeit der Wettbewerbsregeln auf den Energiesektor zu klären."

126 Im Gegensatz zu Art. 3 lit. t) steht die Energie hier nur noch an zweiter Stelle!
127 ABl. Nr. C 340 vom 10. 11. 1997, S. 1.
128 ABl. Nr. C 80 vom 10. 3. 2001, S. 1.
129 S. Erklärung (Nr. 1) zu den Bereichen Katastrophenschutz, Energie und Fremdenverkehr.
130 S. Art. 129 b Abs. 2 a. F. (Art. 154 Abs. 2 n. F.).
131 ABl. Nr. C 94 vom 13. 4. 1992, S. 279.

unterstrich, daß der Hinweis auf die Energie in Art. 3 lit. t) „völlig unzureichend" sei, „um die in Artikel 2 dieses Vertragsentwurfs genannten wirtschaftlichen und sozialen Ziele zu verwirklichen".

Unterhalb der Ebene der Verträge legte die Kommission erste Vorschläge für die **Verwirklichung des Energiebinnenmarktes** vor. Im Zeitraum zwischen 1990 und 2003 wurden die grundlegenden Rechtsakte erlassen:

1990 Richtlinie des Rates vom 29. Juni 1990 zur Einführung eines gemeinschaftlichen Verfahrens zur Gewährleistung der Transparenz der vom industriellen Endverbraucher zu zahlenden Gas- und Strompreise (90/377/EWG)[132],
Richtlinie des Rates vom 29. Oktober 1990 über den Transit von Elektrizitätslieferungen über große Netze (90/547/EWG)[133],

1991 Richtlinie des Rates vom 31. Mai 1991 über den Transit von Erdgas über große Netze (91/296/EWG)[134],

1992 Richtlinie 92/13/EWG des Rates vom 25. Februar 1992 zur Koordinierung der Rechts- und Verwaltungsvorschriften für die Anwendung der Gemeinschaftsvorschriften über die Auftragsvergabe im Bereich der Wasser-, Energie- und Verkehrsversorgung sowie im Telekommunikationssektor[135],
Richtlinie 92/81/EWG zur Harmonisierung der Struktur der Verbrauchssteuern auf Mineralöle[136],
Richtlinie 92/82/EWG zur Annäherung der Verbrauchssteuersätze für Mineralöle[137],

1993 Richtlinie 93/38/EWG des Rates vom 14. Juni 1993 zur Koordinierung der Auftragsvergabe durch Auftraggeber im Bereich der Wasser-, Energie- und Verkehrsversorgung sowie im Telekommunikationssektor[138],

1994 Richtlinie 94/22/EG des Europäischen Parlaments und des Rates vom 30. Mai 1994 über die Erteilung und Nutzung von Genehmigungen zur Prospektion, Exploration und Gewinnung von Kohlenwasserstoffen[139],

1996 Richtlinie 96/92/EG des Europäischen Parlaments und des Rates vom 19. Dezember 1996 betreffend gemeinsame Vorschriften für den Elektrizitätsbinnenmarkt[140],

1998 Richtlinie 98/30/EG des Europäischen Parlaments und des Rates betreffend gemeinsame Vorschriften für den Erdgasbinnenmarkt[141],

2003 Verordnung (EG) Nr. 1228/2003 des Europäischen Parlaments und des Rates vom 26. Juni 2003 über die Netzzugangsbedingungen für den grenzüberschreitenden Stromhandel[142],

---

132 ABl. Nr. L 353 vom 17. 12. 1990, S. 46.
133 ABl. Nr. L 313 vom 13. 11. 1990, S. 30.
134 ABl. Nr. L 147 vom 12. 6. 1991, S. 37.
135 ABl. Nr. L 76 vom 23. 3. 1992, S. 14.
136 ABl. Nr. L 316 vom 31. 10. 1992, S. 12.
137 A. a. O. S. 19.
138 ABl. Nr. L 199 vom 9. 8. 1993, S. 84.
139 ABl. Nr. L 164 vom 30. 6. 1994, S. 3.
140 ABl. Nr. L 27 vom 30. 1. 1997, S. 20.
141 ABl. Nr. L 204 vom 21. 7. 1998, S. 1.
142 ABl. Nr. L 176 vom 15. 7. 2003, S. 1.

Richtlinie 2003/54/EG des Europäischen Parlaments und des Rates vom 26. Juni 2003 über gemeinsame Vorschriften für den Elektrizitätsbinnenmarkt und zur Aufhebung der Richtlinie 96/92/EG[143],
Richtlinie 2003/55/EG des Europäischen Parlaments und des Rates vom 26. Juni 2003 über gemeinsame Vorschriften für den Erdgasbinnenmarkt und zur Aufhebung der Richtlinie 98/30/EG[144].

Mit dieser weit über das ursprüngliche Zieldatum des 31. Dezember 1992 hinausreichenden Rechtsetzung ist die **Öffnung der Energiemärkte** – zumindest legislativ – vollendet. Weniger erfolgreich waren die Versuche, die legislativen Bemühungen um den Energiebinnenmarkt durch gerichtliche Verfahren zu beschleunigen und zu ergänzen. Soweit der Gerichtshof mit Verfahren auf dem Gebiet des Energiebinnenmarktes befaßt war, ließ er eine deutliche Zurückhaltung erkennen, die als Ausdruck von judicial self-restraint vor dem Eingriff in gewachsene und funktionierende Strukturen gewertet werden kann.

Handelt es sich bei der Errichtung des Energiebinnenmarktes im wesentlichen um die Schaffung offener Marktstrukturen von Wettbewerb und Transparenz, d.h. von Strukturen und Marktordnungsprinzipien, die im wesentlichen produkt- und damit letztlich auch energieneutral sind, so besteht die eigentliche **Aufgabe der Energiepolitik** in der **voluntaristischen** Steuerung von Erzeugung, Verarbeitung und Verbrauch von Energie. Auch dieser Aufgabe hat die Gemeinschaft sich gestellt, wobei der Energiesektor zunehmend in das Gravitationsfeld des Umweltrechts hineingezogen wird. Als zweite prägende Kraft haben die Außenbeziehungen auf dem Energiesektor an Bedeutung gewonnen, was zum einen auf der starken **Importabhängigkeit** der Gemeinschaft beruht und zum anderen durch ihr besonderes Engagement in Osteuropa und der GUS bedingt ist[145]. Mit dem **Vertrag über die Energiecharta** wurde auf diesem Gebiet zwischen 1990 und 1998 der geeignete Rechtsrahmen geschaffen[146].

Im Hinblick auf eine voluntaristische Gestaltung der Energiepolitik war die Entwicklung in den 90er Jahren durch mehrere Neuerungen gekennzeichnet. Nachdem das Jahr **1994** vom Europäischen Parlament zum **Jahr der Energie** erklärt worden war[147], legte die Kommission 1995 und 1996 erstmalig ein **Grünbuch**[148] und ein **Weißbuch über die Energiepolitik**[149] der Gemeinschaft vor. Ausgehend von einer energiepolitischen Bestandsaufnahme entwickelte die Kommission Leitlinien für die Zukunft, insbesondere im Hinblick auf die weitere Integration des Marktes, die Bewältigung der Einfuhrabhängigkeit, eine dauerhafte Entwicklung und gezielte Förderung von Energietechnologien und Forschung. Ebenfalls im Jahr 1996 setzte die Kommission

143 A. a. O. S. 37.
144 A. a. O. S. 57.
145 Insbesondere auf dem Nuklearsektor. S. hierzu *Jürgen Grunwald*, Neuere Entwicklungen des Euratom-Rechts, ZEuS 1998, S. 275 (301 ff.).
146 S. unten 3. Teil J. I. 2.
147 S. Entschließung vom 13. September 1991 zur Erklärung des Jahres 1994 zum Jahr der Energie der Europäischen Gemeinschaft, ABl. Nr. C 267 vom 14. 10. 1991, S. 201.
148 S. unten 3. Teil A. II.
149 A. a. O.

einen **Beratenden Energieausschuß** ein[150], und der 17. F.I.D.E. Kongreß in Berlin das Thema „Energie und Umweltschutz in europäischer Perspektive" auf seine Tagesordnung[151]. Ganz im Sinne dieses Themas legte die Kommission 1996 und 1997 ein Grün-[152] und ein Weißbuch[153] über erneuerbare Energieträger vor, die bis 2010 für diese Energien einen Marktanteil von 12 % anstrebten.

Doch Mitte der 90er Jahre blickte die Kommission auf dem Energiesektor nicht nur nach vorne, sie unterzog auch die schon bestehenden Regelungen im Energiebereich zum ersten Male einer **Überprüfung** bzw. „juristischen Entrümpelungsaktion"[154]. In zwei Berichten über eine „Revision der Gemeinschaftsvorschriften im Energiebereich"[155] untersuchte die Kommission zunächst 17 Rechtsakte auf den Gebieten rationelle Energienutzung und Erdölpolitik, die überwiegend aus den Jahren 1972 bis 1976 stammten, und empfahl, zehn dieser Akte aufzuheben. In einem zweiten Schritt überprüfte sie 18 Rechtsakte auf dem Erdgas- und Elektrizitätssektor – überwiegend aus den Jahren 1968 bis 1980 – und schlug vor, fünf von ihnen aufzuheben. Die entsprechenden Rechtsänderungen werden nachfolgend an jeweils zuständiger Stelle vermerkt werden.

Aus dem Forschungs-[156] und Umweltrecht[157] übernahm das Energierecht im Jahre 1998 die Rechtsfigur des **Rahmenprogramms** in Gestalt der Entscheidung 1999/21/EG, Euratom des Rates vom 14. Dezember 1998 über ein mehrjähriges Rahmenprogramm für Maßnahmen im Energiesektor (1998–2002) und flankierende Maßnahmen[158], das durch mehrere spezifische Förderprogramme umgesetzt wurde[159]. Ebenfalls zum ersten Male legte die Kommission in der zweiten Hälfte der 90er Jahre eine umfassende Studie zum Thema „Leistungen der Daseinsvorsorge in Europa" vor[160], die die Rolle des Energiesektors im Kräftefeld zwischen Markt und staatlich/öffentlich-rechtlicher Verantwortung bestimmte[161].

Mit dem Inkrafttreten des **Vertrages von Amsterdam** am 1. Mai 1999 trat mit Art. 16 EGV eine neue Vorschrift in Geltung, die speziell den **Diensten von allgemeinem**

---

150 Beschluß 96/642/EG der Kommission vom 8. November 1996 über die Einsetzung eines Beratenden Energieausschusses, ABl. Nr. L 292 vom 15. 11. 1996, S. 34.

151 S. unter diesem Titel den Sammelband der Beiträge, Baden-Baden 1996.

152 S. Mitteilung der Kommission „Energie für die Zukunft: Erneuerbare Energiequellen: Grünbuch für eine Gemeinschaftsstrategie", KOM (96) 576 endg. vom 20. 11. 1996.

153 S. „Weißbuch für eine Gemeinschaftsstrategie und Aktionsplan: Energie für die Zukunft: Erneuerbare Energieträger", KOM (97) 599 endg. vom 26. 11. 1997.

154 So der Wirtschafts- und Sozialausschuß in seiner Stellungnahme vom 27. November 1996, ABl. Nr. C 66 vom 3. 3. 1997, S. 38 (39).

155 S. Dok. KOM(95) 391 endg. vom 26. 7. 1995 und Dok. KOM(96) 320 endg. vom 10. 7. 1996. S. auch ABl. Nr. C 272 vom 18. 9. 1996, S. 9.

156 S. Art. 166 Abs. 1 und 2 EGV.

157 S. zuletzt den Beschluß Nr. 1600/2002/EG des Europäischen Parlaments und des Rates vom 22. Juli 2002 über das sechste Umweltaktionsprogramm der Europäischen Gemeinschaft, ABl. Nr. L 242 vom 10. 9. 2002, S. 1.

158 S. unten 3. Teil A. III.

159 A. a. O.

160 S. ABl. Nr. C 282 vom 26. 9. 1996, S. 3. S. dazu die Stellungnahme des Wirtschafts- und Sozialausschusses, ABl. Nr. C 368 vom 20. 12. 1999, S. 51.

161 S. zur Energie a. a. O. Randnrn. 47 ff. (S. 9).

wirtschaftlichem Interesse gewidmet ist, zu denen auch die Dienste des Energiesektors gehören. Angesichts „ihrer Bedeutung bei der Förderung des sozialen und territorialen Zusammenhalts tragen die Gemeinschaft und die Mitgliedstaaten ... dafür Sorge, daß die Grundsätze und Bedingungen für das Funktionieren dieser Dienste so gestaltet sind, daß sie ihren Aufgaben nachkommen können". Anknüpfend an ihre frühere Studie zu **Leistungen der Daseinsvorsorge** veröffentlichte die Kommission zu diesem Thema eine umfangreiche Mitteilung[162], in der die Lage und Perspektiven auf dem Energiesektor einen breiten Raum einnehmen[163]. Auch der Europäische Rat von Nizza am 7. und 8. Dezember 2000 nahm sich dieses Themas in einer besonderen Erklärung an[164], und der Europäische Rat von Laeken wurde mit der gleichen Frage befaßt[165].

Angesichts der besonderen Verwundbarkeit der Gemeinschaft auf dem Energiesektor verfaßte die Kommission im Gefolge der drastischen Ölpreiserhöhungen im September/Oktober 2000 Ende des Jahres 2000 ein **Grünbuch „Hin zu einer europäischen Strategie für Energieversorgungssicherheit"**[166], das vor dem Hintergrund unerreichbarer Energieautarkie und fehlender Patentrezepte zwischen den Anforderungen des Klimaschutzes einerseits und der Integration der Energiemärkte andererseits den Handlungsrahmen für eine künftige voluntaristische Energiepolitik absteckte. Die im Grünbuch durchgeführte Analyse veranlaßte die Kommission zu folgenden Feststellungen:

- Die Abhängigkeit der Gemeinschaft von externen Versorgungsquellen nimmt mehr und mehr zu und wird von heute 50 % auf 70 % im Jahre 2030 ansteigen.
- Die Gemeinschaft verfügt nur über einen geringen Spielraum zur Beeinflussung des Angebots an Energieträgern. Ihr bleibt daher nur die Möglichkeit, auf die Nachfrage Einfluß zu nehmen, vor allem durch Energiesparmaßnahmen im Bau- und

---

162 S. Mitteilung der Kommission: Leistungen der Daseinsvorsorge in Europa, ABl. Nr. C 17 vom 19. 1. 2001, S. 4. S. dazu die Stellungnahme des Wirtschafts- und Sozialausschusses, ABl. Nr. C 241 vom 7. 10. 2002, S. 119 und des Ausschusses der Regionen, ABl. Nr. C 19 vom 22. 1. 2002, S. 8.
163 A. a. O. Rdnr. 4.3 f. und Anhang I.
164 Schlußfolgerungen der Präsidentschaft, SI (2000) 1000 vom 8. Dezember 2000, Anlage II.
165 S. den Bericht der Kommission an den Europäischen Rat von Laeken: Leistungen der Daseinsvorsorge, KOM(2001) 598 endg. vom 17. 10. 2001. Im Schrifttum werden die Aufgaben der öffentlichen Daseinsvorsorge im Energiesektor seit langem erörtert; durch die Deregulierung und Privatisierung im Binnenmarkt rückt hierbei die Rolle der **Kommunen** erneut in den Vordergrund: s. *Hans Fischerhof*, Öffentliche Versorgung mit Wasser, Gas, Elektrizität und öffentliche Verwaltung, DÖV 1957, S. 305; *Johannes Hellermann*, Örtliche Daseinsvorsorge und gemeindliche Selbstverwaltung. Zum kommunalen Betätigungs- und Gestaltungsspielraum unter den Bedingungen europäischer und staatlicher Privatisierungs- und Deregulierungspolitik, Tübingen 2000; *Georg Hermes*, Staatliche Infrastrukturverantwortung, Tübingen 1998; *Rudolf Hrbek, Martin Nettesheim* (Hrsg.), Europäische Union und mitgliedstaatliche Daseinsvorsorge, Baden-Baden 2002; *Hans-Jürgen Papier*, Kommunale Daseinsvorsorge im Spannungsfeld zwischen nationalem Recht und Gemeinschaftsrecht, DVBl. 2003, S. 686; *Jürgen Schwarze* (Hrsg.), Daseinsvorsorge im Lichte des Wettbewerbsrechts, Baden-Baden 2001; *Hans-Peter Schwintowski* (Hrsg.), Die Zukunft der kommunalen EVU im liberalisierten Energiemarkt, Baden-Baden 2002; *Ulrich Tödtmann*, Kommunale Energieversorgungsunternehmen zwischen Gemeinderecht und Wettbewerb, RdE 2002, S. 6; *Felix Zimmermann*, Die Rolle der kommunalen Unternehmen in der Energieversorgung, RdE 1994, S. 47.
166 KOM(2000) 769 endg. vom 29. November 2000.

Verkehrswesen (Gebäude: 40 % des Energieverbrauchs, Verkehr: 32 % des Energieverbrauchs).
- Ohne ehrgeizige Maßnahmen werden ein wirksamer Klimaschutz und die Erfüllung der Vorgaben des Kyoto-Übereinkommens nicht möglich sein.

Das **Auslaufen des EGKS-Vertrags am 23. Juli 2002** markierte das Ende einer Epoche, und mit der für den 1. Mai 2004 vorgesehenen Erweiterung der Gemeinschaft wird die Nachkriegszeit in Europa definitiv zu Ende gehen[167]. Das finanzielle Erbe der EGKS sollte die EG antreten, der der Vertrag von Nizza in einem „Protokoll über die finanziellen Folgen des Ablaufs des EGKS-Vertrags und über den Forschungsfonds für Kohle und Stahl" die Erträge aus dem EGKS-Vermögen übertrug[168].

Abgesehen von dieser Regelung brachte das Inkrafttreten des **Vertrages von Nizza** am 1. Februar 2003 für den Energiesektor keine Neuerungen[169]. Dies sollte dem **„Entwurf eines Vertrags über eine Verfassung für Europa"** vorbehalten bleiben, den die 105 Mitglieder des Verfassungskonvents nach 16-monatigen Beratungen am 10. Juli 2003 in Brüssel unterzeichneten[170]. Gemäß Teil I, Titel III, Art. 13 Abs. 2 5. Gedankenstrich dieses Entwurfes soll die Union erstmalig eine „geteilte Zuständigkeit" im „Hauptbereich" Energie erhalten[171]. Dieser Zuständigkeit ist **Art. III-157** in Teil III, Titel III, Kapitel III, Abschnitt 10, gewidmet, der **„Energie"** überschrieben ist und wie folgt lautet[172]:

> „(1) Die Energiepolitik der Union hat im Rahmen der Verwirklichung des Binnenmarkts und unter Berücksichtigung der Erfordernisse der Erhaltung und der Verbesserung der Umwelt folgende Ziele:
>
> a) Sicherstellung des Funktionierens des Energiemarkts,
> b) Gewährleistung der Energieversorgungssicherheit in der Union und
> c) Förderung der Energieeffizienz und von Energieeinsparungen sowie Entwicklung neuer und erneuerbarer Energiequellen.
>
> (2) Die für die Erreichung der in Absatz 1 genannten Ziele erforderlichen Maßnahmen werden durch Europäische Gesetze oder Rahmengesetze festgelegt. Diese werden nach Anhörung des Ausschusses der Regionen sowie des Wirtschafts- und Sozialausschusses erlassen.
>
> Diese Gesetze oder Rahmengesetze berühren unbeschadet des Artikels [III-125 (ex-175) Absatz 2 Buchstabe c] nicht die Wahl eines Mitgliedstaats zwischen verschiedenen Energiequellen und die allgemeine Struktur seiner Energieversorgung."

---

167 S. hierzu unten 2. Teil A. XI.

168 S. Text im ABl. Nr. C 80 vom 10.3.2001, S. 67. S. auch *Armin Hatje*, Die institutionelle Reform der Europäischen Union – der Vertrag von Nizza auf dem Prüfstand, EuR 2001, S. 143; *Thomas Wiedmann*, Der Vertrag von Nizza – Genesis einer Reform, EuR 2001, S. 185.

169 S. ansonsten nur noch die Erklärung Nr. 24 zur Weiterführung der EGKS-Statistiken bis zum 31. Dezember 2002.

170 Zum Konvent s. *Stephan Hobe*, Bedingungen, Verfahren und Chancen europäischer Verfassungsgebung: Zur Arbeit des Brüsseler Verfassungskonvents, EuR 2003, S. 1; *Thomas Oppermann*, Vom Nizza-Vertrag 2001 zum Europäischen Verfassungskonvent 2002/2003, DVBl. 2003, S. 1.

171 S. ABl. Nr. C 169 vom 18. 7. 2003, S. 1 (11).

172 A. a. O. S. 57.

Des weiteren sieht der Entwurf die Weitergeltung des Euratom-Vertrages vor, der in einem Protokoll, dem Muster der früheren Vertragsänderungen folgend, lediglich technische Anpassungen, insbesondere in den Bereichen Organe und Finanzen, vornimmt[173]. Ab Oktober 2003 soll der Entwurf von der Regierungskonferenz beraten werden, mit dem Ziele, bis zum März 2004 zu einer Einigung zu gelangen. Im Jahre 2006 könnte die neue Verfassung für Europa sodann in Kraft treten.

Ein weiterer – auch für den Energiesektor bedeutsamer Zeithorizont – wurde durch die Unterzeichnung des **Beitrittsvertrags** am 16. April 2003 in Athen eröffnet[174], der die **Erweiterung der Gemeinschaft** um 10 neue Mitgliedstaaten zum 1. Mai 2004 vorsieht.

C. Natürlich-technische Grundlagen: Energieträger und Energieprodukte

I. Steinkohle und Koks

Literatur:

G. C. Brown and E. Skipsey, Energy Resources, Geology, Supply and Demand, Milton Keynes and Philadelphia, 1986; *Hans Gruß*, Entwicklung von Angebot und Nachfrage auf dem Steinkohlenweltmarkt (2002), ZfE 2003, S. 3; *Wilhelm Gumz, Rudolf Regul*, Die Kohle: Entstehung, Eigenschaften, Gewinnung und Verwendung, Essen 1954; *Folker Kraus-Weysser*, Kohle: Aufstieg, Fall und neue Zukunft, Wien–München 1981.

1. Ursprung und Natur

Die Steinkohle ist ein brennbares Mineral, das aus den Ablagerungen vorzeitlicher Pflanzen entstanden ist, die unter Abschluß von Sauerstoff zersetzt und durch Einlagerung in tiefere Erdschichten unter Einwirkung von **Druck, Hitze** und **Zeit** im Prozeß der **Inkohlung** zu Kohle verwandelt wurden. Die ersten Steinkohlenwälder stammen aus den Erdzeitaltern **Karbon** (daher der Name) und Perm und entstanden vor 345 bis 200 Millionen Jahren. Weitere Vorkommen datieren aus **Trias** und **Jura** (vor 150 bis 50 Millionen Jahren), wobei die jüngeren Ablagerungen nur den Zustand von Braunkohle erreichten.

In der Reihe der **festen Brennstoffe** steht die Steinkohle am Ende der Entwicklungskette Holz-Torf-Braunkohle-Steinkohle. Sie weist gegenüber ihren „Vorprodukten" den höchsten Kohlenstoffanteil, den geringsten Wassergehalt und den höchsten Brennwert auf.

Im Prozeß der **Verkokung** wird die Steinkohle (Kokskohle) unter Luftabschluß in Kammeröfen auf 1000 °C erhitzt, wobei ihr neben Gasen (Koksofengas, Kokereigas) auch die Kohlenwertstoffe Teer, Benzol und Ammoniak entzogen werden[1]. Nach ca.

---

173 S. Protokoll zur Änderung des Euratom-Vertrags, a. a. O. S. 98.
174 Veröffentlicht im ABl. Nr. L 236 vom 23. 9. 2003, S. 1. S. hierzu unten 3. Teil L.

1 Bezogen auf 1 Tonne Einsatzkohle liegt die Ausbeute bei ca. 40 kg Teer, 10 kg Benzol und 3 kg Ammoniak (s. Das kleine Energielexikon, 2. Aufl., Essen 1982, S. 110).

16 Stunden wird der glühende Kokskuchen aus dem Kammerofen in den Löschwagen gedrückt und mit Wasser gelöscht. Die verbleibende Kokskohle wird im Hochofen zur Eisen- und Stahlerzeugung eingesetzt, wobei die erforderliche Koksmenge zwischen 500 und 800 kg/t Roheisen schwanken kann[2]. Aufgrund des jeweiligen Gehalts an flüchtigen Bestandteilen, die beim Verkoken freigesetzt werden, wird zwischen folgenden Kohlenarten unterschieden:

Kohlenarten

Geologische Bezeichnung	Gehalt an flüchtigen Bestandteilen* in %	Handelsbezeichnung	Gehalt an flüchtigen Bestandteilen in %
Flammkohle	40	Gasflammkohle	33 bis 40
Gasflammkohle	35 bis 40		
Gaskohle	28 bis 35	Gaskohle	28 bis 35
Fettkohle	19 bis 28	Fettkohle	18 bis 30
Eßkohle	12 bis 19	Eßkohle A	16 bis 20
		Eßkohle B	14 bis 17
Magerkohle	< 12	Magerkohle B	12 bis 14
		Magerkohle	10 bis 12
		Anthrazit	< 10

* Bezogen auf wasser- und aschefreie Substanz

2. Vorkommen und Vorräte

Geologische Studien weisen nach, daß die Steinkohlenwälder der früheren Erdzeitalter in den tropischen Sumpfgebieten in Äquatornähe gelegen haben[3]. Mit der Verschiebung der Urkontinente in ihre heutige Lage – wie sie *Alfred Wegener* in seiner Theorie der Kontinentalverschiebung erstmalig beschrieben hat[4] – gelangten die Vorkommen bis weit hinauf in nördliche und südliche Breiten: bis nach Alaska und Spitzbergen im Norden und bis nach Australien und Neuseeland im Süden.

Nach den Schätzungen des World Energy Council (WEC) konzentrieren sich 83 % der Weltkohlevorräte auf China, die USA und das Gebiet der ehemaligen Sowjetunion, die gleichzeitig die weltgrößten Förderregionen von Steinkohle sind[5]. Es folgen bei der Förderung Westeuropa, Osteuropa, Südafrika, Australien und Indien.

Naturgemäß verändern sich die Schätzungen über die Steinkohlenvorräte der Erde mit fortschreitendem Abbau[6] und fortschreitender Exploration. 1954 bezifferten *Gumz* und *Regul* die gesamten Steinkohlenvorräte der Erde auf 3600 Milliarden t, wo-

---

2 S. Das kleine Energielexikon, a. a. O. S. 112.

3 S. *Rudolf Hohl*, Wandernde Kontinente, Leipzig, Jena, Berlin 1985.

4 *Alfred Wegener*, Die Entstehung der Kontinente und Ozeane, Braunschweig 1915.

5 Fördermengen in 1995: China 650 Mio t, USA 531 Mio t, Rußland 108 Mio t. S. Energy in Europe 1997 – Annual Energy Review, Brüssel 1997, S. 22.

6 Nach *Gumz, Regul* betrug die Steinkohlenförderung 1954 knapp 1,5 Milliarden t. S. a. a. O. S. 344.

von 1700 Milliarden t auf Amerika, fast 1000 Milliarden t auf Rußland, 550 Milliarden t auf das übrige Asien und knapp 350 Milliarden t auf Europa entfielen[7]. Als wirtschaftlich und technisch abbauwürdig wurden hiervon jedoch nur 1900 Milliarden t eingeschätzt.

Einigkeit scheint jedoch insoweit zu bestehen, daß nach gegenwärtigen Verbrauchsszenarien die Steinkohlenvorräte der Erde – zumindest statistisch – in ca. 230 Jahren erschöpft sein werden. So werden heute die weltweit vorhandenen Kohlevorkommen auf etwa 785×10^9 t SKE geschätzt, wobei der derzeitige Weltverbrauch etwa $3{,}4 \times 10^9$ t SKE beträgt[8]. Nach Ansicht von Experten dürften die Vorräte allerdings noch für einen weitaus längeren Zeitraum reichen, da mit der Entdeckung zusätzlicher Vorkommen und – bei fortschreitender Exploration – der Erhöhung der Vorratsangaben bekannter Lagerstätten zu rechnen sei[9].

3. Gewinnung und Verwendung

Während die ersten vom Menschen gewonnenen Steinkohlen an der Erdoberfläche zu Tage traten, bewegte sich die Gewinnung der Kohle mit fortschreitendem Abbau je nach den geologischen Gegebenheiten den Flözen folgend mehr und mehr in die Tiefe. Während in den USA und einigen anderen Drittländern noch heute große Teile der Förderung im Tagebau stattfinden[10], wird die Steinkohle in der Gemeinschaft fast ausschließlich im Untertagebau gewonnen[11]. Der tiefste Punkt des europäischen Steinkohlenbergbaus wurde mit 1710 Meter Tiefe 1997 im Saarland erreicht[12].

Nachdem die niederländischen, belgischen und portugiesischen Zechen mangels Rentabilität in den 70er und 90er Jahren geschlossen wurden, besitzt die Gemeinschaft heute nur noch vier Förderländer: Deutschland, Großbritannien, Spanien und Frankreich. Die Fördermengen in den Jahren 1997 bis 1999 zeigt folgende Tabelle:

(in 1000 t)

	1997	1998	1999
Ruhr	41643	36450	36550
Aachen	199		
Ibbenbüren	1698	1720	1720

7 *Gumz, Regul*, a. a. O. S. 105.

8 Energievorräte und mineralische Rohstoffe: Wie lange noch? Österreichische Akademie der Wissenschaften, Schriftenreihe der Erdwissenschaftlichen Kommission, hrsg. von *J. Zemann*, Wien, 1998, S. 133.

9 A. a. O.

10 S. *Gumz, Regul*, a. a. O. S. 67.

11 In Großbritannien wurden in den 80er Jahren noch ca. 10 % der Steinkohle im Tagebau (opencast mining) gefördert. S. *Brown-Skipsey* a. a. O. S. 40.

12 Nordschacht des Bergwerks Ensdorff (Schacht Falscheid) der Saarbergwerke, s. Saarbrücker Zeitung vom 13. 1. 1997, S. 1.

Fortsetzung

	1997	1998	1999
Saar + Kleinzechen	7672	7310	7680
DEUTSCHLAND	51212	45480	45950
Central Asturias	3123	3300	3250
Bierzo-Villablino + Narcea	6861	6200	5935
Norte Leon + Palencia	2083	2150	2100
Sur	1809	1750	1600
Aragon-Cataluña, Baleares	4121	4100	4015
SPANIEN	17997	17500	16900
Lorraine	5000	4100	3700
Centre-Midi	981	860	796
FRANKREICH	5981	4960	4496
Untertage	30281	24300	19100
Tagebau	16700	14700	14000
VEREINIGTES KÖNIGREICH	46981	39000	33100
EUR 15	122171	106940	100446

Hauptabnehmer der Gemeinschaftskohle wie der Importkohle sind die Kraftwerke (Kesselkohle), die Kokereien (Kokskohle), die Eisen- und Stahlindustrie (Koks) sowie sonstige Industrien sowie an letzter Stelle die privaten Haushalte (Hausbrand).

Während die Gemeinschaftsproduktion von Steinkohle aus Kostengründen beständig rückläufig ist, haben sich die Einfuhren auf hohem Niveau stabilisiert (1999: 153 Mio t). Mit einer Jahresförderung von 1,4 Mia t ist China weltweit zum größten Kohlenbergbauland geworden.

II. Braunkohle und Torf

1. Ursprung und Natur

Wie die Steinkohle sind Braunkohle und Torf pflanzlichen Ursprungs und bilden mit ihr die sog. festen Brennstoffe. Aufgrund ihres jungen Alters und ihres geringen Reifegrades besitzen sie einen höheren Wasseranteil und einen niedrigeren Brennwert als die Steinkohle. Gleichwohl können die Übergänge zwischen Braun- und Steinkohle fließend sein (lignito nero), da nicht nur die Braunkohle, sondern auch jüngere Steinkohlen aus tertiären Formationen entstanden sind. Beim Torf, der „Muttersubstanz" der Kohle, befinden sich die pflanzlichen Stoffe – je nach Alter der Torfmoore – in einem unterschiedlichen Grade der Zersetzung der moorbildenden Pflanzen.

2. Vorkommen und Abbau

Braunkohlenformationen sind über alle Kontinente verbreitet. In Europa erstrecken sich bedeutende Lagerstätten vom Niederrhein (Kölner Bucht) nach Mitteldeutschland (Leipziger Raum, Lausitz) über Polen (Oberschlesien) bis hin zur Wasserscheide von Dnjepr und Don einschließlich des Kursker Beckens. Nordamerika besitzt Braunkohlen im oberen Missourigebiet und in Vancouver, Asien in Siberien, auf den Indonesischen Inseln und in Japan. Weitere Vorkommen befinden sich in Australien und Afrika.

In der Gemeinschaft ist das wiedervereinigte Deutschland der mit Abstand größte Produzent von Braunkohle (1999: 168 Mio t), gefolgt von Griechenland (65 Mio t) und Spanien (9,4 Mio t).

Die größten Torfproduzenten der Gemeinschaft sind demgegenüber Finnland (8 Mio t), Irland (5,7 Mio t) und Schweden (0,8 Mio t). Außerhalb Europas finden sich bedeutende Torfvorkommen in Rußland sowie in Nord- und Südamerika. Asien und insbesondere Afrika hingegen sind arm an Torf.

Im Gegensatz zur Steinkohle wird die Braunkohle fast ausschließlich im Tagebau gewonnen. Der Abbau erfolgt großflächig mit riesigen Schaufelradbaggern oder Eimerkettenbaggern, nachdem durch Abtragen der Deckschicht (Abraum) der Flöz freigelegt ist. An den Abbau schließen sich – je nach Art der späteren Verwendung – die einzelnen Phasen der Kohleveredelung an (Trocknung, Brikettierung, Schwelung, Verkokung, Vergasung). Für die Gewinnung von Torf gibt es verschiedene Verfahren, die durch den Grad der Mechanisierung und die Beschaffenheit des Torfes bestimmt werden (Sticktorf, Baggertorf). Trocknung und Weiterverarbeitung schließen sich an.

3. Verwendung

Da Rohbraunkohle ein Massengut mit geringem Energiegehalt darstellt, ist ihre Verfrachtung über längere Strecken ökonomisch nicht sinnvoll. Aus diesem Grunde empfiehlt sich ihre Veredelung am Ort der Förderung und – abgesehen von höherwertigen Veredelungsprodukten – insbesondere ihr Einsatz als Kesselkohle zur Verstromung in der Nähe der Fördergebiete. So wurden von den ca. 243 Mio t Braunkohle, die 1999 in der Gemeinschaft produziert wurden, ca. 226 Mio t an den Kraftwerksektor geliefert, während nur ca. 17 Mio t zur Brikettherstellung verwendet wurden (davon 60 % zum industriellen Verbrauch und 30 % als Hausbrand).

Auch die Torfproduktion der Gemeinschaft ist zum überwiegenden Teil zur Beheizung von Kraftwerken und in geringerem Maße zur Brikettherstellung bestimmt. Außerhalb des Energiesektors finden Torf und Torfprodukte weiterhin Verwendung als Streu-, Verpackungs- und Düngemittel.

III. Erdöl und Erdölprodukte

Literatur:

Manfred Horn, Zur künftigen Ölgewinnung und Preisstrategie der OPEC – eine kritische Analyse des World Energy Outlook der IEA, ZfE 2003, S. 117; *ders.*, Langfristige Entwicklung der Rohölpreise bei Gewinnmaximierung durch die OPEC, ZfE 2002, S. 105; *Friedemann Müller*, Versorgungssicherheit. Die Risiken der internationalen Energieversorgung, Internationale Politik 3/2003, S. 3; *Dieter Schmitt, Walter Schulz, Andreas Seeliger*, Daten zur Entwicklung der Kosten- und Ertragslage der Mineralölindustrie in der Bundesrepublik Deutschland im Jahre 2001, ZfE 2002, S. 155.

1. Ursprung und Natur

Wie die Steinkohle, so ist auch das Erdöl pflanzlichen Ursprungs. Vorwiegend entstanden aus dem Phytoplankton der Urmeere im Zeitalter des Kambrium und Silur (vor 500–400 Millionen Jahren) und in der Jura- und Kreidezeit (vor 195–65 Millionen Jahren), wurde die Pflanzenmasse der Meeresbecken allmählich von Sedimentschichten überlagert und durch anärobe Zersetzung, Druck und Hitze in drei Phasen (Diagenisis, Catagenisis und Metagenisis) in Erdöl verwandelt. Chemisch entwickelte sich dabei keine einheitliche Substanz, sondern eine Mischung verschiedener Kohlenwasserstoffe (bis zu 1200), die sich je nach Druck und Temperatur im festen (Asphalt), flüssigen (Rohöl) und gasförmigen (Methan) Zustand befinden. Abhängig von der Anzahl der Kohlenstoffatome im Molekül lassen sich folgende Fraktionen unterscheiden (bei normaler Umgebungstemperatur):

gasförmig	CH_4	Methan	Gase
	C_2H_6	Ethan	
	C_3H_8	Propan	
flüssig	C_4H_{10}	Butan	Benzine
	C_5H_{12}	Pentan	
	C_6H_{14}	Hexan	
	C_7H_{16}	Heptan	
	C_8H_{18}	Oktan	
	C_9H_{20}	Nonan	
	$C_{10}H_{22}$	Dekan	
	$C_{11}H_{24}$	Undekan	Kerosine
	bis		
	$C_{13}H_{28}$	Tridekan	

	$C_{14}H_{30}$ bis $C_{18}H_{38}$	Tetradekan bis Heptadekan	Diesel
	$C_{19}H_{40}$ bis $C_{25}H_{52}$		Schweres Heizöl
	$C_{26}H_{54}$ bis $C_{40}H_{82}$		Schmieröle
fest	$C_{41}H_{84}$		Wachs

2. Vorkommen und Vorräte

Im Gegensatz zur Steinkohle, die als feste Substanz am Ort ihrer Entstehung verbleibt, ist das Erdöl aufgrund seiner flüssigen Natur beweglich. Es kann daher bei entsprechender Sedimentformation seine Lagerstätte wechseln und sich in unterirdischen Bassins sammeln.

Nach Schätzungen aus dem Jahre 1994 belaufen sich die Weltölreserven auf ca. 137 Milliarden t, von denen 66 % im Nahen Osten lagern. Es folgen Lateinamerika mit 13 %, die Länder der ehemaligen Sowjetunion und Afrika mit je 6 %, Asien und Australien mit 4 %, Nordamerika mit 3 % und Westeuropa mit 2 %. Nach gegenwärtigen Hochrechnungen werden die bisher bekannten und wirtschaftlich-technisch ausbeutbaren Reserven nur eine Versorgung für weitere 40 Jahre ermöglichen. Ob und inwieweit Ölschiefer bzw. Ölsände zur Deckung des künftigen Bedarfs beitragen werden, bleibt abzuwarten.

Nach einem Bericht der Kommission aus dem Jahre 1996 belaufen sich die in Westeuropa nachgewiesenen Ölvorkommen auf ca. 3,2 Milliarden Tonnen, wobei der größte Teil dieser Reserven unter der Nordsee lagert. Der Löwenanteil der Nordseereserven befindet sich indessen im norwegischen Hoheitsgebiet, so daß die Ölreserven der Gemeinschaft nur auf 0,9 Milliarden Tonnen geschätzt werden.

Neuere Schätzungen der Erdölreserven der Welt und ausgewählter Regionen ergeben für 2001 folgendes Bild[13]:

13 S. *Friedemann Müller*, Versorgungssicherheit: Die Risiken der internationalen Energieversorgung, Internationale Politik 3/2003, S. 3.

	Reserven in Milliarden Fass	Anteil an Weltreserven %
OECD	85,0	8
Rußland	48,6	5
Kaspische Region	17,0	2
China	24,0	2
OPEC	818,8	78
Golf-OPEC*	673,5	64
Welt	1050,0	100

* Golf-OPEC: Iran, Irak, Katar, Kuweit, Saudi-Arabien, Vereinigte Arabische Emirate

3. Gewinnung und Verwendung

Im Bereich der Mineralölwirtschaft wird zwischen sog. **up-stream-** und **down-stream**-operations unterschieden. Zu ersteren gehören alle Tätigkeiten, die erforderlich sind, um das Öl an die Erdoberfläche zu bringen. Hierzu zählen die Prospektion und Exploration (Ölsuche), der Aufschluß von Lagerstätten, Bohrungen und die Ölgewinnung. Zu den down-stream-operations zählen der Transport, die Verarbeitung und der Vertrieb der Ölprodukte. Der Transport kann über **Pipelines** (Versorgungsfernleitungen), **Tankschiffe, Kesselwagen** durchgeführt werden, die Verarbeitung erfolgt in **Raffinerien** (Veredelungsanlagen). Hierbei werden drei Ausgangsverfahren der Mineralölverarbeitung unterschieden:

- die **Destillation**, bei denen die Kohlenwasserstoffverbindungen durch Erhitzung nach ihren jeweiligen Siedepunkten in Fraktionen getrennt werden, d. h. in Gase, Benzine, Mitteldestillate, Grundöle für Schmierstoffe, schweres Heizöl und Bitumen,
- das **Cracken** (Aufspalten), bei dem die destillierten Ausgangsstoffe durch hohen Druck, hohe Temperatur, den Einsatz von Wasserstoff (hydrocracking) und/oder mit Hilfe von Katalysatoren (catalytic cracking) in höherwertige Produkte umgewandelt werden,
- das **Raffinationsverfahren**, das der Qualitätsverbesserung und der Entfernung unerwünschter Bestandteile aus den Mineralölerzeugnissen dient (z. B. durch Entschwefelung mit Hilfe von Wasserstoff).

Im Europa der 15 betrug 1999 der Anteil des Mineralöls an der Energieversorgung 41,3 % (Erdgas: 22,8 %, Steinkohle: 11,2 %, Braunkohle und Torf 3,3 %, Kernenergie: 15,3 %, erneuerbare Energien: 5,9 %), was einer Menge von 595 Mtoe entspricht[14]. Hierbei entfielen 270 Mtoe auf den Verkehrssektor (229 Mtoe auf den Straßenverkehr und 32,5 Mtoe auf den Luftverkehr). Die Nettoeinfuhren von Erdöl und Erdölprodukten in die Gemeinschaft beliefen sich im Jahre 1999 auf 458 Mio t[15].

---

14 S. Eurostat, Energy and environment indicators, Data 1985–2000, Luxemburg 2002, S. 26, 27.
15 A. a. O. S. 16, 17.

IV. Erdgas

Literatur:

Sylvie Cornot-Gandolphe, Natural gas supply and demand in Europe – the importance and changing nature of flexibility, ZfE 2003, S. 109; *Jens Perner*, Die langfristige Erdgasversorgung Europas: Analysen und Simulationen mit dem Angebotsmodell EUGAS, ZfE 2002, S. 87.

1. Ursprung und Natur

Bei Erdgas handelt es sich um in natürlichen Lagerstätten vorkommende gasförmige Kohlenwasserstoffverbindungen organischen Ursprungs (überwiegend Methan CH_4) mit unterschiedlichen Anteilen an Stickstoff, Kohlendioxid und Schwefelwasserstoff. In fester Form gebundene Methanvorkommen (sog. **Hydrate**) werden neuerdings in großen Mengen auf dem Boden der Weltmeere nachgewiesen, wobei vermutet wird, daß Methanquellen nicht nur organischen, sondern auch anorganischen Ursprungs sein können.

2. Vorkommen und Vorräte

Erdgaslagerstätten sind wie die Erdöllagerstätten an die großen Sedimentgebiete der Erde gebunden. Reine Erdgaslagerstätten sind selten, zumeist kommen Erdöl und Erdgas zusammen in einer Lagerstätte vor (Erdölgas). Über die größten Erdgasvorkommen verfügen Rußland und der Nahe Osten; die in Westeuropa nachgewiesenen Reserven belaufen sich auf 4,9 Milliarden Tonnen Öläquivalent an Gas. Neuere Schätzungen der Erdgasreserven und -produktion der Welt und ausgewählter Regionen ergaben für 2001 folgendes Bild[16]:

	Reserven in Trillionen m³	Produktion Milliarden m³
Rußland	47,57	542
Kaspi/Zentralasien	7,4	117
Mittlerer Osten	55,9	228
Afrika	11,18	124
USA/Kanada	6,71	727
Europa	4,86	293
Welt	155,0	2464

3. Gewinnung und Verwendung

Für die **Gewinnung** des Erdgases gilt mutatis mutandis dasselbe wie für die Gewinnung des Erdöls.

Der **Transport** des Gases erfolgt über Pipelines durch die großen Netze oder mit Flüssiggastankern und sodann über die Verteilernetze der regionalen Versorgungsunternehmen.

---

16 *Friedemann Müller*, a. a. O.

Erdgas wird hauptsächlich im Wärmemarkt zur Versorgung der privaten **Haushalte** eingesetzt, findet aber auch zunehmend Einsatz bei der Elektrizitätserzeugung in **Erdgaskraftwerken** und **Blockheizkraftwerken**, in denen die Vorteile der Kraft-Wärme-Koppelung genutzt werden. Ein weiterer Abnehmer des Erdgases ist die **chemische Industrie**, wo es als Rohstoff insbesondere in der Chlorchemie Verwendung findet.

V. Kernenergie

Literatur:

Erich Bagge, Kurt Diebner, Kenneth Jay, Von der Uranspaltung bis Calder Hall, Hamburg 1957; *Erwin Münch,* Tatsachen über Kernenergie, Essen 1980.

1. Kernspaltung und Kernfusion

Im Gegensatz zur Energie der festen Brennstoffe und der Kohlenwasserstoffe wird die Kernenergie nicht durch chemische Verbrennungsprozesse, d. h. Reaktionen in der Atomhülle freigesetzt, sondern durch physikalische Prozesse im Atomkern **durch Kernspaltung** (Fission) oder **Kernverschmelzung** (Fusion).

Als Ausgangsmaterial für die **Kernspaltung** dient Uran (U), das in der Natur zu 99,3 % als U^{238} und zu 0,7 % als U^{235} vorkommt. Beide Isotope des Urans sind instabil, d. h. sie zerfallen über große Zeiträume spontan in leichtere Atomkerne, wobei sie im Zerfallsprozeß Energie und Kernteilchen abstrahlen (Halbwertszeit von U^{238}: 4,5 Milliarden Jahre, Halbwertszeit von U^{235}: 710 Millionen Jahre). Dieser in der Natur außerordentlich langsam verlaufende Zerfallsprozeß (unter entsprechend langsamer Energieabgabe) läßt sich zum Zwecke der Energiegewinnung künstlich beschleunigen, indem U^{235} mit langsamen Neutronen beschossen wird, die sich dem U^{235} Kern anlagern und zur Entstehung des Isotops U^{236} führen:

$$U^{235} + {}^{1}n \rightarrow U^{236}$$

Dieses Isotop ist jedoch hochgradig instabil und zerfällt augenblicklich in Spaltprodukte, wie Yttrium (Y) und Jod (I), wobei Neutronen und Energie freigesetzt werden:

$$^{236}U \rightarrow {}^{95}Y + {}^{139}I + 2n + 3{,}2 \times 10^{-11} J$$

Diese Spaltprodukte sind ebenfalls instabil und zerfallen weiter, wobei sie ihrerseits Neutronen freisetzen und Energie abgeben, bis ein Stabilitätszustand erreicht wird. Die freien Neutronen treffen auf weitere U^{235}-Kerne und spalten diese, wobei weitere Energie freigesetzt wird: eine **Kettenreaktion** entsteht. Bei der Explosion von Atombomben verläuft diese Reaktion unkontrolliert und zerstörerisch, im Kernreaktor verläuft sie kontrolliert und verlangsamt, so daß die erzeugte Energie als Wärme abgeführt und zur Erzeugung von Elektrizität genutzt werden kann. Hierbei beträgt die Energieausbeute eines kg U^{235} das 3×10^{6} fache der Verbrennungsenergie eines kg Steinkohle.

Da der Anteil des spaltbaren U^{235} nur 0,7 % des Natururans beträgt, wird für den Reaktorbetrieb sein Anteil durch sog. **Anreicherung** künstlich erhöht (i. d. R. auf 3 %). Aber auch mit „normalem“ U^{238} können Kernreaktoren betrieben werden, wobei die Kernspaltung nicht durch langsame, sondern durch schnelle Neutronen ausgelöst wird. Dies geschieht in technisch aufwendigen „Schnellen Brütern“, die eine bis zu 150mal größere Energieausbeute als normale Reaktoren erlauben. Der eigentliche Spaltstoff ist hierbei nicht das Uran, sondern Plutonium (Pu, Halbwertszeit 24.000 Jahre), das durch den Beschuß mit schnellen Neutronen aus dem Uran entsteht.

Im Gegensatz zur Kernspaltung befindet sich die kontrollierte **Kernfusion** noch im Stadium der Erforschung. Der Prozeß der Verschmelzung leichter Atomkerne zu schwereren Kernen unter Abgabe großer Mengen Energie findet in den meisten Sternen und der Sonne statt und – unkontrolliert – bei der Explosion von Wasserstoffbomben. Bei der Verschmelzung von Wasserstoffkernen zu Heliumkernen entstehen pro Kilogramm erzeugtem Helium (He) rund 200 Mill. KWh, d. h. etwa das zehnfache der Energie, die bei der Kernspaltung von 1 kg $Uran^{235}$ frei wird. Als Brennstoffe werden zwei Isotope des Wasserstoffs, das Deuterium (D) und das Tritium (T), verwendet:

$$^{2}_{1}D + ^{3}_{1}T \rightarrow ^{4}_{2}He + ^{1}_{0}n + 17{,}6 MeV$$

Die Kernverschmelzung findet bei extrem hohen Temperaturen (über 100 Millionen °C) im Plasma statt, das durch starke Magnetfelder eingeschlossen und von der Reaktorwand ferngehalten werden muß.

2. Brennstoffkreislauf

Unter Brennstoffkreislauf wird der Weg des Kernbrennstoffs vom natürlichen Rohstoff bis zum nicht weiter nutzbaren radioaktiven Abfall verstanden.

Am Anfang des Kreislaufs steht die **Urangewinnung** durch **Bergbau**. Zwar ist das Uran in der Natur weitverbreitet, doch kommt es selten in hoher Konzentration vor. Das meiste Uran wird aus Erzen gewonnen, deren Urangehalt 0,1 bis 0,5 % nicht übersteigt, häufig in Verbindung mit der Gewinnung von Gold, Vanadium oder Phosphat. Der weltweit größte Uranproduzent war die ehemalige deutsch-sowjetische WISMUT-AG auf dem Gebiet der DDR, die jährlich bis zu 6000 t Natururan förderte. Die wichtigsten Förderländer sind heute Kanada, Australien, die USA, Namibia und Rußland. Die weltweite Produktion von Natururan betrug im Jahr 2000 etwa 35.000 t[17].

Die nächste Phase des Brennstoffkreislaufs besteht in der **Erzaufbereitung**, in der dem bergmännisch abgebauten Erzgestein das Uran durch mechanische und chemische Prozesse entzogen wird, bis es in nuklearreiner Form vorliegt. Als Rohprodukt entsteht hierbei U_3O_8, der sog. Yellow Cake, ein gelbes Pulver, das durch weitere Reinigungsverfahren in flüssiges Uranylnitrat überführt wird.

Im sich anschließenden Schritt der **Urananreicherung** wird der Gehalt an spaltbarem U^{235} von 0,7 % auf den gewünschten Anreicherungsgrad erhöht (i. d. R. zwischen 2 und 4 %). Zu diesem Zwecke wird das Uran in Uranhexafluorid (UF_6) umgewandelt, das bereits bei 56 °C in gasförmigen Zustand übergeht. Unter Ausnutzung der – wenn auch äußerst geringen – Massendifferenz zwischen U^{235} und U^{238} werden diese Isotope

17 S. Euratom Supply Agency, Annual Report 2000, p. 6.

in Gasdiffusionsanlagen[18], Gaszentrifugen[19] oder Trenndüsen[20] getrennt. Die jeweiligen Trennschritte sind hierbei mehrfach zu wiederholen und ihrerseits mit einem großen Energieaufwand verbunden. Das verbleibende abgereicherte Uran findet in der Wehrtechnik (Panzerplatten, Granaten) und im Flugzeugbau (Trimmgewichte) Verwendung.

Nach vollzogener Anreicherung wird das angereicherte UF_6 in Urandioxidpulver (UO_2) umgewandelt, welches das Ausgangsmaterial für die nächste Phase, die **Brennelement-Herstellung** liefert. Das UO_2 wird zunächst zu Tabletten von 2 bis 3 cm Länge und etwa 1 cm Durchmesser gepreßt und sodann zu keramischen „Pellets" gesintert, wodurch das Material die erforderliche Dichte und Festigkeit erhält. Die Pellets werden anschließend in 4 bis 5 m lange Hüllrohre aus Edelstahl oder Zirkonmetall (Zircaloy) eingefüllt. Diese Brennstäbe werden zu einem Brennstabbündel zusammenmontiert (assembliert), das als sog. Brennelement mit anderen Brennelementen den Reaktorkern bildet.

Nach den vier vorstehenden vorbereitenden Phasen, die ihrerseits große Energiemengen verbrauchen, gilt die fünfte und wichtigste Phase sodann der **Energieerzeugung** durch Kernspaltung **im Kernreaktor.** Der mit der Kernreaktion einhergehende „Abbrand" des Urans und die zunehmende Verunreinigung der Brennstäbe durch Spaltmaterial bringen den Spaltprozeß schließlich zum Erliegen und machen einen Austausch der abgebrannten Brennelemente durch frische erforderlich. Zu diesem Zwecke sind der Reaktor abzustellen und die abgebrannten Brennelemente in Abkühlbecken auf dem Reaktorgelände zu verbringen. Aufgrund der noch starken Strahlung und der Nachzerfallswärme der Spaltprodukte sind die Brennelemente erst nach einer Abkühlungsperiode von 6 bis 12 Monaten transportfähig. Ihre weitere Verbringung hängt davon ab, ob sie zur Wiederaufarbeitung bestimmt sind oder ob sie ohne Wiederaufarbeitung der Zwischen- und Endlagerung zugeführt werden sollen.

Nur die sich anschließende Phase der **Wiederaufarbeitung** erlaubt es, von einem wirklichen Brennstoff**kreislauf** zu sprechen, denn ihr Zweck besteht darin, dem abgebrannten Nuklearmaterial alle noch verwendbaren Kernstoffe zu entziehen und diese – nach entsprechender Verarbeitung – wieder der Brennelementeherstellung zuzuführen. Hierdurch wird einerseits eine Vergeudung wertvoller Rohstoffe vermieden und andererseits das Problem der Endbeseitigung entschärft, da die wiederverwendeten Stoffe im Brennstoffkreislauf verbleiben. Der eigentliche Prozeß der Wiederaufarbeitung besteht aus einer komplizierten Folge chemischer Auflösungs- und Extraktionsprozesse, an deren Ende das extrahierte Uran und Plutonium für eine erneute Anreicherung bzw. Brennelementeherstellung (MOX-Brennelemente[21]) zur Verfügung stehen. Der verbleibende Reststrom an Abfallstoffen bedarf weiterer Behandlung, um eine sichere Entsorgung des strahlenden Materials zu gewährleisten.

Die letzte Phase des Brennstoffkreislaufs besteht in der **Behandlung der radioaktiven Abfälle** und in der **Endlagerung.** Abfallstoffe fallen in gasförmiger, flüssiger und

---

18 EURODIF, Tricastin (Rhone), Pierrelatte.

19 URENCO (dt./brit./niederl.).

20 Kernforschungszentrum Karlsruhe.

21 MOX bezeichnet ein Mischoxid aus Uran und Plutonium.

fester Form an und werden je nach dem Grad ihrer Radioaktivität in schwach-, mittel- und hochradioaktive Abfallsorten unterteilt. Ziel der Abfallbehandlung ist eine möglichst weitgehende Reduzierung des Volumens sowie eine Konditionierung in endlagerungsfähiger Form. Während gasförmige Abfälle durch Filter, chemische Reaktionen und bei tiefen Temperaturen gebunden werden können, werden flüssige Stoffe eingedampft und verfestigt. Schwach- oder mittelradioaktive Abfallsorten werden in Zement oder Beton eingegossen und in Stahlfässern eingeschweißt. Hochradioaktive Abfälle werden hingegen in Glaskokillen eingeschmolzen, die ihrerseits in gasdichten und korrosionsfesten Metallbehältern versiegelt werden. Während die technischen Probleme der Konditionierung von Abfallstoffen im wesentlichen gemeistert sind, ist die Frage einer sicheren Endlagerung bislang weltweit ungelöst. Zwar besteht über die technisch-geologischen Grundlagen einer sicheren Endlagerung im wesentlichen Einigkeit, doch scheiterte die definitive Bestimmung von Endlagern bisher an politischen Widerständen.

3. Reaktortypen

Seit dem Bau des ersten Kernreaktors durch *Enrico Fermi* in Chicago im Jahre 1942 ist eine Vielzahl von Reaktortypen vorgeschlagen, entwickelt und gebaut worden. Je nach der Zweckbestimmung der Reaktoren wird hierbei zunächst zwischen **Forschungsreaktoren** und **Leistungsreaktoren** unterschieden, wobei erstere strahlungsintensiver und letztere leistungsintensiver ausgelegt sind. Bei **Forschungsreaktoren** sind im wesentlichen drei Typen gebräuchlich: die Gas/Graphit-, die Schwimmbad(Leichtwasser)- und die Schwerwasser-Reaktoren, wobei im Gas/Graphit-Reaktor das Gas als Kühlmittel und das Graphit als Moderator dienen. Beim Leicht- und Schwerwasser-Reaktor erfüllt das Wasser jeweils beide Funktionen.

Die **Leistungsreaktoren** untergliedern sich in die sog. **Brenner**, d. h. Reaktoren, die mit langsamen, durch Moderatoren gebremsten Neutronen arbeiten und die **Brüter**, die mit schnellen Neutronen betrieben werden (daher: Schnelle Brüter). Werden die Neutronen durch Graphit verlangsamt, spricht man von **Graphitreaktoren**, in denen die Energieabfuhr und Kühlung durch Gas geleistet wird. Zu dieser Reaktorfamilie gehören die veralteten russischen Gas/Graphitreaktoren vom Typ des Tschernobyl-Reaktors, aber auch der moderne Hochtemperatur-Reaktor Hamm-Uentrop, der als Kugelhaufen-Reaktor ausgelegt mit Helium gekühlt wurde (Betriebstemperatur: 800 °C, inzwischen aus nicht-technischen Gründen stillgelegt). Weitere Graphitreaktoren sind der Advanced Gas-Cooled Reactor und der Magnox-Reaktor, beide CO_2-gekühlt.

Die weitaus größere Reaktorfamilie besteht aus den sog. **Leichtwasser-Reaktoren**, der rund 2/3 aller Leistungsreaktoren angehören. Zu ihr gehört der weltweit häufigste Reaktortyp, der **Druckwasser-Reaktor** (z. B. Biblis). Bei diesem Typ steht das den Reaktorkern durchströmende Wasser, das als Moderator dient, die Wärme abführt und den Reaktor kühlt, unter so hohem Druck, daß es nicht verdampfen kann (340 °C Wassertemperatur bei 150 bar). Das Wasser dieses Primärkreislaufs gibt seine Energie in einem Dampferzeuger an einen Sekundär-Kreislauf ab, dessen Dampf die Turbine treibt. Ein zweites Modell des Leichtwasser-Reaktors ist der sog. **Siedewasser-Re-**

aktor (z. B. Krümmel), der nur über einen einzigen Wasserkreislauf verfügt. Der durch die Reaktorhitze unmittelbar erzeugte Wasserdampf wird direkt auf die Turbine geleitet, wodurch zwar der Wirkungsgrad gesteigert, aber die Turbine radioaktiv kontaminiert wird.

Während Reaktoren, die nach dem Prinzip des Brenners arbeiten, nur etwa 1 % des Energiegehalts des Urans ausbeuten, liegt der Nutzungsgrad des **Schnellen Brüters** bei ca. 60 %. Dementsprechend hoch ist die Leistungsdichte im Reaktorkern (Core), wodurch ein Kühlmittel erforderlich wird, das eine hohe Energieabfuhr ermöglicht, ohne den Neutronenfluß zu bremsen. Als hierfür besonders geeignet hat sich Natrium erwiesen, das bei 98 °C flüssig wird, das andererseits aber äußerst heftig mit Wasser und Luft reagiert. Der hierdurch erforderliche Sicherheitsaufwand und die großen Mengen entstehenden Plutoniums haben diesen Reaktortyp allerdings als politisch nicht durchsetzbar erscheinen lassen (Kalkar)[22].

Modelle für einen **Fusions-Reaktor** sind zwar als Forschungsreaktoren in der Erprobung (JET), doch steht der Bau eines Prototyps mit Leistungscharakter erst noch bevor (ITER). Obwohl der Prozeß der Kernverschmelzung seit vielen Jahren bekannt und physikalisch verstanden ist, ist es bisher nicht gelungen, eine Fusionsanordnung auf Dauer zu betreiben, die mehr Energie erzeugt, als sie verbraucht.

VI. Elektrizität

Literatur:

Wolfram Fischer (Hrsg.), Die Geschichte der Stromversorgung, Frankfurt a. M. 1992; *L. Müller*, Handbuch der Elektrizitätswirtschaft, 2. Aufl., Heidelberg 2001; *E. Rebhan*, Energiehandbuch, Heidelberg 2002; *Alfred Voß* (Hrsg.), Die Zukunft der Stromversorgung, Frankfurt a. M. 1992.

1. Natur

Im Gegensatz zu den vorstehend behandelten Energieträgern handelt es sich bei der Elektrizität nicht um eine Primär-, sondern um eine **Sekundärenergie,** d. h. eine Energie, die durch Energieumwandlung aus primären Energieträgern erzeugt wird. Abgeleitet vom griechischen Elektron (Bernstein) bezeichnet der Begriff den elektrischen Strom, der als vielseitig verwendbarer Energieträger in der modernen Welt unverzichtbar geworden ist. Als nur begrenzt speicherbare Energieform muß der elektrische Strom in jedem Moment bedarfsdeckend erzeugt werden. Hierzu ist eine verbrauchsbeobachtende Produktionssteuerung erforderlich, die durch die Betreiber der jeweiligen Verbundnetze zu gewährleisten ist.

---

22 S. hierzu BVerfGE 49, S. 89.

2. Erzeugung, Übertragung und Verteilung

Knapp 30 % des gesamten Primärenergieverbrauchs in der Gemeinschaft entfallen auf den Einsatz zur Stromerzeugung[23], wobei der Mix der eingesetzten Primärenergien von Mitgliedstaat zu Mitgliedstaat sehr unterschiedlich ausfällt[24].

Insgesamt werden maximal 40 bis 42 % der eingesetzten Primärenergie in elektrische Energie umgesetzt. Die übrigen 58 bis 60 % fallen überwiegend als Abwärme an, die z. T. im Wege der Kraft-Wärme-Koppelung nutzbar gemacht werden kann.

Bei der Belastung der Erzeugungsanlagen und Versorgungsnetze ist zwischen drei Lastbereichen zu unterscheiden: dem Grundlastbereich, dem Mittellastbereich und dem Spitzenlastbereich, wobei die Netzbelastung sowohl im Jahresablauf wie auch im Tagesablauf starken Schwankungen ausgesetzt ist. Lastdiagramme machen die zeitliche Belastung der Versorgungsnetze deutlich und ermöglichen den **Lastverteilern**, d. h. den **zentralen Steuerstellen** für den Einsatz der Kraftwerke, die Zuschaltung bzw. Abschaltung der Kraftwerke ans Netz. Hierbei sind Kernkraftwerke besonders für den Grundlastbereich und Gas- und Speicherkraftwerke besonders für den Spitzenlastbereich geeignet.

Die Übertragung der Elektrizität vom Erzeuger zu den örtlichen Verteilernetzen erfolgt über die **Hochspannungsleitungen** der regionalen und überregionalen 380 KVolt-Netze und ist je nach Auslegung der Netze und der Länge des Transportweges mit **Übertragungsverlusten** verbunden. Hierbei entstehen Leistungsverluste beim Stromtransport insbesondere durch Stromwärmeverluste, Verluste durch Abstrahlung und Magnetisierung in den Transformatoren.

VII. Erneuerbare Energien

Literatur:

Franz Alt, Krieg um Öl oder Frieden durch die Sonne, 2. Aufl., München 2002; *Wolfgang Dirschauer*, Wasserstoff – kein Königsweg der Energieversorgung, et 2003, S. 87; *Sabine Froning*, Erneuerbare Energien im Trend, et 2003, S. 205; *M. Kaltschmitt, A. Wiese, W. Streicher* (Hrsg.), Erneuerbare Energien: Systemtechnik, Wirtschaftlichkeit, Umweltaspekte, 3. Aufl., Heidelberg 2003; *Joachim Nitsch, Manfred Fischedick*, Der Ausbau erneuerbarer Energien in längerfristiger Perspektive – Möglichkeiten und Herausforderungen, ZfE 2003, S. 59; *Volker Quaschning*, Die Rolle regenerativer Energien bei der weltweiten Elektrizitätserzeugung, et 2003, S. 290; *Jeremy Rifkin*, Die Energierevolution. Deutschland vor der Führung im Wasserstoffzeitalter, Internationale Politik 3/2003, S. 25; *ders.*, Die H_2-Revolution. Mit neuer Energie für eine gerechte Weltwirtschaft, Frankfurt a. M. 2002; *Franz Trieb, Joachim Nitzsch, Lars-Arvid Brischke, Volker Quaschning*, Sichere Stromversorgung mit regenerativen Energien, et 2002, S. 590; *World Energy Council*, Renewable Energy Targets – WEC Statement 2003, et 2003, S. 218.

---

23 S. EC-Commission, 2001 Annual Energy Review, January 2002, Luxembourg 2002, p. 55.
24 A. a. O. S. 79 ff.

1. Holz

Das Holz als erster und vermutlich auch letzter vom Menschen genutzter Energieträger verdankt seine Entstehung der **Photosynthese**, vermöge derer Pflanzen mit Hilfe des Sonnenlichtes Kohlendioxid (CO_2) und Wasser (H_2O) in Glukose ($C_6H_{12}O_6$) umwandeln und dabei Sauerstoff freisetzen:

$$6\,CO_2 + 6\,H_2O + 2{,}8 \times 10^6 J \rightarrow C_6H_{12}O_6 + 6\,O_2.$$

Die harte Pflanzenmasse, das Lignin, trägt durch Bindung mit Zellulose zur Härtung der Zellwände bei, wodurch sich durch den Prozeß der Verholzung das Holz bildet.

Der mögliche Brennholzertrag in allen Ländern der Welt wurde 1954 auf 380–670 Millionen t Steinkohleneinheiten (SKE) im Jahr geschätzt, der tatsächliche Brennholzverbrauch betrug aber schätzungsweise nur 200 Millionen t SKE.

Während in weiten Teilen der Dritten Welt das Holz heute noch den wichtigsten Energieträger darstellt, könnte es bei maximal vertretbarem Einschlag in den Industrieländern nur noch ca. 3 % des jährlichen Energieverbrauchs abdecken.

2. Wasserkraft

Auch bei der Wasserkraft handelt es sich um eine alte Energieform, die seit geschichtlichen Zeiten durch **Wasserräder** an Bächen und Flußläufen zum Betrieb von Mühlen, Pumpen, Pochwerken und anderen mechanischen Anlagen genutzt wird. Eine großtechnische Nutzung der Wasserkraft zur Elektrizitätserzeugung erfolgt durch **Laufwasserkraftwerke** der Flüsse, in denen der Strömungs- und Gefälledruck des Wassers unmittelbar oder nach Rückhaltung durch Stauwerke genutzt wird, oder durch **Speicherkraftwerke**, die zur Abdeckung der Spitzenlast dem Netz zugeschaltet werden.

An der weltweiten Energieerzeugung ist die Wasserkraft mit ca. 6 % beteiligt, wobei die Nutzbarkeit von den **geographischen** und **klimatischen** Gegebenheiten abhängt. In Europa trägt sie nennenswert nur zur Energieversorgung der Alpenländer sowie Schwedens und Norwegens bei. Insgesamt wurden 1995 in der Gemeinschaft bei einer Gesamtkapazität der Elektrizitätserzeugung von 92 GW etwa 307 TWh aus Wasserkraft produziert[25].

3. Wind

Literatur:

Norbert Christl, Offshore-Windenergienutzung: Wie kommt der Strom aufs Festland?, et 2003, S. 98; *Clemens Tauber*, Energie- und volkswirtschaftliche Aspekte der Windenergienutzung in Deutschland, et 2002, S. 818.

---

25 S. Mitteilung der Kommission: Energie für die Zukunft: Erneuerbare Energieträger, Weißbuch für eine Gemeinschaftsstrategie und Aktionsplan, KOM(97) 599 endg. vom 26. 11. 1997, S. 48.

Gleich der Wasserkraft stellt die Windkraft eine alte Energieform dar, die sich der Mensch seit unvordenklichen Zeiten durch **Windräder, Windmühlen** und **Segel** nutzbar gemacht hat. In heutiger Zeit wird die Windenergie vornehmlich in Küstengebieten und windexponierten Höhenregionen zur dezentralen Stromerzeugung genutzt. Da größere Anlagen Windgeschwindigkeiten von mindestens 4 m/sec erfordern, ist ihre Einsatzmöglichkeit beschränkt. Zur Unzuverlässigkeit des Windes treten als Negativa der Flächenverbrauch größerer Windparks[26] und die mangelnde Speicherbarkeit der dezentral erzeugten Elektrizität hinzu.

Trotz dieser Nachteile ist die Windkraft z. Zt. in einigen Staaten Europas im Bereich der Elektrizitätserzeugung der Energieträger mit den höchsten Wachstumsraten (EG-weit insgesamt ca. 36 % pro Jahr). Die Ende 1996 installierte Kapazität von Windkraftanlagen in der Gemeinschaft betrug 3,5 GW. Vor allem Deutschland, Dänemark und Spanien sind in der Nutzung der Windkraft führend, wobei Deutschland inzwischen weltweit mit über 12 000 Windenergieanlagen über die größte Kapazität zur Elektrizitätserzeugung aus Windkraft verfügt[27].

4. Biomasse

Literatur:

M. Kaltschmitt, H. Hartmann (Hrsg.), Energie aus Biomasse: Grundlagen, Techniken und Verfahren, Heidelberg 2001; *Klaus Niehörster*, Klärschlammverbrennung auf dem neuesten Stand, et 2002, S. 782; *Daniela Thrän, Martin Kaltschmitt*, Stroh als biogener Festbrennstoff in Europa, et 2002, S. 596.

Der Begriff der Biomasse umfaßt nach heutigem Verständnis nicht nur Holzmasse, Abfälle der holzverarbeitenden Industrie und Energiepflanzen, sondern auch landwirtschaftliche Abfälle, Abwässer aus der Nahrungsmittelindustrie, Dung, die organischen Bestandteile fester oder flüssiger Siedlungsabfälle, getrennte Haushaltsabfälle und Klärschlamm[28].

Der Energiegehalt der Biomasse kann durch Verbrennung, Pyrolyse, alkoholische und Methangärung erschlossen werden. Die **Verbrennung** von Biomasse kann in Anlagen für fossile Brennstoffe erfolgen. Bei der **Pyrolyse** wird die Biomasse unter Luftabschluß in brennbare Gase zersetzt, die ihrerseits energetisch verwertbar sind (H_2, CH_4). Durch **alkoholische Gärung** wird die in der Biomasse enthaltene Glukose unter Einwirkung von Mikroorganismen (Hefe) vergoren und Ethanol erzeugt, das als Treibstoff bzw. Benzinzusatzstoff eingesetzt werden kann. Bei der **Biogaserzeugung** wird die flüssige Masse in Gärbehältern (Faultürmen) unter Luftabschluß durch

---

26 Der Flächenbedarf für 1300 MW beträgt 80 km², so die Berechnung in: *Dieter Heinrich, Manfred Hergt*, dtv-Atlas Ökologie, 4. Aufl. München 1998, S. 237.

27 Mit einer installierten Leistung von 9842 Megawatt (Stand: 30. 6. 2002). Quelle: Bundesverband Wind Energie.

28 S. Mitteilung der Kommission, Energie für die Zukunft: Erneuerbare Energieträger: Weißbuch für eine Gemeinschaftsstrategie und Aktionsplan, Brüssel, den 26. 11. 1997 (KOM(97) 599 endg.), S. 45.

Bakterien zersetzt, wodurch u. a. Methan (CH_4) und Wasserstoff freigesetzt werden. Weiterhin läßt sich aus bestimmten Ölpflanzen wie Raps **Biodiesel** gewinnen, der als Treibstoff eingesetzt werden kann.

5. Sonnenenergie

Literatur:

Udo Rindelhardt, Photovoltaische Stromversorgung, Wiesbaden 2001; *Hermann Scheer*, Sonnen-Strategie, 3. Aufl., München, Zürich 1999; *ders.*, Solare Weltwirtschaft, 5. Aufl., München 2002; *Bernd Stoy*, Wunschenergie Sonne, Heidelberg, ohne Jahresangabe; *Walter Witzel, Dieter Seifried*, Das Solarbuch, Freiburg i. Br. 2000.

Die Sonnenenergie, d. h. die **Strahlungsenergie**, die aus der Kernfusion im Innern der Sonne stammt, ist die wichtigste Energiequelle der Erde, fast alle anderen Energieformen und das Leben der Biosphäre gehen auf sie zurück. Die alten Kulturen hatten Recht: die Welt ist Licht. Die Energiemenge, die die Sonne abstrahlt, ist mit $1{,}17 \times 10^{41}$ erg pro Jahr berechnet worden, was $2{,}8 \times 10^{30}$ kcal entspricht[29]: eine Zahl, die jeden Vorstellungsrahmen sprengt. Die Erde, die ca. 150 Mio km von der Sonne entfernt ist, fängt nur 1 Milliardstel der abgestrahlten Sonnenenergie auf, d. h. täglich 4000 Billionen Kilowattstunden oder die Menge eines irdischen Energiebedarfs von 200 Jahren[30].

Diese gewaltige Energiemenge kann aus geographischen, klimatischen und technischen Gründen nur zu einem winzigen Bruchteil direkt genutzt werden: zum einen durch die **solarthermische** und zum zweiten durch die **photovoltaische** Stromerzeugung. Bei der solarthermischen Nutzung wird das Sonnenlicht über Spiegel- und Reflektorensysteme gebündelt und Hochtemperaturkollektoren zugeführt. In Sonnenfarmen mit einem nicht unerheblichen Flächenbedarf kann die Wärme sodann zur Elektrizitätserzeugung verwendet oder in Fernwärmesysteme eingespeist werden. Bei der photovoltaischen Stromerzeugung wird die Strahlungsenergie in Solarzellen direkt in Elektrizität umgewandelt. Wegen des geringen Wirkungsgrades von 6–18 % der eingestrahlten Energie bietet sich der Einsatz von Solarzellen bisher vor allem für isolierte Orte (Inseln, Bergregionen etc.) und den dezentralen Privatverbrauch an.

6. Erdwärme

Unter Erdwärme oder geothermischer Energie wird die Wärmeenergie des Erdinnern verstanden. Die Temperatur der Erde nimmt in der Erdkruste zum Erdinnern hin zu, im Durchschnitt der Kontinente um 1 °C je 33 m (geothermische Tiefenstufe). Vermittels **Wärmepumpen** oder direkt kann die geothermische Energie zur Heizwärmeversorgung eingesetzt und – wo die geologischen Bedingungen dies erlauben – sogar in geothermischen Kraftwerken zur Elektrizitätserzeugung genutzt werden. Hierfür eignen sich insbesondere Heißdampf- und Heißwasserquellen, wie sie in Island, den

---

29 *Wilhelm Gumz, Rudolf Regul*, Die Kohle, Essen 1954, S. 344.

30 Die Zeit vom 31. 3. 1989, S. 75. Die solare Strahlungsleistung entspricht damit etwa 135 Millionen Kraftwerken vom Typ Biblis (1300 Megawatt), s. hierzu *Stoy*, a. a. O. S. 18.

USA und Neuseeland vorkommen. Die Nutzbarmachung heißer Trockengesteine („hot-dry-rocks") befindet sich demgegenüber noch im Versuchsstadium.

Im Jahre 1995 wurden in der Gemeinschaft insgesamt 60.000 erdwärmebetriebene Wärmepumpen installiert, die meisten davon in Schweden. Während die Niedrigtemperatur-Erdwärme größtenteils zu Heizzwecken in Gebäuden eingesetzt wird (derzeitige Kapazität ca. 750 MW_{th}, vorwiegend in Frankreich und Italien), bedarf es zur Elektrizitätserzeugung besonderer Heißwasservorkommen, wie sie in der Gemeinschaft nur selten auftreten (derzeitige Kapazität ca. 500 MW).

7. Gezeitenenergie

Die Gezeitenenergie besteht in der durch den Rhythmus von Ebbe und Flut hervorgerufenen Bewegungsenergie des Meerwassers. Wird ein Küstenbecken durch Dämme abgeschlossen, so entsteht bei Flut ein Niveauunterschied zwischen dem Wasserstand im Meer und im Becken, der zum Antrieb von Turbinen genutzt werden kann. Ist das Becken gefüllt, kann bei Ebbe die Turbine durch den Wasserstrom in umgekehrter Fließrichtung betrieben werden. Vorauszusetzen sind ein konstant großer Tidenhub und entsprechende geographische Bedingungen (Meeresbuchten). In der Gemeinschaft entstand das erste große Gezeitenkraftwerk bei St. Malo an der Mündung der Rance mit einer Leistung von 240 MW.

8. Wellenenergie

Die Nutzung der Wellenenergie durch Wellenkraftwerke steht noch in den Anfängen. Unterschiedliche Konvertermodelle befinden sich in der Erprobung, die teils den Wasserdruck direkt in Energie umwandeln und teils den Luftdruck verwerten, der durch sich hebende und senkende Wassersäulen im Konverter entsteht (oscillating water column converters).

D. Wirtschaftliche und soziale Grundlagen

I. Die Energiewirtschaft in der Gemeinschaft

Literatur:

P. Bauquis, Ausblick auf den Energiebedarf und die Energieversorgung um das Jahr 2050, Erdöl, Erdgas, Kohle, 2002, S. 7; *Eurostat*, Europäische Unternehmen, Zahlen und Fakten, Daten 1990–2000, August 2002, Energie, S. 43 ff.; *Booz Allen Hamilton* (Hrsg.), Enerconomy. Das Geschäft mit der Energie, Frankfurt a. M. 2001; *Klaus Heinloth*, Die Energiefrage. Bedarf und Potentiale, Nutzen, Risiken und Kosten, Wiesbaden 1998; *Dietmar Lindenberger, Wolfgang Eichhorn, Reiner Kümmel*, Energie, Innovation und Wirtschaftswachstum, ZfE 2001, S. 273; *European Commission*, 2001 – Annual Energy Review, Luxemburg 2002; *dies.*, Energy in Europe: Economic Foundations for Energy Policy, December 1999; *dies.*, Energy in Europe: European Union Energy Outlook to 2020, November 1999.

Neben der Automobil- und ihrer Zubehörindustrie stellt der Energiesektor die größten Industrieunternehmen der Erde. Im Jahre 1994 gehörten dem erstgenannten Sektor

20,3 % der 200 weltgrößten Unternehmen an, gefolgt vom Energiesektor mit 17,5 % und der Elektroindustrie mit 14,7 %, wobei allein 16 der 20 bestplazierten Unternehmen in einem dieser drei Sektoren tätig waren (Platz 4: **Exxon**, Platz 5: **Royal Dutch Shell**, Platz 11: **Mobil**, Platz 17: **British Petroleum**). In **Europa** befanden sich im selben Jahr unter den 15 größten Unternehmen 6, die dem Energiesektor angehören (Platz 1: **Royal Dutch Shell**, Platz 4: **British Petroleum**, Platz 10: **Veba**, Platz 12: **Elf-Aquitaine**, Platz 13: **ENI** und Platz 15: **Electricité de France** (EdF).

Der Anteil der Energieprodukte an der Bruttowertschöpfung lag 1996 im Europa der 15 bei 4,6 % (290166 Mio ECU), und damit doppelt so hoch wie der der Land-, Forst- und Fischwirtschaft (2,3 %). Mit nur 1,4 % Anteil am Gesamtumfang der abhängigen Beschäftigten liegt die Zahl der Arbeitsplätze im Energiesektor noch hinter der des Agrarsektors (1999: 1,9 %).

Die Stärke der europäischen Energiewirtschaft kann allerdings nicht darüber hinwegtäuschen, daß die Gemeinschaft ein bedeutender **Netto-Energieimporteur** ist. Im Jahre 2000 stammten nur 25 % des in der EU verbrauchten Erdöls aus eigener Förderung und hier fast ausschließlich aus den Lagerstätten in der Nordsee. Auch beim Erdgas besteht mit einem Anteil von 45,7 % eine starke Importabhängigkeit (vornehmlich von Rußland, Norwegen und Algerien), desgleichen (aus Kostengründen) bei der Kohle (50,5 %)[1] und (mangels heimischer Lagerstätten) beim Natururan (90 %).

Die europäische Energiewirtschaft weist in der Energieerzeugung und Verteilung eine außerordentlich vielgestaltige Struktur auf. Neben großen staatlichen Energiekonzernen wie ENEL und ENI in Italien sowie EdF und Gaz de France (GdF) in Frankreich stehen große, in Privatbesitz befindliche multinationale Energieunternehmen mit Hauptsitz in der EU, wie Royal Dutch/Shell (NL/UK), British Petroleum (UK), Elf (F), Total (F) oder British Gas (UK). Hinzu kommen große multinationale Gesellschaften mit Sitz in Drittländern wie Exxon, Texaco oder Mobil (USA) und bedeutende privatwirtschaftlich organisierte und landesweit operierende Unternehmen der Gemeinschaft wie Ruhrgas (D), RWE (D) oder National Power (UK) sowie eine große Zahl von mittleren und kleinen Unternehmen, die Energie produzieren, befördern oder verkaufen.

Unter dem Einfluß der Gesetzgebung der Gemeinschaft bestand die wichtigste Tendenz im zurückliegenden Jahrzehnt in der weiteren **Verringerung des staatlichen Einflusses**. In fast allen EG-Ländern wurden Staatsunternehmen privatisiert und Anteile an Energieunternehmen durch die Privatwirtschaft übernommen. Diese Tendenz wird sich ebenso fortsetzen wie der zunehmende **Konzentrationsprozeß**, der fast alle Wirtschaftszweige und auch die Energiewirtschaft erfaßt hat.

Ebenfalls unter dem Einfluß des Gemeinschaftsrechts beginnen sich auch die **Wettbewerbsverhältnisse** der einzelnen Energiesparten allmählich untereinander anzugleichen. Auf den Erdölmärkten besteht EG-weit ein harter Konkurrenzkampf, da es in jedem Land genügend Raffinerien und Vertriebsunternehmen gibt, die den Wettbewerb gewährleisten. Hinzu kommt, daß in diesem Sektor Preistransparenz die Norm ist und kaum Handelsschranken vorhanden sind. Auf dem Gebiet der Über-

---

1 S. Eurostat, EU Energy and Transport in Figures, Statistical Pocketbook 2002, Luxemburg 2003, S. 30.

tragung und Verteilung von Erdgas und Elektrizität dominierten zwar bis vor kurzem noch die starren Strukturen aufgeteilter Märkte, die von Versorgungsunternehmen beherrscht wurden, die landesweit oder regional eine Monopolstellung einnahmen, doch allmählich beginnt sich auch dieses Bild zu wandeln. Bei der Privatisierung und Liberalisierung der leitungsgebundenen Energien übernahm in der Gemeinschaft das Vereinigte Königreich die Rolle eines Vorreiters, indem es Programme zur Öffnung dieser Märkte für den Wettbewerb durchsetzte. In der Gemeinschaft fiel diese Aufgabe der Kommission zu, die mit ihren Vorschlägen zum Energiebinnenmarkt die Grundlagen legte. Lediglich für den Kohlesektor bestehen noch Ausnahmeregeln, insoweit als durch Sondervereinbarungen über die Abnahme von Kohle durch die Stromerzeuger in den wichtigen Kohleförderländern der Absatz bestimmter Kohlemengen zu festgelegten Preisen garantiert wird.

II. Die energiewirtschaftlichen Profile der Mitgliedstaaten

Literatur:

EC-Commission, 2001 Annual Energy Review, Luxembourg 2002; *International Energy Agency*, Energy Policies of IEA Countries, OECD, Paris 2001; *Eberhard Meller* u. a. (Hrsg.), Jahrbuch der europäischen Energie- und Rohstoffwirtschaft 2003, Essen; *Hans-Wilhelm Schiffer*, Deutscher Energiemarkt 2002, et 2003, S. 168.

1. Belgien

Dem Beispiel Englands folgend entwickelte sich Belgien als erster Industriestaat auf dem Kontinent vor allem dank seiner Kohlevorkommen im Kemperland/Limburg und in der Borinage. Nach intensiver Ausbeutung über 150 Jahre wurden die letzten belgischen Steinkohlenzechen Anfang der 90er Jahre mangels Rentabilität stillgelegt.

Nach Frankreich steht Belgien in der Nutzung der Kernenergie traditionell an zweiter Stelle in der Gemeinschaft (66 % Atomstrom), hat aber durch Gesetz vom Januar 2003 seinen Ausstieg aus der Kernkraft bis zum Jahre 2025 beschlossen. Dank seines Kolonialbesitzes in Zentralafrika hatte das Land schon früh Zugriff auf die Uranvorkommen des Belgisch-Kongo, die es durch die Compagnie des Mines ausbeutete (das Uran der ersten amerikanischen Atombomben stammte aus diesen Vorkommen). Da Kernkraftwerke für den Grundlastbetrieb ausgelegt sind, kann es sich Belgien als einziges Land der Gemeinschaft erlauben, seine Autobahnen nachts zu beleuchten. Die Stromversorgung liegt überwiegend in den Händen des Unternehmens Electrabel. Die schrittweise Öffnung der Elektrizitätsmärkte hat begonnen.

Belgien ist an die niederländischen Erdgasvorkommen angeschlossen und wird durch das Unternehmen Distrigaz mit Erdgas versorgt. Dieser schnell wachsende Markt hat sich besonders in den belgischen städtischen Ballungsgebieten und ihrem Umland durchgesetzt.

Als nationale Unternehmen auf dem Gebiet der Mineralölversorgung sind Petrofina und SECA tätig, die in Wettbewerb mit den großen internationalen Anbietern stehen. Raffineriekapazität im Raum Antwerpen ist ausreichend vorhanden.

Das Land ist gezwungen, 77 % seines Energiebedarfs durch Importe zu decken.

2. Dänemark

Dank seines Anteils am Festlandssockel in der Nordsee hat Dänemark Anteil am Nordseeöl, so daß es in der Versorgung mit Energie autark ist (Grad der Selbstversorgung 113 %).

Da Steinkohle aus eigener Produktion nicht verfügbar ist, hat Dänemark schon früh auf die Nutzung billiger Importkohle gesetzt, die hauptsächlich als Kesselkohle in Kraftwerken Einsatz findet.

Aus ökologischen Gründen verzichtet das Land auf die Kernenergie und investiert verstärkt in erneuerbare Energien, vor allem die Windenergie. Dank seiner langen und windexponierten Küsten hat Dänemark auf diesem Gebiet eine führende Stellung erlangt.

3. Deutschland

Wie die britische, so ist auch die deutsche Energiewirtschaft seit ihren Ursprüngen durch die beherrschende Rolle der Steinkohle geprägt worden. Dem Aufstieg der Kohle (1913 förderte das Deutsche Reich 190 Mio t)[2] folgte ihr Fall ab dem Ende der 50er Jahre. 2001 wurden in Deutschland nur noch 29 Mio t gefördert[3]. Der Schrumpfungsprozeß des Steinkohlensektors hat zu einem dramatischen Abbau an Arbeitskräften und zu einer Konzentration auf wenige Unternehmen und Reviere geführt[4], die durch staatliche Beihilfen gestützt werden müssen. Da deutsche Steinkohle dreimal so teuer ist wie Importkohle, erreichen diese Beihilfen Größenordnungen, die ihre Weiterführung zunehmend in Frage stellen.

Im Energiemix nimmt die Braunkohle eine wichtige Rolle ein, die in den niederrheinischen und ostdeutschen Tagebaugebieten direkt der Verstromung zugeführt wird.

Obwohl die erste europäische Ölquelle schon 1859 bei Wietze unweit von Celle erschlossen wurde, verfügt Deutschland über keine größeren Erdöl- oder Erdgasvorkommen. Auch der relativ kleine deutsche Anteil am Festlandssockel in der Nordsee vermochte hieran nichts zu ändern. Die Einfuhren von Mineralöl und Erdgas sind daher bedeutend.

---

2 S. *Gustav Hempel*, Die deutsche Montanindustrie, Berlin 1934, S. 219.

3 S. Bericht der Kommission über die Anwendung der Gemeinschaftsregelung für Maßnahmen der Mitgliedstaaten zugunsten des Steinkohlenbergbaus im Jahr 2001, KOM (2002) 176/2 endg. vom 2. 7. 2002, S. 4.

4 Nach der Fusion der drei deutschen Steinkohlenproduzenten (Ruhrkohle AG, Saarbergwerke AG, Preussag Anthrazit GmbH) liegt die gesamte nationale Steinkohlenförderung bei einem einzigen Unternehmen, der Deutschen Steinkohle AG. Die Förderung verteilt sich auf 12 Bergwerke mit einer Belegschaft von ca. 52.600 Bergarbeitern, von denen 24.300 unter Tage arbeiten (a. a. O. S. 7). Zum Vergleich: 1955 wurden in Deutschland 154 Mio Tonnen gefördert und arbeiteten 366.000 Bergleute unter Tage, bei einer Gesamtbelegschaft von 536.500 Bergleuten (s. Kommission der Europäischen Gemeinschaften, 25 Jahre gemeinsamer Markt für Kohle 1953–1978, Brüssel-Luxemburg 1977, S. 166, 186).

Seit der Gründung eines deutschen Atomministeriums im Jahre 1955 hat das Land – vornehmlich in Zusammenarbeit mit den USA – eine Kernindustrie aufgebaut, die schon seit vielen Jahren rund ein Drittel des Elektrizitätsbedarfs deckt. Der Versuch der Errichtung einer deutschen Wiederaufarbeitungsanlage bei Wackersdorf (Bayern) scheiterte ebenso wie die Inbetriebnahme eines schnellen Brüters bei Kalkar (Niederrhein). Der Ausstieg aus der Kernenergie ist beschlossene Sache, wobei allerdings die Restlaufzeiten der bestehenden Reaktoren zwecks Vermeidung von Entschädigungsleistungen reversibel lang bemessen sind.

Bei den erneuerbaren Energien setzt Deutschland außer auf die traditionelle Ausbeutung der Wasserkraft (auch in Form von Pumpspeicherwerken: Geesthacht) vor allem auf die Förderung der Windenergie und der Solartechnologie („Programm der 100.000 Dächer"). Auch bei der Verwertung von Biomasse und Biodiesel sind Fortschritte zu verzeichnen.

4. Finnland

Als wald- und wasserreiches Land verfügt Finnland über ein großes Potential an erneuerbaren Energien. So decken die Abfälle aus der Holzverarbeitung, die Wasserkraft und Torf etwa 30 % des Gesamtbedarfs. Ein weiterer Teil des Energiebedarfs wird durch 4 Kernkraftwerke russischen Ursprungs gedeckt (etwa 15 %), wobei der Anteil der Kernkraft an der Stromversorgung insgesamt 32 % beträgt.

Trotz des Bemühens um einen weiteren Ausbau der alternativen Energien bleibt das Land zu etwas über 50 % auf Energieeinfuhren angewiesen.

5. Frankreich

Als hervorstechendste Merkmale der französischen Energiewirtschaft müssen ihre stark etatistische Struktur und die dominierende Rolle der Kernenergie gelten. Da das Land über keine größeren Energievorkommen verfügt, hat der Staat schon früh auf die Schaffung einer mächtigen Kernindustrie gesetzt, deren Aufbau gleichzeitig dem Ziele diente, Frankreich als Kernwaffenstaat zu etablieren. Gesteuert wurde die Entwicklung vom CEA (Commissariat à l'Energie Atomique) und durchgeführt durch die großen Staatsunternehmen COGEMA, das auch die Wiederaufarbeitungsanlage La Hague bei Cherbourg betreibt, und Framatom als Reaktorhersteller. Als zentrales Elektrizitätsversorgungsunternehmen versorgt EdF (Electricité de France) das Land flächendeckend mit Atomstrom, dessen Anteil über 77 % beträgt.

Während die Versorgung mit Kohle (Charbonnages de France) und Erdgas (Gaz de France) ebenfalls durch zentralistisch organisierte Staatsunternehmen wahrgenommen wird, herrscht auf dem Mineralölsektor eine größere Unternehmensvielfalt. Neben den großen Staatsunternehmen Total und Elf Aquitaine sind die großen internationalen Mineralölkonzerne auf dem Markt präsent, wie auch – und dies ist eine französische Besonderheit – die großen Supermarktketten, die über ihre Tankstellen ein Drittel des gesamten Treibstoffvolumens absetzen.

Trotz seiner Anstrengungen auf dem Energiesektor bleibt Frankreich für ca. 50 % seines Bedarfs auf Importe angewiesen. Dank seiner großen landwirtschaftlichen

Nutzflächen könnte das Land sicherlich bedeutende Kapazitäten bei nachwachsenden Energiestoffen (Biomasse, Biodiesel) entwickeln. Vorerst bleibt jedoch das spektakulärste Projekt Frankreichs auf dem Gebiet der erneuerbaren Energien das große Gezeitenkraftwerk an der Mündung der Rance in der Bucht von St. Malo.

6. Griechenland

Wie die meisten nördlichen Mittelmeerländer ist Griechenland nur gering mit Energievorkommen ausgestattet; das Land muß 65 % seines Energiebedarfs durch Einfuhren decken. Außer Braunkohle und Torf besitzt es nur wenige Bodenschätze und verzichtet zudem auf die Nutzung der Kernkraft. Braunkohlenvorkommen befinden sich auf Euböa, in Epirus, in West-Makedonien und Thrakien. Die Nutzung der ausbaufähigen Wasserkräfte erscheint weitgehend erschöpft.

7. Irland

Auch Irland ist mit Energieressourcen unterversorgt und daher zu 83 % seines Energiebedarfs auf Einfuhren angewiesen. Außer Torf verfügt die Grüne Insel über keine nennenswerten Energievorkommen, abgesehen von kleinen Steinkohlelagerstätten in der Bucht von Dublin. Die Kernkraft wird nicht genutzt. An erneuerbaren Energieträgern ist vor allem die Wasserkraft zu nennen (Shannon-Kraftwerk, Liffey, Erne).

8. Italien

Italien ist das energieärmste Land unter den großen Mitgliedstaaten. Es ist zu 80 % seines Energiebedarfs auf Einfuhren angewiesen.

Mit Ausnahme der Vorkommen von Sulcis in Sardinien (lignito nero) und etwas Braunkohle in der Toskana besitzt das Land keine Kohle. Geringe Erdölvorkommen in Sizilien und Erdgas in der Poebene tragen nur geringfügig zur Energieversorgung bei. In einem Referendum im Jahre 1987 verzichtete das Land zudem auf die weitere Nutzung der Kernkraft. Auch die Erschließung der Wasserkräfte im Alpenraum ist nur wenig entwickelt.

9. Luxemburg

Mit 99,7 % Importabhängigkeit ist Luxemburg – was die Energieversorgung angeht – das Schlußlicht unter den Staaten der Gemeinschaft. Das Land verfügt weder über Kohle noch Erdöl oder Erdgas. Die Nutzung der Kernenergie wird abgelehnt, an Wasserkraft ist nur sehr wenig vorhanden (Tal der Sauer).

10. Niederlande

Seit der Entdeckung des riesigen Erdgasfeldes im Raume Groningen im Jahre 1959 haben sich die Niederlande zum größten Erdgasproduzenten und -exporteur der Gemeinschaft entwickelt, wodurch das Land nur zu etwa 30 % auf Energieeinfuhren angewiesen ist. Das niederländische Erdgasunternehmen Gasunie hat seitdem weitere Erdgasfelder in der Nordsee erschlossen und sich zu einem mächtigen Akteur auf dem europäischen Energiemarkt entwickelt. Die Nutzung des Erdgases im Wärme- und Strommarkt, in der chemischen Industrie und in der Landwirtschaft (Glashauskulturen) hat das ökonomische Gesicht der heutigen Niederlande entscheidend mitgeprägt.

Die traditionelle Förderung der Steinkohle im Limburger und Nordbrabanter Revier wurde schon 1972 eingestellt. An der Erschließung des Nordseeöls haben auch die Niederlande auf ihrem Teil des Festlandssockels partizipiert; das niederländisch/britische Unternehmen Royal Dutch Shell hat sich zum größten Energiekonzern in Europa entwickelt.

In der großen Tradition der holländischen Windmühlen sind Entwicklung und Ausbau der Windenergie im Lande stark gefördert worden. Begünstigt durch Küstennähe und Topographie sind zahlreiche Windparks entstanden, die ihren Teil zur Elektrizitätsversorgung beitragen.

11. Österreich

Österreich besitzt nur wenig Steinkohle (Grünbach, Niederösterreich). Braunkohle ist am Alpenrand, im Salzburger Raum und westlich von Graz vorhanden. Im Wiener Becken befinden sich Erdöl- und Erdgaslagerstätten, wo sich auch die großen Raffinerien des Landes befinden (ÖMV, Schwechat).

Der Energiegewinnung dienen weiterhin die erheblichen Wasserkräfte, deren Ausnutzung durch Kraftwerke vorangetrieben wurde (Tauernkraftwerk Kaprun, Gerlos- und Donaukraftwerk).

Im Jahre 1978 verabschiedete das Parlament ein Gesetz, das die Nutzung der Kernkraft zur Erzeugung von Energie verbot (Lex Zwentendorf), nachdem das KKW Zwentendorf schon gebaut und weitgehend betriebsbereit war. Seitdem geht der Satz um, daß Österreich das einzige Land der Welt sei, das sich ein KKW-Modell im Maßstab 1:1 geleistet habe.

Die Elektrizitätsversorgung des Landes wird von einer Vielzahl kleiner EVU (± 300) gewährleistet, die sich der verschiedensten Einsatzenergien bedienen.

Nach bestehenden Studien wird Österreich, das zu 66 % auf Energieimporte angewiesen ist, im Zuge der Osterweiterung der Gemeinschaft eine wichtige Rolle als Transitland für Energie, insbesondere bei den leitungsgebundenen Energien, zufallen.

12. Portugal

Nach Luxemburg ist Portugal das Land der Gemeinschaft, das über die geringsten Energievorkommen verfügt und daher zu 90 % von Einfuhren abhängt. Die industrielle Entwicklung Portugals wurde durch den Mangel an Kohle sehr erschwert. Der Ausbau der Wasserkraft erfolgte nur langsam (Rio Zézere, Tejo). Die Kernenergie wird nicht genutzt, obwohl das Land über Uranminen verfügt (Ureiça), die vom nationalen Uranproduzenten ENU ausgebeutet werden.

Aufgrund seiner Randlage ist Portugal zur Verbesserung seiner Versorgungslage in besonderer Weise auf eine verstärkte Anbindung an die transeuropäischen Netze angewiesen.

13. Schweden

Als holz- und wasserreiches Land kann Schweden einen bedeutenden Anteil seines Energiebedarfs durch erneuerbare Energie decken (Vattenfall). Zudem nutzt Schweden die Atomkraft, hat allerdings 1997 seinen Ausstieg aus dieser Energieform beschlossen (Barsebäck).

Das Land besitzt keine nennenswerten Kohlevorkommen. Auch Erdgas und Mineralöl sind nicht vorhanden. 35 % des schwedischen Energiebedarfs müssen daher durch Einfuhren gedeckt werden.

14. Spanien

Spanien verfügt über nicht unerhebliche Steinkohlen- (Asturias, Sierra Morena) und Braunkohlenvorkommen (unteres Ebrogebiet), die durch einige große Produzenten und zahlreiche kleine Unternehmen abgebaut und vermarktet werden. Das Land nutzt die Atomkraft und verfügt außerdem über mehrere Wasserkraftwerke. Aufgrund seiner südlichen Lage wäre es für eine verstärkte Nutzung der Sonnenenergie prädestiniert; ein großes Sonnenkraftwerk ist in Betrieb. Der Grad der Abhängigkeit von Energieeinfuhren liegt bei 76 %.

15. Vereinigtes Königreich

Als „Mutterland" der Steinkohle und der ersten industriellen Revolution verfügt Großbritannien noch heute über bedeutende Kohlevorkommen. Mit der Erschließung der großen Erdölfelder in der Nordsee kamen Mineralöl und Erdgas hinzu, so daß das Land heute als größter Energieproduzent der Gemeinschaft im Energiesektor nicht nur autark (nur 4 % des Bedarfs werden eingeführt), sondern auch zu einem Netto-Exporteur geworden ist (Grad der Selbstversorgung 120 %).

Die großen Kohlereviere der Insel sind in Südwales, Yorkshire und Northumberland/Durham sowie in Ostschottland gelegen. Nach der Verstaatlichung der Kohle im Jahre 1947, die zur Gründung von British Coal führte, wurde der Sektor in den 80er Jahren privatisiert und durch drastische Rationalisierungsmaßnahmen, insbesondere durch den Abbau der Förderkapazitäten, in die schwarzen Zahlen geführt. Produzierte das Vereinigte Königreich in seinem Spitzenjahr 1913 insgesamt 292 Mio t Steinkohle, so betrug die Förderung 1952 noch 213 Mio t und sank 2001 auf nur 32 Mio t ab. Über Braunkohle verfügt das Land nicht; in Schottland wird regional Torf abgebaut (Caithness).

Parallel zum Niedergang der Steinkohle vollzog sich ab dem Beginn der 70er Jahre der rapide Ausbau der Kapazitäten zur Förderung des Erdöls unter der Nordsee. Mineralöl und Erdgas aus eigenen Quellen stehen dem heimischen Markt zur Verfügung und können sogar exportiert werden. Während der Mineralölsektor von mehreren Großunternehmen beherrscht wird, liegen Produktion und Handel mit Erdgas in den Händen von British Gas. Seit der Verstaatlichung der Gaswerke im Jahre 1949 verfügt Großbritannien über ein dichtes Erdgasnetz; das Erdgas konnte die Nachfolge des Stadtgases (Kokereigas) antreten.

Die Elektrizitätswirtschaft ist im Vereinigten Königreich regional gegliedert und privatisiert. Der britische Nuklearsektor nahm in Europa eine Vorreiterrolle ein; der erste kommerzielle Leistungsreaktor Europas, Calder Hall, ging schon 1956 ans Netz. Wie die französische, so ist auch die britische Nuklearindustrie mit dem Ziele der Herstellung von Kernwaffen aufgebaut worden. Wissenschaftlich-technisch führend war hierbei das Atomforschungszentrum Harwell in Südengland, die treibende organisatorische Kraft die United Kingdom Atomic Energy Authority (UKAEA). Als Großunternehmen der englischen Nuklearindustrie betreibt British Nuclear Fuels Ltd (BNFL) den Nuklearkomplex Sellafield, in dem sich auch eine der beiden Wiederaufarbeitungsanlagen der Gemeinschaft befindet.

III. Leitprinzipien der Energiewirtschaft

Literatur:

Norbert Enzensberger, Martin Wietschel, Otto Rentz, Konkretisierung des Leitbilds einer nachhaltigen Entwicklung für den Energieversorgungssektor, ZfE 2001, S. 125; *Friedemann Müller,* Versorgungssicherheit. Die Risiken der internationalen Energieversorgung, Internationale Politik 3/2003, S. 3; *Helga Steeg,* Risiken in der Energieversorgungssicherheit – Ursachen und Strategien zu ihrer Minderung, RdE 2002, S. 235, *Peter J. Tettinger,* Zum Thema „Sicherheit" im Energierecht, RdE 2002, S. 225.

Ähnlich wie die Landwirtschaft bei der Deckung des inneren Energiebedarfs des Menschen unterliegt die Energiewirtschaft bei der Versorgung seines äußeren Energiebedarfs Prinzipien, die aus der Sachlogik ihrer Aufgabe erwachsen und die teils ökonomischer, teils ökologischer und teils rechtlicher Natur sind. Die Gewichtung dieser Prinzipien untereinander mag im einzelnen streitig sein; zum Teil stehen sie auch miteinander in Widerspruch und sind daher in einen vernünftigen Ausgleich zu bringen. Soweit sie Rechtscharakter besitzen, sind der Grad ihrer Verbindlichkeit und die jeweiligen Rechtsadressaten (Begünstigte/Belastete) zu bestimmen.

1. Versorgungssicherheit

Die Versorgungssicherheit muß als das **wichtigste Leitprinzip des Energiesektors** gelten. Wenn sich auch ein Grundrecht auf die Sicherheit der Versorgung mit Energie nicht postulieren läßt, so stehen Staat und Energiewirtschaft doch in der Pflicht, eine geordnete und ausreichende Versorgung der Wirtschaft, des Verkehrs und der Haushalte mit Energieprodukten zu gewährleisten. Angesichts ihrer überragenden Bedeutung für Mensch und Wirtschaft[5] gehört die Energie heute mehr denn je zu den unverzichtbaren Grundlagen des menschlichen Lebens[6] und Wirtschaftens[7]. Die Versorgung mit ihr ist als Daseinsvorsorge Teil der Staatsaufgaben „Existenzsicherung" und „Wirtschaftsförderung". Damit ist freilich die Frage noch nicht entschieden, wie weit diese Staatsaufgabe in modernen „Spaßgesellschaften" reicht, die Energieverschwendung zum Freizeitsport erhoben haben[8].

Nicht nur das nationale Recht, sondern auch das Gemeinschaftsrecht ist sich der Bedeutung der Versorgungssicherheit bewußt. So verpflichtet Art. 3 lit. a) EGKSV die Organe der Gemeinschaft, „auf eine geordnete Versorgung des gemeinsamen Marktes ... zu achten". Nach Art. 2 lit. d) EAGV hat die Gemeinschaft für eine „regelmäßige und gerechte Versorgung aller Benutzer ... mit Erzen und Kernbrennstoffen Sorge zu tragen". Und auch der EG-Vertrag erlaubt in Art. 100 Abs. 1 Maßnahmen für den Fall, daß „gravierende Schwierigkeiten in der Versorgung mit bestimmten Waren auftreten".

Als allgemeines Leitprinzip ist Versorgungssicherheit grundsätzlich nicht einklagbar. Sobald jedoch vertragliche Lieferbeziehungen bestehen, gelten das Vertragsrecht und allgemeine Rechtsgrundsätze. Auch im Falle des Anschluß- und Benutzungszwanges besteht ein Recht auf Versorgung.

Mit welchen Mitteln Staat und Wirtschaft das Prinzip der Versorgungssicherheit verwirklichen, bestimmt sich nach der jeweiligen Wirtschaftsverfassung, der Marktlage und den Zukunftsperspektiven des jeweiligen Energieproduktes. In jedem Falle bedeutsam ist jedoch die Beachtung zweier Unterprinzipien: nämlich das der **Diversifizierung der Energieträger** (Energiemix) und das der **geographischen Diversifizierung der Versorgungsquellen.** Das erstgenannte Prinzip reduziert die Abhängigkeit von einzelnen Energieträgern, ermöglicht ihre Substituierbarkeit und schafft wirtschaftlichen Konkurrenzdruck, der sich vorteilhaft auf die Preise auswirkt. Das zweite Prinzip reduziert die Abhängigkeit von einzelnen geographischen Versorgungsquellen und baut – soweit es sich um Energieeinfuhren handelt – dem Risiko politischer Instabilität in einzelnen Lieferländern vor[9].

---

5 S. *Hans Peter Bull*, Die Staatsaufgaben nach dem Grundgesetz, Frankfurt am Main, 1973, S. 219.
6 Zusammen mit Luft, Wasser, Licht und Nahrung.
7 Als vierter Produktionsfaktor zusammen mit Boden, Kapital und Arbeit.
8 Man denke an Autorennen, Traktorpulling, Truck Races, überdimensionierte Motoren und dergl.
9 S. zuletzt die Lage im Irak und in Venezuela. Zum Irak s. die Mitteilung der Kommission an den Rat und das Europäische Parlament über die Auswirkungen des Irakkriegs in den Bereichen Energie und Verkehr, KOM (2003) 164 endg. vom 26. 3. 2003. S. weiterhin *Bernhard May*, Irak-Krise

Ihrer Natur nach bedeutet Versorgungssicherheit im Energiesektor in erster Linie **Zukunftsvorsorge** durch Exploration, Innovation, Forschung, Diversifizierung und technische Investitionen. Angesichts der Langfristigkeit von Investitionen und des hohen Investitionsniveaus bedarf die Energiewirtschaft in besonderem Maße politischer, rechtlicher und ökonomischer Stabilität – ein Erfordernis, das zum nachfolgenden zweiten Prinzip überleitet.

2. Planungssicherheit

Die Bedeutung der Planung für die Entwicklung komplexer moderner Wirtschaftsordnungen ist bekannt und umfassend beschrieben[10]. Im Energiesektor ist die Planungssicherheit das unverzichtbare Korrelat zur Versorgungssicherheit: wer Versorgungssicherheit will, muß Planungssicherheit gewährleisten. Hierbei ist das Fundament der Planungssicherheit zunächst eine **stabile Rechts- und Wirtschaftsordnung**, die ein rationales Vorausdenken und Vorausschauen ermöglicht („voir pour prévoir, prévoir pour prévenir" (*August Comte*)). Sodann ist das Element der **Berechenbarkeit** von größter Bedeutung. Um gesichert rechnen zu können, bedarf es zuverlässiger Daten, d. h. objektiver Kennzahlen und Statistiken über Investitionen, Produktion, Einfuhren, Ausfuhren, Verbrauch und Verbrauchsstrukturen, Prognosen über Vorräte, Marktentwicklungen und Amortisierungsraten (return on investment). Kaum ein zweiter Wirtschaftssektor ist daher so stark auf Statistiken und wirtschaftliche Kennzahlen angewiesen wie der Energiesektor. Das Gemeinschaftsrecht trägt diesem Anliegen in besonderer Weise Rechnung (s. hierzu unten das **Transparenzprinzip**).

Entscheidend ist weiterhin die möglichst weitgehende Übereinstimmung der Planungsvorstellungen von Staat und Wirtschaft. Soweit der Staat selbst keine konkreten Planungsvorgaben macht, sollte zumindest der politische Planungsrahmen klar definiert sein. Auch diesem Anliegen trägt das Gemeinschaftsrecht in seinen Vorschriften über die hinweisenden Programme und allgemeinen Ziele in besonderer Weise Rechnung (s. Art. 46 EGKSV, Art. 40 EAGV).

Erst wenn diese Grundbedingungen erfüllt sind und Anlaß für die Annahme einer hinlänglichen **Investitionssicherheit** besteht, werden die Unternehmen bereit sein, zur Gewährleistung künftiger Versorgungssicherheit zu investieren.

3. Preisgünstigkeit

Deutlicher noch als für die landwirtschaftlichen Produkte, mit denen der Verbraucher nach Art. 33 Abs. 1 lit. e) EGV „zu angemessenen Preisen" zu beliefern ist, fordert der EGKS-Vertrag in Art. 3 lit. c) für seine Erzeugnisse sogar „die Bildung niedrigster Preise". In der Tat steht aus der Sicht der meisten Verbraucher das Prinzip der Preisgünstigkeit der Energieprodukte dem der Versorgungssicherheit nur um weniges

---

und Ölverbrauch, Internationale Politik 3/2003, S. 23. Zur Lage in Lateinamerika s. *Hartmut Sangmeister*, Lateinamerikas Energiewirtschaft im Umbruch, et 2002, S. 706.

10 S. *Karl Albrecht*, Planifikateure beim Werk, Wirtschaft zwischen Zwang und Freiheit, Düsseldorf, Wien 1964.

nach, insbesondere dann, wenn letztere gesichert ist. Allerdings verhält sich der EG-Vertrag insoweit vorsichtiger, als er in Art. 4 Abs. 2 allein und „vorrangig das Ziel der Preisstabilität" verfolgt, was Maßnahmen auf dem Gebiet der Wechselkurspolitik jedoch nicht ausschließt, wenn Preiserhöhungen wechselkursbedingt importiert werden.

Wenn das Prinzip der Preisgünstigkeit somit keine universelle Geltung beanspruchen kann – im Energiesektor ebensowenig wie in anderen Wirtschaftsbereichen – so ist es doch zumindest insoweit beachtlich, als der Staat und auch die Gemeinschaft **Höchstpreise** für Energieprodukte festlegen können. Dies ergibt sich nicht nur ausdrücklich aus Art. 61 lit. a) EGKSV und Art. 69 EAGV, sondern wäre auch nach Art. 100 bzw. 308 EGV möglich. Anstelle dirigistischer Preisfestsetzungen verspricht sich die Gemeinschaft im Energiesektor **Preissenkungen** durch das Aufbrechen von Monopolen und erhöhten Wettbewerb, wobei sie im Zuge der Liberalisierung der Energiemärkte immer wieder auf die Notwendigkeit günstigerer Energiepreise hingewiesen hat (und sei es auch nur zur Verbesserung der internationalen Wettbewerbsposition der Gemeinschaft). Hierbei ist jedoch nicht zu übersehen, daß ein Fallen der Energiepreise qua Liberalisierung zu einem Mehrverbrauch an Energie führen kann, der seinerseits dem ebenfalls verfolgten Ziel des Umweltschutzes zuwiderläuft (s. unten das Prinzip der Umweltverträglichkeit).

4. Wettbewerbsfähigkeit

Daß Wettbewerb die Leistung der Wettbewerber steigern und die Preise sinken lassen kann, ist eine – wenn auch nicht uneingeschränkt geltende – volkswirtschaftliche Erfahrungstatsache. Gleichwohl war der Energiesektor bei den leitungsgebundenen Energien Elektrizität und Gas traditionell vom Wettbewerb ausgeschlossen, da jedes Versorgungsunternehmen in seinem Versorgungsgebiet ohne Konkurrenz blieb (dank sog. Konzessions- und Demarkationsverträge). Während für die Steinkohle und das Mineralöl seit Errichtung der Gemeinschaft die wettbewerbsrechtlichen Bestimmungen des EGKS-Vertrages und des EWG-Vertrages galten, wurde die Wettbewerbsfreiheit bei den leitungsgebundenen Energien erst schrittweise mit der Errichtung des Binnenmarktes für Energie verwirklicht.

Für die Steinkohle fand durch den EGKS-Vertrag eine gemeinschaftsweite **Vereinheitlichung der Wettbewerbsregeln** statt, da der Vertrag in seinem Geltungsbereich alle nationalen Wettbewerbsregeln verdrängte (s. Art. 4 lit. c) und d) sowie Art. 65 und 66). Das kategorische Beihilfeverbot des Art. 4 lit. c) EGKSV ließ sich allerdings in der Praxis nicht aufrechterhalten. Das Mineralöl unterliegt seinerseits dem nationalen Wettbewerbsrecht **und** dem Wettbewerbsrecht des EG-Vertrages, soweit der Wettbewerb in der Gemeinschaft beeinträchtigt wird.

Das wettbewerbsrechtlich zu gewährleistende „level playing field" kann in zweierlei Weise beeinträchtigt werden: zum einen durch die **Unternehmen** selbst, die durch Absprachen oder abgestimmte Verhaltensweisen den Wettbewerb verfälschen oder ihre beherrschende Stellung mißbrauchen, oder durch die **Staaten**, die durch Beihilfen oder Subventionen bestimmten Unternehmen Vorteile verschaffen, die andere Unternehmen nicht erhalten. Beide Arten der Verfälschung des Wettbewerbs sind in der Gemeinschaft verboten – mit einer Ausnahme, nämlich der des Euratom-Vertrages, soweit es die staatlichen Beihilfen betrifft.

Diesem Vertrag ging und geht es darum, die „für die schnelle Bildung und Entwicklung von Kernindustrien erforderlichen Voraussetzungen“ zu schaffen (Art. 1), „die Investitionen zu erleichtern“ und die Initiative der Unternehmen zu fördern (Art. 2 lit. c)). Diese Aufgabe war ohne staatliche Investitionen und Beihilfen nicht zu erfüllen; der Euratom-Vertrag verbietet sie nicht nur nicht, er fordert sie geradezu ein. Und was das Verhalten der Unternehmen auf dem Kernsektor anbelangt, fehlt ihnen weitgehend die Handlungsfreiheit für Wettbewerbsverfälschungen, da die Versorgung mit Kernmaterial der Euratom-Versorgungsagentur zugewiesen ist, die für eine regelmäßige und gerechte Belieferung aller Benutzer zu sorgen hat (Art. 2 lit. d)).

5. Umweltverträglichkeit

Betrachtet man die Entwicklungskurven von Bevölkerungszahl und Energieverbrauch seit den Anfängen bis heute, so ist bei beiden Kurven in den letzten 250 Jahren ein exponentieller Anstieg festzustellen. Diese Koinzidenz ist nicht zufällig: der moderne Mensch und der moderne Energiesektor haben sich gegenseitig erschaffen. Beide, Mensch und Energie, belasten die Umwelt in bis dahin beispielloser Weise: im Labor Erde vollzieht sich ein experimentum mundi im Maßstab 1 : 1 mit ungewissem Ausgang.

Seit in der Gemeinschaft ab den 60er Jahren das Umweltbewußtsein gewachsen ist, hat sich der Blick für die negativen Auswirkungen des Energieverbrauchs ständig verschärft. Schon der EGKS-Vertrag rief zur „Vermeidung von Raubbau“ auf (Art. 3 lit. d)) und die Art. 30 bis 39 EAGV gelten dem Schutz vor radioaktiver Strahlung. Mit der Einheitlichen Europäischen Akte wurde der Umweltschutz auch im EWG-Vertrag verankert (1987) und hierbei ausdrücklich eine „umsichtige und rationelle Verwendung der natürlichen Ressourcen“ verlangt (Art. 174 Abs. 1 3. Gedankenstrich (ex-Art. 130 r) EGV).

Allerdings wurde dieses Gebot dadurch wieder relativiert, daß die Regierungskonferenz in einer Erklärung zu dieser Bestimmung ausdrücklich feststellte, „daß die Tätigkeit der Gemeinschaft auf dem Gebiet des Umweltschutzes sich nicht störend auf die einzelstaatliche Politik der Nutzung der Energieressourcen auswirken“ darf. Gleichwohl – ein Anfang war gemacht, wenn auch bis heute für die Rechtsetzung das Prinzip der Einstimmigkeit gilt, wenn es sich um Maßnahmen handelt, „welche die Wahl eines Mitgliedstaats zwischen verschiedenen Energiequellen und die allgemeine Struktur seiner Energieversorgung erheblich berühren“ (Art. 175 Abs. 2 3. Gedankenstrich (ex-Art. 130 s) EGV).

Seitdem ist der Energiesektor der Gemeinschaft immer stärker in das Gravitationsfeld des Umweltrechts geraten, ohne daß damit schon etwas über die Wirksamkeit der einzelnen Maßnahmen zum Schutze der Umwelt gesagt wäre. Bedeutsam ist allerdings, daß einzelne Mitgliedstaaten nicht gehindert sind, ihrerseits „verstärkte Schutzmaßnahmen beizubehalten oder zu ergreifen“ (Art. 176 (ex-Art. 130 t) EGV). Soweit ein Gefälle im Umweltniveau zwischen den Mitgliedstaaten besteht, muß das der Energiewirtschaft günstigere Niveau als Standortvorteil gelten.

Mit dem Vertrag von Amsterdam, der am 1. Mai 1999 in Kraft trat, wurde der Umweltschutz als Verfassungsziel in den EG-Vertrag aufgenommen. Die Querschnittsregelung des neuen Art. 6 EGV bestimmt: „Die Erfordernisse des Umweltschutzes müssen bei der Festlegung und Durchführung der in Artikel 3 genannten Gemeinschaftspolitiken und -maßnahmen insbesondere zur Förderung einer nachhaltigen Entwicklung einbezogen werden."

Ob der Begriff „Umweltverträglichkeit" im Zusammenhang mit der Produktion, dem Transport und dem Verbrauch von Energie gut gewählt ist, soll hier nicht entschieden werden. Unter Umweltgesichtspunkten besteht die Aufgabe darin, die für die Umwelt **am wenigsten schädlichen** Maßnahmen zu ergreifen (in Analogie zum Diktum *Bertrand Russells*, die am wenigsten häßliche Tochter sei die Schönheit der Familie).

6. Transparenz

Nicht nur für die Planungssicherheit, d. h. für die Unternehmen und die öffentlichen Entscheidungsträger, auch für die Verbraucher ist Transparenz im Energiesektor eine wesentliche Voraussetzung für rationale Entscheidungen. Als **Preistransparenz** ermöglicht sie ihm, Angebote zu vergleichen, sich vor Mißbrauch zu schützen und Diskriminierungen zu erkennen. Nach Art. 60 § 2 a) EGKSV mußten die Unternehmen des Steinkohlesektors Preistafeln und Verkaufsbedingungen veröffentlichen. Art. 60 EAGV verlangt für die Kernstoffe eine ähnliche Transparenz. Auch für Elektrizität und Erdgas sind entsprechende Rechtsakte auf der Grundlage des EG-Vertrages ergangen.

Als **Investitionstransparenz** verhilft sie den staatlichen Stellen und denen der Gemeinschaft zu einem Überblick über die Entwicklung der Kapazitäten auf dem Gebiet der Produktion, Verarbeitung und Verteilung und ermöglicht so gesicherte Handlungsgrundlagen. Die Art. 46, 47, 48 und 54 EGKSV und 41 ff. EAGV erlauben eine solche Transparenz ebenso wie spezielle EG-Rechtsakte auf der Grundlage des Art. 284 (ex-Art. 213) EGV. Von gleicher Bedeutung sind die **Produktions-** und **Verbrauchstransparenz,** die zusammen mit der **Ein-** und **Ausfuhrtransparenz** die Erstellung von **Energiebilanzen** ermöglicht.

Erst in den regelmäßig von Eurostat erstellten **Energiestatistiken** gewinnt der Energiesektor insgesamt die Vorstellung seiner selbst, er vollzieht – mit *Hegel* zu sprechen – den Schritt vom „an sich" zum „für sich". Mit der Einführung des Art. 285 (ex-Art. 213 a) in den EG-Vertrag erhält die Statistik ihren Auftrag und das ihr zukommende Gewicht: „Die Erstellung der Gemeinschaftsstatistiken erfolgt unter Wahrung der Unparteilichkeit, der Zuverlässigkeit, der Objektivität, der wissenschaftlichen Unabhängigkeit, der Kostenwirksamkeit und der statistischen Geheimhaltung; der Wirtschaft dürfen dadurch keine übermäßigen Belastungen entstehen" (Art. 285 Abs. 2).

IV. Energie als Zivilisationsfaktor

Literatur:

Klaus Knizia, Energie, Ordnung, Menschlichkeit, Düsseldorf und Wien 1981; *Ernst Ulrich von Weizsäcker*, Erdpolitik, Ökologische Realpolitik an der Schwelle zum Jahrhundert der Umwelt, 4. Aufl., Darmstadt 1994.

Wenn *Nietzsches* Wort zutrifft, daß es ohne Sklaven keine Kultur gebe, dann gilt umsomehr: Ohne **Energie** keine moderne **Zivilisation**, wobei beiden Schlüsselbegriffen der Moderne bezeichnenderweise das Phänomen der **Masse** innewohnt. An die Stelle der menschlichen Arbeitskraft der Sklaven und Knechte trat das Arbeitsvermögen der Energieträger: die Kettenreaktion des wirtschaftlichen und sozialen Fortschritts nahm ihren Anfang in der **ersten** industriellen Revolution. Inzwischen liegt auch die **zweite** industrielle Revolution – die des elektronischen Zeitalters – hinter uns und nach *Günther Anders* sogar schon die **dritte**, die der Atombombe. In jedem Falle gilt: Die energiegetriebene Entwicklung der Zivilisation strebt mit Riesenschritten den Grenzen des Wachstums zu. Und damit wird deutlich: allein eine wirtschaftliche Betrachtungsweise der Energie greift zu kurz. Denn die Erschließung der Energie hat die Voraussetzungen für drei weitere eng ineinander verwobene Entwicklungsstränge geschaffen: den **sozialen** Fortschritt, den **politischen** Fortschritt und die gleichzeitige **Bedrohung** beider durch ein zuviel oder zuwenig an Energie, d. h. die Atombombe und das Versiegen der Energiequellen.

1. Energie und sozialer Fortschritt

Seit dem Beginn des Energiezeitalters, d. h. seit Anfang der ersten industriellen Revolution (1750 bis heute) hat sich die Menschheit versechsfacht. Die durchschnittliche Lebenserwartung in Europa ist zwischen 1650 und heute von etwa 30 auf fast 80 Jahre gestiegen[11]. Selbst für Skeptiker monokausaler Erklärungen ist der Zusammenhang zwischen Energie und den Errungenschaften moderner Zivilisation nicht zu übersehen, wenngleich Masse und große Zahlen allein sicherlich noch keine Fortschrittskriterien sind. Gemessen an *Benthams* Postulat des größten Glücks der größten Zahl läßt sich jedoch nicht leugnen, daß sich – zumindest in den energieversorgten Ländern der Erde – die Lebensverhältnisse der meisten Menschen im Energiezeitalter entschieden verbessert haben. Dank energiegetriebener **Massenproduktion** ist die Versorgung der Menschen mit lebenswichtigen Gütern des täglichen Bedarfs gesichert. Die oben[12] skizzierten Entwicklungen des **medizinischen Fortschritts** und der **pharmazeutischen Industrie** haben dank der Erforschung und Verwertung von Nebenprodukten des Energiesektors insbesondere die Kindersterblichkeit verringert, die Bekämpfung bakteriell verursachter Krankheiten ermöglicht und damit allgemein die **Lebenserwartung** erhöht. Die Bekämpfung der Unterernährung durch eine dank Kunstdünger gesteigerte Agrarproduktion und die Verbesserung der hygienischen Verhältnisse (Asepsis, Antisepsis) haben hierzu das ihrige beigetragen.

Die Entwicklung des **Verkehrssektors**[13] ermöglichte die Erschließung neuer Räume, neuer landwirtschaftlicher Produktionsflächen und neuer mineralischer Ressourcen. Sie trug zur Entzerrung und Auflockerung der Ballungsgebiete bei und schuf verbesserte Lebensbedingungen in Vorstädten und bis dahin schwer zugänglichen Randgebieten. Neben dem **Land- und Seeverkehr**, die durch Eisenbahn, Automobil und

---

11 S. *Dennis Meadows*, Die Grenzen des Wachstums, Stuttgart 1972, S. 28.
12 S. B. I. 2.
13 S. hierzu *Michael Geistbeck*, Weltverkehr. Die Entwicklung von Schiffahrt, Eisenbahn, Post und Telegraphie bis zum Ende des 19. Jahrhunderts, Freiburg i. Br. 1895.

dampf- bzw. dieselbetriebene Motorschiffe einen ungeahnten Aufschwung nahmen, konnte der **Flugverkehr** durch den Energiesektor überhaupt erst entstehen.

Entscheidend zur Verbesserung der sozialen Lage breiter Bevölkerungsschichten trugen die Fortschritte bei, die der Energiesektor im **Bauwesen** ermöglichte. Die Verbilligung und Beschleunigung des Wohnungsbaus durch industrielle Fertigungstechniken, die Verwendung des Stahls als leicht verfügbarem Baustoff und die Versorgung der Wohnungen, Büros und öffentlichen Bauten mit Licht, Luft und Wärme zu erschwinglichen Preisen sind wesentlich dem Energiesektor zu verdanken.

Die tiefgreifendste Veränderung des sozialen Lebens dürfte jedoch die Nutzung der **Elektrizität** mit sich gebracht haben. Nicht zufällig definierte *Lenin* Fortschritt als Kommunismus plus Elektrifizierung. Während man über die erste Komponente geteilter Meinung sein mag, ist die Elektrizität aus der modernen Lebenswelt nicht mehr hinwegzudenken. Als stets verfügbare kleine Energie des Alltags hat sie die unmittelbare Lebensumwelt des Menschen, den häuslichen Bereich durch eine Vielzahl technischer Hilfsmittel bereichert (Haushaltsgeräte, Warmwasserversorgung, Heizung, Klimaanlagen usw.). Sie hat die Voraussetzungen der modernen Informations- und Kommunikationstechnik (Radio, Fernsehen, Computer, Internet) geschaffen und alle anderen Technikbereiche sind unverzichtbar auf sie angewiesen (Automobilsektor, Verkehrssektor, Rüstung, Raumfahrt, Medizin, Medien ...).

Aber nicht nur die **Außenwelt** des Menschen wurde im Energiezeitalter verändert, sondern auch seine **Innenwelt**. Erleichtertes Reisen, erhöhte Mobilität, gewachsener Wohlstand und Muße durch Freizeit erweiterten die Weltsicht. Die neuen Informations- und Kommunikationstechnologien beschleunigten und vervielfältigten die Wissensströme; Daten und Information, Kulturleistungen und Unterhaltung sind heute prinzipiell für jedermann verfügbar geworden.

Festzuhalten bleibt: Unter dem Einfluß der Energie sind nach Jahrtausenden gesellschaftlicher Statik die Außen- und die Innenwelt des Menschen in Bewegung geraten, genauer: in eine sich ständig beschleunigende Bewegung. Die Bewertung dieses Beschleunigungsprozesses muß hier unterbleiben. Fortschritt ist kein Wertbegriff, sondern ein motorischer Begriff: sein logisches Gegenteil ist nicht der Rückschritt, sondern der Nicht-Fortschritt, d. h. das Verharren. Es kann als Ruhe, aber auch als Stagnation verstanden werden.

2. Energie und politischer Fortschritt

Es ist eine Erfahrungstatsache, daß jede bedeutende technische Innovation die Menschen „ein wenig gleicher“ macht. Vor der Einführung von Eisenbahnen und Automobilen konnten nur die Reichen in Kutschen reisen, das einfache Volk ging zu Fuß. Heute stehen Arm und Reich im selben Stau. Vor der Erfindung von Radio, Fernsehen und Tonträgern konnten nur die Reichen an teuren kulturellen Veranstaltungen teilnehmen, heute kann jeder in der ersten Reihe sitzen. Vor der Erfindung des Telefons konnten nur die Reichen, der Staat und das Militär über Sonderboten oder Semaphone in annähernder Echtzeit kommunizieren, heute kann es jeder. Vor der Erfindung des Computers konnten sich nur Großunternehmen Großrechner leisten, heute hat jeder Zugang zu Daten und Rechenleistungen seiner Wahl. Vor der

Erfindung des Flugzeugs konnten nur Reiche oder Abenteurer ferne Länder bereisen, heute kann es jeder und tut es auch. Die Liste ließe sich nahezu beliebig fortsetzen.

Ist es die Technik, die die **Teilhabe** aller an allem erlaubt, so ist es die Energie, die diesen Prozeß möglich gemacht hat und ihn unterhält. Teilhabe aber bedeutet **Demokratisierung**, und die Energie ist eine ihrer treibenden Kräfte. Zwar können auch hochtechnisierte Länder totalitär regiert werden, doch wird dies angesichts moderner Technik und Kommunikation immer schwieriger und zu Recht als anachronistisch empfunden.

Aber neben dem Abbau von Privilegien, der Herstellung von Gleichheit und Teilhabe hat die Energie noch in einem weiteren Sinne zum politischen Fortschritt beigetragen: Sie speist seit Anbeginn und täglich von neuem den Prozeß der europäischen und weltweiten **Integration**, denn die treibende Kraft des Zusammenwachsens Europas und der Welt ist die grenzüberschreitende Bewegung von Menschen, Gütern, Kapital und Ideen. Als Movens der Gemeinschaft in einem sehr realen Sinne ist die Energie bis heute kaum wahrgenommen worden, und damit auch nicht der Preis, den die Gemeinschaft – wie die Welt – täglich für ihren Zusammenhalt zu zahlen hat: den Verbrauch von Energie. Innergemeinschaftlicher Warenverkehr wie Welthandel sind nur um den Preis beständigen Energieverbrauchs und der damit verbundenen Schädigung der Umwelt zu verwirklichen[14]. Nun gibt es sicherlich zahlreiche nicht substituierbare Erzeugnisse, die verbrauchsnah nicht herstellbar und produktionsnah nicht absetzbar sind, so daß zum Warentransport – auch über längere Strecken – ceteris paribus keine Alternative besteht. Ebenso gilt aber umgekehrt, daß in den meisten Regionen ein großer Teil des Warenbedarfs durchaus verbrauchsnah produziert wird bzw. produktionsnah absetzbar ist, so daß Transporte von Waren gleicher Art über lange Wegstrecken zumindest unter dem Gesichtspunkt einer vernünftigen Warenversorgung nicht erforderlich sind. Es ist zuzugeben, daß derartige Überlegungen als ketzerisch gelten können, doch ist daran zu erinnern, daß für das Ende der Warenkette das Prinzip einer verbrauchsnahen Entsorgung von Abfällen durchaus anerkannt ist[15].

3. Energieabhängigkeit und Bewahrung des Status Quo

Gemessen am Alter der Erde lebt der moderne Mensch des Energiezeitalters in einer flüchtigen Weltsekunde. Über Jahrmillionen lag der Zeiger des Energieverbrauchs bei Null, dann schnellte er ab 1750 in stetiger Bewegung nach oben. In historisch überschaubaren Zeiträumen, in wenigen Jahrhunderten, werden die fossilen Brennstoffe, deren Entstehen viele Millionen Jahre benötigte, erschöpft sein[16]; welchen Energieverbrauch wird der Zeiger danach verzeichnen? Wird die Verbrauchskurve auf einem hohen Niveau bleiben, sich auf einem niedrigen Niveau einpendeln oder gar wieder gegen Null absinken[17]?

---

14 S. *Michel Chossudovsky*, Global Brutal, Der entfesselte Welthandel, die Armut, der Krieg, 11. Aufl., Frankfurt a. M. 2002.

15 S. hierzu EuGH, Urteil vom 9. Juli 1992 in der Rechtssache C-2/90 (Kommission ./. Belgien), Slg. 1992, I-4431.

16 J. Zemann (Hrsg.), Energievorräte und mineralische Rohstoffe: Wie lange noch?, Wien 1998.

17 S. hierzu *Dennis Meadows*, Die Grenzen des Wachstums, Bericht des Club of Rome zur Lage der

Es ist merkwürdig, daß diese für die Zukunft der Menschheit zentrale Frage im öffentlichen Bewußtsein kaum eine Rolle spielt. Und noch weniger scheint erkannt zu werden, daß mit der Erschöpfung der fossilen Brennstoffe diese auch als **Rohstoffe** und **Baustoffe** nicht mehr zur Verfügung stehen werden. Kohlechemie und Petrochemie, Kunststoffe und andere synthetische Erzeugnisse auf Kohlenstoffbasis wird es dann nicht mehr geben.

Die offensichtliche Gleichgültigkeit gegenüber der Energieversorgung in den nächsten Jahrhunderten und der weiteren Zukunft dürfte zwei Gründe haben: die zeitliche Distanz („let us cross that bridge when we come to it" bis „après moi le déluge") und das Vertrauen auf das menschliche Ingenium, rechtzeitig Mittel und Wege zur Bewahrung des status quo zu finden[18].

Doch trotz dieser attentistischen Haltung hat die Überzeugung an Boden gewonnen, daß der Energiesektor von der allgemeinen Ideologie des Wachstums auszunehmen sei. Das Wirtschaftsgut „Energie" ist damit erstaunlicherweise zur einzigen Ware geworden, bei deren Verbrauch gespart werden darf und sogar soll – und dies trotz Art. 2 EGV, der „ein beständiges ... Wachstum" vorschreibt[19].

Menschheit, Stuttgart 1972, sowie *Herbert Gruhl*, Himmelfahrt ins Nichts – Der geplünderte Planet vor dem Ende, 2. Aufl., München 1992, m. w. N.

18 So *Julian L. Simon*, The Ultimate Resource, Princeton 1981. Fazit des Buches: „The ultimate resource is the human imagination".

19 Die Entkoppelung von Energieverbrauch und Wirtschaftswachstum ist eine der zentralen Aufgaben nachhaltigen Wirtschaftens. Sie läßt sich erreichen durch eine Verringerung der **Energieintensität**, d. h. Reduzierung der Energiemenge, die zur Herstellung eines bestimmten Wirtschaftsgutes benötigt wird. In der Gemeinschaft weist Dänemark die geringste Energieintensität auf. S. Eurostat, Energy and environment indicators, Data 1985–2000, 2002 Edition, Luxemburg 2002, p. 152, 153.

2. Teil: Sektorielle Regelungen: die Energieträger und ihr Recht

A. Steinkohle (EGKSV 1952–2002)

I. Vorbemerkung

Wenn auch der EGKS-Vertrag nach 50-jähriger Geltung am 23. Juli 2002 abgelaufen ist[1], so bildet er doch die bleibende Grundlage der Gemeinschaft, die ihm ihren Namen verdankt und in der seine **Strukturen** und wesentlichen **Prinzipien** aufgehoben sind, und zwar aufgehoben im dreifachen Sinne *Hegels*, d. h. (1) zwar formal außer Geltung gesetzt[2], doch (2) in der Substanz aufbewahrt[3] und (3) auf eine höhere Stufe gehoben[4]. Als historisches, politisches und rechtliches Fundament der Gemeinschaft wirkt der EGKS-Vertrag ebenso weiter wie der Beitrag der Steinkohle, die das energetische Fundament des Wiederaufbaus Europas nach dem zweiten Weltkrieg bildete[5]. Beide, der EGKS-Vertrag und die Steinkohle, haben heute – tagespolitisch und vordergründig betrachtet – ihre ehedem tragende Bedeutung verloren[6]. Dennoch gilt das Wort *Pierre Pescatores*: „Le traité CECA, même après son expiration, continuera à régir comme une force invisible le fonctionnement de l'Union européenne et le comportement de ceux qui en sont les animateurs“[7]. Über ihren eigentlichen Geltungsbereich hinaus hat die EGKS als **Vorbild** und **Geburtshelfer** des Euratom- und des EWG-Vertrages wesentliche Dienste geleistet[8]. Ihre politischen Wegbereiter *Jean Monnet, Robert Schuman* und *Paul Henri Spaak* sind im öffentlichen Bewußtsein geblieben, und ihre wissenschaftlichen Wegbegleiter, wie *Pierre Pescatore, Hans Peter Ipsen* und *Ernst Steindorff*, haben bis heute als maßgebliche Referenzen das europarechtliche Denken geprägt.

Da der EGKS-Vertrag nicht mehr gilt, kann die Lösung rechtlicher Tagesprobleme von ihm nicht mehr erwartet werden. Wichtig jedoch bleiben seine Struktur und seine

---

1 S. Art. 97 EGKSV und unten Ziffer XI. Das Ende der EGKS.

2 Aufgehoben in rechtlicher Hinsicht, wie ein Urteil aufgehoben wird.

3 Aufgehoben (aufbewahrt) in zeitlicher Hinsicht.

4 Aufgehoben (elevated, erhoben) in räumlich-qualitativer Hinsicht.

5 Am Anfang der Gemeinschaft lag der Anteil der Steinkohle an der Primärenergieversorgung der Gemeinschaft bei etwa 80 %.

6 Heute trägt die Steinkohle nur noch mit etwa 11 % zur Primärenergieversorgung der Gemeinschaft bei.

7 *Pierre Pescatore*, Le traité CECA, origine et modèle de l'unification européenne, in CECA EKSF EGKS EKAX ECSC EHTY EKSG 1952–2002, Luxemburg 2002, S. 183.

8 *Jean Monnet* spricht in seinen Memoiren, Paris 1976, S. 490, von der „création d'une Communauté sur le modèle de la C.E.C.A.“. Zur personalen und logistischen Hilfe s. *Paul-Henri Spaak*, Memoiren eines Europäers, Hamburg 1969, S. 297 bis 307.

Prinzipien, die für den Energiesektor nach wie vor aktuell sind und bleiben werden. Insbesondere letztere haben im Vordergrund zu stehen und den Gang der Darstellung zu bestimmen; eine Kommentierung Kapitel für Kapitel und Artikel für Artikel käme nicht nur zu spät, sie könnte auch leicht den Blick für das heute noch Wesentliche verstellen. Was verbleibt, sind eine Schlußbilanz und ein Blick über das Ende des Vertrages hinaus.

II. Die Aufgabe der Europäischen Gemeinschaft für Kohle und Stahl

Literatur:

Assemblée Parlementaire Européenne, L'application du Traité instituant la C.E.C.A. au cours de la période transitoire, Luxembourg, Avril 1958; *Jean Blanchet,* Dix ans d'application du Traité C.E.C.A. à l'industrie charbonnière, Heule 1964; *Centro di Documentazione e Studi sulle Comunità europee dell'Università di Ferrara,* Ordinamento della Comunità europea del Carbone e dell'Acciaio, Padova 1961; *Jean de Soto,* La C.E.C.A., Paris 1965; *Hans Dichgans,* Montanunion, Düsseldorf, Wien 1980; *William Diebold,* The Schuman Plan, New York 1959; *Europäische Gemeinschaften,* CECA EKSF EGKS EKAX ECSC EHTY EKSG 1952–2002, Luxemburg 2002; *Jürgen Gaedke,* Das Recht der Europäischen Gemeinschaft für Kohle und Stahl, München und Berlin 1954; *Ernst B. Haas,* The Uniting of Europe – Political, Social and Economic Forces 1950–1957, Stanford 1968; *Kurt Werner Haesele,* Europas letzter Weg: Montan-Union und EWG, Frankfurt a. M. 1958; *Frederich Haussmann,* Der Schuman-Plan, München und Berlin 1952; *Ludolf Herbst* u. a. (Hrsg.), Vom Marshallplan zur EWG, München 1990; *Hohe Behörde,* EGKS 1952–1962, Ergebnisse, Grenzen, Perspektiven, Luxemburg 1963; *Franz W. Jerusalem,* Das Recht der Montanunion, Berlin und Frankfurt a. M. 1954; *Institut des Relations internationales,* La Communauté européenne du Charbon et de l'Acier, Bruxelles 1953; *Kommission der Europäischen Gemeinschaften,* 25 Jahre gemeinsamer Markt für Kohle 1953–1978, Brüssel-Luxemburg 1977; *Louis Lister,* Europe's Coal und Steel Community, New York 1960; *Maurice Lagrange,* Die Rechtsnatur der Europäischen Gemeinschaft für Kohle und Stahl und der Europäischen Wirtschaftsgemeinschaft, ZHR 1962, 124. Band, S. 88; *Henry L. Marson,* The European Coal und Steel Community, The Hague 1955; *Pierre Mathijsen,* Le Droit de la Communauté européenne du Charbon et de l'Acier, La Haye 1958; *Walter Much,* Entwicklungstendenzen des Rechts der Europäischen Gemeinschaft für Kohle und Stahl, in: Staat und Wirtschaft im nationalen und übernationalen Recht, Berlin 1964; *Gérard Olivier,* Principes et objectifs fondamentaux du Traité CECA, Décembre 1967; *C. F. Ophüls,* Juristische Grundgedanken des Schumanplans, NJW 1951, S. 289; *Raymond Prieur,* La Communauté européenne du charbon et de l'Acier, Paris 1958; *Rolando Quadri, Riccardo Monaco, Alberto Trabucchi,* Trattato istitutivo della Comunità europea del Carbone e dell'Acciaio, Milano 1970; *Paul Reuter,* La Communauté européenne du Charbon et de l'Acier, Paris 1953; *Henri Rolin,* La Communauté européenne du Charbon et de l'Acier, Bruxelles 1953; *Jacques Rueff,* Le Concept de Marché Commun selon la Jurisprudence de la Cour de Justice des Communautés européennes, in: *Bernhard Aubin* u. a. (Hrsg.), Festschrift für *Otto Riese* zum Anlaß seines siebzigsten Geburtstages, Karlsruhe 1964, S. 99; *Klaus Schwabe* (Hrsg.), Die Anfänge des Schuman-Plans 1950–51, Baden-Baden 1988; *Giuseppe Sperduti,* La C.E.C.A. – Ente Sopranazionale, Padova 1960; *Dirk Spierenburg-Raymond Poidevin,* Histoire de la Haute Autorité de la Communauté européenne du Charbon et de l'Acier, Bruxelles 1993; *dies.,* The History of the High Authority of the European Coal and Steel Community, London 1994; *Daniel Vignes,* La Communauté européenne du Charbon et de l'Acier, Paris 1956; *Gerhard von Beckerath,* Ordnungspolitik in der Montanunion, Köln und Opladen 1960; *Ludger Westrick,* Montanunion – ein Schritt nach Europa, in: *Gerhard Schröder* u. a. (Hrsg.), *Ludwig Erhard,* Beiträge zu seiner politischen Biographie – Festschrift zum fünfundsiebzigsten Geburtstag, Frankfurt a. M. u. a. 1972, S. 349; *Pierre Wigny,* Un témoignage sur la Communauté des Six, Luxembourg 1957.

Am Anfang der europäischen Integration steht ein Begriff, der glücklicher nicht hätte gewählt werden können: der Begriff der **Gemeinschaft.** Als Inbegriff des **Gemeinsamen** steht er für Programm und Organisationsform zugleich, für Weg und Ziel des europäischen Einigungsprozesses[9]. Allein in der Präambel und in den ersten sechs Artikeln des Vertrages werden die Begriffe „Gemeinschaft“ und „gemeinsam“ zwanzigmal verwendet. Nach Art. 1 des Vertrages[10] beruht die „Europäische Gemeinschaft für Kohle und Stahl ... auf einem **gemeinsamen Markt**, verfolgt **gemeinsame Ziele** und hat **gemeinsame Organe**“. Jede dieser drei Gemeinsamkeiten ist im folgenden näher darzustellen.

1. Der gemeinsame Markt

In den Anfangsjahren der europäischen Einigung wurden die Begriffe Gemeinschaft und gemeinsamer Markt nicht zufällig synonym gebraucht, denn nach Art. 2 EGKSV stellt der *gemeinsame* Markt die **Grundlage der *Gemein*schaft** dar: „... auf der Grundlage eines gemeinsamen Marktes“, so Art. 2 Abs. 1, ist die Gemeinschaft dazu berufen, „zur Ausweitung der Wirtschaft, zur Steigerung der Beschäftigung und zur Hebung der Lebenshaltung in den Mitgliedstaaten beizutragen“. Was aber ist ein gemeinsamer Markt? Art. 2 verweist hierzu auf Art. 4, der den Begriff **negativ** definiert (omnis definitio est negatio), indem er alle Maßnahmen und Praktiken auflistet, die als mit dem gemeinsamen Markt **unvereinbar** „aufgehoben und untersagt werden“, nämlich

> „a) Ein- und Ausfuhrzölle oder Abgaben gleicher Wirkung sowie mengenmäßige Beschränkungen des Warenverkehrs;
> b) Maßnahmen oder Praktiken, die eine Diskriminierung zwischen Erzeugern oder Käufern oder Verbrauchern herbeiführen, insbesondere hinsichtlich der Preis- und Lieferbedingungen und der Beförderungstarife, sowie Maßnahmen oder Praktiken, die den Käufer an der freien Wahl seines Lieferanten hindern;
> c) von den Staaten bewilligte Subventionen oder Beihilfen oder von ihnen auferlegte Sonderlasten, in welcher Form dies auch immer geschieht;
> d) einschränkende Praktiken, die auf eine Aufteilung oder Ausbeutung der Märkte abzielen.“

Wenn nach Art. 4 diese Maßnahmen und Praktiken „aufgehoben und untersagt“ sind, so weist die Vorschrift hiermit auf eine **zeitliche Reihenfolge** hin. **Zunächst**, d. h. nach Inkrafttreten des EGKS-Vertrages, sind alle zu diesem Zeitpunkt bestehenden, mit dem gemeinsamen Markt unvereinbaren Maßnahmen und Praktiken aufzuheben und **danach** ist ihre Wieder- oder Neueinführung, d. h. ein Rückfall in vorvertragliche Zustände untersagt. Ersteres ist eine zeitlich begrenzte Aufgabe, deren Einzelheiten nicht im EGKS-Vertrag selber, sondern im Abkommen über die Übergangsbestimmungen (ÜA) festgelegt sind (Art. 84, 85 EGKSV), letzteres ist eine andauernde Verpflichtung, deren Einhaltung die Hohe Behörde bis zum Tage des Auslaufens des Vertrages (Art. 97) zu überwachen hat (Art. 8).

Wendet man nun die im gemeinsamen Markt geltenden Verbote des Art. 4 lit. a) bis d) ins **Positive**, so ergeben sich für die Politik der Gemeinschaft folgende Vorgaben:

---

9 Auf nationaler Ebene hat das Englische in einigen zentralen Begriffen den hohen Wert des Gemeinsamen (common) bewahrt, wie in Common Law, Commonwealth, House of Commons, common sense.

10 Im folgenden sind Vorschriften im 2. Teil A. ohne Angabe des Vertrages Artikel des EGKS-Vertrages.

ad a: Das Verbot von Ein- und Ausfuhrzöllen oder Abgaben gleicher Wirkung sowie mengenmäßiger Beschränkungen des Warenverkehrs bedeutet die **Herstellung und Gewährleistung des freien Warenverkehrs** zwischen den Mitgliedstaaten. Ein ausdrückliches Verbot von Maßnahmen gleicher Wirkung wie mengenmäßige Beschränkungen und die Errichtung eines gemeinsamen Zolltarifs gegenüber Drittländern wie später im EWG/EG-Vertrag[11] sind jedoch noch nicht vorgesehen.

ad b: Das Verbot von Maßnahmen oder Praktiken, die eine Diskriminierung zwischen Erzeugern oder Käufern oder Verbrauchern herbeiführen, erfordert die **Schaffung eines gemeinsamen Preis- und Beförderungsrechts** sowie besonderer behördlicher Befugnisse bei der **Marktüberwachung** einschließlich im Bereich des Wettbewerbs. Der Vertrag regelt das Preisrecht in Art. 60 bis 64 sowie Frachten und Transporte in Art. 70.

ad c: Das Verbot staatlicher Subventionen oder Beihilfen erfordert zu seiner Durchsetzung die Einführung einer **gemeinschaftlichen Beihilfekontrolle**, die tatsächlich in der Praxis eine große Bedeutung gewinnen sollte; die Einhaltung des Verbots von Sonderlasten ist in entsprechender Weise zu kontrollieren.

ad d: Das Verbot einschränkender Praktiken, die auf eine Aufteilung oder Ausbeutung der Märkte abzielen, bedarf zu seiner Durchsetzung **wettbewerbsrechtlicher Vorschriften** und einer permanenten **Wettbewerbskontrolle**. Der Vertrag sieht beides in den Art. 65 bis 67 vor.

Mit dem gemeinsamen Markt schafft der Vertrag einen **Ordnungsrahmen**, auf dessen Grundlage nach Art. 1, 2 und 3 die **gemeinsamen Ziele** des Vertrages zu verwirklichen sind, wobei anzumerken ist, daß der gemeinsame Markt **als solcher** in einem weiteren Sinne ebenfalls ein **gemeinsames Ziel** der Gemeinschaft darstellt. Genau genommen handelt es sich bei diesem gemeinsamen Markt um **zwei** Märkte, nämlich einen für **Kohle** und einen für **Stahl**, die über den Markt für **Kokskohle** miteinander verbunden sind und über ihn in einem (partiellen) gegenseitigen Abhängigkeitsverhältnis stehen. Berücksichtigt man weiterhin, daß zu Beginn der 50er Jahre die Kohle über 80 % des Gesamtenergiebedarfs deckte, bedeutete damals die Schaffung eines **gemeinsamen Marktes für Kohle** faktisch die Errichtung eines **gemeinsamen Marktes für Energie** schlechthin, etwa so, als würde heute eine Europäische Gemeinschaft für Kohlenwasserstoffe geschaffen, die einen gemeinsamen Markt für Mineralöl-, Mineralölprodukte und Erdgas begründete. Es ist allein dieser gemeinsame Markt für Kohle (einschließlich seines Segmentes Kokskohle), der im Rahmen der vorliegenden Studie von Interesse ist.

2. Die gemeinsamen Ziele

Die gemeinsamen Ziele des Vertrages ergeben sich aus seiner Präambel und Art. 2. Aus ihnen erwachsen die Aufgaben der Organe im Sinne des Art. 3.

Die gemeinsamen Ziele des Vertrages sind **friedenspolitischer** und **ökonomischer** Natur. Nach den Schrecken des zweiten Weltkriegs steht die „Erwägung, daß der Welt-

---

11 S. Art. 28 (ex-Art. 30), 29 (ex-Art. 34) und Art. 26 (ex-Art. 28) EGV.

friede nur durch schöpferische, den drohenden Gefahren angemessene Anstrengungen gesichert werden kann“ an erster Stelle. Das Bewußtsein der Unerläßlichkeit „friedlicher Beziehungen“ und das gemeinsame Bemühen, „zum Fortschritt der Werke des Friedens beizutragen“ verweisen auf den Weg der **wirtschaftlichen** Integration, denn „durch die Errichtung gemeinsamer Grundlagen für die wirtschaftliche Entwicklung“ und die „Ausweitung der Grundproduktion zur Hebung des Lebensstandards“ läßt sich der Frieden am zuverlässigsten verwirklichen.

So sind das Ziel der Friedenssicherung und das des wirtschaftlichen Wiederaufbaus eng miteinander verwoben; ja das eine Ziel bedingt das andere, und ihr **gemeinsamer** Nenner ist das **gemeinsame** Handeln, das im Alltag von Wirtschaft und Verwaltung **Vertrautheit** schafft. So steht am Anfang der Gemeinschaft das „Bewußtsein, daß Europa nur durch **konkrete Leistungen**, die zunächst eine **tatsächliche Verbundenheit** schaffen, und durch die Errichtung **gemeinsamer Grundlagen** für die **wirtschaftliche Entwicklung** aufgebaut werden kann“.

Beide Ziele, das friedenspolitsche und das wirtschaftliche, werden im letzten Erwägungsgrund der Präambel in dem Entschluß der Gründerstaaten zusammengeführt,

> „an die Stelle der jahrhundertealten Rivalitäten einen Zusammenschluß ihrer wesentlichen Interessen zu setzen, durch die Errichtung einer wirtschaftlichen Gemeinschaft den ersten Grundstein für eine weitere und vertiefte Gemeinschaft unter Völkern zu legen, die lange Zeit durch blutige Auseinandersetzungen entzweit waren, und die institutionellen Grundlagen zu schaffen, die einem nunmehr allen gemeinsamen Schicksal die Richtung weisen können.“

Art. 2 des Vertrages übersetzt diese Ziele in **ökonomische** Kategorien („Ausweitung der Wirtschaft, Steigerung der Beschäftigung, Hebung der Lebenshaltung“) und unterstreicht den **Prozeßcharakter** der Gemeinschaft:

> „Die Gemeinschaft hat in fortschreitender Entwicklung die Voraussetzungen zu schaffen, die von sich aus die rationellste Verteilung der Erzeugung auf dem höchsten Leistungsstand sichern; sie hat hierbei dafür zu sorgen, daß keine Unterbrechung in der Beschäftigung eintritt, und zu vermeiden, daß im Wirtschaftsleben der Mitgliedstaaten tiefgreifende und anhaltende Störungen hervorgerufen werden.“

Art. 3 des Vertrages setzt seine Zielbestimmungen in **rechtliche Handlungsanweisungen** an die Organe der Gemeinschaft um. Im Gegensatz zu Art. 4, der **Verbote** ausspricht, ist Art. 3 **positiv** gefaßt und enthält die folgenden **Gebote**:

- die **geordnete Versorgung** des gemeinsamen Marktes (lit. a)), wobei allen in vergleichbarer Lage befindlichen Verbrauchern ein gleicher Zugang zur Produktion (lit. b)) zu geringsten Preisen (lit. c)) zu sichern ist,
- die **Förderung der Unternehmen** durch Schaffung von Anreizen zum Ausbau und zur Verbesserung ihres Produktionspotentials, einer rationellen Ausnutzung der natürlichen Hilfsquellen (lit. d)) sowie die Förderung einer geordneten Ausweitung und Modernisierung der Erzeugung und der Verbesserung der Qualität (lit. g)),
- die **Verbesserung der Lebens- und Arbeitsbedingungen der Arbeiter** im Sinne einer Angleichung dieser Bedingungen an den industriellen Fortschritt (lit. e)) sowie
- die **Förderung des Handels mit Drittländern** bei Einhaltung angemessener Preise auf den auswärtigen Märkten (lit. f)).

Wie sich aus den vorstehenden Zielbestimmungen ergibt, ist die Gemeinschaft damit nicht für sämtliche Rechtsfragen, die Kohle und Stahl betreffen, zuständig, sondern nur insoweit, als ihr die Mitgliedstaaten im Vertrage Regelungsbefugnisse übertragen haben (**Prinzip der begrenzten Einzelzuständigkeit**). Soweit der Vertrag jedoch der Gemeinschaft Aufgaben zuweist, erfüllt sie diese gemäß Art. 5 unter den in diesem Vertrag vorgesehenen Bedingungen durch **„begrenzte Eingriffe"** (**Prinzip der Verhältnismäßigkeit**) „mit einem möglichst kleinen Verwaltungsapparat" (**Prinzip der Effizienz und Sparsamkeit der Verwaltung**). Zu diesem Zwecke

> „– erhellt und erleichtert sie das Handeln der Beteiligten dadurch, daß sie Auskünfte einholt, für Beratungen sorgt und allgemeine Ziele bestimmt;
> – stellt sie den Unternehmen Finanzierungsmittel für ihre Investitionen zur Verfügung und beteiligt sich an den Lasten der Anpassung;
> – sorgt sie für Schaffung, Aufrechterhaltung und Beachtung normaler Wettbewerbsbedingungen und greift in die Erzeugung und den Markt nur dann direkt ein, wenn es die Umstände erfordern;
> – gibt sie die Gründe für ihr Handeln bekannt und ergreift die Maßnahmen, die erforderlich sind, um die Beachtung der Bestimmungen dieses Vertrages zu gewährleisten."

Jeder dieser Gedankenstriche gibt eine der **Handlungsformen** der Gemeinschaft wieder, die später in den einzelnen Artikeln des Vertrages ihre konkrete Ausprägung erfahren.

Der **erste Gedankenstrich** verweist auf die Art. 46 bis 48, die den **Meinungs- und Informationsaustausch** zwischen der Hohen Behörde, den Regierungen, den verschiedenen Beteiligten (Unternehmen, Arbeitnehmer, Verbraucher, Händler), ihren Verbänden und Sachverständigen im Sinne gegenseitiger Offenheit regeln[12]. Die Hohe Behörde kann sie jederzeit anhören und die Beteiligten können ihr Anregungen und Bemerkungen jeder Art vorlegen. Auf dieser Basis veröffentlicht die Hohe Behörde in regelmäßigen Abständen allgemeine Ziele und Programme (soft law nach Art. 46). Nach Art. 47 kann die Hohe Behörde auch auf der Basis verbindlicher Rechtsakte Auskünfte einholen und Nachprüfungen vornehmen. Art. 48 regelt die Rechte und Pflichten der **Unternehmensverbände.**

Der **zweite Gedankenstrich** weist auf die Finanz- und Subventionsbestimmungen der Art. 49 bis 56 voraus: sie regeln das Finanzaufkommen der EGKS (Art. 49 bis 53) und die Vergabe der Mittel als finanzielle Hilfen für die Investitionsförderung (Art. 54), die Forschungsförderung (Art. 55) und die Förderung von Sozialmaßnahmen (Art. 56).

Der **dritte Gedankenstrich** bezieht sich auf die Art. 57 bis 75, auf deren Grundlage die Hohe Behörde **verbindliche Regelungen** und Vollzugsmaßnahmen auf dem Gebiet der Erzeugung (Art. 57 bis 59), der Preise (Art. 60 bis 64), der Kartelle und Zusammenschlüsse (Art. 65 und 66), der Beeinträchtigung der Wettbewerbsbedingungen (Art. 67), der Löhne und Freizügigkeit der Arbeitnehmer (Art. 68 und 69), der Frachten und Transporte (Art. 70) und der Handelspolitik (Art. 71 bis 75) erlassen kann.

---

12 Hier finden sich die eigentlichen Ursprünge von Transparenz und Publizität im Gemeinschaftsrecht.

Der **vierte Gedankenstrich** findet im ersten Satzteil seine Entsprechung im Gebot des Art. 15, wonach die Entscheidungen, Empfehlungen und Stellungnahmen der Hohen Behörde mit Gründen zu versehen sind. Die Konkretisierung des zweiten Satzteils erfolgt in den Art. 8 („Die Hohe Behörde hat die Aufgabe, für die Erreichung der in diesem Vertrag festgelegten Zwecke nach Maßgabe des Vertrages zu sorgen"), 86 Abs. 4 (Kontrollbefugnisse der Hohen Behörde), 88 (Vertragsverstoßverfahren gegen die Mitgliedstaaten) und sämtlichen Sanktionsbestimmungen des Vertrages.

3. Die gemeinsamen Organe

Den gemeinsamen Organen i. S. des Art. 1 ist der gesamte zweite Teil des EGKS-Vertrages gewidmet (Art. 7 bis 45). Da das Interesse dieser Darstellung allein dem spezifisch energierechtlichen Gehalt des Vertrages gilt und zu den Institutionen der Gemeinschaft zahlreiche Studien vorliegen, kann sich die Betrachtung hier auf die wichtigsten **Besonderheiten** des institutionellen EGKS-Rechts beschränken.

Die erste dieser Besonderheiten ist die beherrschende Rolle der **Hohen Behörde**[13]. Sie allein und nicht der Rat hat die Befugnis zur Rechtsetzung mit Außenwirkung. Soweit der Rat und das Parlament Beschlüsse fassen, entfalten diese allein eine Binnenwirkung zwischen den Organen und sind nach außen weder verbindlich noch als solche von Dritten anfechtbar[14]. Während Rat und Versammlung gleichsam institutionell im Hintergrund bleiben, ist der Hohen Behörde nicht nur die **Rechtsetzung** durch den Erlaß allgemeiner Entscheidungen übertragen, sondern auch die **Rechtsanwendung** durch spezifische Entscheidungen im Einzelfall, d. h. die Hohe Behörde ist für ihre Sektoren **Legislative** und **Exekutive** zugleich[15]. Als solche besitzt sie auch inhaltlich sehr viel **weitergehende Rechte**, als sie die EWG/EG-Kommission nach dem EWG/EG-Vertrag jemals besessen hat. So ist die Hohe Behörde nach Art. 49 berechtigt, **Umlagen** auf die Erzeugung von Kohle und Stahl zu erheben und **Anleihen**

---

13 Durch den Vertrag vom 8. April 1965 zur Einsetzung eines gemeinsamen Rates und einer gemeinsamen Kommission der Europäischen Gemeinschaften (ABl. Nr. 152 vom 13.7.1967, S. 1) ging die Hohe Behörde in der gemeinsamen Kommission auf, die im Juli 1967 ihre Arbeit aufnahm. Der im Text verwandte Begriff „Hohe Behörde" bezieht sich daher auch auf die Kommission, soweit diese *ratione temporis* zuständig war.

14 Dies schloß allerdings nicht aus, daß die Hohe Behörde in der Praxis vom guten Willen und der Kooperationsbereitschaft insbesondere der großen Mitgliedstaaten abhängig war. Die „hinter den Kulissen" ausgetragenen politischen Kämpfe werden dokumentiert in *Dirk Spierenburg, Raymond Poidevin*, The History of the High Authority of the European Coal und Steel Community, London 1994.

15 Diese Besonderheit drückt sich auch in der Bezeichnung der EGKS-Rechtsakte aus, die von der einheitlichen Terminologie des EWG/EG- und Euratom-Vertrages abweicht: Als Rechtsform verbindlicher Regelungen kennt der EGKS-Vertrag die **Entscheidung**, die als **allgemeine** Entscheidung der EG-Verordnung und als **individuelle** Entscheidung der EG-Entscheidung entspricht (vgl. Art. 14 Abs. 2 EGKSV und Art. 249 Abs. 2 und 4 EGV). EGKS-Entscheidungen sind in allen ihren Teilen verbindlich. Die EGKS-**Empfehlung** entspricht der EG-Richtlinie, d. h. sie ist hinsichtlich der von ihr bestimmten Ziele verbindlich, überläßt aber ihrem Adressaten die Wahl der für die Erreichung dieser Ziele geeigneten Mittel (vgl. Art. 14 Abs. 3 EGKSV und Art. 249 Abs. 3 EGV). **Stellungnahmen** sind nicht verbindlich (vgl. Art. 14 Abs. 4 EGKSV und Art. 249 Abs. 5 EGV).

am Geldmarkt aufzunehmen. Art. 88 ermächtigt sie, **Vertragsverstöße** der Mitgliedstaaten selbst festzustellen, und Art. 91 erlaubt ihr, **eigene Zahlungen an säumige Schuldner auszusetzen.**

Als zweite Besonderheit ist die starke Einbindung der Unternehmen, der Arbeitnehmer, der Verbraucher und der Händler in den Entscheidungsprozeß der Gemeinschaft hervorzuheben, die in der Einrichtung des **Beratenden Ausschusses** institutionalisiert worden ist (Art. 18 und 19). Als Vorläufer des späteren Wirtschafts- und Sozialausschusses (vgl. Art. 257 ff. (ex-Art. 193 ff.) EGV) stellt der Beratende Ausschuß gleichsam das Parlament der Kohle- und Stahlwirtschaft dar. In einem institutionalisierten und **transparenten** Verfahren jenseits eines obskuren und diffusen Lobbying können sich die Hohe Behörde und die Partner der Wirtschaft konsultieren; die Hohe Behörde profitiert vom Sachverstand der im Ausschuß versammelten Experten, und die Wirtschaft ihrerseits vom privilegierten – wenngleich formal kanalisierten – Zugang zum Entscheidungsträger.

Die dritte Besonderheit liegt in der gesteigerten **Verantwortung** der Hohen Behörde in **Krisensituationen** und bei der Abwehr von **Störungen** in der Wirtschaft. Die Möglichkeit einer „offensichtlichen Krise“ bei Rückgang der Nachfrage (Art. 58 § 1), einer „ernsten Mangellage“ (Art. 59 § 1), einer „schwere(n) Störung des Gleichgewichts“ und „schädliche(r) Auswirkungen“ (Art. 67 § 2) wird ins Auge gefaßt und die Hohe Behörde zum Handeln verpflichtet. Art. 37 bestimmt überdies: „Ist ein Mitgliedstaat der Ansicht, daß eine Handlung oder Unterlassung der Hohen Behörde in einem bestimmten Fall geeignet ist, **tiefgreifende und anhaltende Störungen** in seiner Wirtschaft hervorzurufen, so kann er die Hohe Behörde damit befassen“. Es ist dann die Aufgabe der Hohen Behörde, „diesem Sachverhalt unter Wahrung der wesentlichen Interessen der Gemeinschaft ein Ende zu machen“. Gegen die Entscheidung oder Untätigkeit der Hohen Behörde steht der **Klageweg** gemäß der **Notstandsklausel** des Art. 37 offen.

III. Der freie Warenverkehr

Von den vier Verboten, die nach Art. 4 den gemeinsamen Markt kennzeichnen, ist das erste das wichtigste, nämlich das Verbot von Ein- und Ausfuhrzöllen oder Abgaben gleicher Wirkung sowie mengenmäßigen Beschränkungen des Handels zwischen den Mitgliedstaaten (lit. a). Dieser sog. **Grundsatz des freien Warenverkehrs** wurde „im Interesse der Produktion der Gemeinschaft aufgestellt“ [16] und bildet die Grundlage der drei europäischen Gemeinschaften [17]. Die Verwirklichung dieses Grundsatzes ist ein **Prozeß** in der **Zeit**; am Anfang steht die **Aufhebung** der aus vorvertraglicher Zeit datierenden Zölle, Abgaben und Beschränkungen, die zu einem bestimmten Zeitpunkt oder in einem bestimmten Zeitrahmen zu verwirklichen ist. Gleichzeitig und auf Dauer ist die Wieder- oder Neueinführung von Zöllen, Abgaben und Beschränkungen untersagt. Der **Zeitpunkt** der **Aufhebung** ist im Übergangsabkommen (ÜA) bestimmt; das Verbot der Wieder- oder Neueinführung der genannten Handelshindernisse hingegen erfordert eine **permanente** Kontrolle.

---

16 EuGH, Urteil vom 14. 7. 1961, verbundene Rechtssachen 9 und 12/60 (Vloeberghs AG ./. Hohe Behörde), Slg. 1961, 427 (467).

17 S. Dritter Teil, Titel I EGV (Art. 23 bis 31) und Zweiter Titel, Kapitel IX EAGV (Art. 92 bis 100).

Gleich dem späteren EWG/EG-Vertrag verbietet Art. 4 lit. a) EGKSV zwar **Abgaben** gleicher Wirkung wie Ein- und Ausfuhrzölle, enthält aber im Gegensatz zu Art. 28 (ex-Art. 30) EGV und Art. 29 (ex-Art. 34) EGV kein **ausdrückliches** Verbot von **Maßnahmen gleicher Wirkung wie mengenmäßige Beschränkungen.** Aus der umfassenden Zielsetzung des Art. 4 lit. a) EGKSV läßt sich jedoch ein **implizites Verbot** dieser Maßnahmen ableiten, soweit sie im Kohlesektor überhaupt vorkommen.

1. Die Errichtung des gemeinsamen Marktes

Bei der Ingangsetzung des Vertrages unterscheidet § 1 ÜA zwischen der **Anlaufzeit** und der **Übergangszeit.** Erstere „beginnt bei Inkrafttreten des Vertrages (d. h. am 23. 7. 1952) und endet **bei Errichtung des gemeinsamen Marktes**" (§ 1 Abs. 3 ÜA), letztere „beginnt mit der Errichtung des gemeinsamen Marktes und endet mit Ablauf einer Frist von fünf Jahren nach der Errichtung des gemeinsamen Marktes für **Kohle**" (§ 1 Abs. 4 ÜA)[18]. Nach Art. 8 ÜA wird die Errichtung des gemeinsamen Marktes während der Anlaufzeit vorbereitet „durch die Einsetzung aller Organe der Gemeinschaft, durch umfassende Fühlungnahmen der Hohen Behörde mit den Regierungen, den Unternehmen und ihren Verbänden, den Arbeitnehmern und Verbrauchern und durch den sich aus den so erhaltenen Auskünften ergebenden allgemeinen Überblick über die Lage der Gemeinschaft". Der eigentliche **Zeitpunkt** für die Errichtung des gemeinsamen Marktes für Kohle und Stahl hing von der Schaffung sog. „Einrichtungen für Ausgleichszahlungen" ab, über die während der Übergangszeit die kostengünstiger produzierenden Mitgliedstaaten die weniger kostengünstig produzierenden indirekt subventionierten (gleichsam im Wege eines Solidaritätszuschlags)[19]. Diese Einrichtungen waren „binnen sechs Monaten nach Beginn der Tätigkeit der Hohen Behörde zu schaffen" (§ 8 Abs. 3 ÜA), und nachdem dies geschehen war[20], legte die Hohe Behörde den Beginn der Übergangszeit auf den 10. 2. 1953 fest[21]. Zu diesem Zeitpunkt hatten die Mitgliedstaaten „alle Ein- und Ausfuhrzölle oder Abgaben gleicher Wirkung und mengenmäßige Beschränkungen jeder Art für den Verkehr mit Kohle ... innerhalb der Gemeinschaft ... zu beseitigen" (§ 9 ÜA). Vorbehaltlich einiger Sonderregelungen war der freie Warenverkehr in der Gemeinschaft damit im Prinzip hergestellt.

2. Die Außenzölle

Im Gegensatz zum EWG/EG- und Euratom-Vertrag sieht das EGKS-Recht des freien Warenverkehrs **keinen gemeinsamen Außenzoll** vor. Zwar kann die EGKS nach Art. 72 **Mindest-** und **Höchstsätze** für die nationalen Zölle festsetzen, doch bleiben

18 Das ÜA lief seinerseits am 9. Februar 1960 aus. S. Hohe Behörde, EGKS 1952–1962, Ergebnisse, Grenzen, Perspektiven, Luxemburg 1963, S. 578.
19 Zu den Einzelheiten s. §§ 24–28 ÜA.
20 S. Kommission der Europäischen Gemeinschaften, 25 Jahre gemeinsamer Markt für Kohle 1953–1978, Brüssel-Luxemburg 1977, S. 72 f.
21 Schreiben der Hohen Behörde vom 7. Februar 1953 an die Regierungen der Mitgliedstaaten der Gemeinschaft über die Bekanntgabe der Eröffnung der Übergangszeit, ABl. Nr. 1 vom 10. 2. 1953, S. 5.

die einzelstaatlichen Zölle in der „Zuständigkeit der Regierungen der Mitgliedstaaten" (Art. 71 Abs. 1). Allerdings haben die Mitgliedstaaten in § 21 ÜA anerkannt, „daß sie ein besonderes **Zollsystem** im Sinne des ... Kodex der Organisation für europäische wirtschaftliche Zusammenarbeit betreffend die Liberalisierung des Handels bilden"[22]. Diese systematische Gemeinsamkeit blieb erhalten, als die EWG am 28. 6. 1968 ihren ersten gemeinsamen Zolltarif (GZT) erließ[23]. Im achten Erwägungsgrund der GZT-Verordnung wurde klargestellt, daß die Verordnung zwar nicht für EGKS-Waren gilt, daß jedoch „das **Schema** dieser Waren im Zolltarif zu dessen besserem Verständnis als Hinweis enthalten ist". Entsprechend wurden unter den Tarifnummern 27.01, 27.02 und 27.04 Steinkohle, Braunkohle und Koks mit dem Klammerzusatz „EGKS" aufgeführt, wobei die Spalten für den Zollsatz leer blieben[24]. In einem weiteren Schritt wurden dann ab 1972 auch „die vertragsmäßigen **Zollsätze** (der Mitgliedstaaten) ... zur Unterrichtung in die Übersicht der Zollsätze aufgenommen, um das Verständnis dieser Übersicht zu erleichtern"[25]. Derartige vertragsmäßige Zollsätze wurden für Deutschland[26], Frankreich und Italien ausgewiesen; die Einfuhr nach BENELUX war zollfrei[27]. Im Jahre 1977 wurde das Zolltarifschema für Koks und Schwelkoks geändert[28], und seit 1996 können EGKS-Produkte in alle Mitgliedstaaten **zollfrei** eingeführt werden[29]. Mit dem Ende des EGKS-Vertrages sind sämtliche EGKS-Waren in die Zuständigkeit des EG-Vertrages übergegangen und allein dem GZT unterworfen[30].

3. Die Marktbürger

Hans Peter Ipsen verdanken wir den plastischen Begriff des Marktbürgers. Er ist zum Inbegriff aller Rechtsadressaten geworden, die durch Normen und Einzelakte des Gemeinschaftsrechts „erreichbar" sind, „soweit sie als Teilnehmer oder Benutzer des

---

22 S. auch die Verwendung der „Kennzahl der OEEC-Nomenklatur" in Anlage 1 zum Vertrage. S. auch das Zolltarifgesetz vom 23. Dezember 1960, BGBl. II S. 2425.

23 Verordnung (EWG) Nr. 950/68 des Rates vom 28. Juni 1968 über den Gemeinsamen Zolltarif, ABl. Nr. L 172 vom 22. 7. 1968, S. 1.

24 A. a. O. S. 122.

25 S. den letzten Erwägungsgrund der Verordnung (EWG) Nr. 1/72 des Rates vom 20. Dezember 1971 zur Änderung der Verordnung (EWG) Nr. 950/68 über den Gemeinsamen Zolltarif, ABl. Nr. L 1 vom 1. 1. 1972, S. 1. Ermöglicht wurde diese Aufnahme durch den Beschluß vom 20. Dezember 1971 der im Rat vereinigten Vertreter der Regierungen der Mitgliedstaaten der Europäischen Gemeinschaft für Kohle und Stahl betreffend das Zolltarifschema und die vertragsmäßigen Zollsätze für bestimmte Waren (72/1/EGKS), a. a. O., S. 383. Zu weiteren Beschlüssen derselben Art s. ABl. Nr. L 10 vom 16. 1. 1979, S. 13 und ABl. Nr. L 363 vom 23. 12. 1987, S. 67.

26 S. Gesetz über das Zollkontingent für feste Brennstoffe 1971, 1972, 1973, 1974, 1975 und 1976 vom 14. Dezember 1970, BGBl. I S. 1713.

27 ABl. Nr. L 1 vom 1. 1. 1972, S. 1 (122).

28 Beschluß der im Rat vereinigten Vertreter der Regierungen der Mitgliedstaaten der Europäischen Gemeinschaft für Kohle und Stahl vom 20. Dezember 1977 betreffend das Zolltarifschema und die vertragsmäßigen Zollsätze bestimmter Erzeugnisse (79/36/EGKS), ABl. Nr. L 10 vom 16. 1. 1979, S. 14.

29 S. Verordnung (EG) Nr. 3009/95 der Kommission vom 22. Dezember 1995 zur Änderung des Anhangs I der Verordnung (EWG) Nr. 2658/87 des Rates über die zolltarifliche und statistische Nomenklatur sowie den Gemeinsamen Zolltarif, ABl. Nr. L 319 vom 30. 12. 1995, S. 1, 235.

30 S. unten Ziffer XI.

Gemeinsamen Marktes agieren"[31]. Der Begriff des Marktbürgers ruft die Tatsache ins Bewußtsein, daß der gemeinsame Markt nicht nur aus **Waren** besteht, deren freier Verkehr gewährleistet wird, sondern auch aus **Menschen**, die diese Waren produzieren, transportieren, kaufen, verkaufen und verbrauchen[32]. Art. 46 Abs. 1 faßt diese Menschen unter dem Begriff der „verschiedenen Beteiligten" zusammen, der die **Unternehmen**[33], **Arbeitnehmer, Verbraucher** und **Händler** umfaßt. Weiterhin einbezogen sind die Verbände (Art. 46 Abs. 2, 48), bestimmte Abnehmer von EGKS-Produkten (Art. 54 Abs. 2), Forschungsstellen (Art. 55 § 1), punktuell auch andere Industrien (Art. 56 § 1 lit. b), § 2 lit. a)) und Unternehmen (Art. 66 § 1) und – mittelbar – die Transporteure (Art. 70).

Der für den Vertrag zentrale Begriff des **Unternehmens** erstreckt sich nach Art. 80 auf „diejenigen Unternehmen, die innerhalb der in Artikel 79 Absatz 1 genannten Gebiete[34] eine **Produktionstätigkeit** auf dem Gebiet von **Kohle** und **Stahl** ausüben". Die Ausdrücke Kohle und Stahl sind ihrerseits durch Art. 81 i. V. m. Anlage I zum Vertrage näher bestimmt, wonach der Begriff der Kohle die folgenden Erzeugnisse umfaßt:

- Steinkohle
- Steinkohlenbriketts
- Koks, mit Ausnahme von Elektrodenkoks und von Petrolkoks
- Steinkohlenschwelkoks
- Braunkohlenbriketts
- Rohbraunkohle[35]
- Braunkohlenschwelkoks.

Als gleich gewichtig stehen neben den Unternehmen die **Arbeitnehmer** oder **Arbeiter**, deren Lebens- und Arbeitsbedingungen der Vertrag zu verbessern sucht (Art. 3 lit. e)), deren Beschäftigung er zu steigern beabsichtigt (Art. 2), die er vor einer „Senkung des

---

31 *Hans Peter Ipsen*, Europäisches Gemeinschaftsrecht, Tübingen 1972, S. 187.

32 S. *Jürgen Grunwald*, Der Mensch im Gemeinschaftsrecht, in: Europa der Bürger, Schriftenreihe des Forschungsinstituts für Europarecht der Karl-Franzens-Universität Graz, Band 7, 1994, S. 15.

33 Als Inbegriff des Unternehmers und der für das Unternehmen verantwortlichen Menschen.

34 Art. 79 regelt den räumlichen Anwendungsbereich des Vertrages.
Bezüglich der **Saar** ist dem Vertrag ein Briefwechsel zwischen der deutschen und französischen Regierung beigefügt. Als Teil der französischen Besatzungszone wurde das Saarland 1947 an Frankreich angeschlossen, mit dem es eine Währungs-, Zoll- und Wirtschaftsunion bildete. Der saarländische Landtag stimmte mit Gesetz vom 6. 3. 1952 dem EGKS-Vertrag zu. Die Eingliederung des Saarlandes in die Bundesrepublik Deutschland erfolgte durch den deutsch-französischen Saarvertrag vom 29. 10. 1956 (BGBl. II S. 1587). Am 1. 1. 1957 wurde das Saarland ein Land der Bundesrepublik Deutschland; die wirtschaftliche Eingliederung erfolgte am 5. 7. 1959. Zum historischen Verhältnis zwischen der Saar und Frankreich s. *R. Capot-Rey*, Quand la Sarre était française, Paris 1928.
Hinsichtlich des Warenaustauschs zwischen der Bundesrepublik Deutschland und der **sowjetischen Besatzungszone** wurden nach § 22 ÜA Sonderregelungen „im Einverständnis mit der Hohen Behörde" ins Auge gefaßt. Diese erfolgten durch das Protokoll über den innerdeutschen Handel und die damit zusammenhängenden Fragen vom 25. März 1957 (BGBl. II S. 984).

35 Nach Ziffer 3 der einleitenden Begriffsbestimmung in Anlage I erstreckt sich die Tätigkeit der Hohen Behörde auf das Gebiet „der Braunkohle, die nicht zur Brikett- oder Schwelkoksherstellung verwendet wird, nur insoweit, als von (ihr) verursachte fühlbare Störungen des Brennstoffmarktes dies erforderlich machen".

Lebensstandards" und „Lohnsenkung" zu bewahren trachtet (Art. 68 §§ 3, 4), deren Freizügigkeit er vorschreibt (Art. 69 §§ 1, 2) und deren „Diskriminierung bei der Entlohnung und den Arbeitsbedingungen zwischen inländischen und eingewanderten Arbeitern" er verbietet (Art. 69 § 4).

Die Rechte der **Verbraucher** bzw. **Käufer** werden durch den Vertrag in mehrfacher Weise gestärkt. Ihnen ist ein gleicher Zugang zu der Produktion zu sichern (Art. 3 lit. b)), wobei auf die Bildung niedrigster Preise zu achten ist (Art. 3 lit. c)), sie sind vor diskriminierenden Praktiken zu bewahren, insbesondere hinsichtlich der Preis- und Lieferbedingungen und der Beförderungstarife und sie sind als Käufer vor Maßnahmen oder Praktiken zu schützen, die sie an der freien Wahl ihres Lieferanten hindern (Art. 4 lit. b)).

Die Gruppe der **Händler**, d. h. die „Unternehmen oder Organisationen, die gewerbsmäßig eine Vertriebstätigkeit ausüben, mit Ausnahme des Verkaufs an Haushaltungen oder an Kleingewerbetreibende" (Art. 80), die nach Art. 63 ebenfalls als **Käufer** bezeichnet werden, sind den Unternehmen im Sinne des Art. 80 nur gleichgestellt im Hinblick auf die Anwendung der „Artikel 65 und 66 sowie die zu ihrer Anwendung erforderlichen Auskünfte und die ihretwegen erhobenen Klagen" (Art. 80).

Vom Begriff des Marktbürgers ist der des **Rechtssubjekts** zu unterscheiden. **Träger von Rechten und Pflichten** sind nach dem Vertrage neben den Organen der Gemeinschaft und den Regierungen der Mitgliedstaaten nur die produzierenden **Unternehmen** i. S. des Art. 80 und die ihnen für die Zwecke der Art. 65 und 66 gleichgestellten Handelsunternehmen.

IV. Das Verbot der Diskriminierung

Literatur:

M. *Hochbaum*, Das Diskriminierungs- und Subventionsverbot in der EGKS und in der EWG, Baden-Baden, Bonn 1962; *Andreas Jerusalem*, Das Diskriminierungsverbot in der Marktordnung des Montanvertrages, Düsseldorf 1961; *Eckehard Loerke*, Hoheitliche Gewalt und Diskriminierungsverbot nach dem Montanvertrage, Hamburg 1964; *Albert Rebhan*, Die Beseitigung und Verhinderung von Diskriminierungen sowie Subventionen in den Verkehrstarifen Westeuropas, Bad Godesberg 1965; *Herbert Zerr*, Der Begriff der Diskriminierung im Vertrag über die Europäische Gemeinschaft für Kohle und Stahl, Heidelberg 1961.

Nach dem freien Warenverkehr stellt Art. 4 in lit. b) das Verbot der Diskriminierung an die zweite Stelle der Grundsätze, die den gemeinsamen EGKS-Markt begründen[36]. Ebenso wie der freie Warenverkehr beherrscht auch der Grundsatz der Nichtdiskriminierung alle drei Gemeinschaftsverträge, wenn auch in unterschiedlichem Grade[37].

---

36 Zum Begriff der Diskriminierung s. EuGH, Urteil vom 20. September 2001, Rechtssache C-390/98 (Banks/Coal Authority), Slg. 2001, I-6117 (Rdnr. 35): „Zum Begriff der Diskriminierung in Artikel 4 Buchstabe b EGKS-Vertrag ist festzustellen, dass eine Diskriminierung nach ständiger Rechtsprechung u. a. dann vorliegt, wenn vergleichbare Sachverhalte ungleich behandelt und dadurch bestimmte Wirtschaftsteilnehmer gegenüber anderen benachteiligt werden, ohne dass diese Ungleichbehandlung durch das Vorliegen objektiver Unterschiede von einigem Gewicht gerechtfertigt wäre."

37 S. Art. 12 und 13 EGV sowie Art. 2 lit. d), 52 Abs. 2 lit. a) und 68 EAGV.

Am umfassendsten ist das Diskriminierungsverbot im EGKS-Vertrag ausgeprägt, da es sich außer an die Mitgliedstaaten und die Gemeinschaft selbst[38] auch an die **Unternehmen** richtet und zum zweiten weil es auch rein **innerstaatliche** Diskriminierungen von Marktteilnehmern erfaßt. Diese Sicht vom Markte her führt zu einer Staffelung des Diskriminierungsverbots von unten nach oben, wobei die jeweils höhere Stufe seine Beachtung auf der jeweils unteren zu sichern hat.

Im Vordergrund steht dabei nicht die Gewährleistung der Gleichheit der Staatsangehörigkeiten in der Gemeinschaft, sondern die Sicherstellung der **Einheit des gemeinsamen Marktes** und der **Gleichheit der Wettbewerbsbedingungen** aller Marktteilnehmer „in vergleichbarer Lage" (Art. 3 lit. b)). Zur Erreichung dieses Ziels konkretisiert und ergänzt der Vertrag das allgemeine Diskriminierungsverbot des Art. 4 lit. b) durch spezielle Regelungen auf dem Gebiet der **Preise** (Art. 60ff.), der **Transporttarife** (Art. 70) und der **Freizügigkeit der Arbeitnehmer** (Art. 69). Aber auch soweit der Vertrag keine speziellen Verbotsregelungen enthält, sind die Bestimmungen des Art. 4 lit. b) „selbständig und ohne weiteres anwendbar, wenn sie nicht in einem Teil des Vertrages näher bestimmt werden"[39].

Soweit sich Art. 4 lit. b) auf Diskriminierungen zwischen Erzeugern bezieht, läßt er unmittelbar in der Person des Einzelnen Rechte entstehen, die die nationalen Gerichte zu schützen haben[40].

1. Die Unternehmen als Adressaten

Versteht man das Verbot des Art. 4 lit. b) auf ein handelndes Rechtssubjekt bezogen, so lautet es: Wer durch Maßnahmen oder Praktiken eine Diskriminierung zwischen Erzeugern oder Käufern und der Verbraucher in vergleichbarer Lage herbeiführt, insbesondere hinsichtlich der Preis- und Lieferbedingungen und der Beförderungstarife, verstößt gegen den Grundsatz der Einheit des gemeinsamen Marktes. Bei dieser Formulierung wird deutlich, daß sich das Diskriminierungsverbot in erster Linie an die Unternehmen selbst richtet, denn sie sind es, die als Erzeuger zwischen den Käufern und Verbrauchern, aber auch als Käufer zwischen den Erzeugern (vgl. Art. 63 § 1) diskriminieren können. Bei knappen Gütern – und zu Beginn der 50er Jahre war die Kohle ein knappes Gut – ist eine Diskriminierung besonders auf dem Gebiet der Preise möglich, etwa dadurch, daß der Verkäufer privilegierten Kunden günstigere Preise und Zahlungskonditionen einräumt und unerwünschte Kunden nur zu höheren Preisen bedient oder sie sogar mit abschreckend hohen Preisen vertreibt.

Dies ist die Fallgestaltung, die das **Preisrecht** der EGKS verhindern will[41], wenn es in Art. 60 § 1 zweiter Gedankenstrich bestimmt:

---

38 So Art. 12 (ex-Art. 6) EGV.

39 EuGH, Urteil vom 23. April 1956, verbundene Rechtssachen 7 und 9/54 (Groupement des Industries Sidérurgiques Luxembourgeoises), Slg. 1956, 53 (91), Urteil vom 20. März 1957, Rechtssache 2/56 (Geitling), Slg. 1957, 9 (44).

40 S. EuGH, Urteil vom 20. September 2001, Rechtssache C-390/98 (Banks/Coal Authority), Slg. 2001, I-6117.

41 S. zum Preisrecht der EGKS: *Kurt Lutz Hackenbracht*, Preisdiskriminierung und Wirtschaftsverfassung, Bonn 1964; *Norbert Lang*, Die Preisordnung in der Montangemeinschaft im Vergleich

> „Auf dem Gebiet der Preise sind die zu den in den Artikeln 2, 3 und 4 in Widerspruch stehenden Praktiken **verboten**, insbesondere
> ...
> – die diskriminierenden Praktiken, die auf dem gemeinsamen Markt die Anwendung von ungleichen Bedingungen auf vergleichbare Geschäfte durch ein und denselben Verkäufer mit sich bringen, insbesondere wenn die Käufer wegen ihrer Nationalität unterschiedlich behandelt werden“[42].

Um derartige Diskriminierungen zu verhindern[43], müssen die Unternehmen nach Art. 60 § 2 lit. a) ihre „auf dem gemeinsamen Markt angewandten **Preistafeln** und **Verkaufsbedingungen**“ in dem Umfang und in der Form **veröffentlichen**, die die Hohe Behörde vorschreibt[44]. Stellt die Hohe Behörde bei ihren Überprüfungen[45] Anomalien fest, kann sie die zu ihrer Beseitigung erforderlichen Maßnahmen ergreifen[46].

Für die **Art der Preisgestaltung** folgen aus dem Verbot der Diskriminierung die korrekte Wahl des für die Aufstellung der Preistafel maßgeblichen Ortes (Art. 60 § 2 lit. a)) sowie das Erfordernis der Äquivalenz zwischen den Preisen am Lieferort und denen, die am Ort der Preistafel gelten (jeweils nach Rückrechnung der ersteren auf letztere)[47], vorbehaltlich etwaiger zulässiger Angleichungen an Preise, die kosten-

---

mit amerikanischem Antitrustrecht, Baden-Baden 1963; *Erich Zimmermann*, Die Preisdiskriminierung im Recht der Europäischen Gemeinschaft für Kohle und Stahl, Frankfurt a. M. 1962.

42 Die Vorschrift gilt nur für Diskriminierungen auf dem Gebiet der Preise, nicht aber für Abbaulizenzen, die ein Kohleerzeuger einem anderen unter diskriminierenden Bedingungen erteilt. S. GeI, Urteil vom 24. 9. 1996, Rechtssache T-57/91 (NALOO/Kommission), Slg. 1996, II-1010, Rnr. 230 (II-1079).

43 S. hierzu die Entscheidung Nr. 30/53 vom 2. Mai 1953 über die innerhalb des gemeinsamen Marktes von Kohle und Stahl durch Art. 60 § 1 des Vertrages verbotenen Praktiken, ABl. Nr. 6 vom 4. 5. 1953, S. 109, nach Änderungen zuletzt bekanntgemacht im ABl. Nr. C 29 vom 12. 5. 1973, S. 30; zuletzt geändert durch Entscheidung Nr. 1834/81/EGKS der Kommission vom 3. Juli 1981, ABl. Nr. L 184 vom 4. 7. 1981, S. 7.

44 S. hierzu die Entscheidung Nr. 4/53 vom 12. Februar 1953 über die Veröffentlichung der von den Unternehmen der Kohlen- und Eisenerzindustrie angewandten Preislisten und Verkaufsbedingungen, ABl. Nr. 2 vom 12. 2. 1953, S. 3, nach Änderungen zuletzt bekanntgemacht im ABl. Nr. 187 vom 24. 12. 1963, S. 2986/63; zuletzt geändert durch Entscheidung Nr. 72/442/EGKS der Kommission vom 22. Dezember 1972, ABl. Nr. L 297 vom 30. 12. 1972, S. 44.

45 S. hierzu die Entscheidung Nr. 14/64 vom 8. Juli 1964 über die Geschäftsbücher und Unterlagen, welche die Unternehmen für die mit Nachprüfungs- oder Kontrollaufgaben auf dem Gebiet der Preise betrauten Beamten oder Beauftragten der Hohen Behörde bereitzuhalten haben, ABl. Nr. 120 vom 28. 7. 1964, S. 1967/64.

46 S. Art. 60 § 2 lit. a), 63 § 3 und 64. In Übereinstimmung mit Art. 63 § 2 lit. a) und b) bestimmt Art. 5 der Entscheidung Nr. 4/53 (s. vorige Fußnote):
„(1) Die Unternehmen haben ihre Verkaufsbedingungen so zu gestalten, daß ihre Verkaufsorganisationen und Kommissionäre verpflichtet sind, sich hinsichtlich ihrer eigenen Preislisten und Verkaufsbedingungen an die Bestimmungen dieser Entscheidung zu halten.
(2) Bei Zuwiderhandlungen der Verkaufsorganisationen oder Kommissionäre gegen diese Verpflichtungen haften die Unternehmen.“

47 Mit der Entscheidung Nr. 3/53 vom 12. Februar 1953 über die Arten der Preisgestaltung für den Verkauf von Kohle auf dem gemeinsamen Markt (ABl. Nr. 2 vom 12. 2. 1953, S. 3) wurde den Unternehmen der Kohleindustrie untersagt, beim Verkauf von Kohle auf dem gemeinsamen Markt ihre Preise an günstigere Einstandspreise anzugleichen, die sich aus den Preislisten anderer Unternehmen der Gemeinschaft ergeben.

günstiger produzierende Konkurrenzunternehmen am Lieferort bzw. Verkaufsgebiet berechnen[48] (Art. 60 § 2 lit. b)).

Aber nicht nur die **Verkäufer** können ihre Käufer ungleich behandeln, auch **Käufer** mit großer Nachfragemacht oder speziellen nationalen Bindungen können zwischen Verkäufern diskriminieren, etwa dadurch, daß sie bestimmte Verkäufer trotz gleicher Angebote boykottieren oder zu ungünstigen Konditionen zwingen. Auch dieses Verhalten ist verboten. Art. 63 § 1 bestimmt:

> „Stellt die Hohe Behörde fest, daß Käufer systematisch Diskriminierungen vornehmen, insbesondere aufgrund von Klauseln, die für Geschäftsabschlüsse der Organisationen der öffentlichen Hand maßgebend sind, so richtet sie an die beteiligten Regierungen die erforderlichen Empfehlungen“[49].

Der mögliche Inhalt dieser Empfehlungen bestimmt sich nach dem von der Hohen Behörde „für notwendig erachteten Ausmaß“ und ist in Art. 63 § 2 näher bezeichnet. Hierbei können auch in der Vergangenheit abgeschlossene Diskriminierungen zum Gegenstand einer Empfehlung gemacht werden[50]. Als härteste Maßnahme kann im Wiederholungsfalle den Unternehmen verboten werden, „mit dem genannten Käufer Geschäfte abzuschließen“.

Abgesehen von etwaigen im Einzelfall angeordneten Korrektivmaßnahmen kann die Hohe Behörde bei Verstößen gegen die Vorschriften des Preisrechts gemäß Art. 64 „Geldbußen bis zur Höhe des doppelten Wertes der unzulässigen Verkäufe festsetzen“. Im Wiederholungsfall wird dieser Höchstbetrag verdoppelt.

Neben dem Verbot einer Diskriminierung bei den Preis- und Lieferbedingungen untersagt Art. 4 lit. b) eine Diskriminierung hinsichtlich der **Beförderungstarife**. Dieses Verbot verweist auf die Regelungen des Art. 70 (Kapitel IX: Frachten und Transporte), der sich jedoch nicht an die Unternehmen i. S. des Art. 80 richtet (Transportunternehmen üben keine Produktionstätigkeit auf dem Gebiet von Kohle und Stahl aus), sondern an die **Mitgliedstaaten** und die **Hohe Behörde** (s. unten Ziffern 2 und 3).

---

48 S. hierzu die Entscheidung Nr. 3/58 vom 18. März 1958 über die Angleichung beim Absatz von Kohle im Gemeinsamen Markt, ABl. Nr. 11 vom 29. 3. 1958, S. 157/58. Diese Entscheidung wurde durch die Entscheidung 72/443/EGKS vom 22. Dezember 1972 über die Angleichung beim Absatz von Kohle im Gemeinsamen Markt (ABl. Nr. L 297 vom 30. 12. 1972, S. 45) ersetzt und aufgehoben. Die letztgenannte Entscheidung wurde ihrerseits durch die Entscheidung Nr. 2526/86/EGKS vom 31. Juli 1986 (ABl. Nr. L 222 vom 8. 8. 1986, S. 8) geändert.

49 S. hierzu EuGH, Urteil vom 2. 5. 1996, Rechtssache C-18/94 (Hopkins u.a.), Slg. 1996, I-2309 (I-2322):
„1. Die Bestimmungen des EGKS-Vertrags und insbesondere seine Artikel 4 Buchstabe b und 63 § 1 stellen den rechtlichen Rahmen für die von Käufern vorgenommenen Diskriminierungen der Erzeuger in bezug auf den Preis, die Menge und die übrigen Bezugsbedingungen von Kohle dar.
2. Die Artikel 4 Buchstabe b und 63 § 1 EGKS-Vertrag schaffen keine Rechte, die der einzelne vor den nationalen Gerichten unmittelbar geltend machen kann. In allen Fällen, in denen die Bestimmungen einer auf Artikel 63 § 1 gestützten Empfehlung inhaltlich als unbedingt und hinreichend genau erscheinen, kann sich der einzelne dagegen vor dem nationalen Gericht unmittelbar auf sie berufen.“

50 S. GeI, Urteil vom 7. 2. 2001, Rechtssache T-89/98 (NALOO/Kommission), Slg. 2001, II-515, Rnr. 64, s. hiergegen die Rechtsmittel in den Rechtssachen C-172/01 P, C-175/01 P, C-176/01 P und C-180/01 P. S. in den letztgenannten Rechtssachen die Schlußanträge von Generalanwalt *Alber* vom 8. Mai 2003 und EuGH, Urteil vom 2. Oktober 2003, noch unveröff.

Außerhalb des Regelungsbereichs des Art. 4 lit. b) steht das Verbot jedweder „Diskriminierung bei der Entlohnung und den Arbeitsbedingungen zwischen inländischen und eingewanderten Arbeitern" (Art. 69 § 4). Es ist zwar von den Unternehmen zu beachten, doch richtet sich die Vorschrift an die Mitgliedstaaten.

2. Die Mitgliedstaaten als Adressaten

Über der Ebene der Unternehmen stehen die Mitgliedstaaten als Garanten der Einhaltung der Pflichten, die der Vertrag den Unternehmen in ihrem Hoheitsgebiet auferlegt, soweit der Vertrag diese Aufgabe nicht der Gemeinschaft selbst zuweist. Diese Garantenstellung ist nach Art. 86 allgemeiner Natur, wird aber in einigen Bereichen durch spezifische Überwachungs- und Garantenpflichten ergänzt (vgl. Art. 63 § 3). Daneben verlangt der Vertrag von den Mitgliedstaaten Rechtstreue bei der Erfüllung ihrer **eigenen** Pflichten und richtet darüber hinaus direkte Diskriminierungsverbote **an die Mitgliedstaaten selbst**, die diese unabhängig vom Verhalten der Unternehmen **als Staaten** zu befolgen haben.

Die allgemeine Garantenstellung der Mitgliedstaaten und das Gebot der Rechtstreue in bezug auf ihre eigenen Verpflichtungen ergeben sich aus Art. 86 EGKSV, der Art. 10 (ex-Art. 5) EGV und Art. 192 EAGV entspricht:

> „Die Mitgliedstaaten verpflichten sich, alle geeigneten allgemeinen oder besonderen Maßnahmen zu ergreifen, um die Erfüllung der Verpflichtungen zu sichern, die sich aus den Entscheidungen und Empfehlungen der Organe der Gemeinschaft ergeben, und der Gemeinschaft die Erfüllung ihrer Aufgaben zu erleichtern.
>
> Die Mitgliedstaaten verpflichten sich, jede Maßnahme zu unterlassen, die mit dem Bestehen des gemeinsamen Marktes gemäß Artikel 1 und 4 unvereinbar ist."

Da die Gemeinschaft ihrerseits zur Durchsetzung des Gemeinschaftsrechts verpflichtet ist (s. unten Ziffer 3), kann ein spezifischer Rechtsverstoß eines Unternehmens Anlaß zu gemeinschaftlichen **und** nationalen Maßnahmen zugleich geben. Für diesen Fall sieht Art. 90 die Pflicht zur Unterrichtung der Hohen Behörde vor, die sodann ihre Beschlußfassung aussetzen kann und die nationale Entscheidung bei einer etwaigen eigenen Festsetzung einer Sanktion zu berücksichtigen hat.

Spezifische Garanten- und Überwachungspflichten im **Preisrecht** können sich für die Mitgliedstaaten aus Art. 63 § 3 ergeben, der die Hohe Behörde ermächtigt, „an die beteiligten Mitgliedstaaten alle geeigneten Empfehlungen zu richten, um die Beachtung der in Anwendung von Artikel 60 § 1 aufgestellten Regeln durch jedes Unternehmen und jede Organisation, die sich mit dem Vertrieb von Kohle und Stahl befassen, zu sichern".

Direkt an die Mitgliedstaaten gerichtet ist das Verbot der Diskriminierung hinsichtlich der **Beförderungstarife.** Es findet seine Konkretisierung im Kapitel IX (Frachten und Transporte), dessen Art. 70 ebenfalls Ausdruck der **Einheit des gemeinsamen Marktes** ist. „Es wird anerkannt", – so Art. 70 Abs. 1 – „daß die Errichtung des gemeinsamen Marktes die Anwendung solcher Transporttarife für Kohle und Stahl erforderlich macht, die den in vergleichbarer Lage befindlichen Verbrauchern vergleichbare Preisbedingungen bieten". Diese Feststellung gilt sowohl für rein innerstaatliche

Transporte wie für Transporte zwischen den Mitgliedstaaten der Gemeinschaft: „Im Verkehr zwischen den Ländern der Gemeinschaft sind ... die auf dem Herkunfts- oder Bestimmungsland der Erzeugnisse beruhenden Diskriminierungen bei den Frachten und Beförderungsbedingungen aller Art verboten“ (Art. 70 Abs. 2 Satz 1)[51]. Wie im Falle des Preisrechts besteht das Mittel zur Durchsetzung dieses Verbotes in der Aufstellung **nicht diskriminierender Preise** in „Frachttafeln, Frachten und Tarifbestimmungen jeder Art, die auf die Binnentransporte von Kohle und Stahl innerhalb jedes Mitgliedstaates und zwischen den Mitgliedstaaten Anwendung finden“ (Art. 70 Abs. 3). Die solchermaßen erstellten Frachttafeln, Frachten und Tarifbestimmungen sind dann entweder zu veröffentlichen oder der Hohen Behörde zur Kenntnis zu bringen, die sie ihrerseits veröffentlichen kann[52].

Anders als im Falle des Art. 60 Abs. 2, wonach Umfang, Form und Veröffentlichung der Preistafeln von der Hohen Behörde vorgeschrieben werden, verweist Art. 70 Abs. 5 auf die **Zuständigkeit der Mitgliedstaaten**. Nach dieser Vorschrift „bleibt die Verkehrspolitik, insbesondere die Aufstellung oder Änderung von Frachten und Beförderungsbedingungen jeder Art ... den gesetzlichen Vorschriften und Durchführungsbestimmungen eines jeden Mitgliedstaats unterworfen“. Hierbei gab § 10 ÜA den Mitgliedstaaten und der Hohen Behörde allerdings die Schritte vor, die sie auf dem Gebiet des Transportwesens einzuschlagen hatten. Insbesondere waren spätestens bis zur Errichtung des gemeinsamen Marktes für Kohle alle Art. 70 Abs. 2 widersprechenden Diskriminierungen nach Herkunfts- und Bestimmungsland zu beseitigen. Sodann waren für innergemeinschaftliche Transporte zur Ausschaltung des Frachtenbruchs an der Grenze direkte internationale Tarife aufzustellen, „die die Gesamtentfernung berücksichtigen und einen degressiven Charakter tragen, ohne der Aufteilung der Frachten auf die beteiligten Verkehrsunternehmen vorzugreifen“ (§ 10 Abs. 3 Ziff. 2 ÜA). Drittens war zu prüfen, wie Diskriminierungen aufgrund von **Ausnahmetarifen** (Art. 70 Abs. 4) im nationalen Verkehr und in der Gemeinschaft zu vermeiden waren und schließlich eine Harmonisierung der Transportpreise und Beförderungsbedingungen zu erreichen war.

Von den drei Verkehrsträgern Schiene, Binnengewässer und Straße wurden bei der **Eisenbahn** die schnellsten Erfolge erzielt[53]. Schon bis Anfang 1953 wurden bestehende Diskriminierungen nach Herkunfts- und Bestimmungsland fast vollständig beseitigt[54]. Im Jahre 1955 folgte die Aufstellung direkter internationaler Eisenbahntarife[55], die 1957 durch Abkommen über den Durchgangsverkehr mit Österreich[56]

---

51 *P. Bosiers*, L’intégration des transports par les communautés européennes, Revue du Marché Commun, Nr. 1959, S. 262; *A. Predöhl*, Verkehrspolitik, Göttingen 1958; *W. Schneider*, Die Tarifpolitik der Hohen Behörde und das deutsche Verkehrswesen, Göttingen 1956; *Wolfgang Stabenow*, Die Rechtsgrundlagen der europäischen Verkehrsintegration, ZHR, 126. Band, S. 228.

52 EuGH, Urteil vom 12. Juli 1962, Rechtssache 9/61 (Niederlande ./. Hohe Behörde), Slg. 1962, 433 (478).

53 Von 1952 bis 1961 entfielen etwa 50 bis 55 % des gesamten Eisenbahngüterverkehrs der Gemeinschaft auf EGKS-Produkte.

54 S. Hohe Behörde, EGKS 1952–1962, Luxemburg 1963, S. 388.

55 S. Entschließung betreffend die Einführung direkter internationaler Eisenbahntarife, angenommen am 20. Januar 1955 auf der 22. Tagung des Besonderen Ministerrats, ABl. Nr. 3 vom 31. 1. 1955, S. 607 nebst Abkommen betreffend die Einführung direkter internationaler Eisen-

und der Schweiz[57] ergänzt wurden. Alle drei Abkommen wurden zwischenzeitlich beendigt bzw. aufgehoben[58]. Was die Beseitigung von Diskriminierungen im innerstaatlichen Eisenbahnverkehr anbelangt, galt es, 215 Ausnahmetarife[59] zu untersuchen, deren Abschaffung durch die Rechtsprechung des Gerichtshofs unterstützt wurde[60].

Für den Bereich der **Binnenschiffahrt** gelang 1958 der Abschluß des Abkommens betreffend Frachten und Beförderungsbedingungen im Verkehr mit Kohle und Stahl auf dem Rhein[61], auf dem in den 50er Jahren rund 40% des gesamten Verkehrsaufkommens der Binnenschiffahrt in der Gemeinschaft abgewickelt wurden[62].

Die stärksten Probleme bereitete die Anwendung des Vertrages bei den **Straßengütertransporten**, da die Mitgliedstaaten weder Frachttafeln veröffentlichten noch der Hohen Behörde zur Kenntnis brachten (Art. 70 Abs. 3). Ein von der Hohen Behörde daraufhin festgestellter Vertragsverstoß[63] scheiterte im Gerichtshof, der der Hohen Behörde in seinem Urteil vom 15. 7. 1960[64] allerdings einen Weg wies[65], der schließlich zum Erlaß der Empfehlung Nr. 1/61 an die Regierungen der Mitgliedstaaten über die Veröffentlichung oder Bekanntgabe von Frachttafeln, Frachten und Tarifbestimmungen für die Beförderung von Kohle und Stahl[66] führte. Diese Empfehlung hielt gerichtlicher Überprüfung stand[67] und galt bis zum Auslaufen des EGKS-Vertrages[68].

---

bahntarife, ABl. Nr. 9 vom 19.4. 1955, S. 701, zuletzt geändert durch ein fünftes Ergänzungsabkommen (86/256/EGKS), ABl. Nr. L 167 vom 24. 6. 1986, S. 29.

56 ABl. Nr. 6 vom 20. 2. 1958, S. 78/58.

57 ABl. Nr. 17 vom 29. 5. 1957, S. 223/57.

58 S. Beschluß Nr. 2001/764/EGKS der im Rat vereinigten Vertreter der Regierungen der Mitgliedstaaten vom 23. Oktober 2001 über die Beendigung des Abkommens vom 21. März 1955 betreffend die Einführung direkter internationaler Eisenbahntarife im Verkehr mit Kohle und Stahl, ABl. Nr. L 288 vom 1. 11. 2001, S. 38. Das Abkommen mit Österreich wurde durch dessen Beitritt zur Gemeinschaft hinfällig, und das Abkommen mit der Schweiz wurde mit Beschluß Nr. 2002/275/EGKS der Kommission vom 12. April 2002 gekündigt, ABl. Nr. L 96 vom 13. 4. 2002, S. 27. Zu den Hintergründen der Kündigung s. ABl. Nr. L 159 vom 25. 6. 1999, S. 52.

59 S. Hohe Behörde, EGKS 1952-1962, a. a. O. S. 392.

60 S. Nachweise bei *Walter Much*, Ausnahmetarif und Wirtschaftsintegration, ZHR, Band 124, S. 110.

61 ABl. Nr. 4 vom 1. 2. 1958, S. 49/58.

62 Hohe Behörde, EGKS 1952–1962, a. a. O. S. 398.

63 Entscheidung Nr. 18/59 vom 18. Februar 1959 über die Veröffentlichung der im gewerblichen Kraftwagengüterverkehr mit Kohle und Stahl innerhalb der Gemeinschaft anzuwendenden Frachttafeln, Frachten und Tarifbestimmungen jeder Art bzw. deren Bekanntgabe an die Hohe Behörde, ABl. Nr. 14 vom 7. 3. 1959, S. 287.

64 EuGH, Urteil vom 15. Juli 1960, Rechtssache 25/59 (Niederlande ./. Hohe Behörde), Slg. 1960, 741.

65 S. zur Problematik des Art. 70 Abs. 3 auch *G. de Grooth*, Die Befugnisse der Hohen Behörde der Montanunion zur Verwirklichung des Art. 70 Abs. 3 EGKS-Vertrag, ZHR, Band 126, S. 274.

66 ABl. Nr. 18 vom 9. 3. 1961, S. 469.

67 EuGH, Urteil vom 12. 7. 1962, Rechtssache 9/61 (Niederlande ./. Hohe Behörde), Slg. 1962, 433.

68 Nach dem Urteil eines informierten Betrachters hat sich die Bestimmung über die Publizität im ersten Jahrzehnt der Praxis der Vertragsanwendung der EGKS **nicht bewährt** (*van Huffel*, Der Gemeinsame Markt und die Verkehrsintegration, Wirtschaftsdienst, Januar 1960, S. 19).

3. Die Gemeinschaft als Adressat

Über der Ebene der Mitgliedstaaten und der Unternehmen stehen die Organe der Gemeinschaft, deren Aufgabe es ist, „im gemeinsamen Interesse ... allen in vergleichbarer Lage befindlichen Verbrauchern des gemeinsamen Marktes **gleichen Zugang** zu der Produktion **zu sichern**" (Art. 3 lit. b)). Dieses Gebot wendet das Diskriminierungsverbot des Art. 4 lit. b) ins Positive. Auf dem Gebiet der **Preise** werden der Hohen Behörde die Instrumente für seine Durchsetzung in den Art. 60 § 1 Abs. 2 und § 2, 63 § 2 und § 3 sowie 64 in die Hand gegeben. Bedarf es spezieller **Nachprüfungen** bei den Unternehmen, so kann die Hohe Behörde diese nach Art. 47 Abs. 1 und 86 Abs. 4 vornehmen. Auf dem Gebiet der **Beförderungstarife** obliegt der Hohen Behörde die Entscheidung über die Anpassung von **Alttarifen** (Art. 10 Abs. 6 ÜA) und die Genehmigung von **Ausnahmetarifen**[69], für die Art. 70 Abs. 4 bestimmt:

> „Die Anwendung von Ausnahmetarifen im Binnenverkehr zugunsten eines oder mehrerer Unternehmen der Kohleförderung und Stahlerzeugung bedarf der vorherigen Genehmigung der Hohen Behörde, die sich vergewissert, daß die Maßnahmen mit den Grundsätzen des Vertrags im Einklang stehen; sie kann die Genehmigung befristet oder bedingt erteilen."

Neben diesen speziellen Regelungen hat die **Gemeinschaft** die allgemeine Pflicht, die Maßnahmen zu ergreifen, „die erforderlich sind, um die Beachtung der Bestimmungen dieses Vertrags zu gewährleisten" (Art. 5 Abs. 2 vierter Gedankenstrich), und die Hohe Behörde hat „die Aufgabe, für die Erreichung der in diesem Vertrag festgelegten Zwecke ... zu sorgen" (Art. 8). Soweit die **Mitgliedstaaten** ihren Verpflichtungen aus dem Vertrag nicht nachkommen, kann die Hohe Behörde nach Art. 88 eine Verletzung des Vertrages feststellen.

V. Das Verbot von Subventionen und Sonderlasten

Literatur:

M. Hochbaum, Das Diskriminierungs- und Subventionsverbot in der EGKS und EWG, Baden-Baden, Bonn 1962; *Knut Ipsen*, Europäisches Gemeinschaftsrecht als Rahmen mitgliedstaatlicher kohlegestützter Energiepolitik und entsprechender Rechtsakte, Stuttgart 1992; *Hans-Georg Koppensteiner*, Das Subventionsverbot im Vertrag über die Europäische Gemeinschaft für Kohle und Stahl, Baden-Baden 1965; *Peter Lauffer*, Beihilfen für den Steinkohlenbergbau in der Europäischen Union nach 2002, Baden-Baden 1998; *Heinrich Matthies*, Grundlagen des Subventionsrechts und Kompetenzen aus EG-rechtlicher Sicht, ZHR 152 (1988), S. 442; *Peter-Christan Müller-Graff*, Die Erscheinungsformen der Leistungssubventionstatbestände aus wirtschaftlicher Sicht, ZHR 152 (1988) S. 403; *Hans-Jürgen Papier*, Rechtsformen der Subventionierung und deren Bedeutung für die Rückabwicklung, ZHR 152 (1988) S. 493; *Hans-Werner Rengeling*, Grundlagen des Subventionsrechts und Kompetenzen aus der Sicht von Bund und Ländern, ZHR 152 (1988) S. 455; *Meinhard*

---

69 S. *Walter Much*, Ausnahmetarif und Wirtschaftsintegration, ZHR, Band 124, S. 110. Als Beispiel s. die Entscheidung Nr. 72/93/EGKS vom 21. Januar 1972, mit der die Kommission einen Ausnahmetarif der Deutschen Bundesbahn für die Beförderung fester Brennstoffe von Ahlen (Westfalen) nach Alsdorf (Krs. Aachen) bis zum 31. Dezember 1974 genehmigt hat (ABl. Nr. L 33 vom 7. 2. 1972, S. 16) und die Entscheidung Nr. 75/96/EGKS vom 20. Dezember 1974, mit der die Verlängerung über den 31. Dezember 1974 hinaus verweigert wurde (ABl. Nr. L 38 vom 12. 2. 1975, S. 16).

Schröder, Subventionen als staatliche Handlungsmittel, ZHR 152 (1988) S. 391; *Gerhard Sohn*, Der neue Beihilfenkodex der europäischen Union für die Steinkohle, et 2002, S. 455; *Ernst Steindorff*, Rückabwicklung unzulässiger Beihilfen nach Gemeinschaftsrecht, ZHR 152 (1988), S. 474.

Als unvereinbar mit dem gemeinsamen Markt untersagt Art. 4 lit. c) des Vertrages „von den Staaten bewilligte Subventionen oder Beihilfen oder von ihnen auferlegte Sonderlasten, in welcher Form dies auch immer geschieht". Während das Verbot von **Sonderlasten** in der Rechtsanwendung von begrenzter Bedeutung geblieben ist[70], hat die krisenhafte Entwicklung auf dem gemeinsamen Markt für Steinkohle das Beihilfeverbot des Art. 4 lit. c) zur meistdiskutierten und in der Praxis bedeutsamsten Vorschrift des gesamten EGKS-Vertrages gemacht. Daß die Rechtspraxis hierbei das Verbot des Art. 4 lit. c) mit Hilfe des Art. 95 in sein Gegenteil, nämlich das finanzmächtigste einzelne Beihilfesystem des gesamten Gemeinschaftsrechts verkehrte, ist nicht nur eine der großen Ironien des Gemeinschaftsrechts, sondern auch ein Meisterstück kreativer Rechtsschöpfung.

Das Verbot staatlicher **Beihilfen**[71] des Art. 4 lit. c), das eine Parallele in den weniger kategorisch formulierten Art. 87 ff. (ex-Art. 92 ff.) EGV besitzt, beruht auf drei ökonomisch wie rechtlich bedeutsamen Gründen: Der erste und wichtigste besteht in der Gefährdung der **Einheit des gemeinsamen Marktes**. Wenn es einzelnen Mitgliedstaaten gestattet ist, ihre Unternehmen durch Beihilfen zu fördern, birgt dies die Gefahr einer schleichenden **Renationalisierung** vergemeinschafteter Produktionsbereiche, wobei finanzstärkere Mitgliedstaaten gegenüber finanzschwächeren im Vorteil sind. Hieraus folgt – aus der Perspektive der Unternehmen gesehen – der zweite Grund: Durch Beihilfen erlangen die begünstigten Unternehmen gegenüber ihren nichtbegünstigten Konkurrenten einen ungerechtfertigten **Wettbewerbsvorteil** oder, modern gesagt, das „level playing field" wird uneben. Ein dritter Grund schließlich leitet sich aus dem Effizienzgebot moderner Volkswirtschaften (und letztlich auch der Gemeinschaft) ab: dienen staatliche Beihilfen dazu, nicht wettbewerbsfähige Unternehmen künstlich am Leben zu halten, so werden wichtige volkswirtschaftliche **Ressourcen fehlgeleitet** und damit zulasten zukunftsträchtiger Projekte verschwendet.

Der Härte des Art. 4 lit. c) steht andererseits die Flexibilität der §§ 24–28 ÜA („Allgemeine Schutzmaßnahmen: Besondere Vorschriften für Kohle") gegenüber, die unter bestimmten Voraussetzungen während der Übergangszeit die Beibehaltung natio-

70 Zu Beginn der Gemeinschaft hatte der deutsche Stein- und Braunkohlenbergbau gewissen Verbrauchergruppen, wie Hausbrandverbrauchern, der Bundesbahn, der Hochseefischerei und der Binnenschiffahrt bestimmte Preisermäßigungen zu gewähren, die aufgrund der Entscheidung Nr. 25/53 vom 8. März 1953 über die Einschränkung und Aufhebung einiger dem deutschen Steinkohlenbergbau auferlegter Sonderlasten (ABl. Nr. 4 vom 13. 3. 1953, S. 83) und der Entscheidung Nr. 17/54 vom 20. März 1954 über die Aufhebung der dem deutschen Stein- und Braunkohlenbergbau auferlegten Sonderlasten (ABl. Nr. 3 vom 24. 3. 1954, S. 266) abzuschaffen waren. S. zum Begriff der Sonderlast zuletzt EuGH, Urteil vom 20. September 2001 (Banks ./. Coal Authority), Slg. 2001, I-6117 (Randnrn 32 ff.).

71 Zum Begriff der Beihilfe s. EuGH, a. a. O. (Randnr. 30): „Der Begriff der Beihilfe ist weiter als der Begriff der Subvention, denn er umfasst nicht nur positive Leistungen wie die Subventionen selbst, sondern auch Maßnahmen, die in verschiedener Form die Belastungen vermindern, die ein Unternehmen normalerweise zu tragen hat, und die somit zwar keine Subventionen im strengen Sinne des Wortes darstellen, diesen aber nach Art und Wirkung gleichstehen."

naler Subventionen[72] und die Einführung von Ausgleichszahlungen zur Erleichterung der Eingliederung des nationalen Kohlebergbaus in den gemeinsamen Markt vorsahen[73]. Ein besonders problematischer Fall war hierbei Belgien, dessen Förderkosten aufgrund der Teufe, geologischer Störungen und der geringen Mächtigkeit der Flöze im südbelgischen Revier besonders hoch waren. Auch nach Ablauf der Übergangsfrist konnten für zwei Jahre noch Subventionen bewilligt werden[74], wobei die Modalitäten zwischen der belgischen Regierung und der Hohen Behörde abzustimmen waren. Der hierfür in § 26 Abs. 4 ÜA vorgesehene Passus enthält schon *in nuce* die Rechtfertigung aller folgenden gemeinschaftsrechtlichen Beihilferegime für die Steinkohle:

> „Die Modalitäten können **ungeachtet der Bestimmungen des Artikels 4c)** für die belgische Regierung das Recht vorsehen, Subventionen zu bewilligen, die den **aus den natürlichen Bedingungen der Kohlevorkommen herrührenden zusätzlichen Abbaukosten** entsprechen; dabei sind die etwaigen Lasten zu berücksichtigen, die sich aus offensichtlichen Störungen des Gleichgewichts ergeben und diese Abbaukosten vergrößern. Die Modalitäten für die Bewilligung der Subventionen und ihr Höchstbetrag unterliegen der **Zustimmung der Hohen Behörde.** Diese hat darüber zu wachen, daß der Höchstbetrag der Subventionen und die subventionierten Mengen so schnell wie möglich unter Berücksichtigung der Erleichterungen für die Anpassung und der Ausdehnung des gemeinsamen Marktes auf andere Erzeugnisse als Kohle und Stahl **herabgesetzt** werden; dabei ist zu **vermeiden,** daß der Umfang der etwaigen Produktionseinschränkungen **tiefgreifende Störungen** in der belgischen Wirtschaft **hervorruft.**“

1. Das System der Gemeinschaftsbeihilfen

War die Steinkohle bis 1957 noch unangefochten der wichtigste Energieträger in der Gemeinschaft und ihr der Wirtschaftsaufschwung der 50er Jahre wesentlich zu verdanken, so stellte sich ab 1958 ein Umschwung in der Entwicklung des gemeinsamen Kohlemarktes ein. Nachdem das Jahr 1957 trotz einer Rekordeinfuhr von 44 Mio t Importkohle noch knapp ausgeglichen abgelaufen war, führte im Jahr 1958 ein Zusammenwirken mehrerer Faktoren zu starken Absatzrückgangen bei der Gemeinschaftskohle. Der erste Faktor bestand in den gut gefüllten Lagerbeständen der Großabnehmer, die sich im Gefolge der Suez-Krise und einer auf sie folgenden „Verknappungspsychose“[75] reichlich mit Kohle eingedeckt hatten. Hinzu kam eine

---

72 So z. B. Schreiben der Hohen Behörde vom 29. Juli 1954 an die französische Regierung über die Beibehaltung von Subventionen für eingeführte Kokskohle, ABl. Nr. 18 vom 1. 8. 1954, S. 481.

73 S. z. B. das Schreiben der Hohen Behörde vom 20. März 1954 an die französische Regierung über die Beibehaltung von Subventionen und von Ausgleichszahlungen zwischen Revieren, ABl. Nr. 3 vom 24. 3. 1954, S. 272 sowie Entscheidung Nr. 5/54 vom 18. März 1954 über die Bildung einer Einrichtung für Ausgleichszahlungen für den belgischen Kohlenbergbau, ABl. Nr. 3 vom 24. 3. 1954, S. 251.

74 Entscheidung Nr. 21/59 vom 18. März 1959 über die Gewährung von Subventionen an den belgischen Kohlenbergbau durch die Regierung des Königreichs Belgien, ABl. Nr. 21 vom 3. 4. 1959, S. 417.

75 Kommission der Europäischen Gemeinschaften, 25 Jahre gemeinsamer Markt für Kohle 1953–1978, Brüssel-Luxemburg 1977, S. 83.

sich abschwächende Konjunktur, die von einem Produktionsrückgang in der Stahlindustrie begleitet wurde. Gleichzeitig waren die in den Zeiten der Knappheit langfristig georderten Mengen an Drittlandskohle abzunehmen und überschüssige Lagerbestände abzubauen. Billige Käufe am Spotmarkt zu Spottpreisen bei niedrigen Frachttarifen und eine unkluge Preispolitik des Ruhrkohlenbergbaus[76] taten das ihrige. In dieser ohnehin schwierigen Situation drangen nun andere Energien und insbesondere das Heizöl nach vorn.

Unter diesem Druck von allen Seiten ging der Absatz von Gemeinschaftskohle schon 1959 gegenüber dem von 1957 um 44 Mio t zurück[77], ein Trend, der bis heute ungebrochen ist. Die Kohlenhalden wuchsen, und die Arbeiter waren zu Feierschichten gezwungen. Fast alle Zechen sahen sich zu drastischen Rationalisierungsmaßnahmen veranlaßt. Trotz erheblicher Preisnachlässe sank der Absatz weiter und die Verluste stiegen. Angesichts der zunehmenden finanziellen Schwierigkeiten der Unternehmen und der bedrohlichen sozialen Auswirkungen wurde der Ruf nach finanziellen Hilfsmaßnahmen in der Gemeinschaft immer lauter. Um der Schwierigkeiten Herr zu werden, versuchte die Hohe Behörde eine Vielzahl von Maßnahmen, wie die Gewährung einer Beihilfe zur Bildung außergewöhnlicher Haldenbestände[78], die Einführung einer EGKS-Beihilfe für die von Feierschichten besonders betroffenen belgischen Bergarbeiter[79], eine Reduzierung und Verteuerung der Einfuhren von Drittlandskohle[80], und erwog schließlich sogar die Einführung eines Quotenregimes nach Art. 58, um eine kontrollierte Drosselung der Förderung zu erreichen[81], was der Rat allerdings ablehnte[82].

Doch trotz dieser eher punktuellen Maßnahmen verschärfte sich die Lage auf dem gemeinsamen Markt für Steinkohle immer mehr. Nachdem schon einzelne Kohleförderländer einseitige Maßnahmen getroffen hatten, sahen sich die Mitgliedstaaten insgesamt vor ihre Verantwortung gestellt.

Im Rahmen ihres für die gemeinschaftliche Energiepolitik grundlegenden Protokolls eines „Abkommens betreffend die Energiefragen" vom 21. April 1964[83] vertraten die

---

76 S. *Ludwig Erhard*, Deutsche Wirtschaftspolitik – Der Weg der sozialen Marktwirtschaft, Düsseldorf u. a. 1962, S. 359 („Mußte der Kohlepreis erhöht werden?").

77 A. a. O. S. 84.

78 ABl. Nr. C 87 vom 7. 4. 1977, S. 6.

79 Entscheidung Nr. 22/59 vom 25. März 1959 über die Gewährung einer besonderen, vorübergehenden finanziellen Hilfe für die Arbeiter des belgischen Kohlenbergbaus, die infolge Absatzschwierigkeiten allgemein zu Feierschichten gezwungen sind, ABl. Nr. 21 vom 3. 4. 1959, S. 418.

80 Empfehlung vom 28. Januar 1959 an die Regierungen der Mitgliedstaaten der Gemeinschaft betreffend handelspolitische Maßnahmen in bezug auf die Einfuhr von Kohle aus dritten Ländern, ABl. Nr. 8 vom 11. 2. 1959, S. 197. Nebst Nachfolgemaßnahmen ab 1. 1. 1991 aufgehoben durch Empfehlung der Kommission vom 18. Juli 1990 zur Aufhebung der Empfehlungen betreffend handelspolitische Maßnahmen in bezug auf die Einfuhr in die Bundesrepublik Deutschland von Kohle aus dritten Ländern (90/443/EGKS), ABl. Nr. L 228 vom 22. 8. 1990, S. 24.

81 S. Bekanntmachung der Hohen Behörde der Europäischen Gemeinschaft für Kohle und Stahl an die unter die Zuständigkeit der Gemeinschaft fallenden Unternehmensverbände, ABl. Nr. 14 vom 7. 3. 1959, S. 292.

82 Kommission der Europäischen Gemeinschaften, 25 Jahre gemeinsamer Markt für Kohle 1953–1978, a. a. O. S. 87.

83 ABl. Nr. 69 vom 30. 4. 1964, S. 1099.

Regierungen der Mitgliedstaaten die Auffassung, „daß die derzeitige Lage im Kohlenbereich Sofortmaßnahmen notwendig macht" (Ziffer 3). „Was die Kohle anbelangt", so die Mitgliedstaaten unter Ziffer 7,

> „ziehen die Regierungen die Notwendigkeit in Betracht, **nach Maßgabe geeigneter juristischer Modalitäten**, die Maßnahmen des Steinkohlenbergbaus zur Anpassung an die Marktverhältnisse, insbesondere die Rationalisierungsmaßnahmen, **mit staatlichen Beihilfen zu unterstützen**, und ergänzend dazu dem Kohlenbergbau durch im allgemeinen **degressive** Schutz- und Unterstützungsmaßnahmen zu helfen."

Diesem Willen entsprechend ersuchten die Mitgliedstaaten die Hohe Behörde, ihnen „Verfahrensvorschläge zur Anwendung eines gemeinschaftlichen Systems von staatlichen Beihilfen zu unterbreiten" (s. Ziffer 11).

Die geeigneten juristischen Modalitäten, von denen die Mitgliedstaaten sprachen, mußten vor allem das Hindernis des Art. 4 lit. c) aus dem Wege räumen und das gewünschte Beihilfesystem auf eine solide Rechtsgrundlage stellen. Als solche kam allein Art. 95 Abs. 1 in Betracht, der im wesentlichen dem Art. 308 (ex-Art. 235) EGV entspricht:

> „In allen in diesem Vertrag nicht vorgesehenen Fällen, in denen eine Entscheidung oder Empfehlung der Hohen Behörde erforderlich erscheint, um eines der in Artikel 2, 3 und 4 näher bezeichneten Ziele der Gemeinschaft auf dem gemeinsamen Markt für Kohle und Stahl gemäß Artikel 5 zu erreichen, kann diese Entscheidung oder Empfehlung mit einstimmiger Zustimmung des Rates und nach Anhörung des Beratenden Ausschusses ergehen."

Wie aber war ein allgemeines System staatlicher Kohlebeihilfen mit dem Verbot des Art. 4 lit. c) zu vereinbaren, auf den ja auch Art. 95 Abs. 1 ausdrücklich verwies? Die Argumentation erfolgte in mehreren Schritten: Zunächst war unbestreitbar, daß Art. 4 lit. c) nur Beihilfen der Mitgliedstaaten untersagte; auf Beihilfen der **Gemeinschaft** erstreckte sich das Verbot nicht. Im Gegenteil, wie die Art. 54 bis 56 des Kapitel III („Investitionen und **finanzielle Hilfe**") des dritten Teils zeigten, war es der **Gemeinschaft** selbst durchaus nicht verwehrt, Beihilfen an die Unternehmen zu leisten. Ein **gemeinschaftliches** Beihilfesystem war daher durchaus möglich und blieb vom Verbot des Art. 4 lit. c) unberührt. Doch gab es ein Problem: die Gemeinschaft selbst verfügte nicht über die Finanzmittel, die ein Beihilferegime der nunmehr geplanten Größenordnung erforderte. Doch auch dieses Hindernis konnte überwunden werden, denn letztlich war die Frage der **Herkunft** der Mittel eher ein Buchhaltungs- als ein Rechtsproblem; mochten die Mitgliedstaaten also zahlen, solange sie dies in einem gemeinschaftlichen Rahmen taten. Und noch ein Argument war zu erwägen – vielleicht das wichtigste überhaupt: in einem gemeinsamen Markt, dessen Politik die Resultante einer Vielzahl unterschiedlicher Zielbestimmungen darstellt, darf kein einzelnes Ziel absolut gesetzt werden. Im Falle von **Zielkonflikten**, die in der Politik und im Recht unvermeidlich sind, gilt es, einen Ausgleich zu finden, der die jeweiligen Ziele in bestmöglicher Weise miteinander in Einklang bringt[84].

---

84 S. hierzu umfassend *Ernst Steindorff*, Markt und hoheitliche Verantwortung in der EG, ZHR 164 (2000), S. 223.

Vor diesem Hintergrund erließ die Hohe Behörde – gestützt auf Art. 95 – am 17. Februar 1965 ihre erste allgemeine Entscheidung über die **Steinkohlenbeihilfen**[85]. Sie war zunächst bis zum 31. Dezember 1967 befristet, wurde dann aber bis zum 31. Dezember 1970 verlängert[86]. Weitere Entscheidungen folgten in den 70er, 80er Jahren und am Anfang der 90er Jahre lückenlos aufeinander[87] bis zur letzten, die mit dem Vertrag zusammen am 23. Juli 2002 ausgelaufen ist[88]. Wenn diese Entscheidungen in ihren Einzelheiten auch den besonderen Stand der Entwicklung widerspiegeln und sich im Detail unterscheiden, so sind sie sich doch in Aufbau und Finalität sehr ähnlich: sie bestimmen den **allgemeinen Rahmen** und die **Ziele** der Beihilfen, legen die zulässigen **Beihilfetypen** fest und unterwerfen ihre Bewilligung einem **Notifizierungs-, Prüfungs- und Genehmigungsverfahren**, das der Hohen Behörde das Recht ihrer Genehmigung oder Versagung vorbehält[89]. So können nach Art. 2 Abs. 1 der letzten Entscheidung Nr. 3632/93/EGKS Beihilfen für den Kohlenbergbau als mit dem Funktionieren des gemeinsamen Marktes vereinbar gelten, wenn sie dazu beitragen, mindestens eines der folgenden Ziele zu verwirklichen:

- in Anbetracht der Weltmarktpreise für Kohle Erzielung weiterer Fortschritte in Richtung auf die Wirtschaftlichkeit[90], um einen Abbau der Beihilfen zu erreichen;
- Lösung der sozialen und regionalen Probleme, die mit der völligen oder teilweisen Rücknahme der Fördertätigkeit verbunden sind;
- Erleichterung der Anpassung des Kohlenbergbaus an die Umweltschutznormen.

Als **Beihilfetypen** läßt die Entscheidung in ihren Art. 3 bis 7 Betriebsbeihilfen, Beihilfen für die Rücknahme der Fördertätigkeit, Beihilfen bei außergewöhnlichen Belastungen, Forschungs- und Entwicklungsbeihilfen sowie Beihilfen für den Umweltschutz zu. Die individuellen **Genehmigungsentscheidungen**, die die Kommission im Notifizierungs- und Prüfungsverfahren zu den Beihilfeprojekten der Mitgliedstaa-

---

85 Entscheidung Nr. 3/65 über ein gemeinschaftliches System von Maßnahmen der Mitgliedstaaten zugunsten des Steinkohlenbergbaus, ABl. Nr. 31 vom 25. 2. 1965, S. 480.
86 Entscheidung Nr. 27/67, ABl. Nr. 261 vom 28. 10. 1967, S. 1.
87 Entscheidung Nr. 3/71 vom 22. 12. 1970, ABl. Nr. L 3 vom 5. 1. 1971, S. 7 (**1. 1. 1971–31. 12. 1975**); Entscheidung Nr. 528/76/EGKS über das gemeinschaftliche System von Maßnahmen der Mitgliedstaaten zugunsten des Steinkohlenbergbaus, ABl. Nr. L 63 vom 11. 3. 1976, S. 1, verlängert durch Entscheidung Nr. 3501/85/EGKS, ABl. Nr. L 335 vom 13. 12. 1985, S. 8 (**1. 1. 1976–30. 6. 1986**); Entscheidung Nr. 2064/86/EGKS vom 30. Juni 1986 über die Gemeinschaftsregelung für Maßnahmen zugunsten des Steinkohlenbergbaus, ABl. Nr. L 177 vom 1. 7. 1986, S. 1 (**1. 7. 1986–31. 12. 1993**).
88 Entscheidung Nr. 3632/93/EGKS der Kommission vom 28. Dezember 1993 über die Gemeinschaftsregelung für staatliche Beihilfen zugunsten des Steinkohlenbergbaus, ABl. Nr. L 329 vom 30. 12. 1993, S. 12, ergänzt durch Entscheidung Nr. 341/94/EGKS der Kommission vom 8. Februar 1994 zur Durchführung der Entscheidung Nr. 3632/93/EGKS über die Gemeinschaftsregelung für Maßnahmen der Mitgliedstaaten zugunsten des Steinkohlenbergbaus, ABl. Nr. L 49 vom 19. 2. 1994, S. 1 (**1. 1. 1994–23. 7. 2002**).
89 Dieses Recht besitzt die Kommission auch dann, wenn die Beihilfen bereits ausgezahlt sind, s. GeI, Urteil vom 9. September 1999, Rechtssache T-110/98 (RJB Mining plc ./. Kommission), Slg. 1999 II – 2585 (Randnrn. 65–83).
90 Nach dem GeI (a. a. O.) setzen die Bestimmungen „nicht voraus, daß das begünstigte Unternehmen bei Ablauf eines vorgegebenen Zeitraums Wirtschaftlichkeit erreicht haben muß“. Es reicht vielmehr „eine graduelle Verringerung seiner Unwirtschaftlichkeit und mangelnden Wettbewerbsfähigkeit“ (a. a. O. Randnrn. 100 und 103).

ten erläßt, werden im Amtsblatt L veröffentlicht. Zur Unterrichtung aller Beteiligten erstattet die Kommission in regelmäßigen Abständen **Bericht** über die Anwendung der Gemeinschaftsregelungen für Maßnahmen der Mitgliedstaaten zugunsten des Steinkohlenbergbaus (jeweils für Jahre oder Perioden).

Nur zwei Jahre nach Erlaß der ersten allgemeinen Beihilfeentscheidung drängte die sich beständig verschlechternde Lage bei der **Kokskohle** zur Einführung eines weiteren Beihilfesystems. Im Protokoll eines Abkommens über Kokskohle und Koks für die Eisen- und Stahlindustrie vom 16. Februar 1967[91] erachteten die Regierungen der Mitgliedstaaten angesichts des Wettbewerbs billiger Drittlandserzeugnisse „die Schaffung eines besonderen Systems von Beihilfen der Mitgliedstaaten für ihre Kohlenbergbauunternehmen für einen begrenzten Zeitraum als notwendig, um die Preise von Kokskohle und Koks für die Eisen- und Stahlindustrie der Gemeinschaft zu senken“[92]. Die Hohe Behörde folgte diesem Ersuchen und führte das erforderliche Beihilfesystem mit der Entscheidung Nr. 1/67 vom 21. Februar 1967 über Kokskohle und Koks für die Eisen- und Stahlindustrie der Gemeinschaft[93] ein. Die Entscheidung war bis zum 31. Dezember 1968 befristet, doch wurde das Beihilferegime unter weiteren Entscheidungen mit gewissen Modifizierungen ununterbrochen bis Ende 1986 weitergeführt[94].

Im Gegensatz zu den allgemeinen Beihilfesystemen für die Steinkohle, die die Leistungen der Mitgliedstaaten an **ihre** Bergbauunternehmen einer gemeinschaftlichen Kontrolle unterwerfen, wobei es Sache der Mitgliedstaaten ist, den Beihilfezweck, die Beihilfehöhe und die Modalitäten der Auszahlung zu bestimmen, waren die Beihilferegime für die Kokskohle in stärkerem Maße vergemeinschaftet, vor allem im Hinblick auf die Aufbringung der Mittel. Schon die erste Beihilfeentscheidung

---

91 Vereinbart zwischen den Regierungen der Mitgliedstaaten der Europäischen Gemeinschaften auf der 107. Tagung des Besonderen Ministerrats der Europäischen Gemeinschaft für Kohle und Stahl, ABl. Nr. 36 vom 28. 2. 1967, S. 561.

92 A. a. O. Ziffer 1.

93 ABl. Nr. 36 vom 28. 2. 1967, S. 562.

94 S. Entscheidung der Kommission vom 19. Dezember 1969 über Kokskohle und Koks (70/1/EGKS), ABl. Nr. L 2 vom 6. 1. 1970, S. 10; ergänzt durch Entscheidung Nr. 1461/70/EGKS der Kommission vom 16. Juli 1970 betreffend die Durchführung der Entscheidung Nr. 70/1/EGKS über Kokskohle und Koks, ABl. Nr. L 162 vom 24. 7. 1970, S. 24 (**1. 1. 1970–31. 12. 1972**); Entscheidung der Kommission vom 25. Juli 1973 über Kokskohle und Koks für die Eisen- und Stahlindustrie der Gemeinschaft (73/287/EGKS), ABl. Nr. L 259 vom 15. 9. 1973, S. 36; ergänzt durch Entscheidung Nr. 3544/73/EGKS der Kommission vom 20. Dezember 1973 betreffend die Durchführung der Entscheidung Nr. 73/287/EGKS über Kokskohle und Koks, ABl. Nr. L 361 vom 29. 12. 1973, S. 18. Nach Verlängerung und Änderungen in den 70er Jahren wurde die Entscheidung 73/287/EGKS in **kodifizierter Form** im ABl. Nr. C 36 vom 13. 2. 1980, S. 2 bekanntgegeben und danach in den 80er Jahren noch mehrfach verlängert und geändert, und zwar durch die Entscheidung Nr. 896/82/EGKS vom 20. April 1982, ABl. Nr. L 106 vom 21. 4. 1982; Entscheidung Nr. 759/84/EGKS vom 23. März 1984, ABl. Nr. L 80 vom 24. 3. 1984 S. 14; Entscheidung Nr. 145/85/EGKS vom 18. Januar 1985, ABl. Nr. L 16 vom 19. 1. 1985, S. 22; Entscheidung Nr. 3612/85/EGKS vom 20. Dezember 1985, ABl. Nr. L 344 vom 21. 12. 1985, S. 33 (**1. 1. 1973–31. 12. 1986**). S. weiterhin die Bekanntmachung der Kommission an die Verbände und Unternehmen des Steinkohlenbergbaus und der Eisen- und Stahlindustrie der EGKS über die Tragweite der Bestimmungen betreffend die langfristigen Verträge sowie die Beihilfen der Mitgliedstaaten und die Preisregeln im Rahmen des Kokskohlenbeihilfesystems, ABl. Nr. C 160 vom 30.12.1974, S. 1 und ABl. Nr. C 18 vom 19. 1. 1985, S. 4.

Nr. 1/67 sah einen **zwischenstaatlichen Finanzausgleich** unter den Mitgliedstaaten vor und die ihr nachfolgende Entscheidung 70/1/EGKS, die zwischen **Förderbeihilfen** und **Absatzbeihilfen** unterschied, bildete für die letzteren sogar einen **Sonderfonds**, der von der Kommission verwaltet wurde. Nach dem Auslaufen der letzten besonderen Beihilfeentscheidung für die Kokskohle konnte ihr Absatz ab 1987 durch eine besondere Absatzbeihilfe nach Art. 4 der allgemeinen Beihilfeentscheidung Nr. 2064/86/EGKS weiterhin gefördert werden.

Mit dem Auslaufen des EGKS-Vertrages wurde das EGKS-Beihilferegime durch einen EG-Beihilfekodex auf der Grundlage der Art. 87 Abs. 3 lit. c) und 89 EGV ersetzt. Die **Verordnung (EG) Nr. 1407/2002 des Rates vom 23. Juli 2002 über staatliche Beihilfen für den Steinkohlenbergbau**[95] sieht folgende Beihilfearten vor:

- Beihilfen zur **Rücknahme von Fördertätigkeit** (Art. 4), bei Vorliegen eines Stillegungsplans, der nicht über den 31. Dezember 2007 hinausgeht[96];
- Beihilfen für den **Zugang zu den Steinkohlevorkommen**[97] (Art. 5) in Gestalt von Beihilfen zur Deckung der Anfangsinvestitionsausgaben[98];
- Beihilfen für **außergewöhnliche Belastungen**[99] (Art. 7).

Zweck des Beihilfekodex ist die Aufrechterhaltung einer Mindestproduktion an heimischer Steinkohle auf der Grundlage staatlicher Planung und unter Stillegung unrentabler Produktionseinheiten, wobei die Beihilfen degressiv auszugestalten sind[100]. Die Verordnung gilt ab dem 24. Juli 2002 bis zum 31. Dezember 2010[101]. Sie wird ergänzt durch die Entscheidung 2002/871/EG der Kommission vom 17. Oktober 2002 zur Einführung eines gemeinsamen Rahmens für die Übermittlung der zur Anwendung der Verordnung (EG) Nr. 1407/2002 des Rates über staatliche Beihilfen für den Steinkohlenbergbau erforderlichen Angaben[102].

---

95 ABl. Nr. L 205 vom 2. 8. 2002, S. 1.

96 Art. 2 lit. c) der Verordnung definiert „Stillegungsplan" als den von einem Mitgliedstaat aufgestellten Plan, in dem die Maßnahmen zur endgültigen Stillegung von Steinkohleproduktionseinheiten vorgesehen sind.

97 Nach Art. 9 Abs. 6 der Verordnung hatten die Mitgliedstaaten der Kommission bis zum 31. Oktober 2002 einen Plan für den Zugang zu den Steinkohlevorkommen vorzulegen, „in dem die Produktion einer Mindestmenge an heimischer Steinkohle vorgesehen ist" (s. Art. 2 lit.b)).

98 Art. 2 lit. d) der Verordnung definiert „Anfangsinvestitionsausgaben" als Ausgaben für Anlageinvestitionen, die unmittelbar für die Infrastrukturarbeiten oder die Ausrüstung bestimmt sind, die zur Ausbeutung der Steinkohlevorkommen in bestehenden Bergwerken erforderlich sind.

99 Hierbei handelt es sich um Kosten der Unternehmen, die Umstrukturierungen vornehmen oder vorgenommen haben und die nicht mit der laufenden Förderung in Zusammenhang stehen („Altlasten"). Die beihilfefähigen Kostenarten sind in einem Anhang zur Verordnung aufgeführt.

100 S. Art. 6 der Verordnung.

101 S. Art. 14 der Verordnung.

102 ABl. Nr. L 300 vom 5. 11. 2002, S. 42.

2. Die Maßnahmen zugunsten des Steinkohlenbergbaus in Deutschland

Als größtes Förderland hat Deutschland schon am Ende der 50er Jahre die ersten Hilfs- und Schutzmaßnahmen zugunsten des heimischen Steinkohlenbergbaus ergriffen. Einige dieser Maßnahmen bestehen noch heute, und nicht alle waren mit der Gewährung von Beihilfen verbunden. Die folgende Chronologie gibt in Kürze die für Deutschland wichtigsten Maßnahmen wieder:

1959 Gesetz über die Einführung eines Kohlezolls von 20 DM je Tonne Drittlandskohle bei zollfreier Einfuhr eines Kontingents von 5 Mio t[103].

1960 Gesetz zur Änderung des Mineralölsteuergesetzes vom 26. April 1960[104], dessen Art. 4 für das Steueraufkommen folgende Zweckbestimmung vorsah:

> „Das Aufkommen aus der Besteuerung der Heizöle nach § 8 Abs. 2 des Mineralölsteuergesetzes dient nach näherer Bestimmung des Bundeshaushaltsplans für Maßnahmen zur Anpassung des Steinkohlenbergbaues an die veränderte Lage auf dem Energiemarkt, insbesondere zur Vermeidung sozialer Härten."

Gründung der „Notgemeinschaft deutscher Kohlenbergbau", einer Organisation der Kohleproduzenten, die die durch die Kohlekrise verursachten Folgen mildern sollte[105].
Beihilfen für den Kohlentransport, um den Einstandspreis für deutsche Kohle zu senken[106].

1963 Gesetz zur Förderung der Rationalisierung im Steinkohlenbergbau vom 29. Juli 1963[107]. Es wurde ein „Rationalisierungsverband des Steinkohlenbergbaus" als bundesunmittelbare Körperschaft des öffentlichen Rechts gegründet. Mitglieder: die Betreiber der Steinkohlenbergwerke; Aufgaben: Erleichterung der Zusammenfassung von Bergwerken, Ausgleich von Härten bei Stillegungen durch Gewährung von Darlehen, Bürgschaften und Prämien.

1964 Gesetz zur Änderung des Mineralölsteuergesetzes 1964 vom 24. April 1964[108], demzufolge das Aufkommen aus der Besteuerung von Heizöl zu verwenden war für die „Finanzierung energiewirtschaftlicher Maßnahmen zur Anpassung des Steinkohlenbergbaus an die veränderte Lage auf dem Energiemarkt, insbesondere von Maßnahmen zur Vermeidung sozialer Härten, zur Absatzförderung und zur Rationalisierung im Steinkohlenbergbau".

---

103 Beruhend auf Empfehlung der Hohen Behörde vom 28. Januar 1959 an die Regierungen der Mitgliedstaaten der Gemeinschaft betreffend handelspolitische Maßnahmen in bezug auf die Einfuhr von Kohle aus dritten Ländern, ABl. Nr. 8 vom 11. 2. 1959, S. 197 (erlassen nach Art. 3, 57, 58 und 74 des Vertrages); aufgehoben durch Empfehlung der Kommission vom 18. Juli 1990 zur Aufhebung der Empfehlungen betreffend handelspolitische Maßnahmen in bezug auf die Einfuhr in die Bundesrepublik Deutschland von Kohle aus dritten Ländern (90/443/EGKS), ABl. Nr. L 228 vom 22. 8. 1990, S. 24.

104 BGBl. I S. 241.

105 S. Kommission der Europäischen Gemeinschaften, 25 Jahre gemeinsamer Markt für Kohle 1953–1978, Brüssel-Luxemburg 1977, S. 93.

106 A. a. O.

107 BGBl. I S. 549.

108 BGBl. I S. 497.

1965 Programm der Bundesregierung für die Finanzierung der Haldenbestände mit einer Laufzeit von vier Jahren und für eine Gesamtmenge von 4 Mio t Steinkohle.
Gesetz zur Förderung der Verwendung von Steinkohle in Kraftwerken vom 12. August 1965 (**Erstes Verstromungsgesetz**)[109] zur steuerlichen Begünstigung der Betreiber von Kraftwerken, die mit Gemeinschaftskohle betrieben werden.

1966 Gründung der „Aktionsgemeinschaft Deutsche Steinkohlenreviere GmbH" mit dem Ziele, neue Industriebetriebe in den Steinkohlenrevieren auf dem Gelände stillgelegter Zechen anzusiedeln.
Gesetz zur Sicherung des Steinkohleneinsatzes in der Elektrizitätswirtschaft vom 5. September 1966 (**Zweites Verstromungsgesetz**)[110] zur Gewährung eines Zuschusses zu den Kosten der Gemeinschaftskohle; Anzeige- und Genehmigungspflicht für Kraftwerke, die mit Heizöl betrieben werden.

1967 Gesetz über steuerliche Maßnahmen bei der Stillegung von Steinkohlenbergwerken vom 11. April 1967[111] zur Steuerbefreiung der Aktionsgemeinschaft Deutsche Steinkohlenreviere GmbH und Steuerbegünstigungen bei Stillegungen.

1968 Gesetz zur Anpassung und Gesundung des deutschen Steinkohlenbergbaus und der deutschen Steinkohlenbergbaugebiete vom 15. Mai 1968[112] zur Einsetzung eines **Bundesbeauftragten für den Steinkohlenbergbau** und die Steinkohlenbergbaugebiete, Förderung der Unternehmenskonzentration, Einführung eines **Abfindungsgeldes** für bei Stillegungen entlassene Bergarbeiter und zur Durchführung von Maßnahmen zur Verbesserung der Wirtschaftsstruktur in den Steinkohlenbergbaugebieten.

1969 Verordnung über die Maßstäbe für die Ermittlung der optimalen Unternehmensgrößen im Steinkohlenbergbau vom 7. Januar 1969[113].
Gründung der Ruhrkohle AG (RAG) durch Zusammenschluß und Rationalisierung der ehemaligen Zechengesellschaften des Ruhrreviers[114].
Unter Mitwirkung der Bundesregierung Abschluß des „**Hüttenvertrages**" zwischen der RAG und (damals) acht Stahlwerken, indem sich diese verpflichteten, ihren jeweiligen Bedarf an festen Brennstoffen bei der RAG zu Wettbewerbspreisen zu decken. Beide Seiten gingen davon aus, daß der Unterschied zwi-

---

109 BGBl. I S. 777.

110 BGBl. I S. 545. S. dazu *Manfred Gubelt*, Das Gesetz zur Sicherung des Steinkohleneinsatzes in der Elektrizitätswirtschaft, Düsseldorf 1968.

111 BGBl. I S. 403.

112 BGBl. I S. 365. Nach § 1 Abs. 2 der Verordnung gehören zum Steinkohlenbergbaubereich eines Unternehmens „die dem Gewinnungsrecht des Unternehmens unterliegenden abbauwürdigen Lagerstätten und alle von dem Unternehmen in eigener Verantwortung geführten, dem Steinkohlenbergbau dienenden Betriebe, insbesondere die Steinkohle fördernden Bergwerke (Grubenbetriebe unter- und übertage), die in einem unmittelbaren wirtschaftlichen und betrieblichen Zusammenhang stehenden Kokereien, Kohlenwertstoffbetriebe, Brikettfabriken und Energiebetriebe einschließlich der hierfür erforderlichen technischen und kaufmännischen Verwaltung".

113 BGBl. I S. 16.

114 Unter maßgeblicher Beteiligung der Bundesregierung schlossen sich 23 deutsche Bergbaugesellschaften zur RAG zusammen. Hierbei brachten die beteiligten Unternehmen der Stahlindustrie ihre Zechen in die RAG ein, die sich im sog. „Hüttenvertrag" ihrerseits verpflichtete, die betreffenden Stahlwerke („Hütten") mit festen Brennstoffen zu beliefern.

schen den Produktionskosten der RAG und dem Wettbewerbspreis durch staatliche Beihilfen gedeckt werden sollten. Laufzeit 20 Jahre (bis 1988). Laufzeit des späteren Anschlußvertrages 12 Jahre (1989–2000)[115].

1974 Gesetz über die weitere Sicherung des Einsatzes von Gemeinschaftskohle in der Elektrizitätswirtschaft vom 13. Dezember 1974 (**Drittes Verstromungsgesetz**)[116] zur Einführung eines „Ausgleichsfonds zur Sicherung des Steinkohleneinsatzes“ in der Elektrizitätswirtschaft. Einführung des **Kohlepfennigs** zur Weitergabe der Belastung der Elektrizitätswirtschaft an den Stromverbraucher. Subventioniert wird die Abnahme deutscher Kohle, wobei ein Zuschuß die Differenz zwischen dem Preis für Importkohle und Heizöl und jenen der heimischen Kohle abdeckt[117]. Als gewährleistete Abnahmemengen waren im Gesetz und seinen Nachfolgeregelungen vorgesehen:
1981 bis 1985: 191 Mio t SKE, 1986 bis 1990: 215 Mio t SKE, 1991 bis 1995: 232,5 Mio t SKE.

1977 Unter maßgeblicher Beteiligung der Bundesregierung Abschluß des sog. **Jahrhundertvertrags** zur Absicherung und Flankierung des Dritten Verstromungsgesetzes. Vertragspartner der „Vereinbarung über den Absatz deutscher Steinkohle an die öffentliche Elektrizitätswirtschaft 1978–1987“ vom 10. 5. 1977 waren die Vereinigung Deutscher Elektrizitätswerke (VDEW) e.V. und der Gesamtverband des deutschen Steinkohlenbergbaus (GVSt), Vertragspartner der „Vereinbarung über den Absatz deutscher Steinkohle an die industrielle Kraftwirtschaft in den Jahren 1978–1987“ vom 23. 8. 1977 waren die Vereinigung Industrielle Kraftwirtschaft (VIK) e.V. und wiederum der GVSt[118].

1980 „Ergänzungsvereinbarung über den Absatz deutscher Steinkohle bis 1995“; ergänzt und ersetzt die Vereinbarung vom 10. 5. 1977 zwischen VDEW und GVSt. Sie regelt die Abnahme deutscher Steinkohle durch die Elektrizitätsversorgungsunternehmen (EVU) für den Zeitraum vom 1. 1. 1981 bis 31. 12. 1995[119].

---

115 S. Entscheidung der Kommission vom 30. März 1989 über die Genehmigung der Vereinbarungen über die Belieferung von sechs Stahlwerken mit festen Brennstoffen durch die Ruhrkohle AG (89/248/EGKS), ABl. Nr. L 101 vom 13. 4. 1989, S. 35.

116 BGBl. I S. 3473, neu bekanntgemacht am 17. November 1988 , BGBl. I S. 2137 und 19. April 1990, BGBl. I S. 917. S. auch *Klaus Vieweg, Franz-Josef Schöne*, Der Kohlepfennig und das EG-Subventionsrecht, et 1986, S. 438.

117 Mit Beschluß vom 11. 10. 1994 (BVerfGE 91, 186) hat das Bundesverfassungsgericht den Kohlepfennig als unzulässige Sonderabgabe für verfassungswidrig erklärt: „Die Ausgleichsabgabe nach § 8 Drittes Verstromungsgesetz (sog. Kohlepfennig) ist nicht als Sonderabgabe zu rechtfertigen, weil sie eine Allgemeinheit von Stromverbrauchern belastet, die als solche keine besondere Finanzierungsverantwortlichkeit für die Aufgabe trifft, den Steinkohleneinsatz bei der Stromerzeugung zu sichern“ (2. Leitsatz). S. auch NJW 1995, S. 381; DVBl. 1995, S. 100.

118 S. auch *Andreas Wolf*, Der Jahrhundertvertrag im Lichte des deutschen und europäischen Kartellrechts, BB 1989, S. 160.

119 Zu den Einzelheiten s. Entscheidung der Kommission vom 22. Dezember 1992 betreffend ein Verfahren nach Artikel 85 EWG-Vertrag und Artikel 65 EGKS-Vertrag (IV/33.151 – Jahrhundertvertrag) (IV/33.997 – VIK – GVSt) (93/126/EWG), ABl. Nr. L 50 vom 2. 3. 1993, S. 14. Art. 85 EWGV wurde auf die Ergänzungsvereinbarung GVSt-VDEW „mit der Maßgabe für nicht anwendbar erklärt, daß die Bezugsverpflichtung eine Jahreshöchstmenge von 34,4 Millionen Tonnen SKE nicht überschreitet“. Mit der gleichen Maßgabe wurde die Ergänzungsvereinbarung nach Art. 65 § 2 EGKSV genehmigt. Entsprechend wurde über die Ergänzungsvereinbarung GVSt

1994 Gesetz zur Sicherung des Einsatzes von Steinkohle in der Verstromung in den Jahren 1996 bis 2005 vom 19. Juli 1994[120], das für 1996 einen Finanzplafond von 7,5 Mia DM und für die Jahre 1997 bis 2000 einen Finanzplafond von jährlich 7 Mia DM zur Verfügung stellt.
Gesetz zur Steinkohleverstromung im Jahre 1996 (**Viertes Verstromungsgesetz**) vom 19. Juli 1994[121], das einen „Steinkohlenverstromungsfonds 1996" bildet und 7,5 Mia DM für die Verstromung deutscher Steinkohle zur Verfügung stellt.

1995 Gesetz über Hilfen für den deutschen Steinkohlenbergbau bis zum Jahr 2005 (Steinkohlebeihilfengesetz[122]), das von 2001 bis 2005 folgende Finanzplafonds zur Verfügung stellt: 2001: 6,3 Mia DM, 2002: 5,7 Mia DM, 2003: 5,0 Mia DM, 2004: 4,4 Mia DM, 2005: 3,8 Mia DM (**Fünftes Verstromungsgesetz**).

1997 Gesetz zur Neuordnung der Steinkohlesubventionen vom 17. Dezember 1997[123].

1999 Stromsteuergesetz, verkündet als Art. 1 des Gesetzes zum Einstieg in die ökologische Steuerreform vom 24. 3. 1999[124].

In der Anwendung des jeweils geltenden Gemeinschaftsregimes für Kohlebeihilfen auf die konkreten jährlichen Beihilfevorhaben der Mitgliedstaaten treten die jeweiligen aktuellen Probleme der einzelnen Kohleförderländer in der Gemeinschaft hervor. Für Deutschland läßt sich die Entwicklung plastisch und authentisch an den jährlichen Beihilfe-Entscheidungen der Kommission ablesen, in denen diese die beabsichtigten nationalen Maßnahmen einer Prüfung gemäß den Kriterien des Beihilfekodex unterzieht. Für die Jahre ab 1986, d. h. für die Zeit unter der Ägide der Kodices gemäß Entscheidung Nr. 2064/86/EGKS (1986–1993) und Entscheidung Nr. 3632/93/EGKS (1994–2002) ergibt sich hierbei folgendes Bild:

Im Jahre 1986 betrug die Steinkohlenförderung in Deutschland 87 Mio t, die Zahl der im Steinkohlenbergbau Beschäftigten lag bei 164.000. Bis zum Jahre 1999 hatte sich die Förderung halbiert (43,8 Mio t) und die Zahl der Beschäftigten auf ein Viertel reduziert. Seit dem Inkrafttreten des Jahrhundertvertrages waren die Beihilfen nach dem Dritten Verstromungsgesetz von 1,5 Mia DM im Jahre 1977 bis auf 3,475 Mia DM im Jahre 1986 angestiegen[125]. Für die Jahre 1987 und 1988 kletterten die Verstromungshilfen nochmals auf 3,793 Mia DM (1987) und 4,700 Mia DM (1988)[126], und dies

– VIK bis zu einer Jahreshöchstmenge von 6,5 Mio t SKE positiv entschieden. S. zum Jahrhundertvertrag auch die Mitteilungen im ABl. Nr. C 159 vom 29. 6. 1990, S. 7 und ABl. Nr. C 116 vom 30. 4. 1991, S. 6.

120 BGBl. I S. 1618.

121 A. a. O.

122 BGBl. I S. 1638.

123 BGBl. I S. 3048. S. dazu *Peter Lauffer*, Neuordnung der Steinkohlesubventionen, RdE 1998, S. 6.

124 BGBl. I S. 378. S. dazu *Christoph Gröpl*, Vom „Kohlepfennig" zur Stromsteuer: Was hat sich geändert? – Vergleichende Betrachtung unter kompetenz-, finanzverfassungs- und haushaltsrechtlichen Gesichtspunkten –, DÖV 2001, S. 199.

125 Gesamtbetrag für die Jahre 1977 bis 1986: 21,205 Mia DM.

126 S. folgende Entscheidungen der Kommission zur Genehmigung von Beihilfen der Bundesrepublik Deutschland zugunsten des Steinkohlenbergbaus: Entscheidung Nr. 87/451/EGKS, ABl. Nr. L 241 vom 25. 8. 1987, S. 10; Entscheidung Nr. 88/64/EGKS, ABl. Nr. L 33 vom 5. 2. 1988, S. 34;

zusätzlich zu den Beihilfen für den Absatz von Kohle und Koks an die Stahlindustrie (1987: 3,587 Mia DM; 1988: 3,779 Mia DM) und einiger weiterer „kleinerer" Beihilfen. Angesichts dieses dramatischen Anstiegs der Verstromungsbeihilfen verlangte die Kommission im April 1989 von der Bundesregierung die Vorlage eines Planes für die Verringerung der Ausgleichszahlungen, der sich auf die Zeit bis zum 31. Dezember 1993 erstrecken sollte (Entscheidung Nr. 89/296/EGKS)[127]. Doch anstelle eines solchen Planes ging bei der Kommission im Mai 1989 eine Klage des Gesamtverbandes des deutschen Steinkohlenbergbaus und von sechs Bergbauunternehmen ein, der die Bundesregierung als Streithelferin beitrat und mit der die Kläger die Aufhebung der vorgenannten Entscheidung der Kommission beantragten[128]. Als die Kommission für das Jahr 1989 statt der vorgesehenen 5,2 Mia DM „nur" 4,9 Mia DM als laufende Ausgaben an Verstromungsbeihilfen genehmigte, folgte eine weitere Klage – diesmal der Bundesregierung[129]. Ein Plan für den Abbau der Ausgleichszahlungen wurde jedoch nicht vorgelegt[130]. Auch für 1990 blieb der genehmigte Betrag für die laufenden Ausgaben um 300 Mio DM unter dem geplanten zurück (4,6 Mia DM). Erst im April 1994 übermittelte die Bundesregierung der Kommission den geforderten Modernisierungs-, Rationalisierungs- und Umstrukturierungsplan für den Steinkohlenbergbau[131], und am 11. Oktober des gleichen Jahres erklärte das Bundesverfassungsgericht das System des Kohlepfennigs für **verfassungswidrig**[132]. Vor diesem Hintergrund nahmen die Kläger im Dezember 1994 ihre Klagen zurück.

Ab Beginn der 90er Jahre genehmigte die Kommission insgesamt die folgenden Beträge **direkter** und **indirekter** Beihilfen zugunsten des deutschen Steinkohlenbergbaus (siehe Tabelle S. 128):

Entscheidung Nr. 88/526/EGKS, ABl. Nr. L 288 vom 21. 10. 1988, S. 46; Entscheidung Nr. 89/161/ EGKS, ABl. Nr. L 61 vom 4. 3. 1989, S. 46; Entscheidung Nr. 89/296/EGKS, ABl. Nr. L 116 vom 28. 4. 1989, S. 52.

127 ABl. Nr. L 116 vom 28. 4. 1989, S. 52. S. dazu auch *Christoph Schalast*, Der Binnenmarkt für Energie und das System zur Förderung der Kohleverstromung in der Bundesrepublik Deutschland, RdE 1991, S. 2.

128 Rechtssache 183/89; zu den Klagegründen und wesentlichen Argumenten s. ABl. Nr. C 192 vom 29. 7. 1989, S. 11.

129 Rechtssache C-138/90, zu den Klagegründen und wesentlichen Argumenten s. ABl. Nr. C 146 vom 15. 6. 1990, S. 10.

130 S. Entscheidung Nr. 90/632/EGKS (Ziffer VI), ABl. Nr. L 346 vom 11. 12. 1990, S. 20.

131 S. Ziffer I Abs. 2 der Erwägungsgründe der Entscheidung Nr. 94/1070/EGKS, ABl. Nr. L 385 vom 31. 12. 1994, S. 18.

132 BVerfGE 91, 186. Die Förderziele dieses Plans beruhten auf den Leitlinien für den deutschen Kohlenbergbau, die bei den Verhandlungen der „Kohlerunde" vom 11. November 1991 von den Bergbauunternehmen, der Bundesregierung, den Landesregierungen Nordrhein-Westfalens und des Saarlandes und den Gewerkschaftsverbänden der Bereiche Bergbau und Stromerzeugung festgelegt worden waren.

Jahr	direkte Beihilfen in Mio DM	indirekte Beihilfen in Mio DM
1990	4.028 [133] + 454 [134] = 4.482	4.600 [135] + 300 [136] = 4.900
1991	3.805,530 [137] + 429,9 [138] = 4.235,430	5.000 [139]
1992	3.426 [140] + 360,2 [141] + 330,579 [142] = 4.116,779	5.000 [143]
1993	2.948 [144] + 300,206 [145] = 3.248,206	5.350 [146]
1994	3.090,8 [147] + 349,2 [148] = 3.450	5.800 [149]
1995	2.826,9 [150] + 438,6 [151] = 3.265,9	5.900 [152]
1996	2.954,6 [153]	7.500 [154]
1997	10.400,2 [155] + 70,2 [156] = 10.470,4	
1998	9.627 [157]	
1999	9.193,3 [158]	
2000	9.180 [159]	
2001	8.129 [160]	
2002 (bis 23. Juli)	4.055 [161]	

133 Entscheidung Nr. 91/406/EGKS, ABl. Nr. L 226 vom 14. 8. 1991, S. 28.
134 Entscheidung Nr. 93/66/EGKS, ABl. Nr. L 21 vom 29. 1. 1993, S. 33.
135 Entscheidung Nr. 90/633/EGKS, ABl. Nr. L 346 vom 11. 12. 1990, S. 20.
136 Entscheidung Nr. 93/66/EGKS, ABl. Nr. L 21 vom 29. 1. 1993, S. 33.
137 Entscheidung Nr. 91/513/EGKS, ABl. Nr. L 278 vom 5. 10. 1991, S. 25.
138 Entscheidung Nr. 93/66/EGKS, ABl. Nr. L 21 vom 29. 1. 1993, S. 33.
139 A. a. O.
140 Entscheidung Nr. 92/506/EGKS, ABl. Nr. L 310 vom 27. 10. 1992, S. 29.
141 Entscheidung Nr. 93/66/EGKS, ABl. Nr. L 21 vom 29. 1. 1993, S. 33.
142 Entscheidung Nr. 93/259/EGKS, ABl. Nr. L 120 vom 15. 5. 1993, S. 40.
143 Entscheidung Nr. 93/66/EGKS, ABl. Nr. L 21 vom 29. 1. 1993, S. 33.
144 Entscheidung Nr. 93/151/EGKS, ABl. Nr. L 59 vom 12. 3. 1993, S. 33.
145 Entscheidung Nr. 94/332/EGKS, ABl. Nr. L 147 vom 14. 6. 1994, S. 9.
146 Entscheidung Nr. 94/1070/EGKS, ABl. Nr. L 385 vom 31. 12. 1994, S. 18.
147 A. a. O.
148 Entscheidung Nr. 94/573/EGKS, ABl. Nr. L 220 vom 25. 8. 1994, S. 10.
149 Entscheidung Nr. 94/1070/EGKS, ABl. Nr. L 385 vom 31. 12. 1994, S. 18.
150 Entscheidung Nr. 96/560/EGKS, ABl. Nr. L 244 vom 25. 9. 1996, S. 15.

3. Die Maßnahmen zugunsten des Steinkohlenbergbaus in den anderen Kohleförderländern der Gemeinschaft

Die Steinkohlenproduktion in der Gemeinschaft ist in den letzten Jahrzehnten stetig gesunken. Wurden Ende der 50er Jahre noch über 500 Mio Tonnen jährlich gefördert, sank die Fördermenge 1990 auf 200 Mio Tonnen und erreichte im Jahre 2000 etwa 86 Mio Tonnen. Für das Jahr 2002 wird die Förderung auf ca. 75 Mio Tonnen geschätzt[162]. Etwa zeitgleich sank die Zahl der im Steinkohlenbergbau Beschäftigten von ca. 1,8 Mio im Jahre 1955 (EUR 6: 1,053 Mio, UK: 0,756 Mio (ohne Spanien und Portugal))[163] auf 92.500 im Jahre 2000[164].

Die Ursachen für diese Entwicklung sind – wie bekannt – in den hohen Gestehungskosten der Gemeinschaftskohle und ihrer mangelnden Wettbewerbsfähigkeit gegenüber Drittlandskohle sowie Erdöl und Erdgas zu sehen. Die Abfederung der sozialen Härten des dramatischen Schrumpfungsprozesses und die Aufrechterhaltung einer energiepolitisch geforderten gemeinschaftlichen Restproduktion machten und machen die Gewährung von Beihilfen unumgänglich. Zu diesem Zwecke haben nicht nur die Bundesrepublik Deutschland (s. hierzu oben Ziffer 2), sondern auch die anderen Steinkohleförderländer der Gemeinschaft nationale Maßnahmen ergriffen, deren Gemeinschaftskonformität von der Kommission auf der Grundlage der gemeinschaftlichen Beihilfeentscheidungen zu prüfen war. Hierbei ergibt sich für den Anwendungszeitraum der beiden letzten EGKS-Steinkohlenkodices[165] folgendes Bild (in alphabetischer Reihenfolge der Förderländer):

Belgien: Die Steinkohlenförderung in Belgien wurde am 30. September 1992 endgültig eingestellt (Förderung 1953: 30,1 Mio Tonnen). Gemäß der Entscheidung Nr. 2064/86/EGKS der Kommission vom 30. Juni 1986 über die Gemeinschaftsregelung für Maßnahmen zugunsten des Steinkohlenbergbaus[166] wurden zuletzt hauptsächlich Beihilfen zur Abdeckung von Grubenbetriebsverlusten und Beihilfen für den Absatz von Kohle und Koks an die Stahlindustrie bewilligt. Von 1987 bis zur

---

151 Entscheidung Nr. 95/464/EGKS, ABl. Nr. L 267 vom 9. 11. 1995, S. 42.
152 A. a. O.
153 Entscheidung Nr. 96/560/EGKS, ABl. Nr. L 244 vom 25. 9. 1996, S. 15.
154 A. a. O.
155 Entscheidung Nr. 98/687/EGKS, ABl. Nr. L 324 vom 2. 12. 1998, S. 30.
156 Entscheidung Nr. 1999/184/EGKS, ABl. Nr. L 60 vom 9. 3. 1999, S. 74.
157 Entscheidung Nr. 1999/270/EGKS, ABl. Nr. L 109 vom 27. 4. 1999, S. 14.
158 Entscheidung Nr. 1999/299/EGKS, ABl. Nr. L 117 vom 5. 5. 1999, S. 44.
159 Entscheidung Nr. 2001/361/EGKS, ABl. Nr. L 127 vom 9. 5. 2001, S. 55.
160 A. a. O.
161 Entscheidung Nr. 2002/171/EGKS, ABl. Nr. L 56 vom 27. 2. 2002, S. 27.
162 S. Bericht der Kommission über die Anwendung der Gemeinschaftsregelung für Maßnahmen der Mitgliedstaaten zugunsten des Steinkohlenbergbaus im Jahr 2001, KOM(2002) 176/2 endg./2 vom 2. 7. 2002, S. 4.
163 S. Kommission der Europäischen Gemeinschaften, 25 Jahre gemeinsamer Markt für Kohle 1953–1978, Brüssel, Luxemburg 1977, S. 166.
164 A. a. O. (vorvorige Fn.), S. 5.
165 1. Juli 1986–23. Juli 2002.
166 ABl. Nr. L 177 vom 1. 7. 1986, S. 1.

Schließung der letzten Schachtanlage im Kempener Revier wurde die Förderkapazität von 4,4 Mio Tonnen auf Null zurückgefahren. Im einzelnen genehmigte die Kommission folgende Zahlungen:

Jahr	Beihilfe (insgesamt) in bfrs
1987	15.588.600.000[167]
1988	8.708.700.000[168]
1989	6.934.900.000[169]
1990	3.360.380.000[170] + 56.620.000[171]
1991	2.587.970.000[172]
1992	1.696.180.000[173]
1993	228.100.000[174]

Frankreich: Als Gründungsmitglied der EGKS förderte Frankreich im Jahre 1953 52,6 Mio Tonnen Steinkohle; im Jahre 1957 stieg die Produktion sogar auf 57,7 Mio Tonnen an[175]. Seitdem hat sich das Fördervolumen stetig verringert, und bis zum Jahre 2005 ist die völlige Einstellung der französischen Steinkohlenförderung geplant[176]. Während im Jahre 1955 insgesamt 215.000 Arbeitnehmer im französischen Steinkohlenbergbau beschäftigt waren (davon 140.000 unter Tage), waren es im Jahr 2000 nur noch knapp 8000 (davon 3.500 unter Tage). Die Steinkohlenförderung in Frankreich konzentriert sich heute auf die Reviere Lothringen, wo noch zwei Schachtanlagen in Betrieb sind (Merlebach, die im Oktober 2003 stillgelegt wird, und La Houve, die im Jahr 2005 stillgelegt wird) und Centre-Midi mit fünf Standorten, darunter eine einzige Schachtanlage (Gardanne in der Provence). Das einzige franzö-

167 Entscheidung Nr. 87/239/EGKS, ABl. Nr. L 110 vom 25. 4. 1987, S. 27.
168 Entscheidung Nr. 88/178/EGKS, ABl. Nr. L 80 vom 25. 3. 1988, S. 54.
169 Entscheidung Nr. 89/529/EGKS, ABl. Nr. L 277 vom 27. 9. 1989, S. 29.
170 Entscheidung Nr. 90/236/EGKS, ABl. Nr. L 133 vom 24. 5. 1990, S. 89.
171 Entscheidung Nr. 92/115/EGKS, ABl. Nr. L 43 vom 19. 2. 1992, S. 31.
172 Entscheidung Nr. 91/405/EGKS, ABl. Nr. L 226 vom 14. 8. 1991, S. 26.
173 Entscheidung Nr. 92/55/EGKS, ABl. Nr. L 22 vom 31. 1. 1992, S. 61.
174 Entscheidung Nr. 93/194/EGKS, ABl. Nr. L 85 vom 6. 4. 1993, S. 26. Die Beihilfen für 1993 waren zur Deckung der Ausgaben des Ergänzungsurlaubs für Untertagebergleute und zur Finanzierung von Sozialleistungen bestimmt.
175 S. Kommission der Europäischen Gemeinschaften, 25 Jahre gemeinsamer Markt für Kohle 1953–1978, Brüssel, Luxemburg, 1977, S. 166.
176 Bericht der Kommission über die Anwendung der Gemeinschaftsregelung für Maßnahmen der Mitgliedstaaten zugunsten des Steinkohlenbergbaus im Jahr 2000, KOM(2001) 327 endg. vom 15. 6. 2001, S. 7.

sische Förderunternehmen, Charbonnage de France (CdF), gehört dem öffentlichen Sektor an und zog 1995 durch den Abschluß eines Pacte charbonnier national, der die Aufgabe der Förderung vorsah, die Konsequenzen aus der fehlenden Wettbewerbsfähigkeit der französischen Steinkohle (Produktionskosten: 1.267 ffrs je Tonne, Marktpreis: 275 ffrs, zwischen 1970 und 2000 aufgewandte Beihilfen 233 Mia ffrs).

Im Anwendungszeitraum der Beihilfeentscheidung Nr. 2064/86/EGKS (1986 bis 1993) beschränkten sich die französischen Beihilfeleistungen an den Steinkohlensektor auf Beihilfen zur Deckung von Betriebsverlusten und Forschungsbeihilfen zugunsten des „Centre d'Etudes et de Recherche des Charbonnages de France (CERCHAR)". Unter der Beihilfeentscheidung Nr. 3632/93/EGKS (1994 bis 2002) verlagerte sich der Schwerpunkt auf die Deckung von außergewöhnlichen Belastungen, die sich aus der schrittweisen Rücknahme der Fördertätigkeit ergaben und die nicht an die laufende Förderung gekoppelt waren (Altlasten).

Im einzelnen wurden von der Kommission folgende Beträge genehmigt:

Jahr	Beihilfe (in ffrs)
1987	2.970.000.000[177]
1988	1.741.000.000[178]
1989	1.229.000.000[179]
1990	1.149.000.000[180]
1991	1.153.000.000[181]
1992	1.284.000.000[182]
1993	1.262.000.000[183]
1994	6.009.000.000[184]
1995	4.366.000.000[185]
1996	4.415.000.000[186]

177 Entscheidung Nr. 87/240/EGKS, ABl. Nr. L 110 vom 25. 4. 1987, S. 29.
178 Entscheidung Nr. 88/243/EGKS, ABl. Nr. L 105 vom 26. 4. 1988, S. 31.
179 Entscheidung Nr. 89/597/EGKS, ABl. Nr. L 342 vom 24. 11. 1989, S. 28.
180 Entscheidung Nr. 91/419/EGKS, ABl. Nr. L 232 vom 21. 8. 1991, S. 8.
181 Entscheidung Nr. 91/355/EGKS, ABl. Nr. L 193 vom 17. 7. 1991, S. 28.
182 Entscheidung Nr. 92/507/EGKS, ABl. Nr. L 310 vom 27. 10 1992, S. 31.
183 Entscheidung Nr. 93/429/EGKS, ABl. Nr. L 198 vom 7. 8. 1993, S. 33.
184 Entscheidung Nr. 95/465/EGKS, ABl. Nr. L 267 vom 9. 11. 1995, S. 46.
185 Entscheidung Nr. 95/519/EGKS, ABl. Nr. L 299 vom 12. 12. 1995, S. 18.
186 Entscheidung Nr. 96/458/EGKS, ABl. Nr. L 191 vom 1. 8. 1996, S. 45.

Fortsetzung

Jahr	Beihilfe (in ffrs)
1997	6.323.000.000[187]
1998	6.592.000.000[188] + 4.376.267 EUR[189]
1999	6.459.000.000[190]
2000	6.627.000.000[191]
2001	6.503.000.000[192] + 1.493.727 EUR[193]

Portugal: Im Zeitpunkt seines Beitritts zur EGKS besaß Portugal einen einzigen großen Steinkohleproduzenten, das staatliche Unternehmen „Empresa Carbonifera du Duoro Sarl" (ECD), das im nordportugiesischen Revier von Durico-Beira in den Zechen Pejão und São Pedro da Cova etwa 95 % der portugiesischen Kohle förderte (1986: 210.500 Tonnen)[194]. Aufgrund der schwierigen geologischen Verhältnisse, der nahenden Erschöpfung der Reserven und der minderen Qualität der Kohle erwirtschaftete das Unternehmen Betriebsverluste, die durch staatliche Beihilfen ausgeglichen wurden. Nachdem der größte Abnehmer der Kohle, Electricidade de Portugal, beschloß, sein Wärmekraftwerk Tapada do Outeiro Anfang 1995 auf Erdgasfeuerung umzustellen, war die geförderte Kohle praktisch nicht mehr abzusetzen. In einem Schrumpfungsplan sah die ECD vor, die Förderung und die Beschäftigungszahlen der einzigen verbliebenen Zeche des Reviers von 1990 bis 1994, dem Jahr der geplanten Betriebsschließung, schrittweise zu reduzieren. Zum 31. Dezember 1994 wurde die Zeche stillgelegt. Zur Deckung der hiermit verbundenen außerordentlichen Soziallasten und insbesondere für Entschädigungszahlungen an die entlassenen Arbeitnehmer gewährte die portugiesische Regierung Beihilfen bis 1996, wie sich aus der nachfolgenden Übersicht ergibt:

---

187 Entscheidung Nr. 2001/85/EGKS, ABl. Nr. L 29 vom 31. 1. 2001, S. 45.
188 A. a. O.
189 Entscheidung Nr. 2002/787/EGKS, ABl. Nr. L 282 vom 19. 10. 2002, S. 70. Mit dieser Entscheidung wurde gleichzeitig die Wiedereinziehung rechtswidriger Beihilfen angeordnet, die an das Unternehmen Charbonnages de France gezahlt worden waren. S. hierzu auch die Entscheidung Nr. 2002/541/EGKS der Kommission vom 9. April 2002 über die Verwendung der staatlichen Beihilfen für Steinkohlenbergbau in Frankreich im Zeitraum 1994–1997, ABl. Nr. L 176 vom 5. 7. 2002, S. 26.
190 Entscheidung Nr. 2001/85/EGKS, ABl. Nr. L 29 vom 31. 1. 2001, S. 45.
191 Entscheidung Nr. 2001/58/EGKS, ABl. Nr. L 21 vom 23. 1. 2001, S. 12.
192 Entscheidung Nr. 2001/678/EGKS, ABl. Nr. L 239 vom 7. 9. 2001, S. 35.
193 Entscheidung Nr. 2002/787/EGKS, ABl. Nr. L 282 vom 19. 10. 2002, S. 70.
194 Die verbleibenden 5 % wurden im Tagebau vom Unternehmen Terriminas abgebaut. S. zu den Einzelheiten das Memorandum der Kommission über die finanziellen Maßnahmen Spaniens und Portugals zugunsten des Steinkohlenbergbaus im Jahre 1986, SEK(88) 1590 endg. vom 11. 11. 1988.

Jahr	Beihilfe (Escudos)
1987	296.000.000[195]
1988	279.965.000[196]
1989	796.400.000[197]
1990	–
1991	803.777.000[198]
1992	1.015.229.000[199]
1993	1.382.834.000[200]
1994	1.058.651.000[201]
1995 1996	345.950.000[202]

Spanien: Die Steinkohlenproduktion in Spanien verteilt sich auf zahlreiche kleine, geographisch voneinander isolierte Reviere. Die Förderung wird von 58 vornehmlich privaten Unternehmen sowie durch das staatliche Unternehmen Hunosa betrieben. Auch in Spanien ist die Förderung rückläufig und dürfte im Jahr 2002 14,5 Mio Tonnen nicht überstiegen haben (1986: 21,8 Mio Tonnen bei 240 Unternehmen[203]). Die Zahl der im Steinkohlenbergbau Beschäftigten liegt bei 17.000. Nur 8 Unternehmen fördern mehr als 1 Mio Tonnen pro Jahr und zehn weitere mehr als 100.000 Tonnen pro Jahr[204]. Die geologischen Verhältnisse sind der Kohleförderung nicht günstig: Die Flözschichten sind wenig mächtig, Verwerfungen und Verunreinigungen häufig. Etwa ein Viertel der Produktion ist subbituminöse Kohle (lignito nero), die jedoch als Steinkohle i. S. des EGKS-Vertrages anerkannt ist[205]. Insgesamt lag die Produktivität

195 Entscheidung Nr. 87/453/EGKS, ABl. Nr. L 241 vom 25. 8. 1987, S. 15.
196 Entscheidung Nr. 88/558/EGKS, ABl. Nr. L 307 vom 12. 11. 1988, S. 49.
197 Entscheidung Nr. 91/2/EGKS, ABl. Nr. L 5 vom 8. 1. 1991, S. 25.
198 Entscheidung Nr. 92/54/EGKS, ABl. Nr. L 22 vom 31. 1. 1992, S. 59.
199 Entscheidung Nr. 93/135/EGKS, ABl. Nr. L 55 vom 6. 3. 1993, S. 64.
200 Entscheidung Nr. 94/42/EGKS, ABl. Nr. L 23 vom 28. 1. 1994, S. 30.
201 Entscheidung Nr. 94/994//EGKS, ABl. Nr. L 379 vom 31. 12. 1994, S. 3.
202 Entscheidung Nr. 96/576/EGKS, ABl. Nr. L 253 vom 5. 10. 1996, S. 20.
203 S. Memorandum der Kommission über die finanziellen Maßnahmen Spaniens und Portugals zugunsten des Steinkohlenbergbaus im Jahre 1986, SEK(88) 1590 endg. vom 11. 11. 1988.
204 S. Bericht der Kommission über die Anwendung der Gemeinschaftsregelung für Maßnahmen der Mitgliedstaaten zugunsten des Steinkohlenbergbaus im Jahr 2000, KOM(2001) 327 endg. vom 15. 6. 2001, S. 7.
205 ABl. Nr. C 254 vom 11. 10. 1986, S. 2.

im spanischen Kohlebergbau beim Beitritt des Landes zur EG (1.1.1986) mit 292 kg/ Mannstunde rund 40 % unter dem Gemeinschaftsdurchschnitt.

Die von Spanien geleisteten Beihilfen dienten zur Zeit des Beitritts vornehmlich zur Abdeckung von Grubenbetriebsverlusten, der Förderung des Absatzes von Kohle und Koks an die Stahlindustrie und Ausgleichszahlungen an das Oficina de Compensacion de la Energia Electrica (OFICO), das, ähnlich der Förderung durch das dritte Verstromungsgesetz, die Abnahme teurer spanischer Steinkohle durch Elektrizitätsunternehmen bezuschußte[206]. Angesichts des hohen Beihilfeniveaus, der geringen Rationalisierungsmaßnahmen des spanischen Steinkohlenbergbaus und in Anbetracht der Tatsache, daß die meisten der betroffenen Förderkapazitäten keinerlei wirtschaftliche Überlebensfähigkeit aufweisen, verlangte die Kommission 1990 von der spanischen Regierung die Vorlage eines Plans zur Umstrukturierung, Modernisierung und Rationalisierung des spanischen Steinkohlenbergbaus sowie einen Plan für den Abbau der Beihilfen zur Deckung der Grubenbetriebsverluste[207]. Der Plan wurde für die Jahre 1990 bis 1993 vorgelegt, gefolgt von einem weiteren Plan zur Rücknahme der Fördertätigkeit für den Zeitraum 1994 bis 1997[208], wobei beide Pläne auf dem „Nationalen Energieplan 1991–2000" beruhten.

Folgende Beihilfen für den spanischen Steinkohlenbergbau wurden von der Kommission genehmigt:

Jahr	Beihilfe (in Pta) direkte Beihilfe	indirekte Beihilfe
1987	38.198.200.000 + 15.536.000.000	8.400.000.000[209] + 3.370.000.000[210]
1988	51.384.300.000 + 369.100.000[212]	8.400.000.000[211] + 2.782.000.000
1989	51.683.900.000[213] + 2.026.900.000[215]	12.625.000.000[214]
1990	51.982.800.000[216]	

206 S. zu den Einzelheiten die Entscheidung Nr. 90/198/EGKS, ABl. Nr. L 105 vom 25.4.1990, S. 19.
207 S. Art. 3 der Entscheidung Nr. 91/3/EGKS, ABl. Nr. L 5 vom 8.1.1991, S. 21.
208 S. hierzu die Entscheidung Nr. 94/1072/EGKS, ABl. Nr. L 385 vom 31.12.1994, S. 31.
209 Entscheidung Nr. 87/454/EGKS, ABl. Nr. L 241 vom 25.8.1987, S. 16.
210 Entscheidung Nr. 88/505/EGKS, ABl. Nr. L 274 vom 6.10.1988, S. 41.
211 A.a.O.
212 Entscheidung Nr. 91/3/EGKS, ABl. Nr. L 5 vom 8.1.1991, S. 27.
213 Entscheidung Nr. 89/102/EGKS, ABl. Nr. L 38 vom 10.2.1989, S. 39.
214 Entscheidung Nr. 90/198/EGKS, ABl. Nr. L 105 vom 25.4.1990, S. 19.
215 Entscheidung Nr. 91/3/EGKS, ABl. Nr. L 5 vom 8.1.1991, S. 27.
216 A.a.O.

Fortsetzung

Jahr	Beihilfe (in Pta) direkte Beihilfe	indirekte Beihilfe
1991	17.000.000.000 + 50.034.000.000[218] + 46.615.000.000[219]	6.208.000.000[217]
1992	50.034.000.000[220]	2.286.000.000[221]
1993	49.978.000.000[222]	2.059.000.000[223]
1994	128.869.000.000[224] + 10.362.000.000[225]	
1995	141.316.000.000[226]	
1996	141.327.000.000[227] + 67.053.000.000[228] (für 1994, 1995, 1996)	
1997	177.234.000.000[229]	
1998	193.817.000.000[230]	
1999	178.250.000.000[231]	
2000	186.541.000.000[232]	
2001	177.889.499.056[233] + 10.092.000.000[234]	
	Beihilfe in EUR	
2002 (bis 23.7.02)	479.376.309[235] + 6.704.295,70[236]	

217 Entscheidung Nr. 91/599/EGKS, ABl. Nr. L 324 vom 26. 11. 1991, S. 30.
218 Entscheidung Nr. 93/145/EGKS, ABl. Nr. L 57 vom 10. 3. 1993, S. 26.
219 Entscheidung Nr. 93/146/EGKS, ABl. Nr. L 57 vom 10.3.1993, S. 29.
220 A. a. O.
221 A. a. O.
222 Entscheidung Nr. 93/145/EGKS, ABl. Nr. L 57 vom 10. 3. 1993, S. 26.
223 Entscheidung Nr. 93/146/EGKS, ABl. Nr. L 57 vom 10. 3. 1993, S. 29.
224 Entscheidung Nr. 94/1072/EGKS, ABl. Nr. L 385 vom 31. 12. 1994, S. 31.
225 Entscheidung Nr. 96/591/EGKS, ABl. Nr. L 259 vom 12. 10. 1996, S. 14.

Eine weitere Beihilfe in Höhe von 1.629,23 Mio EUR für das Bergbauunternehmen Hulleras del Norte SA (HUNOSA) für die Externalisierung von Sozialaufwendungen (Altlasten) genehmigte die Kommission[237] auf der Grundlage von Art. 7 der Verordnung (EG) Nr. 1407/2002 des Rates vom 23. Juli 2002 über staatliche Beihilfen für den Steinkohlenbergbau[238].

Vereinigtes Königreich: Am Anfang der Nachkriegsentwicklung des britischen Steinkohlensektors stand die Gründung des National Coal Board (NCB) durch den Coal Industry Nationalisation Act von 1946, mit der die verstaatlichten Steinkohlenzechen des Vereinigten Königreichs unter eine gemeinsame Verwaltung gestellt wurden. Seit den 50er Jahren mit der EGKS assoziiert, hatte Großbritannien schon vor dem Beitritt zum gemeinsamen Markt auf der Grundlage der Coal Industry Acts von 1965 und 1967 verschiedene Maßnahmen zugunsten des Steinkohlenbergbaus getroffen. Unter dem Coal Industry Act von 1973 wurden diese Maßnahmen beibehalten und den gemeinschaftlichen Beihilferegimen unterstellt, wobei die laufende Förderung (je Tonne) in Großbritannien stets niedriger subventioniert wurde als in der Bundesrepublik Deutschland und wesentlich niedriger als in Frankreich und Belgien. Von lang anhaltenden Streiks der National Union of Mineworkers begleitet, wurde das NCB 1985 in die British Coal Corporation (BCC) überführt, die Ende der 80er Jahre mehr als 95 % der Schachtanlagen unter Tage bewirtschaftete. Die restlichen Anlagen wurden in Lizenz von kleinen privaten Produzenten betrieben. Die Produktion stammte zu 83 % aus Untertagebaubetrieben und zu 17 % aus dem Tagebau, dessen Betreiber in der „National Association of Licensed Opencast Operators“ (NALOO) zusammengeschlossen sind.

Als Mutterland der Steinkohle war das Vereinigte Königreich viele Jahre das größte Steinkohleförderland der Gemeinschaft. Unter den konservativen Regierungen

---

226 A. a. O.
227 Entscheidung Nr. 96/575/EGKS, ABl. Nr. L 253 vom 5. 10. 1996, S. 15.
228 Entscheidung Nr. 98/635/EGKS, ABl. Nr. L 303 vom 13. 11. 1998, S. 47.
229 Entscheidung Nr. 98/636/EGKS, ABl. Nr. L 303 vom 13. 11. 1998, S. 53.
230 Entscheidung Nr. 98/637/EGKS, ABl. Nr. L 303 vom 13. 11. 1998, S. 57.
231 Entscheidung Nr. 1999/451/EGKS, ABl. Nr. L 177 vom 13. 7. 1999, S. 27.
232 Entscheidung Nr. 2001/162/EGKS, ABl. Nr. L 58 vom 28. 2. 2001, S. 24.
233 Entscheidung Nr. 2002/241/EGKS, ABl. Nr. L 82 vom 26. 3. 2002, S. 11.
234 Entscheidung Nr. 2002/583/EGKS, ABl. L 184 vom 13. 7. 2002, S. 40. Mit dieser Entscheidung wurde gleichzeitig die Wiedereinziehung rechtswidriger Beihilfen angeordnet, die an das Unternehmen Hulleras del Norte SA (Hunosa) ausgezahlt worden waren.
235 Entscheidung Nr. 2002/826/EGKS, ABl. Nr. L 296 vom 30. 10. 2002, S. 73. Mit dieser Entscheidung wurde gleichzeitig die Wiedereinziehung rechtswidriger Beihilfen angeordnet, die an das Unternehmen Minas de la Camocha SA ausgezahlt worden waren.
236 Entscheidung Nr. 2002/827/EGKS, ABl. Nr. L 296 vom 30. 10. 2002, S. 80. Mit dieser Entscheidung wurde gleichzeitig die Wiedereinziehung rechtswidriger Beihilfen angeordnet, die an das Unternehmen González y Díez SA ausgezahlt worden waren. S. dazu die Aufforderung zur Abgabe einer Stellungnahme gemäß Art. 88 Abs. 2 EGV im ABl. Nr. C 87 vom 10. 4. 2002, S. 17. S. zuletzt zu Beihilfen der Autonomen Region Castilla-Léon in den Jahren 2000, 2001 und 2002 die Aufforderungen zur Abgabe einer Stellungnahme gemäß Art. 88 Abs. 2 EGV im ABl. Nr. C 105 vom 1. 5. 2003, S. 2.
237 ABl. Nr. C 87 vom 10. 4. 2003, S. 33.
238 ABl. Nr. L 205 vom 2. 8. 2002, S. 1.

der 80er und 90er Jahre wurde der Sektor drastisch umstrukturiert, insbesondere durch die Privatisierung der BCC im Jahre 1994 durch den Coal Industry Act vom 5. Juli 1994, der als staatliche Aufsichtsbehörde die Coal Authority einsetzte. Das größte der privaten Nachfolgeunternehmen der BCC, RJB-Mining, betrieb Ende der 90er Jahre insgesamt 13 Schachtanlagen; die Produktionskosten lagen dank einschneidender Rationalisierungsmaßnahmen nur leicht über den Weltmarktpreisen. Insgesamt sank in Großbritannien zwischen 1976 und 2001 die Zahl der Förderstandorte von 241 auf derzeit 18, die Zahl der Bergarbeiter von über 300.000 auf etwa 11.500 (davon mehr als 8000 unter Tage) und die Fördermenge von 125 Mio Tonnen auf weniger als 32 Mio Tonnen.

Im Gegensatz zur Bundesrepublik kannte und kennt Großbritannien kein spezielles Beihilferegime zur Förderung der Verstromung von Steinkohle. In den 80er Jahren lag der Schwerpunkt der Beihilfen bei der Abdeckung der Grubenbetriebsverluste. Außerdem wurde eine bedeutende Rücklage für die kostenlose Lieferung von Deputatkohle und Barvergütungen an ehemalige Bergarbeiter gebildet und Entschädigungen für Berufskrankheiten gewährt. Ein weiterer bedeutsamer Posten bestand im Ausgleich der Wertminderung des Anlagevermögens der BCC. Im Zuge der Umstrukturierung und Privatisierung des Steinkohlensektors in den 90er Jahren gemäß den Zielen des Weißbuches der britischen Regierung vom 25. März 1993 über die Zukunftsaussichten für die Steinkohle traten die Deckung der Altlasten der BCC und insbesondere außerordentliche Sozialleistungen der Umstrukturierung in den Vordergrund. Nach Abschluß des Privatisierungsprozesses Mitte der 90er Jahre[239] beschränkten sich die Beihilfen ausschließlich auf die Bildung von Rücklagen und die Deckung von Altlasten, nachdem schon seit Ende der 80er Jahre keine Beihilfen zur Stützung der laufenden Förderung und des Absatzes mehr gezahlt worden waren.

Trotz größter Rationalisierungsanstrengungen verschlechterte sich die Lage des britischen Steinkohlenbergbaus Ende der 90er Jahre, insbesondere infolge des rapiden Verfalls der Kohlepreise auf dem Weltmarkt im Jahre 1999 und der Aufhebung des Moratoriums der britischen Regierung für den Bau von Gaskraftwerken. Zur Überwindung dieser als vorübergehend angesehenen Schwierigkeiten legte das Vereinigte Königreich einen Plan zur weiteren Modernisierung, Rationalisierung und Umstrukturierung sowie einen Beihilfeplan mit dem Titel „UK Coal Operating Aid Scheme" vor, die von der Kommission mit Entscheidung Nr. 2001/114/EGKS vom 15. November 2000 gebilligt wurden[240]. Auf der Grundlage dieses Planes genehmigte die Kommission für die Jahre 2000 und 2001 erneut begrenzte Betriebsbeihilfen zur Stützung der laufenden Förderung.

Im einzelnen ergibt sich für die Genehmigung britischer Kohlebeihilfen folgendes Bild:

239 S. hierzu eingehend EuGH, Urteil vom 20. September 2001, Rechtssache C-390/98 (Banks ./. Coal Authority), Slg. 2001, I-6117.

240 ABl. Nr. L 43 vom 14. 2. 2001, S. 27.

Jahr	Beihilfe (in £ Stg)
1987/88	106.400.000[241] + 109.500.000[242]
1988/89	577.000.000 (für 1987/88 und 1988/89)[243]
1989/90	5.100.000.000[244] 15.500.000[245]
1990/91	–
1991/92	–
1992/93	120.000.000[246]
1993/94	2.187.759,71[247]
1994/95	116.354.577,43[248] + 675.000.000,00[249] + 230.000,00[250]
1995/96	441.000.000[251] + 1.700.000.000,00 (für 1994/95 und 1995/96)[252]
1996/97	378.000.000,00[253] + 24.000.000,00[254]
1997/98	347.000.000,00[255] + 891.000.000,00 (bis Juli 2002 auszahlbar)[256]

241 Entscheidung Nr. 87/452/EGKS, ABl. Nr. L 241 vom 25. 8. 1987, S. 13.
242 Entscheidung Nr. 89/175/EGKS, ABl. Nr. L 64 vom 8. 3. 1989, S. 14.
243 Entscheidung Nr. 90/634/EGKS, ABl. Nr. L 346 vom 11. 12. 1990, S. 22.
244 A. a. O.
245 Entscheidung Nr. 89/584/EGKS, ABl. Nr. L 326 vom 11. 11. 1989, S. 32.
246 Entscheidung Nr. 94/333/EGKS, ABl. Nr. L 147 vom 14. 6. 1994, S. 11.
247 Entscheidung Nr. 94/574/EGKS, ABl. Nr. L 220 vom 25. 8. 1994, S. 12.
248 A. a. O.
249 Entscheidung Nr. 94/995/EGKS, ABl. Nr. L 379 vom 31. 12. 1994, S. 6.
250 Entscheidung Nr. 94/999/EGKS, ABl. Nr. L 382 vom 31. 12. 1994, S. 1.
251 Entscheidung Nr. 94/995/EGKS, ABl. Nr. L 379 vom 31. 12. 1994, S. 6.
252 A. a. O.
253 Entscheidung Nr. 96/514/EGKS, ABl. Nr. L 216 vom 27. 8. 1996, S. 6.
254 Entscheidung Nr. 97/376/EGKS, ABl. Nr. L 158 vom 17. 6. 1997, S. 44.
255 A. a. O.
256 Entscheidung Nr. 97/577/EGKS, ABl. Nr. L 237 vom 28. 8. 1997, S. 13.

Fortsetzung

Jahr	Beihilfe (in £ Stg)
2000	17.462.000[257] + 59.078.000[258] + 10.402.000[259] + 2.190.000[260]
2001	25.259.000[261] + 21.091.500[262] + 3.207.000[263] + 4.055.520[264] + 5.516.100[265] + 5.588.000[266]
2002 (bis 23. 7. 02)	2.915.960[267] – 326.500[268]

Trotz der enormen Anstrengungen des britischen Steinkohlesektors bei der Modernisierung, Rationalisierung und Umstrukturierung gelang es britischen Steinkohlenproduzenten kaum, in die Absatzmärkte der hochsubventionierten Kohleproduzenten Deutschlands und Spaniens einzudringen. Dies führte zu einer Serie von Klagen des größten britischen Steinkohleproduzenten RJB Mining Plc (jetzt: „UK Coal") gegen Entscheidungen der Kommission, mit der diese deutsche und spanische Beihilfen an Konkurrenten von RJB genehmigt hatte. Im einzelnen waren bzw. sind folgende Rechtssachen anhängig:

- Rechtssache T-110/98, Zwischen-Urteil des GeI vom 9. September 1999[269], mit dem die Klage wegen Nichtigerklärung der Entscheidung 98/687/EGKS der Kommission vom 10. Juni 1998 über **Beihilfen Deutschlands** zugunsten des Steinkohlenbergbaus **1997**[270] im wesentlichen zurückgewiesen wurde[271], dagegen Rechtsmittel in der

---

257 Entscheidung Nr. 2001/217/EGKS, ABl. Nr. L 81 vom 21. 3. 2001, S. 31.
258 Entscheidung Nr. 2001/340/EGKS, ABl. Nr. L 122 vom 3.5.2001, S. 23.
259 Entscheidung Nr. 2001/597/EGKS, ABl. Nr. L 210 vom 3. 8. 2001, S. 32.
260 Entscheidung Nr. 2002/82/EGKS, ABl. Nr. L 35 vom 6. 2. 2002, S. 19.
261 Entscheidung Nr. 2001/683/EGKS, ABl. Nr. L 241 vom 11. 9. 2001, S. 10.
262 Entscheidung Nr. 2001/807/EGKS, ABl. Nr. L 305 vom 22. 11. 2001, S. 27.
263 Entscheidung Nr. 2002/82/EGKS, ABl. Nr. L 35 vom 6. 2. 2002, S. 19.
264 Entscheidung Nr. 2002/582/EGKS, ABl. Nr. L 184 vom 13. 7. 2002, S. 37.
265 Entscheidung Nr. 2002/786/EGKS, ABl. Nr. L 282 vom 19. 10. 2002, S. 66.
266 Entscheidung Nr. 2003/29/EGKS ABl. Nr. L 17 vom 22. 1. 2003, S. 40.
267 Entscheidung Nr. 2002/786/EGKS, ABl. Nr. L 282 vom 19. 10. 2002, S. 66.
268 Entscheidung Nr. 2003/29/EGKS, ABl. Nr. L 17 vom 22. 1. 2003, S. 40.
269 Slg. 1999, II-2585.
270 ABl. Nr. L 324 vom 2. 12. 1998, S. 30.
271 Als wesentliche Erkenntnis des GeI ist festzuhalten: „Keine Bestimmung des Kodex ver-

- Rechtssache C-427/99 P[272];
- Rechtssache T-110/98, Beschluß des GeI vom 25. Juli 2000, mit dem die restlichen Klagegründe zurückgewiesen wurden[273], dagegen Rechtsmittel in der
- Rechtssache C-371/00 P[274];
- Rechtssache T-12/99[275], Urteil des GeI vom 12. Juli 2001[276], mit dem die Klage gegen die Entscheidung 1999/270/EGKS der Kommission vom 2. Dezember 1998 über Beihilfen an die **deutsche Kohleindustrie** für **1998**[277] zurückgewiesen wurde;
- Rechtssache T-63/99[278], Urteil des GeI vom 12. Juli 2001[279], mit dem die Klage gegen die Entscheidung 1999/299/EGKS der Kommission vom 22. Dezember 1998 über **Beihilfen der Bundesrepublik Deutschland** an die Steinkohleindustrie für **1999**[280] zurückgewiesen wurde;
- Rechtssache T-111/98[281], Klage gegen die Entscheidungen 98/635/EGKS, 98/636/EGKS und 98/637/EGKS der Kommission vom 3. Juni 1998 über **Beihilfen Spaniens** zugunsten des Steinkohlenbergbaus in den Jahren **1994 bis 1998**[282];
- Rechtssache T-170/99[283], Klage gegen die Entscheidung 1999/451/EGKS der Kommission vom 4. Mai 1999 über **Beihilfen Spaniens** zugunsten des Steinkohlenbergbaus im Jahr **1999**[284].

4. Ausgleich sonstiger staatlicher Wettbewerbsbeeinträchtigungen

Durch das Verbot staatlicher Beihilfen und Sonderlasten nach Art. 4 lit. c) EGKSV sollen die Kohle- und Stahlindustrien der Gemeinschaft vor Wettbewerbsverzerrungen **auf ihren Märkten** bewahrt werden. Da es sich bei der Vergemeinschaftung von Kohle und Stahl durch den EGKS-Vertrag aber nur um eine Integration nationaler **Teilmärkte** handelt, bleiben die Regelungsbefugnisse der Mitgliedstaaten auf allen

---

bietet der Kommission die Überprüfung der Vereinbarkeit eines Beihilfevorhabens mit dem Gemeinsamen Markt allein deswegen, weil der Mitgliedstaat, der das Beihilfevorhaben mitgeteilt hat, die Beihilfe bereits ausgezahlt hat, ohne die vorherige Genehmigung der Kommission abzuwarten" (Randnr. 65). „Diese Bestimmungen setzen nicht voraus, daß das begünstigte Unternehmen bei Ablauf eines vorgegebenen Zeitraums Wirtschaftlichkeit erreicht haben muß. Sie verlangen lediglich, daß die Wirtschaftlichkeit ‚verbessert' wird … Dieser ‚weiche' Ansatz erklärt sich aus den wirtschaftlichen Gegebenheiten, auf denen das System der staatlichen Beihilfen zugunsten des Steinkohlenbergbaus beruht, nämlich der strukturell fehlenden Wettbewerbsfähigkeit des Bergbaus, die darauf zurückzuführen ist, daß der größte Teil der Unternehmen gegenüber Einfuhren aus Drittländern nicht wettbewerbsfähig ist" (Randnrn. 100 und 101).

272 S. ABl. Nr. C 20 vom 22. 1. 2000, S. 14; noch anhängig.

273 Slg. 2000, II-2971.

274 S. ABl. Nr. C 335 vom 25. 11. 2000, S. 39, nach Klagerücknahme am 1. 8. 2002 aus dem Register des Gerichtshofs gelöscht.

275 S. ABl. Nr. C 86 vom 27. 3. 1999, S. 25.

276 Slg. 2001, II-2153 (verbunden mit Rechtssache T-63/99).

277 ABl. Nr. L 109 vom 27. 4. 1999, S. 14.

278 S. ABl. Nr. C 160 vom 5. 6. 1999, S. 26.

279 Slg. 2001, II-2153 (verbunden mit Rechtssache T-12/99).

280 ABl. Nr. L 117 vom 5. 5. 1999, S. 44.

281 S. ABl. Nr. C 299 vom 26. 9. 1998, S. 39, noch anhängig.

282 ABl. Nr. L 303 vom 13. 11. 1998, S. 47, 53 und 57.

283 S. ABl. Nr. C 281 vom 2. 10. 1999, S. 24, noch anhängig.

284 ABl. Nr. L 177 vom 13. 7. 1999, S. 27.

sonstigen Wirtschafts- und Rechtsbereichen vom EGKS-Vertrag unberührt. Gleichwohl können von staatlichen Maßnahmen auf diesen „EGKS-fremden“ Bereichen Auswirkungen ausgehen, die die Wettbewerbsbedingungen der Kohle- und Stahlindustrien innerhalb der Mitgliedstaaten oder zwischen ihnen erheblich verzerren. Soweit diese EGKS-fremden Maßnahmen außerhalb der rechtlichen Reichweite des EGKS-Vertrages liegen und nach Art. 86 nicht verboten werden können, gilt es, ihnen auf andere Weise gegenzusteuern bzw. ihre Folgen durch Sondermaßnahmen auszugleichen[285].

Die Möglichkeiten eines solchen Gegensteuerns bzw. Ausgleichs bestimmen sich nach Art. 67, dessen § 1 in derartigen Fällen zunächst eine **Meldepflicht** des betreffenden Mitgliedstaats vorsieht:

> „Jede Maßnahme eines Mitgliedstaats, die eine fühlbare Auswirkung auf die Wettbewerbsbedingungen in der Kohle- und Stahlindustrie haben kann, ist der Hohen Behörde durch die beteiligte Regierung zur Kenntnis zu bringen.“

Als staatliche Maßnahmen im Sinne dieser Vorschrift kommen den Kohle- und Stahlsektor **begünstigende** wie ihn **belastende,** rein **innerstaatlich** spürbare wie **grenzüberschreitend** wirkende Maßnahmen in Betracht.

Die jeweilige **Rechtsfolge** richtet sich danach, ob die Maßnahme nur rein **innerstaatlich** diskriminierend wirkt oder ob sie insgesamt zu schweren Störungen und schädlichen Auswirkungen für die Kohle- und Stahlindustrie führt. Soweit eine Maßnahme die Kohle- und Stahlindustrie des betreffenden Mitgliedstaates **innerstaatlich** bevorzugt oder benachteiligt, bestimmt Art. 67 § 3:

> „Vermindert die Maßnahme dieses Staates die Unterschiede der Produktionskosten, indem sie den Kohle- oder Stahlunternehmen innerhalb seiner Hoheitsgewalt im Vergleich zu den anderen Industrien desselben Landes einen besonderen Vorteil bringt oder ihnen besondere Lasten auferlegt, so kann die Hohe Behörde an diesen Staat nach Anhörung des Beratenden Ausschusses und des Rates die erforderlichen Empfehlungen richten.“

Für den Fall **schwerer Störungen** gelten die Regelungen des Art. 67 § 2, der in seinen Rechtsfolgen danach unterscheidet, ob sich die schädlichen Auswirkungen auf die Kohle- und Stahlindustrie des jeweiligen Staates beschränken oder ob sie die Kohle- und Stahlindustrie anderer Mitgliedstaaten betreffen:

> „Ist eine solche Maßnahme geeignet, eine schwere Störung des Gleichgewichts hervorzurufen, indem sie die Unterschiede der Produktionskosten in anderer Weise als durch Veränderung der Produktivität wesentlich vergrößert, so kann die Hohe Behörde nach Anhörung des Beratenden Ausschusses und des Rates folgende Maßnahmen ergreifen:
> – Hat die Maßnahme dieses Staates **schädliche Auswirkungen** auf die Kohle- oder Stahlunternehmen innerhalb der Hoheitsgewalt **des betreffenden Staates,** so kann die Hohe Behörde ihn ermächtigen, ihnen eine **Beihilfe zu gewähren,** deren Höhe, Bedingungen und Dauer im Einvernehmen mit ihr festgesetzt werden.

285 S. zu Art. 67: EuGH, Urteil vom 20. September 2001, Rechtssache C-390/98 (Banks ./. Coal Authority), Slg. 2001, I-6117 (Randnr. 88).

Dieselben Vorschriften finden bei Änderungen von Löhnen und Arbeitsbedingungen Anwendung, welche die gleichen Wirkungen haben, auch wenn sie nicht auf einer Maßnahme des Staates beruhen;
– hat die Maßnahme dieses Staates **schädliche Auswirkungen** auf die Kohle- oder Stahlunternehmen innerhalb der Hoheitsgewalt **anderer Mitgliedstaaten**, so richtet die Hohe Behörde an ihn eine Empfehlung mit der Aufforderung, diese Auswirkungen durch Maßnahmen zu beseitigen, die nach seiner Ansicht am besten mit seinem eigenen wirtschaftlichen Gleichgewicht vereinbar sind."

VI. Das Verbot wettbewerbswidriger Praktiken

Literatur:

Arved Deringer, Zum Wettbewerbsrecht der Montanunion, BB 1955, S. 116; *H. Lietzmann*, Wettbewerbsregeln des Montanvertrages und nationales Kartellrecht, WuW 1957, S. 642; *Giuliano Marenco*, The Birth of Modern Competition Law in Europe, in: *Armin von Bogdandy* u. a. (Ed.), European Integration and International Coordination, Studies in Transnational Economic Law in Honour of *Claus-Dieter Ehlermann*, The Hague/London/New York 2002, p. 279; *P. Meunier*, La Cour de Justice des Communautés européennes et l'applicabilité directe des règles de concurrence du Traité CECA, Revue Trimestrielle de Droit Européen (32) 2, Avril–Juin 1996, p. 243; *W. Ratje*, Der „Wettbewerb" auf dem Kohlenmarkt nach den Bestimmungen des Schuman-Plans, WuW 1954, S. 26.

Art. 4 lit. d) verbietet „einschränkende Praktiken, die auf eine Aufteilung oder Ausbeutung der Märkte abzielen". Dieses Verbot wird im Dritten Titel, Kapitel VI des Vertrages konkretisiert, das **„Kartelle und Zusammenschlüsse"** überschrieben ist (Art. 65 und 66). Während sich das Subventionsverbot des Art. 4 lit. c) an die **Mitgliedstaaten** wendet, richten sich Art. 4 lit. d) und die Art. 65 und 66 an die produzierenden **Unternehmen** im Sinne des Art. 80 einschließlich der Kohlengroßhandelsunternehmen und ihrer Organisationen[286]. Der EWG/EG-Vertrag sollte später für seinen Geltungsbereich beide Regelungsgebote „Vorschriften für Unternehmen" und „Staatliche Beihilfen" unter der gemeinsamen Überschrift „Wettbewerbsregeln" zusammenfassen.

Im Gegensatz zum EWG/EG-Wettbewerbsrecht, das nur Praktiken erfaßt, „welche den Handel **zwischen** Mitgliedstaaten zu beeinträchtigen geeignet sind" (Art. 81 (ex-Art. 85) Abs. 1 EGV) und daher rein innerstaatlich wirkende Wettbewerbsbeschränkungen nicht erfaßt, gilt das EGKS-Wettbewerbsrecht **innerstaatlich wie innergemeinschaftlich** als einziges, einheitliches Wettbewerbsrecht für die EGKS-Industrien[287]. Als solches verdrängte es für seinen Anwendungsbereich nicht nur das nationale Wettbewerbsrecht[288], sondern ging auch, solange der EGKS-Vertrag galt, dem EWG/EG-

---

286 S. Art. 80: „Was die Art. 65 und 66 ... anbelangt, so sind Unternehmen im Sinne dieses Vertrages ferner diejenigen Unternehmen und Organisationen, die gewerbsmäßig eine Vertriebstätigkeit ausüben, mit Ausnahme des Verkaufs an Haushaltungen oder an Kleingewerbetreibende".

287 S. Entscheidung Nr. 37/53 über den Zeitpunkt des Inkrafttretens der in Art. 65 des Vertrages für Kartelle vorgesehenen Verbote, ABl. Nr. 10 vom 21. 7. 1953, S. 153.

288 S. hierzu *Arved Deringer*, Wieweit gelten die Vorschriften des Gesetzes gegen Wettbewerbsbeschränkungen für die Montanindustrie, NJW 1965, S. 477.

Wettbewerbsrecht vor (vgl. Art. 305 (ex-Art. 232) Abs. 1 EGV). Zur einzigen und ausschließlich zuständigen Wettbewerbsbehörde bestimmen die Art. 65 und 66 EGKSV die **Hohe Behörde** (vgl. insbesondere Art. 65 § 4 Abs. 2)[289]. Sie besitzt nach Maßgabe der Art. 65 § 3 und 66 § 4 alle erforderlichen **Auskunftsrechte**[290] und verfügt über weitgehende **Sanktionsbefugnisse** (Art. 65 § 5, 66 § 5 Abs. 5 und § 6)[291].

Mit dem Begriff **„Kartelle“** verweist der EGKS-Vertrag terminologisch auf eine Organisationsstruktur, die bis zum Ende des zweiten Weltkriegs im deutschen Kohle- und Stahlsektor beherrschend war[292]. Die großen deutschen Montankonzerne der *Thyssen, Krupp, Klöckner, Stinnes, Poensgen* und *Flick*, die Steinkohlenzechen, Hüttenwerke und Betriebe der Weiterverarbeitung unter einer Leitung verbunden hatten **(Verbundwirtschaft)**, wurden als Waffenschmieden des Dritten Reichs von den Alliierten 1945 beschlagnahmt und ihre Zerschlagung angeordnet[293]. Unter dem Gesetz Nr. 75 der britischen und amerikanischen Militärregierung vom 10. November 1948 zur Umgestaltung des deutschen Kohlenbergbaus und der deutschen Eisen- und Stahlindustrie[294] wurden die **Entflechtungsmaßnahmen** im Vereinigten Wirtschaftsgebiet fortgeführt und nach Gründung der Bundesrepublik durch das Gesetz Nr. 27 der Alliierten Hohen Kommission vom 16. Mai 1950[295] weitgehend zum Abschluß gebracht. Wenn es den Alliierten auch primär auf die Zerschlagung des Stahl- und Rüstungssektors ankam[296], war die Kohlewirtschaft nicht weniger von der Neuordnung des Montansektors betroffen, die die Alliierten gegen erhebliche deutsche Widerstände durchsetzten.

Vor diesem Hintergrund war es ein wesentliches politisches Anliegen der Väter des EGKS-Vertrages, eine **Rückverflechtung** des deutschen Montansektors zu verhindern, ohne dadurch das „Powerhouse“ der EGKS, das Ruhrgebiet, in seiner wirtschaftlichen Leistungsfähigkeit zu behindern[297]. Das Ergebnis dieser Bemühungen sind die Wettbewerbsregeln der Art. 65 und 66 des EGKS-Vertrages, die unter **starker US-**

---

289 Hieraus folgt, daß die Mitgliedstaaten nach dem Ablaufen des EGKS-Vertrages für rein innerstaatlich wirksame Wettbewerbsverstöße auf dem Kohle- und Stahlsektor eine eigene Prüfungskompetenz aufbauen müssen.

290 Sowie besondere Kontrollrechte nach Art. 86 Abs. 4 EGKSV.

291 S. Leitlinien für das Verfahren zur Festsetzung von Geldbußen, die gemäß Art. 15 Abs. 2 der Verordnung Nr. 17 und gemäß Art. 65 Abs. 5 EGKS-Vertrag festgesetzt werden, ABl. Nr. C 9 vom 14. 1. 1998, S. 3.

292 S. *Max Metzner*, Die deutsche Kartellpolitik von 1933–1945, WuW 1954, S. 227.

293 S. *K. H. Herchenröder, Joh. Schäfer, Manfred Zapp*, Die „Neuordnung der Montanindustrie“. Die Nachfolger der Ruhrkonzerne, Düsseldorf, 3. Aufl. 1954, sowie *Henry C. Wallich*, Triebkräfte des deutschen Wiederaufstiegs, Frankfurt a. M. 1955.

294 Amtsblatt der Militärregierung Deutschlands, Britisches Kontrollgebiet 1948, Nr. 27, S. 1025.

295 Gesetz Nr. 27 zur Umgestaltung des deutschen Kohlenbergbaus und der deutschen Stahl- und Eisenindustrie, Amtsblatt der alliierten Hohen Kommission für Deutschland Nr. 20, vom 20. Mai 1950, S. 299.

296 S. zur Demontagepolitik der Alliierten: *Hanns D. Ahrens*, Demontage. Nachkriegspolitik der Alliierten, München 1982.

297 Kritisch hierzu *K. H. Herchenröder, Joh. Schäfer, Manfred Zapp*, wonach an den Verhandlungen über den „Schumanplan-Vertrag … zwar genug Politiker und Völkerrechtler, aber zu wenig Wirtschaftler beteiligt“ waren (a. a. O. S. 44).

amerikanischer Einflußnahme verfaßt worden sind[298]. Für die Dauer der Übergangszeit waren die §§ 12 und 13 ÜA („Monopolartige Absprachen und Organisationen") zu beachten.

1. Das Verbot einschränkender Vereinbarungen, Beschlüsse und Praktiken

Literatur:

E. Bunke, Das Kartellverbot im Recht der Europäischen Gemeinschaft für Kohle und Stahl, Kölner Dissertation 1957; *Gottfried Greifenhagen*, Die Kartellgenehmigung, Berlin 1966; *Kurt Haberkorn*, Zum Kartellverbot des Art. 65 des Montanunionvertrages, NJW 1960, 2135; *Ernst Rudolf Huber*, Die Einheit des Ruhrkohlenverkaufs und der Montanvertrag, Düsseldorf 1960; *Heinrich Matthies*, Artikel 65 des EGKS-Vertrages und der nationale Richter, ZHR, 1966, 128. Band, S. 99.

Art. 65 § 1 **verbietet** „alle Vereinbarungen zwischen Unternehmen, alle Beschlüsse von Verbänden von Unternehmen und alle verabredeten Praktiken, die darauf abzielen würden, auf dem gemeinsamen Markt unmittelbar oder mittelbar den normalen Wettbewerb zu verhindern, einzuschränken oder zu verfälschen, insbesondere

a) die Preise festzusetzen oder zu bestimmen;
b) die Erzeugung, die technische Entwicklung oder die Investitionen einzuschränken oder zu kontrollieren;
c) die Märkte, Erzeugnisse, Abnehmer oder Versorgungsquellen aufzuteilen".

Derartige Vereinbarungen und Beschlüsse sind gemäß Art. 65 § 4 **nichtig**; eine Berufung auf sie vor den Gerichten der Mitgliedstaaten ist unzulässig. Vorbehaltlich der bei dem Gerichtshof zu erhebenden Klagen ist die **Hohe Behörde ausschließlich zuständig**, darüber zu entscheiden, ob Vereinbarungen oder Beschlüsse mit den Bestimmungen des Art. 65 in Einklang stehen. Die auf Art. 65 gestützten Entscheidungen, die nach Art. 14 in allen ihren Teilen verbindlich sind, binden die nationalen Gerichte. Diese bleiben jedoch befugt, dem Gerichtshof Fragen nach ihrer Gültigkeit oder ihrer Auslegung gemäß Art. 41 vorzulegen."[299]

Als **Ausnahme vom Verbot** des Art. 65 § 1 trifft § 2 der Vorschrift folgende Sonderregelung:

> „Die Hohe Behörde genehmigt jedoch für bestimmte Erzeugnisse Vereinbarungen über Spezialisierung oder über gemeinsamen Ein- oder Verkauf, wenn sie feststellt,
> a) daß diese Spezialisierung oder diese gemeinsamen Ein- oder Verkäufe zu einer merklichen Verbesserung der Produktion oder der Verteilung der genannten Erzeugnisse beitragen;
> b) daß die betreffende Vereinbarung für die Erzielung dieser Wirkungen wesentlich ist, ohne daß sie weitergehende Einschränkungen vorsieht, als dies ihr Zweck erfordert, und

---

298 S. hierzu *Jean Monnet*, Mémoires, Paris 1976, p. 410ff. (413).
299 S. EuGH, Urteil vom 2. Mai 1996 in der Rechtssache C-18/94 (Hopkins u. a. ./. National Power), Slg. I-2281.

c) daß sie nicht geeignet ist, den beteiligten Unternehmen die Möglichkeit zu geben, für einen wesentlichen Teil der betreffenden Erzeugnisse auf dem gemeinsamen Markt die Preise zu bestimmen, die Erzeugung oder den Absatz zu kontrollieren oder einzuschränken, noch diese Erzeugnisse dem tatsächlichen Wettbewerb anderer Unternehmen auf dem gemeinsamen Markt zu entziehen."

In gleicher Weise wie **Spezialisierungsvereinbarungen** und **Vereinbarungen über den gemeinsamen Ein- und Verkauf** kann die Hohe Behörde „gewisse Vereinbarungen" genehmigen, die diesen in ihrer Natur und in ihren Auswirkungen „streng analog sind". Genehmigungen können unter **Bedingungen** und für begrenzte Zeit erteilt werden. Bei Änderung der Sachlage können sie widerrufen oder geändert werden, wobei sämtliche Genehmigungs-, Widerrufs- und Änderungsentscheidungen nebst ihren Gründen zu veröffentlichen sind.

Im Falle der Anwendung oder des Versuchs der Anwendung nichtiger Vereinbarungen und verbotener Praktiken kann die Hohe Behörde nach Maßgabe des Art. 65 § 5 **Geldbußen und Zwangsgelder** festsetzen.

Soweit der wesentliche Regelungsgehalt des Art. 65. Die EGKS-Praxis der frühen Jahre fand in der Bundesrepublik eine von jeher **kartellisierte Verkaufsstruktur** der Ruhrkohle vor. Von 1893 bis 1945 bestand eine zentrale Absatzorganisation für Ruhrkohle in Gestalt des **Rheinisch-Westfälischen Kohlensyndikats**[300], danach von 1947 bis 1952 in Form der **Deutschen Kohlen-Verkauf-Gesellschaft**[301] und schließlich von 1952 bis 1956 als **Gemeinschaftsorganisation Ruhrkohle (GEORG)**[302]. Unter dem Druck der Hohen Behörde spaltete sich diese einheitliche Verkaufsorganisation 1956 in drei selbständige **Ruhrkohlen-Verkaufsgesellschaften** (Geitling, Präsident und Mausegatt) auf, deren Errichtung durch die beteiligten Bergwerksgesellschaften die Hohe Behörde unter gewissen Auflagen nach Art. 65 § 2 genehmigte[303]. Als Mittel der Koordinierung blieb im wesentlichen nur noch ein gemeinschaftliches Büro, das die Hohe Behörde ebenfalls genehmigte[304]. Nach mehreren Verlängerungen der drei Verkaufsorganisationen[305] gelangte die Hohe Behörde 1959 zu der Auffassung, daß ihre tatsächliche Arbeitsweise vielfach den Genehmigungen nicht entsprach und ein einheitliches Absatzsystem fortgeführt worden war, das im Widerspruch zum

---

300 Gegründet von *Emil Kirdorf*; s. *Günter Ogger*, Die Gründerjahre, München 1982, S. 272, nach dessen Urteil das Syndikat „fortan den deutschen Energiemarkt beherrschte und die wohl mächtigste industrielle Vereinigung Europas darstellte".

301 S. *Ernst Rudolf Huber*, Wirtschaftsverwaltungsrecht, 2. Aufl. Tübingen 1953 und 1954, 1. Band, S. 799.

302 S. a. a. O. 2. Band, S. 790.

303 S. Entscheidungen Nr. 5/56, 6/56 und 7/56 vom 15. Februar 1956 über die Genehmigung des gemeinschaftlichen Verkaufs von Brennstoffen durch die in der Geitling/Präsident/Mausegatt Ruhrkohlen-Verkaufsgesellschaft mbH zusammengefaßten Bergwerksgesellschaften des Ruhrreviers, ABl. Nr. 6 vom 13. 3. 1956, S. 29/56, 43/56 und 56/56.

304 Entscheidung Nr. 8/56 vom 15. Februar 1956 über die Genehmigung bestimmter gemeinschaftlicher Einrichtungen und Maßnahmen der Bergwerksgesellschaften des Ruhrkohlenbergbaus, ABl. Nr. 6 vom 13. 3. 1956, S. 70/56.

305 S. z. B. Entscheidungen Nr. 16/57, 17/57, 18/57 vom 26. Juli 1957, ABl. Nr. 24 vom 10. 8. 1957, S. 319/57, 330/57 und 341/57.

Vertrage stand[306]. Hinzu trat ein Urteil des Gerichtshofs, das die unzureichende Begründung der Mengenkriterien der Handelsregelungen beanstandete[307] und einzelne Verlängerungsentscheidungen für nichtig erklärte[308]. Mit Entscheidung Nr. 17/59 gab die Hohe Behörde daher ihre Absicht bekannt, die Genehmigungen letztmalig zu verlängern[309] und setzte sodann den Endtermin für das Erlöschen der früheren Genehmigungen auf den 31. März 1963 fest[310].

Einen Antrag der Bergbauunternehmen und ihrer Verkaufsorganisationen zur Gründung einer einheitlichen „Ruhrkohle-Verkaufsgesellschaft mbH“ lehnte die Hohe Behörde ab[311], und der Gerichtshof bestätigte diese Entscheidung[312]. Nach Auflösung der gemeinsamen Einrichtungen (insbesondere Normenausschuß, Erlös- und Beschäftigungsausgleich)[313] wurden daraufhin 1963 **zwei Verkaufsgesellschaften** gegründet und genehmigt[314], die unter Wettbewerbsgesichtspunkten als selbständig und voneinander unabhängig angesehen werden konnten. Dieser zweifache gemeinsame Verkauf wurde bis 1969 beibehalten, als die meisten Bergbaugesellschaften ihren Zechenbesitz in die neugegründete **Ruhrkohle AG** einbrachten[315].

Auch für andere Reviere, wie das Aachener Steinkohlenrevier[316], das Helmstedter Braunkohlenrevier[317] und das Lothringisch-Saarländische Revier[318] genehmigte die Hohe Behörde/Kommission gemeinsame **Verkaufs**organisationen.

---

306 S. Entscheidung Nr. 17/59 vom 18. Februar 1959 über die Verlängerung der Genehmigungen betreffend die Absatzorganisationen des Ruhrreviers, ABl. Nr. 14 vom 7. 3. 1959, S. 279/59.

307 EuGH, Urteil vom 20. März 1959, Rechtssache 18/57 (Nold ./. Hohe Behörde), Slg. 1959, 89.

308 Nämlich die Entscheidungen 16/57, 17/57 und 18/57, a. a. O.

309 A. a. O.

310 S. Entscheidung Nr. 6/62 vom 6. Juni 1962 über die Festsetzung eines Endtermins für die Genehmigungen betreffend die Absatzorganisationen des Ruhrreviers, ABl. Nr. 47 vom 15. 6. 1962, S. 1479/62.

311 S. Entscheidung Nr. 16/60 vom 22. Juni 1960 über die Ablehnung der Genehmigung für einen gemeinschaftlichen Verkauf der Bergwerksgesellschaften des Ruhrreviers, ABl. Nr. 46 vom 23. 7. 1960, S. 1014/60.

312 EuGH, Urteil vom 18. Mai 1962, Rechtssache 13/60 (Geitling u. a. ./. Hohe Behörde), Slg. 1962, S. 177.

313 S. Kommission der Europäischen Gemeinschaften, 25 Jahre gemeinsamer Markt für Kohle 1953–1978, Brüssel, Luxemburg, S. 65.

314 S. Entscheidungen Nr. 5/63 und 6/63 vom 20. März 1963 über die Genehmigung des gemeinschaftlichen Verkaufs von Brennstoffen durch die in der Geitling/Präsident Ruhrkohlen-Verkaufsgesellschaft mbH zusammengeschlossenen Bergwerksgesellschaften des Ruhrreviers, ABl. Nr. 57 vom 10. 4. 1963, S. 1173/63 und 1191/63.

315 S. Entscheidungen Nr. 69/447/EGKS und 69/448/EGKS der Kommission vom 27. November 1969 über die Aufhebung der Entscheidungen Nr. 5/63 (Geitling) und 6/63 (Präsident) vom 20. März 1963, ABl. Nr. L 304 vom 4. 12. 1969, S. 11 und 12.

316 Entscheidung Nr. 32/54 vom 25. Juni 1954 über die Genehmigung des gemeinsamen Verkaufs von Steinkohlen, Steinkohlenbriketts und Steinkohlenkoks durch die Aachener Kohlen-Verkaufs GmbH, ABl. Nr. 15 vom 6. 7. 1954, S. 434.

317 Entscheidung Nr. 33/54 vom 25. Juni 1954 über die Genehmigung des gemeinsamen Verkaufs von Braunkohlenbriketts durch die Helmstedter Braunkohlen-Verkaufs GmbH, ABl. Nr. 15 vom 6. 7. 1954, S. 435.

318 Entscheidung Nr. 44/59 vom 4. November 1959 über die Genehmigung des gemeinsamen Verkaufs von Brennstoffen der Houillères du Bassin de Lorraine und der Saarbergwerke AG durch die „Saar-Lothringische Kohlenunion, deutsch-französische Gesellschaft auf Aktien, Union charbonnière sarro/lorraine, société franco-allemande, Saarbrücken und Straßburg („Saarlor“),

Auf der Seite des **Kohleneinkaufs** hatte die Hohe Behörde über Einkaufskartelle von revierfernen Kohlengroßhändlern zu befinden[319] sowie über Kartelle zur gemeinsamen Einfuhr von Drittlandskohle[320]. Die Abgrenzung zwischen Kohlengroß- und Kohleneinzelhändlern bildete ihrerseits den Gegenstand einer Vereinbarung, die der Genehmigung nach Art. 65 unterlag[321] (Spezialisierungsvereinbarung nach Art. 65 § 2).

Eine Sonderstellung unter den kartellrechtlich bedeutsamen Vereinbarungen nehmen im deutschen Steinkohlensektor zwei Verträge ein, die über viele Jahre den Absatz deutscher Steinkohle an zwei Hauptabnehmer sicherten, der **Hüttenvertrag** von 1969, mit dem sich die seinerzeit größten deutschen Stahlerzeuger („Hütten") über einen Zeitraum von 20 Jahren an die Steinkohle- und Kokslieferungen der Ruhrkohle AG banden[322], und der **Jahrhundertvertrag**, der der deutschen Steinkohle einen garantierten Absatz als Einsatzenergie bei der Elektrizitätserzeugung sicherte[323]. Beide Verträge bzw. Vertragsbündel wurden von der Kommission nach Art. 65 § 2 genehmigt.

Auch in **Frankreich** wies der Steinkohlensektor altetablierte Strukturen auf, die dem Wettbewerbsrecht der EGKS widersprachen. So konnte seit 1944 die Einfuhr von Steinkohle nur über die Association technique de l'importation charbonnière (ATIC) getätigt werden, deren Aufgabe in der Kontrolle und Bündelung der Nachfrage nach Importkohle bestand[324]. Die Umgestaltung der ATIC entwickelte sich zu einem Streit-

---

ABl. Nr. 58 vom 14. 11. 1959, S. 1147/59; zuletzt verlängert durch die Entscheidung Nr. 79/983/EGKS der Kommission vom 6. November 1979, ABl. Nr. L 295 vom 22. 11. 1979, S. 24.

319 S. z. B. Entscheidung Nr. 19/57 vom 26. Juli 1957 über die Genehmigung des gemeinsamen Einkaufs von Brennstoffen durch die in Süddeutschland tätigen Kohlengroßhändler (ABl. Nr. 24 vom 10. 8. 1957, S. 352/57), mit der die Oberrheinische Kohlenunion (OKU) Mannheim umgestaltet wurde (s. dazu auch die Entscheidung Nr. 4/58 vom 2. April 1958 über die Verlängerung der Frist für das Ausscheiden bestimmter Unternehmen aus der Oberrheinischen Kohlenunion, Bettag, Puton & Co., Mannheim, ABl. Nr. 12 vom 14. 4. 1958, S. 169/58); sowie Entscheidung Nr. 77/548/EGKS vom 12. Juli 1977 über die Genehmigung einer einem gemeinsamen Einkauf von festen Brennstoffen streng analogen Vereinbarung durch Unternehmen des Kohlengroßhandels, ABl. Nr. L 217 vom 25. 8. 1977, S. 11; Entscheidung Nr. 15/64 vom 15. Juli 1964 über die Teilnahme der Société rhénane d'exploitation et de manutention, Straßburg, an den Vereinbarungen über den gemeinsamen Einkauf von Brennstoffen durch die in Süddeutschland tätigen Kohlengroßhändler über die Oberrheinische Kohlenunion Bettag, Puton & Co., Mannheim, ABl. Nr. 120 vom 28. 7. 1964, S. 1969/64.

320 S. Entscheidung Nr. 32/55 vom 22. November 1955 über die Genehmigung einer von Unternehmen der deutschen Eisen- und Stahlindustrie geschaffenen gemeinsamen finanziellen Einrichtung für die Einfuhr von Kohle, ABl. Nr. 21 vom 28. 11. 1955, S. 907.

321 Entscheidung Nr. 20/67 vom 22. Juni 1967 über die Genehmigung einer Vereinbarung der deutschen Kohlengroß- und Kohleneinzelhändler über die Abgrenzung ihrer Tätigkeitsbereiche, ABl. Nr. 138 vom 1. 7. 1967, S. 2.

322 S. Entscheidung Nr. 89/248/EGKS der Kommission vom 30. März 1989 über die Genehmigung der Vereinbarungen über die Belieferung von sechs Stahlwerken mit festen Brennstoffen durch die Ruhrkohle AG, ABl. Nr. L 101 vom 14. 4. 1989, S. 35.

323 S. Entscheidung Nr. 93/126/EGKS der Kommission vom 22. Dezember 1992 betreffend ein Verfahren nach Art. 85 EWG-Vertrag und Art. 65 EGKS-Vertrag (IV/33.151 – Jahrhundertvertrag) (IV/33.997 – VIK – GVSt), ABl. Nr. L 50 vom 2. 3. 1993, S. 14.

324 Die Vorgänge um die ATIC sind im Amtsblatt der EGKS kaum belegt, da auch wichtige Entscheidungen nicht veröffentlicht wurden. S. zu den Einzelheiten der Ereignisse *Dirk Spierenburg, Raymond Poidevin*, The History of the High Authority of the European Coal und Steel Community, London 1994, S. 267 ff., 439 ff. und 522 f.

fall zwischen der Hohen Behörde und der französischen Regierung[325], der erst 1961 endete, als die französische Regierung das Verbot aufhob, das französischen Verkäufern untersagte, ihre Lieferungen von nicht-französischen Händlern (einschließlich solchen aus der Gemeinschaft) direkt zu beziehen[326].

Als besonders schwierig erwies sich die Lage in **Belgien**, dessen Kohlenbergbau sich schon bei der Gründung der Gemeinschaft in einer permanenten Rentabilitätskrise befand. Sämtliche Bergwerksgesellschaften der belgischen Reviere verkauften aufgrund von Vereinbarungen, die teilweise auf das Jahr 1935 zurückreichten, Brennstoffe aus ihren Anlagen gemeinschaftlich über das Comptoir Belge des Charbons (COBECHAR). Nach einer ersten Genehmigung unter Auflagen[327] lösten sich die Probleme schrittweise bis zur Aufhebung der Isolierung des belgischen Kohlemarktes zum 1. Januar 1963[328].

Ebenfalls bis in die 30er Jahre reichte die Tätigkeit der Northern Ireland Coal Importers' Association (NICIA) im **Vereinigten Königreich** zurück. Mitglieder waren die in Nordirland ansässigen Kohlengroßhändler, die entweder Steinkohle für Hausbrandzwecke zum Verkauf in Nordirland vom National Coal Board London oder von dritten Produzenten direkt bezogen. Unter Auflagen wurde auch diese Vereinbarung nach Art. 65 § 2 genehmigt[329].

2. Die Kontrolle von Unternehmenszusammenschlüssen

Literatur:

Giorgio Bernini, Jean Jaeger, Heinrich Matthies, Kartellverbot und Fusionskontrolle in der Montanunion, Frankfurt a. M. 1972; *Sue Couser, David Goldsack,* Konzentrationstendenzen in der internationalen Kohleindustrie, ZfE 2001, S. 43; *Wolfgang Feurig,* Zusammenschlußkontrolle in der Europäischen Gemeinschaft für Kohle und Stahl, Köln, Berlin, Bonn, München 1980; *Peter P. Kern,* Das Recht der Unternehmenszusammenschlüsse in der Montanunion, Berlin und Frankfurt a. M. 1955; *Robert Krawielicki,* Das Monopolverbot im Schumanplan, Tübingen 1952.

Im Gegensatz zum EWG/EG-Vertrag, dessen Wettbewerbsbestimmungen keine Kontrolle von Unternehmenszusammenschlüssen vorsehen – erst 1989 wurde diese Materie sekundärrechtlich durch die Verordnung (EWG) Nr. 4064/89 des Rates geregelt[330] – verpflichtete der EGKS-Vertrag die Gemeinschaft von Anfang an zur Über-

---

325 Einschließlich eines nicht zu Ende geführten Rechtsstreits. S. zur Klage der französischen Regierung gegen die Hohe Behörde (Rechtssache 5/56), ABl. Nr. 20 vom 24. 9. 1956, S. 272/56.
326 S. Kommission der Europäischen Gemeinschaften, 25 Jahre gemeinsamer Markt für Kohle 1953–1978, Brüssel, Luxemburg, S. 68 f.
327 S. Entscheidung Nr. 30/56 vom 3. Oktober 1956 über die Genehmigung des gemeinsamen Verkaufs von Brennstoffen durch die in dem Comptoir Belge des Charbons, Société Coopérative (COBECHAR) zusammengeschlossenen Bergwerksgesellschaften der belgischen Reviere, ABl. Nr. 23 vom 18. 10. 1956, S. 295/56.
328 S. Kommission, 25 Jahre gemeinsamer Markt für Kohle 1953–1978, a. a. O. S. 66.
329 Entscheidung Nr. 86/152/EGKS der Kommission vom 21. März 1986 zur Genehmigung der Vereinbarungen über die Tätigkeit der Northern Ireland Coal Importers' Association (NICIA), ABl. Nr. L 155 vom 3. 5. 1986, S. 19.
330 ABl. Nr. L 395 vom 30. 12. 1989, S. 1 (berichtigt im ABl. Nr. L 257 vom 21. 9. 1990, S. 13); zuletzt geändert durch die Verordnung (EWG) Nr. 1310/97, ABl. Nr. L 180 vom 9. 7. 1997, S. 1 (berichtigt im ABl. Nr. L 40 vom 13. 2. 1998, S. 17).

prüfung von Unternehmenszusammenschlüssen auf dem Kohle- und Stahlsektor. Der Grund hierfür mag einerseits in der Besorgnis gelegen haben, nach Art. 65 verbotene Kartelle könnten durch final gleichgerichtete Zusammenschlüsse ersetzt werden. Andererseits mag die Befürchtung eine Rolle gespielt haben, die gerade entflochtenen deutschen Ruhrkonzerne der Vorkriegszeit könnten durch unkontrollierte Fusionen ihre alte Gestalt und Stärke zurückgewinnen[331].

Die Regelungen des Art. 66 §§ 1 bis 6 unterwerfen die in § 1 näher definierten Zusammenschlüsse einer **Genehmigungspflicht**, wobei nach § 3 für bestimmte Arten von Zusammenschlüssen von vornherein eine **Freistellung** vom Erfordernis der Genehmigung vorgesehen werden kann. Die Genehmigung wird erteilt, wenn die in § 2 genannten **Voraussetzungen** erfüllt sind; soweit erforderlich, kann sie mit Bedingungen verknüpft sein. Zur Feststellung des Sachverhalts verfügt die Hohe Behörde nach § 4 über ein umfassendes **Auskunftsrecht**. Soweit ein Zusammenschluß genehmigungspflichtig ist und eine **Genehmigung nicht eingeholt wurde**, bestimmen sich die Rechtsfolgen nach § 5; soweit ein solcher Zusammenschluß **genehmigungsfähig** ist, wird die Genehmigung von der Zahlung einer Geldbuße abhängig gemacht; soweit der Zusammenschluß nicht genehmigungsfähig ist, wird die Trennung der Unternehmen oder die Beendigung der gemeinsamen Kontrolle angeordnet. Die **Höhe zu zahlender Geldbußen** bestimmt sich nach § 6.

Nach Art. 66 § 1 unterliegt der **Genehmigung „jedes Vorgehen**, das unmittelbar oder mittelbar seiner Natur nach und infolge der Tätigkeit einer Person oder eines Unternehmens, einer Gruppe von Personen oder Unternehmen **zu einem Zusammenschluß zwischen Unternehmen führt**, von denen mindestens eines unter Artikel 80 fällt". Hierbei ist es unerheblich, „ob das Vorgehen sich auf ein und dasselbe Erzeugnis oder auf verschiedene Erzeugnisse bezieht, ob es in einer **Fusion**, einem **Erwerb von Aktien oder Vermögenswerten**, einer **Darlehensverpflichtung**, einem **Vertrag** oder einer anderen Art der **Kontrolle** besteht". Die Einzelheiten einer solchen Kontrolle sind in der Entscheidung Nr. 24/54 vom 6. Mai 1954 „betreffend eine Verordnung über die Tatbestandsmerkmale der Kontrolle eines Unternehmens auf Grund des Art. 66 § 1 des Vertrages"[332] niedergelegt.

Nach § 2 erteilt die Hohe Behörde die in § 1 vorgesehenen Genehmigungen, wenn sie feststellt,

> „daß das beabsichtigte Vorgehen den beteiligten Personen oder Unternehmen nicht die Möglichkeit gibt, hinsichtlich der ihrer Zuständigkeit unterstehenden Erzeugnisse
> – auf einem bedeutenden Teil des Marktes dieser Erzeugnisse die Preise zu bestimmen, die Produktion oder die Verteilung zu kontrollieren oder zu beschränken oder einen wirklichen Wettbewerb zu verhindern,
> – oder den aus der Anwendung dieses Vertrags sich ergebenden Wettbewerbsregeln zu entgehen, insbesondere durch Schaffung einer künstlichen Vorzugsstellung, die

331 S. zu den Entflechtungsmaßnahmen *Ernst Rudolf Huber*, Wirtschaftsverwaltungsrecht, 2. Aufl. Tübingen 1953 und 1954, 1. Band S. 794ff., 2. Band S. 770ff.
332 ABl. Nr. 9 vom 11. 5. 1954, S. 345.

einen wesentlichen Vorteil im Zugang zu den Versorgungsquellen und zu den Absatzmärkten mit sich bringt."

Die **Freistellung** vom Erfordernis vorheriger Genehmigung erstreckt sich nach § 3 auf solche Arten des Vorgehens, bei denen anzunehmen ist, „daß die Art des bewirkten Zusammenschlusses im Hinblick auf die Bedeutung der durch das Vorgehen erfaßten Vermögenswerte oder Unternehmen den in § 2 geforderten Bedingungen entspricht". Wann dies im einzelnen der Fall ist, ergibt sich aus der Entscheidung Nr. 25/67 vom 22. Juni 1967 „betreffend eine Verordnung über die Befreiung vom Erfordernis vorheriger Genehmigung auf Grund des Art. 66 § 3 des Vertrages"[333], die an die Stelle der ersten Entscheidung Nr. 25/54[334] trat.

Das **Auskunftsrecht** der Hohen Behörde nach Art. 66 § 4 geht über das allgemeine Auskunftsrecht des Art. 47 hinaus, da es sich über den Kreis der Unternehmen i. S. des Art. 80 hinaus auch auf Personen erstrecken kann, die nicht unter die Zuständigkeit des Vertrages fallen. Umfang, Inhalt und Ausübung dieses Auskunftsrechts bestimmen sich nach der Entscheidung Nr. 26/54 vom 6. Mai 1954 „betreffend eine Verordnung über die Auskunftspflicht auf Grund des Art. 66 § 4 des Vertrages"[335].

Die Rechtsfolgen nicht genehmigter (und nicht befreiter) Zusammenschlüsse richten sich danach, ob der Zusammenschluß als solcher genehmigungsfähig ist oder nicht. Ist ersteres der Fall, macht die Hohe Behörde „die Genehmigung dieses Zusammenschlusses davon abhängig, daß die Personen, welche die Rechte oder Vermögenswerte erworben oder zusammengefaßt haben, die in § 6 Abs. 2 vorgesehene Geldbuße zahlen"[336]. Unterbleibt die Geldzahlung, werden auf den Zusammenschluß dieselben Regelungen angewendet, die für unzulässige Zusammenschlüsse gelten. Die Rechtsfolgen derartiger unzulässiger Zusammenschlüsse sind in Art. 66 § 5 Abs. 2ff. detailliert geregelt und bestehen in der Anordnung und Durchsetzung der Trennung der unzulässigerweise zusammengeführten Unternehmen und Vermögenswerte bzw. in der Beendigung der gemeinsamen Kontrolle oder jeder anderen geeigneten Maßnahme, um „die Unabhängigkeit des Betriebes der betreffenden Unternehmen oder die Unabhängigkeit der Verwertung der betreffenden Vermögenswerte sowie normale Wettbewerbsbedingungen wiederherzustellen".

In der Bundesrepublik Deutschland sahen die ersten Jahre der EGKS eine Reihe von Zusammenschlüssen von Unternehmen, die im allgemeinen zu weniger als 5 % am Gemeinschaftsmarkt beteiligt waren. Die **vertikalen Zusammenschlüsse** gingen ausnahmslos von Stahlunternehmen aus, die sich eine eigene Kohlebasis angliedern wollten[337]. Alle diese Zusammenschlüsse konnten genehmigt werden, da sie keinem der Beteiligten eine künstliche Vorzugsstellung hinsichtlich der Rohstoffquellen oder der Arbeitsmärkte verschaffen konnten[338].

---

333 ABl. Nr. 154 vom 14. 7. 1967, S. 11, zuletzt geändert durch die Entscheidung Nr. 3654/91/ EGKS vom 13. Dezember 1991, ABl. Nr. L 348 vom 17. 12. 1991, S. 12.

334 ABl. Nr. 9 vom 11. 5. 1954, S. 346, ergänzt durch Entscheidung Nr. 28/54, ABl. Nr. 12 vom 31. 5. 1954, S. 381.

335 ABl. Nr. 9 vom 11. 5. 1954, S. 350.

336 Art. 66 § 5 Abs. 1.

337 Hierdurch wurde die Bemühung um eine Entflechtung der Verbundwirtschaft, in der der Stahl die Kohle „dominiert" hatte, z. T. wieder rückgängig gemacht.

338 S. EG-Kommission, 25 Jahre gemeinsamer Markt für Kohle 1953–1978, a. a. O. S. 67.

Horizontale Zusammenschlüsse von Bergbauunternehmen untereinander spielten demgegenüber zunächst eine untergeordnete Rolle[339], gewannen aber im Zuge der Rationalisierungsmaßnahmen im Steinkohlesektor zunehmend an Bedeutung. Als spektakulärstes Ereignis auf diesem Gebiet galt die **Gründung der Ruhrkohle AG** im Jahre 1969, in die 23 Bergwerksgesellschaften mit einer Gesamtförderung von 85 Mio t ihren Zechenbesitz einbrachten, wodurch ein Unternehmen entstand, das seinerzeit nahezu 50 % der gesamten Förderung der Gemeinschaft auf sich vereinigte[340]. Aus der Sicht der Kommission konnte ein Zusammenschluß dieses Umfangs nur genehmigt werden, „weil unter den gegebenen Umständen selbst eine Produktionseinheit von den Ausmaßen der Ruhrkohle AG infolge des Wettbewerbs mit preisgünstigeren Energieträgern wie vor allem Heizöl und Drittlandskohle über keine Preisbestimmungsmacht und keine autonome Kontrolle über Produktion und Verteilung mehr verfügen konnte“[341]. Die Ruhrkohle AG schloß sich ihrerseits in den Folgejahren u. a. mit dem Eschweiler Bergwerks-Verein[342], der Saarbergwerke AG und der Preussag Anthrazit GmbH[343] zusammen und erwarb auf dem Kohlesektor Burton Coal Joint Venture[344], das australische Unternehmen North Goonyella Properties Pty Ltd[345] und zusammen mit der Sidarfin NV, die der Arbed SA angehört, die gemeinsame Kontrolle über das Unternehmen Belgian Bunkering Considar Trading NV (BBCT)[346]. Hierbei hatte die Genehmigung des Erwerbs der Kontrolle über die Unternehmen Saarbergwerke AG und Preussag Anthrazit GmbH durch die Ruhrkohle AG ein gerichtliches Nachspiel, da das britische Kohlenunternehmen RJB Mining (jetzt „UK Coal“), das den wesentlichen Teil der Bergbauaktivitäten von British Coal übernommen hatte, vor dem GeI eine Nichtigkeitsklage gegen die Genehmigungsentscheidung der Kommission[347] erhob. Das Gericht gab mit Urteil vom 31. Januar 2001 der Klage statt[348]. Am 12. und 19. April 2001 legten Deutschland und die Ruhrkohle AG Rechtsmittel gegen das Urteil ein[349]. Angesichts der Konkurrenzsituation zwischen dem niedrigsubventionierten britischen Steinkohlenbergbau und dem hochsubventionierten deutschen Steinkohlenbergbau stellte sich für das Gericht die Frage, ob der Zu-

---

339 A. a. O.: Consolidation/Essener Steinkohle und Hibernia/Emscher Lippe.

340 Merkwürdigerweise wurde die Genehmigungsentscheidung der Kommission vom 27. November 1969 nicht im Amtsblatt veröffentlicht.

341 S. Kommission, 25 Jahre gemeinsamer Markt für Kohle 1953–1978, a. a. O. S. 68.

342 S. Entscheidung Nr. 89/29/EGKS der Kommission vom 19. Dezember 1988 zur Genehmigung des Zusammenschlusses der Eschweiler Bergwerks-Verein Aktiengesellschaft, Herzogenrath, und der Ruhrkohle Aktiengesellschaft, Essen, ABl. Nr. L 14 vom 18. 1. 1989, S. 37.

343 S. Vorherige Anmeldung eines Zusammenschlusses (Sache Nr. IV/EGKS. 1252 – RAG/Saarbergwerke/Preussag Anthrazit), ABl. Nr. C 107 vom 7. 4. 1998, S. 6.

344 S. Vorherige Anmeldung eines Zusammenschlusses (Sache Nr. IV/EGKS. 1316 – RAG/Burton), ABl. Nr. C 307 vom 26. 10. 1999, S. 4.

345 S. Vorherige Anmeldung eines Zusammenschlusses (Sache COMP/EGKS. 1341 – RAG/North Goonyella), ABl. Nr. C 289 vom 12. 10. 2000, S. 5.

346 S. Vorherige Anmeldung eines Zusammenschlusses (Sache COMP/ECSC. 1344 – RAG/Sidarfin/BBCT), ABl. Nr. C 338 vom 29. 11. 2000, S. 9.

347 Fall IV/EGKS 1252, unveröff.

348 Rechtssache T-156/98, Slg. 2001, II-337. S. dazu *Ulrich Soltész*, Beihilfenaufsicht im Rahmen eines Fusionskontrollverfahrens? – Das Urteil des Gerichts erster Instanz zum „Kohlekompromiss“, EuR 2001, S. 758.

349 Rechtssachen C-157/01 P und C-169/01 P.

sammenschluß der Unternehmen nicht durch staatliche Beihilfen gefördert worden war. Da die Kommission sich dieser Frage zwar bewußt war, sie aber nicht untersucht hatte, hob das Gericht die Entscheidung auf, denn die Kommission – so das Gericht – durfte „im Rahmen der Wettbewerbsanalyse nach Artikel 66 § 2 EGKS-Vertrag nicht davon absehen, zu prüfen, ob und gegebenenfalls inwieweit die finanzielle und damit die wirtschaftliche Macht der zusammengeschlossenen Einheit aufgrund der finanziellen Unterstützung durch diese mögliche Beihilfe gestärkt wurde."[350] Mit Entscheidung 2002/631/EGKS vom 7. Mai 2002 über eine mutmaßliche Beihilfe Deutschlands zugunsten der RAG AG im Rahmen der Privatisierung der Saarbergwerke AG[351] holte die Kommission diese beihilferechtliche Prüfung nach und gelangte zu dem Ergebnis, daß „die Privatisierung des Unternehmens Saarbergwerke AG durch seinen Verkauf an das Unternehmen RAG AG zum Preis von 2 DEM ... keine staatliche Beihilfe" beinhaltet[352]. Mit Entscheidung vom 7. Mai 2002 sprach die Kommission daraufhin eine erneute Genehmigung der Übernahme aus[353].

Nicht nur auf der Produktionsebene der Kohle, sondern auch auf der **Handelsebene** kam es zu Zusammenschlüssen, die von der Kommission sämtlich genehmigt wurden. Ähnlich beachtet wie die Gründung der Ruhrkohle AG auf der Produktionsebene wurde auf der Handelsebene die Übernahme der Gelsenberg AG durch die VEBA im Jahre 1974[354]. Weiterhin erwarb die Ruhrkohle Handel GmbH Anteile an dem Kohlengroßhändler Bayerischer Brennstoffhandel[355] und die Kontrolle über die Raab Karcher Kohle GmbH[356]; die Hugo Stinnes AG erwarb ein Kieler Kohlengroßhandelsunternehmen[357].

Als Folge des Wettbewerbs zwischen Kohle und Heizöl schlossen sich weiterhin Bergbauunternehmen und Unternehmen der Mineralölindustrie zusammen, wie im Falle des Zusammenschlusses Saarbergwerke/Erdölwerk Frisia, der Gemeinschaftsgründung

---

350 A. a. O. Randnr. 125.

351 ABl. Nr. L 203 vom 1. 8. 2002, S. 52.

352 A. a. O. Art. 1 (S. 59). Damit hatte sich auch eine weitere Klage der RJB Mining plc gegen die Kommission erledigt, mit der diese die angebliche Säumnis der Kommission angefochten hatte (Rechtssache T-64/99, s. ABl. Nr. C 160 vom 5. 6. 1999, S. 27). Mit Beschluß vom 25. Juli 2000 erklärte das GeI den Rechtsstreit in der Hauptsache für erledigt (unveröff.) und setzte mit Beschluß vom 19. September 2002 die Kosten fest.

353 S. Entscheidung 2003/36/EGKS zur Genehmigung des Erwerbs der Kontrolle über die Unternehmen Saarbergwerke AG und Preussag Anthrazit GmbH durch die RAG Aktiengesellschaft, ABl. Nr. L 12 vom 17. 1. 2003, S. 20.

354 Entscheidung Nr. 75/156/EGKS der Kommission vom 16. Dezember 1974 über den Erwerb der Mehrheit des Aktienkapitals der Gelsenberg AG, Essen, durch die Bundesrepublik Deutschland, ABl. Nr. L 65 vom 12. 3. 1975, S. 16.

355 Entscheidung Nr. 78/570/EGKS der Kommission vom 7. Juni 1978 über die Genehmigung einer Beteiligung von 12,5 % der Ruhrkohle Handel GmbH, Düsseldorf, an dem Kohlengroßhandelsunternehmen Bayerischer Brennstoffhandel GmbH & Co. KG, München, ABl. Nr. L 191 vom 14. 7. 1978, S. 38.

356 Entscheidung Nr. 96/471/EGKS der Kommission vom 28. Februar 1996 zur Genehmigung des Erwerbs der Kontrolle über die Raab Karcher Kohle GmbH durch die Ruhrkohle Handel GmbH, ABl. Nr. L 193 vom 3. 8. 1996, S. 42.

357 Entscheidung Nr. 79/89/EGKS der Kommission vom 15. Januar 1979 über die Genehmigung zum Erwerb des Kohlengroßhandelsunternehmens Lange, Kühl & Co. KG, Kiel (KGH), durch die Hugo Stinnes AG, Mülheim/Ruhr, ABl. Nr. L 19 vom 26. 1. 1979, S. 44.

der Saarland-Raffinerie durch die Bergbaugesellschaften der Reviere Lothringen und Saar sowie VEBA AG/Hugo Stinnes AG, des Erwerbs der Deutschen Erdöl AG durch die Texaco[358] und des Erwerbs der VINLO SA durch die Société Française des Pétroles BP SA[359]. Auch die Gründung des Unternehmens British Fuels Limited durch die British Coal Corporation und zwei weitere Unternehmen[360] sowie die gemeinsame Gründung der Eurocoal S.A. Brüssel[361] gehörten in diese Kategorie.

3. Der Mißbrauch einer marktbeherrschenden Stellung

Der Mißbrauch einer marktbeherrschenden Stellung, dem die Regelung des Art. 66 § 7 gilt, hat rechtssystematisch weder mit den Kartellen des Art. 65 noch mit den Zusammenschlüssen des Art. 66 etwas zu tun. Der gemeinsame Nenner sind allein die **Beeinträchtigung des Wettbewerbs** und Art. 5 3. Gedankenstrich, der die Gemeinschaft verpflichtet, „für die Schaffung, Aufrechterhaltung und Beachtung normaler Wettbewerbsbedingungen" zu sorgen. Der EWG/EG-Vertrag widmet in seinen **Wettbewerbsregeln** dem Mißbrauch einer marktbeherrschenden Stellung einen eigenen Artikel (Art. 82 (ex-Art. 86) EGV).

Die Mißbrauchsaufsicht des Art. 66 § 7 greift tatbestandlich in Fällen ein, in denen „öffentliche oder private Unternehmen, die rechtlich oder tatsächlich auf dem Markt eines ihrer Zuständigkeit unterstehenden Erzeugnisses eine beherrschende Stellung einnehmen oder erwerben, durch die sie einem tatsächlichen Wettbewerb in einem beträchtlichen Teil des gemeinsamen Marktes entzogen werden, diese Stellung zu mit diesem Vertrag im Widerspruch stehenden Zwecken verwenden". Stellt die Hohe Behörde ein derartiges Verhalten fest, „so richtet sie an diese Unternehmen alle geeigneten Empfehlungen, um zu verhindern, daß sie ihre Stellung für diese Zwecke ausnutzen". Im Gegensatz zu Art. 82 (ex-Art. 86) i.V.m. Art. 83 (ex-Art. 87) Abs. 2 lit. a) EGV sieht Art. 66 § 7 als unmittelbare **Rechtsfolge eines Mißbrauchs** keine finanziellen Sanktionen vor. Erst in einem zweiten Schritt, nämlich dann, wenn „die Empfehlungen nicht innerhalb einer angemessenen Frist in befriedigender Weise ausgeführt" werden, „setzt die Hohe Behörde durch Entscheidungen, die nach Anhörung der beteiligten Regierung erlassen werden und bezüglich derer die in Artikel 58, 59 und 64 vorgesehenen Sanktionen anwendbar sind, für das betreffende Unternehmen Preise und Verkaufsbedingungen sowie Fabrikations- oder Lieferprogramme fest".

Soweit ersichtlich, haben weder die Hohe Behörde noch die Kommission auf dem Kohlesektor jemals Empfehlungen nach Art. 66 § 7 erlassen. Zwar ist gegenüber

---

358 S. hierzu: Kommission, 25 Jahre gemeinsamer Markt für Kohle 1953–1978, a. a. O. S. 67f.
359 S. Entscheidung Nr. 84/283/EGKS vom 24. April 1984 über den Erwerb einer Beteiligung von 50% an der von der Raab Karcher AG kontrollierten UNICO SA durch die Société Française des Pétroles BP SA, ABl. Nr. L 139 vom 25. 5. 1984, S. 37.
360 Entscheidung Nr. 87/412/EGKS der Kommission vom 9. Juli 1987 über die Errichtung eines Gemeinschaftsunternehmens durch die Redland plc, AAH Holdings plc und British Coal Corporation, ABl. Nr. L 224 vom 12. 8. 1987, S. 16.
361 Entscheidung Nr. 81/789/EGKS der Kommission vom 14. September 1981 über die gemeinsame Gründung der Eurocoal S. A. Brüssel, durch Etmofina S. A., Brüssel, und Krupp Handel GmbH, Düsseldorf, ABl. Nr. L 290 vom 10. 10. 1981, S. 21.

der Lizenzvergabepraxis der marktbeherrschenden British Coal Corporation mehrfach Klage geführt worden, doch haben sich die beschwerdeführenden Lizenznehmer und ihr Verband nicht durchsetzen können. In einem Grundsatzurteil vom 13. 4. 1994[362] stellte der Gerichtshof fest, daß die Art. 4 lit. d), 65 und 66 § 7 zwar „den rechtlichen Rahmen für die Prüfung von Lizenzen für den Abbau von Rohkohle und die darin enthaltenen Klauseln über Gebühren und Zahlungen" bilden, diese Vorschriften aber keine Rechte schaffen, auf die sich der einzelne unmittelbar vor den nationalen Gerichten berufen kann. Wegen der **ausschließlichen Zuständigkeit der Kommission** für die Feststellung von Verstößen gegen die Art. 65 und 66 § 7 könnten die nationalen Gerichte auch nicht mit einer Klage auf Schadensersatz befaßt werden, solange die Kommission im Rahmen dieser Zuständigkeit keine Entscheidung getroffen habe[363].

VII. Die Versorgung der Verbraucher

Während die vorstehend unter III. bis VI. behandelten Politiken der Verwirklichung des gemeinsamen Marktes qua Durchsetzung der (negativen) **Verbote** des Art. 4 dienen, geht es nunmehr und im folgenden um die Umsetzung der (positiven) **Gebote** des Art. 3 in diesem gemeinsamen Markt. Damit wendet sich der Blick von den **strukturellen** Maßnahmen hin zu den **voluntaristischen** Politiken, von den kontrollgeprägten Ordnungspolitiken zu solchen der Daseinsvorsorge. Stellt der gemeinsame Markt nach Art. 2 EGKSV die **strukturelle Grundlage** der Gemeinschaft dar, so erfüllen die nun zu behandelnden Politiken den **materiellen Handlungsauftrag** dieses Artikels, wie er in Art. 3 näher definiert wird. Im Vordergrund stehen hierbei die versorgungs-, industrie-, sozial- und handelspolitischen Vorgaben des Vertrages, die allerdings keine reinen Politiktypen darstellen, sondern Handlungsbereiche, die sich in vielfältiger Weise überlagern und durchdringen.

Der erste und wichtigste dieser Aufträge ist der einer geordneten und diskriminierungsfreien Versorgung der Verbraucher im gemeinsamen Markt (Art. 3 lit. a) und lit. b)). Die Erfüllung dieses Versorgungsauftrags setzt eine langfristige Orientierung der Marktteilnehmer voraus, die ihrerseits nur durch eine weitgehende Produktions- und Verbrauchstransparenz zu erreichen ist. Gemäß dem Gebot der begrenzten Eingriffe (Art. 5) können dirigistische Maßnahmen zugunsten der Verbraucher nur in Betracht kommen, wenn das praktizierte Preisniveau oder eine ernste Mangellage dies erfordern.

1. Der Versorgungsauftrag der Gemeinschaft

Der Versorgungsauftrag der Gemeinschaft ist in Art. 3 lit. a) und lit. b) definiert. Die Organe der Gemeinschaft **haben** im Rahmen ihrer Befugnisse „auf eine geordnete Versorgung des gemeinsamen Marktes ... **zu achten**" und „allen in vergleichbarer Lage befindlichen Verbrauchern des gemeinsamen Marktes gleichen Zugang zu der Produktion **zu sichern**". Ebenso kategorisch verpflichtet Art. 2 lit. d) EAGV die Europäische Atomgemeinschaft für eine „regelmäßige und gerechte Versorgung aller Benut-

---

362 Rechtssache C-128/92 (Banks), Slg. 1994, I-1209.
363 A. a. O.

zer der Gemeinschaft mit Erzen und Kernbrennstoffen Sorge zu tragen". Beide Vorschriften übertragen den Gemeinschaften einen Auftrag i. S. einer **Staatsaufgabe**[364], der mit einer „obligation de résultat" verbunden ist. Anders als der EWG/EG-Vertrag, der der Gemeinschaft in Art. 3 lit. u) („Die Tätigkeit der Gemeinschaft ... umfaßt ... Maßnahmen in den Bereichen Energie...") und 100 (ex-Art. 103 a) EGV („Der Rat kann ... über ... Maßnahmen entscheiden ..., falls gravierende Schwierigkeiten in der Versorgung mit bestimmten Waren auftreten") nur **fakultative** und **ergänzende** energiepolitische Kompetenzen zuweist[365], übertragen die beiden sektoriellen Verträge ihren Gemeinschaften eine **rechtliche Verantwortung** für die Versorgung mit ihren jeweiligen Energieträgern Steinkohle und Kernmaterial. Zwar ist die Gemeinschaft nur verpflichtet und berechtigt, im Rahmen der ihr übertragenen Handlungsbefugnisse tätig zu werden[366], wodurch z. B. die Anordnung von Requisitionen, Streikverboten und Produktionsauflagen ausscheidet, doch ist sie dort, wo ihr spezielle Befugnisse eingeräumt werden, zum Handeln verpflichtet. Dementsprechend sind die Kompetenzen der Gemeinschaft bei ernsten Mangellagen nicht als Kann-Bestimmungen, sondern als Soll-Bestimmungen formuliert.

Hiermit wird nicht verkannt, daß Produktion, Verarbeitung, Großhandel und Handel, d. h. die Glieder der Versorgungskette von der Produktion bis zum Verbraucher, nicht bei der Gemeinschaft, sondern bei den Unternehmen liegen. Weil dies so ist, hat die Gemeinschaft die ihr zur Verfügung stehenden rechtlichen Instrumente in einer Weise einzusetzen, die den Verbrauchern einerseits **Versorgungssicherheit** gewährleistet und andererseits die Unternehmen so wenig als möglich durch hoheitliche Eingriffe belastet. Dieses „dosierte" Vorgehen des EGKS-Vertrags zur Erreichung des Zieles der Versorgungssicherheit und der anderen Vertragsziele ist der erste primärrechtliche Ausdruck des Prinzips der **Verhältnismäßigkeit.** Art. 5 kennt **vier** Stufen der **Eingriffsstärke,** die vom **soft law** (1. Gedankenstrich) über **Subventionen** (2. Gedankenstrich: Bindung an Subventionsbedingungen) bis zum **harten Recht** (3. Gedankenstrich: Bindung an Rechtsfolgen) und **zwangsweisen Rechtsvollzug** (4. Gedankenstrich: Sanktionen und Vertragsverstoßverfahren) reichen[367]. Soweit jeweils die mildere Stufe zum Erfolg führt, bedarf es der härteren nicht mehr.

---

364 S. zur Staatsaufgabe „Energieversorgung" insbes. *Hans Peter Bull,* Die Staatsaufgaben nach dem Grundgesetz, Frankfurt am Main 1973: „Danach steht die **Existenzsicherung** ... an erster Stelle der staatlichen Aufgaben. Hierzu gehören zunächst alle Tätigkeiten des Staates, die der Erhaltung der **unverzichtbaren natürlichen Grundlagen des menschlichen Lebens** dienen (Luft, Wasser, Licht, Nahrungsmittel, „Feuer" [Energie]" (S. 219). „Auch hier zeigt sich die Verantwortung des sozialen Staates für die Lebensgrundlagen seiner Bevölkerung: Ohne die Möglichkeit Energie (Elektrizität oder Gas) zu beziehen ... ist ein Zusammenleben der Menschen nach heutigen Vorstellungen kaum noch möglich" (S. 241).

365 Anders der EG-Vertrag für den Bereich der **Landwirtschaft.** Nach Art. 33 (ex-Art. 39) Abs. 1 d) ist eines der Ziele der gemeinsamen Agrarpolitik, „die Versorgung sicherzustellen".

366 S. Art. 5 EGKSV: „Die Gemeinschaft erfüllt ihre Aufgabe unter den in diesem Vertrag vorgesehenen Bedingungen ...".

367 „Die Gemeinschaft erfüllt ihre Aufgabe unter den in diesem Vertrag vorgesehenen Bedingungen durch begrenzte Eingriffe.
Zu diesem Zweck
- erhellt und erleichtert sie das Handeln der Beteiligten dadurch, daß sie Auskünfte einholt, für Beratungen sorgt und allgemeine Ziele bestimmt (soft law);

Sollten die im Vertrag ausdrücklich vorgesehenen Handlungsmittel nicht ausreichen, um eine geordnete Versorgung der Verbraucher sicherzustellen und damit die Aufgabe der Art. 3 lit. a) und lit. b) zu erfüllen, steht der Weg **ergänzender Rechtsetzung** nach Art. 95 Abs. 1 offen[368].

Kommt die Gemeinschaft ihrem Versorgungsauftrag nicht nach, kann der Gerichtshof durch eine **Untätigkeitsklage** nach Art. 35 oder kraft Anwendung der **Notstandsklausel** des Art. 37 mit der Angelegenheit befaßt werden.

2. Die Orientierung der Marktteilnehmer

Zur Erfüllung ihrer Aufgabe „erhellt und erleichtert" die Gemeinschaft „das Handeln der Beteiligten dadurch, daß sie Auskünfte einholt, für Beratungen sorgt und allgemeine Ziele bestimmt" (Art. 5 1. Gedankenstrich).

Die Auskünfte beschafft sich die Hohe Behörde entweder durch deren **freiwillige** Mitwirkung bei den Regierungen, Unternehmen, Arbeitnehmern, Verbrauchern und Händlern sowie Sachverständigen (Art. 46 Abs. 1 und 2), oder gezielt durch **Auskunftsersuchen**, die sie an die **Unternehmen** richtet, die in diesem Falle die Auskunft weder verweigern noch wissentlich falsche Angaben machen dürfen (Art. 47)[369]. Auch die Erzeugerverbände sind zur Erteilung von Auskünften verpflichtet (Art. 48 Abs. 4). Die auf diese Weise als **„input"** bei der Hohen Behörde eingegangenen Auskünfte dienen sodann als Grundlage und „Rohmaterial" jener Informationen, die die Hohe Behörde für ihr eigenes Handeln benötigt und die sie als **„output"** an die Beteiligten weitergibt und ggfs. veröffentlicht[370]. Art. 46 Abs. 3 bestimmt hierzu:

> „Um entsprechend den Aufgaben der Gemeinschaft allen Beteiligten Hinweise für ihre Tätigkeit zu geben und um ihr eigenes Handeln nach Maßgabe dieses Vertrags zu bestimmen, hat die Hohe Behörde ...:

- stellt sie den Unternehmen Finanzierungsmittel für ihre Investitionen zur Verfügung und beteiligt sich an den Lasten der Anpassung (Subventionen);
- sorgt sie für Schaffung, Aufrechterhaltung und Beachtung normaler Wettbewerbsbedingungen und greift in die Erzeugung und den Markt nur dann direkt ein, wenn es die Umstände erfordern (hartes Recht);
- gibt sie die Gründe für ihr Handeln bekannt und ergreift Maßnahmen, die erforderlich sind, um die Beachtung der Bestimmungen dieses Vertrages zu gewährleisten (zwangsweiser Rechtsvollzug)."

368 Art. 95 Abs. 1 EGKSV bestimmt:
„In allen in diesem Vertrag nicht vorgesehenen Fällen, in denen eine Entscheidung oder Empfehlung der Hohen Behörde erforderlich erscheint, um eines der in Artikel 2, 3 und 4 näher bezeichneten Ziele der Gemeinschaft auf dem gemeinsamen Markt für Kohle und Stahl gemäß Artikel 5 zu erreichen, kann diese Entscheidung oder Empfehlung mit einstimmiger Zustimmung des Rates und nach Anhörung des Beratenden Ausschusses ergehen."

369 S. z. B. die Entscheidung Nr. 14/64 vom 8. Juli 1964 über die Geschäftsbücher und Unterlagen, welche die Unternehmen für die mit Nachprüfungs- oder Kontrollaufgaben auf dem Gebiet der Preise betrauten Beamten oder Beauftragten der Hohen Behörde bereitzuhalten haben, ABl. Nr. 120 vom 28. 7. 1964, S. 1967/64. S. weiterhin die Entscheidung Nr. 22/66 vom 16. November 1966 über die Auskunftserteilung der Unternehmen betreffend ihre Investitionen, ABl. Nr. 219 vom 29. 11. 1966, S. 3725, geändert durch die Entscheidung Nr. 2237/73 (EGKS) der Kommission vom 20. Juli 1973, ABl. Nr. L 229 vom 17. 8. 1973, S. 28.

370 S. Art. 46 Abs. 5.

1. Marktentwicklung und Preistendenzen fortlaufend zu untersuchen;
2. in regelmäßigen Zeitabständen Programme für Erzeugung, Verbrauch, Ausfuhr und Einfuhr unter Berücksichtigung der voraussichtlichen Entwicklung aufzustellen; diese Programme dienen als Hinweis;
3. in regelmäßigen Zeitabständen allgemeine Ziele für die Modernisierung, die Orientierung der Fabrikation auf lange Sicht und die Ausweitung der Produktionskapazität anzugeben; ..."

Nach Art. 46 Abs. 4 veröffentlicht die Hohe Behörde nach Vorlage beim Beratenden Ausschuß die allgemeinen Ziele und die Programme[371].

Seit ihren Anfängen hat sich die EGKS durch Anhörungen[372], Konsultationen[373] und Rechtsakte auf dem Gebiet der Statistik[374] vielfältige Informationen auf den Sektoren Kohle und Stahl beschafft. Mit der Veröffentlichung ihrer jährlichen Marktberichte[375], Sonderberichte[376], Programme[377], statistischen Publikationen (Eurostat)[378] und nicht zuletzt der jährlichen Gesamtberichte (Art. 24)[379] gibt die Gemeinschaft allen Beteiligten der Kohlewirtschaft, den Regierungen und der Öffentlichkeit regelmäßig jene Auskünfte, die für die Planung der Unternehmen und ein rationales Marktverhalten erforderlich sind. Hierbei war die Hohe Behörde seit Aufnahme ihrer Tätigkeit um größtmögliche **Transparenz** auf allen Gebieten und insbesondere bei Produktion, Verbrauch, Preisen, Ein- und Ausfuhr sowie Frachtraten bemüht[380]. Auch über ihren engeren Tätigkeitsbereich hinaus hat die EGKS zahlreiche kohlewirtschaftliche Untersuchungen angestellt und Publikationen vorgelegt[381]. Für Forschungszwecke hat die

---

371 S. aus den Anfangsjahren: Memorandum über die Bestimmung der allgemeinen Ziele, 6. Juli 1955, ABl. Nr. 16 vom 19. 7. 1955, S. 821; Memorandum über die Bestimmung der allgemeinen Ziele der Gemeinschaft, ABl. Nr. 16 vom 20. 5. 1957, S. 195/57.

372 S. Art. 48 Abs. 2.

373 Insbesondere durch Konsultationen ihres Beratenden Ausschusses und der Mitgliedstaaten.

374 S. zuletzt die Empfehlung Nr. 91/141/EGKS der Kommission vom 31. Januar 1991 über Kohlestatistiken, ABl. Nr. L 74 vom 20. 3. 1991, S. 35, geändert durch Empfehlung Nr. 88/96/EGKS der Kommission vom 16. Dezember 1996, ABl. Nr. L 326 vom 17. 12. 1996, S. 31.

375 S. zuletzt: Der Markt der festen Brennstoffe in der Gemeinschaft im Jahr 2000 und Aussichten für 2001, SEK(2001) 73 endg. vom 22. 1. 2001.

376 S. z. B. die jährlichen Berichte der Kommission über die Anwendung der Gemeinschaftsregelung für Maßnahmen der Mitgliedstaaten zugunsten des Steinkohlenbergbaus. S. zuletzt für 2001: KOM(2002) 176/2 endg. vom 2. 7. 2002.

377 S. z. B. Vorausschätzungsprogramm „Kohle", zweites Quartal 1958, ABl. Nr. 13 vom 19. 4. 1958, S. 202/58.

378 S. zuletzt EU Energy and Transport in Figures, Statistical pocket book 2002.

379 S. zuletzt Gesamtbericht über die Tätigkeit der Europäischen Union 2002, Brüssel-Luxemburg 2003.

380 Späterhin ging ein Großteil dieser Tätigkeiten auf Eurostat über (s. unten 3. Teil H.).

381 Dies gilt insbesondere für technische Themen, zu denen die EGKS zahlreiche **Informationstagungen** veranstaltet hat, deren Ergebnisse von der Hohen Behörde/Kommission publiziert wurden; s. z. B.: Technik und Entwicklung der Verkokung von Steinkohle, Luxemburg, Juli 1970; Vortriebstechnik im Steinkohlenbergbau, Luxemburg, Februar 1974; Hochleistungs-Abbaubetriebe im Steinkohlenbergbau, Luxemburg, August 1976; Fördertechnik im Steinkohlenbergbau unter Tage, Luxemburg 1978; Neue Verfahren zur Kohleveredelung, Band 1 und 2, Luxemburg 1979; Grubengas, Grubenklima und Wetterführung im Steinkohlenbergbau der Europäischen Gemeinschaften, Band 1 und 2, Luxemburg 1980; Grubengasabsaugung, Handbuch für den Steinkohlenbergbau, Essen 1980; Aufbereitung der Kohle, Luxemburg-Essen 1985; Abbautechnik, Luxemburg-Essen 1987, sowie als letzte Veröffentlichung der EGKS: International

EGKS darüberhinaus ihre Archive freigegeben[382] und macht deren Akten nach 30 Jahren zugänglich[383].

3. Die Bildung niedrigster Preise

Das Gebot der Bildung **niedrigster** Preise folgt aus Art. 3 lit. c). Es findet eine – allerdings abgeschwächte – Parallele im Ziel der gemeinsamen Agrarpolitik, „für die Belieferung der Verbraucher zu **angemessenen** Preisen Sorge zu tragen" (Art. 33 (ex-Art. 39) Abs. 1 lit. e) EGV). Hier wie dort ist die Preisbildung zunächst **Sache des Marktes**, d. h. der Gegenüberstellung von Angebot und Nachfrage. Um jedoch bei Mangellagen ein zu hohes Preisniveau des strategischen Gutes Steinkohle zu verhindern, ermöglicht Art. 61 a) die Festsetzung von **Höchstpreisen** innerhalb des gemeinsamen Marktes, falls dies zur Erreichung der Ziele des Art. 3 und insbesondere dessen lit. d) erforderlich ist. Hierbei müssen die Höchstpreise so bemessen sein, daß sie den Unternehmen „die erforderlichen Abschreibungen ermöglichen und den hereingenommenen Kapitalien normale Verzinsungsmöglichkeiten bieten" (Art. 3 lit. c)).

Um plötzliche Marktstörungen nach der Errichtung des gemeinsamen Marktes zu vermeiden, setzte die Hohe Behörde im März 1953 für die meisten Reviere Höchstpreise fest[384], die in der Bundesrepublik[385] und Frankreich etwa den gegebenen Verhältnissen entsprachen, in Belgien zu einer Preissenkung und in den Niederlanden zu einer Preiserhöhung führten. Sie galten bis 1956 für das Ruhrrevier und bis Anfang 1958 für die belgischen Reviere. Seither wurde von Art. 61 im Bereich der Kohle kein Gebrauch mehr gemacht[386].

Droht hingegen dem Steinkohlenmarkt ein **Preisverfall**, etwa bei einem Rückgang der Nachfrage (s. Art. 58 § 1), der zu einer **offensichtlichen Krise** des Sektors führt, kann die Hohe Behörde nach Art. 61 lit. b) **Mindestpreise** innerhalb des gemeinsamen Marktes festsetzen, wenn dies zur Erreichung der Ziele des Art. 3 erforderlich ist. Von dieser Möglichkeit hat die Hohe Behörde allerdings zu keiner Zeit Gebrauch gemacht.

Nach Maßgabe des Art. 61 lit. c) ist weiterhin die Festsetzung von **Mindest- oder Höchstpreisen für die Ausfuhr** möglich, wobei diese Preise von denen in der Gemeinschaft praktizierten abweichen können. Ihre Einführung ist von Preisfestset-

---

Conference on Technology for Coal Mining, Preparation and Utilisation: Results of the ECSC Coal Research Programme 2002, Luxembourg 2002.

382 S. Entscheidung Nr. 359/83/EGKS der Kommission vom 8. Februar 1983 über die Freigabe der historischen Archive der Europäischen Gemeinschaft für Kohle und Stahl, ABl. Nr. L 43 vom 15. 2. 1983, S. 14. S. hierzu zuletzt: Freigabe der Schriftstücke/des Archivguts, die unter das Berufs- oder Betriebsgeheimnis fallen und im Historischen Archiv der Europäischen Kommission aufbewahrt werden, ABl. Nr. C 308 vom 1. 11. 2001, S. 6.

383 S. hierzu: Commission européenne, Secrétariat général, Haute Autorité CECA: inventaire des dossiers 1952–1967, Vol. 1, Vol. 1 Index, Vol. 2, Luxembourg 1996, 1997, 1999.

384 S. Entscheidung Nr. 6/53 vom 5. März 1953 über die Grundsätze für die Festsetzung von Höchstpreisen für Kohle innerhalb des gemeinsamen Marktes, ABl. Nr. 4 vom 13. 3. 1953, S. 63.

385 S. Entscheidung Nr. 9/53 über die Aufstellung der Preislisten der Unternehmen des Ruhrreviers, die ihre Erzeugung auf Grund der Preisliste des Deutschen Kohlenverkaufs Essen absetzen, ABl. Nr. 4 vom 13. 3. 1953, S. 67.

386 S. auch EG-Kommission, 25 Jahre gemeinsamer Markt für Kohle 1953–1978, a. a. O. S. 63 f.

zungen innerhalb der Gemeinschaft unabhängig. Auch von dieser Möglichkeit hat die Hohe Behörde keinen Gebrauch gemacht.

Bei der Festsetzung der Preise hat die Hohe Behörde nach Art. 61 Abs. 2 zu berücksichtigen, daß die Wettbewerbsfähigkeit der Kohle- und Stahlindustrie und der Verbraucherindustrie gemäß den in Art. 3 lit. c) bezeichneten Grundsätzen sichergestellt werden muß.

Als Hindernis für ein niedriges Preisniveau kann es sich erweisen, wenn standortmäßig weniger günstig gelegene Unternehmen gezwungen sind, teuer zu produzieren und billiger produzierende Unternehmen dies zum Anlaß nehmen, ihre Preise ebenfalls anzuheben. In einem solchen Falle erlaubt Art. 62 die Genehmigung von **Ausgleichszahlungen** zugunsten der Gruben mit den höchsten Kosten, wodurch das Preisniveau insgesamt gesenkt werden kann[387].

4. Die Versorgung bei ernsten Mangellagen

Falls es trotz aller vorgelagerten Instrumente zur Gewährleistung der Versorgungssicherheit zu einer ernsten Mangellage kommen sollte, bedarf es im Energierecht als **ultima ratio** eines **Krisenregimes**, das eine Minimalversorgung der Verbraucher sicherstellt. Für die Steinkohle wird dieses Krisenregime in Art. 59 festgelegt, ohne daß die Gemeinschaft jedoch jemals von diesem Artikel Gebrauch gemacht hätte[388]. Vorgeschaltet ist der Anwendung des Art. 59 der Versuch der Hohen Behörde, die Krise durch folgende „Möglichkeiten indirekter Maßnahmen" i. S. des Art. 57 zu lösen:

> „– die Zusammenarbeit mit den Regierungen, um den allgemeinen Verbrauch, insbesondere den der öffentlichen Dienste, gleichmäßiger zu gestalten oder zu beeinflussen;
> – das Eingreifen auf dem Gebiet der Preise und der Handelspolitik ..."

Stellt die Hohe Behörde fest, daß diese indirekten Maßnahmen nicht ausreichen und sich die Gemeinschaft in einer ernsten Mangellage befindet, hat sie dem Rat die nach ihrer Auffassung erforderlichen Maßnahmen vorzuschlagen: Nach Art. 59 § 2 entscheidet der Rat einstimmig über **Verwendungsprioritäten** und über die **Verteilung des Aufkommens** auf die der EGKS unterstehenden Industrien, den **Export**[389] und den **sonstigen Verbrauch.** Es ist dann Sache der Hohen Behörde, die entsprechenden Verwendungsprioritäten nach Anhörung der beteiligten Unternehmen in **Fabrikationsprogramme** und **Lieferpläne** umzusetzen, die die Unternehmen durchzuführen haben. Kommt ein einstimmiger Beschluß des Rates nicht zustande, „so nimmt die

---

387 S. hierzu auch *Norbert Lang,* Die Preisordnung in der Montangemeinschaft im Vergleich mit amerikanischem Antitrustrecht, Baden-Baden 1963, S. 264ff.

388 Allerdings hat die Hohe Behörde angesichts des Kohlenmangels der 50er Jahre mit der Schweiz vorsorglich ein Konsultationsabkommen abgeschlossen, das nach Feststellung einer ernsten Mangellage bei Kohle und Stahl vor dem Erlaß von Maßnahmen nach Art. 59 §§ 2, 3 und 5 sowie nach Art. 61 Abs. 1c) (Festsetzung von Mindest- oder Höchstpreisen bei der Ausfuhr) Konsultationen vorsieht, ABl. Nr. 7 vom 21. 2. 1957, S. 85/57.

389 Hinsichtlich des Exportes kann die Hohe Behörde nach Artikel 59 § 5 beschließen, „daß in sämtlichen Mitgliedstaaten Beschränkungen für die Ausfuhr nach dritten Ländern eingeführt werden".

Hohe Behörde selbst die Verteilung des Aufkommens der Gemeinschaft auf die Mitgliedstaaten entsprechend dem Verbrauch und den Ausfuhren und unabhängig vom Standort der Erzeugung vor" (Art. 59 § 3 Abs. 1). Die innerstaatliche Umsetzung dieser Verteilung obliegt den Mitgliedstaaten (Art. 59 § 3 Abs. 2):

> „In jedem Mitgliedstaat erfolgt die Verteilung der von der Hohen Behörde zugewiesenen Mengen unter der Verantwortung der Regierung, wobei die Zuteilung die für andere Mitgliedstaaten vorgesehenen Lieferungen nicht beeinträchtigen darf; soweit es sich um die für die Ausfuhr und den Betrieb der Kohle- und Stahlindustrien bestimmten Mengen handelt, ist die Hohe Behörde zu hören."

Unabhängig davon, ob die Maßnahmen nach § 2 durch den Rat oder nach § 3 durch die Hohe Behörde selbst beschlossen werden, ist es Aufgabe der Hohen Behörde, „aufgrund von Untersuchungen, die sie unter Beteiligung der Unternehmen und der Unternehmensverbände angestellt hat, zwischen den Unternehmen **auf einer gerechten Grundlage die Mengen zu verteilen**, die den ihrer Zuständigkeit unterstehenden Industrien zugewiesen sind" (§ 4). Das Ende des Verteilungssystems wird von der Hohen Behörde, andernfalls einstimmig vom Rat beschlossen (§ 6). Gegen Unternehmen, die dem Verteilungssystem zuwiderhandeln, kann die Hohe Behörde „Geldbußen bis zum Höchstbetrag des doppelten Wertes der vorgeschriebenen und nicht ausgeführten oder ihrer ordnungsmäßigen Bestimmung entzogenen Erzeugung oder Lieferungen festsetzen" (§ 7).

VIII. Die Förderung der Unternehmen

Nicht die Gemeinschaft ist es, die das Ziel der „Ausweitung der Wirtschaft", der „Steigerung der Beschäftigung" und der „Hebung der Lebenshaltung" (Art. 2) verwirklichen kann, es sind die Unternehmen als die treibenden Kräfte der Wirtschaft. Die Gemeinschaft ist jedoch berufen, zur Erreichung dieses Zieles „beizutragen" (Art. 2). Diesen Beitrag leistet sie u. a. durch eine vielfältige **Förderung der Unternehmen.** Im Gegensatz zur weitgehend anonymen Welt der EWG/EG-Unternehmen, deren Anzahl, Vielfalt und Interessendivergenz einen wirklichen Dialog mit den Organen der Gemeinschaft nur schwer ermöglichen, handelt es sich beim Kosmos der EGKS-Unternehmen i. S. des Art. 80 gleichsam um ein geschlossenes Universum mit einer begrenzten und bekannten Zahl von Wirtschaftsteilnehmern mit vielfach gleichgerichteten Interessen. Diese Wirtschaftsstruktur ermöglicht eine in stärkerem Maße partizipatorisch ausgerichtete Wirtschaftsverwaltung und eine lineare Politikgestaltung, die im mehrdimensionalen und daher relativistischen Wirtschaftsraum der EG nicht (mehr) möglich ist.

Der Auftrag der Wirtschaftsförderung gilt der Erhaltung der Voraussetzungen, „die einen Anreiz für die Unternehmen bieten, ihr Produktionspotential auszubauen und zu verbessern" (Art. 3 lit. d)) bzw. „die geordnete Ausweitung und Modernisierung der Erzeugung sowie die Verbesserung der Qualität … zu fördern" (Art. 3 lit. g)). Auch für diesen Auftrag gilt die Abstufung der begrenzten Eingriffe i. S. des Art. 5. Am Anfang stehen die Beratungen zwischen den Unternehmen und der Gemeinschaft, sodann „stellt sie den Unternehmen Finanzierungsmittel für ihre Investitionen zur Verfügung" und als ultima ratio erfolgt der Eingriff „in die Erzeugung und den Markt", wiederum bewehrt mit Sanktionen.

1. Die Mitwirkungsrechte der Unternehmen und ihrer Verbände

Spätestens seit *Carl Schmitt* ist der Zugang zum Mächtigen in seiner rechtlichen Bedeutung erkannt[390]. Die Möglichkeit der Einflußnahme und Mitwirkung der Rechtsadressaten bei der Rechtsetzung und Rechtsanwendung ist in keinem Bereich des Gemeinschaftsrechts größer als auf dem Gebiet von Kohle und Stahl. Lange vor der Forderung nach partizipatorischer Demokratie Ende der 60er Jahre war sie im EGKS-Vertrag verankert und zur Förderung der Belange der Industrien und ihrer Arbeitnehmer verwirklicht.

Nach Art. 5 in fine erledigen die Organe der Gemeinschaft ihre Aufgaben „in enger Zusammenarbeit mit den **Beteiligten**", d. h. den Unternehmen, Arbeitnehmern, Verbrauchern und Händlern (Art. 46 Abs. 1). Hinzu treten die **Verbände**, denen der Vertrag in Art. 48 eine eigene Bestimmung widmet: „Das Recht der Unternehmen, Verbände zu bilden, wird durch diesen Vertrag nicht berührt. Die Mitgliedschaft bei diesen Verbänden ist freiwillig. Sie können jede Tätigkeit ausüben, die zu den Bestimmungen dieses Vertrages oder zu den Entscheidungen oder Empfehlungen der Hohen Behörde nicht im Widerspruch steht".

Art. 46 Abs. 2 verbrieft das Recht der Unternehmen, Arbeitnehmer, Verbraucher und Händler sowie ihrer Verbände, „der Hohen Behörde zu den sie angehenden Fragen Anregungen oder Bemerkungen jeder Art vorzulegen". Sämtliche Untersuchungen und Maßnahmen der Orientierung von Produktion, Verbrauch und Außenhandel i. S. des Art. 46 Abs. 3 sind „im Benehmen" mit diesen Stellen vorzunehmen, denen damit eine zusätzliche Rolle der **Politikberatung** zuwächst.

Jenseits dieser bilateralen Zusammenarbeit sieht der Vertrag mit dem bei der Hohen Behörde gebildeten **Beratenden Ausschuß** ein permanentes Gremium der wirtschaftlichen Interessenvertretung vor (Art. 18 und 19)[391]. Als „Parlament der EGKS-Wirtschaft" ist der Beratende Ausschuß der Vorläufer des Wirtschafts- und Sozialausschusses (WSA) von EWG[392] und Euratom[393] geworden, wobei der WSA allerdings zu keiner Zeit dieselbe Nähe zur Kommission gefunden hat wie der Beratende Ausschuß zur Hohen Behörde.

Der Beratende Ausschuß besteht aus mindestens 84 und höchstens 108 Mitgliedern, und zwar aus einer gleichen Anzahl von Vertretern der Erzeuger, der Arbeitnehmer sowie der Verbraucher und Händler. Die Mitglieder werden durch den Rat ernannt, der auch die „maßgebenden Erzeuger- und Arbeitnehmerorganisationen" bestimmt, auf die er die zu besetzenden Sitze verteilt[394]. Jede dieser Organisationen stellt eine

---

390 S. *Carl Schmitt*, Der Zugang zum Machthaber, ein zentrales verfassungsrechtliches Problem (1947), in: Verfassungsrechtliche Aufsätze, 3. Aufl., Berlin 1985, S. 430.

391 S. als Zwischenbilanz seiner Arbeit die Festschrift zu seinem 20jährigen Bestehen (1953–1973), Luxemburg 1973 und die Schlußbilanz von *Göke Daniel Frerichs*, Die Entwicklung der beratenden Funktion: Europäischer Wirtschafts- und Sozialausschuß und Beratender Ausschuß der EGKS, in: CECA EKSF EGKS EKAX ECSC EHTY EGKS 1952–2002, Luxemburg 2002, S. 43.

392 S. Art. 257 (ex-Art. 193) bis Art. 262 (ex-Art. 198) EGV.

393 S. Art. 165 bis 170 EAGV.

394 S. zuletzt Beschluß des Rates vom 17. Juli 2000 über die Bestimmung der maßgebenden Erzeuger- und Arbeitnehmerorganisationen, denen es obliegt, Listen der Kandidaturen für die

Kandidatenliste auf, die für jeden ihr zugewiesenen Sitz zwei Kandidatenvorschläge enthält. Die Ernennung erfolgt ad personam für die Dauer von zwei Jahren[395]. Die Mitglieder des Ausschusses, die nicht an Aufträge und Weisungen ihrer Organisationen gebunden sind, ernennen seinen Präsidenten sowie die Mitglieder seines Büros für die Dauer eines Jahres[396], wobei die Hohe Behörde/Kommission das Sekretariat stellt[397]. Die **Geschäftsordnung** des Ausschusses[398] bestimmt dieser selbst, die **Vergütung** der Mitglieder der Rat[399].

Die Hohe Behörde ist zur Konsultation des Beratenden Ausschusses **verpflichtet,** wenn der Vertrag die Anhörung vorschreibt (Art. 19 Abs. 1). In diesen Fällen ist **zusätzlich** jeder **Verband** für sich berechtigt, „der Hohen Behörde innerhalb der von ihr gesetzten Fristen die Bemerkungen seiner Mitglieder zu der beabsichtigten Maßnahme zuzuleiten" (Art. 48 Abs. 2). Darüber hinaus kann die Hohe Behörde den Ausschuß fakultativ zu allen Fragen anhören, „in denen sie es für angebracht hält". Art. 19 Abs. 2 bestimmt außerdem:

> „Die Hohe Behörde unterbreitet dem Beratenden Ausschuß die allgemeinen Ziele und Programme, die sie aufgrund des Artikels 46 festgelegt hat; sie unterrichtet ihn laufend über die allgemeinen Richtlinien ihrer Tätigkeit aufgrund der Artikel 54, 65 und 66."

Nach der vorstehend vorgeschriebenen Unterbreitung der allgemeinen Ziele und Programme kann die Hohe Behörde diese gemäß Art. 46 Abs. 5 veröffentlichen.

2. Die finanziellen Maßnahmen zugunsten der Unternehmen

Die Förderung der Unternehmen durch finanzielle Maßnahmen setzt zunächst die Verfügbarkeit der entsprechenden Finanzmittel im Haushalt der EGKS voraus. Dem Kapitel III („Investitionen und finanzielle Hilfe") ist daher ein Kapitel II („Finanzbestimmungen") vorgeschaltet, das die Aufbringung und Verwendung der Mittel für den sog. **Funktionshaushalt** der EGKS regelt (Art. 49 bis 53), der von ihrem sog. **Verwaltungshaushalt** (Art. 76 bis 78 h) streng geschieden ist[400].

Vertreter der Erzeuger und der Arbeitnehmer im Beratenden Ausschuß der Europäischen Gemeinschaft für Kohle und Stahl aufzustellen, ABl. Nr. C 246 vom 26. 8. 2000, S. 1.

395 S. z. B. Beschluß des Rates vom 9. November 2000 zur Ernennung der Mitglieder des Beratenden Ausschusses der Europäischen Gemeinschaft für Kohle und Stahl, ABl. Nr. C 352 vom 8. 12. 2000, S. 1.

396 S. zuletzt Zusammensetzung des Büros und der ständigen Unterausschüsse des Beratenden Ausschusses der EGKS für das Geschäftsjahr 2001/02, ABl. Nr. C 315 vom 9. 11. 2001, S. 18.

397 Das Sekretariat ist administrativ in das Generalsekretariat der Kommission eingegliedert.

398 S. Geschäftsordnung des Beratenden Ausschusses der Europäischen Gemeinschaft für Kohle und Stahl 1995 (8. Fassung), ABl. Nr. C 140 vom 6. 6. 1995, S. 1.

399 S. zuletzt Beschluß Nr. 92/550/EGKS des Rates vom 13. November 1992 zur Änderung des Beschlusses 76/228/EGKS über die Gewährung von Tagegeldern und die Erstattung der Fahrtkosten an die Mitglieder des Beratenden Ausschusses der Europäischen Gemeinschaft für Kohle und Stahl, ABl. Nr. L 353 vom 3. 12. 1992, S. 29.

400 Während der **EGKS-Verwaltungshaushalt**, der die Personal- und Sachausgaben der EGKS umfaßt, Bestandteil des **Gesamthaushaltsplans** der Europäischen Union ist (s. zuletzt für das Haushaltsjahr 2002 die endgültige Feststellung 2002/50/EG, EGKS, Euratom, ABl. Nr. L 29 vom 31. 1. 2002, S. 1) und der Haushaltsordnung unterliegt (s. Haushaltsordnung vom 21. Dezember

Nach Art. 49 kennt der Funktionshaushalt der EGKS drei Arten eigener **Einnahmen**:

- die **Umlage**, die die Hohe Behörde bei den Unternehmen auf die Erzeugung von Kohle und Stahl erhebt;
- **Anleihen**, die die Hohe Behörde auf den Kapitalmärkten aufnimmt;
- unentgeltliche **Zuwendungen** an die Hohe Behörde.

Die EGKS-**Umlage** ist die bislang einzige originäre Gemeinschaftssteuer[401]. Sie wird bei den produzierenden Unternehmen i. S. des Art. 80 erhoben und jährlich „durch Belastung der verschiedenen Erzeugnisse nach ihrem Durchschnittswert festgesetzt“[402]; die Belastung darf (von Ausnahmen abgesehen) 1 % dieses Wertes nicht übersteigen (Art. 50 § 2)[403]. Das Aufkommen aus der Umlage dient im wesentlichen zur Deckung

- von Ausgaben zur **Förderung der technischen und wirtschaftlichen Forschung** (Art. 55 § 2c);
- der nicht rückzahlungspflichtigen **sozialen Anpassungsbeihilfen** (Art. 56);
- von **Gewährleistungsverpflichtungen** der Hohen Behörde für Anleihen, die die Unternehmen direkt aufgenommen haben (Art. 51 § 2 i. V. m. Art. 54).

1977 für den Gesamthaushaltsplan der Europäischen Gemeinschaften, ABl. Nr. L 356 vom 31. 12. 1977, S. 1; zuletzt geändert durch die Verordnung (EG, EGKS, Euratom) Nr. 762/2001, ABl. Nr. L 111 vom 20. 4. 2001, S. 1), wird der **EGKS-Funktionshaushalt** jährlich im EGKS-**Funktionshaushaltsplan** festgelegt (s. zuletzt für 2002 den Anhang zur Entscheidung Nr. 2537/2001/EGKS der Kommission vom 21. Dezember 2001, ABl. Nr. L 341 vom 22. 12. 2001, S. 71, 72) und unterliegt den „Règles internes sur l'établissement et l'exécution du budget opérationnel de la Communauté européenne du charbon et de l'acier (CECA)“, die ein internes Dokument der Kommission sind. Kurz vor Ablauf des EGKS-Vertrages erließ der Rat eine neue Haushaltsordnung in Gestalt der Verordnung (EG, Euratom) Nr. 1605/2002 vom 25. Juni 2002 über die Haushaltsordnung für den Gesamthaushaltsplan der Europäischen Gemeinschaften, ABl. Nr. L 248 vom 16. 9. 2002, S. 1, die nach Ablauf des EGKS-Vertrages am 1. Januar 2003 in Kraft trat.

401 Die in Art. 54 Abs. 5 EAGV vorgesehene Abgabe auf die Umsätze zur Deckung der Betriebskosten der Euratom-Versorgungsagentur ist zu keiner Zeit erhoben worden (s. auch Art. VI der Satzung der Euratom-Versorgungsagentur, ABl. Nr. 27 vom 6. 12. 1958, S. 534/58).

402 S. Entscheidung Nr. 2/52 vom 23. Dezember 1952 über die Bedingungen für die Veranlagung und Erhebung der in den Art. 49 und 50 des Vertrages vorgesehenen Umlagen, ABl. Nr. 1 vom 30. 12. 1952, S. 3, nach der der Umlage auf dem Kohlesektor die Erzeugung von Braunkohlenbriketts, Braunkohlenschwelkoks und Steinkohle aller Sorten unterliegt. Forderungen aus der Umlage **verjähren** in drei Jahren gemäß Art. 1 der Entscheidung Nr. 5/65 vom 17. März 1965 über die Verjährung von Forderungen aus den in den Art. 49 und 50 des Vertrages vorgesehenen Umlagen, ABl. Nr. 46 vom 22. 3. 1965, S. 695/65. Im Falle einer erhöhten Steinkohleproduktion auf Halde ist eine **Stundung** der Umlage möglich. S. hierzu die Entscheidung Nr. 2854/72/EGKS der Kommission vom 29. Dezember 1972 über die Stundung der Umlagebeträge für Unternehmen des Steinkohlenbergbaus, ABl. Nr. L 299 vom 31. 12. 1972, S. 17. Im Konkurs sind Forderungen der EGKS aus der Umlage **bevorrechtigt**. S. Empfehlung Nr. 86/1986/EGKS der Kommission vom 13. Mai 1986 zur Schaffung eines Vorrechts für Forderungen wegen Umlagen auf die Erzeugung von Kohle und Stahl, ABl. Nr. L 144 vom 29. 5. 1986, S. 40.

403 S. Entscheidung Nr. 3/52 vom 23. Dezember 1952 über die Höhe und die Anwendungsvorschriften für die in den Art. 49 und 50 des Vertrages vorgesehenen Umlagen, ABl. Nr. 1 vom 30. 12. 1952, S. 4. Die Umlage durfte zu Anbeginn 0,9 % der für die Veranlagung maßgeblichen Werte nicht übersteigen, ist dann stufenweise gesunken und lag ab 1998 bei 0 % (s. zuletzt Art. 1 der Entscheidung Nr. 2537/2001/EGKS der Kommission vom 21. Dezember 2001 zur Festsetzung des Umlagesatzes für das Haushaltsjahr 2002 sowie zur Änderung der Entscheidung Nr. 3/52/EGKS, ABl. Nr. L 341 vom 22. 12. 2001, S. 71).

Die Mittel, die die Hohe Behörde durch **Anleihen** auf den Kapitalmärkten bei Dritten aufnimmt[404], verwendet sie, um den Unternehmen ihrerseits Kredite zu günstigen Konditionen zu gewähren (Art. 51 § 1). Da die EGKS auf den internationalen Finanzmärkten als außerordentlich sicherer Anleihenehmer gilt (AAA-Rating), sind die ihr gewährten Konditionen so vorteilhaft, daß sich aus ihrer Anleihe- und Kredittätigkeit Überschüsse ergeben, die die Bildung eines **Reservefonds** ermöglichen (s. Art. 51 § 3 i. V. m. Art. 50 § 1 3. Gedankenstrich).

Bei der Erfüllung ihrer finanziellen Aufgaben übt die Hohe Behörde selbst keine eigene Banktätigkeit aus (Art. 51 § 4); insoweit hat sie sich des öffentlichen und privaten Banksektors und nach Gründung der EWG der Europäischen Investitionsbank[405] zu bedienen. Die Hohe Behörde kann weiterhin nach Maßgabe des Art. 53 **finanzielle Einrichtungen** zugunsten der Unternehmen genehmigen oder selbst schaffen[406], wie z. B. Ausgleichseinrichtungen (z. B. zugunsten der Kohle nach Art. 62) oder der Art, wie sie im Übergangsabkommen festgelegt sind[407]. In ihrer Haushaltsführung unterliegt die EGKS der Entlastung durch das Europäische Parlament[408] und der Prüfung durch den Rechnungshof[409].

Die **finanzielle Hilfe** der Gemeinschaft zugunsten der Unternehmen ist in Art. 54 (Investitionsförderung) und 55 (Forschungsförderung) geregelt. Art. 56 (Soziale Hilfe) verfolgt demgegenüber vornehmlich sozialpolitische Ziele und wird an späterer Stelle behandelt. Das gleiche gilt für die spezifisch arbeitnehmerorientierten Maßnahmen nach Art. 54 und 55.

Die **Investitionsförderung**[410] nach Art. 54 kann sowohl den EGKS-Unternehmen **direkt**[411] gewährt werden (Abs. 1), wie **indirekt** über eine Förderung ihrer Haupt-

---

404 S. als erste große Anleiheoperation der EGKS den Anleihevertrag über 100 Millionen Dollar zwischen der EGKS und den Vereinigten Staaten von Nordamerika, ABl. Nr. 8 vom 7. 5. 1954, S. 325. Mit Blick auf das Auslaufen des EGKS-Vertrages am 23. Juli 2002 wurde die Anleihe- und Darlehenspolitik der EGKS seit Juli 1997 eingestellt (Beschluß der Kommission vom 22. Juni 1994). Seit dem Beginn ihrer Finanztätigkeit hat die EGKS für Kredite 24,5 Mia Euro ausgezahlt (s. Rechnungshof im ABl. Nr. C 224 vom 19. 9. 2003, S. 1 (5)).

405 S. Art. 9 und 266 f. EGV.

406 S. hierzu *Robert Krawielicki*, Finanzielle Ausgleichseinrichtungen im Recht der Montanunion, in: *Bernhard Aubin u. a.* (Hrsg.), Festschrift für *Otto Riese* aus Anlaß seines siebzigsten Geburtstages, Karlsruhe 1964, S. 151.

407 S. §§ 24 Abs. 3, 25, 26 Nr. 2 und 27 Nr. 1 ÜA.

408 S. zuletzt Beschluß 2002/448/EGKS des Europäischen Parlaments vom 10. April 2002 über die Entlastung für die Haushaltsführung der Europäischen Gemeinschaft für Kohle und Stahl (EGKS) für das Haushaltsjahr 2000, ABl. Nr. L 158 vom 17. 6. 2002, S. 35.

409 S. zuletzt den EGKS-Jahresbericht des Rechnungshofes und die Zuverlässigkeitserklärung für das am 23. Juli 2002 endende Haushaltsjahr, zusammen mit den Antworten der Kommission, ABl. Nr. C 224 vom 19. 9. 2003, S. 1.

410 S. hierzu die Grundsätze der Hohen Behörde in den Fragen der Investitionsförderung, ABl. Nr. 17 vom 31. 7. 1954, S. 457. Zum Umfang der tatsächlich getätigten Investitionen s. den Bericht über die Erhebung 1999: Die Investitionen in den Kohle- und Stahlindustrien der Gemeinschaft, Luxemburg 2001.

411 S. z. B. die Mitteilung der Kommission: Zinsverbilligte Industriedarlehen, die von der Kommission der Europäischen Gemeinschaften im Rahmen von Artikel 54 des Vertrages über die Gründung der Europäischen Gemeinschaft für Kohle und Stahl gewährt werden können, ABl. Nr. C 73 vom 18. 6. 1970, S. 20, sowie: Zinsverbilligte Industriedarlehen, die im Rahmen von

abnehmer, Zulieferer oder sonstiger Dritter, deren Förderung positive Rückwirkungen auf die Unternehmen zeitigt (Abs. 2)[412]:

> „(1) Die Hohe Behörde kann die Durchführung der Investitionsprogramme dadurch erleichtern, daß sie den Unternehmen Kredite bewilligt oder für die anderen von ihnen aufgenommenen Anleihen die Gewährleistung übernimmt.
> (2) Mit einstimmiger Zustimmung des Rates kann die Hohe Behörde mit den gleichen Mitteln die Finanzierung von Arbeiten und Einrichtungen unterstützen, die unmittelbar und in erster Linie dazu beitragen, die Produktion zu steigern, die Gestehungskosten zu senken oder den Absatz der ihrer Zuständigkeit unterliegenden Erzeugnisse zu erleichtern."

Eine Förderung nach Art. 54 kann allerdings dann nicht in Betracht kommen, wenn das betreffende Vorhaben staatliche „Subventionen, Beihilfen, Schutzmaßnahmen oder Diskriminierungen mit sich bringen würde, die zu diesem Vertrag im Widerspruch stehen" (Art. 54 Abs. 5).

Wenn der Vertrag auch keine **Investitionskontrolle** im strengen Sinne kennt, so ist die Förderung doch eingebettet in ein System der Orientierung durch die Hohe Behörde, um „eine aufeinander abgestimmte Entwicklung der Investitionen zu begünstigen" (Art. 54 Abs. 3). Zu diesem Zwecke kann die Hohe Behörde die Mitteilung der einzelnen Investitionsprogramme verlangen[413], sie mit den Unternehmen besprechen und sich dann im Wege einer Stellungnahme dazu äußern, ob und inwieweit sich diese Programme in die Zielbestimmungen nach Art. 46 einfügen (s. Art. 54 Abs. 3 und 4)[414]. Soweit die Hohe Behörde hierbei eine „ungünstige Stellungnahme als Entscheidung im Sinne des Artikels 14" abgibt (Art. 54 Abs. 5), darf das Unternehmen für die betreffende Investition nur eigene Mittel verwenden, da andernfalls Sanktionen drohen (Art. 54 Abs. 6).

Im Rahmen der **Unterstützung der mittel- und osteuropäischen Länder (MOEL)** und der Öffnung der Blöcke hat die EGKS die Aufnahme von Anleihen am Kapitalmarkt[415] und die Gewährung von Darlehen für Investitionsvorhaben auf die MOEL

Artikel 54 des Vertrages über die Gründung der Europäischen Gemeinschaft für Kohle und Stahl im Zusammenhang mit Sicherheits- und Hygienevorschriften, insbesondere zur Bekämpfung der Umweltschädigung, gewährt werden können, ABl. Nr. C 146 vom 25. 10. 1974, S. 1.

412 S. z. B. die Mitteilung der Kommission: Zinsverbilligte Industriedarlehen, die im Rahmen von Art. 54 Abs. 2 des Vertrages über die Gründung der Europäischen Gemeinschaft für Kohle und Stahl für Investitionen zur Förderung des Verbrauchs von Kohle aus der Gemeinschaft gewährt werden können, ABl. Nr. C 343 vom 31. 12. 1982, S. 2.

413 S. zuletzt Entscheidung Nr. 22/66 vom 16. November 1966 über die Auskunftserteilung der Unternehmen betreffend ihre Investitionen, ABl. Nr. 219 vom 29. 11. 1966, S. 3728/66; geändert durch Entscheidung Nr. 2237/73 (EGKS) der Kommission vom 20. Juli 1973, ABl. Nr. L 229 vom 17. 8. 1973, S. 28.

414 Bestandsaufnahmen und Bewertungen der Investitionen nimmt die Kommission auf der Grundlage periodischer Erhebungen vor, s. zuletzt den Bericht: Die Investitionen in den Kohle- und Stahlindustrien der Gemeinschaft, Brüssel, den 23. 7. 1999, SEK(1999) 1157 endg.

415 S. z. B. die Zustimmung Nr. 28/91 des Rates gemäß Art. 95 des EGKS-Vertrages zur Aufnahme von Anleihen am Kapitalmarkt im Hinblick auf die Gewährung von Darlehen für Investitionen der Kohle- und Stahlindustrie in Ungarn und Polen zwecks Ausdehnung dieser Darlehen auf die Tschechoslowakei, Bulgarien und Rumänien, ABl. Nr. C 304 vom 23. 11. 1991, S. 15.

erweitert[416]. Die Zustimmung des Beratenden Ausschusses erfolgte mit der Maßgabe, daß die Mittel nicht zu einem Aufbau zusätzlicher Kapazitäten genutzt werden dürfen, denen kein entsprechender Zuwachs an Nachfrage gegenübersteht. Weiterhin müssen die Empfänger zusichern, sich beim Export von Kohle und Stahl im Rahmen eines fairen Wettbewerbs zu bewegen, wie sie unter westlichen Ländern im GATT gelten[417].

Der Auftrag der Hohen Behörde zur **Forschungsförderung** ergibt sich aus Art. 55 § 1:

> „Die Hohe Behörde hat die technische und wirtschaftliche Forschung für die Erzeugung und die Steigerung des Verbrauchs von Kohle und Stahl sowie für die Betriebssicherheit in diesen Industrien zu fördern."

Diese Förderung umfaßt zum einen die Organisation der „Zusammenarbeit zwischen den vorhandenen Forschungsstellen" und zum anderen finanzielle Maßnahmen wie die Gewährung von Fördermitteln aus der Umlage im Rahmen von Forschungsverträgen auf Kostenteilungsbasis, die die Hohe Behörde mit den Unternehmen, Forschungsinstituten oder Universitäten abschließt (Art. 55 § 2 lit. c)).

Die Hohe Behörde und danach die Kommission haben die Grundsätze ihrer Forschungspolitik auf dem Gebiet der Kohle in zahlreichen Leitlinien bekanntgemacht[418] und die Beteiligten über die Beantragung und Gewährung von Forschungsbeihilfen unterrichtet[419]. Im Kernbereich der technischen Forschung standen traditionell die **Bergbautechnik**[420] und die **Kohlenutzung**[421] (insbes. Kohleveredelung) im Vordergrund[422]. Im Laufe der Jahre traten spezielle Forschungsprogramme über die **Sicherheit** in den EGKS-Industrien[423], über **Ergonomie**[424] und **Gesundheitsschutz**[425]

416 S. z. B. die Zustimmung Nr. 7/90 des Rates gemäß Art. 95 des EGKS-Vertrages zu einer Entscheidung der Kommission über die Gewährung von EGKS-Darlehen für Industrievorhaben in Ungarn und Polen, ABl. Nr. C 122 vom 18. 5. 1990, S. 7 sowie die einstimmige Zustimmung Nr. 1/94 des Rates nach Art. 95 EGKS-Vertrag zur Gewährung von Darlehen für Industrievorhaben in Polen (Huta Katowice), ABl. Nr. C 58 vom 26. 2. 1994, S. 10.

417 Stellungnahme des Beratenden Ausschusses der EGKS zu dem Entwurf einer Entscheidung der Kommission über die Aufnahme von Anleihen am Kapitalmarkt im Hinblick auf die Gewährung von Darlehen für Investitionen in der Kohle- und Stahlindustrie in Polen und Ungarn, ABl. Nr. C 19 vom 26. 1. 1990, S. 8.

418 S. zuletzt: Mittelfristige Leitlinien für die technische Forschung Kohle (1994–1999), ABl. Nr. C 67 vom 4. 3. 1994, S. 7 sowie danach die Aufforderung zur Einreichung von Projektvorschlägen für die Jahre 2000, 2001 und 2002 (ABl. Nr. C 195 vom 13. 7. 1999, S. 9, ABl. Nr. C 209 vom 21. 7. 2000, S. 7 und ABl. Nr. C 102 vom 31. 3. 2001, S. 12).

419 S. zuletzt: Bekanntmachung über die Beantragung und Gewährung von Beihilfen für die technische Forschung gemäß Art. 55 des Vertrages über die Gründung der Europäischen Gemeinschaft für Kohle und Stahl, ABl. Nr. C 213 vom 15. 7. 1997, S. 5.

420 Durch die Verbesserung der Technik und die Erhöhung der Sicherheit beim Abbau ist die Anzahl der Unfälle im Bergbau der Gemeinschaft drastisch zurückgegangen.

421 Dieses Forschungsgebiet umfaßt die Aufbereitung der Kohle, ihre Umwandlung (einschl. metallurgische Verwendung) sowie ihre Verbrennung und Vergasung (einschl. in situ).

422 S. zur Praxis: Europäische Kommission, 1952–2002: 50 Jahre Kohleforschung der EGKS, Luxemburg 2002.

423 S. erstes gemeinsames Forschungsprogramm über die Sicherheit in den EGKS-Industrien, ABl. Nr. C 325 vom 29. 12. 1989, S. 2.

424 S. sechstes Ergonomieforschungsprogramm der Europäischen Gemeinschaft für Kohle

hinzu. Punktuell ergänzt wurden die Bemühungen der EGKS durch EWG/EG-gestützte Programme, insbesondere auf den Gebieten der Verflüssigung und Vergasung[426] sowie der sauberen und effizienten Nutzung fester Brennstoffe[427]. Der Fördersatz der EGKS beträgt in der Regel bis zu 60% der zuschußfähigen Projektkosten[428]; die Ergebnisse der Forschungen sind allen Beteiligten der Gemeinschaft zugänglich zu machen (Art. 55 § 2 in fine)[429].

3. Krisenmaßnahmen bei Rückgang der Nachfrage

Es spricht für die Weitsicht der Gründerväter der Gemeinschaft, daß sie in Zeiten des Kohlemangels und hoher Nachfrage nach fossilen Brennstoffen Vorkehrungen für den Fall eines Absatzrückgangs getroffen haben. Ehe jedoch die Gemeinschaft mit dirigistischen Instrumenten in die Erzeugung eingreift (Art. 58), hat sie die Möglichkeiten indirekter Maßnahmen i. S. des Art. 57 auszuschöpfen, und zwar durch

- die Zusammenarbeit mit den Regierungen, um den allgemeinen Verbrauch, insbesondere den der öffentlichen Dienste, gleichmäßiger zu gestalten oder zu beeinflussen, und
- das Eingreifen auf dem Gebiet der Preise und der Handelspolitik.

Erst wenn diese Maßnahmen nicht ausreichen, um der Lage zu begegnen und sich die Gemeinschaft in einer **offensichtlichen Krise** befindet, steht der Gemeinschaft die Einführung eines **Systems der Erzeugungsquoten** offen, das nach dem Verfahren des Art. 58 § 1 von der Hohen Behörde zu erlassen ist. Die Festsetzung der Quoten erfolgt aufgrund von Untersuchungen, die die Hohe Behörde unter Beteiligung der Unternehmen und ihrer Verbände anstellt sowie unter Berücksichtigung der in den Art. 2, 3 und 4 genannten Grundsätze (Art. 58 § 2). Trotz des späteren dramatischen Rückgangs der Nachfrage nach Gemeinschaftskohle, ist – im Gegensatz zum Stahl – ein Quotenregime für die Steinkohle zu keiner Zeit eingeführt worden.

---

und Stahl für den Steinkohlenbergbau und die Eisen- und Stahlindustrie, ABl. Nr. C 66 vom 14. 3. 1991, S. 3.

425 S. Memorandum zur Aufstellung eines Sechsten Forschungsprogramms Gesundheitsschutz im Bergbau, ABl. Nr. C 14 vom 22. 1. 1991, S. 2.

426 S. z. B. Verordnung (EWG) Nr. 1971/83 des Rates vom 11. Juli 1983 zur Gewährung einer finanziellen Unterstützung für industrielle Pilot- und für Demonstrationsvorhaben auf dem Gebiet der Verflüssigung und Vergasung fester Brennstoffe, ABl. Nr. L 195 vom 19. 7. 1983, S. 1.

427 S. Entscheidung 1999/24/EG des Rates vom 14. Dezember 1998 über ein Mehrjahresprogramm für technologische Maßnahmen zur Förderung der sauberen und effizienten Nutzung fester Brennstoffe (1998–2002), ABl. Nr. L 7 vom 13.1.1999, S. 28. S. zu diesem sog. Programm CARNOT zuletzt die Ausschreibung für 2001 im ABl. Nr. C 270 vom 25. 9. 2001, S. 8.

428 Dies ist der höchste reguläre Fördersatz im Forschungsrecht der EGKS.

429 Darüberhinaus gibt die Hohe Behörde nach Art. 55 § 3 „Stellungnahmen jeder Art ab, die der Verbreitung der technischen Verbesserungen dienen, insbesondere insoweit, als es sich um den Austausch von Patenten und die Ausstellung von Lizenzen handelt".

IX. Die Verbesserung der Lebens- und Arbeitsbedingungen der Arbeiter

Nach den kriegsbedingten Zerstörungen und Demontagen im Montansektor und unter den schwierigen Arbeits- und Versorgungsbedingungen der Nachkriegsjahre waren der Neubeginn und die „Ausweitung der Wirtschaft“ (Art. 2) bei Kohle und Stahl nur durch den aufopferungsvollen Einsatz der Belegschaften über und unter Tage möglich gewesen. Insbesondere die Arbeitskraft der Bergleute und die Steigerung der Energieversorgung mit Steinkohle bildeten die Grundlage für den wirtschaftlichen Aufschwung der 50er Jahre. Vor diesem Hintergrund mußte das besondere Anliegen des Vertrages darin bestehen, „auf eine Verbesserung der Lebens- und Arbeitsbedingungen der Arbeiter hinzuwirken“ (Art. 3 lit. e)) und ihre Rechte gegenüber den Arbeitgebern und ihren Organisationen zu stärken[430]. Zur Verfolgung dieses Zieles setzte die Hohe Behörde Ende 1955 einen **Gemischten Ausschuß für die Harmonisierung der Arbeitsbedingungen im Steinkohlenbergbau** ein, der als paritätisch besetztes Gremium die Planung und Gestaltung der gemeinschaftlichen Sozialpolitik unterstützen sollte[431].

Die **Gleichberechtigung** von Arbeitnehmern und Arbeitnehmerverbänden mit den Erzeugern und Erzeugerverbänden findet in der Besetzung des Beratenden Ausschusses und im gleichen Zugang zur Hohen Behörde Ausdruck. Der Dritte Titel des Vertrages, der die operationellen Politiken der EGKS enthält, ist „Wirtschafts- und **Sozialbestimmungen**“ überschrieben und drückt damit ein **Gleichgewicht** zwischen Ökonomie und Sozialem aus, das schon die Zielbestimmung des Art. 2 charakterisiert („Ausweitung der Wirtschaft“ – „Steigerung der Beschäftigung“; „rationellste Verteilung der Erzeugung“ – „keine Unterbrechung in der Beschäftigung“). Mit der zunehmenden Dominanz des Ökonomischen geriet dieses Gleichgewicht unter dem EWG-Vertrag mehr und mehr in Gefahr und droht heute unter der Herrschaft des globalen Wettbewerbs vollends in Vergessenheit zu geraten. Allein der Gedanke einer besonderen **Fürsorgepflicht** der EGKS für ihre Industrien und deren Arbeitnehmer scheint einer längst vergangenen Epoche anzugehören.

Aus heutiger Sicht erscheint die Einführung der **Freizügigkeit der Kohle- und Stahlfacharbeiter** in der Gemeinschaft (Art. 69) als die bedeutsamste Regelung auf dem Sozialsektor, da sie den gemeinsamen Warenmarkt um einen **gemeinsamen Arbeitsmarkt** ergänzte und das Vorbild für die späteren Euratom- und EWG/EG-Regelungen zur Freizügigkeit der Arbeitnehmer bildete. Für die Arbeitskräfte ebenso wichtig sind die Bestimmungen über die **Löhne**, die für heimische und Wanderarbeitnehmer in gleicher Weise gelten. Ergänzt wurden diese legislativen Maßnahmen durch eine spezifische Förderung der Belange der Arbeitnehmer durch **finanzielle Hilfen** der Gemeinschaft.

---

430 S. zu diesem Zwecke auch den frühen Abschluß einer Vereinbarung über die Zusammenarbeit zwischen der Internationalen Arbeitsorganisation und der EGKS, ABl. Nr. 11 vom 14. 8. 1953, S. 167.

431 Die rechtlich formalisierte Einsetzung dieses Ausschusses erfolgte durch Beschluß Nr. 75/782/EGKS der Kommission vom 24. November 1975 über den Gemischten Ausschuß für die Harmonisierung der Arbeitsbedingungen im Steinkohlenbergbau, ABl. Nr. L 329 vom 23. 12. 1975, S. 35.

1. Die Freizügigkeit der Arbeitnehmer

Seit dem Beginn des europäischen Bergbaus im Mittelalter hat sich der Montansektor durch eine große **Mobilität** seiner Arbeitskräfte ausgezeichnet. Wo immer neue Vorkommen an Kohle und Erz entdeckt wurden, wanderten die Bergleute zu; die technischen Schwierigkeiten der Erschließung und des Abbaus sowie die Härte der Arbeit machten ortsfremde Fachkräfte unentbehrlich. Noch im letzten Jahrhundert trugen polnische Bergarbeiter maßgeblich zur Entwicklung des Ruhrgebiets bei, italienische Bergleute förderten die belgische Kohle und auch der französische Bergbau bediente sich ausländischer Arbeitskräfte. Vor diesem Hintergrund war die Einführung der Freizügigkeit durch Art. 69 im Montansektor weit weniger revolutionär als in anderen Wirtschaftsbereichen. Art. 69 § 1 bestimmt:

> „Die Mitgliedstaaten verpflichten sich, jede auf die Staatsangehörigkeit gegründete Beschränkung hinsichtlich der Beschäftigung anerkannter Kohle- und Stahlfacharbeiter, die Staatsangehörige eines Mitgliedstaats sind, in der Kohle- und Stahlindustrie zu beseitigen, vorbehaltlich der Beschränkungen, die sich aus den grundlegenden Erfordernissen der Gesundheit und der öffentlichen Ordnung ergeben."

Die Frage, **welche Arbeitnehmer** als anerkannte Kohle- und Stahlfacharbeiter im Sinne der Vorschrift anzusehen sind und **welche Beschränkungen** im einzelnen zu beseitigen sind, bedarf der Festlegung durch die Mitgliedstaaten unter Mitwirkung der Hohen Behörde (Art. 69 §§ 2 und 5)[432]: Für die einzelnen Fachrichtungen und die Bedingungen für die Zuerkennung der Facharbeitereigenschaft sind **gemeinsame Begriffsbestimmungen** aufzustellen. Außerdem sind die technischen Möglichkeiten zu erforschen, „durch die innerhalb der Gemeinschaft **Angebot und Nachfrage auf dem Arbeitsmarkt** miteinander in Verbindung gebracht werden können" (Art. 69 § 2). Soweit die Erzeugung in der Kohle- und Stahlindustrie durch Mangel an geeigneten Arbeitskräften in ihrer Entwicklung gehemmt wird, haben die Mitgliedstaaten über den Kreis der anerkannten Facharbeiter hinaus „ihre Einwanderungsbestimmungen in dem zur Beseitigung dieses Zustands erforderlichen Umfang zu ändern; sie haben insbesondere die Wiederbeschäftigung der aus der Kohle- und Stahlindustrie anderer Mitgliedstaaten stammenden Arbeitnehmer zu erleichtern" (Art. 69 § 3).

Außer der Beseitigung beschränkender Aufenthalts- und Zugangsregeln zur Beschäftigung sieht der Vertrag das **Verbot jedweder Diskriminierung bei der Entlohnung und den Arbeitsbedingungen** zwischen inländischen und aus anderen Mitgliedstaaten eingewanderten Arbeitern vor. Außerdem haben die Mitgliedstaaten sicherzustellen, „daß die Bestimmungen über die Sozialversicherung den Wechsel der Arbeitsplätze nicht behindern" (Art. 69 § 4).

---

432 S. Beschluß des Ministerrats betreffend die Anwendung des Art. 69 des Vertrages vom 18. April 1951 über die Gründung der Europäischen Gemeinschaft für Kohle und Stahl nebst Vereinbarung zur Durchführung dieses Beschlusses, ABl. Nr. 25 vom 12. 8. 1957, S. 367, 408.

2. Lohnniveau und Mitbestimmung

Neben der Erhöhung der Beschäftigungsmöglichkeiten der Arbeitnehmer durch Freizügigkeit **innerhalb der Gemeinschaft** gilt die Sorge des Vertrages der Verbesserung der Lage der Arbeiter **innerhalb der Betriebe.** Zwar läßt der EGKS-Vertrag die nationalen Bestimmungen über die „Formen der Festsetzung von Lohn und Sozialleistungen" im Montansektor unberührt, doch steht auch dieser Bereich unter einigen wichtigen Vorbehalten der Gemeinschaft. Ihr Ziel ist es, **ungewöhnlich niedrig festgesetzten Löhnen** und **Lohnsenkungen** nach Möglichkeit entgegenzuwirken oder diese auszugleichen. Zu diesem Zwecke ist der Hohen Behörde jede Lohnsenkung zur Kenntnis zu bringen, „von der die Gesamtheit oder ein beträchtlicher Teil der Arbeiterschaft eines Unternehmens betroffen wird" (Art. 68 § 4).

Beruht ein ungewöhnlich niedriges Lohnniveau auf ungewöhnlich niedrigen Preisen bei ansonsten normalen Löhnen desselben Gebietes, so ordnet die Hohe Behörde nach Art. 68 § 2 korrigierende Maßnahmen an. Soweit „eine Lohnsenkung zugleich eine Senkung des Lebensstandards der Arbeiterschaft zur Folge hat und als Mittel dauernder wirtschaftlicher Anpassung der Unternehmen oder des Wettbewerbs zwischen den Unternehmen angewendet wird", veranlaßt die Hohe Behörde von einigen näher bezeichneten Ausnahmefällen abgesehen einen Ausgleich dieser Lohnsenkungen, „um der Arbeiterschaft zu Lasten der Unternehmen Vorteile zu sichern" (Art. 68 § 3). Soweit in einem Mitgliedstaat Änderungen im Sozialversicherungsrecht, Maßnahmen zur Bekämpfung der Arbeitslosigkeit oder Lohnänderungen schädliche Auswirkungen im Sinne des Art. 67 §§ 2 und 3 haben, kann die Hohe Behörde ebenfalls die Vorschriften jenes Artikels anwenden (Art. 68 § 5).

Zur „Beurteilung der Verbesserungsmöglichkeiten für die Lebens- und Arbeitsbedingungen der Arbeiterschaft" und der Gefahren, die diese Lebensbedingungen bedrohen, sieht Art. 46 Abs. 3 Ziffer 5 ein eigenes Auskunftsrecht der Hohen Behörde vor. Um die erforderlichen Auskünfte zu erlangen, soll sich die Hohe Behörde insbesondere der Erzeugerverbände bedienen, „vorausgesetzt, daß diese die berufenen **Vertreter der Arbeitnehmer** ... an ihren leitenden Organen oder an den bei ihnen gebildeten beratenden Ausschüssen beteiligen oder daß sie in ihrer Organisation mit anderen Mitteln einen ausreichenden Platz für die Geltendmachung der Interessen der Arbeitnehmer ... einräumen" (Art. 48 Abs. 3).

Auf deutscher Seite beschloß der deutsche Bundestag am 21. Mai 1951, d.h. nur wenige Tage nach Unterzeichnung des EGKS-Vertrages am 18. April 1951 in Paris, das „Gesetz über die Mitbestimmung der Arbeitnehmer in den Aufsichtsräten und Vorständen der Unternehmen des Bergbaus und der Eisen und Stahl erzeugenden Industrie"[433], das für den Montansektor – und ihn allein – die **paritätische Mitbestimmung** einführte.

---

433 BGBl. I S. 347.

3. Die finanziellen Maßnahmen zugunsten der Arbeitnehmer

Jede der drei Bestimmungen im Kapitel III über „Investitionen und finanzielle Hilfe" (Artikel 54 bis 56) ermöglicht eine Förderung der Belange der Arbeitnehmer. Seit den 50er Jahren hat die Gemeinschaft von diesen Fördermöglichkeiten intensiven Gebrauch gemacht[434] und damit die Lebens- und Arbeitsbedingungen der Arbeiter entscheidend verbessert.

Die größte Notlage bestand nach dem Krieg im Mangel an Wohnraum für die Bergarbeiter. Allein im Ruhrgebiet waren von 285.000 Bergmannswohnungen, die 1939 zur Verfügung gestanden hatten, bei Kriegsende nicht weniger als 206.000 zerstört oder beschädigt[435]. Gemäß der Erkenntnis: „Ohne Haus kein Bergarbeiter, ohne Bergarbeiter keine Kohle, ohne Kohle kein Stahl"[436] wurde schon 1954 eine erste Aktion zur **Förderung des Wohnungsbaus** für die Arbeitnehmer der Kohle- und Stahlindustrie unternommen. Gestützt auf Art. 54 Abs. 2 legte die EGKS ein langfristiges Darlehensprogramm zur Förderung des Wohnungsbaus auf (Laufzeit der Darlehen: 20 Jahre, Zinssatz: 1 %). Bis 1990 wurden insgesamt 200.000 Sozialwohnungen mit Darlehen der EGKS finanziert[437]; das letzte Förderprogramm endete 1997[438].

Ein weiteres Betätigungsfeld der Gemeinschaft bestand und besteht in der **Verbesserung der Sicherheit und der Arbeitsbedingungen der Bergleute unter Tage.** Nach Art. 55 § 1 hat die Hohe Behörde u. a. die **Forschung** auf dem Gebiet der **Betriebssicherheit** in der Kohle- und Stahlindustrie zu fördern[439]. In weiter Auslegung dieses Begriffes wurden Finanzhilfen für Forschungen auf den Gebieten **Grubensicherheit, Arbeitshygiene, Arbeitsmedizin** und **Ergonomie** gewährt[440]. Auch die Bekämpfung der Verschmutzung der Arbeitsumwelt und der Umwelt insgesamt ist zu einem wesentlichen Thema der EGKS-Forschung geworden[441]. Über den Bereich der Forschung hinaus hat die EGKS beispielgebend für zahlreiche Initiativen der EWG/EG auf dem Gebiet der Betriebssicherheit und der Betriebsunfälle gewirkt[442]. Der

---

434 Nach internen Berechnungen der Kommission sind insgesamt 1,7 Mio Arbeitnehmer der EGKS-Industrien in den Genuß von Readaptationshilfen nach Art. 56 gekommen.

435 K. H. *Herchenröder, Joh. Schäfer, Manfred Zapp,* Die „Neuordnung" der Montanindustrie: Die Nachfolger der Ruhrkonzerne, Düsseldorf 1953, S. 7 f.

436 Kommission, 25 Jahre gemeinsamer Markt für Kohle 1953–1978, Brüssel, Luxemburg, 1977, S. 109.

437 Commission, Prêts CECA au Logement Social, Bruxelles 1990.

438 S. Leitlinien für die Durchführung des 12. Programms „EGKS-Sozialwohnungen" im Zeitraum 1993 bis 1997, ABl. Nr. C 19 vom 22. 1. 1994, S. 14.

439 S. Europäische Kommission, 1952–2002: 50 Jahre Kohleforschung der EGKS, Luxemburg 2002, S. 104 ff.

440 S. zuletzt das Gemeinschaftsprogramm für Sicherheit, Arbeitshygiene und Gesundheitsschutz am Arbeitsplatz (1996–2000), Dok. KOM (1996) 282 endg. S. dazu die Entschließung des Beratenden Ausschusses der EGKS, ABl. Nr. C 138 vom 9. 5. 1996, S. 10.

441 S. Europäische Kommission, 1952–2002: 50 Jahre Kohleforschung der EGKS, Luxemburg 2002 S. 65 ff.

442 S. Richtlinie 80/1107/EWG des Rates vom 27. November 1980 zum Schutz der Arbeitnehmer vor der Gefährdung durch chemische, physikalische und biologische Arbeitsstoffe bei der Arbeit, ABl. Nr. L 327 vom 3. 12. 1980, S. 8; Richtlinie 86/188/EWG des Rates vom 12. Mai 1986 über den Schutz der Arbeitnehmer gegen Gefährdung durch Lärm am Arbeitsplatz, ABl. Nr. L 137 vom 24. 5. 1986, S. 28; Richtlinie 89/391/EWG des Rates vom 12. Juni 1989 über die Durch-

„Ständige Ausschuß für die Betriebssicherheit und den Gesundheitsschutz im Steinkohlenbergbau“[443] berät die Regierungen, schlägt Verbesserungsmaßnahmen vor und erstellt Informationsberichte[444]. Der „Hilfsfonds der Kommission für die Opfer von Katastrophen“[445] gewährt Beihilfen zur Finanzierung der vordringlichsten Hilfsmaßnahmen bei Grubenunglücken. Die nach dem ehemaligen Präsidenten der Hohen Behörde benannte **„Stiftung *Paul Finet*“** unterstützt Waisen von Arbeitnehmern, die in EGKS-Unternehmen durch Unfall oder Berufskrankheiten ums Leben gekommen sind, mit Stipendien für die Ausbildung“[446].

---

führung von Maßnahmen zur Verbesserung der Sicherheit und des Gesundheitsschutzes der Arbeitnehmer bei der Arbeit, ABl. Nr. L 183 vom 29.6.1989, S. 1. Zu dieser letztgenannten Rahmenrichtlinie ergingen bislang 17 Einzelrichtlinien, darunter die für den Bergbau bedeutsame

- 2. RL 89/655/EWG vom 30. November 1989 (Benutzung von Arbeitsmitteln), ABl. Nr. L 393 vom 30. 12. 1989, S. 13;
- 3. RL 89/656/EWG vom 30. November 1989 (Benutzung persönlicher Schutzausrüstungen), ABl. Nr. L 393 vom 30. 12. 1989, S. 18;
- 9. RL 92/58/EWG vom 24. Juni 1992 (Sicherheits- und/oder Gesundheitsschutzkennzeichnung am Arbeitsplatz), ABl. Nr. L 245 vom 26. 8. 1992, S. 23;
- 11. RL 92/91/EWG vom 3. November 1992 (Betriebe, in denen durch Bohrungen Mineralien gewonnen werden), ABl. Nr. L 348 vom 28. 11. 1992, S. 9;
- 12. RL 92/104/EWG vom 3. Dezember 1992 (übertägige oder untertägige mineralgewinnende Betriebe), ABl. Nr. L 404 vom 31. 12. 1992, S. 10;
- 15. RL 1999/92/EG vom 16. Dezember 1999 (Arbeitnehmer, die durch explosionsfähige Atmosphären gefährdet werden können), ABl. Nr. L 23 vom 28. 1. 2000, S. 57;
- 16. RL 2002/44/EG vom 25. Juni 2002 (Gefährdung durch Vibrationen), ABl. Nr. L 177 vom 6. 7. 2002, S.13;
- 17. RL 2003/10/EG vom 6. Februar 2003 (Gefährdung durch Lärm), ABl. Nr. L 42 vom 15. 2. 2003, S. 38.

S. weiterhin die Richtlinie 94/9/EG des Europäischen Parlaments und des Rates vom 23. März 1994 zur Angleichung der Rechtsvorschriften der Mitgliedstaaten für Geräte und Schutzsysteme zur bestimmungsgemäßen Verwendung in explosionsgefährdeten Bereichen, ABl. Nr. L 100 vom 19. 4. 1994, S. 1, sowie zuletzt die Entschließung dese Rates vom 3. Juni 2002 über eine neue Gemeinschaftsstrategie für Gesundheitsschutz und Sicherheit am Arbeitsplatz (2002–2006), ABl. Nr. C 161 vom 5. 7. 2002, S. 1.

443 S. zu Mandat und Geschäftsordnung die Entscheidung des Rates vom 9. Juli 1957, ABl. Nr. 28 vom 31. 8. 1957, S. 487/57, 489/57. S. weiterhin den Beschluß Nr. 74/326/EWG des Rates vom 27. Juni 1974 über die Erstreckung der Zuständigkeit des Ständigen Ausschusses für die Betriebssicherheit und den Gesundheitsschutz im Steinkohlenbergbau auf alle mineralgewinnenden Betriebe, ABl. Nr. L 185 vom 9. 7. 1974, S. 18. Seit diesem Beschluß führt der Ausschuß die Bezeichnung: Ständiger Ausschuß für die Betriebssicherheit und den Gesundheitsschutz im Steinkohlenbergbau und in den anderen mineralgewinnenden Industriezweigen.

444 Funktional ist der Ausschuß damit als Vorläufer der Europäischen Stiftung zur Verbesserung der Lebens- und Arbeitsbedingungen und der Europäischen Agentur für Sicherheit und Gesundheitsschutz am Arbeitsplatz zu betrachten. S. Verordnung (EWG) Nr. 1365/75 des Rates vom 26. Mai 1975 über die Gründung einer Europäischen Stiftung zur Verbesserung der Lebens- und Arbeitsbedingungen, ABl. Nr. L 139 vom 30. 5. 1975, S. 1 und Verordnung (EG) Nr. 2062/94 des Rates vom 18. Juli 1994 zur Errichtung einer Europäischen Agentur für Sicherheit und Gesundheitsschutz am Arbeitsplatz, ABl. Nr. L 216 vom 20. 8. 1994, S. 1.

445 Eingerichtet von der Hohen Behörde nach der Katastrophe von Marcinelle (1953). S. Haushaltslinie B 3-4312, zuletzt Haushaltsplan 2003 (2003/94/EG, Euratom), Band II, ABl. Nr. L 54 vom 28. 2. 2003, S. 682.

446 Von 1965 bis 1991 hat die Stiftung 18.688 Stipendien mit einem Gesamtbetrag von 235 Millionen FB gewährt. S. zur Haushaltslinie die vorige Fußnote.

Mit dem Niedergang des Steinkohlenbergbaus in der Gemeinschaft sollten sich jedoch als langfristig bedeutsamste soziale Hilfen die **Umstellungsdarlehen** und **Anpassungsbeihilfen** nach Art. 56 erweisen. Dieser Artikel sah in seiner ursprünglichen Fassung Umstellungsdarlehen und Anpassungsbeihilfen nur für den Fall vor, daß EGKS-politisch **gewollte** technische **Modernisierungen der Unternehmen** zu einer **Verminderung des Bedarfs** an Arbeitskräften „in außergewöhnlichem Umfang" führen, „die besondere Schwierigkeiten für die Wiederbeschäftigung der freigewordenen Arbeitskräfte in einem oder mehreren Gebieten mit sich bringt" (Art. 56 § 1).

Da die Gemeinschaft einerseits das Ziel einer „Modernisierung der Erzeugung" (Art. 3 lit. g)) auf „dem höchsten Leistungsstand" (Art. 2 Abs. 2) verfolgt und hierfür sogar Investitionsbeihilfen bereitstellt (Art. 54), sieht sie sich auf der anderen Seite veranlaßt, die selbstverursachten Folgen dieser Modernisierungs- und Rationalisierungspolitik für die Arbeitnehmer finanziell abzufedern. Die Initiative hierfür liegt allerdings bei den **Mitgliedstaaten**, die einen entsprechenden **Antrag** bei der Hohen Behörde zu stellen haben, und im Falle der Gewährung nicht rückzahlbarer Beihilfen einen mindestens so hohen Beitrag wie die Gemeinschaft zuschießen müssen (Art. 56 § 1 lit. c)). Nicht rückzahlungspflichtige **Anpassungsbeihilfen** werden bewilligt, um beizutragen:

> „– zur Zahlung von Entschädigungen, die es den Arbeitern ermöglichen, ihre Wiedereinstellung abzuwarten;
> – zur Gewährung von Beihilfen an die Arbeitnehmer für die Kosten zur Erlangung eines neuen Arbeitsplatzes;
> – zur Finanzierung der Umschulung der Arbeitnehmer, die ihre Beschäftigung wechseln müssen."

Außerdem kann die Hohe Behörde nach Maßgabe des Art. 54, d. h. durch Kreditbewilligung (sog. **Umstellungsdarlehen**) oder Übernahme der Gewährleistung, „in den ihrer Zuständigkeit unterstehenden Industrien oder mit Zustimmung des Rates in jeder anderen Industrie die Finanzierung der von ihr gebilligten Programme zur Schaffung neuer Betätigungsmöglichkeiten erleichtern, die wirtschaftlich gesund und geeignet sind, eine produktive Wiederbeschäftigung der freigewordenen Arbeitskräfte zu sichern" (Art. 56 § 1 lit. b)).

Mit der aufziehenden Kohlenkrise am Ende der 50er Jahre wurde jedoch deutlich, daß die Hauptbedrohung für die Arbeitsplätze der Bergleute nicht von **planmäßigen** Modernisierungsmaßnahmen ausging, sondern gleichsam von der **planwidrigen** Konkurrenz durch billige Importkohle und Mineralöl. Um diesen neuen Gefahren zu begegnen, bedurfte Art. 56 einer Ergänzung, die 1960 nach dem Verfahren des Art. 95 Abs. 3 und 4 beschlossen wurde[447]. Nach dem neu angefügten Art. 56 § 2 wurden Umstellungsdarlehen (Art. 56 § 2 lit. a))[448] und Anpassungsbeihilfen (Art. 56 § 2 lit. b))[449]

---

447 S. ABl. Nr. 33 vom 16. 5. 1960, S. 781/60.

448 Umstellungsdarlehen können von der EGKS als **Direktdarlehen** an Unternehmen und öffentliche Einrichtungen zur Kofinanzierung einer bestimmten Investition vergeben werden oder als **Globaldarlehen** an vermittelnde Finanzinstitute mit der Auflage, diese zur Finanzierung einzelner Investitionsvorhaben in Form von Unterdarlehen an Unternehmen oder öffentliche Einrichtungen weiterzugeben. Diese Darlehen können auch an Arbeitnehmer der EGKS-Industrien vergeben werden, die freigesetzt werden oder deren Freisetzung bevorsteht und die

nunmehr auch möglich, wenn „in den Absatzbedingungen der Kohle- und Stahlindustrie grundlegende Änderungen ein(treten), die nicht unmittelbar auf die Errichtung des gemeinsamen Marktes zurückzuführen sind, die aber einzelne Unternehmen zwingen, ihre Tätigkeit endgültig einzustellen, einzuschränken oder zu ändern". Die bisherigen finanziellen Hilfsmöglichkeiten wurden für diesen Fall erweitert um nicht rückzahlungspflichtige „Zuwendungen an die Unternehmen zur Sicherstellung der Entlohnung ihres Personals bei zeitweiser Beurlaubung, die durch Änderung ihrer Tätigkeit notwendig geworden ist".

In Ergänzung der traditionellen Fördermöglichkeiten der EGKS legte die Kommission 1990 das **Programm RECHAR** vor[450], das unter Einbeziehung des Europäischen Fonds für regionale Entwicklung (EFRE)[451], des Europäischen Sozialfonds (ESF)[452], der Europäischen Investitionsbank (EIB)[453] und der EGKS ein einheitliches Konzept für Unterstützungsmaßnahmen zugunsten der wirtschaftlich am härtesten betroffenen Kohlereviere entwickelte[454]. Ursprünglich nur für den Zeitraum 1990–1993 vorgesehen, wurde dieses Programm durch RECHAR II (1994–1997) verlängert[455] und um ein begleitendes Sozialprogramm ergänzt[456]. Auch im Zeitraum 1998–1999/2000 unterstützten die EGKS und die EG die Umstrukturierung des Kohlenbergbaus durch begleitende Sozialmaßnahmen[457], wobei im Hinblick auf das Auslaufen des Vertrages

---

eine unabhängige Tätigkeit auszuüben wünschen. S. zuletzt Leitlinien und operationelle Regeln für die Gewährung von Umstellungsdarlehen nach Art. 56 des Vertrages über die Gründung der Europäischen Gemeinschaft für Kohle und Stahl (EGKS), ABl. Nr. C 188 vom 28. 7. 1990, S. 9 sowie „Modalitäten zur Koordinierung der EGKS-Umstellungsdarlehen mit den Strukturprogrammen", ABl. Nr. C 59 vom 6. 3. 1992, S. 4.

449 Der Begriff „Anpassungsbeihilfe" entstammt Art. 50 § 1 2. Gedankenstrich EGKSV.

450 S. die Mitteilung an die Mitgliedstaaten zur Festlegung von Leitlinien für von den Mitgliedstaaten auszuarbeitende operationelle Programme im Rahmen der Gemeinschaftsinitiative zur wirtschaftlichen Umstellung von Kohlerevieren, ABl. Nr. C 20 vom 27. 1. 1990, S. 3 sowie die Mitteilung an die Mitgliedstaaten zur Festlegung der Kriterien für die Gewährung der Anpassungsbeihilfe nach Art. 56 des EGKS-Vertrags im Rahmen des Programms RECHAR, ABl. Nr. C 185 vom 26. 7. 1990, S. 18. Als zusätzliche Erweiterung der Beihilfemöglichkeiten der EGKS nach Art. 56 erging die Entscheidung Nr. 1006/92/EGKS der Kommission vom 9. April 1992 zur Ausdehnung der Anpassungsbeihilfen auf vorzeitig aus dem Erwerbsleben ausscheidende Arbeitnehmer, die ihren Arbeitsplatz in einem nicht unter den Vertrag fallenden Bereich freimachen und durch Arbeitnehmer des gleichen Unternehmens ersetzt werden, die in Montanbereichen beschäftigt waren, ABl. Nr. L 106 vom 24. 4. 1992, S. 8.

451 S. Art. 158 ff. (ex-Art. 130 a) ff.) EGV.

452 S. Art. 146 ff. (ex-Art. 123 ff.) EGV.

453 Art. 266 f. (ex-Art. 198 d) f.) EGV.

454 S. Mitteilung an die Mitgliedstaaten über die Aufstellung des Verzeichnisses der beihilfefähigen Gebiete im Rahmen der Gemeinschaftsinitiative zur wirtschaftlichen Umstellung der Kohlereviere (RECHAR), ABl. Nr. C 177 vom 18. 7. 1990, S. 2.

455 Mitteilung an die Mitgliedstaaten zur Festlegung von Leitlinien für die von ihnen vorzuschlagenden Operationellen Programme oder Globalzuschüsse im Rahmen der Gemeinschaftsinitiative für die wirtschaftliche Umstellung von Kohlerevieren (RECHAR II), ABl. Nr. C 180 vom 1. 7. 1994, S. 26 sowie dazu die Mitteilung an die Mitgliedstaaten über die Aufstellung des Verzeichnisses der beihilfefähigen Gebiete im Rahmen der Gemeinschaftsinitiative zur wirtschaftlichen Umstellung der Kohlereviere (RECHAR II), ABl. Nr. C 337 vom 1. 12. 1994, S. 4.

456 S. Vermerk zu den Modalitäten der begleitenden Sozialmaßnahmen des Umstrukturierungsprogramms für den Kohlenbergbau (1994–1997), ABl. Nr. C 108 vom 16. 4. 1994, S. 3.

457 S. Mitteilung betreffend begleitende Sozialmaßnahmen zur Umstrukturierung des Kohlenbergbaus (1998–1999/2000), ABl. Nr. C 198 vom 28. 6. 1997, S. 6.

einige traditionelle Beihilfeleistungen der EGKS im Wege eines „phasing out/phasing in" auf den ESF übergingen[458]. Seit der Gründung der EGKS sind ca. 1,7 Mio Arbeitnehmer in den Genuß von Hilfsmaßnahmen nach Art. 56 gekommen.

X. Die Förderung des Handels mit Drittländern

Das Gebot, „die Entwicklung des zwischenstaatlichen Austausches zu fördern" (Art. 3 lit. f)) und den Bedarf dritter Länder zu berücksichtigen (Art. 3 lit. a)), wendet die Logik der **integrativen Kraft des Handels im gemeinsamen Markt** gleichsam nach außen in Richtung auf eine Verankerung der Gemeinschaft im Weltmarkt. Allerdings ist dieser Förderauftrag für den Bereich der Handelspolitik, d. h. der Politik des Handels mit **Drittländern**, vornehmlich an die Mitgliedstaaten und weniger an die Gemeinschaft selbst gerichtet, denn Art. 71 Abs. 1 bestimmt:

> „Die Zuständigkeit der Regierungen der Mitgliedstaaten auf dem Gebiet der Handelspolitik wird durch die Anwendung dieses Vertrags nicht berührt, es sei denn, daß dieser etwas anderes bestimmt."

Tatsächlich weisen die Bestimmungen des Kapitels X („Handelspolitik") in den Art. 71 bis 75 der Gemeinschaft als solcher eine eher defensive, koordinierende und kontrollierende Rolle im Bereich der Außenbeziehungen zu, als eine auf eine aktive Förderung des Außenhandels gerichtete. Dabei besitzt die Gemeinschaft durchaus die Möglichkeit zu internationalem Tätigwerden aus eigenem Recht: Nach Art. 6 hat sie **Rechtspersönlichkeit** und im „zwischenstaatlichen Verkehr ... die für die Durchführung ihrer Aufgaben und Erreichung ihrer Ziele erforderliche **Rechts- und Geschäftsfähigkeit**". Hierbei wird die Gemeinschaft „durch ihre Organe im Rahmen ihrer Befugnisse vertreten"[459].

Der Spagat der Mitgliedstaaten zwischen ihrer Teilhabe am gemeinsamen Markt und ihrer grundsätzlichen Autonomie nach außen erforderte eine Reihe von Regelungen, um beide Handlungssphären in Einklang zu bringen. Der erforderliche Ausgleich erfolgt teils durch intergouvernementale Kooperation und teils durch gemeinschaftsrechtliche Rahmenregelungen. Ein weiteres Problem bestand in der Anpassung vorgemeinschaftlicher Handelsabkommen der Mitgliedstaaten mit dritten Ländern (Altabkommen) an die rechtlichen Vorgaben der Gemeinschaft. Dieser speziellen Problematik ist insbesondere der zweite Teil („Beziehungen der Gemeinschaft zu dritten Ländern") des Übergangsabkommens gewidmet (§§ 14 bis 22 ÜA).

In wirtschaftlicher Hinsicht stellen die Art. 71 bis 75 die Hohe Behörde vor eine schwierige Situation bei der Behandlung von Einfuhrkohle aus dritten Ländern, die wegen ihrer niedrigeren Preise (einschließlich Fracht) mit der Gemeinschaftskohle im Wettbewerb stand und steht. Während schon Ende der 50er Jahre in den Kohleförderländern der Gemeinschaft die Halden wuchsen und in den Förderländern

458 S. vorige Fußnote sowie die Entscheidung der Kommission vom 24. Juni 1994 zur Aussetzung der Finanzierung bestimmter EGKS-Beihilfen im Sozialbereich, ABl. Nr. C 178 vom 30. 6. 1994, S. 21.

459 S. hierzu *Hans-Joachim Hallier*, Die Vertragschließungsbefugnis der Europäischen Gemeinschaft für Kohle und Stahl, RabelsZ, Bd. 17/3–4, S. 428.

Importbeschränkungen verhängt wurden, erfolgten die Einfuhren in andere Mitgliedstaaten (wie z. B. Italien) weiterhin unkontrolliert[460]. In der Praxis hat daher der gemeinsame Kohlemarkt zu keiner Zeit zu jener Einheitlichkeit gefunden, die die Präambel des EGKS-Vertrages fordert und suggeriert. Während in Zeiten der Kohleknappheit alle Mitgliedstaaten Zugriff auf die Gemeinschaftskohle und insbesondere auf die deutsche Steinkohle besaßen, genoß die Gemeinschaftskohle ihrerseits in Zeiten des Kohleüberschusses keine Gemeinschaftspräferenz gegenüber billiger Drittlandskohle. In dieser Hinsicht zumindest etablierte der EGKS-Vertrag ein Marktregime mit hinkender Solidarität, denn der Vertrag sieht zwar Lieferverpflichtungen, aber keine Abnahmeverpflichtungen vor[461].

1. Die handelspolitischen Kompetenzen der Mitgliedstaaten

Die Freiheit der Mitgliedstaaten zur Ausübung ihrer Kompetenzen auf dem Gebiet der Handelspolitik wird durch den Vertrag nur insoweit beschränkt, als dieser „etwas anderes bestimmt" (Art. 71 Abs. 1). Eine solche anderweitige Bestimmung kann ausdrücklich im Vertrag oder im Übergangsabkommen vorgesehen sein oder sich implizit aus Art. 86 Abs. 1 in Verbindung mit den Zielbestimmungen der Art. 3 und 4 ergeben.

Frei sind die Mitgliedstaaten zunächst im Hinblick auf die Festsetzung ihrer **autonomen** Maßnahmen auf dem Gebiet der Handelspolitik, wie bei der Festsetzung der **Außenzölle** für Einfuhren aus Drittländern (nach Maßgabe des Art. 72)[462], der Er-

460 S. Kommission der Europäischen Gemeinschaften, 25 Jahre Gemeinsamer Markt für Kohle 1953–1978, Brüssel, Luxemburg 1977, S. 90f.; *Anton Zischka*, Kohle im Atomzeitalter, Gütersloh 1961, S. 130.

461 *Zischka*, a. a. O.

462 In der Praxis haben die Mitgliedstaaten die Ausübung dieser Kompetenz mehr und mehr einheitlichen Regelungen im Rahmen der Gemeinschaft unterworfen. Schon 1953 einigten sie sich auf eine einheitliche Bescheinigung für die zollfreie Einfuhr (ABl. Nr. 6 vom 4. 5. 1953, S. 120). 1962 legten sie im Rahmen eines Abkommens Maßnahmen zur Erleichterung des Zollverfahrens für mit der Eisenbahn beförderte EGKS-Güter fest (ABl. Nr. 21 vom 26. 3. 1962, S. 394/62). In einem Abkommen von 1970 über den Handelsverkehr mit den überseeischen Ländern und Gebieten betreffend EGKS-Erzeugnisse, wurde für die Einfuhr derartiger Erzeugnisse Zollfreiheit festgelegt (BGBl. 1972 Teil II S. 293). Mit den Urteilen des EuGH in den Rechtssachen 239/84 (Gerlach ./. Minister van Economische Zaken, Slg. 1985, 3507) und 328/85 (Babcock ./. HZA Lübeck-Ost, Slg. 1987, 5119) setzte sich die Auffassung durch, daß auf der Grundlage des EWG-Vertrages erlassene allgemeine Zollregelungen auch in Bezug auf EGKS-Produkte gelten. 1986 unterstellten die Mitgliedstaaten die EGKS-Produkte zunächst der EWG-Zollnomenklatur (ABl. Nr. L 81 vom 26. 3. 1986, S. 29) und danach insgesamt dem EWG-Zollrecht, soweit dieses an die Stelle der nationalen Regeln trat (s. z.B. § 81 des am 1. 1. 1994 außer Kraft getretenen deutschen Zollgesetzes). Die EGKS-Brennstoffe der KN-Codes 27.01, 27.02 und 27.04 wurden im Gemeinsamen Zolltarif der EWG mit dem Zusatz „EGKS" aufgeführt und ab 1996 einem einheitlichen Zollsatz („frei") unterworfen (s. zuletzt Verordnung (EG) Nr. 1832/2002 der Kommission vom 1. August 2002 zur Änderung des Anhangs I der Verordnung (EWG) Nr. 2658/87 des Rates über die zolltarifliche und statistische Nomenklatur sowie den Gemeinsamen Zolltarif, ABl. Nr. L 290 vom 28. 10. 2002, S. 1, 199 f.). Entsprechend einheitlich erfolgten auch die Anwendung allgemeiner Zollpräferenzen und die zeitweilige Aussetzung von Zollsätzen im Rahmen der EGKS (s. z. B. Beschluß 93/113/EGKS der im Rat vereinigten Vertreter der Regierungen der Mitgliedstaaten vom 15. Februar 1993 über die zeitweilige Aussetzung der Zollsätze für die Einfuhr von EGKS-Erzeugnissen mit Ursprung in Island, ABl. Nr. L 45 vom 23. 2. 1993, S. 24).

teilung von **Einfuhr- und Ausfuhrlizenzen** im Verkehr mit dritten Ländern (nach Maßgabe des Art. 73)[463], beim Ergreifen von **Schutzmaßnahmen** (nach Maßgabe des Art. 74)[464] oder bei der Verhängung von **Embargos**[465]. Die Freiheit der Mitgliedstaaten zum Abschluß von bilateralen oder multilateralen **Handelsabkommen** bleibt ebenfalls unberührt (nach Maßgabe des Art. 75). Soweit die Mitgliedstaaten bei der Anwendung und Durchsetzung ihrer nationalen Maßnahmen auf die Hilfe anderer Mitgliedstaaten angewiesen sind, ist der „erforderliche Beistand" von den Regierungen der anderen Mitgliedstaaten zu leisten, sofern die Maßnahmen „nach Feststellung der Hohen Behörde mit (dem) Vertrag und den geltenden internationalen Abkommen im Einklang stehen" (Art. 71 Abs. 3).

2. Die handelspolitischen Kompetenzen der Gemeinschaft

Mit der Gründung der Europäischen Gemeinschaft für Kohle und Stahl hatten die Mitgliedstaaten ihren zur Zeit der Gründung bestehenden bilateralen und multilateralen Abkommen ein weiteres, den EGKS-Vertrag, hinzugefügt. Soweit die **Mitgliedstaaten** auf dem Gebiet von Kohle und Stahl Abkommen **untereinander** abgeschlossen hatten, wurden diese durch den EGKS-Vertrag ergänzt, überlagert, aufgehoben oder absorbiert, wobei das jeweilige Schicksal des betreffenden Altabkommens unter Anwendung der allgemeinen und besonderen Regeln des EGKS-Rechts (einschließlich

---

463 S. zur Tragweite des Art. 73: EuGH, Urteil vom 14. Juli 1961, verb. Rechtssachen 9 und 12/60 (Vloeberghs ./. Hohe Behörde), Slg. 1961, S. 431, 468 f.

464 Mit Beschluß 77/707/EGKS der im Rat vereinigten Vertreter der Regierungen der Mitgliedstaaten vom 7. November 1977 über eine gemeinschaftliche Überwachung der Einfuhren von Steinkohle mit Ursprung in Drittländern wurde ein Meldesystem eingeführt, das es der Kommission ermöglichen sollte, die Entwicklung auf den Kohlemärkten der Gemeinschaft unter besonderer Berücksichtigung der Einfuhren zu verfolgen. Mit Ausnahme des Übereinkommens über Schutzmaßnahmen im Rahmen der Errichtung der Welthandelsorganisation (WTO), das auch EGKS-Waren erfaßt, wurden diese Waren der gemeinsamen Einfuhrregelung nach Maßgabe der Verordnung (EG) Nr. 3285/94 des Rates vom 22. Dezember 1994 über die gemeinsame Einfuhrregelung und zur Aufhebung der Verordnung (EG) Nr. 518/94 (ABl. Nr. L 349 vom 31. 12. 1994, S. 53) unterworfen. Nach Art. 26 dieser Verordnung sind die verbleibenden nationalen Beschränkungen für die Einfuhr von EGKS-Waren schrittweise nach Maßgabe des WTO-Übereinkommens aufzuheben. Von dieser Regelung waren Einfuhrbeschränkungen betroffen, die Spanien auf Einfuhren von Anthrazit und anderen Steinkohlenarten aus Drittländern angewendet hatte. Mit Entscheidung Nr. 95/251/EG des Rates vom 29. Juni 1995 über die schrittweise Beseitigung mengenmäßiger Einfuhrbeschränkungen für bestimmte EGKS-Erzeugnisse (ABl. Nr. L 159 vom 11. 7. 1995, S. 17) wurden diese Beschränkungen bis zum 31. Dezember 1997 aufgehoben.

465 S. z. B. anläßlich des **Falklandkrieges** die Beschlüsse 82/221/EGKS, 82/320/EGKS und 82/324/EGKS der im Rat vereinigten Vertreter der Regierungen der Mitgliedstaaten zur Aussetzung der Einfuhr aller Erzeugnisse mit Ursprung in Argentinien, ABl. Nr. L 102 vom 16. 4. 1982, S. 3; ABl. Nr. L 136 vom 18. 5. 1982, S. 2; ABl. Nr. L 146 vom 25. 5. 1982, S. 2; sämtlich aufgehoben mit Beschluß 82/413/EGKS, ABl. Nr. L 177 vom 22. 6. 1982, S. 2. Anläßlich des **Golfkrieges** s. den Beschluß 90/414/EGKS der im Rat vereinigten Vertreter der Regierungen der Mitgliedstaaten zur Verhinderung des Irak und Kuwait betreffenden Handelsverkehrs, ABl. Nr. L 213 vom 9. 8. 1990, S. 3, sowie anläßlich der Kämpfe in **Bosnien-Herzegowina** den Beschluß 92/285/EGKS der im Rat vereinigten Vertreter der Mitgliedstaaten zur Untersagung des Handels zwischen der EGKS und den Republiken Serbien und Montenegro, ABl. Nr. L 151 vom 3. 6. 1992, S. 20.

des Übergangsabkommens als lex posterior Bestimmung) und subsidiär des allgemeinen Völkerrechts zu ermitteln war.

Im **Verhältnis zu dritten Ländern** jedoch konnten die Mitgliedstaaten durch den Abschluß des EGKS-Vertrages weder ihre Rechte gegenüber Drittländern erweitern noch sich bestehenden vertraglichen Verpflichtungen aus Altabkommen mit Drittländern entziehen. Auch die Gemeinschaft als solche konnte gegenüber den Drittländern nicht mehr Rechte besitzen als die Mitgliedstaaten selbst, denn *nemo plus jus transferre potest quam ipse habet*. Art. 71 Abs. 2 gibt diesen Grundsatz wieder:

> „Die der Gemeinschaft durch diesen Vertrag auf dem Gebiet der Handelspolitik übertragenen Befugnisse gegenüber dritten Ländern dürfen ... nicht über die Befugnisse hinausgehen, die den Mitgliedstaaten durch internationale Abkommen zuerkannt sind, an denen sie sich beteiligt haben."

Abgesehen von ihrer eigenen Kompetenz zum **Abschluß völkerrechtlicher Verträge** im Rahmen ihrer Zuständigkeiten auf den Gebieten von Kohle und Stahl nach Art. 6 besitzt die Gemeinschaft die Befugnis zum Erlaß von **autonomen Maßnahmen mit Wirkung auf den Handelsverkehr** (Art. 59 §§ 2, 3 und 5, 61 Abs. 1 lit. c)), von koordinierenden und harmonisierenden **Maßnahmen gegenüber den Mitgliedstaaten** (Art. 72 bis 74) sowie von **Überwachungsrechten gegenüber den Mitgliedstaaten** (Art. 72 und 75).

Als **autonome Maßnahme** kann die Gemeinschaft bei **ernsten Mangellagen** nach Art. 59 §§ 2, 3 und 5 **Ausfuhrbeschränkungen** verfügen. Derartige Beschlüsse der Hohen Behörde haben jedoch keine direkte Außenwirkung, sondern beschränken sich auf die – ggfs. quantifizierte – Anordnung, „daß in sämtlichen Mitgliedstaaten Beschränkungen für die Ausfuhr nach dritten Ländern eingeführt werden" (Art. 59 § 5). Im Rahmen ihrer preisrechtlichen Kompetenzen kann die Gemeinschaft weiterhin „Mindest- oder Höchstpreise für die Ausfuhr ... unter Anpassung an die Eigenart auswärtiger Märkte" festsetzen. Allerdings darf eine solche Maßnahme nur ergriffen werden, „wenn sie eine wirksame Kontrolle ermöglicht und mit Rücksicht auf die sich für die Unternehmen aus der Marktlage ergebenden Gefahren oder zur Erreichung der in Artikel 3 Absatz f) für den internationalen Handelsverkehr angegebenen Ziele erforderlich erscheint" (Art. 61 Abs. 1 lit. c))[466].

Die **koordinierenden und harmonisierenden Maßnahmen** knüpfen jeweils an die einzelnen handelspolitischen Kompetenzen der Mitgliedstaaten an. Für den Bereich der **Zölle** wird die Gemeinschaft in Artikel 72 ermächtigt, **Mindest- und Höchstzölle** festzusetzen, die von den Mitgliedstaaten im Verkehr mit dritten Ländern nicht unter- oder überschritten werden dürfen[467]. Innerhalb der so festgesetzten Grenzen bestimmt jeder Mitgliedstaat die Zolltarife nach seinen eigenen Verfahren.

---

466 Nach Art. 3 lit. f) hat die Gemeinschaft u. a. dafür zu sorgen, „daß bei den Preisen auf den auswärtigen Märkten angemessene Grenzen eingehalten werden".

467 Für die Kohle hat die Gemeinschaft zu keiner Zeit Mindest- oder Höchstzölle festgesetzt, für Stahlerzeugnisse wurden Mindestzollsätze durch die Entscheidung Nr. 1/64 festgelegt (ABl. Nr. 8 vom 22. 1. 1964, S. 99).

Auf dem Gebiet der handelspolitischen **Schutzmaßnahmen** ist die Hohe Behörde gemäß Art. 74 befugt, Maßnahmen zu ergreifen, die mit dem Vertrag und insbesondere mit den Zielen des Art. 3 im Einklang stehen, wenn sie feststellt, daß

- im Falle von **Ausfuhren** in der Gemeinschaft **Dumping** oder andere unzulässige Praktiken **zulasten von Drittländern** oder Unternehmen in Drittländern verübt werden (Art. 74 Ziffer 1) oder
- umgekehrt im Falle von **Einfuhren unlautere Wettbewerbsbedingungen in Drittländern** zulasten von EGKS-Unternehmen zu Angeboten führen, die zu den Bestimmungen des Vertrages im Widerspruch stehen (Art. 74 Ziffer 2)[468];
- wenn EGKS-Produkte in derartig **erhöhten Mengen** oder zu solchen **Bedingungen** in die Gemeinschaft eingeführt werden, daß diese Einfuhren für die Erzeugung ähnlicher oder direkt konkurrierender Erzeugnisse auf dem gemeinsamen Markt einen **schwerwiegenden Nachteil** mit sich bringen oder mit sich zu bringen drohen (Art. 74 Ziffer 3)[469].

Soweit die Hohe Behörde **mengenmäßige Einfuhrbeschränkungen** für erforderlich hält, bedarf sie für eine entsprechende Empfehlung an die Mitgliedstaaten der Zustimmung des Rates.

Die spezifisch handelspolitischen **Überwachungsrechte** der Hohen Behörde gegenüber den Mitgliedstaaten beziehen sich zunächst auf alle einschlägigen Handelsabkommen der Mitgliedstaaten. Nach Art. 75 verpflichten sich die Mitgliedstaaten, der Hohen Behörde sämtliche **Entwürfe von Handelsabkommen** oder „Abmachungen gleicher Wirkung“ vorzulegen, soweit diese Kohle und Stahl „oder die Einfuhr anderer Rohstoffe und von Spezialausrüstungen betreffen, die für die Kohle- und Stahlerzeugung in den Mitgliedstaaten erforderlich sind“. Stellt die Hohe Behörde in diesen Entwürfen EGKS-widrige Klauseln fest, erläßt sie innerhalb von zehn Tagen die von ihr für erforderlich gehaltenen Empfehlungen[470]. Weiterhin ist die Hohe Behörde gemäß Art. 73 Abs. 2 befugt, die „Handhabung und Kontrolle“ der von den

---

468 S. hierzu zuletzt die Entscheidung Nr. 2277/96/EGKS der Kommission vom 28. November 1996 über den Schutz gegen gedumpte Einfuhren aus nicht zur Europäischen Gemeinschaft für Kohle und Stahl gehörenden Ländern, ABl. Nr. L 308 vom 29. 11. 1996, S. 11; zuletzt geändert durch Entscheidung Nr. 435/2001/EGKS, ABl. Nr. L 63 vom 3. 3. 2001, S. 14 sowie die Entscheidung Nr. 1889/98/EGKS der Kommission vom 3. September 1998 über den Schutz gegen subventionierte Einfuhren aus nicht zur Europäischen Gemeinschaft für Kohle und Stahl gehörenden Ländern, ABl. Nr. L 245 vom 4. 9. 1998, S. 3.

469 Diese Vorschrift ist über 30 Jahre zum Schutze der deutschen Steinkohle angewendet worden. Mit Empfehlung vom 28. Januar 1959 an die Regierungen der Mitgliedstaaten der Gemeinschaft betreffend handelspolitische Maßnahmen in bezug auf die Einfuhr von Kohle aus dritten Ländern (ABl. Nr. 8 vom 11. 2. 1959, S. 197/59) ermächtigte die Hohe Behörde die Bundesrepublik Deutschland, auf Importkohle einen Zoll in Höhe von bis zu 20 DM pro Tonne zu erheben (bei Einräumung eines zollfreien Kontingents von mindestens 5 Mio Tonnen). Die übrigen Mitgliedstaaten wurden aufgefordert, die notwendigen Vorkehrungen zu treffen, damit Deutschland diese Maßnahmen und insbesondere die Kontrolle des Ursprungs der Kohle, die aus anderen Ländern der Gemeinschaft in sein Territorium gelangen, durchführen kann. Deutschland setzte diese Maßnahme in Zollkontingentsgesetze um (s. z. B. BGBl. 1970, I S. 1713), bis die Kommission die Empfehlung aus dem Jahre 1959 mit der Empfehlung Nr. 90/443/EGKS vom 18. Juli 1990 aufhob (ABl. Nr. L 228 vom 22. 8. 1990, S. 24). S. hierzu auch EuGH, Urteil vom 28. Juni 1984, Rechtssache 36/83 (Mabanaft), Slg. 1984, S. 2497.

470 Vgl. auch Art. 103 EAGV.

Mitgliedstaaten erteilten **Ein- und Ausfuhrlizenzen** für den Kohle- und Stahlhandel mit Drittländern zu überwachen. Zuständig für diese Lizenzen ist bei Einfuhren das **Bestimmungsland** und bei Ausfuhren das **Ursprungsland** in der Gemeinschaft, d. h. in keinem Falle ein etwaiges Transitland, selbst wenn die Produkte über sein Territorium in die Gemeinschaft gelangen oder sie verlassen (Art. 73 Abs. 1).

3. Handelsabkommen

Die Zuständigkeit der Mitgliedstaaten auf dem Gebiet der Handelspolitik (Art. 71 Abs. 1) umfaßt auch ihre Kompetenz zum Abschluß von Handelsabkommen, die allerdings nur für sie selber, nicht aber für die Gemeinschaft als solche gelten können[471]. Da die Gemeinschaft jedoch im Innern einen gemeinsamen Markt bildet, in dem gemeinsame Regeln gelten, und die Hohe Behörde nach Art. 71 ff. im Bereich der Handelspolitik bedeutsame Vorbehaltsrechte besitzt, liegt eine Vereinheitlichung der Handelsbeziehungen mit dritten Ländern in der Logik des Vertrages. Zudem ist nach Art. 3 lit. f) die **Gemeinschaft also solche** verpflichtet, „die Entwicklung des zwischenstaatlichen Austausches zu fördern". Für die Gemeinschaft als solche können aber nach Innen wie nach Außen nicht ihre Mitgliedstaaten handeln, sondern nur sie selbst durch ihre Organe[472]. Vor diesem Hintergrund hat sich in der Praxis ein Typus von **Zoll- und Handelsabkommen** herausgebildet, bei dem auf der einen Seite als Vertragspartner die Mitgliedstaaten der EGKS und die EGKS auftreten und auf der anderen Seite das jeweilige Drittland[473]. Diese frühen Abkommen sind, soweit sie mit späteren Mitgliedstaaten abgeschlossen wurden, durch deren Beitritt erloschen[474]. Im Zuge der Angleichung der Anwendung der Art. 71 ff. an die Praxis des Zoll- und Außenhandelsrechts der EWG[475] haben die Mitgliedstaaten später auch im Bereich Kohle und Stahl die EGKS als alleinigen und eigenständigen Außenhandelspartner Abkommen abschließen lassen und ihre eigene Beteiligung als Vertragspartei auf gemischte Abkommen beschränkt[476]. Während im Verhältnis zum Drittland die EGKS als gleichberechtigte Vertragspartei des Abkommens neben der EWG/EG und ggfs. Euratom auftrat, folgte die Praxis der Genehmigung der Abkommen uneinheitlichen Regeln: entweder wurde die Genehmigung von den im Rat vereinigten Vertretern der Mitgliedstaaten in deren Namen erteilt[477] oder von der Kommission nach Ermächtigung durch den Rat auf der Grundlage des Art. 95[478].

---

471 Diese ist nach Art. 6 Abs. 1 EGKSV ein eigenständiges Rechtssubjekt.

472 S. zur Vertretungsbefugnis im Völkerrechtsverkehr Art. 6 Abs. 2 und 4 EGKSV. Zur materiellen Handlungsbefugnis s. Art. 95 Abs. 1 EGKSV.

473 S. die bilateralen Abkommen der EGKS in: Sammlung der von den Europäischen Gemeinschaften geschlossenen Übereinkünfte, Band 5, S. 105 ff.

474 Dies gilt für die Abkommen mit Österreich, Portugal, Finnland und Schweden.

475 S. hierzu oben Fn. 462.

476 Zu den gemischten Abkommen enthält das Primärrecht allein in Art. 102 EAGV eine Regelung.

477 S. z. B. Beschluß Nr. 91/483/EGKS der im Rat vereinigten Vertreter der Regierungen der Mitgliedstaaten vom 25. Juli 1991 über die Regelung des Handels zwischen der Gemeinschaft und den assoziierten überseeischen Ländern und Gebieten mit den unter die Zuständigkeit der EGKS fallenden Erzeugnissen, ABl. Nr. L 263 vom 19. 9. 1991, S. 154.

478 S. z. B. Entscheidung Nr. 91/631/EGKS der Kommission vom 6. September 1991 über den

Neben Handelsabkommen hat die EGKS mit mehreren Partnerländern **Assoziierungsabkommen** abgeschlossen, von denen das erste das Abkommen über die Beziehungen zwischen Großbritannien und der EGKS vom 21. 12. 1954 war[479].

Im Zeitpunkt des Auslaufens des EGKS-Vertrages geltende EGKS-Abkommen wurden von der EU übernommen[480].

XI. Das Ende der EGKS

Literatur:

Europäische Gemeinschaften, CECA EKSF EGKS EKAX ECSC EHTY EKSG 1952–2002, Luxemburg 2002; *Europäische Kommission*, 50 Jahre EGKS-Vertrag. Kohle- und Stahlstatistiken, Daten 1952–2000, Ausgabe 2002, Luxemburg 2002; *Jürgen Grunwald*, Das Ende einer Epoche – das Erbe der EGKS, EuZW 2003, S. 193; *Carl-Theodor von Lieres*, Der EGKS-Vertrag und das Jahr 2002, EuR 1990, S. 305; *Walter Obwexer*, Das Ende der Europäischen Gemeinschaft für Kohle und Stahl, EuZW 2002, S. 517.

Das Ende der EGKS gleicht der Chronik eines angekündigten Todes (G. *Garcia Marquez*). Im Gegensatz zum Euratom-[481] und EWG/EG-Vertrag[482] wurde der EGKS-Vertrag nicht auf unbegrenzte Zeit abgeschlossen, sondern nur für die Dauer von **fünfzig Jahren** vom Zeitpunkt seines Inkrafttretens an (Art. 97). Da der Vertrag am 23. Juli 1952 in Kraft trat, endete seine **Gültigkeit** mit Ablauf des 23. Juli 2002[483]. Eine Verlängerung des Vertrages nach Art. 96[484] ist weder erfolgt noch wurde sie ernstlich erwogen. Ob damit rechtlich auch seine **Wirksamkeit** endet, ist eine Frage, die das Schrifttum beschäftigt hat. Ebenso umstritten war die Frage, wie der **Übergang** vom EGKS-Vertrag in die nachvertragliche Zeit im einzelnen zu gestalten sei, da der Vertrag hierzu keine Regelungen trifft.

Inzwischen sind die Entscheidungen über die Abwicklung der EGKS gefallen. Sie wurden getroffen im Laufe einer zwölfjährigen Debatte im Interessenviereck zwischen Kommission, dem Beratenden Ausschuß der EGKS, dem Europäischen Parlament und den Mitgliedstaaten.

Abschluß eines Protokolls über den Handel und die wirtschaftliche und handelspolitische Zusammenarbeit zwischen der Europäischen Gemeinschaft für Kohle und Stahl (EGKS) und der Republik Ungarn, ABl. Nr. L 340 vom 11. 12. 1991, S. 39.

479 BGBl. II 1955 S. 838.

480 S. nachfolgend XI.

481 Art. 208 EAGV.

482 Art. 312 (ex-Art. 240) EGV.

483 S. zur Fristberechnung im **sekundären** Gemeinschaftsrecht die Verordnung (EWG, Euratom) Nr. 1182/71 des Rates vom 3. Juni 1971 zur Festlegung der Regeln für die Fristen, Daten und Termine, ABl. Nr. L 124 vom 8. 6. 1971, S. 1. S. für das **primäre** Gemeinschaftsrecht und allgemein die Schlußanträge von Generalanwalt *Mancini* in der Rechtssache 152/85 (Misset ./. Rat), Slg. 1986, S. 227.

484 Art. 96 EGKSV galt bis zu seiner Aufhebung durch den Vertrag von Maastricht.

1. Ende oder Weitergeltung: die Perspektive des Vertrages

Sowohl aus damaliger wie aus heutiger Sicht erscheint die Festlegung einer Geltungsdauer des Vertrages von ausgerechnet 50 Jahren als schwer verständlich. Sollte sich aus damaliger Sicht das Experiment EGKS als erfolgreich erweisen, wäre sein Abbau nach 50 Jahren als sinnwidrig, ja politisch, wirtschaftlich und rechtlich schädlich erschienen. Sollte es sich aber als Fehlschlag entpuppen, dann sicherlich nicht erst nach 50 Jahren, sondern sehr viel früher. So oder so, die Frist von 50 Jahren ergibt wenig Sinn, denn im einen Falle ist sie zu kurz und im anderen zu lang. Dies aber läßt nur den Schluß zu, daß die Frist von 50 Jahren in der Tat unerheblich war, denn entweder würde das Experiment vor der Zeit scheitern oder die Einigung Europas über den engen EGKS-Sektor hinaus fortschreiten und früher oder später Kohle und Stahl in ein neues und weitergreifendes Integrationsgefüge eingliedern. Daß es diese letzte Annahme war, die das Denken der Gründerväter bestimmte, ergibt sich deutlich aus der Präambel des Vertrages, die aus den „jahrhundertealten Rivalitäten" die Notwendigkeit einer ebenso langfristigen Perspektive „friedlicher Beziehungen" in der Zukunft ableitet. Hierbei sollte die Gründung der EGKS nur „den **ersten Grundstein** für eine **weitere** und **vertiefte** Gemeinschaft unter Völkern legen, die lange Zeit durch blutige Auseinandersetzungen entzweit waren, und die **institutionellen Grundlagen** ... schaffen, die einem nunmehr **allen gemeinsamen Schicksal** die Richtung weisen können" (5. Erwägungsgrund).

Mit dem Abschluß des EWG-und Euratom-Vertrages wurde sodann zwar ein neuer und größerer Integrationsrahmen geschaffen, jedoch blieb der EGKS-Vertrag in seiner Eigenständigkeit erhalten (vgl. Art. 305 (ex-Art. 232) Abs. 1 EGV). Erst der Fusionsvertrag von 1965[485], der einen gemeinsamen Rat und eine gemeinsame Kommission schuf, bekräftigte die Entschlossenheit, „die drei Gemeinschaften zu vereinheitlichen" (2. Erwägungsgrund) und erneuerte die Perspektive der „Gründung einer einzigen Europäischen Gemeinschaft" (Art. 32 Abs. 1)[486]. Wie bekannt, ist hieraus bis heute trotz zahlreicher Mahnungen des Europäischen Parlaments[487] nichts geworden; die Hoffnung auf einen einheitlichen, auch die sektoriellen Verträge in ihrem Eigenrecht einbeziehenden einheitlichen Gemeinschaftsvertrag hat sich nicht erfüllt. Dies aber bedeutet für den EGKS-Vertrag, daß er am 23. Juli 2002 unwiderruflich und ersatzlos nach Art. 97 abgelaufen ist. Die Voraussetzungen für eine Weitergeltung von Primärrecht trotz Fristablaufs – wie sie der Gerichtshof in der Rechtssache 7/71[488] in Bezug auf das Kapitel VI EAGV annehmen konnte – sind vorliegend nicht gegeben.

Gleichwohl gab es im Schrifttum Stimmen, die sich gleichsam für ein EGKS-rechtliches Leben nach dem Tode aussprachen. So vertrat *von Lieres* die Auffassung, „daß der EGKS-Vertrag nach Ablauf der Geltungsdauer weitergilt, auch wenn die Mitgliedstaa-

485 Vertrag vom 8. April 1965 zur Einsetzung eines gemeinsamen Rates und einer gemeinsamen Kommission der Europäischen Gemeinschaften, ABl. Nr. 152 vom 13. 7. 1967, S. 1.

486 S. hierzu *Hans Peter Ipsen*, Fusionsverfassung Europäische Gemeinschaften, Bad Homburg v. d. H., Berlin, Zürich 1969.

487 S. *Ch. Koenig, M. Pechstein*, Der Florentiner Entwurf zur Vereinheitlichung der Europäischen Gründungsverträge, NJW 1997, S. 996.

488 Urteil vom 14. 12. 1971 (Kommission ./. Frankreich), Slg. 1971, S. 1003.

ten nicht tätig werden, um eine Anschlußregelung oder eine Verlängerung des EGKS-Vertrages zu erreichen“[489].

Eine andere Frage ist, ob die Mitgliedstaaten verpflichtet gewesen wären, „die EGKS über die ursprünglich vorgesehene Geltungsdauer hinaus weiterzuführen, wenn sie nicht deren Regelungsbereich in eine umfassende Europäische Gemeinschaft einbringen“[490]. Selbst wenn man diese Frage bejahen sollte, ist nicht ersichtlich, welche Folgen sich daraus ergeben sollten, daß die Mitgliedstaaten einer solchen Pflicht nicht nachgekommen sind.

Eine weitere These, die inzwischen zur herrschenden Meinung geworden ist, geht dahin, der Montansektor falle mit Ablauf des EGKS-Vertrages automatisch in den Anwendungsbereich des EWG/EG-Vertrages; mit dem Wegfall der lex specialis gelte automatisch die lex generalis und dies uneingeschränkt[491]. Zu klären bleiben allerdings die Modalitäten der Abwicklung des Vertrages.

2. Die Abwicklung des Vertrages

Die Entscheidungen zur Abwicklung des Vertrages sind das Ergebnis einer 12-jährigen interinstitutionellen Diskussion, in deren Verlauf sich die Positionen der Beteiligten Schritt für Schritt herausgebildet und einander angenähert haben. Am Anfang der Debatte stand 1990 ein Arbeitsdokument der Kommission über die Zukunft des EGKS-Vertrages, zu dem der Beratende Ausschuß der EGKS eine erste Stellungnahme abgab[492], der im Laufe der fortschreitenden Diskussionen noch fünfzehn weitere folgen sollten[493]. Als Mitteilung der Kommission ging das Dokument unter dem Titel

---

489 *Carl-Theodor von Lieres*, Der EGKS-Vertrag und das Jahr 2002, EuR 1990, S. 305 (309).

490 A. a. O. S. 308.

491 Diese Auffassung ist kürzlich von den Klägern in den Rechtssachen T-27/03, T-45/03, T-46/03, T-58/03, T-77/03, T-79/03, T-80/03, T-94/03, T-97/03 und T-98/03 infrage gestellt worden, wobei sich die Kläger auf Art. 70 der Wiener Vertragsrechtskonvention berufen. S. zur Rechtssache T-27/03 ABl. Nr. C 70 vom 23. 3. 2003, S. 31.

492 Memorandum des Beratenden Ausschusses der EGKS zur Zukunft des EGKS-Vertrags, ABl. Nr. C 302 vom 1. 12. 1990, S. 3.

493 S. Memoranden/Entschließungen/Stellungnahmen des Beratenden Ausschusses der EGKS

- zur Zukunft des EGKS-Vertrags, ABl. Nr. C 14 vom 20. 1. 1993, S. 5;
- über die Zukunft der EGKS-Finanzierungstätigkeiten, ABl. Nr. C 116 vom 27. 4. 1994, S. 4;
- zur Anpassung der Anleihe- und Darlehenspolitik im Hinblick auf das Ende des EGKS-Vertrags (23. Juli 2002), ABl. Nr. C 175 vom 28. Juni 1994, S. 5;
- zu den verschiedenen Aspekten im Zusammenhang mit dem Auslaufen des EGKS-Vertrags im Jahr 2002, ABl. Nr. C 206 vom 11. 8. 1995, S. 7;
- zu den sozialen Aspekten im Zusammenhang mit dem Auslaufen des EGKS-Vertrags im Jahr 2002, ABl. Nr. C 334 vom 8. 11. 1996, S. 3;
- zum zukünftigen Schicksal der Gemeinschaftsforschung im Kohlenbergbau und in der Stahlindustrie, ABl. Nr. C 220 vom 19. 7. 1997, S. 12;
- zu dem vom Europäischen Rat am 16. Juni 1997 in Amsterdam beschlossenen Forschungsfonds, ABl. Nr. C 356 vom 22. 11. 1997, S. 6;
- über die statistischen Instrumente in den Bereichen Kohle und Stahl, ABl. Nr. C 40 vom 7. 2. 1998, S. 2 und ABl. Nr. C 48 vom 13. 2. 1998, S. 3;
- zur Weiterführung der EGKS-Anpassungsmaßnahmen im Sinne des Artikels 56 EGKS-Vertrag nach dem Jahr 2002 sowie zur Revision der Strukturfonds (Agenda 2000), ABl. Nr. C 155 vom 20. 5. 1998, S. 14;

„Zukunft des EGKS-Vertrags" 1991 an den Rat und das Europäische Parlament[494]. In ihm erörterte die Kommission drei politische **Optionen**, nämlich:

1. Beibehaltung spezifischer Regeln über 2002 hinaus für die Bereiche Kohle und Stahl durch Verlängerung des EGKS-Vertrags in der bestehenden bzw. in geänderter Form.
2. Vorzeitiges Außerkraftsetzen des EGKS-Vertrags vor 2002 und Einbeziehung der Bereiche Kohle und Stahl in das Gemeinschaftsrecht des EWG-Vertrags.
3. Auslaufen des EGKS-Vertrags zum vorgesehenen Zeitpunkt im Jahre 2002, wobei davon ausgegangen wird, daß sich die Kommission bis dahin um Überprüfung derjenigen Bestimmungen des EGKS-Vertrags bemüht, die in den EWG-Vertrag übernommen werden können[495].

Obwohl der Beratende Ausschuß ursprünglich gefordert hatte, daß der EGKS-Vertrag in seinen wesentlichen Teilen erhalten bleibt, setzte sich die dritte Option durch. Einigkeit bestand in der **Abschaffung des EGKS-Preisrechts**, der Anwendung der **EG-Vorschriften über die Handelspolitik** und in der **schrittweisen Senkung der EGKS-Umlage**, sämtlich Forderungen, die auch der Beratende Ausschuß erhoben hatte. Unklarheit herrschte in der Frage, in welchem Umfang und in welcher Form die finanziellen Hilfen der EGKS fortgeführt werden sollten. Das Europäische Parlament sprach sich 1992 in drei Entschließungen[496] für eine Übernahme der im EGKS- und im Euratom-Vertrag geregelten Themenbereiche in den EWG-Vertrag aus, forderte die Abschaffung des EGKS-Funktionshaushalts und die „Aufnahme einer Besitzstandklausel, durch die die sozialen Gewährleistungen des EGKSV und ihre sozialpolitischen Vorschriften auch nach ihrer Überführung in den neuen Vertrag weiterhin Bestand haben". Der Beratende Ausschuß trat seinerseits für eine Fortführung der

---

- zur Fortführung des strukturierten Dialogs in den Industriezweigen Kohle und Stahl über das Jahr 2002 hinaus, ABl. Nr. C 130 vom 11. 5. 1999, S. 5;
- über die Anwendung der Entschließungen des Rates vom 20. Juli 1998 und 21. Juni 1999, ABl. Nr. C 209 vom 21. 7. 2000, S. 2;
- zu den Vorschlägen für Entscheidungen des Rates bezüglich der finanziellen Auswirkungen des Ablaufs der Geltungsdauer des Vertrags über die Gründung der Europäischen Gemeinschaft für Kohle und Stahl im Jahre 2002, insbesondere des vorgeschlagenen Kohle- und Stahl-Forschungsfonds, ABl. Nr. C 7 vom 11. 1. 2001, S. 2;
- zum zukünftigen Schicksal des strukturierten Dialogs im Kohlenbergbau und in der Stahlindustrie, ABl. Nr. C 87 vom 17. 3. 2001, S. 20;
- betreffend die Einrichtung der „Beratenden Kommission für Kohle, Stahl und industrielle Umstellung" (BKKSIU) innerhalb des Wirtschafts- und Sozialausschusses. Kriterien für die Ernennung der 30 den EGKS-Sektoren enstammenden Mitglieder, ABl. Nr. C 128 vom 30. 5. 2002, S. 4;
- anläßlich seiner letzten Vollsitzung zu dem Erbe der Europäischen Gemeinschaft für Kohle und Stahl, ABl. Nr. C 176 vom 24. 7. 2002, S. 6.

Sämtliche Texte des Beratenden Ausschusses wurden einstimmig angenommen und zeugen von der hohen Professionalität und dem Verantwortungsbewußtsein seiner Mitglieder.

494 SEK(91) 407 endg. vom 15. 3. 1991.

495 A. a. O. S. 2 Ziffer II.

496 S. Entschließung zur Einberufung von Regierungskonferenzen im Hinblick auf die Änderung des EGKS- und des Euratom-Vertrags; Entschließung über die Integration der Gegenstände des EGKS und des EAGV in den EWGV; Entschließung zu den haushaltsmäßigen und finanziellen Folgen der Zukunft des EGKS-Vertrags, ABl. Nr. C 241 vom 21. 9. 1992, S. 101, 102 und 181.

Hilfen aus dem Vermögen der EGKS ein, deren Industrien „seit 1952 den größten Teil der Mittel eingebracht haben“[497].

Damit rückte die **Zukunft der EGKS-Finanzierungstätigkeiten** in den Mittelpunkt, zu der die Kommission[498] und das Parlament[499] eingehende Untersuchungen anstellten, in die auch die Europäische Investitionsbank einbezogen wurde. Im wesentlichen ging es um zwei Fragen: (1) die Modalitäten des phasing-out der bestehenden Finanzaktivitäten bei gleichzeitigem phasing-in geeigneter EWG-Finanzinstrumente und (2) die Verwendung des verbleibenden EGKS-Vermögens nach Abwicklung aller Geschäfte und nach Erstellung der Schlußbilanz. Zur ersten Frage äußerte sich die Kommission im Sommer 1994 in einer Mitteilung zur „Anpassung der Anleihe- und Darlehenspolitik im Hinblick auf das Ende des EGKS-Vertrags (23. Juli 2002)“[500]. Hierin legte sie Enddaten für die Annahme von Darlehensanträgen fest[501] und begrenzte die Laufzeit neuer Darlehen auf die Restlaufzeit des Vertrages. Zur zweiten Frage stellten Rat und Mitgliedstaaten zunächst fest, daß das Vermögen der EGKS nach Ablauf des Vertrages „im Einklang mit den Grundsätzen des Völkerrechts auf die Mitgliedstaaten übergeht, sofern die Mitgliedstaaten nicht einvernehmlich etwas anderes beschließen“[502].

Gleichzeitig wurde unter Hinweis auf die Schlußfolgerungen des Europäischen Rates von Amsterdam (16. und 17. Juni 1997) in Aussicht genommen, die Erträge aus noch bestehenden Reserven für einen **Forschungsfonds für Kohle und Stahl** zu verwenden und die verbleibenden Gemeinschaften, vertreten durch die Kommission, mit der Vermögensverwaltung zu betrauen[503]. Da auch das Parlament eine solche Zweckbestimmung befürwortete[504], beschlossen der Rat und die Mitgliedstaaten ein Jahr später unter Verzicht auf die Repatriierung ihrer Vermögensanteile, daß das Aktiv- und Passivvermögen der EGKS auf die weiterbestehenden Gemeinschaften übergehen solle und nach vollzogener Abwicklung die Vermögenswerte als „Kohle- und Stahlforschungsvermögen“ einen Forschungsfonds bilden sollten, der den mit der Kohle- und Stahlindustrie in Zusammenhang stehenden Sektoren zugute kommen soll[505].

---

497 ABl. Nr. C 14 vom 20. 1. 1993, S. 5 (6).
498 S. den Bericht der Gruppe EGKS 2002, SEK(92) 1785, und die Mitteilung der Kommission an den Rat: Die Zukunft des EGKS-Vertrages, Finanzierungstätigkeiten, SEK(92) 1889 endg. vom 18. 11. 1992; Mitteilung der Kommission an den Rat: Zukunft des EGKS-Vertrages, Anleihe- und Darlehenstätigkeit, KOM(93) 512 endg. vom 20. 10. 1993.
499 S. z. B. Rapport de la commission des budgets sur les conséquences budgétaires et financières de l'Avenir du Traité CECA, 6 juillet 1992, PE 155.332.
500 ABl. Nr. C 175 vom 28. 6. 1994, S. 5.
501 Für Darlehen nach Art. 54 Abs. 2: 30 Juni 1994; für Darlehen nach Art. 56 Abs. 2: 31. Dezember 1996.
502 S. Entschließung des Rates und der im Rat vereinigten Vertreter der Regierungen der Mitgliedstaaten vom 20. Juli 1998 zum Ablauf der Geltungsdauer des Vertrags über die Gründung der Europäischen Gemeinschaft für Kohle und Stahl, ABl. Nr. C 247 vom 7. 8. 1998, S. 5 (Ziff. 2 a)).
503 A. a. O. Ziffer 3 c).
504 S. Entschließung zur Mitteilung der Kommission an den Rat über den Ablauf der Geltungsdauer des EGKS-Vertrags – Finanztätigkeiten, ABl. Nr. C 341 vom 9. 11. 1998, S. 123.
505 S. Entschließung des Rates und der im Rat vereinigten Vertreter der Regierungen der Mitgliedstaaten vom 21. Juni 1999 zum Ablauf der Geltungsdauer des Vertrags über die Gründung der Europäischen Gemeinschaft für Kohle und Stahl, ABl. Nr. C 190 vom 7. 7. 1999, S. 1.

Diese Beschlußlage wurde eineinhalb Jahre später im **Vertrag von Nizza** festgeschrieben. Art. 1 des **Protokolls über die finanziellen Folgen des Ablaufs des EGKS-Vertrags und über den Forschungsfonds für Kohle und Stahl**[506] trifft folgende Regelungen:

> „1. Das gesamte Vermögen und alle Verbindlichkeiten der EGKS zum Stand vom 23. Juli 2002 gehen am 24. Juli 2002 auf die Europäische Gemeinschaft über.
> 2. Der Nettowert dieses Vermögens und dieser Verbindlichkeiten gemäß der Bilanz der EGKS vom 23. Juli 2002, vorbehaltlich etwaiger Erhöhungen oder Minderungen infolge der Abwicklungsvorgänge, gilt als Vermögen für Forschung in Sektoren, die die Kohle- und Stahlindustrie betreffen, und erhält die Bezeichnung „EGKS in Abwicklung". Nach Abschluss der Abwicklung wird dieses Vermögen als „Vermögen des Forschungsfonds für Kohle und Stahl" bezeichnet.
> 3. Die Erträge aus diesem Vermögen, die als „Forschungsfonds für Kohle und Stahl" bezeichnet werden, werden im Einklang mit diesem Protokoll und den auf dieser Grundlage erlassenen Rechtsakten ausschließlich für die außerhalb des Forschungsrahmenprogramms durchgeführten Forschungsarbeiten in Sektoren, die mit der Kohle- und Stahlindustrie zusammenhängen, verwendet."

Nach dem irischen Nein zum Vertrag von Nizza galt es – zunächst provisorisch – die Frage der Vermögenszuordnung und -verwaltung sowie die Regeln über den Forschungsfonds auf eine neue Grundlage zu stellen; ein Erfordernis, das mit dem Herannahen des 23. Juli 2002 immer dringender wurde. Mit Beschluß 2002/234/EGKS vom 27. Februar 2002 über die finanziellen Folgen des Ablaufs der Geltungsdauer des EGKS-Vertrags und über den Forschungsfonds für Kohle und Stahl[507] legten der Rat und die im Rat vereinigten Vertreter der Regierungen der Mitgliedstaaten fest, daß das gesamte Vermögen und alle Verbindlichkeiten der EGKS mit Stand vom 23. Juli 2002 vom 24. Juli 2002 an im Namen der Mitgliedstaaten von der Kommission verwaltet werden sollten[508]. Anhänge zu diesem Beschluß enthielten Durchführungsmaßnahmen, mehrjährige Finanzleitlinien und technische Leitlinien.

Nach dem Inkrafttreten des Vertrages von Nizza am 1. Februar 2003[509] regelte der Rat in drei Entscheidungen die endgültigen Rechtsverhältnisse[510], wobei die Finanz- und technischen Leitlinien zunächst bis Ende 2007 gelten[511]. Das auf ca. 1,2 Mrd. EUR

---

506 S. ABl. Nr. C 80 vom 10. 3. 2001, S. 1 (67).

507 ABl. Nr. L 79 vom 22. 3. 2002, S. 42. Berichtigt im ABl. Nr. L 196 vom 25. 7. 2002, S. 64.

508 Art. 1 Abs. 1. Im übrigen wurde im ersten Erwägungsgrund des Beschlusses noch einmal ausdrücklich hervorgehoben, daß mit Ablauf des Vertrags „die Eigentumsrechte an den EGKS-Mitteln ... an die Mitgliedstaaten zurück(fallen)".

509 S. Unterrichtung über den Zeitpunkt des Inkrafttretens im ABl. Nr. C 24 vom 31. 1. 2003, S. 11.

510 S. Entscheidung 2003/76/EG des Rates vom 1. Februar 2003 zur Festlegung der Bestimmungen für die Durchführung des Protokolls zum Vertrag zur Gründung der Europäischen Gemeinschaft über die finanziellen Folgen des Ablaufs der Geltungsdauer des EGKS-Vertrags und über den Forschungsfonds für Kohle und Stahl, ABl. Nr. L 29 vom 5. 2. 2003, S. 22; Entscheidung 2003/77/EG des Rates vom 1. Februar 2003 zur Festlegung der mehrjährigen Finanzleitlinien für die Verwaltung des Vermögens der EGKS in Abwicklung und, nach Abschluß der Abwicklung, des Vermögens des Forschungsfonds für Kohle und Stahl, ABl. Nr. L 29 vom 5. 2. 2003, S. 25; Entscheidung 2003/78/EG des Rates vom 1. Februar 2003 zur Festlegung der mehrjährigen technischen Leitlinien für das Forschungsprogramm des Forschungsfonds für Kohle und Stahl, ABl. Nr. L 29 vom 5. 2. 2003, S. 28.

511 S. Art. 2 der Entscheidungen 2003/77/EG und 2003/78/EG.

geschätzte EGKS-Vermögen[512] soll zu 27,2% für die Kohle- und zu 72,8% für die Stahlforschung eingesetzt werden[513]. Am 7. Januar 2003 legte die Kommission den Jahresabschluß und Finanzbericht der EGKS zum 23. Juli 2002 vor[514].

Für zwei Sonderprobleme der Abwicklung des Vertrages hat die Kommission kurz vor seinem Auslaufen gesonderte Mitteilungen herausgegeben. Die erste betrifft das Schicksal der von der EGKS geschlossenen **internationalen Abkommen**[515] und die zweite die **Behandlung von Wettbewerbsfällen**[516]:

Zur erstgenannten Frage erging der Beschluß der im Rat vereinigten Vertreter der Regierungen der Mitgliedstaaten vom 19. Juli 2002 betreffend die Folgen des Ablaufs des Vertrags über die Gründung der Europäischen Gemeinschaft für Kohle und Stahl (EGKS) für von der EGKS geschlossene internationale Übereinkünfte (2002/595/EG)[517]. Art. 1 dieses Beschlusses bestimmt: „Die Rechte und Verpflichtungen aus den von der EGKS geschlossenen internationalen Übereinkünften gehen am 24. Juli 2002 auf die Europäische Gemeinschaft über." Damit übertrugen die Mitgliedstaaten als Sachwalter der EGKS-Handels- und Außenbeziehungen (Art. 71 EGKSV) gleichsam im Wege einer Verfügung letzter Hand den Vertragsbestand der EGKS auf die EG[518]. Die EG nahm dieses „Erbe" ihrerseits mit Beschluß 2002/596/EG des Rates vom gleichen Tage an[519]. Art. 1 dieses Beschlusses bestimmt: „ Mit Wirkung vom 24. Juli 2002 tritt die EG in die Rechte und Pflichten ein, die sich aus den von der EGKS mit Drittländern geschlossenen internationalen Abkommen ergeben." Nach Art. 2 des Beschlusses unterrichtet die Kommission die beteiligten Drittländer über diese Rechtsnachfolge und nimmt „alle erforderlichen technischen Anpassungen vor, um die Abkommen mit den EG-Vorschriften in Einklang zu bringen, und handelt gegebenenfalls Änderungen zu den Abkommen aus".

Ein weiteres Übergangsproblem stellte sich bei den **Antidumping- und Antisubventionsverfahren**, die unter den einschlägigen EGKS- Entscheidungen[520] eingeleitet

---

512 S. die Schlußbemerkung des Rechnungshofes im ABl. Nr. C 224 vom 19. 9. 2003, S. 1 (5).

513 S. Art. 4 Abs. 2 der Entscheidung 2003/76/EG.

514 SEK (2002) 1415 endg., ABl. Nr. C 127 vom 29. 5. 2003, S. 2.

515 Mitteilung über die Folgen des Außerkrafttretens des Vertrags über die Gründung der Europäischen Gemeinschaft für Kohle und Stahl (EGKS) für die von der EGKS geschlossenen internationalen Abkommen, ABl. Nr. C 168 vom 13. 7. 2002, S. 22.

516 Mitteilung der Kommission über bestimmte Aspekte der Behandlung von Wettbewerbsfällen nach Auslaufen des EGKS-Vertrags, ABl. Nr. C 152 vom 26. 6. 2002, S. 5.

517 ABl. Nr. L 194 vom 23. 7. 2002, S. 35.

518 Aus diesem Grunde hätte der Rechtsakt keine EG-, sondern eine EGKS-Nummer erhalten müssen.

519 Beschluß des Rates vom 19. Juli 2002 über die Folgen des Außerkrafttretens des Vertrages über die Gründung der Europäischen Gemeinschaft für Kohle und Stahl (EGKS) für die von der EGKS geschlossenen internationalen Abkommen, ABl. Nr. L 194 vom 23. 7. 2002, S. 36.

520 S. hierzu zuletzt die Entscheidung Nr. 2277/96/EGKS der Kommission vom 28. November 1996 über den Schutz gegen gedumpte Einfuhren aus nicht zur Europäischen Gemeinschaft für Kohle und Stahl gehörenden Ländern, ABl. Nr. L 308 vom 29. 11. 1996, S. 11; zuletzt geändert durch Entscheidung Nr. 435/2001/EGKS, ABl. Nr. L 63 vom 3. 3. 2001, S. 14, sowie die Entscheidung Nr. 1889/98/EGKS der Kommission vom 3. September 1998 über den Schutz gegen subventionierte Einfuhren aus nicht zur Europäischen Gemeinschaft für Kohle und Stahl gehörenden Ländern, ABl. Nr. L 245 vom 4. 9. 1998, S. 3.

und unter EG-Recht[521] weiterzuführen waren[522]. Zur Überleitung dieser Verfahren von den EGKS- auf die EG-Regime erging die Verordnung (EG) Nr. 963/2002 des Rates vom 3. Juni 2002 zur Festlegung der Übergangsbestimmungen für gemäß den Entscheidungen Nr. 2277/96/EGKS und Nr. 1889/98/EGKS der Kommission erlassene Antidumping- und Antisubventionsmaßnahmen sowie für anhängige Antidumping- und Antisubventionsuntersuchungen und Anträge gemäß diesen Entscheidungen[523]. Unter Bezugnahme auf diese Verordnung wurde eine Überprüfung der einzigen im Kohlesektor anhängigen Antidumpingmaßnahme eingeleitet[524].

Gemäß der Erklärung Nr. 24 zu Art. 2 des Protokolls zum Vertrag von Nizza über die finanziellen Folgen des Ablaufs des EGKS-Vertrags und den Forschungsfonds für Kohle und Stahl waren die **EGKS-Statistiken** bis zum 31. Dezember 2002 weiterzuführen[525]. Für sie gilt nunmehr Art. 285 EGV als Rechtsgrundlage. Auch das gemeinschaftliche System der **Überwachung der Einfuhren** von Steinkohle aus Drittländern ist fortgeführt worden[526], wobei Art. 284 EGV als Rechtsgrundlage dient.

Zur Weiterführung des Systems der **Gemeinschaftsbeihilfen** für die Steinkohle wird auf Ziffer V.1 oben verwiesen.

In institutioneller Hinsicht bleibt anzumerken, daß der Beratende Ausschuß der EGKS in reduzierter Form als **Beratende Kommission für Kohle, Stahl und industrielle Umstellung** (BKKSIU) in den Wirtschafts- und Sozialausschuß eingegliedert wurde, wobei 9 der 30 Mitglieder der BKKSIU auf den Kohlesektor und 21 auf den Stahlsektor entfallen[527].

---

521 Verordnung (EG) Nr. 384/96 des Rates vom 22. Dezember 1995 über den Schutz gegen gedumpte Einfuhren aus nicht zur Europäischen Gemeinschaft gehörenden Ländern, ABl. Nr. L 56 vom 6. 3. 1996, S. 1, zuletzt geändert durch die Verordnung (EG) Nr. 2238/2000, ABl. Nr. L 257 vom 11. 10. 2000, S. 2; Verordnung (EG) Nr. 2026/97 des Rates über den Schutz gegen subventionierte Einfuhren aus nicht zur Europäischen Gemeinschaft gehörenden Ländern, ABl. Nr. L 288 vom 21. 10. 1997, S. 1.

522 Im Gegensatz zum Stahlsektor war bei der Kohle nur ein einziges Verfahren angängig, in dem ein Antidumpingzoll verhängt worden war: Entscheidung Nr. 1238/2000/EGKS der Kommission vom 14. Juni 2000 zur Einführung eines vorläufigen Antidumpingzolls auf die Einfuhren von Koks aus Steinkohle in Stücken mit einem Durchmesser von mehr als 80 mm mit Ursprung in der Volksrepublik China, ABl. Nr. L 141 vom 15. 6. 2000, S. 9 sowie die Entscheidung Nr. 2730/2000/EGKS zur Einführung eines endgültigen Antidumpingzolls auf diese Erzeugnisse, ABl. Nr. L 316 vom 15. 12. 2000, S. 30.

523 ABl. Nr. L 149 vom 7. 6. 2002, S. 3, geändert durch Verordnung (EG) Nr. 1310/2002 des Rates vom 19. Juli 2002, ABl. Nr. L 192 vom 20. 7. 2002, S. 9. S. weiterhin den Änderungsvorschlag im ABl. Nr. C 331 E vom 31. 12. 2002, S. 20.

524 S. Bekanntmachung über die Einleitung einer Interimsüberprüfung der Antidumpingmaßnahmen betreffend die Einfuhren von Koks aus Steinkohle in Stücken mit einem Durchmesser von mehr als 80 mm mit Ursprung in der Volksrepublik China, ABl. Nr. C 308 vom 11. 12. 2002, S. 2.

525 S. dazu die Verordnung (EG) Nr. 1840/2002 des Europäischen Parlaments und des Rates vom 30. September 2002 über die Weiterführung des Systems für die Stahlstatistiken der EGKS nach Ablauf des Vertrags über die Gründung der EGKS, ABl. Nr. L 279 vom 17. 10. 2002, S. 1.

526 S. Verordnung (EG) Nr. 405/2003 des Rates vom 27. Februar 2003 über eine gemeinschaftliche Überwachung der Einfuhren von Steinkohle mit Ursprung in Drittländern, ABl. Nr. L 62 vom 6. 3. 2003, S. 1.

527 Entschließung des Beratenden Ausschusses der EGKS betreffend die Einrichtung der „Beratenden Kommission für Kohle, Stahl und industrielle Umstellung“ (BKKSIU) innerhalb des

B. Braunkohle und Torf (EGKSV/EGV)

Im Gegensatz zur weltweit gehandelten Steinkohle werden die fossilen Energieträger Braunkohle und Torf aufgrund ihres niedrigen Brennwerts vornehmlich als lokale oder regionale Einsatzenergien verwendet, da ihr Transport über lange Strecken in der Regel unwirtschaftlich ist. Aufgrund dieser eher stationären Bedeutung werden beide Energieträger vom grenzüberschreitend ausgerichteten Gemeinschaftsrecht nur am Rande berührt[1].

I. Braunkohle

Mit der Einbindung der ehemaligen DDR in die Gemeinschaft im Jahre 1990[2] stieg die gemeinschaftliche Braunkohlenförderung sprunghaft an. In der Gemeinschaft bauen nur drei Länder Braunkohle in großen Mengen ab (Deutschland, Griechenland, Spanien), wobei 75 % der gemeinschaftlichen Gesamtförderung auf Deutschland entfallen.

Aufgrund ihres im Vergleich zur Steinkohle hohen Wassergehaltes und niedrigen Brennwerts wird Rohbraunkohle in der Gemeinschaft in der Regel direkt im Fördergebiet verstromt oder zu Veredelungsprodukten weiterverarbeitet. Ein Transport des Massengutes **Rohbraunkohle** über große Strecken oder gar ihr grenzüberschreitender Handel wäre unwirtschaftlich und findet daher in der Praxis kaum statt. Aus diesem Grunde findet der EGKS-Vertrag auf die Rohbraunkohle als solche keine Anwendung; die sie fördernden Unternehmen unterfallen insoweit nicht Art. 80 des Vertrages. Art. 81 i. V. m. Anlage I des Vertrages erfaßt bei den Brennstoffen lediglich die Veredelungsprodukte **Braunkohlenbriketts** (3 400) und **Braunkohlenschwelkoks** (3 500). Bezüglich der Rohbraunkohle bestimmt Anlage I Ziffer 3:

> „Die Tätigkeit der Hohen Behörde erstreckt sich auf das Gebiet ... der Braunkohle, die nicht zur Brikett- oder Schwelkoksherstellung verwendet wird, nur insoweit, als von diese(r) verursachte fühlbare Störungen des Brennstoffmarktes dies erforderlich machen."

Die Einordnung bestimmter Kohlesorten als Steinkohle oder Braunkohle kann im Einzelfall schwierig zu bestimmen sein, ist aber wegen der Unterschiedlichkeit der

---

Wirtschafts- und Sozialausschusses. Zu den Kriterien für die Ernennung der 30 den EGKS-Sektoren entstammenden Mitglieder, ABl. Nr. C 128 vom 30. 5. 2002, S. 4. S. dazu die Liste der von den repräsentativen europäischen Organisationen benannten Mitglieder des Beratenden Ausschusses der EGKS für die „Beratende Kommission für Kohle, Stahl und industrielle Umstellung" im Wirtschafts- und Sozialausschuß, ABl. Nr. C 176 vom 24. 7. 2002, S. 5.

1 Als umfassendes Dokument für beide festen Brennstoffe hat die Kommission am 20. Februar 1986 den Zweiten Bericht über die Braunkohlen- und Torfindustrie in der Europäischen Gemeinschaft (KOM(86) 95 endg.) vorgelegt.

2 S. hierzu *Beate Kohler-Koch* (Hrsg.), Die Osterweiterung der EU: Die Einbeziehung der ehemaligen DDR in die Gemeinschaft, Baden-Baden 1991 sowie *Wolfgang Harms* (Hrsg.), Ost-West-Zusammenarbeit in der Energiewirtschaft, Köln u. a. 1990; *ders.* (Hrsg.), Neuordnung der Energiewirtschaft in den ostdeutschen Ländern, Köln 1991; *ders.* (Hrsg.), Zwischen Privatisierung, Wettbewerb und Kommunalisierung. Zur Umgestaltung des Energiesektors in den neuen Bundesländern, Köln 1992; *Joachim Sedemund*, Deutsche Einheit und EG, EuZW 1990, S. 11.

Rechtsfolgen unumgänglich. So klassifizierte die Kommission die spanische Sorte „lignito nero“ der Fördergebiete Teruel, Mequinenza, Pirenaica und Balearen sowie die Kohle des italienischen Sulcis-Reviers (Sardinien) als Steinkohle, die des französischen Fördergebietes von l'Arc (Gardanne) jedoch als Rohbraunkohle[3].

Soweit der EGKS-Vertrag auf die Rohbraunkohle keine Anwendung findet, gelten die Regelungen des EWG/EG-Vertrages, da insoweit die Vorrangregel des Art. 305 (ex-Art. 232) Abs. 1 EGV keine Sperrwirkung entfaltet.

In der Praxis rückt die Braunkohle eher punktuell in das Blickfeld des Gemeinschaftsrechts, und zwar vornehmlich in folgenden drei Regelungsbereichen:

- **Umweltrecht:** Da Braunkohle im Tagebau gefördert wird, greifen Abbauprojekte über große Flächen und Tiefen in das Landschaftsbild und die Grundwasserhaltung ein[4]. Für derartige Vorhaben schreibt die Richtlinie 85/337/EWG des Rates vom 27. Juni 1985 über die Umweltverträglichkeitsprüfung bei bestimmten öffentlichen und privaten Projekten[5] Prüfungsverfahren unter Beteiligung der Öffentlichkeit vor. Das „große“ Verfahren im Sinne dieser Richtlinie gilt für „Tagebau auf einer Anbaufläche von mehr als 25 Hektar“[6] und den Betrieb von Braunkohlewärmekraftwerken mit einer Wärmeleistung von mindestens 300 MW[7].
  Das „kleine“ Verfahren gilt für geringerflächigen Abbau im Tagebau[8], die Strom-, Dampf- und Warmwassererzeugung aus Braunkohle[9], die Speicherung von Braunkohle[10] und ihr industrielles Pressen[11]. Mit der deutschen Wiedervereinigung und der Eingliederung des ostdeutschen Braunkohlentagebaus in die Energiewirtschaft der Gemeinschaft[12] gerieten auch die Umweltaspekte der Braunkohlenförderung in den neuen Bundesländern auf den Prüfstand des Gemeinschaftsrechts[13].
  Ähnlich wie in Griechenland, das 70 % seines Stroms aus Braunkohle gewinnt[14] (Kozani, Ptolemaida und Megalopolis), stellen sich auch in Ostdeutschland Probleme

---

3 S. Mitteilung der Kommission, ABl. Nr. C 254 vom 11. 10. 1986, S. 2.

4 S. aus deutscher Sicht: *Gunter Kühne*, Braunkohlenplanung und bergrechtliche Zulassungsverfahren, Köln/Berlin/Bonn/München 1999; *Christoph Degenhart*, Probleme der Braunkohlenplanung, in Festschrift für *Werner Hoppe*, München 2000, S. 695; s. weiterhin mit zahlreichen Hinweisen auf die Rechtsprechung: *Werner Hoppe*, Verfassungsrechtliche Grundlagen der Regelung des Verhältnisses von Oberflächeneigentum und Bergbau, DVBl. 1993, S. 221 sowie mit Blick auf den ostdeutschen Braunkohlenbergbau *Bernhard Stüer*, Oberflächeneigentum und Bergbau, DVBl. 1993, 247.

5 ABl. Nr. L 175 vom 5. 7. 1985, S. 40, geändert durch die Richtlinie 97/11/EG des Rates vom 3. März 1997, ABl. Nr. L 73 vom 14. 3. 1997, S. 5.

6 S. Anhang I Ziffer 19.

7 S. Anhang I Ziffer 2.

8 S. Anhang II Ziffer 2 a).

9 S. Anhang II Ziffer 3 a).

10 S. Anhang II Ziffer 3 e).

11 S. Anhang II Ziffer 3 f).

12 S. hierzu *Horst Jordan*, Die große Energie des Ostens, et 2002, S. 317; *Matthias Palm*, Errichtung und Betrieb von Anlagen des Bergbaus und der Energiewirtschaft im Gebiet der ehemaligen „DDR“, Supplement Deutsche Einigungs-Rechtsentwicklungen, Folge 16, S. 11.

13 S. z. B. die schriftliche Anfrage E-2582/95 (Neubau des Braunkohlekraftwerks Schwarze Pumpe), ABl. Nr. C 51 vom 21. 2. 1996, S. 24; schriftliche Anfrage E-2088/97 (Braunkohletagebau), ABl. Nr. C 60 vom 25. 2. 1998, S. 92.

14 S. z. B. schriftliche Anfrage E-807/95 (Folgen der Braunkohleverbrennung), ABl. Nr. C 209

der Umweltbelastung durch Flugasche und gasförmige Emissionen aus der Braunkohlenverbrennung, deren Verringerung das Ziel der Richtlinie 88/609/EWG zur Begrenzung von Schadstoffemissionen von Großfeuerungsanlagen in die Luft[15] ist.

- **Beihilferecht**: Anders als für die Steinkohle bestehen für die Braunkohle keine spezifischen Gemeinschaftsregelungen für staatliche Beihilfen. In Abwesenheit eines besonderen Beihilfekodex gelten die allgemeinen Regelungen der Art. 87 bis 89 (ex-Art. 92 bis 94) EGV. Nach diesen Bestimmungen „sind staatliche oder aus staatlichen Mitteln gewährte Beihilfen gleich welcher Art, die durch die Begünstigung bestimmter Unternehmen oder Produktionszweige den Wettbewerb verfälschen oder zu verfälschen drohen, mit dem Gemeinsamen Markt unvereinbar, soweit sie den Handel zwischen Mitgliedstaaten beeinträchtigen".
  Dank vorteilhafter geologischer Lagerstättenbedingungen kann Braunkohle in Deutschland im Tagebau zu wesentlich geringeren Kosten gefördert werden als Steinkohle, deren Verstromung in Milliardenhöhe subventioniert werden muß. Nachdem die Förderanpassung an marktwirtschaftliche Bedingungen auch in den neuen Bundesländern weitgehend abgeschlossen ist[16], kann Braunkohle in Deutschland ohne Beihilfen gefördert werden und ist damit in der Stromerzeugung – auch im internationalen Vergleich – ein wettbewerbsfähiger Energieträger[17]. Soweit zur Errichtung bzw. Modernisierung von Braunkohlenkraftwerken in Ostdeutschland punktuell staatliche Subventionen gewährt werden, unterliegen diese jeweils einer Einzelfallprüfung durch die Kommission[18]. Diese hat bislang mangels Auswirkung auf den innergemeinschaftlichen Markt keine Unvereinbarkeit mit dem EG-Vertrag festgestellt[19].

---

vom 14. 8. 1995, S. 24; schriftliche Anfrage E-338/95 (Umweltverschmutzung durch Flugasche aus den Braunkohlegruben der DEI), ABl. Nr. C 173 vom 17. 6. 1996, S. 1.

15 ABl. Nr. L 336 vom 7. 12. 1988, S. 1.

16 Die Bundesregierung und die betroffenen Regierungen der neuen Bundesländer trafen im Rahmen sogenannter „Energiekonsensrunden Ost" mit den Unternehmen, die Anteile an der ostdeutschen Braunkohleförderung und der ostdeutschen Stromwirtschaft hatten, vertragliche Vereinbarungen mit dem Ziele zu verhindern, daß die enormen Kosten der erforderlichen Nachrüstungs- und Modernisierungsinvestitionen in der ostdeutschen Stromwirtschaft in den neuen Bundesländern zu erheblich höheren Strompreisen als in Gesamtdeutschland führen. Der Bereich der Braunkohle in der Elektrizitätsproduktion war Teil dieser Vereinbarung. Allein für die Sanierung und Rekultivierung alter Braunkohlelager wurde in den 90er Jahren jährlich ein Betrag in Höhe von 1 500 Millionen DM aufgewendet. Ein großer Teil der Braunkohlenproduktion in Ostdeutschland wurde aufgegeben, wodurch im Zeitraum von 1990 bis 1993 die CO_2-Emissionen der Gemeinschaft um 2,2 % gesenkt werden konnten. S. hierzu auch die Antwort auf die schriftliche Anfrage P-0850/96 (Wettbewerbsvorteile für die Braunkohlewirtschaft und die Stromwirtschaft in den neuen deutschen Bundesländern), ABl. Nr. C 280 vom 25. 9. 1996, S. 91.

17 S. hierzu ausführlich die schriftliche Anfrage E-1783/94 (Wirtschaftlichkeit des Braunkohlenabbaus in Ostdeutschland), ABl. Nr. C 36 vom 13. 2. 1995, S. 4.

18 S. z. B. die schriftlichen Anfragen P-1526/96 (Ausgleichende Investitionszuschußzahlungen der Landesregierung Brandenburg zur bevorzugten Nutzung der Braunkohle als Energieträger – Stadtwerke Brandenburg und Cottbus), ABl. Nr. C 322 vom 28. 10. 1996, S. 80; P-3142/97 (Braunkohlesubventionen in Brandenburg – Heizkraftwerk Frankfurt/Oder), ABl. Nr. C 117 vom 16. 4. 1998, S. 154; E-1060/98 (Ungerechtfertigte Subventionierung des Heizkraftwerkes Frankfurt/Oder zur Begünstigung der heimischen Braunkohle), ABl. Nr. C 31 vom 5. 2. 1999, S. 14; Entscheidung der Kommission vom 9. Dezember 1998 über die staatliche Beihilfe Deutschlands an das Braunkohlenkraftwerk Cottbus (1999/581/EG), ABl. Nr. L 220 vom 20. 8. 1999, S. 33.

19 Soweit ersichtlich, wurde Art. 87 (ex-Art. 92) Abs. 2c) in keinem Falle herangezogen. Nach

- **Wettbewerbsrecht:** Aufgrund der besonderen Förder- und Vermarktungsstrukturen der Braunkohle sind Vereinbarungen zwischen Unternehmen des Braunkohlesektors oder abgestimmte Verhaltensweisen i. S. des Art. 81 (ex-Art. 85) EGV, welche den Handel zwischen Mitgliedstaaten zu beeinträchtigen geeignet sind und eine Verhinderung, Einschränkung oder Verfälschung des Wettbewerbs innerhalb des Gemeinsamen Marktes bezwecken oder bewirken, in der Praxis selten. Das gleiche gilt für den Mißbrauch einer marktbeherrschenden Stellung i. S. des Art. 82 (ex-Art. 86) EGV. Der letzte wettbewerbsrelevante Sachverhalt, der die Braunkohle betreffend im Schrifttum erörtert wurde, galt dem sog. **Braunkohlepfennig,** dessen Problematik in Anlehnung an den sog. Kohlepfennig zur Diskussion gestellt wurde[20]. Zum Hintergrund: Die drei großen Gesellschafter des marktbeherrschenden ostdeutschen Elektrizitätsversorgungsunternehmens VEAG, d. h. die RWE-Energie, PreussenElektra und das Bayernwerk verpflichteten sich in am 22. August 1990 abgeschlossenen Verträgen gegenüber der DDR und der ehemaligen Treuhandanstalt die Stromwirtschaft in Ostdeutschland zu modernisieren, und dies unter weitgehender Erhaltung der ostdeutschen Braunkohlenreviere und der mit ihnen verbundenen Arbeitsplätze. Grundlage der vertraglichen Regelungen war die sogenannte 70 : 30 Regelung, wonach die regionalen ostdeutschen Stromversorgungsunternehmen 70 % ihres Strombedarfs bei der VEAG decken und nur bis max. 30 % selbst erzeugen sollten. Die Berechnung ergab, daß diese Vereinbarung zu einer Sonderbelastung der ostdeutschen Stromkunden in Höhe von 2 Milliarden DM führte, da die Strompreise bis zu 3 Pfennig/kWh überhöht waren. In Analogie zum Kohlepfennig-Urteil des Bundesverfassungsgerichts wurde hierin ein Verstoß gegen Verfassungsrecht gesehen, da die Erhaltung der Braunkohleförderung und -nutzung in Ostdeutschland eine über Steuern zu finanzierende Gemeinwohlaufgabe des Gesamtstaates darstellte, für die nicht allein die ostdeutschen Stromkunden aufzukommen hätten. Über die Bewertung des Sachverhalts nach deutschem Recht braucht hier nicht entschieden zu werden. Soweit der Tatbestand nach Gemeinschaftsrecht zu beurteilen ist, dürfte er am Maßstab des PreussenElektra-Urteils[21] gemessen beihilferechtlich unbedenklich sein. Aus wettbewerblicher Sicht stellt sich die Frage, ob diese Praxis den Mißbrauch einer marktbeherrschenden Stellung darstellt, der dazu führen kann, den Handel zwischen den Mitgliedstaaten zu beeinträchtigen (Art. 82 (ex-Art. 86) EGV), was ebenfalls zu verneinen sein dürfte.

  Ebenfalls unter wettbewerblichen Gesichtspunkten ist zu vermerken, daß auch der Braunkohlensektor von den Konzentrationstendenzen der Energiewirtschaft im Binnenmarkt nicht ausgenommen bleibt. So wurden in den letzten Jahren die Braunkohle betreffende Zusammenschlüsse i. S. der Verordnung (EWG) Nr. 4064/89 des Rates[22] angemeldet und von der Kommission genehmigt[23].

---

dieser Vorschrift sind mit dem Gemeinsamen Markt vereinbar: „Beihilfen für die Wirtschaft bestimmter, durch die Teilung Deutschlands betroffener Gebiete der Bundesrepublik Deutschland, soweit sie zum Ausgleich der durch die Teilung verursachten wirtschaftlichen Nachteile erforderlich sind".

20 S. *Christian Treffer*, Über den Braunkohlepfennig, BB 1997, S. 2014.

21 Urteil vom 13. März 2001 in der Rechtssache C-379/98, Slg. 2001, I-2099.

22 ABl. Nr. L 395 vom 30. 12. 1989, S. 1.

23 S. z. B. Sache COMP/M. 1819 und COMP/EGKS. 1320 – Rheinbraun/OMV/Cokowski, ABl.

II. Torf

Entsprechend der eingangs getroffenen Feststellung enthält das Gemeinschaftsrecht bezüglich des Abbaus und der Nutzung von Torf nur marginale Regelungen. Es gelten die Bestimmungen des EWG/EG-Vertrages, wobei für die Gewinnung von Torf insbesondere die Vorschriften der Richtlinie 85/337/EWG des Rates vom 27. Juni 1985 über die Umweltverträglichkeitsprüfung bei bestimmten öffentlichen und privaten Projekten[24] zu beachten sind. Das Verfahren nach Art. 4 Abs. 1 der Richtlinie gilt für die Torfgewinnung auf einer Fläche von mehr als 150 Hektar[25] und jenes nach Art. 4 Abs. 2 für sonstige Projekte der Torfgewinnung[26].

Auch Betriebe der Torfindustrie sind an Zusammenschlüssen i. S. der Verordnung (EWG) Nr. 4064/89 des Rates[27] beteiligt, wie die kürzliche Übernahme der finnischen Vapo Oy (Torf- und Holzbrennstoffe) durch das Unternehmen Metsäliitto Osuuskunta belegt[28].

C. Kernenergie (EAGV)

I. Die Aufgabe der Europäischen Atomgemeinschaft

Literatur:

Agence européenne pour l'énergie nucléaire (OECE), L'industrie devant l'énergie nucléaire, Conférence de Stresa, Parties 1 à 3, Paris 1960; *Louis Armand, Franz Etzel, Francesco Giordani*, Ziele und Aufgaben für EURATOM, Bericht im Auftrag der Regierungen Belgiens, der Bundesrepublik Deutschland, Frankreichs, Italiens, Luxemburgs und der Niederlande, Mai 1957; *Thomas F. Cusack*, A Tale of two Treaties: An Assessment of the Euratom Treaty in Relation to the EC Treaty, CMLR 2003, p. 117; *Michel Dumoulin, Pierre Guillen, Maurice Vaïsse*, L'Energie Nucléaire en Europe, Des origines à Euratom, Bern u. a. 1994; *J. Errera, E. Symon, J. van der Meulen, L. Vernaeve*, Euratom, Analyse et Commentaires du Traité, Bruxelles 1958; *Michel Gaudet*, Euratom, Avril 1958; *H. J. Glaesner*, The European Atomic Energy Community (Euratom), in: IAEA, Nuclear Law for a Developing World, Wien 1969, S. 39; *Jürgen Grunwald*, Der Euratom-Vertrag: nie war er so wertvoll wie heute, EuZW 2000, S. 481; *ders.*, Neuere Entwicklungen des Euratom-Rechts, ZEuS 1998, S. 275; *ders.*, Neuere Entwicklungen des Euratom-Rechts, EuZW 1990, S. 209; *ders.*, Euratomvertrag und europäischer Binnenmarkt, in: *Norbert Pelzer* (Hrsg.) Kernenergierecht zwischen Ausstiegsforderung und europäischem Binnenmarkt, Baden-Baden 1991, S. 149; *S. Neri, H. Sperl*, Traité instituant la Communauté européenne de l'énergie atomique (Euratom), Travaux préparatoires, Déclarations interprétatives des six gouvernements, Documents parlementaires, Cour de Justice, Luxembourg 1962; *Heinz Haedrich*, Erläuterungen zum Euratom-Vertrag, in: *Hans von der Groeben, Jochen Thiesing, Claus-Dieter Ehlermann* (Hrsg.), Handbuch des Europäischen Rechts, Band III. A., 316. Lfg., Baden-Baden 1994; *Norbert Pelzer*, Grundlagen und Entwicklung der Europäischen Atomgemeinschaft, in: *Hans-*

Nr. C 123 vom 3. 5. 2000, S. 43 und ABl. Nr. C 269 vom 20. 9. 2000, S. 7; Sache COMP/M. 2234 Metsäliitto Osuuskunta/Vapo Oy, ABl. Nr. C 6 vom 10. 1. 2001, S. 7.

24 ABl. Nr. L 175 vom 5. 7. 1985, S. 40; geändert durch die Richtlinie 97/11/EG des Rates vom 3. März 1997, ABl. Nr. L 73 vom 14. 3. 1997, S. 5.

25 S. Anhang I Ziffer 19.

26 S. Anhang II Ziffer 2 a).

27 ABl. Nr. L 395 vom 30. 12. 1989, S. 1.

28 S. ABl. Nr. C 6 vom 10. 1. 2001, S. 7.

Werner Rengeling (Hrsg.), Handbuch zum europäischen und deutschen Umweltrecht, Band II, § 59, Köln u. a. 1998; *C. Pineau, C. Rimbaut*, Le grand pari, l'aventure du Traité de Rome, Paris 1991; *Oliver Pirotte, Pascal Girerd, Pierre Marsal, Sylviane Morson*, Trente ans d'Expérience Euratom – La naissance d'une Europe Nucléaire, Bruxelles 1988; *Werner Schroeder*, Die Euratom – auf dem Weg zu einer Umweltgemeinschaft, DVBl. 1995, S. 322; *Georges Vedel*, L'Euratom, in: Colloque des Facultés de Droit (Lille, Juin 1959), Les Problèmes Juridiques et Economiques du Marché Commun, Paris 1959; *Peter Weilemann*, Die Anfänge der Europäischen Atomgemeinschaft, Baden-Baden 1983.

Auf der Ebene der Gemeinschaft ist die „Förderung des Fortschritts auf dem Gebiet der Kernenergie"[1] der Europäischen Atomgemeinschaft[2] zugewiesen. Art. 1 EAGV bestimmt:

> „Durch diesen Vertrag gründen die HOHEN VERTRAGSPARTEIEN untereinander eine EUROPÄISCHE ATOMGEMEINSCHAFT (EURATOM).
> Aufgabe der Atomgemeinschaft ist es, durch die Schaffung der für die schnelle Bildung und Entwicklung von Kernindustrien erforderlichen Voraussetzungen zur Hebung der Lebenshaltung in den Mitgliedstaaten und zur Entwicklung der Beziehungen mit den anderen Ländern beizutragen."

Hierbei **ergänzt, überlagert** und **begleitet** der Euratom-Vertrag die nationalen Bemühungen zur Entwicklung von Nuklearindustrien, ohne hierbei allerdings die Mitgliedstaaten zum Aufbau, zur Nutzung oder zur Weiterführung des Nuklearsektors zu verpflichten[3]. Soweit der Vertrag den Mitgliedstaaten und den Personen und Unternehmen i. S. des Art. 196 EAGV eine Teilnahme an der Entwicklung des Kernsektors freistellt, enthalten seine Bestimmungen ein **Angebot**, das angenommen oder ausgeschlagen werden kann. Dies gilt insbesondere für das Angebot der Förderung der Forschung (Kapitel I) und die hiermit zusammenhängenden Bestimmungen über die Verbreitung der Kenntnisse (Kapitel II), die Befolgung der Vorgaben der hinweisenden Programme (Kapitel IV, Art. 40), die Konstituierung als gemeinsames Unternehmen (Kapitel V) und die Durchführung von Schürfungsvorhaben (Kapitel VI, Art. 70). Auf der anderen Seite stehen Vorschriften mit **zwingendem** Charakter, die für die Mitgliedstaaten auch dann verbindlich sind, wenn sie die Kernkraft selbst nicht nutzen, wie die Bestimmungen über den Strahlenschutz (Kapitel III), die Versorgung (Kapitel VI), die Überwachung der Sicherheit (Kapitel VII), den Gemeinsamen Markt auf dem Kerngebiet (Kapitel IX) und die Außenbeziehungen (Kapitel X). Soweit die Mitgliedstaaten gegen zwingendes Euratom-Recht verstoßen, steht der Kommission – wie im EG-Recht auch – das Vertragsverstoßverfahren offen (Art. 141). Soweit Personen und Unternehmen i. S. des Art. 196 EAGV den Vertrag verletzen, können auf Betreiben der Kommission nach Maßgabe des Art. 145 Zwangsmaßnahmen verhängt werden.

Wenngleich das primäre Vertragsziel in der „Entwicklung einer mächtigen Kernindustrie" besteht, „welche die **Energieerzeugung** erweitert"[4], so gehen die Rege-

---

1 So die Überschrift des Zweiten Titels des Euratom-Vertrages.

2 S. auch das Berichtigungsprotokoll zu dem am 25. März 1957 in Rom unterzeichneten Vertrag zur Gründung der Europäischen Atomgemeinschaft, ABl. Nr. C 323 vom 11. 11. 1999, S. 1.

3 S. hierzu die gemeinsame Erklärung zur Anwendung des Euratom-Vertrags, Dokumente betreffend den Beitritt der Republik Österreich, der Republik Finnland und des Königreichs Schweden zur Europäischen Union 1995, Band II, Brüssel-Luxemburg 1996, S. 346.

4 S. den dritten Erwägungsgrund der Präambel: „... ENTSCHLOSSEN, die Voraussetzungen

lungen des Vertrages doch weit über den **Energiesektor** hinaus. So umfaßt das Forschungsrecht den weiten Bereich der **Nuklearmedizin**, und das Recht des **Strahlenschutzes** gilt nicht nur für die Arbeitnehmer der Kernindustrie, sondern für die gesamte Bevölkerung unabhängig vom Ursprung der ionisierenden Strahlen, d. h. auch natürliche Strahlenquellen wie Radon und die Höhenstrahlung werden erfaßt.

Zur Erfüllung ihrer Aufgabe hat die Gemeinschaft gemäß Art. 2 EAGV nach Maßgabe des Vertrages

> „a) die Forschung zu entwickeln und die Verbreitung der technischen Kenntnisse sicherzustellen;
> b) einheitliche Sicherheitsnormen für den Gesundheitsschutz der Bevölkerung und der Arbeitskräfte aufzustellen und für ihre Anwendung zu sorgen;
> c) die Investitionen zu erleichtern und, insbesondere durch Förderung der Initiative der Unternehmen, die Schaffung der wesentlichen Anlagen sicherzustellen, die für die Entwicklung der Kernenergie in der Gemeinschaft notwendig sind;
> d) für regelmäßige und gerechte Versorgung aller Benutzer der Gemeinschaft mit Erzen und Kernbrennstoffen Sorge zu tragen;
> e) durch geeignete Überwachung zu gewährleisten, daß die Kernstoffe nicht anderen als den vorgesehenen Zwecken zugeführt werden;
> f) das ihr zuerkannte Eigentumsrecht an besonderen spaltbaren Stoffen auszuüben;
> g) ausgedehnte Absatzmärkte und den Zugang zu den besten technischen Mitteln sicherzustellen, und zwar durch die Schaffung eines gemeinsamen Marktes für die besonderen auf dem Kerngebiet verwendeten Stoffe und Ausrüstungen, durch den freien Kapitalverkehr für Investitionen auf dem Kerngebiet und durch die Freiheit der Beschäftigung für die Fachkräfte innerhalb der Gemeinschaft;
> h) zu den anderen Ländern und den zwischenstaatlichen Einrichtungen alle Verbindungen herzustellen, die geeignet sind, den Fortschritt bei der friedlichen Verwendung der Kernenergie zu fördern."

Jeder einzelnen dieser Teilaufgaben entspricht ein Kapitel des Zweiten Titels des Vertrages, wobei in Buchstabe a) Kapitel I und II und in Buchstabe c) Kapitel IV und V zusammengefaßt sind. Die Anordnung der Teilaufgaben und die der einzelnen Kapitel folgt der Logik der Entwicklung des Nuklearsektors.

II. Förderung der Forschung

Am Anfang der Entwicklung des Nuklearsektors steht die Nuklearforschung. Ihr ist das Kapitel I (Art. 4 bis 11 EAGV) des Vertrages gewidmet, das in der Nachfolge von Art. 55 EGKSV steht. Im Anhang I des Vertrages, auf den Art. 4 Abs. 2 EAGV verweist, werden die einzelnen **Forschungsgebiete** benannt, deren Liste nach einem vereinfachten Vertragsänderungsverfahren[5] neuen Erfordernissen angepaßt werden kann

---

für die Entwicklung einer mächtigen Kernindustrie zu schaffen, welche die Energieerzeugung erweitert, die Technik modernisiert und auf zahlreichen anderen Gebieten zum Wohlstand ihrer Völker beiträgt, ..."

5 Zu weiteren vereinfachten Vertragsänderungsverfahren s. Art. 95 Abs. 3 EGKSV und Art. 4 Abs. 2, 41 Abs. 2, 42, 76, 85 und 90 EAGV.

(Art. 4 Abs. 3 EAGV). Der Auftrag zur Förderung der Kernforschung umfaßt (a) die **Förderung der Kernforschung in den Mitgliedstaaten** (Artikel 4 bis 6 EAGV) sowie (b) die Aufstellung und Durchführung **gemeinschaftseigener** Forschungs- und Ausbildungsprogramme (Art. 7 bis 11 EAGV).

Für die Durchführung der Euratom-Forschungsprogramme sieht der Vertrag die Einrichtung einer **Gemeinsamen Kernforschungsstelle** vor (Art. 8 EAGV), läßt aber auch die Vergabe von **Forschungsverträgen** zu (Artikel 10 EAGV). Die zur Zeit wichtigsten **Forschungsprojekte** betreffen die Sicherheit der Kernspaltung und die Kernfusion.

1. Forschungsgebiete

Anhang I zum Vertrag („Forschungsgebiet betreffend die Kernenergie") ist in acht große Forschungsgebiete untergliedert: I. Rohstoffe, II. Angewandte Physik auf dem Kerngebiet, III. Physikalische Chemie der Reaktoren, IV. Behandlung der radioaktiven Stoffe, V. Verwendung der Radioelemente, VI. Untersuchung der schädlichen Auswirkungen der Strahlungen auf Lebewesen, VII. Ausrüstungen und VIII. Wirtschaftliche Gesichtspunkte der Energieerzeugung. Die einzelnen Forschungsthemen folgen den einzelnen Phasen des Brennstoffkreislaufes vom Abbau der Erze (I.1.) bis zur Konzentrierung und Aufbewahrung der unbrauchbaren radioaktiven Abfälle (IV.5.). Außerhalb der Kernindustrie im eigentlichen Sinne kommt der Verwendung der Radioelemente in „Therapie und Biologie" sowie in der Landwirtschaft eine besondere Bedeutung zu (V. b) und c)). Dasselbe gilt für die „Untersuchung über Therapie gegen Strahlenwirkungen" (VI. 3.) und die Entwicklung von Meßgeräten zur Verwendung beim Gesundheitsschutz (VII. 2a) vierter Gedankenstrich). Außer der **Kernspaltung** wird als weiteres großes Forschungsgebiet die **Kernfusion** benannt, insbesondere „das Verhalten eines ionisierten Plasmas unter Einwirkung elektromagnetischer Kräfte und die Thermodynamik außergewöhnlich hoher Temperaturen". Angesichts der Weite der Forschungsthemen brauchte die Liste der Forschungsgebiete des Anhangs I bis heute nicht geändert zu werden.

2. Förderung der Kernforschung in den Mitgliedstaaten

Die Förderung der Kernforschung in den Mitgliedstaaten ist nach Art. 4 bis 6 EAGV der **Kommission** übertragen. Interessierte Mitgliedstaaten, Personen und Unternehmen können der Kommission nach Maßgabe des Art. 5 Abs. 1 EAGV ihre **Forschungsprogramme** übermitteln[6]. Zu diesen Programmen kann die Kommission nach Art. 5 Abs. 2 EAGV eine mit Gründen versehene Stellungnahme[7] abgeben; auf Antrag der Interessenten ist sie hierzu verpflichtet. In ihren „Stellungnahmen rät die Kommission von überflüssiger Doppelarbeit ab und weist die Forschung auf noch unzurei-

---

6 S. hierzu z. B. die Bekanntmachung der Kommission betreffend den Anwendungsbereich der Kernenergie („Wasserzerlegung durch chemische Kreisprozesse"), ABl. Nr. C 125 vom 1. 12. 1972, S. 16.

7 Stellungnahmen sind nach Art. 161 Abs. 5 EAGV nicht verbindlich.

chend bearbeitete Gebiete hin" (Art. 5 Abs. 3 Satz 1). Überdies veröffentlicht die Kommission in regelmäßigen Abständen eine Liste der Kernforschungsgebiete, die nach ihrer Auffassung noch unzureichend bearbeitet sind (Art. 5 Abs. 4). Die der Kommission vorgelegten Programme dürfen nur mit Zustimmung der Berechtigten veröffentlicht werden (Art. 5 Abs. 3 Satz 2). Im übrigen kann die Kommission „Vertreter öffentlicher und privater Forschungszentren sowie alle Sachverständigen, die auf demselben oder einem verwandten Gebiet Forschungsarbeit leisten, zu Tagungen einladen, die der gegenseitigen Beratung und Unterrichtung dienen".

Um die **Durchführung** der ihr übermittelten Forschungsprogramme zu fördern, kann die Kommission nach Art. 6 EAGV

> „a) im Rahmen von Forschungsverträgen finanzielle Hilfen gewähren, wobei jedoch Subventionen ausgeschlossen sind,
> b) Ausgangsstoffe oder besondere spaltbare Stoffe, die ihr zur Verfügung stehen, für die Durchführung dieser Programme entgeltlich oder unentgeltlich liefern,
> c) den Mitgliedstaaten, Personen oder Unternehmen Anlagen, Ausrüstungen oder die Hilfe von Fachkräften entgeltlich oder unentgeltlich zur Verfügung stellen,
> d) die betreffenden Mitgliedstaaten, Personen oder Unternehmen zu gemeinsamen Finanzierungen veranlassen."

Soweit die Kommission nach Art. 6 lit. a) EAGV finanzielle Hilfen gewähren möchte, muß sie zuvor für die Bereitstellung der hierfür erforderlichen Mittel in den Euratom-Forschungs- und Investitionshaushalt sorgen (Art. 174 Abs. 2). Die Aufnahme von **Anleihen**, die zur Finanzierung der Forschungen und Investitionen bestimmt sind, ist ebenfalls möglich (Art. 172 Abs. 4)[8]. Das ausdrückliche Verbot von Subventionen schließt finanzielle Hilfen ohne Gegenleistung aus, d. h. die Ergebnisse der durch die Gemeinschaft geförderten Forschungsprogramme sind der Kommission zugänglich zu machen, die nach Maßgabe des Kapitels II über ihre Verbreitung bestimmt.

Die Lieferung von Ausgangsstoffen oder besonderen spaltbaren Stoffen nach Art. 6 lit. b) EAGV kann die Kommission entweder durch die Agentur aus deren Handels- oder Sicherheitsbeständen i. S. des Art. 72 vornehmen oder direkt aus dem Bestand der Gemeinsamen Kernforschungsstelle (Art. 8 EAGV), wenn die Kommission ihr diese Aufgabe überträgt (Art. 8 Abs. 1 2. Unterabs. EAGV). Für die Übertragung **kleiner** Mengen von Ausgangsstoffen und besonderen spaltbaren Stoffen ist weiterhin Art. 74 EAGV zu beachten[9].

Anlagen und Ausrüstungen kann die Kommission nach Art. 6 lit. c) EAGV ebenfalls aus Beständen der Gemeinsamen Kernforschungsstelle zur Verfügung stellen. Fachkräfte der Kommission oder der Gemeinsamen Kernforschungsstelle können im dienstlichen Interesse abgeordnet werden[10].

---

8 Zum Forschungs- und Investitionshaushalt s. eingehend Art. 174 Abs. 2 und 176 EAGV.

9 S. dazu auch die Verordnung Nr. 17/66/Euratom der Kommission vom 29. November 1966 betreffend die Ausnahme kleiner Mengen von Erzen, Ausgangsstoffen und besonderen spaltbaren Stoffen von den Vorschriften des Kapitels über die Versorgung, ABl. Nr. L 241 vom 28. 12. 1966, S. 4057.

10 S. die Sondervorschriften für die wissenschaftlichen und technischen Beamten der Gemeinschaften (Art. 92–101) des Statuts der Beamten der Europäischen Gemeinschaften, ABl. Nr. L 56

Die Katalysatorrolle, die ihr nach Art. 6 lit. d) EAGV zugewiesen ist, kann die Kommission auf die unterschiedlichste Weise wahrnehmen. Sie kann potentielle Forschungspartner grenzüberschreitend zusammenführen, die Bildung von Netzwerken initiieren, Banken zur Bereitstellung von Wagniskapital anregen, Forschungsbörsen organisieren oder schlicht Tagungen i. S. des Art. 5 Abs. 5 EAGV zur Zusammenführung von Partnern nutzen.

3. Gemeinschaftsforschung im Rahmen von Forschungs- und Ausbildungsprogrammen

Nach Art. 4 Abs. 1 EAGV dient das Forschungs- und Ausbildungsprogramm der Gemeinschaft der **Ergänzung** der Kernforschung in den Mitgliedstaaten. Die Art. 7, 8 und 10 EAGV regeln, wie dieses Gemeinschaftsprogramm aufzustellen und durchzuführen ist. Art. 7 bestimmt:

> „Der Rat legt einstimmig auf Vorschlag der Kommission, die den Ausschuß für Wissenschaft und Technik anhört, die Forschungs- und Ausbildungsprogramme der Gemeinschaft fest.
> Sie werden jeweils für einen Zeitraum von höchstens fünf Jahren festgelegt.
> Die zur Durchführung dieser Programme erforderlichen Mittel werden jährlich in den Forschungs- und Investitionshaushalt der Gemeinschaft aufgenommen.
> Die Kommission sorgt für die Durchführung der Programme und erstattet dem Rat hierüber jährlich Bericht.
> Die Kommission übermittelt dem Wirtschafts- und Sozialausschuß laufend eine allgemeine Übersicht über die genannten Programme."

Das erste Forschungs- und Ausbildungsprogramm war dem Euratom-Vertrag als Anlage V beigegeben worden (s. Art. 215 EAGV).

Das derzeit geltende Forschungs- und Ausbildungsprogramm wurde aus Gründen der Angleichung an das legislative System der **EG-Forschung** (in Euratom-rechtlich unnötiger Weise) in vier einzelne auf Art. 7 EAGV gestützte Rechtsakte aufgespalten, nämlich:

- den Beschluß 2002/668/Euratom des Rates vom 3. Juni 2002 über das Sechste Rahmenprogramm der Europäischen Atomgemeinschaft (Euratom) im Bereich der nuklearen Forschung und Ausbildung als Beitrag zur Verwirklichung des Europäischen Forschungsraumes (2002–2006)[11],
- die Entscheidung 2002/838/Euratom des Rates vom 30. September 2002 über ein spezifisches Programm (Euratom) für Forschung und Ausbildung auf dem Gebiet der Kernenergie (2002–2006)[12],
- die Entscheidung 2002/838/Euratom des Rates vom 30. September 2002 über ein von der Gemeinsamen Forschungsstelle durch direkte Aktionen für die Europäische

---

vom 4. 3. 1968, S. 1, zuletzt geändert durch Verordnung (EG, EGKS, Euratom) Nr. 2265/2002, ABl. Nr. L 347 vom 20. 12. 2002, S. 1.

11 ABl. Nr. L 232 vom 29. 8. 2002, S. 34.

12 ABl. Nr. L 294 vom 29. 10. 2002, S. 74.

Atomgemeinschaft durchzuführendes spezifisches Programm für Forschung und Ausbildung (2002–2006)[13],

- die Verordnung (Euratom) Nr. 2322/2002 des Rates vom 5. November 2002 über Regeln für die Beteiligung von Unternehmen, Forschungszentren und Hochschulen an der Durchführung des sechsten Rahmenprogramms der Europäischen Atomgemeinschaft (2002–2006)[14].

Von der legislativen Annahme des Forschungs- und Ausbildungsprogramms ist seine (exekutive) **Durchführung** zu unterscheiden, die nach Art. 7 Abs. 4 der Kommission obliegt. Diese kann sich zur Durchführung der Programme sowohl der Gemeinsamen Kernforschungsstelle bedienen (Art. 8) als auch im Wege der Vertragsvergabe Dritte mit der Durchführung von Teilen des Programms beauftragen, wie die „Mitgliedstaaten, Personen oder Unternehmen sowie dritte Staaten, zwischenstaatliche Einrichtungen oder Angehörige dritter Staaten" (Art. 10).

4. Die Gemeinsame Kernforschungsstelle

Art. 8 EAGV bestimmt:

> „1. Die Kommission errichtet nach Anhörung des Ausschusses für Wissenschaft und Technik eine Gemeinsame Kernforschungsstelle.
> Diese sorgt für die Durchführung der Forschungsprogramme und der anderen, ihr von der Kommission übertragenen Aufgaben.
> Sie sorgt ferner für die Festlegung einer einheitlichen Fachsprache und eines einheitlichen Maßsystems auf dem Kerngebiet.
> Sie errichtet eine Zentralstelle für das Meßwesen auf dem Kerngebiet.
> 2. Die Tätigkeit der Kernforschungsstelle kann aus geographischen oder arbeitstechnischen Gründen in getrennten Anlagen ausgeübt werden."

Zusätzlich zu ihren Forschungsaufgaben[15] weist der Vertrag in Art. 9 Abs. 1 der Gemeinsamen Forschungsstelle eine **ausbildende Tätigkeit** zu, auf welche der Begriff des Forschungs- und **Ausbildungs**programms seinerseits hinweist. Danach kann die Kommission „im Rahmen der Gemeinsamen Forschungsstelle **Schulen** für die Ausbildung von Fachkräften gründen, insbesondere auf den Gebieten der Erzschürfung, der Herstellung von Kernstoffen von hohem Reinheitsgrad, der Aufbereitung bestrahlter Kernbrennstoffe, der Bautechnik für Atomanlagen, des Gesundheitsschutzes und der Herstellung und Verwendung von radioaktiven Elementen".

Zur Gründung der in Art. 9 Abs. 2 vorgesehenen „Anstalt im Range einer **Universität**" ist es nicht gekommen, obwohl deren Einrichtung den Gründervätern ein besonderes Anliegen war, da die Kommission die entsprechenden Gründungsvorschläge schon innerhalb eines Jahres nach Inkrafttreten des Vertrages zu unterbreiten hatte (s. Art. 216 EAGV).

---

13 ABl. Nr. L 294 vom 29. 10. 2002, S. 86.

14 ABl. Nr. L 355 vom 30. 12. 2002, S. 35.

15 S. hierzu auch den Beschluß 89/340/EWG des Rates vom 3. Mai 1989 über von der Gemeinsamen Forschungsstelle durchzuführende, EWG-relevante Arbeiten für Dritte, ABl. Nr. L 142 vom 25. 5. 1989, S. 10. S. weiterhin Beschluß 96/282/Euratom der Kommission vom 10. April 1996 über die Reorganisation der Gemeinsamen Forschungsstelle, ABl. Nr. L 107 vom 30. 4. 1996, S. 12.

5. Die Vertragsforschung

Nach Art. 10 EAGV kann die Kommission „Mitgliedstaaten, Personen oder Unternehmen sowie dritte Staaten, zwischenstaatliche Einrichtungen oder Angehörige dritter Staaten **durch Vertrag** mit der Durchführung bestimmter Teile des Forschungsprogramms der Gemeinschaft betrauen". Die Einzelheiten dieser Teilnahme an den Euratom-Forschungsprojekten werden jeweils in einem Beschluß des Rates über Regeln für die Beteiligung von Unternehmen, Forschungszentren und Hochschulen zur Durchführung des Rahmenprogramms der Europäischen Atomgemeinschaft (Euratom) festgelegt[16]. In besonderen Aufforderungen zur Einreichung von Vorschlägen, die im Amtsblatt der Europäischen Gemeinschaften/Amtsblatt der Europäischen Union[17] veröffentlicht werden, werden die Interessenten auf die Forschungsbereiche hingewiesen und die Modalitäten der Bewerbung um eine Teilnahme bekanntgemacht[18].

6. Wichtige Forschungsprojekte

Während in den Anfangsjahren der Euratom-Forschung eine Vielzahl von Projekten nebeneinander betrieben wurden, wie die Entwicklung neuer Reaktortypen (Schwerwasserreaktor ORGEL, schnelle Reaktoren und fortgeschrittene gasgekühlte Reaktoren), die Aufarbeitung von Brennstoffen, die Entwicklung atomarer Schiffsantriebe und die medizinische Forschung, verschob sich in den Folgejahren das Schwergewicht der Forschung zunehmend auf zwei Gebiete, die heute allein dominierend sind: die **Fusionsforschung** und die Forschung auf dem Gebiet der **Sicherheit der Kernspaltung**, wobei auf dem letztgenannten Gebiet die Lösung der „back-end-Probleme" des Nuklearzyklus im Vordergrund steht.

Nach Art. 4 Abs. 2 i.V. m Anhang I Ziffern II 1.e) und 2. EAGV übt Euratom eine Forschungstätigkeit auf dem Gebiet der **Fusion** aus und untersucht insbesondere „das Verhalten eines ionisierten Plasmas unter Einwirkung elektromagnetischer Kräfte und die Thermodynamik außergewöhnlich hoher Temperaturen." Schon das erste Forschungs- und Ausbildungsprogramm (1958 bis 1962), das dem Vertrag gemäß Art. 215 als Anhang V beigefügt wurde, sah die Einrichtung eines Laboratoriums für Kernfusion (Ziffer I 1. b)) und die Vergabe von Forschungsverträgen (Art. 10 EAGV) auf dem Gebiet der Kernfusion vor (Ziffer II 1.)[19]. Seitdem ist die Fusionsforschung ein

16 S. o. Fn. 14.

17 Die Umbenennung des Amtsblattes erfolgte durch den Vertrag von Nizza und gilt wie dieser ab dem 1. Februar 2003.

18 S. die Aufforderung zur Einreichung von Vorschlägen für indirekte FTE-Aktionen im Rahmen des spezifischen Programms (Euratom) für Forschung und Ausbildung auf dem Gebiet der Kernenergie (2002–2006), ABl. Nr. C 315 vom 17. 12. 2002, S. 78.

19 S. auch die Ziffern I. 1.b) und II. 1.b) der Aufgliederung der zur Durchführung des Forschungs- und Ausbildungsprogramms erforderlichen Ausgaben nach großen Posten, die die Kernfusion als zweitgrößten Einzelposten bei der Vertragsforschung (7,5 Mio EZU-Rechnungseinheiten) vorsehen.

fester Bestandteil der Euratom-Forschungsprogramme geblieben[20] und stellt heute den größten Ausgabenanteil der Euratom-Forschung dar[21].

Mit der Gründung des gemeinsamen Unternehmens **JET (Joint European Torus)** im Jahre 1978 in Culham bei Oxford[22] richtete die Gemeinschaft unter der Beteiligung Schwedens und später der Schweiz eine eigene Großforschungsanlage auf dem Gebiet der Kernfusion ein[23]. Im Jahre 1983 ging der Versuchsreaktor (TOKAMAK) in Betrieb. 1991 gelang erstmalig eine kurzzeitige Zündung des Plasmas (bei noch negativer Energiebilanz)[24]. Nach Erfüllung seiner Aufgaben wurde das gemeinsame Unternehmen JET termingerecht zum Jahresende 1999 aufgelöst[25] und durch die Forschungsstruktur NET abgelöst[26].

---

20 S. im einzelnen: zweites Forschungs- und Ausbildungsprogramm (1963–1967), ABl. Nr. 70 vom 6. 8. 1962, S. 2008/62; Interims- bzw. Einjahresprogramme für die Jahre 1968 (ABl. Nr. 311 vom 21. 12. 1967, S. 23) 1969 (ABl. Nr. L 64 vom 14. 3. 1969, S. 6); 1970 (ABl. Nr. L 20 vom 27. 1. 1970, S. 9); 1971 (ABl. Nr. L 245 vom 11. 11. 1970, S. 27); 1972 (ABl. Nr. L 112 vom 14. 5. 1972, S. 1); Beschluß Nr. 71/237/Euratom des Rates zur Festlegung eines fünfjährigen Forschungs- und Ausbildungsprogramms der Europäischen Atomgemeinschaft auf dem Gebiet der Fusion und Plasmaphysik, ABl. Nr. L 143 vom 29. 6. 1971, S. 33; zuletzt geändert durch Beschluß Nr. 75/330/Euratom, ABl. Nr. L 152 vom 12. 6. 1975, S. 13; Gemischte Euratom-EWG-Programme für die Jahre 1977–1980 (ABl. Nr. L 200 vom 8. 8. 1977, S. 4); 1980–1983 (ABl. Nr. L 72 vom 18. 3. 1980, S. 11); Rahmenprogramm 1984–1987 (ABl. Nr. L 3 vom 5. 1. 1984, S. 21); 1987–1991 (ABl. Nr. L 302 vom 24. 10. 1987, S. 1); sodann speziell für die **Kernfusion:**
- Beschluß Nr. 85/201/Euratom des Rates zur Annahme eines Forschungs- und Ausbildungsprogramms auf dem Gebiet der kontrollierten Kernfusion (1985–1989), ABl. Nr. L 83 vom 28. 3. 1985, S. 25;
- Entscheidung Nr. 88/448/Euratom des Rates vom 25. Juli 1988 zur Annahme eines Mehrjahres-Forschungs- und Ausbildungsprogramms auf dem Gebiet der kontrollierten Kernfusion (1988–1992), ABl. Nr. L 222 vom 12. 8. 1988, S. 5;
- Entscheidung Nr. 91/678/Euratom des Rates vom 19. Dezember 1991 zur Annahme eines Forschungs- und Ausbildungsprogramms auf dem Gebiet der kontrollierten Kernfusion (1990–1994), ABl. Nr. L 375 vom 31. 12. 1991, S. 11;
- Entscheidung Nr. 94/799/Euratom des Rates vom 8. Dezember 1994 über ein spezifisches Programm für Forschung und Ausbildung auf dem Gebiet der kontrollierten Kernfusion (1994–1998), ABl. Nr. L 331 vom 21. 12. 1994, S. 22;
- Entscheidung Nr. 1999/175/Euratom des Rates vom 25. Januar 1999 über ein Forschungs- und Ausbildungsprogramm (Euratom) auf dem Gebiet der Kernenergie (1998–2002), ABl. Nr. L 64 vom 12. 3. 1999, S. 142;
- Entscheidung 2002/837/Euratom des Rates vom 30. September 2002 über ein spezifisches Programm (Euratom) für Forschung und Ausbildung auf dem Gebiet der Kernenergie (2002–2006), ABl. Nr. L 294 vom 29. 10. 2002, S. 74.

21 Für die Jahre 2002 bis 2006 sieht die o. a. Entscheidung 2002/837/Euratom für die kontrollierte Kernfusion 750 Mio Euro vor.

22 S. Beschluß 78/471/Euratom des Rates vom 30. Mai 1978, ABl. Nr. L 151 vom 7. 6. 1978, S. 10, letzte Satzungsänderung: Beschluß 98/585 des Rates vom 13. Oktober 1998, ABl. Nr. L 282 vom 20. 10. 1998, S. 65.

23 S. hierzu auch unten VI.1.

24 S. Press Release „JET achieves fusion power“, wonach JET am 9. November 1991 bei einer Temperatur von 2 Mio Grad C das Plasma für 2 Sekunden zündete, wobei 2 Mio Watt erzeugt wurden.

25 S. letzte Mitteilung – Auflösung des gemeinsamen Unternehmens JET (Joint European Torus), ABl. Nr. C 16 vom 19. 1. 2002, S. 11.

26 Next European Torus.

Auf internationaler Ebene ist die Gemeinschaft in führender Rolle am Fusionsprojekt **ITER (International Thermonuclear Experimental Reactor)** beteiligt. Die Zusammenarbeit zwischen Euratom, Japan, der ehemaligen UdSSR (jetzt Rußland) und den USA im Rahmen des Projektes ITER geht auf das Jahr 1988 zurück, in dem ein erster Rechtsrahmen für eine gemeinsame Forschungstätigkeit auf dem Gebiet der kontrollierten Kernfusion vereinbart wurde[27]. Die erste Phase der Kooperation galt den sog. **Conceptual Design Activities (CDA)**, an die sich 1992 ein Übereinkommen über die zweite Phase, die sog. **Engineering Design Activities (EDA)** anschloß[28], das 1998 um weitere drei Jahre verlängert wurde[29]. Auf den Vollzug eines ersten Protokolls im Rahmen der EDA, das 1992 zusammen mit dem Übereinkommen in Kraft getreten war, folgte 1994 der Abschluß eines zweiten Protokolls[30], das inzwischen zusammen mit dem Übereinkommen im Juli 2001 abgelaufen ist. Seitdem gilt es, sich über eine Fortsetzung der Arbeit zu einigen, um schließlich Bau, Betrieb und Nutzung des Prototyps eines Fusionsreaktors zu ermöglichen. Von besonderer Bedeutung wird hierbei sein, für ITER als Megaprojekt auf dem Gebiet der Großforschung die geeignete Rechtsform zu finden, die Standortfrage zu klären und die Finanzierung sicherzustellen, wobei insgesamt von einem Zeitraum von etwa 30 Jahren auszugehen sein wird. Die Verhandlungen über ein entsprechendes Abkommen sind im Gange[31], und kürzlich haben auch die zwischenzeitlich ausgeschiedenen USA sowie China und Südkorea Interesse an einer Teilnahme bekundet. Auf Seiten von Euratom war Kanada von Anfang an an den Arbeiten beteiligt[32], das als langjähriger Forschungspartner der Gemeinschaft[33] und Lieferant von Tritium[34] eine privilegierte Stellung besitzt und als jetziger Partner an den Verhandlungen einen Sitz für ITER angeboten hat. Als weitere Interessenten haben Spanien, Frankreich und Japan Standorte für einen Sitz vorgeschlagen.

---

27 S. Beschluß 88/229/Euratom der Kommission vom 26. Februar, ABl. Nr. L 102 vom 21. 4. 1988, S. 31.

28 S. Beschluß 92/439/Euratom der Kommission vom 22. April 1992, ABl. Nr. L 244 vom 26. 8. 1992.

29 S. ABl. Nr. L 335 vom 19. 12. 1998, S. 62.

30 Beschluß 94/267/Euratom der Kommission vom 21. März 1994, ABl. Nr. L 114 vom 5. 5. 1994, S. 25.

31 Der Rat hat der Kommission die entsprechenden Verhandlungsrichtlinien nach Art. 101 Abs. 2 EAGV erteilt. S. zuletzt die Mitteilung der Kommission an den Rat „Stand der Verhandlungen über das Internationale Projekt ITER zur Forschung über die Fusionsenergie", KOM (2003) 215 endg. vom 28. 4. 2003.

32 S. die Beschlüsse 95/355/Euratom und 95/356/Euratom der Kommission vom 28. Juni 1995, ABl. Nr. L 211 von 6. 9. 1995, S. 30 und 39, berichtigt im ABl. Nr. L 219 vom 15. 9. 1995, S. 39.

33 S. schon das Abkommen mit Kanada vom 6. Oktober 1959, ABl. Nr. 60 vom 24. 11. 1959, S. 1165/59 sowie die Durchführungsvereinbarung zwischen der Europäischen Atomgemeinschaft, vertreten durch die Kommission der Europäischen Gemeinschaften, und Atomic Energy of Canada Limited, von der kanadischen Regierung zur durchführenden Stelle ernannt, über die Beteiligung Kanadas am Beitrag der Europäischen Atomgemeinschaft zur Erstellung eines detaillierten technischen Entwurfs (EDA) für den internationalen thermonuklearen Versuchsreaktor (ITER), ABl. Nr. L 211 vom 6. 9. 1995, S. 40.

34 Beschluß 86/28/Euratom des Rates vom 20. Januar 1986, ABl. Nr. L 36 vom 11. 2. 1986, S. 9 sowie das Abkommen in Form eines Briefwechsels zur Änderung des Abkommens vom 6. Oktober 1959, ABl. Nr. C 215 vom 17. 8. 1991, S. 5.

Auch das zweite große Forschungsthema von Euratom, die **Sicherheit der Kernspaltung** (Strahlenschutz, Reaktorsicherheit, Stillegung von Kernkraftwerken, Behandlung radioaktiver Abfälle), hat die Gemeinschaft von Anfang an beschäftigt[35]. Im Laufe der Jahre traten die back-end-Probleme des Nuklearsektors immer mehr hervor, und das Thema gewann zunehmend an Bedeutung[36]. Auch unter den derzeit geltenden spezifischen Programmen für die Jahre 2002–2006 werden folgende Forschungsgebiete bearbeitet[37]:

- Bewirtschaftung und Entsorgung radioaktiver Abfälle und Sicherung von Kernmaterialien
- Strahlenschutz
- Sicherheit der verschiedenen Reaktortypen und Metrologie im Bereich ionisierender Strahlung.

Die hierfür ausgewiesenen Forschungsmittel belaufen sich auf insgesamt 430 Mio EUR.

III. Verbreitung der Kenntnisse

Literatur:

H. Suenner, Le régime des connaissances et brevets dans le Traité de l'Euratom, dans: Agence européene pour l'énergie nucléaire (OECE), L'industrie devant l'énergie nucléaire, Conférence de Stresa, Partie 2, Droit Atomique: Législation et Administration, Paris 1960, p. 51.

Das Kapitel II des Vertrages weist der Kommission bei der Verbreitung der Kenntnisse auf dem Nukleargebiet die Rolle eines **„Clearing House"** zum Empfang und zur Weiterleitung der einschlägigen Kenntnisse zu, wobei die Nähe vieler Nuklearinformationen zum **militärischen Sektor** Sonderregelungen über den **Geheimschutz** erforderlich macht.

Je nach ihrem Ursprung unterscheidet das Kapitel II zwischen Kenntnissen, über welche die Kommission (aus eigenem Recht oder vertraglich) verfügen kann (Abschnitt I, Art. 12 und 13) und sonstigen Kenntnissen, bei denen dies nicht der Fall ist (Abschnitt II, Art. 14 bis 23). Bestimmungen über die Geheimhaltung (Abschnitt III, Art. 24 bis 27) und besondere Bestimmungen über Schadensersatz bei unbefugter Weitergabe und die Befugnis der Kommission zum Abschluß wissenschaftlicher Abkommen schließen sich an (Abschnitt IV, Art. 28 und 29).

Während die Bestimmungen über den Schadensersatz (Art. 28 EAGV) thematisch zum Geheimschutz gehören und dort behandelt werden, ist die Befugnis der Kommission zum Abschluß wissenschaftlicher Abkommen (Art. 29 EAGV) dem Recht der Außenbeziehungen des Kapitels X zuzurechnen.

---

35 S. für die Anfangsjahre die oben bei der Kernfusion angegebenen Programme.

36 S. auch unten XII.

37 S. oben Fn. 12 und 13.

1. Kenntnisse, über welche die Kommission verfügen kann

Die Kenntnisse, über die die Kommission verfügen kann, sind jene, die aus der nach Kapitel I geförderten Forschung hervorgehen. Art. 13 bezeichnet sie als Kenntnisse, welche die Kommission „entweder in Durchführung ihres eigenen Forschungsprogramms erlangt hat oder die ihr zur freien Verfügung mitgeteilt wurden". Diese Kenntnisse können nach ihrer Natur und dem Willen der Schutzberechtigten (1) zu „Patenten, vorläufig geschützten Rechten, Gebrauchsmustern oder Patentanmeldungen" führen (s. Art. 12 Abs. 1 und 2) oder (2) als bloße Kenntnisse ungeschützt (wenngleich u. U. vertraulich) bleiben. Kenntnisse der erstgenannten Art werden nach Art. 12 EAGV verbreitet, Kenntnisse der letztgenannten Art nach Art. 13 EAGV. Im Rahmen des Art. 12 EAGV sind zwei Fallgestaltungen zu unterscheiden.

(1) Soweit die gemeinschaftlichen Forschungsprogramme von der Kommission selbst, d. h. durch ihre Gemeinsame Kernforschungsstelle durchgeführt werden, gewinnt Euratom selbst das Eigentum an allen Kenntnissen und Erfindungen[38]. In diesem Falle können die Mitgliedstaaten, Personen oder Unternehmen auf Antrag bei der Kommission „die Einräumung nichtausschließlicher Lizenzen an den Patenten, vorläufig geschützten Rechten, Gebrauchsmustern oder Patentanmeldungen verlangen ..., soweit sie die Erfindungen, die Gegenstand solcher Rechte oder Anmeldungen sind, wirksam zu nutzen vermögen" (Art. 12 Abs. 1 EAGV).

(2) Soweit die Kommission das Forschungsprogramm nicht selbst durchführt, sondern Dritte durch Forschungsverträge nach Art. 10 EAGV mit der Durchführung betraut, werden diese Dritten Inhaber der von ihnen gewonnenen Erkenntnisse. Das gleiche gilt in Fällen der Forschungsförderung nach Art. 6 EAGV, in denen die jeweils Begünstigten das Eigentum an den von ihnen gewonnenen Kenntnissen besitzen. In beiden Fällen hat die Kommission die Möglichkeit, sich bei Vertragsabschluß von den Berechtigten vertragliche Lizenzen einräumen zu lassen und hierbei die Befugnis zur Vergabe von Unterlizenzen vorzusehen[39]. Entsprechend erteilt die Kommission nach Art. 12 Abs. 2 EAGV „Unterlizenzen an Patenten, vorläufig geschützten Rechten, Gebrauchsmustern oder Patentanmeldungen, sofern die Gemeinschaft Inhaberin vertraglicher Lizenzen ist, die eine derartige Möglichkeit vorsehen".

Im übrigen gelten für **beide** obigen Fallgestaltungen die Bestimmungen des Art. 12 Abs. 3:

> „Die Kommission erteilt diese Lizenzen oder Unterlizenzen zu Bedingungen, die im Einvernehmen mit den Lizenznehmern festzulegen sind, und stellt ihnen alle zur Nutzung der Lizenzen erforderlichen Kenntnisse zur Verfügung. Diese Bedingungen umfassen insbesondere eine angemessene Vergütung sowie gegebenen-

---

38 Art. 94 des Statuts der Beamten der Europäischen Gemeinschaften bestimmt: „Erfindungen, die von einem Beamten in Ausübung seiner Tätigkeit oder im Zusammenhang damit gemacht oder konzipiert werden, gehören der Europäischen Atomgemeinschaft. Das Organ kann auf seine Kosten im Namen der Gemeinschaft in allen Ländern ein Patent anmelden und sich erteilen lassen".

39 Soweit die Kommission 100 % der Forschungskosten übernimmt, wird sie i. d. R. die Übertragung sämtlicher Rechte verlangen.

> falls die Befugnis des Lizenznehmers, dritten Personen Unterlizenzen zu erteilen, und gegebenenfalls die Verpflichtung, die mitgeteilten Kenntnisse als Betriebsgeheimnis zu behandeln."

Kenntnisse, die nicht den Voraussetzungen des Art. 12 EAGV unterfallen, teilt die Kommission nach Art. 13 EAGV den Mitgliedstaaten, Personen oder Unternehmen mit, wobei sie die Weitergabe davon abhängig machen kann, daß sie vertraulich behandelt und nicht an Dritte weitergegeben werden. Darüber hinaus gilt nach Art. 13 Abs. 3 EAGV:

> „Erwirbt die Kommission Kenntnisse, deren Erwerb an gewisse Beschränkungen hinsichtlich ihrer Nutzung und Verbreitung geknüpft ist – zum Beispiel sogenannte Verschlußsachen – so dürfen sie nur unter Beachtung dieser Beschränkungen mitgeteilt werden."

Soweit Kenntnisse im Sinne der Art. 12 und 13 EAGV gemäß der Verschlußsachen-Verordnung in einen Geheimschutzgrad eingestuft werden, ist ihre Verbreitung nach Art. 12 und 13 grundsätzlich nicht möglich (vgl. Art. 24 Abs. 3 EAGV). Etwas anderes kann nur gelten, wenn die Begünstigten gemeinsame Unternehmen sind bzw. Personen oder Unternehmen, zu deren Gunsten der betreffende Mitgliedstaat selbst vermittelnd auftritt (Art. 24 Abs. 3 lit. a), b), c) EAGV).

2. Sonstige Kenntnisse

Soweit es sich um Kenntnisse handelt, die die Kommission nicht in Durchführung ihres eigenen Forschungsprogramms erlangen kann oder die ihr nicht zur freien Verfügung mitgeteilt werden, die aber gleichwohl „für die Erreichung der Ziele der Gemeinschaft nützlich sind" (Art. 14 EAGV), ist die Kommission zu ihrer Beschaffung und zur Einräumung von Nutzungsrechten an ihnen auf den Weg der Art. 14ff. verwiesen. Die Etappen dieses im einzelnen recht kompliziert geregelten Weges sind wie folgt ausgestaltet:

Zunächst bemüht sich die Kommission nach Art. 14 EAGV **„im Wege gütlicher Verhandlung"** um die Mitteilung der betreffenden Kenntnisse und die Einräumung von Nutzungsrechten an Patenten, vorläufig geschützten Rechten, Gebrauchsmustern oder Patentanmeldungen. Parallel dazu legt sie nach Art. 15 EAGV ein Verfahren fest, nach dem die Mitgliedstaaten, Personen und Unternehmen ihrerseits die vorläufigen oder endgültigen Ergebnisse ihrer Forschungsarbeit austauschen können.

Im gesamten Verfahren kommt den **Mitgliedstaaten** eine wesentliche Rolle zu: Unverzüglich nach Eingang der Anmeldung eines Patents oder Gebrauchsmusters, „das für das Kerngebiet eigentümlich ist", sucht der zuständige Mitgliedstaat „um das Einverständnis des Anmelders nach, den Inhalt der Anmeldung sofort der Kommission mitzuteilen" (Art. 16 Abs. 1 EAGV). Stimmt der Anmelder zu, so erhält die Kommission die Mitteilung; stimmt er nicht zu, so kann die Kommission nach weiteren Verfahrensschritten trotzdem vom Inhalt der Anmeldung Kenntnis nehmen (Art. 16 Abs. 1 EAGV). Desgleichen teilen die Mitgliedstaaten nach Art. 16 Abs. 2 EAGV der Kommission das Vorliegen jeder noch nicht veröffentlichten Anmeldung eines Patents oder Gebrauchsmusters mit, „das aufgrund einer ersten Prüfung ihres Erachtens zwar nicht für das Kerngebiet eigentümlich ist, jedoch mit der Entwicklung der Kernenergie innerhalb der Gemeinschaft unmittelbar zusammenhängt und hierfür von wesentlicher Bedeutung ist" (Art. 16 Abs. 2 EAGV). Die genannten o. a. Mitteilungen sind von der Kommission **vertraulich** zu behandeln und erfolgen lediglich zu **Dokumentationszwecken** (Art. 16 Abs. 4 EAGV).

Will die Kommission die ihr solchermaßen mitgeteilten Erfindungen nutzen oder nutzen lassen, so kann dies entweder **einvernehmlich** mit Zustimmung des Anmelders geschehen oder aber im Wege der Erteilung von Lizenzen im Rahmen eines **Schiedsverfahrens von Amts wegen** durch den betreffenden Mitgliedstaat oder kraft **Urteil des Gerichtshofs.**

Kommt es zu **keiner gütlichen Einigung** zwischen der Kommission und dem Rechtsinhaber, so können beide einen **Schiedsvertrag** schließen, der die Zuständigkeit des nach Art. 18 EAGV eingesetzten **Schiedsausschusses** begründet (Art. 19 und 20 EAGV)[40]. Verweigert der Rechtsinhaber den Abschluß des Schiedsvertrages, „so kann die Kommission den betreffenden Mitgliedstaat oder seine zuständigen Stellen ersuchen, die Lizenz zu erteilen oder erteilen zu lassen" (Art. 21 Abs. 1 EAGV). Lehnt der Mitgliedstaat dies ab, kann die Kommission den **Gerichtshof** anrufen (Art. 21 Abs. 3 EAGV). Nach Maßgabe des Art. 17 Abs. 1 sind im Wege des Schiedsverfahrens, von Amts wegen oder kraft Urteils, der **Kommission** und **gemeinsamen Unternehmen nichtausschließliche Lizenzen** dann zu erteilen, wenn sie „für die Fortführung ihrer eigenen Forschung notwendig oder für den Betrieb ihrer Anlagen unerläßlich" sind (Art. 17 Abs. 1 lit. a). An **Personen** oder **Unternehmen** sind nichtausschließliche Lizenzen dann zu erteilen, wenn die vier in Art. 17 Abs. 1 lit. b) EAGV näher bezeichneten Bedingungen erfüllt sind. Eine nichtausschließliche Lizenz kann jedoch dann nicht erteilt werden, „wenn der Inhaber berechtigte Gründe, insbesondere den Umstand geltend macht, daß ihm keine angemessene Frist zur Verfügung stand" (Art. 17 Abs. 2 EAGV).

Die nicht einvernehmliche Gewährung einer Lizenz gemäß den o. a. beschriebenen Verfahren „berechtigt zu voller **Entschädigung**, deren Höhe zwischen dem Inhaber des Patents, des vorläufig geschützten Rechts oder Gebrauchsmusters einerseits und dem Lizenznehmer andererseits zu vereinbaren ist" (Art. 17 Abs. 3). Können sich der Rechtsinhaber und der Lizenznehmer nicht über die Höhe der Entschädigung einigen, so können sie wiederum den Schiedsausschuß befassen (Art. 22 Abs. 1 EAGV). Lehnt der **Lizenznehmer** den Abschluß des Schiedsvertrages ab, gilt die Lizenzerteilung als nichtig; lehnt der **Rechtsinhaber** ihn ab, so bestimmen die zuständigen staatlichen Stellen die Höhe der Entschädigung (Art. 22 Abs. 2 EAGV). Nach Ablauf eines Jahres ist eine Überprüfung der Lizenzbedingungen möglich (Art. 23).

40 S. Verordnung Nr. 7/63/Euratom des Rates vom 3. Dezember 1963 über die Geschäftsordnung des in Artikel 18 des Vertrages zur Gründung der Europäischen Atomgemeinschaft vorgesehenen Schiedsausschusses, ABl. Nr. 180 vom 10. 12. 1963, S. 2849/63.

3. Bestimmungen über die Geheimhaltung

Die Regelungen über die Geheimhaltung unterscheiden nach der **Herkunft** der zu schützenden Information: soweit es sich um den Schutz der Kenntnisse handelt, die von der Gemeinschaft in Durchführung ihres Forschungsprogramms erworben wurden, gilt Art. 24 EAGV; soweit es um Patent- oder Gebrauchsmusteranmeldungen geht, die der Kommission nach Art. 16 EAGV von den Mitgliedstaaten mitgeteilt werden, sind die Art. 25 bis 27 EAGV einschlägig. **Schutzgut** sind in beiden Fällen die **Verteidigungsinteressen der Mitgliedstaaten.**

Nach Art. 24 Abs. 1 EAGV hat der Rat zunächst eine **Verschlußsachen-Verordnung** zu erlassen, die die verschiedenen **Geheimschutzgrade** und die entsprechenden Sicherheitsmaßnahmen festlegt[41]. Diese Verordnung war nach Art. 217 EAGV innerhalb von sechs Monaten nach Inkrafttreten des Vertrages zu erlassen.

In einem ersten Schritt stuft die Kommission die „Kenntnisse, deren Preisgabe nach ihrer Ansicht den Verteidigungsinteressen eines oder mehrerer Mitgliedstaaten schaden kann, vorläufig in den hierfür in der Verschlußsachen-Verordnung vorgesehenen Geheimschutzgrad ein" (Art. 24 Abs. 2 EAGV). Die Mitgliedstaaten sind zunächst an diese **Einstufung** gebunden, können dann aber anders entscheiden, wobei der jeweils strengste Geheimschutzgrad für alle verbindlich wird. Im Falle eines Dissenses kann der Rat befaßt werden.

---

41 S. Verordnung Nr. 3 zur Anwendung des Artikels 24 des Vertrages zur Gründung der Europäischen Atomgemeinschaft, ABl. Nr. 17 vom 6. 10. 1958, S. 406/58, die noch heute gilt. Schriftstücke und sonstiges Archivgut, die in einen der Geheimschutzgrade gemäß Art. 10 dieser Verordnung eingestuft und nicht vom Berechtigten freigegeben worden sind, bleiben der Öffentlichkeit auch nach der Verordnung (EWG, Euratom) Nr. 354/83 des Rates vom 1. Februar 1983 über die Freigabe der historischen Archive der Europäischen Wirtschaftsgemeinschaft und der Europäischen Atomgemeinschaft (ABl. Nr. L 43 vom 15. 2. 1983, S. 1) unzugänglich. Zur Freigabe durch die Berechtigten s. Beschluß 89/196/EWG, Euratom, EGKS zur Festlegung bestimmter Modalitäten für die Herabstufung von Schriftstücken, die unter das Berufs- oder Betriebsgeheimnis fallen, ABl. Nr. L 73 vom 17. 3. 1989, S. 52; geändert durch Beschluß 90/631/Euratom, EGKS, EWG der Kommission vom 30. November 1990, ABl. Nr. L 340 vom 6. 12. 1990, S. 24. Als umfassenderen Rechtsakt zum Schutz von Euratom- und EWG-Informationen veröffentlichte die Kommission am 26. Februar 1992 einen Vorschlag für eine Verordnung des Rates betreffend die Schutzmaßnahmen für als Verschlußsachen eingestufte Informationen, die im Rahmen der Tätigkeit der Europäischen Wirtschaftsgemeinschaft und der Europäischen Atomgemeinschaft ausgearbeitet oder ausgetauscht werden, ABl. Nr. C 72 vom 21. 3. 1992, S. 15. Nach heftiger Kritik des Europäischen Parlaments (s. Entschließung im ABl. Nr. C 176 vom 28. 6. 1993, S. 60) zog die Kommission diesen Vorschlag im Dezember 1993 zurück. Zum Schutze von Informationen aus den sensiblen Bereichen der neuen Politiken der Europäischen Union erließ die Kommission den Beschluß vom 30. November 1994 betreffend die Schutzmaßnahmen für die als Verschlußsachen eingestuften Informationen, die im Rahmen der Tätigkeiten der Europäischen Union ausgearbeitet oder ausgetauscht werden, C(94) 3282. Der Schutz dieser Informationen wurde 2001 durch folgende Rechtsakte auf eine neue Grundlage gestellt: Beschluß 2001/264/EG des Rates vom 19. März 2001 über die Annahme der Sicherheitsvorschriften des Rates, ABl. Nr. L 101 vom 11. 4. 2001, S. 1; Beschluß 2001/844/EG, EGKS, Euratom der Kommission vom 29. November 2001 zur Änderung der Geschäftsordnung (Sicherheitsvorschriften der Kommission), ABl. Nr. L 317 vom 3. 12. 2001, S. 1.

Im Falle des Art. 25 EAGV hat die **Initiative** vom Mitgliedstaat auszugehen, der zusammen mit der Mitteilung des Bestehens oder des Inhalts einer Patent- oder Gebrauchsmusteranmeldung den von ihm für erforderlich gehaltenen Geheimschutzgrad anzugeben hat. Dieser wird sodann für die Kommission und die anderen Mitgliedstaaten verbindlich, es sei denn, der Rat beschließt etwas anderes (Art. 25 Abs. 3 EAGV).

Die Tatsache, daß ein Mitgliedstaat Kenntnisse unter Geheimschutz stellt, hindert den anmeldenden Rechtsinhaber nicht an weiteren Anmeldungen in anderen Mitgliedstaaten (Art. 26 Abs. 1 EAGV). Die Gemeinschaft selbst darf ihre eigenen unter Geheimschutz gestellten Kenntnisse nur mit Zustimmung aller Mitgliedstaaten zum Gegenstand von **Anmeldungen in Ländern außerhalb der Gemeinschaft** machen (Art. 26 Abs. 2 EAGV). Soweit ein Anmelder durch die Stellung unter Geheimschutz an der Nutzung und Verwertung seiner Kenntnisse gehindert wird, ist es Sache des betreffenden Mitgliedstaats, ihn nach Maßgabe des nationalen Rechts zu entschädigen. Die Gemeinschaft selbst kann keine Ersatzansprüche geltend machen (Art. 27 EAGV).

Eine andere Frage ist die **unbefugte Preisgabe** unter Geheimschutz gestellter Patent- oder Gebrauchsmusteranmeldungen, Patente oder Gebrauchsmuster durch die Kommission. Im Falle einer unbefugten Nutzung oder Weitergabe ersetzt die Gemeinschaft dem Berechtigten den hieraus entstehenden Schaden (Art. 28 EAGV). Die hiermit begründete Schadensersatzpflicht ist ein Spezialfall der außervertraglichen Haftung der Gemeinschaft nach Art. 188 EAGV. Für Schadensersatzklagen ist gemäß Art. 151 EAGV der Gerichtshof zuständig.

Bestimmt Art. 28 die schadensersatzrechtlichen Folgen eines Geheimnisbruches im Rahmen des Kapitels II, so wird die **allgemeine Rechtspflicht zur Geheimhaltung** in Art. 194 EAGV statuiert[42]. Diese Vorschrift geht in Tatbestand und Rechtsfolge weit

---

42 Artikel 194
1. Die Mitglieder der Organe der Gemeinschaft, die Mitglieder der Ausschüsse, die Beamten und Bediensteten der Gemeinschaft sowie alle anderen Personen, die durch ihre Amtstätigkeit oder durch ihre öffentlichen oder privaten Verbindungen mit den Organen oder Einrichtungen der Gemeinschaft oder mit den gemeinsamen Unternehmen von den Vorgängen, Informationen, Kenntnissen, Unterlagen oder Gegenständen, die aufgrund der von einem Mitgliedstaat oder einem Organ der Gemeinschaft erlassenen Vorschriften unter Geheimschutz stehen, Kenntnis nehmen oder Kenntnis erhalten, sind verpflichtet, diese Vorgänge, Informationen, Kenntnisse, Unterlagen oder Gegenstände, auch nach Beendigung dieser Amtstätigkeit oder dieser Verbindungen, gegenüber allen nicht berechtigten Personen sowie gegenüber der Öffentlichkeit geheimzuhalten.
Jeder Mitgliedstaat behandelt eine Verletzung dieser Verpflichtung als einen Verstoß gegen seine Geheimhaltungsvorschriften; er wendet dabei hinsichtlich des sachlichen Rechts und der Zuständigkeit seine Rechtsvorschriften über die Verletzung der Staatssicherheit oder die Preisgabe von Berufsgeheimnissen an. Er verfolgt jeden seiner Gerichtsbarkeit unterstehenden Urheber einer derartigen Verletzung auf Antrag eines beteiligten Mitgliedstaats oder der Kommission.
2. Jeder Mitgliedstaat teilt der Kommission alle Vorschriften mit, die in seinen Hoheitsgebieten die Einstufung und die Geheimhaltung der Informationen, Kenntnisse, Unterlagen oder Gegenstände regeln, welche in den Anwendungsbereich dieses Vertrages gehören.
Die Kommission sorgt für die Mitteilung dieser Vorschriften an die übrigen Mitgliedstaaten.
Jeder Mitgliedstaat trifft alle zweckdienlichen Maßnahmen zur Erleichterung der fortschreitenden Einführung eines möglichst einheitlichen und weitgehenden Geheimschutzes. Die Kommis-

über Art. 287 (ex-Art. 214) EGV hinaus, insbesondere bei Verstößen, auf die direkt die nationalen **Strafbestimmungen** über die Verletzung der Staatssicherheit oder die Preisgabe von Berufsgeheimnissen Anwendung finden[43].

IV. Der Gesundheitsschutz

Literatur:

Werner Bischof, Zur Optimierungspflicht im Strahlenschutzrecht, NJW 1991, S. 2323; *Werner Bischof, Norbert Pelzer*, Das Strahlenschutzrecht in den Mitgliedstaaten der Europäischen Gemeinschaften, Band I Belgien, Luxemburg, Niederlande; Band II Bundesrepublik Deutschland, Baden-Baden 1979, 1983; *Claire Chabannes, Vincent Lecocq*, L'aptitude de l'Europe à répliquer à un accident nucléaire majeur, Revue du Marché Commun 1988, p. 389; *Hans Eriskat, Joachim von Pander*, Die neuen Euratom-Strahlenschutz-Richtlinien und ihre Anwendung in den Mitgliedstaaten der Europäischen Gemeinschaften, DVBl. 1984, S. 69; *Euratom*, Rechts- und Verwaltungsfragen des Gesundheitsschutzes bei der friedlichen Verwendung der Atomenergie – Sitzungsberichte der Internationalen Tagung abgehalten in Brüssel vom 5. bis 8. September 1960, Brüssel, Juni 1961; *Michel Herzeele*, Politique et Droit de l'Environnement dans le Chapitre 3 du titre II du Traité instituant la Communauté europeenne de l'Energie atomique, Document de réflexion, Luxembourg, juillet 2001; *Jürgen Grunwald*, Tschernobyl und das Gemeinschaftsrecht, EUR 1986, S. 315; *Enrico Jacchia*, Atome et Sécurité – Le risque des radiations à l'age nucléaire, Paris 1964; *Peter Ladwig*, Euratom und der Notfallschutz bei Atomunfällen, Rheinfelden, Berlin 1995; *Hans Marquardt, Gerhard Schubert*, Die Strahlengefährdung des Menschen durch Atomenergie, Hamburg 1959; *A. Oudiz, H. Ebert, G. Uzzan, H. Eriskat*, Radiation Protection Optimization, Oxford u. a. 1981; *Norbert Pelzer*, Das Umweltrecht der Europäischen Atomgemeinschaft, in: *Hans-Werner Rengeling* (Hrsg.), Handbuch zum europäischen und deutschen Umweltrecht, Band II, § 60, Köln u. a. 1998; *Werner Schroeder*, Die Euratom – auf dem Weg zu einer Umweltgemeinschaft, DVBl. 1995, S. 322.

Gemäß Art. 2 lit. b) EAGV hat die Gemeinschaft nach Maßgabe des Vertrages „einheitliche Sicherheitsnormen für den Gesundheitsschutz der Bevölkerung und der Arbeitskräfte aufzustellen und für ihre Anwendung zu sorgen". Mit der Aufgabe, die **Bevölkerung** vor den „Gefahren ionisierender Strahlungen"[44] zu schützen, greift der Euratom-Vertrag weit über den eigentlichen Bereich der Kernindustrie hinaus und trifft Regelungen, die für jedermann gelten. Da radioaktive Strahlen **Summierungs- und Distanzschäden** hervorrufen, ist ein umfassender Strahlenschutz der Bevölkerung und der Arbeitskräfte nur zu verwirklichen, wenn die Regelungen **alle Strahlen-**

---

sion kann nach Anhörung der beteiligten Mitgliedstaaten zu diesem Zweck Empfehlungen aussprechen.
3. Die Organe der Gemeinschaft und ihre Einrichtungen sowie die gemeinsamen Unternehmen haben die Bestimmungen über den Geheimschutz anzuwenden, die in dem Gebiet, in dem sie ihren Sitz haben, gelten.
4. Jede durch ein Organ der Gemeinschaft oder durch einen Mitgliedstaat einer Person, die ihre Tätigkeit im Anwendungsbereich dieses Vertrages ausübt, erteilte Ermächtigung, von den Vorgängen, Informationen, Unterlagen oder Gegenständen Kenntnis zu nehmen, die sich auf den Anwendungsbereich dieses Vertrages beziehen und dem Geheimschutz unterliegen, wird von jedem Organ und jedem anderen Mitgliedstaat anerkannt.
5. Die Vorschriften dieses Artikels stehen der Anwendung besonderer Vorschriften nicht entgegen, die sich aus Abkommen zwischen einem Mitgliedstaat und einem dritten Staat oder einer zwischenstaatlichen Einrichtung ergeben.

43 S. *Ulrich Nehring*, Strafnormen im Atomenergierecht, Göttingen 1965.

44 So Art. 30 EAGV.

quellen gleichermaßen erfassen, d. h. nicht nur die Strahlenbelastung durch die Kernindustrie, sondern auch die **natürliche Radioaktivität** in der **Umwelt** (etwa durch Radon oder Höhenstrahlung) und den Einsatz ionisierender Strahlen in der **Medizin.** Mit seinem umfassenden Schutzauftrag, der nicht allein dem Menschen gilt, sondern auch „zur ständigen Überwachung des Gehalts der **Luft**, des **Wassers** und des **Bodens** an Radioaktivität" (Art. 35) verpflichtet, stellt das Kapitel III des Euratom-Vertrages das erste **Umweltschutzrecht** der Gemeinschaft dar[45]. Fast 30 Jahre **vor** Inkrafttreten der – nur subsidiär geltenden – Umweltregeln des EWG/EG-Vertrages hat der Euratom-Vertrag ein **umfassendes, einheitliches und gemeinschaftsweit geltendes** Strahlenschutzrecht geschaffen, auf dem sämtliche nationalen Strahlenschutzregeln beruhen[46].

Die Verantwortung für den Strahlenschutz weist der Euratom-Vertrag den drei Hauptakteuren **Rat, Mitgliedstaat** und **Kommission** zu. Während der **Rat** die Grundnormen und die sie ergänzenden Normen, d. h. das legislative Regelwerk zum Schutze der Bevölkerung und der Arbeitskräfte festlegt (Art. 30 bis 32 EAGV), ist es Sache der **Mitgliedstaaten,** in ihren Gebieten für die Beachtung dieser Regeln zu sorgen (Art. 33 EAGV). Hierbei werden sie in vielfacher Hinsicht von der **Kommission** überwacht, die insoweit als „Kontrolleur der Kontrolleure" tätig wird (Art. 33 bis 38 EAGV).

Im Gegensatz zu den Vorschriften zur Überwachung der Sicherheit (Safeguards) des Kapitels VII des Vertrages gelten die Bestimmungen des Kapitels III über den Gesundheitsschutz für den **zivilen** wie den **militärischen** Bereich in gleicher Weise[47].

Gemäß dem weiten Schutzauftrag des Kapitels III, der einer „obligation de résultat" gleichkommt[48], sind die Vorschriften der Art. 30ff. **dynamisch** und **evolutiv** auszulegen. Von besonderer Bedeutung ist hierbei Art. 32, dessen Öffnungsklausel eine Ergänzung der Grundnormen jenseits der Definition des Art. 30 zuläßt und ggfs. sogar

---

45 Solange die Nuklearmächte ihre Kernwaffen oberirdisch testeten und eine Atomindustrie in der Gemeinschaft noch nicht bestand, resultierte die Strahlenbelastung der Bevölkerung vornehmlich aus den bei Kernexplosionen in der Atmosphäre freigesetzten Radionukliden. Diese oberirdischen Tests wurden erst durch den „Treaty banning nuclear weapon tests in the atmosphere, in outer space and under water" vom 5. August 1963 verboten (United Nations Treaty Series No. 6964, 1963, S. 43).

46 Aus diesem Grunde entbehrt es nicht einer gewissen Ironie, wenn der Euratom-Vertrag immer wieder von Umweltschützern in Bausch und Bogen verdammt wird.

47 S. z. B. Entschließung des Europäischen Parlaments zur Erklärung der Kommission zu den Atomtests (Punkt 8), ABl. Nr. C 308 vom 20. 11. 1995, S. 106 (107); Schriftliche Anfrage E-0544/96, ABl. Nr. C 280 vom 25. 9. 1996, S. 37; Entschließung des Europäischen Parlaments zu dem britischen Atom-U-Boot in Gibraltar, ABl. Nr. C 232 vom 17. 8. 2001, S. 365. S. zuletzt auch die Klage vom 13. Februar 2003 der Kommission nach Art. 141 EAGV in der Rechtssache C-61/03 (Kommission ./. Vereinigtes Königreich), wegen der unterlassenen Übermittlung der Pläne für die radioaktiven Emissionen des militärisch genutzten Jason-Reaktors (vgl. Art. 37 EAGV). S. dazu ABl. Nr. C 101 vom 26. 4. 2003, S. 19.

48 Vgl. den vierten Erwägungsgrund der Präambel, der dem Bestreben der vertragsschließenden Parteien Ausdruck gibt, „die Sicherheiten zu schaffen, die erforderlich sind, um **alle Gefahren** für das Leben und die Gesundheit ihrer Völker **auszuschließen**" (Hervorhebungen hinzugefügt).

erfordert[49]. Derartige Erfordernisse können sich insbesondere daraus ergeben, daß Art. 2 lit. b) des Vertrages die Gemeinschaft nicht nur verpflichtet, einheitliche Sicherheitsnormen für den Gesundheitsschutz aufzustellen, sondern auch **„für ihre Anwendung zu sorgen"**. Diese besondere **Rechtspflicht der Gemeinschaft** ist im Primärrecht einmalig und von jener der **Kommission**, für die Anwendung des Gemeinschaftsrechts „Sorge zu tragen" (vgl. Art. 124 erster Gedankenstrich EAGV), streng zu unterscheiden. Während die Kommission als „Hüterin der Verträge" ein gewisses Ermessen besitzt[50], ist der Auftrag **der Gemeinschaft**, für die Anwendung der Grundnormen zu sorgen, angesichts des Schutzzweckes als **unbedingt** und **kategorisch** zu verstehen[51]. Insbesondere kann er zu seiner Erfüllung legislative Maßnahmen erfordern, für deren Erlaß Art. 32 und nicht Art. 203 als Rechtsgrundlage heranzuziehen ist. Aufgrund seines evolutiven und dynamischen Charakters erfüllt Art. 32 damit dieselbe Funktion, die im Vertrag an anderen Stellen dem sog. **erleichterten Vertragsänderungsverfahren** zugewiesen ist[52].

1. Die Grundnormen und die sie ergänzenden Regelungen

Art. 30 EAGV **definiert** die „Grundnormen für den Gesundheitsschutz der Bevölkerung und der Arbeitskräfte gegen die Gefahren ionisierender Strahlungen" als

> „a) die zulässigen Höchstdosen, die ausreichende Sicherheit gewähren,
> b) die Höchstgrenze für die Aussetzung gegenüber schädlichen Einflüssen und für schädlichen Befall,
> c) die Grundsätze für die ärztliche Überwachung der Arbeitskräfte."

Wie Art. 32 klarstellt, ist diese Definition keine statische, sondern eine **dynamische**, die zur Erreichung eines optimalen Strahlenschutzes ständige Überprüfungen bzw. Ergänzungen der Grundnormen ermöglicht und bei einer Erweiterung des wissenschaftlichen Kenntnisstandes sowie als Reaktion auf besondere Lagen sogar **erfordert.** Die **Dringlichkeit** eines adäquaten und einheitlichen Strahlenschutzes wird durch Art. 218 und 219 EAGV belegt. Nach der erstgenannten Bestimmung waren die Grundnormen innerhalb eines Jahres nach dem Inkrafttreten des Vertrages festzulegen und nach der letztgenannten Vorschrift hatten die Mitgliedstaaten der Kommission ihr **vorgemeinschaftliches** Strahlenschutzrecht innerhalb von drei Monaten nach Inkrafttreten des Vertrages mitzuteilen.

Das in Art. 31 EAGV vorgesehene **Verfahren** zum Erlaß der Grundnormen und ihrer Ergänzungen ist das wissenschaftlich strengste, das das Gemeinschaftsrecht kennt,

---

49 „Die Grundnormen können auf Antrag der Kommission oder eines Mitgliedstaats nach dem Verfahren des Artikel 31 überprüft **oder ergänzt** werden" (Hervorhebungen hinzugefügt).

50 Dies gilt insbesondere im Hinblick auf die Eröffnung von Vertragsverstoßverfahren nach Art. 141 EAGV.

51 S. in diesem Sinne auch die kategorische Formulierung des Präventivauftrags der Kommission nach Art. 38 Abs. 2 EAGV: „In dringenden Fällen **erläßt** die Kommission eine Richtlinie ..., um eine Überschreitung der Grundnormen zu vermeiden ..." (Hervorhebungen hinzugefügt).

52 S. Art. 76, 85 und 90 EAGV. Wie diese Vorschriften auch berechtigt Art. 32 EAGV die Mitgliedstaaten zur Stellung eines entsprechenden Antrags und bestimmt: „Die Kommission hat jeden von einem Mitgliedstaat gestellten Antrag zu prüfen".

und in den drei Gründungsverträgen ohne Parallele. Am Anfang des Rechtsetzungsprozesses steht nicht ein Vorschlag der Kommission, sondern die „Stellungnahme einer Gruppe von Persönlichkeiten ..., die der Ausschuß für Wissenschaft und Technik aus wissenschaftlichen Sachverständigen der Mitgliedstaaten, insbesondere aus Sachverständigen für Volksgesundheit, ernennt". Der nach Art. 134 EAGV eingerichtete Ausschuß für Wissenschaft und Technik[53] ist seinerseits ein hochkarätig besetztes Gremium von Fachleuten, das die Kommission in vielfacher Hinsicht berät. Die von ihm nach Art. 31 EAGV ernannte Expertengruppe (kurz **„31er Ausschuß"** genannt) wird von einem Sekretariat unterstützt, das die Kommission stellt. Der 31er-Ausschuß tritt in regelmäßigen Abständen zusammen und gibt seine Stellungnahmen insbesondere im Lichte der Empfehlungen der Internationalen Kommission für Strahlenschutz (International Commission on Radiological Protection – ICRP) ab[54].

Liegt die Stellungnahme des 31er-Ausschusses vor, arbeitet die Kommission auf ihrer Grundlage einen Entwurf der Grundnormen aus. Wiederum atypisch hat sie diesen Entwurf zunächst dem Wirtschafts- und Sozialausschuß zuzuleiten (s. Art. 165 bis 170 EAGV). Erst nachdem dessen Stellungnahme vorliegt, kann die Kommission ihren Vorschlag dem Rat unterbreiten, der seinerseits das Europäische Parlament anzuhören hat. Der Rat legt die Grundnormen mit qualifizierter Mehrheit fest, wobei diese traditionell als **Richtlinien** i. S. von Art. 161 Abs. 3 EAGV erlassen werden. Da Art. 31 EAGV die **Rechtsform** der Grundnormen jedoch nicht näher spezifiziert, könnten sie auch in Gestalt einer **Verordnung** festgelegt werden.

Die derzeit geltende **Richtlinie 96/29/Euratom des Rates vom 13. Mai 1996 zur Festlegung der grundlegenden Sicherheitsnormen für den Schutz der Gesundheit der Arbeitskräfte und der Bevölkerung gegen die Gefahren durch ionisierende Strahlungen**[55] ist die achte Grundnormen-Richtlinie, die die Gemeinschaft seit ihrem Bestehen erlassen hat[56]. Die Richtlinie ist in 10 Titel gegliedert, deren erster die z. T. wissenschaftlich hochkomplexen Begriffsbestimmungen enthält. Titel II regelt den Anwendungsbereich der Richtlinie, die für alle Tätigkeiten gilt, „die mit einer Gefährdung durch ionisierende Strahlung aus einer künstlichen Strahlenquelle oder aus einer natürlichen Strahlenquelle verbunden sind, wenn hierbei natürliche Radionuklide aufgrund ihrer Radioaktivität, Spaltbarkeit oder Bruteigenschaft verarbeitet

---

53 Der Ausschuß besteht aus 38 Mitgliedern, die vom Rat nach Anhörung der Kommission ernannt werden. S. Art. 26 der Beitrittsakte A, FIN, S. Nach der Beitrittsakte für die Beitritte im Jahre 2004 werden es 39 Mitglieder sein, s. unten 3. Teil L.

54 Der derzeit geltenden Grundnormen-Richtlinie liegt die ICRP Publication 60, 1990 Recommendations of the International Commission on Radiological Protection, Oxford u. a. 1991, zugrunde.

55 ABl. Nr. L 159 vom 29. 6. 1996, S. 1.

56 S. Richtlinie vom 2. Februar 1959 zur Festlegung der Grundnormen für den Gesundheitsschutz der Bevölkerung und der Arbeitskräfte gegen die Gefahren ionisierender Strahlungen (ABl. Nr. 11 vom 20. 2. 1959, S. 211/59). Die Richtlinie wurde überarbeitet durch die Richtlinie vom 5. März 1962 (ABl. Nr. 57 vom 6. 7. 1962, S. 1633/62), die Richtlinie 66/45/Euratom (ABl. Nr. 216 vom 26. 11. 1966, S. 3693/66), die Richtlinie 76/579/Euratom (ABl. Nr. L 187 vom 12. 7. 1976, S. 1), die Richtlinie 79/343/Euratom (ABl. Nr. L 83 vom 3. 4. 1979, S. 18), die Richtlinie 80/836/Euratom (ABl. Nr. L 246 vom 17. 9. 1980, S. 1) und die Richtlinie 84/467/Euratom (ABl. Nr. L 265 vom 5. 10. 1984, S. 4).

werden oder verarbeitet worden sind"[57]. Titel III unterwirft „die Herstellung, Bearbeitung, Handhabung, Verwendung, den Besitz, die Lagerung, die Beförderung, die Einfuhr in und Ausfuhr aus der Gemeinschaft und die Beseitigung radioaktiver Stoffe" sowie den Betrieb bestimmter elektrischer Anlagen, die ionisierende Strahlungen aussenden, einer **Anmeldepflicht** (Art. 3 i. V. m. Art. 2). Darüberhinaus ist nach Art. 4 eine **Genehmigungspflicht** vorgesehen für

> „a) den Betrieb und die Stillegung jeder Anlage des nuklearen Brennstoffkreislaufs sowie den Betrieb und die Stillegung von Uranbergwerken;
> b) den absichtlichen Zusatz radioaktiver Stoffe bei der Produktion und Herstellung von Arzneimitteln und die Einfuhr oder die Ausfuhr solcher Erzeugnisse;
> c) den absichtlichen Zusatz radioaktiver Stoffe bei der Produktion und Herstellung von Konsumgütern und die Einfuhr und Ausfuhr solcher Erzeugnisse;
> d) die absichtliche Verabreichung radioaktiver Stoffe an Personen und, sofern Strahlenschutz von Menschen betroffen ist, Tiere zum Zwecke der ärztlichen oder tierärztlichen Diagnose, Behandlung oder Forschung;
> e) die Verwendung von Röntgenanlagen oder radioaktiven Strahlenquellen für die industrielle Radiographie oder die Behandlung von Erzeugnissen oder die Forschung oder zum Zweck der ärztlichen Behandlung sowie die Verwendung von Beschleunigern mit Ausnahme von Elektronenmikroskopen."

Die für den Strahlenschutz grundlegenden **Prinzipien der Rechtfertigung**[58], **Optimierung**[59] und **Begrenzung der Tätigkeiten**[60] sind im Titel IV der Richtlinie niedergelegt. Titel V verweist zur Schätzung der effektiven Dosis bei externer und interner Strahlenexposition auf umfangreiche Anhänge, die für jedes Radionuklid die entsprechenden Angaben enthalten. Die Hauptgrundsätze für Maßnahmen zum Schutz der strahlenexponierten Arbeitskräfte, Auszubildenden und Studierenden enthält der Titel VI. Danach beruhen die Maßnahmen zum **Schutz der strahlenexponierten Arbeitskräfte** insbesondere auf folgenden Grundsätzen (Art. 17):

> „a) vorherige Bewertung von Art und Größenordnung des radiologischen Risikos für die strahlenexponierten Arbeitskräfte und Optimierung des Strahlenschutzes unter allen Arbeitsbedingungen;
> b) Einteilung der Arbeitsplätze in verschiedene Bereiche, gegebenenfalls im Zusammenhang mit einer Bewertung der erwarteten Jahresdosen und der Wahrscheinlichkeit und Größenordnung potentieller Strahlenexpositionen;
> c) Einteilung der Arbeitskräfte in verschiedene Kategorien;
> d) Anwendung von Kontroll- und Überwachungsmaßnahmen auf die verschiedenen Arbeitsbereiche und Arbeitsbedingungen, erforderlichenfalls einschließlich einer individuellen Überwachung;
> e) ärztliche Überwachung."

---

57 S. Art. 2 der Richtlinie.

58 Jede Tätigkeit, die eine Strahlenexposition mit sich bringt, muß durch die mit dieser Tätigkeit verbundenen Vorteile gerechtfertigt sein.

59 Prinzip ALARA, wonach die Strahlenexposition so niedrig zu halten ist, wie dies vernünftigerweise erreichbar ist („as low as reasonably achievable"). S. hierzu auch *A. Oudiz, G. Uzzan, H. Ebert, H. Eriskat* (Ed.), Radiation Protection Optimization, Oxford u. a. 1981.

60 Begrenzung in einer Weise, daß die festgelegten Dosisgrenzwerte nicht überschritten werden.

Der Titel VII der Richtlinie befaßt sich mit der erheblich erhöhten Exposition durch **natürliche Strahlenquellen**, einschließlich des Schutzes des fliegenden Personals vor kosmischen Strahlen (Art. 42). Die Titel VIII und IX sind dem **Schutz der Bevölkerung** vor Strahlen unter normalen Bedingungen (Titel VIII) und im Falle radiologischer **Notstandssituationen** (Titel IX) gewidmet. Art. 1 der Richtlinie definiert die radiologische Notstandssituation als „eine Situation, die Dringlichkeitsmaßnahmen zum Schutze von Arbeitskräften, Einzelpersonen der Bevölkerung, Teilen der Bevölkerung oder der gesamten Bevölkerung erfordert".

Für den Fall derartiger Situationen haben die Mitgliedstaaten angemessene **Interventionsschwellen** festzulegen und geeignete **Interventionspläne** auf gesamtstaatlicher und örtlicher Ebene aufzustellen und regelmäßig zu testen (Art. 50 Abs. 2). Außerdem sorgen die Mitgliedstaaten dafür, daß besondere Teams für technische, medizinische und gesundheitliche Interventionen gebildet und in geeigneter Weise geschult werden (Art. 50 Abs. 3). Soweit für derartige Einsatzkräfte bei der Rettung von Menschenleben die Gefahr einer Überexposition besteht, dürfen nur Freiwillige eingesetzt werden, die über die entsprechenden Risiken unterrichtet worden sind (Art. 52 Abs. 1). Von entscheidender Bedeutung bei Nuklearunfällen[61] ist die **Zusammenarbeit mit anderen Mitgliedstaaten und Drittstaaten** (Art. 50 Abs. 4), insbesondere was deren rechtzeitige **Information**[62] und **gegenseitige Hilfeleistung**[63] anbelangt. Als leges speciales gehen die Bestimmungen der Richtlinie den allgemeinen Vorschriften über den Katastrophenschutz vor, die die Gemeinschaft als Maßnahmen im Sinne des Art. 3 lit. u) EGV erlassen hat[64].

Titel X der Richtlinie enthält die Schlußbestimmungen, die insbesondere vorsehen, daß Mitgliedstaaten, die beabsichtigen, strengere Dosisgrenzwerte als die der Richtlinie zu erlassen, die Kommission und die anderen Mitgliedstaaten hierüber zu unterrichten haben (Art. 54)[65].

---

61 S. hierzu auch *Peter Ladwig*, EURATOM und der Notfallschutz bei Atomunfällen, Rheinfelden und Berlin, 1995, m. w. N.

62 S. die Entscheidung des Rates vom 14. Dezember 1987 über Gemeinschaftsvereinbarungen für den beschleunigten Informationsaustausch im Fall einer radiologischen Notstandssituation (87/600/Euratom), ABl. Nr. L 371 vom 30. 12. 1987, S. 76. S. weiterhin das IAEO-Abkommen über die schnelle Unterrichtung bei nuklearen Unfällen vom 26. September 1986, dem die Gemeinschaft beigetreten ist, veröffentlicht in AVR 1987, S. 342. Zum Beitritt der Gemeinschaft, den der Rat am 14. 12. 1987 genehmigt hat, s. den XXI. Gesamtbericht, S. 296.

63 S. das IAEO-Abkommen betreffend die Hilfeleistung bei nuklearen Unfällen oder einer radiologischen Notstandssituation vom 26. September 1986, dem die Gemeinschaft beigetreten ist, veröffentlicht in AVR 1987, S. 347; zum Beitritt der Gemeinschaft, den der Rat am 27. 11. 1989 genehmigt hat, s. den XXIII. Gesamtbericht, S. 318. S. auch *Peter Cameron*, The Vienna Conventions on Early Notification and Assistance, in *Peter Cameron-Leigh Hancher-W. Kühn* (Hrsg.), Nuclear Law after Chernobyl, London 1988, S. 19.

64 S. zuletzt: Entschließung des Rates und der im Rat vereinigten Vertreter der Regierungen der Mitgliedstaaten vom 26. Februar 2001 zur Stärkung der Handlungsmöglichkeiten der Europäischen Union im Bereich des Katastrophenschutzes, ABl. Nr. C 82 vom 13. 3. 2001, S. 1; Entschließung des Rates vom 28. Januar 2002 zur Verstärkung der Zusammenarbeit bei der Aus- und Fortbildung im Bereich Katastrophenschutz, ABl. Nr. C 43 vom 16. 2. 2002, S. 1.

65 Art. 2 lit. b) EAGV verpflichtet die Gemeinschaft, „**einheitliche** Sicherheitsnormen für den Gesundheitsschutz der Bevölkerung und der Arbeitskräfte aufzustellen". Durch unterschiedliche Schutzniveaus in den einzelnen Mitgliedstaaten wird diese Einheitlichkeit in Frage gestellt.

Nach Art. 32 EAGV können die Grundnormen auf Antrag der Kommission oder eines Mitgliedstaats überprüft oder ergänzt werden. Dem umfassenden Schutzzweck des Kapitels III entsprechend hat der Rat als erste **ergänzende Regelung** die Richtlinie 84/466/Euratom vom 3. September 1984 zur Festlegung der grundlegenden Maßnahmen für den **Strahlenschutz bei ärztlichen Untersuchungen und Behandlungen**[66] erlassen, an deren Stelle zwischenzeitlich die Richtlinie 97/43/Euratom vom 30. Juni 1997 über den Gesundheitsschutz von Personen gegen die Gefahren ionisierender Strahlungen bei **medizinischer Exposition** und zur Aufhebung der Richtlinie 84/466/Euratom[67] getreten ist.

1984 wie heute stellt die medizinische Exposition z. B. durch **Röntgenstrahlen** und **Strahlentherapie** für die Bürger der Europäischen Gemeinschaften die wichtigste Quelle der Exposition gegenüber künstlich erzeugter ionisierender Strahlung dar[68]. Zum Schutz der Patienten trifft die Richtlinie 97/43/Euratom Regelungen für derartige medizinische Expositionen im Rahmen medizinischer Untersuchung und Behandlung, arbeitsmedizinischer Überwachung, von Reihenuntersuchungen und Forschungsprogrammen (Art. 1). Es gelten die Grundsätze der Rechtfertigung (Art. 3) und Optimierung (Art. 4) sowie das Prinzip, daß jede medizinische Exposition unter der klinischen Verantwortung einer qualifizierten Fachkraft durchgeführt wird (Art. 5 und 6). Die Mitgliedstaaten haben weiterhin dafür zu sorgen, daß alle in Betrieb befindlichen radiologischen Ausrüstungen einer strengen **Überwachung** hinsichtlich des Strahlenschutzes unterstellt werden und den zuständigen Behörden ein auf den letzten Stand gebrachtes **Bestandsverzeichnis** der radiologischen Ausrüstung für jede radiologische Anlage zur Verfügung steht (Art. 8). Besondere Schutzmaßnahmen sind für Kinder (Art. 9) sowie Schwangere und Stillende vorgesehen (Art. 10). Hinsichtlich der technischen Sicherheit der radiologischen Anlagen sind weiterhin die Anforderungen zu erfüllen, die sich aus der Richtlinie 93/42/EWG des Rates vom 14. Juni 1993 über Medizinprodukte[69] ergeben.

Mit der Entscheidung 87/600/Euratom des Rates vom 14. Dezember 1987 über Gemeinschaftsvereinbarungen für den **beschleunigten Informationsaustausch im Falle einer radiologischen Notstandssituation**[70] zog die Gemeinschaft die Konsequenzen aus der mangelhaften Informationspolitik nach der Nuklearkatastrophe von Tschernobyl. Bereits nach Art. 51 Abs. 5 der Grundnormen-Richtlinie 96/29/Euratom sind die Mitgliedstaaten gehalten, bei einer radiologischen Notstandssituation in ihrem Hoheitsgebiet Beziehungen zur Herbeiführung einer Zusammenarbeit mit jedem anderen Mitgliedstaat oder Drittstaat aufzunehmen, der betroffen sein kann. Gemäß Art. 35 und 36 EAGV haben die Mitgliedstaaten die notwendigen Einrichtungen zur ständigen Überwachung des Gehalts der Luft, des Wassers und des Bodens

---

Gleichwohl hat der Gerichtshof mit Urteil vom 25. November 1992 in der Rechtssache C-376/90 (Kommission ./. Belgien), Slg. 1992, I-6153, strengere nationale Schutzbestimmungen als die der Richtlinie zugelassen.

66 ABl. Nr. L 265 vom 5. 10. 1984, S. 1.

67 ABl. Nr. L 180 vom 9. 7. 1997, S. 22.

68 S. den vierten Erwägungsgrund der Richtlinie.

69 ABl. Nr. L 169 vom 12. 7. 1993, S. 1; zuletzt geändert durch die Richtlinie 2001/104/EG des Europäischen Parlaments und des Rates vom 7. Dezember 2001, ABl. Nr. L 6 vom 10. 1. 2002, S. 50.

70 ABl. Nr. L 371 vom 30. 12. 1987, S. 1.

an Radioaktivität zu schaffen und die einschlägigen Auskünfte der Kommission zu übermitteln, damit diese ständig über den Gehalt an Radioaktivität unterrichtet ist, dem die Bevölkerung ausgesetzt ist. Darüber hinaus haben sämtliche Mitgliedstaaten das IAEO-Übereinkommen vom 26. September 1986 über die **schnelle Unterrichtung bei nuklearen Unfällen** unterzeichnet[71], dem auch die Gemeinschaft beigetreten ist. Zur Durchführung der Entscheidung 87/600/Euratom richtete die Kommission das sog. **ECURIE-System** (European Community Urgent Radiological Information Exchange) ein, an dem außer den Mitgliedstaaten und der Schweiz nunmehr auch die neuen Beitrittsländer sowie Bulgarien, Rumänien und die Türkei beteiligt sind[72].

Ebenfalls als Lehre aus dem Nuklearunfall von Tschernobyl erließ der Rat die Verordnung (Euratom) Nr. 3954/87 vom 22. Dezember 1987 zur Festlegung von **Höchstwerten an Radioaktivität in Nahrungsmitteln und Futtermitteln** im Falle eines nuklearen Unfalls oder einer anderen radiologischen Notstandssituation[73]. Kernstück der Verordnung sind die Höchstwerte für Nahrungsmittel und Futtermittel (in Bq/kg bzw. Bq/l), bei deren Überschreiten eine Vermarktung der betreffenden Erzeugnisse verboten ist. Mit Verordnung Nr. 944/89/Euratom vom 12. April 1989[74] legte die Kommission die Liste der nicht dem Regime unterfallenden Nahrungsmittel von geringerer Bedeutung fest. Die Werte für Nahrungsmittel für Säuglinge und flüssige Nahrungsmittel ergänzte der Rat mit der Verordnung Nr. 2218/89/Euratom vom 18. Juli 1989[75], wobei er die Kommission gleichzeitig ermächtigte, ihrerseits die Höchstwerte für Futtermittel festzulegen. Dies geschah durch Verordnung Nr. 770/90/ Euratom der Kommission vom 29. März 1990[76], so daß die Festsetzung aller in der Verordnung Nr. 3954/87/Euratom vorgesehenen Höchstwerte vier Jahre nach dem Unfall von Tschernobyl abgeschlossen war.

Zur handelspolitischen Flankierung des permanenten Schutzsystems erließ der Rat – gestützt auf Art. 113 EWGV (Art. 133 EGV n. F.) – am 18. Juli 1989 die EWG-Verordnung Nr. 2219/89 über besondere Bedingungen für die Ausfuhr von Nahrungsmitteln und Futtermitteln im Falle eines nuklearen Unfalls oder einer anderen radiologischen Notstandssituation[77]. Nach Art. 2 dieser Verordnung dürfen „Nahrungsmittel und

---

71 S. für Deutschland BGBl. 1989 II S. 434.

72 S. als erstes das Abkommen in Form eines Briefwechsels zwischen der Europäischen Atomgemeinschaft (Euratom) und der Schweiz über den Anschluß der Schweiz an das ECURIE-System, ABl. Nr. C 335 vom 13. 12. 1995, S. 4. S. nunmehr das Abkommen zwischen der Europäischen Atomgemeinschaft (Euratom) und Nichtmitgliedstaaten der Europäischen Union über die Teilnahme an Vereinbarungen in der Gemeinschaft für den schnellen Austausch von Informationen in einer radiologischen Notstandssituation (Ecurie), ABl. Nr. C 102 vom 29. 4. 2003, S. 2.

73 ABl. Nr. L 371 vom 30. 12. 1987, S. 11; geändert durch Verordnung (Euratom) Nr. 2218/89 des Rates vom 18. Juli 1989, ABl. Nr. L 211 vom 22. 7. 1989, S. 1. S. dazu die Entschließung des Rates und der im Rat vereinigten Vertreter der Regierungen der Mitgliedstaaten vom 22. Dezember 1989 anläßlich des Erlasses der Verordnung (Euratom) Nr. 3954/87, ABl. Nr. C 352 vom 30. 12. 1987, S. 1.

74 ABl. Nr. L 101 vom 13. 4. 1989, S. 17.

75 ABl. Nr. L 211 vom 22. 7. 1989, S. 1.

76 ABl. Nr. L 83 vom 30. 3. 1990, S. 78.

77 ABl. Nr. L 211 vom 27. 7. 1989, S. 4.

Futtermittel, deren radioaktive Kontamination über den Höchstwerten liegt, die gemäß der Art. 2 und 3 Euratom-VO Nr. 3954/87 Anwendung finden ... nicht (aus der Gemeinschaft) ausgeführt werden".

Knapp sechs Monate vor Erlaß der Post-Tschernobyl-Verordnung (Euratom) Nr. 3954/87 war die einheitliche Europäische Akte in Kraft getreten und mit ihr der neue Art. 100a EWGV (Art. 95 EGV n. F.), der für den Erlaß von Rechtsakten zur Errichtung des Binnenmarktes das Verfahren der Zusammenarbeit zwischen Rat und Europäischem Parlament einführte (Art. 31 EAGV sieht nur die Anhörung des Europäischen Parlaments vor). Angesichts dieser neuen Rechtslage erhob das Europäische Parlament am 4. März 1988 Klage gegen den Rat und beantragte, die Post-Tschernobyl-Verordnung für nichtig zu erklären[78]. Mit dem Erlaß der Verordnung – so die Klagegründe und wesentlichen Argumente des Parlaments – habe der Rat gegen wesentliche Formvorschriften verstoßen, da er die Verordnung auf Art. 31 EAGV gestützt habe, obwohl die richtige Rechtsgrundlage Art. 100a EWGV sei.

Nach einem Zwischenstreit über die Zulässigkeit der Klage[79] wies der Gerichtshof diese mit Urteil vom 4. Oktober 1991 ab[80]. Die vom Parlament vertretene restriktive Auslegung der Art. 30ff. EAGV – so der EuGH – finde keine Stütze in den Rechtsvorschriften. Vielmehr sei festzustellen, „daß die angeführten Artikel darauf abzielen, einen **lückenlosen und wirksamen Gesundheitsschutz** der Bevölkerung gegen die Gefahren durch ionisierende Strahlungen sicherzustellen, ungeachtet der Strahlungsquelle und unabhängig davon, welche Personengruppe diesen Strahlungen ausgesetzt ist"[81]. Die vom Parlament geforderte Anwendung des Art. 100a EWGV wies der Gerichtshof mit dem Hinweis zurück, daß die Verordnung „nur nebenbei eine Harmonisierung der Bedingungen für den freien Warenverkehr innerhalb der Gemeinschaft" bewirke und nicht den Charakter einer Harmonisierungsmaßnahme im Sinne dieser Vorschrift besitze[82].

Als dritten Rechtsakt, mit dem die Gemeinschaft eine Schlußfolgerung aus Tschernobyl zog und die Grundnormen-Richtlinie ergänzte, erließ der Rat am 27. November 1989 die Richtlinie 89/618/Euratom über die **Unterrichtung der Bevölkerung über die bei einer radiologischen Notstandssituation geltenden Verhaltensmaßregeln und zu ergreifenden Gesundheitsschutzmaßnahmen**[83]. Nicht nur das Fehlen eines einheitlichen[84] Systems zur Festlegung von Höchstwerten für verstrahlte Lebensmittel wies nach Tschernobyl auf ein dringend aufzuholendes Regelungsdefizit hin, sondern auch das Fehlen einheitlicher Vorschriften zur Information der Öffentlichkeit über Verhaltensmaßregeln und sonstige Maßnahmen im Falle einer unfallbedingten Freisetzung von Radioaktivität in die Umwelt. Mit dem Erlaß der Richtlinie

---

78 Rechtssache C-70/88 (Parlament ./. Rat).

79 S. Zwischenurteil vom 22. Mai 1990, Slg. 1990, I-2041.

80 EuGH, Rs C-70/88, Slg. 1991, I-4529. S. hierzu *Thomas Schroer*, Abgrenzung der Gemeinschaftskompetenzen zum Schutz der Gesundheit vor radioaktiver Strahlung, EuZW 1992, S. 207.

81 A. a. O. Randnr. 14, I-4566.

82 A. a. O. Randnr. 17, I-4566f.

83 ABl. Nr. L 357 vom 7. 12. 1989, S. 31.

84 Nach Art. 2 lit. b) EAGV hat die Gemeinschaft **einheitliche** Sicherheitsnormen für den Gesundheitsschutz der Bevölkerung aufzustellen.

89/618/Euratom wurde diese Regelungslücke geschlossen. Die Richtlinie unterscheidet zwischen einer **vorherigen Unterrichtung**, die die Bevölkerung routinemäßig über die geltenden Gesundheitsschutzmaßnahmen und Verhaltensmaßregeln im Notfalle informiert (s. Art. 5 i. V. mit Anhang I) und einer **Unterrichtung im Ernstfall**, die die betroffene Bevölkerung über die Einzelheiten der Notstandssituation informiert und ihr genaue Hinweise für die jeweils zu ergreifenden Gesundheitsschutzmaßnahmen gibt (Art. 8 i. V. mit Anhang II). Außerdem sieht die Richtlinie eine besondere Unterrichtung solcher Personen vor, die im Falle einer radiologischen Notstandssituation bei Rettungsmaßnahmen eingesetzt werden können (s. Art. 7).

Als weiteren Rechtsakt zur Ergänzung der Grundnormen-Richtlinie erließ der Rat am 4. Dezember 1990 die Richtlinie 90/641/Euratom über den **Schutz externer Arbeitskräfte**, die einer Gefährdung durch ionisierende Strahlungen beim Einsatz im Kontrollbereich von Nuklearanlagen ausgesetzt sind[85]. Kernstück dieser Richtlinie ist die Einführung eines radiologischen Überwachungssystems der externen Arbeitskräfte, deren Schutz dem der von den Betreibern auf Dauer beschäftigten Arbeitnehmern gleichwertig sein muß. Zu diesem Zweck ist die Einführung eines persönlichen Arbeitsheftes vorgeschrieben, das den Leiharbeitnehmer bei allen seinen Einsätzen begleitet und in das der Arbeitgeber und der Betreiber der jeweiligen Anlage sämtliche strahlenschutzrelevanten Angaben eintragen. Weiterhin sind umfassende Informationspflichten vorgesehen, um eine hinreichende Vertrautheit des Arbeitnehmers mit der Anlage und den Erfordernissen des Strahlenschutzes sicherzustellen[86].

Zwei weitere ergänzende Rechtsakte i. S. des Art. 32 EAGV befassen sich mit der **grenzüberschreitenden Verbringung radioaktiver Stoffe.** Die Richtlinie 92/3/Euratom des Rates vom 3. Februar 1992 zur **Überwachung und Kontrolle der Verbringungen radioaktiver Abfälle** von einem Mitgliedstaat in einen anderen, in die Gemeinschaft und aus der Gemeinschaft[87] regelt die Modalitäten, unter denen die zuständigen Behörden des Ausgangs- und des Bestimmungslandes sowie ggfs. der Durchfuhrländer[88] die erforderlichen Genehmigungen erteilen bzw. der Verbringung zustimmen. Beabsichtigte Verbringungen in Drittländer sind nach Art. 11 der Richtlinie zu untersagen, soweit der Bestimmungsort südlich des 60. Grads südlicher Breite[89] oder in einem AKP-Staat liegt[90] oder nicht über die technischen, rechtlichen

---

85 ABl. Nr. L 349 vom 13. 12. 1990, S. 21.

86 S. hierzu die Veröffentlichung der Kommission: Radiation protection training and information for workers, Radiation protection 45, EUR 12177, Luxemburg 1989.

87 ABl. Nr. L 35 vom 12. 2. 1992, S. 24.

88 S. dazu die Mitteilung über die zuständigen nationalen Behörden im ABl. Nr. C 224 vom 12. 8. 1994, S. 2.

89 S. Art. V Abs. 1 des Antarktis-Vertrages vom 1. Dezember 1959 (BGBl. 1978 II S. 1518): „Kernexplosionen und die Beseitigung radioaktiven Abfalls sind in der Antarktis verboten“. Nach Art. VI gilt der Antarktis-Vertrag für das Gebiet von 60° südlicher Breite.

90 S. zuletzt das Partnerschaftsabkommen zwischen den Mitgliedern der Gruppe der Staaten in Afrika, im Karibischen Raum und im Pazifischen Ozean einerseits und der Europäischen Gemeinschaft und ihren Mitgliedstaaten andererseits, unterzeichnet in Cotonou am 23. Juni 2000, ABl. Nr. L 317 vom 15. 12. 2000, S. 3. Nach Art. 32 lit. d) ist es Ziel der Zusammenarbeit im Umweltschutz, „die mit der Beförderung und Entsorgung gefährlicher Abfälle zusammenhängenden Fragen zu berücksichtigen“.

oder administrativen Mittel verfügt, um die betreffenden Abfälle sicher zu bewirtschaften. Die Richtlinie berührt nicht das Recht eines Mitgliedstaats oder eines Unternehmens in dem betreffenden Mitgliedstaat, in den Abfälle oder bestrahlte Kernbrennstoffe zur **Wiederaufarbeitung** ausgeführt werden sollen, die Abfälle und/oder andere Wiederaufarbeitungsprodukte in das Ausgangsland zurückzusenden (Art. 14).

Mit dem zweiten Rechtsakt, der Verordnung (Euratom) Nr. 1493/93 des Rates vom 8. Juni 1993 über die **Verbringung radioaktiver Stoffe zwischen den Mitgliedstaaten**[91] trug die Gemeinschaft der Abschaffung der Grenzkontrollen im Binnenmarkt Rechnung. Um den zuständigen Behörden der Mitgliedstaaten[92] ein einheitliches Informationsniveau zu gewährleisten, wurde eine gemeinschaftliche Erklärungs- und Unterrichtungsregelung zur Erleichterung der Strahlenschutzkontrollen eingeführt. Der Verordnung, die auch für Verbringungen radioaktiver Abfälle i. S. der Richtlinie 92/3/Euratom gilt, sind als Formulare zwei Standarderklärungen beigefügt[93], die den Empfänger, den Besitzer und das radioaktive Material bezeichnen und die von der zuständigen Behörde des Empfängerlandes zu bestätigen sind.

Als Initiative aus der letzten Zeit hat die Kommission dem Rat den Vorschlag für eine Richtlinie zur **Kontrolle hoch radioaktiver umschlossener Strahlenquellen** zugeleitet[94], deren Ziel in der Vermeidung von radiologischen Unfällen und Strahlenschäden durch unerkannte und falsch entsorgte Strahlenquellen besteht, wobei derartige Quellen z. B. in großer Zahl im medizinischen Sektor und bei der Materialprüfung Verwendung finden[95]. Zu weiteren Vorschlägen auf den Gebieten der **nuklearen Sicherheit** und der **radioaktiven Abfälle** wird auf die Ausführungen unter XII. 1. und 2. verwiesen.

2. Die Anwendung der Grundnormen durch die Mitgliedstaaten

Nach Art. 33 Abs. 1 EAGV erläßt jeder Mitgliedstaat „die geeigneten Rechts- und Verwaltungsvorschriften, um die Beachtung der festgesetzten Grundnormen sicherzustellen, und trifft die für den Unterricht, die Erziehung und Berufsausbildung erforderlichen Maßnahmen". Mit dieser Vorschrift stellt der Vertrag klar, daß die **administrative Anwendung** und Durchsetzung der Grundnormen Sache der Mitgliedstaaten und ihrer Verwaltungsbehörden ist. Hierbei geht der Vertrag von dem für fast alle gemeinsamen Politiken geltenden Befund aus, daß der **Vollzug** des Gemeinschaftsrechts notabene den Mitgliedstaaten und ihren Verwaltungen obliegt, da die Gemeinschaft selbst über keine ihr unmittelbar unterstellten Verwaltungsbehörden in den Mitgliedstaaten verfügt.

---

91 ABl. Nr. L 148 vom 19. 6. 1993, S. 1.

92 S. hierzu die Mitteilung im ABl. Nr. C 335 vom 10. 12. 1993, S. 2.

93 S. Anhang I: Verbringung umschlossener Strahlenquellen zwischen Mitgliedstaaten der Europäischen Gemeinschaft und Anhang II: Verbringung radioaktiver Abfälle zwischen Mitgliedstaaten der Europäischen Gemeinschaft.

94 KOM(2002) 130 endg. vom 18. 3. 2002 sowie KOM (2003) 18 endg. vom 24. 1. 2003.

95 S. auch die Stellungnahme des Wirtschafts- und Sozialausschusses vom 17. und 18. Juli 2002, ABl. Nr. C 241 vom 7. 10. 2002, S. 46.

Hieraus ergibt sich, daß Art. 33 Abs. 1 EAGV als ein Befehl zur **Anwendung**, und nicht zur **Umsetzung** der Grundnormen zu verstehen ist, so daß sich aus der Vorschrift kein Argument für die These gewinnen läßt, die Grundnormen dürften nur in Gestalt von Richtlinien, nicht aber als Verordnungen erlassen werden[96].

Neben dem Auftrag, die „**Beachtung**" der Grundnormen sicherzustellen (etwa durch geeignete Kontrollen und Sanktionen) ist das starke **didaktische** Element („Unterricht", „Erziehung", „Berufsausbildung") hervorzuheben, das auf die Notwendigkeit einer breiten Streuung der **Kenntnisse** und das Erfordernis bestmöglichen **Selbstschutzes** hinweist. Hinsichtlich der erforderlichen **Kontrollen** legt der Vertrag selbst in den Art. 34 bis 37 den Mitgliedstaaten einige ausdrückliche Verpflichtungen auf, wie die, bei besonders gefährlichen Versuchen „zusätzliche Vorkehrungen für den Gesundheitsschutz zu treffen" und der Kommission zu melden (Art. 34 EAGV), „die notwendigen Einrichtungen zur ständigen Überwachung des Gehalts der Luft, des Wassers und des Bodens an Radioaktivität sowie zur Überwachung der Einhaltung der Grundnormen" zu schaffen (Art. 35 EAGV), die Kommission laufend über Überwachungsmaßnahmen und Meßwerte zu unterrichten, damit diese „ständig über den Gehalt an Radioaktivität unterichtet ist, dem die Bevölkerung ausgesetzt ist" (Art. 36 EAGV) sowie die Verpflichtung, „der Kommission über jeden Plan zur Ableitung radioaktiver Stoffe aller Art die allgemeinen Angaben zu übermitteln" (Art. 37 EAGV).

Gemäß den Grundsätzen der Einheitlichkeit und Effizienz der Sicherheitsnormen für den Strahlenschutz (Art. 2 lit b) EAGV) legt der Vertrag besonderes Gewicht auf die **Kohärenz** und **Effizienz** der nationalen Rechts- und Verwaltungsvorschriften auf dem Gebiet des Gesundheitsschutzes. Zur Verwirklichung dieser beiden Grundsätze weist der Vertrag der Kommission eine besondere und im Primärrecht der Gemeinschaften einmalige **Beratungsfunktion** zu: Nach Art. 33 Abs. 2 erläßt die Kommission „die geeigneten Empfehlungen, um die auf diesem Gebiet in den Mitgliedstaaten geltenden Bestimmungen miteinander in Einklang zu bringen". Um der Kommission die Ausübung dieser Kompetenz zu ermöglichen, haben ihr die Mitgliedstaaten (1) die einschlägigen Bestimmungen, die zum Zeitpunkt des Inkrafttretens des Vertrages galten, sowie (2) danach alle späteren Entwürfe gleichartiger Bestimmungen mitzuteilen (Art. 33 Abs. 3). Was die erste Variante anbelangt, sieht der Vertrag in Art. 219 für die Mitteilung eine Frist von drei Monaten nach Inkrafttreten des Vertrages vor; dieselbe Frist gilt für die Übermittlung bestehender nationaler Vorschriften beim **Beitritt neuer Mitgliedstaaten**[97]. Im Falle der zweiten Variante erläßt die Kommission ihre Empfehlungen zu den Entwürfen innerhalb von drei Monaten nach Eingang der Mitteilung (Art. 33 Abs. 4). Mit der allgemeinen Empfehlung Nr. 91/444/Euratom vom 26. Juli 1991 zur Anwendung von Art. 33 Unterabs. 3 und 4 des Euratom-Vertrages[98] hat die Kommission die Tragweite und den Ablauf des Verfahrens präzisiert.

96 Auch diese These des Europäischen Parlaments wies der Gerichtshof in der vorbezeichneten Rechtssache C-70/88 mangels Beschwer des Parlaments zurück.

97 S. hierzu unten 3. Teil L.

98 ABl. Nr. L 238 vom 27. 8. 1991, S. 31.

Individuelle Empfehlungen der Kommission zu nationalen Rechtsentwürfen sind rechtlich nicht verbindlich (Art. 161 Abs. 5 EAGV) und werden von der Kommission nicht veröffentlicht. Gleichwohl sind sie rechtlich nicht unerheblich, denn sie können schon im Entwurfsstadium und vor der eventuellen Einleitung eines **Vertragsverstoßverfahrens** nach Art. 141 EAGV den Mitgliedstaat auf etwaige Rechtsmängel in den geplanten nationalen Vorschriften hinweisen und so einem etwaigen Vertragsverstoßverfahren vorbeugen. Auch unabhängig von der Prüfung konkreter Entwürfe kann die Kommission jederzeit **aus eigener Initiative** Empfehlungen nach Art. 33 Abs. 2 EAGV aussprechen, wozu sie nicht nur nach dieser Bestimmung, sondern auch nach Art. 124 EAGV berechtigt ist[99]. Von dieser Möglichkeit hat die Kommission z. B. mit dem Erlaß ihrer Empfehlungen zu Radon Gebrauch gemacht[100]. Empfehlungen nach Art. 33 Abs. 2 EAGV sind gerichtlich nicht anfechtbar[101].

3. Die Kommission als Kontrolleur der Kontrolleure

Die traditionelle Rolle der Kommission als „**Hüterin der Verträge**", die ihr durch die drei Gründungsverträge zugewiesen ist, wird für den Bereich des Strahlenschutzes durch ihre besondere und im Gemeinschaftsrecht einmalige Aufgabe als „Kontrolleur der Kontrolleure" erweitert. Wie die entsprechenden Parallelbestimmungen im EGKS[102]- und EG-Vertrag[103] verpflichtet Art. 124 EAGV die Kommission allgemein „für die Anwendung dieses Vertrags sowie der von den Organen aufgrund dieses Vertrags getroffenen Bestimmungen Sorge zu tragen". Zur Durchsetzung dieses Auftrags kann die Kommission nach den drei Verträgen **Vertragsverstoßverfahren** gegen Mitgliedstaaten einleiten, die ihre gemeinschaftsrechtlichen Verpflichtungen nicht erfüllen (Art. 88 EGKSV, Art. 226 (ex-Art. 169) EGV, Art. 141 EAGV).

---

99 Nach Art. 124 EAGV kann die Kommission jederzeit Empfehlungen oder Stellungnahmen auf den im Vertrag bezeichneten Gebieten abgeben, „soweit der Vertrag dies ausdrücklich vorsieht oder soweit sie es für notwendig erachtet".

100 Siehe

– Empfehlung Nr. 90/143/Euratom der Kommission vom 21. Februar 1990 zum Schutz der Bevölkerung vor Radonexposition innerhalb von Gebäuden, ABl. Nr. L 80 vom 27. 3. 1990, S. 26. Die Empfehlung gilt sowohl für bestehende Gebäude wie für zu errichtende Bauten. Für bestehende Gebäude wird als Referenzwert eine effektive Äquivalenzdosis von 20 m Sv pro Jahr empfohlen, die einer jährlichen durchschnittlichen Radonkonzentration von ca. 400 Bq/m³ entspricht. Für zu errichtende Bauten ist als Planungswert eine effektive Äquivalenzdosis von 10 m Sv pro Jahr festzulegen, die mit einer jährlichen durchschnittlichen Radonkonzentration von 200 Bq/m³ gleichgesetzt werden kann. Wegen der umfassenden wissenschaftlichen Dokumentation sowie der praktischen Leitlinien für bauliche Gegen- und Präventivmaßnahmen wird auf die Erwägungsgründe der Empfehlung verwiesen.

– Empfehlung Nr. 2001/928/Euratom der Kommission vom 20. Dezember 2001 über den Schutz der Öffentlichkeit vor der Exposition gegenüber Radon in Trinkwasser, ABl. Nr. L 344 vom 28. 12. 2001, S. 85. Die Empfehlung betrifft Regionen, in denen erhöhte Konzentrationen von Radon im Grundwasser festgestellt werden, wie Regionen mit kristallinem Felsgestein, in denen private Bohrbrunnen, aber auch Wasserwerke, Radon-belastetes Wasser als Trinkwasser erschließen. Die Kommission empfieht die Einführung geeigneter Schutzmaßnahmen oberhalb einer Konzentration von 100 Bq/l.

101 S. Art. 146 Abs. 1 EAGV.

102 Art. 5 Abs. 2 vierter Gedankenstrich und Art. 8 EGKSV.

103 Art. 211 (ex-Art. 155) erster Gedankenstrich EGV.

Zusätzlich hierzu räumt der Euratom-Vertrag der Kommission in Kapitel III besondere **Kontrollrechte** gegenüber den Mitgliedstaaten ein, damit sie sich selbst ein Bild von der Beachtung der Grundnormen machen und notfalls eingreifen kann.

Schon im Vorfeld der Anwendung der Grundnormen durch die Mitgliedstaaten hat die Kommission das Recht, die **Entwürfe** der Rechts- und Verwaltungsbestimmungen zu prüfen, deren Erlaß die Mitgliedstaaten beabsichtigen, um die Beachtung der Grundnormen sicherzustellen (Art. 33 Abs. 3 EAGV)[104]. Zu diesen Entwürfen kann die Kommission innerhalb von drei Monaten Empfehlungen[105] abgeben (Art. 33 Abs. 4), sei es mit dem Ziele, die „Bestimmungen der Mitgliedstaaten miteinander in Einklang zu bringen" (Art. 33 Abs. 2 EAGV), sei es, um eine korrekte Umsetzung der nach Art. 31 erlassenen Richtlinien zu gewährleisten oder sei es aus sonstigen Gründen. Wenn diese Empfehlungen nach Art. 161 Abs. 5 EAGV auch nicht verbindlich sind, so sind sie doch insoweit nicht unbeachtlich, als die Kommission durch sie die Mitgliedstaaten gleichsam im Wege der Vorwarnung auf eventuelle Rechtsverstöße aufmerksam machen kann, die im Falle eines Erlasses der geplanten Vorschrift in unveränderter Form zur Einleitung eines Vertragsverstoßverfahrens führen könnte.

Wichtiger noch als dieses **„legislative Monitoring" im Vorfeld der Rechtsetzung** ist die Beteiligung der Kommission an der ständigen **Überwachung des Gehalts der Luft, des Wassers und des Bodens an Radioaktivität** und an der „Überwachung der Einhaltung der Grundnormen" nach Art. 35 und 36 EAGV. Gemäß Art. 35 EAGV hat jeder Mitgliedstaat die notwendigen Überwachungseinrichtungen zu schaffen, und die Kommission hat Zugang zu ihnen, um ihre „Arbeitsweise und Wirksamkeit" nachzuprüfen[106]. Die aus der Überwachung gewonnenen Daten sind der Kommission von den zuständigen Behörden regelmäßig zu übermitteln, damit die Kommission ständig über den Gehalt an Radioaktivität unterrichtet ist, dem die Bevölkerung ausgesetzt ist (Art. 36 EAGV). Die **Auswertung dieser Daten** vermittelt der Kommission ein genaues und zeitnahes Bild über die Strahlenbelastung der Umwelt in den Mitgliedstaaten[107]. Die so gewonnenen Kenntnisse können die Kommission ggfs. veranlassen, an die Mitgliedstaaten besondere Empfehlungen über den radioaktiven Gehalt der Luft, des Wassers und des Bodens, z. B. für bestimmte, besonders belastete Gebiete, zu richten (Art. 38 Abs. 1 EAGV)[108]. Stellt die Kommission darüberhinaus fest,

---

104 S. dazu die Empfehlung 91/444/Euratom der Kommission vom 26. Juli 1991 zur Anwendung von Artikel 33 Unterabsätze 3 und 4 des Euratom-Vertrags, ABl. Nr. L 238 vom 27. 8. 1991, S. 31.

105 Empfehlungen sind nach Art. 161 Abs. 5 EAGV nicht verbindlich.

106 Nachdem in der Öffentlichkeit und im Europäischen Parlament immer wieder die Forderung nach einer übernationalen „Inspection Force" der Kommission erhoben worden war, entschloß sich die Kommission auf ihrer 1000. Sitzung am 21. 2. 1990, ihr Zugangs- und Nachprüfungsrecht nach Art. 35 EAGV künftig vor Ort auszuüben (s. SEK(89) 2109 endg.). Die Kosten einer derartigen Kontrolltätigkeit sind als „Ausgaben für den Gesundheitsschutz" nach Art. 174 Abs. 1 lit. b) EAGV von Anfang an als fester Ausgabenposten im Euratom-Verwaltungshaushalt vorgesehen.

107 S. hierzu die Empfehlung Nr. 2000/473/Euratom der Kommission vom 8. Juni 2000 zur Anwendung des Artikels 36 Euratom-Vertrag betreffend die Überwachung des Radioaktivitätsgehalts der Umwelt zur Ermittlung der Exposition der Gesamtbevölkerung, ABl. Nr. L 191 vom 27. 7. 2000, S. 37.

108 S. z. B. Empfehlung 2003/274/Euratom der Kommission vom 14. April 2003 über den

daß eine **Überschreitung der Grundnormen** droht (z. B. im Falle eines Schadensereignisses oder in anderen dringenden Fällen), so hat sie nach Art. 38 Abs. 2 EAGV das Recht, eine **Richtlinie** zu erlassen, „mit der sie dem betreffenden Mitgliedstaat aufgibt, innerhalb einer von ihr festgesetzten Frist alle erforderlichen Maßnahmen zu treffen, um eine Überschreitung der Grundnormen zu vermeiden und die Beachtung dieser Vorschriften zu gewährleisten". Die Nichtbefolgung einer solchen Richtlinie eröffnet der Kommission und anderen betroffenen Mitgliedstaaten den sofortigen Weg zum Gerichtshof, ohne daß es eines bei Vertragsverstoßverfahren sonst üblichen Vorverfahrens bedürfte (Art. 38 Abs. 3 EAGV).

Neben diesen allgemeinen Kontrollkompetenzen verfügt die Kommission noch über zwei **spezielle** Befugnisse: die **ex-ante Kontrolle besonders gefährlicher Experimente** (Art. 34 EAGV) und **radioaktiver Ableitungen in die Umwelt** (Art. 37 EAGV). Im erstgenannten Falle hat der betreffende Mitgliedstaat vor besonders gefährlichen Versuchen „zusätzliche Vorkehrungen für den Gesundheitsschutz zu treffen" und hierzu die **vorherige Stellungnahme** der Kommission einzuholen. Soweit die Möglichkeit negativer Auswirkungen der Versuche auf die Gebiete anderer Mitgliedstaaten besteht, ist sogar die **Zustimmung** der Kommission erforderlich (Art. 34 in fine EAGV).

Der Tatbestand der besonders gefährlichen Experimente umfaßt zivile wie militärische Versuche[109]. Da nach Art. 198 EAGV die Vorschriften des Vertrages nicht nur auf die europäischen Hoheitsgebiete der Mitgliedstaaten Anwendung finden, sondern auch „auf die ihnen unterstehenden **außereuropäischen** Hoheitsgebiete", ist nach Art. 34 EAGV die Zustimmung der Kommission auch dann erforderlich, wenn ein Mitgliedstaat in seinem außereuropäischen Hoheitsgebiet einen Versuch durchführen will und die Möglichkeit besteht, daß sich die Auswirkungen dieses Versuches auf das außereuropäische Hoheitsgebiet eines anderen Mitgliedstaats erstrecken.

Unerwartete Aktualität gewann Art. 34 EAGV, als die französischen Behörden am 13. Juni 1995 ihre Absicht ankündigten, auf dem **Mururoa-Atoll** im Pazifik eine Reihe von unterirdischen **Atomtests** durchzuführen[110]. Daraufhin forderte das Europäische Parlament am 28. Juni 1995 die Kommission auf, dafür Sorge zu tragen,

---

Schutz und die Unterrichtung der Bevölkerung in Bezug auf die Exposition durch die anhaltende Kontamination bestimmter wild vorkommender Nahrungsmittel mit radioaktivem Cäsium als Folge des Unfalls im Kernkraftwerk Tschernobyl, ABl. Nr. L 99 vom 17. 4. 2003, S. 55.

109 S. hierzu *Neri/Sperl*, Traité instituant la Communauté européenne de l'énergie atomique (Euratom), Travaux préparatoires, Déclarations interprétatives des six gouvernements, documents parlementaires, Cour de Justice des C.E., Luxemburg 1962, S. 122, wonach der französische Secrétaire d'Etat aux Affaires étrangères auf Befragung durch die Assemblée nationale am 21. 6. 1957 antwortete: „Les dispositions de l'article 34 s'appliquent à toutes les expériences particulièrement dangereuses, civiles ou militaires". Demgemäß fand Art. 34 auf französische Atomversuchsexplosionen in der Sahara am Anfang der 60er Jahre Anwendung; s. Euratom, Dritter Gesamtbericht über die Tätigkeit der Gemeinschaft 1960, 101 f.; Vierter Gesamtbericht, 1961, 113.

110 S. zur möglichen Anwendbarkeit des Euratom-Vertrages auf Nukleartests auf dem Mururoa-Atoll schon *Jürgen Grunwald*, Tschernobyl und das Gemeinschaftsrecht, EuR 1986, S. 315, 336. S. zum räumlichen Anwendungsbereich des Euratom-Vertrages auch die schriftliche Anfrage E-2438/95, ABl. Nr. C 66 vom 4. 3. 1996, S. 11.

daß die Art. 34 und 35 EAGV[111] genauestens beachtet würden[112]. Am 5. September 1995 wurde der erste Test auf Mururoa durchgeführt. Am 6. September 1995 teilte der Präsident der Kommission dem Europäischen Parlament mit, daß die Kommission vor einer wissenschaftlichen Bewertung vor Ort zur Anwendbarkeit des Art. 34 EAGV nicht Stellung nehmen könne. Diese Nachprüfung fand im Rahmen von Art. 35 EAGV[113] vom 18. bis 29. September 1995 statt. Am 1. Oktober 1995 wurde der zweite Test auf Mururoa gezündet. Am 23. Oktober 1995, vier Tage vor dem dritten Test, erklärte die Kommission vor dem Europäischen Parlament, daß sie auf der Grundlage ihrer Prüfungen und nach Erhalt zusätzlicher Informationen durch die französische Regierung zu dem Ergebnis gelangt sei, daß die in Französisch-Polynesien durchgeführten Tests kein spürbares Risiko einer erheblichen Belastung der Arbeitskräfte oder der Bevölkerung durch radioaktive Strahlen darstellten und daß Art. 34 EAGV daher keine Anwendung finde. In seiner Entschließung vom 26. Oktober 1995 zur Erklärung der Kommission zu den Atomtests[114] verurteilte das Europäische Parlament „den Beschluß des französischen Präsidenten, trotz der anhaltenden Proteste den zweiten Atomversuch durchführen zu lassen, und fordert(e) ihn nachdrücklich auf, auf die weiteren geplanten Atomtests zu verzichten".

Doch die Atomtests lösten nicht nur heftige politische Reaktionen aus[115], sie hatten auch ein – wenngleich nur kurzes – gerichtliches Nachspiel. Am 2. Dezember 1995 ging beim Gericht erster Instanz eine Klage von drei Bewohnern Tahitis gegen die Kommission ein, mit der sie beantragten, die Stellungnahme der Kommission, wonach Art. 34 keine Anwendung finde, für nichtig zu erklären[116]. Gleichzeitig beantragten die Kläger die Aussetzung des Vollzugs im Wege einer einstweiligen Anordnung. Dieser Antrag wurde vom Präsidenten des GeI mit Beschluß vom 22. Dezember 1995 mangels individueller Betroffenheit der Antragsteller zurückgewiesen[117]. Die Kläger

---

111 S. auch die Entschließung zu Atomtests vom 15. Juni 1995, ABl. Nr. C 166 vom 3. 7. 1995, S. 125 und die Entschließung zur Wiederaufnahme der Atomtests durch Frankreich vom 20. September 1995, ABl. Nr. C 269 vom 16. 10. 1995, S. 61.

112 S. hierzu auch *Jürgen Grunwald*, Tschernobyl und das Gemeinschaftsrecht, a. a. O. S. 330. S. weiterhin *Sven Deimann/Gerrit Betlem*, Nuclear testing in Europe, New Law Journal 1995, p. 1236.

113 S. zu den Art. 34, 35, 36 und 39 EAGV auch die schriftlichen Anfragen E-3090/95 und E-3063/95, ABl. Nr. C 112 vom 17. 4. 1996, S. 19; E-2308/95, ABl. Nr. C 40 vom 12. 2. 1996, S. 21 und E-2641/96, ABl. Nr. C 72 vom 7. 3. 1997, S. 64.

114 ABl. Nr. C 308 vom 20. 11. 1995, S. 106.

115 S. zu den französischen Atomversuchen auch die Antworten auf die schriftlichen Anfragen E-1591/95, ABl. Nr. C 230 vom 4. 9. 1995, S. 46; E-2307/95, ABl. Nr. C 9 vom 15. 1. 1996, S. 28; P-2451/95, ABl. Nr. C 9 vom 15. 1. 1996, S. 46; E-2635/95, ABl. Nr. C 40 vom 12. 2. 1996, S. 43; P-116/96, ABl. Nr. C 137 vom 8. 5. 1996, S. 41; E-379/96, ABl. Nr. C 173 vom 17. 6. 1996, S. 51. Siehe aber auch zur „Fragwürdigkeit der Kritik und Proteste": *Walter Schilling*, Kernwaffen für den Frieden? Die Tests von Mururoa im Lichte realistischer Sicherheitspolitik, Internationale Politik 3/1996, S. 49. S. in diesem Zusammenhang auch die Entschließungen des Europäischen Parlaments vom 20. Juni 1996 zu den Atomtests in China (ABl. Nr. C 198 vom 8. 7. 1996, S. 213) und vom 18. Juli 1996 zum Vertrag über ein vollständiges Verbot von Atomtests (ABl. Nr. C 261 vom 9. 9. 1996, S. 160). S. dazu auch die schriftliche Anfrage E-2216/96, ABl. Nr. C 11 vom 13. 11. 1997, S. 65.

116 GeI, Rs. T-219/95 (Danielsson u. a. ./. Kommission). Zu den Anträgen und wesentlichen Klagegründen s. ABl. Nr. C 77 vom 16. 3. 1996, S. 12.

117 GeI, Rs. T-219/95 R, vom 22. 12. 1995, Slg. 1995, II-3051 (Danielsson ./. Kommission).

nahmen daraufhin ihre Klage zurück. Mit Beschluß des GeI vom 23. Mai 1996 wurde die Rechtssache aus dem Register des Gerichts gestrichen[118].

Während die Anwendung des Art. 34 EAGV in der Praxis eher selten ist, hat das Kontrollrecht der Kommission nach Art. 37 EAGV ein breiteres praktisches Anwendungsfeld. Nach dieser Vorschrift ist jeder Mitgliedstaat verpflichtet, der Kommission über jeden Plan zur **Ableitung radioaktiver Stoffe** aller Art die allgemeinen Angaben zu übermitteln, aufgrund derer festgestellt werden kann, ob die Durchführung dieses Plans eine radioaktive Verseuchung des Wassers, des Bodens oder des Luftraums eines anderen Mitgliedstaats verursachen kann. Hierbei sind die Pläne **vor der behördlichen Genehmigung der Ableitungen** und nicht erst vor dem tatsächlichen Beginn der Ableitungen an die Kommission zu übermitteln[119]. Nach Anhörung des 31er-Ausschusses gibt die Kommission innerhalb von sechs Monaten ihre Stellungnahme ab[120]. Wenn auch Stellungnahmen nach Art. 34 oder Art. 37 EAGV als solche nicht verbindlich sind (vgl. Art. 161 in fine EAGV), so ist es der Kommission doch unbenommen, im Falle einer Nichtbefolgung eine Richtlinie nach Art. 38 Abs. 2 EAGV zu erlassen, wenn andernfalls eine Überschreitung der Grundnormen droht.

Seit 1990 hat die Kommission folgende Stellungnahmen nach Art. 37 EAGV abgegeben[121]:

- Zwischenlager für bestrahlte Brennelemente in Ahaus (Deutschland)[122]
- Brennelementfertigungsanlage DEMOX-P 1 in Dessel (Belgien)[123]
- Erweiterung der Brennelementfertigungsanlage Advanced Nuclear Fuels GmbH, Lingen (Deutschland)[124]
- Siemens AG Brennelementwerk, Betriebsteil Uran-Verarbeitung, Hanau (Deutschland)[125]
- Errichtung der zentralen Lagerstätte für radioaktive Abfälle, Département Aube (Frankreich)[126]
- Anlage zur Behandlung und Lagerung radioaktiver Abfälle „COVRA NV", Sloe (Niederlande)[127]

---

118 ABl. Nr. C 210 vom 20. 7. 1996, S. 24. S. zur Umweltsituation und zum Strahlenschutz im Pazifik die schriftliche Anfrage E-0195/97, ABl. Nr. C 186 vom 18. 6. 1997, S. 245. S. auch die schriftliche Anfrage P-3054/95, ABl. Nr. C 51 vom 21. 2. 1996, S. 67.

119 S. EuGH, Urteil vom 22. September 1988 in der Rechtssache 187/87 „Cattenom" (Saarland u. a. ./. Minister für Industrie, Post- und Fernmeldewesen und Fremdenverkehr u. a.), Slg. 1988, S. 5013.

120 S. hierzu die Empfehlung Nr. 1999/829/Euratom der Kommission vom 6. Dezember 1999 zur Anwendung des Artikels 37 des Euratom-Vertrags, ABl. Nr. L 324 vom 16. 12. 1999, S. 23 sowie die früheren Empfehlungen vom 16. November 1960 (ABl. Nr. 81 vom 21. 12. 1960, S. 1893/60), 82/181/Euratom (ABl. Nr. L 83 vom 29. 3. 1982, S. 15) und 91/4/Euratom (ABl. Nr. L 6 vom 9. 1. 1991, S. 16).

121 Zur Anwendung von Art. 37 zwischen 1985 und 1990 s. die Berichte der Kommission vom 15. 3. 1988 (KOM(88) 109 endg.) und 18. 12. 1990 (SEK(90) 2290 endg.).

122 ABl. Nr. L 105 vom 25. 4. 1990, S. 27.

123 ABl. Nr. L 337 vom 4. 12. 1990, S. 23.

124 ABl. Nr. L 356 vom 19. 12. 1990, S. 39.

125 ABl. Nr. L 142 vom 6. 6. 1991, S. 39.

126 ABl. Nr. L 324 vom 26. 11. 1991, S. 34.

127 ABl. Nr. L 121 vom 6. 5. 1992, S. 44.

- Uranverarbeitungsanlage „Quercus" der ENUSA in Saelices el Chico (Spanien)[128]
- Wiederaufarbeitungsanlage THORP, Sellafield (Vereinigtes Königreich)[129]
- Anlage zur Lagerung radioaktiver Abfälle, El Cabril, Sierra Albarrana (Spanien)[130]
- Kernkraftwerk Sizewell B (Vereinigtes Königreich)[131]
- Kernbrennstoff-Fertigungsanlage MELOX, Nuklearzentrum Marcoule (Frankreich)[132]
- Endlager für radioaktive Abfälle „KONRAD", Salzgitter (Deutschland)[133]
- Kernkraftwerk Chooz B (Frankreich)[134]
- Nukleare Basisanlage „TU5", Pierrelatte (Frankreich)[135]
- Stillegung des fortgeschrittenen gasgekühlten Reaktors Windscale, UKAEA, Windscale, Cumbria (Vereinigtes Königreich)[136]
- Abriß des Kernkraftwerks Vandellos 1, Vandellos-Hospitalet de l'Infant, Tarragona (Spanien)[137]
- Kernkraftwerk Civaux (Frankreich)[138]
- Mischoxidbrennstoffanlage Sellafield von British Nuclear Fuels plc, Sellafield, Cumbria (Vereinigtes Königreich)[139]
- Nukleares Aufbereitungs- und Konditionierungszentrum „Centraco" (Frankreich)[140]
- Lösungsmittelaufbereitungsanlage Sellafield von British Nuclear Fuels plc, Sellafield, Cumbria (Vereinigtes Königreich)[141]
- Endlager für schwach- und mittelaktiven Abfall in Loviisa (Finnland)[142]
- Zwischenlager Nord, Mecklenburg-Vorpommern (Deutschland)[143]
- Stillegung und Abbau des Kernkraftwerks Greifswald, Mecklenburg-Vorpommern (Deutschland)[144]
- Stillegung und Abbau des Kernkraftwerks Rheinsberg, Land Brandenburg (Deutschland)[145]
- Pilot-Konditionierungsanlage Gorleben (PKA), Niedersachsen (Deutschland)[146]
- Stillegung des Versuchsatomkraftwerks Kahl, Bayern (Deutschland)[147]

---

128 ABl. Nr. L 128 vom 14. 5. 1992, S. 26.
129 ABl. Nr. L 138 vom 21. 5. 1992, S. 36.
130 ABl. Nr. L 189 vom 9. 7. 1992, S. 40.
131 ABl. Nr. L 344 vom 26. 11. 1992, S. 40.
132 ABl. Nr. L 80 vom 24. 3. 1994, S. 24.
133 ABl. Nr. L 297 vom 18. 11. 1994, S. 39.
134 ABl. Nr. L 352 vom 31. 12. 1994, S. 6.
135 ABl. Nr. L 114 vom 20. 5. 1995, S. 28.
136 ABl. Nr. L 48 vom 27. 2. 1996, S. 13.
137 ABl. Nr. C 293 vom 5. 10. 1996, S. 3.
138 ABl. Nr. C 51 vom 21. 2. 1997, S. 5.
139 ABl. Nr. C 68 vom 5. 3. 1997, S. 4.
140 ABl. Nr. C 291 vom 25. 9. 1997, S. 8.
141 ABl. Nr. C 291 vom 25. 9. 1997, S. 9.
142 ABl. Nr. C 385 vom 19. 12. 1997, S. 2.
143 ABl. Nr. C 97 vom 9. 4. 1999, S. 9.
144 ABl. Nr. C 97 vom 9. 4. 1999, S. 10.
145 ABl. Nr. C 97 vom 9. 4. 1999, S. 11.
146 ABl. Nr. C 224 vom 6. 8. 1999, S. 5.
147 ABl. Nr. C 339 vom 26. 11. 1999, S. 6.

- Stillegung des Kernkraftwerks RWE-Bayernwerk Block A (KRB A) in Gundremmingen, Bayern (Deutschland)[148]
- Stillegung des Kernkraftwerks Dodewaard (Niederlande)[149]
- Stillegung und Abbau des Forschungs- und Meßreaktors Braunschweig (FMRB), Niedersachsen (Deutschland)[150]
- Forschungszentrum Karlsruhe (FzK), Baden-Württemberg (Deutschland)[151]
- Lager für radioaktive Abfälle „Centre de la Manche", Basse Normandie (Frankreich)[152]
- Teilabbau des Kernkraftwerkes Monts d'arrée (Frankreich)[153]
- Inbetriebnahme der Flüssigmetall-Entsorgungsanlage (LM DP) und der Abfallannahme-, Prüf-, Charakterisierungs- und Superverdichtungsanlage (WRACS) in Dounreay, Schottland (Vereinigtes Königreich)[154]
- Abbau des Kernkraftwerks Würgassen, Nordrhein-Westfalen (Deutschland)[155]
- Forschungs-Hochflußneutronenquelle (FRM-II) (Deutschland)[156]
- Forschungsstandort Rossendorf, Sachsen (Deutschland)[157]
- Anlage Comurhex, Pierrelatte (Frankreich)[158]
- Kernkraftwerk Emsland KKE (Deutschland)[159]
- Stillegung und Abbau des Forschungsreaktors ASTRA, Seibersdorf (Österreich)[160]
- Kernkraftwerk Sizewell A (Vereinigtes Königreich)[161]
- Kernkraftwerk Trillo I (Spanien)[162]
- Abbau des Kernkraftwerks Trawsfyngdd (Vereinigtes Königreich)[163]
- Abbau des Kernkraftwerks Berkeley (Vereinigtes Königreich)[164]
- Uran-Reinigungs- und Rückgewinnungsanlage (IARN), Socatri, Tricastin (Frankreich)[165]
- Kernkraftwerk Grohnde KWG (Deutschland)[166]
- Kernkraftwerk Unterweser (KKU) (Deutschland)[167]
- Kernkraftwerk Brokdorf KBR (Deutschland)[168]

148 ABl. Nr. C 37 vom 9. 2. 2000, S. 9.
149 ABl. Nr. C 186 vom 5. 7. 2000, S 5.
150 ABl. Nr. C 223 vom 4. 8. 2000, S. 2.
151 ABl. Nr. C 223 vom 4. 8. 2000, S. 3.
152 ABl. Nr. C 297 vom 19. 10. 2000, S. 7.
153 ABl. Nr. C 11 vom 13. 1. 2001, S. 5.
154 ABl. Nr. C 20 vom 23. 1. 2001, S. 4.
155 ABl. Nr. C 72 vom 6. 3. 2001, S. 2.
156 ABl. Nr. C 117 vom 21. 4. 2001, S. 2.
157 ABl. Nr. C 204 vom 20. 7. 2001, S. 9.
158 ABl. Nr. C 281 vom 5. 10. 2001, S. 8.
159 ABl. Nr. C 319 vom 14. 11. 2001, S. 14.
160 ABl. Nr. C 362 vom 18. 12. 2001, S. 4.
161 ABl. Nr. C 32 vom 5. 2. 2002, S. 20.
162 ABl. Nr. C 32 vom 5. 2. 2002, S. 21.
163 ABl. Nr. C 86 vom 10. 4. 2002, S. 10.
164 ABl. Nr. C 86 vom 10. 4. 2002, S. 11.
165 ABl. Nr. C 99 vom 24. 4. 2002, S. 5.
166 ABl. nr. C 99 vom 24. 4. 2002, S. 5.
167 ABl. Nr. C 99 vom 24. 4. 2002, S. 6.
168 ABl. Nr. C 105 vom 1. 5. 2002, S. 5.

- Kernkraftwerk Grafenrheinfeld (KKG) (Deutschland)[169]
- Kernkraftwerk Krümmel (Deutschland)[170]
- Kernkraftwerk Brunsbüttel (Deutschland)[171]
- Kernkraftwerk Isar KKI (Deutschland)[172]
- Abbau des Schnellreaktors Dounreay (UKAEA) (Vereinigtes Königreich)[173]
- Kernkraftwerk Neckarwestheim GKN (Deutschland)[174]
- Kernkraftwerk Hunterston A (Vereinigtes Königreich)[175]
- MOX-Demonstrationsanlage in Sellafield (Vereinigtes Königreich)[176]
- Kernkraftwerk Biblis (Deutschland)[177]
- Kernkraftwerk Gundremmingen II KRB II (Deutschland)[178]
- Konditionierungs- und Lagerungseinrichtung für radioaktive Abfälle CEDRA, Cadarache (Frankreich)[179].

Die Überprüfung radioaktiver Ableitungen und ihrer Auswirkungen auf andere Mitgliedstaaten ist eng verbunden mit der Frage der **Standortwahl** von Kernkraftwerken, die häufig an großen Flüssen in Grenznähe zu den Nachbarstaaten errichtet werden. Über den Regelungsbereich des Art. 37 hinaus und lange vor Erlaß der Richtlinie über die Prüfung der Umweltverträglichkeit[180] unterbreitete die Kommission dem Rat am 13. Dezember 1976 einen Vorschlag für eine Verordnung (EWG) über die Errichtung eines gemeinschaftlichen Konsultationsverfahrens für Kraftwerke, von denen Auswirkungen auf das Hoheitsgebiet eines anderen Mitgliedstaats ausgehen könnten[181]. Trotz positiver Stellungnahmen des Europäischen Parlaments[182] und des Wirtschafts- und Sozialausschusses[183] sah sich der Rat nur zur Annahme der kurzen Entschließung vom 20. November 1978 über den gegenseitigen Informationsaustausch über Fragen der Standortwahl beim Bau von Kraftwerken[184] (einschließlich Kernkraftwerken) in der Lage.

---

169 ABl. Nr. C 151 vom 25. 6. 2002, S. 12.
170 ABl. Nr. C 199 vom 22. 8. 2002, S. 2.
171 ABl. Nr. C 199 vom 22. 8. 2002, S. 3.
172 ABl. Nr. C 208 vom 3. 9. 2002, S. 2.
173 ABl. Nr. C 208 vom 3. 9. 2002, S. 2.
174 ABl. Nr. C 208 vom 3. 9. 2002, S. 3.
175 ABl. Nr. C 249 vom 16. 10. 2002, S. 21.
176 ABl. Nr. C 292 vom 27. 11. 2002, S. 7.
177 ABl. Nr. C 297 vom 29. 11. 2002, S. 2.
178 ABl. Nr. C 26 vom 4. 2. 2003, S. 13.
179 ABl. Nr. C 182 vom 1. 8. 2003, S. 24.
180 Richtlinie 85/337/EWG des Rates vom 27. Juni 1985 über die Umweltverträglichkeitsprüfung bei bestimmten öffentlichen und privaten Projekten, ABl. Nr. L 175 vom 5. 7. 1985, S. 40; geändert durch die Richtlinie 97/11/EG des Rates vom 3. März 1997, ABl. Nr. L 73 vom 14. 3. 1997, S. 5.
181 ABl. Nr. C 31 vom 8. 2. 1977, S. 3.
182 S. Entschließung zu den Voraussetzungen für eine gemeinschaftliche Standortpolitik für Kernkraftwerke unter Berücksichtigung ihrer Zumutbarkeit für die Bevölkerung, ABl. Nr. C 28 vom 9. 2. 1976, S. 12; Entwurf einer Entschließung zum Vorschlag der Kommission, ABl. Nr. C 183 vom 1. 8. 1977, S. 56; Entschließung zu Standortfragen für Kernkraftwerke in Grenzgebieten, ABl. Nr. C 327 vom 15. 12. 1980, S. 34.
183 S. Stellungnahme im ABl. Nr. C 114 vom 11. 5. 1977, S. 22.
184 ABl. Nr. C 286 vom 30. 11. 1978, S. 1.

V. Investitionen

Nach Art. 2 lit. c) EAGV hat die Gemeinschaft „die Investitionen zu erleichtern und, insbesondere durch Förderung der Unternehmen, die Schaffung der wesentlichen Anlagen sicherzustellen, die für die Entwicklung der Kernindustrie in der Gemeinschaft notwendig sind". Zur Erfüllung dieser Aufgabe hält das Kapitel IV in den Art. 40 bis 44 EAGV zwei Instrumente bereit: das **hinweisende Programm** (Art. 40) und die **Prüfung von Investitionsvorhaben** (Art. 41 bis 44). Als drittes Instrument sehen die Haushaltsbestimmungen der Art. 171 ff. EAGV zudem die Möglichkeit einer **finanziellen Förderung** der Investitionen vor.

1. Die hinweisenden Programme

Der Typus des hinweisenden Programms entstammt den Regelungen des Art. 46 EGKSV und verfolgt dort das Ziel, „entsprechend den Aufgaben der Gemeinschaft allen Beteiligten Hinweise für ihre Tätigkeit zu geben" und der Gemeinschaft zu erlauben, „ihr eigenes Handeln nach Maßgabe dieses Vertrags zu bestimmen".

Nichts anderes gilt nach Art. 40 EAGV:

> „Um die Initiative der Personen und Unternehmen anzuregen und eine abgestimmte Entwicklung ihrer Investitionen auf dem Kerngebiet zu erleichtern, veröffentlicht die Kommission in regelmäßigen Abständen hinweisende Programme, insbesondere hinsichtlich der Ziele für die Erzeugung von Kernenergie und der im Hinblick hierauf erforderlichen Investitionen aller Art.
> Vor der Veröffentlichung holt die Kommission die Stellungnahme des Wirtschafts- und Sozialausschusses zu diesen Programmen ein."

Ihr **erstes** hinweisendes Programm veröffentlichte die Kommission im März 1966 als „Erstes Hinweisendes Programm für die Europäische Atomgemeinschaft: Erzeugung elektrischer Energie mittels Kernreaktoren; Dokumentation, Lage und Perspektive der Kernenergie in der Europäischen Gemeinschaft"[185]. Das **zweite** Programm folgte 1972 unter dem Titel „Die Kernindustrie in der Gemeinschaft"[186] und das **dritte** war überschrieben „Die Kernindustrie in der Gemeinschaft, Hinweisendes Nuklearprogramm gem. Art. 40 Euratom-Vertrag"[187]. Dieses dritte Programm wurde 1990 aktualisiert unter dem Titel „Die Nuklearindustrie in der Gemeinschaft – Die Industrie für Planung und Bau von Kernkraftwerken angesichts der Vollendung des Europäischen Binnenmarkts"[188]. Es untersuchte insbesondere den damaligen und den künftigen Markt für Kernkraftwerke, Komponenten und Dienstleistungen. Im Hinblick auf die Vollendung des Binnenmarktes für Energie und Kernenergie befaßte sich das Programm eingehend mit der Notwendigkeit der Entwicklung einer europäischen Normung im Bereich der Kernenergie sowie mit dem Erfordernis einer stärke-

---

185 Brüssel, EUR 2773 d.
186 Brüssel, 1. 7. 1972, EUR 5011.
187 Vom 23. 7. 1985 (KOM(85) 401 endg.).
188 KOM(89) 347 endg. vom 7. 2. 1990. Siehe dazu die Stellungnahme des Wirtschafts- und Sozialausschusses vom 19. 12. 1989, ABl. Nr. C 62 vom 12. 3. 1990, S. 7.

ren Kooperation zwischen den die Kernkraft nutzenden Mitgliedstaaten. Als Beispiel einer solchen Zusammenarbeit erörterte das Dokument insbesondere die Möglichkeit der gemeinsamen Entwicklung eines schnellen Brüters innerhalb des nächsten Jahrzehnts. Das **vierte** Programm wurde als „Mitteilung der Kommission über die Kernindustrie in der Europäischen Union" am 25. September 1997[189] bekanntgemacht und gab im wesentlichen einen Statusbericht über die Lage des Nuklearsektors in der Gemeinschaft. Die inhaltlichen Schwerpunkte des 45 Seiten umfassenden Dokuments liegen im Bereich der Wettbewerbs- und Umweltaspekte der Kernenergie, wobei sich die Kommission bemüht zeigt, die freie Entscheidung der Mitgliedstaaten für oder gegen die Option Kernenergie in keiner Weise zu beeinflussen[190]. Als neue technische Entwicklung wird der Europäische Druckwasserreaktor (EPR) vorgestellt, der sich in der Detail-Entwurfsphase befindet und dessen Prototyp in den nächsten Jahren gebaut werden könnte.

2. Die Prüfung der Investitionsvorhaben

Nach Art. 41 EAGV haben die Personen und Unternehmen, die zu den in Anhang II des Vertrages genannten Industriezweigen gehören[191], der Kommission ihre „Investitionsvorhaben für neue Anlagen sowie für Ersatzanlagen oder Umstellungen anzuzei-

---

189 KOM(97) 401 endg. S. dazu die umfangreiche Stellungnahme des Wirtschafts- und Sozialausschusses im ABl. Nr. C 206 vom 7.7.1997, S. 88.

190 A. a. O. S. 5. Hierbei verzeichnet das Dokument in Anlage 2 auf S. 41 folgende Anteile der Kernenergie an der Elektrizitätserzeugung (in %):

	1990	1995	2000
Belgien	60,8	55,5	58,7
Deutschland	27,8	29,6	26,0
Spanien	35,9	34,1	34,2
Frankreich	75,5	76,1	76,0
Niederlande	4,9	4,9	4,8
Finnland	35,3	29,9	25,2
Schweden	46,7	46,5	47,6
Vereinigtes Königreich	20,7	24,9	23,4
EUR-15	33,6	34,8	33,1

N. B. Am 11. Juni 1997 hat das schwedische Parlament den Ausstieg aus der Kernenergie beschlossen (s. Financial Times vom 12. 6. 1997, S. 2). Zwischen 1998 und 2001 sollten zwei Kernreaktoren stillgelegt werden.

191 ANHANG II
INDUSTRIEZWEIGE
auf die in Artikel 41 des Vertrages Bezug genommen ist
1. Gewinnung von Uran- und Thoriumerzen
2. Konzentrierung dieser Erze
3. Chemische Aufbereitung und Raffinierung der Uran- und Thoriumkonzentrate
4. Aufbereitung der Kernbrennstoffe in jeglicher Form
5. Herstellung von Kernbrennstoffelementen
6. Herstellung von Uranhexafluorid
7. Erzeugung angereicherten Urans
8. Aufbereitung bestrahlter Brennstoffe zur Trennung aller oder eines Teils der darin enthaltenen Elemente
9. Herstellung von Reaktormoderatoren

gen". Art und Umfang der anzuzeigenden Vorhaben bestimmen sich nach Merkmalen, die der Rat festlegt[192]. Die Vorhaben sind der Kommission sowie dem betreffenden Mitgliedstaat spätestens drei Monate vor Abschluß der ersten Lieferverträge bzw. drei Monate vor Beginn der Arbeiten mitzuteilen (Art. 42 EAGV). Die Kommission erörtert sodann die Vorhaben mit den Beteiligten unter dem Gesichtspunkt der Ziele des Vertrages und teilt ihre Auffassung dem betreffenden Mitgliedstaat mit (Art. 43 EAGV). Mit Zustimmung der beteiligten Mitgliedstaaten, Personen und Unternehmen kann die Kommission die ihr mitgeteilten Investitionsvorhaben veröffentlichen (Art. 44 EAGV).

3. Die finanzielle Förderung der Investitionen

Während im Dritten Titel, Kapitel III EGKSV „Investitionen und finanzielle Hilfe" systematisch miteinander verbunden und zusammen geregelt werden (Art. 54 ermöglicht sowohl eine direkte wie indirekte finanzielle Förderung der EGKS-Unternehmen), enthält das Kapitel IV EAGV selbst keine Finanzierungsregelungen. Diese sind im Vierten Titel in den Finanzvorschriften der Art. 171 ff. EAGV enthalten. Sie sehen neben dem Verwaltungshaushalt einen eigenen **„Forschungs- und Investitionshaushalt"** vor, der aus den Eigenmitteln der Gemeinschaft gemäß Art. 173 EAGV gespeist wird. Außerdem kann die Gemeinschaft nach Art. 172 Abs. 4 EAGV auf den Kapitalmärkten der Mitgliedstaaten **Anleihen** zur Finanzierung der Investitionen aufnehmen, wobei der Rat die Bedingungen der Aufnahmen bestimmt. Die im Forschungs- und Investitionshaushalt enthaltenen Ausgaben umfassen nach Art. 174 Abs. 2 EAGV insbesondere:

> „a) die Ausgaben für die Durchführung des Forschungsprogramms der Gemeinschaft,
> b) die etwaige Beteiligung an dem Kapital der Agentur und an deren Investitionsausgaben,
> c) die Ausgaben für die Ausstattung von Unterrichtsanstalten,
> d) die etwaige Beteiligung an den gemeinsamen Unternehmen und an bestimmten gemeinsamen Vorhaben."

---

10. Erzeugung von hafniumfreiem Zirkonium oder von Verbindungen hafniumfreien Zirkoniums
11. Kernreaktoren aller Typen und für jeglichen Zweck
12. Anlagen für die industrielle Aufbereitung radioaktiver Abfälle, die in Verbindung mit einer oder mehreren der in dieser Liste genannten Anlagen errichtet werden
13. Halbindustrielle Einrichtungen für die Vorbereitung des Baus von Anlagen, die unter die Ziffern 3 bis 10 fallen.

192 S. Verordnung (Euratom) Nr. 2587/1999 des Rates vom 2. Dezember 1999 zur Bestimmung der Investitionsvorhaben, die der Kommission gemäß Artikel 41 des Vertrags zur Gründung der Europäischen Atomgemeinschaft anzuzeigen sind, ABl. Nr. L 315 vom 9. 12. 1999, S. 1, mit der die seit 1958 geltende Verordnung Nr. 4 (ABl. Nr. 17 vom 6. 10. 1958, S. 417/58) aufgehoben wurde. S. dazu die Verordnung (Euratom) Nr. 1209/2000 der Kommission vom 8. Juni 2000 über die Durchführungsbestimmungen für die in Artikel 41 des Vertrages zur Gründung der Europäischen Atomgemeinschaft vorgeschriebenen Anzeigen, ABl. Nr. L 138 vom 9. 6. 2000, S. 12, mit der die seit 1958 geltende Verordnung Nr. 1 (ABl. Nr. 25 vom 27. 11. 1958, S. 511/58) aufgehoben wurde. S. zuletzt Verordnung (Euratom) Nr. 1352/2003 der Kommission vom 23. Juli 2003 zur Änderung der Verordnung (Euratom) Nr. 1209/2000, ABl. Nr. L 192 vom 31. Juli 2003, S. 15.

Weitere Regelungen zu den Forschungs- und Investitionsausgaben, insbesondere zu den Verpflichtungs- und Zahlungsermächtigungen, zum Fälligkeitsplan und zur Haushaltsgliederung werden in Art. 176 EAGV getroffen.

Schon im Jahre 1971 legte die Kommission dem Rat den Entwurf einer Entschließung betreffend die **Aufnahme von Anleihen** für einen Beitrag der Gemeinschaft zur Finanzierung von Kernkraftwerken vor[193]. In Beantwortung einer schriftlichen Anfrage[194] wies die Kommission darauf hin, daß die aus dem Anleiheaufkommen gewährten Darlehen den Stromerzeugern zu einem Zinssatz gewährt werden sollten, der dem Schuldendienst der Europäischen Atomgemeinschaft für die von ihr auf dem Kapitalmarkt aufgenommenen Anleihen entspricht. Ohne daß der Euratom-Haushalt hierdurch belastet werde, könnten auf diese Weise die Stromerzeuger dank der finanziellen Stellung von Euratom in den Genuß der jeweils günstigsten Anleihebedingungen kommen. Erst unter dem Eindruck der ersten Ölkrise faßte der Rat den Beschluß Nr. 77/270/Euratom vom 29. März 1977 zur Ermächtigung der Kommission, im Hinblick auf einen Beitrag für die Finanzierung von Kernkraftanlagen Euratom-Anleihen aufzunehmen[195], und bestimmte hierfür einen Höchstbetrag von 500 Millionen Europäischen Rechnungseinheiten (ERE)[196].

Im Laufe der folgenden Jahre wurde der Höchstbetrag schrittweise auf 1 Milliarde[197], 2 Milliarden[198], 3 Milliarden[199] und gegenwärtig auf 4 Milliarden ECU[200] aufgestockt[201]. Nach dem Zerfall des sowjetischen Machtbereichs ermächtigte der Rat die Kommission mit Beschluß vom 21. März 1994[202] zum Zwecke der **Sanierung der Kernindustrie osteuropäischer Länder**[203] Anleihen aufzunehmen[204], deren Erlös in Form von Darlehen zur Finanzierung von Vorhaben bestimmt ist, mit denen die

---

193 ABl. Nr. C 106 vom 23. 10. 1971, S. 5.

194 Schriftliche Anfrage Nr. 223/72 vom 14. Juli 1972, ABl. Nr. C 125 vom 1. 12. 1972, S. 5.

195 ABl. Nr. L 88 vom 6. 4. 1977, S. 9.

196 Beschluß Nr. 77/271/Euratom des Rates vom 29. März 1977 zur Durchführung des Beschlusses 77/270/Euratom, ABl. Nr. L 88 vom 6. 4. 1977, S. 11. Aus dieser ersten Tranche wurden Darlehen an fünf Unternehmen vergeben (s. Schriftliche Anfrage Nr. 1656/79 vom 11. Februar 1980, ABl. Nr. C 150 vom 18. 6. 1980, S. 20).

197 S. Beschluß Nr. 80/29/Euratom des Rates vom 20. Dezember 1979, ABl. Nr. L 12 vom 17. 1. 1980, S. 28.

198 S. Beschluß Nr. 82/170/Euratom des Rates vom 15. März 1982, ABl. Nr. L 78 vom 24. 3. 1982, S. 21.

199 S. Beschluß Nr. 85/537/Euratom des Rates vom 5. Dezember 1985, ABl. Nr. L 334 vom 12. 12. 1985, S. 23.

200 S. Beschluß Nr. 90/212/Euratom des Rates vom 23. April 1990, ABl. Nr. L 112 vom 3. 5. 1990, S. 26.

201 Zuletzt schlug die Kommission Ende 2002 vor, den Höchstbetrag auf 6 Milliarden EURO anzuheben (s. KOM(2002) 456 und 457 endg., ABl. Nr. C 45 E vom 25. 2. 2003, S. 194 und 201).

202 Beschluß 94/179/Euratom des Rates zur Änderung des Beschlusses 77/270/Euratom, ABl. Nr. L 84 vom 29. 3. 1994, S. 41.

203 Bulgarien, Ungarn, Litauen, Rumänien, Slowenien, Tschechische Republik, Slowakische Republik, Russische Föderation, Armenien, Ukraine.

204 Schon im Juni 1990 hatte die Kommission vorgeschlagen, den Beschluß 77/270/Euratom zu ändern, um Euratom-Anleihen zur Finanzierung von Investitionsvorhaben in der Deutschen Demokratischen Republik aufzunehmen, s. ABl. Nr. C 191 vom 31. 7. 1990, S. 16.

Sicherheit und der Wirkungsgrad der Kernkraftanlagen in diesen Ländern verbessert werden sollen[205].

Zusätzlich zu den Maßnahmen im Rahmen ihrer Anleihetätigkeit ist die Gemeinschaft seit den 90er Jahren an der **Finanzierung der Aufbau- und Sanierungsarbeiten im Nuklearsektor in Ost- und Mitteleuropa** sowie in der **GUS** beteiligt. So steuerte Euratom zu dem bei der Europäischen Bank für Wiederaufbau und Entwicklung (EBWE)[206] in London eingerichteten **Konto „Nukleare Sicherheit"**, das ebenfalls Maßnahmen zur Verbesserung des Niveaus der nuklearen Sicherheit in den Ländern Mittel- und Osteuropas finanziert, 20 Mio ECU bei[207]. Als Begleitmaßnahme beschloß der Rat weiterhin die Einrichtung eines gemischten **EG/Euratom-Garantiefonds**[208], um die Risiken zu decken, die mit Darlehen oder Garantien für Darlehen verbunden sind, die Drittländern oder für Vorhaben in Drittländern gewährt werden[209]. Im Jahre 1998 und 1999 leistete die Gemeinschaft an den bei der EBWE eingerichteten **Fonds zur Ummantelung des Tschernobyl-Reaktors** einen Beitrag von bis zu 100 Millionen ECU[210]. Ende 1999 folgte im Anschluß an die **TACIS-Programme** die Verordnung (EG, Euratom) Nr. 99/2000 des Rates vom 29. Dezember 1999 über die Unterstützung der Partnerstaaten in Osteuropa und Mittelasien[211], die für die Jahre 2000 bis 2006 u.a. auch ein **Programm zur Förderung der nuklearen Sicherheit** vorsieht[212].

Ebenfalls außerhalb der Investitionsförderung des Euratom-Vertrages unterstützte die Gemeinschaft im Rahmen von Rückerstattungen an die Nettozahler Deutschland und Vereinigtes Königreich in der ersten Hälfte der 80er Jahre Nuklearprojekte in beiden Ländern, wie in Deutschland den Schnellen Brüter SNR 300 in Kalkar und den Thorium Hochtemperaturreaktor THTR-300 Schmehausen sowie in England das Kernkraftwerk Heysham II[213].

---

205 A. a. O. Art. 1. S. zu den Vergabenbedingungen auch die schriftliche Anfrage E-2880/94, ABl. Nr. C 139 vom 5. 6. 1995, S. 44.

206 S. Beschluß 90/674/EWG des Rates vom 19. November 1990 über den Abschluß des Übereinkommens zur Errichtung der Europäischen Bank für Wiederaufbau und Entwicklung, ABl. Nr. L 372 vom 31. 12. 1990, S. 1. S. dazu auch den Beschluß des Rates der Gouverneure vom 11. Juni 1990 über die Mitgliedschaft der Europäischen Investitionsbank in der Europäischen Bank für Wiederaufbau und Entwicklung, ABl. Nr. L 377 vom 31. 12. 1990, S. 3.

207 S. Beschluß 94/479/EG des Rates vom 29. März 1994, ABl. Nr. L 200 vom 3. 8. 1994, S. 33.

208 S. Verordnung (EG, Euratom) Nr. 2728/94 des Rates vom 31. Oktober 1994, ABl. Nr. L 293 vom 12. 11. 1994; geändert durch Verordnung (EG, Euratom) Nr. 1149/1999 des Rates vom 25. Mai 1999, ABl. Nr. L 139 vom 2. 6. 1999, S. 1.

209 S. zur Aufstockung der EIB-Darlehen auch die schriftliche Anfrage E-1918/95, ABl. Nr. C 326 vom 6. 12. 1995, S. 13.

210 S. Beschluß 98/381/EG, Euratom des Rates vom 5. Juni 1998 über den Beitrag der Gemeinschaft an die Europäische Bank für Wiederaufbau und Entwicklung zu dem Fonds für die Ummantelung des Tschernobyl-Reaktors, ABl. Nr. L 171 vom 17. 6. 1998, S. 31.

211 ABl. Nr. L 12 vom 18. 1. 2000, S. 1.

212 S. Art. 2 Abs. 5 der Verordnung.

213 S. hierzu unten 3. Teil F. II. 1.

4. Staatliche Beihilfen für den Nuklearsektor

Seit Anbeginn der Gemeinschaften stellt sich die Frage der **Herstellung einheitlicher Wettbewerbsbedingungen der Energieträger** im gemeinsamen Markt. Sie betrifft den grenzüberschreitenden Wettbewerb innerhalb der einzelnen Energiesparten sowie den Wettbewerb der verschiedenen Energieträger untereinander und gilt insbesondere der Zulässigkeit nationaler Beihilfen. Schon das Protokoll vom 8. Oktober 1957 zwischen Ministerrat und Hoher Behörde über Mittel und Wege zu einer koordinierten Energiepolitik[214] stellte fest, daß „eine Divergenz" der nationalen Energiepolitiken „die Bedingungen des Wettbewerbs zwischen den Verbraucherindustrien" berührt[215]. Noch deutlicher äußerten sich die Regierungen der Mitgliedstaaten im Protokoll eines Abkommens betreffend die Energiefragen vom 21. April 1964[216], in welchem sie eine gemeinsame Energiepolitik forderten, und zwar insbesondere in bezug auf „die Wettbewerbsregeln und -bedingungen für die verschiedenen Energieträger"[217], um „Verzerrungen zwischen den Produzenten der Gemeinschaft, die den Gemeinsamen Markt stören könnten, zu vermeiden"[218]. Trotz dieser und weiterer Absichtserklärungen ist es in der Folgezeit weder zu einer gemeinsamen und einheitlichen Energiepolitik gekommen, noch wurden die unterschiedlichen Wettbewerbsbedingungen der einzelnen Energieträger einander angeglichen. Der Aufbau des Nuklearsektors wurde in allen Mitgliedstaaten, die sich für die zivile Nutzung der Kernkraft entschieden, mit öffentlichen Mitteln gefördert und die Steinkohle seit 1965 trotz Art. 4 lit. c) EGKSV durch massive Gemeinschaftsbeihilfen aus nationalen Mitteln der Förderländer subventioniert. Allein die dem EWG/EG-Vertrag unterfallenden Energieträger unterlagen der strengen Beihilfedisziplin der Art. 87 bis 89 (ex-Art. 92 bis 94) EGV. Doch während der EGKS- und EWG/EG-Vertrag eine **Beihilfekontrolle** vorsehen, enthält der Euratom-Vertrag diesbezüglich keine Regelungen, was zu der Frage Anlaß gab und gibt, ob Art. 87 bis 89 (ex-Art. 92 bis 94) EGV insoweit subsidiär auf staatliche Behilfen im Nuklearsektor anzuwenden sind.

Zunächst wurde das Problem staatlicher Beihilfen für die Atomwirtschaft in vereinzelten parlamentarischen Anfragen aufgeworfen[219]. In ihren Antworten teilte die Kommission im Ergebnis stets mit, daß ihr keine Anhaltspunkte für mit Gemeinschaftsrecht nicht zu vereinbarenden Beihilfen zugunsten des Nuklearsektors vorlägen. Konkret auf die steuerliche Privilegierung von Rückstellungen für die Entsorgung von Brennelementen und die Beseitigung von Anlagen nach der Einstellung des Betriebs angesprochen, antwortete die Kommission, daß es sich hierbei um eine Frage

---

214 ABl. vom 7. 12. 1957, S. 574/57.

215 A. a. O. S. 575/57.

216 ABl. Nr. 69 vom 30. 4. 1964, S. 1099/64.

217 A. a. O. Ziffer I (Nr. 5, 3. Gedankenstrich).

218 A. a. O. Ziffer II (Nr. 6 a)).

219 S. schriftliche Anfrage Nr. 1412/93 (Subventionen für französischen Strom), ABl. Nr. C 327 vom 3. 12. 1993, S. 31; schriftliche Anfrage E-0175/97 (Wettbewerbspolitik und Finanzierung der Kernenergie in Europa), ABl. Nr. C 319 vom 18. 10. 1997, S. 31; schriftliche Anfrage E-2472/97 (Beihilfen für die deutsche Atomwirtschaft), ABl. Nr. C 76 vom 11. 3. 1998, S. 114; schriftliche Anfrage E-2650/98 (Unerlaubte Subvention für Atomstrom), ABl. Nr. C 135 vom 14. 5. 1999, S. 85.

des nationalen Rechtes handele und „keine staatliche Beihilfe im Sinne des Art. 92 (1) EG-Vertrag“ vorläge. Im übrigen komme es stets auf die Lage im Einzelfall an[220].

Während die Position der Kommission zur Frage einer möglichen Anwendung der Art. 87 bis 89 EGV auf staatliche Beihilfen im Nuklearsektor somit eine gewisse dogmatische Zurückhaltung erkennen läßt, scheint das Schrifttum – zumal das wettbewerbsrechtliche – die Anwendbarkeit dieser Artikel nahezu einhellig zu bejahen[221]. So gelangte *Pechstein*[222] zu der Schlußfolgerung: „Eine Anwendung des Beihilfenrechts des EG-Vertrags auf mitgliedstaatliche Maßnahmen im Bereich der Kernenergie ist grundsätzlich möglich .... Das Verhältnis der Verträge zueinander steht dem nicht im Wege. Der gemeinschaftsrechtlich geschaffene Elektrizitätsbinnenmarkt kann daher auch vor Wettbewerbsverzerrungen durch unkontrollierte Beihilfen für Kernkraftbetreiber geschützt werden“[223]. Der EuGH und das GeI sind mit der Frage der Anwendbarkeit der Art. 87 bis 89 EGV auf staatliche Beihilfen für den Nuklearsektor bislang nicht befaßt worden. Die Frage könnte sich allerdings im Rahmen von drei kürzlich beim GeI anhängig gemachten Rechtssachen stellen[224].

Die Frage ist zu verneinen[225]. Hierbei sind zunächst alle Ansätze zu verwerfen, die in der Errichtung des Binnenmarktes für Elektrizität[226] ein für die Lösung des Problems rechtlich relevantes und in der Sache entscheidendes Faktum sehen. Der Binnenmarkt für Elektrizität ist eine Schöpfung des **Sekundärrechts** der EWG/EG, das für das **primärrechtliche** Verhältnis zwischen EG- und Euratom-Vertrag ohne Belang ist. Zudem wurde Elektrizität lange vor der Errichtung des Binnenmarktes zwischen den Mitgliedstaaten gehandelt, ebenso wie Atomstrom lange davor mit Elektrizität aus anderen Energiequellen in Konkurrenz stand.

---

220 Schriftliche Anfrage E-2650/98, a. a. O.

221 S. statt aller m. w. N. *Jonathan Faull, Ali Nikpay* (Ed.), The EC Law of Competition, Oxford 1999, p. 374: „The full panoply of the EC rules are available to remedy market distorsions in the domain governed by the Euratom Treaty“.

222 *Matthias Pechstein*, Elektrizitätsbinnenmarkt und Beihilfenkontrolle im Anwendungsbereich des Euratom-Vertrags, EuZW 2001, S. 307.

223 A. a. O. S. 311.

224 Rechtssache T-291/01 (Dessauer Versorgungs- und Verkehrsgesellschaft mbH u. a. ./. Kommission), ABl. Nr. C 44 vom 16. 2. 2002, S. 19; Rechtssache T-92/02 (Stadtwerke Schwäbisch Hall GmbH u. a. ./. Kommission), ABl. Nr. C 144 vom 15. 6. 2002, S. 54. In beiden Fällen geht es um die Frage, ob die steuerliche Behandlung von Rückstellungen für die Entsorgung und Stillegung von Kernkraftwerken in Deutschland Beihilfen i. S. des Art. 87 Abs. 1 EGV darstellen. Die Kommission hatte diese Frage mit Entscheidung C (2001) 3967 endg. vom 11. Dezember 2001 verneint. In einem weiteren Fall, der Rechtssache T-124/03 (AES Drax Power Ltd ./. Kommission), ABl. Nr. C 135 vom 7. 6. 2003, S. 37, geht es um Beihilfen der britischen Regierung zugunsten von British Energy plc., einem Hauptelektrizitätsproduzenten und Betreiber von Kernkraftwerken im Vereinigten Königreich. S. dazu auch die Aufforderung zur Abgabe einer Stellungnahme gemäß Artikel 88 Abs. 2 EG-Vertrag – Umstrukturierungsbeihilfe für British Energy plc., ABl. Nr. C 180 vom 31. 7. 2003, S. 5. In einem vierten Fall, der Rechtssache C-207/01 (Altair ./. ENEL) wurde die Frage staatlicher Beihilfen für den Nuklearsektor nicht aufgeworfen, obwohl es um gesetzlich vorgesehene Zuschläge zu Elektrizitätskosten ging, die u. a. der Abdeckung der Kosten der Stillegung von Kernkraftwerken dienen, s. EuGH, Urteil vom 11. September 2003, noch unveröff.

225 S. auch *Thomas Finnbar Cusack*, A Tale of two Treaties, An Assessment of the Euratom Treaty in Relation to the EC Treaty, CMLR 2003, p. 117.

226 S. hierzu unten F. VI.

Auch Art. 305 (ex-Art. 232) Abs. 2 EGV, wonach der EG-Vertrag die Vorschriften des Euratom-Vertrages nicht beeinträchtigt, ist für die Beantwortung der vorliegenden Frage allein wenig aussagekräftig, da diese Vorschrift lediglich Ausdruck der ohnehin offensichtlichen Spezialität des Euratom-Vertrages ist (lex specialis derogat legi generali)[227]. Entscheidend ist vielmehr, ob der Euratom-Vertrag als spezieller Normenkomplex das von ihm geregelte Sachgebiet ausschließlich und abschließend behandelt oder nicht, d. h. auf die vorliegende Frage bezogen, ob das Fehlen einer „nuklearen" Beihilfekontrolle aus der Sicht des Euratom-Vertrages eine gewollte oder eine planwidrige Lücke darstellt. Nur im letztgenannten Falle ware eine subsidiäre Anwendung des EG-Beihilferechts möglich.

Um diese Frage entscheiden zu können, sind Ziel und Regelungswille des Euratom-Vertrages zu untersuchen. Art. 1 EAGV bestimmt:

> „Aufgabe der Atomgemeinschaft ist es, durch die Schaffung der für die schnelle Bildung und Entwicklung von Kernindustrien erforderlichen Voraussetzungen zur Hebung der Lebenshaltung in den Mitgliedstaaten und zur Entwicklung der Beziehung mit den anderen Ländern **beizutragen.**"

Zur Verwirklichung dieses Zieles sieht der Vertrag in seinem zweiten Titel („Die Förderung des Fortschritts auf dem Gebiet der Kernenergie") in zehn Kapiteln zehn einzelne Regelungsbereiche auf dem Gebiet der Nuklearpolitik vor, die in sich konzeptuell geschlossen formuliert sind. Hierbei gelten die Regelungen des Kapitels IV nicht nur für „Investitionen **aller** Art" (Art. 40), sondern auch für „**alle** Gesichtspunkte der Investitionsvorhaben" (Art. 43), einschließlich der Art der Finanzierung[228]. Nach Art. 43 hat die Kommission das Recht und die Pflicht, die Investitionsvorhaben mit den Personen und Unternehmen zu erörtern und ihre Auffassung dem betreffenden Mitgliedstaat mitzuteilen. Hingegen hat die Kommission nicht das Recht, das Investitionsvorhaben oder die Art seiner Finanzierung zu verbieten oder von einer vorherigen Beihilfekontrolle abhängig zu machen. Wenn hier von der Kommission die Rede ist, so ist mit diesem Begriff die **Euratom**-Kommission gemeint, die aus der Sicht der Gründungsverträge von der **EWG**-Kommission zu unterscheiden ist und die bis zum Inkrafttreten des Fusionsvertrages[229] und der Gründung der Gemeinsamen Kommission ein **institutionell selbständiges Organ** war[230]. Hätten die Vertragsväter der fachlich zuständigen Euratom-Kommission Kontrollrechte im Bereich der Nuklearbeihilfen vorenthalten, nur um eine andere Behörde, die EWG-Kommission, mit ihnen zu betrauen? Hätte sich die Euratom-Kommission nach Art. 43 EAGV erst

---

227 S. zur Spezialität des Euratom-Vertrages im Verhältnis zum EG-Vertrag *Rudolf Lukes*, Das Verhältnis des EAG-Vertrages zum EWG/EG-Vertrag, in: *Ole Due, Marcus Lutter, Jürgen Schwarze* (Hrsg.), Festschrift für *Ulrich Everling*, Band I, Baden-Baden 1995, S. 741 (742).

228 S. auch Ziffer 1.7. des Anhangs zur Verordnung (EURATOM) Nr. 1209/2000 der Kommission vom 8. Juni 2000 über die Durchführungsbestimmungen für die in Artikel 41 des Vertrags zur Gründung der Europäischen Atomgemeinschaft vorgeschriebenen Anzeigen, ABl. Nr. L 138 vom 9. 6. 2000, S. 12.

229 Vertrag zur Einsetzung eines gemeinsamen Rates und einer gemeinsamen Kommission der Europäischen Gemeinschaften vom 8. April 1965; in Kraft getreten am 1. Juli 1967, ABl. Nr. 152 vom 13. 7. 1967, S. 1.

230 Selbstredend waren auch die EWG-Kommission, die Euratom-Kommission sowie die Hohe Behörde der EGKS personell unterschiedlich besetzt.

äußern dürfen, nachdem eine eventuelle (positive) Beihilfeentscheidung der EWG-Kommission getroffen worden wäre? Oder hätte die Euratom-Kommission Investitionsvorhaben nach dieser Vorschrift nur unter dem Vorbehalt einer positiven Entscheidung der EWG-Kommission erörtern dürfen? Welchen Sinn hätte eine solche Erörterung und die Mitteilung der Auffassung der Euratom-Kommission an den betreffenden Mitgliedstaat gehabt, wenn die Beihilfeentscheidung der EWG-Kommission schon vorher negativ ausgefallen wäre? Hätte die EWG-Kommission ein für die Erreichung der Ziele des Euratom-Vertrags wichtiges Investitionsvorhaben qua Beihilfekontrolle gegen den Willen der für dieses Vorhaben zuständigen Euratom-Kommission vereiteln können? Diese Fragen stellen, heißt sie beantworten.

Den Vertragsvätern und Autoren des Euratom-Vertrags war die spezielle Problematik staatlicher Beihilfen in **sektoriellen** Bereichen durchaus vertraut. Die Art. 36 (ex-Art. 42) und 73 (ex-Art. 77) EGV sowie die Art. 4 lit. c), 54 und 67 EGKSV legen hiervon Zeugnis ab. Im Gegensatz zur Regelung des Art. 4 lit. c) EGKSV entschieden sie sich aber im Euratom-Vertrag weder für ein Beihilfeverbot noch für eine Antikumulierungsregel, wie sie Art. 54 Abs. 5 EGKSV enthält, der eine Gemeinschaftsförderung von Investitionsvorhaben verbietet, wenn diese gleichzeitig in den Genuß nationaler Beihilfen kommen.

Der Euratom-Vertrag enthält keine derartige Regelung, obgleich auch er die Finanzierung von Investitionen ermöglicht (Art. 172 Abs. 4, 174 Abs. 2 EAGV), um „die Investitionen zu erleichtern", insbesondere „durch Förderung der Initiative der Unternehmen" (Art. 2 lit. c) EAGV). Im Gegenteil, die Gemeinschaftspraxis zeigt, daß gerade solche Nuklearvorhaben durch die Gemeinschaft gefördert wurden, die auch mit nationalen öffentlichen Mitteln subventioniert wurden[231].

Des weiteren zeigt die Gemeinschaftspraxis, daß sowohl den Vertragsvätern wie den Regierungen der Mitgliedstaaten bewußt war, daß das Ziel des Euratom-Vertrages, „die Voraussetzungen für die Entwicklung einer mächtigen Kernindustrie zu schaffen"[232], in der gebotenen Schnelligkeit[233] ohne massive staatliche Beihilfen nicht zu

231 S. z. B. Art. 3 Abs. 1 der Verordnung (EWG) Nr. 625/83 des Rates vom 15. März 1983 betreffend im Gemeinschaftsinteresse liegende Sondermaßnahmen auf dem Gebiet der Energiestrategie, ABl. Nr. L 73 vom 19. 3. 1983, S. 8: „Vorhaben oder Maßnahmen kommen für eine finanzielle Beteiligung der Gemeinschaft in Betracht, **wenn sie vollständig oder teilweise von der öffentlichen Hand finanziert werden**..." In Deutschland kamen hiernach der Schnelle Brüter in Kalkar und der Thorium-Hochtemperatur-Reaktor in Schmehausen (Hamm-Uentrop) in den Genuß einer Gemeinschaftsförderung (s. Anlage zur Entscheidung 83/122/EWG der Kommission vom 23. März 1983, ABl. Nr. L 82 vom 29. 3. 1983, S. 23).

232 S. den dritten Erwägungsgrund der Präambel.

233 Der Aspekt der vom Vertrage angestrebten **Schnelligkeit** ist heute in Vergessenheit geraten. Nicht zufällig verlangt der zweite Erwägungsgrund der Präambel ein gemeinsames Vorgehen **„ohne Verzug"**, und Art. 1 EAGV „die **schnelle** Bildung und Entwicklung von Kernindustrien". Art. 93 und 94 sehen die Verwirklichung des gemeinsamen Marktes auf dem Kerngebiet in nur **einem Jahr** vor (gegenüber 12 Jahren nach EWG-Recht). Zum Zweck der Beschleunigung war dem Vertrag das erste Forschungs- und Ausbildungsprogramm nach Art. 215 schon fertig als Anhang V beigegeben, die Verschlußsachen-Verordnung schon nach sechs Monaten zu erlassen (Art. 217), die Grundnormen nach nur einem Jahr festzulegen (Art. 218) und der Vorschlag über die Satzung der Euratom-Versorgungsagentur dem Rat schon innerhalb von drei Monaten nach Inkrafttreten des Vertrages zu unterbreiten (Art. 220).

erreichen war[234]. Noch im Protokoll eines Abkommens betreffend die Energiefragen vom 21. April 1964[235] erklärten die Regierungen der Mitgliedstaaten ihren Willen, „im Rahmen und nach den Modalitäten des Vertrages zur Gründung der EAG ... die Hilfe für die industrielle Entwicklung der Kernenergie in der Gemeinschaft zu fördern und zu verstärken“[236]. Von einem Vorbehalt des EWG-Beihilferechts war hierbei nicht die Rede.

Eine andere Frage ist, ob und inwieweit die Vorschriften der Art. 81 und 82 EGV auf Unternehmen des Nuklearsektors i. S. des Art. 196 lit. b) EAGV anwendbar sind[237]. Soweit das Marktverhalten dieser Unternehmen den Versorgungsbestimmungen des Kapitels VI unterliegt, schließen die speziellen Befugnisse der Euratom-Versorgungsagentur und der Kommission nach diesem Kapitel eine Anwendbarkeit des EG-Rechts aus[238]. Soweit die Unternehmen i. S. des Art. 196 lit. b) EAGV außerhalb dieses Kernbereichs handeln, stellt sich die Frage, ob eine Anwendung des EG-Rechts im konkreten Falle den Vollzug spezifischer Euratom-Vorschriften oder die Erfüllung spezifischer Euratom-Aufgaben beeinträchtigen würde (Art. 305 Abs. 2 EGV). Ist dies nicht der Fall, steht einer Anwendung der Art. 81 und 82 EGV Euratom-rechtlich nichts im Wege[239].

Unproblematisch ist weiterhin die Anwendung der Verordnung (EWG) Nr. 4064/89 des Rates vom 21. Dezember 1989 über die Kontrolle von Unternehmenszusammenschlüssen[240] auf Unternehmen i. S. des Art. 196 lit. b) EAGV und sonstige Unterneh-

---

234 S. zur Entstehung der staatlichen Förderungsmodelle für Kernkraftwerke *Joachim Radkau*, Aufstieg und Krise der deutschen Atomwirtschaft 1945–1975, Reinbek 1983, S. 196ff. m. w. N. unter dem Stichwort „Staatliche Finanzierung“.

235 ABl. Nr. 69 vom 30. 4. 1964, S. 1099/64.

236 A. a. O. Ziffer V.

237 Soweit Unternehmen Art. 196 lit. b) EAGV nicht unterfallen, gelten die Vorschriften des EG-Vertrages ohnehin und auch dann, wenn das Unternehmen eine gewisse Nähe zum Nuklearsektor besitzt. S. zu dieser Kategorie z.B. die Entscheidung 77/781/EWG der Kommission vom 23. November 1977 betreffend ein Verfahren nach Artikel 85 EWG-Vertrag (IV/29.428 – GEC-Weir Natriumumwälzpumpen), ABl. Nr. L 327 vom 20. 12. 1977, S. 26 (GEC ist auf die Herstellung von Komponenten für Natriumkreisläufe und Umwälzpumpen für Kernreaktoren spezialisiert) sowie die Entscheidung 82/742/EWG der Kommission vom 29. Oktober 1982 betreffend ein Verfahren nach Artikel 85 EWG-Vertrag (IV/30.517 – Amersham Buchler), ABl. Nr. L 314 vom 10. 11. 1982, S. 34 (Amersham Buchler stellte radioaktive Produkte einschließlich Radiopharmazeutika, Radiochemikalien und Strahlenquellen her, die mit Hilfe von Kernreaktoren oder des firmeneignen Zyklotrons gewonnen wurden).

238 So dürfte es sich bei den Bekanntmachungen gemäß Art. 19 Abs. 3 der Verordnung Nr. 17 des Rates in ABl. Nr. C 89 vom 26. 3. 1996, S. 4 (Nuclear Electric plc ./. British Nuclear Fuels plc) und S. 6 (Scottish Nuclear Ltd ./. British Nuclear Fuels plc) um Versehen gehandelt haben, da Verträge über die Lieferung von Kernbrennstoffen nach Art. 52 Abs. 2 lit. b) EAGV dem ausschließlichen Abschlußrecht der Agentur unterliegen und allein diese nach Art. 61 Abs. 1 EAGV darüber zu befinden hat, ob der Ausführung eines Auftrages rechtliche oder sachliche Hindernisse entgegenstehen.

239 S. Entscheidungen 76/248/EWG und 76/248/EWG der Kommission vom 23. Dezember 1975 über ein Verfahren nach Artikel 85 des EWG-Vertrags (United Reprocessors und KEWA), ABl. Nr. L 51 vom 26. 2. 1976, S. 7 und 15; Entscheidung 91/329/EWG der Kommission vom 30. April 1991 in einem Verfahren nach Artikel 85 EWG-Vertrag (IV/33.473 – Scottish Nuclear, Kernenergievereinbarung), ABl. Nr. L 178 vom 6. 7. 1991, S. 31.

240 ABl. Nr. L 395 vom 30. 12. 1989, S. 1.

men der Kernindustrie. So wurden nach der Fusionskontrollverordnung z. B. folgende Zusammenschlüsse genehmigt:

- CEA (Commissariat à l'énergie atomique) Industrie / France Telecom/ Finmeccanica / SGS Thomson[241];
- Westinghouse / Equipos Nucleares[242];
- Framatome / Berg Electronics[243];
- Framatome / Siemens /Cogéma / JV[244].

VI. Gemeinsame Unternehmen

Literatur:

Emmanuel Libbrecht, Les caractères essentiels des entreprises communes de l'Euratom, Revue européenne 1971, p. 623; *ders.*, Entreprises à caractère juridiquement international, Leiden 1972.

Ebenso wie das Kapitel VIII EAGV ein eigenes gemeinschaftsrechtliches Eigentumsrecht schafft, entwickelt das Kapitel V mit dem gemeinsamen Unternehmen einen eigenen gesellschaftsrechtlichen Typus, den der EG-Vertrag späterhin in Art. 171 (ex-Art. 130 u) EGV übernommen hat. Gemeinsame Unternehmen besitzen Rechtspersönlichkeit und verfügen in jedem Mitgliedstaat über die weitestgehende Rechts- und Geschäftsfähigkeit, die das jeweilige innerstaatliche Recht juristischen Personen zuerkennt. Sie können insbesondere bewegliches und unbewegliches Vermögen erwerben oder veräußern sowie klagen und verklagt werden (Art. 49 Abs. 2 und 3 EAGV). Vorbehaltlich anderweitiger Regelungen unterliegen sie den für gewerbliche oder kaufmännische Unternehmen geltenden Vorschriften. Ihre Satzungen können auf das nationale Recht der Mitgliedstaaten Bezug nehmen; etwaige Satzungsänderungen bedürfen zu deren Inkrafttreten der Billigung durch den Rat (Art. 50 EAGV).

1. Zweck

Art. 45 EAGV bestimmt, daß „Unternehmen, die für die Entwicklung der Kernindustrie in der Gemeinschaft von ausschlaggebender Bedeutung sind", als gemeinsame Unternehmen errichtet werden können. Durch die besonderen **Vergünstigungen**, die diesen Unternehmen gewährt werden können, wollte der Vertrag einen besonderen **Anreiz** zur Gründung von Unternehmen der Kernindustrie bieten. Soweit die Vergünstigungen finanzieller Art sind, sollten die Unternehmen angesichts der zu erwartenden **hohen Investitionskosten** finanziell entlastet werden. Des weiteren will die Gemeinschaft durch die Bereitstellung eines einheitlichen europäischen Gesellschaftstypus die Unternehmen in den Mitgliedstaaten zu einer **grenzüberschreitenden Zu-**

---

241 ABl. Nr. C 27 vom 30. 1. 1993, S. 3 und ABl. Nr. C 68 vom 11. 3. 1993, S. 5.

242 ABl. Nr. C 359 vom 28. 11. 1996, S. 10 und ABl. Nr. C 121 vom 19. 4. 1997, S. 6

243 ABl. Nr. C 293 vom 22. 9. 1998, S. 7.

244 ABl. Nr. C 203 vom 18. 7. 2000, S. 7 und Entscheidung 2001/769/EG der Kommission vom 6. Dezember 2000 zur Vereinbarkeit eines Zusammenschlusses mit dem gemeinsamen Markt und dem EWR-Abkommen (Fall COMP / M. 1940 – Framatome / Siemens / Cogéma / JV), ABl. Nr. L 289 vom 6. 11. 2001, S. 8.

sammenarbeit ermuntern, an der sich darüberhinaus dritte Staaten, zwischenstaatliche Einrichtungen und sogar Angehörige dritter Staaten beteiligen können (s. Art. 46 Abs. 2 lit. e) EAGV). Stand naturgemäß in den Aufbaujahren der Kernindustrie die Entwicklung neuer Unternehmen im Vordergrund, so zeigte sich späterhin, daß durchaus ein Interesse darin bestehen kann, auch Anlagen im Auslauf- oder Abwrackbetrieb als gemeinsame Unternehmen fortzuführen.

Insgesamt wurden acht gemeinsame Unternehmen errichtet:

- Société d'énergie nucléaire franco-belge des Ardennes (Sena), Chooz an der Maas, Département des Ardennes, Frankreich[245]
- Kernkraftwerk RWE-Bayernwerk GmbH, Gundremmingen, Deutschland[246]
- Kernkraftwerk Lingen GmbH, Lingen/Ems, Deutschland[247]
- Kernkraftwerk Obrigheim GmbH, Obrigheim am Neckar, Deutschland[248]
- Hochtemperatur-Kernkraftwerk GmbH (HKG) Uentrop, Kreis Unna, Deutschland[249]
- Société belgo-française d'énergie nucléaire mosane (SEMO), Tihange/Maas, Provinz Lüttich, Belgien[250]

---

245 Entscheidung des Rates vom 9. September 1961 über die Errichtung, ABl. Nr. 65 vom 9. 10. 1961, S. 1173/61; geändert durch Entscheidung Nr. 87/297/Euratom des Rates vom 18. Mai 1987, ABl. Nr. L 148 vom 9. 6. 1987, S. 1.

246 Entscheidung Nr. 63/27/Euratom des Rates vom 18. Juni 1963 über die Errichtung, ABl. Nr. 93 vom 22. 6. 1963, S. 1745/63; geändert durch Entscheidung Nr. 64/33/Euratom des Rates vom 16. Juni 1964, ABl. vom 22. 6. 1964, S. 1557/64; Entscheidung Nr. 65/26/Euratom des Rates vom 15. Juni 1965, ABl. Nr. 111 vom 25. 6. 1965, S. 1896/65; Entscheidung Nr. 88/350/Euratom des Rates vom 21. Juni 1988, ABl. Nr. L 160 vom 28. 6. 1988, S. 49; Entscheidung Nr. 88/446/Euratom des Rates vom 25. Juli 1988, ABl. Nr. L 222 vom 12. 8. 1988, S. 3; Entscheidung Nr. 96/243/Euratom des Rates vom 25. März 1996, ABl. Nr. L 80 vom 30. 3. 1996, S. 62.

247 Entscheidung Nr. 64/64/Euratom des Rates vom 12. Dezember 1964 über die Errichtung, ABl. Nr. 214 vom 24. 12. 1964, S. 3642/64; geändert durch Entscheidungen 65/46/Euratom, ABl. Nr. 225 vom 31. 12. 1965, S. 3305/65; 66/57/Euratom, ABl. Nr. 240 vom 27. 12. 1966, S. 4037/66; 67/20/Euratom, ABl. Nr. 140 vom 4. 7. 1967, S. 7; 68/417/Euratom, ABl. Nr. L 308 vom 23. 12. 1968, S. 20; 69/437/Euratom, ABl. Nr. L 302 vom 2. 12. 1969, S. 17; 82/794/Euratom, ABl. Nr. L 329 vom 25. 11. 1982, S. 27; 92/547/Euratom, ABl. Nr. L 352 vom 2. 12. 1992, S. 9.

248 Entscheidung Nr. 66/30/Euratom des Rates vom 28. Juni 1966, ABl. Nr. 147 vom 9. 8. 1966, S. 2681/66; geändert durch Entscheidungen 66/58/Euratom, ABl. Nr. 240 vom 27. 12. 1966, S. 4038/66; 68/90/EAG, ABl. Nr. L 32 vom 6. 2. 1968, S. 16; 69/141/Euratom, ABl. Nr. L 117 vom 16. 5. 1969, S. 7; 72/95/Euratom, ABl. Nr. L 36 vom 10. 2. 1972, S. 17.

249 Entscheidung Nr. 74/295/Euratom des Rates vom 4. Juni 1974 über die Errichtung, ABl. Nr. L 165 vom 20. 6. 1974, S. 7; geändert durch Entscheidung Nr. 84/104/Euratom, ABl. Nr. L 58 vom 29. 2. 1984, S. 35; s. zuletzt Entscheidung Nr. 2002/355/Euratom des Rates vom 7. Mai 2002 über die Verlängerung des Status eines gemeinsamen Unternehmens, ABl. Nr. L 123 vom 9. 5. 2002, S. 53, sowie Entscheidung Nr. 74/296/Euratom hinsichtlich der Gewährung von Vergünstigungen an das gemeinsame Unternehmen HKG, ABl. Nr. L 165 vom 20. 6. 1974, S. 14; geändert durch Entscheidung Nr. 84/105/Euratom, ABl. Nr. L 58 vom 29. 2. 1984, S. 37; s. zuletzt Entscheidung Nr. 2002/356/Euratom des Rates vom 7. Mai 2002 über die Aufrechterhaltung der Vergünstigungen, ABl. Nr. L 123 vom 9. 5. 2002, S. 54.

250 Entscheidung Nr. 74/590/Euratom des Rates vom 26. November 1974 über die Errichtung, ABl. Nr. L 325 vom 5. 12. 1974, S. 9; geändert durch Entscheidungen Nr. 75/575/Euratom, ABl. Nr. L 251 vom 27. 9. 1975, S. 42 und Nr. 87/165/Euratom, ABl. Nr. L 66 vom 11. 3. 1987, S. 12; sowie Entscheidung Nr. 74/591/Euratom des Rates vom 26. November 1974 über die Gewährung von Vergünstigungen an das gemeinsame Unternehmen SEMO, ABl. Nr. L 325 vom 5. 12. 1974, S. 19.

- Schnell-Brüter-Kernkraftwerksgesellschaft mbH (SBK), Kalkar am Niederrhein, Landkreis Kleve, Deutschland[251]
- Joint European Torus (JET), Abingdon, Oxfordshire, Vereinigtes Königreich[252].

2. Errichtung

Die Errichtung eines gemeinsamen Unternehmens erfolgt durch Entscheidung des Rates (Art. 49 Abs. 1 EAGV). Das im einzelnen in Art. 46 und 47 EAGV recht detailliert geregelte Gründungsverfahren beginnt mit der Erstellung eines entsprechenden Plans durch den oder die Interessenten, den betreffenden Mitgliedstaat oder die Kommission. Nach Prüfung des Plans, ggfs. unter Einbeziehung sachverständiger Kreise, übermittelt die Kommission den Plan mit ihrer begründeten Stellungnahme an den Rat. **Bejaht** die Kommission die Notwendigkeit des geplanten gemeinsamen Unternehmens, so unterbreitet sie dem Rat gemäß Art. 46 Abs. 2 EAGV Vorschläge über

„a) den Standort,
b) die Satzung,
c) den Umfang und die Zeitfolge der Finanzierung,
d) die etwaige Beteiligung der Gemeinschaft an der Finanzierung des gemeinsamen Unternehmens,
e) die etwaige Beteiligung eines dritten Staats, einer zwischenstaatlichen Einrichtung oder eines Angehörigen eines dritten Staates an der Finanzierung oder Geschäftsführung des gemeinsamen Unternehmens,
f) die vollständige oder teilweise Gewährung der in Anhang III dieses Vertrags genannten Vergünstigungen“.

Verneint die Kommission hingegen die Notwendigkeit der geplanten Gründung und gibt sie eine negative Stellungnahme ab, so kann der Rat, falls er selbst zu einer positiven Entscheidung gelangt, die Kommission gleichwohl ersuchen, ihr die o. a. Vorschläge und eingehenden Berichte vorzulegen (Art. 47 Abs. 2 EAGV).

---

251 Entscheidung Nr. 75/328/Euratom des Rates vom 20. Mai 1975 über die Errichtung, ABl. Nr. L 152 vom 12. 6. 1975, S. 8; geändert durch Entscheidungen Nr. 75/725/Euratom, ABl. Nr. L 311 vom 1. 12. 1975, S. 38; Nr. 79/1002/Euratom, ABl. Nr. L 308 vom 4. 12. 1979, S. 21; Nr. 80/1043/Euratom, ABl. Nr. L 307 vom 18. 11. 1980, S. 25; sowie Entscheidung Nr. 75/329/Euratom des Rates vom 20. Mai 1975 über die Gewährung von Vergünstigungen an das gemeinsame Unternehmen SBK, ABl. Nr. L 152 vom 12. 6. 1975, S. 11; geändert durch Entscheidung Nr. 80/1044/Euratom, ABl. Nr. L 307 vom 18. 11. 1980, S. 26.

252 Beschluß Nr. 78/471/Euratom des Rates vom 30. Mai 1978, ABl. Nr. L 151 vom 7. 6. 1978, S. 10. S. zur letzten Satzungsänderung den Beschluß Nr. 98/585/des Rates vom 13. Oktober 1998, ABl. Nr. L 282 vom 20. 10. 1998, S. 65. Das gemeinsame Unternehmen JET endete am 31. Dezember 1999 nach Ablauf des für seine Dauer festgesetzten Zeitraums und wurde gemäß Art. 21 seiner Satzung aufgelöst. S. hierzu: Letzte Mitteilung – Auflösung des gemeinsamen Unternehmens JET (Joint European Torus) m. w. N., ABl. Nr. C 16 vom 19. 1. 2002, S. 11. S. zu JET weiterhin die Mitteilung des Rechnungshofes über die Bewertung der Verwaltung des JET, ABl. Nr. C 41 vom 17. 2. 1992, S. 1. Zur Entstehung und Geschichte von JET s. *Denis Wilson*, A European Experiment: The Launching of the JET Project, Bristol 1981 sowie *E. N. Shaw*, Europe's Experiment in Fusion: The JET Joint Undertaking, Amsterdam, Oxford, New York, Toronto 1990.

Ist die Akte aus der Sicht des Rates entscheidungsreif, so kann er die Errichtung des gemeinsamen Unternehmens mit qualifizierter Mehrheit beschließen (Art. 47 Abs. 3 EAGV). Einstimmigkeit ist jedoch erforderlich hinsichtlich

„a) der Beteiligung der Gemeinschaft an der Finanzierung des gemeinsamen Unternehmens;
b) der Beteiligung eines dritten Staates, einer zwischenstaatlichen Einrichtung oder eines Angehörigen eines dritten Staates an der Finanzierung oder Geschäftsführung des gemeinsamen Unternehmens" (Art. 47 Abs. 4 EAGV).

Solange die mit dem Betrieb der gemeinsamen Unternehmen betrauten Organe noch nicht eingesetzt sind, hat die Kommission nach Art. 51 EAGV für die Durchführung der Entscheidungen des Rates über die Errichtung dieser Unternehmen zu sorgen.

3. Vergünstigungen

Der Anreiz, Unternehmen der Kernindustrie als gemeinsame Unternehmen zu konstituieren, besteht in der Gewährung von Vergünstigungen, über die der Rat einstimmig entscheidet und zu deren Einräumung jeder Mitgliedstaat in seinem Bereich verpflichtet ist (Art. 48 EAGV). Diese Vergünstigungen sind im Anhang III zum Vertrag niedergelegt und umfassen im wesentlichen:

> „1. a) Anerkennung des öffentlichen Interesses für den Erwerb von Grundstücken, die für die Errichtung der gemeinsamen Unternehmen erforderlich sind, nach dem einzelstaatlichen Recht
> b) Anwendung des einzelstaatlichen Enteignungsverfahrens aus Gründen des öffentlichen Interesses zur Herbeiführung des Grundstückerwerbs in Fällen, in denen eine gütliche Einigung nicht zustande kommt
> 2. Lizenzerteilung durch Schiedsverfahren oder von Amts wegen nach Artikel 17 bis 23 dieses Vertrags
> 3. Befreiung von allen Abgaben und Gebühren für die Errichtung gemeinsamer Unternehmen und für die eingebrachten Einlagen
> 4. Befreiung von Abgaben und Gebühren beim Erwerb von Grundstücken sowie von allen Gebühren für die Umschreibung und die Eintragung
> 5. Befreiung von allen direkten Steuern, denen die gemeinsamen Unternehmen, ihr Vermögen, ihre Guthaben oder Einkünfte unterliegen könnten
> 6. Befreiung von allen Zöllen und Abgaben gleicher Wirkung sowie von allen Ein- und Ausfuhrverboten und allen Ein- und Ausfuhrbeschränkungen wirtschaftlicher oder fiskalischer Art für
> a) wissenschaftliches und technisches Material, mit Ausnahme des Baumaterials und des Materials für Verwaltungszwecke
> b) die Stoffe, die in dem gemeinsamen Unternehmen aufbereitet wurden oder dort aufbereitet werden sollen."

VII. Versorgung

Literatur:

Donald Allen, The Euratom Treaty, Chapter VI: New Hope or False Dawn? CMLR 1983, p. 473; *André Bouquet*, How current are Euratom provisions on nuclear supply and ownership in view of the European Union's enlargement? Nuclear Law Bulletin Nr. 68, December 2001, p. 7; *Pascal Girerd*, Aspects communautaires de l'approvisionnement en énergie nucleaire dans l'Europe des neuf. Thèse, Lille 1979; *Reinhard Loosch*, Der Vorschlag der Euratom-Kommission zur Neuregelung der Versorgungsvorschriften des Kapitels VI im Zweiten Titel des Euratom-Vertrages, EuR 1966, S. 296; *Wolfgang Manig*, Die Änderung der Versorgungs- und Sicherheitsvorschriften des Euratom-Vertrages durch die nachfolgende Praxis, Baden-Baden 1993; *Pablo Mengozzi*, L'Agenzia di Approvvigionamento dell'Euratom, Milano 1964; *T. H. Vogelaar*, Le régime des combustibles nucléaires dans le Traité de Rome, dans: Agence européenne pour l'énergie nucléaire (OECE), L'industrie devant l'énergie nucléaire, Conférence de Stresa, Partie 2, Droit atomique: Législation et Administration, Paris 1960, p. 31; *The Uranium Institute*, The Global Nuclear Fuel Market. Supply and Demand 1998–2020, London 1998.

Zur Erfüllung ihrer Aufgabe hat die Gemeinschaft gemäß Art. 2 lit. d) EAGV für eine „regelmäßige und gerechte Versorgung aller Benutzer der Gemeinschaft mit Erzen und Kernbrennstoffen Sorge zu tragen". Um die Erfüllung dieses Versorgungsauftrags sicherzustellen, sieht der Vertrag eine **gemeinsame Versorgungspolitik** vor, deren Vollzug er einer eigens hierfür geschaffenen **Versorgungsagentur** (Agentur) überträgt. Ihre Aufgabe ist es, soweit als möglich **Angebot und Nachfrage** von Kernmaterial in Einklang zu bringen und hierbei Diskriminierungen im Versorgungsgebiet zu verhindern. Als öffentlich-rechtliche **Monopolbehörde**, die unter der Aufsicht der Kommission steht, hat die Agentur auf der Angebotsseite das **ausschließliche Recht** zum Bezug der in der Gemeinschaft erzeugten Erze, Ausgangsstoffe und besonderen spaltbaren Stoffe und auf der Nachfrageseite die **Pflicht**, die Aufträge aller Verbraucher auszuführen, soweit dies sachlich und rechtlich möglich ist (Art. 61 Abs. 1 EAGV). Da der von den Gründervätern befürchtete Mangel an Kernmaterial nicht eintrat, konnte das streng **dirigistische** Versorgungsregime des Kapitels VI in der Praxis durch die Einführung eines sog. **vereinfachten Verfahrens** gelockert werden[253], ohne daß die Vorschriften des Vertrages hierdurch ihrer Wirksamkeit beraubt worden wären[254]. Auch im Rahmen des vereinfachten Verfahrens nimmt die Agentur eine zentrale Stellung ein und bleibt für die Durchführung der gemeinsamen Versorgungspolitik verantwortlich. Vorschläge der Kommission, das Kapitel VI im Wege einer **vereinfachten Vertragsänderung** (Art. 76 EAGV) an die veränderten Marktverhältnisse anzupassen[255], wurden vom Rat nicht aufgegriffen.

---

253 S. Vollzugsordnung der Versorgungsagentur der Europäischen Atomgemeinschaft vom 5. Mai 1960 über das Verfahren betreffend die Gegenüberstellung von Angeboten und Nachfragen bei Erzen, Ausgangsstoffen und besonderen spaltbaren Stoffen, ABl. Nr. 32 vom 11. 5. 1960, S. 777; geändert durch Verordnung vom 15. Juli 1975, ABl. Nr. L 193 vom 25. 7. 1975, S. 37.

254 S. EuGH, Urteil vom 14. 12. 1971 in der Rechtssache 7/71 (Kommission ./. Frankreich), Slg. 1971, S. 1003 (1021). Unter Randnr. 40/43 heißt es: „Jedenfalls vermag aber der Umstand, daß die Benutzung der im Vertrag vorgesehenen Versorgungseinrichtungen wegen der Marktverhältnisse zu einer bestimmten Zeit möglicherweise nicht so notwendig erschienen sein mag, für sich allein den diesbezüglichen Vorschriften ihre Verbindlichkeit nicht zu nehmen".

255 Nach Art. 76 Abs. 2 EAGV kann der Rat die Bestimmungen des Kapitels VI nach Ablauf von sieben Jahren nach Inkrafttreten des Vertrages in ihrer Gesamtheit bestätigen. Bestätigt er sie

1. Die gemeinsame Versorgungspolitik

Die gemeinsame Versorgungspolitik wird nach Maßgabe des Vertrages durch den **Rat**, die **Kommission** und die **Agentur** im Rahmen ihrer jeweiligen Zuständigkeiten definiert und vollzogen.

Zur Erschließung und Nutzung des **internen** und **externen** Versorgungspotentials der Gemeinschaft enthält der Vertrag selbst wesentliche Vorgaben, wobei anzumerken ist, daß das territoriale Anwendungsgebiet des Euratom-Vertrages nach Art. 198 EAGV größer ist als jenes des EG-Vertrages nach Art. 299 (ex-Art. 227) EGV[256]. Was das **interne Versorgungspotential** angeht, ermöglichen die „Bestimmungen über die Versorgungspolitik" der Art. 70 bis 72 EAGV die Förderung von Schürfungsvorhaben (Art. 70)[257], Empfehlungen über steuer- oder bergrechtliche Regelungen (Art. 71) und die Anlage von Handels- und Sicherheitsbeständen, „um die Versorgung oder die laufenden Lieferungen der Gemeinschaft zu erleichtern" (Art. 72 Abs. 1).

Zur Erschließung des **externen Versorgungspotentials** mißt der Vertrag Verbindungen zu Drittländern, „die geeignet sind, den Fortschritt bei der friedlichen Verwendung der Kernenergie zu fördern" (Art. 2 lit. h) EAGV), eine wesentliche Bedeutung zu. Langjährige Abkommen mit den Hauptlieferländern der Gemeinschaft sichern deren Versorgung selbst im Falle der Erschöpfung der Gemeinschaftsproduktion[258].

---

nicht, so hat der Rat auf Vorschlag der Kommission nach dem vereinfachten Vertragsänderungsverfahren des Art. 76 Abs. 1 EAGV „neue Vorschriften über den Gegenstand dieses Kapitels zu erlassen". Auf der Grundlage dieses Artikels legte die EAG-Kommission im Jahre 1965 einen Vorschlag zur „Änderung der Bestimmungen des zweiten Titels Kapitel VI des Vertrages zur Gründung der EAG (Versorgung)" vor. In seiner vom Europäischen Parlament geänderten Fassung wurde dieser Vorschlag im ABl. Nr. 110 vom 3. 7. 1965, S. 1991 veröffentlicht. Die Untätigkeit des Rates führte zu einer Unsicherheit über die Rechtslage, die der Gerichtshof mit seinem o. a. Urteil vom 14. 12. 1971 in der Rechtssache 7/71 im Sinne einer unveränderten Fortgeltung des Kapitels VI klärte. Im Jahre 1982 legte die Kommission erneut einen Vorschlag für einen Beschluß des Rates zur Festlegung neuer Bestimmungen zu Kapitel VI „Versorgung" des Vertrages zur Gründung der Europäischen Atomgemeinschaft vor (ABl. Nr. C 330 vom 16. 12. 1982, S. 4), dem sie umfangreiche Erläuterungen hinzufügte (SEK(82) 2161 vom 17. Dezember 1982). Auch nach diesem Vorschlag blieb der Rat untätig (s. hierzu auch den Aufsatz von *Donald Allen* (s. o. Literatur)). Ebenfalls gestützt auf Art. 76 EAGV legte die Kommission dem Rat im Jahre 1985 zwei weniger umfassende Vorschläge für Verordnungen vor, zum einen eine Verordnung (Euratom) des Rates zur Feststellung der Bedingungen für Übertragungen von Kernmaterial zwischen Mitgliedstaaten und für die Einfuhr aus Drittländern und zum zweiten für eine Verordnung (Euratom) des Rates zur Festlegung der Kriterien, nach denen die Kommission eine Genehmigung zur Ausfuhr von Kernmaterial außerhalb der Gemeinschaft erteilt (KOM(84) 686 endg. vom 20. Dezember 1984), ABl. Nr. C 29 vom 31. 1. 1985, S. 5 und 10. Auch bezüglich dieser Vorschläge blieb der Rat untätig.

256 Im Gegensatz zu Art. 299 EGV findet Art. 198 nicht nur uneingeschränkt auf die europäischen Hoheitsgebiete der Mitgliedstaaten Anwendung, sondern auch „auf die ihnen unterstehenden außereuropäischen Hoheitsgebiete", um den Zugriff auf Uranvorkommen geographisch so weit als möglich auszudehnen.

257 S. hierzu die Verordnung (Euratom) Nr. 2014/76 der Kommission vom 23. Juli 1976 über die Unterstützung von Uranschürfungsvorhaben in den Hoheitsgebieten der Mitgliedstaaten, ABl. Nr. L 221 vom 14. 8. 1976, S. 17.

258 So mit den Vereinigten Staaten von Amerika (ABl. Nr. L 120 vom 20. 5. 1996, S. 1), Kanada

Der **Rat** hat aufgrund seiner Zuständigkeit zur Abstimmung der „Tätigkeit der Mitgliedstaaten und der Gemeinschaft" (Art. 115 Abs. 2 EAGV) mehrfach energiepolitische Leitlinien formuliert, die insbesondere auf die Notwendigkeit einer **Diversifizierung der geographischen Lieferquellen** hinweisen[259].

Die **Kommission** ist nach Art. 101 EAGV zum Abschluß von Nuklearabkommen mit dritten Ländern zuständig und hat in Wahrnehmung ihrer Kompetenzen mehrere Abkommen mit Lieferländern abgeschlossen[260]. Zudem erteilt sie der Agentur versorgungspolitische Richtlinien (Art. 53 Abs. 1 EAGV), kann sich an Schürfungsvorhaben beteiligen (Art. 70 EAGV), die Anlage von Sicherheitsbeständen beschließen (Art. 72 Abs. 2 EAGV) und muß etwaige Ausfuhren genehmigen (Art. 59 lit. b) und Art. 62 lit. c) EAGV).

Die **Agentur** ist ihrerseits ausschließlich zuständig für den Abschluß von Abkommen, die als „Hauptzweck" die Lieferung von Erzen, Ausgangsstoffen oder besonderen spaltbaren Stoffen[261] aus dem Aufkommen außerhalb der Gemeinschaft haben (Art. 64 EAGV), und sie entscheidet darüber, ob und inwieweit sie ihr Bezugsrecht über die Produktion ausübt, Ausfuhren zuläßt (Art. 59 und 62 EAGV), Handelsbestände anlegt (Art. 72 Abs. 1 EAGV) und Angebot und Nachfrage in Einklang bringt (Art. 60 EAGV).

2. Die Agentur

Als einzige durch die Verträge selbst eingesetzte Agentur[262] ist die Euratom-Versorgungsagentur zum Muster und Vorbild zahlreicher sekundärrechtlich geschaffener Agenturen geworden[263]. Als nachgeordnete Behörde des Gemeinschaftsrechts hat sie sowohl **hoheitliche** wie **kaufmännische** Aufgaben zu erfüllen[264].

Die Agentur besitzt **Rechtspersönlichkeit** und genießt **finanzielle Autonomie**. Ihre **Satzung**, die der Rat festlegt, bestimmt ihr **Kapital** und seine Aufbringung[265]. In

---

(ABl. Nr. 60 vom 24. 11. 1959, S. 1165; ABl. Nr. L 65 vom 8. 3. 1978, S. 16), Australien (ABl. Nr. L 281 vom 4. 10. 1982, S. 6).

259 S. z. B. die Entschließung des Rates vom 16. September 1986 über neue energiepolitische Ziele der Gemeinschaft für 1995 und die Konvergenz der Politik der Mitgliedstaaten, ABl. Nr. C 241 vom 25. 9. 1986, S. 1.

260 S. hierzu unten Ziffer 4.

261 S. hierzu die Definitionen in Art. 197 EAGV.

262 Terminologisch folgt der Begriff der International Atomic Energy **Agency** und der Nuclear Energy **Agency** (OEEC/OECD), deren Gründung zeitgleich mit der Errichtung von Euratom erfolgte.

263 Zur Zeit bestehen 15 derartige Einrichtungen, die sämtlich durch Rechtsakte des Rates errichtet worden sind. S. auch *Dorothee Fischer-Appelt*, Agenturen der Europäischen Gemeinschaft, Berlin 1999.

264 S. zum Umfang ihrer Tätigkeiten die Jahresberichte der Agentur; ab 1992: Euratom Supply Agency, Annual Reports. S. zuletzt Annual Report 2002.

265 S. Satzung der Euratom-Versorgungsagentur, ABl. Nr. 27 vom 6. 12. 1958, S. 534; s. auch Entscheidung der Kommission betreffend die Festlegung des Zeitpunkts, zu dem die Euratom-Versorgungsagentur ihre Tätigkeit aufnimmt, sowie die Billigung der von der Agentur am 5. Mai 1960 erlassenen Vollzugsordnung über das Verfahren betreffend die Gegenüberstellung von

jedem Falle muß die **Kapitalmehrheit** der Gemeinschaft und den Mitgliedstaaten gehören. Die Satzung legt weiterhin „die Art und Weise der **kaufmännischen Geschäftsführung** der Agentur fest" (Art. 54 Abs. 4 Satz 1 EAGV). Wie sonst allein die EGKS, ist die Agentur ermächtigt, zur Deckung ihrer Betriebskosten die **Erhebung einer Abgabe auf die Umsätze** vorzusehen (Art. 54 Abs. 4 Satz 2 EAGV)[266]. Von dieser Ermächtigung ist allerdings bislang kein Gebrauch gemacht worden. Der Agentur steht ein **Beirat** zur Seite[267]. Gegenüber den Mitgliedstaaten, Personen und Unternehmen besitzt die Agentur ein eigenes **Auskunftsrecht** (Art. 55 EAGV); darüberhinaus haben die Mitgliedstaaten die „freie Ausübung der Tätigkeit der Agentur in ihren Hoheitsgebieten" zu gewährleisten (Art. 56 Abs. 1 EAGV).

Zu **Aufsicht** und **Rechtsschutz** bestimmt Art. 53 EAGV:

> „Die Agentur steht unter der Aufsicht der Kommission; diese erteilt ihr Richtlinien, hat gegen ihre Entscheidungen ein Einspruchsrecht und ernennt ihren Generaldirektor sowie ihren stellvertretenden Generaldirektor.
> Jede ausdrückliche oder stillschweigende Handlung der Agentur bei Ausübung ihres Bezugsrechts oder ihres ausschließlichen Rechts zum Abschluß von Lieferverträgen kann durch die Beteiligten der Kommission unterbreitet werden, die hierüber innerhalb eines Monats zu entscheiden hat."

In der Verwaltungspraxis besteht eine enge Zusammenarbeit zwischen der Agentur nach Kapitel VI und der Überwachung der Sicherheit nach Kapitel VII, da die Einhaltung der Vorschriften über die Versorgung (Art. 77 lit. b) EAGV) zuverlässig nur auf der Basis der der Agentur vorliegenden Angaben geprüft werden kann.

3. Angebot und Nachfrage

Nach dem System des Kapitels VI treffen Angebot und Nachfrage der Erze, Ausgangsstoffe und besonderen spaltbaren Stoffe bei der **Agentur** zusammen. Die zentrale Vorschrift des Art. 60 EAGV regelt die einzelnen Etappen der **Gegenüberstellung von Angebot und Nachfrage** bis zur **Ausführung des Auftrages:**

> „Die **Verbraucher** teilen der Agentur in regelmäßigen Abständen ihren Bedarf mit; sie geben dabei die Mengen, die physikalische und chemische Beschaffenheit, den Herkunftsort, die Verwendung, die einzelnen Lieferfristen und die Preisbestimmungen an, die als Klauseln und Bedingungen in den von ihnen gewünschten Liefervertrag aufzunehmen wären.
> Ebenso teilen die **Erzeuger** der Agentur die Angebote, die sie machen können, mit; sie geben dabei alle Einzelheiten, insbesondere die Laufzeit der Verträge an, die für die Aufstellung ihrer Produktionsprogramme erforderlich sind. Die Laufzeit dieser Verträge darf zehn Jahre nicht überschreiten, es sei denn, daß die Kommission zustimmt.

Angeboten und Nachfragen bei Erzen, Ausgangsstoffen und besonderen spaltbaren Stoffen, ABl. Nr. 32 vom 11. 5. 1960, S. 776.

266 S. auch Art. VI („Abgabe") der Satzung der Euratom-Versorgungsagentur.

267 Eingesetzt durch Art. X der Satzung der Euratom-Versorgungsagentur.

> Die Agentur teilt den Verbrauchern die Angebote und den Umfang der bei ihr eingegangenen Nachfragen mit und fordert sie auf, innerhalb einer bestimmten Frist Aufträge zu erteilen.
> Ist die Agentur im Besitz aller Aufträge, so teilt sie die Bedingungen mit, unter denen sie diese ausführen kann.
> Kann die Agentur nicht alle eingegangenen Aufträge vollständig ausführen, so verteilt sie die Stoffe nach dem Verhältnis der Aufträge zu jedem Angebot, vorbehaltlich der Artikel 68 und 69.
> Eine Vollzugsordnung der Agentur, die der Billigung der Kommission bedarf, regelt im einzelnen, wie Angebote und Nachfragen einander gegenüberzustellen sind."

Was die **Angebotsseite** betrifft, so sind die Rechtsbeziehungen zwischen der Agentur und den **Erzeugern in der Gemeinschaft**, d. h. den Produzenten der Erze, Ausgangsstoffe und besonderen spaltbaren Stoffe, in Art. 57 EAGV näher geregelt. Danach verfügt die Agentur über ein **Bezugsrecht**, das ihr das **Recht** zur **Nutzung** und zum **Verbrauch** der nach Art. 86 EAGV im Eigentum der Gemeinschaft stehenden Stoffe einräumt und das Recht zum direkten **Erwerb des Eigentumsrechts** in allen anderen Fällen. Die Erzeuger sind verpflichtet, der Agentur die von ihnen erzeugten Stoffe anzubieten und mit der Agentur einen Vertrag abzuschließen, wenn diese ihr Bezugsrecht ausübt. Soweit die Agentur ihr Bezugsrecht **nicht** ausübt, können die Erzeuger nach Maßgabe des Art. 59 EAGV ihre Produktion entweder **weiterverarbeiten**, wobei sie der Agentur die so gewonnenen Erzeugnisse anzubieten haben, oder sie **außerhalb der Gemeinschaft absetzen.** Soweit es sich um besondere spaltbare Stoffe handelt, muß die Kommission der Ausfuhr zustimmen.

Hinsichtlich der **Produktion außerhalb der Gemeinschaft** besitzt die Agentur zwar kein Bezugsrecht, da der Euratom-Vertrag den Erzeugern dritter Länder keine Verpflichtungen auferlegen kann, dafür aber das **ausschließliche Recht**, mit ihnen Abkommen über die Lieferung aus ihrer Produktion abzuschließen (Art. 64 EAGV).

Auf der **Nachfrageseite** sieht sich die Agentur den **Aufträgen** der Verbraucher von Kernmaterial gegenüber, die nach dem System des Vertrages die von ihnen benötigten Lieferungen bei der Agentur ordern. Da der Vertrag der Agentur das **ausschließliche Recht** der Lieferung von Erzen, Ausgangsstoffen und besonderen spaltbaren Stoffen aus Ländern **innerhalb** und **außerhalb** der Gemeinschaft verleiht (Art. 52 EAGV), unterliegt sie als **Monopolbehörde** einem **Kontrahierungszwang.** Entsprechend verpflichtet Art. 61 Abs. 1 EAGV die Agentur, „alle Aufträge auszuführen, es sei denn, daß rechtliche oder sachliche Hindernisse ihrer Ausführung entgegenstehen".

In der Praxis wird das strenge Verfahren der Gegenüberstellung von Angebot und Nachfrage dadurch erleichtert, daß die Agentur im Rahmen des sog. **vereinfachten Verfahrens** die Verbraucher und Erzeuger ermächtigt hat, **Lieferverträge untereinander direkt auszuhandeln und sie der Agentur zur Genehmigung vorzulegen**[268]. Dies bedeutet, daß die Erzeuger der Gemeinschaft sich direkt um den Absatz

268 S. Art. 5 *bis* der Vollzugsordnung der Versorgungsagentur der Europäischen Atomgemeinschaft vom 5. Mai 1960 über das Verfahren betreffend die Gegenüberstellung von Angeboten und Nachfragen bei Erzen, Ausgangsstoffen und besonderen spaltbaren Stoffen, ABl. Nr. 32 vom 11. 5. 1960, S. 777; geändert durch Verordnung vom 15. Juli 1975, ABl. Nr. L 193 vom 25. 7. 1975, S. 37.

ihrer Produktion am Markt bemühen müssen und nicht das Recht haben, ihre Erzeugnisse über die Agentur einem Käufer gleichsam aufzuzwingen. Hierbei stehen die Erzeugnisse aus der Gemeinschaftsproduktion in Konkurrenz zu Angeboten aus Drittländern; **eine Gemeinschaftspräferenz kann hierbei nicht anerkannt werden.**

Die hiermit zusammenhängenden Fragen waren Gegenstand eines Rechtsstreits, mit dem ein portugiesischer Erzeuger von Natururan (ENU) den Absatz seiner Produktion in der Gemeinschaft erreichen wollte[269]. Der Prozeß hatte als Vorgeschichte ein Verfahren vor dem EuGH, in dem es um die Frage ging, ob die Kommission als Aufsichtsbehörde der Agentur nach Art. 53 EAGV verpflichtet ist, bestimmte Anträge zu bescheiden, die das klagende Unternehmen an sie gerichtet hatte[270]. Nachdem der Gerichtshof diese Frage bejaht hatte, erließ die Kommission am 19. Juli 1993 ihre Entscheidung 93/428/Euratom zur Anwendung des Art. 53 Abs. 2 EAGV, mit der sie die Anträge der Klägerin zurückwies[271]. Es war diese Entscheidung, deren Aufhebung die Klägerin beantragte und die zusammen mit einem Antrag auf Schadensersatz den Gegenstand ihrer Klagen bildete. Im Mittelpunkt des Rechtsstreits stand die Frage, ob zugunsten des Absatzes der Gemeinschaftsproduktion von Natururan der Grundsatz der Gemeinschaftspräferenz gilt, d. h. ob die Euratom-Versorgungsagentur nach Kapitel VI EAGV verpflichtet ist, ihr Bezugsrecht auszuüben, wenn der von dem Erzeuger in der Gemeinschaft geforderte Preis im Vergleich zu Konkurrenzprodukten aus Drittländern „angemessen" und nicht „mißbräuchlich" ist. Das GeI verneinte diese Frage. Die Angebote der Erzeuger in der Gemeinschaft ständen nach dem System des Vertrages im Wettbewerb mit den Angeboten von außerhalb der Gemeinschaft. Soweit keine außergewöhnlichen Umstände vorlägen, sei die Agentur daher „nicht befugt, ihr Bezugsrecht auszuüben, wenn der von dem Erzeuger in der Gemeinschaft geforderte Preis zu hoch ist, als daß er dem Erzeuger Absatzmöglichkeiten auf dem Markt bieten würde"[272]. Im übrigen dürfe die Agentur ihre ausschließlichen Rechte zum Absatz des von einem Erzeuger in der Gemeinschaft angebotenen Natururans nur im Zusammenhang mit der Verfolgung der im Vertrag festgelegten Ziele ausüben. Da es sich um Entscheidungen auf dem Gebiet der Wirtschafts- und Handelspolitik sowie der Kernenergiepolitik handele, verfüge die Agentur im Rahmen der Ausübung ihrer Befugnisse über einen weiten Ermessensspielraum. Die Kontrolle durch das Gericht müsse sich somit darauf beschränken, ob ein offenkundiger Beurteilungsfehler oder ein Ermessensmißbrauch vorliege[273]. Ein gegen das Urteil beim EuGH eingelegtes Rechsmittel blieb erfolglos[274].

---

269 GeI, Urteil vom 15. 9. 1995 in den verb. Rechtssachen T-458/93 und T-523/93 (ENU ./. Kommission), Slg. 1995, II-2459; s. dazu *André Bouquet*, Droit Nucléaire, Bulletin 55/Juin 1995, S. 25 und Droit Nucléaire, Bulletin 56/Décembre 1995, S. 61.

270 Urteil vom 16. 2. 1993 in der Rechtssache C-107/91 (ENU ./. Kommission), Slg. 1993, I-599.

271 ABl. Nr. L 197 vom 6. 8. 1993, S. 34.

272 A. a. O. I-2489, Rdnr. 66.

273 A. a. O. I-2490, Rdnr. 67.

274 EuGH, Urteil vom 11. 3. 1997 in der Rechtssache C-357/95 P (ENU ./. Kommission), Slg. 1997, I-1329.

4. Einfuhren und Ausfuhren

Nach Art. 2 EAGV hat die Gemeinschaft nicht nur für eine „regelmäßige und gerechte Versorgung aller Benutzer der Gemeinschaft mit Erzen und Kernbrennstoffen Sorge zu tragen“ (lit. d)), sondern auch, „zu den anderen Ländern und den zwischenstaatlichen Einrichtungen alle Verbindungen herzustellen, die geeignet sind, den Fortschritt bei der friedlichen Verwendung der Kernenergie zu fördern“ (lit. h)). Beide Aufgaben überschneiden sich in den Vorschriften des Kapitels VI, die den Außenbeziehungen auf dem Gebiet der Versorgung gewidmet sind und die die Bestimmungen des Kapitels X („Außenbeziehungen“) in mehrfacher Weise ergänzen.

Im Hinblick auf die **Einfuhr** von Kernmaterial in die Gemeinschaft besitzt die Agentur nach Art. 64 EAGV als eigenständige juristische Person (Art. 54 EAGV) die Außenkompetenz zum **Abschluß von Lieferabkommen:**

> „Die Agentur hat, soweit nicht in diesem Vertrag Ausnahmen vorgesehen sind, das ausschließliche Recht, Abkommen oder Übereinkünfte mit dem Hauptzweck[275] der **Lieferung von Erzen, Ausgangsstoffen oder besonderen spaltbaren Stoffen aus dem Aufkommen außerhalb der Gemeinschaft** abzuschließen; sie wird dabei gegebenenfalls im Rahmen der zwischen der Gemeinschaft und einem dritten Staat oder einer zwischenstaatlichen Einrichtung abgeschlossenen Abkommen tätig“.

Das der Agentur nach außen gemäß Art. 64 EAGV verliehene ausschließliche Recht zur Beschaffung von Kernmaterial aus Drittländern korrespondiert ihrem ebenso ausschließlichen Recht im Innern zum Bezug von Kernmaterial aus der Gemeinschaftsproduktion nach Art. 52 Abs. 2 lit. b), Art. 57 und 58 EAGV. Für Kernmaterial beiderlei Herkunft besitzt die Agentur weiterhin das ausschließliche Recht der Lieferung an Verbraucher **innerhalb** der Gemeinschaft (Art. 52 Abs. 2 lit. b) EAGV) und – soweit es sich um besondere spaltbare Stoffe handelt – an Verbraucher **außerhalb** der Gemeinschaft (Art. 59 lit. b) Satz 2 EAGV).

Verbraucher in der Gemeinschaft, die Kernmaterial aus Drittländern beziehen möchten, haben dies der Agentur nach Art. 60 EAGV mitzuteilen (Art. 65 Abs. 1 EAGV). Die Agentur ist verpflichtet, diese Aufträge auszuführen, soweit keine rechtlichen oder sachlichen Hindernisse entgegenstehen (Art. 61 Abs. 1 EAGV). Hierbei kann die Agentur allerdings einen anderen als den vom Verbraucher gewünschten Herkunftsort der Stoffe bestimmen, „soweit sie dem Verbraucher Lieferungsbedingungen zukommen läßt, die mindestens ebenso günstig sind wie die in dem Auftrag angegebenen“ (Art. 65 Abs. 2 EAGV). Lediglich in Fällen, in denen sich die Agentur ihrer Monopolaufgabe nicht gewachsen zeigt, erlaubt der Vertrag in Art. 66 EAGV den Verbrauchern eine direkte Deckung ihres Bedarfs in Drittländern[276].

---

275 Soweit die Lieferung von Kernmaterial nur einen **Nebenzweck** darstellt oder es sich nur um kleine Mengen für die Forschung handelt, gelten die Sonderregelungen der Art. 73 und 74 EAGV.

276 Dieses Recht wird von der Kommission für jeweils ein Jahr gewährt. In der Praxis ist von dieser Vorschrift zu keiner Zeit Gebrauch gemacht worden.

Unabhängig von der Regelung des Art. 66 EAGV sind die Verbraucher jedoch im Rahmen des **vereinfachten Verfahrens** ermächtigt, mit ihren Lieferanten direkt Lieferverträge über Kernmaterial aus Drittländern auszuhandeln. Auch diese Verträge sind der Agentur nach Art. 5 *bis* ihrer Vollzugsordnung zur Genehmigung vorzulegen, die sie erteilt, sofern keine rechtlichen oder sachlichen Hindernisse entgegenstehen. Die Tragweite dieser Genehmigungsbefugnis der Agentur war Gegenstand eines Rechtsstreits, in dem es um die Lieferung großer Mengen von Natururan aus dem Aufkommen der GUS ging[277].

Zur Vorgeschichte dieses Verfahrens: Während die UdSSR traditionell nur als Anbieter von Anreicherungsleistungen am Markt auftrat, drängten mit dem Entstehen der GUS große Mengen von Natururan zu äußerst niedrigen Preisen auf die Märkte. Da die USA ihren heimischen Markt durch Antidumpingmaßnahmen schützten und Japan Ankäufe verweigerte, solange der Streit um die Kurilen schwelte, verblieb als Hauptabsatzgebiet für dieses Kernmaterial nur die Gemeinschaft. Angesichts sprunghaft ansteigender Lieferungen aus der GUS (1989: 0 t, 1990: 600 t, 1991: 2.100 t, 1992: 3.100 t) sah sich die Gemeinschaft veranlaßt, Maßnahmen zu ergreifen, um nicht über ein vertretbares Maß hinaus von einer einzigen Versorgungsquelle abhängig zu werden. Es war die praktische Durchsetzung dieser Diversifizierungspolitik durch die Agentur, die die Klägerin in den verbundenen Rechtssachen T-149/94 und T-181/94 (KLE ./. Kommission) zum Gegenstand eines Verfahrens vor dem GeI machte. Als die Agentur der Klägerin ihre Zustimmung zum Bezug weiterer großer Mengen an billigem Natururan aus dem Aufkommen der GUS versagte, wandte sich diese zunächst nach Art. 53 Abs. 2 EAGV an deren Aufsichtsbehörde, die Kommission, um sodann deren Entscheidung[278] vor dem GeI anzufechten.

Ging es in den Rechtssachen ENU./.Kommission im wesentlichen um das Bestehen einer Gemeinschaftspräferenz auf dem Gebiete der Versorgung, so stand im Zentrum des Prozesses KLE die Vorschrift des Art. 61 Abs. 1 EAGV, nach der die Agentur verpflichtet ist, alle Aufträge auszuführen, „es sei denn, daß rechtliche oder sachliche Hindernisse ihrer Ausführung entgegenstehen". Im Falle der KLE hatten die Agentur und die Kommission drei Hindernisse dieser Art geltend gemacht: das erste Hindernis resultierte aus den Erfordernissen der Politik der **Diversifizierung der Versorgungsquellen** außerhalb der Gemeinschaft[279], das zweite Hindernis betraf das **Preisniveau**, das als dem EWG/Euratom-UdSSR Handelsabkommen von 1989[280] widersprechend

---

277 GeI, Urteil vom 25. 2. 1997 in den verbundenen Rechtssachen T-149/94 und T-181/94 (KLE ./. Kommission), Slg. 1997, II-161; s. dazu *Rudolf Lennartz*, Droit Nucléaire, Bulletin 54/Décembre 1994, S. 41 und *André Bouquet*, Droit Nucléaire, Bulletin 58/Décembre 1996, S. 84 sowie Droit Nucléaire, Bulletin 59/Juin 1997, S. 43. S. auch *Rudolf Lennartz, André Bouquet*, The Legal Framework of the European Atomic Energy Community's Common Supply Policy in Nuclear Materials in the Light of the „ENU" and „KLE" Cases, Energy in Europe 27/1996, S. 21.

278 S. Entscheidung 94/95/Euratom der Kommission vom 4. Februar 1994 zur Anwendung von Art. 53 Abs. 2 EAGV, ABl. Nr. L 48 vom 19. 2. 1994, S. 45; Entscheidung 94/285/Euratom der Kommission vom 21. Februar 1994 zur Anwendung von Art. 53 Abs. 2 EAGV, ABl. Nr. L 122 vom 15. 5. 1994, S. 30.

279 S. Entschließung des Rates vom 26. September 1986 über neue energiepolitische Ziele der Gemeinschaft für 1995 und die Konvergenz der Politik der Mitgliedstaaten, ABl. Nr. C 241 vom 25. 9. 1986, S. 1.

280 S. ABl. Nr. L 68 vom 15. 3. 1990, S. 2.

angesehen wurde[281], und als drittes Hindernis wurde der **Grundsatz des gleichen Zugangs zu den Versorgungsquellen** angeführt, der eine bevorrechtigte Versorgung einzelner Verbraucher verbietet[282]. Ausgehend von der Feststellung, daß sich die Rechtskontrolle auf die Prüfung der Frage beschränken müsse, ob auf Seiten der Agentur und der Kommission ein offensichtlicher Beurteilungsfehler oder ein Ermessensmißbrauch vorliege, wies das GeI nach eingehender Prüfung aller Sach- und Rechtsfragen die diesbezüglichen Vorwürfe der Klägerin zurück. Ein gegen das Urteil beim EuGH eingelegtes Rechtsmittel blieb erfolglos[283].

Die **Ausfuhr von Kernmaterial, das in der Gemeinschaft erzeugt wurde**[284], setzt nach Art. 59 EAGV zunächst voraus, daß die Agentur ihr Bezugsrecht an diesem Material nicht ausübt. Sodann bedarf es für die Ausfuhr einer **Ermächtigung durch die Kommission**, die an zwei Bedingungen geknüpft ist: Zum einen dürfen die Erzeugnisse außerhalb der Gemeinschaft zu keinen günstigeren Bedingungen abgesetzt werden, als sie in dem der Agentur unterbreiteten Angebot enthalten waren (Art. 59 lit. b) Unterabs. 1 EAGV). Zum zweiten müssen die Empfänger der Lieferungen alle Garantien dafür bieten, daß die allgemeinen Interessen der Gemeinschaft gewahrt werden, und die Lieferverträge dürfen den Zielen des Euratom-Vertrages nicht zuwiderlaufen (Art. 59 lit. b) Unterabs. 2 EAGV)[285]. Sind diese Voraussetzungen erfüllt, können die **Erzeuger** Erze und Ausgangsstoffe selbst ausführen; die Ausfuhr besonderer spaltbarer Stoffe kann nur durch die **Agentur** erfolgen (Art. 59 lit. b) Unterabs. 1 Satz 2 i. V. m. Art. 62 Abs. 1 lit. c) EAGV).

Die **Ausfuhr von Kernmaterial, das nicht in der Gemeinschaft erzeugt wurde**, erfolgt zu den Bedingungen, die die Erzeugerstaaten bzw. Lieferländer des Kernmaterials der Gemeinschaft für seine Wiederausfuhr auferlegt haben.

Die besonderen Anforderungen an Ausfuhren von Kernmaterial nach der Gemeinschaftsregelung für die Kontrolle der Ausfuhr von Gütern mit doppeltem Verwendungszweck, den London Guidelines und der Dublin Declaration[286], werden unten unter X. 1. erörtert.

---

281 S. Art. 14 des Abkommens, der bestimmt: „Der Handel zwischen den Vertragsparteien erfolgt zu marktgerechten Preisen".

282 S. Art. 52 Abs. 1 und Abs. 2 lit. a) EAGV. S. auch Art. 68 EAGV.

283 EuGH, Urteil vom 22. 4. 1999 in der Rechtssache C-161/97 P (KLE ./. Kommission), Slg. 1999, I-2057.

284 Hierzu gehört auch Kernmaterial aus Drittländern, das in der Gemeinschaft angereichert wurde.

285 Die Kommission genehmigt die Ausfuhr, wenn die Stoffe sowie die aus ihnen abgeleiteten Stoffe in dem betreffenden Staat folgenden Bedingungen unterliegen:
a) Verwendung für nichtexplosive Zwecke;
b) Anwendung der Sicherheitsüberwachung der Internationalen Atomenergie-Organisation;
c) Anwendung der Objektschutzmaßnahmen nach dem hierzu abgeschlossenen internationalen Übereinkommen;
d) Anwendung der unter lit. a) bis c) genannten Bedingungen bei einer Rückübertragung in einen kernwaffenlosen Drittstaat, sowie bei weiteren Rückübertragungen dieser Art.
S. hierzu auch den Vorschlag für eine Verordnung (Euratom) des Rates zur Festlegung der Kriterien, nach denen die Kommission eine Genehmigung zur Ausfuhr von Kernmaterial außerhalb der Gemeinschaft erteilt (ABl. Nr. C 29 vom 31. 1. 1985, S. 10), den der Rat nicht angenommen hat.

286 S. auch *Harald Müller* (Ed.), Nuclear Export Controls in Europe, Brussels 1995. S. auch umfassend: *Harald Hohmann, Klaus John*, Ausfuhrrecht, München 2002.

Besondere Regelungen gelten nach Art. 75 EAGV für die Ein- und Ausfuhr von Erzen, Ausgangsstoffen und besonderen spaltbaren Stoffen, die nach ihrer Aufbereitung, Umwandlung oder Formung zur **Rücklieferung an den Auftraggeber** bestimmt sind. Diese Stoffe können entweder aus der Gemeinschaft stammen und **in Drittländern** aufbereitet, umgewandelt oder geformt werden, um danach wieder in die Gemeinschaft zurückzugelangen (Art. 75 Abs. 1 lit. b) EAGV), oder sie stammen aus einem Drittland und werden **in der Gemeinschaft** aufbereitet, umgewandelt oder geformt und kehren sodann in das Ausgangsdrittland zurück oder werden in ein anderes Drittland verbracht (Art. 75 Abs. 1 lit. c) EAGV). In beiden Fällen (EG – DL – EG; DL – EG – DL) finden die Versorgungsbestimmungen des Kapitels VI keine Anwendung, jedoch sind der Agentur die entsprechenden Verpflichtungen und Stoffmengen **anzuzeigen.** Soweit es sich um eine Umwandlung oder Formung von Kernmaterial aus der Gemeinschaft **in Drittländern** handelt (lit. b)), kann die Kommission dem Geschäft widersprechen, „wenn sie der Auffassung ist, daß die Umwandlung oder Formung nicht wirksam und sicher und ohne Substanzverlust zum Nachteil der Gemeinschaft gewährleistet werden kann“ (Art. 75 Abs. 2 EAGV). Solange sich die aufzubereitenden, umzuwandelnden oder zu formenden Stoffe in der Gemeinschaft befinden, unterliegen sie der Überwachung der Sicherheit nach Kapitel VII. Soweit besondere spaltbare Stoffe aus Drittländern in der Gemeinschaft aufbereitet, umgewandelt oder geformt werden, um danach die Gemeinschaft wieder zu verlassen, gewinnt Euratom an ihnen kein Eigentum nach Kapitel VIII (Art. 75 in fine EAGV).

VIII. Überwachung der Sicherheit

Literatur:

Rolf Berger, Die Sicherheitskontrolle der IAEO und der Euratom. Ein Vergleich, atw 1967, S. 172; *Antje David*, Inspektionen im Europäischen Verwaltungsrecht, Heidelberg 2001; *K. Gorove*, The first multinational atomic inspection and control system at work: Euratom's experience, Stanford Law Review 1965, S. 160; *Jacques van Helmont*, Das System der Überwachung der Sicherheit nach dem Euratom-Vertrag, EA 1963, S. 255; *Richard Hooper*, The changing nature of Safeguards, IAEA Bulletin, June 2003, p. 7; *IAEA*, A Short History of Non-Proliferation, Vienna 1976; *dies.*, Non-Proliferation and International Safeguards, Vienna 1978; *dies.*, IAEA Safeguards Glossary, Vienna 1987; *Karl Kaiser* (Ed.), Reconciling Energy Needs and Non-Proliferation, Bonn 1980; *Wolfgang Manig*, Die Änderung der Versorgungs- und Sicherheitsvorschriften des Euratom-Vertrages durch die nachfolgende Praxis, Baden-Baden 1993; *Allan McKnight*, Atomic Safeguards, New York 1971; *ders.*, Nuclear Non-Proliferation: IAEA and Euratom, New York 1970; *Harald Müller* (Ed.), European Non-Proliferation Policy, 1988–1992, Brüssel 1993, und 1993–1995, Brüssel 1996; *Joachim von Pander*, Die Sicherheitskontrolle nach dem Nichtverbreitungsvertrag in den EG-Staaten, Köln u. a. 1978; *Eckehart Peil*, Die Sicherheitsüberwachung deutscher Kernenergieunternehmen, Göttingen 1965; *Rudolf Rometsch*, Atomenergie ohne Ausbreitung von Atomwaffen. Technik und Probleme der Kontrolle, EA 1978, S. 173; *Leonard S. Spector, Mark G. McDonough, Evan S. Medeiros*, Tracking Nuclear Proliferation, A Guide in Maps and Charts 1995, Washington 1995.

Nach Art. 2 lit. e) EAGV hat die Gemeinschaft „durch geeignete Überwachung zu gewährleisten, daß die Kernstoffe nicht anderen als den vorgesehenen Zwecken zugeführt werden“. Während das Kapitel über den Gesundheitsschutz die Bevölkerung und die Arbeiter vor den Gefahren **ionisierender Strahlung** schützen soll, dient die Überwachung der Sicherheit (safeguards) dem Ziel, durch geeignete Kontrollmechanismen der **Abzweigung und unbefugten Nutzung von Kernmaterial vorzubeugen.** Anders als der Strahlenschutz, dessen System alle **radioaktiven** Stoffe erfaßt, erstreckt sich die Überwachung der Sicherheit nur auf „Erze, Ausgangsstoffe und besondere spaltbare Stoffe" i. S. des Art. 197 EAGV, d. h. nur auf **spaltbares** und damit potentiell **bombenfähiges** bzw. **explosives** Kernmaterial. Hierbei hindert der Vertrag als solcher die **Mitgliedstaaten** nicht an der Verwendung von Kernmaterial für die **Zwecke der Verteidigung**[287]. Art. 84 Abs. 3 EAGV bestimmt hierzu ausdrücklich:

> „Die Überwachung erstreckt sich nicht auf Stoffe, die für die Zwecke der Verteidigung bestimmt sind, soweit sie sich im Vorgang der Einfügung in Sondergeräte für diese Zwecke befinden oder soweit sie nach Abschluß dieser Einfügung gemäß einem Operationsplan in eine militärische Anlage eingesetzt oder dort gelagert werden."

Ansonsten wird bei der Überwachung kein Unterschied nach dem Verwendungszweck der Erze, Ausgangsstoffe und besonderen spaltbaren Stoffe gemacht (Art. 84 Abs. 1 EAGV). Fragen der nuklearen Sicherheit i. S. baulicher und technischer Sicherheit der Anlagen werden durch das Kapitel VII nicht berührt[288].

Das Kontrollsystem des Kapitels VII definiert zunächst den **Überwachungsauftrag** der Kommission (Art. 77 EAGV), die in keinem anderen Bereich des Gemeinschaftsrechts stärkere Exekutiv- und Kontrollbefugnisse besitzt[289]. Die tatsächliche Durchführung der Kernmaterialkontrolle setzt als erstes eine genaue Kenntnis der technischen Merkmale der einzelnen **Anlagen** der Kernindustrie voraus (Art. 78 EAGV). Sodann sind die jeweiligen Kernmaterialströme durch ein präzises **Buchführungssystem** zu erfassen (Art. 79 EAGV). Die Kontrolle der Zuverlässigkeit dieses Systems und seiner Angaben bedarf der **Verifizierung vor Ort**, die durch unabhängige Euratom-Inspektoren wahrgenommen wird (Art. 81 EAGV). Weisen die Prüfberichte dieser Inspektoren auf Verstöße der Unternehmen hin, so ist es Sache der Kommission, die geeigneten Konsequenzen zu ziehen und ggfs. **Sanktionen** zu verhängen (Art. 82 und 83 EAGV).

Das autonome Überwachungssystem der Gemeinschaft wird vom weltweit geltenden Safeguards-System der **Internationalen Atomenergiebehörde (IAEA)**[290] in Wien überwölbt, in das es durch vertragliche Regelungen integriert ist. Während das Überwachungsziel der IAEA darin besteht zu überprüfen, daß ihre Nichtkernwaffen-**Mitgliedstaaten** kein Kernmaterial abzweigen, bezieht sich der Überwachungsauftrag von Euratom auf die **Unternehmen** der Kernindustrie, bei denen pro Jahr von 200 Euratom-Inspektoren etwa 2000 Inspektionen durchgeführt werden. Insgesamt bestehen damit im Bereich der Kernmaterialüberwachung **drei Verantwortungsebenen:** die der Mitgliedstaaten auf nationaler Ebene, die von Euratom auf Gemein-

---

287 Frankreich und Großbritannien sind als Kernwaffenstaaten Mitglieder von Euratom.

288 S. hierzu unten Ziffer XII.1.

289 Allenfalls können die Kompetenzen der Kommission zur Durchsetzung der Wettbewerbsregeln (Art. 81 ff EGV) als vergleichbar angesehen werden.

290 S. Gesetz zu der Satzung der Internationalen Atomenergie-Behörde vom 27. September 1957, BGBl. II S. 1357.

schaftsebene und die der IAEA auf internationaler Ebene. Durch das Zusammenwirken von IAEA und Euratom ist die Gemeinschaft zum bestüberwachten Nuklearraum der Erde geworden, der gleichzeitig die geringsten Verbreitungsrisiken aufweist. Dieser Befund hat angesichts der knappen Überwachungsressourcen der IAEA zu der Frage geführt, ob die Wiener UN-Behörde ihre Kontrollanstrengungen nicht eher auf die Hochrisiko-Länder der dritten Welt lenken sollte als zusammen mit Euratom in der Gemeinschaft Doppelarbeit zu verrichten.

Wie die eng mit ihm verwandten Kapitel VI und VIII des Euratom-Vertrages[291], so kann auch das Kapitel VII im Wege eines **vereinfachten Änderungsverfahrens** an neu eingetretene Umstände angepaßt werden (Art. 85 EAGV).

In Ergänzung und Konkretisierung des Kapitels VII gilt die **Verordnung (Euratom) Nr. 3227/76 der Kommission vom 19. Oktober 1976 zur Anwendung der Bestimmungen der Euratom-Sicherungsmaßnahmen**[292]. In Anbetracht der tatsächlichen und rechtlichen Entwicklungen in den letzten 25 Jahren und im Hinblick auf die zu erwartenden Beitritte hat die Kommission im Jahre 2002 eine neue Verordnung über die Anwendung der Euratom-Sicherungsmaßnahmen ausgearbeitet und dem Rat zur Billigung vorgelegt[293]. Der Rat hat über diese Verordnung z. Zt. noch keinen Beschluß gefaßt.

Im Zuge ihrer Politik erhöhter Transparenz auf dem Nukleargebiet legt die Kommission seit 1990 **Berichte zur Durchführung der Euratom-Sicherheitsüberwachung** vor[294], aus denen sich ein umfassendes Bild sämtlicher Safeguards-Aktivitäten der Gemeinschaft, einschließlich der technischen Fragen und der internationalen Beziehungen ergibt[295]. Für eine eventuelle Reform der Safeguards-Tätigkeiten liegen erste Überlegungen vor[296].

1. Der Überwachungsauftrag der Kommission

Gemäß Art. 77 EAGV hat sich die Kommission in den Hoheitsgebieten der Mitgliedstaaten zu vergewissern, daß

> „a) die Erze, die Ausgangsstoffe und besonderen spaltbaren Stoffe nicht zu anderen als den von ihren Benutzern angegebenen Zwecken verwendet werden,

---

291 S. Art. 76 und 90 EAGV.

292 ABl. Nr. L 363 vom 31. 12. 1976, S. 1. Zuletzt geändert durch die Verordnung (Euratom) Nr. 2130/93 vom 27. Juli 1993, ABl. Nr. L 191 vom 31. 7. 1993, S. 75.

293 S. KOM(2002) 99 endg. vom 22. 3. 2002. S. auch ABl. Nr. C 227 E vom 24. 9. 2002, S. 224.

294 Die Veröffentlichung dieser Berichte geht auf eine Forderung der Europäischen Parlaments zurück, s. Ziffer 12 der Entschließung vom 6. Juli 1988 zu den Ergebnissen des Untersuchungsausschusses über die Behandlung und den Transport von Nuklearmaterial, ABl. Nr. C 235 vom 12. 9. 1988, S. 70.

295 S. den ersten Bericht SEK(90) 452 endg. vom 19. 3. 1990, den zweiten Bericht (1991–1992), KOM(94) 282 endg. vom 6. 7. 1994, den dritten Bericht (1999–2000), KOM (2001) 436 endg. vom 26. 7. 2001 und den vierten Bericht (2001), KOM(2002) 566 endg. vom 17. 10. 2002.

296 S. Review of the Euratom Safeguards Office by a High Level Expert Group appointed by the European Commission Directorate-General for Energy and Transport, Main Report, Final Version: 15 February 2002.

b) die Vorschriften über die Versorgung und alle besonderen Kontrollverpflichtungen geachtet werden, welche die Gemeinschaft in einem Abkommen mit einem dritten Staat oder einer zwischenstaatlichen Einrichtung übernommen hat."

Der **erste,** unter a) gestellte Überwachungsauftrag knüpft an Art. 2 lit. e) EAGV an, der der Gemeinschaft die Aufgabe zuweist, „durch geeignete Überwachung zu gewährleisten, daß die Kernstoffe **nicht anderen als den vorgesehenen Zwecken zugeführt** werden". Soweit es sich nicht um Stoffe handelt, die für die „Zwecke der Verteidigung" i. S. des Art. 84 Abs. 3 EAGV bestimmt sind, können die vorgesehenen Zwecke nur **friedlicher** Art sein, da der Euratom-Vertrag für seinen Regelungsbereich unter dem Gebot der friedlichen Nutzung und Entwicklung der Kernenergie steht[297]. Dieses Gebot gilt nicht nur für die innergemeinschaftliche Verwendung der Kernstoffe, sondern auch für ihre Ausfuhr in Drittländer, wie sich insbesondere aus Art. 59 Abs. 2 EAGV ergibt:

> „Die Kommission kann die Ermächtigung (zur Ausfuhr) nicht erteilen, wenn die Empfänger dieser Lieferungen nicht alle Garantien dafür bieten, daß die allgemeinen Interessen der Gemeinschaft gewahrt werden, oder wenn die Klauseln und Bedingungen dieser Verträge den Zielen dieses Vertrags zuwiderlaufen."

Die beabsichtigte Verwendung der Kernstoffe ist der Agentur von den Verbrauchern nach Art. 60 EAGV mitzuteilen.

Der **zweite,** unter b) genannte Überwachungsauftrag betrifft die **Einhaltung der Vorschriften über die Versorgung** durch die Unternehmen, aber auch durch die Agentur. Die **Pflichten der Unternehmen** nach Kapitel VI EAGV umfassen im wesentlichen die Berichtspflichten gegenüber der Agentur[298], die Vorlage der Lieferverträge nach dem vereinfachten Verfahren[299], die Einholung der erforderlichen Ausfuhrgenehmigungen[300] sowie diverse Anzeigepflichten[301]. Die **Agentur** steht ihrerseits nach Art. 53 Abs. 1 EAGV unter der Aufsicht der Kommission, die durch die Ausführung ihres Überwachungsauftrages nach Kapitel VII EAGV direkt und indirekt auch die Erfüllung der Aufgaben der Agentur kontrollieren kann. Die Ausübung dieser Kontrolltätigkeit setzt voraus, daß die Agentur und die zuständigen Überwachungsdienste der Kommission personell und organisatorisch getrennt sind.

Der **dritte** Überwachungsauftrag, ebenfalls nach Art. 77 lit. b) EAGV, betrifft **externe Kontrollverpflichtungen,** die die Gemeinschaft in **Abkommen** nach Art. 101 EAGV gegenüber **dritten Staaten** oder **internationalen Organisationen** übernommen hat.

Bilaterale Nuklearabkommen mit **Drittländern** bestehen mit den Vereinigten Staaten von Amerika[302], Kanada[303], Australien[304] und Argentinien[305]. Die von der Gemein-

---

297 S. den ersten und den letzten Erwägungsgrund der Präambel des Euratom-Vertrages.
298 S. Art. 60 EAGV i. V. m. der Vollzugsordnung der Agentur sowie Art. 75 EAGV.
299 S. Art. 5 *bis* der Vollzugsordnung der Agentur.
300 S. Art. 59 lit. b) i. V. m. Art. 62 Abs. 1 lit. c) EAGV.
301 S. z. B. Art. 66 Abs. 3 EAGV.
302 S. zuletzt das Abkommen vom 7. November 1995 über die Zusammenarbeit auf dem Gebiet der friedlichen Nutzung der Kernenergie zwischen der Europäischen Atomgemeinschaft und den Vereinigten Staaten von Amerika, ABl. Nr. L 120 vom 20. 5. 1996, S. 1. S. dazu *R. Lennartz*, Consent Rights in the New Agreement for Co-operation in the Peaceful Uses of Nuclear Energy Between the United States of America and the European Atomic Energy Community, Nuclear Law Bulletin

schaft übernommenen Kontrollverpflichtungen betreffen im wesentlichen die Sicherstellung der friedlichen Nutzung des unter den Abkommen transferierten Kernmaterials, die Zustimmung des Lieferlandes zu Retransfers an dritte Staaten, die Anreicherung über 20 % an U_{235} und den physischen Schutz des Kernmaterials.

Als Abkommen, die die Gemeinschaft mit **zwischenstaatlichen Einrichtungen** abgeschlossen hat, stehen die **Verifikationsabkommen** mit der Internationalen Atomenergiebehörde (IAEA) in Wien an erster Stelle[306]. Als Parteien des **Vertrages vom 1. Juli 1968 über die Nichtverbreitung von Kernwaffen (Atomwaffensperrvertrag)**[307]

57/June 1996, p. 53 sowie R. *Lennartz*, Perpetuity of Rights and Obligations in the Agreement for Cooperation in the Peaceful Uses of Nuclear Energy between the European Atomic Energy Community and the United States of America, Nuclear Law Bulletin 59/June 1997, p. 31. Zu den früheren Abkommen zwischen Euratom und den USA s. die Sammlung der von den Europäischen Gemeinschaften geschlossenen Übereinkünfte, Band 5, 1979, S. 17 bis 77.

303 S. das Abkommen vom 6. Oktober 1959 zwischen der Europäischen Atomgemeinschaft (Euratom) und der Regierung von Kanada über Zusammenarbeit bei der friedlichen Nutzung der Atomenergie, ABl. Nr. 60 vom 24. 11. 1959, S. 1165/59; geändert durch Briefwechsel vom 16. Januar 1978 (78/217/Euratom), ABl. Nr. L 65 vom 8. 3. 1978, S. 16, vom 18. Dezember 1981 (82/52/Euratom), ABl. Nr. L 27 vom 4. 2. 1982, S. 25, sowie vom 15. Juli 1991, ABl. Nr. C 215 vom 17. 8. 1991, S. 5.

304 S. das Abkommen vom 21. September 1981 zwischen der Regierung von Australien und der Europäischen Atomgemeinschaft über den Transfer von Kernmaterial (82/672/Euratom), ABl. Nr. L 281 vom 4. 10. 1982, S. 8.

305 Abkommen vom 11. Juni 1996 über die Zusammenarbeit bei der friedlichen Nutzung der Kernenergie zwischen der Europäischen Atomgemeinschaft (Euratom) und der Regierung der Argentinischen Republik (97/738/Euratom), ABl. Nr. L 296 vom 30. 10. 1997, S. 32.

306 Als übergreifendes Abkommen allgemeiner Art ging dem Abschluß der Verifikationsabkommen das Abkommen über die Zusammenarbeit zwischen der Europäischen Atomgemeinschaft und der Internationalen Atomenergieorganisation vom 1. Dezember 1975 (75/780/Euratom) voraus (ABl. Nr. L 329 vom 23. 12. 1975, S. 28).

307 Treaty on the Non-Proliferation of Nuclear Weapons, United Nations Treaty Series Vol. 729, Nr. 10485, 1970, S. 169, s. auch BGBl. 1974 Teil II S. 785. Der Vertrag wurde am 11. Mai 1995 auf unbefristete Zeit verlängert. S. dazu *Jürgen Grunwald*, Neuere Entwicklungen des Euratom-Rechts, ZEuS 1998, S. 275 (298 f.). Zur nachfolgenden Entwicklung s. den Gemeinsamen Standpunkt des Rates vom 13. April 2000 betreffend die im Jahre 2000 vorgesehene **Überprüfungskonferenz** der Vertragsparteien des Vertrags über die Nichtverbreitung von Kernwaffen (2000/297/GASP), ABl. Nr. L 97 vom 19. 4. 2000, S. 1. S. dazu die Entschließung des Europäischen Parlaments zum Atomwaffensperrvertrag, ABl. Nr. C 59 vom 23. 2. 2001, S. 287. Gleichzeitig bemühte sich die Gemeinschaft um ein baldiges Inkrafttreten des **Verbots von Nuklearversuchen**. S. dazu den Gemeinsamen Standpunkt des Rates vom 29. Juli 1999 betreffend den Beitrag der Europäischen Union zur Förderung des baldigen Inkrafttretens des Vertrags über das umfassende Verbot von Nuklearversuchen (CTBT) (1999/533/GASP), ABl. Nr. L 204 vom 4. 8. 1999, S. 1, sowie dazu den Beschluß 2001/286/GASP des Rates vom 9. April 2001 zur Durchführung des gemeinsamen Standpunkts 1999/533/GASP, ABl. Nr. L 99 vom 10. 4. 2001, S. 3. S. hierzu auch die Entschließung des Europäischen Parlaments zur Ablehnung der Ratifizierung des Vertrags über das umfassende Verbot von Nuklearversuchen durch den US-Senat, ABl. Nr. C 154 vom 5. 6. 2000, S. 141. Ein weiteres Anliegen der Gemeinschaft bestand und besteht in der **Unterstützung Rußlands** bei seinen Bemühungen auf dem Gebiet der **nuklearen Abrüstung**. S. hierzu die Gemeinsame Aktion des Rates vom 17. Dezember 1999 über ein Kooperationsprogramm der Europäischen Union für Nichtverbreitung und Abrüstung in der Russischen Föderation (1999/878/GASP), ABl. Nr. L 331 vom 23. 12. 1999, S. 11, sowie Beschluß 2001/493/GASP des Rates vom 25. Juni 2001 zur Durchführung der gemeinsamen Aktion 1999/878/GASP als Beitrag zum Kooperationsprogramm, ABl. Nr. L 180 vom 3. 7. 2001, S. 2. S. zur nuklearen Proliferation auch die Beiträge in Internationale

sind alle Mitgliedstaaten auf die Ziele des weltweit geltenden Nichtverbreitungsregimes der IAEA verpflichtet, davon 13 Mitgliedstaaten als **Nichtkernwaffenstaaten** sowie Großbritannien und Frankreich[308] als **Kernwaffenstaaten.** Gemäß Art. III Abs. 1 dieses Vertrages verpflichten sich alle Nichtkernwaffenstaaten, bei der friedlichen Nutzung der Kernenergie bestimmte mit der IAEA auszuhandelnde Sicherungsmaßnahmen zur Spaltstoffüberwachung anzunehmen und hierüber ein Verifikationsabkommen mit der IAEA abzuschließen. Im Geltungsbereich des Euratom-Vertrages werden diese Überwachungsmaßnahmen zusammen mit Euratom durchgeführt. Die jeweiligen Rechte und Pflichten von IAEA, Euratom und den Nichtkernwaffen-Mitgliedstaaten sind in einem Verifikationsabkommen aus dem Jahre 1978 niedergelegt[309]. Auch die beiden Kernwaffenstaaten **Großbritannien** und **Frankreich** haben ihre zivile Kernindustrie der Verifizierung durch die IAEA unterstellt und hierüber mit der IAEA und Euratom trilaterale Abkommen abgeschlossen (sog. **„voluntary offer agreements"**)[310].

Weitere Verifizierungs-Abkommen mit der IAEA bestehen für die britischen und französischen Hoheitsgebiete im Geltungsbereich des **Vertrages von Tlatelolco,** der für Lateinamerika und die Karibik ein eigenes regionales Regime zum Verbot von Kernwaffen errichtet hat[311]. Das die britischen Hoheitsgebiete betreffende Abkommen wurde 1992[312] und das die französischen Hoheitsgebiete betreffende Abkommen 2000 unterzeichnet[313].

Politik 10/1999 sowie *Laura Rockwood,* The Nuclear Non-Proliferation Treaty: A Permanent Commitment to Disarmament and Non-Proliferation, Nuclear Law Bulletin 56/December 1995, p. 9. Zur rechtlichen Problematik des Einsatzes von Atomwaffen s. die Advisory Opinions des Internationalen Gerichtshofs vom 8. Juli 1996 (General List No. 93 und 95). S. auch *Marauhn/Oellers-Frahm,* Atomwaffen, Völkerrecht und die internationale Gerichtsbarkeit, EuGRZ 1997, S. 221. Zu Abrüstung und Proliferation s. *Stephan Bierling,* Neuerscheinungen zur Rüstungskontrolle, Internationale Politik 4/1997, S. 59, sowie die Entschließung des Europäischen Parlaments zu subkritischen Atomversuchen und zu Atomversuchen Indiens und Pakistans, ABl. Nr. C 80 vom 16.3. 1998, S. 252 und ABl. Nr. C 210 vom 6.7.1998, S. 205.

308 Frankreich ist dem Atomwaffensperrvertrag erst am 3. August 1992 beigetreten.

309 Übereinkommen zwischen dem Königreich Belgien, dem Königreich Dänemark, der Bundesrepublik Deutschland, Irland, der Italienischen Republik, dem Großherzogtum Luxemburg, dem Königreich der Niederlande, der Europäischen Atomgemeinschaft und der Internationalen Atomenergie-Organisation in Ausführung von Artikel III Absätze 1 und 4 des Vertrages über die Nichtverbreitung von Kernwaffen (78/164/Euratom), ABl. Nr. L 51 vom 22.2.1978, S. 1, nebst Zusatzprotokoll vom 22. September 1998 (1999/188/Euratom), ABl. Nr. L 67 vom 13.3.1999, S. 1.

310 S. Agreement of 6 September 1976 between the **United Kingdom** of Great Britain and Northern Ireland, the European Atomic Energy Community and the Agency in connection with the Treaty of the Non-Proliferation of Nuclear Weapons, IAEA INFCIRC/263, October 1978; Accord conclu le 27 juillet 1978 entre la **France,** la Communauté européenne de l'Energie Atomique et l'Agence Internationale de l'Energie Atomique relatif à l'application de garanties en France, AIEA, INFCIRC/290, Décembre 1981.

311 Treaty for the Prohibition of Nuclear Weapons in Latin America, done at Mexico, Federal District, on 14 February 1967, United Nation Treaty Series Vol. 634, Nr. 9068, 1968, p. 326.

312 Agreement between the United Kingdom of Great Britain and Northern Ireland, the European Atomic Energy Community and the International Atomic Energy Agency for the Application of Safeguards in connection with the Treaty for the Prohibition of Nuclear Weapons in Latin America, nicht im ABl. veröffentlicht.

313 Übereinkommen zwischen der Französischen Republik, der Europäischen Atomgemeinschaft und der Internationalen Atomenergie-Organisation über die Anwendung von Sicherungs-

2. Die Pflichten der Anlagenbetreiber

Der Vertrag regelt die Pflichten der Anlagenbetreiber in drei Artikeln: Die Pflichten nach Art. 78 EAGV betreffen die **technischen Merkmale** der jeweiligen Anlage, die nach Art. 79 EAGV den tatsächlichen **Fluß des spaltbaren Materials** und jene nach Art. 81 EAGV die **Kontrolle vor Ort.**

Voraussetzung einer jeden Überwachungstätigkeit ist zunächst die Kenntnis der **Existenz** und der **technischen Merkmale** der zu überwachenden Anlagen. Hierzu legt Art. 78 Abs. 1 EAGV den Betreibern eine **Anzeigepflicht** auf:

> „Wer eine Anlage zur Erzeugung, Trennung oder sonstigen Verwendung von Ausgangsstoffen und besonderen spaltbaren Stoffen oder zur Aufbereitung bestrahlter Kernbrennstoffe errichtet oder betreibt, hat der Kommission die grundlegenden technischen Merkmale der Anlage anzugeben, soweit deren Kenntnis für die Zwecke des Artikels 77 erforderlich ist."

Um welche technischen Merkmale es sich im einzelnen handelt und wann die Anzeige spätestens zu erfolgen hat, ist in den Art. 1 bis 5 der Verordnung (Euratom) Nr. 3227/76 sowie in einem Musterformblatt[314] aufgeführt. Im Falle des **Beitritts neuer Mitgliedstaaten** haben diese dafür zu sorgen, daß der Kommission alle Nuklearanlagen auf ihrem Territorium gemeldet werden[315]. Von besonderer Wichtigkeit für die Kommission ist die Kenntnis der einzelnen **Materialbilanzzonen**[316] innerhalb der Anlage, der Schlüsselmeßpunkte[317], der Verfahren für die Buchführung über das Kernmaterial in jeder Materialbilanzzone[318] sowie der Häufigkeit und Verfahren für die Aufnahmen der realen Bestände für Buchführungszwecke[319]. In besonderen Kontrollbestimmungen kann die Kommission die Installation von **Videokameras** und sonstigen **Überwachungsgeräten** verlangen, die sie auf eigene Rechnung installiert oder deren Ko-

---

maßnahmen im Rahmen des Vertrags über das Verbot von Kernwaffen in Lateinamerika und der Karibik, ABl. Nr. C 298 vom 19. 10. 2000, S. 1.

314 In Anhang 1 der Verordnung (Euratom) Nr. 3227/76, der für folgende Anlagen gilt: A. Reaktoren, B. Kritische (und Nullenergie-) Anlagen, C. Konversions-, Fabrikations- und Wiederaufbereitungsanlagen, D. Lageranlagen, E. Isotopentrennanlagen, F. Anlagen, die mehr als ein effektives Kilogramm Kernmaterial verwenden, G. Sonstige Anlagen.

315 S. zu einem Verstoß Spaniens gegen diese Verpflichtung: Empfehlung der Kommission vom 21. September 1994 zur Anwendung der Euratom-Sicherheitsüberwachung in Spanien (94/956/Euratom), ABl. Nr. L 371 vom 31. 12. 1994, S. 18.

316 Art. 36 lit. r) der Verordnung (Euratom) Nr. 3227/76 definiert die **Materialbilanzzone** als „eine Zone, die so geartet ist, daß

i) die Kernmaterialmenge bei jeder Weitergabe in jede oder aus jeder Materialbilanzzone bestimmt werden kann, und

ii) der reale Bestand an Kernmaterial in jeder Materialbilanzzone, falls erforderlich, in Übereinstimmung mit festgelegten Verfahren bestimmt werden kann, damit die Materialbilanz aufgestellt werden kann."

317 Art. 36 lit. q) der Verordnung (Euratom) Nr. 3227/76 definiert den **Schlüsselmeßpunkt** als „Ort, an dem das Kernmaterial in einer Form vorliegt, die seine Messung zur Bestimmung des Materialflusses oder des Bestands ermöglicht. Schlüsselmeßpunkte umfassen somit – jedoch nicht ausschließlich – die Eingänge und Ausgänge (einschließlich des gemessenen Abfalls) und die Lager in Materialbilanzzonen".

318 S. Art. 7 Abs. 1 lit. b) der Verordnung (Euratom) Nr. 3227/76.

319 S. Art. 7 Abs. 1 lit. c) der Verordnung (Euratom) Nr. 3227/76.

sten sie dem Betreiber erstattet[320]. Als Grundregel hat hierbei zu gelten, daß der Betreiber alle Kosten für Einrichtungen zu tragen hat, die die Anlage „safeguardable", d. h. überwachbar machen, und die Kommission die Ausgaben für die eigentliche Kontrolltätigkeit übernimmt[321]. Einer besonderen **Genehmigungspflicht** nach Art. 78 Abs. 2 EAGV bedürfen die Verfahren für die **chemische Aufbereitung bestrahlter Stoffe**, insbesondere um sicherzustellen, daß das bei der Wiederaufbereitung anfallende Plutonium korrekt und zeitnah bilanziert werden kann.

Sind die grundlegenden technischen Merkmale der Anlage mitgeteilt und von der Kommission als rechtskonform anerkannt worden, können die ersten Kernmateriallieferungen in die Anlage gelangen. Zum Zwecke einer umfassenden **Überwachung des Kernmaterialflusses** kann die Kommission nach Art. 79 Abs. 1 Satz 1 EAGV verlangen, daß von den Betreibern nuklearer Anlagen „Aufstellungen über Betriebsvorgänge geführt und vorgelegt werden, um die Buchführung über verwendete oder erzeugte Erze, Ausgangsstoffe und besondere spaltbare Stoffe zu ermöglichen". Die gleiche Pflicht gilt für die **Beförderer** von Ausgangsstoffen und besonderen spaltbaren Stoffen[322] sowie für die **Erzeuger** von Erzen[323] und die **Vermittler** von Kernmateriallieferungen[324]. Die Anforderungen an die betriebsinternen Buchführungssysteme und Berichtspflichten sowie die besonderen Melde- und Genehmigungspflichten bei der Ein- und Ausfuhr (Weitergabe) von Kernmaterial sind in Art. 9 bis 28 der Verordnung (Euratom) Nr. 3227/76 sowie in Art. 59 und 75 EAGV niedergelegt. Art. 9 der Verordnung bestimmt:

> „Die Personen oder Unternehmen ... sind gehalten, ein Buchführungs- und Kontrollsystem für Kernmaterial anzuwenden. Dazu gehören Buchungs- und Betriebsprotokolle, insbesondere Angaben über die Mengen, die Art, die Form und die Zusammensetzung des Materials ..., über den tatsächlichen Aufbewahrungsort, die in Frage kommenden besonderen Kontrollverpflichtungen und den Verwendungszweck, für den die betroffenen Personen oder Unternehmen das Material nach eigener Entscheidung vorzusehen erklärt haben, sowie Angaben über den Versender oder Empfänger im Fall einer Weitergabe.
> Das System der Messungen, auf dem die Buchführung beruht, hat den neuesten internationalen Normen zu entsprechen oder ihnen qualitativ gleichwertig zu sein. Die Buchführung muß es erlauben, die an die Kommission gerichteten Meldungen, deren Form und Periodizität in den Artikeln 12 bis 21 bestimmt sind, abzufassen und zu belegen. Die Protokolle sind mindestens fünf Jahre lang aufzubewahren."

Im einzelnen sehen die Bestimmungen der Verordnung (Euratom) Nr. 3227/76 die Erstellung von **Buchungsprotokollen** (Art. 10) vor, die für jede Kernmaterialbilanzzone alle Bestandsänderungen und realen Bestände ausweisen, und zwar bezogen auf jede Kernmaterialcharge und getrennt nach Uran, Thorium und Plutonium. Für jede Bestandsänderung sind ihr Zeitpunkt und ggfs. die abgebende und die aufnehmende Materialbilanzzone bzw. der externe Empfänger anzugeben. Die Buchungsprotokolle

---

320 S. Art. 7 Abs. 3 der Verordnung (Euratom) Nr. 3227/76.

321 Nach Art. 174 Abs. 1 lit. b) EAGV umfaßt der Verwaltungshaushalt der Gemeinschaft insbesondere „die Ausgaben für die Überwachung der Sicherheit".

322 S. Art. 79 Abs. 1 Satz 2 EAGV i. V. m. Art. 32 und 33 der Verordnung (Euratom) Nr. 3227/76.

323 S. Art. 29 bis 31 der Verordnung (Euratom) Nr. 3227/76.

324 S. Art. 34 der Verordnung (Euratom) Nr. 3227/76.

werden durch die **Betriebsprotokolle** (Art. 11) ergänzt, die die bei der Erstellung der Buchungsprotokolle verwendeten und gewonnenen Daten, den Verfahrensablauf und die getroffenen Maßnahmen beschreiben. Die durch die Buchungs- und Betriebsprotokolle gewonnenen Angaben sind der Kommission sodann in Gestalt von Buchungs- und Sonderberichten zu übermitteln (Art. 12). Die **Buchungsberichte** umfassen die Anfangsberichte (Art. 13), die Bestandsänderungsberichte (Art. 14 und 15) sowie die Materialbilanzberichte nebst Aufstellung des realen Bestandes (Art. 16). **Sonderberichte** sind zu erstatten, wenn zu vermuten ist, daß ein die Grenzwerte übersteigender Verlust an Kernmaterial eingetreten ist oder eingetreten sein könnte (Art. 18 lit. a)), die räumliche Eingrenzung der Anlage so verändert worden ist, daß die unbefugte Entnahme von Kernmaterial möglich geworden ist (Art. 18 lit b)) oder im Falle von Ausfuhren und Einfuhren außergewöhnliche Umstände darauf hinweisen, „daß Kernmaterial verlorengegangen ist oder verlorengegangen sein könnte, insbesondere wenn eine erhebliche Verzögerung während der Weitergabe eingetreten ist" (Art. 27).

Ausfuhren von Kernmaterial sind der Agentur und der Kommission nach Art. 59 und 75 EAGV anzuzeigen, wobei besondere spaltbare Stoffe aus dem Aufkommen der Gemeinschaft nach Art. 59 lit. b) i. V. m. Art. 62 EAGV nur durch die Agentur ausgeführt werden können. Gemäß Art. 24 der Verordnung (Euratom) Nr. 3227/76 haben die Unternehmen die Ausfuhrmeldungen „nach Abschluß der zur Weitergabe führenden vertraglichen Vereinbarungen, in jedem Falle aber so rechtzeitig (zu machen), daß sie bei der Kommission acht Arbeitstage vor der Vorbereitung des Materials für den Versand eingehen" (Art. 24 lit. b)). In den Meldungen ist nach Art. 24 lit. c) unter anderem mitzuteilen[325]:

> „– die Kennzeichnung und möglichst auch die erwartete Menge und Zusammensetzung des weiterzugebenden Materials sowie die Materialbilanzzone, aus der sie kommen,
> – der Staat, für den das Kernmaterial bestimmt ist,
> – Datum und Ort, an dem das Kernmaterial für den Versand vorbereitet werden soll,
> – das voraussichtliche Datum der Absendung und der Ankunft des Kernmaterials,
> – Verwendungszweck, für den das Kernmaterial von der meldepflichtigen Person oder dem meldepflichtigen Unternehmen genutzt wurde."

Vergleichbare Meldepflichten gelten nach Art. 25 der Verordnung für die **Einfuhren** von Ausgangs- und besonderem spaltbarem Material aus einem dritten Staat.

Entsprechend der Regelung des Art. 84 Abs. 3 EAGV, wonach sich die Überwachung nicht auf Stoffe erstreckt, die für die Zwecke der Verteidigung bestimmt sind, gilt die Verordnung (Euratom) Nr. 3227/76 nicht für Anlagen oder Teile von Anlagen, die für Zwecke der Verteidigung bestimmt wurden und die auf dem Hoheitsgebiet eines der beiden Kernwaffenstaaten der Gemeinschaft liegen, sowie für Kernmaterial, das von diesen Mitgliedstaaten für **Zwecke der Verteidigung** bestimmt wurde (Art. 35 Abs. 1 und 2). Sog. **gemischte Anlagen**, die teils zivil teils militärisch genutzt werden, unterliegen nur hinsichtlich ihrer zivilen Nutzung den Bestimmungen der Verordnung (Art. 35 Abs. 3).

---

325 S. Formblatt in Anhang V zur Verordnung (Euratom) Nr. 3227/76.

Soweit die Betreiber nuklearer Anlagen nach Art. 78 und 79 Abs. 1 EAGV anlagen- und betriebsbezogenen **Anzeige-** und **Meldepflichten** unterliegen, haben sie auch den Behörden ihrer Mitgliedstaaten die Mitteilungen bekanntzugeben, die sie gemäß diesen Vorschriften an die Kommission richten (Art. 79 Abs. 2 EAGV).

Neben den vorstehend genannten Anzeige- und Meldepflichten unterliegen die Betreiber weiterhin einer potentiellen **Hinterlegungspflicht** nach Art. 80 EAGV[326] sowie **Duldungs-** und **Kooperationspflichten** nach Art. 81 EAGV. Während die Hinterlegung nach Art. 80 EAGV keine Bedeutung erlangt hat, ist die aktive Mitwirkung der Betreiber im Rahmen der Inspektionen vor Ort von großem Belang. Hierbei korrespondieren die **Pflichten** der Betreiber den nachfolgend dargestellten **Rechten** der Inspektoren.

3. Die Inspektionen

Um sich gemäß Art. 77 EAGV über die Einhaltung der angegebenen Verwendungszwecke, der Vorschriften über die Versorgung und besonderer Kontrollverpflichtungen zu vergewissern, hat die Kommission durch eigene Inspektoren den tatsächlichen **Kernmaterialbestand** bei den Betreibern zu verifizieren und das Ergebnis ihrer Prüfungen mit dem in der Kernmaterialbuchhaltung ausgewiesenen **Buchbestand** zu vergleichen. Stimmen der physische Materialbestand und der ausgewiesene Buchbestand innerhalb gewisser Toleranzen überein, so kann die Kommission eine unerlaubte Abzweigung von Kernmaterial ausschließen. Ergeben sich hingegen signifikante Differenzen, so gibt dies zu weiteren Nachforschungen Anlaß. Stellen sich hierbei Rechtsverstöße heraus, können nach Art. 83 EAGV Sanktionen verhängt werden.

Die Euratom-Safeguards-Inspektoren werden von der Kommission eingestellt (Art. 82 Abs. 1 EAGV) und von dieser in die Anlagen in den Hoheitsgebieten der Mitgliedstaaten entsandt (Art. 81 Abs. 1 Satz 1 EAGV). Bevor die Kommission einen Inspektor mit seiner ersten Überwachungsaufgabe in einem Mitgliedstaat betraut, hat sie den Mitgliedstaat zu hören (Art. 81 Abs. 1 Satz 2), insbesondere um festzustellen, ob gegen die Person des Inspektors **Sicherheitsbedenken** bestehen. Da die Inspektoren in der Regel abwechselnd in mehreren Mitgliedstaaten eingesetzt werden, bemüht sich die Kommission um ein „clearing" der Inspektoren durch alle Mitgliedstaaten. Der Inspektor wird sodann mit einem von der Kommission ausgestellten **Ausweis** über seine **Amtseigenschaft** versehen, der ihm zu allen Orten, Unterlagen und Personen Zugang verschafft, die sich von Berufs wegen mit Stoffen, Ausrüstungsgegenständen oder Anlagen beschäftigen (Art. 81 Abs. 2 Satz 1 EAGV). Im Zuge der Kontrollen lassen sich die Inspektoren die Buchführung zur Prüfung vorlegen (Art. 82 Abs. 2 Satz 1 EAGV) und verifizieren den physischen Materialbestand.

Als **Verifizierungstechniken** kommen hierbei z. B. die **Videoüberwachung** abgegrenzter Materialbilanzzonen, die **Versiegelung** verschlossener Materialbestände

---

326 Von dieser Vorschrift ist in der Praxis kein Gebrauch gemacht worden.

und die **Analyse von Materialproben** vor Ort[327] oder durch das Institut für Transurane in Karlsruhe[328] in Betracht. Soweit die Inspektoren signifikante Fehlbestände (MUF: **m**aterial **u**naccounted **f**or)[329] oder Verstöße feststellen, erstatten sie der Kommission Bericht (Art. 82 Abs. 2 Satz 2 EAGV).

Bei ihrer Verifizierungstätigkeit sind die Inspektoren von den **Mitgliedstaaten** zu unterstützen (arg. ex Art. 192 EAGV). Soweit es ein Mitgliedstaat verlangt, können die Inspektoren auch von Vertretern der nationalen Behörden begleitet werden, „doch darf hierdurch für die Inspektoren bei der Wahrnehmung ihrer Aufgabe keine Verzögerung oder sonstige Behinderung eintreten" (Art. 81 Abs. 2 in fine EAGV). Widersetzen sich Personen oder Unternehmen schriftlichen Kommissionsentscheidungen oder Gerichtsbefehlen, die bestimmte Überwachungsmaßnahmen anordnen, so obliegt es den Behörden des betreffenden Staates, „den Inspektoren Zugang zu den Orten zu verschaffen, die in dem Befehl oder der Entscheidung bezeichnet sind" (Art. 81 Abs. 5 EAGV).

Wird der Durchführung einer Überwachungsmaßnahme widersprochen, kann die Kommission nach Art. 81 Abs. 3 EAGV beim Präsidenten des Gerichtshofs einen **Gerichtsbefehl** beantragen, um die Durchführung der Überwachung **im Zwangswege** sicherzustellen. Der Präsident des Gerichtshofs entscheidet innerhalb von drei Tagen. Bei **Gefahr im Verzuge** kann die Kommission gemäß Art. 81 Abs. 4 EAGV auch durch eine **eigene** Entscheidung die Überwachungsmaßnahmen schriftlich anordnen. Diese Anordnung ist dem Präsidenten des Gerichtshofs unverzüglich zur nachträglichen Genehmigung vorzulegen.

Art. 81 Abs. 3 bis 5 EAGV brauchten bislang in der Praxis nicht angewendet zu werden.

4. Sanktionen

Wie das EGKS-Recht, so sieht auch der Euratom-Vertrag Sanktionen vor, wenn Unternehmen ihre Verpflichtungen aus dem Gemeinschaftsrecht verletzen. Verstöße gegen Verpflichtungen aus Kapitel VII können nach Art. 82 und 83 EAGV verfolgt werden; in allen sonstigen Fällen gilt Art. 145 EAGV, der in Abs. 1 ein zweistufiges Sanktionsverfahren vorsieht:

> „Ist die Kommission der Auffassung, daß eine Person oder ein Unternehmen eine Verletzung dieses Vertrags begangen hat, auf welche Artikel 83 keine Anwendung findet, so fordert sie den für diese Person oder dieses Unternehmen zuständigen Mitgliedstaat auf, wegen dieser Verletzung Zwangsmaßnahmen nach seinen innerstaatlichen Rechtsvorschriften zu verhängen"[330].

---

327 Die Materialanalyse vor Ort wird in den beiden großen Wiederaufbereitungsanlagen der Gemeinschaft in Sellafield/UK und La Hague/F in sog. Euratom-On-Site-Laboratories vorgenommen.

328 Das Institut ist eine Anlage der Gemeinsamen Kernforschungsstelle i. S. des Art. 8 Abs. 2 EAGV.

329 S. Ziffer 137 des IAEA Safeguards Glossary, Wien 1980, S. 35.

330 Kommt der betreffende Staat innerhalb der von der Kommission gesetzten Frist dieser Aufforderung nicht nach, kann die Kommission nach Art. 145 Abs. 2 EAGV den Gerichtshof „zur Fest-

Ausgangspunkt für die Anordnung von Sanktionen im Rahmen des Kapitels VII ist die Meldung eines Verstoßes durch die Inspektoren nach Art. 82 Abs. 2 Satz 2 EAGV. Hierbei kann es sich sowohl um Verstöße der Personen und Unternehmen wie um solche der Mitgliedstaaten handeln. Auf der Grundlage des Berichtes der Inspektoren ist es sodann Sache der Kommission, einen Verstoß formal festzustellen oder nicht. Im erstgenannten Falle gibt es zwei Möglichkeiten: Entweder dauert der festgestellte Verstoß noch an oder er wurde zwischenzeitlich beendet. Wie die Sanktionen des EGKS-Vertrages gelten die Art. 82 und 83 EAGV für beide Fälle: zum einen können schon beendete Verstöße durch geeignete Maßnahmen geahndet werden (auch um einer möglichen Wiederholung des Verstoßes entgegenzuwirken[331]), und zum anderen kann die Beendigung noch andauernder Verstöße durch Zwangsmaßnahmen im engeren Sinne erzwungen werden.

Hierbei bestimmen sich die von der Kommission zu ergreifenden Maßnahmen zunächst danach, **welches Rechtssubjekt** den festgestellten Verstoß begangen hat bzw. noch begeht. Sind es die **Mitgliedstaaten** selbst, z. B. indem sie Inspektionen behindern[332], so kann die Kommission nach Art. 82 Abs. 3 EAGV vorgehen und eine Richtlinie erlassen, „mit der sie dem betreffenden Mitgliedstaat aufgibt, innerhalb einer von ihr festgesetzten Frist alle erforderlichen Maßnahmen zu treffen, um dem festgestellten Verstoß ein Ende zu setzen". Kommt der Mitgliedstaat der Richtlinie nicht fristgerecht nach, so kann die Kommission oder jeder hiervon nachteilig betroffene Mitgliedstaat direkt Klage beim Gerichtshof erheben[333]. Wird oder wurde der Verstoß hingegen von einer **Person** oder einem **Unternehmen** i. S. des Art. 196 EAGV begangen, so stehen der Kommission mehrere Möglichkeiten offen. Ist sie der Auffassung, daß das nationale Recht derartige Verstöße begünstigt, so kann sie bei deren Fortdauer ebenfalls nach Art. 82 Abs. 3 EAGV eine Richtlinie erlassen, die den betreffenden Mitgliedstaat zu einer Änderung der betreffenden nationalen Vorschriften auffordert. Gleichzeitig kann die Kommission nach Art. 83 Abs. 3 EAGV an die Mitgliedstaaten Empfehlungen über Rechtsvorschriften richten, welche die Beachtung der Verpflichtungen aus Kapitel VII in ihrem Hoheitsgebiet sicherstellen sollen[334]. Gegenüber den Personen oder Unternehmen kann die Kommission je nach Schwere des Verstoßes gemäß Art. 83 EAGV Sanktionen in folgenden **Stufen** verhängen:

---

stellung der Verletzung anrufen, die der betreffenden Person oder den betreffenden Unternehmen zur Last gelegt wird". Diese Vorschrift ist insofern ein Unikum im Gemeinschaftsrecht, als sie ein **Vertragsverstoßverfahren gegen Personen und Unternehmen** vorsieht, das ansonsten nur gegenüber den Mitgliedstaaten offensteht (s. Art. 141 EAGV).

331 S. EuGH, Urteil vom 21. Januar 1993 in der Rechtssache C-308/90 (Advanced Nuclear Fuels ./. Kommission), Slg. 1993, S. I-349.

332 S. Art. 81 Abs. 2 in fine EAGV, wonach die Mitgliedstaaten die Inspektionen nicht verzögern oder die Inspektoren bei der Wahrnehmung ihrer Aufgaben behindern dürfen. S. allgemein Art. 192 EAGV, wonach die Mitgliedstaaten alle Maßnahmen zu unterlassen haben, welche die Verwirklichung der Ziele des Vertrages gefährden könnten.

333 Die Vorschrift ermöglicht damit die Durchführung eines Vertragsverstoßverfahrens nach Art. 141 bzw. 142 EAGV ohne jedwedes Vorverfahren.

334 S. als einzigen Anwendungsfall die Empfehlung der Kommission vom 21. Dezember 1994 zur Anwendung der Euratom-Sicherheitsüberwachung in Spanien (94/956/Euratom), ABl. Nr. L 371 vom 31. 12. 1994, S. 18.

„a) Verwarnung,
b) Entzug besonderer Vorteile, wie finanzielle Unterstützung oder technische Hilfe,
c) Übertragung der Verwaltung des Unternehmens für eine Höchstdauer von vier Monaten an eine Person oder eine Personengruppe, die im gemeinsamen Einvernehmen zwischen der Kommission und dem Staat, dem das Unternehmen untersteht, bestellt werden,
d) vollständiger oder teilweiser Entzug der Ausgangsstoffe oder besonderen spaltbaren Stoffe.“

Bei leichten Verstößen, insbesondere schon beendeten bzw. korrigierten, empfiehlt sich eine **Verwarnung**[335]. Ein **Entzug besonderer Vorteile** kann nur in den eher seltenen Fällen einer finanziellen oder technischen Unterstützung nach Art. 6 EAGV, der Gewährung einer Vergünstigung nach Art. 46 Abs. 2 lit. f) EAGV oder einer Investitionsförderung nach Art. 174 Abs. 2 EAGV in Betracht kommen[336]. Die **Übertragung der Verwaltung** des Unternehmens auf eine Person oder Personengruppe ist die einzige Zwangsmaßnahme, die eine aktive Einwirkung auf das Verhalten des Unternehmens und seine internen Verfahrensabläufe von innen her ermöglicht[337]. Der vollständige oder teilweise **Entzug der Ausgangsstoffe oder besonderen spaltbaren Stoffe** i. S. von Art. 197 EAGV bedeutet die vollständige oder teilweise Stillegung des betreffenden Unternehmens der Kernindustrie und ist die härteste Sanktion, die das Gemeinschaftsrecht überhaupt vorsieht[338]. Soweit der Entzug technischer Hilfe oder nuklearer Stoffe mit einer **Herausgabeverpflichtung** einhergeht, ist die entsprechende Entscheidung der Kommission nach Art. 83 Abs. 2 i.V.m. Art. 164 EAGV unmittelbar vollstreckbar. Über Herausgabeentscheidungen hinaus haben die Mitgliedstaaten dafür Sorge zu tragen, daß von der Kommission angeordnete Zwangsmaßnahmen vollstreckt und Verstöße durch den Urheber behoben werden (Art. 83 Abs. 4 EAGV). Ist die Kommission der Auffassung, daß keine der in Art. 83 Abs. 1 EAGV vorgesehenen Sanktionen dem konkreten Rechtsverstoß einer Person oder eines

---

335 Bislang hat die Kommission fünf Verwarnungen ausgesprochen: s. Entscheidungen der Kommission in einem Verfahren nach Artikel 83 Euratom-Vertrag vom 4. März 1992 (UKAEA Dounreay) (92/194/Euratom), ABl. Nr. L 88 vom 3. 4. 1992, S. 54; vom 27. April 1994 (Cadarache), nicht veröffentlicht; vom 21. Dezember 1994 (Escuela Técnica Superior de Ingenieros Industriales de la Universidad Politécnica de Madrid) (94/955/Euratom), ABl. Nr. L 371 vom 31. 12. 1994, S. 16; vom 13. November 1996 (Jenson Tungsten Ltd, Hemel Hempstead) (96/671/Euratom), ABl. Nr. L 313 vom 3. 12. 1996, S. 20; vom 12. Dezember 1997 (ENUSA Juzbado), ABl. Nr. L 354 vom 30. 12. 1997, S. 30.

336 Eine derartige Sanktion ist bislang nicht verhängt worden.

337 Als einzige verhängte Sanktion dieser Art s. Entscheidung der Kommission vom 1. August 1990 über ein Verfahren nach Artikel 83 Euratom-Vertrag (ANF Lingen) (90/413/Euratom), ABl. Nr. L 209 vom 8. 8. 1990, S. 27; s. dazu weiterhin die Entscheidung der Kommission vom 20. August 1990 über die Bestellung der Personengruppe, die mit der Durchführung der Entscheidung 90/413/Euratom betreffend die Anwendung von Artikel 83 des Euratom-Vertrags beauftragt ist (90/465/Euratom), ABl. Nr. L 241 vom 4. 9. 1990, S. 14; s. zum abschließenden Bewertungsbericht der mit der Verwaltung des Unternehmens beauftragten Personengruppe die Mitteilung der Kommission über die Durchführung der Entscheidung 90/413/Euratom vom 1. August 1990 betreffend die Anwendung von Artikel 83 Euratom-Vertrag, ABl. Nr. C 46 vom 22. 2. 1991, S. 3. Zur Abweisung des Antrags auf Vorlage des Bewertungsberichts in der Rechtssache C-308/90 s. EuGH, Beschluß vom 20. März 1991 – 370.857 – unveröffentlicht.

338 Eine derartige Sanktion ist bislang nicht verhängt worden.

Unternehmens ein zügiges Ende setzen kann, steht es ihr frei, den betreffenden Mitgliedstaat mit einer Richtlinie gemäß Art. 82 Abs. 3 EAGV aufzufordern, die hierfür erforderlichen Maßnahmen zu treffen.

Nach Art. 83 Abs. 2 EAGV haben **Klagen**, die gegen die Verhängung von Zwangsmaßnahmen erhoben werden, **aufschiebende Wirkung**[339]. Das GeI kann jedoch auf Antrag der Kommission oder jedes beteiligten Mitgliedstaats die **sofortige Vollstreckung** der Entscheidung anordnen[340]. Nach Art. 144 lit. b) EAGV unterliegen Klagen gegen Zwangsmaßnahmen einer **unbeschränkten Ermessensnachprüfung** durch das GeI.

IX. Das Eigentum

Literatur:

K. Ballerstedt, Das Eigentum an Kernbrennstoffen, in: Veröffentlichungen des Instituts für Energierecht an der Universität Bonn, Heft 6, S. 34; *P. Böhm*, Die internationale Regelung der Eigentumsverhältnisse im Bereich der friedlichen Verwendung der Atomenergie, Dissertation, Saarbrücken 1959; *ders.*, Die juristische Problematik des europäischen Kernbrennstoffeigentums, NJW 1961, S. 1553; *ders.*, Ownership of nuclear materials in Euratom, American Journal of Comparative Law, 1962, p. 167; *Heinz Hoedrich*, Das Eigentum der Europäischen Atomgemeinschaft an Kernbrennstoffen, in: Festschrift für *C. F. Ophüls*, Karlsruhe 1965, S. 62; *K. Knappmann*, Das Eigentum im Euratomvertrag und der Besitz im Atomgesetz im Vergleich zu den gleichlautenden Begriffen im BGB, Dissertation, Münster 1964; *Rudolf Lukes*, Die Eigentumsregelung für die besonderen spaltbaren Stoffe im Euratomvertrag, in: Zweites Deutsches Atomrechts-Symposium, Köln 1974, S. 54; *Norbert Pelzer*, Die rechtliche Problematik der Beschränkungen der deutschen Atomwirtschaft durch den Euratomvertrag, DB 1962, S. 398; *G. Vedel*, Le régime de propriété dans le Traité Euratom, Annuaire Français de Droit International 1957, p. 586.

Das Eigentum der Gemeinschaft an besonderen spaltbaren Stoffen (Art. 86 Abs. 1 EAGV) stellt einen im Gemeinschaftsrecht einmaligen Typus des **öffentlichen Sachenrechts** dar. Die Stoffe, auf die es sich erstreckt, sind in Art. 197 Ziffer 1 EAGV wie folgt definiert:

> „,besondere spaltbare Stoffe': Plutonium 239; Uran 233; mit Uran 235 oder 233 angereichertes Uran; jedes Erzeugnis, in dem eines oder mehrere der obengenannten Isotope enthalten sind, und sonstige spaltbare Stoffe, die durch den Rat auf Vorschlag der Kommission mit qualifizierter Mehrheit bestimmt werden; doch zählen Ausgangsstoffe in keinem Fall zu den besonderen spaltbaren Stoffen"[341].

Entsprechend der Systematik des (nationalen) Sachenrechts sind der **Erwerb**, der **Verlust** und die **Nutzung** des Eigentums der Gemeinschaft zu regeln. Überdies enthält das Kapitel VIII in den Art. 88 und 89 EAGV Vorschriften über ein von der Agentur zu

339 Nach Art. 157 EAGV haben Klagen in der Regel keine aufschiebende Wirkung.

340 S. die Anordnung des sofortigen Vollzugs in der Rs. C-308/90 durch Beschluß des Gerichtshofs vom 7. Dezember 1990, Slg. 1990, S. I-4499.

341 Siehe hierzu die weiterführenden Definitionen in Art. 197 Abs. 2: „mit Uran 235 oder 233 angereichertes Uran": Uran, welches entweder Uran 235 oder Uran 233 oder diese beiden Isotope in einer solchen Menge enthält, daß das Verhältnis zwischen der Summe dieser beiden Isotope und dem Isotop 238 über dem Verhältnis zwischen dem Isotop 235 und dem Isotop 238 in natürlichem Uran liegt."

führendes „Finanzkonto der besonderen spaltbaren Stoffe". Art. 90 EAGV sieht die ebenfalls schon erwähnte Möglichkeit einer erleichterten Vertragsänderung vor, und Art. 91 EAGV verweist auf die Eigentumsordnung der Mitgliedstaaten bezüglich jener Gegenstände, an denen ein Eigentumsrecht der Gemeinschaft nicht besteht.

1. Erwerb

Den **Erwerb des Eigentums** knüpft Art. 86 Abs. 2 EAGV daran, daß die besonderen spaltbaren Stoffe „von einem Mitgliedstaat, einer Person oder einem Unternehmen erzeugt oder eingeführt werden und der in Kapitel VII vorgesehenen Sicherheitsüberwachung unterliegen". Der Tatbestand der **Erzeugung** verweist auf die Erzeugung „im Gebiet der Mitgliedstaaten" (s. Art. 52 Abs. 2 lit. b) EAGV) und den Begriff des Erzeugers (s. insbesondere Art. 57 Abs. 2, 58, 59 und 60 EAGV). Nach dem das Sachenrecht beherrschenden Grundsatz der Publizität muß der erzeugte Stoff **individualisierbar**, d. h. nach Erzeuger, Menge und Beschaffenheit bestimmbar sein, sowie der Sicherheitsüberwachung unterliegen.

Der Tatbestand der **Einfuhr** knüpft an den zollrechtlichen Einfuhrbegriff an und erstreckt sich in keinem Falle auf das unerkannte Einschmuggeln von Nuklearmaterial in die Gemeinschaft. Besondere spaltbare Stoffe, die aus Drittländern zum Zwecke der Aufbereitung, Umwandlung oder Formung in die Gemeinschaft eingeführt werden, um sodann die Gemeinschaft nach den Instruktionen des Auftraggebers wieder zu verlassen, begründen kein Eigentumsrecht der Gemeinschaft (vgl. Art. 75 lit. c) und in fine EAGV). Hinsichtlich der Sicherheitsüberwachung ist auf die Art. 77 ff. EAGV zu verweisen.

2. Verlust

Der **Verlust** des Eigentums der Gemeinschaft tritt ein, wenn die Stoffe aus der Gemeinschaft **ausgeführt** oder auf andere Weise **aus der Euratom-Sicherheitsüberwachung entlassen** werden. Nach Art. 62 Abs. 1 lit. c) EAGV dürfen besondere spaltbare Stoffe von der Agentur nur mit **Genehmigung der Kommission** ausgeführt werden. Gemäß Art. 59 Abs. 2) EAGV kann die Kommission die Ermächtigung zur Ausfuhr nicht erteilen, wenn die Empfänger dieser Lieferungen nicht alle Garantien dafür bieten, daß die allgemeinen Interessen der Gemeinschaft gewahrt werden, oder wenn die Klauseln und Bedingungen dieser Verträge den Zielen der Gemeinschaft zuwiderlaufen. Eine Genehmigung zur Ausfuhr kann weiterhin dann nicht erteilt werden, wenn ihr ein Abkommen zwischen der Gemeinschaft und einem dritten Staat oder einer zwischenstaatlichen Einrichtung entgegensteht (arg. ex Art. 77 lit. b) EAGV). Bei der Ausfuhr in Drittländer werden die Stoffe automatisch aus der Sicherheitsüberwachung entlassen. Ein weiterer Eigentumsverlust tritt ein, wenn die Stoffe einer militärischen Verwendung zugeführt werden, denn nach Art. 84 Abs. 3 EAGV erstreckt sich die Überwachung „nicht auf Stoffe, die für die Zwecke der Verteidigung bestimmt sind, soweit sie sich im Vorgang der Einfügung in Sondergeräte für diese Zwecke befinden oder soweit sie nach Abschluß dieser Einfügung gemäß einem Operationsplan in eine militärische Anlage eingesetzt oder dort gelagert werden". Die dritte und letzte Möglichkeit der Beendigung des Eigentumsrechts qua Entlassung aus dem Überwachungssystem besteht in der Konditionierung der Stoffe zu nicht weiter verwertbaren nuklearen Abfällen (measured discards).

3. Nutzung

Das Recht der Nutzung ist in Art. 87 EAGV geregelt:

> „Die Mitgliedstaaten, Personen oder Unternehmen haben an den besonderen spaltbaren Stoffen, die ordnungsgemäß in ihren Besitz gelangt sind, das unbeschränkte Nutzungs- und Verbrauchsrecht, soweit nicht für sie Verpflichtungen aus diesem Vertrag, insbesondere bezüglich der Sicherheitsüberwachung, des Bezugsrechts der Agentur und des Gesundheitsschutzes, entgegenstehen."

Die nachfolgenden Art. 88 und 89 EAGV sind in der Praxis ohne Bedeutung geblieben.

X. Der Gemeinsame Markt auf dem Kerngebiet

Literatur:

Karl Carstens, Die Errichtung des Gemeinsamen Marktes in der Europäischen Wirtschaftsgemeinschaft, Atomgemeinschaft und Gemeinschaft für Kohle und Stahl, Zeitschrift für ausl. öff. R. u. VR 1958, S. 459; *Hans-Hilger Haunschild*, Der Gemeinsame Markt für die Kernenergie, Europa in Handel und Wirtschaft, 1960 Heft 9, S. 11; *Ernst Steindorff*, Die Fusion der Gemeinsamen Märkte, in: La Fusion des Communautés Européennes, Den Haag 1965.

Gleich dem EGKS-Vertrag und dem EWG/EG-Vertrag, sieht auch der Euratom-Vertrag die Schaffung eines **gemeinsamen Marktes** vor, der damit das gemeinsame Fundament der drei Gemeinschaften bildet[342]. Doch während nach dem EGKS- und dem EWG/EG-Vertrag der gemeinsame Markt im wesentlichen **um seiner selbst willen** erschaffen wird und seine Errichtung in sich schon eines der höchsten Vertragsziele darstellt, sieht der Euratom-Vertrag in ihm eher ein (oder genauer: eines der) **Mittel** zur „Förderung des Fortschritts auf dem Gebiet der Kernenergie" (so die Überschrift des Zweiten Titels, dessen Kapitel IX dem gemeinsamen Markt auf dem Kerngebiet gilt). Diese **Mittel-Zweck-Relation** wird besonders in Art. 2 lit. g) EAGV deutlich, der die Gemeinschaft verpflichtet, „ausgedehnte Absatzmärkte und den Zugang zu den besten technischen Mitteln sicherzustellen, und zwar **durch die Schaffung eines gemeinsamen Marktes** für die besonderen auf dem Kerngebiet verwendeten Stoffe und Ausrüstungen .. ".

Der Grund für die gesonderte Errichtung eines gemeinsamen Marktes auf dem Kerngebiet lag in seiner besonderen **Eilbedürftigkeit.** Während der EWG-Vertrag sich zur Schaffung des gemeinsamen Marktes die Zeit von drei Übergangsperioden zu jeweils vier Jahren nahm, war der Euratom-Vertrag entschlossen, sein Ziel **„ohne Verzug"** (so der zweite Erwägungsgrund der Präambel) zu erreichen. Innerhalb nur **eines** Jahres nach Inkrafttreten des Vertrages waren die Binnenzölle und mengenmäßigen Be-

---

342 S. hierzu den Beschluß 1/78 des Gerichtshofes vom 14. November 1978 nach Art. 103 EAGV, Slg. 1978, S. 2151, 2173 (Randnr. 15).

schränkungen zwischen den Mitgliedstaaten abzuschaffen (Art. 93 EAGV) und ein Gemeinsamer Zolltarif für die wesentlichsten Produkte zu errichten (Art. 94 EAGV).

Eine weitere Besonderheit der Regelungen über den gemeinsamen Markt auf dem Kerngebiet besteht in der Zusammenfassung warenbezogener Regelungen mit solchen über die Freizügigkeit, Dienstleistungs- und Kapitalverkehrsfreiheit sowie über versicherungsrechtliche Fragen in einem einzigen Kapitel.

Aus der Sicht des EWG/EG-Vertrages lassen sich die Bestimmungen des Kapitels IX im wesentlichen als **Vorschaltregelungen** betrachten, die im Interesse des Zeitgewinns für einen **Teilbereich** des großen gemeinsamen Waren-, Arbeits-, Dienstleistungs- und Kapitalmarkts der Gemeinschaft vorgezogene Sonderregeln schufen.

1. Der freie Warenverkehr

Wie der Titel des EG-Vertrages über den freien Warenverkehr (Art. 23 bis 31 (ex-Art. 9 bis 37) EGV), so beruht auch der freie Warenverkehr auf dem Kerngebiet zum einen auf einer **Beseitigung aller Einfuhr- und Ausfuhrzölle** und **Abgaben gleicher Wirkung** sowie aller **mengenmäßigen Beschränkungen** der Ein- und Ausfuhr im Handelsverkehr zwischen den Mitgliedstaaten (Art. 93 EAGV) und zum anderen auf der Festlegung gemeinsamer Außenzölle durch die Aufstellung eines **Gemeinsamen Zolltarifs** für Einfuhren aus Drittländern (Art. 94 EAGV). Während der freie Warenverkehr des EG-Vertrages sich jedoch „auf den gesamten Warenaustausch" erstreckt (Art. 23 Abs. 1 (ex-Art. 9) EGV), gelten die Bestimmungen des Euratom-Vertrages nur für **bestimmte Güter, die für das Kerngebiet relevant sind** und die in den **Listen** des Anhangs IV zum Vertrag aufgeführt sind. Die **Liste A^1** erfaßt im wesentlichen die Erze, Ausgangsstoffe und besonderen spaltbaren Stoffe i. S. des Art. 197 EAGV, d. h. die eigentlichen Kernbrennstoffe, und die **Liste A^2** die wesentlichen technischen Ausrüstungsgegenstände zur zivilen Nutzung der Kernkraft im Brennstoffkreislauf. Die **Liste B** enthält die chemischen Stoffe und das technische Zubehör zum Betrieb nuklearer Anlagen, wobei diese Stoffe und dieses Zubehör auch Verwendung außerhalb der Kernindustrie finden können.

Nach Art. 93 EAGV hatten die Mitgliedstaaten für die in den **Listen A^1 und A^2** aufgeführten Erzeugnisse innerhalb eines Jahres nach Inkrafttreten des Vertrages im Handelsverkehr untereinander alle Einfuhr- und Ausfuhrzölle, Abgaben gleicher Wirkung sowie alle mengenmäßigen Beschränkungen der Ein- und Ausfuhr zu beseitigen. Im Gegensatz zum Wortlaut der Art. 28 und 29 (ex-Art. 30 und 34) EGV ergänzt Art. 93 EAGV das Verbot mengenmäßiger Beschränkungen nicht ausdrücklich um den Zusatz „sowie alle **Maßnahmen gleicher Wirkung**". Die Auslassung dieses Zusatzes ist jedoch rechtlich unerheblich, da ein Verbot von Ein- und Ausfuhrzöllen und Kontingentierungen „notwendig auch die Unzulässigkeit von Umgehungsmaßnahmen" einschließt, „die die gleiche Wirkung wie Kontingentierungen haben"[343]. Eine

---

343 So überzeugend und mit weiteren Argumenten *Rudolf Lukes*, Das Verhältnis des EAG-Vertrages zum EWG/EG-Vertrag, in *Ole Due, Marcus Lutter, Jürgen Schwarze* (Hrsg.), Festschrift für *Ulrich Everling*, Band 1, Baden-Baden 1995, S. 741 (752).

subsidiäre Anwendung des EG-Vertrages zum Zwecke einer vermeintlichen Lückenfüllung kommt daher nicht in Betracht.

Hinsichtlich der Erzeugnisse der **Liste B**, die auch außerhalb der Kernindustrie verwendet werden können, findet Art. 93 EAGV nur insoweit Anwendung, als „für diese Erzeugnisse ein Gemeinsamer Zolltarif gilt und sie mit einer Bescheinigung der Kommission versehen sind, aus der ihre Bestimmung für auf dem Kerngebiet liegende Zwecke hervorgeht" (Art. 93 Abs. 1 lit. b) EAGV)[344].

Im Vergleich zu den Regelungen des EG-Vertrages gilt auch für den Gemeinsamen Zolltarif nach Art. 94 EAGV eine Besonderheit. Nicht der Rat, sondern die **Mitgliedstaaten** sind für seine Aufstellung zuständig, wobei

- für die in Liste A^1 aufgeführten Erzeugnisse der niedrigste Tarif festzusetzen ist, der am 1. Januar 1957 in einem Mitgliedstaat gegolten hat[345] (Art. 94 lit. a) EAGV),
- für die in Liste A^2 aufgeführten Erzeugnisse im Falle mangelnden Einvernehmens unter den Mitgliedstaaten, subsidiär der Rat zur Festlegung der Zollsätze befugt ist[346] (Art. 94 lit. b) EAGV).

Der Gemeinsame Zolltarif für die in den Listen A^1 und A^2 aufgeführten Erzeugnisse war gemäß Art. 94 lit. c) EAGV schon nach Ablauf des ersten Jahres nach Inkrafttreten des Vertrages anzuwenden.

Ein weiterer Unterschied zu den Art. 23 ff. EGV betrifft das Fehlen einer Art. 30 (ex-Art. 36) EGV vergleichbaren Vorschrift im Kapitel IX des Euratom-Vertrages. Nach Art. 30 EGV sind nationale Einfuhr-, Ausfuhr- und Durchfuhrverbote oder -beschränkungen insoweit zulässig, als sie insbesondere aus Gründen der öffentlichen Ordnung und Sicherheit und zum Schutz der Gesundheit und des Lebens von Menschen gerechtfertigt sind. Aber auch insoweit bedarf es keiner Lückenfüllung durch den EG-Vertrag, da der Euratom-Vertrag im Gesundheitsschutz (Kapitel III), in der Versorgungspolitik (Kapitel VI), bei der Kernmaterialüberwachung und in Art. 195 EAGV gleichsam „nuklear-immanente" Schutzregelungen trifft, die einen Rückgriff auf die allgemeine Regelung des Art. 30 EGV ausschließen. Als wichtigster internationaler Rechtsakt mit Schutzcharakter, an dem alle Mitgliedstaaten als Partei beteiligt sind und auf dessen Schutzsystem die Gemeinschaft über trilaterale Safeguards-Abkommen verpflichtet ist, entfaltet insbesondere der **Nichtverbreitungs-Vertrag**[347] über die sog. **London Guidelines**[348] und die **Dublin Declaration**[349] Auswirkungen auf

---

344 Nach Art. 95 EAGV kann der Rat auf Vorschlag der Kommission einstimmig die vorzeitige Anwendung der Sätze des Gemeinsamen Zolltarifs auf diejenigen in Liste B aufgeführten Erzeugnisse beschließen, bei denen eine derartige Maßnahme zur Entwicklung der Kernindustrie in der Gemeinschaft beitragen könnte.

345 S. Übereinkommen vom 22. Dezember 1958 über die Aufstellung eines Gemeinsamen Zolltarifs für die in der Liste A^1 in Anhang IV des Vertrages zur Gründung der Europäischen Atomgemeinschaft (EURATOM) aufgeführten Erzeugnisse, ABl. Nr. 20 vom 31. 3. 1959, S. 406/59. Bis auf eine Ausnahme wurde alle Einfuhren als **frei** festgelegt.

346 Hierzu kam es nicht, da sich die Mitgliedstaaten einigten. S. Übereinkommen vom 22. Dezember 1958 über die Aufstellung eines Gemeinsamen Zolltarifs für die in der Liste A^2 in Anhang IV des Vertrags zur Gründung der Europäischen Atomgemeinschaft (EURATOM) aufgeführten Erzeugnisse, ABl. Nr. 20 vom 31. 3. 1959, S. 410/59. Die Zollsätze schwankten zwischen frei und 11 %.

347 Vom 1. 7. 1968, BGBl. 1974 II S. 786.

348 IAEA, Guidelines for Nuclear Transfers, Appendix to INFCIRC/254, February 1978.

349 Declaration of common policy on the consequences of the adoption of the London Guide-

den innergemeinschaftlichen Warenverkehr mit **hochsensiblem** Kernmaterial, Ausrüstungsgegenständen und Technologien. Die international geltenden London Guidelines sehen im wesentlichen Exportgenehmigungen des Ausfuhrstaates, Verpflichtungserklärungen der Empfängerstaaten, physische Schutzmaßnahmen, Safeguardsmaßnahmen und Kontrollen beim Retransfer vor, soweit es sich um Material, Ausrüstungsgegenstände und Technologien handelt, die in einer sog. Trigger-Liste aufgeführt sind. Die jeweiligen Verpflichtungen wurden von den Teilnehmerstaaten der „Nuclear Suppliers" Group vereinbart, u. a. auch von den damaligen zehn Mitgliedstaaten der Gemeinschaft. Soweit die Mitgliedstaaten diese Verpflichtungen für den Handelsverkehr und Technologietransfer untereinander eingingen, stellt sich das Problem ihrer Vereinbarkeit mit der innergemeinschaftlichen Freiheit des Warenverkehrs im Sinne des Kapitels IX des Euratom-Vertrages.

Die Dublin Declaration versucht dieses Problem zu lösen, indem sie die grundsätzliche Warenverkehrsfreiheit anerkennt, sie jedoch für gewisse hochsensible Produkte und Technologien um **zusätzliche** Regeln ergänzt[350]. Diese Regeln gelten insbesondere für Plutonium und auf über 20% angereichertes Uran, für Ausrüstungen und Technologien für die Wiederaufarbeitung und Anreicherung sowie die Produktion von schwerem Wasser und machen einen Transfer jeweils von der Erklärung des Empfängers über ihre friedliche Nutzung abhängig.

Nach der Auflösung der Sowjetunion und dem Ende des kommunistischen Machtblocks zerfiel auch das alte COCOM-Exportkontrollregime[351]. Für die Gemeinschaft trat an seine Stelle ein umfassender Rechtsakt, der alle bestehenden Kontrollsysteme vereinigte, darunter auch jenes der Nuclear Suppliers Group. Mit der Verordnung (EG) Nr. 3381/94 des Rates vom 19. Dezember 1994 über eine Gemeinschaftsregelung der **Ausfuhrkontrolle von Gütern mit doppeltem Verwendungszweck**[352] wurde für

---

lines by the ten Member States of the Community, of 20 November 1984. Hierbei handelt es sich um eine Erklärung der Außenminister der Gemeinschaft im Rahmen der Europäischen Politischen Zusammenarbeit.

350 „The Ten, meeting within the framework of European political cooperation (hereafter referred to as the ‚Member States') ... noting the adoption by all the Member States of the Guidelines for the Export of Nuclear Material, Equipment and Technology, in the capacity of unilateral undertakings as published in circular INFCIRC/254 of the International Atomic Energy Agency ... take note that, with due regard for the Treaties of Rome and within the framework of the competence of the Member States, transfers of nuclear materials, equipment or technology may take place without restriction between the Member States, subject to the following additional detailed rules: ...".

351 S. *Bernhard Großfeld, Abbo Junker*, Das CoCom im Internationalen Wirtschaftsrecht, Tübingen 1991. Zum Nachfolgesystem von Wassenaar s. *Hans-Michael Wolffgang, Christoph Hölscher*, Das Wassenaar-Arrangement im Kontext des Internationalen Wirtschafts- und Völkerrechts, in: *Ulrich Hübner, Werner F. Ebke*, Festschrift für Bernhard Großfeld zum 65. Geburtstag, Heidelberg 1999, S. 1329. S. weiterhin die schriftlichen Anfragen P-3502/98 vom 12. November 1998 (Das Wassenaar-Komitee), ABl. Nr. C 142 vom 21. 5. 1999, S. 140; E-4065/98 vom 15. Januar 1999 (Wassenaar-Bestimmungen), ABl. Nr. C 297 vom 15. 10. 1999, S. 127; E-4066/98 vom 14. Januar 1999 (Wassenaar-Bestimmungen), ABl. Nr. C 320 vom 6. 11. 1999, S. 111; P-0024/99 vom 13. Januar 1999 (Beteiligung der Europäischen Kommission an den Tätigkeiten im Wassenaar-System), ABl. Nr. C 289 vom 11. 10. 1999, S. 135; E-0691/99 vom 26. März 1999(Genehmigungspflicht bei Wassenaar-Ausfuhren), ABl. Nr. C 370 vom 21. 12. 1999, S. 89.

352 ABl. Nr. L 367 vom 31. 12. 1994, S. 1.

den innergemeinschaftlichen Warenverkehr auf dem Nuklearsektor folgende Gemeinschaftsregelung eingeführt:

„Artikel 21

(1) Für den innergemeinschaftlichen Transfer von abgetrenntem Plutonium und auf über 20 v.H. angereichertem Uran sowie von Einrichtungen, grundlegenden Bauteilen von entscheidender Bedeutung und Technologien, die mit der Wiederaufbereitung und Anreicherung sowie der Herstellung von schwerem Wasser verbunden sind, ist gemäß der Erklärung zur Gemeinsamen Politik vom 20. November 1984 eine Genehmigung erforderlich.

(2) Die Regelung nach Absatz 1 beinhaltet keinerlei Kontrolle an den Binnengrenzen der Gemeinschaft, sondern lediglich Kontrollen, die als Teil der üblichen Kontrollverfahren in nichtdiskriminierender Weise im gesamten Gebiet der Gemeinschaft durchgeführt werden.

Artikel 22

Diese Verordnung berührt nicht die Anwendung

- von Artikel 223 des Vertrags zur Gründung der Europäischen Gemeinschaft und
- des Vertrags zur Gründung der Europäischen Atomgemeinschaft.“

Mit der Verordnung (EG) Nr. 1334/2000 des Rates vom 22. Juni 2000 über eine Gemeinschaftsregelung für die Kontrolle der Ausfuhr von Gütern und Technologien mit doppeltem Verwendungszweck[353] wurde die vorstehend zitierte Verordnung (EG) Nr. 3381/94 aufgehoben und die Behandlung von Gütern und Technologien des Nuklearsektors neu geregelt[354]. Nach Art. 21 Abs. 1 der neuen Verordnung wurde die **innergemeinschaftliche** Verbringung **aller** kerntechnischen Materialien, Anlagen, Ausrüstungen und Technologien einer Genehmigungspflicht unterworfen[355], ohne daß zwischen sensiblen und nichtsensiblen Waren unterschieden wurde. Dieser offensichtliche Fehler wurde noch im Jahre 2000 bezüglich der Materialien korrigiert[356], so daß nunmehr allein die Verbringung von abgetrenntem Plutonium und Uran, in dem die Isotope 233 oder 235 auf mehr als 20% angereichert wurden, einer innergemeinschaftlichen Kontrolle unterliegt[357]. Im Hinblick auf nichtsensible Anlagen, Aus-

---

353 ABl. Nr. L 159 vom 30. 6. 2000, S. 1. S. dazu das Stichwortverzeichnis der in Anhang I der Verordnung (EG) Nr. 1334/2000 enthaltenen Güter, ABl. Nr. C 241 vom 23. 8. 2000, S. 1.

354 S. hierzu *Ulrich Karpenstein*, Die neue Dual-use-Verordnung, EuZW 2000, S. 677.

355 S. Anhang IV: „Güter der NSG-Technologie“, der auf die gesamte Kategorie 0 des Anhangs I verweist.

356 S. Verordnung (EG) Nr. 2889/2000 des Rates vom 22. Dezember 2000 zur Änderung der Verordnung (EG) 1334/2000 im Hinblick auf die innergemeinschaftliche Verbringung und die Ausfuhr von Gütern und Technologien mit doppeltem Verwendungszweck, ABl. Nr. L 336 vom 30. 12. 2000, S. 14.

357 S. hierzu die Erwägungsgründe der Verordnung:
„Damit die Mitgliedstaaten und die Europäische Union ihren internationalen Verpflichtungen – insbesondere im Rahmen der Gruppe der Kernmaterial-Lieferländer – nachkommen können, wurde die gesamte Kategorie 0 des Anhangs I der Verordnung (EG) Nr. 1334/2000 (Kerntechnische Materialien, Anlagen und Ausrüstung) in den Anhang IV (Genehmigungspflicht der innergemeinschaftlichen Verbringung) aufgenommen.
In der Folge zeigte sich, daß die innergemeinschaftliche Kontrolle der weniger verbreitungsempfindlichen kerntechnischen Materialien gemäß der Verordnung (EG) 1334/2000 den Handel behinderte, ohne daß der bereits durch den Euratom-Vertrag gewährleistete Schutz verbessert wurde. Daher sollte die Kontrolle im Falle dieser Materialien aufgehoben werden.

rüstungen und Technologien erfolgte jedoch keine Änderung, so daß die Frage ihrer Euratom-konformen Behandlung weiterhin im Raum steht[358].

Ebenfalls im Raum steht die Frage, warum Rechtsakte, die Kontrollen **innerhalb** des gemeinsamen Marktes auf dem **Kerngebiet** betreffen, ausschließlich auf der Grundlage des **EG**-Vertrages ergehen, wie dies bei der vorstehend genannten Verordnung (EG) Nr. 1334/2000 der Fall ist (wobei deren alleinige Rechtsgrundlage Art. 133 (ex-Art. 113) EGV nur für Maßnahmen auf dem Gebiet des **Außenhandels**, und nicht für den innergemeinschaftlichen Warenverkehr gilt). Ein derartiger Rekurs auf den EG-Vertrag ist umso überraschender, als die Kommission schon 1984 unmittelbar nach der Dublin Declaration einen Rechtsakt vorgeschlagen hatte, der deren wesentlichen Inhalt in Gemeinschaftsrecht umsetzen sollte. Gestützt auf den **Euratom-Vertrag** legte die Kommission – allerdings ohne Erfolg – dem Rat am 20. Dezember 1984 einen Vorschlag unter folgendem Titel vor: „Vorschlag für eine Verordnung (EURATOM) des Rates zur Feststellung der Bedingungen für Übertragungen von Kernmaterial **zwischen Mitgliedstaaten** und für die **Einfuhr** aus Drittländern“[359]. „Zum Grundsatz der Einheit des Marktes als wesentliches Element der gemeinschaftlichen Politik zur Versorgung mit Kernbrennstoffen“ – so der erste Erwägungsgrund des Vorschlags – „gehört nicht nur das Verbot jeder Einschränkung hinsichtlich der Übertragung von Kernmaterial zwischen den Mitgliedstaaten und der Einfuhr aus Drittländern, sondern auch die Möglichkeit, auf Gemeinschaftsebene besondere Bedingungen für diese Übertragungen und Einfuhren festzulegen“. Anknüpfend an das Rundschreiben INFCIRC/254 schreibt der Vorschlag in Art. 1 für Übertragungen von Ausgangsstoffen und besonderen spaltbaren Stoffen besondere Maßnahmen des **Objektschutzes** vor. In Art. 2 werden für Plutonium und auf über 20% angereichertes Uran, die zwischen Mitgliedstaaten übertragen werden, ein Antragssystem sowie Vorschriften über die Lagerung und Rückübertragung der Stoffe eingeführt.

Und auch für die Genehmigung der **Ausfuhr** von Kernmaterial hätte es keines EG-Rechtsaktes bedurft[360]. Ebenfalls schon 1984 hatte die Kommission dem Rat einen Rechtsakt unter folgendem Titel vorgeschlagen: Verordnung (Euratom) des Rates zur Festlegung der Kriterien, nach denen die Kommission eine Genehmigung zur Ausfuhr

---

In der gemeinsamen politischen Erklärung von Dublin erkannten die Mitgliedstaaten 1984 jedoch die Notwendigkeit an, die innergemeinschaftlichen Kontrollen im Falle der Verbringung von Gütern aufrechtzuerhalten, die im Hinblick auf die Nichtverbreitung von Atomwaffen von besonderer Bedeutung sind. Daher sind die Kontrollen für die folgenden besonderen spaltbaren Materialien der Rubrik 0C002 aufrechtzuerhalten: abgetrenntes Plutonium und Uran, in dem die Isotope 233 oder 235 auf mehr als 20 % angereichert wurden.“

358 S. zuletzt Verordnung (EG) Nr. 149/2003 des Rates vom 27. Januar 2003 zur Änderung und Aktualisierung der Verordnung (EG) Nr. 1334/2000 über eine Gemeinschaftsregelung für die Kontrolle der Ausfuhr von Gütern und Technologien mit doppeltem Verwendungszweck, ABl. Nr. L 30 vom 5. 2. 2003, S. 1.

359 ABl. Nr. C 29 vom 31. 1. 1985, S. 5. Bei der Bezeichnung im Titel „Verordnung (**EWG**)“ handelt es sich um ein ebenso offensichtliches wie symptomatisches Versehen.

360 Angesichts der Außenhandelsvorschriften der Kapitel VI und X EAGV ist im übrigen die Feststellung, daß „der Euratom-Vertrag keine Bestimmung über den Außenhandel enthält“, nicht ganz zutreffend (so EuGH, Gutachten 1/94, abgegeben gemäß Artikel 228 Absatz 6 EG-Vertrag, vom 15. November 1994, Slg. 1994, I-5267, Randnr. 24.)

von Kernmaterial außerhalb der Gemeinschaft erteilt[361], den der Rat nicht angenommen hat. Im Jahre 1997 sprach sich der Rat für eine stärkere Transparenz bei Ausfuhrkontrollen im Zusammenhang mit Kernmaterial aus[362].

Abschließend sei darauf hingewiesen, daß zum Gesamtkomplex der **Ausfuhr** von Gütern mit doppeltem Verwendungszweck ein umfangreiches Schrifttum[363] und punktuell Urteile des EuGH[364] vorliegen. In Deutschland ist für außenwirtschaftliche Genehmigungen das Bundesamt für Wirtschaft und Ausfuhrkontrolle (BAFA) zuständig[365].

2. Der Abbau sonstiger Beschränkungen

In den Art. 96 bis 100 EAGV werden die Vorschriften der Art. 92 bis 95 EAGV über den freien Warenverkehr durch Einzelregelungen über die **Freizügigkeit** der auf dem Kerngebiet Beschäftigten (Art. 96 EAGV), die **Dienstleistungsfreiheit** beim Bau von Atomanlagen (Art. 97 EAGV) und bei Versicherungsleistungen (Art. 98 EAGV) sowie den **freien Kapitalverkehr** (Art. 99 und 100 EAGV) ergänzt. Als Sondervorschriften zu den allgemeinen Bestimmungen des Art. 39 (ex-Art. 48) EGV über die Freizügigkeit, der Art. 49ff. (ex-Art. 59ff.) EGV über die Dienstleistungen und der Art. 56ff. (ex-Art. 73bff.) EGV sind sie als sektorielle Vorschaltregelungen zu betrachten, deren Umsetzung und Anwendung unter dem **Gebot der Zügigkeit** steht, das den gesamten Euratom-Vertrag auszeichnet[366].

Nach Art. 96 EAGV beseitigen die Mitgliedstaaten gegenüber den Angehörigen der anderen Mitgliedstaaten „alle auf die Staatsangehörigkeit gegründeten Beschränkungen des Zugangs zu qualifizierten Beschäftigungen auf dem Kerngebiet; vorbehalten sind lediglich die Einschränkungen, die sich aus den grundlegenden Erfordernissen der öffentlichen Ordnung, der öffentlichen Sicherheit und der Volksgesundheit ergeben". Die Regelung knüpft an Art. 69 EGKSV und die **Freizügigkeit** der Montan-

361 KOM (84) 686 endg. vom 11.12.1984. S. auch ABl. Nr. C 29 vom 31.1.1985, S. 10.

362 Gemeinsame Aktion vom 29. April 1997 – vom Rat aufgrund von Artikel J.3 des Vertrags über die Europäische Union angenommen – betreffend den Beitrag der Europäischen Union zu stärkerer Transparenz bei Ausfuhrkontrollen im Zusammenhang mit Kernmaterial (97/288/GASP), ABl. Nr. L 120 vom 12.5.1997, S. 1. S. auch ABl. Nr. L 194 vom 18.7.2001, S. 56.

363 S. Exportkontrollen für Produkte und Technologien mit doppeltem Verwendungszweck und die Vollendung des Binnenmarktes, Mitteilung der Kommission an den Rat und an das Parlament vom 31. Januar 1992 (SEK(92) 85 endg.); *Thomas Jestaedt*, EG-Harmonisierung der Exportkontrolle für Dual-Use-Produkte, EWS 1992, S. 53; *Elmar Hucko*, Was bringt die Dual-Use-Verordnung der EG? DB 1995, S. 513; *Alexander Reuter*, Außenwirtschafts- und Exportkontrollrecht Deutschland/Europäische Union, München 1995; *Thomas Jestaedt* und *Nicolas Baron von Behr*, Das neue Exportkontrollrecht für Dual-Use-Güter, RIW 1995, S. 715; *Klaus-Peter Ricke*, Die Nichtverbreitung von ABC-Waffen und Trägern, ZfZ 1995, S. 306; *Hans-Michael Wolffgang*, Europäisches Exportkontrollrecht, DVBl. 1996, S. 277 m. w. N.; *Ulrich Karpenstein*, Europäisches Exportkontrollrecht für Dual-Use-Güter, Stuttgart 1998.

364 S. Urteile vom 17. Oktober 1995 in den Rechtssachen C-70/94 (Werner ./. Deutschland), Slg. 1995, I-3189 und C-83/94 (Leifer u. a.), Slg. 1995, I-3231.

365 S. Gesetz vom 21. Dezember 2000, BGBl. I S. 1956.

366 S. oben Einleitung zu X. und Art. 1 EAGV, der eine „schnelle Bildung und Entwicklung von Kernindustrien" fordert.

beschäftigten an und erlaubt die Feststellung, daß der gemeinsame Arbeitsmarkt in der Gemeinschaft zuerst im Energiesektor verwirklicht wurde. Für die **berufliche Qualifizierung** auf dem Kerngebiet leistet der Euratom-Vertrag in Art. 9 selbst in zweierlei Weise Hilfestellungen. Nach Art. 9 Abs. 1 EAGV kann die Kommission „im Rahmen der Gemeinsamen Kernforschungsstelle **Schulen** für die Ausbildung von Fachkräften gründen, insbesondere auf den Gebieten der Erzschürfung, der Herstellung von Kernstoffen von hohem Reinheitsgrad, der Aufbereitung bestrahlter Kernbrennstoffe, der Bautechnik für Atomanlagen, des Gesundheitsschutzes und der Herstellung und Verwendung von radioaktiven Elementen". Eine derartige Schule ist in Ispra/Italien errichtet worden. Zum zweiten schreibt der Vertrag in Art. 9 Abs. 2 die Gründung einer „Anstalt im Range einer **Universität**" vor, die allerdings nie errichtet worden ist. Zur Anwendung des Art. 96 EAGV erließ der Rat die Richtlinie vom 5. März 1962 über den freien Zugang zu qualifizierten Beschäftigungen auf dem Kerngebiet[367].

Während Art. 96 EAGV den Arbeitsmarkt für die **Arbeitnehmer** des Kerngebiets öffnet, gewährt Art. 97 EAGV den **Selbständigen** und **Unternehmen** Zugang zur Beteiligung am Bau von Atomanlagen. Danach unterliegen „natürliche oder juristische Personen des öffentlichen oder privaten Rechts, die der Gerichtsbarkeit eines Mitgliedstaats unterstehen, ... keiner Beschränkung aufgrund ihrer Staatsangehörigkeit, wenn sie sich am Bau von Atomanlagen wissenschaftlicher oder gewerblicher Art in der Gemeinschaft beteiligen wollen". Das unbeschränkte Recht auf Beteiligung am Bau von Nuklearanlagen umfaßt die **aktive** wie die **passive Dienstleistungsfreiheit**[368] und ist als ein früher sektorieller Vorläufer des späteren Rechts der öffentlichen Aufträge zu betrachten[369]. Die Vorschrift ist nicht nur für die Mitgliedstaaten und öffentlichen Auftraggeber bindend, sondern auch für **private** Auftraggeber des Nuklearsektors in der Gemeinschaft. Als „Bau von Nuklearanlagen" haben u. a. „Investitionen aller Art" und „Investitionsvorhaben" i. S. der Art. 40 und 41 EAGV zu gelten.

Eine weitere Liberalisierung im Bereich der **Dienstleistungen** sieht Art. 98 EAGV für den **Abschluß von Versicherungsverträgen** vor. Wegen des engen Zusammenhangs zwischen Nuklearhaftung und Nuklearversicherung ist dieser Artikel gesondert unter Ziffer 3 zu behandeln.

Die Art. 99 und 100 EAGV schließlich führen eine vorgezogene sektorielle **Freiheit des Kapitalverkehrs** ein, damit grenzüberschreitend Zahlungen geleistet werden können, die mit der Ausübung der Warenverkehrs- und Dienstleistungsfreiheit sowie der Freizügigkeit der Arbeitnehmer in Zusammenhang stehen.

3. Nuklearhaftung und -versicherung

Nach Art. 98 EAGV haben die Mitgliedstaaten Maßnahmen zu treffen, „die erforderlich sind, um den Abschluß von Versicherungsverträgen zur Deckung der Gefahren auf dem Kerngebiet zu erleichtern"[370]. Das Nähere sollte der Rat innerhalb von zwei

367 ABl. Nr. 57 vom 9. 7. 1962, S. 1650.
368 D. h. das Recht, Dienstleistungen zu erbringen und in Anspruch zu nehmen.
369 S. hierzu unten 3. Teil F. III.
370 S. zur atomrechtlichen Schadensvorsorge auch: *Peter Marburger*, Atomrechtliche Schadens-

Jahren nach Inkrafttreten des Vertrages in Richtlinien regeln, die jedoch niemals erlassen worden sind[371]. Soweit es sich nicht um nukleare Eigenschäden der Betreiber von Atomanlagen, sondern um **Drittschäden** handelt, ist der Versicherungsfrage die der **Haftung** für Schäden aus nuklearen Risiken vorgelagert[372]. Aus Art. 98 EAGV folgt daher nicht nur der Abbau aller Beschränkungen der Dienstleistungsfreiheit bei der Versicherung nuklearer Risiken, sondern auch eine Erleichterung des Abschlusses von Versicherungsverträgen **in Bezug auf das jeweilige konkrete Haftungsregime.** In Abweichung von der normalen zivilrechtlichen Verschuldungshaftung[373] wird die Haftung für nukleare Risiken als Gefährdungshaftung in zwei völkerrechtlichen Abkommen geregelt: dem **Pariser Übereinkommen** über die Haftung gegenüber Dritten auf dem Gebiet der Kernenergie vom 29. Juli 1960[374] und dem **Wiener Übereinkommen** über die Haftung für Nuklearschäden vom 21. Mai 1963[375]. Beide Abkommen wurden am 21. September 1988 durch ein Gemeinsames Protokoll über die gemeinsame Anwendung verbunden[376]. Die Mitgliedstaaten der Gemeinschaft sind

---

vorsorge, Köln, Berlin, Bonn, München 1983; *Hans-Werner Rengeling,* Atomrechtliche Schadensvorsorge und „Sachverstand", in *Willi Blümel, Detlef Merten, Helmut Quaritsch,* Verwaltung im Rechtsstaat, Festschrift für *Carl Hermann Ule* zum 80. Geburtstag, Köln, Berlin, Bonn, München 1987; *Christian Greipl,* Schadensvorsorge und „Restrisiko" im Atomrecht, DVBl. 1992, S. 598.

371 S. dazu die schriftliche Anfrage E-2489/93 vom 1. September 1993 (Zivilrechtliche Haftung für Betreiber von Kernkraftwerken), ABl. Nr. C 240 vom 29. 8. 1994, S. 23, in der die Kommission hierfür folgende Begründung gab: „Infolge der Verabschiedung des Pariser Übereinkommens über die Haftung gegenüber Dritten auf dem Gebiet der Kernenergie im Jahre 1960 und der Bemühungen der Versicherungen, kerntechnische Risiken durch die Schaffung marktumfassender Zusammenschlüsse abzudecken, schienen die in Artikel 98 vorgesehenen Initiativen der Gemeinschaft in den Anfängen der Nuklearindustrie nicht erforderlich". S. auch die schriftliche Anfrage P-3807/97 vom 17. November 1997 (Atomhaftpflicht auf Unionsebene), ABl. Nr. C 158 vom 25. 5. 1998, S. 191: „Angesichts dieser umfassenden internationalen Regelungen sieht die Kommission keine Veranlassung, spezielle Rechtsvorschriften für die Gemeinschaft zu erarbeiten. In diesem Zusammenhang ist außerdem darauf hinzuweisen, daß der Euratom-Vertrag, insbesondere sein Artikel 98, keine Rechtsetzungspflicht für diesen Bereich begründet".

372 S. hierzu *Norbert Pelzer,* Atomhaftungsrecht, in: *Hans-Werner Rengeling* (Hrsg.), Handbuch zum europäischen und deutschen Umweltrecht, Band II., § 61, Köln u. a. 1998.

373 S. §§ 823 ff. BGB. Es ist der Nachweis des Verschuldens erforderlich; die Haftungssumme ist unbegrenzt.

374 Ausgearbeitet unter der Schirmherrschaft der Kernenergie-Agentur der OECD. In der Fassung des Zusatzprotokolls vom 28. Januar 1964 in BGBl. 1976 II S. 310, 311. S. dazu Änderungen durch das Protokoll vom 16. November 1982, BGBl. 1985 II S. 690. S. weiterhin Zusatzübereinkommen vom 31. Januar 1963 in der Fassung des Zusatzprotokolls vom 28. Januar 1964, BGBl. 1976 II S. 310, 318 sowie Änderungen durch das Protokoll vom 16. November 1982, BGBl. 1985 II S. 690, 698. Zu sämtlichen Texten siehe die Bekanntmachung der Neufassungen des Pariser Atomhaftungs-Übereinkommens und des Brüsseler Zusatzübereinkommens vom 15. Juli 1985 aufgrund des Art. 3 Abs. 3 des Gesetzes zu den Pariser Atomhaftungs-Protokollen vom 21. Mai 1985 (BGBl. S. 690) in BGBl. 1985 II S. 963.

375 Ausgearbeitet unter der Schirmherrschaft der Internationalen Atomenergiebehörde (IAEA) und am 4. Dezember 1974 in Kraft getreten. Während das Pariser Übereinkommen vornehmlich regional auf die OECD-Mitglieder ausgerichtet ist, versteht sich das Wiener Übereinkommen als potentiell weltweit geltend. Am 17. September 1977 wurde ein Protokoll zu seiner Änderung angenommen. S. zum Verhältnis beider Übereinkommen und zu möglichen Schwachstellen *Louise de la Fayette,* Towards a New Regime of State Responsability for Nuclear Activities, OECD, Nuclear Law Bulletin 50, December 1992, p. 7.

376 S. hierzu die schriftliche Anfrage P-3807/97 vom 17. November 1997 (Atomhaftpflicht auf Unionsebene), ABl. Nr. C 158 vom 25. 5. 1998, S. 191.

Vertragsparteien des Pariser Übereinkommens (bis auf Österreich, Irland und Luxemburg). Die Kommission hat Mitte der 60er Jahre zwei Empfehlungen zur Durchführung des Pariser Übereinkommens an die Mitgliedstaaten gerichtet[377] und ein rechtlich nicht verbindliches Dokument unter dem Titel „Wesentliche Bestimmungen der Verträge zur Versicherung ortsfester nuklearer Anlagen (Euratom-Rahmenpolice, Anlagen-Haftpflichtversicherung)“ ausgearbeitet[378].

Das Pariser Übereinkommen, wie auch jenes von Wien, beruhen auf dem Prinzip der **Gefährdungshaftung**, d. h. einer Haftung ohne den Nachweis des Verschuldens bei gleichzeitiger **Begrenzung der jeweiligen Haftungssumme**. Alle Ansprüche aus Schadensereignissen sind gegen den Inhaber der Anlage zu richten (**Kanalisierungsprinzip**), da allein dieser in der Lage ist, das Risiko adäquat zu versichern. Gemäß dem Übereinkommen haftet der Inhaber einer Kernanlage für Schäden an Leben oder Gesundheit von Menschen sowie Schäden an und Verlust von Vermögenswerten, sofern diese Schäden oder dieser Verlust durch ein nukleares Ereignis verursacht worden ist, das entweder auf Kernbrennstoffe oder auf radioaktive Abfälle oder auf Kernmaterialien zurückzuführen ist, die aus einer Kernanlage stammen. Von dieser Haftpflicht ausgenommen sind Schäden an der kerntechnischen Anlage selbst und – im Falle eines Unfalls während des Transports – an dem benutzten Beförderungsmittel. Zur Deckung dieser Haftung ist der Inhaber einer Kernanlage gehalten, eine Versicherung oder eine sonstige finanzielle Sicherheit aufrechtzuerhalten. Die Höchstbeträge der Haftung des Inhabers einer Kernanlage sind im Rahmen der Vorgaben des Pariser Übereinkommens in den einzelstaatlichen Atomgesetzen der Mitgliedstaaten festgesetzt, die auch die Höhe des erforderlichen Versicherungsschutzes vorschreiben. Die **Regeldeckungssummen** sind in Deutschland in der Verordnung über die Deckungsvorsorge nach dem Atomgesetz[379] festgelegt.

Ein weiteres völkerrechtliches Haftungsregime für Nuklearschäden wird durch das Übereinkommen vom 17. Dezember 1971 über die zivilrechtliche **Haftung bei der Beförderung von Kernmaterial auf See**[380] begründet. Die Teilnahme an multilateralen Haftungsübereinkommen schließt den Abschluß bilateraler Haftungsübereinkommen zwischen Nachbarstaaten nicht aus[381].

Soweit die Mitgliedstaaten bei Nuklearunfällen über die gesetzlich vorgeschriebene Deckungsvorsorge hinaus Schäden aus öffentlichen Mitteln ersetzen, stellen derartige

---

377 S. Empfehlung der Kommission vom 28. Oktober 1965 an die Mitgliedstaaten zur Harmonisierung der Durchführungsbestimmungen zum Pariser Übereinkommen vom 29. Juli 1960 und zum Brüsseler Zusatzübereinkommmen vom 31. Januar 1963 (65/42/Euratom), ABl. Nr. 196 vom 18. 11. 1965, S. 2995/65; Zweite Empfehlung der Kommission an die Mitgliedstaaten zur Harmonisierung der Durchführungsbestimmungen zum Pariser Übereinkommen vom 29. Juli 1960 (66/22/Euratom), ABl. Nr. 136 vom 25. 7. 1966, S. 2553/66.

378 S. hierzu die schriftliche Anfrage Nr. 111 vom 28. November 1966 (Nichtanwendung von Artikel 98 des EAG-Vertrages), ABl. Nr. 9 vom 17. 1. 1967, S. 118/67.

379 Vom 25. Januar 1977, BGBl. I S. 220, zuletzt geändert durch Verordnung vom 18. Juni 2002, BGBl. I S. 1869, 1906.

380 BGBl. 1975 II S. 957, 1026.

381 S. z. B. das Abkommen vom 22. Oktober 1986 zwischen der Bundesrepublik Deutschland und der Schweizerischen Eidgenossenschaft über die Haftung gegenüber Dritten auf dem Gebiet der Kernenergie, BGBl. 1988 II S. 598.

Leistungen keine staatlichen Beihilfen i. S. des Art. 87 (ex-Art. 92) EGV dar. Doch selbst wenn sie als solche zu betrachten wären, dürften sie als „Beihilfen zur Beseitigung von Schäden, die durch … außergewöhnliche Ereignisse entstanden sind", i. S. von Art. 87 Abs. 2 lit. b) EGV mit dem gemeinsamen Markt vereinbar sein[382].

XI. Außenbeziehungen

Literatur:

Thomas F. Cusack, External Relations of the European Atomic Energy Community in the Fields of Supply and Safeguards; Background and Developments in 1982 and 1983, in: Yearbook of European Law 1983, Oxford 1984, p. 347; *H. J. Hahn*, Euratom: The Conception of an International Personality, Harvard Law Review 71 (1958), S. 1001; *Hans-Hilger Haunschild*, Die bilateralen Abkommen nach dem Euratom-Vertrag, Die Atomwirtschaft 1959, S. 58; *OECD*, International Cooperation in the Nuclear Field: Perspectives and Prospects, Paris 1978; *Jean-Pierre Puissochet*, A propos d'une délibération de la Cour de Justice des Communautés européennes – Le régime des matières nucléaires et la capacité de la Communauté de conclure des accords internationaux, Annuaire français de droit international, XXIV 1978, Paris 1979, p. 977.

Schon in der Präambel zum Euratom-Vertrag geben die Gründerstaaten ihrem Wunsch Ausdruck, „andere Länder an ihrem Werk zu beteiligen und mit den zwischenstaatlichen Einrichtungen zusammenzuarbeiten, die sich mit der friedlichen Entwicklung der Kernenergie befassen". Demgemäß verpflichtet sich die Gemeinschaft in Art. 2 lit. h) EAGV, „zu den anderen Ländern und den zwischenstaatlichen Einrichtungen alle Verbindungen herzustellen, die geeignet sind, den Fortschritt bei der friedlichen Verwendung der Kernenergie zu fördern".

Hinsichtlich der Beziehungen zu den Vereinten Nationen, ihren Fachorganisationen[383], dem Allgemeinen Zoll- und Handelsabkommen, dem Europarat und der Europäischen Organisation für Wirtschaftliche Zusammenarbeit[384] sind in Art. 199 bis 201 EAGV spezielle Regelungen vorgesehen; die allgemeinen Bestimmungen über die Außenbeziehungen der Gemeinschaft sind in Kapitel X in Art. 101 bis 106 festgelegt. Weitere Regelungen zu den Außenbeziehungen werden in Art. 10, 29, 46 lit. e), 64, 66, 73, 77 lit. b) und 206 EAGV getroffen.

Von den drei Gründungsverträgen der Gemeinschaft besitzt der Euratom-Vertrag die **detailliertesten Regelungen** über die Außenbeziehungen (einschließlich einer Vorschrift über gemischte Abkommen: Art. 102 EAGV). Sie gehen über die des EGKS-Vertrages weit hinaus und unterscheiden sich auch von denen des EG-Vertrages in

---

382 S. in diesem Sinne die Antwort auf die schriftliche Anfrage E-1320/97 vom 11. April 1997 (Haftungshöchstbetrag bei Kernkraftwerken), ABl. Nr. C 69 vom 25. 2. 1998, S. 18.

383 Von diesen ist insbes. die **International Atomic Energy Agency** (IAEA) in Wien hervorzuheben, deren Statuten am 29. Juli 1957 in Kraft traten. S. hierzu *Paul C. Szasz*, The Law and Practices of the International Atomic Energy Agency, Wien 1970.

384 Einschließlich deren **Nuclear Energy Agency** (NEA) mit Sitz in Paris. Die NEA wurde als European Nuclear Energy Agency (ENEA) vom Rat der OEEC, der Vorgängerorganisation der OECD, im Dezember 1957 gegründet. Ihre Statuten traten am 1. Februar 1958 in Kraft. S. dazu *R. M. Stein*, The European Nuclear Energy Agency, in: IAEA, Nuclear Law for a Developing World, Wien 1969, S. 21.

vielfacher Hinsicht (so liegt die Abschlußkompetenz nicht beim Rat, sondern bei der Kommission)[385]. Gemeinsam ist den Verträgen die **Rechtspersönlichkeit** der Gemeinschaft, die für Euratom in Art. 184 EAGV festgestellt wird.

Die besondere Sorgfalt des Vertragstextes bei der Gestaltung der Regelungen über die Außenbeziehungen beruhte zum einen auf der **besonderen Angewiesenheit** der Gemeinschaft auf geordnete und für sie förderliche Beziehungen zu Drittländern, die auf dem Kerngebiet schon weiter fortgeschritten waren als sie selbst, wie die Vereinigten Staaten von Amerika, Großbritannien, sowie zu Lieferländern von Kernmaterial und zu auf dem Kerngebiet tätigen internationalen Organisationen, wie der Internationalen Atomenergiebehörde und CERN. Zum anderen galt es, die Außenkompetenzen der Gemeinschaft und jene der Mitgliedstaaten auf dem Kerngebiet miteinander in Einklang zu bringen, um gegenüber Drittländern und internationalen Organisationen koordiniert auftreten zu können. Zu diesem Zwecke wurden der Kommission und dem Gerichtshof weitgehende **Kontrollrechte** über die Abkommen der Mitgliedstaaten und sogar der Personen und Unternehmen eingeräumt, Rechte, die EG-seitig ebenfalls ohne Beispiel sind.

1. Abkommen der Gemeinschaft

Art. 101 EAGV bestimmt:

> „Die Gemeinschaft kann im Rahmen ihrer Zuständigkeit Verpflichtungen durch Abkommen und Vereinbarungen mit einem dritten Staat, einer zwischenstaatlichen Einrichtung oder einem Angehörigen eines dritten Staates eingehen.
> Die Abkommen und Vereinbarungen werden von der Kommission nach den Richtlinien des Rates ausgehandelt; sie werden von der Kommission mit Zustimmung des Rates abgeschlossen; dieser beschließt mit qualifizierter Mehrheit.
> Jedoch werden Abkommen und Vereinbarungen, deren Durchführung keine Mitwirkung des Rates erfordert und im Rahmen des betreffenden Haushaltsplans möglich ist, von der Kommission allein ausgehandelt und abgeschlossen; die Kommission hat lediglich den Rat hierüber ständig zu unterrichten."

Gegenüber dem EG-Vertrag und seinem Art. 300 (ex-Art. 228) fallen vier Besonderheiten ins Auge: (1) Nach Art. 101 Abs. 1 EAGV werden auch Abkommen mit **Angehörigen** dritter Staaten erfaßt, (2) die Abschlußkompetenz liegt allein bei der **Kommission**, (3) es gibt Sonderregelungen für „kleine" Abkommen, deren Abschluß ohne jedwede Mitwirkung des Rates erfolgen kann, und (4) eine Beteiligung des Europäischen Parlaments am Abschluß von Abkommen ist nicht vorgesehen.

(1) Im Gegensatz zum EG- und EGKS-Vertrag ordnet der Euratom-Vertrag Abkommen und Vereinbarungen, die die Gemeinschaft mit „einem **Angehörigen eines dritten Staates**" eingeht, dem Bereich der Außenbeziehungen zu (s. Art. 101 und 102 EAGV). In gleicher Weise werden auch Abkommen und Vereinbarungen, die **Personen oder Unternehmen der Gemeinschaft** (d. h. Personen und Unternehmen

---

385 S. zu diesen Unterschieden: EuGH, Urteil vom 9. August 1994 in der Rechtssache C-327/91 (Frankreich ./. Kommission), Slg. 1994, I-3641, Randnr. 37–39.

i.S. des Art. 196 EAGV) mit einem dritten Staat, einer zwischenstaatlichen Einrichtung oder einem Angehörigen eines dritten Staates schließen, den Außenbeziehungen zugerechnet (s. Art. 104 EAGV). **Spezialregelungen** zu diesen „Außenbeziehungen auf Unternehmensebene" finden sich in Art. 10 (Angehörige dritter Staaten als Vertragspartner bei der Durchführung des Forschungsprogramms), 29 (Austausch von wissenschaftlichen oder gewerblichen Kenntnissen auf dem Kerngebiet), 66 (Verträge der Verbraucher über Lieferungen aus dem Aufkommen außerhalb der Gemeinschaft) und 73 EAGV (Abkommen oder Vereinbarungen über die Lieferung von „Agentur-pflichtigen" Stoffen als Nebenzweck). Der Grund für diese Erstreckung der Außenbeziehungen bis auf die Ebene der Unternehmen und Personen ist zweierlei Art. Zum einen sind es die Unternehmen und Personen des Sektors, die als Forschungsinstitute und Unternehmen des Brennstoffkreislaufs (Erzgewinnung, Anreicherung, Brennelementeherstellung, KKW, Wiederaufarbeitung, Konditionierung, Lagerung) in der Gemeinschaft wie in Drittländern rein faktisch die **Hauptakteure** der Kernindustrie darstellen, und zum zweiten handelt es sich beim Kernsektor weltweit um einen **hochreglementierten** Bereich, dessen zugelassene Wirtschaftsteilnehmer weltweit begrenzt sind.

Angesichts dieser weiten Fassung des Art. 101 Abs. 1 EAGV stellt sich jedoch die Frage, ob die Vorschrift auch für **Intendanzgeschäfte** der Kommission und insbesondere der Gemeinsamen Forschungsstelle mit Rechtssubjekten außerhalb der Gemeinschaft gilt. Diese Frage dürfte zu verneinen sein. In entsprechender Anwendung des Art. 185 EAGV ist die Gemeinschaft auch zu Intendanzgeschäften in und mit Drittländern ermächtigt, zu deren Abschluß sie von der Kommission vertreten wird. Rein formal könnte zwar auch ein externes Intendanzgeschäft unter Art. 101 Abs. 3 EAGV fallen, da es „... keine Mitwirkung des Rates erfordert und im Rahmen des betreffenden Haushaltsplans möglich ist", doch wäre in diesem Falle das in Art. 101 Abs. 3 EAGV vorgesehene Erfordernis, „den Rat hierüber ständig zu unterrichten", mit der Autonomie der Kommission zur Abwicklung ihrer eigenen Bedarfsgeschäfte kaum zu vereinbaren.

(2) Nach Euratom-Recht werden internationale Abkommen von der **Kommission** abgeschlossen und nicht – wie im EG-Recht – vom Rat. Soweit es sich um „große" Abkommen handelt, bedarf die Kommission zu ihrer **Aushandlung** entsprechender **Richtlinien** des Rates (die dieser mit einfacher Mehrheit erteilen kann[386]) und zum **Abschluß** der **Zustimmung** des Rates (die dieser mit qualifizierter Mehrheit beschließt[387]) (Art. 101 Abs. 2 EAGV). Für eine vorbereitende Sondierung und Exploration mit künftigen Abkommenspartnern sind Richtlinien des Rates noch nicht erforderlich, insofern handelt die Kommission unter eigener Verantwortung.

(3) Die Vorschrift des Art. 101 Abs. 3 EAGV, die die Kommission zum Abschluß solcher Abkommen ermächtigt, „deren Durchführung keine Mitwirkung des Rates erfordert und im Rahmen des betreffenden Haushaltsplans möglich ist", hat sich in der Praxis als außerordentlich zweckmäßig erwiesen. Sie hat im EWG/EG-Vertrag keine Parallele und ist auf das System dieses Vertrages auch nicht übertragbar.

386 S. Art. 118 Abs. 1 EAGV.
387 S. Art. 118 Abs. 2 EAGV.

Der Vorteil eines derartigen Verfahrens ohne Beteiligung des Rates liegt in seiner kürzeren Dauer, dem erleichterten Abschluß von **Durchführungs- und Verwaltungsabkommen** „kleiner Münze" und deren schnellerer Anpassung an neue Gegebenheiten.

(4) Da der Euratom-Vertrag von allen Vertragsänderungen unberührt geblieben ist, die EWG/EG-seitig dem Europäischen Parlament verstärkte Mitwirkungs- und Entscheidungsrechte eingeräumt haben, ist eine **Beteiligung des Parlaments** in Art. 101 EAGV unverändert nicht vorgesehen. Allerdings ist eine freiwillige Befassung des Parlaments durch Kommission bzw. Rat durchaus möglich und findet in der Praxis auch statt[388].

Die **Abkommen**, die die Gemeinschaft seit 1958 auf dem Nuklearsektor abgeschlossen hat, lassen sich in **vier Gruppen** unterteilen: in Abkommen über die Zusammenarbeit bei der friedlichen Nutzung der Kernenergie (Handels- und Kooperationsabkommen), Abkommen auf dem Gebiet der Kernmaterialkontrolle (Safeguards-Abkommen), Forschungsabkommen sowie Abkommen auf dem Gebiet des Strahlenschutzes, der nuklearen Sicherheit und des Objektschutzes.

Auf dem Gebiet der **Zusammenarbeit bei der friedlichen Nutzung der Kernenergie** ist die Gemeinschaft von Anfang an in besonderer Weise von den **USA**[389] und **Kanada**[390] unterstützt worden, zu denen seit Ende der 50er Jahre ununterbrochene vertragliche Beziehungen bestehen. Beide Staaten haben die Gemeinschaft besonders in den Anfangsjahren mit Kernmaterial und know-how versorgt und so den Aufbau einer Kernindustrie in Europa erleichtert. Während das Abkommen mit Kanada im Laufe der Jahre mehrfach neuen Gegebenheiten angepaßt wurde, lief das ursprüngliche Abkommen mit den USA Mitte der 90er Jahre aus und wurde durch ein neues ersetzt[391], das auf gleichberechtigter Partnerschaft beider Vertragsparteien beruht. Im Jahre 1982 trat ein weiteres Lieferabkommen mit **Australien** hinzu[392]. Ende der 80er

---

388 S. Anhang 2 zur Rahmenvereinbarung vom 5. Juli 2000 über die Beziehungen zwischen dem Europäischen Parlament und der Kommission („Unterrichtung und Einbeziehung des Europäischen Parlaments im Hinblick auf internationale Übereinkommen und die Erweiterung"), ABl. Nr. C 121 vom 24. 4. 2001, S. 128.

389 S. Abkommen vom 29. Mai und 19. Juni 1958 zwischen der Europäischen Atomenergiegemeinschaft (Euratom) und der Regierung der Vereinigten Staaten von Amerika und Abkommen vom 8. November 1958 über Zusammenarbeit zwischen der Europäischen Atomgemeinschaft (Euratom) und der Regierung der Vereinigten Staaten von Amerika bei der friedlichen Verwendung der Atomenergie, ABl. Nr. 17 vom 19. 3. 1959, S. 309. Zu den zahlreichen Änderungen bis 1979 s. Sammlung der von den Europäischen Gemeinschaften geschlossenen Übereinkünfte, Band 5, Luxemburg 1979, S. 41 ff.

390 Abkommen vom 6. Oktober 1959 zwischen der Europäischen Atomgemeinschaft (Euratom) und der Regierung von Kanada über Zusammenarbeit bei der friedlichen Nutzung der Atomenergie, ABl. Nr. 60 vom 24. 11. 1959, S. 1165; geändert durch Briefwechsel vom 16. Januar 1978 (78/217/Euratom) (ABl. Nr. L 65 vom 8. 3. 1978, S. 17), 18. Dezember 1981 (82/52/Euratom) (ABl. Nr. L 27 vom 4. 2. 1982, S. 25), 21. Juni 1985 (ABl. Nr. C. 191 vom 31. 7. 1985, S. 3) und aus dem Jahre 1991 (ABl. Nr. C 215 vom 17. 8. 1991, S. 5).

391 Abkommen über die Zusammenarbeit auf dem Gebiet der friedlichen Nutzung der Kernenergie zwischen der Europäischen Atomgemeinschaft und den Vereinigten Staaten von Amerika (96/314/Euratom), ABl. Nr. L 120 vom 20. 5. 1996, S. 1.

392 Abkommen zwischen der Regierung Australiens und der Europäischen Atomgemeinschaft

Jahre wurden die Handelsbeziehungen zur ehemaligen Sowjetunion einschließlich jener auf dem Nuklearsektor erstmals auf eine vertragliche Grundlage gestellt[393]. Seit dem Zerfall der UdSSR wurden die vertraglichen Beziehungen von **Rußland** und anderen GUS-Staaten weitergeführt und durch den Abschluß neuer Abkommen intensiviert. Während der Abschluß eines Handelsabkommens über Kernmaterial mit Rußland Anfang der 90er Jahre scheiterte[394], entwickelte sich die Zusammenarbeit unter dem Dach des Partnerschafts- und Kooperationsabkommens von 1994[395] und der Europäischen Energiecharta[396] weiter. Für das Jahr 2003 ist überdies die Wiederaufnahme von Verhandlungen über ein neues Handelsabkommen über Kernmaterial mit Rußland vorgesehen[397]. Die Beziehungen auf dem Nuklearsektor zu den übrigen Staaten der GUS werden vorläufig ebenfalls durch Partnerschafts- und Kooperationsabkommen[398] sowie den Vertrag über die Energiecharta geregelt. Weitere Nuklearabkommen bestehen mit **Argentinien**[399] und demnächst der **Ukraine**[400], **Usbekistan**[401] und **Brasilien**[402]. Auch mit **Japan** wurde ein Nuklearabkommen in Aussicht

---

über die Weitergabe von Kernmaterial von Australien in die Europäische Atomgemeinschaft (82/672/Euratom), ABl. Nr. L 281 vom 4. 10. 1982, S. 8.

393 Abkommen zwischen der Europäischen Wirtschaftsgemeinschaft und der Europäischen Atomgemeinschaft und der Union der Sozialistischen Sowjetrepubliken über den Handel und die handelspolitische und wirtschaftliche Zusammenarbeit, ABl. Nr. L 68 vom 15. 3. 1990, S. 3. Nach Art. 20 Abs. 2 7. Gedankenstrich dieses Abkommens umfaßt die wirtschaftliche Zusammenarbeit auch „Energie einschließlich Kernenergie und nukleare Sicherheit (physische Sicherheit und Strahlenschutz)", wobei nach Art. 14 der Handel zwischen den Vertragsparteien „zu marktgerechten Preisen" erfolgt.

394 Die Verhandlungen scheiterten u. a. an den Vorbehalten Rußlands gegenüber den Rechten der Euratom-Versorgungsagentur.

395 Abkommen über Partnerschaft und Zusammenarbeit zur Gründung einer Partnerschaft zwischen den Europäischen Gemeinschaften und ihren Mitgliedstaaten einerseits und der Russischen Föderation andererseits, ABl. Nr. L 327 vom 28. 11. 1997, S. 3. Das Abkommen ist am 1. Dezember 1997 in Kraft getreten und gilt zunächst für 10 Jahre (Art. 106). Zum „Handel mit Kernmaterial" s. Art. 22 des Abkommens sowie die Gemeinsame Erklärung (a. a. O. S. 57) und den Briefwechsel zu diesem Artikel (a. a. O. S. 65 f.). S. zur Kernfusion und nuklearen Sicherheit weiterhin Art. 66 (a. a. O. S. 21).

396 S. Rechtsakte in ABl. Nr. L 380 vom 31. 12. 1994, S. 1 ff. und ABl. Nr. L 69 vom 9. 3. 1998, S. 1 ff. S. auch unten 3. Teil J. I. 2.

397 Die Kommission bemüht sich z. Zt. um entsprechende Verhandlungsrichtlinien nach Art. 101 Abs. 2 EAGV.

398 S. hierzu unten 3. Teil J. II. 4.

399 Abkommen über die Zusammenarbeit bei der friedlichen Nutzung der Kernenergie zwischen der Europäischen Atomgemeinschaft (Euratom) und der Regierung der Argentinischen Republik (97/738/Euratom), ABl. Nr. L 296 vom 30. 10. 1997, S. 32. Dem Abkommen ging ein erstes aus dem Jahre 1963 (63/68/Euratom) voraus (ABl. 1963 Nr. 186 vom 21. 12. 1963, S. 2966).

400 S. Vorschlag für einen Beschluß des Rates zur Genehmigung des Abschlusses eines Kooperationsabkommens im Bereich der friedlichen Nutzung der Kernenergie zwischen der Europäischen Atomgemeinschaft (EURATOM) und dem Ministerkabinett der Ukraine, KOM (2003) 129 endg. vom 23. 4. 2003.

401 S. Vorschlag für einen Beschluß des Rates zur Genehmigung des Abschlusses eines Kooperationsabkommens im Bereich der friedlichen Nutzung der Kernenergie zwischen der Europäischen Atomgemeinschaft (Euratom) und der Regierung der Republik Usbekistan durch die Kommission, SEK (2003) 496 endg. vom 10. 3. 2003.

402 Ein erstes Nuklearabkommen mit Brasilien wurde am 9. Juni 1961 unterzeichnet und trat am 24. Juni 1965 für die Dauer von 20 Jahren in Kraft, s. ABl. Nr. L 79 vom 31. 3. 1969, S. 7.

genommen[403]. Am Abkommen über die **KEDO**, deren Schicksal allerdings angesichts der jüngsten nuklearen Alleingänge Nordkoreas ungewiß erscheint, ist die Gemeinschaft ebenfalls beteiligt[404].

Als multilaterales Abkommen besonderer Art erfaßt der soeben erwähnte **Vertrag über die Energiecharta**, an dem auch die EGKS beteiligt war und Euratom und EG beteiligt sind, auch den Nuklearsektor. Nach seinem Art. 1 Ziffer 4 i. V. m. Anlage EM gilt der Vertrag für Energieerzeugnisse im Bereich der Kernenergie[405]. Jedoch ist auf Art. 29 Abs. 2 lit. a) i. V. m. Anlage G Abs. 4 zu verweisen, der bestimmt: „Der Handel mit Kernmaterial kann durch Übereinkommen geregelt werden, auf die in Erklärungen zu diesem Absatz Bezug genommen wird, die in der Schlußakte der Europäischen Energiechartakonferenz enthalten sind". Auf dieser Grundlage bestimmten die Europäischen Gemeinschaften und die Russische Föderation in einer Erklärung zu Anlage G Abs. 4, „daß der Handel mit Kernmaterial zwischen ihnen bis zum Abschluß einer anderen Übereinkunft durch Artikel 22 des am 24. Juni 1994 in Korfu unterzeichneten Abkommens über Partnerschaft und Zusammenarbeit ... geregelt wird". Entsprechende Verweisungen auf bilaterale Sonderregelungen in Bezug auf den Handel mit Kernmaterial enthalten die gemeinsamen Erklärungen der Gemeinschaften und der Ukraine, Kasachstans, Kirgisistans, Tadschikistans und Usbekistans zu Anlage G Abs. 4.

Die **zweite** Gruppe von Nuklearabkommen, die **Safeguards-Abkommen**, sind oben schon erwähnt worden[406]. Zusätzlich zu den Safeguards-Abkommen im eigentlichen Sinne gilt das Abkommen über die Zusammenarbeit zwischen der Europäischen Atomgemeinschaft und der **Internationalen Atomenergiebehörde** (75/780/Euratom) vom 1. Dezember 1975[407]. Außerdem hat Euratom mit interessierten OECD-Partnerstaaten im Rahmen der **Nuclear Energy Agency** in Paris eine Reihe von Spezialabkommen auf dem Gebiet der Safeguardsforschung und -methodologie abgeschlossen, die eine technische Zusammenarbeit und eine Weiterentwicklung der Systeme ermöglichen. Hierbei handelt es sich um „kleine" Abkommen i. S. des Art. 101 Abs. 3 EAGV, die zumeist unveröffentlicht bleiben.

Auch Abkommen der **dritten** Gruppe, die aus den **Forschungsabkommen** der Gemeinschaft auf dem Nuklearsektor besteht, sind zum Teil unveröffentlicht. Von den bedeutsameren z. Zt. geltenden Abkommen sind insbesondere die Abkommen auf dem Gebiet der **kontrollierten Kernfusion** mit den USA[408], Kanada[409], der

---

403 Japan ist als Kunde von Wiederaufbereitungsleistungen und als ITER-Partei ein wichtiger Partner von Euratom.

404 Abkommen über die Bedingungen für den Beitritt der Europäischen Atomgemeinschaft zur Organisation für die Entwicklung der Energiewirtschaft auf der koreanischen Halbinsel (KEDO) (98/185/Euratom), ABl. Nr. L 70 vom 10. 3. 1998, S. 10. S. dazu auch den Gemeinsamen Standpunkt 97/478/GASP vom 24. Juli 1997 – vom Rat aufgrund von Artikel J.2 des Vertrages über die Europäische Union festgelegt, ABl. Nr. L 213 vom 5. 8. 1997, S. 1.

405 S. hierzu auch *R. Lennartz*, The Nuclear Protocol to the European Energy Charter, Energy in Europe n° 24, December 1994, p. 81.

406 S. o. VIII.1.

407 ABl. Nr. L 329 vom 23. 12. 1975, S. 28.

408 Abkommen zwischen der Europäischen Atomgemeinschaft, vertreten durch die Kommission der Europäischen Gemeinschaften, und dem Department of Energy der Vereinigten Staaten

Schweiz[410], Japan[411], Rußland[412] und der Ukraine[413] zu nennen. Ein weiteres Abkommen mit Kasachstan steht vor seiner Annahme[414]. Zu ITER s. o. II. 6.

Im weiteren Sinne ebenfalls der Forschung zuzurechnen ist die Gründung des **Internationalen Wissenschafts- und Technologiezentrums** (ISTC) in **Moskau.** Nach dem Zerfall der kommunistischen Machtstrukturen in den Nachfolgestaaten der UdSSR bestand eine der vorrangigen Aufgaben darin, die etwa 4000 Atomwissenschaftler des militärischen Sektors in Programme der friedlichen Kernforschung einzugliedern[415]. Auf Initiative der Vereinigten Staaten, Japans, Rußlands und der Gemeinschaft wurde zu diesem Zwecke ein Übereinkommen über die Errichtung eines Internationalen Zentrums für Wissenschaft und Technik in Moskau ausgehandelt[416]. Das Übereinkommen wurde am 24. Mai 1992 in Lissabon paraphiert und am 27. November desselben Jahres in Moskau unterzeichnet. In Erwartung der Ratifizierung des Übereinkommens vereinbarten die Vertragsparteien in einem Protokoll[417] seine vorläufige Anwendung[418]. Dieses Protokoll trat am 2. März 1994 in Kraft[419]. Das internationale Zentrum hat folgende Ziele:

---

von Amerika über Zusammenarbeit auf dem Gebiet der Forschung und Entwicklung zur Fusionsenergie, ABl. Nr. L 148 vom 1. 6. 2001, S. 80.

409 Vereinbarung über die Zusammenarbeit zwischen der Europäischen Atomgemeinschaft und der Regierung Kanadas auf dem Gebiet der kontrollierten Kernfusion, ABl. Nr. L 211 vom 6. 9. 1995, S. 31, sowie weitergehend Abkommen zwischen Kanada und der Europäischen Atomgemeinschaft über Zusammenarbeit bei der Kernforschung, ABl. Nr. L 346 vom 22. 12. 1998, S. 65.

410 Abkommen über Zusammenarbeit zwischen der Europäischen Atomgemeinschaft und der Schweizerischen Eidgenossenschaft auf dem Gebiet der kontrollierten Kernfusion und der Plasmaphysik, ABl. Nr. L 242 vom 4. 9. 1978, S. 2 nebst Änderungsprotokoll, ABl. Nr. L 116 vom 30. 4. 1982, S. 21.

411 Abkommen über Zusammenarbeit zwischen der Europäischen Atomgemeinschaft und der Japanischen Regierung auf dem Gebiet der kontrollierten Kernfusion, ABl. Nr. L 57 vom 28. 2. 1989, S. 63.

412 Abkommen über die Zusammenarbeit zwischen der Europäischen Atomgemeinschaft und der Regierung der Russischen Föderation auf dem Gebiet der kontrollierten Kernfusion, ABl. Nr. L 287 vom 31. 10. 2001, S. 30.

413 Abkommen über die Zusammenarbeit zwischen der Europäischen Atomgemeinschaft und dem Ministerkabinett der Ukraine auf dem Gebiet der kontrollierten Kernfusion, ABl. Nr. L 322 vom 27. 11. 2002, S. 40.

414 S. Vorschlag für einen Beschluß des Rates über die Genehmigung der Unterzeichnung des Abkommens über die Zusammenarbeit zwischen der Europäischen Atomgemeinschaft und Kasachstan auf dem Gebiet der kontrollierten Kernfusion durch die Kommission, KOM(2001) 65 endg. vom 26. 4. 2001.

415 S. die schriftliche Anfrage Nr. 775/92, ABl. Nr. C 235 vom 14. 9. 1992, S. 50. S. umfassend die Mitteilung der Kommission vom 4. März 1992 an den Rat „Internationales Zentrum für Wissenschaft und Technik, Moskau" (SEK) (92) 446 endg.). S. auch die Entschließung des Europäischen Parlaments vom 11. März 1992 zu den Gefahren der Verbreitung von Atomwaffen durch die „Nuklearsöldner", ABl. Nr. C 94 vom 13. 4. 1992, S. 222.

416 S. auch die Antwort auf die schriftliche Anfrage Nr. 3069/92, ABl. Nr. C 145 vom 25. 5. 1993, S. 15.

417 S. ABl. Nr. L 64 vom 8. 3. 1994, S. 2.

418 S. die Verordnung (EG) Nr. 500/94 des Rates vom 21. Februar 1994 und die Verordnung (Euratom) Nr. 501/94 der Kommission vom 2. März 1994, ABl. Nr. L 64 vom 8. 3. 1994, S. 1, 3. Die Verordnung (EG) Nr. 500/94 wurde im ABl. Nr. L 17 vom 25. 1. 1995, S. 18 berichtigt.

419 S. ABl. Nr. L 84 vom 29. 3. 1994, S. 40.

- Es soll den auf dem Gebiet der Waffentechnik (insbesondere Raketenträgersysteme bzw. Massenvernichtungswaffen) tätigen Wissenschaftlern und Ingenieuren Gelegenheit bieten, ihre Sachkenntnis zu friedlichen Zwecken zu nutzen, und
- auf diese Weise über seine Projekte und Tätigkeiten zur Lösung nationaler oder internationaler technischer Probleme sowie zur Verwirklichung der weitreichenden Ziele, nämlich Erleichterung des Übergangs zur Marktwirtschaft, Unterstützung der Forschung und der technologischen Entwicklung (unter anderem in den Bereichen Umweltschutz, Energienutzung und nukleare Sicherheit) und Förderung einer weiteren Eingliederung der Wissenschaftler in die internationale Forschungsgemeinschaft beitragen.

Dem Übereinkommen zur Gründung eines weiteren Wissenschafts- und Technologiezentrums in der **Ukraine** ist die Gemeinschaft im Sommer 1998 beigetreten[420].

Die Abkommen der **vierten** Gruppe besitzen als gemeinsamen Nenner die Gewährleistung und Erhöhung der **Sicherheit auf dem Nuklearsektor**, sei es durch Maßnahmen auf dem Gebiet des Strahlenschutzes, der Reaktorsicherheit oder der physischen Sicherheit des Kernmaterials während seiner Nutzung, Lagerung und Beförderung. Das älteste internationale Abkommen auf diesem Gebiet, an dem die Gemeinschaft beteiligt ist, ist das **Übereinkommen über den physischen Schutz von Kernmaterial** vom 26. Oktober 1979[421], das für die Gemeinschaft und ihre Mitgliedstaaten im Oktober 1991 in Kraft trat[422]. Als Folge des Reaktorunglücks in Tschernobyl wurden 1986 im Rahmen der IAEA zwei **Abkommen über die schnelle Unterrichtung** und die **Hilfeleistung bei Nuklearunfällen**[423] ausgearbeitet, an denen die Gemeinschaft ebenfalls beteiligt ist. Neueren Datums sind die multilateralen **Abkommen auf dem Gebiet der nuklearen Sicherheit**[424] sowie über die **Sicherheit der**

---

420 Verordnung (EG) Nr. 1766/98 des Rates vom 30. Juli 1998 über den Beitritt der Europäischen Gemeinschaft und der Europäischen Atomgemeinschaft – als Partei handelnd – zu dem Übereinkommen zur Gründung eines Wissenschafts- und Technologiezentrums in der Ukraine vom 25. Oktober 1993 zwischen Kanada, Schweden, der Ukraine und den Vereinigten Staaten, ABl. Nr. L 225 vom 12. 8. 1998, S. 2.

421 S. Zustimmungsgesetz vom 24. 4. 1990, BGBl. II. S. 326 sowie Beschluß des Rates vom 9. Juni 1980 zur Genehmigung des Abschlusses (80/565/Euratom), ABl. Nr. L 149 vom 17. 6. 1980, S. 41.

422 S. *Jürgen Grunwald*, Neuere Entwicklungen des Euratom-Rechts, ZEuS 1998, S. 275 (307).

423 S. IAEO-Abkommen über die schnelle Unterrichtung bei nuklearen Unfällen vom 26. 9. 1986 und IAEO-Abkommen betreffend die Hilfeleistung bei nuklearen Unfällen oder einer radiologischen Notstandssituation vom 26. 9. 1986, abgedruckt in AVR 1987, S. 342 und 347. Den Abschluß des ersten dieser Übereinkommen durch die Gemeinschaft hat der Rat am 14. 12. 1987 und den zweiten am 27. 11. 1989 gebilligt (s. dazu den XXI. Gesamtbericht, S. 296 und den XXIII. Gesamtbericht, S. 318). Zu den Übereinkommen s. *P. Cameron*, The Vienna Conventions on Early Notification and Assistance, in *P. Cameron/L. Hancher/W. Kühn* (Hrsg.), Nuclear Law after Chernobyl, London 1988, S. 19. S. zum internen Informationssystem der Gemeinschaft die Entscheidung des Rates vom 14. 12. 1987 über Gemeinschaftsvereinbarungen für den beschleunigten Informationsaustausch im Fall einer radiologischen Notstandssituation (87/600/Euratom), ABl. Nr. L 371 vom 30. 12. 1987, S. 76. Diesem System (ECURIE) sind nach einem ersten Abkommen mit der Schweiz nunmehr auch die Beitrittsländer angeschlossen (ABl. Nr. C 335 vom 13. 12. 1995, S. 4 sowie ABl. Nr. C 102 vom 29. 4. 2003, S. 2).

424 Beschluß 1999/819/Euratom der Kommission vom 16. November 1999 über den Beitritt

Behandlung abgebrannter Brennelemente und radioaktiver Abfälle[425], die vornehmlich mit dem Ziele der Erhöhung der nuklearen Sicherheit in Osteuropa und der GUS abgeschlossen wurden und denen die Gemeinschaft beigetreten ist bzw. beitreten wird. Die multilateralen Abkommen werden ergänzt durch bilaterale **Abkommen** mit **Rußland**[426] und der **Ukraine**[427]. Sowohl das Abkommen über den physischen Schutz von Kernmaterial als auch das Abkommen über die nukleare Sicherheit sind Gegenstand von Verfahren vor dem Gerichtshof gewesen[428], in denen dieser die Kompetenz der Gemeinschaft auf beiden Gebieten bestätigt hat.

2. Abkommen der Mitgliedstaaten

Die gemeinschaftsrechtliche Behandlung von Abkommen der Mitgliedstaaten auf dem Nuklearsektor ist Gegenstand der Art. 102, 103, 105 und 106 EAGV. Geregelt werden (1) das **Inkrafttreten gemischter Abkommen,** (2) die Kontrolle der **Gemeinschaftskonformität völkerrechtlicher Abkommen der Mitgliedstaaten** auf dem Nuklearsektor durch Kommission und Gerichtshof und (3) die Behandlung von **Altabkommen,** die die Mitgliedstaaten vor dem Inkrafttreten des Euratom-Vertrages oder vor ihrem Beitritt zu ihm abgeschlossen haben.

(1) Nach Art. 102 EAGV können **gemischte Abkommen,** d. h. Abkommen mit Drittstaaten, an denen auf Seiten der Gemeinschaft noch ein oder mehrere Mitgliedstaaten beteiligt sind, „erst in Kraft treten, wenn alle beteiligten Mitgliedstaaten der Kommission mitgeteilt haben, daß sie nach den Vorschriften ihrer innerstaatlichen Rechtsordnung anwendbar geworden sind".

(2) Entsprechend der **ex-ante Kontrolle** nationaler Rechtsetzung im Bereich des Strahlenschutzes nach Art. 33 EAGV sieht Art. 103 EAGV eine **Prüfung der Entwürfe von Abkommen** vor, die die Mitgliedstaaten mit einem dritten Staat, einer zwischenstaatlichen Einrichtung oder einem Angehörigen eines dritten Staates abzuschließen beabsichtigen, „soweit diese Abkommen ... den Anwendungsbereich dieses Vertrags berühren". Zu diesem Zwecke haben die Mitgliedstaaten

---

der Europäischen Atomgemeinschaft (EAG) zum Übereinkommen über nukleare Sicherheit von 1994, ABl. Nr. L 318 vom 11. 12. 1999, S. 20, nebst Text des Abkommens, a. a. O. S. 21.

425 S. Vorschlag für einen Beschluß des Rates zur Genehmigung des „Gemeinsamen Übereinkommens über die Sicherheit der Behandlung abgebrannter Brennelemente und über die Sicherheit der Behandlung radioaktiver Abfälle" im Namen der Europäischen Atomgemeinschaft (EURATOM), KOM(520) endg. vom 15. 10. 2001.

426 S. Beschluß 2001/761/Euratom des Rates vom 27. September 2001 über die Genehmigung des Abschlusses durch die Kommission zweier Abkommen über die Zusammenarbeit zwischen der Europäischen Atomgemeinschaft und der Regierung der Russischen Föderation auf dem Gebiet der nuklearen Sicherheit und auf dem Gebiet der kontrollierten Kernfusion, ABl. Nr. L 287 vom 31. 10. 2001, S. 21 (24).

427 S. Beschluß 2002/924/Euratom der Kommission vom 23. Juli 1999 über den Abschluß zweier Abkommen über die Zusammenarbeit zwischen der Europäischen Atomgemeinschaft und dem Ministerkabinett der Ukraine auf dem Gebiet der nuklearen Sicherheit und auf dem Gebiet der kontrollierten Kernfusion, ABl. Nr. L 232 vom 27. 11. 2002, S. 32 (33).

428 S. EuGH, Beschluß erlassen nach Art. 103 III EAGV vom 14. November 1978, Slg. 1978, S. 2151 sowie EuGH, Urteil vom 10. Dezember 2002 in der Rechtssache C-29/99, Slg. 2002, I-11221.

die entsprechenden Entwürfe der Kommission mitzuteilen, die über nur einen Monat Prüfungsfrist verfügt. Gelangt die Kommission zu dem Ergebnis, daß der Entwurf Bestimmungen enthält, welche die Anwendung des Euratom-Vertrages beeinträchtigen, so gibt sie dem Mitgliedstaat innerhalb dieser Frist ihre **Einwendungen** bekannt. Diese Einwendungen, die rechtlich Entscheidungen i. S. des Art. 161 Abs. 4 EAGV darstellen, sind für den Mitgliedstaat **verbindlich.** Art. 103 Abs. 3 EAGV bestimmt:

> „Der Staat kann das beabsichtigte Abkommen oder die beabsichtigte Vereinbarung erst schließen, wenn er die Bedenken der Kommission beseitigt hat oder wenn er durch Antrag im Dringlichkeitsverfahren einen Beschluß des Gerichtshofes über die Vereinbarkeit der beabsichtigten Bestimmungen mit den Vorschriften dieses Vertrags herbeigeführt und diesem Beschluß entsprochen hat. Der Antrag kann dem Gerichtshof jederzeit vorgelegt werden, sobald der Staat die Einwendungen der Kommission erhalten hat."

Auf der Grundlage dieser Bestimmung erließ der EuGH seinen wichtigen Beschluß 1/78 vom 14. November 1978, in dem der Gerichtshof die Kompetenz der Gemeinschaft zum Abschluß des Übereinkommens über den physischen Schutz von Kernmaterial feststellte[429].

(3) Die Regelungen der Art. 105 und 106 EAGV über die gemeinschaftsrechtliche Behandlung der **Altabkommen** der Mitgliedstaaten sind heute nur noch beim **Beitritt neuer Mitgliedstaaten** von Interesse. Nach Art. 105 Abs. 1 EAGV sind derartige Abkommen, die vor Inkrafttreten des Vertrages (bzw. des Beitritts) mit einem dritten Staat, einer zwischenstaatlichen Einrichtung oder einem Angehörigen eines dritten Staates abgeschlossen wurden, der Kommission spätestens 30 Tage nach Inkrafttreten des Vertrages (bzw. des Beitritts) **mitzuteilen.** Ist dies geschehen, kann ein solches Altabkommen von der Gemeinschaft als solches nicht beanstandet werden. Soweit sich ein solches Abkommen jedoch auf Regelungsgegenstände bezieht, für die nach dem Euratom-Vertrag die Gemeinschaft zuständig ist, verpflichtet Art. 106 EAGV die (neuen) Mitgliedstaaten, gemeinsam mit der Kommission Verhandlungen mit den jeweiligen Drittstaaten oder internationalen Organisationen zu führen, „damit die Gemeinschaft soweit wie möglich die Rechte und Pflichten aus den Abkommen übernimmt". Hat die Gemeinschaft ihrerseits schon früher auf den betreffenden Gebieten Abkommen mit den jeweiligen Drittländern oder internationalen Organisationen abgeschlossen, werden die Rechte und Pflichten, die den neuen Mitgliedstaat betreffen, im Wege des „folding-in" in diese Abkommen inkorporiert. Nicht zulässig ist eine Berufung auf Altabkommen, die nach der Unterzeichnung der Beitrittsakte, aber vor dem Inkrafttreten des Beitritts mit der Absicht geschlossen wurden, sich den Vorschriften des Vertrages zu entziehen (Art. 105 Abs. 2 EAGV)[430].

---

429 S. vorige Fn. sowie unten XII. 3.

430 S. zur Problematik von Altabkommen insbes. EuGH, Urteil vom 2. August 1993 in der Rechtssache C-158/91 (Levy), Slg. 1993, I-4287, m. w. N.

3. Abkommen der Personen oder Unternehmen

Nicht nur die Abkommen und Vereinbarungen der Mitgliedstaaten mit Drittländern, ihren Angehörigen oder internationalen Organisationen dürfen die Anwendung des Vertrages nicht beeinträchtigen, auch – und erst recht – die **Unternehmen und Personen i. S. des Art. 196 EAGV** haben sich in ihren Außenbeziehungen vertragskonform zu verhalten. Dies ist an sich eine Selbstverständlichkeit, doch Art. 104 Abs. 1 EAGV stellt – eher deklaratorisch – ausdrücklich klar:

> „Personen oder Unternehmen, die nach Inkrafttreten dieses Vertrags Abkommen oder Vereinbarungen mit einem dritten Staat, einer zwischenstaatlichen Einrichtung oder einem Angehörigen eines dritten Staates schließen oder erneuern, können sich auf diese Abkommen oder Vereinbarungen nicht berufen, um sich den Verpflichtungen zu entziehen, die ihnen nach diesem Vertrag obliegen."

Soweit das Prinzip. Zur Kontrolle seiner Einhaltung sieht Art. 104 EAGV ein besonderes **Auskunftsrecht** der **Kommission** vor, das das allgemeine nach Art. 187 EAGV ergänzt, indem es die **Mitgliedstaaten** besonders in die Pflicht nimmt:

> „Jeder Mitgliedstaat trifft alle Maßnahmen, die er für erforderlich hält, um der Kommission auf deren Ersuchen alle Auskünfte über die Abkommen oder Vereinbarungen zu erteilen, die nach Inkrafttreten dieses Vertrags in dessen Anwendungsbereich von Personen oder Unternehmen mit einem dritten Staat, einer zwischenstaatlichen Einrichtung oder einem Angehörigen eines dritten Staates abgeschlossen worden sind. Die Kommission darf diese Mitteilung nur anfordern, um zu prüfen, ob die Abkommen oder Vereinbarungen nicht Bestimmungen enthalten, welche die Anwendung dieses Vertrags beeinträchtigen."

XII. Ergänzende Politiken und Maßnahmen

In Ergänzung der Gemeinschaftspolitiken i. S. der Kapitel I bis X des Euratom-Vertrages ist die Gemeinschaft seit Anbeginn auf drei Gebieten tätig, für die der Vertrag zwar keine spezifischen Rechtsgrundlagen vorsieht, die aber aufgrund ihrer Sachnähe zu den einzelnen Politiken als Annexmaterie geregelt wurden können. Es handelt sich um die Gebiete **nukleare Sicherheit, Behandlung und Entsorgung nuklearer Abfälle** sowie um **Nukleartransporte** innerhalb der Gemeinschaft und im Verkehr mit Drittländern. Als Gegenstand der **Forschung** wurden wesentliche Teile dieser drei Gebiete von Anfang an vom Forschungsrecht der Gemeinschaft umfaßt (Art. 4 Abs. 2 i. V. m. Anhang I EAGV). Desgleichen gelten die Vorschriften über **Investitionen** für wesentliche Bauprojekte. Die engste Verbindung dieser drei Gebiete besteht jedoch zum Recht des **Gesundheitsschutzes** nach Kapitel III des Vertrages, da ihr gemeinsamer Nenner letztlich im Ziel der Bewahrung von Mensch und Umwelt vor Strahlenschäden besteht.

Doch auch jenseits des Regelungsbereichs des Kapitels III kann die Gemeinschaft auf den besagten Gebieten tätig werden. Zum einen besitzt die Kommission nach Art. 124 2. Gedankenstrich EAGV die Möglichkeit, Empfehlungen und Stellungnahmen abzugeben, soweit sie es für notwendig erachtet, um die Entwicklung der Kernenergie innerhalb der Gemeinschaft zu gewährleisten. Der Rat kann seinerseits gemäß

Art. 122 EAGV „die Kommission auffordern, die nach seiner Ansicht zur Verwirklichung der gemeinsamen Ziele geeigneten Untersuchungen vorzunehmen und ihm entsprechende Vorschläge zu unterbreiten". Als geeignete **Rechtsgrundlage** für verbindliche Regelungen kommt jenseits des Art. 32 EAGV insbesondere **Art. 203 EAGV** in Betracht, der den Erlaß von Vorschriften in jenen Fällen ermöglicht, in denen ein Tätigwerden der Gemeinschaft erforderlich erscheint, um eines ihrer Ziele zu verwirklichen, die hierfür erforderlichen Befugnisse jedoch im Vertrag nicht ausdrücklich vorgesehen sind.

Auf internationaler Ebene liegt die Initiative zum Erlaß harmonisierender Maßnahmen auf den hier zu behandelnden Gebieten im wesentlichen bei der **Internationalen Atomenergiebehörde** in Wien sowie der **Kernenergie-Agentur** (Nuclear Energy Agency, NEA) der OECD in Paris, unter deren Schirmherrschaft einschlägige internationale Abkommen und Standards ausgehandelt werden und deren Arbeitsgruppen themenspezifische Regelungen erarbeiten, die von den Mitgliedstaaten angewendet werden.

1. Nukleare Sicherheit

Literatur:

Adolf Birkhofer, Pierre Tanguy, Elements for the Implementation of the Future Orientation of the Commission's Activities in the Field of Nuclear Safety, November 1987; *Horst Berlinghaus*, Objektsicherungsdienst in kerntechnischen Anlagen, atw 1994, S. 120; *Rüdiger Breuer*, Anlagensicherheit und Störfälle – Vergleichende Risikobewertung im Atom- und Immissionsschutzrecht, NVwZ 1990, S. 211; *Bundesministerium für Umwelt, Naturschutz und Reaktorsicherheit* (Hrsg.), Handbuch Reaktorsicherheit und Strahlenschutz, Salzgitter o. J.; *Gesellschaft für Anlagen- und Reaktorsicherheit (GRS) mbH*, Reaktorsicherheit und Energiepolitik in Osteuropa, Köln u. a. 1996; *Hans-Joachim Koch, Michèle John*, Atomrechtliche Fragen der Sicherheit und Sicherung von Kernkraftwerken nach den Terroranschlägen vom 11. September 2001 in den USA, DVBl. 2002, S. 1578; *Knut Möller*, Sicherheiten im Recht der Europäischen Gemeinschaft, Köln u. a. 1989; *Rüdiger Nolte*, Rechtliche Anforderungen an die technische Sicherheit von Kernanlagen, Berlin 1984; *Fritz Ossenbühl*, Terroristische Angriffe auf Kernkraftwerke – aus rechtlicher Sicht, NVwZ 2002, S. 290; *Alexander Roßnagel*, Der Nachweis von Sicherheit im Anlagenrecht, DÖV 1997, S. 801; *Peter Salewski, Heinz-Peter Butz*, Physischer Schutz von Kernmaterial und kerntechnischen Anlagen, et 2002, S. 559; *Horst Sendler*, Nochmals: Terroristische Angriffe auf Kernkraftwerke, NVwZ 2002, S. 681; *ders.*, Nochmals zu Fragen der Sicherheit und Sicherung von Kernkraftwerken, DVBl. 2003, S. 380; *Peter J. Tettinger*, Zum Thema „Sicherheit" im Energierecht, RdE 2002, S. 225.

Das Thema nukleare Sicherheit und insbesondere die Reaktorsicherheit und die Sicherheit sonstiger kerntechnischer Anlagen hat die Gemeinschaft schon früh beschäftigt. Auf den wesentlichen **Forschungsgebieten** nach Art. 4 Abs. 2 i. V. m. Anhang I des Vertrages ist bei den technischen Forschungsthemen die Sicherheitskomponente stets präsent[431], und auch die späteren Forschungsprogramme der Ge-

---

431 S. z. B. Anhang I Ziffer II. 3. lit. f) (Berechnungen über den Strahlenschutz), III. (Physikalische Chemie der Reaktoren), IV. 5. (Konzentrierung und Aufbewahrung der unbrauchbaren radioaktiven Abfälle), VI. (Untersuchung der schädlichen Auswirkungen der Strahlungen auf Lebewesen, einschließlich geeigneter Vorbeugungs- und Schutzmaßnahmen sowie der entsprechenden Sicherheitsnormen).

meinschaft haben der technischen Sicherheit der nuklearen Anlagen einen breiten Raum gewidmet[432]. In einer ersten Entschließung des Rates vom 22. Juli 1975 über die technologischen Probleme der Sicherheit der Kernenergie[433] wurden die nationalen Zulassungsbehörden, die Sicherheits- und Aufsichtsinstanzen, die Betriebe und Hersteller aufgefordert, auf Gemeinschaftsebene zusammenzuarbeiten, insbesondere im Hinblick auf eine schrittweise Harmonisierung der Sicherheitsanforderungen und -kriterien in der Gemeinschaft. Weiterhin wurden die Bedeutung der Forschung, der Koordinierung durch Sachverständigengruppen, der Mitteilung einschlägiger Entwürfe von Rechts- und Verwaltungsvorschriften an die Kommission sowie einer gemeinsamen Haltung der Mitgliedstaaten in internationalen Organisationen hervorgehoben. Unter dem Eindruck des **Unfalls von Tschernobyl**[434] legte die Kommission im Jahre 1987 einen Bericht über die Durchführung dieser Entschließung vor[435], dem sie 1989 eine Mitteilung über die Sicherheit von Kernkraftwerken folgen ließ[436]. Von nun an betraf das Thema der nuklearen Sicherheit nicht mehr allein die Sicherheitslage der Kernindustrie in der Gemeinschaft, sondern es wurde von der Sorge um die unzureichende Sicherheit der Kernkraftwerke Mittel- und Osteuropas und der Länder der ehemaligen Sowjetunion bestimmt. Mit den Programmen **PHARE**[437] und **TACIS**[438] stellte die Gemeinschaft bedeutende Finanzmittel zur Sanierung der öst-

---

432 S. zuletzt Beschluß des Rates vom 3. Juni 2002 über das Sechste Rahmenprogramm der Europäischen Atomgemeinschaft (Euratom) im Bereich der nuklearen Forschung und Ausbildung als Beitrag zur Verwirklichung des Europäischen Forschungsraums (2002–2006), ABl. Nr. L 232 vom 29. 8. 2002, S. 34. S. dort Art. 1 Abs. 2 4. Gedankenstrich („Maßnahmen im Bereich der Nukleartechnologien und der nuklearen Sicherheit") sowie Anhang I Ziffer 3.1. („Nukleare Sicherheit und Sicherungsmaßnahmen").

433 ABl. Nr. C 185 vom 14. 8. 1975, S. 1.

434 S. hierzu *Jürgen Grunwald*, Tschernobyl und das Gemeinschaftsrecht, EuR 1986, S. 315; *ders.*, Neuere Entwicklungen des Euratom-Rechts, EuZW 1990, S. 209; *ders.*, Neuere Entwicklungen des Euratom-Rechts, ZEuS 1998, S. 275 (282 f., 301 ff.).

435 Technologische Probleme der nuklearen Sicherheit vom 6. April 1987 (KOM(87) 96 endg.).

436 KOM(88) 788 endg. vom 24. Februar 1989.

437 S. Verordnung (EWG) Nr. 3906/89 des Rates vom 18. Dezember 1989 über Wirtschaftshilfe für die Republik Ungarn und die Volksrepublik Polen (ABl. Nr. L 375 vom 23. 12. 1989, S. 11), zuletzt geändert durch Verordnung (EG) Nr. 2000/2666 (ABl. Nr. L 306 vom 7. 12. 2000, S. 1). S. zuletzt auch die Verordnung (EG) Nr. 622/98 des Rates vom 16. März 1998 über die Hilfe für die beitrittswilligen Staaten im Rahmen der Heranführungsstrategie, insbesondere über die Gründung von Beitrittspartnerschaften, ABl. Nr. L 85 vom 20. 3. 1998, S. 1. S. auch den Sonderbericht Nr. 3/97 des Rechnungshofs über das dezentrale Durchführungssystem für das PHARE-Programm (Zeitraum 1990–1995), ABl. Nr. C 175 vom 9. 6. 1997, S. 4.

438 S. für die Jahre 1991 und 1992 die Verordnung (EWG, Euratom) Nr. 2157/91 des Rates vom 15. Juli 1991 über eine technische Unterstützung der Union der Sozialistischen Sowjetrepubliken bei dem Bestreben zur Gesundung und Neubelebung ihrer Wirtschaft, ABl. Nr. L 201 vom 24. 7. 1991, S. 2. S. vom 1. Januar 1993 bis zum 31. Dezember 1995 die Verordnung (Euratom, EWG) Nr. 2053/93 des Rates vom 19. Juli 1993, ABl. Nr. L 187 vom 29. 7. 1993, S. 1 sowie vom 1. Januar 1996 bis zum 31. Dezember 1999 die Verordnung (Euratom, EG) Nr. 1279/96 des Rates vom 25. Juni 1996, ABl. Nr. L 165 vom 4. 7. 1996, S. 1. S. zuletzt auch den Beschluß des Rates vom 18. Dezember 1997 über ein TACIS-Programm zum Aufbau einer Zivilgesellschaft in Belarus für 1997 (98/1/EG, Euratom), ABl. Nr. L 1 vom 3.1.1998, S. 6. S. dazu auch den Sonderbericht Nr. 6/97 des Rechnungshofs über die TACIS-Beihilfen für die Ukraine, ABl. Nr. C 171 vom 5. 6. 1997, S. 1 sowie zuletzt die umfassende Stellungnahme des Wirtschafts- und Sozialausssschusses zu TACIS im ABl. Nr. C 214 vom 10. 7. 1998, S. 75.

lichen Nuklearanlagen zur Verfügung. Auch die zweite Entschließung des Rates vom 18. Juni 1992 über die technologischen Probleme der Sicherheit bei der Kernenergie[439] stand ganz im Zeichen der nuklearen Sicherheit in den Ländern Mittel- und Osteuropas und der ehemaligen UdSSR. Die Mitgliedstaaten und die Kommission, so der Rat, hätten „hauptsächlich und vorrangig darauf hinzuwirken, daß das Sicherheitsniveau ihrer kerntechnischen Anlagen auf einen Standard, der dem der Gemeinschaft vergleichbar ist, gebracht wird und die Umsetzung der auf Gemeinschaftsebene bereits anerkannten Sicherheitskritierien und -anwendungen gefördert wird"[440]. Auch im Gefolge dieser Entschließung legte die Kommission einen Bericht vor[441]; Entschließungen des Europäischen Parlaments[442], des Wirtschafts- und Sozialausschusses[443] und des Ausschusses der Regionen[444] folgten.

Neben der materiellen Hilfeleistung durch die autonomen Maßnahmen PHARE und TACIS sowie ihren finanziellen Beitrag zum Konto „Nukleare Sicherheit"[445] bei der Europäischen Bank für Wiederaufbau und Entwicklung in London[446] nahm die Gemeinschaft zwischen 1992 und 1994 an der Ausarbeitung des **internationalen Übereinkommens über nukleare Sicherheit** teil, das unter der Schirmherrschaft der Internationalen Atomenergiebehörde in Wien verhandelt wurde und das insbesondere die Hebung des Sicherheitsstandards der mittel- und osteuropäischen sowie der ehemaligen sowjetischen Nuklearanlagen zum Ziel hat. Das Übereinkommen wurde am 17. Juni 1994 unterzeichnet und trat am 24. Oktober 1996 in Kraft. Die Gemeinschaft trat ihm mit Beschluß der Kommission vom 16. November 1999 bei[447], wonach es am 30. April 2000 – als gemischtes Übereinkommen nach Art. 102 EAGV – auch für die Gemeinschaft als solche in Kraft trat[448]. Da über den genauen Umfang der Gemeinschaftskompetenzen, der nach Art. 30 Abs. 4 Ziffer iii des Übereinkommens Gegenstand einer Erklärung zu sein hatte, Uneinigkeit zwischen Rat und Kommission bestand, schloß sich dem Beitritt der Gemeinschaft zum Übereinkommen ein Rechts-

439 ABl. Nr. C 172 vom 8. 7. 1992, S. 2.

440 S. a. a. O. Ziffer 5.

441 Unter dem Titel: In Richtung auf eine Sammlung von gemeinschaftsweit anerkannten Sicherheitskriterien und -anforderungen und Verbreitung einer echten Kultur der Sicherheit in ganz Europa: Bericht über die Durchführung der Entschließungen des Rates vom 22. Juli 1975 und vom 18. Juni 1992 über die technischen Probleme der nuklearen Sicherheit, vom 13. Dezember 1993 (KOM(93) 649 endg.).

442 Entschließung zur Sicherheit kerntechnischer Anlagen in den Mitgliedstaaten der Europäischen Gemeinschaft, ABl. Nr. C 284 vom 2. 11. 1992, S. 111.

443 Stellungnahme zum Thema „Technologische Probleme der nuklearen Sicherheit", ABl. Nr. C 73 vom 15. 3. 1993, S. 65, in der sich der Ausschuß kritisch zum Bericht der Kommission äußert.

444 Entschließung des Ausschusses der Regionen zum Thema „Nukleare Sicherheit und lokale/regionale Demokratie", ABl. Nr. C 251 vom 10. 8. 1998, S. 34.

445 S. Beschluß 94/479/EG des Rates vom 29. März 1994, ABl. Nr. L 200 vom 3. 8. 1994, S. 33.

446 S. Beschluß 90/674/EWG des Rates vom 19. November 1990 über den Abschluß des Übereinkommens zur Errichtung der Europäischen Bank für Wiederaufbau und Entwicklung, ABl. Nr. L 372 vom 31. 12. 1990, S. 1.

447 Beschluß der Kommission vom 16. November 1999 über den Beitritt der Europäischen Atomgemeinschaft (EAG) zum Übereinkommen über nukleare Sicherheit von 1994 (1999/819/ Euratom), ABl. Nr. L 318 vom 11. 12. 1999, S. 20.

448 S. dazu den Bericht der Kommission über die Erfüllung der Verpflichtungen aus dem Übereinkommen über nukleare Sicherheit, KOM(2001) 568 endg. vom 9. 10. 2001.

streit an[449], den der Gerichtshof mit Urteil vom 10. Dezember 2002 zugunsten der Kommission entschied[450].

Als weiteres Abkommen zur Verbesserung der internationalen Sicherheitsstandards wurde am 29. September 1997 am Sitz der Internationalen Atomenergiebehörde das Gemeinsame **Übereinkommen über die Sicherheit der Behandlung abgebrannter Brennelemente und über die Sicherheit der Behandlung radioaktiver Abfälle** zur Unterzeichnung aufgelegt. Es trat am 18. Juni 2001 in Kraft und wird demnächst durch alle Mitgliedstaaten der Gemeinschaft ratifiziert sein, so daß es ebenfalls gemäß Art. 102 EAGV für die Gemeinschaft in Kraft treten kann[451].

Als bislang letzte und insgesamt bedeutsamste Initiative der Gemeinschaft auf dem Gebiet der nuklearen Sicherheit legte die Kommission im November 2002 eine Mitteilung über **„Nukleare Sicherheit im Rahmen der Europäischen Union"** vor[452], die durch zwei Richtlinienvorschläge zur **Sicherheit kerntechnischer Anlagen** und zur **Entsorgung abgebrannter Brennelemente und radioaktiver Abfälle**[453] ergänzt wird[454].

2. Nukleare Abfälle

Literatur:

Peter Badura, Radioaktive Endlagerung und Grundrechtsschutz in der Zukunft, in: *Rudolf Lukes, Adolf Birkhofer*, Achtes Deutsches Atomrechts-Symposium, Köln u. a. 1989; *Rüdiger Breuer*, Die Planfeststellung für Anlagen zur Endlagerung radioaktiver Abfälle, Berlin 1984; *British Nuclear Forum*, Nuclear Waste Disposal, London o. J.; *Ulrich Everling*, Die Wiederaufbereitung abgebrannter Brennelemente in anderen Mitgliedstaaten der Europäischen Gemeinschaft, RIW Beilage 2 zu Heft

---

449 Rechtssache C-29/99 (Kommission ./. Rat), Slg. 2002, I-11221.

450 Besonders bedeutsam für die Begründung einer Kompetenz der Gemeinschaft auf dem Gebiet der nuklearen Sicherheit ist die folgende Feststellung des Gerichtshofs (a. a. O. Randnr. 89): „Auch wenn es zutrifft, dass der Gemeinschaft durch den EAG-Vertrag nicht die Zuständigkeit verliehen wird, den Bau oder Betrieb von Kernanlagen zu genehmigen, so verfügt sie nach den Artikeln 30 bis 32 EAG-Vertrag doch über eine Regelungszuständigkeit, im Hinblick auf den Gesundheitsschutz ein Genehmigungssystem zu schaffen, das von den Mitgliedstaaten anzuwenden ist. Ein solcher Rechtsetzungsakt stellt nämlich eine Maßnahme zur Ergänzung der in Artikel 30 EAG-Vertrag genannten Grundnormen dar." Auf der Grundlage dieses Urteils übermittelte die Kommission dem Rat den Vorschlag für einen Beschluß des Rates zur Änderung des Beschlusses des Rates vom 7. Dezember 1998 über die Genehmigung des Beitritts der Europäischen Atomgemeinschaft zum Übereinkommen über nukleare Sicherheit in Bezug auf die dem Beschluß als Anhang beigefügte Erklärung, KOM (2003) 206 endg. vom 25. 4. 2003.

451 S. Vorschlag für einen Beschluß des Rates zur Genehmigung des „Gemeinsamen Übereinkommens über die Sicherheit der Behandlung abgebrannter Brennelemente und über die Sicherheit der Behandlung radioaktiver Abfälle" im Namen der Europäischen Atomgemeinschaft (EURATOM), vom 15. 10. 2001 (KOM(2001) 520 endg.).

452 KOM (2002) 605 endg. vom 6. 11. 2002.

453 KOM (2003) 32 endg. vom 30. 1. 2003.

454 S. dazu die Stellungnahme des Wirtschafts- und Sozialausschusses, ABl. Nr. C 133 vom 6. 6. 2003, S. 70. S. dazu auch *Thomas von Danwitz*, Fragen vertikaler Kompetenzabgrenzungen nach dem EURATOM-Vertrag: Ist die Europäische Atomgemeinschaft für die Verpflichtung der Mitgliedstaaten zur Einrichtung von Finanzierungsfonds für die Stillegung kerntechnischer Anlagen zuständig?, Stuttgart 2003.

3/1993, S. 1; *Paul Henseler*, Verfassungsrechtliche Aspekte zukunftsbelastender Parlamentsentscheidungen, AöR 108, S. 489; *Albert Günter Herrmann*, Radioaktive Abfälle, Probleme und Verantwortung, Berlin, Heidelberg, New York 1983; *Hasso Hoffmann*, Rechtsfragen der atomaren Entsorgung, Stuttgart 1981; *Walter Hohlefelder*, Zum Stand der Entsorgung – ein Überblick, in: *Rudolf Lukes, Adolf Birkhofer*, Achtes Deutsches Atomrechts-Symposium, Köln 1989; *Peter M. Huber*, Entsorgung als Staatsaufgabe und Betreiberpflicht, DVBl. 2001, S. 239; *Eva-Maria Huntemann*, Recht der unterirdischen Endlagerung radioaktiver Abfälle, Köln u. a. 1989; *Kernforschungszentrum Karlsruhe GmbH*, Technische und rechtliche Fragen zur Endlagerung radioaktiver Abfälle, Karlsruhe 1992; *Klaus Lange*, Die Grundsätze zur Entsorgungsvorsorge für Kernkraftwerke, Baden-Baden 1990; *ders.*, Privatisierung der atomaren Entsorgung? in: *Rudolf Lukes, Adolf Birkhofer* (Hrsg.), Neuntes Deutsches Atomrechts-Symposium, Köln u. a. 1991; *Arnulf Matting*, Perspektiven der nuklearen Entsorgung aus naturwissenschaftlicher Sicht, in: *Rudolf Lukes, Adolf Birkhofer* (Hrsg.), Neuntes Deutsches Atomrechts-Symposium, Köln u. a. 1991; *Hanns Wolfgang Näser, Ulrike Oberpottkamp*, Zur Endlagerung radioaktiver Abfälle – Die Langzeitsicherheit, DVBl. 1995, S. 136; *S. Orlowski, K. H. Schaller* (Ed.), Objektives, standards and criteria for radioactive waste disposal in the European Community, Brussels, Luxembourg 1990; *Norbert Pelzer* (Hrsg.), Rechtsfragen des Umgangs mit abgebrannten Brennelementen und radioaktiven Abfällen, Baden-Baden 2002; *Rainer Prasse*, Rechtsprobleme der unterirdischen Endlagerung radioaktiver Abfälle, Göttingen 1974; *Christoph Rabben*, Rechtsprobleme der atomaren Entsorgung, Köln u. a. 1988; *Hans-Werner Rengeling*, Schadlose Verwertung radioaktiver Reststoffe durch Wiederaufbereitung in anderen EG-Mitgliedstaaten, DVBl. 1991, S. 914; *ders.*, Verwertung und Beseitigung radioaktiver und konventioneller Abfälle – Rechtsvergleichende Überlegungen, DVBl. 1997, S. 268; *ders.*, Zur Fortgeltung von Genehmigungen der ehemaligen DDR-Verwaltung – Dargestellt am Beispiel der Endlagerung radioaktiver Abfälle in Morsleben –, DVBl. 1992, S. 222; *ders.*, Rechtsfragen zur Langzeitsicherheit von Endlagern für radioaktive Abfälle, Köln u. a. 1995; *ders.*, Rechtsfragen zu Bundesendlagern für radioaktive Abfälle, Köln u. a. 1990; *ders.*, Planfeststellung für die Endlagerung radioaktiver Abfälle, Köln u. a. 1984; *ders.*, Entsorgung, Endlagerung und Brennstoffkreislauf, in: *Rudolf Lukes* (Hrsg.), Reformüberlegungen zum Atomrecht, Köln u. a. 1991; *Helmut Röthemeyer*, Die Langzeitsicherheit von Endlagern, in: Achtes Deutsches Atomrechts-Symposium, Köln u. a. 1989; *Alexander Roßnagel*, Atomrechtliche Entsorgungsvorsorge durch Wiederaufbereitung im Ausland, DVBl. 1991, S. 839; *ders.*, Europäische Marktfreiheiten und atomrechtliche Entsorgungsvorsorge, DÖV 1996, S. 984; *Alexander Roßnagel, Lothar Gründling*, Die Wiederaufarbeitung im Ausland und das deutsche Atomrecht, Baden-Baden 1991; *Wolfgang Stoll*, Ziele und Umsetzung der Entsorgung von Brennelementen, atw 1994, S. 128; *Bernd-Uwe Stucken*, Das Recht der Beseitigung radioaktiver Abfälle in Großbritannien und Frankreich, Köln u. a. 1989; *Hellmut Wagner*, Rechtsfragen der Endlagerung radioaktiver Abfälle, DVBl. 1991, S. 24; *ders.*, Gesetzgeberische Vorhaben zur nuklearen Entsorgung, DVBl. 1992, S. 1508; *Hellmut Wagner, Eberhard Ziegler, Klaus-Detlef Closs*, Risikoaspekte der nuklearen Entsorgung, Baden-Baden 1982.

Abgesehen von der **Forschungskompetenz** nach Kapitel I[455] unterliegt die Behandlung radioaktiver Abfälle den Bestimmungen der Kapitel III („Der Gesundheitsschutz") und VII („Überwachung der Sicherheit") des Euratom-Vertrages. Außerdem haben nach Maßgabe des Art. 41 i. V. m. Anhang II Nr. 12 EAGV Personen und Unter-

455 S. Art. 4 Abs. 2 i. V. m. Anhang I („Forschungsgebiet betreffend die Kernenergie") Ziffer IV („Behandlung der radioaktiven Stoffe") Nr. 5 („Konzentrierung und Aufbewahrung der unbrauchbaren radioaktiven Abfälle"). S. auch die Entscheidung des Rates vom 15. 12. 1989 zur Genehmigung eines spezifischen Forschungs- und technologischen Entwicklungsprogramms für die Europäische Atomgemeinschaft auf dem Gebiet der Entsorgung radioaktiver Abfälle (1990–1994) (89/664/Euratom), ABl. Nr. L 395 vom 30. 12. 1989, S. 28. Zur ersten Aufforderung zur Einreichung von Vorschlägen (1. Studien von Entsorgungssystemen, 2. Behandlung radioaktiver Abfälle, 3. Charakterisierung und Einstufung der Abfallformen, der Behältnisse und ihrer Umgebung, 4. Endlagerung der radioaktiven Abfälle: Forschung zur Unterstützung der Einrichtung unterirdischer Lager, 5. Methoden zur Sicherheitsbewertung der Endlagerungssysteme), s. ABl. Nr. C 55 vom 7. 3. 1990, S. 4.

nehmen, die „Anlagen für die industrielle Aufbereitung radioaktiver Abfälle" errichten, der Kommission **Investitionsvorhaben** für neue Anlagen sowie für Ersatzanlagen oder Umstellungen anzuzeigen. Weiterhin unterliegen „Geräte für die Behandlung der Abfälle", „Fahrzeuge, die eigens für den Transport von Erzeugnissen mit starker Radioaktivität konstruiert sind" sowie „Verpackungsmittel mit Abschirmung aus Blei gegen Strahlung für den Transport oder die Lagerung radioaktiver Stoffe" den Bestimmungen des Kapitels IX („Der gemeinsame Markt auf dem Kerngebiet") i. V. m. Anhang IV, Liste A[2] EAGV. Auf der Ebene des Euratom-Sekundärrechts sind de lege lata vor allem die Bestimmungen auf den Gebieten des **Gesundheitsschutzes** und der **Überwachung der Sicherheit** (im folgenden: safeguards) von Bedeutung:

Auf dem Gebiet des **Gesundheitsschutzes** sind die Bestimmungen der sog. Grundnormen-Richtlinie zu beachten, d. h. der Richtlinie 96/29/Euratom des Rates vom 13. Mai 1996 zur Festlegung der grundlegenden **Sicherheitsnormen** für den Schutz der Gesundheit der Arbeitskräfte und der Bevölkerung gegen die Gefahren durch ionisierende Strahlungen[456]. Nach ihrem Art. 2 Abs. 1 lit. a) gilt die Richtlinie „für alle Tätigkeiten, die mit einer Gefährdung durch ionisierende Strahlung aus einer künstlichen Strahlenquelle oder aus einer natürlichen Strahlenquelle verbunden sind, wenn hierbei natürliche Radionuklide aufgrund ihrer Radioaktivität, Spaltbarkeit oder Bruteigenschaft verarbeitet werden oder verarbeitet worden sind, d. h. für ... die Herstellung, Bearbeitung, Handhabung, Verwendung, den Besitz, die Lagerung, die Beförderung, die Einfuhr in und Ausfuhr aus der Gemeinschaft und die Beseitigung radioaktiver Stoffe".

Nach Art. 3 Abs. 1 der Richtlinie unterwirft jeder Mitgliedstaat die Durchführung der in Art. 2 Abs. 1 genannten Tätigkeiten einer **Anmeldepflicht** sowie nach Art. 4 „den Betrieb und die Stillegung jeder Anlage des nuklearen Brennstoffkreislaufs" einer vorherigen **Genehmigung**. Art. 5 der Richtlinie bestimmt weiterhin:

> „(1) Für die sich aus einer anmelde- oder genehmigungspflichtigen Tätigkeit ergebende Beseitigung, Wiederverwertung oder Wiederverwendung von radioaktiven Stoffen oder von Materialien, die radioaktive Stoffe enthalten, ist eine vorherige Genehmigung vorgeschrieben.
> (2) Die Beseitigung, Wiederverwertung oder Wiederverwendung derartiger Stoffe oder Materialien kann jedoch von den Anforderungen dieser Richtlinie freigestellt werden, sofern die Freigabewerte eingehalten werden, die von den zuständigen nationalen Behörden festgelegt worden sind. Diese Freigabewerte folgen den in Anhang I verwendeten Grundkriterien und tragen anderen technischen Leitlinien der Gemeinschaft Rechnung."

Als Konsequenz aus dem Transnuklear-Skandal[457] erging die Richtlinie 92/3/Euratom des Rates vom 3. Februar 1992 zur **Überwachung und Kontrolle der Verbringung radioaktiver Abfälle** von einem Mitgliedstaat in einen anderen, in die Gemeinschaft

---

456 ABl. Nr. L 159 vom 29. 6. 1996, S. 1.
457 S. *Leigh Hancher*, 1992 and Accountability Gaps: The Transnuklear Scandal: a Case Study in European Legislation, The Modern Law Review, Special Issue: New Perspectives on European Law, Vol. 53, N° 5, 1990, p. 669.

und aus der Gemeinschaft[458], die die grenzüberschreitende Verbringung radioaktiver Abfälle einem besonderen Genehmigungsverfahren unterwirft und bestimmte Verbringungen von vornherein ausschließt[459].

Für die Überwachung nuklearer Abfälle unter **Safeguards**-Gesichtspunkten gelten die Vorschriften der Euratom-Verordnung Nr. 3227/76 der Kommission vom 19. Oktober 1976 zur Anwendung der Bestimmungen der Euratom-Sicherungsmaßnahmen[460]. Gemäß dem Auftrag des Art. 2 lit. e) EAGV hat die Gemeinschaft die Aufgabe „durch geeignete Überwachung zu gewährleisten, daß die Kernstoffe nicht anderen als den vorgesehenen Zwecken zugeführt werden". Nach Kapitel VII EAGV erfolgt die Überwachung dadurch, daß die Kommission zum einen die Buchführung über die Bewegung und Verwendung der Kernstoffe (s. Art. 79 EAGV) und zum anderen die physischen Materialbewegungen bzw. den tatsächlichen Materialbestand vor Ort (s. Art. 81 EAGV) überprüft und die Ergebnisse miteinander vergleicht. Das Nähere regelt die Euratom-Verordnung Nr. 3227/76, die bei den nuklearen Abfällen je nach der Materialbeschaffenheit folgende Kategorien unterscheidet[461]:

- Produktionsabfall (homogen oder heterogen (Kehricht, Sinterschlacke, Schlämme, Feinanteile, sonstiger)),
- Fester Abfall (Hülsen, gemischt (Kunststoff, Handschuhe, Papier, usw.), kontaminierte Ausrüstungen, sonstiger),
- Flüssiger Abfall (niedrige Aktivität, mittlere Aktivität, hohe Aktivität).

Bei der Bestandsänderung ist für Zwecke der Safeguards-Buchführung zwischen **gemessenem Abfall** (measured discards) und **zurückbehaltenem Abfall** (retained waste) zu unterscheiden[462]. Bei gemessenem Abfall handelt es sich um eine „gemessene oder auf Grund von Messungen geschätzte Menge von Kernmaterial, über die so verfügt wurde, daß sie für eine weitere nukleare Verwendung nicht geeignet ist". Diese Menge von Kernmaterial wird – vereinfacht gesprochen – vom Materialbestand abgezogen und aus dem Euratom-Safeguards-System entlassen. Dies bedeutet nicht, daß die betreffende Menge nicht noch stark radioaktiv und damit unter Strahlenschutzgesichtspunkten noch hoch gefährlich sein kann, sondern lediglich, daß das Material vom Safeguards-Standpunkt aus uninteressant, weil nicht mehr „bombenfähig" ist. Unter zurückbehaltenem Abfall ist demgegenüber Abfall zu verstehen, „dessen Kernmaterialgehalt beim derzeitigen Stand der Technologie als wirtschaftlich nicht rückgewinnbar angesehen wird". Erst wenn zurückbehaltener Abfall in gemessenen Abfall überführt wird, erfolgt – s. o. – die Entlassung aus dem Kontrollsystem[463]. Soweit es

---

458 ABl. Nr. L 35 vom 12. 2. 1992, S. 24. S. dazu auch die Mitteilung im ABl. Nr. C 224 vom 12. 8. 1994, S. 2, sowie die schriftliche Anfrage P-2393/95, ABl. Nr. C 300 vom 13. 11. 1995, S. 57.

459 S. oben Ziffer IV. 1. S. dazu zuletzt den dritten Bericht über die Anwendung der Richtlinie (1996–1998), KOM(2001) 270 endg. vom 23. 5. 2001.

460 ABl. Nr. L 363 vom 31. 12. 1976, S. 1.

461 S. Anhang II, Erläuterung (10) a), S. 35 f.

462 S. Anhang II, Erläuterung (6), S. 32 f.

463 Angesichts dieser Rechtslage ist nicht ganz klar, wie das Petitum des Europäischen Parlaments nach einer „Einbeziehung aller radioaktiven Abfälle der bisherigen Kategorie ‚retained waste' in umfassende Safeguard-Maßnahmen" zu verstehen ist (s. Entschließung vom 6. 7. 1988, Nr. 7 e, S. 71).

sich um besondere spaltbare Stoffe handelt[464], endet gleichzeitig mit der Entlassung aus der Sicherheitsüberwachung nach Art. 86 Abs. 2 EAGV das Eigentum der Gemeinschaft an diesen Stoffen.

Soweit die punktuellen Regelungen des Vertrages und des Euratom-Sekundärrechts in Bezug auf nukleare Abfälle. Die Frage der Behandlung und Lagerung großer und beständig anwachsender Mengen radioaktiver Abfälle, d. h. das eigentliche „back-end problem“ des Brennstoffkreislaufs, wird durch sie allerdings weder angesprochen noch gelöst. Die Frage der **Entsorgung nuklearer Abfälle** ist weiterhin eine nationale, wobei sich allerdings die Gemeinschaft in mehrfacher Hinsicht des Problems angenommen hat. Mit seiner Entschließung vom 18. Februar 1980 zur Durchführung eines **Aktionsplans der Gemeinschaft auf dem Gebiet der radioaktiven Abfallstoffe**[465] stellte der Rat für die Jahre 1980 bis 1992 einen Fünf-Punkte-Plan zur verbesserten und koordinierten Lösung der Probleme der Handhabung und Lagerung langlebiger nuklearer Abfallstoffe auf. Mit der Entschließung des Rates vom 15. Juni 1992 über die Erneuerung des Aktionsplans der Gemeinschaft für radioaktive Abfälle[466] wurde der Plan für die Jahre 1993 bis 1999 in modifizierter Form verlängert. In einer weiteren Entschließung vom 19. Dezember 1994 über radioaktive Abfälle[467] vertrat der Rat die Auffassung, daß

- jeder Mitgliedstaat dafür verantwortlich ist sicherzustellen, daß der in seinem Hoheitsgebiet erzeugte radioaktive Abfall ordnungsgemäß entsorgt wird, wobei die Möglichkeit einer gegenseitig vereinbarten Zusammenarbeit zwischen den Mitgliedstaaten besteht;
- das Recycling und die Wiederverwendung von Materialien und Ausrüstungen, die nur geringfügig radioaktiv kontaminiert sind, in Erwägung gezogen werden sollte, sofern die Radioaktivität unter dem Gesichtspunkt des Gesundheitsschutzes vernachlässigbar ist;
- die Voraussetzungen festzulegen seien, unter denen diese Materialien in der Gemeinschaft unter gleichen Bedingungen zum Recycling und zur Wiederverwendung freigegeben werden können.

Im Rahmen des Aktionsplans für radioaktive Abfälle schlug die Kommission in einer Empfehlung vom 15. September 1999 für ein **Klassifizierungssystem** für feste radioaktive Abfälle (1999/669/EG, Euratom)[468] folgende Definitionen der einzelnen Abfallarten vor:

> „**1. Radioaktive Abfälle in der Übergangsphase**
> Radioaktive Abfälle (vorwiegend aus der Medizin), die während der Zwischenlagerung abklingen und die dann, sofern die Freigabegrenzen erreicht werden, einer Entsorgung zugeführt werden können, die nicht der atomrechtlichen Aufsicht unterliegt.

---

464 Zur Definition s. Art. 197 Nr. 1 EAGV.

465 ABl. Nr. C 51 vom 29. 2. 1980, S. 1. S. dazu auch die Entscheidung des Rates vom 18. Februar 1980 betreffend den Beratenden Programmausschuß im Bereich der Forschung „Bewirtschaftung und Lagerung radioaktiver Abfälle“, ABl. Nr. C 51 vom 29. 2. 1980, S. 4

466 ABl. Nr. C 158 vom 25. 6. 1992, S. 3.

467 ABl. Nr. C 379 vom 31. 12. 1994, S. 1.

468 ABl. Nr. L 265 vom 13. 10. 1999, S. 37.

2. Schwach- und mittelaktive Abfälle (LILW)
Bei schwach- und mittelaktiven Abfällen ist die Radionuklidkonzentration so gering, daß die Wärmeentwicklung bei der Endlagerung unkritisch bleibt. Die Werte für eine akzeptable Wärmeentwicklung werden im Anschluß an eine Sicherheitsbewertung standortspezifisch festgelegt.
2.1. Kurzlebige Abfälle (LILW-SL)
In diese Kategorie fallen radioaktive Abfälle mit Nuklid-Halbwertszeiten entsprechend denen von Cs 137 und Sr 90 oder weniger (etwa 30 Jahre), mit einer begrenzten Konzentration langlebiger Alpha-Radionuklide (Begrenzung langlebiger alphastrahlender Radionuklide auf 4 000 Bq/g in Einzelgebinden und auf einen Durchschnittswert von 400 Bq/g in der gesamten Abfallmenge).
2.2. Langlebige Abfälle (LILW-LL)
Langlebige Radionuklide und Alpha-Strahler in einer Konzentration, die die Grenzwerte für kurzlebige Abfälle übersteigt.
3. Hochaktive Abfälle
Abfälle mit einer so hohen Radionuklidkonzentration, daß während der gesamten Zwischen- und Endlagerung von Wärmeentwicklung auszugehen ist. (Der Grenzwert für die Wärmeentwicklung ist standortspezifisch; diese Abfälle fallen vorwiegend bei der Behandlung/Konditionierung abgebrannter Brennstoffe an)."

Der Empfehlung ist ein umfangreicher Anhang beigegeben, der insbesondere die Klassifizierungssysteme der Mitgliedstaaten und der mittel- und osteuropäischen Beitrittskandidaten darstellt.

Das oben schon genannte Gemeinsame **Übereinkommen über die Sicherheit der Behandlung abgebrannter Brennelemente und über die Sicherheit der Behandlung radioaktiver Abfälle**[469] zielt darauf ab, durch die Verbesserung einzelstaatlicher Maßnahmen und der internationalen Zusammenarbeit weltweit ein hohes Sicherheitsniveau bei der Entsorgung von abgebrannten Kernbrennstoffen und radioaktiven Abfällen zu erreichen sowie in allen Phasen der Entsorgung einen wirksamen Schutz des Einzelnen, der Gesellschaft und der Umwelt vor den schädlichen Auswirkungen ionisierender Strahlungen zu gewährleisten.

Da das Bemühen der Gemeinschaft einerseits der „Minimierung des Volumens der radioaktiven Abfälle" gilt[470] und andererseits in abgebrannten Brennelementen hochwertige und wiederverwertbare Kernstoffe enthalten sind, hat das Gemeinschaftsrecht von Anbeginn die Möglichkeit der **Wiederaufbereitung bestrahlter Kernbrennstoffe** vorgesehen. Art. 78 EAGV unterwirft den Bau und Betrieb von Anlagen zur Aufbereitung bestrahlter Kernbrennstoffe einer Anzeigepflicht und die Verfahren für die chemische Aufbereitung bestrahlter Stoffe sogar einer Genehmigungspflicht. Die Verfahren für die Gewinnung von Plutonium und Uran 233 aus bestrahlten Brennstoffen und die Rückgewinnung von Uran und Thorium stellen primärrechtliche Forschungsgebiete gemäß Art. 4 EAGV dar[471]. Investitionsvorhaben zur Aufbereitung

---

469 S. KOM(2001) 520 endg. vom 15. 10. 2001
470 S. Ziffer 4 der Entschließung des Rates vom 19. Dezember 1994 über radioaktive Abfälle, ABl. Nr. C 379 vom 31. 12. 1994, S. 1.
471 S. Anhang I Ziffer IV. 1.

bestrahlter Brennstoffe zur Trennung aller oder eines Teils der darin enthaltenen Elemente unterliegen der Anzeigepflicht nach Art. 41 i. V. m. Anhang II Ziffer 8 EAGV.

In einer Entschließung vom 18. Februar 1980 betreffend die Aufarbeitung bestrahlter Kernbrennstoffe[472] stellte der Rat fest, daß es im Interesse der Gemeinschaft und ihrer Mitgliedstaaten läge, „sich die Möglichkeit zu erhalten, aus Kernreaktoren entladene gebrauchte Brennstoffe zurückzugewinnen und wiederzuverwenden, ohne daß dadurch die Modalitäten der Entscheidungsprozesse in den Mitgliedstaaten präjudiziert werden". Gleichzeitig setzte der Rat einen **Beratenden Ad-hoc-Ausschuß für die Aufarbeitung bestrahlter Kernbrennstoffe** ein[473], der 1981 einen Bericht vorlegte, auf dessen Grundlage die Kommission am 2. Februar 1982 eine Empfehlung auf dem Gebiet der Lagerung und Wiederaufarbeitung bestrahlter Kernbrennstoffe (82/74/Euratom) erließ[474]. Noch ganz unter dem Eindruck der Energiekrisen der 70er Jahre stellte die Kommission fest:

> „Die Wiederaufarbeitung erweist sich mehr und mehr als ein notwendiges Element der mittel- und langfristigen Nuklearpolitik, denn sie bietet die Möglichkeit, den Bedarf an Natururan und Anreicherungsdiensten durch die Rückführung von Uran und Plutonium in thermische und schnelle Reaktoren zu senken, wobei dank der Einführung von Brütersystemen Aussicht auf eine geringere Abhängigkeit von auswärtigen Uranlieferungen besteht. Deshalb müssen Maßnahmen getroffen werden, die eine industrielle Entwicklung der Wiederaufarbeitung unter den bestmöglichen Bedingungen für die Projektträger und die Benutzer ermöglichen ..."

Auf Seiten Deutschlands wurde in den 80er Jahren der Bau einer Wiederaufarbeitungsanlage in **Wackersdorf** (Bayern) geplant, die die beiden großen Wiederaufarbeitungskomplexe in **La Hague** (Cogéma)[475] und **Sellafield** (BNFL)[476] um eine dritte Großanlage ergänzen sollte[477]. Der Plan erwies sich jedoch als politisch ebensowenig durchsetzbar wie der Bau eines nuklearen Endlagers in Gorleben (Niedersachsen)[478].

Doch während die Gemeinschaft heute über ausreichende Wiederaufarbeitungskapazitäten verfügt, wird das Problem der langfristigen Entsorgung abgebrannter Brennelemente und radioaktiver Abfälle immer dringlicher – sowohl innerhalb wie außerhalb der Gemeinschaft[479]. Zur Lösung innerhalb der Gemeinschaft hat die Kommission zu Beginn des Jahres 2003 den Vorschlag für eine Richtlinie (Euratom) des Rates über die Entsorgung abgebrannter Brennelemente und radioaktiver Abfälle vor-

---

472 ABl. Nr. C 51 vom 29. 2. 1980, S. 4.
473 Beschluß des Rates vom 18. Februar 1980 über die Einsetzung eines Beratenden Ad-hoc-Ausschusses für die Aufarbeitung bestrahlter Kernbrennstoffe (80/237/Euratom), ABl. Nr. L 52 vom 26. 2. 1980, S. 9.
474 ABl. Nr. L 37 vom 10. 2. 1982, S. 36.
475 Auf der Halbinsel Cotentin nahe Cherbourg in der Normandie gelegen.
476 Neben Sellafield besteht noch eine kleinere Anlage in Dounreay (Schottland). Zur THORP (Thermal Oxide Reprocessing Plant) in Sellafield ergingen zahlreiche parlamentarische Anfragen (s. z. B. E-1517/95, ABl. Nr. C 213 vom 17. 8. 1995, S. 63).
477 Betreiber: Deutsche Gesellschaft für die Wiederaufarbeitung von Kernbrennstoffen (DWK). Eine kleinere Anlage bestand im Kernforschungszentrum Karlsruhe.
478 S. FAZ vom 7. Juni 1989, S. 1: Verzicht auf Wiederaufarbeitung in Wackersdorf endgültig beschlossen.
479 Weltweit besteht noch kein endgültig ausgewiesenes Endlager für radioaktive Abfälle.

gelegt[480], der die Erstellung präziser nationaler Entsorgungsprogramme[481] und die Genehmigung geeigneter Endlagerstätten bis 2008 (für hochaktive und langlebige radioaktive Abfälle) bzw. 2013 (für kurzlebige schwach- und mittelaktive Abfälle) vorsieht[482].

Auf internationaler Ebene steht insbesondere die Sanierung der nuklearen Altlasten des Sowjetimperiums im Vordergrund – in Sonderheit für die skandinavischen Mitgliedstaaten und Norwegen aufgrund ihrer Nähe zur Barentssee und den russischen Nuklearstandorten im Norden. Der Lösung der hiermit verbundenen Probleme gilt das **„Abkommen über das Multilaterale Nuklear- und Umweltprogramm in der Russischen Föderation"** und dessen „Protokoll zu Ansprüchen, Rechtsstreitigkeiten und Entschädigungen"[483]. Mit dem Abkommen wird ein Rechtsrahmen festgelegt, der die Zusammenarbeit in Bereichen wie Sicherheit verbrauchter Kernbrennstoffe, Beseitigung radioaktiver Abfälle und Außerbetriebnahme von Atom-U-Booten und -Eisbrechern in der Russischen Föderation erleichtern soll. Das Protokoll soll seinerseits sicherstellen, daß von russischer Seite keine Forderungen gegenüber den beitragsleistenden Vertragsparteien und Vertragnehmern, Beratern, Zulieferern oder Unterlieferanten von Ausrüstungen, Waren oder Dienstleistungen für Verluste oder Schäden gestellt werden können, die sich aus Aktivitäten im Rahmen des Abkommens ergeben.

Was im übrigen das Einbringen nuklearer Stoffe und Abfälle ins Meer anbelangt, so sind die Mitgliedstaaten an das diesbezügliche Verbot des **OSPAR-Übereinkommens** gebunden[484]. Dieses Verbot gilt auch für Frankreich und Großbritannien, die auf entsprechende Sonderrechte verzichtet haben[485].

3. Nukleartransporte

Literatur:

S. Amaducci, Authorization procedure for containers and modalities of transport of radioactive substances within the EC Member States, EUR 5663, Luxembourg 1977; *Bundesministerium für Verkehr*, Die Beförderung radioaktiver Stoffe, 11. Aufl., Bonn 1996; *Leigh Hancher*, 1992 and Accountability Gaps: The Transnuklear Scandal: a Case Study in European Regulation, The Modern Law Review, Special Issue: New Perspectives on European Law, Vol. 53, N° 5, 1990, p. 669; *Winfried Huck*, Transport radioaktiver Stoffe, Baden-Baden 1992; *Herbert Posser*, Rechtsfragen des Transports abgebrannter Brennelemente, DVBl. 2001, S. 609; *K. Ridder*, Beförderung radioaktiver Stoffe: Revision der IAEO-Empfehlungen und ihre Umsetzung, atw 1988, S. 76.

---

480 KOM (2003) 32 endg. vom 30. 1. 2003.

481 S. Art. 4 des Vorschlags.

482 A. a. O.

483 S. Beschluß des Rates vom 19. Mai 2003 über die Unterzeichnung – im Namen der Gemeinschaft – eines Rahmenabkommens über ein Multilaterales Nuklear- und Umweltprogramm in der Russischen Föderation und dessen Protokoll zu Ansprüchen, Rechtsstreitigkeiten und Entschädigungen und über die vorläufige Anwendung dieses Abkommens und zur Genehmigung des Abschlusses durch die Kommission – im Namen der Europäischen Atomgemeinschaft – des genannten Abkommens und dessen Protokolls (2003/462/EG), ABl. Nr. L 155 vom 24. 6. 2003, S. 35.

484 Übereinkommen zum Schutz der Meeresumwelt des Nordostatlantiks, s. Beschluß 98/249/EG des Rates, ABl. Nr. L 104 vom 3. 4. 1998, S. 1.

485 S. ABl. Nr. C 158 vom 4. 6. 1999, S. 8.

Der gemeinsame Markt auf dem Kerngebiet (Kapitel IX EAGV) kann sich in der Rechtswirklichkeit nur entfalten, wenn die Güter und Erzeugnisse des Nuklearsektors innerhalb der Gemeinschaft und im Verkehr mit Drittländern ungehindert transportiert werden können. Die Verbringung dieser Güter und Erzeugnisse kann aus Gründen des Gesundheitsschutzes (Kapitel III EAGV) an die Erfüllung bestimmter Voraussetzungen geknüpft sein. Zusätzliche Erfordernisse können sich aus Gründen der öffentlichen Ordnung ergeben (Art. 195 EAGV). Zu den Gütern des freien Euratom-Warenverkehrs gehören nicht nur die eigentlichen Güter und Erzeugnisse des Nuklearsektors, sondern gemäß Liste A^2 auch die geeigneten Transport- und Verpackungsmittel, wie

> „Fahrzeuge, die eigens für den Transport von Erzeugnissen mit starker Radioaktivität konstruiert sind:
> - Wagen und Loren zum Fahren auf Gleisen aller Spurweiten
> - Lastkraftwagen
> - Verladewagen mit Motoren
> - Anhänger und Sattelanhänger sowie andere Fahrzeuge ohne Eigenantrieb
>
> Verpackungsmittel mit Abschirmung aus Blei gegen Strahlung für den Transport und die Lagerung radioaktiver Stoffe."

Die Regelungskompetenzen der Gemeinschaft aus dem Euratom-Vertrag werden durch die Vorschriften des EG-Vertrages über die **gemeinsame Verkehrspolitik** (Art. 70 ff. (ex-Art. 74 ff.) EGV) ergänzt. Nach diesen Bestimmungen kann die Gemeinschaft u. a. für den internationalen Verkehr aus oder nach dem Hoheitsgebiet eines Mitgliedstaats oder für den Durchgangsverkehr durch das Hoheitsgebiet eines oder mehrerer Mitgliedstaaten gemeinsame Regeln aufstellen (Art. 75 Abs. 1 lit. a) EGV) und alle sonstigen zweckdienlichen Maßnahmen erlassen (ibid lit. d)). Nach Art. 80 EGV gilt diese Regelungsbefugnis für Beförderungen im Eisenbahn-, Straßen- und Binnenschiffsverkehr; sie kann aber auch auf den Seeschiffs- und Luftverkehr erstreckt werden.

Einen ersten Überblick über die in den Mitgliedstaaten geltenden Genehmigungsverfahren für Transportbehälter und die Modalitäten der Beförderung radioaktiver Substanzen in den Mitgliedstaaten gab die Kommission schon im Jahre 1977[486]. Gemeinsame Grundlage der einzelstaatlichen Regelungen waren die Empfehlungen der IAEA aus dem Jahre 1961[487], die in den Folgejahren überarbeitet und von den Mitgliedstaaten in nationales Recht umgesetzt wurden. In einer ersten **Entschließung zum Transport radioaktiver Stoffe und Abfälle**[488] verlangte das Europäische Parlament 1982, daß „die derzeit geltenden divergierenden nationalen Rechtsvorschriften und Verwaltungsverfahren, die in den einzelnen Mitgliedstaaten in Anwendung der Empfehlungen der Internationalen Atomenergiebehörde (IAEA) eingeführt werden, auf Gemeinschaftsebene harmonisiert werden, daß ein kohärentes System spezifischer Transportgenehmigungen in der Gemeinschaft eingeführt wird und die erforderlichen Transportformblätter gemeinschaftsweit vereinheitlicht wer-

---

486 Authorization procedure for containers and modalities of transport of radioactive substances within the EC Member States, EUR 5663, 1977.

487 „Vorschriften für den sicheren Transport radioaktiver Stoffe".

488 ABl. Nr. C 40 vom 15. 2. 1982, S. 42.

den"[489]. Gleichzeitig forderte das Parlament die Kommission auf, eine **ständige Sonderarbeitsgruppe für Fragen des Transports radioaktiver Stoffe und Abfälle** aus Vertretern der Kommission und nationalen Sachverständigen zu bilden und sie mit folgendenden Aufgaben zu betrauen:

a) Austausch aller relevanten Informationen,
b) Prüfung der vom europäischen Parlament formulierten Empfehlungen,
c) Vorbereitung von Vorschlägen für eine Gemeinschaftsaktion,
d) Untersuchung aller übrigen Probleme im Zusammenhang mit diesen Transporten,
e) Erstellung eines jährlichen Berichts.

Die Sonderarbeitsgruppe wurde gebildet und erstattete in unregelmäßigen Abständen Bericht[490]. In die breite Öffentlichkeit gelangte das Thema der Nukleartransporte in den 80er Jahren durch den sog. Transnuklear-Skandal[491], zu dessen Aufklärung das Europäische Parlament (erstmalig) einen Untersuchungsausschuß einsetzte, dessen Schlußfolgerungen zu den späteren legislativen Maßnahmen der 90er Jahre maßgeblich beitrugen. In seiner Entschließung zu den Ergebnissen des Untersuchungsausschusses über die Behandlung und den Transport von Nuklearmaterial vom 6. Juli 1988[492] forderte das Parlament insbesondere

> „– eine weitestgehende Konditionierung nuklearer Abfälle am Entstehungsort und eine Reduzierung von Transporten auf ein Minimum;
> – eine klare Trennung der Verantwortlichkeiten in der Abfallbewirtschaftung zwischen Betrieb kerntechnischer Anlagen, Beförderung und Konditionierung;
> – die Vorlage einer umfassenden Gemeinschaftsregelung für den grenzüberschreitenden Transport nuklearer Abfälle, solange diese unumgänglich sind und befürwortet die einzelnen Vorschläge des Untersuchungsausschusses zur Erfassung grenzüberschreitender Transporte von ihrer Entstehung bis zur Lagerung durch ein System strenger Kontrollen und Genehmigungen ..."

Zwei wichtige Rechtsakte auf dem Gebiet der Nukleartransporte ergingen 1992 und 1993 in Gestalt der Richtlinie 92/3/Euratom des Rates vom 3. Februar 1992 zur **Überwachung und Kontrolle der Verbringungen radioaktiver Abfälle** von einem Mitgliedstaat in einen anderen, in die Gemeinschaft und aus der Gemeinschaft[493] sowie der Verordnung (Euratom) Nr. 1493/93 des Rates vom 8. Juni 1993 über die **Verbringung radioaktiver Stoffe** zwischen den Mitgliedstaaten[494]. Die Richtlinie 92/3/Euratom zieht die Konsequenzen aus dem Transnuklear-Skandal, indem sie die grenzüberschreitende Verbringung radioaktiver Abfälle einem besonderen Ge-

---

489 A. a. O. Ziffer 5.

490 S. die Mitteilungen der Kommission über den sicheren Transport radioaktiver Stoffe in der Europäischen Union vom 3. 4. 1996 (KOM(96) 11 endg.) und über den Bericht der ständigen Arbeitsgruppe für den sicheren Transport radioaktiver Stoffe in der Europäischen Union vom 8. 4. 1998 (KOM(1998) 155 endg.).

491 S. hierzu *Leigh Hancher* (s. o. Literatur). Bei dem Skandal handelte es sich um undeklarierte Transporte von Nuklearabfällen zwischen Deutschland und Belgien und ihre illegale Entsorgung.

492 ABl. Nr. C 235 vom 12. 9. 1988, S. 70.

493 ABl. Nr. L 35 vom 12. 2. 1992. S. dazu auch die Mitteilung im ABl. Nr. C 224 vom 12. 8. 1994, S. 2.

494 ABl. Nr. L 148 vom 19. 6. 1993, S. 1. S. dazu auch die Mitteilung in ABl. Nr. C 335 vom 10. 12. 1993, S. 2.

nehmigungsverfahren unterwirft und bestimmte Verbringungen von vornherein ausschließt. Demgegenüber liegt der Grund für den Erlaß der Verordnung (Euratom) Nr. 1493/93 in der Abschaffung der Grenzkontrollen in der Gemeinschaft ab dem 1. Januar 1993, in deren Folge die zuständigen Behörden der Mitgliedstaaten nicht länger die Informationen erhielten, deren sie für die Kontrolle der Verbringung radioaktiver Stoffe bedürfen. Die Verordnung führt ein System gemeinschaftlicher Erklärungen und Informationsregelungen ein, wobei die Rechte und Pflichten aus der Richtlinie 92/3/Euratom unberührt bleiben.

Auch nach der Schaffung der geeigneten rechtlichen Rahmenbedingungen durch die beiden vorbezeichneten Rechtsakte sind Nukleartransporte in den 90er Jahren verstärkt zum Gegenstand der Kritik bis hin zu massiven Blockademaßnahmen durch Kernkraftgegner und Autonome geworden. Der zunehmende Transport abgebrannter Brennelemente aus japanischen Anlagen zur Wiederaufbereitung nach **Sellafield** und **La Hague** und zurück nach Japan gab dem Europäischen Parlament 1992 Anlaß zu einer **Entschließung zum internationalen Transport von Plutonium**[495], in der es internationale Sicherheitsmaßnahmen forderte und jedweden Transport radioaktiver Stoffe auf dem zivilen Luftwege kategorisch ausschloß. Als Reaktion auf die Feststellung eines Falles radioaktiver Kontaminierung der Außenhülle von Transportbehältern faßte das Parlament 1998 erneut eine **Entschließung zur Sicherheit des Transports atomarer Brenn- und Abfallstoffe**[496], mit der es Radioaktivitätskontrollen durch unabhängige Einrichtungen und einheitliche Sicherheitsstandards verlangte. Angesichts der z. T. gewalttätigen Proteste und Blockaden von Nukleartransporten in den letzten Jahren, insbesondere im Verkehr zwischen Deutschland und Frankreich, verabschiedete das Parlament am 13. März 2001 eine weitere Entschließung zum Thema[497], die nochmals auf das Erfordernis der **Verringerung der Transporte**, aber auch auf die Bedeutung der **Information der Öffentlichkeit** sowie deren Rechte auf freie Meinungsäußerung hinwies. Gleichzeitig verurteilte das Parlament „jegliche Gewaltanwendung anläßlich der Vorbereitung und Durchführung von Transporten von Brennelementen und radioaktiven Abfällen auf das schärfste" und erinnerte daran, „daß Schweigen zu Straftaten oder gar Verständnis für diese leicht als Legitimation von Gewalttaten ausgelegt" werden könne.

Hinsichtlich der spezifisch verkehrsrechtlichen Regelungen von Nukleartransporten ist zwischen den einzelnen Transportmitteln zu unterscheiden, wobei Grundlage der einzelnen Regelungen die **Vorschriften der Internationalen Atomenergie-Organisation für die sichere Beförderung radioaktiver Stoffe** sind[498].

---

495 ABl. Nr. C 337 vom 21. 12. 1992, S. 243.

496 ABl. Nr. C 210 vom 6. 7. 1998, S. 230.

497 ABl. Nr. C 343 vom 5. 12. 2001, S. 92.

498 S. Internationale Atomenergiebehörde (IAEA): Regulations for the Safe Transport of Radioactive Material, Safety Series No. 6, 1985 Edition; diese enthalten (in der Fassung 1990) auch allgemeine Grundsätze für den Strahlenschutz. Erläuterungen und weitere Informationen zu diesen Vorschriften sind in folgenden Dokumenten enthalten:

1. IAEA „Advisory Material for the IAEA Regulations for the Safe Transport of Radioactive Materials" (1985 Edition), Safety Series No. 37, Third Edition (in der Fassung 1990).
2. IAEA „Explanatory Material for the IAEA Regulations for the Safe Transport of Radioactive Materials" (1985 Edition), Safety Series No. 7, Second Edition (in der Fassung 1990).

Für den **Transport auf der Straße** gelten die Bestimmungen der Richtlinie 94/55/EG des Rates vom 21. November 1994 zur Angleichung der Rechtsvorschriften der Mitgliedstaaten für den Gefahrguttransport auf der Straße[499]. Die Richtlinie knüpft an das Europäische Übereinkommen über die internationale Beförderung gefährlicher Güter auf der Straße („ADR") an, das am 30. September 1957 in Genf abgeschlossen wurde[500], und erstreckt seine Anwendbarkeit auch auf den **innerstaatlichen** Verkehr, um so gemeinschaftsweit die Bedingungen für die Beförderung gefährlicher Güter auf der Straße zu harmonisieren. Die Richtlinie wird ergänzt durch die Richtlinie 95/50/EG des Rates vom 6. Oktober 1995 über einheitliche Verfahren für die Kontrolle von Gefahrguttransporten auf der Straße[501].

Der **Transport von Nuklearmaterial auf dem Schienenwege** unterliegt der Richtlinie 96/49/EG des Rates vom 23. Juli 1996 zur Angleichung der Rechtsvorschriften der Mitgliedstaaten für die Eisenbahnbeförderung gefährlicher Güter[502]. Die Richtlinie bezieht sich auf das Übereinkommen über den internationalen Eisenbahnverkehr (COTIF), dessen Regelungen ebenfalls der Rechtsangleichung auf dem Gebiet der rein innerstaatlichen Beförderung zugrundegelegt werden. Die Vorschriften für den Transport radioaktiver Stoffe (Klasse 7) sind in einer besonderen Anlage veröffentlicht worden[503].

Der Transport auf dem Seewege unterliegt dem Internationalen Code für die Beförderung gefährlicher Güter im Seeverkehr (IMDG-Code) (Code Klasse 7: radioaktive Stoffe) sowie dem INF-Code („Sicherheitsvorschriften für die sichere Beförderung von bestrahlten Kernbrennstoffen, Plutonium und hochradioaktiven Abfällen in Transportbehältern an Bord von Schiffen") der Internationalen Seeschiffahrtsorganisation (International Maritime Organisation – IMO). Auf beide Codes verweist die Richtlinie 93/75/EWG des Rates vom 13. September 1993 über Mindestanforderungen an Schiffe, die Seehäfen der Gemeinschaft anlaufen oder aus ihnen auslaufen und gefährliche oder umweltschädliche Güter befördern[504].

---

3. IAEA „Basic Safety Standards for Radioactive Protection", Safety Series No. 9, 1982 Edition.
4. IAEA „Emergency Response Planning and Preparedness for Transport Accidents Involving Radioactive Material", Safety Series No. 87, 1988 Edition.
5. IAEA „Schedule of Requirements for the Transport of Specified Types of Radioactive Material Consignments", Safety Series No. 80 (in der Fassung 1990).

S. zuletzt Safety Standard Series Nr. TS-R-1 (ST-1, Überarbeitung), IAEO, Wien 2000.

499 ABl. Nr. L 319 vom 12. 12. 1994, S. 7, zuletzt geändert durch die Richtlinie 2000/61/EG, ABl. Nr. L 279 vom 1. 11. 2000, S. 40. S. zuletzt auch die Richtlinie 2001/7/EG der Kommission zur dritten Anpassung der Richtlinie 94/55/EG, ABl. Nr. L 30 vom 1. 2. 2001, S. 43. S. dazu Anlagen A und B zur Richtlinie 94/55/EG des Rates vom 21. November 1994 zur Angleichung der Rechtsvorschriften der Mitgliedstaaten für den Gefahrguttransport auf der Straße, Anlage A – Vorschriften über die gefährlichen Stoffe und Gegenstände, Anlage B – Vorschriften für die Beförderungsmittel und die Beförderung, ABl. Nr. L 275 vom 28.10.1996, S. 1, 2 und 425 (für radioaktive Stoffe s. S. 212–257, 392–419, 487 ff.).

500 BGBl. 1969 II S. 1489.

501 ABl. Nr. L 249 vom 17. 10. 1995, S. 35.

502 ABl. Nr. L 235 vom 17. 9. 1996, S. 25, zuletzt geändert durch die Richtlinie 2000/62/EG, ABl. Nr. L 279 vom 1. 11. 2000, S. 44. S. zuletzt auch die Richtlinie 2001/6/EG der Kommission vom 29. Januar 2001 zur dritten Anpassung der Richtlinie 96/49/EG, ABl. Nr. L 30 vom 1. 2. 2001, S. 42.

503 S. Anlage zur Richtlinie 96/49/EG des Rates, ABl. Nr. L 294 vom 31. 10. 1998, S. 1 (251–297, 443–470).

504 ABl. Nr. L 247 vom 5. 10. 1993, S. 19.

Für **Transporte auf dem Luftwege** sind die technischen Anforderungen der Internationalen Zivilluftfahrt-Organisation (International Civil Aviation Organisation – ICAO)[505] maßgeblich. Diese Anforderungen werden von allen Mitgliedstaaten eingehalten und beziehen sich auf Fracht- und Passagierflüge in gleicher Weise. Jedes für die Frachtbeförderung zugelassene Verkehrsflugzeug kann radioaktive Stoffe befördern, sofern die Verpackung den festgesetzten Regelungen hinsichtlich Konzeption und Stärke entspricht[506].

Unabhängig von der Art des Transportmittels gilt seit Oktober 1991 für die Gemeinschaft und ihre Mitgliedstaaten das **Übereinkommen vom 26. Oktober 1979 über den physischen Schutz von Kernmaterial**[507]. Das Übereinkommen „findet auf für friedliche Zwecke genutztes Kernmaterial während des internationalen Nukleartransports Anwendung" (Art. 2) und verpflichtet jeden Vertragspartner, alle geeigneten Maßnahmen zu ergreifen, „um – soweit praktisch möglich – sicherzustellen, daß Kernmaterial während des internationalen Nukleartransports in seinem Hoheitsgebiet oder an Bord eines seiner Hoheitsgewalt unterstehenden Wasser- oder Luftfahrzeugs ... in dem in Anhang I beschriebenen Umfang geschützt ist" (Art. 3). Der Umfang des physischen Schutzes für Kernmaterial während des internationalen Transports umfaßt nach Anhang I Abs. 2 folgendes:

> „a) Bei Material der Kategorien II und III findet der Transport unter besonderen Vorsichtsmaßnahmen statt, einschließlich vorheriger Absprachen zwischen Absender, Empfänger und Beförderer sowie vorheriger Vereinbarung zwischen den der Hoheitsgewalt und Regelungsbefugnis der Ausfuhr- und Einfuhrländer unterstehenden natürlichen oder juristischen Personen hinsichtlich Zeitpunkt, Ort und Verfahren des Übergangs der Verantwortung für den Transport.
> b) Bei Material der Kategorie I findet der Transport unter den besonderen Vorsichtsmaßnahmen der für den Transport von Material der Kategorien II und III beschriebenen Art sowie zusätzlich unter ständiger Überwachung durch Begleitpersonal und unter Bedingungen statt, die eine enge Verbindung zu angemessenen Einsatzkräften gewährleisten.
> c) Bei Natururan, sofern es sich nicht um Erz oder Erzrückstände handelt, umfaßt der Transportschutz für Mengen über 500 kg Uran die vorherige Ankündigung der Sendung, unter Angabe des Transportmittels und der voraussichtlichen Ankunftszeit, sowie die Bestätigung des Empfangs der Sendung"[508].

---

505 Die ICAO wurde 1944 gegründet und ist seit 1947 eine Unterorganisation der Vereinten Nationen. Gemäß einem Briefwechsel aus dem Jahre 1988 nimmt die Kommission an ihren Sitzungen als Beobachter teil.
506 S. schriftliche Anfragen Nrn. E-3786/98 und E-3787/98, ABl. Nr. C 297 vom 15. 10. 1999, S. 103.
507 BGBl. 1990 II S. 327. S. dazu umfassend: IAEA, Convention on the Physical Protection of Nuclear Material, Legal Series No. 12, Vienna 1982.
508 Die Kategorisierung des Kernmaterials ergibt sich aus Anhang II des Übereinkommens:

		Kategorie		
Material	Form	I	II	III
1. Plutonium	Unbestrahlt	2 kg und mehr	Weniger als 2 kg, jedoch mehr als 500 g	500 g und weniger, jedoch mehr als 15 g

Das Übereinkommen über den physischen Schutz von Kernmaterial hat über seinen eigentlichen Regelungsgehalt hinaus Euratom-Rechtsgeschichte geschrieben, als es Gegenstand des **„Beschlusses erlassen nach Artikel 103 Absatz 3 EAG-Vertrag“**[509] wurde, in welchem der Gerichtshof auf Antrag Belgiens wesentliche Euratom-Kompetenzen im Verhältnis zu denen der Mitgliedstaaten und zum EWG-Vertrag zum ersten Male ausgelegt hat. In dieser Sache entschied der Gerichtshof:

> „1. Die Beteiligung der Mitgliedstaaten an einem Übereinkommen über den Objektschutz von Kernmaterial, kerntechnischen Anlagen und Nukleartransporten, wie es das gegenwärtig auf der Ebene der IAEO verhandelte Übereinkommen darstellt, ist mit den Bestimmungen des EAG-Vertrags nur vereinbar, wenn die Gemeinschaft als solche für die Bereiche ihrer eigenen Zuständigkeit gleichrangig neben den Staaten Partei des Übereinkommens ist.
> 2. Die Erfüllung der aufgrund des Übereinkommens eingegangenen Verpflichtungen wird, was die Gemeinschaft angeht, im Rahmen des mit dem EAG-Vertrag errichteten institutionellen Systems gemäß der Zuständigkeitsverteilung zwischen der Gemeinschaft und ihren Mitgliedstaaten sichergestellt werden.“

Nachdem der Rat den Abschluß des Übereinkommens durch die Kommission schon 1980 genehmigt hatte[510], verzögerte sich sein Inkrafttreten für die Gemeinschaft aufgrund der säumigen Ratifizierung einiger Mitgliedstaaten (darunter insbesondere Deutschland und Irland) um über zehn Jahre[511].

		Kategorie		
Material	Form	I	II	III
2. Uran 235	Unbestrahlt – Uran angereichert auf 20 % ^{235}U und mehr	5 kg und mehr	Weniger als 5 kg, jedoch mehr als 1 kg	1 kg und weniger, jedoch mehr als 15 g
	– Uran angereichert auf 10 % ^{235}U und mehr, jedoch weniger als 20 %		10 kg und mehr	Weniger als 10 kg, jedoch mehr als 1 kg
	– Uran angereichert auf mehr als den natürlichen Gehalt, jedoch weniger als 10 % ^{235}U			10 kg und mehr
3. Uran 233	Unbestrahlt	2 kg und mehr	Weniger als 2 kg jedoch mehr als 500 g	500 g und weniger, jedoch mehr als 15 g
4. Bestrahlter Brennstoff			Angereichertes Uran oder Natururan, Thorium	

509 Beschluß 1/78 vom 14. November 1978, Slg. 1978, S. 2151.
510 ABl. Nr. L 149 vom 17. 6. 1980, S. 41.
511 S. zum Übereinkommen aus der letzten Zeit den Vorschlag für einen Beschluß des Rates über einen im Namen der Europäischen Atomgemeinschaft zu erhebenden Einspruch gegen einen von der Islamischen Republik Pakistan bei ihrem Beitritt zum Übereinkommen über den

Seit der Auflösung der Sowjetunion hat die Gemeinschaft bei der Sanierung und **Modernisierung der Atomwirtschaft der GUS-Staaten** in mehrfacher Hinsicht Hilfestellung geleistet[512], so – im Hinblick auf die Erhöhung der Sicherheit von Nukleartransporten – zuletzt im Rahmen der Entscheidung 1999/25/Euratom des Rates vom 14. Dezember 1998 über ein Mehrjahresprogramm (1998–2002) für Maßnahmen im Kernenergiebereich auf dem Gebiet des sicheren Transports radioaktiven Materials sowie der Sicherheitsüberwachung und der industriellen Zusammenarbeit zur Förderung bestimmter Sicherheitsaspekte der kerntechnischen Anlagen in den derzeitigen Teilnehmerländern des TACIS-Programms[513].

XIII. Der Euratom-Vertrag und der Ausstieg aus der Kernenergie

Literatur:

Claus Binder, Ausstieg aus der zivilen Nutzung der Kernenergie durch Recht oder durch Wettbewerb?, DöV 2001, S. 1025; *Monika Böhm*, Der Ausstieg aus der Kernenergienutzung – Rechtliche Probleme und Möglichkeiten, NuR 1999, S. 661; *dies.*, Ausstieg im Konsens? NuR 2001, S. 61; *dies.*, Atomrecht im Wandel – von der staatlichen Förderung zum Ausstieg, in: *Klaus-Peter Dolde*, Umweltrecht im Wandel, Berlin 2001, S. 667; *Klaus Borgmann*, Rechtliche Möglichkeiten und Grenzen des Ausstiegs aus der Kernenergie, Berlin 1994; *Erhard Denninger*, Verfassungsrechtliche Fragen des Ausstiegs aus der Nutzung der Kernenergie zur Stromerzeugung, Baden-Baden 2000; *Udo di Fabio*, Der Ausstieg aus der wirtschaftlichen Nutzung der Kernenergie: europarechtliche und verfassungsrechtliche Vorgaben, Köln 1999; *Peter M. Huber*, Restlaufzeiten und Strommengenregelungen, DVBl. 2003, S. 157; *Oliver Klöck*, Der Atomausstieg im Konsens – ein Paradefall des umweltrechtlichen Kooperationsprinzips?, NuR 2001, S. 1; *Hans-Joachim Koch*, Der Atomausstieg und der verfassungsrechtliche Schutz des Eigentums, NJW 2000, S. 1529; *Hans-Joachim Koch, Alexander Roßnagel*, Neue Energiepolitik und Ausstieg aus der Kernenergie, NVwZ 2000, S. 1; *Konrad Kruis*, Der gesetzliche Ausstieg aus der Atomwirtschaft und das Gemeinwohl, DVBl. 2000, S. 441; *Hanno Kube*, Verfassungsrechtliche Anforderungen an einen legislativen Ausstieg aus der wirtschaftlichen Nutzung der Kernenergie, ZG 2000, S. 11; *Christine Langenfeld*, Die rechtlichen Rahmenbedingungen für einen Ausstieg aus der friedlichen Nutzung der Kernenergie, DöV 2000, S. 929; *Rudolf Lukes*, Rechtsfragen eines Verzichts auf die friedliche Nutzung der Kernenergie, BB 1986, S. 1305; *Constanze Mengel*, Bericht: Elftes Deutsches Atomsymposium, DVBl. 2002, S. 101; *Fritz Ossenbühl*, Verfassungsrechtliche Fragen eines Ausstiegs aus der friedlichen Nutzung der Kernenergie, AöR 124 (1999), S. 1; *Norbert Pelzer* (Hrsg.), Kernenergierecht zwischen Ausstiegsforderung und europäischem Binnenmarkt, Baden-Baden, 1991; *Ingolf Pernice*, EG-rechtliche Rahmenbedingungen der Atomrechtsreform, EuZW 1993, S. 498; *Alexander Roßnagel*, Rechtsprobleme des Ausstiegs aus der Kernenergie – Einführung und Überblick, ZUR 1999, S. 241, *ders.*, Zur verfassungsrechtlichen Zulässigkeit eines Gesetzes zur Beendigung der Atomenergienutzung, Kassel 1998; *ders.*, Zum rechtlichen und wirtschaftlichen Bestandsschutz von Atomkraftwerken, JZ 1986, S. 716; *Alexander Roßnagel, Gerhard Roller*, Die Beendigung der Kernenergienutzung durch Gesetz, Baden-Baden 1998; *Dieter H. Scheuing*, Europarechtliche Aspekte einer Beendigung der Kernenergienutzung in der Bundesrepublik Deutschland, EuR 2000, S. 1; *Matthias Schmidt-Preuß*, Rechtsfragen des Ausstiegs aus der Kernenergie: Gemeinschafts-, völker- und verfassungsrechtliche Probleme einer Novellierung des Atomgesetzes, Baden-Baden 2000; *ders.*, Atomausstieg und Eigentum, NJW 2000,

---

physischen Schutz von Kernmaterial angebrachten Vorbehalt, KOM(2001) 583 endg. vom 12. 10. 2001.

512 S. *Jürgen Grunwald*, Neuere Entwicklungen des Euratom-Rechts, ZEuS 1998, S. 275.

513 ABl. Nr. L 7 vom 13. 1. 1999, S. 31. S. dazu zuletzt die Aufforderung zur Einreichung von Vorschlägen 2001: Transport radioaktiven Materials: Probleme der Sicherheitsüberwachung, des Gesundheitsschutzes und der Technologien im Bereich der nuklearen Sicherheit, ABl. Nr. C 164 vom 7. 6. 2001, S. 10.

S. 1524; *Stefan Storr*, Bericht: Rechtsfragen zum Atomausstieg, DVBl. 2000, S. 688; *Bernhard Stüer, Sandra Loges*, Ausstieg aus der Atomenergie zum Nulltarif, NVwZ 2000, S. 9; *Jürgen Trittin*, Die Beendigung der Kernenergienutzung als Teil einer neuen Energiepolitik, in: 10. Deutsches Atomrechtssymposium, Baden-Baden 2000; *Hellmut Wagner*, Ausstieg aus der Kernenergie durch Verwaltungsakt?, DÖV 1987, S. 524; *ders.*, „Krumme Entwicklungslinien des Atomrechts?“, NJW 2000, S. 1538; *Rainer Wahl, Georg Hermes*, Nationale Kernenergiepolitik und Gemeinschaftsrecht, Düsseldorf 1995; *Annette Wieneke*, Bericht: Das Elfte Deutsche Atomrechtssymposium, RdE 2002, S. 83.

Nach seinem Art. 208 gilt der Euratom-Vertrag **auf unbegrenzte Zeit**. Angesichts der Schnellebigkeit des Energiesektors[514] und der zunehmenden politischen Sensibilität der Kernkraft[515] ist jedoch keineswegs entschieden, ob dieser offene rechtliche Horizont für den Vertrag in seiner bisherigen Fassung noch lange bestehen bleiben wird.

An Versuchen, den Vertrag zu revidieren, hat es im Laufe seiner Geschichte nicht gefehlt[516]; zu substantiellen Vertragsänderungen i. S. des Art. 204 EAGV ist es allerdings im Zweiten Titel nicht gekommen[517]. Selbst von der Möglichkeit einer erleichterten Vertragsänderung im „kleinen Verfahren“ wurde zu keiner Zeit Gebrauch gemacht[518]. Nach den Vorstellungen des Verfassungskonvents[519] soll der Euratom-Vertrag ohne wesentliche Änderung erhalten bleiben; die Haltung der Regierungskonferenz hierzu bleibt abzuwarten[520].

Hat sich der Vertrag damit über einen Zeitraum von 45 Jahren als stabil erwiesen, so haben sich die ehedem nahezu einheitlichen Positionen der Mitgliedstaaten im Laufe

---

514 S. zur Sequenz der Energieträger oben 1. Teil B. I.

515 S. statt vieler *Günther Anders*, Die atomare Drohung, München 1981; *Lutz Mez* (Hrsg.), Der Atomkonflikt: Atomindustrie, Atompolitik und Anti-Atom-Bewegung im internationalen Vergleich, Berlin 1979; *Holger Strohm*, Friedlich in die Katastrophe, 10. Aufl., Frankfurt a. M. 1982.

516 S. bis 1981 *Dietmar Nickel*, Zur Revision des Euratom-Vertrages, in: Das Europa der zweiten Generation; Gedächtnisschrift für *Christoph Sasse*, Baden-Baden 1981, Band I, S. 565 m. w. N.; s. Entschließung des Bundesrates zur Änderung des Euratom-Vertrages, Drucksache 240/89 vom 30. 6. 1989; Antwort der Bundesregierung auf eine Kleine Anfrage zur Änderung des Euratom-Vertrages, Drucksache 11/6874 vom 2. 4. 1990; Europa-Info der Gruppe der SPD-Abgeordneten im Europäischen Parlament Nr. 2/90: Plädoyer für eine Revision des Euratom- und des EGKS-Vertrags; Entschließung des Europäischen Parlaments zur Revision des EAG-Vertrags, ABl. Nr. C 240 vom 16. 9. 1991, S. 192; *Roland Bieber*, Die Vereinfachung der Verträge zur Errichtung der Europäischen Union, DVBl. 1996, S. 1337; *Ch. Koenig/M. Pechstein*, Der Florentiner Entwurf zur Vereinheitlichung der Europäischen Gründungsverträge, NJW 1997, S. 996; s. auch die schriftlichen Anfragen Nr. 2543/90 (ABl. Nr. C 328 vom 31. 12. 1990, S. 59), 1820/90 (ABl. Nr. C 164 vom 24. 6. 1991, S. 8) und E-3468/95 (ABl. Nr. C 305 vom 15. 10. 1996, S. 3).

517 Die Einheitliche Europäische Akte und die Verträge von Maastricht, Amsterdam und Nizza haben nur einige institutionelle Bestimmungen des Euratom-Vertrages an die des EWG/EG-Vertrages angeglichen. Der zitierte Art. 204 EAGV galt bis zum Vertrag von Maastricht und wurde durch ihn aufgehoben.

518 S. zu den vereinfachten Vertragsänderungsverfahren die Art. 76 Abs. 2, 85 und 90 EAGV.

519 Die Kommission hat ihre Vorstellungen zu einem künftigen Verfassungsvertrag in ihrer Mitteilung „Ein Projekt für die Europäische Union“ zusammengefaßt (KOM(2002) 247 endg. vom 22. 5. 2002). Spezifische Vorschläge zum Euratom-Vertrag wurden nicht gemacht.

520 Das Europäische Parlament scheint in seinem Arbeitspapier „The European Parliament and the Euratom Treaty: past, present und future, Energy and Research Series, ENER 114 EN (December 2001) davon auszugehen, daß der Vertrag außer seiner Demokratisierung durch Stärkung der Rechte des Parlaments im wesentlichen erhalten bleiben wird. S. im übrigen zum Verfassungskonvent oben 1. Teil B. 7.

der Jahre erheblich verändert. Von den sechs Gründerstaaten hat nur Luxemburg die Kernkraft von Anfang an ungenutzt gelassen[521]. Italien entschied sich 1987 nach einem Referendum für den Ausstieg aus der Kernenergie[522]. Die Niederlande beschlossen 1994 ein Moratorium und legen Ende 2003 ihr letztes Kernkraftwerk in Borsele still. In Belgien wurde 1999 eine politische Einigung erzielt, nach der die Abschaltung aller Kernkraftwerke für das Jahr 2025 vorgesehen ist. Ein entsprechendes Gesetz wurde im Januar 2003 verabschiedet, wonach die sieben Atomkraftwerke der Electrabel SA zwischen 2014 und 2025 stillgelegt werden sollen[523]. Deutschland beschloß seinen Ausstieg in der letzten Legislaturperiode 1998–2002[524]. So hält von den ursprünglichen Mitgliedstaaten allein Frankreich an der Kernkraft fest[525]. Von den beigetretenen Mitgliedstaaten haben Irland[526], Dänemark[527], Griechenland[528], Portugal[529] und Österreich[530] die Atomenergie schon im Zeitpunkt des Beitritts nicht genutzt, und Schweden hat im Jahr 1997 seinen Ausstieg aus der Kernkraft beschlossen[531]. Das Vereinigte Königreich, Spanien und Finnland nutzen hingegen die Kernkraft auch weiterhin, wobei Finnland seinen Nuklearsektor sogar noch ausbaut[532].

Ähnlich uneinheitlich ist das Bild bei den künftigen Beitritts- und Bewerberländern. Polen, Estland, Lettland, Zypern und Malta besitzen keine Kernkraftwerke, während in sieben weiteren Staaten Atomstrom in unterschiedlichem Umfang zur Elektrizitäts-

---

521 Als einziger Mitgliedstaat ist Luxemburg ohnehin zu nahezu 100 % von Energieeinfuhren abhängig.

522 Selbst vor dem Ausstieg erzeugte Italien nur ca. 4 % seiner Elektrizität aus Kernenergie (s. European File 18/87: Nuclear energy in the European Community p. 4).

523 S. Moniteur Belge 2003, N. 66, p. 9879: Loi sur la sortie progressive de l'énergie nucléaire à des fins de production industrielle d'électricité (31 janvier 2003). Dem Gesetz war die großangelegte Studie AMPERE (Rapport de la Commission pour l' Analyse des Modes de Production de l' Electricité et le Redéploiement des Energies) vom Oktober 2000 vorausgegangen.

524 S. die diesbezügliche Vereinbarung zwischen der Bundesregierung und den Energieversorgungsunternehmen vom 14. Juni 2000, RdE 2000, Nr. 6, S. XXI, sowie Gesetz vom 22. April 2002 zur geordneten Beendigung der Kernenergienutzung zur gewerblichen Erzeugung von Elektrizität, BGBl. 2002 I-1351.

525 Mit den Staatsunternehmen EDF, COGEMA und FRAMATOME ist der Nuklearsektor in der Hand des französischen Staates, der seinen Einfluß über das Commissariat à l'Energie Atomique (CEA) koordiniert.

526 Ein besonderer Stein des Anstoßes ist für Irland der am östlichen Ufer der irischen See gelegene britische Nuklearkomplex Sellafield. S. hierzu zuletzt die von Irland gegen das Vereinigte Königreich erhobene Klage vor dem Internationalen Seegerichtshof in Hamburg sowie dessen Order vom 3. Dezember 2001 (List of Cases No. 10: The MOX Plant Case).

527 Mit Risø besitzt Dänemark jedoch ein bedeutsames Kernforschungszentrum, dessen Ursprung auf den großen dänischen Atomphysiker *Niels Bohr* zurückgeht.

528 Auch Griechenland besitzt einen Forschungsreaktor.

529 Gleichwohl besitzt Portugal Uranvorkommen, die vom Unternehmen ENU abgebaut wurden.

530 S. Bundesgesetz vom 15. Dezember 1978 über das Verbot der Nutzung der Kernspaltung für die Energieversorgung in Österreich, BGBl. 1978, Nr. 676, S. 4044. S. auch *Barbara Müller*, Atomstaat Österreich? ecolex 1994, S. 660.

531 S. Financial Times vom 12. 6. 1997, S. 2.

532 Im Jahre 2002 wurde der Bau eines neuen Reaktors angekündigt.

versorgung beiträgt: Bulgarien: 47 %[533], Litauen: 73 %[534], Rumänien: 11 %[535], Slowakei: 47 %[536], Slowenien: 36 %[537], Tschechien: 21 %[538], Ungarn: 38 %[539].

Anläßlich der letzten Erweiterung der Gemeinschaft haben die Mitgliedstaaten ihre Freiheit zur Nutzung der Kernenergie in einer „Gemeinsamen Erklärung zur Anwendung des Euratom-Vertrags" mit folgenden Worten bekräftigt[540]:

> „Unter Verweis darauf, daß die die Europäische Union begründenden Verträge unbeschadet der Regeln für den Binnenmarkt ohne Diskriminierung für alle Mitgliedstaaten gelten, erkennen die Vertragsparteien an, daß die Mitgliedstaaten als Vertragsparteien des Vertrags zur Gründung der Europäischen Atomgemeinschaft die Entscheidung über die Erzeugung von Kernenergie entsprechend ihren eigenen politischen Ausrichtungen treffen.
> Was die Entsorgung beim Kernbrennstoffkreislauf betrifft, so ist jeder Mitgliedstaat für die Festlegung seiner eigenen Politik verantwortlich."

Die Tatsache, daß der Euratom-Vertrag somit der „Nichtnutzung" bzw. dem Ausstieg aus der Kernenergie nicht entgegensteht, entbindet allerdings die betreffenden Mitgliedstaaten nicht von der Befolgung seiner **zwingenden** Vorschriften. Während die Mitgliedstaaten und ihre Unternehmen in der Annahme des Angebots der Forschungsförderung frei sind und – abgesehen von Forschungsreaktoren – die Vorschriften über die Investitionen, die gemeinsamen Unternehmen, die Versorgung, die Kernmaterialüberwachung und das Eigentum im Falle der Nichtnutzung der Kernkraft weitgehend leerlaufen, sind die zwingenden Vorschriften über den Strahlenschutz und den gemeinsamen Markt auf dem Kerngebiet von **allen** Mitgliedstaaten zu beachten[541]. Dies gilt auch im Hinblick auf die Wiederaufarbeitung bestrahlter Kernbrennstoffe, deren Werkstoffanteil und Bearbeitungsfähigkeit es nicht erlauben, sie als res extra commercium zu behandeln, solange in der Gemeinschaft Wiederaufarbeitungsleistungen angeboten und nachgefragt werden.

Wenn auch die Ausstiegsfristen und Restlaufzeiten im Einzelfall reversibel lang bemessen sein mögen, so läßt der Ausstieg aus der Kernenergie doch auf Dauer einen Verlust an wissenschaftlicher und technischer Kompetenz auf dem Kerngebiet befürchten[542].

---

533 Nach den Beitrittsvereinbarungen sind die Blöcke 1 bis 4 des KKW Kozloduy stillzulegen.
534 Nach den Beitrittsvereinbarungen sind die Blöcke 1 und 2 des KKW Ignalina stillzulegen.
535 Rumänien besitzt ein Kernkraftwerk kanadischen Typs (Cernavoda).
536 Nach den Beitrittsvereinbarungen sind die Blöcke 1 und 2 des KKW Bohunice stillzulegen.
537 Slowenien besitzt ein Kernkraftwerk amerikanischen Typs (Krsko).
538 Der Streit um das KKW Temelin wurde in einer bilateralen Vereinbarung mit Österreich beigelegt (s. unten 3. Teil L).
539 Ungarn besitzt in Paks ein Kernkraftwerk russischer Bauart mit vier Blöcken.
540 S. Dokumente betreffend den Beitritt der Republik Österreich, der Republik Finnland und des Königreichs Schweden zur Europäischen Union, Luxemburg 1996, S. 346.
541 S. *Jürgen Grunwald*, Der Euratom-Vertrag: nie war er so wertvoll wie heute, EuZW 2000, S. 481.
542 S. *Peter Fritz, Bernhard Kuczera*, Atomausstieg und Kompetenzerhalt in der Kerntechnik?, et 2003, S. 134; *Ralf Güldner*, Kompetenzerhaltung in der Kerntechnik aus Sicht der deutschen Herstellerindustrie, et 2003, S. 142; *Walter Hohlefelder*, Kerntechnik – die Gründergeneration sucht ihre Nachfolger, et 2003, S. 250; *Jürgen Knorr*, Programmatische Förderung – ein Beitrag zum Kompetenzerhalt in der Kerntechnik, et 2003, S. 140.

D. Mineralöl (EGV)

Literatur:

Kenneth S. Deffeyes, Hubbert's Peak. The impending World of Oil Shortage, Princeton 2001; *Edward J. Donelan*, Offshore Exploration and Exploitation: the Legal Regimes of the United Kingdom and the Republic of Ireland, New Law Journal, May 20, 1983, p. 461; *Maren Ernst-Vogel*, Universalgenie Öl gebremst durch „Nachhaltigkeit?", RdE 1997, S. 137; *Andrew Evans*, United Kingdom North Sea Oil Policy and EEC Law, European Law Review 1982, p. 355; *A. C. Evans*, European Community Law and the Problem of Oil Shortages, The International and Comparative Law Quarterly, Vol. 31, Jan. 1982, p. 1; *Harald Graeser*, Höhere Ölreserven beschleunigt ausfördern, et 2002, S. 668; *J. Enno Harders*, The EEC's Continental Shelf: a „Terra Incognita", Journal of Energy and Natural Resources Law, 1990, p. 263; *Norbert Kollmer*, Die Zulassung von Ölpipelines – Probleme nach UVPG und VwVfG, DVBl. 1996, S. 841; *Hans R. Krämer*, Sicherung der Energieversorgung mit Hilfe von Exportbeschränkungen nach deutschem und EWG-Recht, Jahrbuch für Internationales Recht, 18. Band, Berlin 1975, S. 340; *Michael Kuske*, Gemeinsamer Offshore-Markt auf den Festlandsockeln der EG-Mitgliedstaaten, Köln u. a. 1987; *Hans-Christoph Leo*, Die deutsche Mineralölindustrie im „Prokrustes-Bett", in: Wettbewerbsordnung und Wettbewerbsrealität, Festschrift für *Arno Sölter*, Köln Berlin, Bonn, München, 1982, S. 85; *Peter Tettinger*, Erdölförderung im Wattenmeer, Bochumer Forschungsberichte zum Berg- und Energierecht, Heft 8, 1993.

Die überragende Bedeutung des Erdöls für Wirtschaft und Wohlstand, seine geostrategische Rolle und die Krisenanfälligkeit der Märkte haben nicht nur die Mitgliedstaaten, sondern auch die Gemeinschaft immer wieder vor politische Herausforderungen gestellt[1], die trotz der energiepolitischen Abstinenz des EWG/EG-Vertrags im Laufe der letzten Jahrzehnte zu zahlreichen Regelungen des Gemeinschaftsrechts geführt haben. Wie bekannt, ist die Gemeinschaft stark von Erdölimporten abhängig und wird es auch bleiben. Die allgemeine Abhängigkeit der Gemeinschaft von Energieeinfuhren wird sich eher noch verstärken, da damit zu rechnen ist, daß sie von 50 % im Jahre 2000 auf etwa 70 % im Jahre 2020 ansteigen wird. Beim Energieverbrauch der Gemeinschaft, der zur Zeit bei über 1.400 Mio t Rohöleinheiten liegt, entfallen 42 % auf Erdöl, 21 % auf Erdgas, 16 % auf feste Brennstoffe, 15 % auf Kernenergie und 6 % auf erneuerbare Energien.

Vor diesem Hintergrund hat die Gemeinschaft die Entwicklung auf dem Mineralölsektor von Anfang an aufmerksam verfolgt[2] und versucht, die Grundlagen einer

1 S. zuletzt die Mitteilung der Kommission an den Rat und das Europäische Parlament über die Auswirkungen des **Irakkriegs** in den Bereichen Energie und Verkehr, KOM (2003) 164 endg. vom 26. 3. 2003.

2 S. Erste Aufzeichnung der Kommission an den Rat über die Politik der Gemeinschaft im Bereich von Erdöl und Erdgas vom 16. 2. 1966 (Sonderbeilage zum BullEG 7-1966); s. dazu die Entschließung des Europäischen Parlaments vom 20. 10. 1966, ABl. Nr. 201 vom 5. 11. 1966, S. 3467; s. weiterhin die Mitteilungen der Kommission: Der Ölmarkt der Gemeinschaft, Ölraffinerien und Außenhandel mit Raffinerieprodukten (KOM (86) 263 endg. vom 13. 5. 1986); Der Mineralölmarkt und die mineralölverarbeitende Industrie in der Gemeinschaft – jüngste Entwicklungen und Aussichten bis 1995 (KOM (88) 491 endg. vom 23. 9. 1988); Mitteilung über die Situation bei der Erdölversorgung (KOM (90) 514 endg. vom 22. 11. 1990); Der Mineralölmarkt und die mineralölverarbeitende Industrie in der Gemeinschaft: Neue Entwicklungen und Perspektiven (KOM (92) 152 endg. vom 15. 5. 1992); Lagebericht über die Mineralölversorgung, die Mineralölverarbeitung und den Mineralölmarkt in der Gemeinschaft (KOM (96) 143 endg. vom 3. 4. 1996); Die Erdölversorgung der Europäischen Union (KOM (2000) 631 endg. vom 11. 10. 2000) sowie: Energiebinnenmarkt: Abgestimmte Maßnahmen im Bereich der Energieversorgungssicherheit (KOM 2002) 488 endg. vom 11. 9. 2002).

gemeinsamen Politik auf dem Gebiet des Mineralöls zu entwickeln[3] und Schritt für Schritt – z. T. gegen den erheblichen Widerstand der Mitgliedstaaten – auszubauen. Am Anfang stand hierbei die Regelung der Mineralölbevorratung.

I. Mineralölbevorratung

Als ersten energiepolitischen Rechtsakt auf der Grundlage des EWG-Vertrages erließ der Rat am 20. Dezember 1968 die Richtlinie zur Verpflichtung der Mitgliedstaaten der EWG, **Mindestvorräte an Erdöl und/oder Erdölerzeugnissen** zu halten (68/414/EWG)[4]. Schon drei Jahre vorher hatte der deutsche Bundestag das Gesetz über Mindestvorräte an Erdölerzeugnissen vom 9. September 1965[5] (Mineralölbevorratungsgesetz) verabschiedet, das seinerseits zum Gegenstand eines Verfahrens vor dem Bundesverfassungsgericht wurde[6]. Die Richtlinie 68/414/EWG wurde durch die Richtlinien 68/425/EWG[7] und 98/93/EG[8] geändert, wobei die erstgenannte Richtlinie den Vorratszeitraum von 65 auf 90 Tage erhöhte und die letztgenannte die Vorschriften an die Bedingungen des Binnenmarktes anpaßte. Ergänzt wurde die Richtlinie 68/414/EWG durch die Entscheidung des Rates vom 20. Dezember 1968 über den Abschluß und die Ausführung von besonderen zwischenstaatlichen Übereinkünften betreffend die Verpflichtung der Mitgliedstaaten der EWG, Mindestvorräte an Erdöl und/oder Erdölerzeugnissen zu halten (68/416/EWG)[9].

Als Maßnahme zur Erhöhung der Versorgungssicherheit ist die Richtlinie auf Art. 103 Abs. 4 EWGV[10] (nunmehr Art. 100 Abs. 1 EGV[11]) gestützt. Auf der gleichen Grundlage

---

3 Hierbei sind die nicht angenommenen Vorschläge der Kommission aus den frühen 70er Jahren aus heutiger Sicht von besonderem Interesse. So schlug die Kommission 1971 eine Verordnung des Rates über die Anwendung des Statuts des „gemeinsamen Unternehmens" auf Tätigkeiten der Erdölindustrie vor (ABl. Nr. C 106 vom 23. 10. 1971, S. 2), den das Parlament in einer ausführlichen Stellungnahme billigte (ABl. Nr. C 46 vom 9. 5. 1972, S. 21). Ebenso schlug die Kommission eine Angleichung der spezifischen Steuern auf zur Verwendung als Brennstoffe bestimmte flüssige Kohlenwasserstoffe vor (ABl. Nr. C 14 vom 11. 2. 1971, S. 25), zu dem sich das Parlament ebenfalls äußerte (ABl. Nr. C 55 vom 3. 6. 1971, S. 14). Vollends modern mutet der Vorschlag für eine Verordnung (EWG) des Rates über die grenzüberschreitenden Öl- und Gasrohrleitungen (ABl. Nr. C 134 vom 27. 12. 1972, S. 22) an, mit der die Kommission die Idee der transeuropäischen Netze („Anlagen von gemeinsamem europäischen Interesse") und das „common carriage" vorwegnahm („Unternehmen, die Öl- oder Gasrohrleitungen von gemeinsamem europäischem Interesse ... betreiben, haben den Transport in diesen Rohrleitungen für Rechnung Dritter zu nichtdiskriminierenden Preisen und Bedingungen durchzuführen, wenn die Kapazität der Rohrleitung und die Art der beförderten Erzeugnisse es gestatten.").

4 ABl. Nr. L 308 vom 23. 12. 1968, S. 14.

5 BGBl. I S. 1217.

6 BVerfGE 30, S. 292.

7 Vom 19. Dezember 1972, ABl. Nr. L 291 vom 28. 12. 1972, S. 154.

8 Vom 14. Dezember 1998, ABl. Nr. L 358 vom 31. 12. 1998, S. 100.

9 ABl. Nr. L 308 vom 23. 12. 1968, S. 19.

10 Nach dieser Bestimmung konnte der Rat Maßnahmen für den Fall erlassen, „daß Schwierigkeiten in der Versorgung mit bestimmten Waren auftreten".

11 Diese Vorschrift gilt für den Fall, daß „in der Gemeinschaft gravierende Schwierigkeiten in der Versorgung mit bestimmten Waren auftreten". S. auch Abs. 2, der für den Fall gilt, daß „ein Mitgliedstaat aufgrund außergewöhnlicher Ereignisse, die sich seiner Kontrolle entziehen, von Schwierigkeiten betroffen oder von gravierenden Schwierigkeiten ernstlich bedroht" ist.

erließ der Rat am 20. Mai 1975 die Richtlinie zur Verpflichtung der Mitgliedstaaten, **Mindestvorräte an fossilen Brennstoffen** bei den Wärmekraftwerken zu halten (75/339/EWG)[12]. Primärrechtliche Bestimmungen über die **Bevorratung von Kernbrennstoffen** zur Verbesserung der Versorgungssicherheit sind in Art. 72, 76 und 80 EAGV vorgesehen.

Die Mineralölbevorratung gilt nach Art. 2 der Richtlinie 68/414/EWG für

- Motorbenzin und Flugzeugbrennstoffe (Flugbenzin und Flugturbinenkraftstoff auf Benzinbasis),
- Gasöl, Dieselöl, Leuchtöl und Flugturbinenkraftstoff auf Petroleumbasis,
- Heizöl,

wobei die zu bildenden Pflichtvorräte sowohl in Form von Rohöl und Halbfertigerzeugnissen als auch in Form von Fertigerzeugnissen gehalten werden dürfen (Art. 5). Hierbei hat jeder Mitgliedstaat auf der Basis des jeweiligen Vorjahresverbrauchs Vorräte für einen Inlandsverbrauch von **90 Tagen** zu halten, wobei Erdölerzeugnisse aus eigener Förderung bis zu einer Höchstmenge von 25 % angerechnet werden können (Art. 1). Im Falle von Schwierigkeiten bei der Erdölversorgung stehen die Vorräte zur vollen Verfügung der Mitgliedstaaten (Art. 3), die der Kommission in regelmäßigen Abständen statistische Angaben über ihre Vorräte zu übermitteln haben (Art. 4, 5 und 6). Auf der Grundlage zwischenstaatlicher Übereinkünfte können die Vorräte eines Mitgliedstaats auch auf dem Hoheitsgebiet eines anderen Mitgliedstaats gelagert werden, soweit die Rückführung im Bedarfsfall rechtlich gesichert ist (Art. 6). Im Zuge der weiteren Verwirklichung des Binnenmarktes für Energie hat die Kommission im Herbst 2002 vorgeschlagen, die Rechtsakte zur Mineralölbevorratung und des nachfolgend unter II. beschriebenen Krisenregimes durch eine einzige Richtlinie des Europäischen Parlaments und des Rates über die Angleichung der Maßnahmen zur Sicherung der Versorgung mit Erdölerzeugnissen[13] zu ersetzen[14].

---

12 ABl. Nr. L 153 vom 13. 6. 1975, S. 35.

13 S. Mitteilung der Kommission an das Europäische Parlament und an den Rat: Energiebinnenmarkt: Abgestimmte Maßnahmen im Bereich der Energieversorgungssicherheit, KOM (2002) 488 endg. vom 11. 9. 2002. S. dazu die Stellungnahme des Wirtschafts- und Sozialausschusses, ABl. Nr. C 133 vom 5. 6. 2003, S. 16.

14 A. a. O. Insgesamt umfaßt das Maßnahmenpaket einen Vorschlag für eine Richtlinie des Europäischen Parlaments und des Rates über Maßnahmen zur Gewährleistung der sicheren Erdgasversorgung, einen Vorschlag für eine Richtlinie des Rates zur Aufhebung der Richtlinien 68/414/EWG und 98/93/EG des Rates zur Verpflichtung der Mitgliedstaaten, Mindestvorräte an Erdöl und/oder Erdölerzeugnissen zu halten, sowie der Richtlinie 73/238/EWG des Rates über Maßnahmen zur Abschwächung der Auswirkungen von Schwierigkeiten bei der Versorgung mit Erdöl und Erdölerzeugnissen sowie dem Vorschlag für eine Entscheidung des Rates zur Aufhebung der Entscheidung 68/416/EWG des Rates über den Abschluß und die Ausführung von besonderen zwischenstaatlichen Übereinkünften betreffend die Verpflichtung der Mitgliedstaaten der EWG, Mindestvorräte an Erdöl und/oder Erdölerzeugnissen zu halten, und der Entscheidung 77/706/EWG des Rates zur Festsetzung eines gemeinsamen Richtwerts für die Einschränkung des Primärenergieverbrauchs bei Schwierigkeiten in der Versorgung mit Erdöl und Erdölerzeugnissen.

II. Krisenregime

Noch vor der ersten Energiekrise ergänzte der Rat die durch die Richtlinie 68/414/EWG getroffenen Bevorratungsregeln durch die Richtlinie vom 24. Juli 1973 über Maßnahmen zur Abschwächung der Auswirkungen von Schwierigkeiten bei der Versorgung mit Erdöl und Erdölerzeugnissen (73/238/EWG)[15]. Dieser ebenfalls auf Art. 103 EWGV (Art. 100 Abs. 1 EGV n. F.) gestützte Rechtsakt, der noch heute unverändert gilt, legt die Grundlagen für ein **Mangelregime**, das sich von denen des EGKS-Vertrages und des Euratom-Vertrages im wesentlichen dadurch unterscheidet, daß der Mangel nach den beiden sektoriellen Verträgen **durch die Gemeinschaft selbst** verwaltet wird[16], während die EWG-Richtlinie diese Aufgabe **jedem einzelnen Mitgliedstaat für sich** zuweist[17]. Nach Art. 1 der Richtlinie treffen die Mitgliedstaaten (d. h. jeder Mitgliedstaat für sich) alle erforderlichen Vorkehrungen, damit die zuständigen Stellen im Falle von Schwierigkeiten bei der Versorgung mit Erdöl und Erdölerzeugnissen, die die Belieferung mit diesen Erzeugnissen erheblich einschränken und schwere Störungen verursachen können, mit folgenden Befugnissen ausgestattet sind:

- Entnahme aus den Sicherheitsvorräten gemäß der Richtlinie 68/414/EWG mit Zuteilung dieser Vorratsmengen an die Verbraucher,
- Anordnung der Einschränkung des Verbrauchs entsprechend den erwarteten Fehlmengen in der Versorgung, auch durch vorrangige Belieferung bestimmter Verbrauchergruppen mit Erdölerzeugnissen,
- Erlaß von Preisvorschriften zur Ausschaltung anormaler Preiserhöhungen.

Nach Art. 2 Abs. 2 der Richtlinie haben die Mitgliedstaaten **Interventionspläne** vorzubereiten, nach denen im Falle von Schwierigkeiten in der Versorgung mit Erdöl und Erdölerzeugnissen vorgegangen werden kann. In einem solchen Krisenfalle tritt unter dem Vorsitz der Kommission eine Gruppe von Vertretern der Mitgliedstaaten zusammen, die die Koordinierung der einzelstaatlichen Maßnahmen zu gewährleisten hat (Art. 3).

Die Richtlinie 73/238/EWG war von den Mitgliedstaaten bis zum 30. Juni 1974 in nationales Recht umzusetzen (Art. 5). Nur wenige Monate später wurde sie durch ein internationales Abkommen überlagert, dessen Abschluß im Rahmen der OECD gelang. Am 18. November 1974 unterzeichneten 16 OECD-Staaten, darunter auch die damaligen Mitgliedstaaten der Gemeinschaft (außer Frankreich)[18] in Paris das Übereinkommen über ein **Internationales Energieprogramm**[19]. Ihm vorausgegangen war der Beschluß des Rates der OECD vom 15. November 1974 zur Errichtung einer

---

15 ABl. Nr. L 228 vom 16. 8. 1973, S. 1.

16 S. Art. 59 und 61 EGKSV sowie 60 Abs. 5, 68, 69 und 76 Abs. 1 EAGV.

17 Obwohl heute Art. 100 Abs. 1 EGV sicherlich auch eine **gemeinschaftliche** Lösung nach dem Vorbild der sektoriellen Verträge zuließe (arg. ex Art. 100 Abs. 2 EGV).

18 Frankreich trat der IEA im August 1992 bei.

19 BGBl. 1975 II S. 702. Weitere Nicht-EG-Mitglieder waren Japan, Kanada, die Schweiz, die Türkei und die USA. Von den späteren EG-Mitgliedstaaten waren Österreich, Schweden und Spanien von Anfang an beteiligt. S. dazu *J.C. Woodliffe*, A new dimension to international co-operation: The OECD International Energy Agreement, International and Comparative Law Quarterly, Vol. 24, p. 525.

Internationalen Energie-Agentur (IEA)[20]. Sowohl der Beschluß wie das Abkommen stehen für die Europäische Gemeinschaft zum Beitritt offen[21], ohne daß ein solcher bislang erfolgt wäre[22]. Jedoch besitzt die Kommission Beobachterstatus bei der IEA.

Soweit das Internationale Energieprogramm eine aufeinander abgestimmte Verhaltensweise der an seiner Umsetzung beteiligten Mineralölgesellschaften vorsieht, hat die Kommission mit Entscheidungen von 12. Dezember 1983[23] und 21. Februar 1994[24] eine wettbewerbsrechtliche **Freistellung** unter Anordnung gewisser Auflagen erteilt.

Gemäß den Vorgaben der Richtlinie 73/238/EWG ergänzte der Rat 1977 das gemeinschaftliche Krisenregime durch einen weiteren auf Art. 103 Abs. 4 EWGV gestützten Rechtsakt, der ebenfalls noch heute gilt, nämlich die Entscheidung vom 7. November 1977 zur Festsetzung eines gemeinsamen Richtwertes für die **Einschränkung des Primärenergieverbrauchs** bei Schwierigkeiten in der Versorgung mit Erdöl und Erdölerzeugnissen (77/706/EWG)[25]. Diese Entscheidung gibt den Mitgliedstaaten den Rahmen vor, innerhalb dessen sie „spezifische oder globale Einschränkungen des Verbrauchs" i. S. von Art. 1 zweiter Gedankenstrich der Richtlinie 73/238/EWG vorsehen können. Die Schaffung einer derartigen Rahmenregelung zur Festlegung eines gemeinsamen Richtwertes ist trotz fortbestehender mitgliedstaatlicher Krisenkompetenz erforderlich, um die **Einheit des Marktes** in der Gemeinschaft zu wahren und um sicherzustellen, daß die Einschränkungen, die sich aus Versorgungskrisen ergeben, in gerechter Weise auf alle Mitgliedstaaten und auf alle Energieverbraucher in der Gemeinschaft verteilt werden[26]. Zu diesem Zwecke kann die Kommission im Krisenfalle auf Antrag eines Mitgliedstaates oder auf eigene Initiative nach Anhörung der vorgesehenen Expertengruppe[27] für die ganze Gemeinschaft als Richtwert eine Einschränkung des Verbrauchs an Erdölerzeugnissen festsetzen, die bis zu 10% des normalen Verbrauchs betragen kann[28]. Eine derartige Festsetzung der Kommission gilt für höchstens zwei Monate. Während dieser Frist schlägt die Kommission dem Rat einen neuen Richtwert für die Einschränkung vor (Art. 1 Abs. 2).

---

20 BGBl. 1975 II S. 739. S. dazu *Ulf Lantzke*, The International Energy Agency, in: Annuaire Européen, European Yearbook, Vol. XXVI, 1980, S. 41; *Jasper Abramowski*, 20 Jahre Internationale Energie-Agentur (IEA) – 20 Jahre erster Ölschock – Die Instrumentarien der IEA in Ölkrisen –, RdE 1995, S. 15.

21 S. Art. 3 des Beschlusses und Art. 72 des Abkommens.

22 Im Jahre 1990 schlug die Kommission einen derartigen Beitritt vor (SEK (90) 2044 endg.). Nach Verhandlungen mit der IEA formalisierte sie ihren Vorschlag im Jahre 1992 (SEK (92) 687 endg.). Nach dem Inkrafttreten des Vertrags von Maastricht scheiterte der Vorschlag dann u. a. am Prinzip der Subsidiarität (Art. 5 Abs. 2 EGV).

23 Entscheidung betreffend ein Verfahren nach Artikel 85 EWG-Vertrag (IV/30.525 – Internationale Energieagentur (83/671/EWG), ABl. Nr. L 376 vom 31. 12. 1983, S. 30 (für den Zeitraum vom 5. Januar 1982 bis 31. Dezember 1993 (s. Art. 5)).

24 Entscheidung in einem Verfahren nach Artikel 85 EG-Vertrag in der Sache IV/30.525 – Internationale Energieagentur (94/153/EG), ABl. Nr. L 68 vom 11. 3. 1994, S. 35 (für den Zeitraum vom 1. Januar 1994 bis 31. Dezember 2003 (s. Art. 1)).

25 ABl. Nr. L 292 vom 16. 11. 1977, S. 9. Siehe hierzu auch die Entscheidung der Kommission vom 15. Juni 1979 zur Festlegung der Durchführungsbestimmungen zur Entscheidung 77/706/EWG des Rates, ABl. Nr. L 183 vom 19. 7. 1979, S. 1.

26 S. in diesem Sinne auch den 6. Erwägungsgrund der Entscheidung 77/706/EWG, a. a. O.

27 S. Art. 3 der Richtlinie 73/238/EWG.

28 S. Art. 1 Abs. 1 der Entscheidung 77/706/EWG.

Zur Wahrung der **Einheit des Marktes** in der Gemeinschaft im Krisenfalle erließ der Rat im Jahre 1977 einen weiteren Rechtsakt, der allerdings im Jahre 1997 aufgehoben wurde: Mit seiner Entscheidung vom 14. Februar 1977 über die Ausfuhr von Erdöl und Erdölerzeugnissen von einem Mitgliedstaat nach einem anderen bei Versorgungsschwierigkeiten (77/186/EWG)[29] ermächtigte der Rat die Kommission, den innergemeinschaftlichen Handel mit Erdölerzeugnissen einem System von Lizenzen mit kurzfristiger Gültigkeit zu unterwerfen, wobei die Möglichkeit bestand, Ausfuhrgenehmigungen kurzzeitig sogar ganz auszusetzen[30]. Mit der Errichtung des Binnenmarktes und dem Wegfall der Grenzformalitäten und -kontrollen innerhalb der Gemeinschaft ist die Anwendung eines solchen Regimes „sehr schwierig, wenn nicht unmöglich geworden", so daß der Rat mit Entscheidung vom 5. Juni 1997 (97/374/EG)[31] die Entscheidung 77/186/EWG ersatzlos aufhob.

Im Anschluß an ihr Grünbuch „Hin zu einer europäischen Strategie für Energieversorgungssicherheit"[32] legte die Kommission auf dem Gebiet der Krisenregime im September 2002 ein Reformpaket vor[33], das für das Mineralöl zwei Richtlinienvorschläge enthält:

- Vorschlag für eine Richtlinie des Europäischen Parlaments und des Rates über die Angleichung der Maßnahmen zur Sicherung der Versorgung mit Erdölerzeugnissen,
- Vorschlag für eine Richtlinie des Rates zur Aufhebung der Richtlinien 68/414/EWG und 98/93/EG des Rates zur Verpflichtung der Mitgliedstaaten, Mindestvorräte an Erdöl und/oder Erdölerzeugnissen zu halten, sowie der Richtlinie 73/238/EWG des Rates über Maßnahmen zur Abschwächung der Auswirkungen von Schwierigkeiten bei der Versorgung mit Erdöl und Erdölerzeugnissen.

Beide Vorschläge befinden sich im Stadium der Beratung[34].

III. Preistransparenz

Auf die Bedeutung der Preistransparenz als eines der Leitprinzipien des Energiesektors ist oben hingewiesen worden[35]. Für das Mineralöl wurde sie erstmalig durch die Richtlinie des Rates vom 4. Mai 1976 über ein gemeinschaftliches Verfahren zur Unterrichtung und Konsultation über die Preise für Rohöl und Mineralölerzeugnisse in der Gemeinschaft (76/491/EWG)[36] hergestellt[37]. Diese Richtlinie, die auf Art. 213

---

29 ABl. Nr. L 61 vom 5. 3. 1977, S. 23.

30 Zu den Einzelheiten dieses Regimes s. die Entscheidung der Kommission vom 28. September 1978 zur Durchführung der Entscheidung 77/186/EWG des Rates über die Ausfuhr von Erdöl und Erdölerzeugnissen von einem Mitgliedstaat nach einem anderen bei Versorgungsschwierigkeiten (78/890/EWG), ABl. Nr. L 311 vom 4. 11. 1978, S. 13.

31 ABl. Nr. L 158 vom 17. 6. 1997, S. 42.

32 KOM (2000) 769 endg. vom 29. 11. 2000. S. unten 3. Teil A. II.

33 KOM (2002) 488 endg. vom 11. 9. 2002.

34 S. dazu die Stellungnahme des Wirtschafts- und Sozialausschusses, ABl. Nr. C 133 vom 6. 6. 2003, S. 16.

35 S. 1. Teil D. III. 6.

36 ABl. Nr. L 140 vom 28. 5. 1976, S. 4. S. dazu EuGH, Urteil vom 19. Februar 1991 in der Rechtssache C-374/89 (Kommission/Belgien). Slg. 1991, I-367.

EWGV (Art. 284 n. F.) gestützt war, wurde durch eine Durchführungsentscheidung der Kommission vom 26. Januar 1977[38] ergänzt, die die Muster für die Fragebögen[39] festlegte. Auf der Grundlage dieser Richtlinie, die ein zweistufiges Meldeverfahren vorsah (Unternehmen an Mitgliedstaaten, Mitgliedstaaten an Kommission), veröffentlichte die Kommission ihr **Öl-Bulletin**, das die Politik, Wirtschaft und Verbraucher regelmäßig über die Mineralölpreise unterrichtete.

Durch die Entscheidung des Rates vom 22. April 1999 über ein gemeinschaftliches Verfahren zur Unterrichtung und Konsultation über die Kosten der Versorgung mit Rohöl und die **Verbraucherpreise für Mineralölerzeugnisse** (1999/280/EG)[40] wurde die Richtlinie 76/491/EWG aufgehoben und ersetzt. Auch diese Entscheidung ist auf Art. 213 EGV (Art. 284 n. F.) gestützt und wird durch eine Durchführungsentscheidung ergänzt[41].

IV. Ein- und Ausfuhrregelungen

Bei den Ein- und Ausfuhrregelungen in Bezug auf den Warenverkehr mit Drittländern ist zwischen den der **gemeinsamen Handelspolitik** zugehörigen allgemeinen Vorschriften und **energiespezifischen Melde- und Registrierungsbestimmungen** zu unterscheiden.

Die ersten **energiespezifischen** Melderegelungen auf der Grundlage des EWG-Vertrages wurden schon im Jahre 1972, d. h. vor der ersten Energiekrise erlassen. Mit der Verordnung (EWG) Nr. 1055/72 vom 18. Mai 1972 über die Mitteilung der **Einfuhr** von Kohlenwasserstoffen an die Kommission[42] legte der Rat die Grund-

---

37 Vor der ersten Energiekrise bestand für einen solchen Rechtsakt kein Bedürfnis, da die Rohölpreise nur sehr geringen Schwankungen auf niedrigem Niveau ausgesetzt waren.

38 Entscheidung der Kommission zur Durchführung der Richtlinie 76/491/EWG über ein gemeinschaftliches Verfahren zur Unterrichtung und Konsultation über die Preise für Rohöl und Mineralölerzeugnisse in der Gemeinschaft (77/190/EWG), ABl. Nr. L 61 vom 5.3.1977, S. 34.

39 Tabelle 1: Rohölpreise,
Tabelle 2: Kosten der Rohölversorgung (cif)
Tabelle 3: Importpreise für Mineralölerzeugnisse
Tabelle 4: Verbraucherpreise für Mineralölerzeugnisse
Tabelle 5: Erlöse auf dem inländischen Markt
Tabelle 6: Liste der meldepflichtigen Personen und Unternehmen.

40 ABl. Nr. L 110 vom 28. 4. 1999, S. 8.

41 Entscheidung der Kommission vom 26. Juli 1999 zur Durchführung der Entscheidung 1999/280/EG des Rates über ein gemeinschaftliches Verfahren zur Unterrichtung und Konsultation über die Kosten der Versorgung mit Rohöl und die Verbraucherpreise für Mineralölerzeugnisse (1999/566/EG), ABl. Nr. L 216 vom 14. 8. 1999, S. 8.

42 ABl. Nr. L 120 vom 25. 5. 1972, S. 3 Ergänzt durch
- Verordnung (EWG) Nr. 1068/73 der Kommission vom 16. März 1973 zur Durchführung der Verordnung des Rates (EWG) Nr. 1055/72, ABl. Nr. L 113 vom 28. 4. 1973 S. 1;
- Verordnung (EWG) Nr. 3254/74 des Rates vom 17. Dezember 1974 zur Anwendung der Verordnung (EWG) Nr. 1055/72 auf die Erdölerzeugnisse der Tarifstellen 27.10A, CI und CII des Gemeinsamen Zolltarifs, ABl. Nr. L 349 vom 28. 12. 1974, S. 1;
- Verordnung (EWG) Nr. 2677/75 der Kommission vom 6. Oktober 1975 zur Anwendung der Verordnung (EWG) Nr. 3254/74, ABl. Nr. L 275 vom 27. 10. 1975, S. 1.

lage für ein gemeinschaftsweites Einfuhrmeldesystem, das außer Rohöl auch Erdgas umfaßte. Ein entsprechendes Regime für die **Ausfuhr** wurde 1975 durch die Verordnung (EWG) Nr. 388/75 des Rates vom 13. Februar 1975 über die Mitteilung der Ausfuhr von Kohlenwasserstoffen nach Drittländern an die Kommission[43] geschaffen.

An die Stelle des ersten Einfuhrmeldesystems trat im Zuge der zweiten Energiekrise das Regime der Verordnung (EWG) Nr. 1893/79[44]. Die Geltungsdauer dieses Regimes lief am 31. Dezember 1991 ab. Eine Nachfolgeregelung trat erst vier Jahre später in Kraft in Gestalt der noch heute geltenden Verordnung (EG) Nr. 2964/95 des Rates vom 20. Dezember 1995 zur Schaffung eines **Registrierungssystems für Rohöleinfuhren und -lieferungen** in der Gemeinschaft[45].

Ebenso wie die spezifischen energiepolitischen Melderegime waren auch die **allgemeinen** Ein- und Ausfuhrregelungen mehrfachen Veränderungen unterworfen[46]. Das erste **Einfuhrregime** wurde durch die Verordnung (EWG) Nr. 1439/74 des Rates vom 4. Juni 1974 über eine gemeinsame Einfuhrregelung[47] begründet. An seine Stelle trat das Regime der Verordnung (EWG) Nr. 288/82[48], welches seinerseits durch jenes der Verordnung (EWG) Nr. 518/94[49] abgelöst wurde. Dieses wiederum wurde aufgehoben und ersetzt durch die noch heute geltende Verordnung (EG) Nr. 3285/94 des Rates vom 22. Dezember 1994 über die gemeinsame Einfuhrregelung[50].

Auf der Seite der **Ausfuhren** gilt noch heute die schon 1969 angenommene Verordnung (EWG) Nr. 2603/69 des Rates vom 20. Dezember 1969 zur Festlegung einer gemeinsamen Ausfuhrregelung[51]. Art. 10 Abs. 2 dieser Verordnung regelt die Ausnahmen vom Grundsatz der freien Ausfuhr:

> „Für die in Anhang II genannten Waren[52] werden bis zu dem Zeitpunkt, zu dem der Rat geeignete Maßnahmen aufgrund der internationalen Verpflichtungen der Ge-

---

43 ABl. Nr. L 45 vom 19. 2. 1975, S. 1. Ergänzt durch Verordnung (EWG) Nr. 2678/75 der Kommission vom 6. Oktober 1975 zur Durchführung der Verordnung des Rates (EWG) Nr. 388/75, ABl. Nr. L 275 vom 27. 10. 1975, S. 8.

44 ABl. Nr. L 220 vom 30. 8. 1979, S. 1, zuletzt geändert durch die Verordnung (EWG) Nr. 1370/90, ABl. Nr. L 133 vom 24. 5. 1990, S. 1. Ergänzt durch Verordnung (EWG) Nr. 2592/79, ABl. Nr. L 297 vom 24. 11. 1979, S. 1, zuletzt geändert durch Verordnung (EWG) Nr. 1370/90, ABl. Nr. L 133 vom 24. 5. 1990, S. 1.

45 ABl. Nr. L 310 vom 22. 12. 1995, S. 5.

46 S. zum Einfuhrrecht *Henning Saake*, Die gemeinsamen Einfuhrregelungen der Europäischen Wirtschaftsgemeinschaft, Köln u. a. 1992.

47 ABl. Nr. L 159 vom 15. 6. 1974, S. 1.

48 ABl. Nr. L 35 vom 9. 2. 1982, S. 1.

49 ABl. Nr. L 67 vom 10. 3. 1994, S. 77.

50 ABl. Nr. L 349 vom 31. 12. 1994, S. 53.

51 ABl. Nr. L 324 vom 27. 12. 1969, S. 25.

52 S. Anhang II: Waren nach Artikel 10 Absatz 2

KN-Code	Warenbezeichnung
2709 00	Erdöl und Öl aus bituminösen Mineralien, roh
2710 00	Erdöl und Öl aus bituminösen Mineralien, ausgenommen rohe Öle; Zubereitungen mit einem Gehalt an Erdöl oder Öl aus bituminösen

meinschaft oder aller ihrer Mitgliedstaaten erlassen hat, die Mitgliedstaaten ermächtigt, unbeschadet der einschlägigen Bestimmungen der Gemeinschaft die Verfahren anzuwenden, die für den Krisenfall eine Zuteilungspflicht gegenüber Drittländern vorsehen und Gegenstand internationaler Verpflichtungen sind, die sie vor Inkrafttreten dieser Verordnung eingegangen sind.

Die Mitgliedstaaten informieren die Kommission über die beabsichtigten Maßnahmen. Diese Maßnahmen werden von der Kommission dem Rat und den anderen Mitgliedstaaten mitgeteilt."

Der Rat hat bislang keine geeigneten Maßnahmen i. S. dieser Vorschrift erlassen. Die Mitgliedstaaten sind damit nach der Verordnung nicht gehindert, neue mengenmäßige Beschränkungen der Erdölausfuhren in dritte Länder oder Maßnahmen gleicher Wirkung zu verhängen[53].

Mit dem Inkrafttreten des Vertrages über die Europäische Union sind die gemeinsamen rechtlichen Instrumente auf dem Gebiet der Außenhandelspolitik durch die Bestimmungen des EU-Vertrages über die **gemeinsame Außen- und Sicherheitspolitik** erweitert worden. Nach Art. 12 (ex-Art. J. 2) i. V. m. Art. 14 und 15 (ex-Art. J. 4 und ex-Art. J. 5) EUV kann die Union insbesondere gemeinsame Aktionen und Standpunkte annehmen, die der Rat festlegt und die auch Wirtschaftssanktionen wie **Em-**

KN-Code	Warenbezeichnung
	Mineralien von 70 GHT oder mehr, in denen diese Öle den Charakter der Waren bestimmen, anderweit weder genannt noch inbegriffen:
2710 00 11 bis 2710 00 39	Leichtöle
2710 00 41 bis 2710 00 99	Mittelschwere Öle
2710 00 61 bis 2710 00 99	Schweröle, ausgenommen Schmieröle für Uhrmacherei und dergleichen in kleinen Behältern mit einem Inhalt von bis zu 250 Gramm Öl netto
ex 2710 00 91 bis ex 2710 00 99	
2711	Erdgas und andere gasförmige Kohlenwasserstoffe: – verflüssigt:
2711 12	– – Propan:
–	– – – Propan mit einem Reinheitsgrad von 99 Hunderteilen oder mehr – – – anderes
2711 13	– – Butan – in gasförmigem Zustand:
ex 2711 29 00	– – andere: – – – Propan – – – Butan

53 S. EuGH, Urteil vom 18. Februar 1986, Rechtssache 174/84 (Bulk Oil ./. Sun International), Slg. 1986, S. 559. S. dazu aus heutiger Sicht kritisch (im Hinblick auf WTO-Recht): *Harald Hohmann, Klaus John*, Ausfuhrrecht, München 2002, S. 40 f.

bargo- und **Boykottmaßnahmen** umfassen können. Werden solche Maßnahmen beschlossen und ist hierbei „ein Tätigwerden der Gemeinschaft vorgesehen, um die Wirtschaftsbeziehungen zu einem oder mehreren dritten Staaten auszusetzen, einzuschränken oder vollständig einzustellen, so trifft der Rat die erforderlichen Sofortmaßnahmen" (Art. 301 (ex-Art. 228a) EGV).

Eine derartige Boykottmaßnahme auf dem Mineralölsektor wurde z. B. im Zuge des Kosovo-Krieges gegenüber Jugoslawien verhängt. Eingeleitet wurden die Maßnahmen durch den Gemeinsamen Standpunkt vom 23. April 1999 – vom Rat aufgrund von Art. J. 2 EUV festgelegt – zu einem Boykott der Lieferung und des Verkaufs von Erdöl und Erdölerzeugnissen an die Bundesrepublik Jugoslawien (BRJ) (1999/273/GASP)[54]. Art. 1 Abs. 1 dieses Rechtsakts verfügte: „Die Lieferung und der Verkauf von Erdöl und von Erdölerzeugnissen an die BRJ wird verboten". Der vierte Erwägungsgrund bestimmte: „Die Gemeinschaft muß tätig werden, um die ... Maßnahmen umzusetzen". Auf dieser Grundlage und gestützt auf Art. 228a EGV erließ der Rat die Verordnung (EG) Nr. 900/1999 vom 29. April 1999 betreffend das Verbot des Verkaufs und der Lieferung von Erdöl und bestimmter Erdölerzeugnisse an die Bundesrepublik Jugoslawien[55].

Als weiterer handelspolitisch bedeutsamer Rechtsakt ist die ebenfalls noch heute geltende Verordnung (EWG) Nr. 802/68 des Rates vom 27. Juni 1968 über die gemeinsame Begriffsbestimmung für den **Warenursprung**[56] zu nennen. Nach Art. 1 dieser Verordnung wird der Begriff des Warenursprungs zu folgenden Zwecken bestimmt:

> „a) zur einheitlichen Anwendung des Gemeinsamen Zolltarifs, der mengenmäßigen Beschränkungen und aller anderen Maßnahmen der Gemeinschaft oder der Mitgliedstaaten für die Einfuhr von Waren;
> b) zur einheitlichen Anwendung aller Maßnahmen der Gemeinschaft oder der Mitgliedstaaten für die Ausfuhr von Waren;
> c) zur Ausstellung von Ursprungszeugnissen."

Diese für das Ursprungsrecht grundlegende Verordnung fand allerdings über 20 Jahre lang auf Mineralölerzeugnisse und Erdgas keine Anwendung[57], so daß insoweit allein die nationalen Vorschriften galten. Erst im Zuge der Errichtung des Binnenmarktes wurde diese Besonderheit durch die Verordnung (EWG) Nr. 456/91 des Rates vom 25. Februar 1991[58] beseitigt, so daß die gemeinsamen Ursprungsregeln seit 1991 auch für Mineralölerzeugnisse und Erdgas gelten.

V. Zölle

Nach Art. 23 (ex-Art. 9) EGV ist Grundlage der Gemeinschaft eine **Zollunion**, die sich auf den gesamten Warenaustausch erstreckt. Sie umfaßt das **Verbot**, zwischen den Mitgliedstaaten **Ein- und Ausfuhrzölle** und **Abgaben gleicher Wirkung** zu erhe-

---

54 ABl. Nr. L 108 vom 27. 4. 1999, S. 1.
55 ABl. Nr. L 114 vom 1. 5. 1999, S. 7.
56 ABl. Nr. L 148 vom 28. 6. 1968, S. 1.
57 S. Art. 3 i. V. m. Anhang I der Verordnung.
58 ABl. Nr. L 54 vom 28. 2. 1991, S. 4.

ben, sowie die Einführung eines **Gemeinsamen Zolltarifs** gegenüber dritten Ländern. In einem Protokoll über die Mineralöle und einige Mineralölerzeugnisse, das nach Art. 311 (ex-Art. 239) EGV Bestandteil des Vertrages ist, wurden für die Abschaffung der Binnenzölle und die Errichtung des Gemeinsamen Zolltarifs bezüglich dort näher bezeichneter Mineralölprodukte besondere Übergangsregeln vereinbart[59].

Heute sind die für die Einfuhr von Mineralöl und Mineralprodukten aus Drittländern geltenden Zollsätze in einer jährlich erlassenen Verordnung zur Änderung des Anhangs I der Verordnung (EWG) Nr. 2658/87 des Rates über die zolltarifliche und statistische Nomenklatur sowie den Gemeinsamen Zolltarif (GZT)[60] niedergelegt[61]. Sie finden sich im Kapitel 27 des GZT („Mineralische Brennstoffe, Mineralöle und Erzeugnisse ihrer Destillation; Bituminöse Stoffe, Mineralwachse")[62] und sehen für die Rohprodukte Erdöl und Erdgas eine freie Einfuhr vor[63]. Für Verarbeitungsprodukte sind Zollsätze zwischen 3,5 und 4,7 % festgelegt[64].

VI. Innergemeinschaftlicher Warenverkehr

Neben den Vorschriften über die **Zollunion** sind es die Bestimmungen über das **Verbot mengenmäßiger Beschränkungen** im Handel zwischen den Mitgliedstaaten, die den freien Warenverkehr in der Gemeinschaft verwirklichen. In nunmehr vier Artikeln (Art. 28 bis 31 (ex-Art. 30 bis 37) EGV) werden die Grundprinzipien der **Einfuhrfreiheit** (Art. 28 (ex-Art. 30)) und der **Ausfuhrfreiheit** (Art. 29 (ex-Art. 34)) zwischen den Mitgliedstaaten festgelegt, wobei Einschränkungen dieser Freiheiten auf die Ausnahmeregelung des Art. 30 (ex-Art. 36) begrenzt sind. Weiterhin sind nach Art. 31 (ex-Art. 37) **staatliche Handelsmonopole** derart **umzuformen**, daß jede Diskriminierung in den Versorgungs- und Absatzbedingungen zwischen den Angehörigen der Mitgliedstaaten ausgeschlossen ist.

In Bezug auf den Mineralölsektor sind diese allgemeinen Rechtsgrundsätze in mehreren Urteilen des Gerichtshofs präzisiert worden. Abgesehen von Krisensituationen bestehen besondere legislative Regelungen zum Warenverkehr auf dem Mineralölsektor bislang allein für das Altöl und die Altölbeseitigung[65]. Die **Umformung staatlicher Handelsmonopole** ist Gegenstand mehrerer Empfehlungen der Kommission und einiger Urteile des Gerichtshofs[66].

---

59 S. Ziffer 1 des Protokolls.

60 ABl. Nr. L 256 vom 7. 9. 1987, S. 1.

61 S. zuletzt die Verordnung (EG) Nr. 1832/2002 der Kommission vom 1. August 2002 zur Änderung des Anhangs I der Verordnung (EWG) Nr. 2658/87 des Rates über die zolltarifliche und statistische Nomenklatur sowie den Gemeinsamen Zolltarif, ABl. Nr. L 290 vom 28. 10. 2002, S. 1.

62 A. a. O. S. 197 ff.

63 S. a. a. O. S. 201 ff., KN-Code 2709, 2710 und 2711 (ausgesetzt).

64 S. a. a. O.

65 S. Richtlinie 75/439/EWG des Rates vom 16. Juni 1975 über die Altölbeseitigung, ABl. Nr. L 194 vom 25. 7. 1975, S. 23. Zuletzt geändert durch Richtlinie 2000/76/EG, ABl. Nr. L 332 vom 28. 12. 2000, S. 91. S. hierzu auch EuGH, Urteile vom 7. Februar 1985 in den Rechtssachen 173/83 (Kommission ./. Frankreich) und 240/83 (Procureur ./. ADBHU), Slg. 1985, S. 491 und 531.

66 S. Empfehlung 63/479/EWG der Kommission vom 24. Juli 1963 an die Französische Republik betreffend die Umformung der Einfuhrregelung für Erdöl und Erdölerzeugnisse, ABl.

Als wichtigstes Urteil auf dem Mineralölsektor, wenn nicht auf dem Gebiete des Energierechts überhaupt, muß jenes in der Rechtssache 72/83 (**Campus Oil Limited ./. Minister für Industrie und Energie**)[67] gelten. In dieser Sache hatte der Gerichtshof im Rahmen eines Vorabentscheidungsverfahrens über zwei Fragen des irischen High Court zu entscheiden, die die Auslegung der Art. 30, 31 und 36 EWGV betrafen. Der Hintergrund war folgender: Um die Sicherheit der Versorgung Irlands mit Erdölprodukten zu gewährleisten, hatte der irische Staat 1982 durch die in seinem Besitz befindliche Irish National Petroleum Corporation (INPC) die einzige irische Raffinerie in Whitegate, County-Cork erworben. Um die Auslastung dieser Raffinerie zu sichern, erließ der irische Industrie- und Energieminister eine Verordnung, die alle Importeure verpflichtete, einen bestimmten Teil ihres Importbedarfs an Erdölerzeugnissen bei der INCP zu decken, und dies zu einem Preis, der vom Minister aufgrund der der INCP entstandenen Kosten festgesetzt wurde.

Die Klägerinnen des Ausgangsverfahrens trugen zur Begründung ihrer Klage vor, die streitige Verordnung verstoße gegen das Gemeinschaftsrecht, insbesondere gegen das in Art. 30 EWGV enthaltene Verbot von mengenmäßigen Einfuhrbeschränkungen zwischen den Mitgliedstaaten und allen Maßnahmen mit gleicher Wirkung. Die irische Regierung und die INCP machten geltend, es handele sich nicht um eine unter dieses Verbot fallende Maßnahme; jedenfalls sei sie nach Art. 36 EWGV aus Gründen der öffentlichen Ordnung und Sicherheit gerechtfertigt, denn sie solle das Funktionieren der einzigen irischen Raffinerie, die für die Versorgung des Landes mit Erdölerzeugnissen notwendig sei, sicherstellen.

In seinen Ausführungen zu **Art. 30 EWGV** erinnerte der Gerichtshof zunächst daran, daß diese Bestimmung, die Maßnahmen mit gleicher Wirkung wie mengenmäßige Einfuhrbeschränkungen zwischen den Mitgliedstaaten verbietet, auf alle Maßnahmen anwendbar ist, die geeignet sind, den gemeinschaftlichen Handel unmittelbar oder mittelbar, tatsächlich oder potentiell zu behindern. Der Gerichtshof sodann wörtlich:

> „Die allen Importeuren auferlegte Verpflichtung, einen gewissen Prozentsatz ihres Bedarfs an einem bestimmten Erzeugnis bei einem inländischen Lieferanten zu decken, beschränkt insoweit die Möglichkeiten der Einfuhr dieses Erzeugnisses. Sie entfaltet somit eine Schutzwirkung zugunsten einer einheimischen Erzeugung und benachteiligt in demselben Maße die Erzeuger anderer Mitgliedstaaten, un-

---

Nr. 127 vom 20. 8. 1963, S. 2271; EuGH, Urteil vom 4. Februar 1965 in der Rechtssache 20/64 (Albatros ./. Sopéco), Slg. 1965, S. 46. Empfehlung 70/128/EWG der Kommission vom 22. Dezember 1969 gemäß Artikel 37 Absatz 6 des EWG-Vertrags an die Französische Republik betreffend die Umformung der Einfuhrregelung für Erdöl und Erdölerzeugnisse, ABl. Nr. L 31 vom 9. 2. 1970, S. 26; Empfehlung 83/403/EWG der Kommission vom 29. Juli 1983 an die Republik Griechenland zur Umformung der staatlichen Handelsmonopole im Sinne von Artikel 37 Absatz 1 EWG-Vertrag, ABl. Nr. L 233 vom 24. 8. 1983, S. 29. S. dazu EuGH, Urteil vom 13. Dezember 1990 in der Rechtssache C-347/88 (Kommission ./. Griechenland), Slg. 1990 I-4747. S. weiterhin Empfehlung 88/90/EWG der Kommission vom 22. Dezember 1987 an die Portugiesische Republik zur Umformung ihres staatlichen Handelsmonopols für Erdölerzeugnisse gegenüber den anderen Mitgliedstaaten, ABl. Nr. L 56 vom 2. 3. 1988, S. 30. S. auch die schriftlichen Anfragen Nr. 223/68, ABl. Nr. C 33 vom 13. 3. 1969, S. 1; Nr. 201/69, ABl. Nr. C 23 vom 24. 2. 1970, S. 1 sowie Nr. 2627/87 und 1609/88, ABl. Nr. C 195 vom 31. 7. 1989, S. 7 und 29.

67 Vom 10. 7. 1984, Slg. 1984, S. 2727.

> abhängig von der Frage, ob der von der betreffenden einheimischen Erzeugung verwendete Rohstoff selbst eingeführt werden muß.
> Zu dem auf die Bedeutung des Erdöls für das Leben des Landes gestützten Vorbringen der irischen Regierung genügt der Hinweis darauf, daß der Vertrag die Anwendung des Grundsatzes des freien Warenverkehrs ohne andere Ausnahmen als die, die im Vertrag ausdrücklich vorgesehen sind, auf alle Waren erstreckt. Man kann somit nicht davon ausgehen, daß eine Ware nur deshalb von der Anwendung dieses fundamentalen Grundsatzes ausgenommen werden kann, weil sie für das Leben oder die Wirtschaft eines Mitgliedstaates eine besondere Bedeutung hat[68]".

Nachdem der Gerichtshof somit die irische Regelung als eine Maßnahme mit gleicher Wirkung wie eine mengenmäßige Einfuhrbeschränkung qualifiziert hatte, wandte er sich der Frage nach der Auslegung von **Art. 36 EWGV** zu, wobei er prüfte

- erstens, ob eine Regelung wie die streitige Verordnung im Hinblick auf die einschlägigen Gemeinschaftsbestimmungen gerechtfertigt ist,
- zweitens, ob Art. 36 nach der Tragweite der Ausnahme in bezug auf die öffentliche Ordnung und die öffentliche Sicherheit eine Regelung wie die streitige Verordnung decken kann,
- drittens, ob die streitige Regelung geeignet ist, zur Erreichung des Ziels beizutragen, die Versorgung mit Erdölerzeugnissen sicherzustellen, und ob sie den Grundsatz der Verhältnismäßigkeit wahrt[69].

Zum ersten Punkt, der **Rechtfertigung der streitigen Maßnahmen** im Hinblick auf die einschlägigen Gemeinschaftsbestimmungen, führte der Gerichtshof aus:

> „Die Berufung auf Artikel 36 ist nicht mehr gerechtfertigt, wenn eine Gemeinschaftsregelung Maßnahmen vorsieht, die notwendig sind, um den Schutz der in diesem Artikel aufgeführten Interessen zu gewährleisten. Nationale Maßnahmen wie die in der streitigen Verordnung vorgesehenen können also nur insoweit gerechtfertigt werden, als die Versorgung des betreffenden Mitgliedstaats mit Erdölerzeugnissen durch die von den Gemeinschaftsorganen in diesem Bereich erlassenen Maßnahmen nicht hinreichend gesichert ist.
> Allerdings sind auf Gemeinschaftsebene Bestimmungen für den Fall von Versorgungsschwierigkeiten bei Erdöl und Erdölerzeugnissen erlassen worden. Die Ratsrichtlinien 68/414 vom 20. Dezember 1968 (ABl. L 308, S. 14) und 73/238 vom 24. Juli 1973 (ABl. L 228, S. 1) verpflichten die Mitgliedstaaten, Mindestvorräte zu halten, und stellen eine gewisse Übereinstimmung zwischen den nationalen Bestimmungen über Entnahmen aus diesen Vorräten, über die spezifische Einschränkung des Verbrauchs und über die Preisregulierung her. Die Entscheidung 77/706 vom 7. November 1977 (ABl. L 292, S. 9) behandelt die Festsetzung eines gemeinsamen Richtwerts zur Einschränkung des Energieverbrauchs bei Versorgungsschwierigkeiten und die Aufteilung der eingesparten Mengen unter den Mitgliedstaaten. Schließlich sieht die Entscheidung 77/186 des Rates vom 14. Februar 1977 (ABl. L 61, S. 23) ein System von automatisch erteilten Ausfuhrgenehmigungen vor, das es ermöglichen soll, die Entwicklung der Lage des innergemeinschaftlichen Handels zu überwachen.

---

68 A. a. O. Randnrn. 15–17.
69 A. a. O. Randnr. 26.

Ferner bestehen Maßnahmen, die von der Internationalen Energieagentur ergriffen wurden, die im Rahmen der Organisation für wirtschaftliche Zusammenarbeit und Entwicklung, der die meisten Mitgliedstaaten angehören und an deren Arbeiten die Gemeinschaft, vertreten durch die Kommission, als Beobachterin teilnimmt, gegründet wurde. Diese Maßnahmen sollen im Fall der Erdölverknappung die Solidarität zwischen den vertragschließenden Ländern über die Gemeinschaftsebene hinaus herstellen.
Zwar verringern diese Vorschriften für den Fall der Verknappung von Erdölerzeugnissen das Risiko der Mitgliedstaaten, nicht über die unerläßlichen Mittel zu verfügen; im Krisenfall besteht jedoch eine wirkliche Gefahr. Nach Artikel 3 der genannten Entscheidung 77/186 des Rates kann die Kommission im Wege der vorläufigen Anordnung einen Mitgliedstaat unter bestimmten Voraussetzungen ermächtigen, die Erteilung von Ausfuhrgenehmigungen auszusetzen. Diese Ermächtigung darf nur unter der Voraussetzung erteilt werden, daß die traditionellen Handelsströme „soweit wie möglich" erhalten bleiben. Der Rat kann diese Ermächtigung mit qualifizierter Mehrheit aufheben, ohne daß ausdrücklich auf die traditionellen Handelsströme Bezug genommen wird. Nach Artikel 4 kann ein Mitgliedstaat im Fall einer plötzlichen Krise die Erteilung von Ausfuhrgenehmigungen unter bestimmten Voraussetzungen für 10 Tage aussetzen. In diesem Fall kann der Rat mit qualifizierter Mehrheit geeignete Maßnahmen festlegen.
Aus alledem folgt, daß das geltende Gemeinschaftsrecht einem Mitgliedstaat, dessen Versorgung mit Erdölerzeugnissen völlig oder fast völlig von Lieferungen aus anderen Ländern abhängt, bestimmte Garantien dafür gibt, daß die Lieferungen aus den anderen Mitgliedstaaten im Fall eines schweren Defizits aufrechterhalten werden, und zwar in denselben Proportionen wie die Belieferung des Marktes des Lieferstaats. Der betreffende Mitgliedstaat hat deshalb jedoch keine unbedingte Gewißheit, daß die Lieferungen unter allen Umständen wenigstens in Höhe seines Mindestbedarfs aufrechterhalten werden. Unter diesen Umständen kann es einem Mitgliedstaat auch bei Bestehen einer einschlägigen Gemeinschaftsregelung nicht verwehrt werden, sich auf Artikel 36 zu berufen, um geeignete ergänzende Maßnahmen auf nationaler Ebene zu rechtfertigen[70]."

Zum zweiten Punkt, der Tragweite der **Ausnahmen in bezug auf die öffentliche Ordnung** und die **öffentliche Sicherheit**, stellte der Gerichtshof fest:

„Wie der Gerichtshof wiederholt entschieden hat (vgl. das Urteil vom 12. 7. 1979 in der Rechtssache 153/78, Kommission/Bundesrepublik Deutschland, Slg. 1979, 2555, und die dort genannten Urteile), soll Artikel 36 des Vertrages nicht bestimmte Sachgebiete der ausschließlichen Zuständigkeit der Mitgliedstaaten vorbehalten, vielmehr läßt er nur Ausnahmen vom Grundsatz des freien Warenverkehrs durch innerstaatliche Normen insoweit zu, als dies zur Erreichung der in diesem Artikel bezeichneten Ziele gerechtfertigt ist und weiterhin gerechtfertigt bleibt.
Unter diesem Blickwinkel ist also zu prüfen, ob der Begriff der öffentlichen Sicherheit, auf den sich die irische Regierung im besonderen beruft und der anders als der Begriff der öffentlichen Ordnung im vorliegenden Fall allein relevant ist, Gründe, wie sie in der ersten Vorlagefrage bezeichnet sind, deckt.

---

70 A. a. O. Randnrn. 27–31.

In diesem Zusammenhang ist festzustellen, daß Erdölerzeugnisse wegen ihrer außerordentlichen Bedeutung als Energiequelle in der modernen Wirtschaft wesentlich sind für die Existenz eines Staates, da nicht nur das Funktionieren seiner Wirtschaft, sondern vor allem auch das seiner Einrichtungen und seiner wichtigen öffentlichen Dienste und selbst das Überleben seiner Bevölkerung von ihnen abhängen. Eine Unterbrechung der Versorgung mit Erdölerzeugnissen und die sich daraus für die Existenz eines Staates ergebenden Gefahren können somit seine öffentliche Sicherheit, deren Schutz Artikel 36 ermöglicht, schwer beeinträchtigen."

Zum dritten Punkt, der **Geeignetheit** und **Verhältnismäßigkeit** der getroffenen Maßnahmen traf der Gerichtshof zunächst folgende Feststellungen zur Eignung einer innerstaatlichen Raffineriekapazität, die Versorgungssicherheit zu erhöhen:

> „Es trifft zu, daß bei der derzeitigen Lage auf dem Erdölweltmarkt eine Krise wahrscheinlich in erster Linie zu einer Unterbrechung oder starken Verringerung der Rohöllieferungen führen würde. Es ist jedoch darauf hinzuweisen, daß das Vorhandensein einer Raffineriekapazität im Hoheitsgebiet eines Staates es diesem ermöglicht, mit den Erzeugerländern für die Belieferung seiner Raffinerie langfristige Verträge zu schließen, die im Krisenfall eine bessere Versorgungsgarantie bieten. Die Gefahr, der er sich aussetzt, ist also geringer als die, die für einen Staat besteht, der keine eigene Raffineriekapazität besitzt und der keine andere Möglichkeit hat, als seinen Bedarf durch Käufe auf dem freien Markt zu decken.
> Außerdem stellt das Vorhandensein einer inländischen Raffinerie eine Garantie gegen das zusätzliche Risiko einer Unterbrechung der Lieferung von raffinierten Erzeugnissen dar, dem der Staat ausgesetzt wäre, der über keine eigene Raffineriekapazität verfügt. Dieser wäre nämlich von den großen Gesellschaften, die die ausländischen Raffinerien kontrollieren, und ihrem Handelsgebaren abhängig.
> Daraus ist der Schluß zu ziehen, daß das Vorhandensein einer Raffinerie im nationalen Hoheitsgebiet dadurch, daß es diese beiden Arten von Risiken verringert, wirksam dazu beitragen kann, die Sicherheit der Versorgung eines Staates, der keine eigenen Rohölquellen besitzt, mit Erdölerzeugnissen zu verbessern."[71]

In der Frage der Verhältnismäßigkeit erinnerte der Gerichtshof zunächst daran, daß ein Mitgliedstaat sich zur Rechtfertigung einer Maßnahme mit gleicher Wirkung wie eine mengenmäßige Einfuhrbeschränkung nur dann auf Art. 36 EWGV berufen kann, wenn dasselbe Ziel durch keine andere, unter dem Gesichtspunkt des freien Warenverkehrs weniger restriktive Maßnahme erreicht werden kann. Hierzu stellte der Gerichtshof im konkreten Falle fest:

> „Was sodann die Mengen von Erdölerzeugnissen betrifft, auf die sich ein solches System von Kaufverpflichtungen gegebenenfalls erstrecken kann, so ist hervorzuheben, daß sie **keinesfalls die Grenzen der Mindestversorgung des betroffenen Staates übersteigen dürfen,** ohne die die öffentliche Sicherheit im oben dargelegten Sinne und insbesondere das Funktionieren seiner wesentlichen öffentlichen Dienste sowie das Überleben seiner Bevölkerung gefährdet wären.
> Ferner dürfen die Mengen von Erdölerzeugnissen, deren Absatz durch ein solches System gewährleistet werden kann, nicht diejenigen Mengen überschreiten, die im Hinblick auf die Produktion zum einen aus technischen Gründen erforderlich sind,

---

71 A. a. O. Randnrn. 39–41.

> um schon jetzt eine Ausnutzung der Produktionskapazität der Raffinerie auf einem Niveau zu erreichen, das es ermöglicht, ihre Anlagen für Krisenfälle betriebsbereit zu halten, und zum anderen, um eine beständige Verarbeitung des Rohöls zu gewährleisten, über das langfristige Verträge bestehen, die der betreffende Staat geschlossen hat, um seine **regelmäßige Belieferung sicherzustellen.**
> Der Prozentsatz des Gesamtbedarfs der Importeure an Erdölerzeugnissen, für den eine Kaufverpflichtung ausgesprochen werden kann, darf daher den prozentualen Anteil der bezeichneten Mengen am tatsächlichen Gesamtverbrauch von Erdölerzeugnissen in dem betreffenden Mitgliedstaat nicht überschreiten.
> Es ist Sache des vorlegenden Gerichts zu beurteilen, ob das mit der streitigen Verordnung eingeführte System diese Grenzen einhält."[72]

In zwei kürzlich ergangenen Urteilen[73] hat der Gerichtshof die Grundsätze seiner Entscheidung in der Rechtssache Campus Oil erneut bestätigt, indem er **Goldene Aktien**[74], die der Staat an Energieversorgungsunternehmen hält, dann für zulässig erachtet, wenn „die fragliche Regelung die Sicherstellung einer Mindestversorgung mit Energie in dem betreffenden Mitgliedstaat für den Fall einer tatsächlichen schweren Gefährdung erlaubt und nicht über das hinausgeht, was hierzu erforderlich ist"[75].

In einer Reihe von Rechtssachen hatte der Gerichtshof Mitte der 80er Jahre die Vorschriften über den freien Warenverkehr im Hinblick auf eine französische Regelung auszulegen, die für den Verkauf von Treibstoffen an den Verbraucher bestimmte **Mindestpreise** vorschrieb[76]. Der Hintergrund der Regelung bestand in den Besonderheiten des französischen Treibstoffmarktes, der zu einem großen Teil von Supermarktketten bestimmt wird, die an ihren Selbstbedienungsläden eigene Tankstellen betreiben, die ihre Marktanteile am Treibstoffsektor traditionell durch eine Niedrigpreispolitik sicherten. Als Basisgröße für die staatliche Festsetzung der Mindestpreise dienten die Übernahmepreise der französischen Raffinerien, wodurch Preisvorteile billiger produzierender Raffinerien anderer Mitgliedstaaten nicht an die französischen Verbraucher weitergegeben werden konnten. Entsprechend urteilte der Gerichtshof:

---

72 A. a. O. Randnrn. 47–50.

73 Urteile vom 4. Juni 2002 in den Rechtssachen C-503/99 (Kommission ./. Belgien) und C-483/99 (Kommission ./. Frankreich), Slg. 2002, I-4809 und 4785. Im ersten Fall ging es um Goldene Aktien des belgischen Staates auf dem Erdgassektor, die der Gerichtshof für rechtmäßig erachtete und im zweiten um Goldene Aktien, die dem französischen Staat Einfluß auf den Mineralölsektor (SA Elf-Aquitaine) sichern sollten, die aber mangels hinreichend bestimmter Regelungen gegen den Grundsatz der Rechtssicherheit verstießen.

74 Goldene Aktien räumen dem Staat Sonderrechte ein, durch die er auf privatisierte Staatsunternehmen in besonderer Weise Einfluß nehmen kann, wie Vetorechte gegen Übernahmen (insbesondere durch ausländische Konkurrenzunternehmen).

75 S. Randnr. 48 des Urteils in der Rechtssache C-503/99.

76 S. Urteil vom 29. Januar 1985 in der Rechtssache 231/83 (Cullet ./. Leclerc), Slg. 1985, S. 305; Urteile vom 25. September 1985 in den Rechtssachen 11/84 (Procureur de la République ./. Gratiot), Slg. 1985, S. 2907; 34/84 (Procureur de la République ./. Leclerc), Slg. 1985, S. 2915; verb. Rechtssachen 79 und 80/84 (Procureur de la République ./. Chabaud et Rémy), Slg. 1985, S. 2953; verb. Rechtssachen 114 und 115/84 (Piszko ./. Leclerc et Carrefour Supermarché), Slg. 1985, S. 2961; 149/84 (Procureur de la République ./. Binet), Slg. 1985, S. 2969; 201/84 (Procureur de la République ./. Gontier), Slg. 1985, S. 2977; 202/84 (Procureur de la République ./. Girault), Slg. 1985, S. 2985; 215/84 (Procureur de la République ./. Héricotte), Slg. 1985, S. 2993; Urteil vom 6. Februar 1986 in den verb. Rechtssachen 271 bis 274/84 sowie 6 und 7/85 (Procureur de la République ./. Chiron), Slg. 1986, S. 529.

„Artikel 30 EWG-Vertrag verbietet eine solche Regelung, wenn sie die Mindestpreise aufgrund eines Raffinerieübernahmepreises bestimmt, der auf einen bestimmten, insbesondere auf einen auf Grundlage der Preise und Kosten der inländischen Erzeuger berechneten, Betrag festgesetzt wird, und sie so den sich möglicherweise aus niedrigeren Gestehungspreisen der eingeführten Erzeugnisse ergebenden Wettbewerbsvorteil neutralisiert, indem sie verhindert, daß sich diese Gestehungspreise im Preis für den Verkauf an den Verbraucher niederschlagen.
Es kann nicht angenommen werden, daß eine Regelung, die für Treibstoffe Mindestpreise vorschreibt, der öffentlichen Ordnung im Sinne von Artikel 36 EWG-Vertrag dient."[77]

Mit den **back-end Problemen des Mineralölsektors** befaßte sich ein weiteres Urteil des Gerichtshofes zum freien Warenverkehr, in dem es nicht um Einfuhr-, sondern um **Ausfuhrbeschränkungen** ging[78]. Hintergrund des Rechtsstreits war die Ausfuhr von Altölen aus Frankreich trotz eines impliziten Verbots durch die französischen Rechtsvorschriften. Unter Hinweis auf die Richtlinie 75/439 des Rates vom 16. Juni 1975 über die Altölbeseitigung[79] und Art. 34 (Art. 29 n. F.) EWGV bekräftigte der Gerichtshof das Verbot sämtlicher nationaler Maßnahmen, „die spezifische Beschränkungen der Ausfuhrströme bezwecken oder bewirken und damit unterschiedliche Bedingungen für den Binnenhandel innerhalb eines Mitgliedstaats und seinen Außenhandel schaffen, so daß die nationale Produktion oder der Binnenmarkt des betroffenen Staates einen besonderen Vorteil erlangt."[80] Auch eine Berufung der französischen Regierung auf die Belange des Umweltschutzes ließ der Gerichtshof nicht gelten, denn der „Schutz der Umwelt ist unbestreitbar genauso streng gewährleistet, wenn die Öle, statt im Ursprungsmitgliedstaat beseitigt zu werden, an ein in einem anderen Mitgliedstaat zugelassenes Beseitigungs- oder Aufbereitungsunternehmen verkauft werden."[81] Demgemäß stellte das Urteil im Tenor fest:

„Die gemeinschaftsrechtlichen Vorschriften über den freien Warenverkehr sowie die Richtlinie 75/439 des Rates vom 16. Juni 1975 über die Altölbeseitigung gestatten es nicht, daß ein Mitgliedstaat in seinem Hoheitsgebiet das Abholen und Beseitigen von Altölen dergestalt regelt, daß die Ausfuhr zur Lieferung an ein in einem anderen Mitgliedstaat zugelassenes Beseitigungs- oder Aufbereitungsunternehmen verboten ist."

Für die **Versorgung von Inselgruppen** mit Mineralöl ist das Urteil des Gerichtshofs in der Rechtssache C-134/94 (ESSO Española SA ./. Comunidad Autónoma de Canarias)[82] von Bedeutung, wonach das Gemeinschaftsrecht nicht auf rein innerstaatliche Sachverhalte anwendbar ist, wie sie vorliegen, „wenn eine Gesellschaft, die ihren Sitz in einem Mitgliedstaat hat und dort ihre Tätigkeit ausübt, einer Regelung unterliegt, durch die die Regionalbehörden eines Mitgliedstaats, die für die Ausübung von Regie-

---

77 S. Randnrn. 2 und 3 des Tenors in der Rechtssache 34/84 a. a. O.
78 Urteil vom 10. 3. 1983 in der Rechtssache 172/82 (Fabricants Raffineurs d'Huile de Graissage ./. Inter Huiles), Slg. 1983, S. 555.
79 ABl. Nr. L 194 vom 25. 7. 1975, S. 23.
80 A. a. O. Randnr. 12.
81 A. a. O. Randnr. 14.
82 Urteil vom 30. November 1995, Slg. 1995, I-4223.

rungsgewalt über eine zum Hoheitsgebiet dieses Staates gehörende Inselgruppe verantwortlich sind, in Anbetracht der Probleme der Insularität allen Großhändlern mit Mineralölerzeugnissen, die ihre Tätigkeit auf diesen Teil des Hoheitsgebiets des Staates ausdehnen wollen, vorschreiben, daß sie eine bestimmte Anzahl von Inseln der Inselgruppe versorgen müssen."[83]

VII. Benzinersatzstoffe

Im Zuge der Bemühungen um eine Verringerung der Abhängigkeit der Gemeinschaft von eingeführtem Erdöl erließ der Rat am 5. April 1985 die Richtlinie 85/536/EWG zur Einsparung von Rohöl durch die Verwendung von Ersatz-Kraftstoffkomponenten im Benzin[84]. Die Richtlinie bezeichnet eine Reihe von Ersatz-Kraftstoffkomponenten, die sich aus anderen Rohstoffen als Rohöl herstellen lassen (wie z. B. Methanol, Ethanol, Isopropylalkohol und Isobutylalkohol), und verpflichtet die Mitgliedstaaten, die Vermarktung und den freien Warenverkehr von Benzinmischkraftstoffen, die diese Komponenten enthalten, nicht zu behindern. Die Umsetzung der Richtlinie hatte bis zum 1. Januar 1988 zu erfolgen.

VIII. Prospektion, Exploration und Gewinnung von Kohlenwasserstoffen

Literatur:

Annette Flormann-Pfaff, Lagerstätten im Völkerrecht, Berlin 1994.

Für ihre Versorgung mit Kohlenwasserstoffen ist die Gemeinschaft weitgehend auf Einfuhren angewiesen. Die effiziente Erschließung der endogenen Ressourcen ist daher von großer Bedeutung[85]. Am Anfang der Erschließung stehen Prospektion und Exploration, die im Binnenmarkt allen qualifizierten Unternehmen der Gemeinschaft in gleicher Weise offen stehen müssen.

Als gewerbliche Tätigkeiten i. S. des Art. 50 (ex-Art. 60) EGV unterfallen die up-stream Aktivitäten Prospektion, Exploration und Gewinnung von Kohlenwasserstoffen den Vorschriften über die Niederlassungs- (Art. 43 bis 48 EGV) und die Dienstleistungsfreiheit (Art. 49 bis 55 EGV), auf deren Grundlage schon zu Beginn der 60er Jahre Allgemeine Programme zur Aufhebung der seinerzeit bestehenden Beschränkungen aufgestellt wurden[86]. Die Allgemeinen Programme sahen u. a. die Herstellung der

---

83 A. a. O.

84 ABl. Nr. L 334 vom 12. 12. 1985, S. 20.

85 In den 70er Jahren schlug die Kommission sogar vor, die Aufsuchung von Kohlenwasserstoffen finanziell zu fördern (nach dem Vorbild des Art. 70 EAGV, der eine finanzielle Beteiligung der Kommission an Schürfvorhaben vorsieht): s. Vorschlag einer Verordnung (EWG) des Rates über die Unterstützung gemeinschaftlicher Vorhaben zur Aufsuchung von Kohlenwasserstoffen, ABl. Nr. C 18 vom 25. 1. 1975, S. 3; s. dazu die umfangreiche Stellungnahme des Wirtschafts- und Sozialausschusses, ABl. Nr. C 108 vom 15. 5. 1975, S. 55. Der Vorschlag wurde vom Rat nicht angenommen.

86 Allgemeines Programm zur Aufhebung der Beschränkungen der Niederlassungsfreiheit und Allgemeines Programm zur Aufhebung der Beschränkungen des freien Dienstleistungsverkehrs, ABl. Nr. 2 vom 15. 1. 1962, S. 36 und 32.

Niederlassungsfreiheit und des freien Dienstleistungsverkehrs für die selbständigen Tätigkeiten des Aufsuchens (Schürfen und Bohren) von Erdöl und Erdgas vor[87]. Diese Tätigkeiten umfassen das Aufsuchen von Erdöl- und Erdgaslagerstätten durch jedes hierzu geeignete Verfahren sowie die der Erdöl- und Erdgasgewinnung vorausgehende Entwicklung eines Erdöl- und Erdgasfeldes und die hierzu erforderliche Vorbereitung des Terrains.

Gestützt auf Art. 54 (Art. 44 n. F.) und 63 (Art. 52 n. F.) EWGV sowie auf die vorbezeichneten Programme erließ der Rat am 7. Juli 1964 in einem ersten Schritt die Richtlinie 64/428/EWG über die Verwirklichung der Niederlassungsfreiheit und des freien Dienstleistungsverkehrs für selbständige Tätigkeiten des Bergbaus, einschließlich der Gewinnung von Steinen und Erden[88], mit der die bestehenden Beschränkungen für die Tätigkeiten des Schürfens und Bohrens insoweit aufgehoben wurden, als sie vom Inhaber der zur Gewinnung berechtigenden Konzession selbst ausgeübt wurden. In einem zweiten Schritt folgte die Richtlinie 69/82/EWG des Rates vom 13. März 1969 über die Verwirklichung der Niederlassungsfreiheit und des freien Dienstleistungsverkehrs für die selbständigen Tätigkeiten des Aufsuchens (Schürfens und Bohrens) bei der Erdöl- und Erdgasgewinnung[89]. Nach Art. 3 dieser Richtlinie hatten die Mitgliedstaaten vor allem Beschränkungen zu beseitigen, die

- die Begünstigten daran hindern, sich unter gleichen Bedingungen und mit den gleichen Rechten wie Inländer im Aufnahmeland niederzulassen oder dort Dienstleistungen zu erbringen;
- die aus einer Verwaltungspraxis entstehen, die darauf hinausläuft, daß die Begünstigten eine gegenüber Inländern unterschiedliche Behandlung erfahren;
- die Begünstigten von der Gewährung von Genehmigungen oder Konzessionen ausschließen oder sie allein für sie geltenden Bedingungen unterwerfen.

Im Zuge der Errichtung des Binnenmarktes für Energie wurden diese Diskriminierungsverbote durch die **Einführung gemeinsamer Zugangsregeln** gleichsam ins Positive gewendet und gemeinschaftsweit geltende Verfahrensbestimmungen festgelegt. Mit der Richtlinie 94/22/EG des Europäischen Parlaments und des Rates vom 30. Mai 1994 über die **Erteilung und Nutzung von Genehmigungen zur Prospektion, Exploration und Gewinnung von Kohlenwasserstoffen**[90] verfolgt die Gemeinschaft das Ziel, allen Unternehmen (oder sonstigen Einrichtungen) unabhängig von ihrer Nationalität und ihrem privaten oder öffentlichen Status einen nichtdiskriminierenden Zugang zu Tätigkeiten im Zusammenhang mit der Prospektion, Exploration und Gewinnung von Kohlenwasserstoffen zu gewähren. Hierbei geht die Richt-

---

87 S. den Abschnitt IV Buchstabe D des erstgenannten und den Abschnitt V Buchstabe C des letztgenannten Programms.

88 ABl. Nr. 117 vom 23. 7. 1964, S. 1871; aufgehoben durch Richtlinie 1999/42/EG des Europäischen Parlaments und des Rates vom 7. Juni 1999 über ein Verfahren zur Anerkennung der Befähigungsnachweise für die unter die Liberalisierungs- und Übergangsrichtlinien fallenden Berufstätigkeiten in Ergänzung der allgemeinen Regelung zur Anerkennung der Befähigungsnachweise, ABl. Nr. L 201 vom 31. 7. 1999, S. 77.

89 ABl. Nr. L 68 vom 19.3.1969, S. 4; aufgehoben durch Richtlinie 1999/42/EG (s. vorangegangene Fußnote).

90 ABl. Nr. L 164 vom 30. 6. 1994, S. 3.

linie vom Recht der Mitgliedstaaten aus, innerhalb ihres Hoheitsgebiets zu bestimmen, welche Gebiete für die Prospektion, Exploration und Gewinnung von Kohlenwasserstoffen zur Verfügung gestellt werden (Art. 2 Abs. 1). Soweit die Mitgliedstaaten jedoch Gebiete für diese Zwecke ausweisen, stellen sie sicher, daß es beim Zugang zu diesen Tätigkeiten und bei ihrer Ausübung keine Diskriminierung zwischen den Unternehmen gibt (Art. 2 Abs. 2). Gemäß Art. 3 der Richtlinie haben die Mitgliedstaaten die Wahl zwischen zwei Arten der Erteilung der Genehmigung[91] zur Prospektion, Exploration und Gewinnung von Kohlenwasserstoffen: dem sog. **„licencing-round"-System** (Art. 3 Abs. 2) und dem sog. **„open-door"-System** (Art. 3 Abs. 3), wobei beide Systeme auch kombiniert werden können.

Die Gebiete nach dem **„open-door-System"** sind ständig verfügbar; für sie kann jederzeit um eine Genehmigung nachgesucht und eine solche erteilt werden. Die Gebiete sind im Amtsblatt der Europäischen Union bekanntzugeben, das gleiche gilt für etwaige Änderungen (Art. 3 Abs. 3).

Im Gegensatz dazu werden beim **„licencing-round-System"** die Interessenten zur Einreichung eines Antrags für ein bestimmtes Gebiet innerhalb einer bestimmten Frist aufgefordert. Dazu wird im Amtsblatt der Europäischen Union eine entsprechende Bekanntmachung veröffentlicht, die die zuständige Behörde entweder aus eigener Initiative ohne einen vorherigen Antrag eines interessierten Unternehmens veranlaßt (Art. 3 Abs. 2 lit. a)) oder nachdem ein solcher Antrag bei ihr eingegangen ist, damit etwaige Konkurrenten zwecks Abgabe eines konkurrierenden Antrags hierüber informiert werden (Art. 3 Abs. 2 lit. b)). Die Bekanntmachungen nennen die Art der Genehmigung und die geographischen Gebiete, die ganz oder teilweise Antragsgegenstand sind bzw. sein können, sowie den Zeitpunkt bzw. die Frist, die für die Erteilung der Genehmigung vorgesehen sind.

Neun Mitgliedstaaten haben Gebiete zu „open-door"-Gebieten erklärt. Es sind dies Dänemark[92], Deutschland[93], Frankreich[94], Irland[95], Italien[96], Österreich[97], Spanien[98]

---

91 Nach Art. 1 Ziffer 3 der Richtlinie umfaßt der Begriff **„Genehmigung"** alle Rechts-, Verwaltungs oder Vertragsvorschriften oder alle gemäß diesen Vorschriften erlassenen Akte, mit denen die zuständigen Behörden eines Mitgliedstaats einem Unternehmen das **ausschließliche Recht** einräumen, auf eigene Rechnung und Gefahr in einem geographischen Gebiet der Prospektion, Exploration oder Gewinnung von Kohlenwasserstoffen nachzugehen.

92 S. Mitteilung Dänemarks über die Verfügbarkeit bestimmter Gebiete in Dänemark für die fortlaufende Vergabe neuer Genehmigungen zur Exploration und Gewinnung von Kohlenwasserstoffen, ABl. Nr. C 49 vom 19. 2. 1997, S. 23.

93 S. Bekanntmachung der Regierung der Bundesrepublik Deutschland vom 24. August 1994, ABl. Nr. C 294 vom 22. 10. 1994, S. 11.

94 S. Bekanntmachung über die Erteilung von Genehmigungen zur Prospektion, Exploration und Gewinnung von Kohlenwasserstoffen in Frankreich, ABl. Nr. C 374 vom 30. 12. 1994, S. 11.

95 S. Bekanntmachung der Regierung Irlands vom 12. August 1994, ABl. Nr. C 299 vom 27. 10. 1994, S. 4, nebst Änderungen im ABl. Nr. C 346 vom 16. 11. 1996, S. 3; ABl. Nr. C 141 vom 8. 5. 1997, S. 4 und ABl. Nr. C 356 vom 22. 11. 1997, S. 2. S. zuletzt ABl. Nr. C 324 vom 24. 12. 2002, S. 14.

96 S. Mitteilung Italiens im ABl. Nr. C 396 vom 19. 12. 1998, S. 8.

97 S. Bekanntmachung im ABl. Nr. C 237 vom 12. 9. 1995, S. 16.

98 S. Bekanntmachung über die Erteilung von Genehmigungen zur Aufsuchung von Kohlenwasserstoffen in Spanien, ABl. Nr. C 283 vom 27. 10. 1995, S. 8.

und das Vereinigte Königreich[99]. Sechs Mitgliedstaaten haben Bekanntmachungen zu „licencing-rounds“ veröffentlicht. Es sind dies Dänemark[100], Frankreich[101], Griechenland[102], Italien[103], die Niederlande[104] und das Vereinigte Königreich[105]. Als EWR-Partner[106] hat Norwegen ebenfalls Bekanntmachungen zu „licencing-rounds“ veröffentlichen lassen[107].

Da Luxemburg und Finnland keine Kohlenwasserstoffvorkommen besitzen, brauchten sie die Richtlinie nicht in nationales Recht umzusetzen[108]. Belgien und Portugal haben bislang keine Bekanntmachungen veröffentlichen lassen[109].

Neben den **Gebieten** haben die Mitgliedstaaten die **Kriterien** für die Erteilung der Genehmigungen im Amtsblatt bekanntzumachen (Art. 5 Ziffer 1 5. Unterabs.). Hierzu zählen in jedem Falle die technische und finanzielle Leistungsfähigkeit der Unternehmen und die Art und Weise, in der sie Prospektion, Exploration und/oder Gewinnung in dem betreffenden geographischen Gebiet vornehmen wollen, sowie gegebenenfalls der **Preis**, den sie für die Genehmigung zu zahlen bereit sind (Art. 5 Ziffer 1 1. Unterabs.). Die Genehmigung kann unter **Auflagen und Bedingungen** erteilt werden (Art. 5 Ziffer 2 i.V.m. Art. 6) und ist zeitlich zu begrenzen (Art. 4 lit. b) und c)). Soweit die Mitgliedstaaten einem einzigen Unternehmen das Recht vorbehalten hatten, Genehmigungen für ein bestimmtes geographisches Gebiet innerhalb ihres Hoheitsgebiets zu erhalten, waren derartige **Sonderrechte** vor dem 1. Januar 1997 aufzuheben (Art. 7).

Da die Richtlinie auf den nichtdiskriminierenden Zugang zu den Tätigkeiten der Prospektion, Exploration und Gewinnung von Kohlenwasserstoffen innerhalb der Gemeinschaft abzielt und dabei nicht zwischen Gemeinschaftsunternehmen und

---

99 S. Mitteilung der Regierung des Vereinigten Königreichs, ABl. Nr. C 221 vom 26. 8. 1995, S. 2.

100 S. Mitteilung Dänemarks: Aufforderung zur Einreichung von Anträgen auf Genehmigungen zur Exploration und Gewinnung von Kohlenwasserstoffen in einem Gebiet der Nordsee, ABl. Nr. C 321 vom 22. 10. 1997, S. 11.

101 Insgesamt hat Frankreich an die 30 Mitteilungen nach Art. 3 Abs. 2 der Richtlinie im Amtsblatt veröffentlichen lassen. S. zuletzt die Mitteilung im ABl. Nr. C 43 vom 22. 2. 2003, S. 4.

102 S. Mitteilung Griechenlands im ABl. Nr. C 84 vom 21. 3. 1996, S. 8.

103 Von den 7 Bekanntmachungen Italiens s. zuletzt die Bekanntmachung im ABl. Nr. C 79 vom 2. 4. 2002, S. 3.

104 Von den über 40 Bekanntmachungen der Niederlande s. zuletzt die Aufforderung zur Beantragung einer Genehmigung zum Aufsuchen von Kohlenwasserstoffen in Blockteil L6a, ABl. Nr. C 162 vom 6. 7. 2002, S. 10.

105 Das Vereinigte Königreich hat bislang 10 Genehmigungsrunden für britische Landgebiete (s. zuletzt ABl. Nr. C 206 vom 24. 7. 2001, S. 3) und 21 Genehmigungsrunden für Offshore-Lizenzen durchgeführt (s. zuletzt ABl. Nr. C 138 vom 13. 6. 2003, S. 9).

106 S. hierzu unten 3. Teil K. S. Mitteilung des Königreichs Norwegen gemäß Punkt 12 Anhang IV zum EWR-Abkommen, ABl. Nr. C 169 vom 13. 6. 1996, S. 13.

107 S. zuletzt die Aufforderungen zur Einreichung von Anträgen auf Erteilung von Lizenzen für die Gewinnung von Erdöl auf dem norwegischen Festlandsockel – North Sea Awards 2001 – ABl. Nr. C 354 vom 13. 12. 2001, S. 23, North Sea Awards 2002, ABl. Nr. C 284 vom 21. 11. 2002, S. 10, und Awards in Predefined Areas 2003, ABl. Nr. C 155 vom 3. 7. 2003, S. 4.

108 S. Bericht der Kommission an den Rat hinsichtlich der Richtlinie 94/22/EG über die Erteilung und Nutzung von Genehmigungen zur Prospektion, Exploration und Gewinnung von Kohlenwasserstoffen, KOM(1998) 447 endg. vom 29. 7. 1998, S. 2.

109 S. auch a. a. O. S. 3.

Unternehmen aus Drittländern unterscheidet, ist von den entsprechenden Drittländern die Einhaltung des Prinzips der **Gegenseitigkeit** zu erwarten. Um die Beachtung dieses Prinzips zu gewährleisten, haben die Mitgliedstaaten auf etwaige Schwierigkeiten mit Drittländern hinzuweisen, wobei im äußersten Fall der Rat die Mitgliedstaaten ermächtigen kann, Unternehmen die Genehmigung zu versagen, die vom betreffenden Drittland und/oder Staatsangehörigen dieses Drittlands effektiv kontrolliert werden (Art. 8).

Art. 12 der Richtlinie stellt eine Verbindung zum **Recht der öffentlichen Aufträge** her und insbesondere zur Richtlinie 93/38/EWG [110], die die in Art. 12 genannte Richtlinie 90/531/EWG [111] ersetzt hat [112]. Nach ihrem Art. 2 Abs. 2 lit. b) Ziffer i) gilt die Richtlinie 93/38/EWG auch für die Tätigkeit der „Nutzung eines geographisch abgegrenzten Gebietes zum Zwecke der Suche oder Förderung von Erdöl, Gas, Kohle oder anderen Festbrennstoffen“ [113]. Daher müssen die in den genannten Sektoren tätigen Unternehmen die in der Richtlinie 93/38/EWG vorgesehenen Verfahren anwenden. Art. 3 der Richtlinie 93/38/EWG gibt den Mitgliedstaaten jedoch die Möglichkeit, unter bestimmten Bedingungen bei der Kommission um eine **Ausnahme** für diese Sektoren nachzusuchen [114]. Diese Bedingungen beziehen sich einerseits auf die Erteilung von Genehmigungen für die vorbezeichneten Tätigkeiten (Art. 3 Abs. 1) und andererseits auf die von den Unternehmen vergebenen Aufträge (Art. 3 Abs. 2). Was die Genehmigungen anbelangt, so gelten die Bedingungen i.S. des Art. 3 Abs. 1 der Richtlinie 93/38/EWG mit der Umsetzung der Richtlinie 94/22/EG als erfüllt, so daß jeder Mitgliedstaat, der die letztgenannte Richtlinie umgesetzt hat, die vorbezeichnete Ausnahme in Anspruch nehmen kann [115]. Wird sie gewährt, brauchen die Unternehmen bei der Vergabe ihrer Aufträge nicht die Verfahren der Richtlinie anzuwenden, sondern sie müssen lediglich den Grundsatz der Nichtdiskriminierung und der

110 Richtlinie 93/38/EWG des Rates vom 14. Juni 1993 zur Koordinierung der Auftragsvergabe durch Auftraggeber im Bereich der Wasser-, Energie und Verkehrsversorgung sowie im Telekommunikationssektor, ABl. Nr. L 199 vom 9. 8. 1993, S. 84; zuletzt geändert durch Richtlinie 2001/78/EG, ABl. Nr. L 285 vom 29. 10. 2001, S. 1. S. dazu die vom 1. Januar 2002 geltenden Gegenwerte der in den Richtlinien über öffentliche Aufträge genannten Schwellenwerte, ABl. Nr. C 332 vom 27. 11. 2001, S. 21.

111 Richtlinie 90/531/EWG des Rates vom 17. September 1990 betreffend die Auftragsvergabe durch Auftraggeber im Bereich der Wasser-, Energie- und Verkehrsversorgung sowie im Telekommunikationssektor, ABl. Nr. L 297 vom 29. 10. 1990, S. 1.

112 S. zur Auftragsvergabe auch unten 3. Teil F. III: Beschaffung im Energiesektor.

113 Da es sich hierbei um staatlich genehmigte Tätigkeiten handelt, die auf der Grundlage von besonderen oder ausschließlichen Rechten ausgeübt werden (Art. 2 Abs. 1 lit. a) der Richtlinie 93/38/EWG) unterwirft die Richtlinie auch private Unternehmen dem strengen Verfahren der Auftragsvergabe.

114 S. z. B. für **Frankreich**: Entscheidung 93/18/EWG der Kommission vom 23. Dezember 1992, ABl. Nr. L 12 vom 20. 1. 1993, S. 19; die **Niederlande**: Entscheidung 93/676/EG der Kommission vom 10. Dezember 1993, ABl. Nr. L 316 vom 17. 12. 1993, S. 41; **Norwegen**: Beschluß der EFTA-Überwachungsbehörde Nr. 200/99/KOL vom 15. September 1999, ABl. Nr. L 69 vom 17. 3. 2000, S. 61; **Österreich**: Entscheidung 2002/205/EG der Kommission vom 4. März 2002, ABl. Nr. L 68 vom 12. 3. 2002, S. 31; **Vereinigtes Königreich**: Entscheidung 93/425/EWG der Kommission vom 14. Juli 1993, ABl. Nr. L 196 vom 5. 8. 1993, S. 55 und Entscheidung 97/367/EG der Kommission vom 30. Mai 1997, ABl. Nr. L 156 vom 13. 6. 1997, S. 55.

115 Dies beruht darauf, daß die Anforderungen des Art. 3 Abs. 1 der Richtlinie 93/38/EWG hinsichtlich der Nichtdiskriminierung der Antragsteller, der Kriterien ihrer Auswahl und etwaiger Bedingungen und Auflagen im wesentlichen denen der Richtlinie 94/22/EG entsprechen.

wettbewerbsorientierten Auftragsvergabe beachten (Art. 3 Abs. 2 lit. a)) und die Kommission hierüber informieren (Art. 3 Abs. 2 lit. b))[116].

Die **Praxis** der Anwendung der Richtlinie 94/22/EG ist durch die jeweiligen nationalen Gegebenheiten geprägt. Für **Dänemark** besteht eine Sonderregelung in bezug auf gewisse Altgenehmigungen (Art. 13); als zuständige Behörde wurde das Umwelt- und Energieministerium benannt[117]. In **Deutschland** ist das gesamte Hoheitsgebiet des Landes einschließlich des Bereichs des Festlandssockels ständig verfügbar, soweit nicht individuelle Genehmigungen vorliegen. Für Auskünfte und Genehmigungen sind die Landesbergbehörden zuständig[118]; die Umsetzung der Richtlinie erfolgte durch das Bundesberggesetz[119]. Die zahlreichen Bekanntmachungen **Frankreichs** beziehen sich auf das französische Festland[120], Flächen auf dem ihm vorgelagerten Meeresboden[121] und die überseeischen Departements und Hoheitsgebiete[122] (Art. 299 (ex-Art. 227) EGV). Zuständig für die Erteilung der Genehmigungen ist das Secrétariat d'Etat à l'Industrie. **Griechenland** hat 1996 Flächen auf dem Festland Westgriechenlands und vor der Küste im Ionischen Meer ausgeschrieben[123]. Der Offshorebereich **Irlands** ist mit einigen Ausnahmen ständig verfügbar[124], für das Gebiet Rockall Through[125], South Porcupine Basin and Seven Heads[126] auf dem irischen Festlands-

116 Soweit die Genehmigung der Tätigkeiten der auftragvergebenden Unternehmen auf objektiven und nichtdiskriminierenden Verfahren beruht, ist die Einflußnahme des Staates auf die Unternehmen gelockert, so daß insoweit eine Anwendung der strengen Verfahrensregeln der Richtlinie nicht erforderlich erscheint. Zur Informationspflicht der Auftraggeber s. die Entscheidung der Kommission 93/327/EWG vom 13. Mai 1993 zur Festlegung der Voraussetzungen, unter denen die öffentlichen Auftraggeber, die geographisch abgegrenzte Gebiete zum Zwecke der Suche oder Förderung von Erdöl, Gas, Kohle oder anderen Festbrennstoffen nutzen, der Kommission Auskunft über die von ihnen vergebenen Aufträge zu erteilen haben, ABl. Nr. L 129 vom 27. 5. 1993, S. 25.

117 ABl. Nr. C 240 vom 15. 9. 1995, S. 6.

118 S. ABl. Nr. C 294 vom 22. 10. 1994, S. 11. Zur Festlegung der für die Genehmigung maßgeblichen **Kriterien** s. ABl. Nr. C 67 vom 18. 3. 1995, S. 7.

119 Vom 13. August 1980, BGBl. 1980 I S. 1310.

120 S. z. B. zuletzt die Mitteilung im ABl. Nr. C 159 vom 8. 7. 2003, S. 14. Die Genehmigungen erhalten sich auf das jeweilige Gebiet beziehende regionale Namen (z. B. „Val des Marais-Genehmigung"), und bei der Umgrenzung der Gebiete liegt den Längengradangaben als Null-Meridian derjenige von Paris zugrunde (!).

121 S. für den **Atlantikboden** vor dem Département Finistère z. B. ABl. Nr. C 294 vom 9. 11. 1995, S. 3, vor dem Département Gironde ABl. Nr. C 187 vom 27. 6. 1996, S. 4 sowie für den **Mittelmeerboden** vor dem Département Var und Bouches du Rhône (Permis de Delta Profond du Rhône) ABl. Nr. C 338 vom 29. 11. 2000, S. 5 sowie ABl. Nr. C 238 vom 11. 5. 2001, S. 5.

122 S. für den Meeresboden entlang von **Saint-Pierre-et-Miquelon** ABl. Nr. C 227 vom 26. 7. 1997, S. 4; für eine Fläche vor der Küste des Départements **Guyana** ABl. Nr. C 382 vom 9. 12. 1998, S. 4; für eine Fläche des Meeresgrundes im Département **Martinique** ABl. Nr. C 44 vom 10. 2. 2001, S. 12; für eine Fläche des Meeresgrundes vor der Küste des Départements **Guadeloupe** ABl. Nr. C 74 vom 23. 3. 2002, S. 9.

123 Hierbei wurde die Übermittlung der Informationspakete von der Zahlung einer Gebühr von 20.000 US-$ bzw. 70.000 US-$ abhängig gemacht, ABl. Nr. C 84 vom 21. 3. 1996, S. 8. Zuständig ist das Department of Business Development & Planning.

124 S. ABl. Nr. C 299 vom 27. 10. 1994, S. 4. Zuständig ist das Department of the Marine and Natural Resources. Zu den Kriterien s. ABl. Nr. C 240 vom 15. 9. 1995, S. 6.

125 S. ABl. Nr. C 346 vom 16. 11. 1996, S. 3.

126 S. ABl. Nr. C 356 vom 22. 11. 1997, S. 2.

sockel werden keine Anträge mehr entgegengenommen. Sowohl die Lizenzen für die Offshore-Exploration wie die für das Festland (onshore territory) werden nach dem „open-door"-System vergeben[127]. In **Italien** ist das gesamte Hoheitsgebiet einschließlich der Territorialgewässer und der unter italienischer Gerichtsbarkeit stehenden Kontinentaltafel ständig verfügbar („open-door")[128]; nach dem „licencing-round"-System ausgeschriebene Gebiete betreffen allein die Region Sizilien[129]. Die **Niederlande** haben ihren Sektor des Festlandssockels in Blöcke und in Blockteile aufgeteilt, für die Genehmigungen nach dem System der „licencing-rounds" vergeben werden[130]. Von gleicher wirtschaftlicher Bedeutung ist die Praxis des **Vereinigten Königreichs,** das das „open-door"-System[131] mit dem „licencing-round"-System kombiniert[132]. Für die Exploration auf Landgebieten gelten die „Petroleum (Production) (Landward Areas) Regulations 1995"[133] und für die Offshore-Exploration die „Petroleum (Production) (Seaward Areas) Regulations 1988"[134]. Zuständig ist das Ministerium für Handel und Industrie.

IX. Staatliche Beihilfen im Mineralölsektor

Literatur:

Silke Albin, Daseinsvorsorge und EG-Beihilferecht, DÖV 2001, S. 890; *Andreas Bartosch*, Die neuen Gruppenfreistellungsverordnungen im EG-Beihilfenrecht, NJW 2001, S. 921; *Thomas von Danwitz*, Grundlagen der Europäischen Beihilfeaufsicht, JZ 2000, S. 429; *Andrew Evans*, European Community Law of State Aid, Oxford 1997; *Angela Faber*, Die Relevanz der Art. 92–94 EWGV für die kommunale Wirtschaftsförderung, DVBl. 1992, S. 1346; *Peer Groeschke*, Der wettbewerbsrechtliche Unterlassungs- und Schadensersatzanspruch aufgrund der unrechtmäßigen Subventionierung von Konkurrenten, BB 1995, S. 2329; *Leigh Hancher, Tom Ottervanger, Piet Jan Slot*, E. C. State Aids, London 1999; *Siegfried Klaue*, Energielieferverträge und die neue europäischen Gruppenfreistellungs-VO im Vertikalbereich, BB 2000, Beilage 6 zu Heft 20/2000, S. 20; *Christian Koenig, Jürgen Kühling, Nicolai Ritter*, EG-Beihilfenrecht, Heidelberg 2002; *Christian Koenig, Jürgen Kühling*, EG-beihilfenrechtliche Beurteilung mitgliedstaatlicher Infrastrukturförderung im Zeichen zunehmender Privatisierung, DÖV 2001, S. 881; *Thomas Lübbing, Andrés Martin-Ehlers*, Beihilfenrecht der EU, München 2003; *dies.*, Grundfragen des EG-Beihilfenrechts, NJW 2000, S. 1065; *Carsten Nowak*, Die Entwicklung des EG-Beihilfenkontrollrechts in den Jahren 1998, 1999 und 2000, EuZW 2001, S. 293; *ders.*, Die Entwicklung des EG-Beihilfekontrollrechts in den Jahren 2001 und 2002, EuZW 2003, S. 389; *Stefan Ohlhoff*, Verbotene Beihilfen nach dem Subventionsabkommen der WTO im Lichte aktueller Rechtsprechung, EuZW 2000, S. 645; *Michael Sánchez-Rydelski*, Umweltschutzbeihilfen, EuZW 2001, S. 458; *ders.*, Handbuch EU Beihilferecht, Baden-Baden 2003; *Adinda Sinnaeve*, Die ersten Gruppenfreistellungen: Dezentralisierung der Beihilfenkontrolle? EuZW 2001, S. 69; *Ulrich Soltész*, Öffentliche Finanzierung von Infrastruktur- und Erschließungsmaßnahmen und das EG-Beihilfenrecht, EuZW 2001, S. 107; *Rolf Stober*, Rechtliche Rahmenbedingungen der Wirtschaftsförderung, BB 1996, S. 1845.

---

127 S. ABl. Nr. C 141 vom 8. 5. 1997, S. 4.

128 S. ABl. Nr. C 396 vom 19. 12. 1998, S. 8. Zuständig ist das Ministero dell'industria, del commercio e dell'artigianato.

129 S. zuletzt ABl. Nr. C 79 vom 3. 4. 2002, S. 3.

130 S. zuletzt ABl. Nr. C 162 vom 6. 7. 2002, S. 10. Zuständig ist der Minister van Economische Zaken.

131 S. ABl. Nr. C 221 vom 26. 8. 1995, S. 2.

132 S. z. B. ABl. Nr. C 390 vom 24. 12. 1996, S. 28.

133 S. ABl. Nr. C 206 vom 24. 7. 2001, S. 3.

134 S. ABl. Nr. C 12 vom 16. 1. 2002, S. 2. S. zuletzt ABl. Nr. C 58 vom 13. 3. 2003, S. 2.

Der Wettbewerb der Unternehmen im gemeinsamen Markt kann durch diese selbst beeinträchtigt werden oder durch die Mitgliedstaaten, die einzelnen Unternehmen durch die Gewährung staatlicher Beihilfen Wettbewerbsvorteile verschaffen. Beide Arten der Behinderung des Wettbewerbs sind in der Gemeinschaft nach Maßgabe der Art. 81 ff. „Vorschriften für Unternehmen" (ex-Art. 85 ff.) EGV und der Art. 87 ff. „Staatliche Beihilfen" (ex-Art. 92 ff.) EGV grundsätzlich verboten[135].

Gemäß dem **Protokoll über die Mineralöle und einige Mineralölerzeugnisse** konnten die Mitgliedstaaten **nationale Beihilfen** zur Herstellung bestimmter Mineralölprodukte zunächst beibehalten[136]. Doch war diese Gestattung gegenständlich und zeitlich begrenzt. Da es zu einer immer wieder geforderten gemeinsamen Beihilferegelung für die verschiedenen Energieträger[137] nicht kam, verblieb es bei den unterschiedlichen Beihilferegelungen der Verträge.

Für den EG-Vertrag bestimmt Art. 87 Abs. 1 (ex-Art. 92 Abs. 1)[138]:

> „Soweit in diesem Vertrag nicht etwas anderes bestimmt ist, sind staatliche oder aus staatlichen Mitteln gewährte Beihilfen gleich welcher Art, die durch die Begünstigung bestimmter Unternehmen oder Produktionszweige den Wettbewerb verfälschen oder zu verfälschen drohen, mit dem Gemeinsamen Markt unvereinbar, soweit sie den Handel zwischen Mitgliedstaaten beeinträchtigen."

Beihilfen, die dieser Bestimmung unterfallen, sind jedoch nach Art. 87 Abs. 2 EGV dann als mit dem Gemeinsamen Markt vereinbar anzusehen, wenn sie (a) sozialer Art

---

135 S. zu den Artikeln über die staatlichen Beihilfen auch die Verordnung (EG) Nr. 659/1999 vom 22. März 1999 über besondere Vorschriften für die Anwendung von Artikel 93 des EG-Vertrags, ABl. Nr. L 83 vom 27. 3. 1999, S. 1.

136 Absatz 2 des Protokolls bestimmte:
„Für die Beihilfen zur Herstellung der in der Position 27.09 der Brüsseler Nomenklatur genannten Rohöle gilt Artikel 92 Absatz 3 Buchstabe c) dieses Vertrages, soweit diese Beihilfen notwendig erscheinen, um den Rohölpreis dem Preis anzunähern, der auf dem Weltmarkt cif europäischer Hafen eines Mitgliedstaats angewandt wird. Während der beiden ersten Stufen macht die Kommission von den in Artikel 93 vorgesehenen Befugnissen nur insoweit Gebrauch, als dies erforderlich ist, um eine mißbräuchliche Anwendung der genannten Beihilfen zu verhindern."

137 Schon das Protokoll vom 8. Oktober 1957 zwischen dem EGKS-Ministerrat und der Hohen Behörde über Mittel und Wege zu einer koordinierten Energiepolitik (ABl. Nr. 35 vom 7. 12. 1957, S. 574) erteilte der Hohen Behörde und dem Gemischten Ausschuß den Auftrag zu untersuchen, in welcher Weise Preisfaktoren wie Subventionen „die Wahl der einen oder anderen Energieform beeinflussen, sofern diese untereinander im Wettbewerb stehen" (S. Anlage, Ziffer 4a), dritter Gedankenstrich). Deutlich sodann die Forderung im Protokoll eines Abkommens betreffend die Energiefragen vereinbart zwischen den Regierungen der Mitgliedstaaten der Europäischen Gemeinschaften gelegentlich der 94. Tagung des Besonderen Ministerrats der Europäischen Gemeinschaft für Kohle und Stahl am 21. April 1964 in Luxemburg (ABl. Nr. 69 vom 30. 4. 1964, S. 1099), in dem die Regierungen der Mitgliedstaaten ihren Willen bekräftigen, „ihre Bemühungen um die Erarbeitung und Durchführung einer gemeinsamen Energiepolitik ... fortzusetzen, insbesondere in bezug auf ... das System der staatlichen Beihilfen" (s. Ziffer I, 5). Im gleichen Sinne hatte das Europaparlament schon 1960 gefordert, „daß die unerläßliche Harmonisierung der Bedingungen des Wettbewerbs zwischen der Kohle der Gemeinschaft und allen anderen Energieerzeugnissen in kürzester Frist verwirklicht wird" (s. Entschließung über die Probleme der Koordinierung auf dem Gebiet der Energiewirtschaftspolitik, ABl. Nr. 49 vom 27. 7. 1960, S. 1064).

138 Für den EGKS-Vertrag s. oben A. V. und den Euratom-Vertrag s. oben C. V. 4.

sind[139], (b) der Beseitigung von Schäden dienen, die durch Naturkatastrophen oder sonstige außergewöhnliche Ereignisse entstanden sind[140] oder (c) zum Ausgleich von Nachteilen in Gebieten dienen, die durch die Teilung Deutschlands betroffen sind[141]. Weiterhin können Beihilfen, die Art. 87 Abs. 1 EGV unterfallen, ausnahmsweise nach Art. 87 Abs. 3 lit. a) bis c) EGV als mit dem Gemeinsamen Markt vereinbar angesehen werden, wenn sie zu einer der folgenden Kategorien gehören:

a) Beihilfen zur Förderung der wirtschaftlichen Entwicklung von Gebieten, in denen die Lebenshaltung außergewöhnlich niedrig ist oder eine erhebliche Unterbeschäftigung herrscht;
b) Beihilfen zur Förderung wichtiger Vorhaben von gemeinsamem europäischen Interesse oder zur Behebung einer beträchtlichen Störung im Wirtschaftsleben eines Mitgliedstaats;
c) Beihilfen zur Förderung der Entwicklung gewisser Wirtschaftszweige oder Wirtschaftsgebiete, soweit sie die Handelsbedingungen nicht in einer Weise verändern, die dem gemeinsamen Interesse zuwiderläuft.

Zur Präzisierung dieser Ausnahmetatbestände haben Rat[142] und Kommission[143] besondere Beihilfevorschriften erlassen, die zum einen für besonders kritische Wirtschaftszweige gelten[144] und zum anderen horizontale Leitlinien und Gemeinschaftsrahmen festlegen, die die Kriterien enthalten, nach denen die Kommission die jeweiligen Beihilfen nach Art. 88 (ex-Art. 93) EGV überprüft. Außerdem hat der Rat die Kommission ermächtigt[145], bestimmte Gruppen von Beihilfen mittels Verordnung von vornherein mit dem Gemeinsamen Markt für vereinbar zu erklären[146] und von einer An-

---

139 Hierbei handelt es sich um „Beihilfen sozialer Art an einzelne Verbraucher, wenn sie ohne Diskriminierung nach der Herkunft der Waren gewährt werden".

140 Als außergewöhnliche Ereignisse kommen schwere Tanker- und Industrieunfälle, Kriege und ggfs. auch terroristische Angriffe größeren Ausmaßes in Betracht.

141 Mit Urteil vom 19. September 2000 in der Rechtssache C-156/98 (Slg. 2000, I-6857) hat der Gerichtshof diese Vorschrift eng ausgelegt.

142 Der Rat besitzt nach Art. 87 Abs. 3 lit. e) und Art. 89 EGV eine Regelungsbefugnis und nach Art. 88 Abs. 2 Unterabs. 3 EGV eine Entscheidungsbefugnis im Einzelfall.

143 Die Kommission überprüft nach Art. 88 in Zusammenarbeit mit den Mitgliedstaaten fortlaufend deren Beihilferegelungen und kann zu diesem Zwecke ihre Prüfungsmaßstäbe in Form von Leitlinien bekanntgeben.

144 Wie Landwirtschaft, Fischerei, Schiffbau, Kunstfasern, Kfz-Industrie und Verkehr.

145 Mit der Verordnung (EG) Nr. 994/98 des Rates vom 7. Mai 1998 über die Anwendung der Artikel 92 und 93 des Vertrags zur Gründung der Europäischen Gemeinschaft auf bestimmte Gruppen horizontaler Beihilfen, ABl. Nr. L 142 vom 14. 5. 1998, S. 1.

146 Dies gilt nach Art. 1 Abs. 1 der Verordnung für Beihilfen zugunsten von kleinen und mittleren Unternehmen, Forschung und Entwicklung, Umweltschutzmaßnahmen, Beschäftigung und Ausbildung sowie für Beihilfen im Einklang mit den von der Kommission für jeden Mitgliedstaat zur Gewährung von Regionalbeihilfen genehmigten Fördergebieten. S. hierzu z. B. die Verordnung (EG) Nr. 70/2001 der Kommission vom 12. Januar 2001 über die Anwendung der Artikel 87 und 88 EG-Vertrag auf staatliche Beihilfen an kleine und mittlere Unternehmen. S. weiterhin die Empfehlung 2003/361/EG der Kommission vom 6. Mai 2003 betreffend die Definition der Kleinstunternehmen sowie der kleinen und mittleren Unternehmen, ABl. Nr. L 124 vom 20. 5. 2003, S. 36 sowie dazu die Mitteilung der Kommission: Muster für eine Erklärung über die zur Einstufung als KMU erforderlichen Angaben, ABl. Nr. C 118 vom 20. 5. 2003, S. 5.

meldepflicht freizustellen[147]. Rechtswidrig gewährte Beihilfen sind vom Mitgliedstaat zurückzufordern und vom begünstigten Unternehmen zurückzuzahlen[148].

Für den Energiesektor sind insbesondere die folgenden Sonderregelungen von Belang (jeweils geltende Fassung):

- Gemeinschaftsrahmen für staatliche Forschungs- und Entwicklungsbeihilfen[149] (gültig bis 31. Dezember 2005)[150];
- Gemeinschaftsrahmen für staatliche Umweltschutzbeihilfen (gültig bis 31. Dezember 2007)[151];
- Gemeinschaftsrahmen für staatliche Beihilfen im Agrarsektor (gültig bis 2006)[152];
- Leitlinien für staatliche Beihilfen mit regionaler Zielsetzung[153] und multisektoraler Regionalbeihilferahmen für große Investitionsvorhaben[154].

Für **Forschungs- und Entwicklungsbeihilfen** gilt: Je marktnäher die Beihilfen gewährt werden, desto verzerrender kann sich ihre Wirkung auf den Wettbewerb der Unternehmen auswirken[155]. Um den Grad der Marktnähe der geförderten FuT-Tätigkeit zu bestimmen, unterscheidet die Kommission zwischen Grundlagenforschung, industrieller Forschung und vorwettbewerblicher Entwicklung[156]. Die staatliche Finanzierung von FuT-Tätigkeiten durch öffentliche, nicht gewinnorientierte Hochschul- oder Forschungseinrichtungen fällt im allgemeinen nicht in den Anwendungsbereich des Art. 87 EGV[157].

Von großer praktischer Bedeutung für den Energiesektor sind die Regelungen des Gemeinschaftsrahmens für staatliche **Umweltschutzbeihilfen**, die zwischen **Investitions-** und **Betriebsbeihilfen** unterscheiden. Nach Ziffer E.1.3. („Investitionen im Energiesektor") können für **Investitionen** in **Energieeinsparungen**, in kombinierte **Kraft-Wärmeerzeugung** und zugunsten **erneuerbarer Energieträger** Beihilfen zum Ausgangssatz von 40% der beihilfefähigen Kosten anerkannt werden[158]. Soweit Anlagen für die Nutzung erneuerbarer Energiequellen gefördert werden, die eine ganze Gemeinde, eine Insel oder ein Siedlungsgebiet autark versorgen, kann sogar ein Fördersatz von 50% anerkannt werden[159]. Sollte es sich als unerläßlich er-

---

147 Nach Art. 88 Abs. 3 EGV haben die Mitgliedstaaten die Kommission von jeder beabsichtigten Einführung oder Umgestaltung einer Beihilfe so rechtzeitig zu unterrichten, daß sie sich dazu äußern kann.

148 S. Art. 14 der Verordnung (EG) Nr. 659/1999, a. a. O. s. auch Mitteilungen der Kommission über die bei der Rückforderung rechtswidrig gewährter Beihilfen anzuwendenden Zinssätze, ABl. Nr. C 110 vom 8. 5. 2003, S. 21, sowie das Formblatt für Beschwerden über mutmaßlich rechtswidrige staatliche Beihilfe, ABl. Nr. C 116 vom 16. 5. 2003, S. 3.

149 Mitteilung der Kommission, ABl. Nr. C 45 vom 17. 2. 1996, S. 5.

150 Mitteilung der Kommission zur Verlängerung des Gemeinschaftsrahmens für staatliche Forschungs- und Entwicklungsbeihilfen, ABl. Nr. C 111 vom 8. 5. 2002, S. 3.

151 ABl. Nr. C 37 vom 3. 2. 2001, S. 3.

152 ABl. Nr. C 28 vom 1. 2. 2000, S. 2.

153 ABl. Nr. C 74 vom 10. 3. 1998, S. 9; geändert im ABl. Nr. C 258 vom 9. 9. 2000, S. 5.

154 ABl. Nr. C 70 vom 19. 3. 2002, S. 8.

155 S. Ziffer 2.2 des Gemeinschaftsrahmens.

156 S. die Definitionen in Anlage I des Gemeinschaftsrahmens.

157 S. Ziffer 2.4 des Gemeinschaftsrahmens.

158 S. Randnrn. 30 bis 32 des Beihilferahmens.

159 Randnr. 32 Abs. 2.

weisen, können die Mitgliedstaaten Investitionsbeihilfen für erneuerbare Energien in Höhe von bis zu 100% der förderbaren Kosten gewähren[160]. **Betriebsbeihilfen** können nach Ziffer E.3.1. im Bereich der **Energieeinsparungen** bis zu fünf Jahre gewährt werden, wobei die erlaubten Beihilfesätze zwischen 0% und 100% variieren können[161]. Betriebsbeihilfen zugunsten **erneuerbarer Energieträger** nach Ziffer E. 3.3.[162] können von den Mitgliedstaaten im Rahmen von 4 Optionsmodellen gewährt werden[163]; die Betriebsbeihilfen zugunsten der **kombinierten Kraft-Wärmeerzeugung** können mutatis mutandis nach denselben Regeln anerkannt werden[164]. Unter der Überschrift „Der Energiesektor und Steuerermäßigungen" erkennt die Kommission an, daß bestimmte Steuervergünstigungen zugunsten der erneuerbaren Energieträger und der kombinierten Kraft-Wärmeerzeugung Beihilfen darstellen, die unter bestimmten Bedingungen akzeptiert werden können[165].

Nach dem Gemeinschaftsrahmen für **staatliche Beihilfen im Agrarsektor** sind unter bestimmten Voraussetzungen Betriebsbeihilfen für die Entwicklung von **Biotreibstoffen** zulässig[166]. Besondere Beihilferegeln zum Ausgleich der Belastungen durch Mineralölpreiserhöhungen sind für den Agrarsektor ebensowenig vorgesehen wie für den Fischerei- und Aquakultursektor[167].

Die Leitlinien für staatliche **Beihilfen mit regionaler Zielsetzung** gelten für die Gewährung von Regionalbeihilfen der Mitgliedstaaten in allen Wirtschaftszweigen[168], einschließlich des Energiesektors. Die Freistellungsvoraussetzungen sind jeweils gebietsbezogen, wobei die Kriterien zur Anerkennung der Fördergebiete nach Art. 87 Abs. 2 lit. a) und lit. c) EGV unterschiedlich ausgestaltet sind[169]. Regionale Beihilfen haben entweder die Förderung produktiver Investitionen (Erstinvestitionen) oder die investitionsgebundene Schaffung von Arbeitsplätzen zum Ziel[170]. Die Form der Beihilfen umfaßt Zuschüsse, Darlehen zu verbilligten Zinsen oder Zinszuschüsse, Bürgschaften oder öffentliche Beteiligungen zu Vorzugsbedingungen, Steuererleichterungen, Senkung der Soziallasten, kostengünstige Überlassung von Gütern, Grundstücken oder Dienstleistungen[171].

Die **Praxis der Beihilfen** auf dem Mineralölsektor im Laufe der letzten vier Jahrzehnte zeigt ein buntscheckiges Bild. Im März 1969 erkundigte sich das niederländische Mitglied des Europaparlaments Vredeling[172], ob es zutreffe, „daß in Italien

160 Randnr. 32 Abs. 3.
161 Randnrn. 42 bis 46.
162 Randnrn. 54 ff.
163 Randnrn. 58 bis 65.
164 Randnrn. 66, 67.
165 Randnrn. 22 bis 24.
166 Ziffer 5.5.3. des Beihilferahmens.
167 S. Leitlinien für die Prüfung der einzelstaatlichen Beihilfen im Fischerei- und Aquakultursektor, ABl. Nr. C 19 vom 20. 1. 2001, S. 7.
168 S. Ziffer 2 der Leitlinien.
169 S. Ziffern 3.5 und 3.6 ff.
170 S. Ziffer 4.1.
171 S. Ziffer 4.2.
172 Wegen seiner zahlreichen Anfragen in Kreisen des Parlaments und der Kommission zuweilen spaßhaft „Frageling" genannt.

Benzin für Touristen aus anderen Ländern billiger (sei) als für die Italiener selbst" und ob „eine solche Diskriminierung im Einklang mit dem Wortlaut und Sinn des EWG-Vertrages" stehe[173]. Die Kommission bestätigte in ihrer Antwort, „daß Touristen, die sich im Kraftfahrzeug nach Italien begeben, auf dem italienischen Staatsgebiet **Benzingutscheine** benutzen können, durch die sie in gewissen Grenzen Normal- und Superbenzin erheblich unter dem normalen Inlandspreis beziehen können"[174]. Da jedoch auch im Ausland lebende Italiener in den Genuß der der Verbilligung zugrundeliegenden Ermäßigung der Mineralölsteuer kämen und „die Kommission grundsätzlich Beihilfen für den Fremdenverkehr befürwortet, könne diese Beihilfe als mit dem Gemeinsamen Markt vereinbar angesehen werden"[175]. Zudem seien die Auswirkungen auf den Wettbewerb und Handel „schwer überschaubar, zumal in einem Land wie Italien, das auf den Touristen eine so vielfältige und starke Anziehungskraft (habe), daß man zusätzliche Wirkungen der Beihilfe als unerheblich ansehen (könne)"[176].

Ebenfalls Italien betreffend, stellte der Abgeordnete Löhr 1970 eine Frage nach der Rechtmäßigkeit der **Dotierungsfonds** der italienischen Regierung zugunsten der Ente Nazionale Idrocarburi (ENI)[177]. Bis zum Jahre 1975 sollten der ENI insgesamt 1.028,9 Milliarden Lire aus öffentlichen Mitteln für Investitionszwecke zufließen und dies zu Zinssätzen zwischen 0,03 % und 1 % p.a. Die Kommission antwortete, ein „Dotierungsfonds bestimmter staatlicher Unternehmen wie der ENI (entspräche) dem Kapital von Privatunternehmen", so daß es „sich dabei normalerweise nicht um Beihilfen im Sinne des EWG-Vertrages" handele[178]. Gleichwohl versprach die Kommission zu prüfen, ob die finanziellen Interventionen unter Art. 92 Abs. 1 EWGV fallen.

Im Zuge der ersten Energiekrise vertrat sodann das Europaparlament die Auffassung, „daß unter den gegenwärtigen Umständen auch solche ordnungspolitischen Maßnahmen notwendig werden, die nicht den Regeln der freien Marktwirtschaft entsprechen"[179], wobei das Parlament ausdrücklich empfahl, „die Möglichkeit von Beihilfen bzw. steuerlichen Erleichterungen" zu prüfen[180], die „Gewährung von Ausfallbürgschaften" zum Aus- und Neubau von Anlagen zur Umwandlung von Rückstandsölen in leichte Mineralölprodukte in Betracht zu ziehen[181] und „sozial schwachen Schichten ... Beihilfen zum Ausgleich der überproportional gestiegenen Heizölpreise zu gewähren"[182].

Tatsächlich sah sich die Kommission im Gefolge der ersten und zweiten Energiekrise mit zahlreichen nationalen Beihilfevorhaben konfrontiert, wobei die **Investitionen**

---

173 Schriftliche Anfrage Nr. 337/68, ABl. Nr. C 58 vom 10. 5. 1969, S. 7.

174 A. a. O.

175 S. abschließende Antwort auf Schriftliche Anfrage Nr. 445/70, ABl. Nr. C 22 vom 9. 3. 1971, S. 10.

176 A. a. O.

177 Schriftliche Anfrage Nr. 73/70, ABl. Nr. C 93 vom 21. 7. 1970, S. 7.

178 A. a. O.

179 S. Entschließung des Europäischen Parlaments vom 1. Dezember 1973 über notwendige Sofortmaßnahmen zur Milderung der Krise in der Energieversorgung der Europäischen Gemeinschaft, ABl. Nr. C 2 vom 9. 1. 1974, S. 46 (s. Ziffer 5).

180 A. a. O. Ziffer 8 b).

181 A. a. O. Ziffer 8 e).

182 A. a. O. Ziffer 8 l).

in Raffineriekapazitäten und der **Ausgleich höherer Energiekosten im Unterglasgartenbau** und bei der **Küstenfischerei** im Vordergrund standen. Schon vor der ersten Energiekrise hatte die Kommission Zuschüsse der niederländischen Regierung zur Erleichterung der Energieversorgung der heimischen Gartenbaubetriebe für unvereinbar mit den Regeln des Gemeinsamen Marktes erklärt und ein Vertragsverstoßverfahren eingeleitet[183]. Auch in der Folgezeit sollten finanzielle Maßnahmen der niederländischen Regierung zugunsten des Heizöl- und Erdgaseinsatzes in den zahllosen Glashäusern des Landes die Kommission und teilweise auch den Gerichtshof beschäftigen.

Zur Abmilderung der Auswirkungen der Krise für besonders betroffene Berufsgruppen stellte die Kommission den Mitgliedstaaten im Juni 1974 **„Leitlinien für die Gewährung einzelstaatlicher Beihilfen zur Anpassung an die Entwicklung der Energiemärkte"** zu[184]. Danach sah die Kommission im wesentlichen diejenigen Beihilfen als mit dem Gemeinsamen Markt vereinbar an, die ein Drittel der ab dem 1. September 1973 vorgenommenen Preiserhöhungen nicht überschritten. Nach Maßgabe dieser Leitlinien vermochte die Kommission ein ihr von der niederländischen Regierung unterbreitetes Beihilfeprojekt nur eingeschränkt zu genehmigen[185]. Mit ihrer Antwort auf die Schriftliche Anfrage Nr. 73/77[186] gab die Kommission ein umfassendes Bild über die energiebedingte Wettbewerbssituation der Unterglasbetriebe der Gemeinschaft (mit Angaben der relevanten Erdgas- und Heizölpreise, der Verbrauchs- und Mehrwertsteuern sowie der Verkaufspreise der Heizöle in den neuen Ländern der Gemeinschaft) und berichtete, daß von den meisten Mitgliedstaaten mit den Leitlinien übereinstimmende Beihilfemaßnahmen ergriffen worden seien. Bereits vor 1974 bestehende Maßnahmen in Form von Verbrauchssteuerbefreiungen (Vereinigtes Königreich, schweres Heizöl), Verbrauchssteuererstattungen (Luxemburg, Niederlande) oder Zuschüssen zur teilweisen oder völligen Erstattung der gezahlten Verbrauchssteuern (Belgien) seien fortgeführt worden. Frankreich habe außerdem Maßnahmen zur Förderung von Studien oder Investitionen ergriffen, die eine Verminderung des Energieverbrauchs für Gemüse- und Gartenbauglashäuser zum Ziel hätten.

Eine 1981 von der belgischen Regierung notifizierte Beihilfe zugunsten gewerblicher Gartenbaubetriebe konnte von der Kommission nicht genehmigt werden[187]. Ebensowenig genehmigte die Kommission 1983 besondere **Treibstoffbeihilfen**, die Italien[188],

---

183 S. Schriftliche Anfrage Nr. 121/71, ABl. Nr. C 68 vom 8. 7. 1971, S. 15.

184 Geändert durch Schreiben vom 30. April 1975.

185 Entscheidung der Kommission vom 22. Dezember 1976 über ein Beihilfeprojekt im Unterglasgartenbau in den Niederlanden zum Ausgleich des Preisanstiegs bei Heizöl (77/75/EWG), ABl. Nr. L 17 vom 20. 1. 1977, S. 25. S. hierzu auch die Schriftliche Anfrage Nr. 981/76, ABl. Nr. C 246 vom 13. 10. 1977, S. 2 m. w. N.

186 ABl. Nr. C 246 vom 13. 10. 1977, S. 3.

187 Entscheidung der Kommission vom 10. März 1982 über eine von der belgischen Regierung gewährte direkte Beihilfe zum Kauf von Mineralölbrennstoffen zur Beheizung von Gewächshäusern zugunsten der einer Mehrwertsteuersonderregelung unterliegenden Gartenbaubetriebe (82/175/EWG), ABl. Nr. L 80 vom 26. 3. 1982, S. 40.

188 Entscheidung der Kommission vom 8. Februar 1983 über eine von der italienischen Regierung gewährte Treibstoffbeihilfe an die im Mittelmeer Fischfang treibenden Fischer (83/312/EWG), ABl. Nr. L 169 vom 28. 6. 1983, S. 29; Entscheidung der Kommission vom 9. März 1983

Frankreich[189] und Belgien[190] ihren Fischern gewährt hatten. Auch eine 1986 in Frankreich eingeführte Preisbegrenzung für Fischerei-Dieselöl sollte keinen Bestand haben[191].

Mit einer Serie von fünf Beihilfe-Entscheidungen untersagte die Kommission der belgischen Regierung zwischen 1973 und 1982 die finanzielle Förderung dreier **Raffinerien** im Raume Antwerpen[192]. Zunächst – so die Kommission – zeichne sich der Raffineriesektor in Belgien und in der Gemeinschaft dadurch aus, daß die bestehenden und vorgesehenen Produktionskapazitäten bereits weitgehend den Bedarf überschritten. Der Anstieg des Rohölpreises und die Maßnahmen zur Erschließung neuer Energiequellen hätten zu einem Rückgang der Nachfrage nach schweren Raffinerieerzeugnissen geführt. Zwar ergebe sich daraus die Notwendigkeit, diese in leichtere Raffinate zu konvertieren, doch stelle bereits das Preisgefälle zugunsten der leichten Mineralölerzeugnisse einen hinreichenden Anreiz für die nötigen Konvertierungsmaßnahmen dar. Mit ähnlichen Begründungen wies die Kommission im Jahre 1984 drei weitere Beihilfevorhaben der niederländischen Regierung zugunsten von Raffinerien in Borsele[193] und Rotterdam-Europort[194] zurück. Ebensowenig wurden zwei Beihilfe-

---

über eine von der italienischen Regierung den sizilianischen Fischern gewährte Treibstoffbeihilfe (83/246/EWG), ABl. Nr. L 137 vom 26. 5. 1983, S. 28.

189 Entscheidung der Kommission vom 8. Februar 1983 über eine von der französischen Regierung gewährte Beihilfe an die Fischereibetriebe zur Erhaltung der Arbeitsplätze in der Fischerei (83/313/EWG), ABl. Nr. L 169 vom 28. 6. 1983, S. 32.

190 Entscheidung der Kommission vom 8. Februar 1983 über eine von der belgischen Regierung gewährte Treibstoffbeihilfe an Fischer (83/314/EWG), ABl. Nr. L 169 vom 28. 6. 1983, S. 35.

191 Entscheidung der Kommission vom 29. Juli 1986 über das von der französischen Regierung eingeführte System der Festsetzung einer oberen Preisgrenze für Fischerei-Dieselöl (86/592/EWG), ABl. Nr. L 340 vom 3. 12. 1986, S. 22.

192 **Raffinerie A:** Entscheidung der Kommission vom 11. September 1973 über die von der belgischen Regierung geplanten Beihilfen für die Erweiterung einer Erdölraffinerie in Antwerpen (Provinz Antwerpen) und für die Errichtung einer neuen Raffinerie in Kallo (Provinz Ostflandern) (73/293/EWG), ABl. Nr. L 270 vom 27. 11. 1973, S. 22; Entscheidung der Kommission vom 22. März 1977 über die von der belgischen Regierung geplante Beihilfe zur Ausweitung der Kapazitäten einer Erdölraffinerie in Antwerpen (77/260/EWG), ABl. Nr. L 80 vom 29. 3. 1977, S. 23; Entscheidung der Kommission vom 28. November 1980 über ein Beihilfevorhaben der belgischen Regierung für bestimmte Investitionen der belgischen Tochtergesellschaft eines internationalen Mineralölkonzerns in seiner Raffinerie in Antwerpen (80/1157/EWG), ABl. Nr. L 343 vom 18. 12. 1980, S. 38.

Raffinerie B: Entscheidung der Kommission vom 23. November 1981 über ein Beihilfevorhaben der belgischen Regierung für bestimmte Investitionen in einer Raffinerie in Antwerpen (81/984/EWG), ABl. Nr. L 361 vom 16. 12. 1981, S. 24.

Raffinerie C: Entscheidung der Kommission vom 27. Oktober 1982 über ein Beihilfevorhaben der belgischen Regierung für bestimmte Investitionen in der Antwerpener Raffinerie einer Erdölgesellschaft (82/829/EWG), ABl. Nr. L 350 vom 10. 12. 1982, S. 36.

193 Entscheidung der Kommission vom 27. Juni 1984 über eine von der niederländischen Regierung vorgesehene Beihilfe für Investitionen einer Mineralölgesellschaft in ihrer Raffinerie in Borsele (84/417/EWG), ABl. Nr. L 230 vom 28. 8. 1984, S. 28.

194 Entscheidung der Kommission vom 27. Juni 1984 über eine von der niederländischen Regierung vorgesehene Beihilfe für Investitionen einer Mineralölgesellschaft in ihrer Raffinerie im Raum Rotterdam-Europort (84/418/EWG), ABl. Nr. L 230 vom 28. 8. 1984, S. 31; Entscheidung der Kommission vom 11. Juli 1984 über eine von der niederländischen Regierung geplante Beihilfe für den Bau einer Produktionsanlage zur Herstellung eines Benzinzusatzes im Raum Rotterdam-Europort (84/499/EWG), ABl. Nr. L 276 vom 19. 10. 1984, S. 43.

vorhaben zur Einrichtung bzw. Erneuerung von petrochemischen **Forschungslabors** in Belgien und den Niederlanden genehmigt[195].

Ging es bei diesen Forschungslabors um Einrichtungen von Unternehmen der Privatwirtschaft, so handelt es sich beim Institut Français du Pétrole um eine seit 1944 bestehende staatlich kontrollierte Einrichtung, die seit dieser Zeit durch eine steuerähnliche Abgabe auf bestimme Mineralölerzeugnisse finanziert wird. Durch Frankreich erstmals im Jahre 1992 notifiziert, entschied die Kommission unter Hinweis auf den Gemeinschaftsrahmen für staatliche Forschungs- und Entwicklungsbeihilfen[196], daß diese Sondersteuer keine Beihilfe im Sinne von Art. 92 Abs. 1 (Art. 87 n. F.) EGV darstelle[197].

Als gleichfalls dem Mineralölsektor im Vorfeld und daher **indirekt** zugute kommende Förderprojekte sind auch nationale Maßnahmen zugunsten des **Offshore-Großanlagenbaus** zu betrachten. Ein erstes, ihr 1973 vorgelegtes Projekt einer britischen Beihilferegelung zugunsten von Offshore-Supply-Unternehmen hielt die Kommission zunächst für unbedenklich, da der Sektor in der Gemeinschaft erst im Aufbau begriffen sei. Aufgrund der raschen Entwicklung des Offshore-Supply-Sektors und des sich verschärfenden Wettbewerbs auf diesem Gebiet verlangte die Kommission jedoch 1979 die Einstellung der britischen Fördermaßnahmen[198]. Auch ein niederländisches Beihilfevorhaben zur Förderung des Offshore-Großanlagenbaus wurde von der Kommission nicht genehmigt[199].

In den 90er Jahren stellte sich für das Beihilferecht durch die **deutsche Wiedervereinigung** eine neue Aufgabe[200]. Es galt, die Fördermaßnahmen im Zuge der Privatisierung, Modernisierung und Abwicklung der alten DDR-Staatsbetriebe zu überprüfen, wobei die Umstrukturierung des Mineralölsektors der DDR eine bedeutende Rolle einnahm. Die Kommission trug den deutschen Anliegen in großem Umfang Rechnung und genehmigte die ihr vorgelegten Beihilfevorhaben in nahezu allen Punkten[201].

---

195 Entscheidung der Kommission vom 23. Juli 1981 über eine Beihilfe der niederländischen Regierung zugunsten einer Investition auf dem Petrochemiesektor (81/717/EWG), ABl. Nr. L 256 vom 10.9.1981, S. 26; Entscheidung der Kommission vom 15. November 1988 über die von der belgischen Regierung gewährten Beihilfen für ein Unternehmen des petrochemischen Sektors in Ottignies/Louvain-la-Neuve (SA Belgian Shell) (89/254/EWG), ABl. Nr. L 106 vom 18.4.1989, S. 34.

196 ABl. Nr. C 45 vom 17.2.1996, S. 5. Hiernach fällt „die staatliche Finanzierung von FuE-Tätigkeiten durch öffentliche nicht gewinnorientierte Hochschul- oder Forschungseinrichtungen im allgemeinen nicht in den Anwendungsbereich des Artikels 92 Absatz 1 EG-Vertrag".

197 Entscheidung der Kommission vom 29. Mai 1996 über die Verlängerung der für das Institut Français du Pétrole erhobenen Steuer auf bestimmte Mineralölerzeugnisse für den Zeitraum 1993–1997 (96/615/EG), ABl. Nr. L 272 vom 25.10.1996, S. 53.

198 Entscheidung der Kommission vom 2. Mai 1979 über die britische Beihilferegelung in Form von Zinszuschüssen für die Offshore-Industrie (offshore supplies interest relief grant OSIRG) (79/496/EWG), ABl. Nr. L 127 vom 24.5.1979, S. 50. S. zur wettbewerbsbeschränkenden Tätigkeit des britischen „Offshore Supplies Office" auch die Schriftliche Anfrage Nr. 280/77, ABl. Nr. C 277 vom 17.11.1977, S. 1.

199 Entscheidung der Kommission vom 19. Dezember 1984.

200 S. allgemein: *Joachim Sedemund*, Deutsche Einheit und EG, EuZW 1990, S. 11.

201 Das wichtigste Beihilfeprojekt war die Förderung der **Raffinerie Leuna 2000**, zu deren Errichtung 1992 die Mitteldeutsche Erdöl-Raffinerie GmbH (Tochtergesellschaft von Elf Aquitaine)

Aber auch der verstärkte **Wettbewerb im Binnenmarkt** und der Wegfall der Grenzkontrollen führte in einigen Fällen zu ökonomischen Härten, die die Mitgliedstaaten zum Schutz ihrer Unternehmen durch Beihilfen auszugleichen trachteten. Der letzte und aufgrund seines Massencharakters spektakulärste Beihilfefall dieser Art ist eine niederländische Maßnahme zugunsten von 633 niederländischen Tankstellen in der Nähe der Grenze zu Deutschland. Nach einer Erhöhung der Verbrauchssteuer auf Leichtöl, die in den Niederlanden am 1. Juli 1997 in Kraft getreten war, befürchteten die niederländischen Behörden, daß die niederländischen Verbraucher in Grenznähe zu deutschen Tankstellen abwanderten, um dort ihren Bedarf zu decken. Die hierdurch zu erwartenden Umsatzrückgänge sollten durch eine staatliche Beihilfe an die betroffenen heimischen Tankstellen ausgeglichen werden. Abgesehen von 183 Tankstellen, deren Subventionen unter die „de-minimis-Regel“ [202] fielen, erklärte die Kommission für die restlichen 450 Tankstellen die Beihilfe für mit dem Gemeinsamen Markt unvereinbar und ordnete ihre Rückforderung an [203]. Diese Entscheidung wurde nicht nur von den Niederlanden vor dem Gerichtshof angefochten, sondern zog auch eine Fülle von Klagen der betroffenen Unternehmen vor dem Gericht erster Instanz nach sich. Mit Urteil vom 13. Juni 2002 wies der Gerichtshof die Klage der Niederlande ab [204].

---

gegründet worden war. Erste Beihilfen in den Jahren 1993 und 1994 wurden von der Kommission genehmigt (ABl. Nr. C 214 vom 7. 8. 1993, S. 9 und ABl. Nr. C 385 vom 31. 12. 1994, S. 35). Spätere Beihilfen aufgrund des verlängerten Investitionszulagengesetzes sah die Kommission als rechtswidrig an (s. hierzu die Mitteilung im ABl. Nr. C 290 vom 3. 10. 1996, S. 10, sowie die Entscheidung der Kommission vom 1. Oktober 1997 betreffend die Verlängerung der 8%igen Investitionszulage für Investitionen in den neuen Bundesländern durch das Jahressteuergesetz 1996 (98/194/EG), ABl. Nr. L 73 vom 12. 3. 1998, S. 38). Auf Klage der Mitteldeutschen Erdöl-Raffinerie GmbH hob das GeI die negative Entscheidung der Kommission auf (Urteil vom 22. November 2001 in der Rechtssache T-9/98, Slg. 2001, II-3367). Mit zwei Entscheidungen vom 30. Oktober 2002 genehmigte die Kommission daraufhin einen Beihilfegesamtbetrag in Höhe von 650,4 Mio EUR (s. Entscheidung der Kommission vom 30. Oktober 2002 über eine staatliche Beihilfe Deutschlands zugunsten der Raffinerie Leuna 2000 (2003/281/EG), ABl. Nr. L 108 vom 30. 4. 2003, S. 1, sowie Entscheidung der Kommission vom 30. Oktober 2002 über die von Deutschland bewilligte Verlängerung der 8%igen Investitionszulage für Investitionen in den neuen Bundesländern durch das Jahressteuergesetz 1996 zugunsten der Mitteldeutschen Erdöl-Raffinerie GmbH (2003/229/EG), ABl. Nr. L 91 vom 8. 4. 2003, S. 42). S. weiterhin Entscheidung der Kommission vom 29. Mai 1996 über Beihilfevorhaben zugunsten der Buna GmbH, Sächsische Olefinwerke GmbH, Leuna-Werke GmbH, Leuna-Polyolefin GmbH und der BSL Polyolefinverbund GmbH (96/545/EG), ABl. Nr. L 239 vom 9. 9. 1996, S. 1; Entscheidung der Kommission vom 25. November 1998 über Maßnahmen Deutschlands zugunsten der InfraLeuna Infrastruktur und Service GmbH (1999/646/EG), ABl. Nr. L 260 vom 6. 10. 1999, S. 1; Entscheidung der Kommission vom 26. Mai 1999 über die staatliche Beihilfe Deutschlands zugunsten von Dow/Buna SOW Leuna Olefinverbund GmbH (BSL) (1999/679/EG), ABl. Nr. L 269 vom 19. 10. 1999, S. 36; Entscheidung der Kommission vom 16. Dezember 1998 über eine Beihilfe Deutschlands zugunsten der ADDINOL Mineralöl GmbH LGV und der ADDINOL LUBE Oil GmbH & Co. KG (1999/647/EG), ABl. Nr. L 260 vom 6. 10. 1999, S. 19.

202 S. Mitteilung der Kommission über „De-minimis“-Beihilfen, ABl. Nr. C 68 vom 6. 3. 1996, S. 9.

203 Entscheidung der Kommission vom 20. Juli 1999 über die staatliche Beihilfe, die die Niederlande zugunsten von 633 niederländischen Tankstellen im Grenzgebiet zu Deutschland gewährt haben (1999/705/EG), ABl. Nr. L 280 vom 30. 10. 1999, S. 87.

204 Rechtssache C-382/99, Slg. 2002, I-5163.

Die Höhe der Treibstoffkosten blieb auch nach der Jahrtausendwende und insbesondere nach den drastischen **Preiserhöhungen beim Mineralöl** im September 2000[205] ein Grund für mehrere Mitgliedsländer, durch staatliche Beihilfen einen Ausgleich für besonders belastete Berufsgruppen zu schaffen. Belgien teilte der Kommission die geplante Bereitstellung zinsverbilligter Kredite für Fischer mit Teilbürgschaft des Staats infolge des Anstiegs der Treibstoffkosten mit[206], und Frankreich ergriff entsprechende Maßnahmen[207]. Spanien beschloß aus demselben Grunde Hilfen zugunsten seiner Landwirtschaft[208], und auch Italien erließ Stützungsmaßnahmen für seinen Fischereisektor[209]. Portugal übernahm seinerseits einen Teil der Mautgebühren zugunsten bestimmter Lastkraftwagen im Straßengüterverkehr und des öffentlichen Personenverkehrs[210]. Als problematisch sind drei beihilferechtliche Entscheidungen des **Rates** zu betrachten, mit denen dieser Steuererleichterungen, die Frankreich[211], Italien[212] und die Niederlande[213] ihren Unternehmen des Straßengüterverkehrs gewährten, als mit dem Binnenmarkt vereinbar betrachtete[214]. Zwar hatte der Rat schon zuvor gewisse Ausnahmeregelungen beider Länder **steuerrechtlich** genehmigt[215], doch als die Kommission angesichts der neuen Sachlage die entlastenden Maßnahmen einer **beihilferechtlichen** Überprüfung unterziehen wollte[216], kam der Rat ihr mit seinen Entscheidungen zuvor[217]. Als nicht mit dem gemeinsamen Markt vereinbar betrachtete die Kommission eine Beihilfe, die die Region Sardinien Landwirtschafts-

---

205 S. „Voll erwischt vom Ölschock“ und „Jenseits des Erdöls“, Der Spiegel, 39/2000, S. 114, 127.

206 S. ABl. Nr. C 78 vom 10. 3. 2001, S. 2.

207 S. ABl. Nr. C 78 vom 10. 3. 2001, S. 9.

208 S. ABl. Nr. C 172 vom 16. 6. 2001, S. 2, sowie Entscheidung der Kommission vom 11. Dezember 2002 betreffend die von Spanien durchgeführten Maßnahmen zugunsten der Landwirtschaft infolge des Anstiegs der Treibstoffkosten (2003/293/EG), ABl. Nr. L 111 vom 6. 5. 2003, S. 24.

209 S. ABl. Nr. C 179 vom 23. 6. 2001, S. 14.

210 S. ABl. Nr. C 88 vom 12. 4. 2002, S. 19.

211 S. Entscheidung des Rates vom 3. Mai 2002 über die Gewährung einer staatlichen Beihilfe durch die französische Regierung für Unternehmen des Straßengüterverkehrs (2002/363/EG), ABl. Nr. L 131 vom 16. 5. 2002, S. 15.

212 S. Entscheidung des Rates vom 3. Mai 2002 über die Gewährung einer staatlichen Beihilfe durch die Behörden der Italienischen Republik für Unternehmen des Straßengüterverkehrs (2002/362/EG), ABl. Nr. L 131 vom 16. 5. 2002, S. 14.

213 S. Entscheidung des Rates vom 3. Mai 2002 über die Gewährung einer staatlichen Beihilfe durch die Behörden des Königreichs der Niederlande für Unternehmen des Straßengüterverkehrs (2002/361/EG), ABl. Nr. L 131 vom 16. 5. 2002, S. 12.

214 Zwar obliegt nach Art. 88 EGV die Überprüfung staatlicher Beihilfen der **Kommission**, doch kann der **Rat** nach Abs. 2 Unterabs. 3 Satz 1 dieser Vorschrift „einstimmig auf Antrag eines Mitgliedstaats entscheiden, daß eine von diesem Staat gewährte oder geplante Beihilfe in Abweichung von Artikel 87 oder von den nach Artikel 89 erlassenen Verordnungen als mit dem gemeinsamen Markt vereinbar gilt, wenn außergewöhnliche Umstände eine solche Entscheidung rechtfertigen.“

215 S. Entscheidungen 1999/880/EG, 2000/446/EG und 2001/224/EG, ABl. Nr. L 331 vom 23. 12. 1999, S. 73, ABl. Nr. L 180 vom 19. 7. 2000, S. 39 und ABl. Nr. L 84 vom 23. 3. 2001, S. 23.

216 S. Veröffentlichungen im ABl. Nr. C 160 vom 2. 6. 2001, S. 15, 24, 30.

217 Art. 88 Abs. 2 Unterabs. 3 Satz 2 EGV bestimmt: „Hat die Kommission bezüglich dieser Beihilfe das in Unterabsatz 1 dieses Absatzes vorgesehene Verfahren bereits eingeleitet, so bewirkt der Antrag des betreffenden Staates an den Rat die Aussetzung dieses Verfahrens, bis der Rat sich geäußert hat“. S. hierzu auch unten 3. Teil C. 4.

betrieben gewähren wollte, die andere Brennstoffe als Erdgas, d. h. insbes. Diesel verwenden[218].

Eher dem Bereich der Werfthilfen bzw. dem Seetransportsektor als dem Mineralöl-Erdgassektor sind jene Beihilfen zuzurechnen, die für den Bau bzw. die Stillegung von **Tankschiffen** für den Transport von Erdöl bzw. Erdgas gewährt werden[219].

X. Wettbewerb im Mineralölsektor

Literatur:

Ulf Böge, Neue Entwicklungen in der Frage der internationalen Zusammenarbeit von Wettbewerbsbehörden, EuZW 2001, S. 1; *Thomas Eilmansberger*, Zum Vorschlag der Kommission für eine Reform des Kartellvollzugs, JZ 2001, S. 365; *Jonathan Faull, Ali Nikpay* (Ed.), The EC Law of Competition, Oxford 1999 (energy: pp 689–751); *Andreas Geiger*, Die neuen Leitlinien der EG-Kommission zur Anwendbarkeit von Art. 81 EG auf Vereinbarungen über horizontale Zusammenarbeit, EuZW 2000, S. 325; *Leigh Hancher, Terence Daintith, Gunther Kuehne, Peter Cameron, Anita Rønne*, Monopoly and Competition in Energy Supply: The United Kingdom, West Germany, the Netherlands, Denmark, Journal of Energy & Natural Resources Law, Supplement December 1989, p. 4, 31, 47 and 67; *Christian Koenig*, Wider wettbewerbswidrige Quersubventionen in vertikal integrierten Unternehmen, EuZW 2002, S. 289; *Wolfgang Löwer*, Das Bundeskartellamt als Rechtsreformer im Energierecht, in: *Jörn Ipsen* u. a. (Hrsg.), Verfassungsrecht im Wandel, Köln u. a. 1995; *Wernhard Möschel*, Systemwechsel im Europäischen Wettbewerbsrecht? JZ 2000, S. 61; *Norbert Pannagl*, Der Tankstellenvertrag im Kartellrecht: eine rechtswissenschaftliche Analyse über die Zulässigkeit von vertikalen Vertriebsbindungen in der Mineralölwirtschaft, Frankfurt a. M. 2002; *Michael Paulweber, Armin Weinand*, Europäische Wettbewerbspolitik und liberalisierte Märkte, EuZW 2001, S. 232; *Romina Polley, Daniela Seeliger*, Die neue Mitteilung der Europäischen Kommission über den Erlaß und die Ermäßigung von Geldbußen in EG-Kartellsachen, EuZW 2002, S. 397; *Jürgen Schwarze*, Der Staat als Adressat des europäischen Wettbewerbsrechts, EuZW 2000, S. 613; *Franz-Jörg Semler*, Die neue EU-Gruppenfreistellungsverordnung für vertikale Wettbewerbsbeschränkungen – Folgen für die Rechtspraxis, DB 2000, S. 193; *Piet Jan Slot*, Energy and Competition, CMLR 1994, p. 511; *Ernst Steindorff*, Ansprüche gegen die EG-Kommission auf Einschreiten gegen Kartellrechtsverstöße, ZHR 150 (1986), S. 222.

Bei der Anwendung der Wettbewerbsvorschriften für Unternehmen kann im Mineralölsektor – wie in anderen Wirtschaftssektoren auch – zwischen unerlaubten Vereinbarungen und Verhaltensweisen (Art. 81 (ex-Art. 85) EGV), dem Mißbrauch einer beherrschenden Stellung (Art. 82 (ex-Art. 86) EGV)[220] und dem Zusammenschluß von Unternehmen nach der Fusionskontrollverordnung[221] unterschieden werden.

Nach Art. 81 Abs. 1 und 2 EGV sind alle Vereinbarungen zwischen Unternehmen, Beschlüsse von Unternehmensvereinigungen und aufeinander abgestimmte Verhaltens-

---

218 S. Entscheidung 2002/785/EG vom 7. Mai 2002, ABl. Nr. L 282 vom 19. 10. 2002, S. 60.

219 S. zuletzt z. B.: Staatliche Beihilfe – Spanien – Verlängerung der Dreijahresfrist für die Lieferung von LNG-Tankern, ABl. Nr. C 238 vom 3. 10. 2002, S. 2; Entscheidung 2002/868/EG der Kommission vom 17. Juli 2002 über die Beihilferegelung Italiens zur Verringerung der Zahl der über 20-jährigen Einhüllen-Öltankschiffe der italienischen Tankerflotte, ABl. Nr. L 307 vom 8. 11. 2002, S. 49.

220 S. hierzu Verordnung (EG) Nr. 1/2003 des Rates vom 16. Dezember 2002 zur Durchführung der in den Artikeln 81 und 82 des Vertrags niedergelegten Wettbewerbsregeln, ABl. Nr. L 1 vom 4. 1. 2003, S. 1.

221 S. hierzu unten Ziffer XI.

weisen, die den Handel zwischen Mitgliedstaaten beeinträchtigen können und die eine Verhinderung, Einschränkung oder Verfälschung des Wettbewerbs innerhalb der Gemeinschaft bezwecken oder bewirken, mit dem Gemeinsamen Markt unvereinbar, verboten[222] und nichtig[223]. Dies gilt insbesondere für die Festsetzung der An- und Verkaufspreise, die Einschränkung oder Kontrolle der Erzeugung und des Absatzes, eine Aufteilung der Märkte oder Versorgungsquellen, eine Benachteiligung von Handelspartnern durch Anwendung unterschiedlicher Bedingungen bei gleichwertigen Leistungen sowie eine Aufdrängung unerwünschter sachfremder Nebenleistungen[224]. Soweit Vereinbarungen oder Beschlüsse jedoch „unter angemessener Beteiligung der Verbraucher an dem entstehenden Gewinn zur Verbesserung der Warenerzeugung oder -verteilung oder zur Förderung des technischen oder wirtschaftlichen Fortschritts beitragen", können sie nach Maßgabe des Art. 81 Abs. 3 EGV vom o. a. Verbot freigestellt werden[225].

Zur Konkretisierung dieser letztgenannten Bestimmung gelten bis Ende 2010 die

- Verordnung (EG) Nr. 2659/2000 der Kommission vom 29. November 2000 über die Anwendung von Artikel 81 Absatz 3 des Vertrages auf Gruppen von Vereinbarungen über Forschung und Entwicklung[226];
- Verordnung (EG) Nr. 2658/2000 der Kommission vom 29. November 2000 über die Anwendung von Artikel 81 Absatz 3 des Vertrages auf Gruppen von Spezialisierungsvereinbarungen[227];
- Verordnung (EG) Nr. 2790/1999 der Kommission vom 22. Dezember 1999 über die Anwendung von Artikel 81 Absatz 3 des Vertrages auf Gruppen von vertikalen Vereinbarungen und aufeinander abgestimmten Verhaltensweisen[228].

Für den Mineralölsektor ist insbesondere die letztgenannte Verordnung von Bedeutung, da ihre Regelungen (u. a.) an die Stelle der Verordnung (EWG) Nr. 1984/83[229]

---

222 Soweit nur der Handel innerhalb eines Mitgliedstaats beeinträchtigt wird, gilt allein dessen nationales Wettbewerbsrecht. Soweit sowohl der Handel innerhalb eines Mitgliedstaats als auch der Handel zwischen den Mitgliedstaaten beeinträchtigt wird, gelten sowohl das nationale Wettbewerbsrecht als auch Art. 81 EGV.

223 In Deutschland: § 139 BGB.

224 Vgl. Art. 81 Abs. 1 lit. a) bis e).

225 S. hierzu die Verordnung Nr. 19/65/EWG des Rates vom 2. März 1965 über die Anwendung von Artikel 85 Absatz 3 des Vertrages auf Gruppen von Vereinbarungen und aufeinander abgestimmten Verhaltensweisen, ABl. Nr. L 36 vom 6. 3. 1965, S. 533; zuletzt geändert durch die Verordnung (EG) Nr. 1215/1999, ABl. Nr. L 148 vom 15. 6. 1999, S. 1; sowie die Verordnung (EWG) Nr. 2821/71 des Rates vom 20. Dezember 1971 über die Anwendung von Artikel 85 Absatz 3 des Vertrages auf Gruppen von Vereinbarungen, Beschlüssen und aufeinander abgestimmten Verhaltensweisen, ABl. Nr. L 285 vom 29. 12. 1971, S. 46.

226 ABl. Nr. L 304 vom 5. 12. 2000, S. 7. S. dazu Bekanntmachung der Kommission – Leitlinien zur Anwendbarkeit von Artikel 81 EG-Vertrag auf Vereinbarungen über horizontale Zusammenarbeit, ABl. Nr. C 3 vom 6. 1. 2001, S. 2.

227 ABl. Nr. L 304 vom 5. 12. 2000, S. 3. S. dazu Bekanntmachung der Kommission – Leitlinien zur Anwendbarkeit von Artikel 81 EG-Vertrag auf Vereinbarungen über horizontale Zusammenarbeit, ABl. Nr. C 3 vom 6. 1. 2001, S. 2.

228 ABl. Nr. L 336 vom 29. 12. 1999, S. 21. S. dazu Mitteilung der Kommission – Leitlinien für vertikale Beschränkungen, ABl. Nr. C 291 vom 13. 10. 2000, S. 1.

229 Verordnung (EWG) Nr. 1984/83 der Kommission vom 22. Juni 1983 über die Anwendung

traten, die besondere Vorschriften für **Tankstellenverträge** vorsah[230], d. h. für Verträge, in denen sich der Wiederverkäufer (Tankstelle) gegenüber dem Lieferanten (einer bestimmten Marke Mineralöl) verpflichtet, „bestimmte Kraftstoffe für Motorfahrzeuge und bestimmte Brennstoffe aus Mineralöl ... zum Zwecke des Weiterverkaufs in einer durch die Vereinbarung bezeichneten Abfüllstation nur von ihm ... zu beziehen"[231]. Mit einer Vereinbarung dieser Art war zuletzt der EFTA-Gerichtshof in der Rechtssache E-7/01 befaßt, der u. a. entschied, daß eine Alleinbezugsvereinbarung, die vom Tankstellenbetreiber während eines Zeitraums von 15 Jahren nicht beendet werden kann, nicht unter die Gruppenfreistellung nach der Verordnung (EWG) Nr. 1984/83 fällt[232]. Allerdings finde das Verbot nach Art. 53 Abs. 1 EWR-Abkommen[233] dann keine Anwendung, „wenn diese Art der Vereinbarung nur einen unwesentlichen Beitrag zum kumulativen Abschottungseffekt durch die Gesamtheit der Verträge auf diesem Markt leistet"[234].

Wegen des allgemeinen Inhalts und der Einzelheiten der wettbewerbsrechtlichen Vorschriften in materieller und verfahrensrechtlicher Hinsicht muß hier auf das angegebene Spezialschrifttum verwiesen werden[235]; das gleiche gilt bezüglich der gegenwärtigen Reform des EG-Wettbewerbsrechts[236]. Ein Blick auf die **Praxis** ergibt für das Mineralöl folgendes Bild:

Es war die **erste Energiekrise**, die die Vorschriften des Wettbewerbsrechts in den Blickpunkt rückte. Es galt, das Verhalten der Mineralölkonzerne, die Preiserhöhungen und die enormen **Windfall-Profits** dieser Unternehmen einer kritischen Prüfung zu unterziehen – und dies auf nationaler wie auf Gemeinschaftsebene.

---

von Artikel 85 Absatz 3 des Vertrages auf Gruppen von Alleinbezugsvereinbarungen, ABl. Nr. L 173 vom 30. 6. 1983, S. 5.

230 S. Art. 10 bis 13 der Verordnung. S. zum Tankstellenvertrag auch *Norbert Pannagl*, Der Tankstellenvertrag im Kartellrecht: eine rechtswissenschaftliche Analyse über die Zulässigkeit von vertikalen Vertriebsbindungen in der Mineralölwirtschaft, Frankfurt a. M. 2002.

231 S. Art. 10 der Verordnung.

232 S. Urteil des Gerichtshofs vom 18. Oktober 2002, ABl. Nr. C 10 vom 16. 1. 2003, S. 11.

233 Art. 53 EWR-Abkommen entspricht Art. 81 EGV, s. zum EWR unten 3. Teil K.

234 S. Ziffer 2 des Urteilstenors.

235 Hingewiesen sei hier lediglich auf die Bekanntmachung der Kommission über die Definition des relevanten Marktes und über Vereinbarungen von geringer Bedeutung (ABl. Nr. C 372 vom 9. 12. 1997, S. 5 und 13) sowie auf die Mitteilung über den Erlaß und die Ermäßigung von Geldbußen in Kartellsachen (ABl. Nr. C 10 vom 16. 1. 2003, S. 13).

236 Ab dem 1. Mai 2004 wird anstelle der alten Verordnung Nr. 17 des Rates vom 6. Februar 1962 (ABl. Nr. 13 vom 21. 2. 1962, S. 204/62) die neue Verordnung (EG) Nr. 1/2003 des Rates vom 16. Dezember 2002 zur Durchführung der in den Artikeln 81 und 82 des Vertrags niedergelegten Wettbewerbsregeln (ABl. Nr. L 1 vom 4. 1. 2003, S. 1) gelten. S. hierzu das Weißbuch über die Modernisierung der Vorschriften zur Anwendung der Art. 85 und 86 EGV, KOM (1999) 101 endg.; s. auch ABl. Nr. C 132 vom 12. 5. 1995, S. 1. S. dazu aus den zahlreichen Stimmen im Schrifttum *Ernst-Joachim Mestmäcker*, Versuch einer kartellpolitischen Wende in der EU, EuZW 1999, S. 523; *Arved Deringer*, Stellungnahme zum Weißbuch der Europäischen Kommission über die Modernisierung der Vorschriften zur Anwendung der Art. 85 und 86 EG-Vertrag (Art. 81 und 82 EG), EuZW 2000, S. 5; *Andreas Geiger*, Das Weißbuch der EG-Kommission zu Art. 81, 82 EG – eine Reform, besser als ihr Ruf, EuZW 2000, S. 165; *Thomas Eilmansberger*, Zum Vorschlag der Kommission für eine Reform des Kartellvollzugs, JZ 2001, S. 365; *Andreas Weitbrecht*, Europäisches Kartellrecht 2000/2001, EuZW 2002, S. 581.

Auf der Ebene der Gemeinschaft war es vor allem das Europäische Parlament, das in zahlreichen schriftlichen Anfragen und Entschließungen eine Untersuchung des Verhaltens der Mineralölkonzerne verlangte, wobei immer wieder der Verdacht geäußert wurde, daß „sich die Erdölgesellschaften hinsichtlich der Verkaufspreise für Erdölprodukte innerhalb der Gemeinschaft aufeinander abgestimmter Verhaltensweisen bedient hätten oder eine beherrschende Stellung mißbräuchlich ausgenutzt hätten“[237]. Hierbei richtete sich die Kritik besonders gegen die großen multinationalen Erdölgesellschaften[238], aber auch gegen das Verhalten französischer[239] und belgischer Unternehmen[240]. Die Kommission leitete daraufhin eine Untersuchung ein, die sie mit der Vorlage eines Berichtes über das Verhalten der Erdölgesellschaften in der Gemeinschaft im Zeitraum von Oktober 1973 bis März 1974 abschloß[241], den sie dem Parlament am 12. Dezember 1975 durch den Kommissar Borschette erläuterte[242].

Tatsächlich stellte die Kommission für den Zeitraum November 1973 bis März 1974 **nur einen einzigen Verstoß** gegen das Wettbewerbsrecht fest[243], indem sie es als Mißbrauch einer marktbeherrschenden Stellung ansah, daß einige niederländische Mineralölunternehmen im Zuge der Ölkrise von November 1973 bis März 1974 ihre Lieferungen an Gelegenheitskunden stärker kürzten als jene an langfristige Abnehmer. Mit Urteil vom 29. Juni 1978[244] hob der Gerichtshof die Entscheidung der Kommission mit der Begründung auf, einer Mineralölgesellschaft könne kein Vorwurf daraus gemacht werden, daß sie einem Gelegenheitskunden „während der Krise eine weniger zuvorkommende Behandlung hat angedeihen lassen als ihren Stammkunden“[245], denn:

> „Eine Verpflichtung des Lieferanten, während einer Knappheitsperiode den gleichen Prozentsatz für die Lieferungseinschränkungen gegenüber allen seinen Abnehmern anzuwenden ohne Rücksicht auf seine vertraglichen Verpflichtungen gegenüber seiner Stammkundschaft, könnte sich nur aufgrund von Maßnahmen ergeben, die im Rahmen des Vertrages, insbesondere von Artikel 103, oder wenn solche fehlen, von den staatlichen Behörden ergriffen worden sind.“[246]

---

237 So schon vor Beginn der Krise die Schriftliche Anfrage von Herrn Vredeling Nr. 583/72, ABl. Nr. C 29 vom 12. 5. 1973, S. 16.

238 S. z. B. Schriftliche Anfrage Nr. 547/74, ABl. Nr. C 54 vom 6.3.1975, S. 5; Schriftliche Anfrage Nr. 688/74, ABl. Nr. C 86 vom 17. 4. 1975, S. 64.

239 S. Schriftliche Anfrage Nr. 25/73, ABl. Nr. C 12 vom 9. 2. 1974, S. 5; Schriftliche Anfrage Nr. 109/73, ABl. Nr. C 102 vom 24. 11. 1973, S. 3; Schriftliche Anfrage Nr. 742/74, ABl. Nr. C 126 vom 6. 6. 1975, S. 2.

240 S. Schriftliche Anfrage Nr. 36/74, ABl. Nr. C 80 vom 9. 7. 1974, S. 11; Schriftliche Anfrage Nr. 91/74, ABl. Nr. C 122 vom 2. 6. 1975, S. 1.

241 S. hierzu Schriftliche Anfrage Nr. 698/75, ABl. Nr. C 89 vom 16. 4. 1976, S. 27.

242 A. a. O.

243 Entscheidung der Kommission vom 19. April 1977 betreffend ein Verfahren nach Artikel 86 des EWG-Vertrages (IV/28.841-A. B. G. gegen in den Niederlanden tätige Mineralölgesellschaften) (77/327/EWG), ABl. Nr. L 117 vom 9. 5. 1977, S. 1.

244 Rechtssache 77/77 (B.P. ./. Kommission), Slg. 1978, S. 1513.

245 A. a. O. Randnr. 34, S. 1528.

246 A. a. O. Art. 103 ist nunmehr Art. 100 n. F. EGV.

Gleichwohl dauerte die Kritik am Verhalten der multinationalen Erdölkonzerne bis zur zweiten Energiekrise 1979 und darüberhinaus an. Noch im Herbst 1979 mußte die Kommission erneut bestätigen, daß sie „unter den gegenwärtigen Umständen nicht (vermute), daß zwischen den Ölgesellschaften Preisabsprachen über Mineralölerzeugnisse bestehen, die gegen Art. 85 EWG-Vertrag verstoßen". Sie halte daher „eine Ermittlung betreffend angebliche Tätigkeiten dieser Art zur Zeit nicht für gerechtfertigt"[247]. An dieser Einschätzung hat sich bis auf den heutigen Tag kaum etwas geändert. Aber auch nach Art. 85 EWGV (Art. 81 n. F.) ergingen in diesem bedeutsamen Sektor bemerkenswert wenige Entscheidungen. Mit zwei Entscheidungen wurden den am **Internationalen Energieprogramm** beteiligten Unternehmen im wesentlichen Freistellungen gewährt[248]. Eine Kooperationsvereinbarung über die Vermarktung von Erdölerzeugnissen zwischen der Steenkolen-Handelsvereeniging N. V., Rijnkade, Utrecht und der Gesellschaft Chevron Oil Europe Inc.[249] bot ebenfalls keinen Anlaß einzuschreiten. Eher dem Chemie- als dem Mineralölsektor ist ein Verfahren zuzuordnen, das die Zusammenarbeit zwischen BP Kemi A/S, einer 100 %igen Tochter der British Petroleum Co. Ltd. Gruppe, und der A/S Danske Sprit Gabtikker (DDSF) auf dem Gebiet des Vertriebs von synthetischem Äthanol[250] in Dänemark betraf. Die Kommission sah in den zeitlich begrenzten Vereinbarungen einen Verstoß gegen Art. 85 Abs. 1 EWGV[251]. Keinen Bedenken begegnete die im Jahre 1981 bei der Kommission angemeldete Satzung und Börsenordnung der International Petroleum Exchange (IPE)[252]. In einem weiteren Verfahren entschied die Kommission, daß ein Rundschreiben, mit dem der belgische Alleinimporteur von Kraftfahrzeugen der Volkswagen AG seine Vertragshändler anwies, bei der Wartung oder Reparatur von Kraftfahrzeugen der Marken Volkswagen oder Audi nur bestimmte Motoröle zu verwenden, nicht die Voraussetzungen für die Anwendung des Art. 85 Abs. 1 EWGV erfülle[253].

Weitere Wettbewerbssachen auf dem Mineralölsektor betrafen die Gründung zweier kooperativer Gemeinschaftsunternehmen auf dem Raffineriesektor[254], den Vertrieb von

---

247 Antwort auf Schriftliche Anfrage Nr. 356/79, ABl. Nr. C 267 vom 22. 10. 1979, S. 11.

248 Entscheidung der Kommission vom 12. Dezember 1983 betreffend ein Verfahren nach Artikel 85 EWG-Vertrag (IV/30.525 – Internationale Energieagentur) (83/671/EWG), ABl. Nr. L 376 vom 31. 12. 1983, S. 30, für den Zeitraum vom 5. 1. 1982 bis 31. 12. 1983 sowie die Nachfolge-Entscheidung 94/153/EWG, ABl. Nr. L 68 vom 11. 3. 1994, S. 35, für den Zeitraum bis zum 31. 12. 2003.

249 Entscheidung der Kommission vom 20. Dezember 1974 über ein Verfahren nach Artikel 85 des EWG-Vertrags (IV/26.872 – S. H. V. Chevron) (75/95/EWG), ABl. Nr. L 38 vom 12. 2. 1975, S. 14.

250 Synthetisches Äthanol wird aus Erdgas oder Erdöl gewonnen.

251 Entscheidung der Kommission vom 5. September 1979 betreffend ein Verfahren nach Artikel 85 des EWG-Vertrags (IV/29.021 – „BP Kemi-DDSF") (79/934/EWG), ABl. Nr. L 286 vom 14. 11. 1979, S. 32.

252 S. Entscheidung 87/2/EWG der Kommission vom 4. Dezember 1986 betreffend ein Verfahren nach Artikel 85 EWG-Vertrag (IV/30.439 – International Petroleum Exchange of London Limited), ABl. Nr. L 3 vom 6. 1. 1987, S. 27.

253 Entscheidung der Kommission vom 19. Dezember 1990 in einem Verfahren nach Artikel 85 EWG-Vertrag (IV/32.595 – D'Ieteren Motorenöl) (91/39/EWG), ABl. Nr. L 20 vom 26. 1. 1991, S. 42.

254 S. Anmeldung eines Gemeinschaftsunternehmens (Sache COMP/E-3/37.654 – Shell/Statoil), ABl. Nr. C 355 vom 8. 12. 1999, S. 6.

Kraft- und Brennstoffen durch Tankstellen in Spanien[255] und Finnland[256] sowie die Anmeldung von Vertriebsvereinbarungen bei Schmierstoffen[257].

XI. Zusammenschlüsse im Mineralölsektor

Literatur:

Andreas Bartosch, Happy Birthday: 10 Jahre Europäische Fusionskontrolle, BB 2000, S. 1897; *ders.*, Die neuen Mitteilungen in der europäischen Fusionskontrolle: Zugangspraxis, Nebenabreden, vereinfachtes Zusammenschlußverfahren, BB 2001, S. 2013; *ders.*, Weiterentwicklungen im Recht der europäischen Zusammenschlußkontrolle, BB 2003, Beilage zu Heft 13, S. 1; *Werner Berg, Sabine Nachtsheim, Sylvia Kronberger*, Zusammenschlüsse zwischen multinationalen Unternehmen und Fusionskontrolle, RIW 2003, S. 15; *Simon Hirsbrunner*, Die revidierte EG-Fusionskontroll-Verordnung, EuZW 1998, S. 69; *ders.*, Neue Entwicklungen der Europäischen Fusionskontrolle in den Jahren 1999–2000, EuZW 2001, S. 197; *ders.*, Neue Entwicklungen der EG-Fusionskontrolle im Jahre 2001, EuZW 2002, S. 453; *Wolfgang Kirchhoff*, Europäische Fusionskontrolle, BB Beilage 14/90; *Dieter Krimphove*, Europäische Fusionskontrolle, Köln/Berlin/Bonn/München 1992; *Andrea Lohse*, Gemeinschaftsunternehmen nach Inkrafttreten der Fusionskontrollverordnung, ZHR 159 (1995), S. 164; *Franz Jürgen Säcker, Katharina Vera Boesche*, Vertikale Fusionen im Energiesektor gefährden wirksamen Wettbewerb, BB 2001, S. 2329; *Karsten Schmidt*, Europäische Fusionskontrolle im System des Rechts gegen Wettbewerbsbeschränkungen, BB 1990, S. 719; *Winfried Veelken, Matthias Karel, Stefan Richter*, Die Europäische Fusionskontrolle, Tübingen 1993; *Andreas Weitbrecht*, Zusammenschlußkontrolle im Europäischen Binnenmarkt, EuZW 1990, S. 18.

Während der EGKS-Vertrag in Art. 66 seit Anbeginn eine Fusionskontrolle vorsah, die wie das gesamte EGKS-Wettbewerbsrecht auch rein innerstaatliche Sachverhalte erfaßte[258], wurde eine Kontrolle von Unternehmenszusammenschlüssen auf Seiten des EWG/EG-Vertrages erst 1989 eingeführt. Gestützt auf Art. 87 und 235 EWGV erließ der Rat die Verordnung (EWG) Nr. 4064/89 vom 21. Dezember 1989 über die Kontrolle von Unternehmenszusammenschlüssen[259], die alle **Zusammenschlüsse**[260]

---

255 S. Anmeldung von Vereinbarungen (Sache COMP/38.348/E 3 – Repsol CPP SA – Vertrieb von Kraft- und Brennstoffen), ABl. Nr. C 70 vom 19. 3. 2002, S. 29.

256 S. Anmeldung von Vereinbarungen (Sache COMP/38.194/E 3 (Neste Markkinointi Oy + Jakeluasema Timo Peltonen Ky) und COMP/38.195/E 3 (Neste Markkinointi Oy + Kaustisen Motelli Oy), ABl. Nr. C 70 vom 19. 3. 2002, S. 29.

257 Sache COMP/F-2/38730 – BP Lubricants, ABl. Nr. C 126 vom 28. 5. 2003, S. 5.

258 S. o. A. VI.

259 ABl. Nr. L 395 vom 30. 12. 1989, S. 1; geändert durch Verordnung (EG) Nr. 1310/97 des Rates vom 30. Juni 1997, ABl. Nr. L 180 vom 9. 7. 1997, S. 1. S. dazu auch die Mitteilungen der Kommission im ABl. Nr. C 66 vom 2. 3. 1998, S. 1, 5, 14, 25, 36 und 38, die Mitteilung im ABl. Nr. C 68 vom 2. 3. 2001, S. 3 sowie den Entwurf einer Mitteilung über die Kontrolle horizontaler Zusammenschlüsse gemäß der Fusionskontrollverordnung, ABl. Nr. C 331 vom 31. 12. 2002, S. 18. Zur Modernisierung der Fusionskontrollverordnung s. zuletzt den Vorschlag für eine Verordnung des Rates über die Kontrolle von Unternehmenszusammenschlüssen, KOM (2002) 711 endg., ABl. Nr. C 20 vom 28. 1. 2003, S. 4.

260 Nach Art. 3 Abs. 1 der Verordnung wird ein **Zusammenschluß** dadurch bewirkt, daß

a) zwei oder mehrere bisher voneinander unabhängige Unternehmen fusionieren (**Fusion**) oder daß

b) – eine oder mehrere Personen, die bereits mindestens ein Unternehmen kontrollieren, oder daß
   – ein oder mehrere Unternehmen

mit gemeinschaftsweiter Bedeutung[261] einer Kontrolle durch die Kommission unterwirft. Die Zusammenschlüsse sind bei der Kommission anzumelden[262] (Art. 4), die sie nach den Kriterien des Art. 2 überprüft. Hierbei sind Zusammenschlüsse, die eine beherrschende Stellung begründen oder verstärken[263], durch die wirksamer Wettbewerb im Gemeinsamen Markt oder in einem wesentlichen Teil desselben erheblich behindert wird, für unvereinbar mit dem Gemeinsamen Markt zu erklären (Art. 2 Abs. 2).

Stellt die Kommission fest, daß ein Zusammenschluß der Verordnung unterfällt, veröffentlicht sie im Amtsblatt C die Tatsache der Anmeldung unter Angabe der Namen der Beteiligten, der Art des Zusammenschlusses sowie der betroffenen Wirtschaftszweige (Art. 4 Abs. 3). Soweit Zusammenschlüsse keinen Anlaß zu nennenswerten Bedenken geben (Art. 6 Abs. 1), kann die Kommission im Rahmen eines vereinfachten Verfahrens[264] eine sog. **Kurzformentscheidung** erlassen[265], die sie ebenfalls im Amtsblatt C veröffentlicht (Art. 20 i. V. m. Art. 8)[266]. Stellt die Kommission fest, daß ein angemeldeter Zusammenschluß nur unter bestimmten **Bedingungen** und **Auflagen** erteilt werden kann[267], erläßt sie eine entsprechende Entscheidung nach Art. 8

---

durch den Erwerb von Anteilsrechten oder Vermögenswerten, durch Vertrag oder in sonstiger Weise die unmittelbare oder mittelbare Kontrolle über die Gesamtheit oder über Teile eines oder mehrerer anderer Unternehmen (Gemeinschaftsunternehmen) erwerben (**Übernahme**).
Zur Abgrenzung zwischen **kooperativen** Gemeinschaftsunternehmen, die keinen Zusammenschluß i. S. der Verordnung darstellen, sondern nach Art. 81 und 82 EGV zu beurteilen sind, und **konzentrativen** Gemeinschaftsunternehmen i. S. des Art. 3 Abs. 1 lit. b) s. Bekanntmachung der Kommission über Konzentrations- und Kooperationstatbestände nach der Verordnung (EWG) Nr. 4064/89 des Rates vom 21. Dezember 1989 über die Kontrolle von Unternehmenszusammenschlüssen, ABl. Nr. C 203 vom 14. 8. 1990, S. 10.

261 Ein Zusammenschluß im Sinne der Verordnung hat nach Art. 1 Abs. 2 **gemeinschaftsweite Bedeutung**, wenn folgende Umsätze erzielt werden:
a) ein weltweiter Gesamtumsatz aller beteiligten Unternehmen von mehr als 5 Milliarden ECU und
b) ein gemeinschaftsweiter Gesamtumsatz von mindestens zwei beteiligten Unternehmen von jeweils mehr als 250 Millionen ECU.
Dies gilt nicht, wenn die am Zusammenschluß beteiligten Unternehmen jeweils mehr als zwei Drittel ihres gemeinschaftsweiten Gesamtumsatzes in einem und demselben Mitgliedstaat erzielen. Auch wenn diese Schwellenwerte nicht erreicht werden, kann ein Zusammenschluß unter den Voraussetzungen des Art. 1 Abs. 3 der Verordnung von gemeinschaftsweiter Bedeutung sein.

262 S. hierzu Verordnung (EG) Nr. 447/98 der Kommission vom 1. März 1998 über die Anmeldungen, über die Fristen sowie über die Anhörung nach der Verordnung (EWG) Nr. 4064/89 des Rates über die Kontrolle von Unternehmenszusammenschlüssen, ABl. Nr. L 61 vom 2. 3. 1998, S. 1.

263 Die Feststellung der Begründung oder Verstärkung einer beherrschenden Stellung hängt wesentlich von der Definition des relevanten Marktes ab. S. dazu die Bekanntmachung der Kommission über die Definition des relevanten Marktes im Sinne des Wettbewerbsrechts der Gemeinschaft, ABl. Nr. C 372 vom 9. 12. 1997, S. 5.

264 S. Bekanntmachung der Kommission über ein vereinfachtes Verfahren für bestimmte Zusammenschlüsse gemäß der Verordnung (EWG) Nr. 4064/89 des Rates, ABl. Nr. C 217 vom 29. 7. 2000, S. 32.

265 A. a. O. Ziffer 12.

266 A. a. O. Ziffer 13.

267 S. hierzu Bekanntmachung der Kommission über Einschränkungen des Wettbewerbs, die mit der Durchführung von Unternehmenszusammenschlüssen unmittelbar verbunden und für diese notwendig sind, ABl. Nr. C 188 vom 4. 7. 2001, S. 5.

Abs. 2, die ebenfalls im Amtsblatt zu veröffentlichen ist. Gelangt die Kommission hingegen zu der Auffassung, daß ein Zusammenschluß eine beherrschende Stellung begründet oder verstärkt, durch die ein wirksamer Wettbewerb im Gemeinsamen Markt oder in einem wesentlichen Teil desselben erheblich behindert wird, ist er für unvereinbar mit dem Gemeinsamen Markt zu erklären (Art. 8 Abs. 3 i. V. m. Art. 2 Abs. 3). Auch diese Entscheidung ist im Amtsblatt zu veröffentlichen.

Auf dem Gebiet der **Fusionen** im Mineralölsektor war die Kommission in den letzten Jahren mit den Verschmelzungen British Petroleum (BP)/Amoco[268], Exxon/Mobil[269], Chevron/Texaco[270] und Conoco/Phillips Petroleum[271] befaßt.

Besonders zahlreich waren die Fälle von **Übernahmen**, die hier nur insoweit aufgeführt werden, als auch das kontrollierte Unternehmen auf dem Mineralölsektor tätig ist[272]:

- Société Nationale Elf Aquitaine: Kontrolle über Ertoil SA[273],
- Société Nationale Elf Aquitaine: Kontrolle über Occidental Petroleum (GB)[274],
- Société Nationale Elf Aquitaine/Banco Central SA/CEPSA (Compañia española de petróleos SA)[275],
- Société Nationale Elf Aquitaine/Enterprise Oil Plc: Kontrolle über EE Petroleum Ltd.[276],
- BP Espagne SA (kontrolliert von British Petroleum Company plc): Kontrolle über Petroleos del Mediterraneo SA (Petromed) und BPMed SA[277],
- REPSOL SA/Compañia Española Petróleos SA (CEPSA)/Petróleos del Mediterraneo SA (Petromed): Kontrolle über Compañia Arrendataria de Petróleos SA[278],
- Elf Aquitaine/Thyssen: Kontrolle über Minol[279],
- BP Company plc/Mobil Corporation: Kontrolle über ein neu gegründetes Gemeinschaftsunternehmen[280],
- Shell UK/Gulf Oil (Great Britain)[281],
- Atlantic Richfield (ARCO): Kontrolle über Union Texas Petroleum, Inc.[282],
- Exxon Chemical Company/Shell Petroleum Company: Kontrolle über ein Gemeinschaftsunternehmen (Joint Venture – JV) auf dem Gebiet der Schmierstoff- und Kraftstoffadditive[283],

---

268 ABl. Nr. C 342 vom 10. 11. 1998, S. 4. S. dazu auch die schriftliche Anfrage P-3568/96 und E-3517/96, ABl. Nr. C 138 vom 5. 5. 1997, S. 80 und ABl. Nr. C 186 vom 18. 6. 1997, S. 102.

269 ABl. Nr. C 127 vom 7. 5. 1999, S. 2.

270 ABl. Nr. C 38 vom 6. 2. 2001, S. 2 und ABl. Nr. C 128 vom 28. 4. 2001, S. 2.

271 ABl. Nr. C 39 vom 13. 2. 2002, S. 22 und ABl. Nr. C 79 vom 3. 4. 2002, S. 12.

272 Angesichts der großen Zahl der Übernahmen kann keine Vollständigkeit der nachfolgenden Auflistung beansprucht werden.

273 ABl. Nr. C 84 vom 28. 3. 1991, S. 8 und ABl. Nr. C 124 vom 14. 5. 1991, S. 13.

274 ABl. Nr. C 126 vom 16. 5. 1991, S. 7.

275 ABl. Nr. C 132 vom 23. 5. 1991, S. 12.

276 ABl. Nr. C 166 vom 26. 6. 1991, S. 16.

277 ABl. Nr. C 172 vom 3. 7. 1991, S. 9 und ABl. Nr. C 208 vom 9. 8. 1991, S. 24.

278 ABl. Nr. C 302 vom 22. 11. 1991, S. 19.

279 ABl. Nr. C 200 vom 7. 8. 1992, S. 18 und ABl. Nr. C 232 vom 10. 9. 1992, S. 14.

280 ABl. Nr. C 202 vom 12. 7. 1996, S. 6 und ABl. Nr. C 381 vom 17. 12. 1996, S. 8.

281 ABl. Nr. C 330 vom 1. 11. 1997, S. 17 und ABl. Nr. C 29 vom 27. 1. 1998, S. 6.

282 ABl. Nr. C 156 vom 21. 5. 1998, S. 6.

283 ABl. Nr. C 169 vom 4. 6. 1998, S. 6 und ABl. Nr. C 252 vom 11. 8. 1998, S. 9.

- DEA Mineraloel AG/Fuchs Petroclub AG Oel + Chemie: Kontrolle über Fuchs DEA Schmierstoffe GmbH & Co. KG[284],
- Kuweit Petroleum Europe BV/OK Ekonomisk Förening: Kontrolle über OKQ8 AB[285],
- Total: Kontrolle über Petro Fina SA[286],
- Texaco/Chevron[287],
- BP Amoco plc: Kontrolle über Atlantic Richfield Company (ARCO)[288],
- Norsk Hydro ASA: Kontrolle über SAGA Petroleum ASA[289],
- ICA AS: Kontrolle über Statoil Detaljhandel Scandinavia AS[290],
- Total Fina: Kontrolle über Elf Aquitaine[291],
- Elf Aquitaine: Kontrolle über Total Fina[292],
- Castrol Ltd/Carless Refining and Marketing Ltd: Kontrolle über ein Gemeinschaftsunternehmen[293],
- BP Amoco plc: Kontrolle über Teile des BP/Mobil Joint Venture (in Auflösung). Verkäufer: Exxon Mobil[294],
- Exxon Mobil Corporation: Kontrolle über Teile des BP/Mobil Joint Venture (in Auflösung). Verkäufer: BP Amoco plc[295],
- Daimler Chrysler AG/Deutsche BP AG/Familiengesellschaft Eckstein mbH Verwaltungs KG/Hermes Mineralöl GmbH: Kontrolle über Union-Tank Eckstein GmbH & Co. KG[296],
- BP Amoco plc: Kontrolle über Burmah Castrol plc[297],
- Phillips Petroleum Company/Chevron Corporation: Kontrolle über ein neugegründetes Unternehmen[298],
- ENI durch Töchter Agip Petroli SpA, Snam SpA und Società Italiana per il Gas per Azioni (Italgas)/Portugiesischer Staat: Kontrolle über Petróleos e Gás de Portugal, SGPS, SA (GALP)[299],

---

284 ABl. Nr. C 225 vom 18. 7. 1998, S. 2 und ABl. Nr. C 282 vom 11. 9. 1998, S. 2.
285 ABl. Nr. C 374 vom 3. 12. 1998, S. 3 und ABl. Nr. C 17 vom 22. 1. 1999, S. 2.
286 ABl. Nr. C 47 vom 20. 2. 1999, S. 3 und ABl. Nr. C 325 vom 21. 11. 2001, S. 12.
287 ABl. Nr. C 130 vom 11. 5. 1999, S. 8.
288 ABl. Nr. C 131 vom 12. 5. 1999, S. 4 und ABl. Nr. C 167 vom 15. 6. 1999, S. 5.
289 ABl. Nr. C 162 vom 9.6.1999, S. 5.
290 ABl. Nr. C 173 vom 19. 6. 1999, S. 20.
291 ABl. Nr. C 252 vom 3. 9. 1999, S. 2 und ABl. Nr. C 322 vom 10. 11. 1999, S. 5, Entscheidung 2001/402/EG der Kommission vom 9. Februar 2000 zur Erklärung der Vereinbarkeit eines Zusammenschlusses mit dem Gemeinsamen Markt (Sache COMP/M-1628 – Total Fina/Elf), ABl. Nr. L 143 vom 29. 5. 2001, S. 1. S. dazu auch die Stellungnahme des Beratenden Ausschusses für die Kontrolle von Unternehmenszusammenschlüssen, ABl. Nr. C 154 vom 29. 5. 2001, S. 8. S. dazu das bestätigende Urteil des GeI vom 3. April 2003 in der Rechtssache T-342/00 (Petrolessence SA u. a. ./. Kommission), noch unveröff.
292 ABl. Nr. C 252 vom 3. 9. 1999, S. 3.
293 ABl. Nr. C 267 vom 22. 9. 1999, S. 22 und ABl. Nr. C 16 vom 20. 1. 2000, S. 5.
294 ABl. Nr. C 9 vom 13. 1. 2000, S. 11 und ABl. Nr. C 98 vom 6. 4. 2000, S. 9.
295 ABl. Nr. C 16 vom 20. 1. 2000, S. 3.
296 ABl. Nr. C 27 vom 29. 1. 2000, S. 20.
297 ABl. Nr. C 112 vom 19. 4. 2000, S. 8 und ABl. Nr. C 301 vom 21. 10. 2000, S. 23.
298 ABl. Nr. C 150 vom 30. 5. 2000, S. 9 und ABl. Nr. C 237 vom 19. 8. 2000, S. 6.
299 ABl. Nr. C 153 vom 1. 6. 2000, S. 3.

- Totalfina Deutschland GmbH/Saarberg AG: Kontrolle über Michel Mineralölhandel GmbH[300],
- ENI SpA durch Tochter Agip Investments plc: Kontrolle über Lasmo plc[301],
- Michel Mineralölhandel GmbH: Kontrolle über Teile der Thyssen-Elf Oil GmbH[302],
- Shell Petroleum NV/Halliburton Company: Kontrolle über Welldynamics[303],
- Deutsche BP AG: Kontrolle über Erdölchemie GmbH[304],
- Beacon – STIP LLC/BV Dordtsche Petroleum Maatschappij/3i Group plc: Kontrolle über Twister BV[305],
- Deutsche Shell GmbH: Kontrolle über DEA Mineralöl AG[306],
- Total Fina Elf, Deutschland: Kontrolle über Michel Mineralölhandel GmbH, Total Saarberg GmbH, Elf Mineralöl Berlin GmbH[307],
- Shell Resources plc: Kontrolle über Enterprise Oil plc[308],
- BP plc (UK)/E.ON AG (D): Kontrolle über Veba Oel AG (D)[309],
- BP plc (UK): Kontrolle über Veba Oel AG (bislang unter gemeinsamer Kontrolle von BP und E.ON AG)[310],
- SGAM 4D/Guggenheim: Kontrolle über Italiana Energia e Servizi SpA[311],
- OMV, Österreich/BP plc (UK): Kontrolle über Southern Germany Package[312],
- BP/Alfa Group, Luxemburg/Access, USA/Renova, Luxemburg: Kontrolle über TNK-BP JV[313].

---

300 ABl. Nr. C 224 vom 5. 8. 2000, S. 22 und ABl. Nr. C 330 vom 21. 11. 2000, S. 6.
301 ABl. Nr. C 13 vom 16. 1. 2001, S. 4.
302 ABl. Nr. C 39 vom 7. 2. 2001, S. 8 und ABl. Nr. C 140 vom 12. 5. 2001, S. 12.
303 ABl. Nr. C 56 vom 22. 2. 2001, S. 6 und ABl. Nr. C 127 vom 27. 4. 2001, S. 10.
304 ABl. Nr. C 71 vom 3. 3. 2001, S. 22 und ABl. Nr. C 99 vom 29. 3. 2001, S. 3.
305 ABl. Nr. C 91 vom 22. 3. 2001, S. 6 und ABl. Nr. C 138 vom 11. 5. 2001, S. 12.
306 ABl. Nr. C 202 vom 18. 7. 2001, S. 18 und ABl. Nr. C 243 vom 31. 8. 2001, S. 10. S. auch Entscheidung 2003/26/EG der Kommission vom 20. Dezember 2001 zur Erklärung der Vereinbarkeit eines Zusammenschlusses mit dem Gemeinsamen Markt und dem EWR-Abkommen (Sache COMP/M.2389 –Shell/DEA), ABl. Nr. L 15 vom 21. 1. 2003, S. 35. S. dazu auch die Stellungnahme des Beratenden Ausschusses für Unternehmenszusammenschlüsse, ABl. Nr. C 14 vom 21. 1. 2003, S. 5.
307 ABl. Nr. C 75 vom 26. 3. 2002, S. 5 und ABl. Nr. C 114 vom 15. 5. 2002, S. 22.
308 ABl. Nr. C 89 vom 13. 4. 2002, S. 5 und ABl. Nr. C 204 vom 28. 8. 2002, S. 10.
309 ABl. Nr. C 222 vom 8. 8. 2001, S. 11 und ABl. Nr. C 300 vom 26. 10. 2001, S. 27. S. auch Entscheidung 2002/792/EG der Kommission vom 20. Dezember 2001 zur Erklärung der Vereinbarkeit eines Zusammenschlußvorhabens mit dem Gemeinsamen Markt und der Funktionsweise des EWR-Abkommens (Sache COMP/M.2533 – BP/E.ON), ABl. Nr. L 276 vom 12. 10. 2002, S. 31. S. dazu auch die Stellungnahme des Beratenden Ausschusses für Unternehmenszusammenschlüsse, ABl. Nr. C 246 vom 12. 10. 2002, S. 8.
310 ABl. Nr. C 135 vom 6. 6. 2002, S. 5.
311 ABl. Nr. C 76 vom 28. 3. 2003, S. 23.
312 ABl. Nr. C 110 vom 8. 5. 2003, S. 23 und ABl. Nr. C 186 vom 6. 8. 2003, S. 27.
313 ABl. Nr. C 159 vom 8. 7. 2003, S. 17 und ABl. Nr. C 191 vom 13. 8. 2003, S. 7.

E. Erdgas (EGV)

Literatur:

Javier Estrada, Helge Ole Bergesen, Arild Moe, Anne Kristin Sydnes, Natural Gas in Europe: Markets, Organization und Politics, London and New York 1988; *Klaus Liesen*, Rahmenbedingungen des Internationalen Erdgashandels, in: *Jürgen F. Baur, Peter-Christian Müller-Graff, Manfred Zuleeg* (Hrsg.), Europarecht. Energierecht. Wirtschaftsrecht, Festschrift für *Bodo Börner*, Köln, Berlin, Bonn, München, 1992, S. 593; *ders.*, Zukunftsfragen der europäischen Gasindustrie, Erdoel-Erdgas, 101. Jg., Heft 10, Oktober 1985, S. 303; *Henry A. Linden*, Erdgas in einem sich wandelnden technologischen und wirtschaftlichen Umfeld, Erdoel-Erdgas, 101 Jg., Heft 10, Oktober 1985, S. 300; *Rudolf Lukes*, Strom- und Gasimport aus Drittstaaten, RIW 1998, S. 581; *Ernst-Joachim Mestmäcker* (Ed.), Natural Gas in the Internal Market, A Review of Energy Policy, London/Dordrecht/Boston/Baden-Baden 1993; *ders.*, Aktivitäten der EG auf dem Strom- und Gassektor, DB 1989, S. 2057; *Andrea Möller, Christof Niehörster*, Optimierung des Gasbezugs durch Röhrenspeicher, et 2003, S. 370; *Axel D. Neu*, Perspektiven des Erdgasmarktes nach der Liberalisierung; et 2000, S. 100; *Klaus Niehörster*, Erdgas: Förderung und Entschwefelung in Norddeutschland, et 2003, S. 97; *Harald Rubner, Thomas Stanger*, Die Zukunft des europäischen Gasmarktes, et 2003, S. 308.

Das Erdgas und die Kernenergie sind die beiden großen Energieträger, die ihr wirtschaftliches Potential erst unter der Herrschaft der EG-Verträge entwickelten. Doch während die Mitgliedstaaten der Kernenergie einen eigenen Vertrag widmeten, blieb das Erdgas vom Gemeinschaftsrecht über lange Jahre weitgehend unbeachtet, abgesehen von einigen Marktuntersuchungen[1] und wenigen punktuellen Regelungen. Soweit man das Erdgas als **Nachfolger des Stadt- bzw. Kokereigases** betrachtet, erscheint diese gemeinschaftsrechtliche Abstinenz verständlich, da das Stadtgas rein lokal erzeugt und verbraucht wurde und sich Rechtsfragen mit gemeinschaftlicher Dimension daher nicht stellten. Erst als sich mit der Entdeckung und Erschließung des Groningen Gasfeldes, des Nordsee-Erdgases und der Anbindung der Gemeinschaft an die sowjetischen Erdgasvorkommen ein rapide expandierender Erdgasmarkt mit grenzüberschreitenden Netzen entwickelte, entstanden Problemlagen, die zu gemeinschaftlichen Regelungen Anlaß gaben. Hierbei wurde das Erdgas aufgrund seiner **Doppelnatur als leitungsgebundene Energie und Kohlenwasserstoff** z. T. denselben oder analogen Regelungen unterworfen, die zum einen für die Elektrizität und zum andern für das Mineralöl aufgestellt wurden. Mit dem **Mineralöl** „teilt" das Erdgas die inzwischen aufgehobene Beschränkung der Verwendung in Kraftwerken[2], Einfuhr- und Ausfuhrregelungen[3], Investitionsbestimmungen[4] sowie Prospektions- und Explorationsvorschriften[5] und mit der **Elektrizität** Preisregelungen[6], Vorschriften

---

1 S. als erstes Dokument: Erste Aufzeichnung der Kommission an den Rat über die Politik der Gemeinschaft im Bereich Erdöl und Erdgas vom 16. 2. 1966, Sonderbeilage zum BullEG 7-1966, s. dazu die Entschließung des Europäischen Parlaments vom 20. 10. 1966, ABl. Nr. 201 vom 5. 11. 1966, S. 3467. S. auch die Dokumente der Kommission: Mittelfristige Vorausschau und Orientierung für die Gasversorgung der Gemeinschaft, Brüssel 1972 sowie: Die Erdgasversorgung der Gemeinschaft und ihre Perspektiven, Brüssel, Luxemburg 1981. S. weiterhin die Mitteilung der Kommission an den Rat über Erdgas vom 11. Dezember 1986 (KOM(86) 518 endg.).

2 S. unten 3. Teil B. IV.

3 S. oben D. IV.

4 S. unten 3. Teil F. I.

5 S. oben D. VIII.

6 S. unten II. und unten F. III.

zum Transit über große Netze[7] und die Regelungen über den Binnenmarkt[8]. Soweit für das Erdgas geltende Vorschriften schon oben beim Mineralöl behandelt wurden, sei hier auf sie verwiesen.

Jenseits der Rechtsetzung hat der Einsatz von Erdgas immer wieder wettbewerbs- und beihilferechtliche Fragen aufgeworfen, die die Kommission und z. T. auch den Gerichtshof beschäftigt haben. Überdies hat der Gerichtshof für den Erdgassektor die besondere Bedeutung der Sicherstellung der Energieversorgung im Krisenfall unterstrichen[9].

I. Wettbewerbsverstöße im Erdgassektor

Literatur:

Rainer Jüngst, Konzessionsverträge und Kartellrecht, DÖV 1991, S. 221; *Helmut Köhler*, Zulässigkeit von Wettbewerbsbeschränkungen beim Energievertrieb, WuW 1999, S. 445; *Kurt Markert*, Neueste Entwicklungen im Energie-Kartellrecht, RdE 1995, S. 60; *ders.*, Langfristige Bezugsbindungen für Strom und Gas nach deutschem und europäischem Kartellrecht, EuZW 2000, S. 427; *Michael Martinek*, Langfristige Laufzeitklauseln als Wettbewerbsinstrumente in Gasversorgungsverträgen, BB 1989, S. 1277; *Andreas Wolf*, Mißbrauchsaufsicht über die Gaspreise, BB 1989, S. 993.

Obgleich der EWG-Vertrag in seiner ursprünglichen Fassung die Energie mit keinem Worte erwähnte, war er doch nicht energieblind. Als Teilmenge der Gesamtwirtschaft war die Energiewirtschaft von Anfang an den Regeln des Vertrages unterworfen, allerdings mit einigen Besonderheiten, die der Vertrag in Art. 86 (ex-Art. 90) EGV definiert[10]. Um der besonderen wirtschaftlichen Bedeutung der **Energieversorgungsunternehmen** gerecht zu werden, soweit sie als **öffentliche Unternehmen** oder **Unternehmen mit Sonderrechten** konstituiert oder mit **Dienstleistungen von allgemeinem wirtschaftlichem Interesse** betraut sind, bestimmt der Vertrag ihre Rechtsstellung nicht konkret, sondern gleichsam abstrakt, indem er Rahmenbedingungen formuliert, die in der Praxis genauerer Präzisierung bedürfen. Hierbei wendet sich Art. 86 EGV an die drei Hauptakteure, nämlich die **Mitgliedstaaten** (Abs. 1), die **Unternehmen** selbst (Abs. 2) und die **Kommission** (Abs. 3), deren Rechte und Pflichten von den äußeren Grenzen her gleichsam nach dem Prinzip der Intervallschachtelung festzulegen sind.

Die **Mitgliedstaaten** werden verpflichtet, „in bezug auf öffentliche Unternehmen und auf Unternehmen, denen sie besondere oder ausschließliche Rechte gewähren", keine dem Vertrag widersprechenden Maßnahmen zu treffen oder beizubehalten. Die Vorschrift spezifiziert damit für einen besonderen Fall das allgemeine Gebot des Art. 10 (ex-Art. 5) EGV, wonach die Mitgliedstaaten alle Maßnahmen unterlassen, welche die Verwirklichung der Ziele des Vertrages gefährden können; sie „faßt den Herrn, nicht den Knecht" (*H. P. Ipsen*).

---

7 S. unten III. und F. V.

8 S. unten V. und F. VI.

9 Urteil vom 4. 6. 2002 in der Rechtssache C-503/99 (Kommission ./. Belgien), Slg. 2002, I-4809.

10 Eine weitere Sonderregelung stellte das Gebot der Umformung staatlicher Handelsmonopole nach Art. 31 (ex-Art. 37) dar.

Die **Unternehmen**, „die mit Dienstleistungen von allgemeinem wirtschaftlichem Interesse betraut sind", sind ihrerseits verpflichtet, die Vorschriften des Vertrages und insbesondere dessen Wettbewerbsregeln einzuhalten, „soweit die Anwendung dieser Vorschriften nicht die Erfüllung der ihnen übertragenen besonderen Aufgabe rechtlich oder tatsächlich verhindert". Allerdings darf die „Entwicklung des Handelsverkehrs ... nicht in einem Ausmaß beeinträchtigt werden, das dem Interesse der Gemeinschaft zuwiderläuft". Mit dieser Regelung sucht der Vertrag den Ausgleich zwischen dem Interesse der Gemeinschaft an der Beachtung des Gemeinschaftsrechts durch die betreffenden betrauten Unternehmen einerseits und den anerkannten legitimen Interessen dieser Unternehmen und der sie betrauenden Mitgliedstaaten an einer effizienten wirtschaftlichen Aufgabenerfüllung andererseits.

Der **Kommission** als Hüterin der Verträge wird die Aufgabe übertragen, auf die Anwendung der o. a. Maßgaben zu achten und – soweit erforderlich – Richtlinien oder Entscheidungen an die Mitgliedstaaten zu richten. Soweit die Mitgliedstaaten das Gemeinschaftsrecht verletzen, steht es der Kommission außerdem frei, Vertragsverstoßverfahren einzuleiten. Rechtsverstöße der Unternehmen selbst, etwa gegen die Wettbewerbsregeln des Vertrages, können mit den entsprechenden Sanktionen geahndet werden.

Nicht zufällig waren es die Wettbewerbsregeln des Vertrages, aus deren Perspektive der Erdgassektor erstmalig in das Blickfeld des Gemeinschaftsrechts geriet. Lange vor Erlaß der ersten legislativen Maßnahmen der Gemeinschaft auf dem Gebiet des Erdgases stellte sich für Abgeordnete des Europäischen Parlaments schon 1965 die Frage, ob die niederländische Erdölgesellschaft (Nederlandse Aardolie Maatschappij – N.A.M.), die über das **Monopol der Ausfuhr niederländischen Erdgases** verfügte, in ihren Lieferkonditionen gegenüber Belgien, Deutschland und Frankreich gegen die Verbote der Art. 85 und 86 EWGV verstieß[11]. Weitere Beschwerden gegen die N.A.M. folgten[12], ohne daß die Kommission jedoch Rechtsverstöße ermitteln konnte. Wie schon im Falle der N.A.M. hat die Kommission bis auf den heutigen Tag in keinem der ihr zur Kenntnis gebrachten Beschwerdefälle auf dem Erdgassektor Zuwiderhandlungen gegen die Wettbewerbsregeln des Vertrages festgestellt[13]. Soweit Vereinbarungen von den Unternehmen nach Art. 85 Abs. 3 EWGV angemeldet wurden, hat die Kommission sie – soweit ersichtlich – stets befürwortet.

Anfang der 90er Jahre untersuchte die Kommission das Zusammenwirken zwischen den Samenwerkende Elekticiteits-produktiebedrijven NV (SEP) und dem (faktischen) niederländischen Erdgasmonopolisten NV Nederlandse Gasunie[14]. Seinerzeit wurden in den Niederlanden etwa 50% der Elektrizität aus Erdgas erzeugt, dessen Einkauf

---

11 S. Schriftliche Anfrage Nr. 154 vom 5. März 1965, ABl. Nr. 86 vom 20. 5. 1965, S. 1446.

12 S. Schriftliche Anfrage Nr. 61 vom 22. Juni 1966, ABl. Nr. 180 vom 7. 10. 1966, S. 3101; Schriftliche Anfrage Nr. 146 vom 10. Februar 1967, ABl. Nr. 65 vom 6. 4. 1967, S. 1021.

13 S. z. B. Bekanntmachung gemäß Artikel 19 Absatz 3 der Verordnung Nr. 17 in der Sache IV/E-3/35/757 – British Gas plc – Network Code, ABl. Nr. C 93 vom 29. 3. 1996, S. 5; Mitteilung gemäß Artikel 19 Absatz 3 der Verordnung Nr. 17 des Rates, Sache IV/E-3/35.354 – The Britannia Gas Condensate Field, ABl. Nr. C 291 vom 4. 10. 1996, S. 10.

14 Zu 50% in den Händen der Ölgesellschaften Shell und Esso und zu 50% unmittelbar oder mittelbar in den Händen des niederländischen Staates.

zum Zwecke der Stromerzeugung SEP für ihre Anteilseigner, die vier niederländischen Unternehmen der öffentlichen Stromversorgung, koordinierte. Als SEP im Jahre 1989 erstmals einen Gaslieferungsvertrag mit dem norwegischen Unternehmen Statoil unterzeichnete, zeigte sich Gasunie alarmiert und drängte SEP zur Vereinbarung von Verhaltensregeln, um künftig gegen den Überraschungseffekt eines „Fremdgehens" der SEP gewappnet zu sein. Es waren diese Verhaltensregeln, der Statoil-Vertrag und eine etwaige Beteiligung des niederländischen Staates, die die Kommission veranlaßten, ein förmliches Auskunftsersuchen an SEP zu richten. Die diesbezügliche Entscheidung der Kommission wurde von SEP vor dem GeI angefochten und führte zu mehreren Rechtssachen, in denen SEP sämtlich erfolglos blieb[15].

Auch die **Entwicklung des britischen Erdgassektors** und seine Anbindung an das kontinentale Erdgasnetz hat die Kommission in mehreren Wettbewerbssachen beschäftigt, wie der Bau der Unterwassergasverbundpipeline zwischen Bacton (UK) und Zeebrugge (B)[16], die Vermarktung von Erdgas aus der Gas- und Kondensatlagerstelle Britannia[17] und der Transport von Erdgas durch die British Gas TransCo und ihre Kunden[18].

Als eher atypisch sei hier noch eine Beschwerde aus dem Jahre 1995 erwähnt, in der ein Abgeordneter des Europaparlaments mit Blick auf Art. 86 EGV die Preispolitik von British Gas anprangerte, die älteren Arbeitslosen und Niedrigverdienern, die keinen Zugang zu einem Bankeinzugsverfahren hatten, bis zu 12% höhere Tarife in Rechnung stellte[19]. Die Kommission bestätigte, daß das Verbot einer mißbräuchlichen Ausnutzung einer marktbeherrschenden Stellung nach Art. 86 EGV auch auf die Beziehungen zwischen Unternehmen und Endverbrauchern anwendbar sei, daß aber das Verhalten von British Gas keine spürbaren Auswirkungen auf den Handel zwischen den Mitgliedstaaten habe. Im übrigen fielen die sozialen Aspekte der Preispolitik von British Gas in den Zuständigkeitsbereich der britischen Behörden und würden durch europäische Rechtsvorschriften nicht erfaßt.

---

15 Urteil des GeI vom 12. Dezember 1991 in der Rechtssache T-39/90 (SEP ./. Kommission), Slg. 1991, II-1497; nach Einlegung eines Rechtsmittels durch SEP: Urteil des Gerichtshofes vom 19. Mai 1994 in der Rechtssache C-36/92 P (SEP ./. Kommission), Slg. 1994, I-1911; der Antrag auf Aussetzung des Vollzugs der Auskunftsentscheidung der Kommission wurde mit Beschluß des GeI vom 21. November 1990 in der Rechtssache T-39/90 R zurückgewiesen (ABl. Nr. C 316 vom 15. 12. 1990, S. 8), dagegen eingelegte weitere Rechtsmittel in den Rechtssachen C-372/90 P, C-372/90 P-R und C-22/91 P wurden nicht entschieden (s. zur Streichung dieser Rechtssachen ABl. Nr. C 178 vom 9. 7. 1991, S. 8).

16 Anmeldung eines Gemeinschaftsunternehmens, ABl. Nr. C 73 vom 25. 3. 1995, S. 18.

17 Mitteilung gemäß Artikel 19 Absatz 3 der Verordnung Nr. 17 des Rates, ABl. Nr. C 291 vom 4. 10. 1996, S. 10.

18 Bekanntmachung gemäß Artikel 19 Absatz 3 der Verordnung Nr. 17, ABl. Nr. C 93 vom 29. 3. 1996, S. 5.

19 S. Schriftliche Anfragen Nr. 640, 642 und 643/95 vom 9. und 10. März 1995, ABl. Nr. C 196 vom 31. 7. 1995, S. 41 und ABl. Nr. C 213 vom 17. 8. 1995, S. 15.

II. Preisgestaltung und Preistransparenz

Literatur:

Andreas Wolf, Mißbrauchsaufsicht über die Gaspreise, BB 1989, S. 993.

Zu Beginn der 80er Jahre bemühte sich die Gemeinschaft, ein gemeinsames Konzept für die Bildung der Energiepreise zu entwickeln[20]. Mit der Empfehlung des Rates vom 21. April 1983 über die **Bildung der Preise und Tarife für Erdgas** in der Gemeinschaft (83/230/EWG)[21] wurden die Mitgliedstaaten aufgefordert darauf hinzuwirken, daß Preise und Tarife für Erdgas in der Gemeinschaft auf folgenden gemeinsamen Grundsätzen basieren:

> „1. Die Bildung der Preise für Erdgas sollte die bestmögliche Nutzung der Gasvorkommen und eine optimale Allokation dieses Energieträgers unter Berücksichtigung der Produktions-, Bezugs- und Vertriebskosten gestatten. Bei der Preisbildung sind die rationelle Energienutzung und der Marktwert des Erdgases im Verhältnis zu den Preisen der konkurrierenden Energieträger zu berücksichtigen.
> Die Verbraucherpreise für Erdgas sollten deshalb dem Marktwert des Erdgases im Verhältnis zum Preis der Substitutionsenergien möglichst nahe kommen und Einnahmen garantieren, die die Kosten für die Belieferung der Verbraucher decken.
> 2. Die Preisbildungsmodalitäten bei Erdgas sollten so gestaltet werden, daß sich die Erdgaspreise an Veränderungen der Wettbewerbssituation auf dem Markt und an die Kostenentwicklung anpassen können; dies gilt insbesondere für die Bezugskosten der Gasunternehmen, deren Schwankungen sich möglichst kurzfristig in den Tarifen und Verkaufspreisen niederschlagen sollten.
> 3. Preise, die im Vergleich zur Marktsituation und zu den Kosten künstlich niedrig sind, wodurch bestimmte Verbrauchskategorien oder gewisse Verwendungszwecke subventioniert und/oder eine Vergeudung begünstigt würden, sollten nicht angewandt werden.
> 4. Eine zweigliedrige Tarifgestaltung mit einem festen Bestandteil zur Deckung der fixen Kosten, insbesondere der Kosten für den ständigen Netzanschluß, und einem zur Gasliefermenge proportionalen Bestandteil ist die Tarif-Formel, die bei der Tarifgestaltung für die privaten Haushalte und die gewerblichen Kleinverbraucher allgemein unter Berücksichtigung der örtlichen Bedingungen Anwendung finden sollte.
> Dies sollte vor allem für die Verbrauchergruppen gelten, die hinsichtlich des Verwendungszwecks, des Verbrauchsvolumens und der Regelmäßigkeit der Abnahmen einheitliche Merkmale aufweisen und denen entsprechend gestaltete Tarife berechnet werden sollten.
> 5. Für die größten tarifgebundenen Verbraucher, für welche die fixen Kosten nur einen geringen Anteil an den Gesamtkosten darstellen, wäre normalerweise ein Einheitstarif anzuwenden, jedoch wären zwei (oder mehr) Tarifbestandteile vorzusehen, die nach Verbrauchstranchen degressiv zu staffeln wären, um der beim Transport mit steigenden Volumen möglichen Kostendegression Rechnung zu tragen. Die in einem gegebenen Standort praktizierten Tarife sollten sich auch nach

---

20 S. Schlußfolgerungen des Rates vom 3. Dezember 1981 und 16. März 1982.
21 ABl. Nr. L 123 vom 11. 5. 1983, S. 40.

den jeweiligen Merkmalen der Abnahme, wie etwa dem Lastfaktor, richten, damit die Kosten besser weitergegeben werden können.
6. Bei außertariflichen Verkäufen an Großverbraucher (d. h. bei vertraglichen Verkäufen) müßten die Preise auf der Grundlage der Kosten und der Marktbedingungen berechnet werden.
7. Um die Nachfrage aus den Spitzenlastzeiten abzulenken oder sogar Entlastungen zu ermöglichen, müßte man Sondertarife oder -preise vorsehen, die sich nach den Bedingungen für Lieferunterbrechungen richten."

Gleichzeitig wurde den Mitgliedstaaten empfohlen, „dafür Sorge zu tragen, daß die Erdgaspreise die **größtmögliche Transparenz** aufweisen und daß diese Preise und die Kosten für die Verbraucher soweit wie möglich bekannt gegeben werden", denn – so der letzte Erwägungsgrund der Empfehlung – „der Verbraucher kann nur dann die richtige Wahl treffen, wenn auf dem Markt ausreichende Transparenz besteht".

Dieser Transparenzgedanke wurde 1990 mit dem ersten das Erdgas betreffenden Akt der Rechtsetzung zum Binnenmarkt wieder aufgegriffen. Mit der Richtlinie des Rates vom 29. Juni 1990 zur Einführung eines gemeinschaftlichen Verfahrens zur Gewährleistung der **Transparenz der vom industriellen Endverbraucher zu zahlenden Gas- und Strompreise** (90/377/EWG)[22] wurde ein Meldesystem eingeführt, das die Gas- und Stromversorgungsunternehmen der industriellen Endverbraucher verpflichtet, dem Statistischen Amt der EG (Eurostat) periodisch folgende Angaben zu machen:

„1. die Preise und Bedingungen, zu denen Gas und Strom an die industriellen Endverbraucher verkauft werden;
2. die geltenden Preissysteme;
3. die Verteilung der Verbraucher auf die verschiedenen Verbrauchskategorien, unter Angabe der jeweiligen Mengen zur Sicherstellung der Repräsentativität dieser Kategorien auf nationaler Ebene"[23].

Auf der Grundlage der Angaben zu Punkt 1. und 2. veröffentlicht Eurostat alljährlich im Mai und November in geeigneter Form die in den Mitgliedstaaten geltenden Industrietarife für Gas und Strom sowie die Preissysteme, auf denen die Preisfestsetzung beruht[24]. Die in Punkt 3 vorgesehenen Informationen werden Eurostat und den zuständigen Behörden der Mitgliedstaaten alle zwei Jahre übermittelt und sind nicht zur Veröffentlichung bestimmt[25].

Wie den beiden folgenden Übersichten[26] zu entnehmen ist, bestehen zwischen den Gaspreisen für **industrielle Endverbraucher** und den Gaspreisen für **Haushalte**, die Eurostat auf freiwilliger Grundlage erhebt, bedeutende Unterschiede. Zudem sind Preissenkungen aufgrund der Öffnung der Märkte (noch) nicht zu erkennen:

---

22 ABl. Nr. L 185 vom 17. 7. 1990, S. 16.
23 Art. 1 der Richtlinie.
24 Zur Anwendung der Richtlinie s. z. B. den Bericht der Kommission vom 15. 3. 1996 an den Rat, das Europäische Parlament und den Wirtschafts- und Sozialausschuß über die Durchführung der Richtlinie 90/377/EWG des Rates zur Einführung eines gemeinschaftlichen Verfahrens zur Gewährleistung der Transparenz der vom industriellen Endverbraucher zu zahlenden Gas- und Strompreise (KOM(96) 92 endg.).
25 S. zur Energiestatistik unten 3. Teil H.
26 S. European Commission, EU Energy and Transport in Figures, Statistical pocketbook 2002, p. 53, 57.

Natural Gas Prices for Industry (Excise taxes included), **Current prices in euro per GJ (GCV)**

	B	DK	D	EL	E	F	IRL	I	L	NL	A	P	FIN	S	UK	EU
1990	3.50	n.a.	4.53	n.a.	3.47	3.06	2.27	3.09	3.90	2.84	n.a.	n.a.	n.a.	n.a.	3.38	**3.54**
1992	3.61	2.60	4.53	n.a.	2.59	3.22	n.a.	3.65	4.09	2.47	n.a.	n.a.	n.a.	n.a.	3.60	**3.62**
1993	3.35	2.73	4.49	n.a.	2.52	2.94	n.a.	3.25	4.21	2.63	n.a.	n.a.	n.a.	n.a.	3.36	**3.45**
1994	3.37	2.45	4.50	n.a.	2.11	3.00	n.a.	3.43	4.03	2.65	n.a.	n.a.	n.a.	n.a.	n. a.	**3.51**
1995	3.29	3.16	4.37	n.a.	2.80	2.85	n.a.	3.27	3.85	3.05	n.a.	n.a.	2.63	n.a.	3.09	**3.42**
1996	3.16	3.25	4.12	n.a.	2.96	2.90	n.a.	3.53	4.12	2.93	4.00	n.a.	2.95	n.a.	2.08	**3.32**
1997	3.39	3.75	4.66	n.a.	3.54	3.15	n.a.	4.10	4.90	3.31	4.92	n.a.	3.90	n.a.	2.49	**3.70**
1998	3.48	3.42	4.65	n.a.	3.50	3.27	n.a.	3.91	4.82	3.32	4.74	n.a.	3.59	n.a.	2.84	**3.72**
1999	2.65	2.66	3.97	n.a.	2.67	2.79	n.a.	3.35	3.72	2.70	4.80	n.a.	2.56	n.a.	2.81	**3.19**
2000	3.64	4.29	4.45	n.a.	3.89	3.83	n.a.	4.03	4.82	3.68	n.a.	n.a.	4.33	n.a.	2.98	**3.86**
2001	5.53	5.55	7.06	n.a.	5.38	5.50	n.a.	5.88	6.61	n. a.	6.62	n.a.	5.22	8.42	3.55	**5.62**

Natural Gas Prices for Households (All taxes included), **Current prices in euro per GJ (GCV)**

	B	DK	D	EL	E	F	IRL	I	L	NL	A	P	FIN	S	UK	EU
1990	12.77	n.a.	12.07	n.a.	12.84	12.22	14.30	11.69	11.00	7.94	n. a.	n.a.	n.a.	n.a.	8.03	**10.15**
1992	13.38	n.a.	11.87	n.a.	15.06	12.97	17.54	10.76	11.49	9.70	n. a.	n.a.	n.a.	n.a.	9.24	**10.76**
1993	14.00	n.a.	13.84	n.a.	14.25	12.99	18.08	9.10	10.49	9.38	n. a.	n.a.	n.a.	n.a.	7.97	**10.45**
1994	14.62	n.a.	14.50	n.a.	12.41	13.08	17.23	10.43	10.51	9.84	n. a.	n.a.	n.a.	n.a.	8.44	**11.14**
1995	15.07	n.a.	14.19	n.a.	12.77	12.60	16.83	10.05	10.75	9.99	n. a.	n.a.	n.a.	n.a.	8.47	**11.06**
1996	15.21	n.a.	13.54	n.a.	13.72	13.10	16.44	10.72	11.45	9.82	10.33	n.a.	n.a.	n.a.	7.91	**10.93**
1997	15.05	n.a.	13.86	n.a.	13.53	13.03	18.01	11.42	11.40	11.10	11.30	n.a.	n.a.	15.74	8.77	**11.55**
1998	15.21	n.a.	13.48	n.a.	13.43	13.82	17.04	11.21	11.33	10.96	11.16	n.a.	n.a.	15.49	9.25	**11.63**
1999	14.64	13.97	13.30	n.a.	13.06	13.02	16.18	11.44	10.89	10.26	11.27	n.a.	n.a.	14.86	9.05	**11.47**
2000	15.87	18.15	14.06	n.a.	13.50	12.38	16.20	12.29	11.30	10.39	11.27	n.a.	n.a.	15.70	9.85	**12.09**
2001	18.49	22.02	17.16	n.a.	16.30	14.72	16.20	14.48	13.37	8.57	15.19	n.a.	n.a.	18.44	9.42	**13.52**

III. Transit über große Netze

Literatur:

Lutz Eckert, Die Erdgastransitrichtlinie, in: Europarecht – Energierecht – Wirtschaftsrecht, Festschrift für *Bodo Börner*, Köln, Berlin, Bonn, München 1992, S. 523; *Uwe Hüffer, Knut Ipsen, Peter J. Tettinger*, Die Transitrichtlinien für Gas und Elektrizität, Stuttgart 1991; *Günter Knieps*, Wettbewerb auf den Ferntransportnetzen der deutschen Gaswirtschaft: Eine netzökonomische Analyse, ZfE 2002, S. 171.

Als erster der Rechtsakte auf dem Wege zur schrittweisen Errichtung des Energiebinnenmarktes löste die Erdgas-Transit-Richtlinie in Wirtschaft, Politik und Lehre eine in ihrer Schärfe bis dahin kaum gekannte Kontroverse aus[27], die angesichts des eher minimalistischen Inhalts des Rechtsaktes kaum verständlich erscheint. Als Richtlinie des Rates vom 31. Mai 1991 über den Transit von Erdgas über große Netze (91/296/EWG)[28] erlassen, identifiziert die Richtlinie in ihrem Anhang die Betreiber der wesentlichen Erdgas-, Versorgungs- und Hochdrucknetze in der Gemeinschaft[29]. Soweit diese Betreiber Verträge über den Erdgastransit zwischen großen Netzen abschließen wollen, haben die **Transitbedingungen** nach Art. 3 Abs. 2 der Richtlinie bestimmte Voraussetzungen zu erfüllen: Sie „müssen entsprechend den Bestimmungen des Vertrages für alle betroffenen Parteien nichtdiskriminierend und angemessen sein, dürfen keine mißbräuchlichen oder ungerechtfertigten Beschränkungen enthalten und dürfen die Versorgungssicherheit und die Dienstleistungsqualität nicht gefährden, wobei insbesondere auf die Nutzung der Reservekapazitäten der Erzeugung und der Vorratshaltung sowie auf eine möglichst effiziente Auslastung der bestehenden Systeme zu achten ist". Neben diesen Anforderungen in **materieller** Hinsicht gilt für das **Verfahren**, daß die Gesellschaften

- der Kommission und den zuständigen einzelstaatlichen Behörden jeden Antrag auf Transit mitteilen;
- Verhandlungen über die Bedingungen des beantragten Erdgastransits aufnehmen;
- die Kommission und die zuständigen einzelstaatlichen Behörden über den Abschluß eines Transitvertrages unterrichten;
- der Kommission und den zuständigen einzelstaatlichen Behörden, falls die Verhandlungen zwölf Monate nach der Mitteilung des Antrags nicht zum Abschluß eines Vertrages geführt haben, die Gründe dafür mitteilen (Art. 3 Abs. 3).

Kommt eine Einigung nicht zustande, kann jede der betroffenen Gesellschaften beantragen, daß die Transitbedingungen einer von der Kommission eingesetzten **Schlichtungsstelle**[30] unterbreitet werden, in der die Kommission den Vorsitz führt und die für die großen Netze verantwortlichen Gesellschaften vertreten sind (Art. 3 Abs. 4).

---

27 Das rote Tuch waren hierbei die Begriffe „common carriage" und „common carrier", die sich in den Titeln zahlreicher Veröffentlichungen aus dieser Zeit finden.

28 ABl. Nr. L 147 vom 12. 6. 1991, S. 37.

29 S. hierzu die Fortschreibungen des Verzeichnisses der zuständigen Gesellschaften durch die Richtlinien 94/49/EG der Kommission vom 11. November 1994, ABl. Nr. L 295 vom 16. 11. 1994, S. 16 und 95/49/EG vom 26. September 1995, ABl. Nr. L 233 vom 30. 9. 1995, S. 86.

30 S. Beschluß 95/539/EG der Kommission vom 8. Dezember 1995 über die Einsetzung eines Sachverständigengremiums für den Erdgastransit über große Netze, ABl. Nr. L 304 vom 16. 12.

Als einzige **Rechtsfolge** einer Verweigerung der Durchleitung bestimmt Art. 4: „Erscheint die Begründung für das Ausbleiben einer Einigung über einen beantragten Transit nicht gerechtfertigt oder nicht ausreichend, so leitet die Kommission auf Beschwerde des Antragstellers oder von sich aus die im Gemeinschaftsrecht vorgesehenen Verfahren ein". Zu denken ist hier insbesondere an ein Verfahren nach Art. 82 (ex-Art. 86) EGV, soweit der **Mißbrauch einer marktbeherrschenden Stellung** in Betracht kommt.

Weniger eindeutig als ihre möglichen Rechtsfolgen sind nach Auffassung einiger Autoren die Tatbestände, auf die die Richtlinie Anwendung findet, d. h. die Frage, was unter einem Erdgastransit i. S. der Richtlinie zu verstehen ist[31]. Die Richtlinie selbst definiert in ihrem Art. 2 als Erdgastransit jede Beförderung von Erdgas, die folgende (kumulative) Voraussetzungen erfüllt:

> „a) Die Beförderung wird im Gebiet eines Mitgliedstaats von der (den) in dem jeweiligen Mitgliedstaat für ein großes Hochdrucknetz zuständigen Gesellschaft(en) durchgeführt, die am Verbund der europäischen Hochdrucknetze beteiligt ist (sind); Verteilungsnetze sind ausgenommen;
> b) das Ausgangsnetz bzw. das Endabnahmenetz liegt im Hoheitsgebiet der Gemeinschaft;
> c) bei dieser Beförderung wird mindestens eine innergemeinschaftliche Grenze überschritten."

Im Zuge der Errichtung des Binnenmarktes für Erdgas wurde die Transit-Richtlinie durch die Richtlinie 2003/55/EG mit Wirkung zum 1. Juli 2004 aufgehoben[32].

IV. Prospektion, Exploration und Gewinnung von Erdgas

Literatur:

Heike Krieger, Die Anwendbarkeit nationaler und internationaler Regelungen auf die Erdgasgewinnung aus dem deutschen Festlandsockel, DVBl. 2002, S. 300.

Als zweiten Schritt auf dem Weg zum Binnenmarkt für Erdgas erließen Europäisches Parlament und Rat nach der Erdgas-Transit-Richtlinie am 30. Mai 1994 die Richtlinie 94/22/EG über die Erteilung und Nutzung von Genehmigungen zur Prospektion, Exploration und Gewinnung von Kohlenwasserstoffen[33]. Diese Richtlinie gilt für Erdöl und Erdgas in gleicher Weise, so daß hier auf die Darstellung oben unter D. VIII. verwiesen werden kann.

1995, S. 57; geändert durch Beschluß 98/285/EG der Kommission vom 23. April 1998, ABl. Nr. L 128 vom 30. 4. 1998, S. 70. S. zur Ernennung der Mitglieder auch die Bekanntmachungen im ABl. Nr. C 222 vom 31. 7. 1996, S. 2 und ABl. Nr. C 63 vom 28. 2. 1997, S. 6.

31 S. hierzu *Lutz Eckert* (s. o. Literatur).

32 S. Art. 32 Abs. 1 der Richtlinie 2003/55/EG des Europäischen Parlaments und des Rates vom 26. Juni 2003 über gemeinsame Vorschriften für den Erdgasbinnenmarkt und zur Aufhebung der Richtlinie 98/30/EG, ABl. Nr. L 176 vom 15. 7. 2003, S. 57. S. auch unten Ziffer 8.

33 ABl. Nr. L 164 vom 30. 6. 1994, S. 3.

V. Der Binnenmarkt für Erdgas

Literatur:

Vor Erlaß der Erdgasbinnenmarkt-Richtlinie von 1998:

Hans-Wolfgang Arndt, „Common Carrier" bei Strom und Gas, Zur nationalstaatlichen und europarechtlichen Zulässigkeit von Durchleitungsverpflichtungen, RIW Beilage 7 zu Heft 10/1989; *Torsten Frank, Gereon Ziller*, Zur Rechtsnatur des energierechtlichen Anspruchs auf Zugang zu Gasversorgungsnetzen und des Gasdurchleitungsvertrages, RdE 2002, S. 91; *Jürgen Grunwald*, Common Carriage, Oil & Gas Law and Taxation Review 1989/90 Vol. 88 Issue 3, p. 55; *Leigh Hancher*, A single European Market for Oil and Gas – The Legal Obstacles, Journal of Energy & Natural Resources Law 1990, 77; *Hans D. Jarass*, Europäisches Energierecht, Berlin 1996; *Siegfried Klaue*, Zum sogenannten Netzzugang Dritter in der Gas- und Elektrizitätswirtschaft, BB 1992, S. 1937; *Rudolf Lukes*, Aktivitäten der EG auf dem Strom- und Gassektor, DB 1989, S. 2057; *Ernst-Joachim Mestmäcker, Helmut Gröner, Jürgen Basedow*, Die Gaswirtschaft im Binnenmarkt, Baden-Baden 1990; *Wolf Pluge*, Die Politik der Europäisierung auf dem Gebiet der Gas- und Wasserwirtschaft, Universität des Saarlandes, Europa-Institut, Schriftenreihe Nr. 278, 1993; *Rupert Scholz, Stefan Langer*, Europäischer Binnenmarkt und Energiepolitik, Berlin 1992; *Ernst Steindorff*, Durchleitung von Gas im Binnenmarkt für Energie?, RIW, Beilage 1 zu Heft 1/1989; *Clemens Stewing*, Gasdurchleitung nach Europäischem Recht, Köln, Bonn, München 1989; *ders.*, Gasdurchleitung nach deutschem Recht, BB 1995, S. 1968; *Christian von Weizsäcker, Hans K. Schneider, Dieter Schmitt*, Erdgas im europäischen Binnenmarkt, Energiewirtschaftliches Institut an der Universität Köln, 1990.

Nach Erlaß der Erdgasbinnenmarkt-Richtlinie von 1998:

Jürgen F. Baur, Langfristige Gaslieferungsverträge, in *Klaus Peter Berger* u. a. (Hrsg.), Festschrift für Otto Sandrock zum 70. Geburtstag, Heidelberg 2000, S. 35; *Jürgen F. Baur, Andreas Lückenbach*, Rechtliche Grenzen europäischer Wirtschaftsregulierung – Beispiel Erdgasbinnenmarkt, et 2002, S. 420; *Lutz Birnbaum*, Durchleitungsverweigerung bei Gasversorgungsnetzen, et 2001, S. 780; *Friedrich von Burchard*, Netzzugang im Bereich der Gasversorgung, in *Jürgen Schwarze* (Hrsg.), Der Netzzugang für Dritte im Wirtschaftsrecht, Baden-Baden 1999, S. 191; *Torsten Frank, Gereon Ziller*, Zur Rechtsnatur des energierechtlichen Anspruchs auf Zugang zu Gasversorgungsnetzen und des Gasdurchleitungsvertrages, RdE 2002, S. 91; *Lothar Klein*, Handlungsbedarf auf dem Gasmarkt, et 2003, S. 132; *Gunther Kühne*, Die sog. Verrechtlichung der Verbändevereinbarungen und ihre Bedeutung für das Verhältnis zwischen Energie- und Kartellrecht, BB 2003, S. 383; *Helmut Lecheler, Moritz Püstow*, Die Liberalisierung des französischen Gasmarktes, RdE 2003, S. 129; *Rudolf Lukes*, Strom- und Gasimport aus Drittstaaten, RIW 1998, S. 581; *ders.*, Gaslieferungen aus EG-Mitgliedstaaten an Abnehmer in der Bundesrepublik, et 2000, S. 936; *Ingomar B. Marwieser, Peter Steiner*, Gaswirtschaftsgesetz, Wien 2001; *Thomas Müller*, Gasdurchleitung auf der Grundlage des neuen kartellrechtlichen Zugangstatbestands, Bayreuth 2000; *Axel D. Neu*, Perspektiven des Erdgasmarktes nach der Liberalisierung, et 2000, S. 100; *Johann-Christian Pielow*, Liberalisierung „light": Zur Reform der französischen Energiewirtschaft, RIW 2001, S. 351; *Thomas Rabl*, Neues Gaswirtschaftsgesetz: Haftung, Regress und andere Neuerungen, ecolex 2002, S. 418; *Christoph Riechmann*, Notwendige Bausteine für die Gasliberalisierung in Deutschland, et 2001, S. 776; *Peter Rosin, Björn Heinlein*, Die Verbändevereinbarung zum Netzzugang beim Erdgas – Teil 1, et 2002, S. 350; Teil 2, et 2002, S. 426; Teil 3, et 2002, S. 499; *dies.*, Von der VV Erdgas II zur III – oder zur Regulierungsbehörde?, et 2003, S. 262; *Dominik Schnichels*, Marktabschottung durch langfristige Gaslieferverträge, EuZW 2003, S. 171; *Jürgen Schwarze* (Hrsg.), Der Netzzugang für Dritte im Wirtschaftsrecht, Baden-Baden 1999; *Heinrich Specht*, Gasbeschaffung im liberalisierten Energiemarkt, Köln 2001; *Christoph Tönjes*, Die niederländische Gaswirtschaft im Umbruch, et 2003, S. 358.

1. Der Weg zum Binnenmarkt für Erdgas

Art. 14 (ex-Art. 7 a) EGV definiert den Binnenmarkt als „einen Raum ohne Binnengrenzen, in dem der freie Verkehr von Waren, Personen, Dienstleistungen und Kapital gemäß den Bestimmungen dieses Vertrags gewährleistet ist". Nach Art. 95 (ex-Art.

100 a) EGV erläßt der Rat „die Maßnahmen zur Angleichung der Rechts- und Verwaltungsvorschriften der Mitgliedstaaten, welche die Errichtung und das Funktionieren des Binnenmarktes zum Gegenstand haben".

Zwar galt das **Prinzip des freien Warenverkehrs** innerhalb der Gemeinschaft[34] schon vor der Einführung der Vorschriften über den Binnenmarkt durch die Einheitliche Europäische Akte, doch scheiterte seine Verwirklichung bei den leitungsgebundenen Energien Erdgas und Elektrizität an den technischen und rechtlichen Besonderheiten ihrer Märkte in den einzelnen Mitgliedstaaten. Schon **innerhalb** einzelner Mitgliedstaaten, wie z. B. Deutschland, waren die regionalen und lokalen Versorgungsgebiete traditionell gegeneinander abgeschottet, wodurch für den einzelnen Gas- oder Stromkunden ein Gas- oder Stromeinkauf außerhalb seines eigenen Versorgungsgebietes unmöglich wurde. Erst recht waren den Verbrauchern die Gas- oder Strommärkte **anderer Mitgliedstaaten** verschlossen, da eine Vielzahl lokaler, regionaler und nationaler Versorgungsmonopole bestand, die untereinander nicht in Wettbewerb standen. Dieser Zustand wurde solange als historisch gerechtfertigt hingenommen, bis das **Wettbewerbsprinzip** auch hier auf Veränderung drängte. Nicht die Vorschriften des EG-Vertrages über den Binnenmarkt[35], nicht Art. 86 (ex-Art. 90) EGV[36] und nicht der Gerichtshof[37] haben die Öffnung der Gas- und Elektrizitätsmärkte erzwungen, sondern allein das Bestreben, **Wettbewerb als universales Funktionsprinzip der Wirtschaft**[38] auch im Bereich der leitungsgebundenen Energien durchzusetzen.

Zwischen der Konzeption eines Binnenmarktes für Erdgas und seiner legislativen Verwirklichung lagen fast genau 10 Jahre. Weitere 10 Jahre werden bis zu seiner faktischen Vollendung vergehen, denn die zu überwindenden Widerstände sind nicht gering. Am 2. Mai 1988 gab die Kommission ihr Arbeitsdokument „Der Binnenmarkt für Energie" bekannt[39], und am 22. Juni 1998 erging die **Richtlinie 98/30/EG des**

---

34 S. insbesondere Art. 25 (ex-Art. 12): „**Ein- und Ausfuhrzölle** oder Abgaben gleicher Wirkung sind zwischen den Mitgliedstaaten verboten"; Art. 28 (ex-Art. 30): „Mengenmäßige **Einfuhrbeschränkungen** sowie alle Maßnahmen gleicher Wirkung sind zwischen den Mitgliedstaaten verboten"; Art. 29 (ex-Art. 34): „Mengenmäßige **Ausfuhrbeschränkungen** sowie alle Maßnahmen gleicher Wirkung sind zwischen den Mitgliedstaaten verboten"; Art. 31 (ex-Art. 37): „Die Mitgliedstaaten formen ihre **staatlichen Handelsmonopole** derart um, daß jede Diskriminierung in den Versorgungs- und Absatzbedingungen zwischen den Angehörigen der Mitgliedstaaten ausgeschlossen ist. Dieser Artikel gilt für alle Einrichtungen, durch die ein Mitgliedstaat unmittelbar oder mittelbar die Einfuhr oder die Ausfuhr zwischen den Mitgliedstaaten rechtlich oder tatsächlich kontrolliert, lenkt oder merklich beeinflußt. Er gilt auch für die von einem Staat auf andere Rechtsträger übertragenen Monopole".

35 Vgl. als Ausnahme zum Prinzip des freien Warenverkehrs Art. 30 (ex-Art. 36) EGV.

36 Bezeichnend ist, daß die Kommission auf dem Energiesektor zu keiner Zeit eine Richtlinie oder Entscheidung nach Art. 86 Abs. 3 EGV erlassen hat.

37 Die Urteile des Gerichtshofes auf dem Energiesektor zeichnen sich vielmehr durch ein großes Maß an „judicial self-restraint" aus.

38 S. Art. 2 EGV, wonach es „Aufgabe der Gemeinschaft ist ..., einen hohen Grad von Wettbewerbsfähigkeit ... der Wirtschaftsleistungen ... zu fördern". Der Gedanke der Wettbewerbsfähigkeit der Gemeinschaft fand im EWG-Vertrag erstmalig Ausdruck in Art. 130f Abs. 1 (Art. 163 n. F.), der durch die EEA eingeführt wurde und in dem die Gemeinschaft sich das Ziel setzte, „die ... Grundlagen der europäischen Industrie zu stärken und die Entwicklung ihrer internationalen Wettbewerbsfähigkeit zu fördern".

39 KOM (88) 238 endg.

Europäischen Parlaments und des Rates betreffend gemeinsame Vorschriften für den Erdgasbinnenmarkt[40], anderthalb Jahre nach dem Erlaß des parallelen Rechtsaktes zum Elektrizitätsbinnenmarkt[41].

In ihrem Arbeitsdokument „Der Binnenmarkt für Erdgas" hatte die Kommission drei Prioritäten im Bereich des Erdgases vorgeschlagen: „Preise und Steuern", „Gasfernleitungsnetze" und die „Aufhebung der Abschottung der Energiemärkte"[42]. Der Erreichung dieses letzten Zieles gilt die Erdgasbinnenmarkt-Richtlinie, deren Art. 1 bestimmt:

> „Mit dieser Richtlinie werden gemeinsame Vorschriften für die Fernleitung, die Verteilung, die Lieferung und die Speicherung von Erdgas erlassen. Sie regelt ferner die Organisation und Funktionsweise des Erdgassektors, auch in bezug auf verflüssigtes Erdgas (LNG), den Marktzugang, den Betrieb der Netze und die Kriterien und Verfahren für die Erteilung von Fernleitungs-, Verteilungs-, Liefer- und Speichergenehmigungen für Erdgas."

Es erscheint zweckmäßig, diese einzelnen Regelungsgegenstände der Richtlinie getrennt zu betrachten, wobei mit der Organisation und Funktionsweise des Erdgassektors zu beginnen ist.

2. Organisation und Funktionsweise des Erdgassektors

Nach der Konzeption der Richtlinie wird der Erdgasmarkt der Gemeinschaft von vier Grundprinzipien beherrscht: der **Wettbewerbsorientiertheit**, der **Nichtdiskriminierung** unter den Unternehmen[43], der **Transparenz**[44] und der **Interoperabilität** der Netze[45]. Soweit diese Prinzipien eingehalten werden, sind die Mitgliedstaaten frei, „den Erdgasunternehmen gemeinwirtschaftliche Verpflichtungen aufzuerlegen, die sich auf die Sicherheit, einschließlich der Versorgungssicherheit, die Regelmäßigkeit, die Qualität und den Preis der Lieferungen sowie auf den Umweltschutz beziehen können"[46]. Unter den gleichen Voraussetzungen können sie **Genehmigungsvorschriften** für den Bau oder den Betrieb von Erdgasanlagen vorsehen[47]. Soweit es sich jedoch um den Bau und den Betrieb von Erdgasanlagen im Bereich der **Verteilung** handelt, d. h. um „den Transport von Erdgas über örtliche oder regionale Leitungsnetze im Hinblick auf die Versorgung von Kunden"[48], können die Mitgliedstaaten von derartigen Genehmigungsverfahren absehen, wenn „ihre Anwendung die Erfüllung der den Erdgasunternehmen übertragenen gemeinwirtschaftlichen Verpflichtungen

---

40 ABl. Nr. L 204 vom 21. 7. 1998, S. 1.

41 Richtlinie 96/92/EG des Europäischen Parlaments und des Rates vom 19. Dezember 1996 betreffend gemeinsame Vorschriften für den Elektrizitätsbinnenmarkt, ABl. Nr. L 27 vom 30. 1. 1997, S. 20.

42 S. S. 55 des Dokuments (Anhang III: Erdgas).

43 Art. 3 Abs. 1.

44 Art. 3 Abs. 2, Art. 4 Abs. 2 und 3.

45 Art. 5.

46 Art. 3 Abs. 2.

47 Art. 4.

48 S. die Legaldefinition in Art. 2 Ziffer 5.

de jure oder de facto verhindern würde ... und die Entwicklung des Handelsverkehrs nicht in einem Ausmaß beeinträchtigt wird, das den Interessen der Gemeinschaft zuwiderläuft"[49]. Aber auch soweit Genehmigungsverfahren vorgesehen sind, können die Mitgliedstaaten es „im Interesse eines effizienten Betriebs ablehnen, weitere Genehmigungen für den Bau und den Betrieb von Verteilungsnetzen in einem bestimmten Gebiet zu erteilen, wenn in diesem Gebiet bereits solche Leitungsnetze gebaut wurden oder in Planung sind und die bestehenden oder geplanten Kapazitäten nicht ausgelastet sind"[50]. Dies gilt nicht für den Bau und Betrieb von **Direktleitungen** (Art. 20).

Zur Sicherstellung der **Interoperabilität** der Netze haben die Mitgliedstaaten dafür zu sorgen, „daß für den Anschluß von LNG-Anlagen[51] und Speicheranlagen[52], von anderen Fernleitungs-[53] oder Verteilungsnetzen und von Direktleitungen[54] an das Netz **technische Vorschriften mit Mindestanforderungen** betreffend Auslegung und Betrieb ausgearbeitet und zur Verfügung gestellt werden"[55].

Auf der Grundlage dieser allgemeinen Prinzipien für die Organisation des Erdgassektors (Art. 3 bis 5) unterscheidet die Richtlinie in ihren spezifischen Regelungen zwischen der **„Fernleitung, Speicherung und LNG"** (Art. 6 bis 8) einerseits und der **„Verteilung und Versorgung"** (Art. 9–11) andererseits. Die Richtlinie folgt damit dem Erdgasstrom von der Quelle bis zum Endverbraucher, wobei die erstgenannten Funktionen den letztgenannten vorausgehen. Für die der Fernleitung, Speicherung und LNG-Anlagen **vorgelagerten Rohrleitungsnetze**, d. h. Rohrleitungen, „deren Betrieb ... Teil eines Öl- oder Gasgewinnungsvorhabens ist oder die dazu verwendet werden, Erdgas von einem oder mehreren solcher Vorhaben zu einer Aufbereitungsanlage, zu einem Terminal oder zu einem an der Küste gelegenen Endanlandeterminal zu leiten" (s. Art. 2 Ziffer 2), trifft die Richtlinie in Art. 23 eine **Zugangsregelung**.

---

49 Art. 3 Abs. 3.

50 Art. 4 Abs. 4.

51 Art. 2 Ziffer 11 definiert „LNG-Anlage" (LNG = Liquid Natural Gas = verflüssigtes Erdgas) als eine „Kopfstation zur Verflüssigung von Erdgas oder zur Entladung, Speicherung und Wiederverdampfung von verflüssigtem Erdgas".

52 Art. 2 Ziffer 9 definiert „Speicheranlage" als „eine einem Erdgasunternehmen gehörende und/oder von ihm betriebene Anlage zur Speicherung von Erdgas, mit Ausnahme des Teils, der für eine Gewinnungstätigkeit genutzt wird".

53 Art. 2 Ziffer 3 definiert „Fernleitung" als „den Transport von Erdgas durch ein Hochdruckfernleitungsnetz, mit Ausnahme von vorgelagerten Rohrleitungsnetzen, im Hinblick auf die Versorgung von Kunden". Der Begriff „vorgelagertes Rohrleitungsnetz" wird in Art. 2 Ziffer 2 definiert als „Rohrleitungen oder ein Netz von Rohrleitungen, deren Betrieb und/oder Bau Teil eines Öl- oder Gasgewinnungsvorhabens ist oder die dazu verwendet werden, Erdgas von einem oder mehreren solcher Vorhaben zu einer Aufbereitungsanlage, zu einem Terminal oder zu einem an der Küste gelegenen Endanlandeterminal zu leiten".

54 Art. 2 Ziffer 14 definiert „Direktleitung" als „eine zusätzlich zum Verbundnetz errichtete Erdgasleitung".

55 Art. 5 Satz 1.

3. Fernleitung, Speicherung und LNG-Anlagen

Für die Fernleitungs-, Speicher- und LNG-Unternehmen sieht die Richtlinie in den Art. 7 und 8 folgende Verpflichtungen vor:

- Betrieb, Wartung und Ausbau sicherer, zuverlässiger und leistungsfähiger Fernleitungs-, Speicher- und/oder LNG-Anlagen unter wirtschaftlichen Bedingungen und unter gebührender Beachtung des Umweltschutzes,
- Unterlassung jeglicher diskriminierender Behandlung von Netzbenutzern oder Kategorien von Netzbenutzern, insbesondere zugunsten ihrer eigenen verbundenen Unternehmen,
- Erteilung ausreichender Informationen an jedes Fernleitungs- und/oder Speicherunternehmen und/oder Verteilungsunternehmen, um zu gewährleisten, daß der Transport und die Speicherung von Erdgas in einer mit dem sicheren und leistungsfähigen Betrieb des Verbundnetzes zu vereinbarenden Weise erfolgen kann,
- vertrauliche Behandlung wirtschaftlich sensibler Informationen, von denen die Unternehmen bei der Ausübung ihrer Geschäftstätigkeit Kenntnis erlangen.

Zusätzlich wird Fernleitungsunternehmen untersagt, „wirtschaftlich sensible Informationen, die sie von Dritten im Zusammenhang mit der Gewährung eines Netzzugangs oder mit Verhandlungen hierüber erhalten, beim Verkauf oder Erwerb von Erdgas durch sie selbst oder verbundene Unternehmen zu mißbrauchen".

4. Verteilung und Versorgung

Für die Verteilerunternehmen gelten nach Art. 10 und 11 der Richtlinie *mutatis mutandis* dieselben Verpflichtungen wie für Fernleitungsunternehmen, mit der Besonderheit, daß die Mitgliedstaaten den Verteiler- und/oder Versorgungsunternehmen die **Verpflichtung** auferlegen können, „Kunden in einem bestimmten Gebiet und/oder Kunden einer bestimmten Kategorie zu beliefern", wobei der Tarif für diese Lieferungen festgelegt werden kann, z.B. um die Gleichbehandlung der Kunden zu gewährleisten (Art. 9).

5. Entflechtung und Transparenz der Buchführung

Die Vorschriften der Richtlinie über die Entflechtung und Transparenz der Buchführung (Art. 12 und 13) sind im Zusammenhang mit den nachfolgenden Bestimmungen über den Netzzugang sogenannter zugelassener Kunden (Art. 14 bis 23) zu sehen. Da die Mitgliedstaaten dafür zu sorgen haben, daß dieser Netzzugang in Übereinstimmung mit der Richtlinie gewährt wird und notfalls staatlich benannte Schiedsstellen mit Streitigkeiten befaßt werden können, benötigen die mitgliedstaatlichen Behörden und die Schiedsstellen eine hinreichende Kenntnis der jeweiligen Unternehmensprofile. Bei integrierten Erdgasunternehmen muß diese Kenntnis für jede ihrer Tätigkeiten (Erdgasfernleitung, Erdgasverteilung, Erdgasspeicherung) verfügbar sein, da die Richtlinie sie als wirtschaftlich selbständige Aktivitäten versteht. Hieraus resultiert das Erfordernis einer Entflechtung der internen Buchführung durch die **Einführung einer eigenen Buchführung für jede einzelne Tätigkeit** (auch **unbundling** genannt), wie sie Art. 13 Abs. 3 und 4 vorschreiben:

„(3) Zur Vermeidung von Diskriminierungen, Quersubventionen und Wettbewerbsverzerrungen führen integrierte Erdgasunternehmen in ihrer internen Buchführung für ihre Erdgasfernleitungs-, -verteilungs- und -speicherungstätigkeiten getrennte Konten sowie gegebenenfalls konsolidierte Konten für ihre Tätigkeiten außerhalb des Erdgassektors in derselben Weise, wie sie dies tun müßten, wenn die betreffenden Tätigkeiten von separaten Firmen ausgeführt würden. Diese interne Buchführung enthält für jede Tätigkeit eine Bilanz sowie eine Ergebnisrechnung ....
(4) In der internen Buchführung geben die Unternehmen unbeschadet der innerstaatlich anwendbaren Vorschriften für die Rechnungslegung die Regeln, einschließlich der Abschreibungsregeln, an, nach denen die Gegenstände des Aktiv- und Passivvermögens sowie die ausgewiesenen Aufwendungen und Erträge den gemäß Absatz 3 separat geführten Konten zugewiesen werden. Änderungen dieser Regeln sind nur in Ausnahmefällen zulässig. Diese Änderungen müssen erwähnt und ordnungsgemäß begründet werden."

Nach Art. 12 haben die zuständigen Behörden der Mitgliedstaaten und die Schiedsstellen das **Recht auf Einsicht** in diese Buchführung, wobei die Vertraulichkeit sensibler Informationen zu wahren ist.

6. Netzzugang

Die zehn Artikel über den **Netzzugang Dritter** (Art. 14 bis 23) bilden gut die Hälfte der operativen Vorschriften der Richtlinie und stellen ihr regulatives Herzstück dar[56]. Ihr Ziel ist die schrittweise Öffnung der örtlichen, regionalen und nationalen Erdgasmärkte, um sogenannten **zugelassenen Kunden** (Art. 18 Abs. 1) einen Einkauf von Erdgas bei Erdgasunternehmen ihrer Wahl zu ermöglichen. Soweit für die Lieferung die bestehenden Netze der örtlichen, regionalen oder nationalen Netzbetreiber in Anspruch genommen werden müssen, haben diese ihren Konkurrenten den Netzzugang nach Maßgabe der Richtlinie zu gewähren.

Für die Regelung des Netzzugangs sieht die Richtlinie **zwei Systeme** vor, von denen die Mitgliedstaaten eines oder beide wählen können: den **Netzzugang auf Vertragsbasis** und den **geregelten Netzzugang**. Für das erstgenannte System gilt nach Art. 15:

„(1) Beim Netzzugang auf Vertragsbasis treffen die Mitgliedstaaten die erforderlichen Maßnahmen, damit die Erdgasunternehmen und die zugelassenen Kunden, die sich innerhalb oder außerhalb des Verbundnetzgebiets befinden, einen Netzzugang aushandeln können, um untereinander Lieferverträge auf der Grundlage freiwilliger kommerzieller Vereinbarungen schließen zu können. Die Parteien müssen dazu verpflichtet werden, den Netzzugang nach dem Grundsatz von Treu und Glauben auszuhandeln.
(2) Die Verträge für den Netzzugang müssen mit den betreffenden Erdgasunternehmen ausgehandelt werden. Die Mitgliedstaaten verlangen, daß die Erdgasunternehmen innerhalb des ersten Jahres nach dem Beginn der Anwendung dieser Richtlinie und in der Folge einmal jährlich ihre wesentlichen geschäftlichen Bedingungen für die Nutzung des Netzes veröffentlichen."

---

56 S. auch „Bericht der Beratenden Ausschüsse über den Zugang Dritter zu Erdgasnetzen", Kommission der Europäischen Gemeinschaften, Generaldirektion Energie, Mai 1991.

Für das System mit **geregeltem Netzzugang** bestimmt Art. 16:

> „Die Mitgliedstaaten, die sich für ein System mit geregeltem Netzzugang entscheiden, treffen die erforderlichen Maßnahmen, um den Erdgasunternehmen und den zugelassenen Kunden, die sich innerhalb oder außerhalb des Verbundnetzgebiets befinden, auf der Grundlage veröffentlichter Tarife und/oder sonstiger Bedingungen und Verpflichtungen für die Nutzung des Netzes ein Netzzugangsrecht zu gewähren. Dieses Recht auf Zugang kann den zugelassenen Kunden dadurch gewährt werden, daß es ihnen ermöglicht wird, Versorgungsverträge mit anderen konkurrierenden Erdgasunternehmen als dem Eigentümer und/oder Betreiber des Netzes oder einem verbundenen Unternehmen zu schließen."

Unter beiden Systemen können Erdgasunternehmen gemäß Art. 17 den **Netzzugang verweigern,** wenn sie nicht über die nötige Kapazität verfügen oder der Netzzugang sie daran hindern würde, die ihnen auferlegten gemeinwirtschaftlichen Verpflichtungen zu erfüllen oder ernsthafte wirtschaftliche und finanzielle Gefahren bestehen. Beruht die Verweigerung des Netzzugangs auf einer **unzureichenden Kapazität** oder einem mangelnden Netzverbund, können die Mitgliedstaaten Maßnahmen ergreifen, um die betreffenden Erdgasunternehmen zu dem erforderlichen **Ausbau ihrer Netze** zu veranlassen, „soweit dies wirtschaftlich vertretbar ist oder wenn ein potentieller Kunde bereit ist, hierfür zu zahlen".

Der **Kreis der zugelassenen Kunden** wird nach Maßgabe des Art. 18 im Laufe der Jahre fortschreitend erweitert. In einem ersten Schritt sind zumindest folgende Kunden zuzulassen:

- Betreiber von gasbefeuerten Stromerzeugungsanlagen, und zwar unabhängig von ihrem Jahresverbrauch;
- andere Endverbraucher mit einem Jahresverbrauch von mehr als 25 Mio m^3 Gas je Verbrauchsstätte.

Hierbei tragen die Mitgliedstaaten dafür Sorge, daß die Festlegung der zugelassenen Kunden zu einer Marktöffnung von mindestens 20 % des jährlichen Gesamtgasverbrauchs auf dem einzelstaatlichen Gasmarkt führt. Dieser Prozentsatz ist fünf Jahre nach dem Inkrafttreten der Richtlinie auf 28 % und nach zehn Jahren auf 33 % anzuheben. Diese Anhebung wird u. a. dadurch erreicht, daß der Schwellenwert für andere Endverbraucher als Betreiber gasbefeuerter Stromerzeugungsanlagen von anfangs 25 Mio m^3 Gas nach fünf Jahren auf 15 Mio m^3 und nach zehn Jahren auf 5 Mio m^3 abgesenkt wird, wodurch die Anzahl der zugelassenen Kunden und damit ihr Gesamtanteil am Gasmarkt steigt.

Die Mitgliedstaaten veröffentlichen die **Kriterien** für die Festlegung der zugelassenen Kunden und teilen sie der Kommission mit, die sie ihrerseits im Amtsblatt der Europäischen Gemeinschaften bekanntgibt (Art. 18 Abs. 9).

Außer der Belieferung qua Netzzugang sieht die Richtlinie in Art. 20 die Möglichkeit einer Versorgung zugelassener Kunden über **Direktleitungen** zwischen ihnen und den von ihnen gewählten Erdgasunternehmen vor. Art. 2 Ziffer 14 definiert Direktleitungen als zusätzlich zum Verbundnetz errichtete Erdgasleitungen. Soweit eine Genehmigung für den Bau oder Betrieb von Direktleitungen erforderlich ist, legen die

Mitgliedstaaten die jeweiligen Kriterien objektiv, transparent und nichtdiskriminierend fest. Hierbei können sie die Erteilung einer Genehmigung von der Verweigerung des Netzzugangs (Art. 17) oder von der Einleitung eines Streitbeilegungsverfahrens (Art. 21) abhängig machen.

Nicht nur hinsichtlich der Netze sieht die Richtlinie einen Zugang vor, sondern auch in Bezug auf die ihnen **vorgelagerten Rohrleitungsnetze** i.S. des Art. 2 Ziffer 2. Nach Art. 23 Abs. 1 haben die Mitgliedstaaten sicherzustellen, daß die Erdgasunternehmen und die zugelassenen Kunden ungeachtet ihres Niederlassungsorts Zugang zu den vorgelagerten Rohrleitungsnetzen, „einschließlich der Einrichtungen, die die mit einem derartigen Zugang verbundenen technischen Dienstleistungen erbringen, jedoch mit Ausnahme der Netzteile und Teile von Einrichtungen, die für örtliche Produktionstätigkeiten auf einem Gasfeld verwendet werden, erhalten können". Die näheren Modalitäten dieses Zugangs sind in Art. 23 Abs. 2 bis 4 festgelegt.

Bei der Öffnung der Erdgasmärkte weist die Richtlinie den Mitgliedstaaten nicht nur eine allgemein reglementierende Rolle zu, sondern sie überträgt ihnen auch Verwaltungs- und **Überwachungsbefugnisse** im Einzelfall. So haben die Mitgliedstaaten dafür zu sorgen, daß die Parteien über den Netzzugang nach Treu und Glauben verhandeln und keine Partei ihre Position mißbraucht, um den erfolgreichen Abschluß dieser Verhandlungen zu vereiteln (Art. 21 Abs. 1). Insbesondere haben die Mitgliedstaaten geeignete und wirksame Mechanismen für die Regulierung, die Kontrolle und die Sicherstellung der Transparenz zu schaffen, um den Mißbrauch marktbeherrschender Stellungen, insbesondere zum Nachteil der Verbraucher, und Verdrängungspraktiken zu verhindern (Art. 22). Darüber hinaus haben sie unabhängige **Stellen zur Beilegung von Streitigkeiten** bei Verhandlungen über den Netzzugang (Art. 21 Abs. 2 und 3) und den Zugang zu vorgelagerten Rohrleitungsnetzen (Art. 23 Abs. 3 und 4) zu benennen.

7. Probleme des Übergangs zum Erdgasbinnenmarkt

Da die reglementierte Öffnung des Erdgasmarktes gleichsam einen Versuch am lebenden Objekt darstellt, sieht die Richtlinie **Schutzmaßnahmen** und **Ausnahmeregelungen** vor, um eine geordnete Gasversorgung nicht zugunsten des Wettbewerbsprinzips zu gefährden. Beim Übergang zum Erdgasbinnenmarkt wächst den **Mitgliedstaaten** eine besondere Verantwortung zu, die sie teils autonom, teils unter der Aufsicht der Kommission wahrzunehmen haben. Darüber hinaus behalten die Mitgliedstaaten auch nach der Errichtung des Binnenmarktes bedeutende Gestaltungs- und Eingriffsrechte auf dem Erdgasmarkt.

Als wichtigste Kompetenz der Mitgliedstaaten ist in diesem Zusammenhang ihre **Befugnis zum Erlaß von Schutzmaßnahmen** anzusehen. Art. 24 der Richtlinie, der nicht nur bis zur Öffnung der Erdgasmärkte, sondern auch danach gilt, bestimmt:

> „(1) Treten plötzliche Marktkrisen im Energiesektor auf oder ist die Sicherheit von Personen, Geräten oder Anlagen oder die Unversehrtheit des Netzes gefährdet, so kann ein Mitgliedstaat vorübergehend die notwendigen Schutzmaßnahmen treffen.

> (2) Diese Maßnahmen dürfen nur ein Mindestmaß an Störungen im Funktionieren des Binnenmarktes hervorrufen und nicht über das zur Behebung der plötzlich aufgetretenen Schwierigkeiten unbedingt erforderliche Ausmaß hinausgehen.
> (3) Der betreffende Mitgliedstaat teilt diese Maßnahmen unverzüglich den anderen Mitgliedstaaten und der Kommission mit; diese kann beschließen, daß der betreffende Mitgliedstaat diese Maßnahmen zu ändern oder aufzuheben hat, soweit sie den Wettbewerb verzerren und den Handel in einem Umfang beeinträchtigen, der dem gemeinsamen Interesse zuwiderläuft."

Von großer Bedeutung für die Erdgasunternehmen, deren Bezugs- und Lieferverträge durch eine besondere **Langfristigkeit** und die Regel **take or pay** gekennzeichnet sind, ist Art. 25 der Richtlinie, der ihnen erlaubt, qua Ausnahmeregelung vom Netzzugang Dritter vorübergehend freigestellt zu werden. Nach dieser Bestimmung kann ein Erdgasunternehmen einen Antrag auf eine befristete Ausnahme von Art. 15 und/oder Art. 16 stellen, wenn ihm wegen unbedingter Zahlungsverpflichtungen aus Gaslieferverträgen **ernsthafte wirtschaftliche und finanzielle Schwierigkeiten** entstehen oder zu befürchten sind. Wegen des **Verfahrens** und der Kriterien für die Entscheidung über einen Ausnahmeantrag wird auf die umfangreichen Einzelregelungen des Art. 25 verwiesen. Soweit eine Ausnahmeregelung nicht erteilt wird, dürfen die Erdgasunternehmen den Netzzugang „wegen im Rahmen eines Gasliefervertrags eingegangener unbedingter Zahlungsverpflichtungen nicht bzw. nicht länger verweigern" (Art. 25 Abs. 4). Die diesbezüglichen Entscheidungen der Kommission sind im Amtsblatt der Europäischen Gemeinschaften zu veröffentlichen.

Drei weitere **Ausnahmetatbestände** sind in Art. 26 geregelt. Sie beziehen sich nicht auf die Situation eines einzelnen Erdgasunternehmens, sondern sind im unzureichenden Entwicklungsstand des Erdgassektors des betreffenden Mitgliedstaats begründet. Der **erste** dieser Ausnahmetatbestände betrifft Mitgliedstaaten, die nicht direkt an das Verbundnetz eines anderen Mitgliedstaats angeschlossen sind und nur einen externen Hauptlieferanten haben, der einen Marktanteil von mehr als 75 % besitzt (Art. 26 Abs. 1). Der **zweite** gilt für sog. entstehende Märkte, d. h. für Mitgliedstaaten, in denen die erste kommerzielle Lieferung aufgrund eines ersten langfristigen Erdgasliefervertrags nicht mehr als zehn Jahre zurückliegt[57] und die durch die Anwendung der Richtlinie in erhebliche Schwierigkeiten geraten würden (Art. 26 Abs. 2). Der **dritte** schließlich erfaßt Fälle, in denen die Anwendung der Richtlinie „in einem geographisch begrenzten Gebiet eines Mitgliedstaates, insbesondere hinsichtlich der Entwicklung der Fernleitungsinfrastruktur, erhebliche Schwierigkeiten verursachen würde" (Art. 26 Abs. 3 bis 5).

Als gemeinsame Rechtsfolge ist in allen drei Fällen die Möglichkeit vorgesehen, von den Genehmigungserfordernissen des Art. 4, der Pflicht zur Benennung zugelassener Kunden nach Art. 18 und den Bestimmungen über den Bau und Betrieb von Direktleitungen nach Art. 20 abzuweichen.

In der **Praxis** wurden die Probleme des Übergangs zum Binnenmarkt für Erdgas durch Verzögerungen und Schwierigkeiten bei der Umsetzung der Richtlinie deut-

---

57 S. Definition in Art. 2 Ziffer 24.

lich[58]. Gleichzeitig bemühten sich Rat und Europäisches Parlament auf Vorschlag der Kommission[59] um eine **Neufassung** der Vorschriften über den Erdgasbinnenmarkt[60],

---

58 Hiervon zeugen u. a. Vertragsverstoßverfahren gegen Frankreich (EuGH, Urteil vom 28. November 2002, Rechtssache C-259/01) und Deutschland (Rechtssache C-64/03). Zum tatsächlichen Stand der Öffnung des Erdgasmarktes im Jahre 2002 s. die nachstehende Übersicht aus: European Commission, EU Energy and Transport in Figures, Statistical pocketbook 2002, p. 36:

Gas Market Opening

	Market opening 2002	Full opening date	Unbundling transmission	Network access
Gas Directive	Min. 28 % by August 2003			
Belgium	59 %	2003/6	Legal	Regulated
Denmark	35 %	2004	Legal	Regulated
Germany	100 %	2000	Accounts	Negotiated
Greece*				
Spain	79 %	2003	Ownership	Regulated
France	20 %	n. a.	Accounts	Negotiated
Ireland	82 %	2005	Management	Regulated
Italy	96 %	2003	Legal	Regulated
Luxembourg	72 %	n. a.	Accounts	Regulated
Netherlands	60 %	2004	Management	Hybrid
Austria	100 %	2002	Management	Regulated
Portugal*				
Finland*				
Sweden	47 %	2006	Accounts	Regulated
UK	100 %	1998	Ownership	Regulated

* Note: Finland, Greece and Portugal qualify as emergent markets and are entitled to substantial derogation.

Der derzeit letzte Stand ist wiedergegeben im Arbeitsdokument der Kommissionsdienststellen: Zweiter Benchmarkingbericht über die Vollendung des Elektrizitäts- und Erdgasbinnenmarktes (aktualisierter Bericht unter Einbeziehung der Beitrittsländer), SEK (2003) 448 vom 7. 4. 2003. Zur Umsetzung der Richtlinie 98/30/EG wurde in Deutschland erst im Mai 2003 das „Erste Gesetz zur Änderung des Gesetzes zur Neuregelung des Energiewirtschaftsrechts" (BGBl. 2002 I S. 686) erlassen. S. dazu *Gunther Kühne, Christian Brodowski*, Die Reform des Energiewirtschaftsrechts nach der Novelle 2003, NVwZ 2003, S. 769. Davor bestanden lediglich sog. „Verbändevereinbarungen" privatrechtlichen Charakters (s. dazu oben Literatur). Zur Lage in **Frankreich** s. *Helmut Lecheler, Moritz Püstow*, Die Liberalisierung des französischen Gasmarktes, RdE 2003, S. 129. Zur Lage im **Vereinigten Königreich** s. *Harry Cavill*, The development of the UK Gas Market, ZfE 2003, S. 109. Zur Lage in den **Niederlanden** s. *Christoph Tönjes*, Die niederländische Gaswirtschaft im Umbruch, et 2003, S. 358.

59 Der erste Vorschlag zur Änderung der Richtlinie 98/30/EG datiert vom 13. März 2001, der geänderte Vorschlag vom 7. Juni 2002 (KOM (2002) 304 endg.), ABl. Nr. C 227 E vom 24. 9. 2002, S. 19. S auch die Stellungnahme des Wirtschafts- und Sozialausschusses, ABl. Nr. C 36 vom 8. 2. 2002, S. 10. S. zuletzt den Gemeinsamen Standpunkt (EG) Nr. 6/2003 vom 3. Februar 2003, ABl. Nr. C 50 E vom 4. 3. 2003, S. 36.

60 S. dazu *Jürgen F. Baur, Andreas Lückenbach*, Fortschreibende Regulierung der Energiewirtschaft. Eine kritische Stellungnahme zu den Kommissionsvorschlägen zur Änderung der Binnenmarktrichtlinie Erdgas (98/30/EG), Baden-Baden 2002.

deren Erlaß im Sommer 2003 erfolgte[61]. Im September 2002 legte die Kommission im Rahmen ihrer Initiative zur Erhöhung der Energieversorgungssicherheit[62] auch einen Vorschlag für eine Richtlinie des Europäischen Parlaments und des Rates über **Maßnahmen zur Gewährleistung der sicheren Erdgasversorgung vor**[63].

8. Die Vollendung des Binnenmarktes

Nach nur fünfjähriger Geltungsdauer wurde die Richtlinie 98/30/EG im Sommer 2003 durch die **Richtlinie 2003/55/EG des Europäischen Parlaments und des Rates vom 26. Juni 2003 über gemeinsame Vorschriften für den Erdgasbinnenmarkt** und zur Aufhebung der Richtlinie 98/30/EG neu gefaßt[64]. Gleichzeitig wurde die Erdgas-Transit-Richtlinie aufgehoben[65]. Angesichts der aufgetretenen Anwendungs- und Umsetzungsschwierigkeiten der Richtlinie 98/30/EG und in Anbetracht der sich verstärkenden Abhängigkeit der Gemeinschaft von Erdgaseinfuhren aus Drittländern[66] war eine Überarbeitung erforderlich geworden. Wie die zeitgleich mit ihr verabschiedete Neufassung der Richtlinie über den Binnenmarkt für Elektrizität[67] geht die Richtlinie 2003/55/EG von der Feststellung aus, daß „nach wie vor ... schwerwiegende Mängel und weitreichende Möglichkeiten zur Verbesserung der Funktionsweise der Märkte" bestehen, wobei insbesondere konkrete Maßnahmen erforderlich sind, um „gleiche Ausgangsbedingungen" zu schaffen, „die Gefahr einer Marktbeherrschung und von Verdrängungspraktiken zu verringern", nichtdiskriminierende Fernleitungs- und Verteilungstarife sicherzustellen, einen Netzzugang auf der Grundlage veröffentlichter Tarife zu gewährleisten und die „Rechte kleiner und benachteiligter Kunden" zu schützen[68].

Wie die neugefaßte Elektrizitäts-Richtlinie sieht die neue Erdgas-Richtlinie die obligatorische Einrichtung von **Regulierungsbehörden** in den Mitgliedstaaten vor, die die Aufgabe haben, „Nichtdiskriminierung, echten Wettbewerb und ein effizientes Funktionieren des Marktes sicherzustellen" (Art. 25). Ihnen obliegt insbesondere ein umfassendes Monitoring des Marktgeschehens[69], die Festlegung bzw. Genehmigung der Bedingungen für den Anschluß an und den Zugang zu den nationalen Netzen, einschließlich der Tarife für die Fernleitung und die Verteilung[70], die Wahrnehmung der Funktion einer Streitbeilegungsstelle[71] sowie die Mitarbeit in einer einzurichten-

---

61 S. unten unter 8.

62 S. Mitteilung der Kommission an das Europäische Parlament und an den Rat: Energiebinnenmarkt: Abgestimmte Maßnahmen im Bereich der Energieversorgungssicherheit, KOM (2002) 488 endg. vom 11. 9. 2002.

63 S. KOM (2002) 488 endg. vom 11. 9. 2002. S. dazu die Stellungnahme des Wirtschafts- und Sozialausschusses im ABl. Nr. C 133 vom 6. 6. 2003, S. 16.

64 ABl. Nr. L 176 vom 15. 7. 2003, S. 57.

65 S. Art. 32 Abs. 1 der Richtlinie 2003/55/EG. Zur Erdgas-Transit-Richtlinie s. oben Ziffer III.

66 S. den 5. Erwägungsgrund der Richtlinie.

67 S. unten F. VI. 9.

68 S. den 2. Erwägungsgrund der Richtlinie.

69 S. Art. 5 (Monitoring der Versorgungssicherheit) und Art. 25 Abs. 1 sowie den 13. Erwägungsgrund der Richtlinie.

70 S. Art. 25 Abs. 2 sowie den 13. und 16. Erwägungsgrund der Richtlinie.

71 S. Art. 25 Abs. 5 der Richtlinie.

den europäischen Gruppe der Regulierungsbehörden für Elektrizität und Gas[72]. Neben diesen verstärkten Marktaufsichtspflichten führt die Richtlinie einen eigenen Artikel über „gemeinwirtschaftliche Verpflichtungen und Schutz der Kunden" ein, der um einen Anhang „Maßnahmen zum Schutz der Kunden" ergänzt wird (Art. 3 i. V. m. Anhang A). Neu sind ebenfalls weitergefaßte Vorschriften über die Entflechtung von Fernleitungsnetzbetreibern (Art. 9) und Verteilernetzbetreibern (Art. 13) sowie Kombinationsnetzbetreibern (Art. 15), die eigenständige Regelung über den Zugang zu Speicheranlagen (Art. 19) und die Vorschrift über neue Infrastrukturen (Art. 22).

Nach dem Willen der Richtlinien 2003/54/EG und 2003/55/EG sind die Märkte für Elektrizität und Erdgas bis zum 1. Juli 2007 vollständig zu öffnen[73]. Bis zu diesem Datum sollen alle Kunden Zugang zum Elektrizitäts- und Erdgaslieferanten ihrer Wahl bekommen, wobei die Markttransparenz erhöht und die Bedingungen des Wechsels zu neuen Lieferanten erleichtert werden sollen[74]. Im Interesse einer verstärkten Diversifizierung ist ebenfalls vorgesehen, daß „Biogas, Gas aus Biomasse und andere Gasarten einen nichtdiskriminierenden Zugang zum Netz erhalten, vorausgesetzt, dieser Zugang ist dauerhaft und mit den einschlägigen technischen Vorschriften und Sicherheitsnormen vereinbar"[75].

VI. Staatliche Beihilfen im Erdgassektor

Mit der **Entwicklung des niederländischen Erdgasmarktes** in den 60er Jahren wiesen die Abnehmer niederländischen Erdgases schon früh auf starke Preisunterschiede zwischen dem niederländischen Inlandsmarkt und Lieferungen in andere EG-Länder hin[76]. Ende der 70er Jahre verschärfte sich die Situation insbesondere beim **Unterglasgartenbau**, für den in den Niederlanden staatlich genehmigte Erdgas-Sonderpreise galten, im Vergleich zu denen die Energiekosten für Glashäuser in der Bundesrepublik um rund 200 % höher lagen[77]. Im Juli 1981 verabschiedete das Europäische Parlament eine „Entschließung zur Verzerrung der Märkte der Gartenbauerzeugnisse"[78], in der es feststellte, „daß die niederländischen Gartenbaubetriebe sich seit beträchtlicher Zeit subventionierter Preise für Gas von der Verteilerorganisation Gasunie erfreuen", und die Kommission aufforderte, „ihren vertragsmäßigen Verpflichtungen nachzukommen und, „wenn erforderlich, den Gerichtshof gemäß Artikel 93 (2) des EWG-Vertrags mit der Angelegenheit zu befassen". Die Kommission erließ daraufhin am 15. Dezember 1981 eine Entscheidung über den Erdgasvorzugstarif für die

72 S. den 14. Erwägungsgrund der Richtlinie.
73 S. Art. 23 Abs. 1 der Richtlinie.
74 S. Art. 3 Abs. 3 und Anhang A (Maßnahmen zum Schutz der Kunden) der Richtlinie.
75 S. den 24. Erwägungsgrund der Richtlinie.
76 S. z. B. Schriftliche Anfrage Nr. 20/69 („Verstoß gegen den Gleichbehandlungsgrundsatz des EWG-Vertrags beim Verkauf niederländischen Erdgases"), ABl. Nr. C 81 vom 26. 6. 1969, S. 4.
77 S. Schriftliche Anfrage Nr. 372/79 („Wettbewerbsverzerrungen im Gartenbau"), ABl. Nr. C 310 vom 10. 12. 1979, S. 7.
78 ABl. Nr. C 234 vom 14. 9. 1981, S. 73.

niederländischen Gartenbaubetriebe (82/73/EWG)[79], mit der sie die Niederlande verpflichtete, „die Beihilfe, die durch den Vorzugstarif für den Gartenbau gegeben ist, bis zum 1. Oktober 1982 durch eine Angleichung des Gartenbautarifs an den Industrietarif" aufzuheben[80]. Da das Ziel dieser Entscheidung schon im Sommer 1982 erreicht wurde, konnte die Kommission sie im selben Jahr wieder aufheben[81].

Doch schon im Jahre 1983 wurde der niederländische Erdgassektor erneut zum Gegenstand einer Beanstandung, diesmal aufgrund einer Beihilferegelung, in deren Rahmen die niederländische Regierung und die Gasunie aufgrund einer Preisstaffelung Sonderermäßigungen gewährten, durch die sich für niederländische **Ammoniakhersteller** die Kosten für Erdgas als Grundstoff verringerten[82]. Da die Kommission jedoch die beanstandete Tarifregelung der Gasunie als mit dem Gemeinsamen Markt vereinbar ansah, beschloß sie im April 1984, das nach Art. 93 Abs. 2 EWG-Vertrag eingeleitete Verfahren einzustellen. Diese Entscheidung wurde von drei Unternehmen der französischen Stickstoffdüngerindustrie beim Gerichtshof angefochten[83], der mit Urteil vom 12. Juli 1990 die Einstellungsverfügung wegen eines Beurteilungsfehlers aufhob[84]. Nach einer erneuten Überprüfung stellte die Kommission das Verfahren 1992 endgültig ein[85].

Auch für den heimischen Gartenbau führten die Niederlande schon am 1. Oktober 1984 erneut Sonderregelungen ein, die die Kommission mit Entscheidung vom 13. Februar 1985 über den Erdgasvorzugstarif für die niederländischen Gartenbaubetriebe (85/215/EWG)[86] als mit Art. 92 EWGV unvereinbar ansah. Die Rechtmäßigkeit und der mangelhafte Vollzug dieser Entscheidung durch die Niederlande wurden zum Gegenstand von Verfahren vor dem Gerichtshof. Die gegen die Rechtmäßigkeit der Entscheidung gerichteten Klagen zweier niederländischer Gartenbaubetriebe, der Landbouwschap und der Niederlande, wurden abgewiesen[87]. Dagegen stellte der

---

79 ABl. Nr. L 37 vom 10. 2. 1982, S. 29.

80 A. a. O. S. 35.

81 Entscheidung der Kommission vom 22. Juli 1982 zur Aufhebung der Entscheidung 82/73/EWG über den Erdgasvorzugstarif für die niederländischen Gartenbaubetriebe (82/518/EWG), ABl. Nr. L 229 vom 5. 8. 1982, S. 38.

82 S. Mitteilung der Kommission gemäß Artikel 93 Absatz 2 EWG-Vertrag an die anderen Beteiligten als die Mitgliedstaaten über eine Staffelung der Erdgaspreise in den Niederlanden, durch die aufgrund unterschiedlicher Tarife niederländische Ammoniakhersteller Erdgas als Grundstoff zu günstigen Preisen beziehen können, ABl. Nr. C 327 vom 1. 12. 1983, S. 3.

83 Erdgas, mit dem Ammoniakhersteller beliefert werden, dient in erster Linie als Grundstoff für die Herstellung von Stickstoffdünger. Ammoniak (NH_3) ist ein Zwischenprodukt, dessen Wasserstoffanteil aus Kohlenwasserstoffen wie Erdgas, Naphta oder schweren Erdölfraktionen stammt. Erdgas ist hierbei nicht nur der wirtschaftlich, sondern auch der ökologisch beste Rohstoff. Etwa 70 % des Preises von Stickstoffdünger werden durch den Erdgaspreis bestimmt.

84 Rechtssache 169/84 (COFAZ ./. Kommission), Slg. 1990, I-3110. Diesem Endurteil ging ein Zwischenurteil vom 28. Januar 1986 voraus (Slg. 1986, S. 408).

85 S. Mitteilung im ABl. Nr. C 344 vom 29. 12. 1992, S. 4, bestätigt durch EuGH, Urteil vom 29. Februar 1996 in der Rechtssache C-56/93 (Belgien ./. Kommission), Slg. 1996, I-723.

86 ABl. Nr. L 97 vom 4. 4. 1985, S. 49.

87 Urteil vom 2. Februar 1988 in den verbundenen Rechtssachen 67, 68 und 70/85 (Van der Kooy u.a. ./. Kommission), Slg. 1988, S. 264.

Gerichtshof auf Klage der Kommission fest, daß die Niederlande durch die unzureichende Befolgung der Entscheidung einen Vertragsverstoß begangen hatten[88].

Auch in den 90er Jahren blieb das Thema der niederländischen Beihilfen für den Erdgassektor auf der Tagesordnung, wobei es wiederum um Preisgestaltungen für Gaslieferungen an niederländische **Gartenbaubetriebe** und niederländische **Ammoniakhersteller** ging. In der erstgenannten Fallgruppe leitete die Kommission zwar Verfahren nach Art. 93 Abs. 2 EWGV ein[89], billigte aber letztendlich die Regelungen. Auch hinsichtlich der zweiten Fallgruppe erhob die Kommission keine Einwände[90].

Soweit die Kommission in den letzten Jahren mit staatlichen Beihilfen auf dem Erdgassektor befaßt war, betrafen diese im wesentlichen Infrastrukturmaßnahmen zur Erweiterung lokaler oder regionaler Erdgasnetze und gaben zu Beanstandungen keinen Anlaß[91].

VII. Zusammenschlüsse im Erdgassektor

Wie der Mineralölsektor[92], so ist auch der Erdgassektor durch einen **fortschreitenden Konzentrationsprozeß** geprägt, wenn auch die Anzahl der gemeinschaftsrechtlich relevanten Zusammenschlüsse hier geringer ist als in der Mineralölindustrie und auf dem Elektrizitätssektor[93]. In den letzten Jahren war die Kommission nach der Verordnung (EWG) Nr. 4064/89 des Rates[94] insbesondere mit folgenden Unternehmenszusammenschlüssen auf dem Erdgassektor befaßt:

---

88 Urteil vom 2. Februar 1988 in der Rechtssache 213/85 (Kommission ./. Niederlande), Slg. 1988, S. 296.

89 S. Mitteilung im ABl. Nr. C 103 vom 25.4.1990, S. 9; Mitteilung im ABl. Nr. C 304 vom 23.11.1991, S. 10. S. auch die Schriftliche Anfragen Nr. 2759/90 (ABl. Nr. C 241 vom 16.9.1991, S. 5) und Nr. 3437/92 (ABl. Nr. C 145 vom 25.5.1993, S. 38).

90 S. Mitteilung der Kommission betreffend den Tarif für von der Industrie als Rohstoff genutztes Gas (Niederlande), ABl. Nr. C 340 vom 23.12.1992, S. 5; Entscheidung der Kommission vom 7. Dezember 1993 betreffend den Tarif für von der Industrie als Rohstoff genutztes Gas, ABl. Nr. C 35 vom 3.2.1994, S. 6.

91 S. z. B.: Genehmigung staatlicher Beihilfen gemäß den Art. 87 und 88 des EG-Vertrags; Vorhaben, gegen die von der Kommission keine Einwände erhoben werden, ABl. Nr. C 71 vom 3.3.2001, S. 16 (Ausdehnung des Gasverteilernetzes in Valencia und Ausweitung des Erdgasversorgungsnetzes in der Region Valencia). S. auch Schriftliche Anfrage P-4016/97, ABl. Nr. C 174 vom 8.6.1998, S. 160 (Subventionsgewährung für die Erdgasrohrverlegung in Österreich). S. ABl. Nr. C 309 vom 12.12.2002, S. 14 (Förderung der Entwicklung einer die gesamte Insel Irland umfassenden Erdgasinfrastruktur durch finanzielle Unterstützung des Baus einer Pipeline zur Verbindung der Republik Irland mit Nordirland und einer weiteren Ost-West-Pipeline in Nordirland. S. dazu auch den Aufruf zur Einreichung von Bewerbungen um Erdgaslizenzen in Nordirland, ABl. Nr. C 327 vom 28.12.2002, S. 11. Für die Niederlande s. das Beihilfeprojekt der Provinz Südholland zur Altlastensanierung von Gaswerken, ABl. Nr. C 82 vom 5.4.2003, S. 18. Für Spanien s. das Beihilfeprojekt Ausbau der Strom- und Gasversorgungsnetze der Region Kastilien – La Mancha, ABl. Nr. C 145 vom 21.6.2003, S. 2.

92 S. o. 2. Teil D. XI.

93 S. u. 2. Teil E. VIII.

94 ABl. Nr. L 395 vom 30.12.1989, S. 1. Berichtigt im ABl. Nr. L 257 vom 21.9.1990, S. 13.

- Tractebel SA: Kontrolle über Distrigaz SA[95],
- Bayernwerk AG/Gaz de France Deutschland GmbH: Kontrolle über die Erdöl-Erdgas Gommern GmbH[96],
- Chevron Corporation (USA)/British Gas plc (UK)/NOVA Corporation (Canada): Kontrolle über NGC Corporation[97],
- RWE Energie AG: Kontrolle über Thyssengas GmbH[98],
- British Gas Trading Ltd: Kontrolle über Group 4 Utility Services[99],
- Gaz de France Deutschland GmbH/Berliner Kraft- und Licht (Bewag) – Aktiengesellschaft: Kontrolle über GASAG Berliner Gaswerke Aktiengesellschaft[100],
- BP Amoco: Kontrolle über Atlantic Richfield Company (Arco)[101],
- Paribas Affaires Industrielles (PAI, Frankreich)/UGI (USA): Kontrolle über Elf Antargaz (Flüssiggas)[102],
- Fusion der Cepsa Gas Comercializadora SA mit der Total Fina Elf Gas & Power España SAU[103],
- Attiki Denmark ApS/Attiki SA: Kontrolle über Attiki Gas Supply Company SA, Griechenland[104],
- E.ON AG/Oberösterreichische Ferngas AG: Kontrolle über Jiho—eská plynáreuská a.s., Tschechien[105],
- Gaz de France International SA/Ruhrgas AG: Kontrolle über Slovenský plynáreuský priemysel as[106],
- RWE Gas AG/Lattice Group Holdings Ltd: Kontrolle über Viavera GmbH[107],
- Energie Baden-Württemberg AG (ENBW)/ENI SpA, Italien: Kontrolle über Gasversorgung Süddeutschland GmbH[108],
- ENI/Fortum Gas[109],
- Total Fina Elf Gas/Power Limited: Kontrolle über Mobil Gas Limited[110],
- Gaz de France: Kontrolle über Preussag Energie GmbH[111],
- Uníon Fenosa, Spanien/ENI, Italien: Kontrolle über Uníon Fenosa Gas, Spanien[112],

---

95 ABl. Nr. C 249 vom 7. 9. 1994, S. 3.
96 ABl. Nr. C 165 vom 8. 6. 1996, S. 4 und ABl. Nr. C 266 vom 13. 9. 1996, S. 5.
97 ABl. Nr. C 191 vom 2. 7. 1996, S. 5 und ABl. Nr. C 360 vom 29. 11. 1996, S. 3.
98 ABl. Nr. C 308 vom 17. 10. 1996, S. 6.
99 ABl. Nr. C 374 vom 11. 12. 1996, S. 8.
100 ABl. Nr. C 396 vom 19. 12. 1998, S. 9 und ABl. Nr. C 32 vom 6. 2. 1999, S. 6.
101 Entscheidung 2001/45/EG der Kommission vom 29. September 1999 zur Vereinbarkeit eines Zusammenschlusses mit dem Gemeinsamen Markt und dem EWR-Abkommen (Sache Nr. IV/M. 1532 – BP Amoco/Arco), ABl. Nr. L 18 vom 19. 1. 2001, S. 1; s. auch Stellungnahme des Beratenden Ausschusses für Unternehmenszusammenschlüsse, ABl. Nr. C 17 vom 19. 1. 2001, S. 24.
102 ABl. Nr. C 77 vom 9. 3. 2001, S. 10 und ABl. Nr. C 347 vom 8. 12. 2001, S. 5.
103 ABl. Nr. C 122 vom 25. 4. 2001, S. 9.
104 ABl. Nr. C 247 vom 5. 9. 2001, S. 15.
105 ABl. Nr. C 25 vom 29. 1. 2002, S. 18 und ABl. Nr. C 66 vom 15. 3. 2002, S. 15.
106 ABl. Nr. C 112 vom 9. 5. 2002, S. 7 und ABl. Nr. C 154 vom 28. 6. 2002, S. 8.
107 ABl. Nr. C 171 vom 17. 7. 2002, S. 5 und ABl. Nr. C 205 vom 29. 8. 2002, S. 9.
108 ABl. Nr. C 203 vom 27. 8. 2002, S. 8.
109 ABl. Nr. C 318 vom 19. 12. 2002, S. 6 und ABl. Nr. C 36 vom 15. 2. 2003, S. 26.
110 ABl. Nr. C 29 vom 7. 2. 2003 S. 4 und ABl. Nr. C 80 vom 3. 4. 2003, S. 15.
111 ABl. Nr. C 76 vom 28. 3. 2003, S. 22 und ABl. Nr. C 138 vom 13. 6. 2003, S. 12.
112 ABl. Nr. C 100 vom 26. 4. 2003, S. 22 und ABl. Nr. C 136 vom 11. 6. 2003, S. 10.

- Ente Vasco de la Energía/Hidrocantábrico: Kontrolle über Nueva Naturcorp, Spanien[113],
- Gaz de France: Kontrolle über Italcogim[114].

F. Elektrizität (EGV)

Literatur:

M. Bartsch, A. Röhling, P. Salje, U. Scholz, Stromwirtschaft – ein Praxishandbuch, Köln u. a. 2002; *Brigitte Briche*, Die Elektrizitätswirtschaft in der Europäischen Union, Baden-Baden 1997; *Martin Seidel*, Die Elektrizitätswirtschaft im System des Gemeinschaftsrechts, EuR 1988, S. 129.

Im Gegensatz zu den vorstehend behandelten primären Energieträgern Steinkohle, Braunkohle, Kernkraft, Mineralöl, Erdgas und den erneuerbaren Energien stellt die Elektrizität eine **sekundäre Energieform** dar, zu deren Produktion der Einsatz einer der soeben genannten Primärenergien erforderlich ist. Dem Elektrizitätssektor sind daher die Wirtschaftssektoren der jeweiligen Einsatzenergien vorgelagert, gegenüber denen er trotz vielfältiger Verknüpfungen in rechtlicher Hinsicht selbständig ist. Welche Einsatzenergien hierbei zur Verstromung genutzt werden, unterliegt der Entscheidung der Mitgliedstaaten, deren nationale Energiepolitiken in diesem Punkte stark divergieren[1].

Als der EWG-Vertrag im Jahre 1958 in Kraft trat, fand er einen historisch gewachsenen Elektrizitätssektor vor, der auf eine nahezu 70-jährige Geschichte zurückblickte[2]. Die Struktur dieses Sektors war geprägt durch eine Vielzahl lokaler, regionaler und nationaler Versorgungsgebiete, deren **Abschottung** untereinander[3] eine bracheninterne Konkurrenz der Elektrizitätsversorgungsunternehmen (EVU) verhinderte[4]. Weder innerhalb der einzelnen Mitgliedstaaten noch zwischen ihnen konnte sich daher ein Wettbewerb um Stromkunden ausbilden, da kein EVU sein Netz in seinem Versorgungsgebiet Konkurrenten zur Verfügung zu stellen brauchte. Trotz dieser Abschottung fand jedoch zwischen den einzelnen Netzen – und auch unter verbundenen Mitgliedstaaten – stets ein gewisser Stromaustausch statt, um Überschußmengen abzusetzen oder einen zeitweisen Spitzenbedarf zu decken[5].

---

113 ABl. Nr. C 125 vom 27. 5. 2003, S. 3 und ABl. Nr. C 153 vom 1. 7. 2003, S. 82.
114 ABl. Nr. C 156 vom 4. 7. 2003, S. 11.

1 S. hierzu Europäische Kommission, Grünbuch: Hin zu einer europäischen Strategie der Energieversorgungssicherheit, Luxemburg 2001, S. 17. Für die Gemeinschaft als ganze kommen bei der Elektrizitätserzeugung zum Einsatz: Kernenergie 35 %, feste Brennstoffe 27 %, Erdgas 16 %, Wasserkraft und andere erneuerbare Energien 15 %, Erdöl 8 %, s. a. a. O. S. 18.
2 S. zu den Anfängen der Elektrizität *Wolfgang König, Wolfgang Weber*, Netzwerke Stahl und Strom (1840–1914), Propyläen Technikgeschichte, Vierter Band, Berlin 1997, S. 314 ff.
3 S. zur früheren Situation in der leitungsgebundenen Energiewirtschaft *Christiane Nill-Theobald, Christian Theobald*, Grundzüge des Energiewirtschaftsrechts, München 2001, S. 20 ff.
4 S. die Freistellungstatbestände für Versorgungsunternehmen (Elektrizität, Gas, Wasser) in § 103 a. F. des Gesetzes gegen Wettbewerbsbeschränkungen.
5 S. *Deutsche Verbundgesellschaft*, Verbundbetrieb, Heidelberg 1953. S. auch *Jean-Claude Vayleux*, Le régime juridique des mouvements européens d'énergie électrique, Paris 1967.

Aufgrund ihrer **Leitungsgebundenheit** weist die Elektrizität zahlreiche Regelungsparallelen zum Gas auf, wie sie in Deutschland schon im Energiewirtschaftsgesetz von 1935[6] zum Ausdruck kamen, das für beide Energien identische Regelungen vorsah; entsprechendes gilt für das neue Energiewirtschaftsgesetz von 1998[7].

Solange Elektrizität innerhalb der traditionellen Marktstrukturen im wesentlichen auf lokaler, regionaler oder nationaler Ebene rein innerstaatlich erzeugt, verteilt und verbraucht wurde, stellten sich Fragen der Anwendung des Gemeinschaftsrechts auf dem Elektrizitätssektor allenfalls punktuell. Ein frühes Beispiel hierfür ist die berühmte Entscheidung des EuGH in Sachen **Costa/ENEL**[8] aus dem Jahre 1964, in der es um die Frage einer möglichen Behinderung der Ein- und Ausfuhr von Elektrizität durch ein staatliches Handelsmonopol ging. Erst in den 80er Jahren nahm sich die Gemeinschaft aktiv der **Elektrizitätspreise**[9] und der **Zusammenarbeit zwischen öffentlichen Energieversorgungsunternehmen und Eigenerzeugern**[10] an, bis dann im Zuge der Errichtung des Binnenmarktes auch der Markt für Elektrizität vom Gravitationsfeld des Gemeinschaftsrechts erfaßt wurde und sich die Rechtsentwicklung in bis dahin ungeahnter Weise beschleunigte. Sowohl die Richtlinie über den **Transit von Elektrizitätslieferungen** über große Netze[11] als erst recht die Richtlinie über den **Elektrizitätsbinnenmarkt**[12] beschränken sich nicht auf punktuelle Regelungen zur Beseitigung punktueller Hemmnisse qua Rechtsangleichung, sondern zielen darauf ab, die Struktur des Elektrizitätssektors insgesamt zu verändern. Begleitet wird diese langfristige strukturelle Umgestaltung der gesamten Elektrizitätswirtschaft durch die Lösung **wettbewerblicher** und **beihilferechtlicher** Einzelprobleme bei einer sich verstärkenden Tendenz zu Zusammenschlüssen, insbesondere der größeren Unternehmen des Elektrizitätssektors. Neben diesen Binnenmarkt- und wettbewerblich motivierten Vorgaben unterliegt die Elektrizitätswirtschaft zunehmend **umweltrechtlichen Zielbestimmungen**, wie sie insbesondere in den Regelungen über die **Kraft-Wärme-Koppelung** zum Ausdruck kommen.

I. Staatliche Ein- und Ausfuhrmonopole

Literatur:

Françoise Blum, State Monopolies under EC Law, Chichester u. a. 1998; *Jose Luis Buendia Sierra*, Exclusive Rights and State Monopolies under EC Law – Article 86 (formerly Article 90) of the EC Treaty, Oxford 1999; *Peter Oliver, Malcolm Jarvis*, Free Movement of Goods in the European Community under Articles 28 to 30 of the EC Treaty, Fourth Edition, London 2003; Günter Wilms, Das Europäische Gemeinschaftsrecht und die öffentlichen Unternehmen – Die Kompetenz der Kommission aus Art. 90 Abs. 3 EG-Vertrag und ihre Anwendung auf die Elektrizitätswirtschaft, Berlin 1996.

---

6 RGBl. I S. 1451.

7 S. Art. 1 des Gesetzes zur Neuregelung des Energiewirtschaftsrechts vom 24. April 1998, BGBl. 1998 I S. 730.

8 Urteil vom 15. 7. 1964 in der Rechtssache 6/64, Slg. 1964, S. 1251.

9 S. unten Ziffer III.

10 S. unten Ziffer IV.

11 S. unten Ziffer V.

12 S. unten Ziffer VI.

Die Verstaatlichung der italienischen Elektrizitätswirtschaft Anfang der 60er Jahre, aus der der Staatskonzern ENEL hervorging[13], gab nicht nur zu mehreren parlamentarischen Anfragen Anlaß[14], sondern auch zu einer der bedeutendsten Entscheidungen des EuGH überhaupt. Mit seinem Urteil vom 15. Juli 1964 in der Rechtssache 6/64 (Costa/ENEL)[15] stellte der Gerichtshof erstmalig die **Eigenständigkeit** und den **Vorrang** der Rechtsordnung der Gemeinschaft fest, die es den Mitgliedstaaten unmöglich machen, „gegen eine von ihnen auf der Grundlage der Gegenseitigkeit angenommene Rechtsordnung nachträglich einseitige Maßnahmen ins Feld zu führen"[16]. In der Sache selbst ging es u. a. um die Auslegung des Art. 37 EWGV (Art. 31 n. F.), den der Kläger als durch die o. a. Verstaatlichung verletzt ansah. Nach Art. 37 EWGV formen die Mitgliedstaaten ihre „staatlichen Handelsmonopole" derart um, daß „jede Diskriminierung in den Versorgungs- und Absatzbedingungen zwischen den Angehörigen der Mitgliedstaaten ausgeschlossen ist" (Abs. 1 1. Unterabs.). Hierbei gilt der Artikel „für alle Einrichtungen, durch die ein Mitgliedstaat unmittelbar oder mittelbar die Einfuhr oder die Ausfuhr zwischen den Mitgliedstaaten rechtlich oder tatsächlich kontrolliert, lenkt oder merklich beeinflußt" sowie „für die von einem Staat auf andere Rechtsträger übertragenen Monopole" (Abs. 1 2. Unterabs.). In seinem Abs. 2 verpflichtet der Artikel die Mitgliedstaaten ferner, jede neue Maßnahme zu unterlassen, die dem Abs. 1 widerspricht.

Ob ein nationales Gesetz, das die Erzeugung und Verteilung elektrischen Stroms nach Art der italienischen Regelung verstaatlicht, mit Art. 37 EWGV zu vereinbaren ist oder nicht, ließ der Gerichtshof im Ergebnis unentschieden. Zwar fielen diskriminierende Handelsmonopole unter das Verbot des Artikels, „wenn sie einerseits Umsätze in Handelswaren zum Gegenstand haben, hinsichtlich derer ein Wettbewerb und ein zwischenstaatlicher Warenaustausch möglich ist, und wenn sie andererseits für diesen Warenaustausch tatsächlich von Bedeutung sind", doch sei es Sache des vorlegenden nationalen Gerichts, „im Einzelfall festzustellen, ob die wirtschaftliche Betätigung, um die es jeweils geht, eine Ware betrifft, die nach ihrer Art und nach den technischen oder internationalen Verhältnissen, denen sie unterliegt, tatsächlich für die Ein- oder Ausfuhr zwischen Staatsangehörigen der Mitgliedstaaten von einiger Bedeutung sein kann"[17].

Trotz dieser Zurückhaltung des EuGH in der Sache kann dem Urteil immerhin entnommen werden, daß der Gerichtshof Art. 37 EWGV grundsätzlich auf die Ein- und Ausfuhr von Elektrizität für anwendbar hält und damit den **elektrischen Strom als Handelsware** im Sinne der Vorschriften über den freien Warenverkehr betrachtet.

Trotz gelegentlicher kritischer Anfragen an die Kommission zur grenzüberschreitenden Lieferung elektrischer Energie[18] sollten nach der Costa/ENEL Entscheidung

---

13 Ente nazionale Energia elettrica impresa gia della Edisonvolta, gegründet durch Gesetz Nr. 1643 vom 6. Dezember 1962.

14 S. Schriftliche Anfrage Nr. 99 und 100 vom 9. Oktober 1962, ABl. Nr. 121 vom 20.11.1962, S. 2714, 2715.

15 Slg. 1964, S. 1251.

16 A. a. O. S. 1269.

17 A. a. O. S. 1276.

18 S. z. B. die schriftliche Anfrage Nr. 222/72, ABl. Nr. C 124 vom 29. 11. 1972, S. 5.

30 Jahre vergehen, bis der Gerichtshof – wiederum in einem Vorlageverfahren – erneut zur Anwendung des Art. 37 EWGV im Elektrizitätssektor Stellung nahm. In seinem Urteil vom 27. April 1994 in der Rechtssache C-393/92 (Gemeente Almelo u. a./ Energiebedrijf Ijsselmij NV)[19] hatte der Gerichtshof Art. 37 EWGV im Hinblick auf eine Vertragsklausel auszulegen, die der Gemeinde Almelo und anderen lokalen Stromversorgungsunternehmen die direkte Einfuhr elektrischer Energie aus anderen Mitgliedstaaten untersagte und sie verpflichtete, für die Elektrizitätsversorgung innerhalb ihres Gebietes ausschließlich elektrische Energie von ihrem Vertragspartner, dem regionalen Stromversorgungsunternehmen N.V. Energiebedrijf Ijsselmij (IJM) zu beziehen. Der Gerichtshof bestätigte zunächst, „daß Elektrizität eine Ware im Sinne von Artikel 30 EWG-Vertrag darstellt“[20], sah aber Art. 37 EWGV vorliegend nicht als berührt an, da die handelsbeschränkende Klausel über die ausschließliche Abnahme ihre Grundlage nicht in einem staatlich verliehenen Monopol, sondern in einer Vereinbarung der Parteien untereinander hatte und zudem keinen Bestandteil der der IJM vom Staat erteilten Gebietskonzession bildete[21].

Erst im Zuge der Errichtung des Binnenmarktes für Energie entschloß sich die Kommission im Jahre 1991, ihrerseits die Rechtmäßigkeit der noch bestehenden staatlichen Ein- und Ausfuhrmonopole für elektrischen Strom in Frage zu stellen. In diesem Jahre leitete sie gegen neun der damals zwölf Mitgliedstaaten[22] Vertragsverletzungsverfahren wegen eines Verstoßes gegen die Regeln des freien Warenverkehrs und insbesondere Art. 37 EWGV ein[23]. Im Jahre 1994 erhob die Kommission schließlich Klage beim EuGH gegen fünf dieser Mitgliedstaaten (Frankreich, Irland, Italien, Niederlande und Spanien), wobei die Klage gegen Irland nach der mündlichen Verhandlung zurückgenommen wurde[24]. Mit vier Urteilen vom 23. Oktober 1997 wies der EuGH die Klagen ab[25]. In einem ersten Prüfungsschritt bejahte der Gerichtshof einen Verstoß gegen Art. 37 EGV, denn „ausschließliche Einfuhrrechte in einem Mitgliedstaat nehmen ... den Wirtschaftsteilnehmern der anderen Mitgliedstaaten die Möglichkeit, ihre Erzeugnisse den Verbrauchern ihrer Wahl in dem betreffenden Mitgliedstaat anzubieten“[26]. In einem zweiten Schritt wandte sich der Gerichtshof

---

19 Slg. 1994, I-1477.

20 A. a. O. Randnr. 28, S. I-1516.

21 A. a. O. Randnr. 31, S. I-1517.

22 Ausgenommen blieben Belgien, Deutschland und Luxemburg.

23 S. XXI. Bericht der Kommission über die Wettbewerbspolitik, 1992, Tz. 328.

24 Rechtssache C-156/94, ABl. Nr. C 332 vom 3. 11. 1997, S. 69.

25 Rechtssache C-157/94 (Kommission ./. Niederlande), Slg. 1997, I-5699; Rechtssache C-158/94 (Kommission ./. Italien), Slg. 1997, I-5789; Rechtssache C-159/94 (Kommission ./. Frankreich), Slg. 1997, I-5819; Rechtssache C-160/94 (Kommission ./. Spanien), Slg. 1997, I-5853. S. dazu die Besprechungen von: *Helmut Lecheler* und *Jörg Gundel*, Die Rolle von Art. 90 Abs. 2 und 3 EGV in einem liberalisierten Energiemarkt – Zur Bedeutung der EuGH-Entscheidungen vom 23. 10. 1997 für die Zukunft, RdE 3/1998, S. 92; *Peter J. Tettinger*, Für die Versorgungswirtschaft bedeutsame Entwicklungslinien im primären Gemeinschaftsrecht, RdE 2/1999, S. 45; *Jürgen F. Baur*, Art. 90 Abs. 2 EGV und die Binnenmarktrichtlinie für Strom und Gas, RdE 3/1999, S. 85 sowie *Günter Wilms*, Das Europäische Gemeinschaftsrecht und die öffentlichen Unternehmen: Die Kompetenz der Kommission aus Art. 90 Abs. 3 EG-Vertrag und ihre Anwendung auf die Elektrizitätswirtschaft, Berlin 1996.

26 S. Randnr. 40 des Urteils in der Rechtssache C-159/94.

sodann Art. 90 Abs. 2 (Art. 86 n. F.) EGV zu, um zu prüfen, ob die streitigen Ein- und Ausfuhrmonopole nach dieser Vorschrift **gerechtfertigt** seien. Die herausragende Bedeutung der Argumentation des Gerichtshofs für die Auslegung und Anwendung des Art. 90 EGV im Energiesektor rechtfertigt eine ausführlichere Darstellung der einzelnen Glieder der Gedankenkette, wobei vom Urteil in der Rechtssache C-159/94 (Kommission ./. Frankreich) ausgegangen werden soll.

Zunächst untersuchte der EuGH die grundsätzliche **Anwendbarkeit** des Art. 90 Abs. 2 EGV auf **staatliche** Maßnahmen, die mit den Bestimmungen des EG-Vertrags über den freien Warenverkehr unvereinbar sind. Unter Anknüpfung an seine frühere Rechtsprechung[27] gelangte der Gerichtshof zu der Feststellung, „daß Artikel 90 nur die Unternehmen betreffe, für deren Verhalten die Staaten aufgrund des Einflusses, den sie auf dieses Verhalten ausüben könnten, besondere Verantwortung trügen“[28]. Der EuGH sodann:

> „Im Lichte dieser Erwägungen soll Artikel 90 Absatz 1 verhindern, daß die Mitgliedstaaten aus ihren Beziehungen zu diesen Unternehmen Nutzen in dem Sinne ziehen, daß sie die Verbote der anderen Vorschriften des EG-Vertrags, deren Adressaten sie unmittelbar sind, wie der Artikel 30, 34 und 37, umgehen, indem sie diese Unternehmen zu Verhaltensweisen verpflichten oder veranlassen, die als Verhaltensweisen der Mitgliedstaaten diesen Vorschriften widersprächen.
> In diesem Zusammenhang legt Artikel 90 Absatz 2 fest, unter welchen Voraussetzungen Unternehmen, die mit Dienstleistungen von allgemeinem wirtschaftlichem Interesse betraut sind, ausnahmsweise von den Vorschriften des EG-Vertrags befreit sind.
> Zusammengenommen folgt aus Artikel 90 Absatz 1 und Absatz 2 in ihrer eben dargelegten Bedeutung, daß ein Mitgliedstaat sich auf Artikel 90 Absatz 2 berufen kann, um einem Unternehmen, das mit Dienstleistungen von allgemeinem wirtschaftlichem Interesse betraut ist, insbesondere gegen Artikel 37 EG-Vertrag verstoßende ausschließliche Rechte zu übertragen, soweit die Erfüllung der diesem übertragenen besonderen Aufgabe nur durch die Einräumung solcher Rechte gesichert werden kann und soweit die Entwicklung des Handelsverkehrs nicht in einem Ausmaß beeinträchtigt wird, das dem Interesse der Gemeinschaft zuwiderläuft“[29].

Da die Kommission unter Berufung auf das Urteil Corbeau[30] behauptet hatte, daß Art. 90 Abs. 2 EGV nur solche Maßnahmen rechtfertigen könne, ohne die „das wirtschaftliche Überleben des Unternehmens bedroht“ sei[31], sah sich der EuGH zu folgenden Präzisierungen veranlaßt:

> „Als Bestimmung, die Ausnahmen von den Vorschriften des EG-Vertrags erlaubt, ist Artikel 90 Absatz 2 eng auszulegen. Die von der Kommission vorgeschlagene enge Auslegung des Anwendungsbereichs dieser Bestimmung trifft jedoch nicht zu.

---

27 Urteil vom 6. Juli 1982 in den Rechtssachen 188/80 bis 190/80 (Frankreich, Italien und Vereinigtes Königreich ./. Kommission), Slg. 1982, S. 2545, Randnr. 12).

28 A. a. O. Randnr. 46.

29 A. a. O. Randnrn. 47 bis 49.

30 Urteil vom 19. Mai 1993 in der Rechtssache C-320/91, Slg. 1993, I-2533.

31 Randnr. 52 des Urteils in der Rechtssache C-159/94.

> Bereits der Wortlaut des Artikels 90 Absatz 2 zeigt, daß Ausnahmen von den Vorschriften des EG-Vertrags zulässig sind, wenn diese für die Erfüllung der einem Unternehmen, das mit Dienstleistungen von allgemeinem wirtschaftlichem Interesse betraut ist, übertragenen besonderen Aufgabe erforderlich sind.
> Weiter hat der Gerichtshof im Urteil vom 19. März 1991 in der Rechtssache C-202/88 (Frankreich/Kommission, Slg. 1991, I-1223, Randnr. 12) festgestellt, daß Artikel 90 Absatz 2 dadurch, daß er unter bestimmten Voraussetzungen Ausnahmen von den allgemeinen Vorschriften des EG-Vertrags zuläßt, das Interesse der Mitgliedstaaten am Einsatz bestimmter Unternehmen, insbesondere solcher des öffentlichen Sektors, als Instrument der Wirtschafts- oder Fiskalpolitik mit dem Interesse der Gemeinschaft an der Einhaltung der Wettbewerbsregeln und der Wahrung der Einheit des gemeinsamen Marktes in Einklang bringen soll.
> Unter Berücksichtigung dieses Interesses der Mitgliedstaaten kann es diesen nicht verboten sein, bei der Umschreibung der Dienstleistungen von allgemeinem wirtschaftlichem Interesse, mit denen sie bestimmte Unternehmen betrauen, die eigenen Ziele ihrer staatlichen Politik zu berücksichtigen und diese vermittels von Verpflichtungen und Beschränkungen zu verwirklichen zu suchen, die sie den fraglichen Unternehmen auferlegen.
> Weiter hat der Gerichtshof im Urteil Almelo (Randnr. 48) mit betreff auf ein regionales Stromversorgungsunternehmen ausgeführt, daß die ununterbrochene Versorgung aller Abnehmer, lokalen Versorgungsunternehmen oder Endverbraucher mit Strom im gesamten Konzessionsgebiet in den zu jeder Zeit geforderten Mengen zu einheitlichen Tarifen und unter Bedingungen, die nur nach objektiven Kriterien unterschiedlich sein dürfen, die für alle Kunden gelten, eine Aufgabe von allgemeinem wirtschaftlichem Interesse im Sinne des Artikels 90 Absatz 2 ist.
> ...
> Die Vorschriften des EG-Vertrags sind daher gemäß Artikel 90 Absatz 2 EG-Vertrag bereits dann nicht auf ein Unternehmen anwendbar, das mit einer Dienstleistung von allgemeinem wirtschaftlichem Interesse betraut ist, wenn ihre Anwendung die Erfüllung der besonderen Verpflichtungen, die diesem Unternehmen obliegen, sachlich oder rechtlich gefährden würde. Es ist nicht erforderlich, daß das Überleben des Unternehmens bedroht ist"[32].

Mit diesen Ausführungen hatte der Gerichtshof gleichsam den **Obersatz** gewonnen, unter den die von der Kommission beanstandeten Ein- und Ausfuhrmonopole für elektrischen Strom zu subsumieren waren. Nach einer eingehenden **Umschreibung** der besonderen Aufgaben der nationalen Monopole wandte sich der Gerichtshof sodann der Frage der **Erforderlichkeit** der ausschließlichen Ein- und Ausfuhrrechte zu. Im Falle Frankreichs hatte die **Regierung** zu diesem Punkte insbesondere vorgetragen, daß bei einer Aufhebung der ausschließlichen Ein- und Ausfuhrrechte der EDF bestimmte Kunden sich an die wettbewerbsfähigsten Erzeugungsquellen halten würden, deren Strom billiger als die von EDF angebotene Energie sei, wodurch einerseits die Versorgungskosten sämtlicher anderer Verbraucher erhöht und das wirtschaftliche und finanzielle Gleichgewicht der EDF gefährdet und andererseits die Gleichbehandlung beeinträchtigt würde. Im übrigen könne die EDF aus wirtschaft-

---

32 A. a. O. Randnrn. 53 bis 59.

lichen Gründen keiner Lieferpflicht zugunsten von Kunden unterliegen, die sich ihrerseits anderweitig versorgen könnten[33].

Die Kommission war auf dieses **wirtschaftlich** orientierte Vorbringen nicht eingegangen, sondern hatte ihren Vortrag auf rein **rechtliche** Argumente beschränkt, da sie der Auffassung war, den **Regierungen** obliege der Nachweis, daß der Ausnahmetatbestand des Art. 90 Abs. 2 EGV erfüllt sei. Insbesondere hatte die Kommission behauptet, die Regierungen hätten darzutun, daß die Aufhebung der streitigen ausschließlichen Rechte das wirtschaftliche Überleben der Monopole bedrohe und daß es keine anderen, weniger einschränkenden Mittel gebe, die den Unternehmen die Erfüllung ihrer Versorgungsverpflichtungen erlaubten.

Der Gerichtshof wies dieses Vorbringen der Kommission zurück: Zum einen sei der Tatbestand des Art. 90 Abs. 2 EGV nicht erst dann erfüllt, wenn das wirtschaftliche Überleben des mit einer Dienstleistung von allgemeinem wirtschaftlichem Interesse betrauten Unternehmens bedroht sei, sondern es genüge, „wenn ohne die streitigen Rechte die Erfüllung der dem Unternehmen übertragenen besonderen Aufgaben gefährdet wäre“[34]. Und zum anderen gehe die Beweislast des Mitgliedstaats nicht so weit, „daß dieser Mitgliedstaat nicht nur eingehend darlegen müßte, aus welchen Gründen in seinen Augen die Erfüllung der im allgemeinen wirtschaftlichen Interesse liegenden Aufgaben zu wirtschaftlich tragbaren Bedingungen im Falle einer Aufhebung der beanstandeten Maßnahmen gefährdet wäre, sondern darüber hinaus noch positiv belegen müßte, daß keine andere vorstellbare, der Natur der Sache nach hypothetische Maßnahme es erlaubte, die Erfüllung dieser Aufgaben unter solchen Bedingungen sicherzustellen“[35]. Vielmehr obliege es im Rahmen eines Vertragsverletzungsverfahrens nach Art. 169 (Art. 226 n. F.) EGV der **Kommission**, den Nachweis für das Vorliegen einer solchen Verletzung zu führen. Aus diesen Gründen sah sich der Gerichtshof nicht in der Lage zu beurteilen, ob die betreffenden Mitgliedstaaten mit der Beibehaltung der ausschließlichen Ein- und Ausfuhrrechte tatsächlich die Grenzen dessen überschritten hatten, was erforderlich ist, um diesen Einrichtungen die Erfüllung der ihnen übertragenen Aufgaben von allgemeinem wirtschaftlichem Interesse zu wirtschaftlich tragbaren Bedingungen zu ermöglichen[36].

Im letzten Punkt seiner Prüfung ging der Gerichtshof gemäß Art. 90 Abs. 2 Satz 2 EGV der Frage nach, ob die streitigen Ein- und Ausfuhrmonopole die Entwicklung des innergemeinschaftlichen Handels von Strom beeinträchtigten. Angesichts der faktischen Integration der Elektrizitätsmärkte im Rahmen der 1951 gegründeten Union für die Koordinierung der Erzeugung und des Transportes elektrischer Energie (UCPTE) sowie in Anbetracht der Entwicklung des Energieaustauschs zwischen den großen Netzen (10% des Gesamtverbrauchs in der Zwölfergemeinschaft), habe die Kommission nicht nachgewiesen, daß sich der innergemeinschaftliche Handel mit Elektrizität wegen der ausschließlichen Ein- und Ausfuhrrechte in einer Weise entwickelt habe,

33 A. a. O. Randnr. 91.
34 A. a. O. Randnr. 95.
35 A. a. O. Randnr. 101.
36 A. a. O. Randnr. 107.

die dem Interesse der Gemeinschaft zuwiderlaufe[37]. Im übrigen beauftrage Art. 90 Abs. 3 EGV die Kommission ausdrücklich, auf die Anwendung des Artikels zu achten und erforderlichenfalls geeignete Richtlinien oder Entscheidungen an die Mitgliedstaaten zu richten[38].

II. Marktöffnung durch Anwendung der Wettbewerbsregeln

Parallel zu einem Vorgehen nach Art. 37 EWGV stellte sich in der Gemeinschaft die Frage, ob und inwieweit eine Öffnung der Elektrizitätsmärkte durch eine Anwendung der gemeinsamen Wettbewerbsregeln zu erreichen sei. Auch hier war es die Situation in den Niederlanden, die noch vor der Rechtssache Almelo[39] die Kommission auf den Plan rief. Auf die Beschwerde mehrerer lokaler Elektrizitätsversorgungsbetriebe untersuchte die Kommission die rechtlichen Beziehungen zwischen den Hauptakteuren der niederländischen Elektrizitätswirtschaft. Hierbei stellte sie fest, daß zwischen den vier niederländischen Stromerzeugern[40] und ihrer Koordinierungsgesellschaft SEP eine Kooperationsvereinbarung bestand, die ausschließlich die SEP zur Ein- und Ausfuhr von Strom berechtigte und die Vertragspartner verpflichtete, in Lieferverträgen mit Stromversorgungsunternehmen zu vereinbaren, daß diese Strom weder ein- noch ausführen dürfen. Mit Entscheidung 91/50/EWG vom 16. Januar 1991[41] stellte die Kommission fest, daß der einschlägige Artikel der Vereinbarung „in seiner Anwendung in Verbindung mit der tatsächlichen Kontrolle der internationalen Elektrizitätslieferungen und mit der tatsächlichen Einflußnahme auf diese Lieferungen einen Verstoß gegen Artikel 85 Absatz 1 EWG-Vertrag dar(stellt), da er bezweckt oder bewirkt, die Elektrizitätseinfuhr durch private industrielle Verbraucher und die Stromausfuhr außerhalb des Rahmens der öffentlichen Versorgung durch Stromversorgungsunternehmer und private industrielle Verbraucher einschließlich solcher mit Elektrizitätserzeugung einzuschränken“[42]. Die beschwerdeführenden Unternehmen, denen diese Entscheidung nicht weit genug ging, vermochten auf dem Rechtswege eine Nachbesserung zu erreichen, konnten sich hierbei allerdings nur in bezug auf den Zeitrahmen der Prüfung durchsetzen[43].

Die mit der Entscheidung 91/50/EWG vom 16. Januar 1991 begonnene Untersuchung des niederländischen Elektrizitätssektors am Maßstab des Wettbewerbsrechts fand ihre Fortsetzung in der oben schon erwähnten Rechtssache Almelo[44]. Der hier wesent-

---

37 A. a. O. Randnrn. 109 bis 113.
38 A. a. O. Randnr. 113.
39 Urteil vom 27. April 1994 in der Rechtssache C-393/92, Slg. 1994, I-1477. S. auch oben I.
40 NV Elektriciteitsbedrijf Zuid Holland, NV Energieproduktiebedrijf UNA, NV Elektriciteits-Produktiemaatschappij Zuid-Nederland EPZ, NV Elektriciteits-Produktiemaatschappij Oost- en Noord-Nederland.
41 (IV/32.732 – IJsselcentrale und andere), ABl. Nr. L 28 vom 2. 2. 1991, S. 32.
42 A. a. O. Art. 1.
43 Urteil des GeI vom 18. November 1992, Rechtssache T-16/91 (Rendo u. a. ./. Kommission), Slg. 1992, II-2417; teilweise aufgehoben durch Urteil des EuGH vom 19. Oktober 1995, Rechtssache C-19/93 P (Rendo u. a. ./. Kommission), Slg. 1995, I-3336, nach Rückverweisung an das GeI, Urteil vom 12. Dezember 1996, Rechtssache T-16/91 RV (Rendo u. a. ./. Kommission), Slg. 1996, II-1827.
44 Slg. 1994, I-1477.

liche Sachverhalt der Rechtssache Almelo sei kurz zusammengefaßt: Das System der Stromversorgung in den Niederlanden stützt sich auf eine Gesamtheit von vertragsrechtlichen Beziehungen zwischen Erzeugern, zwischen Erzeugern und regionalen und lokalen Versorgungsunternehmen und schließlich zwischen lokalen Versorgungsunternehmen und Endverbrauchern. Das regionale Versorgungsunternehmen N.V. Energiebedrijf Ijsselmij (IJM) hatte die von ihm belieferten lokalen Stromversorgungsunternehmen, darunter die Gemeinde Almelo, in seinen Allgemeinen Bedingungen für die Lieferung von Elektrizität vertraglich verpflichtet, für die Elektrizitätsversorgung innerhalb ihres Gebiets ausschließlich elektrische Energie von IJM zu beziehen und diese Energie nur für den eigenen Verbrauch und für die Lieferung an Dritte zum Verbrauch im Gemeindegebiet zu verwenden. Die vorbezeichneten Allgemeinen Bedingungen wiederum entsprachen den in den Niederlanden geltenden Allgemeinen Musterbedingungen der Vereniging van Exploitanten van Electriciteitsbedrijven in Nederland.

Der Gerichtshof prüfte die streitige Vertragsklausel im Hinblick auf ihre Vereinbarkeit sowohl mit Art. 85 als auch 86 EWGV: Nach seinem Wortlaut gilt **Art. 85 EWGV** für Vereinbarungen zwischen Unternehmen, die den **Wettbewerb einschränken** und den **Handel zwischen Mitgliedstaaten beeinträchtigen.** Eine Vereinbarung, die eine Klausel der vorbezeichneten Art enthält, hat insoweit eine den **Wettbewerb beschränkende Wirkung**, als sie den lokalen Versorgungsunternehmen verbietet, Strom bei anderen Lieferanten zu beziehen. Um festzustellen, ob eine solche Vereinbarung den **Handel zwischen Mitgliedstaaten beeinträchtigt**, ist die Vereinbarung nach der Rechtsprechung des Gerichtshofs „in ihrem wirtschaftlichen und rechtlichen Gesamtzusammenhang zu prüfen und eine kumulative Wirkung zu berücksichtigen, die sich gegebenenfalls aus dem Bestehen anderer Ausschließlichkeitsvereinbarungen ergibt“[45]. Die kumulative Wirkung der im vorliegenden Falle festgestellten vertraglichen Beziehungen sah der Gerichtshof als zur Abschottung des nationalen Marktes geeignet an, insoweit den in den Niederlanden niedergelassenen lokalen Versorgungsunternehmen verboten wurde, bei Versorgungsunternehmen oder Erzeugern anderer Mitgliedstaaten Elektrizität zu beziehen.

Art. 86 EWGV verbietet die **mißbräuchliche Ausnutzung** einer beherrschenden Stellung auf dem Gemeinsamen Markt oder einem wesentlichen Teil desselben, sofern der Handel zwischen Mitgliedstaaten hierdurch beeinträchtigt werden kann. Zwar habe ein Unternehmen – so der Gerichtshof – das wie IJM Inhaber einer nicht ausschließlichen Konzession nur für einen Teil des Hoheitsgebiets eines Mitgliedstaats sei, nicht ohne weiteres eine beherrschende Stellung auf einem wesentlichen Teil des Gemeinsamen Marktes inne. Anders verhalte es sich aber dann, wenn dieses Unternehmen zu einer Unternehmensgruppe gehöre, die eine **kollektive beherrschende Stellung** innehabe. Eine solche Stellung setze jedoch voraus, daß die Unternehmen der betreffenden Gruppe so eng miteinander verbunden seien, daß sie auf dem Markt in gleicher Weise vorgehen könnten. Im vorliegenden Falle sei es Sache des vorlegenden Gerichts, zu prüfen, ob die Verbindungen zwischen den regionalen Stromversorgungsunter-

45 A. a. O. Randnr. 37, S. I-1519.

nehmen in den Niederlanden so stark seien, daß sie zu einer kollektiven beherrschenden Stellung auf einem wesentlichen Teil des Gemeinsamen Marktes führten.

Was die mißbräuchliche Praxis anging, erinnerte der Gerichtshof daran, „daß ein Unternehmen, das eine beherrschende Stellung einnimmt und Abnehmer, sei es auch auf deren Wunsch, durch die Verpflichtung oder die Zusage an sich bindet, ihren gesamten Bedarf oder einen beträchtlichen Teil desselben ausschließlich bei ihm zu beziehen, seine Stellung mißbräuchlich ausnutzt (siehe Urteile vom 13. Februar 1979 in der Rechtssache 85/76, Hoffmann-La-Roche/Kommission, Slg. 1979, 461, Randnr. 89, und vom 3. Juli 1991 in der Rechtssache C-62/86, Akzo/Kommission, Slg. 1991, I-3359, Randnr. 149)".

Entscheidend für das Urteil wurde jedoch wiederum der letzte Schritt der rechtlichen Prüfung, in dem sich der Gerichtshof **Art. 90 Abs. 2 EWGV** zuwandte und folgende Feststellungen traf, die wegen ihrer besonderen Bedeutung für den Elektrizitätssektor wiederum wörtlich wiedergegeben seien:

> „Nach Artikel 90 Absatz 2 EWG-Vertrag können Unternehmen, die mit Dienstleistungen von allgemeinem wirtschaftlichem Interesse betraut sind, insoweit nicht unter die Wettbewerbsregeln des EWG-Vertrages fallen, als Wettbewerbsbeschränkungen oder sogar der Ausschluß jeglichen Wettbewerbs von seiten anderer Wirtschaftsteilnehmer erforderlich sind, um die Erfüllung der ihnen übertragenen besonderen Aufgabe sicherzustellen (siehe Urteil vom 19. Mai 1993 in der Rechtssache C-320/91, Corbeau, Slg. 1993, I-2533, Randnr. 14).
> Was die Frage angeht, ob ein Unternehmen wie die IJM mit Dienstleistungen von allgemeinem Interesse betraut ist, ist darauf hinzuweisen, daß ihr durch eine nichtausschließliche öffentlich-rechtliche Konzession die Aufgabe übertragen worden ist, die Stromversorgung in einem Teil des Staatsgebiets sicherzustellen.
> Ein solches Unternehmen hat die ununterbrochene Stromversorgung im gesamten Konzessionsgebiet für alle Abnehmer, lokale Versorgungsunternehmen oder Endverbraucher, in den zu jeder Zeit geforderten Mengen zu einheitlichen Tarifen und unter Bedingungen sicherzustellen, die nur nach objektiven Kriterien unterschiedlich sein dürfen, die für alle Kunden gelten.
> Beschränkungen des Wettbewerbs von seiten anderer Wirtschaftsteilnehmer sind zuzulassen, soweit sie erforderlich sind, um dem mit einer solchen Aufgabe von allgemeinem Interesse betrauten Unternehmen die Erfüllung dieser Aufgabe zu ermöglichen. Dabei sind die wirtschaftlichen Voraussetzungen, unter denen das Unternehmen tätig wird, u. a. die Kosten, die es zu tragen hat, und die – insbesondere umweltrechtlichen – Vorschriften zu berücksichtigen, die es zu beachten hat.
> Es ist Sache des vorlegenden Gerichts, zu prüfen, ob eine Klausel über die ausschließliche Abnahme, die dem lokalen Versorgungsunternehmen die Einfuhr von Elektrizität verbietet, dafür erforderlich ist, daß das regionale Versorgungsunternehmen seine im allgemeinen Interesse liegende Aufgabe wahrnehmen kann"[46].

Jedoch standen nicht alle Mitgliedstaaten einer Öffnung der Elektrizitätsmärkte negativ gegenüber. Als Vorreiter eines wettbewerbsorientierten Elektrizitätsmarktes beschloß das **Vereinigte Königreich** mit seinem Electricity Act von 1989 die Reorganisation

---

46 A. a. O. Randnrn. 46 bis 50.

und Privatisierung seiner Elektrizitätswirtschaft[47]. Lange vor dem Erlaß der späteren Richtlinie über den Binnenmarkt für Elektrizität[48] sah dieses Gesetz die Möglichkeit der Benutzung der Netze durch Dritte („common carriage“) vor.

Jenseits des größeren Zusammenhangs der Öffnung der Märkte hat sich die Kommission auf dem Elektrizitätssektor mit einer Anzahl „normaler“ Wettbewerbsfälle befassen müssen, in denen es u. a. um den gemeinsamen Bau[49] und Betrieb[50] von Kraftwerken oder die Lieferung von Strom aus einem Synthesegas-Kraftwerk[51] ging.

III. Preise und Tarife

Literatur:

Hans-Rudolf Ebel, Entwicklung der kartellrechtlichen Mißbrauchsaufsicht über die Strompreise, BB 1993, S. 375; *ders.,* Rechtliche Anforderungen an die neuen Preisgleitklauseln in Stromlieferungsverträgen für Industriekunden, DB 1995, S. 2356; *ders.,* Preisgestaltung im neuen Energiewirtschaftsrecht, BB Beilage zu Heft 20/2000, S. 15; *Andreas Metzenthin,* Wettbewerb durch EG-Strompreise, Köln u.a. 1992; *Manfred Schoening,* Zur kartellrechtlichen Mißbräuchlichkeit unrentabler Energiepreise, BB 1993, S. 1463; *Matthias Schülte,* Kartellrechtliche Grenzen für Sonderabnehmerpreise, Köln u. a. 1991.

Schon im Jahre 1963 setzte die EWG-Kommission eine Sachverständigengruppe ein, die einen Bericht unter dem Titel „Die Strompreise in den Ländern der Europäischen Wirtschaftsgemeinschaft“ erarbeitete. Zweck dieser Studie war es, die Preise von elektrischem Strom für ähnliche Verwendungszwecke in den einzelnen Ländern der Gemeinschaft zu vergleichen. Der Vergleich erstreckte sich auf mehrere Arten von gewerblichen und hauswirtschaftlichen Verbrauchern sowie auf den Handel, die Landwirtschaft und das Handwerk, wobei die Preise für jede der sozialökonomischen Regionen der Gemeinschaft ermittelt wurden.

Als ersten Rechtsakt der Gemeinschaft auf dem Elektrizitätssektor erließ der Rat am 27. Oktober 1981 eine Empfehlung betreffend die **Strukturen der Elektrizitätstarife** in der Gemeinschaft (81/924/EWG)[52]. Gestützt auf Art. 235 EWGV empfahl der Rat den Mitgliedstaaten, gegebenenfalls durch geeignete Maßnahmen dafür zu sor-

---

47 S. hierzu die Mitteilungen der Kommission gemäß Artikel 19 3 der Verordnung Nr. 17/62 des Rates über die Reorganisation der Elektrizitätswirtschaft in **England und Wales** (ABl. Nr. C 191 vom 31. 7. 1990, S. 9; ABl. Nr. C 281 vom 19. 10. 1993, S. 5 und ABl. Nr. C 15 vom 18. 1. 1994, S. 15) in **Schottland** (ABl. Nr. C 245 vom 29. 9. 1990, S. 9; ABl. Nr. C 223 vom 11. 8. 1994, S. 8 und ABl. Nr. C 177 vom 22. 6. 2001, S. 2) sowie in **Nordirland** (ABl. Nr. C 92 vom 11. 4. 1992, S. 5).

48 S. hierzu unten Ziffer VI.

49 S. z. B. Mitteilung der Kommission nach Artikel 19 Absatz 3 der Verordnung Nr. 17 des Rates betreffend die Sache IV/34.078 – Independent Power Generators, ABl. Nr. C 92 vom 11. 4. 1992, S. 4.

50 S. z.B. Bekanntmachung gemäß Artikel 19 Absatz 3 der Verordnung Nr. 17 des Rates betreffend einen Antrag auf Erteilung eines Negativattests oder Erteilung einer Freistellung gemäß Artikel 85 Absatz 3 EWG-Vertrag-Sache Nr. VI/34.598 – Electricidade de Portugal/Pego-Projekt, ABl. Nr. C 265 vom 30. 9. 1993, S. 3.

51 Mitteilung gemäß Artikel 19 Absatz 3 der Verordnung Nr. 17 des Rates – Sache Nr. IV/E-3/35.698 – ISAB Energy, ABl. Nr. C 138 vom 9. 5. 1996, S.3.

52 ABl. Nr. L 337 vom 24. 11. 1981, S. 12. S. zur Empfehlung auch EuGH, Urteil vom 11. September 2003 in der Rechtssache C-207/01 (Altair ./. ENEL), noch unveröff.

gen, daß sich die Tarifstrukturen für elektrische Energie auf folgende gemeinsame Grundsätze stützen:

> „1. Die Tarifstrukturen sollten so gestaltet werden, daß sie die Anwendung einer sinnvollen Preispolitik für elektrische Energie ermöglichen und die Kosten, die für die Versorgung der verschiedenen Verbrauchergruppen entstehen, widerspiegeln; die Tarifstrukturen sollen auf eine rationelle Energieverwendung ausgerichtet sein und keinen Anreiz zu einem ungerechtfertigten Mehrverbrauch bieten; sie sollen so klar und einfach wie möglich sein.
> 2. Das Zweiglied-Tarifsystem, das unter den möglichen Tariflösungen die Kostenstruktur für die Bereitstellung von elektrischer Energie am besten berücksichtigt, soll allgemein eingeführt werden[53].
> 3. Verbrauchsfördernde Tarife, die einen unnötigen Verbrauch fördern und bei denen die Preise mit zunehmendem Verbrauch künstlich gesenkt werden, sollten abgeschafft werden.
> 4. Tarife, die sich nach der Art der Verwendung der elektrischen Energie richten, sollten abgeschafft werden, es sei denn, sie entsprechen den allgemeinen Bestimmungen nach Nummer 1 und tragen zur Erreichung der langfristigen energiepolitischen Ziele bei.
> 5. In dem Bestreben, die Elektrizitätsnachfrage auf die Schwachlastzeiten zu verlagern bzw. Entlastungen zu ermöglichen, sollte die Anwendung von Mehrfachtarifen mit verschiedenen Preisniveaus und/oder die Möglichkeit von Lieferungen mit Unterbrechungen vorgesehen werden.
> 6. Die Tarife sollten nicht künstlich niedrig gehalten werden, wie etwa aus sozialen Gründen oder zur Bekämpfung der Inflation. In solchen Fällen sollten gegebenenfalls spezifische Maßnahmen ergriffen werden.
> 7. Bei der Tarifgestaltung sollte sichergestellt werden, daß die Preise in regelmäßigen Abständen an die Kosten angeglichen werden können."

Gleichzeitig empfahl der Rat den Mitgliedstaaten, „bei den Elektrizitätspreisen für **größtmögliche Transparenz** zu sorgen und die Preise sowie die Kosten für die Elektrizitätsverbraucher soweit wie möglich zu veröffentlichen".

Demselben Transparenzprinzip ist die Richtlinie des Rates vom 29. Juni 1990 zur Einführung eines gemeinschaftlichen Verfahrens zur Gewährleistung der **Transparenz der vom industriellen Endverbraucher zu zahlenden Gas- und Strompreise** (90/377/EWG)[54] verpflichtet, die schon oben beim Erdgas erwähnt wurde[55]. Die folgende Übersicht zeigt die Entwicklung der Preise, wobei für industrielle Abnehmer der Effekt der Liberalisierung sichtbar wird[56]. Was jedoch die Elektrizitätspreise für **Haushalte** in der Gemeinschaft anbelangt, so liegt ihr Preisniveau deutlich höher als das für industrielle Endverbraucher und auch der Liberalisierungseffekt ist sehr viel weniger spürbar, wie sich ebenfalls aus der folgenden Übersicht ergibt[57]:

---

53 Der Begriff „Zweigliedtarif" bezeichnet Tarifstrukturen, die sich aus einem festen Bestandteil und einem Bestandteil, der entsprechend der verbrauchten Energiemenge variiert, zusammensetzen.

54 ABl. Nr. L 185 vom 17. 7. 1990, S. 16.

55 S. o. E. II.

56 S. European Commisssion, EU Energy and Transport in Figures, Statistical pocketbook 2002, p. 51.

57 A. a. O. S. 55.

Electricity Prices for Industry (Excise taxes included), **Current prices in euro per 100 kWh**

	B	DK	D	EL	E	F	IRL	I	L	NL	A	P	FIN	S	UK	EU
1990	5.75	4.38	7.44	5.52	7.08	4.95	5.24	5.97	4.83	4.36	n.a.	6.41	n.a.	n.a.	5.68	**6.13**
1992	5.43	4.03	7.49	5.88	7.95	5.17	5.26	6.99	4.43	4.08	n.a.	8.25	n.a.	n.a.	5.46	**6.45**
1993	5.78	4.65	7.74	5.29	7.45	5.52	5.44	6.06	4.68	4.44	n.a.	8.71	n.a.	n.a.	5.20	**6.36**
1994	5.65	4.67	7.97	4.97	6.48	5.62	5.18	6.35	4.72	4.49	n.a.	6.95	n.a.	n.a.	5.60	**6.42**
1995	6.03	4.69	8.03	4.82	6.17	5.61	5.06	6.24	4.83	4.74	6.88	6.55	4.42	n.a.	5.19	**6.27**
1996	6.01	5.14	7.45	4.85	6.38	5.62	4.95	6.30	4.89	4.83	6.93	6.19	4.19	3.34	4.65	**5.89**
1997	5.76	5.04	6.68	4.92	5.92	5.48	5.58	7.06	4.85	4.74	7.29	6.12	4.09	3.65	3.98	**5.68**
1998	5.64	5.50	6.43	4.94	5.49	5.15	5.31	7.07	4.64	4.70	7.00	5.82	3.91	3.29	3.40	**5.43**
1999	5.54	5.28	6.07	4.91	5.52	5.03	5.30	6.70	4.73	4.87	6.71	5.27	3.89	2.76	3.62	**5.25**
2000	5.53	n.a.	5.46	4.80	5.63	4.90	5.30	7.26	4.46	n.a.	n.a.	5.25	3.80	2.82	5.76	**5.45**
2001	5.72	n.a.	5.34	4.80	5.14	4.81	5.31	8.54	3.94	n.a.	n.a.	5.30	3.76	2.42	5.32	**5.48**

Electricity Prices for Households (All taxes included), **Current prices in euro per 100 kWh**

	B	DK	D	EL	E	F	IRL	I	L	NL	A	P	FIN	S	UK	EU
1990	11.50	12.56	11.73	7.93	10.37	10.92	8.18	15.01	9.89	9.89	n.a.	9.28	n.a.	n.a.	7.83	**10.75**
1992	11.52	12.69	12.96	9.21	12.47	11.57	8.38	22.26	9.71	9.71	n.a.	11.39	n.a.	n.a.	9.68	**12.64**
1993	12.53	13.09	13.91	8.28	12.36	12.30	8.66	18.63	10.35	10.35	n.a.	12.66	n.a.	n.a.	8.77	**12.51**
1994	12.79	13.50	14.46	7.78	11.17	12.57	8.25	19.37	10.56	10.56	n.a.	11.73	n.a.	n.a.	9.19	**12.77**
1995	13.54	13.75	14.57	7.95	11.25	12.60	8.06	18.28	10.95	10.95	n.a.	11.73	7.34	n.a.	9.27	**12.56**
1996	13.66	15.10	13.98	9.22	11.64	13.06	7.87	18.72	11.20	11.20	12.50	11.75	8.07	n.a.	8.64	**12.61**
1997	13.22	15.48	13.56	8.22	11.18	12.81	8.88	20.55	11.02	11.02	12.83	11.92	8.08	9.75	9.76	**12.60**
1998	13.24	16.89	13.37	8.33	10.58	12.28	8.60	20.58	10.91	10.91	12.69	11.67	8.05	10.65	9.96	**12.50**
1999	13.19	17.23	13.90	7.58	10.39	11.79	8.59	19.50	11.08	11.08	12.73	11.21	7.53	9.27	9.07	**12.14**
2000	13.20	18.35	14.03	6.86	10.01	11.53	8.59	18.61	10.86	10.86	12.35	11.15	7.47	9.49	10.14	**12.13**
2001	13.57	19.43	14.48	6.84	9.61	11.28	8.59	19.86	11.33	11.33	13.30	11.20	7.36	9.66	8.78	**12.31**

Im übrigen veröffentlicht die Kommission regelmäßig in ihrem „Bulletin des Prix de l'Energie" sowie in der Reihe Eurostat „Elektrizitätspreise" Preisübersichten für verschiedene Standardstromlieferungen in allen Mitgliedstaaten[58].

Als gemeinschaftsrechtliches Instrument der **Preiskontrolle** sind zusätzlich zum nationalen Wettbewerbsrecht die Wettbewerbsregeln des EG-Vertrages anwendbar. Art. 82 (ex-Art. 86) EGV verbietet die mißbräuchliche Ausnutzung einer beherrschenden Stellung auf dem Gemeinsamen Markt oder auf einem wesentlichen Teil desselben durch ein oder mehrere Unternehmen, soweit dies dazu führen kann, den Handel zwischen den Mitgliedstaaten zu beeinträchtigen. Soweit ersichtlich, hat die Kommission bisher keine mißbräuchliche Preisgestaltung von Seiten marktbeherrschender Stromerzeuger festgestellt[59].

IV. Zusammenarbeit zwischen öffentlichen Energieversorgungsunternehmen und Eigenerzeugern – Kraft-Wärme-Koppelung (KWK) – Verstromung erneuerbarer Energien

Literatur:

Jürgen F. Baur, Katrin Heuk-Merten, Philip Matthey, Markus Weck, Förderung von KWK-Anlagen, Möglichkeit und Grenzen neuer Fördermethoden, Baden-Baden 2002; *Ulrich Büdenbender, Peter Rosin,* KWK-AusbauG, Kommentar zum Gesetz für die Erhaltung, Modernisierung und den Ausbau der Kraft-Wärme-Kopplung, Köln 2003; *Walter Frenz,* Energiebeihilfen bei Abnahmegarantie zu Mindestpreisen und Selbstverpflichtungen, RdE 2002, S. 201; *ders.,* Quoten, Zertifikate und Gemeinschaftsrecht – Am Beispiel einer Förderung der Kraft-Wärme-Koppelung, DVBl. 2001, S. 673; *Martin Gellermann,* Das Stromeinspeisungsgesetz auf dem Prüfstand des Europäischen Gemeinschaftsrechts, DVBl. 2000, S. 509; *Ulrich Immenga,* Preisaufsicht bei der Einspeisung regenerativer Energien, BB 1994, S. 295; *Hans-Joachim Koch, Constanze Mengel,* Gemeindliche Kompetenzen für Maßnahmen des Klimaschutzes am Beispiel der Kraft-Wärme-Koppelung, DVBl. 2000, S. 953; *Stephan Korinek,* Zuschlag für „Ökostrom", ÖZW 2002/1, S. 15; *Markus Möstl,* Der Vorrang erneuerbarer Energie – Ein Prinzip des Energiewirtschaftsrechts nimmt Gestalt an, RdE 2003, S. 90; *Volker Oschmann,* Die Richtlinie zur Förderung der Stromerzeugung aus erneuerbaren Energien und ihre Umsetzung in Deutschland, RdE 2002, S. 131; *Ulrich Scholz, Christian Krohs,* KWK-Förderung in Deutschland und EG-rechtliche Warenverkehrsfreiheit, RdE 2003, S. 1; *Peter Rosin, Maximilian Elspas,* Rechtsprobleme der Weiterbelastung von Mehraufwendungen aus EEG und KWKG an Endkunden, et 2002, S. 182; *dies.,* Das neue Kraft-Wärme-Kopplungsgesetz, RdE 2002, S. 174; *Peter Salje,* Kraft-Wärme-Koppelungsgesetz, Köln u.a. 2001; *ders.,* Stromeinspeisungsgesetz, Köln u.a. 1999; *ders.,* Vorrang für Erneuerbare Energie, RdE 2000, S. 125; *Berthold Stevens,* Das neue Kraft-Wärme-Koppelungsgesetz, et 2002, S. 355; *Stefan Studenroth,* Verfassungswidrigkeit des Stromeinspeisungsgesetzes?; DVBl. 1995, S. 1216; *Peter J. Tettinger,* Zur Stärkung der ökologischen Dimension der Elektrizitätswirtschaft – dargestellt unter besonderer Berücksichtigung der deutschen Förderung erneuerbarer Energiequellen und der Kraft-Wärme-Kopplung (KWK), in *Klaus-Peter Dolde,* Umweltrecht im Wandel, Berlin 2001, S. 949.

Spätestens seit der ersten Energiekrise steht die Gemeinschaft vor der Aufgabe, die Wachstumsrate des innergemeinschaftlichen Energieverbrauchs durch Maßnahmen zur rationellen Energieverwendung und zur Energieeinsparung zu senken, ohne

58 S. auch Eurostat, Energiepreise: Daten 1990–2002, Luxemburg 2003 und Eurostat, Elektrizitätspreise – Preissysteme 2001, Luxemburg 2002.

59 S. auch die Schriftliche Anfrage Nr. 222/72 vom 14. Juli 1972, ABl. Nr. C 124 vom 29.11.1972, S.5.

hierdurch die wirtschaftliche und soziale Entwicklung zu beeinträchtigen. Die unter dem Eindruck des ersten Ölpreisschocks Mitte der 70er Jahre erlassenen Maßnahmen weisen verschiedene Wege zu diesem Ziel. Einer dieser Wege zu einer rationellen Energienutzung führt über die zunehmende Anwendung der **kombinierten Kraft/Wärmeerzeugung** und über die **Verwertung der Abwärme** im **industriellen Sektor** sowie in den Bereichen **Elektrizitätserzeugung** und **Versorgung mit Fernwärme.** Um auf diesen Gebieten Lösungen auf örtlicher und regionaler Ebene zu erreichen und den Informationsaustausch und die Zusammenarbeit auf nationaler und Gemeinschaftsebene zu erleichtern, erließ der Rat im Oktober 1977 eine Empfehlung betreffend die **Einsetzung beratender Organe** und Ausschüsse in den Mitgliedstaaten zur **Förderung der kombinierten Wärme/Krafterzeugung** und der **Valorisierung von Abwärme** (77/714/EWG)[60]. Mit ihr empfahl der Rat den Mitgliedstaaten:

„1. ein beratendes Organ oder einen beratenden Ausschuß beziehungsweise mehrere beratende Organe oder Ausschüsse einzusetzen – sofern derartige Organe oder Ausschüsse noch nicht bestehen – die beauftragt sind, zu allen Aktionen Stellung zu nehmen, die geeignet erscheinen, den Wirkungsgrad der industriellen Wärmeversorgung zu erhöhen und die Entwicklung der Versorgung mit Fernwärme zu fördern, und zwar insbesondere durch:
– Konzentration der Wärmeerzeugung und verstärkte Anwendung der kombinierten Wärme/Krafterzeugung,
– Verbesserung der Wärmeleistung der Kraftwerke durch Valorisierung der Abwärme,
– Verbesserung der Leistung der Wärmeleitungen und der angeschlossenen Versorgungsanlagen in den Industriebetrieben und den städtischen Heizsystemen unter Berücksichtigung der Probleme betreffend die Lebensdauer der Leitungen;
2. diese beratenden Organe oder Ausschüsse zu diesem Zweck aufzufordern, folgende Maßnahmen in Betracht zu ziehen:
– Erweiterung der Zusammenarbeit zwischen Stromversorgungsunternehmen und industriellen Wärmeverbrauchern,
– Feststellung und Beseitigung der Hindernisse rechtlicher, administrativer und gebührenmäßiger Art, die den Ausbau der kombinierten Wärme/Krafterzeugung für die Versorgung der Industrie behindern,
– Reservierung von Standorten, die für die koordinierte Errichtung von Industriekomplexen und Kraftwerken für kombinierte Wärme/Krafterzeugung geeignet sind,
– Förderung – im Rahmen der Artikel 92ff. des Vertrages – der kombinierten Wärme/Krafterzeugung und des Wärmetransports,
– bessere Information der industriellen Klein- und Mittelbetriebe,
– Erstellung von Übersichten über den Wärmebedarf;
3. diese beratenden Organe oder Ausschüsse zu einem regelmäßigen Erfahrungsaustausch und zur Zusammenarbeit auf Gemeinschaftsebene unter Schirmherrschaft der Kommission anzuregen;
4. technische und wirtschaftliche Untersuchungen zur Feststellung neuer wirtschaftlich lebensfähiger Fernwärmeversorgungsprojekte zu ermitteln und zu fördern

60 ABl. Nr. L 295 vom 18. 11. 1977, S. 5.

> sowie in begründeten Fällen zum Ausbau bereits bestehender Systeme für die Städtebeheizung und die Industriewärmeversorgung beizutragen;
> 5. der Kommission regelmäßig die im Bereich dieser Empfehlung getroffenen Maßnahmen sowie die Auswirkungen mitzuteilen, die diese Maßnahmen haben oder die von ihnen erwartet werden."

Auch gut zehn Jahre später vermochte die Gemeinschaft sich noch nicht zu einem verbindlichen Rechtsakt zu entschließen. Mit der Empfehlung des Rates vom 8. November 1988 zur **Förderung der Zusammenarbeit zwischen öffentlichen Elektrizitätsversorgungsunternehmen und Eigenerzeugern** (88/611/EWG)[61] griff sie das Thema erneut auf und erweiterte es durch die Einbeziehung erneuerbarer Energien und von Abfallenergien (Müllverbrennung). Ausgangspunkt der Empfehlung war die Feststellung, daß die Stromerzeugung das gemeinsame Anwendungsgebiet sowohl für die erneuerbaren Energiequellen als auch für die Abfallenergien und die Kraft-Wärme-Koppelung (gemeinsam abgekürzt als EAK) darstellt[62]. Obwohl diese Art der Stromerzeugung systembedingt hauptsächlich für die Eigenerzeugung und – in gewissen Grenzen – den Eigenverbrauch – außerhalb der öffentlichen Versorgung geeignet ist, hängt ihr wirtschaftlicher Erfolg wesentlich von den Bedingungen der Zusammenarbeit der Eigenerzeuger mit den öffentlichen Elektrizitätsversorgungsunternehmen (EVU) ab, d. h. von den Bedingungen bezüglich der Abnahme und Einspeisung von Überschußstrom der Eigenerzeuger in die Netze der EVU, des Bezuges von Zusatzstrom von den EVU und der Reservehaltung[63]. Besonders die Preise, die die Eigenerzeuger für die Einspeisung ihres Stromes in die öffentlichen Netze erzielen, sind hierbei von Bedeutung. Im einzelnen empfahl der Rat den Mitgliedstaaten:

> „1. zur Förderung der Eigenerzeugung von elektrischer Energie auf der Grundlage von erneuerbaren Energiequellen, von Abfallenergien oder im Wege der Kraft-Wärme-Koppelung (EAK) einen **Rahmen für die Zusammenarbeit** zwischen öffentlichen Versorgungsunternehmen (EVU) und allen auf EAK-Basis arbeitenden Eigenerzeugern einzuführen, in dem die wechselseitigen Lieferbedingungen hinsichtlich Preis und Menge nach gemeinsamen Grundsätzen geregelt werden;
> 2. die Schaffung dieses Rahmens durch die **Einführung einheitlicher Vertragskriterien** zu erleichtern, und zwar
> – entweder durch freiwillige Vereinbarung zwischen den Betroffenen
> – oder, falls erforderlich, durch Erlaß besonderer Rechts- oder Verwaltungsvorschriften,
> und bestehende Rechts- oder Verwaltungsvorschriften, die solchen Kriterien entgegenstehen, entsprechend anzupassen. Außerdem sollte geprüft werden, ob es notwendig ist, besondere **Verfahren zur Regelung von Streitfällen** über Vertragsbedingungen festzulegen;
> 3. im Rahmen solcher Vereinbarungen oder Vorschriften sicherzustellen,
> a) daß die EVU verpflichtet werden, den **Ankauf** derjenigen Strommengen anzubieten, die aus Eigenerzeugung auf EAK-Basis anfallen, sofern dadurch ein wirtschaftlicher Betrieb bestehender Erzeugungsanlagen der EVU nicht beeinträchtigt wird;

---

61 ABl. Nr. L 335 vom 7. 12. 1988, S. 29.
62 S. den fünften Erwägungsgrund der Empfehlung.
63 S. den siebten Erwägungsgrund der Empfehlung.

b) daß hinsichtlich der **Mengen** die Eigenerzeugung von elektrischer Energie auf EAK-Basis, sofern ein öffentliches Interesse dadurch nicht beeinträchtigt wird, grundsätzlich ermöglicht und weder durch Rechts- und Verwaltungsvorschriften noch durch Bedingungen der EVU behindert wird;

c) daß hinsichtlich der **Preise**

– für elektrische Energie, die in Eigenanlagen auf EAK-Basis erzeugt und in das Netz der öffentlichen Versorgung eingespeist wird, **die Einspeisungsentgelte**

– grundsätzlich auf der Basis derjenigen Kosten bestimmt werden, die in der öffentlichen Versorgung des betreffenden Gebiets im längerfristigen Durchschnitt vermieden werden können,

– mindestens den bei der öffentlichen Versorgung vermeidbaren variablen Kosten, d. h. im wesentlichen den Kosten des vermeidbaren Brennstoffeinsatzes entsprechen,

– dem Eigenerzeuger eine zusätzliche Vergütung in dem Maße gewährleisten, wie er in der öffentlichen Versorgung zur Vermeidung von Leistungskosten bei der Erzeugung oder dem Bezug von elektrischer Energie beiträgt. Die Höhe dieser Vergütung sollte davon abhängig sein, mit welcher Regelmäßigkeit die Kraftwerksleistung des Eigenerzeugers insbesondere zu Hauptlastzeiten verfügbar ist,

– die **Entgelte für den Strombezug** aus dem Netz der öffentlichen Versorgung so festgelegt werden, daß die Eigenerzeuger in gleicher Weise behandelt werden wie gleichartige Abnehmer ohne Eigenerzeugung,

– die Regelungen für diese Entgelte so transparent wie möglich gestaltet werden;

4. der Kommission nach Ablauf von drei Jahren über die Entwicklung der Zusammenarbeit zwischen EVU und Eigenerzeugern zu berichten."

Auf der Grundlage der unter Ziffer 4 genannten Berichte erstellte die Kommission im Sommer 1992 einen Gesamtbericht, den sie dem Rat zuleitete[64].

Im selben Jahre legte die Kommission ihren Vorschlag für eine Richtlinie betreffend gemeinsame Vorschriften für den Elektrizitätsbinnenmarkt vor[65]. In die Vorschriften über den Betrieb eines Übertragungsnetzes nahm sie eine Bestimmung auf[66], deren wesentlicher Gedanke sich in Art. 8 Abs. 3 und 11 Abs. 3 der am 19. Dezember 1996 verabschiedeten Richtlinie wiederfindet. Nach diesen Bestimmungen kann ein Mitgliedstaat dem Betreiber eines Übertragungs- oder Verteilernetzes „zur Auflage machen, daß er bei der Inanspruchnahme von Erzeugungsanlagen solchen den Vorrang gibt, in denen erneuerbare Energieträger oder Abfälle eingesetzt werden oder die nach dem Prinzip der Kraft-Wärme-Koppelung arbeiten"[67]. Im gleichen Sinne bestimmt

---

64 Bericht der Kommission an den Rat über die Entwicklung der Zusammenarbeit zwischen öffentlichen Elektrizitätsversorgungsunternehmen und Eigenerzeugern vom 22. Juli 1992 (SEK (92) 1411 endg.).

65 Vom 21. Februar 1992 (KOM(91) 548 endg.), ABl. Nr. C 65 vom 14. 3. 1992, S. 4.

66 S. Art. 13 Abs. 4 des Vorschlags: „Bei der Abrufung von Erzeugungskapazitäten in seinem Gebiet gibt der Betreiber des Übertragungsnetzes Erzeugungsanlagen Vorrang, deren Kapazität 25 Megawatt nicht überschreiten, wenn diese Anlagen erneuerbare Energiequellen oder Abfall verwenden oder im Rahmen von Kraft/Wärme-Koppelung produzieren und die Elektrizität zu einem angemessenen Preis angeboten wird."

67 Nach Art. 3 Abs. 1 lit.b) ii) der geänderten Richtlinie 75/442/EWG des Rates vom 15. Juli 1975 über **Abfälle** (ABl. Nr. L 194 vom 25. 7. 1975, S. 39) treffen die Mitgliedstaaten die geeigneten

der 28. Erwägungsgrund der Richtlinie: „Aus Gründen des Umweltschutzes kann der Elektrizitätserzeugung auf der Grundlage erneuerbarer Energien Vorrang eingeräumt werden".

Auch im Rahmen des Grünbuchs[68] und des Weißbuchs[69] „Eine Energiepolitik für die Europäische Union" wandte sich die Kommission erneut dem Thema „EAK" zu, wobei sich nunmehr die Wege seiner Einzelkomponenten in eine **„Strategie zur Förderung der Kraft-Wärme-Koppelung"**[70] und in eine **„Strategie zur Förderung der erneuerbaren Energiequellen auf dem Markt"**[71] trennten und der Hauptakzent nicht mehr auf der „Einsparung erschöpflicher Energiequellen bzw. Ölsubstitution"[72], sondern auf der **Entlastung der Umwelt** lag[73]. Beide Strategien seien hier getrennt verfolgt.

Zwanzig Jahre nach der ersten Empfehlung zur **Kraft-Wärme-Koppelung** legte die Kommission im Oktober 1997 eine Mitteilung über eine „Gemeinschaftsstrategie zur Förderung der Kraft-Wärme-Koppelung (KWK) und zum Abbau von Hindernissen, die ihrer Entwicklung im Wege stehen"[74] vor. In ihren Schlußfolgerungen sieht die Kommission die Hauptaufgabe bei den Mitgliedstaaten: Auch wenn es Handlungsspielraum auf europäischer Ebene gebe, müsse „die Hauptverantwortung für die Förderung von KWK bei den Mitgliedstaaten liegen". Sie seien aufgerufen, „politische Maßnahmen zum Abbau der Hindernisse für die Marktdurchdringung der KWK zu beurteilen und ihre einzelstaatlichen Strategien und Ziele zur Förderung von KWK innerhalb eines gemeinschaftlichen Strategierahmens einzubetten"[75]. Das Europäische Parlament[76], der Wirtschafts- und Sozialausschuß[77] und der Ausschuß der Regionen[78] reagierten im wesentlichen zustimmend. Trotz ihrer anfänglich abwartenden Haltung legte die Kommission dann 2002 einen Vorschlag für eine Richtlinie des Europäischen Parlaments und des Rates über die Förderung der Kraft-Wärme-Kopplung auf der Grundlage des Nutzwärmebedarfs im Energiebinnenmarkt vor[79].

Maßnahmen, um u. a. die „Nutzung von Abfällen zur Gewinnung von Energie" zu fördern. S. dazu EuGH, Urteile vom 3. April 2003 in den Rechtssachen C-228/00 (Kommission ./. Deutschland, noch unveröff., Tenor s. ABl. Nr. C 83 vom 5. 4. 2003, S. 1) und C-116/01 (SITA ./. Minister van Volkshuisvesting, noch unveröff., Tenor s. ABl. Nr. C 124 vom 24. 5. 2003, S. 1). Nach der Richtlinie 75/439/EWG des Rates vom 16. Juni 1975 über die **Altölbeseitigung** (ABl. Nr. L 194 vom 25. 7. 1975, S. 23) ist eine Verwendung von Altölen als Brennstoff möglich. S. dazu EuGH, Urteil vom 27. Februar 2003 in den verbundenen Rechtssachen C-307/00 bis C-311/00, Oliehandel Koeweit u. a. ./. Minister van Volkshuisvesting, noch unveröff.

68 Dokument erstellt auf der Grundlage von KOM (94) 659 endg. vom 11. Januar 1995.

69 Dokument KOM(95) 682 endg. Als Beilage zu Energie in Europa veröffentlicht im Januar 1996.

70 S. Ziffer 116, S. 37, 48 des Weißbuchs.

71 S. Ziffer 119, S. 37, 49 des Weißbuchs.

72 So der vierte Erwägungsgrund der Empfehlung 88/611/EWG.

73 S. insbes. Ziffer 118, S. 37 des Weißbuchs.

74 Mitteilung der Kommission an den Rat, das Europäische Parlament, den Wirtschafts- und Sozialausschuß und den Ausschuß der Regionen vom 15. 10. 1997 (KOM(97) 514 endg.).

75 A. a. O. S. 24.

76 S. die Entschließung vom 15. Mai 1998, ABl. Nr. C 167 vom 1. 6. 1998, S. 308.

77 S. die Stellungnahme vom 25. März 1998, ABl. Nr. C 157 vom 25. 5. 1998, S. 20.

78 S. die Stellungnahme vom 13. März 1998, ABl. Nr. C 180 vom 11. 6. 1998, S. 34.

79 KOM (2002) 415 endg. S. ABl. Nr. C 291 E vom 26. 11. 2002, S. 182. S. dazu die Stellungnahme des Wirtschafts- und Sozialausschusses im ABl. Nr. C 95 vom 23. 4. 2003, S. 12.

Auf Seiten der **„Strategie zur Förderung der erneuerbaren Energiequellen auf dem Markt"** verfuhr die Kommission in mehreren Konkretisierungsschritten. Im Jahre 1997 legte sie zunächst ihr Dokument „Energie für die Zukunft: Erneuerbare Energieträger – Weißbuch für eine Gemeinschaftsstrategie und Aktionsplan"[80] vor; 1999 folgten zwei Arbeitsdokumente „Elektrizität aus erneuerbaren Energieträgern und der Elektrizitätsbinnenmarkt"[81] sowie „Die Förderung von Elektrizität aus erneuerbaren Energieträgern in den Mitgliedstaaten"[82]. Auf dieser Grundlage erging die Richtlinie 2001/77/EG des Europäischen Parlaments und des Rates vom 27. September 2001 zur **Förderung der Stromerzeugung aus erneuerbaren Energiequellen im Elektrizitätsbinnenmarkt**[83]. Ziel dieses auf Art. 175 EGV gestützten Rechtsakts ist die Schaffung eines gemeinsamen Rahmens zur Steigerung des Anteils erneuerbarer Energiequellen[84] an der Elektrizitätserzeugung auf insgesamt 22,1 % am Gesamtelektrizitätsverbrauch der Gemeinschaft bis zum Jahre 2010[85]. Diese Zielvorgabe ist aus dem o. a. Weißbuch für erneuerbare Energieträger abgeleitet, das bis zum Jahre 2010 einen Anteil der erneuerbaren Energiequellen am Bruttoinlandsenergieverbrauch von 12 % vorsieht. Der Vorschlag verpflichtet die Mitgliedstaaten, nationale Richtziele für den Stromverbrauch[86] aus erneuerbaren Energiequellen und detaillierte Pläne zur Realisierung dieser Ziele aufzustellen (Art. 3). Hierbei wird die Anwendung nationaler Förderregelungen[87] für die Nutzung erneuerbarer Energiequellen ausdrücklich anerkannt (Art. 4), solange die Strompreise im Binnenmarkt die sozialen und ökologischen Kosten und Vorteile der genutzten Energieträger nicht voll widerspiegeln[88]. Vorgesehen sind weiterhin ein Herkunftsnachweis für Strom aus erneuerbaren Energiequellen (Art. 5) und der bevorrechtigte Zugang von Strom aus erneuerbaren Energiequellen[89] zu den Übertragungs- und Verteilungsnetzen (Art. 7).

---

80 Vom 26. 11. 1997 (KOM(97) 599 endg.).

81 SEK(1999) 470 endg. vom 13. 4. 1999.

82 SEK(1999) 711 vom 10. 5. 1999.

83 ABl. Nr. L 283 vom 27. 10. 2001, S. 33. S. auch die Entschließung des Europäischen Parlaments vom 30. März 2000, ABl. Nr. C 378 vom 29. 12. 2000, S. 89 sowie die Stellungnahme des Wirtschafts- und Sozialausschusses vom 20. September 2000, ABl. Nr. C 367 vom 20. 12. 2000, S. 5, und des Ausschusses der Regionen vom 21. September 2000, ABl. Nr. C 22 vom 24. 1. 2001, S. 27.

84 Art. 2 lit. a) der Richtlinie definiert erneuerbare Energiequellen als „erneuerbare nichtfossile Energiequellen (Wind, Sonne, Erdwärme, Wellen- und Gezeitenenergie, Wasserkraft, Biomasse, Deponiegas, Klärgas und Biogas".

85 S. Art. 3 Abs. 4 der Richtlinie.

86 Art. 2 lit. d) der Richtlinie definiert Stromverbrauch als „die inländische Stromerzeugung, einschließlich Eigenerzeugung, zuzüglich Einfuhren, abzüglich Ausfuhren" (Bruttoinlandselektrizitätsverbrauch).

87 Art. 2 Ziffer 3 des Richtlinien-Vorschlags definierte Förderregelung als „einen Mechanismus, bei dem ein Erzeuger von Elektrizität aufgrund einer staatlichen Regelung direkt oder indirekt eine Unterstützung der öffentlichen Hand insbesondere in Form eines direkten Preisstützungszuschusses je bereitgestellter und verkaufter kWh erhält (z. B. Quotensysteme zur Ausschreibung oder ‚grüne Zertifikate', feste Einspeisungspreise und feste Prämiensysteme), Investitionsbeihilfen und Steuererleichterungen". Diese Definition wurde nicht in den Text der Richtlinie übernommen.

88 Vgl. den 12. Erwägungsgrund der Richtlinie, der außerdem auf den Gemeinschaftsrahmen für staatliche Umweltschutzbeihilfen (ABl. Nr. C 37 vom 3. 2. 2001, S. 3) und die Anwendbarkeit der Art. 87 und 88 verweist.

89 Art. 2 lit. c) der Richtlinie definiert Strom aus erneuerbaren Energiequellen als „Strom, der in Anlagen erzeugt wurde, die ausschließlich erneuerbare Energiequellen nutzen sowie der Anteil

In diesem Zusammenhang ist darauf hinzuweisen, daß Deutschland schon zehn Jahre zuvor mit dem Gesetz über die Einspeisung von Strom aus erneuerbaren Energien in das öffentliche Netz vom 7. Dezember 1990 (**Stromeinspeisungsgesetz** oder StrEG)[90] einen Rechtsrahmen für die Abnahme und die von öffentlichen Elektrizitätsversorgungsunternehmen zu zahlende Vergütung von Strom geschaffen hatte, der ausschließlich aus Wasserkraft, Windkraft, Sonnenenergie, Deponiegas, Klärgas oder aus Produkten oder biologischen Rest- und Abfallstoffen der Land- und Forstwirtschaft gewonnen wird. Mit dieser deutschen Regelung wurde der Gerichtshof im Jahre 1998 im Wege eines Vorabentscheidungsverfahrens befaßt[91], in dem es u. a. um die Frage ging, ob die Stromeinspeisungsvergütung und Erstattungsregelung des Gesetzes eine staatliche **Beihilfe** i. S. von **Art. 92 EGV** (Art. 87 n. F). darstellten. Der Gerichtshof verneinte diese Frage. Zwar verschaffe eine Verpflichtung der Energieversorgungsunternehmen zur Abnahme von Strom aus erneuerbaren Energiequellen zu Mindestpreisen, wie sie in §§ 2 und 3 des Stromeinspeisungsgesetzes vorgesehen sei, den Erzeugern dieser Stromart einen wirtschaftlichen Vorteil, indem sie ihnen ohne jedes Risiko höhere Gewinne sichere, als sie ohne eine solche Regelung erzielen könnten[92]. Doch seien nach der Rechtsprechung des Gerichtshofs nur solche Vorteile als Beihilfen im Sinne von Art. 92 Abs. 1 EGV anzusehen, die unmittelbar oder mittelbar **aus staatlichen Mitteln** gewährt werden[93]. Im vorliegenden Falle führe jedoch die Verpflichtung privater Elektrizitätsversorgungsunternehmen zur Abnahme von Strom aus erneuerbaren Energiequellen zu festgelegten Mindestpreisen nicht zu einer unmittelbaren oder mittelbaren Übertragung staatlicher Mittel auf die Unternehmen, die diesen Strom erzeugen[94].

Auch **Art. 30 EGV** (Art. 28 n. F.) sah der Gerichtshof nicht als verletzt an, obgleich die gesetzliche Abnahmepflicht ausdrücklich nur für Strom aus erneuerbaren Energiequellen gilt, der im Geltungsbereich des deutschen Gesetzes im Versorgungsgebiet der betreffenden deutschen Unternehmen erzeugt wird. Eine derartige Regelung könne zwar „den innergemeinschaftlichen Handel zumindest potentiell behindern“[95], doch seien das Ziel der streitigen Regelung und die Besonderheiten des Strommarktes zu beachten. Insoweit sei zu berücksichtigen, daß die Nutzung erneuerbarer Energiequellen zur Stromerzeugung dem Umweltschutz diene, da sie zur Verringerung der Emissionen von Treibhausgasen beitrage und daher zu den vorrangigen Zielen gehöre, die sich die Gemeinschaft und ihre Mitgliedstaaten gesetzt hätten[96]. Im übrigen liege „es in der Natur der Elektrizität, daß sich ihre Herkunft und insbesondere

---

von Strom aus erneuerbaren Energiequellen in Hybridanlagen, die auch konventionelle Energieträger einsetzen, einschließlich Strom aus erneuerbaren Energiequellen, der zum Auffüllen von Speichersystemen genutzt wird, aber mit Ausnahme von Strom, der als Ergebnis der Speicherung in Speichersystemen gewonnen wird“.

90 BGBl. I S. 2633.

91 Urteil vom 13. März 2001 in der Rechtssache C-379/98 (Preussen-Elektra AG ./. Schleswag AG), Slg. 2001, I-2099.

92 Randnr. 54 des Urteils, a. a. O. S. I-2180.

93 Randnr. 58 des Urteils, a. a. O. S. I-2181.

94 Randnr. 59 des Urteils, a. a. O.

95 Randnr. 71 des Urteils, a. a. O. S. I-2184.

96 Randnr. 74 des Urteils, a. a. O. S. I-2185.

die Energiequelle, aus der sie gewonnen wurde, nach der Einspeisung in ein Übertragungs- oder Verteilungsnetz kaum noch bestimmen läßt"[97].

In einem weiteren Fall, in dem es um die gesetzlich vorgesehene Erhebung von **Preisaufschlägen** für **Elektrizitätslieferungen** der ENEL an ein Chemieunternehmen geht, deren Aufkommen u. a. zum Bau von Anlagen verwendet wird, die aus erneuerbaren Energiequellen Strom erzeugen, wurden beihilferechtliche Fragen weder gestellt noch erörtert[98].

Auch die Kommission ist in den letzten Jahren mehrfach mit nationalen Beihilfen zur Förderung der Kraft-Wärme-Kopplung und des Einsatzes erneuerbarer Energien zur Stromerzeugung befaßt worden. Hierbei ging es u. a. um die Errichtung eines Kombikraftwerks in Spanien[99], den Luxemburger Ausgleichsfonds für die Stromwirtschaft[100] und Steuerbefreiungen für den Einsatz von Bergwerksmethan zur Stromerzeugung in England[101].

V. Transit über große Netze

Literatur:

Uwe Hüffer, Knut Ipsen, Peter J. Tettinger, Die Transitrichtlinien für Gas und Elektrizität, Stuttgart 1991.

Als erste Harmonisierungsmaßnahme auf dem Wege der schrittweisen Errichtung des Binnenmarktes für Energie erließ der Rat am 29. Oktober 1990 die auf Artikel 100a EWGV (Art. 95 n. F.) gestützte Richtlinie über den Transport von Elektrizitätslieferungen über große Netze (90/547/EWG)[102]. Obgleich die Regelungen dieser Richtlinie nur einen kleinen **Kreis von Unternehmen** betreffen und die Richtlinie selbst bei einem Verstoß gegen die von ihr vorgesehenen Verpflichtungen keinerlei Sanktionen vorsieht, wurde sie schon lange vor ihrem Erlaß zum Gegenstand heftiger Kontroversen. Betroffen sind von der Richtlinie nur die in ihrem Anhang enumerativ aufgeführten Unternehmen, die in der Gemeinschaft Hochspannungsübertragungsnetze betreiben[103], d. h. in **Deutschland** die

---

97 Randnr. 79 des Urteils, a. a. O. S. I-2186.

98 EuGH, Urteil vom 11. September 2003 in der Rechtssache C-207/01 (Altair ./. ENEL), noch unveröff.

99 S. Entscheidung 2002/936/EG der Kommission vom 19. Juni 2002 über die staatliche Beihilfe, die das Königreich Spanien zugunsten der Unternehmen BBE und BBG für die Errichtung eines Kombikraftwerks (Bahía de Bizcaia Electricidad – BBE) und einer Wiederverdampfungsanlage (Bahía de Bizcaia Gas – BBG) in Bilbao gewähren will, ABl. Nr. L 329 vom 5. 12. 2002, S. 10.

100 S. Aufforderung zur Abgabe einer Stellungnahme gemäß Art. 88 Abs. 2 EGV, ABl. Nr. C 255 vom 23. 10. 2002, S. 15.

101 S. Aufforderung zur Abgabe einer Stellungnahme gemäß Art. 88 Abs. 2 EGV, ABl. Nr. C 69 vom 22. 3. 2002, S. 9.

102 ABl. Nr. L 313 vom 13. 11. 1990, S. 30.

103 Das Verzeichnis der Gesellschaften, die unter die Richtlinie 90/547/EWG fallen, wird bei Bedarf von der Kommission aktualisiert (s. Art. 2 Abs. 2 der Richtlinie). Derartige Aktualisierungen hat die Kommission mit folgenden Entscheidungen vorgenommen: Entscheidung 94/559/EG vom 26. Juli 1994 (ABl. Nr. L 214 vom 19. 8. 1994, S. 14), Entscheidung 95/162/EG vom 20. April

Bayernwerk AG
Berliner Kraft- und Licht (Bewag)-AG
EnBW Transportnetze AG
Hamburgische Electrizitäts-Werke AG (HEW)
PreussenElektra Aktiengesellschaft
RWE Energie AG
Vereinigte Elektrizitätswerke Westfalen AG (VEW)
VEAG Vereinigte Energiewerke AG

und in **Österreich** die

Österreichische Elektrizitätswirtschaft AG
Tiroler Wasserkraftwerke AG
Vorarlberger Kraftwerke AG
Vorarlberger Illwerke AG.

Ebenso begrenzt ist der **Sachverhalt**, auf den die Richtlinie Anwendung findet: Ein Elektrizitätstransit zwischen großen Netzen ist nach Art. 2 Abs. 1 der Richtlinie nur gegeben, wenn folgende Voraussetzungen kumulativ erfüllt sind:

> „Die Beförderung wird von der (den) in jedem einzelnen Mitgliedstaat für ein großes Hochspannungsnetz zuständigen Gesellschaft(en) durchgeführt, das im Gebiet eines Mitgliedstaats gelegen und am Verbund der europäischen Hochspannungsnetze beteiligt ist; Verteilungsnetze sind ausgenommen;
> b) das Erzeugungsnetz bzw. das Endabnahmenetz liegt im Hoheitsgebiet der Gemeinschaft;
> c) bei dieser Beförderung wird mindestens eine innergemeinschaftliche Grenze überschritten."

Ist ein derartiger Elektrizitätstransit in Aussicht genommen, sind die **Verträge** hierüber zwischen den Gesellschaften, die für die beteiligten Netze sowie für die Qualität der Lieferungen verantwortlich sind, auszuhandeln (Art. 3 Abs. 1). Hierbei sind nach Art. 3 Abs. 2 der Richtlinie die folgenden rechtlichen Grundsätze zu beachten:

> „Die Transitbedingungen müssen entsprechend den Bestimmungen des Vertrages für alle betroffenen Parteien nichtdiskriminierend und angemessen sein, dürfen keine mißbräuchlichen Vorschriften oder ungerechtfertigten Beschränkungen enthalten und dürfen die Versorgungssicherheit und die Dienstleistungsqualität nicht gefährden, wobei insbesondere auf die Nutzung der Reservekapazitäten der Erzeugung sowie auf eine möglichst effiziente Auslastung der bestehenden Systeme zu achten ist."

Weiterhin müssen die beteiligten Unternehmen nach Art. 3 Abs. 3

- der Kommission und den zuständigen nationalen Behörden jeden Antrag auf Transit, dem ein Elektrizitätskaufvertrag mit einer Mindestdauer von einem Jahr zugrunde liegt, mitteilen;

1995 (ABl. Nr. L 107 vom 12. 5. 1995, S. 53), Entscheidung 98/75/EG vom 1. Oktober 1998 (ABl. Nr. L 276 vom 13. 10. 1998, S. 9).

- Verhandlungen über die Bedingungen des beantragten Elektrizitätstransits aufnehmen;
- die Kommission und die zuständigen nationalen Behörden über den Abschluß eines Transitvertrags unterrichten;
- der Kommission und den zuständigen nationalen Behörden die Gründe dafür mitteilen, weshalb die Verhandlungen zwölf Monate nach der Mitteilung des Antrags nicht zum Abschluß eines Vertrages geführt haben.

Soweit die **Pflichten** der Unternehmen. Auf der Seite der **Rechte** kann jedes der betroffenen Unternehmen beantragen, daß die Transitbedingungen einer von der Kommission eingesetzten **Schlichtungsstelle**[104] unterbreitet werden (Art. 3 Abs. 4). In dieser Schlichtungsstelle führt die Kommission den Vorsitz und sind die für die großen Netze verantwortlichen Gesellschaften vertreten[105]. Erscheint die Begründung für das Scheitern einer Einigung zwischen den Unternehmen nicht gerechtfertigt, leitet die Kommission auf Beschwerde des Antragstellers oder auf eigene Initiative die im Gemeinschaftsrecht vorgesehenen Verfahren ein (Art. 4), wobei insbesondere die Prüfung des **Mißbrauchs einer marktbeherrschenden Stellung** in Betracht kommt.

Im Zuge der Vollendung des Binnenmarkts für Elektrizität wurde die Transit-Richtlinie durch die Richtlinie 2003/54/EG mit Wirkung zum 1. Juli 2004 aufgehoben[106].

VI. Elektrizitätsbinnenmarkt

Literatur:

Michael Barth, Strombörse und Energierecht, RdE 2000, S. 139; *Bernhard Beck*, Stromdurchleitung – Der Schlüssel zum Wettbewerb – Erste Erfahrungen, in *Jürgen Schwarze*, Der Netzzugang für Dritte im Wirtschaftsrecht, Baden-Baden 1999, S. 209; *Gisela Böhnel*, Wettbewerbsbegründende Durchleitungen in der Elektrizitätswirtschaft, Baden-Baden 2001; *Andreas Böwing*, Rechtsfragen des Netzzugangs und der Netzbenutzung im Energiebereich, insbesondere bei Stromnetzen, in: *Jürgen Schwarze*, Der Netzzugang für Dritte im Wirtschaftsrecht, Baden-Baden 1999, S. 181; *Gabriele Britz*, Elektrizitätsbinnenmarkt-Richtlinien und Umsetzung ins deutsche Recht, EuZW 1997, S. 334; *Heiner Bruhn*, Der Netzzugang für Dritte im Bereich der Energie, in: *Jürgen Schwarze*, Der Netzzugang für Dritte im Wirtschaftsrecht, Baden-Baden 1999, S. 219; *Ulrich Büdenbender*, Durchleitung elektrischer Energie nach der Energierechtsreform, RdE 1999, S. 1; *Friedrich von Burchard*, Third Party Access and European Law, EuZW 1992, S. 693; *Claus-Dieter Ehlermann*, EG-Binnenmarkt für die Energiewirtschaft, EuZW 1992, S. 689; *Norbert Eickhof, Dieter Kreikenbaum*, Die Liberalisierung der Märkte für leitungsgebundene Energien, WuW 1998, S. 666; *Joachim Grawe*, Binnenmarkt und Energie, EuZW 1993, S. 23; *Jörg Gundel*, Stromimporte aus Drittstaaten im EG-Binnenmarkt für

104 S. Beschluß der Kommission vom 4. März 1992 über die Einsetzung eines Sachverständigengremiums für den Elektrizitätstransit über große Netze (92/167/EWG), ABl. Nr. L 74 vom 20.3. 1992, S. 43, geändert durch Beschluß 97/559/EG vom 24. Juli 1997, ABl. Nr. L 230 vom 21. 8. 1997, S. 18.

105 S. zur Ernennung der Mitglieder des Sachverständigengremiums die Beschlüsse im ABl. Nr. C 279 vom 28.10.1992, S. 5; ABl. Nr. C 285 vom 13.10.1994, S. 3; ABl. Nr. L 272 vom 4.10.1997, S. 54 und ABl. Nr. L 268 vom 3.10.1998, S. 39. Auffällig ist, daß allein die beiden letztgenannten Beschlüsse 11 Rücktritte von Mitgliedern des Sachverständigengremiums verzeichnen.

106 S. Art. 29 Abs. 1 der Richtlinie 2003/54/EG des Europäischen Parlaments und des Rates vom 26. Juni 2003 über gemeinsame Vorschriften für den Elektrizitätsbinnenmarkt und zur Aufhebung der Richtlinie 96/92/EG, ABl. Nr. L 176 vom 15. 7. 2003, S. 37. S. auch unten VI. 9.

Energie, RdE 2000, S. 85; *Jürgen F. Hake, Stefan Vögele, Stefan Rath-Nagel*, Wettbewerbs- und Unternehmensstrukturen in europäischen Elektrizitätsmärkten, et 2002, S. 608; *Wolfgang Harms*, Konturen eines EG-Energiemarkts, Köln 1989; *ders.*, Atomstrom aus Frankreich?, Köln u. a. 1987; *Hans-Jürgen Haubrich* u. a., Grenzüberschreitende Übertragungskapazitäten und Engpässe im europäischen Stromnetz, et 2002, S. 232; *Norbert Horn*, Regulierung und Wettbewerb am Beispiel des Strommarktes, RdE 2003, S. 85; *Karl-Peter Horstmann*, Netzzugang in der Energiewirtschaft, Köln 2001; *Philipp Jacobi*, Third-Party-Access im Europäischen Wettbewerbsrecht, Baden-Baden 2002; *M. Kahmann, S. König (Hrsg.)*, Wettbewerb im liberalisierten Strommarkt, Heidelberg 2001; *Jens Kellerhoff, Jens P. Rinze*, Möglichkeiten und Hindernisse für den europäischen Stromhandel und die Schutzklausel nach Art. 4 § 2 EnWG, RIW 1999, S. 738; *Andreas Klees*, Der Direktleitungsbau im deutschen und europäischen Energie- und Wettbewerbsrecht, Stuttgart 2001; *Andreas Klemm*, Strom aus dem Ausland, EuZW 2000, S. 69; *Felix Krieglstein*, The application of EC competition rules to liberalised electricity markets, Baden-Baden 2001; *Gunther Kühne*, Der Netzzugang und seine Verweigerung im Spannungsfeld zwischen Zivilrecht, Energierecht und Kartellrecht, RdE 2000, S. 1; *Rudolf Lukes* (Hrsg.), Ein EWG-Binnenmarkt für Elektrizität – Realität oder Utopie, Köln u. a. 1988; *ders.*, Liberalisierung des Strommarkts – Realität oder Utopie?, BB 1998, Beilage 12 zu Heft 48; *ders.*, Stromlieferverträge im liberalisierten Strommarkt, BB 1999, Beilage 8 zu Heft 21; *ders.*, Strom- und Gasimport aus Drittstaaten, RIW 1998, S. 581; *Peter M. Mombaur*, Abschied von Monopolen: EU-Markt für Strom und Gas. Eine 250-Mrd.-€-Branche wird auf Trab gebracht – zum Wohl von Mittelstand und Verbrauchern, et 2003, S. 214; *Stephanie Neveling, Christian Theobald*, Aktuelle Entwicklung des europäischen Energiehandels: Die Vorschläge der EG-Kommission zur Anpassung der Strom- und Gasrichtlinien, EuZW 2002, S. 106; *Christoph Schalast*, Umweltschutz und Wettbewerb als Wertwiderspruch im deregulierten deutschen und europäischen Elektrizitätsmarkt, Frankfurt a. M. 2001; *Alexander Schaub*, Liberalisation of the European Energy Markets: The Perspective of Competition Policy, in: *Armin von Bogdandy, Petros C. Mavroidis, Yves Mény*, European Integration and International Co-ordination, Studies in Transnational Economic Law in Honour of *Claus-Dieter Ehlermann*, The Hague u. a. 2002, p. 403; *Dominik Schnichels*, Liberalisierung der Energiemärkte – quo Vadis?, EuZW 2001, S. 545; *Meinhard Schröder*, Kompetenz- und eigentumsrechtliche Fragen bei der Verwirklichung des Elektrizitätsbinnenmarktes, Baden-Baden 1993; *Joachim Schütze*, Europäischer Stromverbund und EG-Recht, Köln 1992; *Christian Theobald*, Gesetzliche Ansprüche auf konkurrierenden Leitungsbau in der Strom- und Gaswirtschaft, VerwArch. 2001, S. 109; *Christian Theobald, Ines Zenke*, Grundlagen der Strom- und Gasdurchleitung, München 2001; *Christiane Nill-Theobald, Christian Theobald*, Grundzüge des Energiewirtschaftsrechts, München 2001.

1. Der Weg zum Binnenmarkt für Elektrizität

Der Weg zum Binnenmarkt für Elektrizität weist zugleich zurück auf die Anfänge der Gemeinschaft wie voraus in ihre Zukunft, in der er zu vollenden sein wird. Am Anfang standen die Verbote der Art. 30, 34 und 37 EWGV, die im Handelsverkehr zwischen den Mitgliedstaaten mengenmäßige Ein- und Ausfuhrbeschränkungen sowie Maßnahmen gleicher Wirkung untersagten, um jede Diskriminierung in den Versorgungs- und Absatzbedingungen zwischen den Angehörigen der Mitgliedstaaten auszuschließen. Befragt, ob der „freie Handelsverkehr der elektrischen Energie" zwischen den Ländern der Gemeinschaft garantiert sei, antwortete die Kommission Anfang der 70er Jahre, daß „der innergemeinschaftliche Handel mit elektrischer Energie … gemäß Art. 30 und folgende des EWG-Vertrags liberalisiert worden" sei. Die Kommission trage „dafür Sorge, daß die Mitgliedstaaten einerseits und die für die Produktion, die Beförderung und den Vertrieb von elektrischer Energie zuständigen Unternehmen andererseits die ihnen auf Grund des EWG-Vertrags, vor allem im Bereich des Handels, obliegenden Verpflichtungen einhalten"[107].

107 S. Schriftliche Anfrage Nr. 222/72 vom 14. Juli 1972, ABl. Nr. C 124 vom 29. 11. 1972, S. 5.

Zur Verwirklichung der **Niederlassungs-** und der **Dienstleistungsfreiheit** hatte der Rat schon am 18. Dezember 1961 Allgemeine Programme zur Aufhebung der Beschränkungen beider Freiheiten beschlossen[108], auf deren Grundlage er 1966 die „Richtlinie über die Verwirklichung der Niederlassungsfreiheit und des freien Dienstleistungsverkehrs auf dem Gebiet der selbständigen Berufstätigkeiten der Zweige **Elektrizität,** Gas, Wasser und sanitäre Dienste“ erließ[109]. Nach Art. 1, 2 und 8 dieser Richtlinie waren die in den allgemeinen Programmen aufgeführten Beschränkungen für die Tätigkeiten „Erzeugung, Weiterleitung und Verteilung von elektrischer Energie“ binnen sechs Monaten nach Bekanntgabe der Richtlinie aufzuheben. Hierbei stellte der zweite Erwägungsgrund der Richtlinie ausdrücklich klar, daß ihre Bestimmungen ebenfalls auf die Tätigkeiten Anwendung finden, die „die Erbringung von Dienstleistungen von allgemeinem wirtschaftlichem Interesse zum Gegenstand haben, ohne jedoch der Anwendung des Art. 90 des Vertrages auf Unternehmen, die mit derartigen Dienstleistungen betraut sind, vorzugreifen“.

In der Praxis allerdings blieben die traditionellen Marktstrukturen des Elektrizitätssektors in den Mitgliedstaaten und die Handelsstrukturen zwischen ihnen unverändert. Die Einheitliche Europäische Akte führte 1987 die Vorschriften über den Binnenmarkt ein, die die schrittweise Verwirklichung eines Raumes ohne Binnengrenzen zum Ziele hatten, in dem der freie Verkehr von Waren, Personen, Dienstleistungen und Kapital gemäß den Bestimmungen des Vertrages gewährleistet ist. Zwar sah das Weißbuch über den Binnenmarkt von 1985[110] keine energiespezifischen Rechtsakte vor, doch schloß die Kommission diese Lücke 1988 mit ihrem Dokument **„Der Binnenmarkt für Energie“**[111], das im Rat[112], im Europäischen Parlament und im Wirtschafts- und Sozialausschuß lebhafte Reaktionen auslöste. Hierbei wurde die Diskussion über die Liberalisierung der Elektrizitätsmärkte von den Begriffen **„common carriage“** und **„third-party-access“** beherrscht, die – nicht nur sprachlich – auf den anglo-amerikanischen Rechtsraum verwiesen. An der Frage des **Zugangs Dritter zum Netz** und der Eröffnung der Möglichkeit für Stromverbraucher, ihre Stromlieferanten frei zu wählen, entzündete sich eine lebhafte Debatte, deren ökonomischer Kern schon 1987 sichtbar geworden war[113]: Längs der Rheinschiene und unweit der französischen Grenze stellten sich die deutschen Großunternehmen der Chemiebranche immer lauter die Frage, warum sie in einem europäischen Binnenmarkt zum Bezug teuren deut-

---

108 ABl. Nr. 2 vom 15. 1. 1962, S. 32 und 36. Zur Elektrizität s. Hauptgruppe 51, S. 41.
109 Richtlinie 66/162/EWG vom 28. Februar 1966, ABl. Nr. 42 vom 8. 3. 1966, S. 584. Aufgehoben durch Art. 11 Abs. 1 i.V.m. Anhang B Teil 1 der Richtlinie 1999/42/EG des Europäischen Parlaments und des Rates vom 7. Juni 1999 über ein Verfahren zur Anerkennung der Befähigungsnachweise für die unter die Liberalisierungs- und Übergangsrichtlinien fallenden Berufstätigkeiten in Ergänzung der allgemeinen Regelung zur Anerkennung der Befähigungsnachweise, ABl. Nr. L 201 vom 31. 7. 1999, S. 77.
110 KOM(85) 310 endg. vom 14. Juni 1985.
111 KOM(88) 238 endg. vom 2. Mai 1988.
112 S. XXII Gesamtbericht über die Tätigkeit der Europäischen Gemeinschaft 1988, S. 320 ff.
113 Am 26. Juni 1987 führte der Ausschuß für Wirtschaft, Mittelstand und Technologie des Landtages von Nordrhein-Westfalen eine öffentliche Anhörung zum Thema „Stromimporte in die Bundesrepublik Deutschland, insbesondere nach Nordrhein-Westfalen, und mögliche energiewirtschaftliche Konsequenzen“ durch, in der die Probleme außerordentlich kontrovers diskutiert wurden (s. Ausschußprotokoll 10/627 vom 26. 6. 1987).

schen Stromes verpflichtet sein sollten, wenn sie von jenseits der Grenze billigen französischen Atomstrom beziehen könnten. Und jenseits der Grenze fragte sich der französische Staatskonzern Electricité de France (EDF), warum es ihm im Binnenmarkt verwehrt sein sollte, potentielle Großkunden in Deutschland mit überschüssigem Strom zu beliefern. Mit einer formellen Beschwerde wurde die Kommission in Zugzwang gesetzt[114]. Doch auch die Bewahrer des status quo formierten sich: Sollte es EDF erlaubt sein, im Wege des **„Rosinenpickens“** lukrative Großkunden in Deutschland an sich zu binden, stehe die Erfüllung des Versorgungsauftrags durch die deutschen EVU in ihren Versorgungsgebieten insgesamt in Frage. Zur Erörterung dieser und weiterer Fragen beschloß die Kommission im September 1989, zwei **Beratende Ausschüsse** einzusetzen, die die Möglichkeit untersuchen sollten, bevorrechtigten Großkunden und Dritten allgemein Zugang zu den Stromleitungsnetzen der zwölf Mitgliedstaaten der EG zu gewähren. Der eine Beratende Ausschuß bestand aus Vertretern der Stromwirtschaft, d. h. der Verbände der Versorgungsunternehmen, Elektrizitätserzeuger, Netzgesellschaften, Verteilerfirmen, industriellen Großabnehmer, privaten Haushalte und anderer Kleinverbraucher und nannte sich „Professional Consultative Committee on Electricity (PCCE)“. Der andere Ausschuß für Elektrizität setzte sich zusammen aus Vertretern der zwölf Mitgliedstaaten und trug die Bezeichnung „Comité Consultatif Etats Membres Electricité (CCEME)“.

Im Mai 1991 machte die Kommission die „Berichte der Beratenden Ausschüsse über den Zugang Dritter zu Elektrizitätsnetzen“ bekannt[115] und legte wenige Monate danach ihren Vorschlag für eine Richtlinie betreffend gemeinsame Vorschriften für den Elektrizitätsbinnenmarkt vor[116]. Nach viereinhalbjähriger Beratungszeit wurde am 19. Dezember 1996 die **Richtlinie 96/92/EG des Europäischen Parlaments und des Rates betreffend gemeinsame Vorschriften für den Elektrizitätsbinnenmarkt** verabschiedet[117]. Das Regelungsziel der Richtlinie ist in ihrem Art. 1 umschrieben:

> „Mit dieser Richtlinie werden gemeinsame Vorschriften für die Elektrizitätserzeugung, -übertragung und -verteilung erlassen. Sie regelt ferner die Organisation und Funktionsweise des Elektrizitätssektors, den Marktzugang, die Kriterien und Verfahren für die Ausschreibungen und die Vergabe von Genehmigungen sowie den Betrieb der Netze.“

Die folgende Darstellung ihres wesentlichen Inhalts folgt den einzelnen Kapiteln der Richtlinie.

2. Organisation des Elektrizitätssektors

Nach Art. 3 der Richtlinie sind es zwei große **Leitprinzipien**, die die Organisation des Elektrizitätssektors bestimmen. Das erste, der **Wettbewerb** auf dem Elektrizitätsmarkt ist neu; das zweite, die **Erfüllung gemeinwirtschaftlicher Verpflichtungen**

---

114 Beschwerde P/88/208 (s. auch Dok. SEK(89) 16, Dok. SEK(89) 159).
115 Dok. CCEME (91) 1 endg. vom 28. 2. 1991 und Schlußbericht PCCE.
116 S. ABl. Nr. C 65 vom 14. 3. 1992, S. 4 und ABl. Nr. C 123 vom 4. 5. 1994, S. 1.
117 ABl. Nr. L 27 vom 30. 1. 1997, S. 20.

durch die Elektrizitätsunternehmen (Sicherheit der Anlagen, Versorgungssicherheit, Regelmäßigkeit, Qualität und Preiswürdigkeit der Lieferungen) ist alt. Beide Leitprinzipien können in Widerspruch zueinander treten, wobei etwaige Konflikte in Übereinstimmung mit Art. 86 (ex-Art. 90) EGV aufzulösen sind. Zum ersten Prinzip bestimmt Art. 3 Abs. 1, daß Elektrizitätsunternehmen „im Hinblick auf die Errichtung eines wettbewerbsorientierten Elektrizitätsmarkts betrieben werden", der u. a. durch **gleiche Behandlung** aller Unternehmen und eine Marktöffnung qua **Zugang zugelassener Kunden zu den Netzen** geprägt ist. Zum zweiten Prinzip behält Art. 3 Abs. 2 den Mitgliedstaaten vor, den Elektrizitätsunternehmen gemeinwirtschaftliche Verpflichtungen aufzuerlegen, sofern diese „klar definiert, transparent, nichtdiskriminierend und überprüfbar" sind. Das erste Prinzip versteht sich als solches der Gemeinschaft[118], das zweite als das der Mitgliedstaaten[119].

3. Erzeugung

Für den Bau neuer Erzeugungsanlagen können die Mitgliedstaaten nach Art. 4 der Richtlinie zwischen einem **Genehmigungsverfahren** und einem **Ausschreibungsverfahren** wählen, wobei bei beiden Verfahren objektive, transparente und nichtdiskriminierende Kriterien anzuwenden sind. Das erste Verfahren empfiehlt sich in Mitgliedstaaten, in denen der Elektrizitätssektor privatwirtschaftlich organisiert ist und die Initiative zur Schaffung neuer Kapazitäten von der Privatwirtschaft ausgeht[120]. Das zweite Verfahren bezieht sich auf Mitgliedstaaten, in denen der Elektrizitätssektor staatlich geplant und organisiert ist und Kapazitätserweiterungen von der öffentlichen Hand entschieden werden[121].

Im Falle des **Genehmigungsverfahrens** legen die Mitgliedstaaten nach Art. 5 Abs. 1 der Richtlinie die Kriterien für die Erteilung der Genehmigung zum Bau neuer Erzeugungsanlagen in ihrem Hoheitsgebiet fest, so im Hinblick auf:

> „a) Sicherheit und Sicherung der elektrischen Systeme, Anlagen und zugehörigen Ausrüstungen;
> b) Umweltschutz;
> c) Flächennutzung und Standortwahl;
> d) Gebrauch von öffentlichem Grund und Boden;
> e) Energieeffizienz;
> f) Art der Primärenergieträger;
> g) spezifische Merkmale des Antragstellers, wie technische, wirtschaftliche und finanzielle Leistungsfähigkeit."

Die Kriterien und Verfahren sind zu veröffentlichen (Art. 5 Abs. 2), und die Ergebnisse den Antragstellern mitzuteilen (Art. 5 Abs. 3).

---

118 S. Art. 3 Abs. 3 Satz 2 der Richtlinie: „zu den Interessen der Gemeinschaft gehört insbesondere der Wettbewerb um zugelassene Kunden ...".
119 S. Art. 3 Abs. 2 Satz 1 der Richtlinie: „Die Mitgliedstaaten können ... den Elektrizitätsunternehmen ... Verpflichtungen ... auferlegen".
120 Wie z. B. in Deutschland.
121 Wie z. B. in Frankreich.

Im Falle des **Ausschreibungsverfahrens**[122] haben die Mitgliedstaaten zunächst eine Behörde, eine öffentliche Stelle oder eine von der Erzeugung, Übertragung und Verteilung von Elektrizität unabhängige private Stelle zu benennen, die für die Durchführung, Überwachung und Kontrolle des Ausschreibungsverfahrens zuständig ist (Art. 6 Abs. 5).

Die eigentliche Ausschreibung beruht sodann auf einer „Vorausschau über die Erzeugungs- und Übertragungskapazitäten, die an das Netz angeschlossen werden können, den Bedarf an Verbindungen mit anderen Netzen, die Übertragungspotentiale und die Elektrizitätsnachfrage“ (Art. 6 Abs. 2), auf deren Grundlage der Mitgliedstaat oder die o. a. zuständige Stelle das „Inventar der neuen Produktionsanlagen, einschließlich der Ersatzkapazitäten“ erstellen (Art. 6 Abs. 1). Die erforderlichen Kapazitäten werden im Wege einer Ausschreibung vergeben, deren Einzelheiten in einem Lastenheft bekanntzugeben sind. Das Lastenheft enthält eine genaue Beschreibung der Spezifikationen des Auftrags und des von den Bietern einzuhaltenden Verfahrens sowie eine vollständige Liste der Kriterien für die Auswahl der Bewerber und die Auftragsvergabe (Art. 6 Abs. 3).

4. Betrieb des Übertragungsnetzes

Wie sich schon aus ihrem Art. 1 ergibt, beruht das System der Richtlinie auf einer konzeptuellen **Trennung der drei Hauptfunktionen** des Elektrizitätssektors, nämlich der **Erzeugung**[123], der **Übertragung**[124] und der **Verteilung**[125] von Elektrizität. In diesem Sinne bestimmt Art. 7 Abs. 6 im Hinblick auf die Übertragungsnetze: „Wenn das Übertragungssystem nicht ohnehin unabhängig von der Erzeugung und der Verteilung ist, muß der Netzbetreiber zumindest auf Verwaltungsebene unabhängig von den übrigen Tätigkeiten sein, die nicht mit dem Übertragungssystem zusammenhängen“.

Die Funktion der Übertragung steht zwischen der Funktion Erzeugung und der Funktion Verteilung. Ihre Aufgabe ist es, das **Angebot** der Erzeuger und die **Nachfrage** der Verteiler bzw. der Verbraucher in jedem Moment einander gegenüberzustellen und durch Zuschaltungen bzw. Abschaltungen von Kapazitäten zeitgleich miteinander in Einklang zu bringen. Art. 8 Abs. 1 bestimmt hierzu: „Der Betreiber des Übertragungsnetzes ist verantwortlich für die Inanspruchnahme der Erzeugungsanlagen in seinem Gebiet und für die Nutzung der Verbindungsleitungen[126] mit den anderen

---

122 Art. 2 Ziffer 20 definiert das Ausschreibungsverfahren als das Verfahren, durch das ein geplanter zusätzlicher Bedarf und geplante Ersatzkapazitäten durch Lieferungen aus neuen oder bestehenden Erzeugungsanlagen abgedeckt werden.

123 Art. 2 Ziffer 1 der Richtlinie definiert Erzeugung als die Produktion von Elektrizität.

124 Art. 2 Ziffer 5 der Richtlinie definiert Übertragung als den Transport von Elektrizität über ein Hochspannungsverbundnetz zum Zwecke der Stromversorgung von Endverbrauchern oder Verteilern.

125 Art. 2 Ziffer 6 der Richtlinie definiert Verteilung als den Transport von Elektrizität mit mittlerer oder niedriger Spannung über Verteilernetze zum Zwecke der Stromversorgung von Kunden.

126 Art. 2 Ziffer 10 der Richtlinie definiert Verbindungsleitungen als Anlagen, die zur Verbundschaltung von Elektrizitätsnetzen dienen.

Netzen". Eine wichtige Frage ist hierbei, nach welchen **Kriterien** die Einspeisung aus den Produktionsanlagen vorgenommen wird. Hierzu macht die Richtlinie im wesentlichen drei Vorgaben:

- Der **wirtschaftliche Vorrang**[127] von Strom aus verfügbaren Erzeugungsanlagen oder aus dem Transfer aus Verbindungsleitungen sowie die sich für das Netz ergebenden technischen Beschränkungen sind zu berücksichtigen (Art. 8 Abs. 2).
- Der Mitgliedstaat kann dem Betreiber des Übertragungsnetzes zur Auflage machen, daß er bei der Inanspruchnahme von Erzeugungsanlagen solchen den **Vorrang** gibt, in denen **erneuerbare Energieträger** oder Abfälle eingesetzt werden oder die nach dem Prinzip der **Kraft-Wärme-Koppelung** arbeiten (Art. 8 Abs. 3).
- Ein Mitgliedstaat kann aus Gründen der Versorgungssicherheit Anweisung geben, daß Elektrizität bis zu einer Menge, die 15 % der in einem Kalenderjahr zur Deckung des gesamten Elektrizitätsverbrauchs des betreffenden Mitgliedstaats notwendigen Energie nicht überschreitet, vorrangig aus Erzeugungsanlagen abgerufen wird, die **einheimische Primärenergieträger als Brennstoffe** einsetzen (Art. 8 Abs. 4).

In Art. 7 regelt die Richtlinie die klassischen **Pflichten** der Betreiber der Übertragungsnetze, die sich auf folgende Aufgaben beziehen:

- den Betrieb, die Wartung sowie ggfs. den Ausbau des Übertragungsnetzes in einem bestimmten Gebiet, einschließlich der Verbindungsleitungen mit anderen Netzen,
- die Gewährleistung der Versorgungssicherheit,
- die Regelung der Energieübertragung durch das Netz unter Berücksichtigung des Austauschs mit anderen Verbundnetzen[128],
- die Bereitstellung aller Hilfsdienste[129] zur Gewährleistung eines sicheren, zuverlässigen und leistungsfähigen Elektrizitätsnetzes,
- die Unterrichtung der Betreiber verbundener Netze, um den sicheren und leistungsfähigen Betrieb, den koordinierten Ausbau und die Interoperabilität des Verbundsystems sicherzustellen,
- das Verbot jeglicher Diskriminierung gegenüber den Netzbenutzern[130] oder den Kategorien von Netzbenutzern, insbesondere zugunsten seiner Tochterunternehmen oder Aktionäre.

Die Mitgliedstaaten sind ihrerseits verpflichtet und berechtigt, für einen Zeitrahmen, den sie unter Berücksichtigung des wirtschaftlichen Gleichgewichts festlegen, die Betreiber der Übertragungsnetze zu benennen (Art. 7 Abs. 1) und dafür Sorge zu tragen, daß für den Anschluß an das Netz von Erzeugungsanlagen, Verteilernetzen,

---

127 Art. 2 Ziffer 13 der Richtlinie definiert wirtschaftlichen Vorrang als die Rangfolge der Elektrizitätsversorgungsquellen nach wirtschaftlichen Gesichtspunkten.

128 Art. 2 Ziffer 11 der Richtlinie definiert Verbundnetz als eine Anzahl von Übertragungs- und Verteilernetzen, die durch eine oder mehrere Verbindungsleitungen miteinander verbunden sind.

129 Art. 2 Ziffer 14 der Richtlinie definiert Hilfsdienste als alle Dienstleistungen, die zum Betrieb eines Übertragungs- oder Verteilernetzes erforderlich sind.

130 Art. 2 Ziffer 15 der Richtlinie definiert Netzbenutzer als jede natürliche oder juristische Person, die Elektrizität in ein Übertragungs- oder Verteilernetz einspeist oder daraus versorgt wird.

Anlagen direkt angeschlossener Kunden, Verbindungsleitungen und Direktleitungen[131] technische **Vorschriften mit Mindestanforderungen** betreffend Auslegung und Betrieb ausgearbeitet und veröffentlicht werden. Diese Anforderungen müssen die Interoperabilität der Netze sicherstellen und objektiv und nichtdiskriminierend sein[132] (Art. 7 Abs. 2).

5. Betrieb des Verteilernetzes

Art. 2 Ziffer 6 der Richtlinie definiert die Verteilung von Strom als den Transport von Elektrizität mit mittlerer oder niedriger Spannung über Verteilernetze zum Zwecke der Stromversorgung von Kunden. Unter Kunden versteht die Richtlinie nach Art. 2 Ziffer 7 Großhändler[133] oder Endverbraucher[134] von Elektrizität sowie (andere) Verteilerunternehmen.

Nach Art. 10 Abs. 1 der Richtlinie können die Mitgliedstaaten den Verteilerunternehmen die Verpflichtung auferlegen, Kunden in einem bestimmten Gebiet zu beliefern. Der Tarif für diese Lieferungen kann festgelegt werden, z. B. um die Gleichbehandlung der Kunden zu gewährleisten. Die Mitgliedstaaten benennen die Netzbetreiber direkt oder indirekt und können ihnen zur Auflage machen, bei der Inanspruchnahme von Erzeugungsanlagen solchen den Vorrang zu geben, in denen erneuerbare Energieträger oder Abfälle eingesetzt werden oder die nach dem Prinzip der Kraft-Wärme-Koppelung arbeiten (Art. 11 Abs. 3).

Die Pflichten der Netzbetreiber umfassen

- den Betrieb, die Wartung sowie gegebenenfalls den Ausbau des Verteilersystems in einem bestimmten Gebiet und der Verbindungsleitungen mit anderen Netzen,
- den Unterhalt eines sicheren, zuverlässigen und leistungsfähigen Stromverteilernetzes im Versorgungsgebiet unter Beachtung des Umweltschutzes.

6. Entflechtung und Transparenz der Buchführung

Im Hinblick auf die Herstellung des Wettbewerbs im Elektrizitätsbinnenmarkt trifft Art. 14 Abs. 3 der Richtlinie für **integrierte Elektrizitätsunternehmen**[135] folgende Regelung:

---

131 Art. 2 Ziffer 12 der Richtlinie definiert Direktleitungen als eine zusätzlich zum Verbundnetz errichtete Leitung.

132 Die Anforderungen sind der Kommission mitzuteilen.

133 Art. 2 Ziffer 8 der Richtlinie definiert Großhändler als alle natürlichen und juristischen Personen – soweit ihre Existenz von den Mitgliedstaaten anerkannt wird – die Elektrizität kaufen oder verkaufen, ohne innerhalb oder außerhalb des Netzes, in dem sie eingerichtet sind, Elektrizität zu übertragen, zu erzeugen oder zu verteilen.

134 Art. 2 Ziffer 9 der Richtlinie definiert Endverbraucher als einen Verbraucher, der Elektrizität für den Eigenverbrauch kauft.

135 S. hierzu die Definitionen in Art. 2 Ziffern 17 bis 19 der Richtlinie: „integriertes Elektrizitätsunternehmen“: ein vertikal oder horizontal integriertes Elektrizitätsunternehmen; „vertikal integriertes Elektrizitätsunternehmen“: ein Elektrizitätsunternehmen, das mindestens zwei der folgenden Funktionen wahrnimmt: Erzeugung, Übertragung oder Verteilung von Elektrizität;

„Zur Vermeidung von Diskriminierungen, Quersubventionen und Wettbewerbsverzerrungen führen integrierte Elektrizitätsunternehmen in ihrer internen Buchführung getrennte Konten für ihre Erzeugungs-, Übertragungs- und Verteilungsaktivitäten sowie gegebenenfalls konsolidierte Konten für ihre sonstigen Aktivitäten außerhalb des Elektrizitätsbereichs in derselben Weise, wie sie dies tun müßten, wenn die betreffenden Tätigkeiten von separaten Firmen ausgeführt würden. Sie nehmen für jede Aktivität eine Bilanz sowie eine Ergebnisrechnung in den Anhang ihres Jahresabschlusses auf."

Diese buchhalterische Entflechtung (**„unbundling"**) wird begleitet von weiteren Bestimmungen über den Jahresabschluß (Art. 14 Abs. 2, 4 und 5)[136].

7. Organisation des Netzzugangs

Als wichtigstes Mittel zur „Verwirklichung eines wettbewerbsorientierten und wettbewerbsfähigen Marktes"[137] sieht die Richtlinie in den Art. 16 bis 22 eine schrittweise **Öffnung des Elektrizitätsmarktes durch den Zugang sog. zugelassener Kunden** zu den Netzen vor[138]. Um den strukturellen Unterschieden der nationalen Elektrizitätssektoren Rechnung zu tragen, bietet die Richtlinie für die Erweiterung des Netzzugangs in den Art. 17 und 18 zwei Systeme an, zwischen denen die Mitgliedstaaten nach Maßgabe des Art. 16 wählen können, nämlich den **Netzzugang auf Vertragsbasis** und das **Alleinabnehmersystem**.

Im Falle des **Netzzugangs auf Vertragsbasis** schließen die Elektrizitätserzeuger[139] und die zugelassenen Kunden untereinander direkte Lieferverträge auf der Grundlage freiwilliger kommerzieller Vereinbarungen ab (Art. 17 Abs. 1). Soweit die Vertragsparteien zur **Durchleitung** des verkauften Stroms Übertragungs- und/oder Verteilungsnetze in Anspruch nehmen müssen, haben sie mit den jeweiligen Netzbetreibern die Bedingungen des Netzzugangs auszuhandeln (Art. 17 Abs. 2)[140]. Hierbei stehen zwei Fragen im Vordergrund: zum einen der **Preis** für die Benutzung des Netzes und zum zweiten die Verfügbarkeit der für die Durchleitung erforderlichen **Kapazität des**

„horizontal integriertes Elektrizitätsunternehmen": ein Elektrizitätsunternehmen, das von den Funktionen kommerzielle Erzeugung, Übertragung oder Verteilung von Elektrizität mindestens eine wahrnimmt und das außerdem eine weitere Tätigkeit außerhalb des Elektrizitätsbereichs ausübt.

136 S. hierzu *Ulrich Scholz, Dirk Strohe*, Unbundling – aktueller Rechtsrahmen und neuer Richtlinienentwurf der Kommission, et 2003, S. 80, *Harald Hohmann*, Geregelter Netzzugang und Unbundling: notwendig und verhältnismäßig, et 2002, S. 337.

137 S. den 9. Erwägungsgrund der Richtlinie.

138 Zum „Umsteigen" auf einen anderen Versorger aus der Sicht des Kunden s. *Reinhard Schanda*, Stromeinkauf im liberalisierten Markt aus Kundensicht, ÖZW 2002/1, S. 8; *Thomas Rabl, Viktor Thurnher*, Energielieferverträge neu, Wien 2001 sowie *Tobias Ohler*, Auswirkungen des Wechselverhaltens privater Haushalte auf die Marktstruktur im liberalisierten Stromvertrieb, Essen 2003.

139 Soweit die Mitgliedstaaten es zulassen, kann auch Elektrizitätsversorgungsunternehmen das Recht eines direkten Vertragsabschlusses eingeräumt werden.

140 S. hierzu *Bernhard Johannes Seeger*, Die Durchleitung elektrischer Energie nach neuem Recht, Baden-Baden 2002; *Ulrich Büdenbender*, Die Kontrolle von Durchleitungsentgelten in der leitungsgebundenen Energiewirtschaft, ZIP 2000, S. 2225; *Nicole Denise Rademacher*, Liberalisierung der Energiemärkte in der EU – Durchleitungsproblematik, Aachen 2003.

Netzes. Die Preise sind von den Netzbetreibern periodisch zu veröffentlichen (Art. 17 Abs. 3); bei Kapazitätsengpässen kann der Zugang verweigert werden (Art. 17 Abs. 5). Wollen die Mitgliedstaaten die Preisbildung nicht dem Markt überlassen, können sie sich für ein **staatliches geregeltes Netzzugangssystem** entscheiden, durch das den zugelassenen Kunden auf der Grundlage veröffentlichter Tarife für die Nutzung des Übertragungs- und Verteilersystems ein Netzzugangsrecht gewährt wird (Art. 17 Abs. 4).

Während im Falle des Netzzugangs auf Vertragsbasis das Liefergeschäft unmittelbar zwischen dem Elektrizitätserzeuger und dem zugelassenen Kunden abgeschlossen und erfüllt wird, tritt beim **Alleinabnehmersystem** der **Alleinabnehmer**[141] (Single Buyer, acheteur unique) zwischen den Elektrizitätserzeuger und den zugelassenen Kunden: der Alleinabnehmer, der i.d.R. das Energieversorgungsunternehmen bzw. der Netzbetreiber im Versorgungsgebiet des zugelassenen Kunden ist, „kann verpflichtet werden, die Strommengen, die Gegenstand eines Vertrags zwischen einem zugelassenen Kunden und einem Erzeuger innerhalb oder außerhalb des von dem System abgedeckten Gebiets sind ... abzunehmen" (Art. 18 Abs. 2). Diese Abnahme der vertraglichen Strommenge erfolgt zugunsten des zugelassenen Kunden, der sie dann seinerseits vom Alleinabnehmer bezieht. Wie im Falle des Netzzugangs auf Vertragsbasis sind die jeweiligen Versorgungsgeschäfte von den zugelassenen Kunden anzubahnen, die zur Deckung ihres Eigenbedarfs Lieferverträge mit Elektrizitätserzeugern und, soweit die Mitgliedstaaten solche Unternehmen zulassen, mit Elektrizitätsversorgungsunternehmen **außerhalb** des vom System abgedeckten Gebiets (Art. 18 Abs. 1 lit. ii)) sowie mit Erzeugern **innerhalb** dieses Gebiets (Art. 18 Abs. 1 lit. iii)) schließen können.

Wie im Falle des Netzzugangs auf Vertragsbasis kann der Alleinabnehmer „den Netzzugang verweigern und die Abnahme der Elektrizität von den (besser: für die) zugelassenen Kunden ablehnen, wenn er nicht über die notwendige Übertragungs- oder Verteilungskapazität verfügt" (Art. 18 Abs. 4). Verfügt er über die erforderlichen Kapazitäten, so stellt sich die Frage der **Preisgestaltung** in den jeweiligen Rechtsbeziehungen. Der **Preis für die Stromlieferung** wird im Verhältnis zwischen dem zugelassenen Kunden und dem Erzeuger frei ausgehandelt. Dieser Verkaufspreis ist auch für den Alleinabnehmer verbindlich, der ihn bei der Abnahme des Stroms an den Erzeuger zu entrichten hat abzüglich des **Preises für die Durchleitung** gemäß Tarif, d. h. des Tarifs für die Nutzung des Übertragungs- und Verteilersystems (Art. 18 Abs. 2 i. V. m. Art. 18 Abs. 1 lit. i)).

Nach dem System der Richtlinie soll die **Öffnung** der nationalen Elektrizitätsmärkte schrittweise insbesondere durch eine fortschreitende Erweiterung des Kreises der zugelassenen Kunden erfolgen. Der hierfür vorgesehene Zeitrahmen begann mit dem Inkrafttreten der Richtlinie am 19. Februar 1997 (Art. 28) und erstreckt sich zunächst

141 Art. 2 Ziffer 22 der Richtlinie definiert Alleinabnehmer als eine juristische Person, die in dem System, in dem sie eingerichtet ist, für den einheitlichen Betrieb des Übertragungssystems und/oder die zentralisierte Abnahme und den zentralisierten Verkauf der Elektrizität verantwortlich ist. S. dazu *Uta Becker, Peter Rosin*, Das Single Buyer-System gemäß Energiewirtschaftsgesetz, et 2000, S. 385.

bis in das Jahr 2006, in welchem eine weitergehende Öffnungsregelung in Kraft treten könnte (Art. 26). Unbeschadet einer schnelleren Liberalisierung in einzelnen Mitgliedstaaten legt die Richtlinie in Art. 19 quantitative Ziele für eine progressive Mindestöffnung fest. Zuständig für die Öffnung der Elektrizitätsmärkte sind die Mitgliedstaaten (Art. 19 Abs. 1). Die Qualifikation als zugelassener Kunde ergibt sich aus dem individuellen Jahresverbrauch (je Verbrauchsstätte und einschließlich der Eigenerzeugung), der schrittweise abgesenkt wird (ab 19. 2. 1997: mehr als 40 GWh[142]; ab 19. 2. 2000: 20 GWh; ab 19. 2. 2003: 9 GWh[143]), wodurch sich der Kreis der zugelassenen Kunden vergrößert. Im einzelnen berechnete die Kommission für den Grad der Marktöffnung folgende durchschnittliche Gemeinschaftsquoten[144]: 1998: 25,37 %[145]; 1999: 26,48 %[146]; 2000: 30,27 %[147]; 2001: 30,20 %[148]; 2002: 29,56 %[149]; 2003: 34,53 %[150].

Soweit sich bei der Öffnung der Elektrizitätsmärkte **Ungleichgewichte** ergeben, gelten die Regelungen des Art. 19 Abs. 5, die der Kommission besondere Rechte zuweisen.

Regeln die Art. 17 und 18 den Netzzugang aus der Perspektive der zugelassenen Kunden, so ist Art. 20 der Richtlinie aus der Blickrichtung der **Erzeuger** verfaßt. Danach treffen die Mitgliedstaaten die erforderlichen Maßnahmen, damit

- unabhängige Erzeuger[151] und Eigenerzeuger[152] einen Zugang zum Netz aushandeln können, um ihre eigenen Betriebsstätten und Tochterunternehmen im selben oder in einem anderen Mitgliedstaat durch die Nutzung des Verbundsystems zu versorgen;
- Erzeuger außerhalb des Gebietes des Netzes einen Liefervertrag schließen können, der nach einer Ausschreibung für neue Erzeugungskapazitäten entstanden ist, und Zugang zum Netz haben, um diesen Vertrag zu erfüllen (Art. 20 Abs. 1).

---

142 S. Art. 19 Abs. 1 Unterabs. 2 der Richtlinie.
143 S. Art. 19 Abs. 2 Unterabs. 1 der Richtlinie.
144 Nach Art. 19 Abs. 1 Unterabs. 3 der Richtlinie wird die durchschnittliche Gemeinschaftsquote von der Kommission auf der Grundlage der Informationen berechnet, die die Mitgliedstaaten ihr regelmäßig übermitteln. Die Kommission veröffentlicht diese durchschnittliche Gemeinschaftsquote, die den Grad der Marktöffnung bestimmt, alljährlich vor dem Monat November im Amtsblatt der Europäischen Gemeinschaften zusammen mit allen zweckdienlichen Informationen zur Erläuterung ihrer Berechnung.
145 S. Mitteilung im ABl. Nr. C 330 vom 1. 11. 1997, S. 18.
146 S. Mitteilung im ABl. Nr. C 334 vom 31. 10. 1998, S. 16.
147 S. Mitteilung im ABl. Nr. C 330 vom 18. 11. 1999, S. 6.
148 S. Mitteilung im ABl. Nr. C 27 vom 27. 1. 2001, S. 62.
149 S. Mitteilung im ABl. Nr. C 15 vom 18. 1. 2002, S. 3.
150 S. Mitteilung im ABl. Nr. C 262 vom 29. 10. 2002, S. 13.
151 Art. 2 Ziffer 4 der Richtlinie definiert unabhängige Erzeuger als
a) einen Erzeuger, der weder Elektrizitätsübertragungs- noch verteilungsfunktionen im Gebiet des Netzes ausübt, in dem er eingerichtet ist;
b) in Mitgliedstaaten, in denen es keine vertikal integrierten Elektrizitätsunternehmen gibt und in denen ein Ausschreibungsverfahren angewendet wird, einen Erzeuger – entsprechend der Begriffsbestimmung des Buchstaben a) – für den der wirtschaftliche Vorrang des Verbundnetzes möglicherweise keine ausschließliche Geltung hat.
152 Art. 2 Ziffer 3 der Richtlinie definiert Eigenerzeuger als eine natürliche oder juristische Person, die Elektrizität im wesentlichen für den eigenen Verbrauch erzeugt.

Zur Lösung von Streitfällen ist eine **unabhängige Schiedsstelle** einzurichten (Art. 20 Abs. 3 und 4).

Der Wettbewerb der Stromerzeuger um zugelassene Kunden findet seine Grenze in der **Kapazität** der bestehenden Übertragungs- und Verteilernetze [153]. Zudem verfügen die Betreiber dieser Netze über **natürliche Monopole**, deren besondere Stellung die Regeln über den Netzzugang mit denen des Wettbewerbs in Einklang zu bringen versuchen [154]. Beide Probleme stellen sich nicht, wenn die Erzeuger ihre Kunden durch **Direktleitungen** versorgen können, die zusätzlich zu den bestehenden Übertragungs- und Verteilernetzen errichtet werden und von diesen unabhängig sind [155]. Art. 21 der Richtlinie sieht den Bau von derartigen Direktleitungen vor, wobei den Mitgliedstaaten ein Höchstmaß an Flexibilität eingeräumt wird.

Wie oben gesehen, ist es das Ziel der Richtlinie, den Erzeugern und Verbrauchern von Elektrizität durch **Zugangsrechte** neue Handlungsspielräume zu eröffnen [156]. Ob und inwieweit diese tatsächlich genutzt werden, hängt wesentlich vom Verhalten der Betreiber der Übertragungs- und Verteilernetze ab, denen die Richtlinie im wesentlichen **Pflichten** auferlegt, ohne konkrete **Sanktionen** für den Fall ihrer Nichtbefolgung vorzusehen. Wie schon im Falle der Transitrichtlinien sind die Rechtsfolgen von Rechtsverstößen daher anderen Vorschriften zu entnehmen. Nach Art. 22 der Richtlinie schaffen die Mitgliedstaaten „geeignete und wirksame Mechanismen für die Regulierung, die Kontrolle und die Sicherstellung von Transparenz, um den Mißbrauch von marktbeherrschenden Stellungen zum Nachteil insbesondere der Verbraucher und Verdrängungspraktiken zu verhindern". Diese Mechanismen haben den Bestimmungen des EG-Vertrags, im besonderen dessen Art. 82 (ex-Art. 86) Rechnung zu tragen.

8. Der Übergang zum offenen Markt – verlorene Kosten

Der Übergang von den weitgehend geschlossenen Elektrizitätsmärkten der Vergangenheit zum liberalen Markt der Richtlinie wird durch mehrere Bestimmungen erleichtert, die ihrerseits den Mitgliedstaaten ein erhebliches Maß an Flexibilität einräumen und dem experimentellen Charakter einer plötzlichen Änderung gewachsener Versorgungsstrukturen Rechnung tragen sollen. Am weitesten geht hierbei die **Schutzklausel** des Art. 23, der die Mitgliedstaaten ermächtigt, im Falle plötzlicher **Marktkrisen** im Energiesektor oder bei einer Gefährdung der Sicherheit von Personen, Geräten oder Anlagen oder der Unversehrtheit des Netzes vorübergehend die notwendigen Schutzmaßnahmen zu treffen [157]. **Übergangsregelungen** im eigentlichen

153 S. Art. 17 Abs. 5 und Art. 18 Abs. 4 der Richtlinie.

154 S. Art. 3 der Richtlinie.

155 Art. 2 Ziffer 12 der Richtlinie definiert Direktleitung als eine zusätzlich zum Verbundnetz errichtete Leitung.

156 S. auch Europäische Kommission, Mehr Auswahl durch Marktöffnung, Luxemburg 1999.

157 Diese Maßnahmen dürfen nur ein Mindestmaß an Störungen im Funktionieren des Binnenmarktes hervorrufen und nicht über das zur Behebung der plötzlich aufgetretenen Schwierigkeiten unbedingt erforderliche Maß hinausgehen (Art. 23 Abs. 2). Sie sind den anderen Mitgliedstaaten und der Kommission mitzuteilen. Die Kommission kann beschließen, daß der

Sinne konnten von den betroffenen Mitgliedstaaten nach Art. 24 der Richtlinie bei der Kommission beantragt werden[158]; **Ausnahmeregelungen** werden für kleine, isolierte Netze[159] sowie für Luxemburg zugelassen[160].

Von besonderer wirtschaftlicher Bedeutung für die betroffenen Unternehmen aber auch für Mitgliedstaaten, die Übergangsprobleme ihrer Unternehmen durch die Gewährung **staatlicher Beihilfen** zu lösen suchen, ist die **Übergangsregelung** des Art. 24. Hiernach können Mitgliedstaaten, in denen aufgrund der Bestimmungen der Richtlinie vor ihrem Inkrafttreten „auferlegte Verpflichtungen oder erteilte Betriebsgarantien möglicherweise nicht erfüllt werden", eine Übergangsregelung beantragen, „die ihnen von der Kommission unter anderem unter Berücksichtigung der Dimension des betreffenden Systems, des Verbundgrads des Systems und der Struktur seiner Elektrizitätsindustrie gewährt werden kann" (Art. 24 Abs. 1). Derartige Verpflichtungen oder Betriebsgarantien können sich aus langfristigen Abnahmeverträgen, nicht zu amortisierenden Investitionen oder Aufwendungen im Hinblick auf frustrierte Absatzgarantien ergeben und für Unternehmen zu sog. **verlorenen Kosten** (stranded costs) führen. Zur Deckung dieser Kosten können sich die Mitgliedstaaten veranlaßt sehen, stützende Maßnahmen zu ergreifen, die als staatliche Beihilfen zu qualifizieren sind.

In einer **Mitteilung über die Methode für die Analyse staatlicher Beihilfen in Verbindung mit verlorenen Kosten**[161] hat die Kommission eine Reihe von **Kriterien** für die Anerkennung verlorener Kosten aufgestellt:

- Es muß sich um Verpflichtungen oder Betriebsgarantien handeln, die vor dem 19. Februar 1997, dem Tag des Inkrafttretens der Richtlinie entstanden sind.
- Die Verpflichtungen oder Betriebsgarantien müssen aufgrund der Richtlinie zu wirtschaftlichen, insbesondere Wettbewerbsnachteilen führen.
- Die Verpflichtungen oder Betriebsgarantien müssen für die wirtschaftlichen Nachteile ursächlich sein. Als Indikatoren sind das Absinken der Elektrizitätspreise oder der Verlust von Marktanteilen zu berücksichtigen.

---

betreffende Mitgliedstaat diese Maßnahmen zu ändern oder aufzuheben hat, soweit sie den Wettbewerb verzerren und den Handel in einem Umfang beeinträchtigen, der dem gemeinsamen Interesse zuwiderläuft (Art. 23 Abs. 3).

158 S. die Entscheidungen 1999/791/EG bis 1999/798/EG vom 8. Juli 1999 über die Anträge des Vereinigten Königreichs, Frankreichs, Luxemburgs, Deutschlands, Österreichs, der Niederlande, Spaniens und Dänemarks auf Gewährung einer Übergangsregelung gemäß Artikel 24 der Richtlinie 96/92/EG, ABl. Nr. 319 vom 11. 12. 1999, S. 1, 6, 12, 18, 30, 34, 41 und 47.

159 Art. 2 Ziffer 23 der Richtlinie definiert kleines, isoliertes Netz als ein Netz mit einem Verbrauch von weniger als 2500 GWh im Jahr 1996, das bis zu einem Wert von weniger als 5 % seines Jahresverbrauchs mit anderen Netzen in Verbund geschaltet werden kann. S. dazu auch das Arbeitspapier der Kommission über kleine und sehr kleine Elektrizitätssysteme im Elektrizitätsbinnenmarkt (SEK(95) 0585) sowie dazu die Entschließung des Europäischen Parlaments im ABl. Nr. C 78 vom 18. 3. 1996, S. 14.

160 S. Art. 24 Abs. 3 der Richtlinie.

161 Annahme durch die Kommission am 26. Juli 2001. Erhältlich auf der Website der Generaldirektion Wettbewerb der Kommission unter folgender Internet-Adresse: http://europa.eu.int/comm/competitions/state_aid/legislation/aid 3.html electricity.

- Die Verpflichtungen oder Betriebsgarantien müssen unwiderruflich bzw. unkündbar sein.
- Die Höhe der verlorenen Kosten muß belegbar sein, darf keine Gewinnelemente enthalten und sich an der wirtschaftlich günstigsten Lösung ausrichten.

Vor diesem Hintergrund ist die Kommission mit mehreren Beihilfevorhaben befaßt gewesen, die u. a. die Niederlande[162], Spanien[163], Belgien[164] und Griechenland[165] betrafen[166].

Im Hinblick auf eine weitere Harmonisierung des Elektrizitätsmarktes **außerhalb** und **innerhalb** des Regelungsbereiches der Richtlinie und zur Information über den Stand der Liberalisierung sieht die Richtlinie in Art. 25[167] und 26[168] besondere **Berichtspflichten** für die Kommission vor. Im März 2001 legte die Kommission einen ersten **Vorschlag zur Änderung der Richtlinie**[169] sowie einen weiteren Vorschlag für eine Verordnung des Europäischen Parlaments und des Rates über die **Netzzugangsbedingungen für den grenzüberschreitenden Stromhandel**[170] vor. Mit ih-

---

162 S. Beihilfe zum Ausgleich für verlorene Investitionen im Stromversorgungsbereich, ABl. Nr. C 268 vom 22. 9. 2001, S. 6.

163 S. Beihilfe zur Förderung des Übergangs der spanischen Stromversorgung zu einem liberalisierten Markt, ABl. Nr. C 268 vom 22. 9. 2001, S. 7.

164 S. Staatliche Beihilfe – Belgien: Übergangsregelung für den Elektrizitätsmarkt, ABl. Nr. C 222 vom 18. 9. 2002, S. 2.

165 S. Staatliche Beihilfe-Griechenland: Kompensierung gestrandeter Kosten im Elektrizitätssektor, ABl. Nr. C 9 vom 15. 1. 2003, S. 6.

166 Nicht in diese Fallgruppe gehört die staatliche Beihilfe Frankreichs bzgl. von Vorteilen, die Electricité de France (EDF) durch die regelwidrige Schaffung von Rückstellungen in Höhe von 56,866 Mio FRF für die Erneuerung des französischen Stromversorgungsnetzes „Reseau d'alimentation générale" – RAG entstehen. S. Aufforderung zur Abgabe einer Stellungnahme gemäß Art. 88 Abs. 2 EGV, ABl. Nr. C 280 vom 16. 11. 2002, S. 8.

167 S. den ersten und zweiten Bericht an den Rat und an das Europäische Parlament über den Harmonisierungsbedarf – Richtlinie 96/92/EG betreffend gemeinsame Vorschriften für den Elektrizitätsbinnenmarkt, KOM(1998) 167 endg. vom 16.3.1998 und KOM(1999) 164 endg. vom 16. 4. 1999.

168 S. den Bericht der Kommission an den Rat und das Europäische Parlament über den Stand der Liberalisierung der Energiemärkte, KOM(1998) 212 endg. vom 7. 4. 1998, SEK(1999) 712 vom 10. 5. 1999. S. auch die Mitteilung über die jüngsten Fortschritte bei der Schaffung eines Elektrizitätsbinnenmarktes, KOM(2000) 297 endg. vom 16. 5. 2000 sowie die Mitteilung über die Vollendung des Energiebinnenmarktes, KOM(2001) 125 endg. vom 13. 3. 2001. S. zuletzt den umfangreichen und hervorragend dokumentierten Bericht „Implementing the Internal Energy Market", first benchmarking report, Luxembourg 2002.

169 Vorschlag für eine Richtlinie des Europäischen Parlaments und des Rates zur Änderung der Richtlinien 96/92/EG und 98/30/EG über gemeinsame Vorschriften für den Elektrizitätsbinnenmarkt und den Erdgasbinnenmarkt, KOM(2001) 125 endg. vom 13. 3. 2001. S. dazu auch *Stefanie Neveling/Christian Theobald*, Aktuelle Entwicklungen des europäischen Energiehandels: Die Vorschläge der EG-Kommission zur Anpassung der Strom- und Gasrichtlinien, EuZW 2002, S. 106. S. inzwischen den geänderten Vorschlag vom 7. 6. 2002, KOM(2002) 304 endg., sowie den Gemeinsamen Standpunkt (EG) Nr. 5/2003 vom 3. Februar 2003, ABl. Nr. C 50 E vom 4. 3. 2003, S. 15.

170 KOM(2001) 125 endg. vom 13. 3. 2001. S. auch ABl. Nr. C 240 E vom 28. 8. 2001, S. 72. S. inzwischen den geänderten Vorschlag vom 7.6.2002, KOM(2002) 304 endg., sowie den Gemeinsamen Standpunkt (EG) Nr. 4/2003 vom 3. Februar 2003, ABl. Nr. C 50 E vom 4. 3. 2003, S. 1.

rer Annahme im Sommer 2003 wurde der Binnenmarkt für Elektrizität, zumindest auf der Ebene der EG-Rechtsetzung, vollendet[171].

---

171 Zum tatsächlichen Stand der Öffnung s. die nachstehende Übersicht aus: European Commission, EU Energy and Transport in Figures, Statistical pocketbook 2002, p. 35:

Electricity Market Opening

	Market opening 2002	Full opening date	Unbundling transmission	Network access
Electricity directive	Min. 33 % by February 2003			
Belgium	52 %	2003/7	Legal	Regulated
Denmark	35 %	2003	Legal	Regulated
Germany	100 %	1999	Legal	Negotiated
Greece	34 %	n.a.	Legal/Mngmt	Regulated
Spain	55 %	2003	Ownership	Regulated
France	30 %	n.a.	Management	Regulated
Ireland	40 %	2005	Legal/Mngmnt	Regulated
Italy	45 %	n.a.	Ownsh./Legal	Regulated
Luxembourg	57 %	n.a.	Management	Regulated
Netherlands	63 %	2004	Ownership	Regulated
Austria	100 %	2001	Legal	Regulated
Portugal	45 %	2003	Legal	Regulated
Finland	100 %	1997	Ownership	Regulated
Sweden	100 %	1998	Ownership	Regulated
UK	100 %	1998	Ownership	Regulated

Der derzeit letzte Stand ist wiedergegeben im Arbeitsdokument der Kommissionsdienststellen: Zweiter Benchmarkingbericht über die Vollendung des Elektrizitäts- und Erdgasbinnenmarktes (aktualisierter Bericht unter Einbeziehung der Beitrittsländer), SEK (2003) 448 vom 7. 4. 2003.
In **Deutschland** wurde zur Umsetzung der Richtlinie 96/92/EG das Gesetz zur Neuregelung des Energiewirtschaftsrechts (BGBl. 1998 I S. 730) erlassen, das durch das „Erste Gesetz zur Änderung des Gesetzes zur Neuregelung des Energiewirtschaftsrechts“ (BGBl. 2003 I S. 686) geändert wurde. S. dazu *Gunther Kühne, Christian Brodowski*, Die Reform des Energiewirtschaftsrechts nach der Novelle 2003, NVwZ 2003, S. 769.
Zur spezifischen Situation in **anderen Mitgliedstaaten** s. Bericht: **Österreich**: Liberalisierung geschafft, Wettbewerb nicht?, et 2003, S. 398; *Franz Lamprecht*, Erste Erfahrungen mit der vollen Strommarktöffnung in Österreich, et 2002, S. 418; *Reinhard Haas*, Regulierung und Liberalisierung der Elektrizitätswirtschaft in Österreich: Eine kritische Analyse, ZfE 2002, S. 117; *S. Lausegger*, Die Öffnung des österreichischen Elektrizitätsmarktes – Das Energieliberalisierungsgesetz 2000, RdE 2001, S. 219; *Henri Courivand*, Aktuelle Tendenzen der Strommarktregulierung in **Frankreich**, RdE 2002, S. 205; *Johann-Christian Pielow*, Liberalisierung „light“: Zur Reform der französischen Energiewirtschaft, RIW 2001, S. 351; *Graham Shuttleworth, Enese Lieb-Doczy*, Der **britische** Elektrizitätsmarkt: ein besserer Weg?, et 2002, S. 496; *Gerhard W. Volz*, Aktueller Stand der Liberalisierung des **spanischen** Strommarktes, EuZW 2000, S. 225. Zur **Schweizer** Perspektive s. *Egbert F. J. Wilms*, Schweizer Strommarkt im Umbruch – Kritische Betrachtungen, Chur, Zürich 2001; *Eduard Kiener*, Schweizerische Energiewirtschaft- und politik, et 2002, S. 248; *Stephan Vaterlaus, Jörg Wild*, Die schweizerische Elektrizitätswirtschaft vor der Marktöffnung, ZfE 2001, S. 189; *Kurt Bobst, Philipp Elkuch*, Der Schweizer Strommarkt nach dem EMG-Nein, et 2002, S. 783. S. weiterhin *Guiseppe Tesauro*, Market Power in Electricity Markets: Regulation, Deregulation and Competition – Lessons from the **Italian** Experience and other European and U.S. Case Studies, Fordham International Law Journal 2002, Vol. 25, p. 946; *Erik Dugstad, Kjell Roland*, Testing Times: The Future of the **Scandinavian** Electricity Industry, ZfE 2003, S. 79.

9. Die Vollendung des Binnenmarktes

Mit der **Richtlinie 2003/54/EG des Europäischen Parlaments und des Rates vom 26. Juni 2003 über gemeinsame Vorschriften für den Elektrizitätsbinnenmarkt** und zur Aufhebung der Richtlinie 96/92/EG[172] wurde die letztgenannte Richtlinie auf der Grundlage der zwischenzeitlich gewonnenen Erfahrungen und eingetretenen Entwicklungen neu gefaßt. Während die Struktur und Ziele der Richtlinie 96/92/EG im wesentlichen erhalten blieben, wurden in wichtigen Einzelheiten Änderungen vorgenommen und Neuerungen eingeführt.

Als Ausgangsbefund stellt der zweite Erwägungsgrund der neuen Richtlinie „schwerwiegende Mängel und weitreichende Möglichkeiten zur Verbesserung der Funktionsweise der Märkte" fest. Insbesondere seien konkrete Maßnahmen erforderlich, „um gleiche Ausgangsbedingungen bei der Elektrizitätserzeugung sicherzustellen und die Gefahr einer Marktbeherrschung und von Verdrängungspraktiken zu verringern". Als weitere Erfordernisse gelten die „Sicherstellung nichtdiskriminierender Übertragungs- und Verteilungstarife durch einen Netzzugang auf der Grundlage von Tarifen, die vor ihrem Inkrafttreten veröffentlicht werden", die „Sicherstellung des Schutzes der Rechte kleiner und benachteiligter Kunden" sowie die „Offenlegung der Informationen über die bei der Elektrizitätserzeugung eingesetzten Energieträger".

Legislatives Kernstück der neuen Richtlinie ist die obligatorische Einrichtung von **Regulierungsbehörden** für den Elektrizitätsbinnenmarkt in jedem Mitgliedstaat (Art. 23)[173]. Ihnen obliegt es, für Nichtdiskriminierung, echten Wettbewerb und ein

---

Zur **Auslegung** der Richtlinie 96/92/EG s. die Vorabentscheidungsersuchen in den Rechtssachen C-17/03, C-128/03 und C-129/03, ABl. Nr. C 70 vom 22. 3. 2003, S. 6 sowie ABl. Nr. C 124 vom 24. 5. 2003, S. 9.

172 ABl. Nr. L 176 vom 15. 7. 2003, S. 37.

173 Diese Verpflichtung ist besonders für Deutschland von Bedeutung, das eine derartige Behörde zu schaffen hat. S. zur Lage in den Mitgliedstaaten die folgende Übersicht:

Electricity Market Opening

	Market opening 2002	Full opening date	Network access
Electricity directive	Min. 33 % by February 2003		
Belgium	52 %	2003/7	Regulated
Denmark	35 %	2003	Regulated
Germany	100 %	1999	Negotiated
Greece	34 %	n.a.	Regulated
Spain	55 %	2003	Regulated
France	30 %	n.a.	Regulated
Ireland	40 %	2005	Regulated
Italy	45 %	n.a.	Regulated
Luxembourg	57 %	n.a.	Regulated
Netherlands	63 %	2004	Regulated
Austria	100 %	2001	Regulated

effizientes Funktionieren des Marktes zu sorgen[174], indem sie Monitoringaufgaben wahrnehmen[175], die Bedingungen für den Anschluß an und den Zugang zu den nationalen Netzen, einschließlich der Tarife für die Übertragung und die Verteilung, festlegen bzw. genehmigen[176] sowie diese – soweit erforderlich – ändern, als Streitbeilegungsstelle wirken[177] und ggfs. im Rahmen einer europäischen Gruppe der Regulierungsbehörden beratend und koordinierend tätig werden[178].

Zum Schutze von „Haushalts-Kunden" und „Kleinunternehmen" auf der Verbraucherseite[179], aber auch zugunsten von kleinen „integrierten Elektrizitätsunternehmen" auf der Verteilerseite[180], sieht die Richtlinie Sonderregelungen vor, im besonderen, um verstärkt die **Erfüllung gemeinwirtschaftlicher Verpflichtungen** zu ermöglichen[181]. Im Gegenzug schreibt die Richtlinie die **vollständige Öffnung der Elektrizitätsmärkte** für „alle Kunden" schon ab dem **1. Juli 2007** vor[182], einschließlich der Möglichkeit ihrer grenzüberschreitenden Versorgung aus dem Netz eines anderen Mitgliedstaates[183].

Als weitere Neuerung ist eine stärkere **Unterrichtung der Verbraucher** vorgesehen, indem die Mitgliedstaaten sicherstellen, daß Elektrizitätsversorgungsunternehmen auf oder als Anlage zu ihren Rechnungen und in an Endkunden gerichtetem Werbematerial folgendes angeben:

a) den Anteil der einzelnen Energiequellen am Gesamtenergieträgermix, den der Lieferant im vorangegangenen Jahr verwendet hat;
b) zumindest Verweise auf bestehende Informationsquellen, wie Internetseiten, bei denen Informationen über die Umweltauswirkungen – zumindest in Bezug auf

Fortsetzung

Electricity Market Opening

	Market opening 2002	Full opening date	Network access
Electricity directive	Min. 33 % by February 2003		
Portugal	45 %	2003	Regulated
Finland	100 %	1997	Regulated
Sweden	100 %	1998	Regulated
UK	100 %	1998	Regulated

Quelle: European Commission, EU Energy and Transport in Figures, Statistical pocketbook 2002, Luxembourg 2002, p. 35.

174 S. Art. 23 Abs. 1 und den 15. Erwägungsgrund der Richtlinie.
175 S. Art. 4 (Monitoring der Versorgungssicherheit) und Art. 23 Abs. 1 der Richtlinie.
176 S. Art. 23 Abs. 2, 3 und 4 sowie den 15. und 18. Erwägungsgrund der Richtlinie.
177 S. Art. 23 Abs. 5 der Richtlinie.
178 S. den 16. Erwägungsgrund der Richtlinie.
179 S. Art. 3 Abs. 3 und den 19. und 24. Erwägungsgrund der Richtlinie.
180 S. Art. 15 Abs. 2 in fine der Richtlinie sowie den 11. Erwägungsgrund der Richtlinie.
181 S. Art. 3 sowie den 24. und 26. Erwägungsgrund der Richtlinie.
182 S. Art. 21 Abs. 1 lit. c) der Richtlinie.
183 S. Art. 21 Abs. 2 und den 14. Erwägungsgrund der Richtlinie.

CO_2-Emissionen und radioaktiven Abfall aus der durch den Gesamtenergieträgermix des Lieferanten im vorangegangenen Jahr erzeugten Elektrizität – öffentlich zur Verfügung stehen[184].

In Anbetracht der zunehmenden Vernetzung der Gemeinschaft mit Drittländern auf dem Energiesektor führt die Richtlinie weiterhin erstmals eine **Überwachung von Elektrizitätseinfuhren aus Drittländern** ein[185]. Im Innern haben die Mitgliedstaaten für ein „Monitoring der Versorgungssicherheit" zu sorgen, das „insbesondere das Verhältnis zwischen Angebot und Nachfrage auf dem heimischen Markt, die erwartete Nachfrageentwicklung, die in der Planung und im Bau befindlichen zusätzlichen Kapazitäten, die Qualität und den Umfang der Netzwartung sowie Maßnahmen zur Bedienung von Nachfragespitzen und zur Bewältigung von Ausfällen eines oder mehrerer Versorger" betrifft[186].

Über die Entflechtung der Rechnungslegung hinaus[187] schreibt die Richtlinie in Art. 10 und 15 zusätzlich eine **Entflechtung** von **Übertragungsnetzbetreibern** und von **Verteilernetzbetreibern** vor[188]. Gehört ein solcher Netzbetreiber zu einem vertikal integrierten Unternehmen, so muß er zumindest hinsichtlich seiner Rechtsform, Organisation und Entscheidungsgewalt unabhängig von den übrigen Tätigkeitsbereichen sein, die nicht mit der Übertragung bzw. der Verteilung zusammenhängen. So dürfen in einem integrierten Elektrizitätsunternehmen die für die Leitung des Übertragungsnetzbetriebes bzw. Verteilernetzbetreibers zuständigen Personen nicht betrieblichen Einrichtungen des integrierten Elektrizitätsunternehmens angehören, die direkt oder indirekt für den laufenden Betrieb in den jeweils anderen Funktionsbereichen zuständig sind, und es sind geeignete Maßnahmen zu treffen, damit die berufsbedingten Interessen der für die Leitung des Übertragungsnetzbetreibers bzw. Verteilernetzbetreibers zuständigen Personen so berücksichtigt werden, daß ihre **Handlungsunabhängigkeit** gewährleistet ist[189].

Entsprechende Regelungen gelten für **Kombinationsnetzbetreiber**, d. h. Netzbetreiber, die zugleich ein Übertragungs- und ein Verteilernetz betreiben (Art. 17).

Vornehmlich im Hinblick auf die Kosten der Stillegung von Kernkraftwerken und sonstigen Nuklearanlagen sowie der diesbezüglichen Abfallentsorgung sind der Richtlinie zwei Erklärungen beigegeben[190], die u. a. die wettbewerbsrechtliche Neutralität etwaiger staatlicher Unterstützungsmaßnahmen sicherstellen sollen, im übrigen aber am primärrechtlichen Verhältnis zwischen EG- und Euratom-Vertrag nichts zu ändern vermögen[191].

---

184 S. Art. 3 Abs. 6, Anhang A (Maßnahmen zum Schutz der Kunden) und den 25. Erwägungsgrund der Richtlinie.
185 S. Art. 25 der Richtlinie.
186 S. Art. 4 der Richtlinie.
187 S. hierzu Art. 18 und 19 der Richtlinie.
188 Diese Bestimmungen begründen keine Verpflichtung, eine Trennung in Bezug auf das Eigentum des vertikal integrierten Unternehmens an Vermögenswerten des Übertragungsnetzes bzw. Verteilernetzes vorzunehmen (s. Art. 10 Abs. 1 und Art. 15 Abs. 1).
189 S. Art. 10 Abs. 2 und Art. 15 Abs. 2 der Richtlinie.
190 ABl. Nr. L 176 vom 15. 7. 2003, S. 56.
191 S. hierzu oben Ziffer C. V. 4.

Die Richtlinie ist bis zum 1. Juli 2004 in nationales Recht umzusetzen[192]. Zum gleichen Datum werden die Richtlinie 96/92/EG und die Richtlinie 90/547/EWG über den Transit von Elektrizitätslieferungen über große Netze[193] aufgehoben[194].

Da in der Praxis im Zuge der Liberalisierung der Elektrizitätsmärkte immer wieder Engpässe im Bereich der Interkonnektoren zwischen den mitgliedstaatlichen Stromnetzen aufgetreten sind, die sich nachteilig auf den innergemeinschaftlichen Stromhandel ausgewirkt haben, hat sich ein weiterer Rechtsakt als erforderlich erwiesen, der nicht als Richtlinie, sondern als Verordnung ergangen ist. Die **Verordnung (EG) Nr. 1228/2003 des Europäischen Parlaments und des Rates vom 26. Juni 2003 über die Netzzugangsbedingungen für den grenzüberschreitenden Stromhandel**[195] dient der „Festlegung gerechter Regeln für den grenzüberschreitenden Stromhandel" und somit der „Verbesserung des Wettbewerbs auf dem Elektrizitätsbinnenmarkt unter Berücksichtigung der Besonderheiten nationaler und regionaler Märkte". Dies erfordert insbesondere die Schaffung eines Ausgleichsmechanismus für grenzüberschreitende Stromflüsse und die Festlegung harmonisierter Grundsätze für die Entgelte für die grenzüberschreitende Übertragung und für die Zuweisung der auf den Verbindungsleitungen zwischen nationalen Übertragungsnetzen verfügbaren Kapazitäten[196].

Zum letztgenannten Punkt stellt die Verordnung selbst „Leitlinien für die Verwaltung und Zuweisung verfügbarer Übertragungskapazität von Verbindungsleitungen zwischen nationalen Netzen" auf[197], die von der Kommission geändert werden können[198]. Hinsichtlich des Ausgleichsmechanismus zwischen den Übertragungsnetzbetreibern legt die Verordnung die wesentlichen Grundsätze fest (Art. 3), überläßt aber die Ausgestaltung im einzelnen der Kommission, die hierzu Leitlinien erläßt (Art. 8). Bei der Anwendung der Verordnung fällt den nationalen **Regulierungsbehörden** eine Schlüsselrolle zu, da sie für ihre Einhaltung und die Beachtung der Leitlinien zu sorgen haben (Art. 9). Weitere Regelungen gelten den Nutzungsentgelten (Art. 4), der Information über Verbindungskapazitäten (Art. 5), den allgemeinen Grundsätzen für das Engpaßmanagement (Art. 6) und neuen Verbindungsleitungen (Art. 7).

VII. Zusammenschlüsse im Elektrizitätssektor

Literatur:

Florian Haslauer, Fritz Kröger, Wachsen, um zu überleben: die Konzentration der europäischen Stromindustrie, et 2000, S. 30; *Kurt Markert*, Fusionskontrolle im Zeichen der jüngsten Großfusionen, et 2000, S. 355; *Wernhard Möschel*, Großfusionen im engen Oligopol – Fusionskontrolle am Beispiel der deutschen Stromwirtschaft, DB 2001, S. 131.

192 S. Art. 30 Abs. 1 der Richtlinie.
193 S. zur Transit-Richtlinie oben Ziffer V.
194 S. Art. 29 der Richtlinie.
195 ABl. Nr. L 176 vom 15. Juli 2003, S. 1.
196 S. Art. 1 der Verordnung.
197 S. Anhang der Verordnung.
198 S. Art. 8 Abs. 4 der Verordnung.

Stärker noch als der Mineralöl-[199] und Erdgassektor[200] weist der Elektrizitätsmarkt in den letzten Jahren eine Welle von Unternehmenszusammenschlüssen auf, deren Ziel die Steigerung der Wettbewerbsfähigkeit des Energiesektors im Binnenmarkt und auf den Weltmärkten ist[201]. Während **Fusionen** eher selten sind, ist die Anzahl der **Übernahmen** im Zuge der **Konzentration der Energiemärkte** beständig angestiegen, und es ist anzunehmen, daß diese Tendenz anhalten wird. Im einzelnen war die Kommission mit folgenden Zusammenschlüssen befaßt[202]:

- Varta Batterie AG/Robert Bosch GmbH: Gründung der Gesellschaft Starterbatterie GmbH[203],
- Daimler Benz AG/RWE AG: Kontrolle über Angewandte Solarenergie GmbH[204],
- PowerGen plc/NRG Energy Inc/Morrison Knudsen Corporation: Kontrolle über Mibrag mbH[205],
- VIAG/Bayernwerk[206],
- Bayernwerk AG/Badenwerk AG/Energieversorgung Schwaben AG/Nordostschweizerische Kraftwerke AG: Kontrolle über WATT AG[207],
- Electricité de France International (EDFI)/ESTAG[208],
- EDFI/Graningeverkens AB (Schweden)[209],
- Stockholms Stadshus AB/IVO Energi AB: Kontrolle über Stockholm Energi AB und Gullspång Kraft AB[210],
- Amoco Power Resources Holding II Ltd/Repsol SA/Iberdrola SA/Ente Vasco de la Energía: Kontrolle über Bahia de Bizkaia Electricidad SL und Bahia de Bizkaia, Gas SL[211],
- Wintershall AG/EnBW Energie-Vertriebsgesellschaft mbH/Stadtwerke Mannheim AG/Wirtschaftliche Vereinigung Deutscher Versorgungsunternehmen AG: Kontrolle über die Deutsche Energy One Gesellschaft mbH[212],
- Electricité de France (EDF): Kontrolle über London Electricity plc[213],
- RWE/DEA-Hüls[214],
- London Electricity plc (durch EDF kontrolliert): Kontrolle über das Stromlieferungsgeschäft der South Western Electricity plc[215],

---

199 S. o. 2. Teil D. XI.
200 S. o. 2. Teil E. VII.
201 S. *Florian Haslauer, Fritz Kröger*, Wachsen, um zu überleben: die Konzentration der europäischen Stromindustrie, et 2000, S. 30.
202 Die nachstehende Auflistung erhebt keinen Anspruch auf Vollständigkeit.
203 Entscheidung 91/595/EWG der Kommission vom 31. Juli 1991 zur Vereinbarkeit eines Zusammenschlusses mit dem Gemeinsamen Markt (Fall IV/MO 12 – Varta/Bosch), ABl. Nr. L 320 vom 22. 11. 1991, S. 26.
204 ABl. Nr. C 139 vom 21. 5. 1994, S. 10.
205 ABl. Nr. C 150 vom 1. 6. 1994, S. 9.
206 ABl. Nr. C 106 vom 14. 4. 1994, S. 3 und ABl. Nr. C 168 vom 21. 6. 1994, S. 11.
207 ABl. Nr. C. 173 vom 7. 6. 1997, S. 5.
208 ABl. Nr. C 142 vom 7. 5. 1998, S. 15.
209 ABl. Nr. C 143 vom 8. 5. 1998, S. 27.
210 ABl. Nr. C 217 vom 11. 7. 1998, S. 2.
211 ABl. Nr. C 228 vom 21. 7. 1998, S. 5.
212 ABl. Nr. C 348 vom 17. 11. 1998, S. 6.
213 ABl. Nr. C 387 vom 12. 12. 1998, S. 20 und ABl. Nr. C 92 vom 1. 4. 1999, S. 10.
214 ABl. Nr. C 60 vom 2. 3. 1999, S. 8.
215 ABl. Nr. C 179 vom 24. 6. 1999, S. 4 und ABl. Nr. C 248 vom 1. 9. 1999, S. 9.

- Gränges/Norsk Hydro[216],
- Norsk Hydro/Saga[217],
- Electricité de France (EDF)/SA Louis Dreyfus & Cie: Kontrolle über EDF Trading Ltd[218],
- Preussen Elektra AG (von VEBA AG kontrolliert): Kontrolle über NV Electriciteitsbedrijf Zuid-Holland[219],
- Fortum Power and Heat Oy (Finnland): Kontrolle über die deutsche Elektrizitätswerk Wesertal GmbH[220],
- Sydkraft AB (Schweden)/Hamburgische Electrizitätswerke AG: Kontrolle über die Hansa Energy Trading GmbH[221],
- Fusion der VEBA AG mit der VIAG AG[222],
- Electrabel SA (Belgien): Kontrolle über NV Epon (Niederlande)[223],
- Vattenfall AB (Schweden)/Freie und Hansestadt Hamburg: Kontrolle über Hamburgische Electrizitätswerke AG (HEW)[224],
- TXU Europe (Spanish Holdings) Ltd (von Texas Utilities Company kontrolliert): Kontrolle über Hidroeléctrica del Cantabrico[225],
- Western Power Distribution (UK): Kontrolle über Hyder (UK)[226],
- RWE AG/Iberdrola SA, Spanien: Kontrolle über Tarragona Power SL[227],
- TXU Germany Ltd (von Texas Utility Company kontrolliert): Kontrolle über die Stadtwerke Kiel AG[228],
- Electricité de France (EDF), Frankreich/Zweckverband Oberschwäbische Elektrizitätswerke (OEW), Deutschland: Kontrolle über die Energie Baden-Württemberg (EnBW), Deutschland[229],
- Electricité de France (EDF) (vom französischen Staat kontrolliert): Kontrolle über Cottam Power Station (UK)[230],

---

216 ABl. Nr. C 216 vom 29. 7. 1999, S. 10.

217 ABl. Nr. C 221 vom 3. 8. 1999, S. 7.

218 ABl. Nr. C 240 vom 25. 8. 1999, S. 2 und ABl. Nr. C 323 vom 11. 11. 1999, S. 11.

219 ABl. Nr. C 254 vom 7. 9. 1999, S. 3 und ABl. Nr. C 74 vom 15. 3. 2000, S. 6.

220 ABl. Nr. C 345 vom 2. 12. 1999, S. 6 und ABl. Nr. C 56 vom 29. 2. 2000, S. 9.

221 ABl. Nr. C 316 vom 4. 11. 1999, S. 8 und ABl. Nr. C 78 vom 10. 3. 2001, S. 22.

222 ABl. Nr. C 371 vom 22. 12. 1999, S. 11; ABl. Nr. C 38 vom 10. 2. 2000, S. 10 sowie Entscheidung 2001/519/EG der Kommission vom 13. Juni 2000 zur Vereinbarkeit eines Zusammenschlusses mit dem Gemeinsamen Markt und mit dem EWR-Abkommen (Sache COMP/M. 1673 – VEBA/VIAG), ABl. Nr. L 188 vom 10. 7. 2001, S. 1.

223 ABl. Nr. C 13 vom 18. 1. 2000, S. 3 und ABl. Nr. C 101 vom 8. 4. 2000, S. 13.

224 ABl. Nr. C 65 vom 7. 3. 2000, S. 20 und ABl. Nr. C 145 vom 25. 5. 2000, S. 4.

225 ABl. Nr. C 88 vom 25. 3. 2000, S. 7.

226 ABl. Nr. C 175 vom 24. 6. 2000, S. 22; ABl. Nr. C 180 vom 28. 6. 2000, S. 9 und ABl. Nr. C 261 vom 12. 9. 2000, S. 6.

227 ABl. Nr. C 217 vom 29. 7. 2000, S. 30 und ABl. Nr. C 265 vom 15. 9. 2000, S. 15.

228 ABl. Nr. C 254 vom 5. 9. 2000, S. 5 und ABl. Nr. C 244 vom 1. 9. 2001, S. 3.

229 ABl. Nr. C 256 vom 7. 9. 2000, S. 6 und ABl. Nr. C 284 vom 7. 10. 2000, S. 14 sowie Entscheidung 2002/164/EG der Kommission vom 7. Februar 2001 zur Erklärung der Vereinbarkeit eines Zusammenschlusses mit dem Gemeinsamen Markt und dem EWR-Abkommen (Sache COMP/M. 1853 – EDF/EnBW), ABl. Nr. L 59 vom 28. 2. 2002, S. 1. S. weiterhin Stellungnahme des Beratenden Ausschusses für die Kontrolle von Unternehmenszusammenschlüssen, ABl. Nr. C 53 vom 28. 2. 2002, S. 8.

230 ABl. Nr. C 321 vom 10. 11. 2000, S. 20.

- Edizione Holding SpA (zur Benetton Gruppe gehörig)/NHS Nuova Holding Sanpaolo: Kontrolle über AMPS SpA (vormals durch Comune di Parma kontrolliert)[231],
- E.ON Energie AG/Energie AG Oberösterreich: Kontrolle über Jihocezska energetika ss und Jihomoravska energetika as[232],
- EDP – Electricidade de Portugal SA/Caja de Ahorros de Asturias/Caja de Seguros Reunidos, Compañia de Seguros y Reaseguros SA: Kontrolle über Hidroeléctrica del Cantábrico SA[233],
- Vattenfall AB, Schweden/Hamburger Elektrizitätswerke AG: Kontrolle über Nordic Powerhouse GmbH, Deutschland[234],
- RWE España SL: Kontrolle über Hidroeléctrica de Cantábrico[235],
- SETAB (von der schwedischen Sydkraft-Gruppe kontrolliert)/ABB AG, Deutschland (von der schweizerischen ABB-Gruppe kontrolliert): Kontrolle über German Power Trading JV[236],
- E.ON Energie (Deutschland): Kontrolle über Sydkraft AB (Schweden)[237],
- Endesa (Spanien)/Charbonnage de France: Kontrolle über SNET (Frankreich)[238],
- Vattenfall AB (Schweden): Kontrolle über Hamburgische Electrizitäts-Werke AG (HEW)[239],
- Ferroatlántica SL (Spanien)/Energie Baden-Württemberg (EnBW, gehört der Electricité de France und dem Zweckverband oberschwäbischer Elektrizitätswerke): Kontrolle über Hidroeléctrica del Cantábrico SA (Spanien)[240],
- Sydkraft/ABB/German Power Trading JV[241],
- EDF Group/Cottam Power Station[242],
- EDF/Fenice[243],
- Endesa (Spanien): Kontrolle über Elettrogen SpA (Italien)[244],
- CE Electric UK plc (gehört zur Unternehmensgruppe Mid American Holdings Company): Kontrolle über Yorkshire Power Group Ltd[245],
- RWA Raiffeisen Ware Austria AG (Österreich)/Verbund Stromvertriebsgesellschaft mbH (Österreich): Kontrolle über RWA Wasserkraft GmbH[246],
- Enron/MG[247],
- Merloni/Foster Wheeler Italiana/JV[248],

---

231 ABl. Nr. C 333 vom 24. 11. 2000, S. 3.
232 ABl. Nr. C 16 vom 18. 1. 2001, S. 5 und ABl. Nr. C 330 vom 24. 11. 2001, S. 21.
233 ABl. Nr. C 49 vom 15. 2. 2001, S. 3 und ABl. Nr. C 128 vom 28. 4. 2001, S. 3.
234 ABl. Nr. C 53 vom 20. 2. 2001, S. 12 und ABl. Nr. C 90 vom 21. 3. 2001, S. 5.
235 ABl. Nr. C 60 vom 24. 2. 2001, S. 18 und ABl. Nr. C 143 vom 16. 5. 2001, S. 7.
236 ABl. Nr. C 66 vom 1. 3. 2001, S. 5.
237 ABl. Nr. C 86 vom 16. 3. 2001, S. 8 und ABl. Nr. C 363 vom 19. 12. 2001, S. 31.
238 Zusammenschluß nach Art. 66 EGKSV, ABl. Nr. C 89 vom 20. 3. 2001, S. 2.
239 ABl. Nr. C 104 vom 4. 4. 2001, S. 8 und ABl. Nr. C 140 vom 12. 5. 2001, S. 13.
240 ABl. Nr. C 113 vom 18. 4. 2001, S. 3, ABl. Nr. C 117 vom 21. 4. 2001, S. 6 und ABl. Nr. C 167 vom 12. 6. 2001, S. 4.
241 ABl. Nr. C 181 vom 27. 6. 2001, S. 6.
242 ABl. Nr. C 187 vom 3. 7. 2001, S. 8.
243 ABl. Nr. C 222 vom 8. 8. 2001, S. 10 und ABl. Nr. C 251 vom 11. 9. 2001, S. 4.
244 ABl. Nr. C 229 vom 14. 8. 2001, S. 13.
245 ABl. Nr. C 239 vom 25. 8. 2001, S. 5 und ABl. Nr. C 364 vom 20. 12. 2001, S. 13.
246 ABl. Nr. C 243 vom 31. 8. 2001, S. 8.
247 ABl. Nr. C 281 vom 5. 10. 2001, S. 10.
248 ABl. Nr. C 283 vom 9. 10. 2001, S. 5.

- Fiat/Italenergia/Montedison[249],
- RWE/Kärntner Energie Holding[250],
- E.ON AG: Kontrolle über Powergen plc (UK)[251],
- SWB/Stadtwerke Bielefeld/JV[252],
- Österreichische Elektrizitätswirtschafts AG (Verbund)/Energie Steiermark Holding AG (Estag): Kontrolle über Steierische Wasserkraft- und Elektrizitäts AG (Steweag)[253],
- Electricité de France (EDF): Kontrolle über Eastern Electricity Ltd und 24 Seven (UK)[254],
- EDF: Kontrolle über West Burton Power Station (UK)[255],
- UtiliCorp United Inc, USA/Deutsche Australia Ltd: Kontrolle über Midlands Electricity plc (UK)[256],
- Siemens/AEM/E-Utile[257],
- Fortum Oyj, Finnland: Kontrolle über das Elektrizitätsgeschäft der Birka Energi AB, Schweden[258],
- Endesa Energía SA, Spanien/Spinveste SGPS, SA, Portugal: Kontrolle über Ecocicloendesa Energía SA[259],
- Vattenfall AB, Schweden: Kontrolle über Berliner Kraft- und Licht AG (Bewag)[260],
- Energie Baden-Württemberg (EnBW)/EDP Electricidade de Portugal SA/Caja de Ahorros de Asturias, Spanien: Kontrolle über Hidroeléctrica de Cantabrico SA[261],
- EnerSys/Invensys: Kontrolle über Energy Storage Business (ESB)[262],
- Edison SpA, Italien (zugehörig zur Gruppe Montedison SpA): Kontrolle über Eurogen SpA, Italien, Gründung von Edipower SpA[263],
- RWE Power AG, Deutschland/Lucchini SpA, Italien: Kontrolle über Elettra GLL SpA, Italien[264],
- RWE AG: Kontrolle über Innogy Holdings (UK)[265],
- Canal Isabel II/Hidroeléctrica del Cantabrico SA: Kontrolle über ein zu gründendes Gemeinschaftsunternehmen zur Erzeugung und Verteilung von Elektrizität in der Region Madrid[266],
- Electrabel/Total Fina Elf/Photovoltech[267],

249 ABl. Nr. C 284 vom 10. 10. 2001, S. 22.
250 Abl. Nr. C 198 vom 13. 7. 2001, S. 6 und ABl. Nr. C 286 vom 12. 10. 2001, S. 3.
251 ABl. Nr. C 308 vom 1. 11. 2001, S. 12 und ABl. Nr. C 364 vom 20. 12. 2001, S. 15.
252 ABl. Nr. C 195 vom 11. 7. 2001, S. 10 und ABl. Nr. C 321 vom 16. 11. 2001, S. 9.
253 ABl. Nr. C 328 vom 23. 11. 2001, S. 8 und ABl. Nr. C 66 vom 15. 3. 2002, S. 14.
254 ABl. Nr. C 336 vom 30. 11. 2001, S. 20 und ABl. Nr. C 43 vom 16. 2. 2002, S. 21.
255 ABl. Nr. C 336 vom 30. 11. 2001, S. 21 und ABl. Nr. C 43 vom 16. 2. 2002, S. 21.
256 ABl. Nr. C 336 vom 30. 11. 2001, S. 19 und ABl. Nr. C 39 vom 13. 2. 2002, S. 23.
257 ABl. Nr. C 344 vom 6. 12. 2001, S. 2.
258 ABl. Nr. C 347 vom 8. 12. 2001, S. 4 und ABl. Nr. C 43 vom 16. 2. 2002, S. 23.
259 ABl. Nr. C 368 vom 22. 12. 2002, S. 11 und ABl. Nr. C 34 vom 7. 2. 2002, S. 12.
260 ABl. Nr. C 12 vom 16. 1. 2002, S. 5 und ABl. Nr. C 66 vom 15. 3. 2002, S. 15.
261 ABl. Nr. C 38 vom 12. 2. 2002, S. 19 und ABl. Nr. C 114 vom 15. 5. 2002, S. 23.
262 ABl. Nr. C 42 vom 15. 2. 2002, S. 6 und ABl. Nr. C 79 vom 3. 4. 2002, S. 16.
263 ABl. Nr. C 85 vom 9. 4. 2002, S. 30.
264 ABl. Nr. C 88 vom 12. 4. 2002, S. 27 und ABl. Nr. C 108 vom 4. 5. 2002, S. 9.
265 ABl. Nr. C 96 vom 20. 4. 2002, S. 6 und ABl. Nr. C 133 vom 5. 6. 2002, S. 6.
266 ABl. Nr. C 116 vom 17. 5. 2002, S. 7 und ABl. Nr. C 168 vom 13. 7. 2002, S. 20.
267 ABl. Nr. C 72 vom 22. 3. 2002, S. 3 und ABl. Nr. C 133 vom 5. 6. 2002, S. 5.

- Nordostschweizerische Kraftwerke (NOK): Kontrolle über das Schweizer Unternehmen Watt AG. NOK und E.ON haben vor dem Zusammenschluß Watt kontrolliert[268],
- TXU Stadtwerke Holding GmbH & Co. KG (zugehörig zur amerikanischen Gruppe Texas Utilities): Kontrolle über Braunschweiger Versorgungs AG[269],
- Acea Distribuzione/BTicino/Ericsson/Siemens[270],
- London Electicity Group plc (zugehörig zur Gruppe Electricité de France (EDF)): Kontrolle über Seaboard plc (UK)[271],
- Electrabel SA/ACEA SpA[272],
- Edison/Edipower/Eurogen[273],
- SITA SA/Syskraft und SITA Sverige AB/Ecoplus[274],
- SITA Sverige AB/Sydkraft Wegener/Interlanden[275],
- GE Wind Turbines/Enron[276],
- E.ON/TXU Europe Group[277],
- Electrabel Customer Solutions SA (ECS): Kontrolle über Intercommunale d'Electricité du Hainaut (IEH)[278],
- Energie Baden-Württemberg AG (EnBW): Kontrolle über Kraftwerk Laufenberg AG (Schweiz)[279],
- Electrabel/Energia Italiana: Kontrolle über Interpower SpA (Italien)[280],
- CVC/Red Eléctrica de Espagña SA: Kontrolle über Red de Alta Tensíon SA (Spanien)[281],
- Electrabel Customer Solutions SA (ECS): Kontrolle über die belgischen Intercommunale Iveka, Igao, Intergem, Gaselwest, Imewo und Iverlek[282],
- Österreichische Elektrizitätswirtschafts-Aktiengesellschaft (Verbund) u. a.: Kontrolle über E & S GmbH Verbund Austrian Power Trading AG[283],
- Nuon Deutschland/Stadtwerke Leipzig: Kontrolle über Stadtlicht GmbH[284],
- E.ON: Kontrolle über Fortum KW Burghausen, Fortum Distribution Smaland, Schweden und Edenderry Power, Irland[285],
- Electricité de France (EDF): Kontrolle über EDF Trading Limited (UK)[286],
- EnBW/ENI/GVS[287].

---

268 ABl. Nr. C 116 vom 17. 5. 2002, S. 9 und ABl. Nr. C 147 vom 20. 6. 2002, S. 21.
269 ABl. Nr. C 134 vom 6. 6. 2002, S. 3 und ABl. Nr. C 160 vom 4. 7. 2002, S. 4.
270 ABl. Nr. C 165 vom 11. 7. 2002, S. 35.
271 ABl. Nr. C 200 vom 23. 8. 2002, S. 7.
272 ABl. Nr. C 183 vom 1. 8. 2002, S. 6 und ABl. Nr. C 298 vom 3. 9. 2002, S. 4.
273 ABl. Nr. C 217 vom 13. 9. 2002, S. 16.
274 ABl. Nr. C 222 vom 18. 9. 2002, S. 25 und ABl. Nr. C 277 vom 14. 11. 2002, S. 9.
275 ABl. Nr. C 273 vom 9. 11. 2002, S. 19.
276 ABl. Nr. C 277 vom 14. 11. 2002, S. 10.
277 ABl. Nr. C 286 vom 22. 11. 2002, S. 16 und ABl. Nr. C 14 vom 21. 1. 2003, S. 8.
278 ABl. Nr. C 286 vom 22. 11. 2002, S. 17.
279 ABl. Nr. C 291 vom 26. 11. 2002, S. 7.
280 ABl. Nr. C 301 vom 5. 12. 2002, S. 5. und ABl. Nr. C 25 vom 1. 2. 2003, S. 2.
281 ABl. Nr. C 304 vom 7. 12. 2002, S. 43 und ABl. Nr. C 22 vom 29. 1. 2003, S. 10.
282 ABl. Nr. C 6 vom 11. 1. 2003, S. 2, 4, 5, 6, 7.
283 ABl. Nr. C 15 vom 22. 1. 2003, S. 10 und ABl. Nr. C 36 vom 15. 2. 2003, S. 24.
284 ABl. Nr. C 46 vom 26. 2. 2003, S. 6 und ABl. Nr. C 68 vom 21. 3. 2003, S. 13.
285 ABl. Nr. C 114 vom 14. 5. 2003, S. 4 und ABl. Nr. C 157 vom 5. 7. 2003, S. 5.
286 ABl. Nr. C 201 vom 26. 8. 2003, S. 11.
287 ABl. Nr. L 248 vom 30. 9. 2003, S. 51 und ABl. Nr. C 233 vom 30. 9. 2003, S. 10, 11.

G. Erneuerbare Energien (EGV)

Literatur:

Edmund Brandt, Jan Reshöft, Sascha Steiner, EEG, Erneuerbare-Energien-Gesetz, Handkommentar, Baden-Baden 2001; *Ulrich Ehricke*, Staatliche Maßnahmen zur Förderung umweltfreundlicher Energien und europäisches Wettbewerbsrecht, RdE 2003, S. 57; *Walter Frenz*, Energiebeihilfen bei Abnahmegarantien zu Mindestpreisen und Selbstverpflichtungen, RdE 2002, S. 2001; *Lothar Knopp, Anke Heinze*, Erneuerbare Energien-Gesetz und Biomasseverordnung: Nutzung des energetischen Potentials organischer Restabfälle?, NVwZ 2002, S. 691; *Wolfram Krewitt, Joachim Nitsch*, Das EEG – eine Investition in die Zukunft zahlt sich schon heute aus, et 2002, S. 484; *Markus Möstl*, Der Vorrang erneuerbarer Energien – Ein Prinzip des Energiewirtschaftsrechts nimmt Gestalt an, RdE 2003, S. 90; *M. Rabe/N. Meyer*, Das Erneuerbare-Energien-Gesetz, NJW 2000, S. 1298; *Danyel Reiche, Stefan Körner*, Erklärungsfaktoren für Erfolg und Mißerfolg bei der Nutzung erneuerbarer Energien in den Mitgliedstaaten der Europäischen Union, ZfE 2002, S. 275; *Peter Salje*, Erneuerbare-Energien-Gesetz, 2. Aufl. Köln u. a. 2000; *Andreas Zimmermann*, Rechtliche Probleme bei der Errichtung seegestützter Windenergieanlagen, DÖV 2003, S. 133.

Die Förderung der Entwicklung und des Einsatzes erneuerbarer Energien durch die Gemeinschaft in den letzten 30 Jahren verfolgt drei sich einander ergänzende Ziele: das historisch **erste** Ziel bestand und besteht in der **Verminderung der Abhängigkeit vom Mineralöl** durch Substituierung von Mineralölprodukten durch Energieträger aus erneuerbaren Quellen. Spätestens seit der ersten Energiekrise 1973/74 bemüht sich die Gemeinschaft um eine Politik der Substitution von Mineralölprodukten, wobei die Förderung erneuerbarer oder alternativer Energien einen wichtigen Platz einnimmt[1]. Zu diesem primären Ziel ist im Zuge der Politik des Klimaschutzes[2] ein **zweites** hinzugetreten, nämlich die **Verminderung des CO_2-Ausstoßes** durch die Reduzierung des Verbrauchs fossiler Brennstoffe[3] und ihrer Substitution durch die Nutzung CO_2-freier oder CO_2-reduzierter Energiequellen[4]. Als **drittes** Ziel ist die Erschließung des beträchtlichen Exportpotentials zu nennen, das die Gemeinschaft durch die **Ausfuhr moderner Technologien im Bereich der erneuerbaren Energien** für sich nutzen könnte[5]. Angesichts des weltweit stark wachsenden Bedarfs an Technologien zur Gewinnung erneuerbarer und dezentral einsetzbarer Energien insbesondere in der Dritten Welt, könnte die Gemeinschaft auf diesem Gebiet weltweit einen wichtigen Beitrag zu einer sicheren und umweltfreundlichen Energieversorgung leisten.

Die Bemühungen der Gemeinschaft zur Förderung erneuerbarer Energien, die im Laufe der letzten drei Jahrzehnte zum Gegenstand zahlreicher Erklärungen und Ent-

---

1 S. zuletzt Teil 1. II. C. 2. des Grünbuchs „Hin zu einer europäischen Strategie für Energieversorgungssicherheit", Luxemburg 2001, S. 45 ff.

2 S. a. a. O. Teil 2. I. S. 51 ff.

3 S. zur Dringlichkeit der Bekämpfung des Klimawandels a. a. O. S. 52.

4 Abgesehen von der CO_2-freien Kernkraft ist der Anteil der erneuerbaren Energien nur in vier Ländern der Gemeinschaft signifikant, da sie über ein Potential von Wasserkraft und Forstwirtschaft verfügen: Schweden 28,5 %, Österreich 23,3 %, Finnland 21,8 % und Portugal 15,7 % (s. Grünbuch a. a. O. S. 46).

5 S. Entschließung des Europäischen Parlaments zu den neuen Chancen der Europäischen Union beim Export von Technologien zur Nutzung erneuerbarer Energien, ABl. Nr. C 104 vom 14. 4. 1999, S. 188.

schließungen von Kommission[6], Rat[7] und Europaparlament[8] geworden sind, nahmen ihren konkreten Anfang in **Forschungs- und Verbreitungsprogrammen**, die die Gemeinschaft seit 1975 in regelmäßigen Abständen aufgelegt hat. Für den Bereich der biologischen bzw. nachwachsenden Energiestoffe wie Holz und Ölsaaten sind spezifische Schutz und Fördermaßnahmen im Rahmen der gemeinsamen Forst- und Agrarpolitik ergriffen worden, wenngleich nicht immer mit primär energierechtlicher Zielsetzung. Zur Förderung des Absatzes von Biokraftstoffen wurden **steuerliche Begünstigungen** vorgesehen und die Vermarktung von „grünem Strom" durch **Abnahmeverpflichtungen** in den Mitgliedstaaten erleichtert.

I. Forschungs- und Verbreitungsprogramme

Basierend auf den energiepolitischen Entschließungen des Rates vom 17. Dezember 1974[9] und 13. Februar 1975[10] faßte der Rat am 22. August 1975 einen ersten Beschluß zur Festlegung eines Forschungs- und Entwicklungsprogramms auf dem Gebiet der Energie[11]. Schon dieses erste Programm sah die Förderung der **Forschung** auf dem Gebiet der erneuerbaren Energien vor[12]. Zur Förderung von **Demonstrationsvor-**

---

6 S. insbesondere das Grünbuch und das Weißbuch: Energie für die Zukunft: Erneuerbare Energieträger, KOM(96) 576 endg. vom 20. 11. 1996 und KOM(97) 599 endg. vom 26. 11. 1997 sowie das Arbeitsdokument der Kommissionsdienststellen: Energie für die Zukunft: Erneuerbare Energieträger (Gemeinschaftsstrategie und Aktionsplan): Kampagne für den Durchbruch, SEK(1999) 504 vom 14. 4. 1999. S. zum Grünbuch und zum Weißbuch die Stellungnahme des Ausschusses der Regionen im ABl. Nr. C 244 vom 11. 8. 1997, S. 1 und ABl. Nr. C 315 vom 13. 10. 1998, S. 5 sowie die Stellungnahme des Wirtschafts- und Sozialausschusses im ABl. Nr. C 206 vom 7. 7. 1997, S. 41. S. zuletzt die Mitteilung über die Umsetzung der Gemeinschaftsstrategie und des Aktionsplans zu erneuerbaren Energiequellen (1998–2000), KOM(2001) 69 endg. vom 16. 2. 2001. S. auch das Arbeitsdokument der Kommissionsdienststellen: „Nachwachsende Rohstoffe im Rahmen der Agenda 2000", SEK(1998) 2169, sowie dazu die Stellungnahme des Ausschusses der Regionen, ABl. Nr. C 226 vom 8. 8. 2000, S. 14.

7 S. insbes. Entschließung des Rates vom 26. November 1986 über eine Orientierung der Gemeinschaft für die Weiterentwicklung der neuen und erneuerbaren Energiequellen, ABl. Nr. C 316 vom 9. 12. 1986, S. 1; Empfehlung 88/349/EWG des Rates vom 9. Juni 1988 zur stärkeren Nutzung erneuerbarer Energien in der Gemeinschaft, ABl. Nr. C 160 vom 28. 6. 1988, S. 46; Entschließung des Rates vom 27. Juni 1997 über erneuerbare Energiequellen, ABl. Nr. C 210 vom 11. 7. 1997, S. 1; Entschließung des Rates vom 8. Juni 1998 über erneuerbare Energieträger, ABl. Nr. C 198 vom 24. 6. 1998, S. 1.

8 S. insbes. Entschließung zur besseren Nutzung der Biomasse für die Energiegewinnung, ABl. Nr. C 267 vom 11. 10. 1982, S. 102; Entschließung zur Förderung erneuerbarer Energiequellen, ABl. Nr. C 42 vom 15. 2. 1993, S. 31; Entschließung zu einem gemeinschaftlichen Aktionsplan für erneuerbare Energiequellen, ABl. Nr. C 211 vom 22. 7. 1996, S. 27; Entschließung zur Strategie der Europäischen Union für den Forstsektor, ABl. Nr. C 55 vom 24. 2. 1997, S. 22; Entschließung zur Mitteilung der Kommission über Energie für die Zukunft: Erneuerbare Energiequellen – Grünbuch für eine Gemeinschaftsstrategie, ABl. Nr. C 167 vom 2. 6. 1997, S. 160; Entschließung zur Mitteilung der Kommission „Energie für die Zukunft: Erneuerbare Energieträger – Weißbuch für eine Gemeinschaftsstrategie und Aktionsplan", ABl. Nr. C 210 vom 6. 7. 1998, S. 215.

9 ABl. Nr. C 153 vom 9. 7. 1975, S. 2.

10 A. a. O. S. 6.

11 Beschluß 75/510/EWG, ABl. Nr. L 231 vom 2. 9. 1975, S. 1.

12 Diesem Programm ging 1973 ein Forschungsprogramm der GFS über neue Technologien voraus, das u.a. auch der Nutzung der Sonnenenergie galt. S. Beschluß 73/176/EWG des Rates vom

haben, d. h. zur Förderung der der eigentlichen Forschung nachgelagerten Phase des Nachweises der technischen und kommerziellen Markttauglichkeit und insbesondere der **Verbreitung** neuer Technologien, erließ der Rat drei Jahre später die Verordnung (EWG) Nr. 1302/78 vom 12. Juni 1978 über die Gewährung einer finanziellen Unterstützung für Vorhaben zur Nutzung alternativer Energiequellen[13]. Die Förderung umfaßte insbesondere Vorhaben auf den Gebieten

- Nutzung der Erdwärmevorkommen,
- Verflüssigung und Vergasung fester Brennstoffe,
- Nutzung der Sonnenenergie,
- Nutzung der Wellen-, Gezeiten- und Windenergie.

Dieser Dualismus von einerseits Förderung der **Forschung** und andererseits Unterstützung von **Verbreitungsvorhaben** im Bereich der erneuerbaren Energien wurde in der Folgezeit beibehalten. Bis zum Inkrafttreten der Einheitlichen Europäischen Akte am 1. 7. 1987 waren die Rechtsakte auf beiden Gebieten einheitlich auf den ehemaligen Art. 235 EWGV gestützt (nunmehr Art. 308 EGV); danach galten für die **Forschung** die Art. 130 i und k EWGV als Rechtsgrundlage[14]. Für die finanzielle Unterstützung von Verbreitungsvorhaben wurde zunächst weiterhin Art. 235 EWGV herangezogen, auf dessen Grundlage die Verordnung (EWG) Nr. 2008/90 des Rates vom 29. Juni 1990 zur Förderung der Energietechnologien in Europa (**Thermie-Programm**)[15] erlassen wurde, deren Anhang II den erneuerbaren Energien gewidmet war. Doch schon die Anschlußregelung für die erneuerbaren Energien, das **Altener-Programm** verabschiedete der Rat 1993 auf der Grundlage von Art. 235 **und 130 s** EWGV als Maßnahme auf dem Gebiet der Energie **und des Umweltschutzes**[16], wobei der Akzent auf der Begrenzung der CO_2-Emissionen lag[17]. Als Programm für „gezielte Aktionen zur Vergrößerung des Marktanteils der erneuerbaren Energieträger"[18] sah die Entscheidung die Finanzierung von Studien, Pilotprojekten und Unterstützungsmaßnahmen vor[19].

An das erste **Altener-Programm**, das für die Jahre 1993 bis 1997 galt, schloß sich das Programm **Altener II** an[20] (1998 bis 2000), das nunmehr **allein auf Art. 130 s** EGV ge-

---

18. 7. 1973, ABl. Nr. L 189 vom 11. 7. 1973, S. 34. Vorbereitet wurde die Initiative von 1975 durch die Mitteilung der Kommission an den Rat über „Energie für Europa: Forschung und Entwicklung" vom 5. 6. 1974, BullEG, Beilage 5/74.

13 ABl. Nr. L 158 vom 16. 6. 1978, S. 3.

14 Nunmehr Art. 166 EGV.

15 ABl. Nr. L 185 vom 17. 7. 1990, S. 1.

16 Entscheidung Nr. 93/500/EWG des Rates vom 13. September 1993 zur Förderung der erneuerbaren Energieträger in der Gemeinschaft (ALTENER-Programm), ABl. Nr. L 235 vom 18. 9. 1993, S. 41.

17 S. die ersten sieben Erwägungsgründe der Entscheidung.

18 S. Art. 2 Abs. 1 der Entscheidung.

19 S. Art. 3 der Entscheidung. S. zur Durchführung den Sonderbericht Nr. 17/98 des Rechnungshofes über Unterstützung für erneuerbare Energieträger in den Programmen JOULE-THERMIE (Kostenteilungsaktionen) und ALTENER (Pilotmaßnahmen), zusammen mit den Antworten der Kommission, ABl. Nr. C 356 vom 20. 11. 1998, S. 39.

20 Entscheidung des Rates Nr. 98/352/EG vom 18. Mai 1998 über ein Mehrjahresprogramm zur Förderung der erneuerbaren Energieträger in der Gemeinschaft (ALTENER II), ABl. Nr. L 159 vom 3. 6. 1998, S. 53.

stützt war, wodurch zumindest formal seine spezifisch energierechtliche Zielsetzung hinter der des Umweltschutzes vollends zurücktrat. Auf dieses folgte **Altener III** in Gestalt der Entscheidung Nr. 646/2000/EG des Europäischen Parlaments und des Rates vom 28. Februar 2000 über ein **Mehrjahresprogramm zur Förderung der erneuerbaren Energieträger in der Gemeinschaft** (Altener)[21]. Diese letztgenannte Entscheidung erging innerhalb des mehrjährigen Rahmenprogramms für Maßnahmen im Energiesektor im Zeitraum 1998 bis 2002[22] ebenfalls auf der Grundlage des umweltrechtlichen Art. 175 EGV (ex-Art. 130s). Mit der Einführung dieses **mehrjährigen Rahmenprogramms** für Maßnahmen im Energiesektor, das seinerseits auf Art. 235 EGV gestützt, mit 170 Mio ECU dotiert und durch sechs spezifische Programme durchzuführen war[23] (eines von ihnen war Altener), folgte das Energierecht der im Forschungsrecht der EG durch die Art. 130i und k EWGV (Art. 166 Abs. 1 und 3 EGV n. F.) eingeführten **Zweistufigkeit** von **Rahmenprogrammen** und **spezifischen Programmen.**

Im derzeit geltenden Nachfolgeprogramm wurde diese legislative Zweistufigkeit wieder aufgehoben. Mit der Entscheidung Nr. 1230/2003/EG des Europäischen Parlaments und des Rates vom 26. Juni 2003 zur **Festlegung eines mehrjährigen Programms für Maßnahmen im Energiebereich: „Intelligente Energie – Europa“** (2003–2006)[24] wird der programmatische Inhalt von Altener in neuer Gestalt fortgeführt[25] und für den Einsatz erneuerbarer Energien im Verkehrssektor sogar ein eigenes Teilprogramm „STEER“ geschaffen[26]. Beide Teilprogramme zusammen sind mit insgesamt 112,6 Mio EUR ausgestattet[27]. Als Rechtsgrundlage dient wiederum Art. 175 Abs. 1 EGV.

Auf Seiten der **Forschung** unterfielen die erneuerbaren Energien dem 5. Rahmenprogramm[28] und dessen spezifischen Programmen für Forschung, technologische Entwicklung und Demonstration auf den Gebieten Energie, Umwelt und nachhaltige Entwicklung (1998–2002)[29]. Derzeit gilt das 6. Rahmenprogramm (2002–2006)[30], das ebenfalls Maßnahmen auf dem Gebiet der Energieforschung vorsieht[31].

---

21 ABl. Nr. L 79 vom 30. 3. 2000, S. 1.

22 Entscheidung 1999/21/EG, Euratom des Rates vom 14. Dezember 1998, ABl. Nr. L 7 vom 13. 1. 1999, S. 16.

23 S. Art. 2 der Entscheidung.

24 ABl. Nr. L 176 vom 15. 7. 2003, S. 29.

25 S. Art. 3 Abs. 1 lit. b) der Entscheidung.

26 S. Art. 3 Abs. 1 lit. c): „STEER“: Unterstützung von Initiativen, die sämtliche energiespezifische Aspekte des Verkehrswesen, die Diversifizierung der Kraftstoffe, z. B. durch neue, in Entwicklung befindliche und erneuerbare Energiequellen, und die Förderung von Kraftstoffen aus regenerativen Energien und der Energieeffizienz im Verkehrswesen zum Gegenstand haben.

27 S. Ziffern 2 und 3 des Anhangs der Entscheidung.

28 Beschluß Nr. 182/1999/EG des Europäischen Parlaments und des Rates vom 22. Dezember 1998 über das Fünfte Rahmenprogramm der Europäischen Gemeinschaft im Bereich der Forschung, technologischen Entwicklung und Demonstration (1998–2002), ABl. Nr. L 26 vom 1. 2. 1999, S. 1; s. dort Anhang II, III, Thema 4, 2. Energie a) in: Umweltfreundliche Energiesysteme, einschließlich erneuerbarer Energiequellen, a. a. O. S. 20.

29 Entscheidung 1999/170/EG des Rates vom 25. Januar 1999, ABl. Nr. L 64 vom 12. 3. 1999, S. 58.

30 ABl. Nr. L 232 vom 29. 8. 2002, S. 1.

31 S. hierzu unten 3. Teil G. I.

In der Praxis haben die Forschungs- und Verbreitungsprogramme auf dem Energiesektor zu **zahlreichen Prozessen** geführt, in denen die Kommission die Rückzahlung von Fördermitteln aus nicht erfüllten Verträgen verlangte[32] oder vermeintlich Begünstigte die Kommission auf Teilnahme und Förderung verklagten[33].

II. Maßnahmen im Bereich der Agrar- und Forstpolitik

Die Bestimmungen des EWG/EG-Vertrages über die Landwirtschaft definieren als landwirtschaftliche Erzeugnisse die Erzeugnisse des Bodens, der Viehzucht und der Fischerei (Art. 32 Abs. 1 (ex-Art. 38) EGV). Wenn auch ein Großteil dieser Erzeugnisse für die menschliche Ernährung bestimmt ist, so können doch bestimmte agrarische Produkte auch anderen Zwecken zugeführt werden, wie dies insbesondere bei **Holz** und **Energiepflanzen** der Fall ist (Non-food-Erzeugnisse). Die Förderung der Erzeugung von Holz und anderen biologischen Energiestoffen ist daher nach den Vorschriften des EG-Agrarrechts möglich und von ihren Zielbestimmungen gedeckt[34].

Zur Abwehr der Gefahren, die den europäischen **Wäldern** durch sauren Regen, Luftverschmutzung und Waldbrände drohen, hat die Gemeinschaft Mitte der 80er Jahre durch zwei Verordnungen erste Schutz- und Beobachtungsmaßnahmen eingeführt[35] und Maßnahmen zur Verbesserung der Agrarstruktur durch Aufforstung landwirtschaftlicher Nutzflächen beschlossen[36]. Ende der 80er Jahre folgten weitere Rechtsakte zur Entwicklung und Aufwertung des Waldes in den ländlichen Gebieten der Gemeinschaft[37], zur **Verbesserung der Verarbeitungs- und Vermarktungsbedingungen** für forstwirtschaftliche Erzeugnisse[38] und zur **Einführung eines Europäischen Informations- und Kommunikationssystems für die Forstwirtschaft**

---

32 Aus den weit über 100 Fällen dieser Gattung s. z. B. aus der letzten Zeit EuGH, Urteil vom 21. Februar 2002 in der Rechtssache C-416/98 (Kommission ./. Nea Energeiaki Technologia EPE), Slg. 2002, I-1759.

33 S. für diese Gattung z. B. GeI, Urteil vom 13. Dezember 1995 in der Rechtssache T-109/94 (Windpark Groothusen GmbH & Co. Betriebs KG ./. Kommission), Slg. 1995, II-3007.

34 S. *Vincent Réquillart*, L'Energie: un nouveau marché pour l'agriculture, Paris 1989.

35 Verordnung (EWG) Nr. 3528/86 des Rates vom 17. November 1986 über den Schutz des Waldes in der Gemeinschaft gegen **Luftverschmutzung**, ABl. Nr. L 326 vom 21. 11. 1986, S. 2. S. dazu Verordnung (EWG) Nr. 1696/87 der Kommission vom 10. Juni 1987 mit Durchführungsbestimmungen zu der Verordnung (EWG) Nr. 3528/86, ABl. Nr. L 161 vom 22. 6. 1987, S. 1; Verordnung (EWG) Nr. 3529/86 des Rates vom 17. November 1986 über den Schutz des Waldes in der Gemeinschaft gegen **Brände**, ABl. Nr. L 326 vom 21. 11. 1986, S. 5. S. dazu Verordnung (EWG) Nr. 1698/87 der Kommission vom 10. Juni 1987 mit Durchführungsbestimmungen zu der Verordnung (EWG) Nr. 3529/86, ABl. Nr. L 161 vom 22. 6. 1987, S. 29.

36 Verordnung (EWG) Nr. 797/85 des Rates vom 12. März 1985, ABl. Nr. L 93 vom 30. 3. 1985, S. 1.

37 Verordnung (EWG) Nr. 4256/88 des Rates vom 19. Dezember 1988, ABl. Nr. L 374 vom 31. 12. 1988, S. 25; s. dazu Verordnung (EWG) Nr. 1610/89 des Rates vom 29. Mai 1989 zum Erlaß von Durchführungsbestimmungen zur Verordnung (EWG) Nr. 4256/88 hinsichtlich der Aktion zur Entwicklung und Aufwertung des Waldes in den ländlichen Gebieten der Gemeinschaft, ABl. Nr. L 165 vom 15. 6. 1989, S. 3.

38 Verordnung (EWG) Nr. 1612/89 des Rates vom 29. Mai 1989 zum Erlaß vorläufiger Maßnahmen zur Verbesserung der Verarbeitungs- und Vermarktungsbedingungen für forstwirtschaftliche Erzeugnisse, ABl. Nr. L 165 vom 15. 6. 1989, S. 6.

(EFICS)[39]. Gleichzeitig wurde die Einsetzung eines **Ständigen Forstausschusses** beschlossen[40].

Auf internationaler Ebene haben sich die Gemeinschaft und die Mitgliedstaaten auf gesamteuropäischen Ministerkonferenzen über den **Schutz der Wälder** in Europa, die 1990 in Straßburg und 1993 in Helsinki stattfanden, zu einer fortlaufenden Überwachung der Waldschäden verpflichtet[41].

In den 90er Jahren wurde das Regime zum **Schutz des Waldes gegen Brände** erneuert[42] und jenes zum **Schutz gegen Luftverschmutzung** mit zusätzlichen Maßnahmen verstärkt. Als Ende 1996 die Verordnungen zum Schutz der Wälder gegen Luftverschmutzung und Brände ausliefen, suchte die Gemeinschaft, sie durch neue Rechtsakte[43] zu verlängern, die wiederum im **Landwirtschaftsrecht** der EG gründeten. Aufgrund ihrer **primär umweltschutzrechtlichen Zielsetzung** hob der Gerichtshof diese Rechtsakte 1999 auf, da sie auf der **Grundlage des Umweltrechts** der Gemeinschaft hätten ergehen müssen[44]. Demgemäß wurden die Vorschläge für die Nachfolgeregelungen auf Art. 175 Abs. 1 EGV gestützt[45].

Nicht nur durch Luftverschmutzung und Brände sind die europäischen Wälder gefährdet, sondern zunehmend auch durch schwere **Stürme** infolge der rapiden klimatischen Veränderungen[46], Insekten- und Pilzbefall[47] sowie durch Rodungen zur

---

39 Verordnung (EWG) Nr. 1615/89 des Rates vom 29. Mai 1989 zur Einführung eines Europäischen Informations- und Kommunikationssystems für die Forstwirtschaft (EFICS), ABl. Nr. L 165 vom 15. 6. 1989, S. 12.

40 Entscheidung Nr. 89/367/EWG des Rates vom 29. Mai 1989 zur Einsetzung eines Ständigen Forstausschusses, ABl. Nr. L 165 vom 15. 6. 1989, S. 14.

41 S. hierzu den 4. Erwägungsgrund der Verordnung (EG) Nr. 307/97 des Rates vom 17. Februar 1997 zur Änderung der Verordnung (EWG) Nr. 3528/86 über den Schutz des Waldes in der Gemeinschaft gegen Luftverschmutzung, ABl. Nr. L 51 vom 21. 2. 1997, S. 9.

42 Verordnung (EWG) Nr. 2158/92 des Rates vom 23. Juli 1992 zum Schutz des Waldes in der Gemeinschaft gegen Brände, ABl. Nr. L 217 vom 31. 7. 1992, S. 3. S. dazu Verordnung (EWG) Nr. 1170/93 der Kommission vom 13. Mai 1993 über Durchführungsvorschriften zu der Verordnung (EWG) Nr. 2158/92, ABl. Nr. L 118 vom 14. 5. 1993, S. 23; Verordnung (EG) Nr. 804/94 der Kommission vom 11. April 1994 mit Durchführungsbestimmungen zur Verordnung (EWG) Nr. 2158/92 des Rates hinsichtlich der Waldbrandinformationssysteme, ABl. Nr. L 93 vom 12. 4. 1994, S. 11; Verordnung (EG) Nr. 1727/1999 der Kommission vom 28. Juli 1999 mit Durchführungsbestimmungen zu der Verordnung (EWG) Nr. 2158/92 des Rates zum Schutz des Waldes in der Gemeinschaft gegen Brände, ABl. Nr. L 203 vom 3. 8. 1999, S. 41, mit der die Verordnung (EWG) Nr. 1170/93 aufgehoben wurde.

43 S. Verordnungen (EG) Nr. 307/97 und Nr. 308/97, ABl. Nr. L 51 vom 21. 2. 1997, S. 9 und 11.

44 EuGH, Urteil vom 25. 2. 1999 in den verbundenen Rechtssachen C-164/97 und C-165/97, Slg. 1999, S. I-1139, wonach die Rechtswirkungen der für nichtig erklärten Verordnungen bis zum Erlaß neuer Verordnungen aufrechterhalten bleiben.

45 S. zu den Vorschlägen zuletzt die Stellungnahme des Wirtschafts- und Sozialausschusses, ABl. Nr. C 80 vom 3. 4. 2002, S. 45.

46 S. Entschließung des Europäischen Parlaments zu den wirtschaftlichen Auswirkungen der jüngsten Stürme auf die Forstwirtschaft Europas, ABl. Nr. C 40 vom 7. 2. 2001, S. 486. S. auch schon die Schriftliche Anfrage Nr. 180/73, ABL. Nr. C 102 vom 24. 11. 1975, S. 7.

47 S. zur Bekämpfung schädlichen Befalls die Richtlinie 77/93/EWG des Rates vom 21. Dezember 1976 über Maßnahmen zum Schutz der Gemeinschaft gegen die Einschleppung und Ausbreitung von Schadorganismen der Pflanzen und Pflanzenerzeugnisse, ABl. Nr. L 26 vom

Gewinnung landwirtschaftlicher Flächen und von **Bauland**[48]. Der Ruf nach erhaltenden Maßnahmen zum Schutz der Wälder ist daher in den letzten Jahren lauter geworden[49] und artikuliert sich in der Forderung nach einer kohärenten **Forstpolitik** auf der Ebene der Gemeinschaft[50]. Hierbei dringt auch die uralte Bedeutung des Holzes als erneuerbarer Energieträger erneut in das politische Bewußtsein[51].

Neben die Rolle der Wälder als erneuerbares Energiepotential tritt ihre Funktion als Klimaregulator, Wasserspeicher und Luftfilter[52]. In diesem Zusammenhang gibt besonders die rapide **Zerstörung der Tropenwälder** Grund zur Besorgnis[53]. Wenn auch die Einflußmöglichkeiten der Gemeinschaft gering sind, sieht sich Europa doch mehr und mehr zum Handeln aufgefordert[54].

Auf internationaler Ebene wurde das bestehende Internationale Tropenholz-Übereinkommen von 1994[55] bis zum 31. Dezember 2003 verlängert[56]. Weitere Maßnahmen waren im Forstprotokoll des Abkommens von Lomé vorgesehen[57].

Die Maßnahmen der Gemeinschaft auf dem Gebiet der Forstpolitik, zu denen 1999 noch die Richtlinie über den Verkehr mit forstlichem Vermehrungsgut[58] getreten ist, ergänzen und überwölben die nationalen Rechtsakte auf dem Forstsektor, zu denen in

---

31. 1. 1977, S. 20. Zu einem konkreten Anwendungsfall siehe die Entscheidung Nr. 93/467/EWG der Kommission vom 19. Juli 1993 zur Ermächtigung der Mitgliedstaaten, für Eichenstämme (Quercus L.) mit Rinde mit Ursprung in Kanada oder den Vereinigten Staaten von Amerika Ausnahmen von bestimmten Vorschriften der Richtlinie 77/93/EWG des Rates vorzusehen, ABl. Nr. L 217 vom 27. 8. 1993, S. 49.

48 S. Entschließung des Europäischen Parlaments zu dringenden Maßnahmen zur Rettung der europäischen Wälder, ABl. Nr. C 91 vom 28. 3. 1994, S. 291.

49 S. Stellungnahme des Ausschusses der Regionen zum Thema „Nutzung, Bewirtschaftung und Schutz der Wälder in der Europäischen Union", ABl. Nr. C 64 vom 27. 2. 1998, S. 25.

50 S. Entschließung des Rates vom 15. Dezember 1998 über eine Forststrategie für die Europäische Union, ABl. Nr. C 56 vom 26. 2. 1999, S. 1.

51 S. a. a. O. Ziffer 2c) zum „Beitrag, den die bestehenden und künftigen Maßnahmen auf Gemeinschaftsebene ... in bezug auf ... die Nutzung von Holz als erneuerbarer Energieträger ... leisten".

52 S. Stellungnahme des Ausschusses der Regionen zu der „Mitteilung der Kommission an den Rat, das Europäische Parlament, den Wirtschafts- und Sozialausschuß und den Ausschuß der Regionen über eine Strategie der Europäischen Union für die Forstwirtschaft, ABl. Nr. C 57 vom 29. 2. 2000, S. 96. S. auch die Stellungnahme des Wirtschafts- und Sozialausschusses zum gleichen Thema, ABl. Nr. C 51 vom 23. 2. 2000, S. 97.

53 S. die Mitteilung der Kommission: Die Rolle der Gemeinschaft bei der Erhaltung der Tropenwälder, vom 2. Mai 1990 (KOM(89) 410 endg.).

54 S. Verordnung (EG) Nr. 3062/95 des Rates vom 20. Dezember 1995 über Maßnahmen im Bereich der Tropenwälder, ABl. Nr. L 327 vom 30. 12. 1995, S. 9. S. zuletzt Verordnung (EG) Nr. 2494/2000 des Europäischen Parlaments und des Rates vom 7. November 2000 über Maßnahmen zur Förderung der Erhaltung und nachhaltigen Bewirtschaftung tropischer und anderer Wälder in Entwicklungsländern, ABl. Nr. L 288 vom 15. 11. 2000, S. 6.

55 ABl. Nr. L 208 vom 17. 8. 1996, S. 1.

56 ABl. Nr. C 376 vom 29. 12. 2000, S. 2.

57 S. dazu die Schriftliche Anfrage E 0164/98, ABl. Nr. C 310 vom 9. 10. 1998, S. 31 und die Schriftliche Anfrage E-1354/95, ABl. Nr. C 300 vom 13. 11. 1995, S. 26.

58 Richtlinie 1999/105/EG des Rates vom 22. Dezember 1999 über den Verkehr mit forstlichem Vermehrungsgut, ABl. Nr. L 11 vom 15. 1. 2000, S. 17.

Deutschland insbesondere das Bundeswaldgesetz[59] und das Gesetz über eine Holzstatistik[60] zu zählen sind.

Über den engeren Bereich des Holzes hinaus[61] wurde speziell zur Förderung des Anbaus **nachwachsender Rohstoffe** auf stillgelegten Flächen die Verordnung (EWG) Nr. 334/93 zur Nutzung stillgelegter Flächen für die Erzeugung von Non-food-Erzeugnissen erlassen[62]. Derzeit gilt die **Verordnung (EG) Nr. 1251/1999 des Rates vom 17. Mai 1999 zur Einführung einer Stützungsregelung für Erzeuger bestimmter landwirtschaftlicher Kulturpflanzen**[63], deren Art. 6 Abs. 3 Flächenzahlungen vorsieht, wenn stillgelegte Agrarflächen „für die Erzeugung von Rohstoffen genutzt werden, die in der Gemeinschaft zu nicht in erster Linie für Lebensmittel- oder Futtermittelzwecke bestimmten Erzeugnissen verarbeitet werden". Auch im Rahmen der jetzigen **Agrarreform** sind **Beihilfen für den Anbau von Energiepflanzen** und die **Nutzung von Biomasse** zur Erzeugung von elektrischer- und Wärmeenergie fest eingeplant.

Im Rahmen der gemeinsamen Marktorganisation für Wein[64] ist die öffentliche Versteigerung von **Weinalkohol zur Verwendung im Kraftstoffsektor** vorgesehen[65], wobei die entsprechenden Mengen aus dem Besitz der nationalen Interventionsstellen stammen und zur Verwendung als **Bioethanol** in der Gemeinschaft[66] und in Drittländern[67] ausgeschrieben werden. Die Ergebnisse des Verkaufs von Weinalkohol aus

---

59 Gesetz zur Erhaltung des Waldes und zur Förderung der Forstwirtschaft (Bundeswaldgesetz) vom 2. Mai 1975, BGBl. I S. 1037.

60 Vom 30. April 1968, BGBl. I S. 333.

61 Mit der Verordnung (EWG) Nr. 2080/92 des Rates vom 30. Juni 1992, ABl. Nr. L 215 vom 30. 7. 1992, S. 96 führte die Gemeinschaft eine Beihilferegelung für die Aufforstung stillgelegter landwirtschaftlicher Flächen ein.

62 ABl. Nr. L 38 vom 16. 2. 1993, S. 12. S. dazu auch die schriftliche Anfrage E-1210/96, ABl. Nr. C 345 vom 15. 11. 1996, S. 40.

63 ABl. Nr. L 160 vom 26. 6. 1999, S. 1.

64 Verordnung (EG) Nr. 1493/1999 des Rates vom 17. Mai 1999 über die gemeinsame Marktorganisation für Wein, ABl. Nr. L 179 vom 14. 7. 1999, S. 1, zuletzt geändert durch die Verordnung (EG) Nr. 2585/2001, ABl. Nr. L 345 vom 29. 12. 2001, S. 10.

65 S. Verordnung (EG) Nr. 1623/2000 der Kommission vom 25. Juli 2000 mit Durchführungsbestimmungen zur Verordnung (EG) Nr. 1493/1999 über die gemeinsame Marktorganisation für Wein bezüglich der Marktmechanismen, ABl. Nr. L 194 vom 31. 7. 2000, S. 45, zuletzt geändert durch die Verordnung (EG) Nr. 1795/2002, ABl. Nr. L 272 vom 10. 10. 2002, S. 15. S. dazu das Verzeichnis zugelassener Unternehmen: Artikel 92 Absatz 3 Unterabsatz 1 der Verordnung (EG) Nr. 1623/2000 der Kommission (öffentliche Versteigerung von Weinalkohol zur Verwendung als Bioethanol im Kraftstoffsektor der Europäischen Gemeinschaft), ABl. Nr. C 163 vom 12. 7. 2003, S. 2.

66 S. Verordnung (EG) Nr. 2328/2002 der Kommission vom 23. Dezember 2002 zur Eröffnung öffentlicher Versteigerungen von Weinalkohol zur Verwendung als Bioethanol in der Europäischen Gemeinschaft, ABl. Nr. L 349 vom 24. 12. 2002, S. 13, sowie zuletzt Verordnung (EG) Nr. 597/2003 der Kommission vom 1. April 2003 zur Eröffnung öffentlicher Versteigerungen von Weinalkohol zur Verwendung als Bioethanol in der Europäischen Gemeinschaft, ABl. Nr. L 85 vom 2. 4. 2003, S. 8.

67 S. Verordnung (EG) Nr. 42/2003 der Kommission vom 10. Januar 2003 zur Eröffnung von Ausschreibungen für Weinalkohol zur ausschließlichen Verwendung als Kraftstoff in Drittländern, ABl. Nr. L 7 vom 11. 1. 2003, S. 3.

öffentlichen Beständen werden bekanntgemacht[68]. Zusätzlich hat der Rat kürzlich für die Vermarktung von Ethylalkohol (Äthanol) besondere Maßnahmen erlassen[69].

Auch für die Verwertung von **Gülle** aus der landwirtschaftlichen Produktion in Biogasanlagen hat die Gemeinschaft Regelungen getroffen[70].

III. Maßnahmen zur Förderung der Verwendung erneuerbarer Energien

Die Verwendung erneuerbarer Energien wird durch die Gemeinschaft in vierfacher Weise gefördert: durch die legislative **Festlegung zu erreichender Marktanteile**, durch **Steuererleichterungen**, durch **Gemeinschaftssubventionen** und durch die erleichterte Genehmigung nationaler **Beihilfen** zugunsten der erneuerbaren Energien. Was die erste Art der Förderung anbelangt, ist zunächst auf die oben unter F.IV. genannte Richtlinie 2001/77/EG des Europäischen Parlaments und des Rates vom 27. September 2001 zur **Förderung der Stromerzeugung aus erneuerbaren Energiequellen** im Elektrizitätsbinnenmarkt[71] zu verweisen. Ziel dieses auf Art. 175 EGV gestützten Rechtsakts ist die Schaffung eines gemeinsamen Rahmens zur Steigerung des Anteils erneuerbarer Energiequellen an der Elektrizitätserzeugung auf insgesamt 22,1 % am Gesamtelektrizitätsverbrauch der Gemeinschaft bis zum Jahre 2010. Für die **Förderung der Verwendung von Biokraftstoffen** hat die Kommission Ende 2001 ein Bündel von Maßnahmen vorgeschlagen[72], das bis Ende 2005 eine Erhöhung des Anteils von Biokraftstoffen an verkauften Otto- und Dieselkraftstoffen auf mindestens 2 % vorsieht[73]. Mit der Richtlinie 2003/30/EG des Europäischen Parlaments und des Rates vom 8. Mai 2003 zur **Förderung der Verwendung von Biokraftstoffen oder anderen erneuerbaren Kraftstoffen im Verkehrssektor**[74] wurde dieser Anteil

---

68 S. zuletzt ABl. Nr. C 76 vom 28. 3. 2003, S. 29.

69 S. Verordnung (EG) Nr. 670/2003 des Rates vom 8. April 2003 mit besonderen Maßnahmen für den Markt für Ethylalkohol landwirtschaftlichen Ursprungs, ABl. Nr. L 97 vom 15. 4. 2003, S. 6.

70 S. zuletzt Verordnung (EG) Nr. 810/2003 der Kommission vom 12. Mai 2003 betreffend Übergangsmaßnahmen gemäß der Verordnung (EG) Nr. 1774/2002 des Europäischen Parlaments und des Rates hinsichtlich der Verarbeitungsstandards für Material der Kategorie 3 und Gülle, die in Biogasanlagen verwendet werden, ABl. Nr. L 117 vom 13. 5. 2003, S. 12.

71 ABl. Nr. L 283 vom 27. 10. 2001, S. 33.

72 S. Mitteilung der Kommission über alternative Kraftstoffe für den Straßenverkehr und ein Bündel von Maßnahmen zur Förderung der Verwendung von Biokraftstoffen – Vorschlag für eine Richtlinie des Europäischen Parlaments und des Rates zur Förderung der Verwendung von Biokraftstoffen – Vorschlag für eine Richtlinie des Rates zur Änderung der Richtlinie 92/81/EWG bezüglich der Möglichkeit, auf bestimmte Biokraftstoffe und Biokraftstoffe enthaltende Mineralöle einen ermäßigten Verbrauchssteuersatz anzuwenden, KOM(2001) 547 endg. vom 7. 11. 2001. Der Vorschlag für eine Richtlinie zur Förderung der Verwendung von Biokraftstoffen wurde zwischenzeitlich geändert (KOM(2002) 508 endg. vom 12. 9. 2002) und vom Rat ein gemeinsamer Standpunkt angenommen (ABl. Nr. C 32 E vom 11. 2. 2003, S. 1). S. auch die Stellungnahme des Ausschusses der Regionen, ABl. Nr. C 278 vom 14. 11. 2002, S. 29.

73 S. Art. 3 Abs. 1 des Vorschlags für eine Richtlinie zur Förderung der Verwendung von Biokraftstoffen.

74 ABl. Nr. L 123 vom 17. 5. 2003, S. 42.

von 2 % als Bezugswert gemessen am Energieinhalt für Ende 2005 festgelegt und zugleich ein Bezugswert von 5,75 % für Ende 2010 bestimmt[75].

Steuerbefreiungen oder **Steuerermäßigungen** für Kraftstoffe aus erneuerbaren Rohstoffen sind im Rahmen der Art. 8 Abs. 2 und 4 der Richtlinie 92/81/EWG zur Harmonisierung der Struktur der Verbrauchssteuer auf Mineralöle[76] möglich (s. hierzu unten 3. Teil C. II.), wobei sich allerdings in bestimmten Fällen die Frage der Vereinbarkeit von Steuererleichterungen mit den Vorschriften des EG-Beihilferechts stellen kann (s. hierzu unten 3. Teil C. IV.). Weitere Gesetzgebungsvorschläge zur steuerlichen Begünstigung von Biokraftstoffen werden zur Zeit beraten (s. hierzu unten 3. Teil C. III.).[77]

Gemeinschaftssubventionen zur Förderung erneuerbarer Energieträger werden seit 1993 im Rahmen der Altener-Programme bereitgestellt[78], und auch im Rahmen der Nachfolgeregelung für die Jahre 2003–2006[79] ist eine weitere Förderung im Bereich Altener vorgesehen[80].

Entsprechend ihrer umweltschützenden Zielsetzung kann eine Überprüfung nationaler **Beihilfen** zur Förderung erneuerbarer Energieträger am Maßstab des **Gemeinschaftsrahmens für staatliche Umweltschutzbeihilfen**[81] erfolgen.[82] Die Beihilfepraxis der Mitgliedstaaten auf diesem Gebiet spiegelt sich in den zahlreichen Genehmigungsentscheidungen der Kommission gemäß den Art. 87 und 88 EGV[83].

---

75 S. Art. 3 Abs. 1 der Richtlinie.

76 ABl. Nr. L 76 vom 23. 3. 1992, S. 1.

77 S. auch den Vorschlag für eine Richtlinie des Rates zur Änderung der Richtlinie 92/81/EWG bezüglich der Möglichkeit, auf bestimmte Biokraftstoffe und Biokraftstoffe enthaltende Mineralöle einen ermäßigten Verbrauchssteuersatz anzuwenden, KOM(2001) 547 endg. vom 7. 11. 2001.

78 S. oben Ziffer I sowie die Mitteilung der Kommission zur Umsetzung der Gemeinschaftsstrategie und des Aktionsplans zu erneuerbaren Energiequellen (1998–2000), KOM(2001) 69 endg. vom 16. 2. 2001.

79 S. Entscheidung Nr. 1230/2003/EG des Europäischen Parlaments und des Rates vom 26. Juni 2003 zur Festlegung eines mehrjährigen Programms für Maßnahmen im Energiebereich: „Intelligente Energie – Europa“ (2003–2006), ABl. Nr. L 176 vom 15. 7. 2003, S. 29.

80 S. Art. 3 Abs. 1 lit. b) der Entscheidung. Finanzvolumen zur Förderung erneuerbarer Energien: 80 Mio EUR (s. Anhang, Ziffer 2).

81 ABl. Nr. C 37 vom 3. 2. 2001, S. 3.

82 S. hierzu oben ausführlich Ziffer D. IX.

83 S. aus der letzten Zeit z. B.:
ABl. Nr. C 117 vom 18. 5. 2002:
- Deutschland: Förderung der Lagerung von Biodiesel in land- und forstwirtschaftlichen Betrieben.

ABl. Nr. C 238 vom 3. 10. 2002, S. 11 ff:
- Frankreich: Förderung der Verwendung erneuerbarer Energiequellen der Ademe,
- Vereinigtes Königreich: Förderung der Stromerzeugung aus photovoltaischen Anlagen und Investitionen in Technologien für erneuerbare Energien,
- Deutschland (Sachsen): Nutzung erneuerbarer Energien,
- Vereinigtes Königreich: Ermäßigter Verbrauchssteuersatz für Biodiesel,
- Dänemark: Änderung des Energiesteuersystems.

ABl. Nr. C 292 vom 27. 11. 2002, S. 5:
- Förderung von grünem Strom durch die wallonische Regierung – Produktionsbeihilfe.

ABl. Nr. C 327 vom 28. 12. 2002, S. 8:
- Vereinigtes Königreich: Pilotprojekt „Umweltfreundliche Brennstoffe“ – Biogas und Wasserstoff.

Angesichts der Umfangs der Fördermaßnahmen zugunsten der erneuerbaren Energien stellt sich die Frage nach ihrem tatsächlichen Erfolg auf dem Energiesektor der Gemeinschaft. Die verfügbaren Zahlen weisen aus, daß zwischen 1990 und 1999 zwar die

---

ABl. Nr. C 18 vom 25. 1. 2003, S. 37:
- Spanien: Beihilfe zur Förderung der thermischen, fotovoltaischen und windfotovoltaischen Sonnenenergie,
- Frankreich: Nutzung der Wasserkraft zur Stromerzeugung.

ABl. Nr. C 52 vom 6. 3. 2003, S. 4:
- Spanien: Beihilfe für Vorhaben zur Nutzung erneuerbarer Energiequellen und Demonstrationsvorhaben zur Förderung von Energieeinsparungen und Energieeffizienz.

ABl. Nr. C 59 vom 14. 3. 2003, S. 23:
- Deutschland (Saarland): Erstes Solarkraftwerk Saarbrücken,
- Finnland: Beihilfe für das Zerkleinern von Holz zum Zwecke der Energiegewinnung.

ABl. Nr. C 65 vom 19. 3. 2003, S. 23:
- Spanien: Beihilfe für die Förderung von Investitionsprojekten zur Förderung erneuerbarer Energien.

ABl. Nr. C 75 vom 27. 3. 2003, S. 2:
- Schweden: Förderung von Pilotprojekten für Biotreibmittel.

ABl. Nr. C 78 vom 1. 4. 2003, S. 2:
- Italien (Toskana): Förderung von Investitionen in die Nutzung erneuerbarer Energieträger, die Einsparung von Energie und die Sanierung von Altlasten.

ABl. Nr. C 82 vom 5. 4. 2003, S. 19:
- Italien (Toskana): Energieeinsparungen und Entwicklung erneuerbarer Energiequellen.

ABl. Nr. C 92 vom 17.4. 2003, S. 6:
- Vereinigtes Königreich: Pilotprojekt „Grünes Benzin“ – Methanol.

ABl. Nr. C 110 vom 8. 5. 2003, S. 13:
- Niederlande: Förderung des Erwerbs von Windenergieanlagen zur Stromerzeugung durch natürliche Personen.

ABl. Nr. C 120 vom 22.5. 2003, S. 8:
- Schweden: Förderung der Stromerzeugung aus erneuerbaren Energiequellen.

ABl. Nr. C 123 vom 24. 5. 2003, S. 18:
- Deutschland: Förderung der Verwendung biologisch abbaubarer Schmierstoffe.

ABl. Nr. C 127 vom 29. 5. 2003, S. 31:
- Deutschland (Sachsen): Beihilfe für Solar World AG.

ABl. Nr. C 129 vom 3. 6. 2003, S. 4:
- Spanien: Nutzung erneuerbarer Energieträger.

ABl. Nr. C 148 vom 25. 6. 2003, S. 11, 12:
- Finnland: Unterstützung umweltfreundlicher Stromerzeugung,
- Niederlande: Förderung erneuerbarer Energiequellen.

ABl. Nr. C 175 vom 24. 7. 2003, S. 8:
- Dänemark: Förderung von Heizkraftwerken (Kraft-Wärme-Kopplung), die mit Abfällen, Erdgas oder Biogas betrieben werden.

ABl. Nr. C 182 vom 1. 8. 2003, S. 20:
- Schweden: Förderung der Verwendung erneuerbarer Energieträger sowie von Energietechniken und -produkten mit hohem Wirkungsgrad.

ABl. Nr. C 188 vom 8. 8. 2003, S. 8:
- Italien: Beihilfen zur Reduzierung von Treibhausgasemissionen durch alternative Energien und Energieeinsparung.

ABl. Nr. C 197 vom 21. 8. 2003, S. 13:
- Frankreich: Beihilfe zur Verwendung von Tierkörpermehl für die Energieerzeugung in der Firma SVPE.

ABl. Nr. C 206 vom 2. 9. 2003, S. 18:
- Frankreich: Beihilfe zur Verwendung von Tierkörpermehl und tierischen Rohabfällen für die Energieerzeugung in der Firma Rhodia Energy/Von Roll/Inova France.

Menge der eingesetzten erneuerbaren Energien um fast 30 % gestiegen ist (von 65 Mtoe auf 84 Mtoe), jedoch ihr relativer Anteil am Energieverbrauch aufgrund dessen Gesamtanstiegs nur um etwa 0,9 % gewachsen ist (von 4,98 % auf 5,86 %)[84]. Hierbei entfielen 1999 insgesamt 63,3 % der verbrauchten erneuerbaren Energien auf Biomasse (überwiegend Holz und Holzabfälle), 31 % auf Wasserkraft, 3,6 % auf Erdwärme, 1,4 % auf Windenergie und nur 0,4 % auf Sonnenenergie[85]. Der Anteil der erneuerbaren Energien an der **Elektrizitätserzeugung** lag zwischen 1990 und 1999 nahezu unverändert bei etwa 14 %[86], wobei hier die Wasserkraft mit 84,9 % an der Spitze lag (Biomasse: 9,8 %, Wind 4,0 %, Erdwärme 1,3 %)[87].

Sowohl die **Wasser-** als auch die **Windkraft** sind in hohem Maße wetterabhängig; erstere wird durch regenarme Wetterperioden, letztere durch Flauten und Stürme beeinträchtigt. Hinzu kommt, daß die Wasserkraftpotentiale der Gemeinschaft im wesentlichen erschlossen sind und daher auf diesem Gebiet kein größeres Wachstum mehr zu erwarten ist. Auch die Ausbeutung der Windkraft hat in weiten Gebieten den Saturationspunkt erreicht. Als potentielle Wachstumsmärkte verbleiben damit auf längere Sicht vor allem die **Biomasse** und **Biokraftstoffe.** Neben schon genutzten land- und forstwirtschaftlichen Rückständen und Abfallströmen ließe sich der Einsatz von Biomasse durch neue Energiekulturen erhöhen. Die Verstärkung des Anteils von Biokraftstoffen (Biodiesel, Bioalkohol) im Verkehrssektor erfordert vor allem eine anhaltende Absenkung ihres Preisniveaus an der Tankstelle. In beide Richtungen hat die Gemeinschaft verstärkte Initiativen in Angriff genommen[88].

ABl. Nr. C 209 vom 4. 9. 2003, S. 29:
– Luxemburg: Investitionen im Energiebereich (production d'énergie de sources renouvelables).
ABl. Nr. C 230 vom 26. 9. 2003, S. 3:
– Griechenland: Projekte zur innovativen Energiegewinnung auf den griechischen Inseln.

84 S. Eurostat, Energy and environment indicators, Data 1985–2002, 2002 Edition, Luxemburg 2002, S. 71.

85 A. a. O. S. 73.

86 A. a. O. S. 75.

87 A. a. O. S. 77. Dank der Nutzung ihrer Potentiale aus Forstwirtschaft und Wasserkraft liegen folgende vier Mitgliedstaaten bei der Nutzung erneuerbarer Energien an der Spitze: Schweden (28,5 %), Österreich (23,3 %), Finnland (21,8 %) und Portugal (15,7 %).

88 S. Grünbuch, Hin zu einer europäischen Strategie für Energieversorgungssicherheit, Luxemburg 2001, S. 45 ff.

3. Teil: Horizontale Maßnahmen und Regelungen (EGV)

A. Die Festlegung energiepolitischer Ziele

Literatur:

Jürgen F. Baur, Der Vertrag über die Europäische Gemeinschaft und die ausschließliche Zuständigkeit von Unternehmen zur Versorgung mit Energie, in: Festschrift für *Ulrich Everling*, Band I, Baden-Baden 1995, S. 69; *Cl. Blumann, G. Joly*, Energie et Communautés européennes, Revue trimestrielle de droit européen 1986, p. 613; *Terence Daintith, Leigh Hancher*, The Management of Diversity: Community Law as an Instrument of Energy and Other Sectorial Policies, Yearbook of Europen Law 4, 1984, Oxford 1985, p. 123; *dies.*, Energy Strategy in Europe: The Legal Framework, Berlin, New York 1986; *Wolfgang Eichhammer, Eberhard Jochem*, Europäische Energiepolitik – die Herausforderungen beginnt erst, et 2001, S. 100; *Peter Faross*, Energiepolitik, in: *Hans von der Groeben, Jochen Thiesing, Claus-Dieter Ehlermann*, Kommentar zum EU-/EG-Vertrag, 5. Aufl., Baden-Baden 1997, Band 5, S. 1306; *Giuseppe Flore*, Coopération entre les Etats membres et les Communautés européennes en matière d'énergie, Generalbericht an die Kommission III (Energie) des V. Internationalen Kongresses für Europarecht (F.I.D.E.) in Berlin 1970; *Jürgen Grunwald*, Energiepolitik, in: *Moritz Röttinger, Claudia Weyringer*, Handbuch der europäischen Integration, 2. Aufl., Wien 1996, S. 941; *Janne Haaland Matláry*, Energy Policy in the European Union, London 1997; *Wolfgang Harms* (Hrsg.), Konturen eines EG-Energiemarkts, Köln u. a. 1989; *Marc Ippolito*, Contribution à l'Etude du Problème Energétique Communautaire, Paris 1969; *Joseph H. Kaiser*, Das Zusammenwirken der Europäischen Rechtsordnung mit den nationalen Rechtsordnungen, Deutscher Bericht an die Kommission (Energie) des V. F.I.D.E. Kongresses in Berlin 1970; *Knut Kübler*, Glanz und Elend quantitativer Ziele in der Energiepolitik – Zur aktuellen Situation in der Europäischen Gemeinschaft, ZfE 2001, S. 67; *Dietmar Kuhnt*, Die Versorgung Europas mit sicherer und preisgünstiger Energie, RdE 1994, S. 41; *Michael Kuxenko*, Liberalisierung und Deregulierung im Energiewirtschaftsrecht, DÖV 2001, S. 141; *Rolf Linkohr*, Wieviel Liberalisierung verträgt der Energiesektor?, RdE 1995, S. 57; *Pierre Maillet*, A la recherche de l'introuvable politique énergétique européenne, Revue du Marché Commun 1988, p. 504; *Hans-Horst Misch*, Die Energiepolitik der Europäischen Gemeinschaft, Aus Politik und Zeitgeschichte, Beilage zur Wochenzeitung „Das Parlament", B 3/76, 17. Januar 1976; *Wernhard Möschel*, Energiepolitik im Umbruch, JZ 1989, S. 713; *Gerhard Ott*, „Energie – kein Thema?" Anmerkungen zur aktuellen Energiediskussion, RdE 1997, S. 128; *Barbara Rapp-Jung*, Der Energiesektor zwischen Marktwirtschaft und öffentlicher Aufgabe, EuZW 1994, S. 464; *Martha M. Roggenkamp, Anita Rønne, Catherine Redgwell, Iñigo del Guayo* (Ed.), Energy Law in Europe: National, EU and International Law and Institutions, Oxford 2001; *Matthias Schmidt-Preuß*, Konsens und Dissens in der Energiepolitik – rechtliche Aspekte, NJW 1995, S. 985; *Hans-Eike von Scholz*, Energiepolitik, in: *Hans von der Groeben, Jochen Thiesing, Claus-Dieter Ehlermann*, Kommentar zum EWG-Vertrag, 4. Aufl., Baden-Baden 1991, Band 4, S. 6241; *Rudolf Steinberg, Gabriele Britz*, Die Energiepolitik im Spannungsfeld nationaler und europäischer Regelungskompetenzen, DÖV 1993, S. 313; *Ernst Steindorff*, Markt und hoheitliche Verantwortung in der EG, ZHR, 164. Band 2000, S. 223; *Peter J. Tettinger*, Vorüberlegungen zu einer „charte européenne de service public", RdE 1995, S. 175; *ders.*, Energierecht – nurmehr ein Anhängsel zum Wettbewerbsrecht?, RdE 2001, S. 41; *ders.*, Für die Versorgungswirtschaft bedeutsame Entwicklungslinien im primären Gemeinschaftsrecht, RdE 1999, S. 45; *Gillian M. White*, Energiepolitik, in: Kommission der Europäischen Gemeinschaften, Dreißig Jahre Gemeinschaftsrecht, Brüssel, Luxemburg 1981.

Im Gegensatz zum EGKS- und Euratom-Vertrag enthält der EWG/EG-Vertrag keine direkten energiepolitischen Zielbestimmungen. Art. 3 Abs. 1 lit. u) EGV zählt zwar **„Maßnahmen im Bereich Energie"** zu den Tätigkeiten der Gemeinschaft, Art. 154 EGV verpflichtet die Gemeinschaft zu einem Beitrag **beim Auf- und Ausbau transeuropäischer Netze** im Bereich der Energieinfrastruktur und Art. 174 Abs. 1 EGV fordert die **umsichtige und rationelle Verwendung der natürlichen Ressourcen,** doch lassen sich aus diesen Vorschriften allein keine inhaltlichen Vorgaben für eine gemeinschaftliche Energiepolitik ableiten.

Stellt man jedoch die Maßnahmen im Bereich Energie i. S. des Art. 3 lit. u) EGV in den Dienst der **Aufgabe der Gemeinschaft** i. S. d. Art. 2 EGV (wie es der einleitende Satzteil des Art. 3 Abs. 1 EGV verlangt)[1], so wird deutlich, daß auch die Maßnahmen im Bereich Energie, und damit die Energiepolitik der Gemeinschaft, dazu beizutragen haben, „in der ganzen Gemeinschaft eine harmonische, ausgewogene und nachhaltige Entwicklung des Wirtschaftslebens, ein hohes Beschäftigungsniveau ..., ein beständiges, nichtinflationäres Wachstum, einen hohen Grad von Wettbewerbsfähigkeit und Konvergenz der Wirtschaftsleistungen, ein hohes Maß an Umweltschutz und Verbesserung der Umweltqualität, die Hebung der Lebenshaltung und der Lebensqualität, den wirtschaftlichen und sozialen Zusammenhalt und die Solidarität zwischen den Mitgliedstaaten zu fördern" (Art. 2 EGV).

Weitere Vorgaben für eine gemeinsame Energiepolitik ergeben sich aus der „Einführung einer Wirtschaftspolitik, die auf einer engen Koordinierung der Wirtschaftspolitik der Mitgliedstaaten, dem Binnenmarkt und der Festlegung gemeinsamer Ziele beruht und dem Grundsatz einer offenen Marktwirtschaft mit freiem Wettbewerb verpflichtet ist" (Art. 4 Abs. 1 EGV). Ferner ist Art. 100 Abs. 1 EGV zu entnehmen, daß die Gemeinschaft bei gravierenden Schwierigkeiten in der Versorgung zum Handeln aufgerufen ist, und Art. 86 Abs. 2 EGV erkennt die besondere Situation von Unternehmen an, „die mit Dienstleistungen von allgemeinem wirtschaftlichem Interesse betraut sind". Aus diesen – und weiteren – primärrechtlichen Elementen lassen sich die **Grundlagen einer gemeinsamen Energiepolitik** ableiten, deren qualitative und quantitative Ausformung indessen weiterer Präzisierung bedarf. Diese erfolgt – im Vorfeld des Erlasses zwingenden Rechts – durch die gemeinsame **Formulierung energiepolitischer Ziele**, mit denen die Gemeinschaft auf aktuelle Lagen, langfristige Entwicklungen und wechselnde politische Prioritäten reagiert. In Gestalt von Entschließungen, Empfehlungen und Stellungnahmen sind diese Zielbestimmungen zwar ohne rechtliche Außenwirkung, als soft law jedoch für die sie beschließenden Organe und Mitgliedstaaten politisch verbindlich. Ist eine politische Willensäußerung beabsichtigt, die über die Erreichung punktueller Einzelziele hinaus eine umfassende Legislativtätigkeit vorbereitet, so kann die Kommission **Grün- und Weißbücher** annehmen, wobei Grünbücher das beabsichtigte Legislativprogramm entwerfen und zur Diskussion stellen und Weißbücher nach Abschluß der öffentlichen Debatte das Legislativprogramm in seiner Endfassung darstellen.

---

1 „Die Tätigkeit der Gemeinschaft im Sinne des Artikels 2 umfaßt ... Maßnahmen in den Bereichen Energie ..." Ebenso verweist Art. 2 zur Verwirklichung seiner Ziele auf die „in den Artikeln 3 ... genannten Maßnahmen".

Zwischen **soft law** und **hartem Recht** steht die Formulierung und Durchsetzung energiepolitischer Ziele durch **Subventionen** im Rahmen finanzieller Unterstützungsprogramme. Auch dieser Form bedient sich das Energierecht der Gemeinschaft mit zunehmender Tendenz.

I. Periodische Zielbestimmungen

Das Prinzip periodischer Zielbestimmungen entstammt den beiden **sektoriellen Verträgen.** Nach dem EGKS-Vertrag erleichtert die Gemeinschaft das Handeln der Beteiligten, indem sie „allgemeine Ziele bestimmt" (Art. 5), d. h. „in regelmäßigen Zeitabständen Programme für Erzeugung, Verbrauch, Ausfuhr und Einfuhr" aufstellt und „allgemeine Ziele für die Modernisierung, die Orientierung der Fabrikation auf lange Sicht und die Ausweitung der Produktionskapazität" angibt (Art. 46). Im gleichen Sinne verlangt Art. 40 EAGV „in regelmäßigen Abständen" die Veröffentlichung hinweisender Programme, „insbesondere hinsichtlich der Ziele für die Erzeugung von Kernenergie und der im Hinblick hierauf erforderlichen Investitionen aller Art".

Dem EWG-Vertrag waren derartige Zielbestimmungen nicht nur fremd, sie mochten aus seiner Sicht nachgerade dirigistisch anmuten. Und doch sollten sie sich als notwendig erweisen, denn mit der Unterzeichnung der Römischen Verträge wurde für die nunmehr drei Gemeinschaften die Erstellung einer **gemeinsamen energiepolitischen Eröffnungsbilanz** erforderlich. Mit dem **Protokoll vom 8. Oktober 1957 zwischen Ministerrat und Hoher Behörde über Mittel und Wege zu einer koordinierten Energiepolitik**[2] wurde ein erstes Untersuchungsprogramm in Auftrag gegeben, u. a. mit dem Ziel der Erstellung von Vorausschätzungen für den Energiebedarf auf mittlere und lange Sicht[3]. Sieben Jahre später folgte das „**Protokoll eines Abkommens betreffend die Energiefragen der Europäischen Gemeinschaften** gelegentlich der 94. Tagung des Besonderen Ministerrats der Europäischen Gemeinschaft für Kohle und Stahl am 21. April 1964 in Luxemburg"[4]. Mit diesem Protokoll, das unter dem Eindruck des Beschlusses der sechs Regierungen vom 24. Februar 1964 zur Verwirklichung der Fusion der Gemeinschaften verfaßt wurde, erklärten die Regierungen für die dem EWG-Vertrag unterfallenden Kohlenwasserstoffe (Erdöl und Erdgas):

> „eine gemeinsame Politik verwirklichen zu wollen, die in einer den Umständen anzupassenden Weise eine weitgehend gestreute **Versorgung zu möglichst niedrigen und stabilen Preisen** garantiert;
> gewillt zu sein, die wirtschaftlich sinnvolle Entwicklung der Produktion von Kohlenwasserstoffen in der Gemeinschaft **zu fördern**;
> hinsichtlich der **Lagerhaltung** von Kohlenwasserstoffen eine gemeinsame Politik anzustreben;

2 ABl. Nr. 35 vom 7. 12. 1957, S. 574/57.
3 Als umfangreichstes Dokument der drei Gemeinschaftsexekutiven aus diesen Jahren ist die „Untersuchung über die langfristigen energiewirtschaftlichen Aussichten der Europäischen Gemeinschaften" zu nennen, das 1962 in erster und 1964 in zweiter Auflage (656 Seiten) erschien und dem 1962 ein „Memorandum über die Energiepolitik" vorausgegangen war.
4 ABl. Nr. 69 vom 30. 4. 1964, S. 1099/64.

> ihren Willen zu bekräftigen, in ihren innerstaatlichen Rechtsvorschriften und bei deren Anwendung jede **Diskriminierung** zwischen ihnen und den Staatsangehörigen der anderen Mitgliedstaaten schrittweise **zu beseitigen**;
> für Erdölbrennstoffe eine **Steuerregelung** anzustreben, die den Zielen der vorstehend dargelegten Energiepolitik angepaßt ist;
> dem Wunsch Ausdruck zu geben, daß die Frage der Harmonisierung der **Besteuerung** der anderen Erdölerzeugnisse geprüft wird;
> beschließen sie, zur Verwirklichung der vorstehenden Ziele und zur Koordinierung der im Bereich der Kohlenwasserstoffe getroffenen Maßnahmen ständig **Konsultationen** mit der EWG-Kommission durchzuführen ..."

Im Jahre 1968, ein Jahr nach der Fusion der Exekutiven[5], legte die Kommission dem Rat ihre Mitteilung „über die erste Orientierung für eine gemeinsame Energiepolitik" vor[6], der zwar mehrere zustimmende Entschließungen des Europäischen Parlaments folgten[7], die aber ansonsten – insbesondere beim Rat und den Mitgliedsländern – ohne ein nennenswertes Echo blieb. Erst unter dem Schock der ersten Energiekrise – und wiederum fast sieben Jahre später – gelang es dem Rat, seine langjährige Passivität auf dem EWG-Energiesektor zu überwinden. Auf der Grundlage einer Mitteilung der Kommission vom 5. Juni 1974[8] faßte der Rat am 17. September 1974 seine **Entschließung betreffend eine neue energiepolitische Strategie für die Gemeinschaft**[9], mit der er anerkannte, „daß eine gemeinschaftliche Energiepolitik durch die neuen Gegebenheiten auf dem Weltenergiemarkt notwendig und dringlich geworden" sei[10]. Diese Politik erfordere „die Ausarbeitung **gemeinsamer zahlenmäßiger Ziele**, welche **Leitlinien** für die einzelstaatliche Politik und gleichzeitig wichtige Orientierungen für die Energieproduzenten und -verbraucher der Gemeinschaften darstellen". In einem ersten Schritt billigte der Rat folgende Leitlinien:

> „a) bezüglich der **Energienachfrage:** Senkung der Wachstumsrate des innergemeinschaftlichen Verbrauchs durch Maßnahmen zur rationellen Energieverwendung und zur Energieeinsparung, ohne daß hierdurch die Ziele der wirtschaftlichen und sozialen Entwicklung beeinträchtigt werden;
> b) bezüglich des **Energieangebots:** Verstärkung der Versorgungssicherheit dadurch, daß unter zufriedenstellendsten wirtschaftlichen Bedingungen auf folgendes zurückgegriffen wird:
> – Entwicklung der Kernenergieerzeugung[11],
> – Vorkommen der Gemeinschaft an Kohlenwasserstoffen und festen Brennstoffen,
> – diversifizierte und sichere Versorgung von außen,

---

5 S. Fusionsvertrag im ABl. Nr. 152 vom 13. Juli 1967, S. 2; in Kraft getreten am 1. Juli 1967.
6 Dok. 197/68-I.
7 S. die Entschließung über gemeinsame Energiepolitik, ABl. Nr. C 40 vom 3. 4. 1970, S. 25 sowie weitere Entschließungen zum selben Thema in ABl. Nr. C 37 vom 4. 6. 1973, S. 19 und ABl. Nr. C 23 vom 8. 3. 1974, S. 47.
8 „Auf dem Wege zu einer neuen energiepolitischen Strategie für die Gemeinschaft" (Dok. R/1472/74 (ENER 28)).
9 ABl. Nr. C 153 vom 9. 7. 1975, S. 1.
10 S. dazu auch die Entschließung des Europäischen Parlaments im ABl. Nr. C 93 vom 7. 8. 1974, S. 79.
11 Es wurde im Ratsprotokoll vermerkt, daß die dänische und die niederländische Delegation einen Vorbehalt zu diesem Gedankenstrich einlegen.

- Bemühungen um die technologische Forschung und Entwicklung, so daß der gewünschte Ausbau der verschiedenen Energiequellen sichergestellt werden kann;

c) Berücksichtigung der Probleme des **Umweltschutzes**, insbesondere durch Einhaltung der Zielsetzungen der einzelstaatlichen oder gemeinschaftlichen Programme für diesen Bereich, sowohl bei der Erzeugung als auch beim Verbrauch von Energie."

In einem zweiten Schritt legte der Rat mit seiner Entschließung vom 17. Dezember 1974 die **Ziele der gemeinschaftlichen Energiepolitik** für 1985 fest[12]. Ergänzt durch die Entschließung des Rates vom 13. Februar 1975 betreffend Maßnahmen zur Erreichung der vom Rat am 17. Dezember 1974 festgelegten Ziele der gemeinschaftlichen Energiepolitik[13], verlangte die Entschließung, „die Abhängigkeit der Gemeinschaft bei aus Drittländern eingeführter Energie bis zum Jahre 1985 auf weniger als 50 % und wenn möglich auf 40 % (gegenüber 63 % im Juli 1973) zu verringern". Weiterhin forderte der Rat eine „Verminderung der Wachstumsrate des Energieverbrauchs für die gesamte Gemeinschaft, um im Jahr 1985 ein Verbrauchsniveau zu erreichen, das um 15 % unter den im Januar 1973 erstellten Vorausschätzungen liegt". Zur Verringerung der Abhängigkeit von Erdöleinfuhren setzte der Rat auf **Energieeinsparungen** und die „Entwicklung der Prospektion und der Förderung in der Gemeinschaft (Festland und Vorkommen unter dem Meeresboden), um spätestens 1985 einen Stand von 180 Mill t RÖE zu erreichen". Mit zwei weiteren Entschließungen zur **rationellen Energienutzung**[14] und zur **Verringerung des Erdölverbrauchs**[15] rundete der Rat seine politischen Zielvorgaben ab.

Nur sechs Jahre später gab der Rat 1980 ein weiteres Mal energiepolitische Ziele vor, wobei er nunmehr den Begriff „gemeinschaftliche Energiepolitik" mied und stattdessen – unter Fortschreibung der Ziele für 1985 – eine Entschließung „über die energiepolitischen Ziele der Gemeinschaft für 1990 und die **Konvergenz der Politik der Mitgliedstaaten**" formulierte[16]. Wiederum setzte der Rat das Ziel einer Senkung des Erdölverbrauchs in der Gemeinschaft auf ein Niveau von etwa 40 % des Bruttoverbrauchs an Primärenergie und empfahl, 70 % bis 75 % des Primärenergiebedarfs für die Stromerzeugung durch feste Brennstoffe und Kernenergie zu decken.

Nach dem Beitritt Spaniens und Portugals und der Unterzeichnung der Einheitlichen Europäischen Akte stellte die Gemeinschaft 1986 erneut energiepolitische Ziele auf, die erstmals das Konzept eines **Energiebinnenmarktes** entwickelten. Mit der Entschließung des Rates vom 16. September 1986 über neue energiepolitische Ziele der Gemeinschaft für 1995 und die Konvergenz der Politik der Mitgliedstaaten[17] setzte

---

12 Entschließung des Rates vom 17. Dezember 1974 betreffend die Ziele der gemeinschaftlichen Energiepolitik für 1985, ABl. Nr. C 153 vom 9. 7. 1975, S. 2.

13 ABl. Nr. C 153 vom 9. 7. 1975, S. 6.

14 Entschließung des Rates vom 17. Dezember 1974 für ein Aktionsprogramm der Gemeinschaft im Bereich der rationellen Energienutzung, ABl. Nr. C 153 vom 9. 7. 1975, S. 5.

15 Entschließung des Rates vom 26. Juni 1975 betreffend die Festlegung eines kurzfristigen Ziels im Bereich der Verringerung des Erdölverbrauchs, ABl. Nr. C 153 vom 9. 7. 1975, S. 9.

16 Entschließung vom 9. Juni 1980, ABl. Nr. C 149 vom 18. 6. 1980, S. 1.

17 ABl. Nr. C 241 vom 25. 9. 1986, S. 1.

die Gemeinschaft für die „Energiepolitik der Mitgliedstaaten" bis 1995 „Orientierungspunkte" wie

- eine effizientere Nutzung der Energie;
- die Weiterführung der Erdölsubstitution;
- die Senkung des Erdölverbrauchs auf etwa 40 % des Energieverbrauchs und der Erdöleinfuhren auf weniger als ein Drittel des gesamten Energieverbrauchs der Gemeinschaft;
- die Intensivierung der Prospektion und Förderung von Erdöl und Erdgas in der Gemeinschaft;
- die Erhöhung der festen Brennstoffe am Energieverbrauch;
- die Verringerung des Anteils der Kohlenwasserstoffe an der Stromerzeugung auf weniger als 15 %;
- die Entwicklung neuer und erneuerbarer Energiequellen.

Über ihre sektoralen Leitlinien und Richtwerte hinaus unterstrich die Entschließung das Prinzip der **Versorgungssicherheit** und insbesondere das Erfordernis der geographischen **Diversifizierung der Versorgungsquellen** außerhalb der Gemeinschaft sowie die Diversifizierung zwischen den einzelnen Energieformen im Innern.

Nach dem Inkrafttreten der Einheitlichen Europäischen Akte und der Festsetzung des Termins 31. Dezember 1992 zur Errichtung des Binnenmarkts gab die Gemeinschaft die Vorgabe periodischer Zielbestimmungen durch Ratsentschließungen auf. Zu energiepolitischen Einzelfragen ergingen zwar weiterhin Entschließungen, doch wurden die wesentlichen politischen Orientierungen nunmehr in umfangreichen Grün- und Weißbüchern festgelegt.

II. Grünbücher und Weißbücher zur Energiepolitik

Schon rein begrifflich unterliegen Grün- und Weiß**bücher** einem höheren Anspruch an Umfang und Substanz als politische Entschließungen. Zwar hat die Gemeinschaft seit Anbeginn immer wieder umfangreiche energiepolitische Dokumente veröffentlicht, doch waren diese überwiegend technisch-deskriptiver und weniger programmatischer Natur. Erst mit der Errichtung des Binnenmarktes und der zunehmenden Vernetzung der einzelnen Gemeinschaftspolitiken haben der Typus des Grün- und Weißbuches Eingang in die Energiepolitik gefunden. Nach dem Vorbild und in Ergänzung des **Weißbuches über die Vollendung des Binnenmarkts**[18] legte die Kommission am 2. Mai 1988 ihr Arbeitsdokument **„Der Binnenmarkt für Energie"** vor[19], das die bestehenden Hemmnisse für die einzelnen Energiearten auflistete und unter Berücksichtigung der spezifischen Merkmale des Energiemarkts die folgenden politischen Prioritäten definierte:

„1. Inkraftsetzen des Weißbuchs
   A. Beseitigung technischer Grenzen
   B. Beseitigung fiskalischer Grenzen

---

18 KOM(85) 310 endg. vom 14. Juni 1985.
19 KOM(88) 238 endg.

2. Anwendung des Gemeinschaftsrechts
   A. Freier Waren- und Dienstleistungsverkehr
   B. Staatliche Handelsmonopole
   C. Wettbewerbsregeln
   D. Staatsbeihilfen
3. Umweltschutz
4. Spezifische Bereiche der Energie
   A. Kosten, Preise, Tarife
   B. Infrastrukturen."

Ein weiteres umfangreiches Arbeitsdokument erstellte die Kommission 1990 zum Thema **„Energie und Umwelt"** [20], dessen eingehende Analyse und programmatischer Inhalt dem Dokument den Charakter eines Grünbuchs verleihen, auch wenn es unter dieser Bezeichnung nicht erschienen ist.

Als Reaktion auf das Scheitern der Aufnahme eines Energiekapitels in den Vertrag von Maastricht [21] verabschiedete das Europäische Parlament 1992 eine „Entschließung zu einer Gemeinsamen Energiepolitik" [22] und sodann 1994 der Wirtschafts- und Sozialausschuß eine Stellungnahme zum Thema „Energiepolitik in der Gemeinschaft" [23]. Die Kommission folgte 1995 mit ihrem 130 Seiten umfassenden **Grünbuch „Für eine Energiepolitik der Europäischen Union"** [24]. Auf seiner Grundlage und unter Berücksichtigung der Stellungnahmen des Rates [25], des Europäischen Parlaments [26], des Wirtschafts- und Sozialausschusses [27] und des Ausschusses der Regionen [28] verabschiedete die Kommission im Januar 1996 ihr **Weißbuch „Eine Energiepolitik für die Europäische Union"** [29]. Die Gliederung des 49 Seiten umfassenden Dokuments gibt die Breite der angesprochenen Einzelthemen wieder:

Einleitung
1.1 Wozu ein Weißbuch über Energiepolitik?
1.2 Die Debatte über das Grünbuch

Der allgemeine Rahmen
2.1 Außenwirtschaftliche Dimension – Globalisierung der Märkte
2.2 Umweltsorgen
2.3 Technologie
2.4 Zuständigkeit der Gemeinschaftsorgane

Gegenwärtige Energietrends und energetische Zukunfts-Aussichten

---

20 KOM(89) 369 endg. vom 8. 2. 1990.
21 S. zum Vorschlag der Kommission Beilage 2/91 zum Bulletin der Europäischen Gemeinschaften, S. 151 (s. o. 1. Teil B. III 7.).
22 ABl. Nr. C 94 vom 13. 4. 1992, S. 279.
23 ABl. Nr. C 393 vom 31. 12. 1994, S. 95.
24 Dokument erstellt auf der Grundlage von KOM(95) 659 endg. vom 11. Januar 1995, Beilage zu Energie in Europa.
25 Entschließung vom 23. November 1995, ABl. Nr. C 327 vom 7. 12. 1995, S. 3.
26 Entschließung vom 10. Oktober 1995, ABl. Nr. C 287 vom 30. 10. 1995, S. 34.
27 Stellungnahme vom 5. Juli 1995, ABl. Nr. C 256 vom 2. 10. 1995, S. 34.
28 Stellungnahme vom 20. Juli 1995, ABl. Nr. C 100 vom 2. 4. 1996, S. 60.
29 KOM(95) 682 endg., Beilage zu Energie in Europa.

3. Teil: Horizontale Maßnahmen und Regelungen (EGV)

3.1 Sich abzeichnende Energietrends
3.2 Globaler Kontext
3.3 Weltenergieversorgung und -energiebedarf
3.4 Energieversorgung und Energiebedarf in der Gemeinschaft
3.5 Umwelt und Technologie
3.6 Inländische Energieerzeugung und Importabhängigkeit

Leitlinien für die Umsetzung der Energiepolitik

4.1 Einleitung
4.2 Integration des Marktes
 4.2.1 Der allgemeine Ansatz
 4.2.2 Der Energiebinnenmarkt
 4.2.3 Faire Wettbewerbsbedingungen
 4.2.4 Überwachung des Energiebinnenmarktes
 4.2.5 Schaffung eines für Investitionen günstigen Klimas
4.3 Bewältigung der Einfuhrabhängigkeit
 4.3.1 Sicherung der Energieversorgung
 4.3.1.1 Ölkrisenmaßnahmen
 4.3.1.2 Versorgungssituation bei anderen Brennstoffen
 4.3.1.3 Diversifizierung
  • Feste Brennstoffe (Kohle, Braunkohle, Torf)
  • Kernenergie
  • Erneuerbare Energien
 4.3.1.4 Verkehr
 4.3.2 Internationale Energiebeziehungen
 4.3.2.1 Handel und Investitionen
 4.3.2.2 Energiedialog
 4.3.2.3 Kooperation und Hilfestellung im Energiebereich
 4.3.2.4 Strategie bis zum Beitritt
4.4 Dauerhafte Entwicklung
 4.4.1 Umweltschutz
 4.4.2 Energieeffizienz
 4.4.3 Erneuerbare Energien
 4.4.4 Die Rolle der Regionen, der Städte und der ländlichen Gebiete
4.5 Energietechnologie und Forschung
 4.5.1 Die Rolle von Forschung und technologischer Entwicklung
 4.5.2 Energieforschungs- und technologische Entwicklungsstrategie
 4.5.3 Verbreitung von Energietechnologien.

Dem Weißbuch war ein **indikatives Arbeitsprogramm** beigefügt, das unter 8 thematischen Überschriften für den Zeitraum 1991 bis 1999 insgesamt 63 Einzelinitiativen auflistete:

A. Funktionieren des Marktes
 9 Initiativen

B. Organisation der Energiezusammenarbeit
 3 Initiativen

C. Herstellung von Transparenz der Energiepolitik und des Funktionierens des Binnenmarktes
6 Initiativen

D. Investitionsförderung
3 Initiativen

E. Sicherung der Versorgung (Krisenmaßnahmen, Diversifizierung und Ausbau der internationalen Beziehungen)
22 Initiativen

F. Energieeffizienz und Energievalorisierung
14 Initiativen

G. Erneuerbare Energien
2 Initiativen

H. Technologie
4 Initiativen

Das Weißbuch „Eine Energiepolitik für die Europäische Union" gab seinerseits zu Entschließungen des Rates[30], des Europäischen Parlaments[31] und des Ausschusses der Regionen[32] Anlaß, wobei der Rat den Akzent auf die „Ziele Wettbewerbsfähigkeit, Versorgungssicherheit und Umweltschutz unter Berücksichtigung des Subsidiaritätsprinzips" legte. Auch das Parlament stimmte den Grundzügen des Weißbuchs zu, forderte die Kommission aber auf, „für ein sehr viel wirkungsvolleres Gesetzgebungsprogramm zu sorgen, um die Energieeffizienz des Straßenverkehrs zügig zu verbessern".

Angesichts der zunehmenden Bedeutung der erneuerbaren Energieträger für die Verbesserung der Energiebilanz, der Erhöhung der Versorgungssicherheit und der Verminderung des CO_2-Ausstoßes legte die Kommission 1996 eine Mitteilung unter dem Titel **„Energie für die Zukunft: Erneuerbare Energiequellen: Grünbuch für eine Gemeinschaftsstrategie"**[33] vor. Nach Abschluß der üblichen Konsultationen und Stellungnahmen[34] erschien im November 1997 das **„Weißbuch für eine Gemeinschaftsstrategie und Aktionsplan: Energie für die Zukunft: Erneuerbare Energieträger"**[35], wiederum gefolgt von Kommentaren der anderen Institutionen[36]. Das

30 ABl. Nr. C 224 vom 1. 8. 1996, S. 1.
31 ABl. Nr. C 362 vom 1. 12. 1996, S. 279.
32 ABl. Nr. C 337 vom 11. 11. 1996, S. 41.
33 Vom 20. 11. 1996, KOM(96) 576 endg.
34 S. Entschließung des Rates vom 27. Juni 1997 über erneuerbare Energiequellen, ABl. Nr. C 210 vom 11. 7. 1997, S. 1; Entschließung des Europäischen Parlaments vom 15. Mai 1997 zur Mitteilung der Kommission über Energie für die Zukunft: Erneuerbare Energiequellen: Grünbuch für eine Gemeinschaftsstrategie, ABl. Nr. C 167 vom 2. 6. 1997, S. 160; Stellungnahme des Wirtschafts- und Sozialausschusses zum selben Thema vom 24. April 1997, ABl. Nr. C 206 vom 7. 7. 1997, S. 41; Stellungnahme des Ausschusses der Regionen vom 11. Juni 1997, ABl. Nr. C 244 vom 11. 8. 1997, S. 1.
35 Vom 26. 11. 1997, KOM(97) 599 endg.
36 Entschließung des Rates vom 8. Juni 1998 über erneuerbare Energieträger, ABl. Nr. C 198 vom 24. 6. 1998, S. 1; Entschließung des Europäischen Parlaments vom 18. Juni 1998, ABl. Nr. C 210

Weißbuch geht aus von dem Befund, daß weniger als 6% des Bruttoinlandsenergieverbrauchs der Gemeinschaft durch erneuerbare Energieträger (EE) gedeckt werden und die Abhängigkeit der Gemeinschaft von Energieeinfuhren bei 50% liegt. Wenn keine geeigneten Maßnahmen eingeleitet werden würden, würde diese Abhängigkeit im Jahre 2020 ca. 70% erreichen (insbesondere bei Erdöl und Erdgas). Das Weißbuch verfolgt das Ziel, den Marktanteil erneuerbarer Energien bis zum Jahre 2010 von 6% auf 12% zu erhöhen[37] und rechnet hierfür mit Nettoinvestitionskosten in Höhe von 95 Mrd Euro[38].

Als vorläufig letzte Initiative veröffentlichte die Kommission Ende 2000 ihr **Grünbuch „Hin zu einer europäischen Strategie für Energieversorgungssicherheit“**[39], das die strukturellen Energieversorgungsschwächen der Europäischen Union ungeschminkt offenlegte. Die Abhängigkeit der Union von Energieeinfuhren aus Drittländern schlug 1999 mit 240 Mrd Euro zu Buche, was 6% der Gesamteinfuhren und 1,2% des Bruttosozialprodukts entspricht. Geopolitisch betrachtet stammen 45% der Erdöleinfuhren aus dem Mittleren und Nahen Osten und 40% der Erdöleinfuhren aus Rußland, wobei – so das Grünbuch – „die Europäische Union noch nicht über ausreichende Möglichkeiten verfügt, auf den Weltmarkt Einfluss zu nehmen.“

Als strategische Maßnahmen zur Minderung der hierin beschlossenen Risiken empfiehlt das Grünbuch eine Ausgewogenheit und Diversifizierung der verschiedenen Energiequellen (nach Energieträgern und geographischen Zonen), den Beitritt der Erzeugerländer zur WTO, die Schaffung einer nachfrageorientierten Politik durch Änderung des Verbraucherverhaltens, insbesondere qua Besteuerung, und die Förderung erneuerbarer Energiequellen.

III. Mehrjahresprogramme

Der Begriff des Programms im Gemeinschaftsrecht geht zurück auf Art. 46 Abs. 3 Ziffer 2 EGKSV, der die Hohe Behörde verpflichtete, „in regelmäßigen Zeitabständen **Programme für Erzeugung, Verbrauch, Ausfuhr und Einfuhr** unter Berücksichtigung der voraussichtlichen Entwicklung aufzustellen; diese Programme dienen als Hinweis“. Die ersten **finanziell** ausgestatteten Programme der Gemeinschaften waren die **Forschungs- und Ausbildungsprogramme** i. S. des Art. 7 EAGV, die für einen Zeitraum von höchstens fünf Jahren festgelegt wurden.

Die erste Bereitstellung von Geldern zur Förderung von Energieprojekten unter dem EWG-Vertrag erfolgte durch die Verordnung (EWG) Nr. 3056/73 des Rates vom 9. November 1973 über die Unterstützung gemeinschaftlicher Vorhaben im Bereich der Kohlenwasserstoffe[40]. Am 22. August 1975 faßte der Rat einen Beschluß zur Fest-

vom 6.7.1998, S. 215; Stellungnahme des Ausschusses der Regionen, ABl. Nr. C 315 vom 13.10.1998, S. 5.

37 A. a. O. S. 11.

38 A. a. O. S. 13.

39 KOM (2000) 769 endg. vom 29. November 2000. S. dazu auch die Mitteilung der Kommission an den Rat und das Europäische Parlament: Abschlußbericht über das Grünbuch „Hin zu einer europäischen Strategie für Energieversorgungssicherheit“, KOM (2002) 321 endg. vom 26.6.2002.

40 ABl. Nr. L 312 vom 13.11.1973, S. 1.

legung eines ersten **EWG-Forschungs- und Entwicklungsprogramms** auf dem Gebiet der Energie[41]. Ein bereits 1974 angekündigtes **Aktionsprogramm** der Gemeinschaft im Bereich der rationellen Energienutzung[42] wurde erst 1978 als finanzielles Förderprogramm angenommen[43], gleichzeitig mit einem Programm zur Unterstützung von Maßnahmen auf dem Gebiet der Energieeinsparung[44]. Weitere Forschungs-, Demonstrations- und Verbreitungsprogramme folgten in den 80er und 90er Jahren, von denen das bekannteste das **Thermie-Programm**[45] werden sollte.

Nach dem Vorbild der EWG-Rahmenprogramme im Bereich der Forschung und technologischen Entwicklung (Art. 166 (ex-Art. 130i) EGV) faßte der Rat 1998 die einzelnen programmatischen Aktionsbereiche in einem einheitlichen mehrjährigen **Rahmenprogramm für Maßnahmen im Energiesektor** (1998–2002) nebst flankierenden Maßnahmen zusammen[46]. Das Rahmenprogramm ist **durch sechs spezifische Programme** umzusetzen, die folgende Maßnahmen zum Gegenstand haben (Art. 2 Abs. 1):

> „a) die in Zusammenarbeit mit den Mitgliedstaaten vorzunehmende Entwicklung eines Programms für die regelmäßige Beobachtung der Energiemärkte und -trends mit dem Ziel, die energiepolitischen Entscheidungen auf eine gemeinsame Analyse zu stützen[47];
> b) die Verstärkung der internationalen Zusammenarbeit im Energiebereich in den Grenzen dieses Rahmenprogramms[48];
> c) die Förderung der erneuerbaren Energieträger[49];
> d) die Schaffung von Anreizen für eine rationelle und effiziente Nutzung der Energiequellen[50];

---

41 ABl. Nr. L 231 vom 2. 9. 1975, S. 1.

42 Vom 17. Dezember 1974, ABl. Nr. C 153 vom 9. 7. 1975, S. 5.

43 Verordnung (EWG) Nr. 1302/78 des Rates vom 12. Juni 1978 über die Gewährung einer finanziellen Unterstützung für Vorhaben zur Nutzung alternativer Energiequellen, ABl. Nr. L 158 vom 16. 6. 1978, S. 3.

44 Verordnung (EWG) Nr. 1303/78 des Rates vom 12. Juni 1978 über die Gewährung einer finanziellen Unterstützung für Demonstrationsvorhaben zur Energieeinsparung, ABl. Nr. L 158 vom 16. 6. 1978, S. 6.

45 ABl. Nr. L 185 vom 17. 7. 1990, S. 1. S. dazu den Sonderbericht Nr. 17/98 des Rechnungshofes über Unterstützung für erneuerbare Energieträger in den Programmen JOULE-THERMIE (Kostenteilungsaktionen) und ALTENER (Pilotmaßnahmen), zusammen mit den Antworten der Kommission, ABl. Nr. C 356 vom 20. 11. 1998, S. 39.

46 Entscheidung des Rates vom 14. Dezember 1998 (1999/21/EG, Euratom), ABl. Nr. L 7 vom 13. 1. 1999, S. 16. S. dazu die Bemerkungen der Kommission zu den Schlußfolgerungen der Halbzeitbewertung des Energie-Rahmenprogramms (1998–2002), KOM (2002) 448 endg. vom 7. 8. 2002.

47 S. Entscheidung des Rates vom 14. Dezember 1998 zur Festlegung eines Mehrjahresprogramms für Studien, Analysen, Prognosen und damit verbundene Arbeiten im Energiebereich (1998–2002) (1999/22/EG), ABl. Nr. L 7 vom 13. 1. 1999, S. 20.

48 S. Entscheidung des Rates vom 14. Dezember 1998 über ein Mehrjahresprogramm zur Förderung der internationalen Zusammenarbeit im Energiebereich (1998–2002) (1999/23/EG), ABl. Nr. L 7 vom 13. 1. 1999, S. 23.

49 Entscheidung Nr. 646/2000/EG des Europäischen Parlaments und des Rates vom 28. Februar 2000 über ein Mehrjahresprogramm zur Förderung der erneuerbaren Energieträger in der Gemeinschaft (Altener) (1998–2002), ABl. Nr. L 79 vom 30. 3. 2000, S. 1.

50 Entscheidung Nr. 647/2000/EG des Europäischen Parlaments und des Rates vom 28. Februar

e) die Förderung der Verwendung umweltschonender Technologien im Bereich fester Brennstoffe[51];
f) Tätigkeiten im Nuklearsektor betreffend die sichere Beförderung radioaktiver Stoffe sowie die Sicherheitsüberwachung und die industrielle Zusammenarbeit mit dem Ziel, die Sicherheit in kerntechnischen Einrichtungen in Ländern, die in das TACIS-Programm einbezogen sind, zu erhöhen[52]."

Das auf Art. 235 (Art. 308 n. F.) EGV gestützte Programm soll in erster Linie zur Verwirklichung der folgenden vorrangigen energiepolitischen Ziele beitragen:

- Versorgungssicherheit
- Wettbewerbsfähigkeit
- Umweltschutz.

Als finanzieller Bezugsrahmen wurden für die Gesamtlaufzeit 170 Millionen ECU veranschlagt.

Als Nachfolgeregelung zum Rahmenprogramm 1998–2002 erging die Entscheidung Nr. 1230/2003/EG des Europäischen Parlaments und des Rates vom 26. Juni 2003 zur **Festlegung eines mehrjährigen Programms für Maßnahmen im Energiebereich: „Intelligente Energie – Europa"** (2003–2006)[53]. Das Programm ist mit 200 Mio. EUR dotiert[54] und ist in vier spezifische Bereiche untergliedert[55]:

- **„SAVE"**: Verbesserung der Energieeffizienz und rationelle Energieverwendung, insbesondere im Bauwesen und in der Industrie;
- **„ALTENER"**: Förderung neuer und erneuerbarer Energiequellen für die zentrale und die dezentrale Produktion von Strom und Wärme und ihre Einbeziehung im lokalen Umfeld und in Energiesystemen;
- **„STEER"**: Unterstützung von Initiativen, die sämtliche energiespezifischen Aspekte des Verkehrswesens, die Diversifizierung der Kraftstoffe, z. B. durch neue, in Entwicklung befindliche und erneuerbare Energiequellen, und die Förderung von Kraftstoffen aus regenerativen Energien und der Energieeffizienz im Verkehrswesen zum Gegenstand haben;
- **„COOPENER"**: Unterstützung von Initiativen zur Förderung erneuerbarer Energiequellen und der Energieeffizienz in Entwicklungsländern, insbesondere im Rahmen der Zusammenarbeit der Gemeinschaft mit Entwicklungsländern in Afrika, Asien, Lateinamerika und im Pazifk.

2000 über ein Mehrjahresprogramm zur Förderung der Energieeffizienz (SAVE) (1998–2002), ABl. Nr. L 79 vom 30. 3. 2000, S. 6.

51 Entscheidung des Rates vom 14. Dezember 1998 über ein Mehrjahresprogramm für technologische Maßnahmen zur Förderung der sauberen und effizienten Nutzung fester Brennstoffe (1998–2002) (1999/24/EG), ABl. Nr. L 7 vom 13. 1. 1999, S. 29.

52 Entscheidung des Rates vom 14. Dezember 1998 über ein Mehrjahresprogramm (1998–2002) für Maßnahmen im Kernenergiebereich auf dem Gebiet des sicheren Transports radioaktiven Materials sowie der Sicherheitsüberwachung und der industriellen Zusammenarbeit zur Förderung bestimmter Sicherheitsaspekte der kerntechnischen Anlagen in den derzeitigen Teilnehmerländern des TACIS-Programms (1999/25/Euratom), ABl. Nr. L 7 vom 13. 1. 1999, S. 31.

53 ABl. Nr. L 176 vom 15. 7. 2003, S. 29.

54 S. Art. 6 der Entscheidung.

55 S. Art. 3 Abs. 1 der Entscheidung.

Das Programm ist auf Art. 175 Abs. 1 EGV gestützt und versteht sich als „ein wichtiger Bestandteil des zur Einhaltung des Kyoto-Protokolls erforderlichen Handelns gemäß dem Europäischen Programm zur Klimaänderung (ECCP)[56].

B. Das Recht des Energieverbrauchs

Literatur:

Michael Adams, Normen, Standards, Rechte, JZ 1991, S. 941; *Marcus Dannecker, Wolfgang Spoerr*, Verfassungs- und Europarechtswidrigkeit landesrechtlicher Stromheizungsverbote, DVBl. 1996, S. 1094; *Walter Frenz*, Freiwillige Selbstverpflichtungen/Umweltvereinbarungen zur Reduzierung des Energieverbrauchs im Kontext des Gemeinschaftsrechts, EuR 1999, S. 27; *Miklos G. Kiss, Harold P. Mahon, Hans Jörg Leimer*, Energiesparen jetzt!, 2. Aufl., Wiesbaden und Berlin 1980; *Franz-Joseph Peine*, Energiesparen – bau- und planungsgerechte Aspekte, DVBl. 1991, S. 965; *Alexander Roßnagel*, Europäische Techniknormen im Lichte des Gemeinschaftsvertragsrechts, DVBl. 1996, S. 1181; *Andrea Sander*, Unzulässigkeit von Stromheizungs-Verboten durch die Länder trotz hochgesteckter CO_2-Minderungs-Ziele der Bundesregierung?, RdE 1994, S. 217; *Marcus Schladebach*, Landesgesetzgebung im Recht der Energieeinsparung, RdE 1998, S. 138; *Christian Tünnesen-Harms*, Die CE-Kennzeichnung zum Abbau technischer Handelshemmnisse in der Europäischen Union, DVBl. 1994, S. 1334; *Ernst Ulrich von Weizsäcker, Amory B. Lovins, L. Hunter Lovins*, Faktor Vier, Doppelter Wohlstand – halbierter Verbrauch. Der neue Bericht an den Club of Rome, München 1995.

Während die Mitgliedstaaten traditionell die Gewinnung der Energiestoffe und die Erzeugung von Energie als ihre ureigene Domäne betrachten[1], sind sie bei der Regelung des Energieverbrauchs eher bereit, gemeinschaftsrechtliche Vorschriften zu akzeptieren. Dies gilt umso mehr, als sich im Recht des Energieverbrauchs drei Regelungskompetenzen der Gemeinschaft überschneiden, die – obschon mit unterschiedlicher Zielsetzung – gleichgerichtete Maßnahmen erlauben.

Die erste und älteste Regelungskompetenz auf dem Gebiet des Energieverbrauchs ergibt sich indirekt aus dem **Versorgungsauftrag** der Gemeinschaft, wie er in den Art. 3 a) EGKSV, 2 d) EAGV und 100 Abs. 1 EGV (ex-Art. 103 a) Ausdruck findet. Da jede Versorgung letztendlich dem Verbrauch (oder dem Gebrauch) dient, sind beide Begriffe aufeinander bezogen, gleichsam zwei Seiten derselben Münze. Überspitzt formuliert: Wer die Pflicht hat, die Versorgung sicherzustellen, hat auch das Recht, der Verschwendung entgegenzuwirken. Für Mangellagen ist dieser Regelungszusammen-

---

56 S. den 4. Erwägungsgrund der Entscheidung.

1 Diese Haltung kommt besonders entschieden in der schon mehrfach zitierten Erklärung zu Art. 130r des EWG-Vertrags zum Ausdruck, die die Regierungskonferenz zur Einheitlichen Europäischen Akte abgegeben hat: „Die Konferenz stellt fest, daß die Tätigkeit der Gemeinschaft auf dem Gebiet des Umweltschutzes **sich nicht störend auf die einzelstaatliche Politik der Nutzung der Energieressourcen auswirken darf**" (Hervorhebung hinzugefügt); abgedruckt in: Verträge zur Gründung der Europäischen Gemeinschaften, Band I, Luxemburg 1987, S. 1073. Im Vertrag von Maastricht wurden sodann „Maßnahmen, welche die Wahl eines Mitgliedstaats zwischen verschiedenen Energiequellen und die allgemeine Struktur seiner Energieversorgung erheblich berühren" dem Einstimmigkeitsprinzip unterworfen (s. Art. 175 Abs. 2 dritter Gedankenstrich EGV, ex-Art. 130 s).

hang zwischen Versorgung und Verbrauch in Art. 59 EGKSV ausdrücklich definiert[2], wobei das Konzept der Mangellage kein absolutes, sondern ein relatives ist. Es war dieser **versorgungspolitische** Aspekt, der die Gemeinschaft infolge der Energiekrise der 70er Jahre veranlaßte, erste Maßnahmen auf dem Gebiet des Energieverbrauchs zu ergreifen, insbesondere um die Abhängigkeit von Rohöleinfuhren durch eine effizientere Nutzung der Energie zu vermindern.

Eine zweite produktspezifische Kompetenz zur Regelung des Energieverbrauchs folgt aus der Logik des **Binnenmarktes**, in dem der „freie Verkehr von Waren ... gewährleistet ist" (Art. 8a) EWGV, Art. 14 Abs. 2 EGV n. F.). Zur Verwirklichung dieses Ziels sind die **warenspezifischen** Regelungen der Mitgliedstaaten anzugleichen, wobei „in den Bereichen Gesundheit, Sicherheit, Umweltschutz und Verbraucherschutz von einem hohen Schutzniveau" auszugehen ist (Art. 100a Abs. 3 EWGV, Art. 95 Abs. 3 EGV n. F.). Zwar wird in diesem Zusammenhang ein niedriger bzw. effizienter Energieverbrauch nicht eigens genannt, doch kann er ein Harmonisierungs- und Normierungsziel aus eigenem Recht darstellen, soweit ein niedriges Verbrauchsniveau von energiekonsumierenden Geräten nicht schon aus dem Ziel des Umweltschutzes folgt.

Damit ist die dritte Regelungskompetenz auf dem Gebiet des Energieverbrauchs genannt: die subsidiäre Zuständigkeit der Gemeinschaft auf dem Gebiet des **Umweltschutzes**[3]. Wie das Konzept des Binnenmarktes wurde der Umweltschutz durch die Einheitliche Europäische Akte in den EWG-Vertrag eingeführt und der Gemeinschaft das Ziel vorgegeben, „eine umsichtige und rationelle Verwendung der natürlichen Ressourcen zu gewährleisten" (Art. 130r Abs. 1 3. Gedankenstrich EWGV, Art. 174 Abs. 1 3. Gedankenstrich EGV n. F.). Es gilt der Grundsatz, „Umweltbeeinträchtigungen vorzubeugen und sie nach Möglichkeit an ihrem Ursprung zu bekämpfen" (Art. 130r Abs. 2 EWGV, leicht geändert Art. 174 Abs. 2 EGV n. F.). Gleichzeitig wurden die Erfordernisse des Umweltschutzes zum „Bestandteil der anderen Politiken der Gemeinschaft" erklärt (ibid), wobei die Energiepolitik mangels eines eigenen Titels im EG-Vertrag[4] immer mehr in den Einflußbereich der Umweltpolitik geriet. Insbesondere das Ziel des Klimaschutzes durch Reduzierung des CO_2-Ausstoßes[5] erlaubt den Erlaß verbrauchsregelnder Vorschriften, die über Maßnahmen zur Gewährleistung des Warenverkehrs im Binnenmarkt hinausgehen. Der durch den Vertrag von Amsterdam eingefügte Art. 6 EGV stellt die Energiepolitik – zusammen mit allen anderen EG-Politiken – ausdrücklich unter den Vorbehalt der „Erfordernisse des Umweltschutzes".

---

2 Nach Art. 59 § 2 EGKSV entscheidet der Rat bei ernsten Mangellagen über „Verwendungsprioritäten und über die Verteilung des Aufkommens ..., den Export und den sonstigen Verbrauch".

3 Das Subsidiaritätsprinzip fand erstmals im Umweltrecht in Art. 130r Abs. 4 EWGV Ausdruck, wonach die Gemeinschaft im Bereich der Umwelt insoweit tätig wird, „als die ... genannten Ziele besser auf Gemeinschaftsebene erreicht werden können als auf der Ebene der einzelnen Mitgliedstaaten". S. nunmehr zum allgemeinen Subsidiaritätsprinzip Art. 5 Abs. 2 EGV.

4 S. lediglich Art. 3 lit. u) EGV (ex-Art. 3 lit. t)), wonach die Tätigkeit der Gemeinschaft „Maßnahmen in den Bereichen Energie, Katastrophenschutz und Fremdenverkehr" umfaßt.

5 S. auch das Ziel des Art. 174 Abs. 1 vierter Gedankenstrich: „Förderung von Maßnahmen auf internationaler Ebene zur Bewältigung regionaler oder globaler Umweltprobleme".

Wie in anderen Bereichen des Energierechts wurde der Erlaß von verbindlichen Regelungen zum Energieverbrauch durch Entschließungen und andere soft law-Akte der Kommission[6] und des Rates[7] vorbereitet und begleitet.

---

6 S. Empfehlung der Kommission vom 29. Juli 1980 zur rationellen Energienutzung in Industriebetrieben (80/823/EWG), ABl. Nr. L 239 vom 12. 9. 1980, S. 26, aufgehoben durch Beschluß der Kommission vom 23. November 1995 (95/505/EG), ABl. Nr. L 290 vom 5. 12. 1995, S. 10; s. Empfehlung der Kommission vom 29. März 1988 zur Drittfinanzierung (von Investitionen zur rationellen Energienutzung) (88/285/EWG), ABl. Nr. L 122 vom 12. 5. 1988, S. 75 sowie dazu die Mitteilung „Beschleunigung von Einzelinvestitionen für eine rationelle Energienutzung durch Drittfinanzierung", vom 6. 4. 1988 (KOM(88) 175 endg.); die Empfehlung 88/285/EWG wurde aufgehoben durch die Entscheidung der Kommission vom 23. November 1995 (95/504//EG), ABl. Nr. L 290 vom 5. 12. 1995, S. 9; s. Mitteilung der Kommission: Energieeffizienz in der Europäischen Gemeinschaft, Ansätze für eine Strategie des rationellen Energieeinsatzes, vom 29. 4. 1998 (KOM(98) 246 endg.).

7 S. Entschließung des Rates vom 17. Dezember 1974 für ein Aktionsprogramm der Gemeinschaft im Bereich der rationellen Energienutzung, ABl. Nr. C 153 vom 9. 7. 1975, S. 5; Entschließung des Rates vom 26. Juni 1975 betreffend die Festlegung eines kurzfristigen Ziels im Bereich der Verringerung des Erdölverbrauchs, ABl. Nr. C 153 vom 9. 7. 1975, S. 9; Entschließung des Rates vom 9. Dezember 1975 zur Festlegung eines kurzfristigen Ziels für Energieeinsparungen 1976/1977, ABl. Nr. C 289 vom 17. 12. 1975, S. 1; Empfehlung des Rates vom 4. Mai 1976 zur rationellen Energienutzung durch verbesserte Wärmedämmung in Gebäuden (76/492/EWG), ABl. Nr. L 140 vom 28. 5. 1975, S. 11; Empfehlung des Rates vom 4. Mai 1976 über die rationelle Energienutzung bei Heizanlagen in bestehenden Gebäuden (76/493/EWG), ABl. Nr. L 140 vom 28. 5. 1975, S. 12; Empfehlung des Rates vom 4. Mai 1976 über die rationelle Nutzung der von Straßenfahrzeugen verbrauchten Energie durch Verbesserung des Fahrverhaltens (76/494/EWG), ABl. Nr. L 140 vom 28. 5. 1976, S. 14, aufgehoben durch Beschluß 97/8/EG des Rates vom 20. Dezember 1996, ABl. Nr. L 3 vom 7. 1. 1997, S. 8; Empfehlung des Rates vom 4. Mai 1976 über die rationelle Nutzung der im Personennahverkehr verbrauchten Energie (76/495/EWG), ABl. Nr. C 140 vom 28. 5. 1976, S. 16; Empfehlung des Rates vom 4. Mai 1976 über die rationelle Nutzung der für den Betrieb von elektrischen Haushaltsgeräten erforderlichen Energie (76/496/EWG), ABl. Nr. C 140 vom 28. 5. 1976, S. 18; Empfehlung des Rates vom 25. Oktober 1977 betreffend Heizungsregulierung, Erzeugung von Warmbrauchwasser und Messung der Wärmemengen in Neubauten (77/712/EWG), ABl. Nr. L 295 vom 18. 11. 1977, S. 1; Empfehlung des Rates vom 25. Oktober 1977 betreffend die rationelle Energienutzung in Industriebetrieben (77/713/EWG), ABl. Nr. L 295 vom 18. 11. 1977, S. 3; Empfehlung des Rates vom 25. Oktober 1977 betreffend die Einsetzung beratender Organe und Ausschüsse in den Mitgliedstaaten zur Förderung der kombinierten Wärme/Krafterzeugung und der Valorisierung von Abwärme (77/714/EWG), ABl. Nr. L 295 vom 18. 11. 1977, S. 5; Empfehlung des Rates vom 5. Februar 1979 über die Verringerung des Energiebedarfs von Gebäuden in der Gemeinschaft (79/167/EGKS, EWG, Euratom), ABl. Nr. L 37 vom 13. 2. 1979, S. 25; Entschließung des Rates vom 9. Juni 1980 betreffend neue Orientierungen für Maßnahmen der Europäischen Gemeinschaft auf dem Gebiet der Energieeinsparung, ABl. Nr. C 149 vom 18. 6. 1980, S. 3; Empfehlung des Rates vom 28. Juli 1982 über die Förderung der Investition im Bereich der rationellen Energienutzung (82/604/EWG), ABl. Nr. L 247 vom 23. 8. 1982, S. 9; Entschließung des Rates vom 15. Januar 1985 über die Verbesserung der Energiesparprogramme der Mitgliedstaaten, ABl. Nr. C 20 vom 22. 1. 1985, S. 1; Entschließung des Rates vom 15. März 1985 betreffend die rationelle Energienutzung im Gebäudebereich, ABl. Nr. C 78 vom 26. 3. 1985, S. 1; Entschließung des Rates vom 15. September 1986 über die Verbesserung der Effizienz des Energieeinsatzes in den Industriebetrieben der Mitgliedstaaten, ABl. Nr. C 240 vom 24. 9. 1986, S. 1; Entschließung des Rates vom 18. Dezember 1997 zu einer Gemeinschaftsstrategie zur Förderung der Kraft-Wärme-Koppelung, ABL. Nr. C 4 vom 8. 1. 1998, S. 1, Entschließung des Rates vom 7. Dezember 1998 über Energieeffizienz in der Europäischen Gemeinschaft, ABl. Nr. C 394 vom 17. 12. 1998, S. 1.

I. Verbrauchstransparenz und Normung energieverbrauchender Geräte und Anlagen

Schon vor der Errichtung des Binnenmarktes besaß die Gemeinschaft den Auftrag zur Gewährleistung des freien Warenverkehrs im gemeinsamen Markt[8]. Bei der Verwirklichung dieses Prinzips kommen der technischen Harmonisierung und der Normung eine besondere Bedeutung zu[9]. Hierbei liegt die Verantwortung für die Ausarbeitung der **Normen**[10] bei den nationalen, europäischen und internationalen Normungsgremien[11] und die Zuständigkeit für den Erlaß **technischer Vorschriften**[12] bei den Mitgliedstaaten und der Gemeinschaft (Art. 95 EGV). Soweit die Gemeinschaft selbst verbindliche technische Vorschriften erlassen will, steht als Rechtsgrundlage Art. 95 EGV zur Verfügung, der den Erlaß von Maßnahmen zur Angleichung der Rechts- und Verwaltungsvorschriften der Mitgliedstaaten erlaubt, welche die Errichtung und das Funktionieren des Binnenmarktes zum Gegenstand haben[13]. Demgegenüber beruht die Normung auf dem Interesse der beteiligten Wirtschaftskreise und dem technischen Sachverstand der Normungsgremien. Letztere haben jedoch die Kommission über ihre Normenentwürfe zu unterrichten, damit diese sie auf mögliche Beeinträchtigungen des freien Warenverkehrs hin überprüfen kann[14]. Das gleiche gilt *mutatis mutandis* für die Entwürfe technischer Vorschriften, die die Mitgliedstaaten ausarbeiten und ebenfalls der Kommission zuleiten[15]. Im Jahre 2001 haben die Mitgliedstaaten

---

8 ABl. Nr. L 52 vom 23. 2. 1978, S. 32. Die Richtlinie wurde auf Artikel 103 EWGV (Artikel 100 n. F.) gestützt und durch die Richtlinie 82/885/EWG vom 10. Dezember 1982 geändert (ABl. Nr. L 378 vom 31. 12. 1982, S. 19).

9 S. Entschließung vom 7. Mai 1985 über eine neue Konzeption auf dem Gebiet der technischen Harmonisierung und der Normung, ABl. Nr. C 136 vom 4. 8. 1985, S. 1; Entschließung vom 18. Juni 1992 zur Funktion der europäischen Normung in der europäischen Wirtschaft, ABl. Nr. C 173 vom 9. 7. 1992, S. 1 sowie zuletzt Entschließung vom 28. Oktober 1999 zur Funktion der Normung in Europa, ABl. Nr. C 141 vom 19. 5. 2000, S. 1.

10 Unter „Norm" wird eine technische Spezifikation verstanden, die von einem anerkannten Normierungsgremium zur wiederholten oder ständigen Anwendung angenommen wurde, deren Einhaltung jedoch nicht zwingend vorgeschrieben ist.

11 In Deutschland DIN (Deutsches Institut für Normung e.V.) und DKE (Deutsche Elektrotechnische Kommission im DIN und VDE); in Österreich ÖN (Österreichisches Normungsinstitut) und ÖVE (Österreichischer Verband für Elektrotechnik); Europäische Normungsgremien: CEN (Europäisches Komitee für Normung) und CENELEC (Europäisches Komitee für elektrotechnische Normung).

12 Unter „technische Vorschrift" werden technische Spezifikationen sowie sonstige Vorschriften einschließlich der einschlägigen Verwaltungsvorschriften verstanden, deren Beachtung de jure oder de facto für das Inverkehrbringen verbindlich ist.

13 Hierbei sind nach Art. 6, 95 Abs. 3 und 174 Abs. 1 die Belange des Umweltschutzes in besonderer Weise zu berücksichtigen. Für den Energiesektor folgt hieraus das Gebot der Festlegung umweltschonender, d. h. energieeffizienter Harmonisierungsmaßnahmen.

14 S. Richtlinie 98/34/EG des Europäischen Parlaments und des Rates vom 22. Juni 1998 über ein Informationsverfahren auf dem Gebiet der Normen und technischen Vorschriften, ABl. Nr. L 204 vom 21. 7. 1998, S. 37. S. dazu z. B. die periodische Bekanntmachung im ABl. Nr. C 15 vom 22. 1. 2003, S. 2.

15 Stehen die Regelungen in Widerspruch zum EG-Recht des freien Warenverkehrs, kann die Kommission gegen den betreffenden Mitgliedstaat ein Vertragsverstoßverfahren nach Art. 226 EGV einleiten.

der Kommission auf dem Sektor Energie, Minerale, Holz insgesamt 32 und im Jahre 2002 insgesamt 26 Entwürfe für technische Vorschriften notifiziert [16]. Die Kommission veröffentlicht die ihr zugegangenen Entwürfe im Amtsblatt [17] und hat die Möglichkeit, die Normungsgremien mit der Ausarbeitung ihr notwendig erscheinender Normen zu beauftragen [18].

Soweit die Gemeinschaft ihrerseits nach Art. 95 EGV Richtlinien zur technischen Harmonisierung erlassen hat, dürfen die entsprechenden Produkte erst dann in den Verkehr gebracht werden, wenn der Hersteller auf ihnen die gemeinschaftsrechtlich vorgesehene **CE-Konformitätskennzeichnung** angebracht hat [19].

Die erste energierelevante Harmonisierungsrichtlinie erging 1973 in Gestalt der Richtlinie 73/23/EWG des Rates zur Angleichung der Rechtsvorschriften der Mitgliedstaaten betreffend **elektrische Betriebsmittel** zur Verwendung innerhalb bestimmter Spannungsgrenzen [20]. Es folgte 1976 die dem Bereich der Metrologie zuzurechnende Richtlinie 76/891/EWG des Rates zur Angleichung der Rechtsvorschriften der Mitgliedstaaten über **Elektrizitätszähler** [21].

Mit der nachfolgenden Richtlinie des Rates vom 13. Februar 1978 betreffend die Leistung von **Wärmeerzeugern** zur Raumheizung und Warmwasserbereitung in neuen oder bestehenden nichtindustriellen Gebäuden sowie die Isolierung des Verteilungsnetzes für Wärme und Warmwasser in nichtindustriellen Neubauten (78/170/EWG) [22] verpflichtete die Gemeinschaft die Mitgliedstaaten sicherzustellen, „daß alle neuen Wärmeerzeuger zur Raumheizung und/oder Warmwasserbereitung in neuen oder bestehenden nichtindustriellen Gebäuden Mindestanforderungen genügen" (Art. 1 Abs. 1). Unter Wärmeerzeugern i. S. der Richtlinie sind insbesondere zu verstehen:

---

16 S. Statistiken über die 2001 und 2002 im Rahmen des Notifizierungsverfahrens der Richtlinie 98/34/EG notifizierten technischen Vorschriften, ABl. Nr. C 119 vom 22. 5. 2002, S. 17, und ABl. Nr. C 131 vom 5. 6. 2003, S. 18.

17 S. z. B. Informationsverfahren – Technische Vorschriften, ABl. Nr. C 64 vom 13. 3. 2002, S. 4.

18 S. Art. 6 Abs. 3 der Richtlinie 98/34/EG. S. für den Energiesektor auch die Mitteilung der Kommission: Technische Harmonisierung und Normung im Energiebereich, SEK(92) 724 endg. vom 9. Juni 1992. S. zuletzt: Allgemeine Leitlinien für die Zusammenarbeit zwischen CEN, CENELEC und ETSI sowie der Europäischen Kommission und der Europäischen Freihandelsgemeinschaft vom 28. März 2003, ABl. Nr. C 91 vom 16. 4. 2003, S. 7.

19 S. Beschluß 93/465/EWG des Rates vom 22. Juli 1993 über die in den technischen Harmonisierungsrichtlinien zu verwendenden Module für die verschiedenen Phasen der Konformitätsbewertungsverfahren und die Regeln für die Anbringung und Verwendung der CE-Konformitätskennzeichnung, ABl. Nr. L 220 vom 30. 8. 1993, S. 23.

20 Sog. Niederspannungsrichtlinie, ABl. Nr. L 77 vom 26. 3. 1973, S. 29; geändert durch die Richtlinie 93/68/EWG, ABl. Nr. L 220 vom 30. 8. 1993, S. 1. S. dazu auch zuletzt die Mitteilung der Kommission über die zuständigen Stellen, ABl. Nr. C 81 vom 4. 4. 2002, S. 11. S. weiterhin zuletzt die Stellungnahme der Kommission zu ortsveränderlichen Leuchten, ABl. Nr. C 112 vom 9. 5. 2002, S. 2. Zur Anwendung der Richtlinie s. die Mitteilung der Kommission im ABl. Nr. C 59 vom 9. 3. 1982, S. 2.

21 ABl. Nr. L 336 vom 4. 12. 1976, S. 30. S. dazu auch die Richtlinie 82/621/EWG der Kommission vom 1. Juli 1982 zur Anpassung der Richtlinie 76/891/EWG an den technischen Fortschritt, ABl. Nr. L 252 vom 27. 8. 1982, S. 1.

22 ABl. Nr. L 52 vom 23. 2. 1978, S. 32.

> „Warmwasserheizkessel, Dampfheizkessel, Warmlufterzeuger, einschließlich ihrer Bauteile und insbesondere ihrer Feuerungsanlage für die jeweils zu verwendende Art fossilen Brennstoffs."

Art. 1 Abs. 2 bis 4 der Richtlinie treffen folgende Regelungen:

> „(2) Die Mitgliedstaaten sorgen dafür, daß die Einhaltung der Mindestbetriebsanforderungen durch eine Kontrolle im Stadium der Herstellung des Wärmeerzeugers oder bei seiner Installierung gewährleistet wird.
> (3) Wärmeerzeuger, die einer Kontrolle im Stadium der Herstellung unterliegen, dürfen nur vertrieben werden, wenn bei ihnen die Mindestbetriebsanforderungen eingehalten werden; die Einhaltung der Vorschriften wird durch ein Typenschild bescheinigt, das mindestens folgende Angaben enthält:
> - Name und Anschrift des Herstellers,
> - Bauart und Baujahr des Wärmeerzeugers,
> - Wärmeleistung in kW entsprechend der jeweils vorgesehenen Energieart,
> - Art und Merkmale der Energieart(en),
> - höchstzulässige Temperatur des Wärmeträgers,
> - Kontrollvermerk und Kennzeichen der Kontrollstelle,
> - Verbrauch jedes Wärmeerzeugers bei Wärmeleistung.
>
> Unter „Wärmeleistung" ist die Höchstleistung des Wärmeerzeugers bei Dauerbetrieb zu verstehen.
> Bei der Installierung von Wärmeerzeugern des Typs, der eine Kontrolle im Stadium der Herstellung unterliegt, werden dem Betreiber schriftliche Anweisungen für Betrieb und Wartung ausgehändigt, deren Einhaltung eine optimale Nutzung der Anlage gewährleistet. Diese Anweisungen müssen genauso wie der Wärmeerzeuger einer Kontrolle unterzogen worden sein und enthalten die wesentlichen Angaben über den Inhalt der Kontrolle.
> (4) Bei Wärmeerzeugern, die einer Kontrolle bei der Installierung unterliegen, darf der Energieverlust die von den Mitgliedstaaten festgelegten Sätze nicht übersteigen."

Art. 2 der Richtlinie bestimmt:

> „Die Mitgliedstaaten treffen die erforderlichen Maßnahmen, um in nichtindustriellen Neubauten eine wirtschaftlich vertretbare Wärmeisolierung des Verteiler- und Speichersystems sowohl für den Wärmeträger als auch für das Warmwasser zur Auflage zu machen.
> Diese Vorschriften gelten auch für ein System, das an eine Fernheizung angeschlossen ist.
> Sie gelten auch für neue Wärmeerzeuger, einschließlich elektrisch betriebener Warmwasserheizungsanlagen, in neuen oder bestehenden nichtindustriellen Bauten."

Ein Jahr später folgte die Richtlinie 79/530/EWG des Rates vom 14. Mai 1979 zur Unterrichtung über den Energieverbrauch von Haushaltsgeräten durch Etikettierung[23].

Mit zwei weiteren auf Art. 100 EWGV gestützten Richtlinien verfolgte der Rat 1984 vornehmlich das Ziel, den freien Verkehr von Gasverbrauchseinrichtungen sicher-

---

23 ABl.Nr. L 145 vom 13. 6. 1979, S. 1.

zustellen[24], indem er zur Erleichterung der gegenseitigen Anerkennung der mitgliedstaatlichen Prüfungen geeignete Verfahren für die EWG-Baumusterprüfung und die EWG-Kontrolle der Geräte einführte und die Kriterien harmonisierte, die bei der Zulassung der Prüfstellen zu berücksichtigen waren. Soweit eine Gasverbrauchseinrichtung mit dem EWG-Zeichen versehen war, erübrigte sich eine Wiederholung der bereits durchgeführten Prüfung bei der Einfuhr und bei der Inbetriebnahme.

An die Stelle dieser beiden Richtlinien aus dem Jahre 1984 trat die noch heute geltende Richtlinie des Rates vom 29. Juni 1990 zur Angleichung der Rechtsvorschriften der Mitgliedstaaten für **Gasverbrauchseinrichtungen** (90/396/EWG)[25], die zu ihren Zielen ausdrücklich die Energieeinsparung zählte[26]. In ihren technischen Anhängen regelt die Richtlinie die grundlegenden Anforderungen an die Geräte, das Verfahren zum Nachweis der Konformität, das EG/CE-Zeichen und die Beschriftungen, die Konstruktionsunterlagen und die Mindestkriterien für die Bewertung der von den Mitgliedstaaten benannten Prüfstellen[27].

Die gemäß der Richtlinie 78/170/EWG[28] von den Mitgliedstaaten festgelegten unterschiedlichen Wirkungsgradniveaus für Warmwasserheizkessel bedurften im Hinblick auf die Errichtung des Binnenmarktes zum 1. Januar 1993 einer harmonisierten Festlegung im Sinne gesteigerter Energieeffizienz bei besseren Wirkungsgraden. Diesem Zwecke diente die Richtlinie 92/42/EWG des Rates vom 21. Mai 1992 über die Wirkungsgrade von mit flüssigen oder gasförmigen Brennstoffen beschickten neuen **Warmwasserheizkesseln**[29], der folgende Geräte unterfallen[30]:

- Warmwasserheizkessel, die mit verschiedenen Brennstoffen, darunter auch feste Brennstoffe, beschickt werden können;
- Anlagen zur sofortigen Warmwasserbereitung;
- Heizkessel, die für die Beschickung mit Brennstoffen ausgelegt sind, deren Eigenschaften von den marktüblichen flüssigen oder gasförmigen Brennstoffen erheblich abweichen (Industrierestgas, Biogas usw.);
- Küchenherde und Geräte, die hauptsächlich zur Beheizung des Raums, in dem sie installiert sind, ausgelegt sind, nebenbei aber auch Warmwasser für Zentralheizung und für Gebrauchszwecke liefern;

---

24 Richtlinie des Rates vom 17. September 1984 zur Angleichung der Rechtsvorschriften der Mitgliedstaaten über gemeinsame Vorschriften für Gasverbrauchseinrichtungen, hierfür bestimmte Gassicherheits- und Regelgeräte und über Prüfverfahren für diese Einrichtungen bzw. Geräte (84/530/EWG), ABl. Nr. L 300 vom 19. 11. 1984, S. 95; Richtlinie des Rates vom 17. September 1984 zur Angleichung der Rechtsvorschriften der Mitgliedstaaten über Warmwasserbereiter für sanitäre Zwecke, die mit gasförmigen Brennstoffen beheizt werden (84/531/EWG), ABl. Nr. L 300 vom 19. 11. 1984, S. 106.

25 ABl. Nr. L 196 vom 26. 7. 1990, S. 15.

26 S. den 5. und 6. Erwägungsgrund.

27 S. dazu die Veröffentlichung harmonisierter Normen im ABl. Nr. C 202 vom 18. 7. 2001, S. 5. S. zuletzt die Entscheidung 2003/189/EG der Kommission vom 18. März 2003 über die Veröffentlichung der Fundstelle der Norm EN 613:2000 „Konvektions-Raumheizer für gasförmige Brennstoffe" gemäß der Richtlinie 90/396/EWG des Rates, ABl. Nr. L 74 vom 20. 3. 2003, S. 26.

28 A. a. O.

29 ABl. Nr. L 167 vom 22. 6. 1992, S. 17.

30 S. Art. 3 der Richtlinie.

- Geräte mit einer Nennleistung unter 6 kW zur Versorgung eines Warmwasserspeichersystems mit Schwerkraftumlauf;
- einzeln produzierte Heizkessel.

Ebenfalls mit Blick auf die Errichtung des Binnenmarktes erließ der Rat die Richtlinie 92/75/EWG vom 22. September 1992 über die Angabe des Verbrauchs an Energie und anderen Ressourcen durch Haushaltsgeräte mittels einheitlicher **Etiketten und Produktinformationen**[31]. Dieser als Rahmenrichtlinie konzipierte Rechtsakt verfolgt das Ziel, durch eine genaue, sachdienliche und vergleichbare Unterrichtung über den spezifischen Energieverbrauch von Haushaltsgeräten die Wahl der Käufer auf Geräte zu lenken, die am wenigsten Energie verbrauchen und dadurch die Hersteller zur Entwicklung sparsamer Geräte zu veranlassen[32]. Zu diesem Zwecke sind der Energieverbrauch sowie die anderen Angaben über die einzelnen Gerätetypen gemäß harmonisierten Normen und Verfahren zu messen und auf den Geräten bzw. ihren Begleitdokumenten anzugeben sowie die Anwendung der Normen und Verfahren auf der Stufe der Vermarktung zu überwachen[33]. Die Richtlinie erstreckt sich auf folgende Haushaltsgeräte mit hohem Gesamtenergieverbrauch, bei denen eine hinreichende Möglichkeit besserer Energienutzung geben ist[34]:

- Kühl- und Gefriergeräte sowie entsprechende Kombinationsgeräte,
- Waschmaschinen und Wäschetrockner sowie entsprechende Kombinationsgeräte,
- Geschirrspüler,
- Backöfen,
- Warmwasserbereiter und Warmwasserspeichergeräte,
- Lichtquellen,
- Klimageräte.

Für jeden dieser Gerätetypen war eine eigene Durchführungsrichtlinie zu erlassen, die die produktspezifischen Einzelheiten der Etiketten und der Datenblätter regelt. Folgende Durchführungsrichtlinien wurden von der Kommission angenommen:

- Richtlinie 94/2/EG der Kommission vom 21. Januar 1994 zur Durchführung der Richtlinie 92/75/EWG betreffend die Energieetikettierung für elektrische Haushaltskühl- und -gefriergeräte sowie entsprechende Kombinationsgeräte[35],
- Richtlinie 95/12/EG der Kommission vom 23. Mai 1995 zur Durchführung der Richtlinie 92/75/EWG des Rates betreffend die Energieetikettierung für elektrische Haushaltswaschmaschinen[36],
- Richtlinie 95/13/EG der Kommission vom 23. Mai 1995 zur Durchführung der Richtlinie 92/75/EWG des Rates im Hinblick auf das Energieetikett für elektrische Haushaltswäschetrockner[37],

---

31 ABl. Nr. L 297 vom 13. 10. 1992, S. 16.
32 S. 4. Erwägungsgrund.
33 S. 6. Erwägungsgrund.
34 S. Art. 1 Abs. 1 der Richtlinie.
35 ABl. Nr. L 45 vom 17. 2. 1994, S. 1, geändert durch Richtlinie 2003/66/EG vom 3. Juli 2003, ABl. Nr. L 170 vom 9. 7. 2003, S. 10.
36 ABl. Nr. L 136 vom 21. 6. 1995, S. 1.
37 ABl. Nr. L 136 vom 21. 6. 1995, S. 28.

- Richtlinie 96/60/EG der Kommission vom 19. September 1996 zur Durchführung der Richtlinie 92/75/EWG des Rates betreffend die Energieetikettierung für kombinierte Haushalts-Wasch-Trockenautomaten[38],
- Richtlinie 97/17/EG der Kommission vom 16. April 1997 zur Durchführung der Richtlinie 92/75/EWG des Rates betreffend die Energieetikettierung für Haushaltsgeschirrspüler[39],
- Richtlinie 98/11/EG der Kommission vom 27. Januar 1998 zur Durchführung der Richtlinie 92/75/EWG des Rates betreffend die Energieetikettierung für Haushaltslampen[40],
- Richtlinie 2002/31/EG der Kommission vom 22. März 2002 zur Durchführung der Richtlinie 92/75/EWG des Rates betreffend die Energieetikettierung für Raumklimageräte[41],
- Richtlinie 2002/40/EG der Kommission vom 8. Mai 2002 zur Durchführung der Richtlinie 92/75/EWG des Rates betreffend die Energieetikettierung für Elektrobacköfen[42].

Ebenfalls als Maßnahme, „die gleichzeitig auf das reibungslose Funktionieren des Binnenmarktes und auf Energieeinsparungen, den Umwelt- sowie den Verbraucherschutz" abzielt[43], erging die Richtlinie 2000/55/EG des Europäischen Parlaments und des Rates vom 18. September 2000 über **Energieeffizienzanforderungen an Vorschaltgeräte für Leuchtstofflampen**[44].

Ein weiteres Energieeinsparpotential, das die Kommission seit längerem untersucht, liegt bei **Geräten im Standby-Betrieb**, wobei die diesbezüglichen Überlegungen noch nicht bis in das Stadium der Rechtsetzung gelangt sind[45]. Nach Angaben der Kommission beläuft sich der reine Standby-Verbrauch auf ca. 3,5 % des gesamten jährlichen Elektrizitätsverbrauchs der Gemeinschaft[46]. Für die Zusammenarbeit zur Verringerung des Energieverbrauchs von Fernsehern und Videorecordern im Standby-Betrieb hat die Europäische Vereinigung der Hersteller von Unterhaltungselektronikgeräten (European Association of Consumer Electronics Manufacturers – EACEM) schon 1997 bei der Kommission ein Negativattest und/oder eine Freistellung nach Art. 85 EGV (Art. 81 n. F.) und Art. 53 EWR-Abkommen beantragt[47].

Als letzte Initiative der Gemeinschaft ist in diesem Zusammenhang die Verordnung (EG) Nr. 2422/2001 des Europäischen Parlaments und des Rates vom 6. November

---

38 ABl. Nr. L 266 vom 18. 10. 1996, S. 1.

39 ABl. Nr. L 118 vom 7. 5. 1997, S. 1, geändert durch Richtlinie 1999/9/EG vom 26. Februar 1999, ABl. Nr. L 56 vom 4. 3. 1999, S. 46.

40 ABl. Nr. L 71 vom 10. 3. 1998, S. 1.

41 ABl. Nr. L 86 vom 3. 4. 2002, S. 26.

42 ABl. Nr. L 128 vom 15. 5. 2002, S. 45.

43 S. den 1. Erwägungsgrund der Richtlinie.

44 ABl. Nr. L 279 vom 1. 11. 2000, S. 33.

45 S. Mitteilung der Kommission an den Rat und das Europäische Parlament über politische Instrumente zur Verringerung von Standby-Energieverlusten bei Heimelektronik-Geräten vom 15. 3. 1999 (KOM(1999) 120 endg.).

46 S. Schriftliche Anfrage E-2087/97, ABl. Nr. C 45 vom 10. 2. 1998, S. 154.

47 S. Mitteilung nach Artikel 19 Absatz 3 der Verordnung Nr. 17 des Rates – Sache Nr. IV/C-3/36.494 – EACEM – Energieeinsparungs-Verpflichtung, ABl. Nr. C 12 vom 16. 1. 1998, S. 2.

2001 über ein gemeinsames **Kennzeichnungsprogramm für Strom sparende Bürogeräte**[48] zu nennen. Die Verordnung gilt der Umsetzung eines mit den USA ausgehandelten Abkommens[49], wodurch die Hersteller das Recht erhalten, an dem US-Programm „ENERGY STAR" teilzunehmen, das 1993 auf Betreiben der Umweltschutzagentur der USA (Environmental Protection Agency – EPA) als Energiesparprogramm eingeführt wurde und heute weite Verbreitung zur Kennzeichnung z. B. von Kopiergeräten, Computern, Bildschirmen, Druckern und Telefaxgeräten findet. Der Rat betrachtete das Abkommen als Maßnahme auf dem Gebiet des Umweltschutzes und stützte es auf Art. 175 Abs. 1 EGV. Demgegenüber vertrat die Kommission die Auffassung, daß es sich um ein Handelsabkommen nach Art. 133 EGV handelte und erhob Klage beim EuGH[50]. Mit Urteil vom 12. Dezember 2002 gab der Gerichtshof der Kommission Recht. Im März 2003 wurde das Energy-Star-Büro der EG errichtet[51] und im April 2003 das Abkommen mit den USA auf der richtigen Rechtsgrundlage erneut abgeschlossen[52].

Zur Umsetzung der diversen Rechtsakte der Gemeinschaft auf dem Gebiet der Energieeinsparung erging in Deutschland das Gesetz vom 30. Januar 2002 zur Umsetzung von Rechtsakten der Europäischen Gemeinschaften auf dem Gebiet der Energieeinsparung bei Geräten und Kraftfahrzeugen (Energieverbrauchskennzeichnungsgesetz – ENVKG)[53].

II. Verbrauchsmindernde Maßnahmen: Rechtsvorschriften

Die Verminderung des Energieverbrauchs von Geräten und Anlagen führt in der Praxis nur dann zu einer effektiven Energieeinsparung, wenn das Wachstum des Gerätemarktes insgesamt den Effizienzgewinn des Einzelgeräts nicht wieder aufhebt.

Um die Energieeinsparpotentiale jenseits des Marktes der energieverbrauchenden Geräte zu erschließen, hat die Gemeinschaft – über das soft law und finanzielle Programme hinausgehend – eine Reihe von Maßnahmen beschlossen, deren älteste die **Regelung der Sommerzeit** ist. Seit der ersten Richtlinie des Rates vom 22. Juli 1980 zur Regelung der Sommerzeit (80/737/EWG)[54] hat die Gemeinschaft in ununter-

---

48 ABl. Nr. L 332 vom 15. 12. 2001, S. 1.

49 Beschluß 2001/469/EG des Rates vom 14. Mai 2001 über den Abschluß, im Namen der Europäischen Gemeinschaft, des Abkommens zwischen der Regierung der Vereinigten Staaten von Amerika und der Europäischen Gemeinschaft über die Koordinierung von Kennzeichnungsprogrammen für Strom sparende Bürogeräte, ABl. Nr. L 172 vom 26. 6. 2001, S. 1.

50 Rechtssache C-281/01.

51 S. Beschluß 2003/168/EG der Kommission vom 11. März 2003 zur Errichtung des Energy-Star-Büros der Europäischen Gemeinschaft, ABl. Nr. L 67 vom 12. 3. 2003, S. 22. S. dazu Beschluß 2003/367/EG der Kommisssion vom 15. Mai 2003 über die Geschäftsordnung des Energy-Star-Büros der Europäischen Gemeinschaft, ABl. Nr. L 125 vom 21. 5. 2003, S. 9.

52 Beschluß 2003/269/EG des Rates vom 8. April 2003 über den Abschluß, im Namen der Gemeinschaft, des Abkommens zwischen der Regierung der Vereinigten Staaten von Amerika und der Europäischen Gemeinschaft über die Koordinierung von Kennzeichnungsprogrammen für stromsparende Bürogeräte, ABl. Nr. L 99 vom 17. 4. 2003, S. 47.

53 BGBl. I S. 570.

54 ABl. Nr. L 205 vom 7. 8. 1980, S. 17.

brochener Folge Richtlinien auf diesem Gebiet erlassen[55], die u. a. das Ziel verfolgen, Energie einzusparen[56]. Inwieweit dieses Ziel tatsächlich erreicht wird, ist Gegenstand mehrerer Studien, von denen eine von der Kommission in Auftrag gegebene die Vorteile der helleren Abende besonders im Bereich Energieverbrauch hervorhebt, während die Nachteile der dunkleren Morgenstunden zu gewissen Schwierigkeiten in den Bereichen Landwirtschaft und Baugewerbe führen können[57]. Die derzeit geltende Richtlinie gilt bis 2006[58].

Eine weitere Maßnahme traf die Gemeinschaft 1985 mit dem Erlaß der Richtlinie des Rates vom 5. Dezember 1985 zur Einsparung von Rohöl durch die Verwendung von **Ersatz-Kraftstoffkomponenten im Benzin** (85/536/EWG)[59]. Als derartige Komponenten nennt die Richtlinie u. a. Methanol, Ethanol und Isopropylalkohol[60]. Auf die spezifischen Maßnahmen zur Förderung von erneuerbaren Energien wurde schon oben hingewiesen[61].

Einen für den Energieverbrauch außerordentlich wichtigen Regelungsbereich erschloß sich die Gemeinschaft 1988 mit der Richtlinie 89/106/EWG des Rates vom 21. Dezember 1988 zur Angleichung der Rechts- und Verwaltungsvorschriften der Mitgliedstaaten über **Bauprodukte**[62]. Mit diesem Rechtsakt verfolgte die Gemeinschaft das Ziel, die unterschiedlichen Anforderungen der Mitgliedstaaten hinsichtlich der baulichen Sicherheit, Gesundheit, Dauerhaftigkeit, Energieeinsparungen, Umweltschutz, Aspekten der Wirtschaftlichkeit und anderer Belange des öffentlichen Interesses zu harmonisieren. Nach den Art. 3 und 12 dieser Richtlinie sind die in ihrem Anhang I aufgeführten wesentlichen Anforderungen in sog. Grundlagendokumenten festzulegen, wobei

---

55 S. Zweite Richtlinie 82/399/EWG des Rates vom 10. Juni 1982, ABl. Nr. L 173 vom 19. 6. 1982, S. 16; Dritte Richtlinie 84/634/EWG des Rates vom 12. Dezember 1984, ABl. Nr. L 331 vom 19. 12. 1984, S. 33; Vierte Richtlinie 88/14/EWG des Rates vom 22. Dezember 1987, ABl. Nr. L 6 vom 9. 1. 1988, S. 38; Fünfte Richtlinie 89/47/EWG des Rates vom 21. Dezember 1988, ABl. Nr. L 7 vom 21. 1. 1989, S. 57; Sechste Richtlinie 92/20/EWG des Rates vom 26. März 1992, ABl. Nr. L 89 vom 4. 4. 1992, S. 28; Siebte Richtlinie 94/21/EG des Europäischen Parlaments und des Rates vom 30. Mai 1994, ABl. Nr. L 164 vom 30. 6. 1994, S. 1; Achte Richtlinie 97/44/EG des Europäischen Parlaments und des Rates vom 22. Juli 1997, ABl. Nr. L 206 vom 1. 8. 1997, S. 62; Neunte Richtlinie 2000/84/EG des Europäischen Parlaments und des Rates vom 19. Januar 2001, ABl. Nr. L 31 vom 2. 2. 2001, S. 21.

56 S. zur Eignung der Richtlinien, dieses Ziel zu erreichen, die Ausführungen der Kommission auf S. 7 bis 9 ihres Dokuments vom 20. 6. 2000 (KOM(2000) 302 endg.): Vorschlag für eine Richtlinie des Europäischen Parlaments und des Rates zur Regelung der Sommerzeit.

57 S. Stellungnahme des Wirtschafts- und Sozialausschusses zu dem „Vorschlag für die Achte Richtlinie des Europäischen Parlaments und des Rates zur Regelung der Sommerzeit" ABl. Nr. C 30 vom 30. 1. 1997, S. 20. S. zum Thema Sommerzeit und Energieeinsparung auch die Schriftliche Anfrage E-3406/93, ABl. Nr. C 84 vom 21. 3. 1994, S. 22 und E-221/95, ABl. Nr. C 202 vom 7. 8. 1995, S. 9.

58 S. die Mitteilung der Kommission zur Dauer der Sommerzeit im ABl. Nr. C 35 vom 2. 2. 2001, S. 7.

59 ABl. Nr. L 334 vom 12. 12. 1985, S. 20. Die Richtlinie wurde durch die Richtlinie der Kommission vom 29. Juli 1987 (87/441/EWG) ergänzt (ABl. Nr. L 238 vom 21. 8. 1987, S. 40).

60 S. Anhang der Richtlinie.

61 S. 2. Teil G. I. II.

62 ABl. Nr. L 40 vom 11. 2. 1989, S. 12. S. dazu die Liste der von den Mitgliedstaaten und den EFTA-Staaten benannten Stellen, ABl. Nr. C 282 vom 19. 11. 2002, S. 1.

das Grundlagendokument Nr. 6 die wesentlichen Anforderungen zu **„Energieeinsparung und Wärmeschutz"** enthält[63].

Im Anschluß an das sogenannte SAVE-Programm aus dem Jahre 1991[64] erließ der Rat mit der Richtlinie 93/76/EWG vom 13. September 1993 zur Begrenzung der Kohlendioxidemissionen durch eine **effizientere Energienutzung** (SAVE)[65] einen ersten horizontalen Rechtsakt, der ausschließlich das Ziel verfolgte, den Energieverbrauch in der Gemeinschaft zu vermindern. Art. 1 dieser auf Art. 130s und 235 EWGV (Art. 175 und 308 n. F.) gestützten Richtlinie bestimmt:

> „Mit dieser Richtlinie wird angestrebt, daß die Mitgliedstaaten das Ziel der Begrenzung der Kohlendioxidemissionen durch eine effizientere Energienutzung, insbesondere durch die Aufstellung und Umsetzung von Programmen mit folgendem Inhalt, verwirklichen:
> - Energieausweis für Gebäude,
> - Abrechnung der Heizungs-, Klimatisierungs- und Warmwasserbereitungskosten nach dem tatsächlichen Verbrauch,
> - Förderung der Drittfinanzierung von Energiesparinvestitionen im öffentlichen Bereich,
> - Wärmedämmung von Neubauten,
> - regelmäßige Überprüfung von Heizkesseln,
> - Energiebilanzen in Unternehmen mit hohem Energieverbrauch.
>
> Die Programme können Rechts- und Verwaltungsvorschriften sowie Wirtschafts- und Verwaltungsinstrumente, Aufklärungs- und Erziehungsmaßnahmen und freiwillige Vereinbarungen sein, deren Wirkung objektiv einschätzbar ist."

Mit derselben Zielrichtung der Verbesserung der Energieeffizienz folgte 1996 die Richtlinie 96/57/EG des Europäischen Parlaments und des Rates über Anforderungen im Hinblick auf die **Energieeffizienz von elektrischen Haushaltskühl- und -gefriergeräten** und entsprechenden Kombinationen[66].

---

63 S. Mitteilung der Kommission über die Grundlagendokumente der Richtlinie des Rates 89/106/EWG, ABl. Nr. C 62 vom 28.4.1994, S. 1, 148ff. S. dazu auch die Entscheidung der Kommission vom 14. Juli 1997 über das Verfahren der Bescheinigung der Konformität von Bauprodukten gemäß Artikel 20 Absatz 2 der Richtlinie 89/106/EWG des Rates betreffend außenliegende Wärmedämmverbundsysteme oder -bausätze mit Putz (WDVS) (97/556/EG), ABl. Nr. L 229 vom 20.8.1997, S. 14; Entscheidung der Kommission vom 25. Januar 1999 über das Verfahren zur Bescheinigung der Konformität von Bauprodukten gemäß Artikel 20 Absatz 2 der Richtlinie 89/106/EWG des Rates betreffend Wärmedämmprodukte (1999/91/EG), ABl. Nr. L 29 vom 3.2.1999, S. 44, berichtigt in ABl. Nr. L 83 vom 27.3.1999, S. 80; Entscheidung der Kommission vom 29. Juni 1999 über das Verfahren zur Bescheinigung der Konformität von Bauprodukten gemäß Artikel 20 Absatz 2 der Richtlinie 89/106/EWG des Rates betreffend Raumerwärmungsanlagen (1999/471/EG), ABl. Nr. L 184 vom 17.7.1999, S. 37. S. zuletzt Entscheidung der Kommission vom 9. April 2003 über die Veröffentlichung der Fundstelle der Normen für Wärmedämmstoffe ... entsprechend der Richtlinie 89/106/EWG des Rates, ABl. Nr. L 114 vom 8.5.2003, S. 50.

64 Entscheidung des Rates vom 29. Oktober 1991 zur Förderung der Energieeffizienz in der Gemeinschaft (Programm SAVE) (91/565/EWG), ABl. Nr. L 307 vom 8.11.1991, S. 34, s. dazu unten III.

65 ABl. Nr. L 237 vom 22.9.1993, S. 28.

66 ABl. Nr. L 236 vom 18.9.1996, S. 36.

Unter Bezugnahme auf die soeben genannten Richtlinien 89/106/EWG (Bauprodukte) und 93/76/EWG (SAVE) erließen das Europäische Parlament und der Rat am 16. Dezember 2002 die Richtlinie 2002/91/EG über die **Gesamtenergieeffizienz von Gebäuden**[67]. Anknüpfend an frühere Bemühungen der Gemeinschaft auf diesem Gebiet[68], enthält die Richtlinie Anforderungen hinsichtlich:

- einer gemeinsamen Methode zur Berechnung der integrierten Energieprofile von Gebäuden,
- der Anwendung von Mindestnormen für diese Profile,
- der Energiezertifizierung von Gebäuden;
- regelmäßiger Inspektionen von Kesseln und Zentralheizungsanlagen.

III. Verbrauchsmindernde Maßnahmen: Förderprogramme

Gemeinschaftsprogramme zur finanziellen Unterstützung von Projekten auf dem Gebiet der Energieeinsparung bestehen seit den 70er Jahren (soweit sie als reine Forschungs- und Entwicklungsprogramme angelegt sind, werden sie im Zusammenhang der Energieforschung behandelt). Das erste Programm erging in Gestalt der Verordnung (EWG) Nr. 1303/78 des Rates vom 12. Juni 1978 über die Gewährung einer finanziellen Unterstützung für **Demonstrationsvorhaben zur Energieeinsparung**[69] und hatte eine Geltungsdauer von 4 Jahren. Weitere Programme folgten[70]; das bekannteste wurde das **THERMIE-Programm** zur Förderung der Energietechnologien in Europa[71].

Anfang der 90er Jahre stellte die Gemeinschaft die Förderung der Energieeffizienz auf eine neue Grundlage, die eine finanzielle Unterstützung weitgespannter Einzelmaßnahmen vorsah. Mit der Entscheidung des Rates vom 29. Oktober 1991 zur Förderung der Energieeffizienz in der Gemeinschaft (**Programm SAVE**) (91/565/EWG)[72] beschloß die Gemeinschaft, vier Arten von Energieeffizienzmaßnahmen zu finanzieren:

---

67 ABl. Nr. L 1 vom 4. 1. 2003, S. 65.

68 S. z. B. die Empfehlungen des Rates vom 4. Mai 1976 zur rationellen Energienutzung durch verbesserte Wärmedämmung in Gebäuden (76/492/EWG) und bei Heizanlagen (76/493/EWG), ABl. Nr. L 140 vom 28. 5. 1976, S. 11 und 12. S. weiterhin die Entschließung des Rates vom 15. März 1985 betreffend die rationelle Energienutzung im Gebäudebereich, ABl. Nr. C 78 vom 26. 3. 1985, S. 1. S. auch den Vorschlag der Kommission für eine Richtlinie des Rates über den Ausweis der Energieeffizienz von Gebäuden, KOM(87) 401 endg. vom 9. September 1987.

69 ABl. Nr. L 158 vom 16. 6. 1978, S. 6.

70 S. Verordnung (EWG) Nr. 1972/83 des Rates vom 11. Juli 1983 zur Gewährung einer finanziellen Unterstützung für Demonstrationsvorhaben auf dem Gebiet der Nutzung alternativer Energiequellen, der Energieeinsparung und der Substitution von Kohlenwasserstoffen, ABl. Nr. L 195 vom 19. 7. 1983, S. 6 (Geltungsdauer: drei Jahre, Finanzvolumen 215 Mio ECU gemäß Änderungs-Verordnung (EWG) Nr. 2126/84, ABl. Nr. L 196 vom 26. 7. 1984, S. 4); Verordnung (EWG) Nr. 3640/85 des Rates vom 20. Dezember 1985 zur Förderung von Demonstrationsvorhaben und industriellen Pilotvorhaben im Energiebereich durch finanzielle Unterstützung, ABl. Nr. L 350 vom 27. 12. 1985, S. 29; Entscheidung des Rates vom 5. Juni 1989 zur Annahme eines gemeinschaftlichen Aktionsprogramms zur Erhöhung der Effizienz bei der Elektrizitätsverwendung (Programm PACE) (89/364/EWG), ABl. Nr. L 157 vom 9. 6. 1989, S. 32.

71 Verordnung (EWG) Nr. 2008/90 des Rates vom 29. Juni 1990, ABl. Nr. L 185 vom 17. 7. 1990, S. 1.

72 ABl. Nr. L 307 vom 8. 11. 1991, S. 34.

„a) technische Untersuchungen zur Bewertung der für die Festlegung von Normen oder technischen Vorschriften notwendigen Daten;
b) Unterstützungsmaßnahmen für die Initiativen der Mitgliedstaaten zur Schaffung bzw. Erweiterung der Infrastrukturen zur Energieeffizienz. Diese Initiativen umfassen:
- Maßnahmen im Zusammenhang mit der Ausbildung und Information im Bereich Energieeffizienz, die so weitgehend wie möglich auf die Energieendverbraucher abgestimmt sind;
- sektorale Pilotaktionen, wie sie im Anhang aufgeführt sind;

c) Maßnahmen zur Förderung der Schaffung eines Informationsnetzes zur Verbesserung der Koordinierung der nationalen, gemeinschaftlichen und internationalen Tätigkeiten durch Bereitstellung geeigneter Mittel für einen Informationsaustausch und zur Bewertung der Auswirkungen der verschiedenen in diesem Artikel vorgesehenen Maßnahmen;
d) Maßnahmen zur Durchführung des mit der Entscheidung 89/364/EWG festgelegten Programms zur Erhöhung der Effizienz bei der Elektrizitätsverwendung."

Das Programme SAVE I war insgesamt mit 35 Mio ECU dotiert und hatte eine Laufzeit von 5 Jahren (1. 1. 1991–31. 12. 1995).

Auf SAVE I folgte **SAVE II**[73], das mit 45 Mio. ECU ausgestattet war und dessen Laufzeit auf ebenfalls 5 Jahre festgelegt wurde (1. 1. 1996 bis 31. 12. 2000). Die allgemeine Zielsetzung dieses Programms bestand darin,

„a) Anreize für Energieeffizienzmaßnahmen in allen Bereichen zu geben;
b) Investitionen mit dem Ziel der Energieeinsparung seitens der privaten und der öffentlichen Verbraucher sowie der Industrie zu fördern;
c) die Voraussetzungen für eine Verbesserung der Energieintensität des Endverbrauchs zu schaffen"[74].

Im Rahmen des Programms konnten folgende Gruppen von Aktionen und Maßnahmen zur Förderung der Energieeffizienz finanziert werden: Studien, Pilotaktionen, Maßnahmen zur Förderung des Erfahrungsaustausches, Evaluierung und Überwachung sowie spezifische Aktionen zur Verbesserung des Energiemanagements.

Noch vor Ablauf des SAVE II Programms nahm der Rat am 14. Dezember 1998 seine Entscheidung über ein mehrjähriges Rahmenprogramm für Maßnahmen im Energiesektor (1998–2002) und flankierende Maßnahmen (1999/21/EG, Euratom)[75] an, das mit Fördermitteln in Höhe von 170 Mio. ECU ausgestattet war. Das Rahmenprogramm bedurfte – dem Modell der FuT-Rahmenprogramme folgend – der Umsetzung durch spezifische Programme, von denen eines der „Schaffung von Anreizen für eine

---

73 Entscheidung des Rates vom 16. Dezember 1996 über ein Mehrjahresprogramm zur Förderung der Energieeffizienz in der Gemeinschaft (SAVE II) (96/737/EG), ABl. Nr. L 335 vom 24. 12. 1996, S. 50, das nicht mehr auf Artikel 235 EGV gestützt war wie SAVE I, sondern allein auf **Artikel 130 s EGV**, wodurch ein weiteres Mal der Eintritt der Energiepolitik in das Gravitationsfeld der Umweltpolitik markiert wurde.

74 Art. 1 Abs. 1.

75 ABl. Nr. L 7 vom 13. 1. 1999, S. 16. Das Rahmenprogramm ist auf die Artikel 235 EGV und 203 EAGV gestützt.

rationelle und effiziente Nutzung der Energiequellen“ gelten sollte[76]. Dieses spezifische Programm wurde mit der Entscheidung Nr. 647/2000/EG des Europäischen Parlaments und des Rates vom 28. Februar 2000 über ein **Mehrjahresprogramm zur Förderung der Energieeffizienz** (SAVE) (1998–2002)[77] erlassen (Finanzvolumen: 66 Mio. EUR). Dieses dritte SAVE-Programm hebt zwar formal SAVE II auf[78], folgt aber im wesentlichen seiner Logik.

Das derzeit geltende SAVE Programme beruht auf der Entscheidung Nr. 1230/2003/EG des Europäischen Parlaments und des Rates vom 26. Juni 2003 zur Festlegung eines mehrjährigen Programms für Maßnahmen im Energiebereich: **„Intelligente Energie – Europa“ (2003–2006)**[79], das auf Art. 175 Abs. 1 EGV gestützt ist. Hierbei spaltet das neue Programm den klassischen SAVE Bereich in zwei spezifische Einzelbereiche, nämlich SAVE und STEER auf[80]: SAVE betrifft die Verbesserung der Energieeffizienz und die rationelle Energieverwendung, insbesondere im Bauwesen und in der Industrie, und STEER die Unterstützung von Initiativen, die sämtliche energiespezifische Aspekte des Verkehrswesens und insbesondere die Energieeffizienz im Verkehrssektor zum Gegenstand haben. SAVE ist für den Zeitraum 2003–2006 mit 69,8 Mio. EUR und STEER mit 32,6 Mio. EUR ausgestattet[81].

IV. Verbrauchsbeschränkungen

Weder durch Maßnahmen der Verbrauchsnormung noch durch verbrauchsmindernde Rechtsvorschriften oder Förderprogramme wird der Verbraucher von Energie in seiner Nutzungsfreiheit eingeschränkt. Dies kann allein durch verbindliche Verbrauchsbeschränkungen geschehen, von denen die Gemeinschaft allerdings nur einen geringen Gebrauch gemacht hat.

Als Reaktion auf die erste Energiekrise erließ der Rat Anfang 1975 zwei Richtlinien, die das Ziel hatten, den Einsatz von Erdgas und Mineralölerzeugnissen als Primärenergien bei der **Verstromung** zu beschränken[82], u. a. um diese Energieträger Nutzungsformen vorzubehalten, in denen sie nicht oder nur schwer durch die Steinkohle substituiert werden können (wie im Verkehr und Hausbrand). Nach diesen Richtlinien war der Bau neuer Kraftwerke, in denen ausschließlich oder hauptsächlich Erdgas oder Erdölerzeugnisse eingesetzt werden sollten, einer vorherigen Genehmigung durch die Behörden der Mitgliedstaaten zu unterwerfen, die nur ausnahmsweise unter bestimmten engen Voraussetzungen erteilt werden durfte. Diese Richtlinien wurden in den 90er Jahren aufgehoben[83].

---

76 S. Art. 2 Abs. 1 lit. c) der Entscheidung.
77 ABl. Nr. L 79 vom 30. 3. 2000, S. 6.
78 S. Art. 11 der Entscheidung.
79 ABl. Nr. L 176 vom 15. 7. 2003, S. 29.
80 S. Art. 3 Abs. 1 lit. a) und lit. c) der Entscheidung.
81 S. Ziffer 1 und 3 des Anhangs zur Entscheidung.
82 Richtlinie des Rates vom 13. Februar 1975 über die Einschränkung des Einsatzes von Erdgas in Kraftwerken (75/404/EWG), ABl. Nr. L 178 vom 9. 7. 1975, S. 24; Richtlinie des Rates vom 14. April 1975 über die Einschränkung des Einsatzes von Erdölerzeugnissen in Kraftwerken, ABl. Nr. L 178 vom 9. 7. 1975, S. 26.
83 Richtlinie 91/148/EWG des Rates vom 18. März 1991 zur Aufhebung der Richtlinie 75/404/EWG über die Einschränkung des Einsatzes von Erdgas in Kraftwerken, ABl. Nr. L 75 vom

Von Anfang an erfolglos blieb die Kommission mit ihrem Vorschlag vom 11. Juli 1983 für eine Richtlinie des Rates zur **Kraftstoffrationierung** im Nutzfahrzeugverkehr zwischen Mitgliedstaaten[84]. Für den Fall von Versorgungsschwierigkeiten sah der Vorschlag ein Rationierungsverfahren und die Zuteilung von Kraftstoff-Bezugsscheinen für den grenzüberschreitenden Verkehr vor, um Diskriminierungen gebietsfremder Verkehrsunternehmen zu verhindern.

Obwohl als Rechtsakt auf dem Gebiet des Verkehrs ergangen, ist in diesem Zusammenhang auch die Richtlinie 92/6/EWG des Rates vom 10. Februar 1992 über Einbau und Benutzung von **Geschwindigkeitsbegrenzern** für bestimmte Kraftfahrzeugklassen in der Gemeinschaft[85] zu nennen. Ihr vierter Erwägungsgrund stellt „die günstigen Auswirkungen von Geschwindigkeitsbegrenzern auf die Umwelt und den Energieverbrauch“ fest, da der Kraftstoffverbrauch mit der Geschwindigkeit und in Abhängigkeit von der Leistungsfähigkeit und der Größe des Motors zunimmt. Allerdings nahm die Kommission schon in einem Dokument aus dem Jahre 1987 an, daß sich eine erhebliche Auswirkung auf den Kraftstoffverbrauch durch Änderungen der Fahrgeschwindigkeit nur auf den Autobahnen und ähnlichen Straßen ergeben würde[86]. Weitere Einzelheiten werden in anderen verkehrsrechtlichen Richtlinien geregelt[87].

Damit verbleiben auf der Ebene der Gemeinschaft als einzige effektive Regelungen für Verbrauchsbeschränkungen jene des **Krisenregimes** gemäß der Richtlinie 73/238/EWG vom 24. Juli 1973 über Maßnahmen zur Abschwächung der Auswirkungen von Schwierigkeiten bei der Versorgung mit Erdöl und Erdölerzeugnissen[88], ergänzt durch die Entscheidung 77/706/EWG des Rates vom 7. November 1977 zur Festsetzung eines gemeinsamen Richtwertes für die Einschränkung des Primärenergieverbrauchs[89] nebst Durchführungs-Entscheidung der Kommission vom 15. Juni 1979[90] (s. oben 2. Teil D. II.).

---

21. 3. 1991, S. 52; Entscheidung 97/8/EG des Rates vom 20. Dezember 1996 zur Aufhebung der Richtlinie 75/405/EWG über die Einschränkung des Einsatzes von Erdölerzeugnissen in Kraftwerken, ABl. Nr. L 3 vom 7. 1. 1997, S. 7.

84 ABl. Nr. C 195 vom 22. 7. 1983, S. 4.

85 ABl. Nr. L 57 vom 2. 3. 1992, S. 27, geändert durch Richtlinie 2002/85/EG des Europäischen Parlaments und des Rates vom 5. November 2002, ABl. Nr. L 327 vom 4. 12. 2002, S. 8. S. dazu die informative Stellungnahme des Wirtschafts- und Sozialausschusses im ABl. Nr. C 48 vom 21. 2. 2002, S. 47. S. auch den Bericht der Kommission über die Umsetzung der Richtlinie 92/6/EWG, KOM(2001) 318 endg. vom 14. 6. 2001.

86 S. Mitteilung der Kommission an den Rat: Geschwindigkeitsbegrenzung in der Gemeinschaft, vom 9. Januar 1987 (KOM(1986) 735 endg.), Punkt IV, S. 4. Zum Zusammenhang zwischen Geschwindigkeit und Kfz-Abgasmenge s. die Schriftliche Anfrage Nr. 317/90, ABl. Nr. C 328 vom 31. 12. 1990, S. 9.

87 S. zuletzt die Richtlinie 2003/26/EG der Kommission vom 3. April 2003 zur Anpassung der Richtlinie 2003/30/EG des Europäischen Parlaments und des Rates an den technischen Fortschritt in bezug auf Geschwindigkeitsbegrenzer und Abgasemissionen, ABl. Nr. L 90 vom 8. 4. 2003, S. 37 (m. w. N.).

88 ABl. Nr. L 228 vom 16. 8. 1973, S. 1.

89 ABl. Nr. L 292 vom 16. 11. 1977, S. 9.

90 ABl. Nr. L 183 vom 19. 7. 1979, S. 1.

C. Energiebesteuerung

Literatur:

Paul Farmer, Richard Lyal, EC Tax Law, Oxford 1994; *Walter Frenz*, Energiesteuer und Beihilfenverbot, EuZW 1999, S. 616; *Klaus Friedrich*, Das Gesetz zur Fortentwicklung der ökologischen Steuerreform, DB 2003, S. 309.

Neben den Maßnahmen, die den Energieverbrauch unmittelbar regeln, ist die Besteuerung der Energie das wirksamste Mittel, den Verbrauch von Energie zu steuern[1]. Als Bestandteil des Energiepreises beeinflußt die Steuer direkt das Verhalten der Verbraucher: Hohe Steuern führen in der Regel zu einer Einschränkung des Verbrauchs, differenzierende Steuern und Steuersätze, Steuerbegünstigungen oder Steuerbefreiungen einzelner Energieprodukte können die Wahl des Verbrauchers zwischen den Energieerzeugnissen beeinflussen, soweit eine Substitution zwischen ihnen möglich ist. Hierbei braucht die Ausgestaltung der Energiebesteuerung nicht auf ausschließlich energiepolitischen Erwägungen zu beruhen; traditionell stehen vielmehr rein fiskalische und industriepolitische sowie neuerdings auch umweltpolitische Überlegungen im Vordergrund.

Die Gemeinschaft besitzt auf dem Gebiet der Steuerpolitik nur begrenzte Befugnisse. Die Steuerhoheit und die Zuständigkeit für die Fiskalpolitik liegen nach wie vor bei den Mitgliedstaaten. Soweit das Gemeinschaftsrecht Regelungen trifft, gelten diese dem Verbot der steuerlichen Diskriminierung von Waren aus anderen Mitgliedstaaten bzw. dem Verbot der steuerlichen Bevorzugung einheimischer Produkte[2] (Art. 90 bis 92 (ex-Art. 95–98) EGV) sowie der Harmonisierung der Umsatzsteuern, Verbrauchsabgaben und sonstigen indirekten Steuern, soweit diese Harmonisierung für die Errichtung und das Funktionieren des Binnenmarktes notwendig ist (Art. 93 (ex-Art. 99) EGV). Der erste Rechtsakt zur Harmonisierung der **Umsatzsteuern (Mehrwertsteuer)** erging schon in den 60er Jahren[3]. Im Zuge der Errichtung des Binnenmarktes wurden Anfang der 90er Jahre die **Verbrauchssteuern** für Mineralölprodukte harmonisiert und ein erster Vorschlag zur Einführung einer **CO_2-Steuer** vorgelegt. Seitdem ist das Thema einer spezifischen **Energiesteuer** auf der Tagesordnung geblieben, wobei die Frage der **steuerlichen Begünstigung der erneuerbaren Energien** hinzugetreten ist.

1 Hier zeigt sich die Sinnbrücke zwischen „Steuern“ und „steuern“.

2 S. hierzu EuGH, Urteil vom 2. 4. 1998, Rechtssache C-213/96 (Outokumpu), Slg. 1998, I-1777. Hiernach verbietet es Art. 95 a. F., „daß eine Verbrauchssteuer, die auf einem nationalen System der Besteuerung von Energiequellen beruht, Elektrizität inländischen Ursprungs je nach der Art der Erzeugung mit unterschiedlichen Sätzen belastet, eingeführte Elektrizität dagegen unabhängig von der Art der Erzeugung mit einem einheitlichen Satz belegt, der, auch wenn er unter dem höchsten Satz für Elektrizität inländischen Ursprungs liegt, zu einer höheren Belastung der eingeführten Elektrizität – sei es auch nur in bestimmten Fällen – führt“.

3 S. Erste Richtlinie 67/337/EWG des Rates vom 11. April 1967 zur Harmonisierung der Rechtsvorschriften der Mitgliedstaaten über die Umsatzsteuer, ABl. Nr. 71 vom 14. 4. 1967, S. 1301.

I. Umsatzsteuern

Literatur:

Ulrich Springsguth, Die Grundzüge des neuen Mehrwertsteuersystems in der Europäischen Gemeinschaft, BB 1992, S. 747; *Reimer Voß*, Steuerrecht, in: *Manfred A. Dauses*, Handbuch des EU-Wirtschaftsrechts, Band 2, J., Stand März 2002, EL 10, S. 1.

Als Basisrechtsakt auf dem Gebiet der Umsatzsteuer gilt seit 1977 die **Sechste Richtlinie 77/388/EWG des Rates vom 17. Mai 1977 zur Harmonisierung der Rechtsvorschriften der Mitgliedstaaten über die Umsatzsteuern – Gemeinsames Mehrwertsteuersystem: einheitliche steuerpflichtige Bemessungsgrundlage**[4]. Nach Art. 2 der Richtlinie unterliegen der Mehrwertsteuer **Lieferungen** von Gegenständen und **Dienstleistungen**, die Steuerpflichtige als solche im Inland gegen Entgelt ausführen sowie die **Einfuhr** von Gegenständen in die Gemeinschaft. Die **Besteuerungsgrundlage** besteht im **Inland** aus dem Wert der Gegenleistung (einschließlich Subventionen[5], anderen Steuern[6] und Nebenkosten[7]) abzüglich etwaiger Preisnachlässe, Rabatte oder Rückvergütungen[8] (Art. 11 A) und bei der **Einfuhr** aus dem Zollwert (Art. 11 B)[9]. Der Normalsatz der Mehrwertsteuer wird von jedem Mitgliedstaat als ein Prozentsatz der Besteuerungsgrundlage festgelegt, der für Lieferungen und Dienstleistungen gleich ist (Art. 12 Abs. 3 lit. a)). Hierbei darf allerdings ein bestimmter **Mindeststeuersatz** nicht unterschritten werden. So darf vom 1. Januar 2001 bis zum 31. Dezember 2005 dieser Satz nicht niedriger als 15 % sein[10], eine Regelung, die auch für Energieprodukte außer Erdgas und Elektrizität gilt. Für diese Energien bestimmt Art. 12 Abs. 3 lit. b) der Richtlinie:

> „Die Mitgliedstaaten können auf Lieferungen von Erdgas und Elektrizität einen ermäßigten Satz anwenden, sofern nicht die Gefahr einer Wettbewerbsverzerrung besteht. Ein Mitgliedstaat, der einen derartigen Satz anwenden will, muß zuvor die Kommission davon unterrichten. Die Kommission entscheidet darüber, ob die Gefahr einer Wettbewerbsverzerrung besteht"[11].

---

4 ABl. Nr. L 145 vom 13. 6. 1977, S. 1; zuletzt geändert durch Richtlinie 2002/38/EG des Rates vom 7. Mai 2002, ABl. Nr. L 128 vom 15. 5. 2002, S. 41, sowie Richtlinie 2002/92/EG des Rates vom 7. Dezember 2002, ABl. Nr. L 331 vom 7. 12. 2002, S. 27.

5 Bei öffentlich subventionierten Energieberatungsleistungen fließt die Subvention in den Wert der Beratungsleistung ein und bildet einen Teil der Besteuerungsgrundlage. S. hierzu EuGH, Urteil vom 13. Juni 2002, Rechtssache C-353/00 (Keeping Newcastle Warm Ltd), Slg. 2002, I-5419.

6 Wie z. B. Verbrauchssteuern.

7 Insbesondere Verpackungs-, Beförderungs- und Versicherungskosten.

8 Die Begriffe „Rabatte" und „Rückvergütungen" umfassen keinen Preisnachlaß in Höhe der Gesamtkosten einer Lieferung von Gegenständen. S. hierzu sowie zur steuerlichen Behandlung von Gutscheinen an Tankstellen EuGH, Urteil vom 27. April 1999, Rechtssache C-48/97 (Kuwait Petroleum), Slg. 1999, I-2323.

9 S. zur Besteuerung von Erdölerzeugnissen: EuGH, Urteil vom 6. Juli 1995, Rechtssache C-62/93 (BP Soupergaz/Griechenland), Slg. 1995, I-1883.

10 S. Art. 12 Abs. 3 lit. a) der Richtlinie in der Fassung der Richtlinie 2001/41/EG des Rates vom 19. Januar 2001 zur Änderung der Sechsten Richtlinie 77/388/EWG über das gemeinsame Mehrwertsteuersystem hinsichtlich der Geltungsdauer des Mindestnormalsatzes, ABl. Nr. L 22 vom 24. 1. 2001, S. 17.

11 S. hierzu Entscheidung 1999/200/EG der Kommission vom 26. Februar 1999 über den

In Abweichung von Art. 12 der Richtlinie dürfen die Mitgliedstaaten übergangsweise **ermäßigte Steuersätze** anwenden, insbesondere wenn sie „am 1. Januar 1991 einen ermäßigten Satz ... angewandt haben, ... sofern dieser Satz mindestens 12% beträgt“ [12] (Art. 28 Abs. 2 lit. e) i. V. m. Art. 28 l). Außerdem sind nach Art. 13 der Richtlinie bestimmte **Steuerbefreiungen im Inland** (insbes. bei dem Gemeinwohl dienenden Tätigkeiten) vorgesehen. **Steuerbefreiungen bei der Einfuhr** sind Gegenstand des Art. 14 der Richtlinie 83/181/EWG [13].

Was die **Steuerpraxis** anbelangt, so wenden die Mitgliedstaaten folgende **Mehrwertsteuersätze** an:[14]

	Normalsatz	Elektrizität	Erdgas
Belgien	21%	21%	21%
Dänemark	25%	25%	25%
Deutschland	16%	16%	16%
Finnland	22%	22%	22%
Frankreich	19,6%	19,6%*	19,6%
Griechenland	18%	8%	8%
Irland	20%	12,5%	12,5%
Italien	20%	10%	10%

* Frankreich erhebt 5,5 % auf die Anschlußgebühr und Kleinverbrauch.

Antrag der Griechischen Republik auf Anwendung eines ermäßigten MwSt-Satzes auf Lieferungen von Erdgas und Elektrizität gemäß Artikel 12 Absatz 3 Buchstabe b) der Sechsten Richtlinie 77/388/EWG des Rates vom 17. Mai 1977 zur Harmonisierung der Rechtsvorschriften der Mitgliedstaaten über die Umsatzsteuern, ABl. Nr. L 69 vom 16. 3. 1999, S. 40.

12 S. hierzu folgende für den Energiesektor relevante Vertragsverletzungsverfahren: EuGH, Urteil vom 8. 3. 2001, Rechtssache C-276/98 (Kommission ./. Portugal), Slg. 2001, I-1699. Entgegen dieser Vorschrift unterlagen in Portugal u. a. Lieferungen und Leistungen einem Steuersatz von nur 5 %: Apparate, Maschinen und andere Ausrüstungsgegenstände, die ausschließlich oder hauptsächlich für folgende Tätigkeiten bestimmt sind: Erfassung und Nutzung von Sonnen-, Wasser- oder geothermischer Energie; Erfassung und Nutzung anderer alternativer Energien; Energieerzeugung durch Verbrennung oder Verarbeitung von Abfällen, Müll oder anderen Reststoffen; Prospektion von und Suche nach Erdöllagerstätten und/oder Entwicklung von Techniken zur Entdeckung von Erdöl und Erdgas. S. weiterhin EuGH, Urteil vom 21. Juni 1988, Rechtssache 416/85 (Kommission ./. Vereinigtes Königreich), Slg. 1988, 3127. In dieser Rechtssache ging es um einen Nullsteuersatz aus sozialen Gründen für Brennstoffe und Energie. Die Anwendung eines ermäßigten Satzes allein auf die Anschlußgrundgebühr, die zum Bezug einer geringfügigen Energiemenge berechtigt, ist mit dem Gemeinschaftsrecht vereinbar, s. EuGH, Urteil vom 8. Mai 2003 in der Rechtssache C-384/01 (Kommission ./. Frankreich), noch unveröff.

13 Richtlinie 83/181/EWG des Rates vom 28. März 1983 zur Festlegung des Anwendungsbereichs von Artikel 14 Absatz 1 Buchstabe d) der Richtlinie 77/388/EWG hinsichtlich der Mehrwertsteuerbefreiung bestimmter endgültiger Einfuhren von Gegenständen, ABl. Nr. L 105 vom 23. 4. 1983, S. 38; zuletzt geändert durch Richtlinie 91/680/EWG des Rates vom 16. Dezember 1991, ABl. Nr. L 376 vom 31. 12. 1991, S. 1. Nach Art. 27 der Richtlinie 83/181/EWG sind Brennstoffe von der Steuerbefreiung bei Betriebsverlegungen (Art. 24) ausgenommen. Das gleiche gilt nach Art. 69 für die Einfuhr im Zusammenhang mit Ausstellungen. Für die Einfuhr von Trieb- und Schmierstoffen in Straßenkraftfahrzeugen gelten die Art. 82 bis 86 (Steuerbefreiung mit Mengenbegrenzung). Besondere Regeln sind für den Luftverkehr vorgesehen (Art. 91).

14 European Commission, EU Energy and Transport in Figures, Statistical pocket book 2002, Luxembourg 2002, p. 34.

	Normalsatz	Elektrizität	Erdgas
Luxemburg	15 % (Benzin 12 %)	6 %	6 %
Niederlande	19 %	19 %	19 %
Österreich	20 %	20 %	20 %
Portugal	17 %	5 %	17 %
Schweden	25 %	25 %	25 %
Spanien	16 %	16 %	16 %
Vereinigtes Königreich	17,5 %	5 %	5 %

Aus der Rechtsprechung sei auf die Urteile vom 14. Juni 2001 in der Rechtssache C-40/00[15] und vom 6. Februar 2003 in der Rechtssache C-185/01[16] hingewiesen. Auf Seiten der Legislativtätigkeit der Gemeinschaft ist der Rat z. Zt. mit dem Vorschlag der Kommission für eine Richtlinie zur Änderung der Richtlinie 77/388/EWG hinsichtlich der Vorschriften über den **Ort der Lieferung von Elektrizität und Gas**[17] befaßt, die insbesondere einheitliche Regelungen für den grenzüberschreitenden Strom- und Gasverkauf schaffen soll[18].

II. Verbrauchssteuern

Literatur:

Harald Jatzke, Das neue Verbrauchssteuerrecht im EG-Binnenmarkt, BB 1993, S. 41; *Brix Knudsen*, Harmonisierung der Verbrauchssteuern, ZfZ 1992, S. 220; *Günter Rau*, Harmonisierung der Verbrauchssteuern – Bewertung aus der Sicht der Wirtschaft, ZfZ 1992, S. 225.

Die Harmonisierung der **Verbrauchssteuern** auf Mineralöle erfolgte erst im Jahre 1992 im Zuge der Errichtung des Binnenmarktes durch den Erlaß von fünf miteinander verbundenen Rechtsakten des Rates[19].

In einem ersten Schritt erließ der Rat am 25. Februar 1992 die Richtlinie 92/12/EWG über das **allgemeine System**, den Besitz, die Beförderung und die Kontrolle verbrauchssteuerpflichtiger Waren[20] (System-Richtlinie). Am 19. Oktober 1992 folgten für das Mineralöl die

- Richtlinie 92/81/EWG zur Harmonisierung der **Struktur** der Verbrauchssteuern auf Mineralöle[21] (Struktur-Richtlinie),

---

15 Kommission ./. Frankreich, Slg. 2001, I-4539, zur Frage der Wiedereinführung des vollständigen Ausschlusses des Rechts auf Abzug der Mehrwertsteuer auf Dieselkraftstoff, der als Treibstoff für Fahrzeuge oder Maschinen verwendet wird, die nicht zum Vorsteuerabzug berechtigen.

16 Noch unveröff. Danach ist Art. 5 Abs. 1 der Richtlinie 77/388/EWG dahin auszulegen, daß in einem Fall, in dem ein Leasingnehmer das geleaste Fahrzeug im Namen und für Rechnung des Leasinggebers bei Tankstellen betankt, keine Kraftstofflieferung des Leasinggebers an den Leasingnehmer vorliegt.

17 S. KOM (2002) 688 endg. vom 5. 12. 2002.

18 S. dazu die Stellungnahme des Wirtschafts- und Sozialausschusses im ABl. Nr. C 133 vom 6. 6. 2003, S. 58.

19 S. auch *Harald Jatzke*, Das neue Verbrauchssteuerrecht im EG-Binnenmarkt, BB 1993, S. 41.

20 ABl. Nr. L 76 vom 23. 3. 1992, S. 1; geändert durch die RL 92/108/EWG (ABl. Nr. L 390 vom 31. 12. 1992, S. 124) und die RL 94/74/EG (ABl. Nr. L 365 vom 31. 12. 1994, S. 46).

21 ABl. Nr. L 316 vom 31. 10. 1992, S. 12; geändert durch die RL 92/108/EWG (ABl. Nr. L 390 vom 31. 12. 1992, S. 124) und die RL 94/74/EG (ABl. Nr. L 365 vom 31. 12. 1994, S. 46).

- Richtlinie 92/82/EWG zur Annäherung der **Verbrauchssteuersätze** für Mineralöle[22] (Satz-Richtlinie) und die
- Entscheidung 92/510/EWG zur Ermächtigung der Mitgliedstaaten, gemäß dem Verfahren in Artikel 8 Absatz 4 der Richtlinie 92/81/EWG **ermäßigte Verbrauchssteuersätze** oder **Verbrauchssteuerbefreiungen** auf Mineralöle, die zu **bestimmten Zwecken** verwendet werden, beizubehalten[23].

Obschon für Ende 1992 vorgesehen[24], gelang der Erlaß der Richtlinie 95/60/EG des Rates über die **steuerliche Kennzeichnung von Gasöl und Kerosin** erst am 27. November 1995[25]. Als Stoff zur Kennzeichnung bestimmte die Kommission Solvent Yellow 124[26].

Nach ihrem Art. 3 Abs. 1 findet die **System-Richtlinie** Anwendung auf **Mineralöle,** wobei sie zur Definition dieses Begriffes auf die „einschlägigen Richtlinien“ verweist. Hierbei läßt die Richtlinie zu, daß auf Mineralöle **andere indirekte Steuern mit besonderer Zielsetzung** erhoben werden können, „sofern diese Steuern die Besteuerungsgrundsätze der Verbrauchssteuern oder der Mehrwertsteuer in bezug auf die Besteuerungsgrundlage sowie die Berechnung, die Steuerentstehung und die steuerliche Überwachung beachten“ (Art. 3 Abs. 2). Ebenso können die Mitgliedstaaten **Steuern auf andere Energieprodukte als Mineralöle** einführen oder beibehalten, „sofern diese Steuern im Handelsverkehr zwischen Mitgliedstaaten keine mit dem Grenzübertritt verbundenen Formalitäten nach sich ziehen“ (Art. 3 Abs. 3)[27].

Die **Struktur-Richtlinie** bezeichnet die der Verbrauchssteuer auf Mineralöle unterliegenden Produkte (Art. 2) und bestimmt die Regeln für die Festsetzung der Steuer (Art. 3 bis 8). Außer den Mineralölerzeugnissen i. S. der Auflistung in Art. 2 Abs. 1[28] sind nach Art. 2 Abs. 3 Satz 1 „alle zur Verwendung als **Kraftstoff** oder als Zusatz oder Verlängerungsmittel von Kraftstoff bestimmten und als solche zum Verkauf angebotenen oder verwendeten Erzeugnisse als Kraftstoff zu besteuern“. Diese Regelung umfaßt insbesondere alle Kraftstoffzusätze biologischen Ursprungs, die damit ebenfalls der Mineralölsteuer unterworfen sind. Sonstige Kohlenwasserstoffe (mit Ausnahme von Erdgas), die zum Verbrauch als **Heizstoff** bestimmt sind, werden nach dem Satz eines gleichwertigen Mineralöls besteuert (Art. 2 Abs. 3 Satz 2). Anknüpfend an Art. 3 Abs. 3 der System-Richtlinie bestätigt Art. 3 Abs. 3 Satz 3 der Struktur-Richtlinie die Freiheit der Mitgliedstaaten, auf „Steinkohle, Braunkohle, Torf oder andere vergleichbare feste Kohlenwasserstoffe oder Erdgas“ eine (nicht harmonisierte) Steuer zu erheben.

---

22 ABl. Nr. L 316 vom 31. 10. 1992, S. 19; geändert durch die RL 94/74/EG (ABl. Nr. L 365 vom 31. 12. 1994, S. 46).

23 ABl. Nr. L 316 vom 31. 10. 1992, S. 16.

24 S. Art. 9 der RL 92/81/EWG.

25 ABl. Nr. L 291 vom 6. 12. 1995, S. 46.

26 S. Entscheidung 2001/574/EG der Kommission vom 13. Juli 2001 zur Bestimmung eines gemeinsamen Stoffs zur steuerlichen Kennzeichnung von Gasölen und Kerosin, ABl. Nr. L 203 vom 28. 7. 2001, S. 20; berichtigt im ABl. Nr. L 208 vom 1. 8. 2001, S. 48; geändert durch Entscheidung 2002/269/EG der Kommission vom 8. April 2002, ABl. Nr. L 93 vom 10. 4. 2002, S. 6.

27 Aufgrund dieser Vorschrift wurde in Deutschland die Erdgassteuer beibehalten.

28 Erdgas wird von der Richtlinie nicht erfaßt.

Für die Praxis ist das System der **Steuerbefreiungen** bedeutsam. Nach Art. 8 Abs. 1 der Struktur-Richtlinie befreien die Mitgliedstaaten folgende Erzeugnisse von der harmonisierten Verbrauchssteuer:

a) Mineralöle, die nicht als Kraftstoff für Motoren oder zu Heizzwecken verwendet werden[29];
b) Mineralöllieferungen zur Verwendung als Kraftstoff in der gewerblichen Luftfahrt mit Ausnahme der privaten nichtgewerblichen Luftfahrt[30];
c) Mineralöllieferungen zur Verwendung als Kraftstoff in der gewerblichen Schiffahrt in Meeresgewässern der Gemeinschaft (einschließlich Fischerei).

Fakultative Steuerbefreiungen oder **Steuerermäßigungen** können die Mitgliedstaaten nach Art. 8 Abs. 2 gewähren

a) bei der **Elektrizitätserzeugung** und in Anlagen der **Kraft-Wärme-Koppelung** (KWK);
b) für die gewerbliche Schiffahrt auf Binnenwasserstraßen;
c) im Bereich des Personen- und Gütertransports im Eisenbahnverkehr;
d) bei Pilotprojekten zur technologischen Entwicklung umweltverträglicher Produkte und insbesondere in bezug auf **Kraftstoffe aus erneuerbaren Rohstoffen;**
e) bei der Herstellung, Entwicklung, Prüfung und Wartung von Luftfahrzeugen und Schiffen;
f) bei Arbeiten in Landwirtschaft und Gartenbau, in der Forstwirtschaft sowie bei der Inlandsfischerei;
g) beim Ausbaggern von Schiffahrtsstraßen und Häfen.

Zusätzlich kann der Rat die Mitgliedstaaten ermächtigen, **„weitere Steuerbefreiungen** oder **Ermäßigungen** aus besonderen politischen Erwägungen zu gewähren" (Art. 8 Abs. 4). Von dieser **Ermächtigung** hat der Rat in der vorstehend genannten Entscheidung 92/510/EWG Gebrauch gemacht, die den Mitgliedstaaten gestattet, Ermäßigungen bzw. Befreiungen für die unterschiedlichsten nationalen Verwendungszwecke **beizubehalten.** Die Geltungsdauer dieser Ermächtigung läuft vorbehaltlich einer vorherigen Überprüfung am 31. Dezember 2006 aus[31]. Zeitlich begrenzte ad-hoc Ermächtigungen nach **Art. 8 Abs. 4** hat der Rat in einer Vielzahl von

---

29 S. hierzu zuletzt die Rechtssache C-240/01 (Kommission ./. Deutschland) bezüglich der steuerlichen Behandlung von Mineralöl, das bei der Zementherstellung verwendet wird, s. ABl. Nr. C 245 vom 1. 9. 2001, S. 6.

30 Die Steuerbefreiung für Flugbenzin ist Gegenstand einer Untätigkeitsklage der Deutschen Bahn AG gegen die Kommission (Rechtssache T-361/02), s. ABl. Nr. C 44 vom 22. 2. 2003, S. 33. Die Steuerbefreiung beruht auf der Chicago Convention und anderen internationalen Abkommen. S. dazu *Gerhard Loibl, Markus A. Reiterer*, Levies on Aircraft Engine Fuel – The International Legal Framework, Netherlands Yearbook of International Law, Vol. XXX – 1999 – pp. 115–138. Art. 8 Abs. 1 lit. b) steht auch einer nationalen Umweltschutzabgabe entgegen, die auf den gewerblichen Inlandsflugverkehr erhoben und nach dem Kraftstoffverbrauch sowie den Kohlenwasserstoff- und Stickstoffmonoxidemissionen der Flugzeuge und ihrer Wegstrecken berechnet wird: s. EuGH, Urteil vom 10. Juni 1999 in der Rechtssache C-346/97 (Braathens), Slg. 1999, I-3419.

31 S. Art. 1 Abs. 2 der Entscheidung 2001/224/EG des Rates vom 12. März 2001 über Verbrauchssteuerermäßigungen und -befreiungen für Mineralöle, die zu bestimmten Zwecken verwendet werden, ABl. Nr. L 84 vom 23. 3. 2001, S. 23.

Fällen ausgesprochen, um den jeweiligen nationalen Gegebenheiten und Prioritäten Rechnung zu tragen[32] (Förderung umweltfreundlicher Brennstoffe oder Techniken, Begünstigung benachteiligter Regionen, Förderung des öffentlichen Nahverkehrs, Förderung neuer Kraftstoffe, Begünstigung des produzierenden Gewerbes und von Unternehmen mit einem sehr hohen Energieverbrauch, Begünstigung von Reinigungsfahrzeugen).

Die **Höhe** der von den Mitgliedstaaten zu erhebenden Verbrauchssteuern wird nach Maßgabe der Satz-Richtlinie 92/82/EWG zur Annäherung der Verbauchssteuersätze für Mineralöle bestimmt. Ab dem 1. Januar 1993 gelten folgende **Mindestsätze:**

Verbleites Benzin	337	ECU	je	1000	Liter
Unverbleites Benzin	287	ECU	je	1000	Liter
Gasöl (Diesel)	245	ECU	je	1000	Liter

---

32 – Entscheidung 95/585/EG vom 22. 12. 1995, ABl. Nr. L 327 vom 30. 12. 1995, S. 33,
– Entscheidung 96/273/EG vom 22. 4. 1996, ABl. Nr. L 102 vom 25. 4. 1996, S. 40,
– Entscheidung 96/418/EG vom 27. 6. 1996, ABl. Nr. L 172 vom 11. 7. 1996, S. 22,
– Entscheidungen 97/91/EG bis 97/93/EG vom 27. 1. 1997, ABl. Nr. L 29 vom 31. 1. 1997, S. 53, 54 und 55,
– Entscheidung 97/136/EG vom 17. 2. 1997, ABl. Nr. L 52 vom 22. 2. 1997, S. 18,
– Entscheidung 97/425/EG vom 30. 6. 1997, ABl. Nr. L 182 vom 10. 7. 1997, S. 22,
– Entscheidungen 98/274/EG und 98/275/EG vom 21. 4. 1998, ABl. Nr. L 126 vom 28. 4. 1998, S. 29 und 31,
– Entscheidungen 1999/254/EG und 1999/255/EG vom 30. 3. 1999, ABl. Nr. L 99 vom 14. 4. 1999, S. 24 und 26,
– Entscheidung 1999/785/EG vom 25. 11. 1999, ABl. Nr. L 308 vom 3. 12. 1999, S. 33,
– Entscheidungen 1999/804/EG bis 1999/806/EG vom 29. 11. 1999, ABl. Nr. L 313 vom 7. 12. 1999, S. 9, 10 und 11,
– Entscheidung 1999/880/EG vom 17. 12. 1999, ABl. Nr. L 331 vom 23. 12. 1999, S. 73,
– Entscheidung 2000/266/EG vom 30. 3. 2000, ABl. Nr. L 85 vom 6. 4. 2000, S. 21,
– Entscheidung 2000/283/EG vom 10. 4. 2000, ABl. Nr. L 94 vom 14. 4. 2000, S. 33,
– Entscheidung 2000/433/EG vom 29. 6. 2000, ABl. Nr. L 172 vom 12. 7. 2000, S. 21 (Deutschland),
– Entscheidung 2000/434/EG vom 29. 6. 2000, ABl. Nr. L 172 vom 12. 7. 2000, S. 23 (Vereinigtes Königreich),
– Entscheidung 2000/446/EG vom 17. 7. 2000, ABl. Nr. L 180 vom 19. 7. 2000, S. 39 (Italien),
– Entscheidung 2000/719/EG vom 10. 11. 2000, ABl. Nr. L 291 vom 18. 11. 2000, S. 30 (Frankreich),
– Entscheidung 2001/225/EG vom 12. 3. 2001, ABl. Nr. L 84 vom 23. 3. 2001, S. 30 (Deutschland),
– Entscheidung 2001/226/EG vom 12. 3. 2001, ABl. Nr. L 84 vom 23. 3. 2001, S. 31 (Italien),
– Entscheidung 2001/227/EG vom 12. 3. 2001, ABl. Nr. L 84 vom 23. 3. 2001, S. 32 (Frankreich),
– Entscheidung 2001/228/EG vom 12. 3. 2001, ABl. Nr. L 84 vom 23. 3. 2001, S. 33 (Niederlande),
– Entscheidung 2001/229/EG vom 12. 3. 2001, ABl. Nr. L 84 vom 23. 3. 2001, S. 34 (Niederlande),
– Entscheidung 2001/439/EG vom 5. 6. 2001, ABl. Nr. L 155 vom 12. 6. 2001, S. 11 (Belgien),
– Entscheidung 2001/710/EG vom 27. 9. 2001, ABl. Nr. L 262 vom 2. 10. 2001, S. 12 (Dänemark),
– Entscheidung 2002/23/EG vom 4. 12. 2001, ABl. Nr. L 11 vom 15. 1. 2002, S. 18 (Irland),
– Entscheidung 2002/263/EG vom 25. 3. 2002, ABl. Nr. L 92 vom 9. 4. 2002, S. 15 (Niederlande),
– Entscheidung 2002/264/EG vom 25. 3. 2002, ABl. Nr. L 92 vom 9. 4. 2002, S. 17 (Dänemark),
– Entscheidung 2002/265/EG vom 25. 3. 2002, ABl. Nr. L 92 vom 9. 4. 2002, S. 19 (Italien),
– Entscheidung 2002/266/EG vom 25. 3. 2002, ABl. Nr. L 92 vom 9. 4. 2002, S. 22 (Frankreich),
– Entscheidung 2002/375/EG vom 7. 5. 2002, ABl. Nr. L 134 vom 22. 5. 2002, S. 48 (Luxemburg),
– Entscheidung 2002/550/EG vom 27. 6. 2002, ABl. Nr. L 180 vom 10. 7. 2002, S. 20 (Vereinigtes Königreich),
– Entscheidung 2002/828/EG vom 8. 10. 2002, ABl. Nr. L 284 vom 22. 10. 2002, S. 18 (Schweden).

Leichtes Heizöl	18	ECU	je	1000	Liter
Schweres Heizöl	13	ECU	je	1000	kg
Flüssiggas und Methan					
– Einsatz als Kraftstoff	100	ECU	je	1000	kg
– Einsatz als Heizstoff	0	ECU	je	1000	Liter
Kerosin					
– Einsatz als Kraftstoff	245	ECU	je	1000	Liter
– Einsatz als Heizstoff	0	ECU	je	1000	Liter

In der Praxis wenden die Mitgliedstaaten folgende Verbrauchssteuersätze an (EUR/1000 Liter) (Stand: Februar 2002)

	Benzin	Diesel
Belgien	507	290
Dänemark	548	370
Deutschland	624	440
Finnland	560	305
Frankreich	574	376
Griechenland	296	245
Irland	401	302
Italien	542	403
Luxemburg	372	253
Niederlande	627	345
Österreich	414	282
Portugal	479	272
Schweden	510	337
Spanien	396	294
Vereinigtes Königreich	742	742

Angesichts des großen Unterschieds der Steuersätze für Benzin und Diesel einerseits und der noch größeren Unterschiede in der tatsächlichen Besteuerung von Diesel (zwischen 245 und 742 EUR je 1000 Liter) andererseits hat die Kommission im Jahre 2002 einen Vorschlag für eine Richtlinie des Rates zur Änderung der Richtlinie

92/81/EWG und der Richtlinie 92/82/EWG zur Schaffung einer **Sonderregelung für die Besteuerung von Dieselkraftstoff für gewerbliche Zwecke** und zur Annäherung der Verbrauchssteuer auf Benzin und Dieselkraftstoff vorgelegt[33]. Um Wettbewerbsverzerrungen zwischen den Wirtschaftsbeteiligten zu vermeiden, schlägt die Kommission eine stufenweise Anhebung des Verbrauchssteuersatzes auf Dieselkraftstoff für **gewerbliche** Zwecke durch die Einführung eines Leitsatzes von 350 EUR je 1000 Liter vor[34]. Um diesen Leitsatz soll eine Bandbreite von je 100 EUR nach oben und nach unten zugelassen werden, durch deren schrittweise Verringerung bis 2010 ein harmonisierter Satz erreicht werden soll[35]. Für **nicht gewerbliche** Zwecke bestimmte Kraftstoffe wird eine Anhebung des Mindeststeuersatzes zur Angleichung des Satzes für Dieselkraftstoff an den für Benzin vorgeschlagen.

Wegen der Sonderregelungen für besondere Verwendungsarten sowie den Ausgleich der Transportkosten für die Azoren und die griechischen Inseln wird auf den Text des Richtlinienvorschlags verwiesen.

Ziel der o. a. Richtlinie 95/60/EG über die **steuerliche Kennzeichnung** von Gasölen und Kerosin ist, die mißbräuchliche Verwendung steuerlich begünstigter Heizstoffe als Kraftstoffe in Fahrzeugmotoren zu verhindern[36]. Zu diesem Zweck sind den betreffenden Mineralölen besondere Kennzeichnungsstoffe zuzusetzen und Sanktionen vorzusehen, die „wirksam, verhältnismäßig und abschreckend" sein müssen. Ebenfalls Kontrollzwecken dient die Empfehlung 2000/789/EG der Kommission vom 29. November 2000 über Leitlinien für die Zulassung von Lagerinhabern gemäß Richtlinie 92/12/EWG des Rates in bezug auf verbrauchssteuerpflichtige Waren[37].

Aus der Rechtsprechung zur Mineralölbesteuerung ist anzumerken, daß ein Mitgliedstaat es nach der System- und Strukturrichtlinie ablehnen kann, einem Mineralölhändler die Verbrauchssteuer zu erstatten, wenn sein Abnehmer nicht an ihn gezahlt hat[38].

III. CO_2- und Energiesteuern

Literatur:

Rüdiger Breuer, Umweltrechtliche und wirtschaftslenkende Abgaben im Europäischen Binnenmarkt, DVBl. 1992, S. 485; *Sabine Froning*, Gemeinsame Energiebesteuerung auf dem Weg, et 2003, S. 286; *Ludger Giesberts*, Die CO_2-/Energiesteuer der EG, RIW 1995, S. 847; *Anselm Thorsten Jobs*, Steuern auf Energie als Element einer ökologischen Steuerreform, Baden-Baden, 1999; *Michael Kloepfer* und *Rüdiger Thull*, Rechtsprobleme einer CO_2-Abgabe, DVBl. 1992, S. 195; *Cornelius Meißner*, Die Änderung des „Gesetzes zur Fortentwicklung der ökologischen Steuerreform" – Auswirkungen

---

33 KOM (2002) 410 endg., ABl. Nr. C 291 E vom 26. 11. 2002, S. 221. S. dazu auch die Stellungnahme des Wirtschafts- und Sozialausschusses, ABl. Nr. C 85 vom 8. 4. 2003, S. 133.

34 Der derzeitige Mindestsatz liegt seit 1992 unverändert bei 245 EUR.

35 Außerdem ist eine jährliche Anpassung des Leitsatzes an den harmonisierten Verbraucherpreisindex (EU-15) des Vorjahrs um maximal 2,5 % vorgesehen.

36 S. hierzu die Rechtssache C-292/02 (noch anhängig), s. ABl. Nr. C 261 vom 26. 10. 2002, S. 4.

37 ABl. Nr. L 314 vom 14. 12. 2000, S. 29.

38 EuGH, Beschluß vom 22. November 2001 in der Rechtssache C-80/01 (SARL), Slg. 2001, I-9141.

für Versorger und Verbraucher, BB 2003, S. 549; *Michael Rodi*, Ökonomische, ökologische und andere öffentliche Zwecke im Abgabenrecht, JZ 2000, S. 827; *Andre Schmerbach, Sabine Schröer-Schallenberg*, Die Biokraftstoffe – Ein systematischer Überblick über die steuerrechtliche Behandlung im Mineralölsteuergesetz, ZfZ 2003, S. 3; *Martin Wasmeier*, Einführung einer Energiesteuer im nationalen Alleingang, RIW 1996, S. 315.

Der Gedanke der Einführung einer Energiesteuer auf Gemeinschaftsebene ist nicht neu. Schon die auf die Kohleproduktion erhobene **EGKS-Umlage** läßt sich als eine frühe Energiesteuer betrachten – wenngleich sie einen anderen Zweck als die heute diskutierten Energieabgaben verfolgte[39]. Eine erste Aktualität gewann das Thema im Gefolge der Energiekrisen der 70er Jahre, als das Bewußtsein der Energieabhängigkeit vom Ausland wuchs und der immense Innovations- und Forschungsbedarf der Gemeinschaft offenkundig wurde. Angesichts der fast völligen Zoll- und Abgabenfreiheit der Energieeinfuhren aus Drittländern stellte sich die Frage der Einführung einer **„variablen Energieeinfuhrabgabe"**, die der Gemeinschaft eine zusätzliche Einnahmequelle verschaffen und Innovations- und Forschungsprojekte finanzieren könnte[40]. Eine andere Idee bestand in der Erhebung „einer **gemeinschaftlichen Energieabgabe auf den Verbrauch von Kohlenwasserstoffen** mit dem Ziel, die Energiepreisentwicklung zu verstetigen und neue Mittel für Energieinvestitionen zu schaffen"[41].

In einer Entschließung vom 13. April 1984 forderte das Europäische Parlament die Kommission auf, die Auswirkungen einer Energieeinfuhr- und/oder Energieverbrauchssteuer im Hinblick auf den Energieverbrauch, die Wettbewerbsfähigkeit und die Entwicklung der Inflation darzulegen[42]. Standen hierbei noch rein energiepolitische Erwägungen im Vordergrund, die im Ergebnis ohne Folge blieben, so verschob sich das Regelungsziel anfangs der 90er Jahre auf den **Umweltschutz** und die Begrenzung der Treibhausgasemissionen (CO_2) mit steuerrechtlichen Mitteln. Im Oktober 1990 gelangte der Rat zu dem Schluß, daß die Gemeinschaft ihre CO_2-Emissionen bis zum Jahre 2000 auf dem Stand von 1990 stabilisieren sollte und stellte fest, daß die globale Dimension des Treibhauseffekts ein weltweites Handeln erforderte.

Vor diesem Hintergrund legte die Kommission am 2. Juni 1992 einen Vorschlag für eine Richtlinie des Rates zur Einführung einer **Steuer auf Kohlendioxidemissionen und Energie** vor[43]. Der Vorschlag sah die harmonisierte Einführung einer spezifischen Steuer auf sämtliche Brenn- und Kraftstoffe[44] sowie elektrischen Strom[45] in den

---

39 S. Art. 49, 50 EGKSV. S. auch Art. 54 Abs. 5 EAGV.

40 S. Entschließung des Europäischen Parlaments zu der Mitteilung der Kommission der Europäischen Gemeinschaften an den Rat über Energie und Energieforschung in der Gemeinschaft: Ein Fünf-Jahres-Programm und seine Finanzierung, ABl. Nr. C 46 vom 20. 2. 1984, S. 90 (93).

41 S. Entschließung des Europäischen Parlaments zu den Vorbedingungen für eine wirksame Energiepolitik der Gemeinschaft, ABl. Nr. C 96 vom 11. 4. 1983, S. 97 (99).

42 Entschließung zu einer gemeinschaftlichen Energieabgabe auf den Verbrauch von Kohlenwasserstoffen und die energiepolitischen Auswirkungen einer solchen Abgabe, ABl. Nr. C 127 vom 14. 5. 1984, S. 258 (259).

43 ABl. Nr. C 196 vom 3. 8. 1992, S. 1.

44 Einschließlich Steinkohle, Braunkohle, Torf (sowie die aus ihnen gewonnenen Erzeugnisse Koks, Gas, Teer usw.), Erdgas, Mineralöle, Ethyl- und Methylalkohol (Art. 3 Abs. 1 und 2), jedoch nicht Brennholz und Holzkohle, Alkohol und Pflanzenöle (Art. 3 Abs. 3).

45 Einschließlich Nuklearstrom und Strom aus Wasserkraft (Art. 3 Abs. 2 lit. b)), bei deren Erzeugung kein CO_2 anfällt.

Mitgliedstaaten vor, wobei als maßgebliche Parameter die jeweiligen CO_2-Emissionen und der Energiegehalt zugrundegelegt wurden. Hinsichtlich des Mineralöls und der Mineralölprodukte sollte die Steuer mit der Verbrauchssteuer auf diese Erzeugnisse kumuliert werden[46] – insgesamt sah der Vorschlag allerdings eine globale Steuerneutralität vor[47]. Unternehmen mit hohem Energieverbrauch sollten durch Steuerermäßigungen, -befreiungen und -rückerstattungen entlastet werden[48]; energieeffiziente und CO_2-mindernde Investitionen sollten sich ebenfalls steuermindernd auswirken[49]. Allerdings – und dies war der springende Punkt – machte der Vorschlag angesichts der globalen Dimension des Treibhauseffekts und befürchteter Wettbewerbsnachteile die Geltung der vorgeschlagenen Steuerregelung davon abhängig, „daß andere Mitgliedstaaten der OECD eine ähnliche Steuer einführen oder Maßnahmen durchführen, die sich finanziell in gleicher Weise auswirken wie die Maßnahmen, die von dieser Richtlinie geregelt werden“[50].

Das Echo auf den Richtlinien-Vorschlag war geteilt bis negativ[51] und ein gleichgerichtetes Handeln der wichtigsten OECD-Partner ohnehin nicht zu erwarten. Auch ein geänderter Vorschlag blieb erfolglos[52]; im Jahr 1999 zog die Kommission ihren Vorschlag zurück.

Doch damit war das Thema nicht vom Tisch. Am 17. März 1997 legte die Kommission einen Vorschlag für eine Richtlinie des Rates zur Restrukturierung der gemeinschaftlichen Rahmenvorschriften zur Besteuerung von Energieerzeugnissen vor[53]. Dieser Vorschlag kombiniert und modernisiert die Struktur- und Satz-Richtlinien 92/81/EWG[54] und 92/82/EWG[55], indem er ihre Regelungen auf **alle wichtigen Energieerzeugnisse** erstreckt[56], die Höhe der Mindeststeuersätze nach oben anpaßt[57] und schließlich die Aufhebung der beiden o. a. Richtlinien vorsieht[58]. Die Ausdehnung der Verbrauchssteuer auf fast alle Energieprodukte geht mit einer **Erweiterung der Befreiungs- und Ermäßigungstatbestände** einher, insbesondere um den Einsatz

---

46 S. Art. 1 Abs. 1 des Vorschlags.
47 S. Art. 15 des Vorschlags.
48 S. Art. 10 des Vorschlags.
49 S. Art. 11 des Vorschlags.
50 S. Art. 1 Abs. 2 des Vorschlags.
51 S. besonders fundiert die Kritik des Wirtschafts- und Sozialausschusses in seiner Stellungnahme vom 24. 2. 1993, ABl. Nr. C 108 vom 19. 4. 1993, S. 20. Sein Petitum: Nicht Besteuerung der Umweltbelastung, sondern steuerliche Entlastung der Umweltschonung. S. ebenso kritisch die Entschließung des Beratenden Ausschusses der EGKS zur CO_2-Energiesteuer, ABl. Nr. C 127 vom 19. 5. 1992, S. 2. S. auch Entschließung des Europäischen Parlaments zu einer Strategie für den Klimaschutz in der EU, ABl. Nr. C 68 vom 20. 3. 1995, S. 47.
52 S. dazu abermals die ablehnende Stellungnahme des Wirtschafts- und Sozialausschusses im ABl. Nr. C 174 vom 17. 6. 1996, S. 47.
53 ABl. Nr. C 139 vom 6. 5. 1997, S. 14.
54 ABl. Nr. L 316 vom 31. 10. 1992, S. 12.
55 ABl. Nr. L 316 vom 31. 10. 1992, S. 19.
56 Benzin, Diesel, Kerosin, Flüssiggas, Erdgas, leichtes Heizöl, schweres Heizöl, feste Brennstoffe, Elektrizität.
57 In der Praxis lagen und liegen die Verbrauchssteuern häufig erheblich über den gemeinschaftsrechtlich vorgeschriebenen Mindestsätzen, die seit 1992 nicht mehr angepaßt wurden, und sind überdies von Land zu Land sehr unterschiedlich.
58 S. Art. 25 des Vorschlags.

erneuerbarer Energieträger zu fördern. Der Art. 8 Abs. 2 der Struktur-Richtlinie 92/81/EWG korrespondierende Art. 14 Abs. 1 des Vorschlags erlaubt eine **fakultative** Vorzugsbehandlung für „Energieerzeugnisse der KN-Codes 1507 bis 1518[59], 2207 20 00[60], 2905 11 00[61], 4401[62] und 4402“[63] (lit. b). Damit hätten die Mitgliedstaaten die erleichterte Möglichkeit, **Biokraftstoffe** steuerlich zu bevorzugen, eine Bevorzugung, die allerdings auch nach geltendem Recht nicht ausgeschlossen ist[64].

Die Regelungen des Vorschlags für **Elektrizität** legen für elektrischen Strom und bei der Stromerzeugung gewonnene Wärme ein Steuermindestniveau von 1 ECU je Megawatt/Stunde fest (Art. 9). Dafür sind die „bei der Stromerzeugung verwendete(n) Energieerzeugnisse und bei der Stromerzeugung gewonnene Wärme“ von der Steuer befreit (Art. 13 Abs. 1 lit. b)).

Die Bestimmungen über die **Steuermindestniveaus** unterscheiden zwischen den Steuersätzen für **Kraftstoffe** (Art. 6 und 7) und denen für **Brennstoffe** (Art. 8), wobei für Kraftstoffe für bestimmte industrielle und gewerbliche Verwendungszwecke ermäßigte Steuersätze vorgesehen sind (Art. 7). In zwei Stufen sollen die Steuermindestniveaus auf im Anhang festgelegte Zielsteuersätze angehoben werden[65].

Auch dieser letztgenannte Richtlinienvorschlag traf auf starke Vorbehalte[66] und ist bis heute nicht angenommen worden[67].

Mit einem weiteren Vorschlag vom 7. November 2001[68] verfolgte die Kommission das Ziel, den Mitgliedstaaten für eine Übergangszeit vom 1. Januar 2002 bis zum 31. Dezember 2010 zu ermöglichen, auf bestimmte **Biokraftstoffe** und Biokraftstoffe

---

59 Sojaöl (1507), Erdnußöl (1508), Olivenöl (1509 und 1510), Palmöl (1511), Sonnenblumenöl, Safloröl und Baumwollsamenöl (1512), Kokosöl (1513), Raps-, Rübsen- und Senföl (1514), andere pflanzliche Fette und fette Öle, wie Leinöl, Maisöl, Rizinusöl, Holzöl und Sesamöl (1515), tierische und pflanzliche Fette und Öle (1516 bis 1518).

60 Ethylalkohol.

61 Methanol (Methylalkohol).

62 Brennholz.

63 Holzkohle.

64 Gemäß Art. 8 Abs. 4 der Struktur-Richtlinie kann eine Befreiung nur **ausnahmsweise** kraft einstimmiger Ermächtigung durch den Rat erfolgen; nach dem Richtlinien-Vorschlag wäre sie **fakultativ** ohne ein solches Ermächtigungsverfahren möglich.

65 Zielsteuermindestniveaus für **Kraftstoffe für Motoren** (Ecu je 1000 l): Benzin 500; Diesel 393; Kerosin 393; LPG 224; Erdgas (Ecu je Gigajoule) 4,5. Zielsteuermindestniveaus für **Heizstoffe und elektrischen Strom** (Ecu je 1000 l): Leichtes Heizöl 26; schweres Heizöl 28; Kerosin 25; LPG 34; Erdgas (Ecu je Gigajoule) 0,7; Feste Brennstoffe (Ecu je Gigajoule) 0,17; Elektrischer Strom (Ecu je MWh) 3.

66 S. insbesondere die Bedenken des Beratenden Ausschusses der EGKS in seiner Entschließung vom 10. Oktober 1997, ABl. Nr. C 356 vom 22. 11. 1997, S. 3 und seiner Stellungnahme vom 14. Juni 2001, ABl. Nr. C 170 vom 14. 6. 2001, S. 10.

67 Das Europäische Parlament, das nach Art. 93 EGV vom Rat lediglich zu konsultieren ist, stimmte dem Vorschlag im April 1999 zwar mit Änderungen zu (ABl. Nr. C 219 vom 30. 7. 1999, S. 91), sieht in ihm aber nur einen Vorläufer für eine langfristig zu verwirklichende europaweite ökologische Steuerreform.

68 Vorschlag für eine Richtlinie des Rates zur Änderung der Richtlinie 92/81/EWG bezüglich der Möglichkeit, auf bestimmte Biokraftstoffe und Biokraftstoffe enthaltende Mineralöle einen ermäßigten Verbrauchssteuersatz anzuwenden, KOM(2001) 547 endg. (Rechtsgrundlage: Art. 93 EGV).

enthaltende Mineralöle einen ermäßigten Verbrauchssteuersatz anzuwenden[69]. Der Vorschlag flankiert einen zweiten Vorschlag, der die Förderung der Verwendung von Biokraftstoffen zum Gegenstand hat[70]. Danach sollen die Mitgliedstaaten gewährleisten, daß bis zum 31. Dezember 2005 mindestens 2 % aller auf ihren Märkten verkauften Otto- und Dieselkraftstoffe, gemessen am Energieinhalt, auf Biokraftstoffe entfallen[71] und danach der Anteil bis 2010 schrittweise auf 5,75 % erhöht wird[72]. Beide Vorschläge befinden sich im Stadium der Beratung.

Soweit die Mitgliedstaaten aufgrund der **bestehenden Rechtslage** erneuerbare Energien, die der Struktur-Richtlinie als Kraft- und Heizstoffe unterfallen, steuerlich bevorzugen wollen, sind sie auf zwei Befreiungstatbestände verwiesen: zum einen auf die Möglichkeit nach Art. 8 Abs. 2 lit. d), wonach eine **autonome** Befreiung oder Ermäßigung „bei **Pilotprojekten** zur technologischen Entwicklung umweltverträglicherer Produkte und insbesondere in bezug auf Kraftstoffe aus erneuerbaren Rohstoffen" möglich ist, und zum zweiten auf die Beantragung einer **Ermächtigung** zur Befreiung oder Ermäßigung durch den Rat nach Art. 8 Abs. 4 der Struktur-Richtlinie. Angesichts der engen Bedeutung des Begriffs „Pilotprojekte"[73] sind die Mitgliedstaaten vornehmlich auf den zweiten Weg verwiesen, von dem sie auch zunehmend Gebrauch machen[74].

Auf nationaler Ebene hat Deutschland mit dem Gesetz vom 24. März 1999 zum Einstieg in die ökologische Steuerreform[75] eine Steuer auf Strom eingeführt (20 DM/MWh)[76] und die Mineralölsteuer angehoben[77]. Strom aus erneuerbaren Energieträgern[78] ist von der Stromsteuer befreit[79].

---

69 Der Vorschlag läßt den Vorschlag von 1997 unberührt. Schon im März 1992 hatte die Kommission einen Vorschlag für eine Richtlinie des Rates über den Verbrauchssteuersatz auf Kraftstoffe aus landwirtschaftlichen Rohstoffen vorgelegt, s. ABl. Nr. C 73 vom 24. 3. 1992, S. 6.

70 Vorschlag für eine Richtlinie des Europäischen Parlaments und des Rates zur Förderung der Verwendung von Biokraftstoffen, KOM(2001) 547 endg. (Rechtsgrundlage: Art. 175 Abs. 1 EGV).

71 S. Art. 3 des Vorschlags.

72 S. Art. 3 i. V. m. Teil B des Anhangs.

73 S. hierzu GeI, Urteil vom 27. September 2000, Rechtssache T-184/97 (BP Chemicals ./. Kommission), Slg. 2000, II-3145 (3168 ff.).

74 So haben Frankreich, Italien und das Vereinigte Königreich Anträge auf Genehmigung von Ausnahmeregelungen zur Gewährung von Verbrauchssteuerermäßigungen zugunsten von Biokraftstoffen eingereicht, die sich auf Art. 8 Abs. 4 der Struktur-Richtlinie stützen. S. hierzu auch GeI, Urteil vom 27. September 2000, Rechtssache T-184/97, Slg. 2000, II-3145 sowie EuGH, Rechtssache C-488/00 P (Kommission ./. BP Chemicals Limited), gestrichen durch Beschluß vom 4. 11. 2002.

75 BGBl. 1999 I S. 378. S. dazu u. a. *Klaus Friedrich*, Die „Ökologische Steuerreform", DB 1999, S. 661; *Tobias Geerling* und *Malte-Christian Gruber*, Steuerbegünstigung für GuD-Anlagen nach dem Gesetz zur Fortführung der Ökosteuerreform, et 2001, S. 527; *Alfred Krahl*, Gesetz zum Einstieg in die Ökologische Steuerreform verabschiedet, BB 1999, S. 1240; *Wolfgang Löwer*, Wen oder was steuert die Öko-Steuer, Köln 2000.

76 S. Art. 1 (Stromsteuergesetz) § 3. S. auch *Joachim Bloehs*, Verstößt das Erhebungsverfahren der deutschen Stromsteuer gegen EU-Recht?, BB 1999, S. 1845.

77 S. Art. 2 (Änderung des Mineralölsteuergesetzes).

78 Art. 1 § 2 Ziffer 7 definiert „Strom aus erneuerbaren Energieträgern: Strom, der ausschließlich aus Wasserkraft, Windkraft, Sonnenenergie, Erdwärme, Deponiegas, Klärgas oder aus Biomasse gewonnen wird, ausgenommen Strom aus Wasserkraftwerken, Deponiegas- oder Klärgas-

Im Bereich des EWR hatte die EFTA-Überwachungsbehörde[80] über die Rechtmäßigkeit norwegischer Umweltsteuerregelungen zu befinden[81].

IV. Steuervorteile als staatliche Beihilfen

Literatur:

Volkmar Götz, Steuervergünstigungen als Gegenstand der europäischen Beihilfenaufsicht, in: Staaten und Steuern. Festschrift für *Klaus Vogel*. Herausgegeben von *Paul Kirchhof, Moris Lehner, Arndt Raupach* und *Michael Rodi*, Heidelberg 2000, S. 579; *Jean-Paul Keppenne*, Politiques fiscales nationales et contrôle communautaire des aides d' Etat, Journal des Tribunaux-Droit Européen, février 2000, n° 66; p. 25; *Thomas Lübbig*, „L'application de l'article 87 du traité de Rome aux aides fiscales: un coup d'état communautaire?", Fiscalité et aides publiques, Revue du Marché commun et de l'union européenne, n° 465, février 2003, p. 124; *Michael Rodi*, Steuervergünstigung als Instrument der Umweltpolitik, Steuer und Wirtschaft, 1994, S. 204; *Wolfgang Schön*, Taxation and State aid law in the European Union, CMLR 1999, p. 911.

Die Gewährung staatlicher Beihilfen im Energiesektor und ihre Behandlung durch die Gemeinschaft sind oben schon mehrfach zur Sprache gekommen[82]. Da nicht nur Leistungsgewährungen, sondern auch Belastungsverminderungen, z. B. in Gestalt von Steuervorteilen, unter den Begriff der staatlichen Beihilfen i. S. der Art. 87 bis 89 (ex-Art. 92 bis 94) EGV fallen[83], stellt sich die Frage, ob und inwieweit nationale Steuerbefreiungen und -ermäßigungen im Energiesektor mit dem Beihilferecht der Gemeinschaft vereinbar sind. Hierbei sind mehrere Fallgestaltungen denkbar.

Soweit die Steuervorteile im Bereich der **harmonisierten Umsatzsteuern** und **Verbrauchssteuern** gewährt werden, sind zunächst die **Befreiungs-** und **Ermäßigungstatbestände** der Harmonisierungs-Richtlinien zu beachten. Was die Verbrauchssteuer auf Mineralöle nach der Struktur-Richtlinie anbetrifft, können (**obligatorische**) **Befreiungen** nach Art. 8 Abs. 1 und **Befreiungen qua Ermächtigung** nach Art. 8 Abs. 4 zunächst auch beihilferechtlich als genehmigt gelten, da sie in beiden Fällen nach Vorschlag der Kommission auf einstimmig erlassenen Rechtsakten des Rates beruhen[84]

anlagen oder aus Anlagen, in denen der Strom aus Biomasse erzeugt wird, jeweils mit einer installierten Generatorleistung über 5 Megawatt".

79 Art. 1 § 9 Abs. 1 Ziffer 1.

80 S. unten Ziffer K.

81 S. Beschluß der EFTA-Überwachungsbehörde Nr. 145/02/KOL vom 26. Juli 2002 über Umweltsteuerregelungen (Norwegen), ABl. Nr. L 31 vom 6. 2. 2003, S. 36. Der Beschluß betrifft Freistellungen von der Stromverbrauchssteuer, der CO_2-Steuer und der SO_2-Steuer.

82 S. o. 2. Teil A. V., C. V. 4., D. IX., E. VI.

83 Nach ständiger Rechtsprechung des EuGH ist der Begriff der Beihilfe weiter als der Begriff der Subvention. Er umfaßt nicht nur positive Leistungen, sondern auch Maßnahmen, die in verschiedener Form die Belastungen vermindern, die ein Unternehmen normalerweise zu tragen hat und die somit zwar keine Subventionen im strengeren Sinne des Wortes darstellen, diesen aber nach Art und Wirkung gleichstehen (vgl. Urteile vom 23. Februar 1961 in der Rechtssache 30/59, De Gezamenlijke Steenkolenmijnen in Limburg/Hohe Behörde, Slg. 1961, 3, 43, vom 15. März 1994 in der Rechtssache C-387/92, Banco Exterior de España, Slg. 1994, I-877, Randnr. 13, und vom 1. Dezember 1998 in der Rechtssache C-200/97, Ecotrade, Slg. 1998, I-7907, Randnr. 34, vom 8. November 2001 in der Rechtssache C-143/99, Adria Wien Pipeline, Slg. 2001, I-8365.

84 Die Rechtsgrundlage Art. 99 a. F. (Art. 93 n. F.) EGV erfordert Einstimmigkeit im Rat, d. h. **Art. 8 Abs. 1** wurde einstimmig erlassen. Eine Ermächtigung nach **Art. 8 Abs. 4** kann ebenfalls nur einstimmig erteilt werden.

und mithin nach den auch beihilferechtlich strengsten Verfahrensregeln autorisiert wurden[85]. Allerdings können gemäß Art. 8 Abs. 5 Ermächtigungen nach Art. 8 Abs. 4 jederzeit korrigiert werden, wenn Kommission und Rat feststellen, daß die „Befreiungen oder Ermäßigungen – insbesondere unter dem Aspekt des freien Wettbewerbs, wegen einer Verzerrung des Funktionierens des Binnenmarktes oder aufgrund der Umweltschutzpolitik der Gemeinschaft – nicht länger aufrechterhalten werden können". Eine beihilferechtliche Überprüfung von nach Art. 8 Abs. 4 genehmigten Steuerbefreiungen oder -ermäßigungen ist damit jederzeit möglich[86]. Zahlreiche Ermächtigungsentscheidungen weisen im übrigen auf diese Überprüfungsmöglichkeit mit folgendem Erwägungsgrund hin: „Diese Entscheidung greift dem Ergebnis etwaiger Verfahren nach den Artikeln 87 und 88 des Vertrags über staatliche Beihilfen nicht vor"[87].

In der **Praxis** haben sich beihilferechtlich jene Fälle als problematisch erwiesen, in denen die Mitgliedstaaten **Ölpreiserhöhungen** für bestimmte gewerbliche Verbrauchergruppen, wie Güterkraftverkehrsunternehmen, durch nationale Steuerermäßigungen abzufedern suchten[88]. Aus der Sicht des die Ermächtigung aussprechenden Rates und der Mitgliedstaaten mögen derartige Vergünstigungen zwar „aus besonderen politischen Erwägungen" (Art. 8 Abs. 4) gerechtfertigt erscheinen, aus der Sicht der Kommission können jedoch das Kriterium der Selektivität und verzerrende Auswirkungen auf den Wettbewerb zu einer beihilferechtlich negativen Beurteilung führen. Sieht die Kommission in derartigen Fällen davon ab, dem Rat einen Vorschlag für eine Ermächtigung nach Art. 8 Abs. 4 zu unterbreiten, ist dem Rat ein Tätigwerden nach dieser Vorschrift versperrt. Allerdings hat der Rat dann immer noch die Möglichkeit, nach Art. 88 Abs. 2 Unterabs. 3 EGV vorzugehen. Nach dieser Vorschrift kann der Rat (ohne Vorschlag der Kommission) einstimmig auf Antrag eines Mitgliedstaats entscheiden, daß eine von diesem Staat gewährte oder geplante Beihilfe in Abweichung von Art. 87 als mit dem Gemeinsamen Markt vereinbar gilt, wenn außergewöhnliche Umstände eine solche Entscheidung rechtfertigen. Im Gefolge der Ölpreiserhöhungen vom September 2000 hat der Rat von dieser Möglichkeit nach Art. 88 Abs. 2 Unterabs. 3 EGV Gebrauch gemacht, indem er in drei Fällen eine **Ermäßigung der Verbrauchssteuer auf Dieselkraftstoff** für bestimmte gewerblich genutzte Fahrzeuge als mit dem Binnenmarkt vereinbar betrachtete[89]. Es ist jedoch äußerst

---

85 Der Rat kann nach Art. 88 Abs. 2 Unterabs. 3 „einstimmig auf Antrag eines Mitgliedstaats entscheiden, daß eine von diesem Staat gewährte oder geplante Beihilfe in Abweichung von Artikel 87 oder von den nach Artikel 89 erlassenen Verordnungen als mit dem Gemeinsamen Markt vereinbar gilt, wenn außergewöhnliche Umstände eine solche Entscheidung rechtfertigen".

86 S. z. B. die Aufforderung zur Abgabe einer Stellungnahme gemäß Art. 88 EGV: „Staatliche Beihilfe – Italien Beihilfe C 80/2001 (ex NN 26/01) – Befreiung von der Verbrauchssteuer auf Mineralöle, die als Brennstoff zur Tonerdegewinnung auf Sardinien verwendet werden, ABl. Nr. C 30 vom 2. 2. 2002, S. 17.

87 S. z. B. den 6. Erwägungsgrund der Entscheidung 2000/433/EG des Rates vom 29. Juni 2000 zur Ermächtigung der Bundesrepublik Deutschland, für bestimmte Mineralöle mit besonderen Verwendungszwecken einen ermäßigten Verbrauchssteuersatz anzuwenden (Verfahren gemäß Art. 8 Abs. 4 der Richtlinie 92/81/EWG), ABl. Nr. L 172 vom 12. 7. 2000, S. 21.

88 S. zu Ölpreiserhöhungen auch oben 1. Teil B. III. 5 und 2. Teil D. IX.

89 S. Entscheidung 2002/361/EG des Rates vom 3. Mai 2002 über die Gewährung einer staatlichen Beihilfe durch die Behörden des Königreichs der Niederlande für Unternehmen des

fraglich, ob die kumulierte Belastung aus ungewollten Ölpreiserhöhungen und gewollt hohen Steuersätzen als „außergewöhnliche Umstände" im Sinne des Beihilfenrechts gelten können. Art. 87 Abs. 2 lit. b) EGV zumindest setzt „außergewöhnliche Ereignisse" mit „Naturkatastrophen" gleich und geht damit von einer externen Einwirkungsstärke aus, die in den vorbenannten Fällen nicht annähernd erreicht sein dürfte.

Was die **fakultativen** Steuerbefreiungen und Steuersatzermäßigungen nach Art. 8 Abs. 2 der Struktur-Richtlinie anbelangt, so stehen diese ausdrücklich unter dem Vorbehalt „anderer Gemeinschaftsvorschriften"[90]. Zu letzteren zählen auch die Art. 87 bis 89 (ex-Art. 92–94) EGV, die nationale Beihilfen einer Kontrolle durch die Kommission unterwerfen. Die Kommission hat ihre Kontrollfunktion zur beihilferechtlichen Beurteilung von Steuervorteilen nach Art. 8 Abs. 2 in mehreren Fällen ausgeübt[91].

Soweit die Mitgliedstaaten im Energiesektor Steuervorteile **außerhalb** der harmonisierten Gemeinschaftssteuern aufgrund ihrer nationalen Steuersysteme vorsehen, unterliegen sie in vollem Umfang der Beihilfekontrolle der Art. 87 ff. EGV, sofern die gewährten Vorteile als Beihilfen i. S. des Art. 87 Abs. 1 EGV zu betrachten sind. Danach kommen als Beihilfen nur solche staatlichen oder aus staatlichen Mitteln gewährten Begünstigungen in Betracht, die **bestimmten Unternehmen** oder **Produktionszweigen** gewährt werden (Kriterium der Selektivität). Soweit daher begünstigende nationale Maßnahmen, wie z. B. teilweise Vergütungen von Energieabgaben auf Erdgas oder elektrische Energie **allen** Unternehmen im Inland unabhängig vom Gegenstand ihrer Tätigkeit gewährt werden, stellen diese keine staatlichen Beihilfen im Sinne von Art. 87 EGV dar[92]. Kommen hingegen derartige Maßnahmen nur solchen Unternehmen zugute, die körperliche Güter herstellen, ist das Kriterium der Selektivität erfüllt und es liegt eine staatliche Beihilfe vor[93]. Die Genehmigungspraxis der letzten Zeit läßt die Vielfalt der staatlichen Steuerentlastungen auf dem Energiesektor erkennen[94].

Straßengüterverkehrs, ABl. Nr. L 131 vom 16. 5. 2002, S. 12; Entscheidung 2002/362/EG vom 3. Mai 2002 über die Gewährung einer staatlichen Beihilfe durch die Behörden der italienischen Republik für Unternehmen des Straßengüterverkehrs, ABl. Nr. L 131 vom 16. 5. 2002, S. 14; Entscheidung 2002/363/EG des Rates vom 3. Mai 2002 über die Gewährung einer staatlichen Beihilfe durch die französische Regierung für Unternehmen des Straßengüterverkehrs, ABl. Nr. L 131 vom 16. 5. 2002, S. 15.

90 S. den Wortlaut des Art. 8 Abs. 2: „Unbeschadet anderer Gemeinschaftsvorschriften ...".

91 S. z. B. Entscheidung 97/542/EG vom 18. Dezember 1996 über Steuerbefreiungen für Biokraftstoffe in Frankreich, ABl. Nr. L 222 vom 12. 8. 1997, S. 26; s. dazu auch GeI, Urteil vom 27. 9. 2000, Rechtssache T-184/97 (BP Chemicals ./. Kommission), Slg. 2000, II-3145. S. als Folgemaßnahme dieses Urteils die Entscheidung 2003/238/EG der Kommission vom 15. Mai 2002 über die Beihilferegelung Frankreichs in Form einer Staffelung der Verbrauchssteuer zur Förderung von Biokraftstoffen, ABl. Nr. L 94 vom 10. 4. 2003, S. 1.

92 S. EuGH, Urteil vom 8. November 2001, Rechtssache C-143/99 (Adria-Wien Pipeline), Slg. 2001, I-8365, Ziffer 1 des Tenors. S. im Anschluß hieran die Aufforderung der Kommission zur Abgabe einer Stellungnahme gemäß Art. 88 Abs. 2 EG-Vertrag zur Maßnahme C 33/03 (ex-NN 34/03) – Österreich, Energieabgabenvergütung 2002, ABl. Nr. C 164 vom 15. 7. 2003, S. 2.

93 A. a. O. Ziffer 2 des Tenors.

94 S. z. B. ABl. Nr. C 104 vom 30. 4. 2003, S. 9, 10:
- Niederlande: Maßnahmen auf dem Gebiet der Energiesteuer zur Senkung des CO_2-Ausstoßes und Verfolgung anderer umweltpolitischer Ziele;
- Schweden: Verlängerung der CO_2-Steuerregelung unter Sicherung der internationalen Wettbewerbsfähigkeit energieintensiver Unternehmen;

D. Energie und Umwelt

Literatur:

Jürgen F. Baur (Hrsg.), Umweltschutz und Energieversorgung im nationalen und internationalen Rechtsrahmen, Baden-Baden 2000; *Bernd Bender, Reinhard Sparwasser*, Umweltrecht – Grundzüge des öffentlichen Umweltschutzrechts, 2. Aufl., Heidelberg 1990; *Ulrich Beyerlin*, Umweltvölkerrecht, München 2000; *Eberhard Bohne*, Informales Verwaltungs- und Regierungshandeln als Instrument des Umweltschutzes, Verwaltungs-Archiv 1984, S. 343; *Klaus-Peter Dolde* (Hrsg.), Umweltrecht im Wandel, Berlin 2001; *Astrid Epiney, Thomas M. J. Möllers*, Freier Warenverkehr und nationaler Umweltschutz, Köln u. a. 1992; *F.I.D.E.*, Energie und Umweltschutz in europäischer Perspektive, 17. F.I.D.E.-Kongreß Berlin 1996, Baden-Baden 1996; *Walter Frenz*, Selbstverpflichtungen der Wirtschaft, Tübingen 2001; *Damien Gerardin*, Trade and Environmental Protection: Community Harmonization and National Environmental Standards, Yearbook of European Law 1993, Oxford 1994, p. 151; *Patrick Graichen*, Energiepolitik als Ausdruck umweltpolitischer Konflikte: Ein historischer Rückblick auf die Umwelt- und Energiepolitik in Deutschland, ZfE 2002, S. 209; *Leigh Hancher*, Energy and the Environment: Striking a Balance? CMLR 1989, p. 475; *Peter M. Huber*, Weniger Staat im Umweltschutz – Verfassungs- und unionsrechtliche Determinanten, DVBl. 1999, S. 489; *Wolfgang Kahl*, Der Vollzug des europäischen Umweltrechts, DÖV 1995, S. 860; *Michael Kloepfer*, Die europäische Herausforderung – Spannungslagen zwischen deutschem und europäischem Umweltrecht, NVwZ 2002, S. 645; *Dietmar Kuhnt*, Energie und Umweltschutz in europäischer Perspektive, DVBl. 1996, S. 1082; *Ludwig Krämer*, Grundrecht auf Umwelt und Gemeinschaftsrecht, EuGRZ 1988, S. 285; *ders.*, Die Rechtsprechung der EG-Gerichte zum Umweltrecht 1998 und 1999, EuGRZ 2000, S. 265; *Niklas Luhmann*, Kann die moderne Gesellschaft sich auf ökologische Gefährdungen einstellen?, Rheinisch-Westfälische Akademie der Wissenschaften, Vorträge G 278, Opladen 1985; *Holger Matuschek*, Die Bedeutung des neuen Art. 130s Abs. 2 EGV im Rahmen des EG-vertraglichen Umweltrechts, DVBl. 1995, S. 81; *Wolfgang Oehme*, Energie und Umwelt, EA 1990, S. 715; *Ingolf Pernice*, Auswirkungen des europäischen Binnenmarktes auf das Umweltrecht – Gemeinschafts(verfassungs)rechtliche Grundlagen, NVwZ 1990, S. 201; *Hans-Jürgen Rabe*, Vorbehaltene Kompetenzen der Mitgliedstaaten der Europäischen Gemeinschaft auf dem Gebiet des Umweltschutzes, EuR 1987, S. 177; *Hans-Werner Rengeling* (Hrsg.), Handbuch zum europäischen und deutschen Umweltrecht, 2. Aufl., Bände I und II, Köln u. a. 2003; *ders.* (Hrsg.) Instrumente des Umweltschutzes im Wirkungsverbund, Baden-Baden 2001; *ders.* (Hrsg.) Bedeutung und Anwendbarkeit des Vorsorgeprinzips im europäischen Umweltrecht, DVBl. 2000, S. 1473; *ders.* (Hrsg.) Umweltschutz und andere Politiken der Europäischen Gemeinschaft, Köln u. a. 1993; *ders.* (Hrsg.) Europäisches Umweltrecht und europäische Umweltpolitik, Köln 1988; *Matthias Schmidt-Preuß*, Die Entwicklung des deutschen Umweltrechts als verfassungsgeleitete Umsetzung der Maßgaben supra- und internationaler Umweltpolitik, JZ 2000, S. 581; *Thomas Schröer*, Die Kompetenzverteilung zwischen der Europäischen Wirtschaftsgemeinschaft und ihren Mitgliedstaaten auf dem Gebiet des Umweltschutzes, Berlin 1992; *Dieter Sellner*, Energie und Umweltschutz in europäischer Perspektive, EuR – Beiheft 1 – 1997, S. 61; *Udo Ernst Simonis, Ernst Ulrich Freiherr von Weizsäcker*, Globale Umweltprobleme, EA 1990, S. 1; *Helga Steeg*, Energie und Umwelt, RdE 1998, S. 129; *Peter-Christoph Storm, Siegbert Lohse*, EG-Umweltrecht, Berlin/Bielefeld/München 1994; *Klaus Toepfer*, Umwelt im 21. Jahrhundert – Herausforderung für die Industrieländer, NVwZ 2002, S. 641; *Karen Vandekerckhove*, The Polluter Pays Principle in the European Community, Yearbook of European Law 1993, Oxford 1994, p. 201; *Rolf Wägenbaur, Richard Wainwright*, European Community Energy and Environment Policy, Yearbook of European Law 1996, Oxford 1997, p. 59; *Gerd Winter*, Neuere Entwicklungen des Umweltrechts der EU, Anw. Bl. 2002, S. 75; *Rüdiger Wolfrum*, Purposes and

---

ABl. Nr. C 106 vom 3. 5. 2003, S. 13:
- Deutschland: Vorübergehende Steuerbefreiung von Gas- und Dampfturbinenanlagen zur Förderung der Steigerung der Energieeffizienz der Stromversorgung im Interesse des Umweltschutzes;

ABl. Nr. C 154 vom 2. 7. 2003, S. 8:
- Vereinigtes Königreich: Befreiung von der Klimawandelabgabe für Kraft-Wärme-Kopplungsstromexporte von hoher Qualität.

Principles of International Environmental Law, German Yearbook of International Law 1990, Berlin 1990, S. 308; *Manfred Zuleeg*, Vorbehaltene Kompetenzen der Mitgliedstaaten der Europäischen Gemeinschaft auf dem Gebiete des Umweltschutzes, NVwZ 1987, S. 280; *ders.*, Umweltschutz in der Rechtsprechung des Europäischen Gerichtshofs, NJW 1993, S. 31.

Die Umweltpolitik der Europäischen Gemeinschaft (EWG/EG) hat ihre Ursprünge im Sekundärrecht der ersten Hälfte der 70er Jahre[1]. Fast zeitgleich mit den ersten EWG-Maßnahmen auf dem Energiesektor entstanden, trafen beide Politiken erstmals in einer Entschließung des Rates vom 3. März 1975 über **Energie und Umweltschutz**[2] zusammen. Seitdem bewegt sich die Energiepolitik der Gemeinschaft im Schwerefeld ihrer Umweltpolitik, zumal der Status der letzteren mit der Einheitlichen Europäischen Akte[3] durch die Einfügung eines eigenen Titels „Umwelt" in den EWG-Vertrag gegenüber der Energiepolitik eine erhebliche rechtliche Aufwertung erfahren hat (Art. 130r bis 130t EWGV). Obgleich die Gemeinschaft auf dem Gebiet der Umweltpolitik nur eine **subsidiäre** Zuständigkeit besitzt[4], ist die besondere Rolle des Umweltschutzes bei allen nachfolgenden Vertragsänderungen bestätigt und gestärkt worden. Schon die allgemeine Aufgabenbestimmung des Art. 2 EGV verpflichtet die Gemeinschaft auf „ein hohes Maß an Umweltschutz und Verbesserung der Umweltqualität", und die Querschnittsregelung des Art. 6 (ex-Art. 3 c) EGV bestimmt:

> „Die Erfordernisse des Umweltschutzes müssen bei der Festlegung und Durchführung der in Artikel 3 genannten Gemeinschaftspolitiken und -maßnahmen insbesondere zur Förderung einer nachhaltigen Entwicklung einbezogen werden."

Da Art. 3 u (ex-Art. 3 t) EGV seit dem Vertrag von Maastricht auch Maßnahmen im Bereich der Energie umfaßt, steht die Energiepolitik der Gemeinschaft damit **rechtlich** unter dem Vorbehalt ihrer Umweltpolitik. **Politisch** allerdings sind die Gewichte insoweit zugunsten der Energiepolitik verschoben, als die Mitgliedstaaten sie nach wie vor als eine weitgehend nationale Domäne definieren. Schon die Regierungskonferenz zur EEA stellte mit schonungsloser Offenheit klar, „daß die Tätigkeit der Gemeinschaft auf dem Gebiet des Umweltschutzes sich nicht störend (sic!) auf die einzelstaatliche (sic!) Politik der Nutzung der Energieressourcen auswirken darf"[5]. Und selbst heute können Maßnahmen auf dem Gebiet des Umweltschutzes vom Rat nur einstimmig erlassen werden, wenn sie „die Wahl eines Mitgliedstaats zwischen verschiedenen Energiequellen und die allgemeine Struktur seiner Energieversorgung erheblich berühren"[6].

---

1 S. als ersten Rechtsakt die Erklärung des Rates der Europäischen Gemeinschaften und der im Rat vereinigten Vertreter der Regierungen der Mitgliedstaaten vom 22. November 1973 über ein Aktionsprogramm der Europäischen Gemeinschaften für den Umweltschutz, ABl. Nr. C 112 vom 20. 12. 1973, S. 1. Dieses Programm war auf den EGKS-, den EWG- und den Euratomvertrag gestützt, wobei dieser letztgenannte Vertrag im Kapitel III seines zweiten Titels (Art. 30 bis 35) als einziger von Anfang an mit den Vorschriften über den Strahlenschutz ein primärrechtliches Umweltrecht vorsah. Der EGKS-Vertrag enthält in Art. 3 lit. d) lediglich das Gebot der „Vermeidung von Raubbau".

2 ABl. Nr. C 168 vom 25. 7. 1975, S. 2.

3 ABl. Nr. L 169 vom 29. 6. 1987, S. 1.

4 S. zur Subsidiarität Art. 5 Abs. 2 EGV.

5 Erklärung zu Art. 130r des EWG-Vertrages, Verträge zur Gründung der Europäischen Gemeinschaften, Band I, Brüssel, Luxemburg 1987, S. 1073.

6 S. Art. 175 Abs. 2 lit. c) EGV.

Nach Art. 174 (ex-Art. 130r) EGV trägt die Umweltpolitik der Gemeinschaft zur Verfolgung der nachstehenden **Ziele** bei:

- Erhaltung und Schutz der Umwelt sowie Verbesserung ihrer Qualität;
- Schutz der menschlichen Gesundheit;
- umsichtige und rationelle Verwendung der natürlichen Ressourcen;
- Förderung von Maßnahmen auf internationaler Ebene zur Bewältigung regionaler oder globaler Umweltprobleme.

Aus dem breiten Spektrum des EG-Umweltrechts[7] können hier nur solche Rechtsakte zur Sprache kommen, die einen direkten Bezug zum Energiesektor aufweisen. Dem zwingenden Recht vorgelagert sind allgemeine Umweltaktionen und Aktionsprogramme sowie Mitteilungen, die über Energie und Umwelt informieren und rechtlich verbindliche Maßnahmen vorbereiten.

Hierbei wird der politische Rahmen für die nächsten 10 Jahre durch den Beschluß Nr. 1600/2002/EG des Europäischen Parlaments und des Rates vom 22. Juli 2002 über das sechste **Umweltaktionsprogramm** der Europäischen Gemeinschaft[8] abgesteckt. Als übergreifende Grundsätze stellt das Programm – gemäß Art. 174 Abs. 2 Satz 2 EGV – das **Verursacherprinzip**, das **Vorsorgeprinzip** und das der **Vorbeugung** sowie den Grundsatz der **Beseitigung von Verunreinigungen an der Quelle** seinen spezifischen Zielsetzungen voran[9]. Für den Energiesektor steht das Ziel der **Bekämpfung der Klimaänderungen** an erster Stelle, d. h. die Erfüllung der im Rahmen des Kyoto-Protokolls eingegangenen Verpflichtung, die Emissionen von Treibhausgas bis 2008–2012 um 8 % gemessen am Stand von 1990 für die Gemeinschaft zu reduzieren[10]. Zur Verwirklichung dieses Ziels strebt das Programm u. a. bis zum Jahr 2010 einen Anteil an erneuerbaren Energien am gesamten Energieverbrauch von 12 % und eine Verdoppelung des Anteils der Kraft-Wärme-Koppelung an der Elektrizitätserzeugung auf 18 % an[11]. Der Anteil der erneuerbaren Energien an der Stromerzeugung soll sich bis zum Jahr 2010 auf 22 % erhöhen[12]. Spezifische emissionsmindernde Aktionen sind weiterhin für den Verkehrssektor, die industrielle Produktion und den Energieverbrauch in Haushalten vorgesehen[13]. Darüberhinaus fordert das Programm den verstärkten Einsatz steuerlicher Maßnahmen, darunter die Erarbeitung eines Gemeinschaftsrahmens für die Energiebesteuerung, zur Förderung des Übergangs zu einer effizienten Energienutzung und zu umweltfreundlicheren Energie- und Verkehrssystemen[14].

---

7 S. Fundstellennachweis des geltenden Gemeinschaftsrechts, Band I, Systematisches Verzeichnis, 40. Ausgabe (Stand 1. Januar 2003), S. 1249–1295.
8 ABl. Nr. L 242 vom 10. 9. 2002, S. 1.
9 S. Art. 2 Abs. 1.
10 S. Art. 5 Abs. 1.
11 S. Art. 5 Abs. 2 Ziffer ii) lit. c) und d).
12 S. Art. 8 Abs. 1.
13 S. Art. 5 Abs. 2 Ziffer iii) bis V.
14 S. Art. 5 Abs. 2 Ziffer VI.

I. Allgemeine Regelungen

Literatur:

Martin Beckmann, Rechtsschutz Drittbetroffener bei der Umweltverträglichkeitsprüfung, DVBl. 1991, S. 358; *Wilfried Erbguth*, Umweltverträglichkeitsprüfung – Bauleitplanung – Eingriffsregelung, Verwaltungs-Archiv 1990, S. 327; *Franz-Josef Feldmann*, Die Umsetzung der UVP-Änderungsrichtlinie in deutsches Recht, DVBl. 2001, S. 589; *Werner Hoppe* (Hrsg.), Gesetz über die Umweltverträglichkeitsprüfung, Köln 2002; *Owen Lomas*, Anwendung der EG-Richtlinie über die Umweltverträglichkeitsprüfung in Großbritannien, DVBl. 1990, S. 1201; *Ulrich Ottersbach*, UVP in der Regionalplanung, DVBl. 1990, S. 1006; *Hans-Joachim Peters*, Die UVP-Richtlinie und die Umsetzung in das deutsche Recht, Baden-Baden 1994; *Albrecht Randelzhofer, Raimund Harndt*, Grenzüberschreitende Zusammenarbeit bei der Umweltverträglichkeitsprüfung, Berlin 1989; *Paul Rombach*, Der Faktor Zeit im umweltrechtlichen Genehmigungsverfahren in Deutschland, Frankreich und den Vereinigten Staaten, Baden-Baden 1994; *Alexander Schink*, Die Umweltverträglichkeitsprüfung – offene Konzeptfragen, DVBl. 2001, S. 321; *Alexander Schink, Wilfried Erbguth*, Die Umweltverträglichkeitsprüfung im immissionsschutzrechtlichen Zulassungsverfahren, DVBl. 1991, S. 413; *A. Weber – V. Hellmann*, Das Gesetz über die Umweltverträglichkeitsprüfung (UVP-Gesetz), NJW 1990, S. 1625.

Unabhängig von den Rechtsakten zum Schutze der durch den Energiesektor besonders gefährdeten Umweltgüter Luft und Wasser zieht das Gemeinschaftsrecht einige allgemeine Regelungen sektorenübergreifend vor die Klammer.

1. Gefahren bei schweren Industrieunfällen

Sechs Jahre nach dem schweren Chemieunfall von Seveso (Italien) im Jahre 1976 erließ der Rat am 24. Juni 1982 eine Richtlinie über die Gefahren schwerer Unfälle bei bestimmten Industrietätigkeiten (82/501/EWG)[15]. Die Richtlinie betraf die Verhütung schwerer Industrieunfälle sowie die Begrenzung der Unfallfolgen für Mensch und Umwelt. Gemäß ihrem Art. 1 Abs. 2 i. V. m. Anhang I erfaßte die Richtlinie alle Tätigkeiten in Industrieanlagen, „bei denen ein gefährlicher Stoff oder mehrere gefährliche Stoffe eingesetzt werden oder anfallen können und bei denen die Gefahr eines schweren Unfalls entstehen kann“. Demgemäß galt die Richtlinie für **Raffinerien, Kokereien** sowie für **Vergasungs- und Gasfüllanlagen.** Ab 1999 trat an die Stelle der Seveso-Richtlinie die Richtlinie 96/82/EG des Rates vom 9. Dezember 1996 zur Beherrschung der Gefahren bei schweren Unfällen mit gefährlichen Stoffen[16]. Diese **Seveso-II-Richtlinie** gilt für alle Betriebe, in denen gefährliche Stoffe in bestimmten kritischen Mengen vorhanden sind. Zu diesen Stoffen gehören **hochentzündliche verflüssigte Gase** (einschließlich LPG)[17] und **Erdgas** sowie **Motor- und sonstige Ben-**

---

15 ABl. Nr. L 230 vom 5. 8. 1982, S. 1, auch „Seveso-Richtlinie“ genannt. Zur Anwendung der Richtlinie s. die Berichte der Kommission im ABl. Nr. C 291 vom 12. 10. 1999, S. 1 und ABl. Nr. C 28 vom 31. 1. 2002, S. 1.

16 ABl. Nr. L 10 vom 14. 1. 1997, S. 13. Zur Aufhebung der Richtlinie 82/501/EWG s. Artikel 23. S. zur Richtlinie den Vorschlag für eine Änderung infolge der Unglücke von Baia Mare (Rumänien) und Enschede (Niederlande), KOM(2001) 624 endg. vom 15. 1. 2002 sowie dazu die Stellungnahme des Wirtschafts- und Sozialausschusses im ABl. Nr. C 149 vom 21. 6. 2002, S. 13. S. weiterhin die Entscheidung der Kommission vom 17. Juli 2002 über den Fragebogen zur Richtlinie 96/82/EG, ABl. Nr. L 195 vom 24. 7. 2002, S. 74.

17 Liquid Propan Gas.

zine[18]. Die Betreiber der entsprechenden Anlagen unterliegen Mitteilungs- und Berichtspflichten (Art. 6 und 19), der Verpflichtung zur Erstellung von Verhütungskonzepten (Art. 7) und von Notfallplänen (Art. 11), der Bekanntgabe von Informationen über Sicherheitsmaßnahmen (Art. 13) sowie Inspektionen oder sonstigen staatlichen Kontrollmaßnahmen (Art. 18).

Auf internationaler Ebene ist die Gemeinschaft Vertragspartei des **Übereinkommens über die grenzüberschreitenden Auswirkungen von Industrieunfällen**[19], das am 18. März 1992 im Namen der Gemeinschaft unterzeichnet wurde.

2. Umweltverträglichkeitsprüfung

Schon nach der soeben genannten Richtlinie 96/82/EG[20] und dem Übereinkommen über die grenzüberschreitenden Auswirkungen von Industrieunfällen[21] ist das besondere Augenmerk bei der Errichtung gefährlicher Anlagen auf die Wahl des geeigneten Standorts zu richten. Art. 34 und 37 EAGV unterwerfen besonders gefährliche Versuche und die Ableitung radioaktiver Stoffe seit 1958 einer standortbezogenen Sicherheitskontrolle.

Unter ausdrücklicher Bezugnahme auf Art. 37 EAGV machte die Kommission schon 1977 einen ersten Vorschlag für eine „Verordnung (EWG) des Rates über die Errichtung eines gemeinschaftlichen Konsultationsverfahrens für Kraftwerke, von denen Auswirkungen auf das Hoheitsgebiet eines anderen Mitgliedstaats ausgehen könnten“[22]. Doch erst einem zweiten, allgemeinen Vorschlag aus dem Jahre 1980 war Erfolg beschieden. Nach fünfjährigen Beratungen erließ der Rat am 27. Juni 1985 die **Richtlinie über die Umweltverträglichkeitsprüfung (ÜVP) bei bestimmten öffentlichen und privaten Projekten** (85/337/EWG)[23]. Nach dem Grad der zu erwartenden Auswirkungen auf die Umwelt unterscheidet die Richtlinie zwischen Projekten, die vor Erteilung einer entsprechenden Genehmigung obligatorisch einem Prüfungsverfahren zu unterziehen sind (Art. 4 Abs. 1 i. V. m. Anhang I) und solchen, bei denen die Mitgliedstaaten darüber entscheiden, ob nach ihren eigenen Kriterien ein Prüfungs-

---

18 S. Anhang I Teil 1 der Richtlinie. Ausgenommen ist die Beförderung gefährlicher Stoffe in Rohrleitungen, einschließlich der Pumpstationen, außerhalb der unter die Richtlinie fallenden Betriebe (s. Art. 4 lit. d)). Ebenfalls ausgenommen sind Tätigkeiten der mineralgewinnenden Industrie im Bereich des Aufsuchens und Gewinnens von Mineralien im Bergbau und durch Bohrung (S. Art. 4 lit. e)).

19 S. Beschluß des Rates vom 23. März 1998 über den Abschluß des Übereinkommens über die grenzüberschreitenden Auswirkungen von Industrieunfällen (98/685/EG), ABl. Nr. L 326 vom 3. 12. 1998, S. 1.

20 S. o. Fußnote 16. S. insbes. Art. 8 („Domino-Effekt“) und Art. 12 („Überwachung der Ansiedlung“).

21 S. o. Fußnote 19. S. Art. 7 des Übereinkommens („Standortwahl“).

22 ABl. Nr. C 31 vom 8. 2. 1977, S. 3. S. dazu auch die Entschließung des Rates vom 20. November 1978 über den gegenseitigen Informationsaustausch über Fragen der Standortwahl beim Bau von Kraftwerken, ABl. Nr. C 286 vom 30. 11. 1978, S. 1 und die Entschließung des Europäischen Parlaments vom 20. November 1980 zu Standortfragen für Kernkraftwerke in Grenzgebieten, ABl. Nr. C 327 vom 15. 12. 1980, S. 34.

23 ABl. Nr. L 175 vom 5. 7. 1985, S. 40. Zuletzt geändert durch die Richtlinie 97/11/EG des Rates vom 3. März 1997, ABl. Nr. L 73 vom 14. 3. 1997, S. 5.

verfahren durchzuführen ist (Art. 4 Abs. 2 i. V. m. Anhang II). Für den Bereich der Energiewirtschaft gilt das **obligatorische** Verfahren nach Art. 4 Abs. 1 i. V. m. Anhang I für folgende Projekte:

- Raffinerien für Erdöl;
- Wärmekraftwerke und andere Verbrennungsanlagen mit einer Wärmeleistung von mindestens 300 MW;
- Kernkraftwerke;
- Anlagen zur Wiederaufarbeitung bestrahlter Kernbrennstoffe;
- Anlagen zur Erzeugung oder Anreicherung von Kernbrennstoffen;
- Endlager für bestrahlte Kernbrennstoffe und radioaktive Abfälle;
- Zwischenlager (mehr als 10 Jahre) für bestrahlte Kernbrennstoffe und radioaktive Abfälle;
- Erdöl- und Erdgasgewinnung mit einem Fördervolumen von mehr als 500 t/Tag (Erdöl) bzw. 500.000 m^3/Tag (Erdgas);
- Öl- und Gaspipelines mit einem Durchmesser von mehr als 800 mm und einer Länge von mehr als 40 km;
- Tagebau (z. B. Braunkohle) auf einer Abbaufläche von mehr als 25 Hektar oder Torfgewinnung auf einer Fläche von mehr als 150 Hektar;
- Bau von Hochspannungsfreileitungen für eine Stromstärke von 220 kV oder mehr und mit einer Länge von mehr als 15 km;
- Anlagen zur Lagerung von Erdöl mit einer Kapazität von 200.000 Tonnen und mehr.

Dem **fakultativen** Verfahren nach Art. 4 Abs. 2 i. V. m. Anhang II unterfallen folgende Vorhaben des Energiesektors:

- Tagebau und Torfgewinnung (soweit nicht durch Anhang I erfaßt);
- Untertagebau;
- Tiefbohrungen, insbesondere Bohrungen zur Gewinnung von Erdwärme und im Zusammenhang mit der Lagerung von Kernabfällen;
- Oberirdische Anlagen zur Gewinnung von Steinkohle, Erdöl und Erdgas;
- Industrielle Anlagen zur Erzeugung von Strom, Dampf und Warmwasser (soweit nicht durch Anhang I erfaßt);
- Industrielle Anlagen zum Transport von Gas, Dampf und Warmwasser sowie zur Beförderung elektrischer Energie über Freileitungen (soweit nicht durch Anhang I erfaßt);
- Oberirdische Speicherung von Erdgas;
- Lagerung von brennbaren Gasen in unterirdischen Behältern;
- Oberirdische Speicherung von fossilen Brennstoffen;
- Industrielles Pressen von Steinkohle und Braunkohle;
- Anlagen zur Bearbeitung und Lagerung radioaktiver Abfälle (soweit nicht durch Anhang I erfaßt);
- Anlagen zur hydroelektrischen Energieerzeugung;
- Anlagen zur Nutzung von Windenergie zur Stromerzeugung (Windfarmen);
- Kokereien;
- Speicherung und Lagerung von Erdöl;
- Bau von Öl- und Gaspipelines (soweit nicht durch Anhang I erfaßt).

Für Projekte, deren Umweltverträglichkeit zu prüfen ist, müssen die Projektträger nach Art. 5 Abs. 1 der Richtlinie eine Reihe von Angaben machen, die in Anhang IV näher bezeichnet sind. Die Einzelheiten des Prüfungsverfahrens, insbesondere im Hinblick auf grenzüberschreitende Auswirkungen, sind in den Art. 5 bis 10 der Richtlinie geregelt.

Auf internationaler Ebene hat die Gemeinschaft am 25. Februar 1991 das **Übereinkommen von Espoo (Finnland) über die Umweltverträglichkeitsprüfung im grenzüberschreitenden Rahmen** unterzeichnet[24].

3. Integrierte Vermeidung und Verminderung der Umweltverschmutzung

Getrennte Regelungen und Umweltkonzepte, die lediglich der isolierten Verminderung der Emissionen von Schadstoffen in die Luft, das Wasser oder den Boden dienen, können dazu führen, daß die Verschmutzung von einem Umweltmedium auf ein anderes verlagert wird, anstatt die Umwelt insgesamt zu schützen. Das Ziel eines integrierten Konzepts der Verminderung der Verschmutzung besteht demgegenüber darin, Emissionen in Luft, Wasser und Boden unter Einbeziehung der Abfallwirtschaft so weit wie möglich zu vermeiden und, wo dies nicht möglich ist, zu vermindern, um ein hohes Schutzniveau für die Umwelt zu erreichen. Dieses Ziel liegt der **Richtlinie 96/61/EG des Rates vom 24. September 1996 über die integrierte Vermeidung und Verminderung der Umweltverschmutzung**[25] zugrunde, deren Regelungen unbeschadet der Bestimmungen der Richtlinie 85/337/EWG über die Umweltverträglichkeitsprüfung gelten. Zur Erreichung dieses Ziels sieht die Richtlinie für bestimmte energie- und schadstoffintensive[26] industrielle Anlagen ein **Genehmigungsverfahren** vor[27], in dessen Rahmen u. a. zu prüfen ist, ob Energie effizient verwendet wird[28]. Überdies gilt die Richtlinie auch für **Anlagen der Energiewirtschaft** selbst, wie für Feuerungsanlagen mit einer Feuerungswärmeleistung ab 50 MW, für Mineralöl- und Gasraffinerien, Kokereien sowie Kohlevergasungs- und -verflüssigungsanlagen[29].

4. Umweltzeichen

Während die oben unter B. I. behandelten Etikettierungsvorschriften auf Geräte aufmerksam machen sollen, die sparsam im Energieverbrauch sind, besteht der Sinn des Umweltzeichens darin, auf **besonders umweltschonende Produkte** hinzuweisen.

---

24 S. Text im ABl. Nr. C 104 vom 24. 4. 1992, S. 7.

25 ABl. Nr. L 257 vom 10. 10. 1996, S. 26. S. dazu die Entscheidung 1999/391/EG der Kommission vom 31. Mai 1999 über den Fragebogen zur Richtlinie 96/61/EG, ABl. Nr. L 148 vom 15. 6. 1999, S. 39, geändert durch Entscheidung 2003/241/EG der Kommission vom 26. März 2003, ABl. Nr. L 89 vom 5. 4. 2003, S. 17.

26 S. Auflistung in Anhang III der Richtlinie.

27 S. Art. 4 (Genehmigung neuer Anlagen) und Art. 5 (Genehmigungsauflagen für bestehende Anlagen).

28 S. Art. 3 Abs. 1 lit. d); Anhang IV Ziffer 9.

29 S. Art. 1 i. V. m. Anhang I Ziffer 1.

Als umweltschonend gilt ein Erzeugnis u. a. dann, wenn bei Herstellung, Vertrieb, Verwendung und Entsorgung des Produkts möglichst wenig Energie verbraucht wird. Das Umweltzeichen wurde durch die **Verordnung (EWG) Nr. 880/92 des Rates vom 23. März 1992 betreffend ein gemeinschaftliches System zur Vergabe eines Umweltzeichens**[30] eingeführt und gilt seit 2000 in Gestalt des revidierten Systems der Verordnung (EG) Nr. 1980/2000 des Europäischen Parlaments und des Rates vom 17. Juli 2000[31].

Die **Umweltkriterien** für die Vergabe des EG-Umweltzeichens werden für die einzelnen Produktgruppen von der Kommission festgelegt[32]. Bei den energieverbrauchenden Produkten hat die Kommission für folgende Erzeugnisse Kriterien aufgestellt[33]:

- Waschmaschinen[34],
- Lampen[35],
- Kühlgeräte[36],
- Geschirrspüler[37],
- Personal-Computer[38],
- Tischcomputer[39],
- Tragbare Computer[40],
- Fernsehgeräte[41].

---

30 ABl. Nr. L 99 vom 11. 4. 1992, S. 1. S. dazu die Entscheidung 93/326/EWG der Kommission vom 13. Mai 1993 zur Aufstellung von Leitlinien für die Festlegung von Gebühren im Zusammenhang mit dem EG-Umweltzeichen, ABl. Nr. L 129 vom 27. 5. 1993, S. 23; die Entscheidung 93/517/EWG der Kommission vom 15. September 1993 über einen Mustervertrag über die Bedingungen für die Verwendung des Umweltzeichens der Gemeinschaft, ABl. Nr. L 243 vom 29. 9. 1993, S. 13; die Entscheidung 94/10/EG über das Musterformblatt zur Mitteilung einer Entscheidung über die Vergabe des gemeinschaftlichen Umweltzeichens, ABl. Nr. L 7 vom 11. 1. 1994, S. 17 sowie die Mitteilung über die zuständigen Stellen in ABl. Nr. C 39 vom 16. 2. 1995, S. 4.

31 ABl. Nr. L 237 vom 21. 9. 2000, S. 1. S. dazu die Entscheidung 2000/728/EG der Kommission vom 10. November 2000 zur Festlegung der Bearbeitungs- und Jahresgebühren für die Verwendung des gemeinschaftlichen Umweltzeichens, ABl. Nr. L 293 vom 22. 11. 2000, S. 18.

32 S. Entscheidung 2002/18/EG der Kommission vom 21. Dezember 2001 über einen Umweltzeichen-Arbeitsplan der Gemeinschaft, ABl. Nr. L 7 vom 11. 1. 2002, S. 28.

33 Bis zum Jahr 2000 wurde das Umweltzeichen an etwa 250 Produkte aus 14 Produktgruppen verliehen.

34 Entscheidung 93/430/EWG vom 28. Juni 1993, ABl. Nr. L 198 vom 7. 8. 1993, S. 35; Entscheidung 96/461/EG vom 11. Juli 1996, ABl. Nr. L 191 vom 1. 8. 1996, S. 56; Entscheidung 2000/45/EG vom 17. Dezember 1999, ABl. Nr. L 16 vom 21. 1. 2000, S. 74, geändert durch Entscheidung 2003/240/EG vom 24. März 2003, ABl. Nr. L 89 vom 5. 4. 2003, S. 16.

35 Entscheidung 95/533/EG vom 1. Dezember 1995, ABl. Nr. L 302 vom 15. 12. 1995, S. 42; Entscheidung 96/337/EG vom 8. Mai 1996, ABl. Nr. L 128 vom 29. 5. 1996, S. 24; Entscheidung 1999/568/EG vom 27. Juli 1999, ABl. Nr. L 216 vom 14. 8. 1999, S. 18; Entscheidung 2002/747/EG vom 9. September 2002, ABl. Nr. L 242 vom 10. 9. 2002, S. 44.

36 Entscheidung 96/703/EG vom 26. November 1996, ABl. Nr. L 323 vom 13. 12. 1996, S. 34.

37 Entscheidung 98/483/EG vom 20. Juli 1998, ABl. Nr. L 216 vom 4. 8. 1998, S. 12; Entscheidung 2001/689/EG vom 28. August 2001, ABl. Nr. L 242 vom 12. 9. 2001, S. 23.

38 Entscheidung 1999/205/EG vom 26. Februar 1999, ABl. Nr. L 70 vom 17. 3. 1999, S. 46.

39 Entscheidung 2001/686/EG vom 22. August 2001, ABl. Nr. L 242 vom 12. 9. 2001, S. 4.

40 Entscheidung 2001/687/EG vom 28. August 2001, ABl. Nr. L 242 vom 12. 9. 2001, S. 11.

41 Entscheidung 2002/255/EG vom 25. März 2002, ABl. Nr. L 87 vom 4. 4. 2002, S. 53.

II. Schutz der Luft

Literatur:

Paul Bodnar, Berthold Hannes, Jochen Hauff, Gabor Lipcsey, CO_2 – Emissionshandel in Mittel- und Osteuropa – eine Chance für Unternehmen des Energiesektors, ZfE 2002, S. 73; *Neville Brown*, Der Treibhauseffekt: eine weltweite Herausforderung, EA 1989, S. 231; *Carl Friedrich Gethmann, G. Klepper*, Klimavorhersage und -vorsorge, et 2002, S. 94; *Manfred Horn*, Energiepolitik im Zeichen einer möglichen Klimakatastrophe, EA 1989, S. 207; *Andreas Klemm*, Das Klimaprotokoll von Kyoto, RdE 1998, S. 133; *ders.*, Klimaschutz nach Marrakesch, Köln 2002; *Hans-Joachim Koch*, Luftreinhalterecht in der Europäischen Gemeinschaft, DVBl. 1992, S. 124; *Knut Kübler*, 10 Jahre Energiepolitik und Klimaschutz: Hic sunt leones!, ZfE 2002, S. 135; *Winfried Lang*, Luft und Ozon – Schutzobjekte des Völkerrechts, ZaöRV, 1986, S. 261; *Rolf Linkohr*, Wie erfüllt die Europäische Union ihre Kyoto-Verpflichtungen?, RdE 2000, S. 209; *Peter Neumann-Mahlkau*, Treibhaus oder Kühlhaus? – das Klima der Erde, et 2002, S. 96; *William D. Nordhaus*, Nach Kyoto: Alternative Mechanismen zur Kontrolle der Erderwärmung, et 2001, S. 618; *Sebastian Oberthür*, Rio: kein Mißerfolg, EA 1992, S. 595; *Franzjosef Schafhausen*, Der Kampf um die Ratifizierung des Kyoto-Protokolls in Marrakesch, et 2002, S. 90.

Schon die Art. 35, 37 und 38 EAGV benennen die **Luft**, das **Wasser** und den **Boden** als die Schutzgüter des Euratom-Umweltrechts. Dieser Trias gilt auch der Großteil der Rechtsakte des EG-Umweltrechts, wobei die Vorschriften über den Schutz der Luft solange an erster Stelle stehen, wie Kraft- und Wärmeerzeugung in erster Linie auf der Verbrennung fossiler Energieträger beruhen. Durch die Förderung und Verbrennung von Kohle und Kohlenwasserstoffen hat in den letzten 250 Jahren eine gewaltige Umlagerung von Kohlenstoff aus den oberen Erdschichten in die Atmosphäre stattgefunden, wo er – in Gasen „zwischengelagert" – die Qualität von Luft und Klima nachhaltig verändert.

Bis heute hat das Gemeinschaftsrecht Grenzwerte für folgende die Luftqualität beeinträchtigende und den Energiesektor betreffende Schadstoffe festgelegt: Kohlenmonoxid, unverbrannte Kohlenwasserstoffe, Stickoxide, Schwefeldioxid und Schwebestaub, Blei, Partikel, Ozon und Kohlendioxid.

Als flankierende Maßnahme hat der Rat die **Richtlinie 96/62/EG vom 27. September 1996 über die Beurteilung und die Kontrolle der Luftqualität**[42] erlassen, die als Rahmenrichtlinie bis auf Kohlendioxid die vorstehenden Schadstoffe erfaßt.

Auf internationaler Ebene gilt das **Übereinkommen über weiträumige grenzüberschreitende Luftverunreinigung**, an dem die Gemeinschaft als Vertragspartei beteiligt ist[43].

Mit der **Richtlinie 2001/81/EG des Europäischen Parlaments und des Rates vom 23. Oktober 2001 über nationale Emissionshöchstmengen für bestimmte Luftschadstoffe**[44] hat die Gemeinschaft im Rahmen ihrer internationalen Verpflichtun-

---

42 ABl. Nr. L 296 vom 21. 11. 1996, S. 55.

43 Beschluß des Rates vom 11. Juni 1981 über den Abschluß des Übereinkommens über weiträumige grenzüberschreitende Luftverunreinigung (81/462/EWG), ABl. Nr. L 171 vom 27. 6. 1981, S. 11. S. hierzu zuletzt den Beschluß des Rates vom 13. Juni 2003 über den Beitritt der Europäischen Gemeinschaft zum Protokoll zu dem Übereinkommen von 1979 über weiträumige grenzüberschreitende Luftverunreinigung betreffend die Verringerung von Versauerung, Eutrophierung und bodennahen Ozon (2003/507/EG), ABl. Nr. L 179 vom 17. 7. 2003, S. 1.

44 ABl. Nr. L 309 vom 27. 11. 2001, S. 22.

gen nationale Höchstmengen der Emissionen von SO_2, NO_x, VOC und NH_3 festgelegt, die bis zum Jahre 2010 erreicht werden müssen, um der Versauerung und Eutrophierung (Überdüngung) der Böden und bodennahem Ozon entgegenzuwirken[45].

1. Kohlenmonoxid (CO)

Kohlenmonoxid ist ein geruchloses Gas, das die Kapazität des Blutes vermindert, Sauerstoff zu transportieren. In hoher Konzentration, die nur in geschlossenen Räumen erreicht werden kann, wirkt es tödlich. Kohlenmonoxid entsteht durch Verbrennungsvorgänge unter unzureichender Sauerstoffzufuhr. Weltweit geht über die Hälfte der Kohlenmonoxidemissionen auf Wald- und Savannenbrände sowie die Verbrennung von Abfällen, insbesondere in der Landwirtschaft, zurück. Eine weitere Quelle von Kohlenmonoxidemissionen ist die Verbrennung von Kraftstoffen auf Erdölbasis im Landverkehr; bei ihnen setzte die Gemeinschaft an.

Die ersten Maßnahmen zur Reduzierung des Ausstoßes von Kohlenmonoxid wurden schon 1970 vor der eigentlichen Konzeption einer europäischen Umweltpolitik im Rahmen der Harmonisierung im Gemeinsamen Markt getroffen. Mit der **Richtlinie 70/220/EWG über die Angleichung der Rechtsvorschriften der Mitgliedstaaten über Maßnahmen gegen die Verunreinigung der Luft durch Abgase von Kraftfahrzeugen**[46] wurden erste Grenzwerte für Emissionen von Kohlenmonoxid aus Kraftfahrzeugmotoren festgelegt. Diese Grenzwerte wurden durch nachfolgende Richtlinien zur Änderung der Richtlinie 70/220/EWG schrittweise gesenkt und auf weitere Fahrzeugklassen ausgedehnt. Sie gelten für Personenkraftwagen, leichte Nutzfahrzeuge und artverwandte Fahrzeuge. Für schwere Nutzfahrzeuge und Personentransportfahrzeuge mit mehr als 3.500 kg zulässiger Gesamtmasse, die sämtlich mit Dieselmotoren betrieben werden, erging die **Richtlinie des Rates vom 3. Dezember 1987 zur Angleichung der Rechtsvorschriften der Mitgliedstaaten über Maßnahmen gegen die Emission gasförmiger Schadstoffe aus Dieselmotoren zum Antrieb von Fahrzeugen** (88/77/EWG)[47]. Hierbei ist die vorgeschriebene Reduzierung des CO-Ausstoßes durch das Zusammenspiel von konstruktiven Verbesserungen der Motoren, der Einführung geeigneter Abgas-Katalysatoren und der Verbesserung der Qualität der Kraftstoffe zu erreichen. Speziell dem letztgenannten Ziel dient die **Richtlinie 98/70/EG des Europäischen Parlaments und des Rates vom 13. Oktober 1998 über die Qualität von Otto- und Dieselkraftstoffen** und zur Änderung der Richtlinie 93/12/EWG des Rates[48].

---

45 Die Höchstmengen für die gesamte Gemeinschaft (EG 15) betragen (in Kilotonnen): SO_2: 3850; NO_x: 6519; VOC: 6510; NH_3: 3110.

46 ABl. Nr. L 76 vom 6. 4. 1970, S. 1. Die Richtlinie ist durch zahlreiche Rechtsakte der Kommission an den technischen Fortschritt angepaßt worden (s. zuletzt ABl. Nr. L 291 vom 28. 10. 2002, S. 20).

47 ABl. Nr. L 36 vom 9. 2. 1988, S. 33.

48 ABl. Nr. L 350 vom 28. 12. 1998, S. 58, geändert durch die Richtlinie 2003/17/EG, ABl. Nr. L 76 vom 22. 3. 2003, S. 10. S. dazu die Entscheidung 2002/159/EG der Kommission vom 18. Februar 2002 über ein gemeinsames Muster für die Vorlage der zusammenfassenden Darstellungen der nationalen Daten zur Kraftstoffqualität, ABl. Nr. L 53 vom 23. 2. 2002, S. 30.

Über den Kraftfahrzeugsektor hinaus hat die Gemeinschaft in zwei weiteren Rechtsakten Grenzwerte für den Ausstoß von Kohlenmonoxid mobiler Maschinen und Geräte[49] und land- und forstwirtschaftlicher Zugmaschinen[50] festgelegt.

Die vorstehend genannten Rechtsakte begrenzen den Kohlenmonoxidausstoß einzelner Emissionsquellen. Die hierdurch bewirkte Minderung der Emissionen kann jedoch durch ein Anwachsen der Anzahl dieser Quellen wieder zunichte gemacht werden. Um insgesamt ein unbedenkliches Konzentrationsniveau von Schadstoffen in der Luft zu gewährleisten, bedarf es einer Kategorie von Rechtsakten, die über die Begrenzung des Ausstoßes einzelner Emissionsquellen hinaus **Gesamtgrenzwerte für die Belastung der Luft** als solcher festlegen. Im Hinblick auf Kohlenmonoxid ist eine solche Festlegung durch die **Richtlinie 2000/69/EG des Europäischen Parlaments und des Rates vom 16. November 2000 über Grenzwerte für Benzol und Kohlenmonoxid in der Luft**[51] erfolgt. Der Grenzwert beträgt 10 mg/m³ (höchster-8-Stunden-Mittelwert eines Tages)[52] und ist bis zum 1. Januar 2005 zu erreichen.

2. Unverbrannte Kohlenwasserstoffe, Benzol und flüchtige organische Verbindungen (VOC)[53]

Unverbrannte Kohlenwasserstoffe, insbesondere Benzol, aber auch andere flüchtige organische Verbindungen, die von Kraftstoffen herrühren, gelten als krebserregend und genotoxisch. VOC-Emissionen tragen zur Bildung photochemischer Oxydantien wie Ozon bei, die in hoher Konzentration Gesundheits-, Vegetations- und Materialschäden hervorrufen können.

Zur Begrenzung der Emissionen von **unverbrannten Kohlenwasserstoffen** sind in den vorstehend unter Ziffer 1. aufgeführten motorenbezogenen Rechtsakten Grenzwerte vorgesehen. Für **Benzol** gilt die oben genannte Richtlinie 2000/69/EG, die den Grenzwert für die Benzolkonzentration in der Luft auf 5 µg/m³ (d. h. 0,000005 g/m³) festlegt. Dieser Grenzwert ist bis zum 1. Januar 2010 zu erreichen[54].

Zur Verminderung der **VOC-Emissionen** gilt die Richtlinie 94/63/EG des Europäischen Parlaments und des Rates vom 20. Dezember 1994 zur Begrenzung der Emissionen flüchtiger organischer Verbindungen bei der Lagerung von Ottokraftstoff und seiner Verteilung von den Auslieferungsanlagen bis zu den Tankstellen[55]. Ohne

---

49 Richtlinie 98/68/EG des Europäischen Parlaments und des Rates vom 16. Dezember 1997 zur Angleichung der Rechtsvorschriften der Mitgliedstaaten über Maßnahmen zur Bekämpfung der Emission von gasförmigen Schadstoffen und luftverunreinigenden Partikeln aus Verbrennungsmotoren für mobile Maschinen und Geräte, ABl. Nr. L 59 vom 27. 2. 1998, S. 1.

50 Richtlinie 200/25/EG des Europäischen Parlaments und des Rates vom 22. Mai 2000 über Maßnahmen zur Bekämpfung der Emission gasförmiger Schadstoffe und luftverunreinigender Partikel aus Motoren, die für den Antrieb von land- und forstwirtschaftlichen Zugmaschinen bestimmt sind, und zur Änderung der Richtlinie 74/150/EWG des Rates, ABl. Nr. L 173 vom 12. 7. 2000, S. 1.

51 ABl. Nr. L 313 vom 13. 12. 2000, S. 12, berichtigt im ABl. Nr. L 111 vom 20. 4. 2001, S. 31.

52 Zur Berechnung s. Anhang II der Richtlinie.

53 Volatile organic compounds.

54 S. Anhang I der Richtlinie.

55 ABl. Nr. L 365 vom 31. 12. 1994, S. 24.

Begrenzungsmaßnahmen – so die Richtlinie – würden die VOC-Emissionen, die von Ottokraftstoff und Lösemitteln herrühren, in der Gemeinschaft rund 10 Millionen Tonnen jährlich betragen[56], wobei rund 40 % dieser Emissionen den Auspuffgasen von Fahrzeugen und der Verdunstung von Benzin entstammen[57]. Die aus der Lagerung und Verteilung von Ottokraftstoffen herrührenden VOC-Emissionen machen hierbei etwa 500.000 Tonnen pro Jahr oder rund 5 % aller vom Menschen verursachten VOC-Emissionen in der Gemeinschaft aus[58]. Besonders in städtischen Ballungsgebieten tragen diese Emissionen wesentlich zur Luftverschmutzung bei.

In Ergänzung der schon im Rahmen der Richtlinie 70/220/EWG festgelegten motorbezogenen Begrenzungen regelt die Richtlinie 94/63/EG den Weg des Kraftstoffs vom Lagertank des Auslieferungslagers[59] bis zur Tankstelle. Im einzelnen enthält die Richtlinie Bestimmungen zu den Lagertanks in Auslieferungslagern (Art. 3), zur Befüllung und Entleerung beweglicher Behältnisse in Auslieferungslagern (Art. 4), zur Befüllung von Tankstellen-Lagertanks (Art. 6) und zur Überwachung und Berichterstattung (Art. 9). Die Verminderung der Dampfemissionen an Zapfsäule und Zapfhahn sind nicht Gegenstand der Richtlinie. Zur Verminderung der VOC-Emissionen von **Lösungsmitteln** erließ der Rat 1999 eine gesonderte Richtlinie[60].

3. Stickstoffoxide (NO, NO_2, NO_X)

Stickstoffoxide entstehen bei Verbrennungsvorgängen, insbesondere in Motoren, Düsentriebwerken und Feuerungsanlagen. Sie sind schädlich für die Vegetation und den Menschen. Distickstoffoxid (N_2O), auch als Lachgas bekannt, gilt darüber hinaus als Treibhausgas.

Soweit Stickstoffoxide in Verbrennungsmotoren erzeugt werden, gelten die Grenzwerte, die in den motorenbezogenen Rechtsakten oben unter Ziffer 1. aufgeführt sind. Eine von der Kommission vorgeschlagene Richtlinie zur Begrenzung der Emission von Stickstoffoxiden durch zivile Unterschall-Strahlflugzeuge[61] wurde zwar beraten[62], aber nicht erlassen[63].

Ebenfalls der Verminderung des Ausstoßes von Stickstoffoxiden dient die **Richtlinie des Rates vom 24. November 1988 zur Begrenzung von Schadstoffemissionen**

---

56 S. den 2. Erwägungsgrund der Richtlinie.

57 S. den 4. Erwägungsgrund der Richtlinie.

58 S. den 5. Erwägungsgrund der Richtlinie. Dem 8. Erwägungsgrund der Richtlinie ist zu entnehmen, daß die Dampfemissionen beim Tanken an Tankstellen jährlich weitere 200.000 Tonnen ausmachen.

59 Art. 2 lit. d) der Richtlinie definiert „Auslieferungslager" als „eine Einrichtung für die Lagerung von Ottokraftstoff und seine Umfüllung in Straßentankfahrzeuge, Eisenbahnkesselwagen oder Binnenschiffe, einschließlich aller Lagertanks am Ort der Einrichtung".

60 Richtlinie 1999/13/EG des Rates vom 11. März 1999 über die Begrenzung von Emissionen flüchtiger organischer Verbindungen, die bei bestimmten Tätigkeiten und in bestimmten Anlagen bei der Verwendung organischer Lösungsmittel entstehen, ABl. Nr. L 85 vom 29. 3. 1999, S. 1.

61 S. ABl. Nr. C 108 vom 7. 4. 1998, S. 14.

62 S. dazu die Stellungnahme des Wirtschafts- und Sozialausschusses im ABl. Nr. C 214 vom 10. 7. 1998, S. 9.

63 Im Mai 2000 zog die Kommission ihren Vorschlag zurück (SEK (2000) 936 vom 30. 5. 2000).

von Großfeuerungsanlagen in die Luft (88/609/EWG)[64]. Sie findet auf Feuerungsanlagen Anwendung, deren Feuerungswärmeleistung 50 MW oder mehr beträgt und dies unabhängig davon, welche Art von Brennstoff (fest, flüssig, gasförmig) darin verfeuert wird (Art. 1). Nach Maßgabe der Richtlinie haben die Mitgliedstaaten Programme zur schrittweisen Verringerung der jährlichen Gesamtemissionen **bestehender** Anlagen aufzustellen (Art. 3). Für **Neuanlagen** gelten jeweils eigene Grenzwerte (Art. 4). Die Ableitung der Abgase hat auf kontrollierte Weise über Schornsteine zu erfolgen, deren Höhe so zu berechnen ist, daß Gesundheit und Umwelt geschützt bleiben (Art. 10). Die Richtlinie 88/609/EWG wurde durch die **Richtlinie 2001/80/EG des Europäischen Parlaments und des Rates vom 23. Oktober 2001 zur Begrenzung von Schadstoffemissionen von Großfeuerungsanlagen in die Luft**[65] neugefaßt und den Erfordernissen des Binnenmarktes angepaßt. Während der wesentliche Inhalt der Richtlinie 88/609/EWG erhalten blieb, war neuen Entwicklungen auf dem Gebiet der Kraft-Wärme-Kopplung, beim Einsatz von Gasturbinen zur Elektrizitätserzeugung und bei der Energieerzeugung aus Biomasse Rechnung zu tragen.

Jenseits der motoren- und anlagebezogenen Grenzwerte wurde der Grenzwert für die Belastung der Luft durch Stickstoffoxide erstmals durch die **Richtlinie 85/203/EWG des Rates vom 7. März 1985 über Luftqualitätsnormen für Stickstoffdioxid**[66] festgelegt. Auf sie folgte die **Richtlinie 1999/30/EG des Rates vom 22. April 1999 über Grenzwerte für Schwefeldioxid, Stickstoffdioxid und Stickstoffoxide, Partikel und Blei in der Luft**[67]. Neben der Festlegung von Grenzwerten und Alarmschwellen ist das Ziel der Richtlinie die Beurteilung der jeweiligen Schadstoffkonzentrationen in der Luft anhand einheitlicher Methoden und Kriterien, die Zusammenstellung von sachdienlichen Informationen über die Konzentrationen und die Unterrichtung der Öffentlichkeit.

Die innergemeinschaftlichen Maßnahmen zur Verminderung von Stickstoffoxiden werden ergänzt durch das **Protokoll** zu dem Übereinkommen von 1979 über weiträumige grenzüberschreitende Luftverunreinigungen betreffend die Bekämpfung von Emissionen von Stickstoffoxiden oder ihres grenzüberschreitenden Flusses[68].

4. Schwefeldioxid (SO_2)

Feste wie flüssige Brennstoffe enthalten in ihrem Rohzustand als Steinkohle, Braunkohle und Erdöl Schwefelverbindungen, die durch den Verbrennungsprozeß als Schwefeldioxid freigesetzt werden. Als Schwefelsäure („saurer Regen") gelöst be-

---

64 ABl. Nr. L 336 vom 7. 12. 1988, S. 1, geändert durch die Richtlinie 94/66/EG des Rates vom 15. Dezember 1994, ABl. Nr. L 337 vom 24. 12. 1994, S. 83.

65 ABl. Nr. L 309 vom 27. 11. 2001, S. 1. S. dazu die Empfehlung der Kommission vom 15. Januar 2003 über Leitlinien zur Unterstützung der Mitgliedstaaten bei der Erstellung eines nationalen Emissionsverminderungsplans gemäß den Bestimmungen der Richtlinie 2001/80/EG, ABl. Nr. L 16 vom 22. 1. 2003, S. 59.

66 ABl. Nr. L 87 vom 27. 3. 1985, S. 1.

67 ABl. Nr. L 163 vom 29. 6. 1999, S. 41.

68 S. den Beschluß des Rates vom 17. Mai 1993 über den Beitritt der Gemeinschaft zu diesem Protokoll (93/361/EWG), ABl. Nr. L 149 vom 21. 6. 1993, S.14.

wirken diese Gase Versauerungsprozesse wie Säurefraß an Gebäuden und Versauerung der Böden bis hin zum Waldsterben. Die Schwefeldioxidbelastung in den Städten kann außerdem die menschliche Gesundheit stark beeinträchtigen, vor allem bei Personen mit Erkrankungen der Atemwege.

Mit der Richtlinie 75/716/EWG zur Angleichung der Rechtsvorschriften der Mitgliedstaaten über den Schwefelgehalt bestimmter flüssiger Brennstoffe[69] hat die Gemeinschaft schon in den 70er Jahren versucht, den Gehalt von Schwefelverbindungen in Gasölen (Diesel) zu senken. Durch die **Richtlinie 93/12/EWG des Rates vom 23. März 1993 über den Schwefelgehalt bestimmter flüssiger Brennstoffe**[70] wurde das Regime an die Erfordernisse des Binnenmarkts angepaßt und der Schwefelgehalt von Dieselkraftstoff ab dem 1. Oktober 1996 auf 0,05 Gewichtshundertteile abgesenkt[71]. Angesichts etwaiger Engpässe in den Entschwefelungskapazitäten der Mitgliedstaaten enthält die Richtlinie in Art. 2 Abs. 3 folgende Klausel[72]:

> „Treten infolge einer plötzlichen Änderung der Versorgung mit Rohöl oder Mineralölerzeugnissen in einem Mitgliedstaat Schwierigkeiten bei der Anwendung des Höchstwertes für den Schwefelgehalt von Gasöl auf, so teilt der Mitgliedstaat dies der Kommission mit. Die Kommission kann dem Mitgliedstaat gestatten, während eines Zeitraums von höchstens sechs Monaten einen höheren Wert anzuwenden; sie teilt diesen Beschluß dem Rat mit. Jeder Mitgliedstaat kann den Beschluß der Kommission binnen einem Monat vor dem Rat anfechten. Der Rat kann innerhalb von zwei Monaten mit qualifizierter Mehrheit einen anderslautenden Beschluß fassen."

Mit einem weiteren Rechtsakt, der **Richtlinie 1999/32/EG des Rates vom 26. April 1999 über die Verringerung des Schwefelgehalts bestimmter flüssiger Kraft- oder Brennstoffe** und zur Änderung der Richtlinie 93/12/EWG[73] wurden zusätzliche Höchstwerte für den Schwefelgehalt von Schwerölen und von Gasölen für den Seeverkehr festgelegt.

Für die SO_2-Emissionen von Feuerungsanlagen gilt die schon oben unter 3. genannte **Richtlinie des Rates vom 24. November 1988 zur Begrenzung von Schadstoffemissionen von Großfeuerungsanlagen in die Luft**[74]. In diesem Zusammenhang sei darauf hingewiesen, daß die Gemeinschaft durch ihre Gemeinsame Forschungsstelle in Ispra in den 80er Jahren ein eigenes Verfahren zur **Rauchgasentschwefelung** (MARK 13 A-Verfahren) entwickelt hat[75].

Als allgemeinen Rechtsakt hat die Gemeinschaft schon 1980 eine erste Richtlinie über Grenzwerte und Leitwerte der Luftqualität für Schwefeldioxid und Schwefelstaub

---

69 ABl. Nr. L 307 vom 27. 11. 1975, S. 22, geändert durch die Richtlinie des Rates vom 30. März 1987 (87/219/EWG), ABl. Nr. L 91 vom 3. 4. 1987, S. 19.

70 ABl. Nr. L 74 vom 27. 3. 1993, S. 81.

71 S. Art. 2 Abs. 1 der Richtlinie.

72 S. auch die entsprechende Klausel in Art. 7 („Änderungen bei der Versorgung mit Rohöl") der Richtlinie 98/70/EG über die Qualität von Otto- und Dieselkraftstoffen.

73 ABl. Nr. L 121 vom 11. 5. 1999, S. 13.

74 ABl. Nr. L 336 vom 7. 12. 1988, S. 1.

75 S. dazu die Mitteilung der Kommission im ABl. Nr. C 78 vom 26. 3. 1985, S. 6.

(80/779/EWG)[76] erlassen. Sie wurde in ihren wesentlichen Teilen durch die Richtlinie 1999/30/EG des Rates vom 22. April 1999 über Grenzwerte für Schwefeldioxid, Stickstoffdioxid und Stickstoffoxide, Partikel und Blei in der Luft ersetzt[77].

Wie für die Stickstoffoxide, so wurde auch für die Verringerung der Schwefelemissionen ein eigenes **Protokoll** zu dem schon vorstehend genannten Übereinkommen von 1979 abgeschlossen[78].

5. Blei

Blei ist ein Schwermetall, das bei Aufnahme in den menschlichen Körper zu schweren Gesundheitsschäden, insbesondere des Nervensystems, führen kann. Die Folgen von Bleivergiftungen sind über viele Jahrhunderte hinweg dokumentiert – vom alten Rom bis in die heutige Zeit.

Da Blei schon früh den Ottokraftstoffen als Antiklopfmittel beigegeben wurde, bestand der erste Regelungsbedarf der Gemeinschaft darin, den Bleigehalt des Benzins zu senken. Dies geschah mit der Richtlinie 78/611/EWG des Rates vom 29. Juni 1978 zur Angleichung der Rechtsvorschriften der Mitgliedstaaten über den Bleigehalt des Benzins[79], die den Höchstgehalt an Bleiverbindungen im Benzin auf höchstens 0,40 und mindestens 0,15 g/l festlegte. Die erste Richtlinie wurde aufgehoben und ersetzt durch die **Richtlinie des Rates vom 20. März 1985 zur Angleichung der Rechtsvorschriften der Mitgliedstaaten über den Bleigehalt von Benzin** (85/210/EWG)[80], die den Bleigehalt von Benzin aufgrund neuer Raffinerietechnologien ohne nachteilige Wirkungen für die Benzinqualität auf 0,15 g Pb/l verringerte. Die nachfolgende Änderungsrichtlinie 87/416/EWG vom 21. Juli 1987[81] ermächtigte die Mitgliedstaaten sodann, „in ihrem Hoheitsgebiet das Inverkehrbringen von verbleitem Benzin mit einer Motor-Oktanzahl (MOZ) von weniger als 85,0 bei der Abgabe an der Tankstelle und einer Research-Oktanzahl (ROZ) von weniger als 95,0 bei der Abgabe an der Tankstelle (zu) verbieten".

Grenzwerte für den **Bleigehalt der Luft** wurden erstmals mit der Richtlinie 82/884/EWG des Rates vom 3. Dezember 1982 festgelegt[82]. Abgesehen von einigen Artikeln, die weitergelten, werden die heutigen Grenzwerte durch die schon mehrfach genannte Richtlinie 1999/30/EG des Rates vom 22. April 1999 über Grenzwerte für Schwefeldioxid, Stickstoffdioxid und Stickstoffoxide, Partikel und Blei in der Luft festgelegt[83].

---

76 ABl. Nr. L 229 vom 30. 8. 1980, S. 30; geändert durch die Richtlinie 89/427/EWG des Rates, ABl. Nr. L 201 vom 14. 7. 1989, S. 53.
77 ABl. Nr. L 163 vom 29. 6. 1999, S. 41.
78 S. Beschluß des Rates vom 23. März 1998 über den Abschluß durch die Europäische Gemeinschaft des Protokolls zu dem Übereinkommen von 1979 über weiträumige grenzüberschreitende Luftverunreinigung betreffend eine weitere Verringerung von Schwefelemissionen (98/686/EG), ABl. Nr. L 336 vom 3. 12. 1998, S. 34.
79 ABl. Nr. L 197 vom 20. 7. 1978, S. 19.
80 ABl. Nr. L 96 vom 3. 4. 1985, S. 25.
81 ABl. Nr. L 225 vom 13. 8. 1987, S. 33.
82 ABl. Nr. L 378 vom 31. 12. 1982, S. 15.
83 ABl. Nr. L 163 vom 29. 6. 1999, S. 41.

6. Partikel

Unter Partikeln werden Feinstäube verstanden, die sich schädlich auf die menschliche Gesundheit auswirken können. Für sie gilt ebenfalls die vorstehend genannte Richtlinie 1999/30/EG des Rates vom 22. April 1999.

7. Ozon (O_3)

Ozon ist ein natürlich vorkommendes Gas, dessen chemisch-physikalische Eigenschaften zu **zwei verschiedenen Rechtsregimen** geführt haben. Zum einen ist Ozon ein **Reizgas**, das in höheren Konzentrationen das Wohlbefinden und die Gesundheit des Menschen beeinträchtigt. Derartige erhöhte Ozon-Konzentrationen in der Umgebungsluft werden anthropogen durch Energieverbrauch verursacht[84] und vom Gemeinschaftsrecht bekämpft. Zum zweiten aber ist die Erde in den höheren Lufthüllen von einer Ozonschicht umgeben, die in der Stratosphäre in einer Höhe zwischen 15 und 35 km als **Schutzschild** vor gesundheitsschädlicher ultravioletter Strahlung wirkt[85]. Diese Schutzschicht wiederum wird durch anthropogene Stoffe – u. a. aus dem Energieverbrauch – gefährdet[86]. Der Schutz dieser Ozonschicht wird durch das Gemeinschaftsrecht gefördert, indem die Stoffe, die zu ihrer Zerstörung führen, bekämpft werden.

Zur Begrenzung von Ozon als Reizgas, insbesondere im Sommersmog, hat der Rat am 21. September 1992 die **Richtlinie 92/72/EWG über die Luftverschmutzung durch Ozon**[87] erlassen.

Ziel dieser Richtlinie ist die Festlegung eines harmonisierten Verfahrens

- zur Überwachung der Luftverschmutzung durch Ozon,
- zum Austausch von diesbezüglichen Informationen sowie
- zur Unterrichtung und Warnung der Bevölkerung bei Erreichung bzw. Überschreitung bestimmter Schwellenwerte.

Zu konkreten Maßnahmen zur Ozonminderung – wie etwa **Fahrverboten** – ermächtigt die Richtlinie nicht; insoweit gilt nationales Recht.

---

84 Die folgende, auf Daten des CORINAIR-Systems basierende Übersicht über die photochemischen Vorläufer des Ozons weist folgende Stoffe aus nicht natürlichen Quellen aus:
Stickoxide aus:
- Kraftfahrzeugen
- Kraftwerken und Verbrennungsanlagen,
- Schiffen,
- Flugzeugen,

Flüchtige organische Verbindungen aus:
- Herstellung und Verwendung von Lacken,
- Methangas-Versorgungseinrichtungen,
- petrochemischen und Raffinerie-Anlagen,
- Brennstoff-Versorgungsnetzen,
- Biomasse.

85 S. *Peter Heinrich, Manfred Hergt*, dtv-Atlas Ökologie, 4. Aufl., München 1998, S. 167.

86 A. a. O. S. 258 f.

87 ABl. Nr. L 297 vom 13. 10. 1992, S. 1.

Nach zehnjähriger Geltung wurde die Richtlinie 92/72/EWG durch die **Richtlinie 2002/3/EG des Europäischen Parlaments und des Rates vom 12. Februar 2002 über den Ozongehalt der Luft**[88] ersetzt. Die Richtlinie legt u. a. Zielwerte für Ozon[89] sowie die Informations[90]- und Alarmschwellen[91] zum Schutz der Bevölkerung fest. Des weiteren trifft sie Regelungen für die Messung der Ozonvorläuferstoffe, die zum Großteil dem Energiesektor entstammen[92].

Am Anfang der Maßnahmen der Gemeinschaft zum **Schutz der Ozonschicht** stand die **Entschließung des Rates vom 30. Mai 1978 über Fluorkohlenstoffe in der Umwelt**[93]. Ihr folgten Anfang der 80er Jahre zwei Entscheidungen des Rates, die erste vom 26. März 1980 über Fluorchlorkohlenwasserstoffe in der Umwelt (80/372/EWG)[94] und die zweite vom 15. November 1982 zur Verstärkung der Vorbeugungsmaßnahmen in bezug auf Fluorchlorkohlenwasserstoffe in der Umwelt (82/795/EWG)[95]. Mit der ersten Entscheidung wurden die Mitgliedstaaten verpflichtet sicherzustellen, daß die in ihrem Territorium ansässige Industrie die Produktionskapazitäten für Fluorchlorkohlenwasserstoffe nicht erhöht und die Verwendung dieser Stoffe in Aerosolbehältnissen (Spraydosen) bis zum 31. Dezember 1981 um mindestens 30 % gegenüber 1976 verringert. Die zweite Entscheidung zielte – ohne präzise quantitative Vorgaben – auf die Verringerung von FCKW-Verlusten und die Entwicklung von Technologien zur Einschränkung von FCKW-Emissionen bei Schaumkunststoffen, Kühlgeräten und Lösungsmitteln ab.

Nach diesen ersten gemeinschaftsinternen Regelungsversuchen verschob sich der Schwerpunkt der Ozondebatte auf die internationale Ebene. Am 22. März 1985 unterzeichnete die Gemeinschaft gemeinsam mit mehreren Mitgliedstaaten das **Wiener Übereinkommen zum Schutz der Ozonschicht.** Am 16. September 1987 folgte die Unterzeichnung des **Montrealer Protokolls über Stoffe, die zu einem Abbau der Ozonschicht führen.** Beide internationalen Dokumente wurden vom Rat mit der Entscheidung 88/540/EWG genehmigt[96], desgleichen die in den 90er Jahren nachfolgenden Änderungen des Montrealer Protokolls[97].

---

88 ABl. Nr. L 67 vom 9. 3. 2002, S. 14.
89 Zielwert für den Schutz der menschlichen Gesundheit: 120 µg/m³ (s. Anhang I).
90 1-Stunden-Mittelwert: 180 µg/m³ (s. Anhang II).
91 1-Stunden-Mittelwert: 240 µg/m³ (s. Anhang II).
92 S. Anhang VI.
93 ABl. Nr. C 133 vom 7. 6. 1978, S. 1.
94 ABl. Nr. L 90 vom 3. 4. 1980, S. 45.
95 ABl. Nr. L 329 vom 25. 11. 1982, S. 29.
96 ABl. Nr. L 297 vom 31. 10. 1988, S. 8.
97 S. für Änderungen des Montrealer Protokolls in den Folgejahren: Erste Änderung: Entscheidung des Rates vom 12. Dezember 1991 zum Abschluß der von den Vertragsparteien im Juni 1990 in London beschlossenen Änderung des Montrealer Protokolls über Stoffe, die zu einem Abbau der Ozonschicht führen (91/690/EWG), ABl. Nr. L 377 vom 31. 12. 1991, S. 28; zweite Änderung: Entscheidung des Rates vom 2. Dezember 1993 über den Abschluß der Änderung des Montrealer Protokolls über Stoffe, die zu einem Abbau der Ozonschicht führen (94/68/EG), ABl. Nr. L 33 vom 7. 2. 1994, S. 1; dritte Änderung: Beschluß des Rates vom 17. Oktober 2000 (2000/646/EG), ABl. Nr. L 272 vom 25. 10. 2000, S. 26; vierte Änderung: Beschluß des Rates vom 4. März 2002 über den Abschluß der vierten Änderung des Montrealer Protokolls über Stoffe, die zu einem Abbau der Ozonschicht führen (2002/215/EG), ABl. Nr. L 72 vom 14. 3. 2002, S. 18.

Unter Bezugnahme auf diese internationale Rechtsentwicklung erließ der Rat 1988 die Verordnung (EWG) Nr. 3322/88 über bestimmte Fluorchlorkohlenwasserstoffe und Halone, die zu einem Abbau der Ozonschicht führen[98]. Doch noch im selben Jahr vertrat der Rat die Auffassung, daß die bisher ergriffenen Maßnahmen und freiwilligen Selbstverpflichtungen der Hersteller von Aerosolen zum Schutz der Ozonschicht nicht ausreichen würden und forderte zusätzliche Beschränkungen[99]. Im Einklang mit der zunehmenden Verschärfung und Erweiterung des Montrealer Protokolls durch seine Änderungen verschärften und erweiterten sich in den 90er Jahren die Schutzmaßnahmen der Gemeinschaft im Dreisprung über folgende Verordnungen:

- Verordnung (EWG) Nr. 594/91 des Rates vom 4. März 1991 über Stoffe, die zu einem Abbau der Ozonschicht führen[100];
- Verordnung (EG) Nr. 3093/94 des Rates vom 15. Dezember 1994 über Stoffe, die zum Abbau der Ozonschicht führen[101];
- **Verordnung (EG) Nr. 2037/2000 des Europäischen Parlaments und des Rates vom 29. Juni 2000 über Stoffe, die zum Abbau der Ozonschicht führen**[102].

Nach Maßgabe der Art. 3 und 4 der letztgenannten Verordnung sind die Produktion, das Inverkehrbringen und die Verwendung folgender Stoffe in der Gemeinschaft verboten:

a) Fluorchlorkohlenwasserstoffe,
b) andere vollhaloginierte Fluorchlorkohlenwasserstoffe,
c) Halone,
d) Tetrachlorkohlenstoff,
e) 1, 1, 1-Trichlorethan,
f) teilhaloginierte Fluorbromkohlenwasserstoffe.

8. Kohlendioxid (CO_2)

Kohlendioxid ist ein farb- und geruchloses Gas, das anthropogen bei der Verbrennung fossiler Brennstoffe und von Erdgas entsteht. Als sog. **Treibhausgas** vermindert es die Rückstrahlung der einfallenden Sonnenenergie ins All und trägt so zur Erwärmung der Atmosphäre bei. Mit 340 ppm macht Kohlendioxid zwar nur einen geringen Teil der Lufthülle aus, jedoch hat sich sein Anteil in den letzten 100 Jahren um etwa 20 % erhöht. Der jährliche Zuwachs an Kohlendioxid wird mit 0,5–2,2 ppm angegeben; der weltweite jährliche Ausstoß beträgt z. Zt. ca. 23 Milliarden t. Bei Hochrechnung der gegenwärtigen Zuwachsrate würde sich der Anteil von Kohlendioxid bis zum Jahre

---

98 ABl. Nr. L 297 vom 31. 10. 1988, S. 1.

99 S. Entschließung des Rates vom 14. Oktober 1988 zur Begrenzung der Verwendung von Fluorchlorkohlenwasserstoffen und Halonen, ABl. Nr. C 285 vom 9. 11. 1988, S. 1.

100 ABl. Nr. L 67 vom 14. 3. 1991, S. 1.

101 ABl. Nr. L 333 vom 22. 12. 1994, S. 1.

102 ABl. Nr. L 244 vom 29. 9. 2000, S. 1; geändert durch Verordnung (EG) Nr. 2039/2000 vom 28. September 2000, ABl. Nr. L 244 vom 29. 9. 2000, S. 26. Auf der Grundlage dieser Verordnung werden den Unternehmen Einfuhrquoten für geregelte Stoffe zugeteilt. S. zuletzt Entscheidung 2003/256/EG der Kommission vom 26. Februar 2003, ABl. Nr. L 95 vom 11. 4. 2003, S. 54. S. auch Bekanntmachung im ABl. Nr. C 162 vom 11. 7. 2003, S. 10.

2030 verdoppeln, wodurch auf der Erde ein Temperaturanstieg von 2–3 °C eintreten würde (einige Hochrechnungen gehen sogar von 4–5 °C aus)[103]. Als Folge dieser Erwärmung werden drastische **Klimaveränderungen** vorhergesagt[104] wie

- ein langsames Abschmelzen der polaren Eiskappen und ein Anstieg des Meeresspiegels,
- die Überflutung dicht besiedelter Küstengebiete,
- die Steigerung der Regenfälle aufgrund erhöhter Verdunstung unter Zunahme der Trockenheit in anderen Gebieten,
- die Verlagerung der wichtigsten landwirtschaftlichen Anbauzonen nach Norden in Gebiete mit schlechten Böden.

Die Ursachen dieses Treibhauseffekts liegen primär im **Energieverbrauch** der großen Industrienationen, wobei allein die USA mit 5 % der Weltbevölkerung für 25 % des Weltenergieverbrauchs und 23 % der Welt-CO_2-Emissionen verantwortlich sind (EG: 13 %, Japan 5 %).

Angesichts der sich abzeichnenden dramatischen Entwicklung hat die Zweite Weltklimakonferenz der Vereinten Nationen im Oktober/November 1990 das Thema auf die Tagesordnung gesetzt. Im Anschluß an diese Konferenz beantragte die Vollversammlung der Vereinten Nationen einen zwischenstaatlichen Verhandlungsausschuß mit der Ausarbeitung eines Rahmenübereinkommens über Klimaänderungen[105]. Die Gemeinschaft und ihre Mitgliedstaaten nahmen an den Beratungen teil, die in der letzten Verhandlungsrunde vom 3. bis 14. Juni 1992 in Rio de Janeiro abgeschlossen wurden. Das in Rio unterzeichnete **Rahmenübereinkommen der Vereinten Nationen über Klimaänderungen** wurde von der Gemeinschaft Ende 1993 genehmigt[106].

Gemäß seiner Natur als Rahmenübereinkommen bedurfte das Übereinkommen von Rio der Ausfüllung und Konkretisierung durch Protokolle zur Festlegung der präzisen Reduzierungsvorgaben, der Berechnungsmethoden sowie der gegenseitigen Rechte und Pflichten der Vertragsparteien. Zur Regelung dieser Fragen fanden Folgekonferenzen in Berlin (1995), Genf (1996) und Kyoto (1997) statt. Das Ergebnis dieser Konferenzen, an denen 168 Staaten und die Gemeinschaft teilnahmen, war das **„Kyoto Protocol to the United Nations Framework Convention on Climate Change“**[107], das seither seiner Ratifizierung durch das vorgeschriebene Quorum harrt (erforderlich ist die Hinterlegung von mindestens 55 Ratifizierungsurkunden, darunter die jener Staaten, die im Jahre 1990 zusammen für mindestens 55 % der Kohlendioxid-Emissionen verantwortlich waren). Weitere Konferenzen der Vertragsparteien zur Regelung weiterer Einzelheiten fanden in Buenos Aires (1998), Bonn (1999), Den Haag (2000),

---

103 S. *Peter Heinrich, Manfred Hergt*, dtv-Atlas Ökologie, 4. Aufl., München 1998, S. 259.

104 S. *Jeremy Leggett* (Hrsg.), Global Warming, Die Wärmekatastrophe und wie wir sie verhindern können, Greenpeace Report, München, Zürich 1991.

105 Resolution 45/212 der Generalversammlung der Vereinten Nationen vom 19. Dezember 1990 zum Schutz des Weltklimas für heutige und künftige Generationen.

106 Beschluß des Rates vom 15. Dezember 1993 über den Abschluß des Rahmenübereinkommens der Vereinten Nationen über Klimaänderungen (94/69/EG), ABl. Nr. L 33 vom 7. 2. 1994, S. 11. S. dazu: *Sebastian Oberthür*, Rio: kein Mißerfolg, EA 1992, S. 595.

107 S. *Andreas Klemm*, Das Klimaprotokoll von Kyoto, RdE 1998, S. 133, sowie *Michael Grubb, Christiaan Vrolijk, Duncan Brack*, The Kyoto Protocol, London 1999.

Bonn (2001), Marrakesch (2001) und Neu Delhi (2002) statt. Im April 2002 ratifizierte die Gemeinschaft das Protokoll von Kyoto[108], das angesichts der ablehnenden Haltung der USA erst in Kraft treten kann, wenn Rußland es ratifiziert hat[109].

Die wichtigste Regelung des Kyoto-Protokolls ist die Verpflichtung der Industriestaaten und der Staaten Mittel- und Osteuropas (Annex I-Staaten), ihre Kohlendioxidemissionen in dem Zeitraum 2008 bis 2012 um insgesamt mindestens 5 % im Vergleich zum Basisjahr 1990 zu reduzieren. Hierbei haben die einzelnen Staaten unterschiedliche **Reduktionsverpflichtungen** übernommen (Europäische Gemeinschaft und ihre Mitgliedstaaten: 8 %, USA: 7 %, Kanada, Japan, Polen und Ungarn: 6 %). Als Instrumente, mit denen diese Reduktionsziele erreicht werden können, sieht das Protokoll Maßnahmen zur **Steigerung der Energieeffizienz**, die **Förderung von erneuerbaren Energien** und von Umwelttechnologien, den Schutz und die nachhaltige Bewirtschaftung von Wäldern und die Förderung einer klimafreundlichen Landwirt-

---

108 S. Entscheidung 2002/358/EG des Rates vom 25. April 2002 über die Genehmigung des Protokolls von Kyoto zum Rahmenübereinkommen der Vereinten Nationen über Klimaänderungen im Namen der Europäischen Gemeinschaft sowie die gemeinsame Erfüllung der daraus erwachsenden Verpflichtungen, ABl. Nr. L 130 vom 15. 5. 2002, S. 1. S. auch *Silke Christina Wartmann, Clemens Cremer, Regina Betz*, Bedeutung des Bonner Beschlusses und der Ergebnisse aus Marrakesch für die langfristige Senkung der Treibhausgasemissionen, ZfE 2001, S. 263.

109 S. dazu die Informationsnote der Kommission: „Etat de la ratification du Protocole de Kyoto", SEC (2003) 701 vom 6. Juni 2003. S. zu den zu erreichenden Zielen die folgende Tabelle:

Greenhouse gas emission trends and Kyoto Protocol targets for 2008–2012

MEMBER STATE	Base year[1] (million tonnes)	2001 (million tonnes)	Change 2000–2001 (%)	Change base year–2001 (%)	Targets 2008–12 under Kyoto Protocol and "EU burden sharing" (%)
Austria	78,3	85,9	4,8 %	9,6 %	–13,0 %
Belgium	141,2	150,2	0,2 %	6,3 %	– 7,5 %
Denmark[2]	69,5	69,4	1,8 %	– 0,2 % (–10,7 %)	–21,0 %
Finland	77,2	80,9	7,3 %	4,7%	0,0 %
France	558,4	560,8	0,5 %	0,4 %	0,0 %
Germany	1 216,2	993,5	1,2 %	–18,3 %	–21,0 %
Greece	107,0	132,2	1,9 %	23,5 %	25,0 %
Ireland	53,4	70,0	2,7 %	31,1%	13,0 %
Italy	509,3	545,4	0,3 %	7,1 %	– 6,5 %
Luxembourg	10,9	6,1	1,3 %	–44,2 %	–28,0 %
Netherlands	211,1	219,7	1,3 %	4,1 %	– 6,0 %
Portugal	61,4	83,8	1,9 %	36,4 %	27,0 %
Spain	289,9	382,8	–1,1 %	32,1 %	15,0 %
Sweden	72,9	70,5	2,2 %	– 3,3 %	4,0 %
United Kingdom	747,2	657,2	1,3 %	–12,0 %	–12,5 %
EU-15	**4 204,0**	**4 108,3**	**1,0 %**	**– 2,3 %**	**– 8,0 %**

[1] Base year for CO_2, CH_4 and N_2O is 1990; for fluorinated gases 1995 is used as the base year, as allowed for under the Kyoto Protocol. This reflects the preference of most Member States.

[2] For Denmark, data that reflect adjustments in 1990 for electricity trade (import and export) and for temperature variations are given in brackets.

schaft vor. Zur Erreichung der Zielvorgaben wird den Annex I-Staaten gestattet, Reduktionsverpflichtungen auch gemeinschaftlich nachzukommen, so daß sich ein Staat, der überobligationsmäßig reduziert, seine gleichsam unausgeschöpften „Emissionsrechte" an einen anderen Staat abtreten kann, der hinter seinen Reduktionspflichten zurückbleibt und sich durch die Abtretung die Reduktionen Dritter als eigene anrechnen lassen kann[110].

Auf Seiten der Gemeinschaft hatte der Rat schon 1990 das Ziel festgelegt, die CO_2-Emissionen in der Gemeinschaft bis zum Jahr 2000 auf dem Stand von 1990 zu stabilisieren[111]. Zur Erreichung dieser Vorgabe verpflichtete sich die Gemeinschaft u. a., bis zum Jahr 2010 den Anteil der erneuerbaren Energien von 6% auf 12% zu verdoppeln[112]. Als Instrument zur Erfüllung und Überwachung dieser Selbstverpflichtung erließ der Rat am 24. Juni 1993 die **Entscheidung 93/389/EWG über ein System zur Beobachtung der Emissionen von CO_2 und anderen Treibhausgasen in der Gemeinschaft**[113]. Art. 2 Abs. 1 dieser Entscheidung (i. d. F. der Entscheidung 1999/296/EG) verpflichtet die Mitgliedstaaten zum **Erlaß nationaler Programme:**

> „(1) Von den Mitgliedstaaten werden nationale Programme zur Begrenzung und/oder Verringerung ihrer anthropogenen Emissionen aller nicht durch das Montrealer Protokoll geregelten Treibhausgase aus Quellen und zur Verbesserung des Abbaus dieser Treibhausgase durch Senken erstellt, veröffentlicht und durchgeführt, um dazu beizutragen, daß
> – die CO_2-Emissionen bis zum Jahr 2000 auf dem Stand von 1990 in der Gemeinschaft insgesamt stabilisiert werden; hierbei wird davon ausgegangen, daß andere Industrieländer ähnliche Verpflichtungen eingehen; Mitgliedstaaten, die von einem relativ geringen Energieverbrauch und damit von einem pro Kopf oder anhand einer anderen geeigneten Grundlage gemessenen niedrigen Emissionsniveau ausgehen, haben das Recht, CO_2-Ziele und/oder -Strategien entsprechend ihrer wirtschaftlichen und sozialen Entwicklung festzulegen, wobei sie die Energieeffizienz ihrer Wirtschaftstätigkeiten verbessern, wie vom Rat auf seinen Tagungen vom

---

110 S. hierzu *Carsten Corino, Brian Jones, Peter Hawkes,* Der Handel mit Treibhaus-Gas-Emissionsrechten, EuZW 2002, S. 165. S. hierzu auch den Vorschlag für eine Richtlinie des Europäischen Parlaments und des Rates über ein System für den Handel mit Treibhausgasemissionsberechtigungen in der Gemeinschaft und zur Änderung der Richtlinie 96/61/EG des Rates, KOM (2001) 581 endg. vom 23. 10. 2001. S. dazu die Stellungnahme des Wirtschafts- und Sozialausschusses, ABl. Nr. C 221 vom 17. 9. 2002, S. 27. S. zum Emissionsrechtehandel auch die Beiträge in et Heft 5 Mai 2002 m. w. N.

111 S. hierzu den 4. Erwägungsgrund der Entscheidung des Rates vom 24. Juni 1993 über ein System zur Beobachtung der Emissionen von CO_2 und anderen Treibhausgasen in der Gemeinschaft (93/389/EWG), ABl. Nr. L 167 vom 9. 7. 1993, S. 31: „Der Rat (der Minister für Umwelt und Energie) hat auf seiner Tagung vom 29. Oktober 1990 einvernehmlich festgestellt, daß unter der Annahme, daß andere führende Staaten andere ähnliche Verpflichtungen eingehen, und unter Anerkennung der Ziele, die von einer Reihe von Mitgliedstaaten festgelegt wurden, um die Stabilisierung oder Verringerung der Emissionen bis zu bestimmten Terminen zu erreichen, die Gemeinschaft und die Mitgliedstaaten bereit sind Maßnahmen zu ergreifen, um bis zum Jahre 2000 eine Stabilisierung der CO_2-Emissionen in der Gemeinschaft insgesamt auf dem Stand von 1990 zu erreichen".

112 S. oben 2. Teil G. und 3. Teil A. II.

113 ABl. Nr. L 167 vom 9. 7. 1993, S 31; geändert durch die Entscheidung 1999/296/EG des Rates vom 26. April 1999, ABl. Nr. L 117 vom 5. 5. 1999, S. 35.

29. Oktober 1990, 13. Dezember 1991 und 15. und 16. Dezember 1994 vereinbart wurde;
– die aus dem Rahmenübereinkommen der Vereinten Nationen über Klimaänderungen und aus dem Protokoll von Kyoto resultierenden Verpflichtungen der Gemeinschaft zur Begrenzung und/oder Verringerung der Emissionen aller nicht durch das Montrealer Protokoll geregelten Treibhausgase erfüllt werden;
– die tatsächlichen und die geplanten Fortschritte der Mitgliedstaaten, einschließlich des Beitrags von Gemeinschaftsmaßnahmen, im Hinblick auf die Erfüllung vereinbarter einzelstaatlicher Beiträge zu den Verpflichtungen der Gemeinschaft gemäß dem Rahmenübereinkommen der Vereinten Nationen über Klimaänderungen und dem Protokoll von Kyoto transparent und genau überwacht werden."

Die Entscheidung sieht weiterhin regelmäßige Bestandsaufnahmen und Berichterstattungen (Art. 3) sowie eingehende Regelungen für die Bewertung der nationalen Programme, des Standes der Emissionen und der erzielten Fortschritte vor (Art. 4 bis 6)[114].

In Ergänzung der nationalen Programme zur Reduzierung der CO_2-Emissionen hat die Gemeinschaft unter Beachtung des Subsidiaritätsprinzips[115] eigene Reduktionsprogramme aufgelegt[116] und Maßnahmen beschlossen. Hierbei ist in letzter Zeit besonders der **Verkehrssektor** in den Mittelpunkt gerückt, der insgesamt die stärksten Wachstumsraten beim CO_2-Ausstoß der Gemeinschaft aufweist. Der Anteil der durch den Verkehr verursachten CO_2-Emissionen betrug im Jahre 1995 ca. 26 % und wird bei Fortbestehen des jetzigen Trends bis zum Jahr 2010 auf über 35 % ansteigen[117]. Angesichts dieser Entwicklung ist die Verkehrspolitik der Gemeinschaft in besonderer Weise gefordert, denn punktuell flankierende Maßnahmen werden allein nicht ausreichen.

Mit ihrem Strategiepapier zur Minderung der CO_2-Emissionen von Personenkraftwagen und zur Senkung des durchschnittlichen Kraftstoffverbrauchs[118] hat die Kommission 1995 eine erste vorsichtige Initiative ergriffen. Wichtigster Bestandteil dieser Strategie ist eine Umweltvereinbarung mit der Automobilindustrie zur Reduzierung

---

114 S. z. B. Bericht der Kommission gemäß Ratsentscheidung 93/389/EWG: Erste Bewertung der nationalen Programme im Rahmen des Systems zur Beobachtung der Emissionen von CO_2 und anderen Treibhausgasen in der Gemeinschaft, KOM (94) 67 endg. vom 10. 3. 1994. S. weiterhin den zweiten Bewertungsbericht gemäß der Entscheidung des Rates 93/389/EWG: System zur Beobachtung der Emissionen von CO_2 und anderen Treibhausgasen in der Gemeinschaft: Fortschritte in der Verwirklichung des CO_2-Stabilisierungszieles der Gemeinschaft, KOM (96) 91 endg. vom 14. 3. 1996. S. weiterhin die Mitteilung der Kommission über die Durchführung der ersten Phase des Europäischen Programms zur Klimaänderung (ECCP), KOM (2001) 580 endg. vom 23.10.2001 sowie Bericht der Kommission an das Europäische Parlament und den Rat gemäß der Entscheidung Nr. 93/389/EWG des Rates über ein System zur Beobachtung der Emissionen von CO_2 und anderen Treibhausgasen in der Gemeinschaft, geändert durch die Entscheidung Nr. 1999/296/EG, KOM (2001) 708 endg. vom 30. 11. 2001.

115 S. Art. 5 Abs. 2 EGV.

116 Wie Thermie, SAFE (s. o. B. III.) und Altener (s. o. 2. Teil G. I.).

117 S. die Mitteilung der Kommission über Verkehr und CO_2: Entwicklung eines Gemeinschaftskonzepts, KOM(1998) 204 endg. vom 31. 3. 1998, S. 6 f.

118 KOM(95) 689 endg. vom 20. 12. 1995.

von CO_2-Emissionen neuer Personenwagen. Der Dachverband der europäischen Automobilhersteller (ACEA) hat sich mit Unterstützung der ihm angehörenden PKW-Hersteller verpflichtet, bis zum Jahre 2008 ein CO_2-Emissionsziel von 140 g/km zu erreichen. Sollte es sich herausstellen, daß dieses Ziel nicht eingehalten wird, behält sich die Kommission vor, einen Rechtsetzungsvorschlag über CO_2-Emissionen von PKW vorzulegen[119]. Inzwischen haben sich die Verbände der koreanischen und der japanischen Automobilindustrie (KAMA und JAMA) durch eigene Selbstverpflichtungen dem Vorbild der ACEA angeschlossen[120].

Als weitere Elemente in der Strategie zur Minderung der CO_2-Emissionen von Personenkraftwagen und zur Senkung des Kraftstoffverbrauchs ergingen in den Jahren 1999 und 2000 zwei Rechtsakte des Europäischen Parlaments und des Rates, beide auf Art. 175 Abs. 1 EGV gestützt: die **Richtlinie 1999/94/EG vom 13. Dezember 1999 über die Bereitstellung von Verbraucherinformationen über den Kraftstoffverbrauch und CO_2-Emissionen beim Marketing für neue Personenkraftwagen**[121] und die **Entscheidung Nr. 1753/2000/EG vom 22. Juni 2000 zur Einrichtung eines Systems zur Überwachung der durchschnittlichen spezifischen CO_2-Emissionen neuer Personenkraftwagen**[122]. Die Titel beider Rechtsakte sprechen für sich.

Die der EG-Kommission im Sommer 2003 vorliegenden Zahlen zeigen, daß die Treibhausgasemissionen der EU im Jahre 2001 um 2,3 % unter dem Niveau von 1990 lagen, was im wesentlichen auf die wirtschaftliche Umstrukturierung in Ostdeutschland und die Umstellung von Kohle auf Gas zurückzuführen ist[123]. Dem steht gegenüber, daß der CO_2-Ausstoß im Verkehrssektor zwischen 1990 und 2000 um 18 % zugenommen hat (Anteil des Verkehrssektors an den gesamten Treibhausgasemissionen: 21 %).

III. Schutz des Wassers

Literatur:

Johannes Caspar, Die EU-Wasserrahmenrichtlinie: Neue Herausforderungen an einen europäischen Gewässerschutz, DÖV 2001, S. 529; *Thomas A. Clingan, Jr.*, The Law of the Sea in the Prospective: Problems of States not Parties to the Law of the Sea Treaty, German Yearbook of International Law 1987, Berlin 1988, S. 101; *Uwe Jenisch*, Die Ostsee als Wirtschafts- und Lebensraum. Wirtschaft, Umweltschutz, Seerecht, German Yearbook of International Law 1990, Berlin 1990, S. 349; *Doris König*, Durchsetzung internationaler Bestands- und Umweltvorschriften auf Hoher See im Interesse der Staatengemeinschaft, DVBl. 1992, S. 462.

---

119 S. Empfehlung der Kommission vom 5. Februar 1999 über die Minderung der CO_2-Emissionen von Personenkraftwagen, ABl. Nr. L 40 vom 13. 2. 1999, S. 49.

120 Empfehlung 2000/303/EG der Kommission vom 13. April 2000 über die Minderung von CO_2-Emissionen von Personenkraftwagen (KAMA) und Empfehlung 2000/304/EG der Kommission vom 13. April 2000 über die Minderung von CO_2-Emissionen von Personenkraftwagen (JAMA), ABl. Nr. L 100 vom 20. 4. 2000, S. 55 und 57.

121 ABl. Nr. L 12 vom 18. 1. 2000, S. 16, geändert durch die Richtlinie 2003/73/EG der Kommission vom 24. Juli 2003, ABl. Nr. L 186 vom 25. 7. 2003, S. 34.

122 ABl. Nr. L 202 vom 10. 8. 2000, S. 1.

123 S. EG-Kommission: Press Release DN: MEMO/03/154 vom 23. 7. 2003.

Der elementare Gegensatz zwischen Wasser und Feuer ist im Energiezeitalter vornehmlich mit den Mitteln des Umweltschutzes auszugleichen. Die Gefährdung des Grundwassers, der Oberflächengewässer und der Meere durch unkontrollierte Ableitungen flüssiger Energiestoffe wie Erdöl- und Erdölprodukte stellt nicht nur die Mitgliedstaaten vor schwierige Aufgaben, sie stellt auch für die Gemeinschaft eine ernste Herausforderung dar. Nach 30 Jahren punktueller Rechtsetzung zum Schutze des Wassers hat die Gemeinschaft nunmehr mit der **Richtlinie 2000/60/EG des Europäischen Parlaments und des Rates vom 23. Oktober 2000 zur Schaffung eines Ordnungsrahmens für Maßnahmen im Bereich der Wasserpolitik**[124] die Grundlagen für eine kohärente und nachhaltige Wasserpolitik gelegt, die folgenden Zielen verpflichtet ist:

- Sicherstellung der Versorgung mit Trinkwasser in ausreichender Menge und Güte;
- Bereitstellung von Wasserressourcen in ausreichender Menge und Güte zur Dekkung wirtschaftlicher Erfordernisse;
- Schutz der Wasserressourcen in ausreichender Menge und Güte zur Erhaltung terrestrischer und aquatischer Ökosysteme;
- Verhütung von Überschwemmungen und Dürren.

Wie im Falle der Luft, muß sich auch die Darstellung des Wasserrechts auf solche Regelungen beschränken, die unmittelbar den Energiesektor und Energieprodukte betreffen.

1. Grundwasser

Sechs Jahre nach dem Erlaß des ersten Rechtsaktes zum Schutze des Wassers[125] verabschiedete der Rat am 17. Dezember 1979 die **Richtlinie 80/68/EWG über den Schutz des Grundwassers gegen Verschmutzung durch bestimmte gefährliche Stoffe**[126]. Grundwasser definiert die Richtlinie als „alles unterirdische Wasser in der Sättigungszone, das in unmittelbarer Berührung mit dem Boden oder dem Untergrund steht" (Art. 2 lit. a)). Unter Verschmutzung versteht sie die „direkte oder indirekte **Ableitung von Stoffen oder Energie** durch den Menschen in das Grundwasser, wenn dadurch die menschliche Gesundheit oder die Wasserversorgung gefährdet, die lebenden Bestände und das Ökosystem der Gewässer geschädigt oder die sonstige rechtmäßige Nutzung der Gewässer behindert werden" (Art. 2 lit. d)). Zu den Stoffen, deren direkte Ableitung[127] in das Grundwasser verboten ist, gehören nach Art. 3 lit. a) i. V. m. dem Anhang (Liste 1) „Mineralöle und Kohlenwasserstoffe". Um indirekte Ableitungen[128] in das Grundwasser zu verhindern, bedürfen Maßnahmen zur Beseitigung oder

---

124 ABl. Nr. L 327 vom 22. 10. 2000, S. 1.

125 Dies war die Richtlinie 73/404/EWG des Rates vom 22. November 1973 zur Angleichung der Rechtsvorschriften der Mitgliedstaaten über Detergenzien, ABl. Nr. L 347 vom 17. 12. 1973, S. 1.

126 ABl. Nr. L 20 vom 26. 1. 1980, S. 43.

127 Art. 2 lit. b) der Richtlinie definiert direkte Ableitung als Einleitung von Stoffen in das Grundwasser ohne Boden- oder Untergrundpassage.

128 Art. 2 lit. c) der Richtlinie definiert indirekte Ableitung als Einleitung von Stoffen nach Boden- oder Untergrundpassage.

zur Lagerung zwecks Beseitigung dieser Stoffe einer vorherigen mitgliedstaatlichen Prüfung und Genehmigung (Art. 4 Abs. 1 2. Gedankenstrich).

Vom Trinkwasserbedarf des Menschen her konzipiert ist die **Richtlinie des Rates 80/778/EWG vom 15. Juli 1980 über die Qualität von Wasser für den menschlichen Gebrauch**[129]. Unter Wasser für den menschlichen Gebrauch versteht die Richtlinie alles Wasser, „das ungeachtet seiner Herkunft, sei es im ursprünglichen Zustand oder nach Aufbereitung, für diesen Zweck verwandt wird" (Art. 2), und erfaßt damit sowohl Grundwasser als auch Oberflächenwasser. Zur Gewährleistung der „Genußtauglichkeit" (Art. 3) des Wassers legt die Richtlinie zulässige Höchstkonzentrationen für unerwünschte Stoffe fest, wozu auch gelöste oder emulgierte Kohlenwasserstoffe, Mineralöle (10 µg/l) und polyzyklische aromatische Kohlenwasserstoffe (0,2 µg/l) gehören[130]. In Anhang III der Richtlinie werden einheitliche Bezugsverfahren für die erforderlichen Analysen festgelegt[131].

Ende des Jahres 2003 wird die Richtlinie 80/778/EWG außer Kraft treten und dann in allen Teilen durch die **Richtlinie 98/83/EG des Rates vom 3. November 1998 über die Qualität von Wasser für den menschlichen Gebrauch**[132] ersetzt werden. Diese Richtlinie legt in ihrem Anhang I Teil B nur noch einen Grenzwert für Benzol (1 µg/l) und polyzyklische aromatische Kohlenwasserstoffe (0,1 µg/l) fest. Zu den wesentlichen Wasserrichtlinien hat die Kommission einheitliche Fragebögen festgelegt[133], aus denen sich weitere Einzelheiten ergeben.

2. Oberflächengewässer

Nach den Begriffsbestimmungen der Richtlinie 2000/60/EG über die Wasserpolitik (s. o.) werden unter Oberflächengewässern die Binnengewässer mit Ausnahme des Grundwassers sowie die Übergangsgewässer und Küstengewässer verstanden[134]. Binnengewässer sind alle an der Erdoberfläche stehenden (Seen) oder fließenden Gewässer (Flüsse). Übergangsgewässer werden als Oberflächenwasserkörper in der Nähe von Flußmündungen definiert, die aufgrund ihrer Nähe zu den Küstengewässern einen gewissen Salzgehalt aufweisen, aber im wesentlichen von Süßwasserströmungen beeinflußt werden. Küstengewässer sind ihrerseits die Oberflächengewässer auf der landwärtigen Seite einer Linie, auf der sich jeder Punkt eine Seemeile seewärts vom nächsten Punkt der Basislinie befindet, von der aus die Breite der Hoheitsgewässer gemessen wird.

---

129 ABl. Nr. L 229 vom 30. 8. 1980, S. 11.

130 S. Art. 7 i. V. m. Anhang I C, Ziffern 28 und 56.

131 S. ibid – Ziffern 28 und 56. S. hierzu auch die Richtlinie 79/869/EWG des Rates vom 9. Oktober 1979 über die Meßmethoden sowie über die Häufigkeit der Probenentnahmen und der Analysen des Oberflächenwassers für die Trinkwassergewinnung in den Mitgliedstaaten, ABl. Nr. L 271 vom 29. 10. 1979, S. 44.

132 ABl. Nr. L 330 vom 5. 12. 1998, S. 32.

133 S. Entscheidung 92/446/EWG der Kommission vom 27. Juli 1992 über die Fragebögen zu den Wasserrichtlinien, ABl. Nr. L 247 vom 27. 8. 1992, S. 10; geändert durch Entscheidung 95/446/EWG vom 25. Juli 1995, ABl. Nr. L 200 vom 24. 8. 1995, S. 1.

134 S. zu den Begriffsbestimmungen Art. 2 der Richtlinie.

Der früheste energierelevante Rechtsakt zum Schutz der Oberflächengewässer ist die **Richtlinie 75/440/EWG des Rates vom 16. Juni 1975 über die Qualitätsanforderungen an Oberflächenwasser für die Trinkwassergewinnung in den Mitgliedstaaten**[135]. Gestaffelt nach der Art der Aufbereitungsverfahren[136] sieht die Richtlinie Grenzwerte für gelöste oder emulgierte Kohlenwasserstoffe (0,05; 0,2; 0,5 und 1 mg/l) und polyzyklische Aromate (0,002, 0,002 und 0,001 mg/l) vor[137]. Auch für Badegewässer[138] und Muschelgewässer[139] schreibt das Gemeinschaftsrecht Parameter zum Schutze vor Verunreinigungen durch Mineralöle[140] und Kohlenwasserstoffe aus Erdöl[141] vor. Ebenso werden Süßwasserfische vor „Ölkohlenwasserstoffen" geschützt[142].

Als zentraler Rechtsakt des Gewässerschutzes gilt die **Richtlinie des Rates 76/464/EWG vom 4. Mai 1976 betreffend die Verschmutzung infolge der Ableitung bestimmter gefährlicher Stoffe in die Gewässer der Gemeinschaft**[143]. Die Richtlinie enthält zwei Listen von gefährlichen Stoffen: die der Liste I sind aufgrund ihrer Toxizität, ihrer Langlebigkeit und ihrer Bioakkumulation zu bekämpfen und die der Liste II, die ebenfalls schädlich sind, wobei die schädliche Wirkung jedoch auf eine bestimmte Zone beschränkt sein kann und von den Merkmalen des aufnehmenden Gewässers und ihrer Lokalisierung abhängt. Zur Liste I gehören „beständige Mineralöle und aus Erdöl gewonnene beständige Kohlenwasserstoffe" und zur Liste II „nichtbeständige Mineralöle und aus Erdöl gewonnene nichtbeständige Kohlenwasserstoffe"[144]. Die Ableitung dieser Stoffe in die Oberflächengewässer wird einer vorherigen Genehmigung unterworfen, die die zulässigen Emissionsnormen festlegt. Für Stoffe der **Liste I** hat der Rat **Grenzwerte** festzulegen, welche die Emissionsnormen nicht überschreiten dürfen (Art. 6 Abs. 1), und **Qualitätsziele** festzulegen, die in dem gesamten geographischen Gebiet, das von Ableitungen betroffen ist, zu erreichen und

135 ABl. Nr. L 194 vom 25. 7. 1975, S. 26. S. hierzu auch die Entscheidung 77/795/EWG des Rates vom 12. Dezember 1977 zur Einführung eines gemeinsamen Verfahrens zum Informationsaustausch über die Qualität des Oberflächensüßwassers in der Gemeinschaft, ABl. Nr. L 334 vom 24. 12. 1977, S. 29.

136 S. Anhang I der Richtlinie.

137 S. Anhang II Ziffern 32 und 33 der Richtlinie.

138 S. Richtlinie 76/160/EWG des Rates vom 8. Dezember 1975 über die Qualität der Badegewässer, ABl. Nr. L 31 vom 5. 2. 1976, S. 1.

139 S. Richtlinie 79/923/EWG des Rates vom 30. Oktober 1979 über die Qualitätsanforderungen an Muschelgewässer, ABl. Nr. L 281 vom 10. 11. 1979, S. 47.

140 Die entsprechende Qualitätsanforderung an Badegewässer im Anhang der Richtlinie schreibt unter Ziffer 8 vor: Mineralöle: „kein sichtbarer Film auf der Wasseroberfläche, kein Geruch".

141 Die entsprechende Qualitätsanforderung an Muschelgewässer im Anhang der Richtlinie schreibt unter Ziffer 7 vor: Kohlenwasserstoffe aus Erdöl: „Kohlenwasserstoffe dürfen nicht in so großen Mengen in den Muschelgewässern vorhanden sein, daß sie
- einen sichtbaren Film an der Wasseroberfläche und/oder eine Ablagerung auf den Schalentieren hervorrufen,
- schädliche Auswirkungen auf die Schalentiere hervorrufen".

142 S. Richtlinie 78/659/EWG des Rates vom 18. Juli 1978 über die Qualität von Süßwasser, das schutz- oder verbesserungsbedürftig ist, um das Leben von Fischen zu erhalten, ABl. Nr. L 222 vom 14. 8. 1978, S. 1. S. Anhang I Ziffer 2.

143 ABl. Nr. L 129 vom 18. 5. 1976, S. 23.

144 S. Anhang, Liste I, Ziffer 7.

ständig einzuhalten sind (Art. 6 Abs. 2)[145]. Für Stoffe der **Liste II** legen die Mitgliedstaaten ihre eigenen **Reduktionsprogramme** und **Qualitätsziele** fest (Art. 7).

Auch im internationalen Rahmen nimmt die Gemeinschaft am Schutz der Gewässer teil. Sie ist Vertragspartei des **Übereinkommens zum Schutz und zur Nutzung grenzüberschreitender Wasserläufe und internationaler Seen**, das am 17. März 1992 in Helsinki unterzeichnet wurde[146]. Der Schutz der großen Gemeinschaftsströme Rhein[147], Elbe[148], Donau[149] und Oder[150] ist jeweils Gegenstand eigener Abkommen, an denen außer der Gemeinschaft ihre Anrainer beteiligt sind.

Zur **Praxis** des Gewässerschutzes sind die jährlichen Berichte der Kommission über die Anwendung des Gemeinschaftsrechts aufschlußreich[151]. Einen guten Überblick über die Schwierigkeiten des Gewässerschutzes bietet weiterhin der Sonderbericht Nr. 3/98 des Rechnungshofes[152].

3. Meere

Als Basisabkommen zum Schutze der Meere gelten das Internationale Abkommen von 1954 zur Verhütung der Verschmutzung der See durch Öl, das Internationale Abkommen von 1969 über Maßnahmen auf hoher See bei Ölverschmutzungsunfällen sowie das am 4. März 1974 in London unterzeichnete Internationale Übereinkommen

---

145 S. hierzu Richtlinie 86/280/EWG des Rates vom 12. Juni 1986 betreffend Grenzwerte und Qualitätsziele für die Ableitung bestimmter gefährlicher Stoffe im Sinne der Liste I im Anhang der Richtlinie 76/464/EWG, ABl. Nr. L 181 vom 4. 7. 1986, S. 16.

146 S. Beschluß des Rates vom 24. Juli 1995 über den Abschluß des Übereinkommens zum Schutz und zur Nutzung grenzüberschreitender Wasserläufe und internationaler Seen im Namen der Gemeinschaft (95/308/EG), ABl. Nr. L 186 vom 5. 8. 1995, S. 42.

147 S. Beschluß 77/586/EWG des Rates vom 25. Juli 1977 über den Abschluß des Übereinkommens zum Schutz des Rheins gegen chemische Verunreinigung und der Zusatzvereinbarung zu der am 29. April 1963 in Bern unterzeichneten Vereinbarung über die Internationale Kommission zum Schutz des Rheins gegen Verunreinigung, ABl. Nr. L 240 vom 19. 9. 1977, S. 35. S. dazu auch den Beschluß des Rates vom 27. Juni 1985 über eine auf Cadmium bezügliche Ergänzung zu Anhang IV des Übereinkommens zum Schutze des Rheins gegen chemische Verunreinigung (85/336/EWG), ABl. Nr. L 175 vom 5. 7. 1985, S. 36.

148 S. Beschluß 91/598/EWG des Rates vom 18. November 1991 über den Abschluß der Vereinbarung über die Internationale Kommission zum Schutz der Elbe, ABl. Nr. L 321 vom 23. 11. 1991, S. 24 sowie Protokoll zu der Vereinbarung vom 8. Oktober 1990 zwischen den Regierungen der Bundesrepublik Deutschland, der Tschechischen und Slowakischen Föderativen Republik und der Europäischen Wirtschaftsgemeinschaft über die internationale Kommission zum Schutz der Elbe, ABl. Nr. L 45 vom 23. 2. 1993, S. 26.

149 S. Beschluß 97/825/EG des Rates vom 24. November 1997 über den Abschluß des Übereinkommens über die Zusammenarbeit zum Schutz und zur verträglichen Nutzung der Donau (Donauschutzübereinkommen), ABl. Nr. L 342 vom 12. 12. 1997, S. 18.

150 S. Beschluß 1999/257/EG des Rates vom 29. März 1999 über den Abschluß des Vertrags über die Internationale Kommission zum Schutz der Oder gegen Verunreinigung, ABl. Nr. L 100 vom 15. 4. 1999, S. 20.

151 S. zuletzt 19. Jahresbericht über die Kontrolle der Anwendung des Gemeinschaftsrechts (2001), KOM (2002) 324 endg. vom 28. 6. 2002, S. 48 ff. (Umwelt).

152 Sonderbericht Nr. 3/98 über die Durchführung seitens der Kommission von Politik und Maßnahmen der EU zur Bekämpfung der Gewässerverschmutzung, zusammen mit den Antworten der Kommission, ABl. Nr. C 191 vom 18. 6. 1998, S. 2.

von 1973 zur Verhütung der Meeresverschmutzung durch Schiffe und das Protokoll von 1978 zu diesem Übereinkommen (MARPOL 1973/78)[153]. Gleichsam auf der Grenze zwischen Land und Meer steht das Übereinkommen zur Verhütung der Meeresverschmutzung vom Lande aus, das in Paris am 4. Juni 1974 unterzeichnet wurde[154]. In ihm verpflichten sich die Vertragsparteien, „alle nur möglichen Maßnahmen zu treffen, um die Meeresverschmutzung zu verhüten, d. h. die unmittelbare oder mittelbare Einführung von Stoffen oder Energie in die Meeresumwelt (einschließlich der Flußmündungen) durch den Menschen, wenn dadurch die menschliche Gesundheit gefährdet, die lebenden Bestände und das Ökosystem des Meeres geschädigt, die Erholungsmöglichkeiten beeinträchtigt oder die sonstige rechtmäßige Nutzung des Meeres behindert werden" (Art. 1). Wenn auch der räumliche Anwendungsbereich dieses Abkommens begrenzt ist[155], so hat es doch in der Folgezeit eine erhebliche Vorbildfunktion erfüllt. Unter „Verschmutzung vom Lande aus" versteht das Übereinkommen die Verschmutzung des Meeresgebietes

- durch Wasserläufe;
- von der Küste aus, einschließlich der Einführung durch Unterwasser- oder sonstige Rohrleitungen;
- von der Hoheitsgewalt einer Vertragspartei unterstehenden menschlichen Bauwerken innerhalb des Geltungsbereichs des Übereinkommens aus.

Kern des Übereinkommens ist die stufenweise **Beseitigung** der Verschmutzung des Meeresgebiets durch Stoffe des Anhangs A Teil I[156] und die strenge Begrenzung der Verschmutzung des Meeresgebiets durch die Stoffe des Anhangs A Teil II[157].

---

153 BGBl. 1982 II S. 2.

154 S. Beschluß 75/437/EWG des Rates vom 3. März 1975 über den Abschluß des Übereinkommens zur Verhütung der Meeresverschmutzung vom Lande aus, ABl. Nr. L 194 vom 25. 7. 1975, S. 5.

155 Nach seinem Art. 2 findet das Übereinkommen Anwendung auf das wie folgt abgegrenzte Meeresgebiet:

a) diejenigen Teile des Atlantischen Ozeans und des Nördlichen Eismeers und ihrer Nebengewässer, die nördlich von 36° nördlicher Breite und zwischen 42° westlicher Länge und 51° östlicher Länge liegen, jedoch **ausschließlich**

i) der **Ostsee** und der Belte südlich und östlich der Linien, die vom Kap Hasenöre zum Kap Gniben, von Korshage nach Spodsbjerg und vom Kap Gilbjerg nach Kullen verlaufen, sowie

ii) des **Mittelmeers** und seiner Nebengewässer bis zum Schnittpunkt des Breitenkreises in 36° nördlicher Breite und des Längenkreises in 5°36´ westlicher Länge;

b) denjenigen Teil des Atlantischen Ozeans, der nördlich von 59° nördlicher Breite und zwischen 44° westlicher Länge liegt.

156 In Teil I werden schädliche Stoffe aufgeführt, die nicht durch natürliche Vorgänge rasch abgebaut oder unschädlich gemacht werden, **und** die

a) entweder zu einer gefährlichen Ansammlung schädlicher Stoffe in der Nahrungskette führen können,

b) die Gesundheit von Lebewesen gefährden können, indem sie unerwünschte Veränderungen in den Ökosystemen des Meeres hervorrufen, oder

c) die Ernte von Meeresprodukten oder die sonstige rechtmäßige Nutzung des Meeres ernstlich behinden können

und die wegen der Verschmutzung durch diese Stoffe Sofortmaßnahmen erforderlich machen.

157 In Teil II werden schädliche Stoffe aufgeführt, die ähnliche Eigenschaften wie die Stoffe in Teil I aufweisen und einer strengen Kontrolle bedürfen, die jedoch weniger schädlich erscheinen oder rascher durch natürliche Vorgänge unschädlich gemacht werden.

Zu Teil I zählen „aus Erdöl gewonnene beständige Öle und Kohlenwasserstoffe“ [158], zu Teil II zählen „aus Erdöl gewonnene nichtbeständige Öle und Kohlenwasserstoffe“ [159].

Der Schutz des *mare nostrum* der Gemeinschaft ist Gegenstand des am 16. Februar 1976 in Barcelona unterzeichneten **Übereinkommens zum Schutz des Mittelmeers vor Verschmutzung** [160] und seiner **Protokolle**

- zur Verhütung der Verschmutzung des Mittelmeers durch das Einbringen durch Schiffe und Luftfahrzeuge [161],
- über die Zusammenarbeit bei der Bekämpfung der Verschmutzung des Mittelmeers durch Öl und andere Schadstoffe in Notfällen [162],
- über den Schutz des Mittelmeers gegen Verschmutzung vom Lande aus [163],
- über die besonderen Schutzgebiete des Mittelmeers [164],
- über die besonderen Schutzgebiete und die biologische Vielfalt des Mittelmeers [165],
- über die Zusammenarbeit zur Verhütung von Umweltverschmutzungen durch Schiffe und bei der Bekämpfung der Verschmutzung des Mittelmeeres durch Öl und Schadstoffe und potentielle Gefahren in Notfällen [166].

Art. 4 i. V. m. Anlage I Ziffer 6 des Protokolls zur Verhütung der Verschmutzung des Mittelmeers durch das Einbringen durch Schiffe und Luftfahrzeuge verbietet es, „Rohöl und Kohlenwasserstoffe, die aus Erdöl gewonnen werden können und einen dieser Stoffe enthaltende Gemische, die zum Zweck des Einbringens an Bord genommen werden“, in das Mittelmeer einzuleiten. Das Protokoll über den Schutz des Mittelmeers gegen Verschmutzung vom Lande aus benennt in seinem Anhang I als für Schutzmaßnahmen einschlägige Tätigkeiten an erster Stelle „energy production“ und an fünfter Stelle „petroleum refining“ [167] und bei den einschlägigen Stoffen „crude oils and hydrocarbons of petroleum origin“ sowie „thermal discharges“ [168].

---

158 Anhang A, Teil I, Ziffer iii) 5.

159 Anhang A, Teil II, Ziffer 3.

160 S. Beschluß 77/585/EWG des Rates vom 25. Juli 1977 über den Abschluß des Übereinkommens zum Schutz des Mittelmeers vor Verschmutzung sowie des Protokolls zur Verhütung der Verschmutzung des Mittelmeers durch das Einbringen durch Schiffe und Luftfahrzeuge, ABl. Nr. L 240 vom 19. 9. 1977, S. 1.

161 A. a. O. S. zur Änderung des Protokolls den Beschluß 1999/802/EG des Rates vom 22. Oktober 1999, ABl. Nr. L 322 vom 14. 12. 1999, S. 32.

162 Beschluß 81/420/EWG des Rates vom 19. Mai 1981 über den Abschluß des Protokolls über die Zusammenarbeit bei der Bekämpfung der Verschmutzung des Mittelmeers durch Öl und andere Schadstoffe in Notfällen, ABl. Nr. L 162 vom 19. 6. 1981, S. 4.

163 Beschluß 83/101/EWG des Rates vom 28. Februar 1983 über den Abschluß des Protokolls über den Schutz des Mittelmeers gegen Verschmutzung vom Lande aus, ABl. Nr. L 67 vom 12. 3. 1981, S. 1. Zur Änderung des Protokolls s. den Beschluß 1999/801/EG des Rates vom 22. Oktober 1999, ABl. Nr. L 322 vom 14. 12. 1999, S. 18.

164 Beschluß 84/132/EWG des Rates vom 1. März 1984 über den Abschluß des Protokolls über die besonderen Schutzgebiete des Mittelmeers, ABl. Nr. L 68 vom 10. 3. 1984, S. 36.

165 Beschluß 1999/800/EG des Rates vom 22. Oktober 1999 über den Abschluß des Protokolls über die besonderen Schutzgebiete und die biologische Vielfalt des Mittelmeers sowie die Annahme der Anhänge des Protokolls, ABl. Nr. L 322 vom 14. 12. 1999, S. 1.

166 S. Vorschlag für einen Beschluß des Rates über die Unterzeichnung dieses neuen Protokolls, KOM(2002) 11 endg. vom 15. 1. 2002.

167 ABl. Nr. L 322 vom 14. 12. 1999, S. 26.

168 A. a. O. S. 28.

Dem Schutz der **Nordsee** gilt das **Übereinkommen über die Zusammenarbeit bei der Bekämpfung der Verschmutzung der Nordsee durch Öl und andere Schadstoffe**[169], das am 13. September 1983 in Bonn unterzeichnet und ebendort im September 1989 geändert wurde[170]. Das Abkommen findet Anwendung

1. wenn die Verschmutzung oder drohende Verschmutzung der See durch Öl oder andere Schadstoffe im Nordseegebiet[171] eine ernste und unmittelbar bevorstehende Gefahr für die Küste oder damit zusammenhängenden Interessen einzelner oder mehrerer Vertragsparteien darstellt, und
2. auf die im Nordseegebiet durchgeführte Überwachung, mit deren Hilfe Verschmutzungen festgestellt und bekämpft und Verstöße gegen Vorschriften zur Verhütung der Verschmutzung verhindert werden können (Art. 1).

Dem alten Mittelmeer des Nordens, der **Ostsee,** sind die beiden **Übereinkommen über den Schutz der Meeresumwelt des Ostseegebiets** gewidmet. Dem Helsinki-Übereinkommen von 1974 ist die Gemeinschaft beigetreten[172], das Helsinki-Übereinkommen in seiner Fassung von 1992 hat sie abgeschlossen[173]. An beiden Übereinkommen sind alle Ostsee-Anrainer beteiligt, am letztgenannten auch Norwegen[174], die Tschechische und Slowakische Republik sowie die Ukraine[175]. Das in Form und Inhalt vorbildlich konzipierte Übereinkommen von 1992 definiert „Öl" als „Erdöl in jeder Form einschließlich Rohöl, Heizöl, Ölschlamm, Ölrückstände und Raffinerieerzeugnisse" (Art. 2 Abs. 6). „Öle und Kohlenwasserstoffe, die aus Erdöl stammen", zählen zu den „vorrangigen Schadstoffgruppen" im Sinne der Anlage I, Teil I Ziffer 1.2 e). Nach Art. 5 des Übereinkommens verpflichten sich die Vertragsparteien, „die Verschmutzung der Meeresumwelt des Osteseegebiets durch Schadstoffe aus allen Quellen gemäß diesem Übereinkommen zu verhüten und zu beseitigen und zu diesem Zwecke die in Anlage I aufgeführten Verfahren und Maßnahmen durchzuführen". In weiteren

---

169 S. Beschluß 84/358/EWG des Rates vom 28. Juni 1984 über den Abschluß des Übereinkommens über die Zusammenarbeit bei der Bekämpfung der Verschmutzung der Nordsee durch Öl und andere Schadstoffe, ABl. Nr. L 188 vom 16. 7. 1984, S. 7.

170 S. Beschluß 93/540/EWG des Rates vom 18. Oktober 1993 zur Genehmigung der Änderungen des Übereinkommens über die Zusammenarbeit bei der Bekämpfung der Verschmutzung der Nordsee durch Öl und andere Schadstoffe (Übereinkommen von Bonn), ABl. Nr. L 263 vom 22. 10. 1993, S. 51.

171 Nach Art. 3 des Übereinkommens bezeichnet der Ausdruck Nordseegebiet die eigentliche Nordsee südlich des Breitengrads 61° nördlicher Breite sowie
a) den Skagerrak, dessen südliche Begrenzung östlich von Kap Skagen durch den Breitengrad 57° 44′ 43″ nördlicher Breite bestimmt wird;
b) den Ärmelkanal und seine Eingangsgewässer östlich einer Linie, die fünfzig Seemeilen westlich einer der Scilly-Inseln und der Insel Ouessant verbindenden Linie verläuft.

172 Beschluß 94/156/EG des Rates vom 21. Februar 1994 über den Beitritt der Gemeinschaft zum Übereinkommen über den Schutz der Meeresumwelt des Ostseegebiets (Helsinki-Übereinkommen 1974), ABl. Nr. L 73 vom 16. 3. 1994, S. 1.

173 Beschluß 94/157/EG des Rates vom 21. Februar 1994 über den Abschluß des Übereinkommens über den Schutz der Meeresumwelt des Ostseegebiets im Namen der Gemeinschaft (Helsinki-Übereinkommen in seiner Fassung von 1992), ABl. Nr. L 73 vom 16. 3. 1994, S. 19.

174 Zum eigentlichen Geltungsbereich s. die Definition in Art. 1 des Übereinkommens. Danach bezeichnet der Ausdruck „Ostseegebiet" die Ostsee und den in Skagerrak durch den Breitengrad von Kap Skagen auf 57° 44′ 43″ N begrenzten Eingang zur Ostsee.

175 Die oberen Einzugsgebiete von Oder und Weichsel berühren diese Staaten.

Artikeln werden insbesondere die Grundsätze und Pflichten bezüglich der Verschmutzung aus Quellen an Land (Art. 6), die Umweltverträglichkeitsprüfung (Art. 7), die Verhütung der Verschmutzung durch Schiffe (Art. 8 und 9), das Verbrennungsverbot im Ostseegebiet (Art. 10) und die Verhütung des Einbringens (Dumping) (Art. 11) geregelt. Für die Überwachung der Durchführung des Abkommens ist eine eigens hierfür eingerichtete Kommission mit Sitz in Helsinki zuständig (Art. 19 bis 23). Von besonderem technischen Interesse sind die äußerst detaillierten Anlagen[176], von denen eine der „Verhütung der Verschmutzung durch Offshore-Tätigkeiten“[177] und eine den „Gegenmaßnahmen im Verschmutzungsfall“ gewidmet[178] ist.

Weitere Rechtsakte dienen dem Schutz des **Nordatlantiks** vor Verschmutzung: Als eher regionales Abkommen wurde am 17. Oktober 1990 in Lissabon von Frankreich, Marokko, Portugal, Spanien und der Europäischen Wirtschaftsgemeinschaft das **Übereinkommen über die Zusammenarbeit beim Schutz der Küsten und Gewässer des Nordatlantiks gegen Verschmutzung** unterzeichnet[179]. Die Vertragsparteien verpflichten sich, alle Maßnahmen zu treffen, um sich auf die Bekämpfung eines Verschmutzungsereignisses auf See, das durch Öl oder andere Schadstoffe verursacht ist, vorzubereiten (Art. 1). Jede Vertragspartei stellt in Zusammenarbeit mit den betreffenden Industriezweigen einschließlich der Schiffahrt ein Minimum an Material an zuvor festgelegten Orten bereit und hält dieses Material in einsatzbereitem Zustand, um ausgelaufenes Öl oder andere Schadstoffe zu bekämpfen (Art. 4 Abs. 1). Weiterhin sind nationale Einsatzpläne zur Verhütung oder Bekämpfung von Verschmutzungsereignissen auszuarbeiten. In ihnen wird unter anderem folgendes bestimmt:

i) die wahrscheinlichen Quellen, aus denen ausgelaufenes Öl und andere Schadstoffe stammen;

---

176 Anlage I: Schadstoffe
Anlage II: Kriterien für die Anwendung des umweltschonensten Verfahrens und der besten verfügbaren Technologie
Anlage III: Kriterien und Maßnahmen bezüglich der Verhütung der Verschmutzung vom Land aus
Anlage IV: Verhütung der Verschmutzung durch Schiffe
Anlage V: Ausnahmen vom allgemeinen Verbot des Einbringens von Abfällen und sonstigen Stoffen im Ostseegebiet
Anlage VI: Verhütung der Verschmutzung durch Offshore-Tätigkeiten
Anlage VII: Gegenmaßnahmen im Verschmutzungsfall.

177 A. a. O. S. 41.

178 A. a. O. S. 43.

179 ABl. Nr. L 267 vom 28.10.1993, S. 22. Zum räumlichen Anwendungsbereich siehe Art. 3: Das von diesem Übereinkommen erfaßte Gebiet ist die Region des Nordostatlantiks, begrenzt durch die Außengrenzen der ausschließlichen Wirtschaftszonen aller Vertragsstaaten sowie
a) im Norden durch eine von Ost nach West verlaufende Linie von der südlichen Spitze der Insel Quessant entlang dem Breitengrad 48° 27′ N bis zum Schnittpunkt mit der Grenze des Übereinkommens zur Zusammenarbeit bei der Bekämpfung der Verschmutzung der Nordsee durch Öl und andere Schadstoffe (Übereinkommen von Bonn). Die Linie verläuft weiter entlang der südwestlichen Grenze des Übereinkommens von Bonn bis zum Schnittpunkt mit der durch Schiedsspruch vom 30. Juni 1977 festgelegten Trennlinie des Festlandsockels zwischen Frankreich und dem Vereinigten Königreich von Großbritannien und Nordirland, dann weiter entlang dieser Trennlinie bis zu deren westlichem Ende am Punkt N der Koordinaten 40° 06′ 00″ N und 9° 36′ 30″ W;

ii) die empfindlichen Zonen und anfälligen Ressourcen sowie die Prioritäten zu ihrem Schutz;
iii) ein Verzeichnis des verfügbaren Materials und Personals;
iv) die Einrichtungen zur Lagerung und Beseitigung von abgesaugtem Öl und anderen Schadstoffen.

Als Nachfolgeabkommen der Übereinkommen von Oslo (1972) und Paris (1974) trat am 25. März 1998 das **Übereinkommen zum Schutz der Meeresumwelt des Nordatlantiks (OSPAR-Übereinkommen)** in Kraft[180].

Im Anschluß an den Untergang des Öltankschiffs Erika ergriff die Kommission mehrere Initiativen zur Erhöhung der Sicherheit der Seeschifffahrt, insbesondere im Hinblick auf die Verhütung und Beseitigung von Schäden durch Ölverschmutzung[181]. Im Sommer 2002 wurde die **Europäische Agentur für die Sicherheit des Seeverkehrs** geschaffen[182] und ein gemeinschaftliches Überwachungs- und Informationssystem für den Schiffsverkehr eingerichtet[183].

---

b) im Osten durch die westliche Grenze des Übereinkommens von Barcelona vom 16. Februar 1976;
c) im Süden durch die südliche Grenze der Gewässer, die der Hoheitsgewalt oder der Gerichtsbarkeit des Königreichs Marokko unterliegen.

180 ABl. Nr. L 104 vom 3. 4. 1998, S. 2. S. dazu auch den Beschluß des Rates 2000/340/EG vom 8. Mai 2000 zur Annahme – im Namen der Gemeinschaft – der neuen Anlage V des Übereinkommens zum Schutz der Meeresumwelt des Nordatlantiks, über den Schutz und die Erhaltung der Ökosysteme und der biologischen Vielfalt des Meeresgebiets und des entsprechenden Anhangs 3, ABl. Nr. L 118 vom 19. 5. 2000, S. 44.

181 S. Vorschlag für eine Entscheidung des Rates zur Ermächtigung der Mitgliedstaaten, das Internationale Übereinkommen über Haftung und Entschädigung bei der Beförderung schädlicher und gefährlicher Stoffe auf See von 1996 (das „HNS-Übereinkommen") im Interesse der Europäischen Gemeinschaft zu ratifizieren, KOM(2001) 674 endg. vom 19. 11. 2001; Vorschlag für eine Entscheidung des Rates zur Ermächtigung der Mitgliedstaaten, das Internationale Übereinkommen über die zivilrechtliche Haftung für Schäden durch Bunkerölverschmutzung von 2001 („Bunkeröl-Übereinkommen") im Interesse der Europäischen Gemeinschaft zu unterzeichnen und zu ratifizieren, KOM(2001) 675 endg. vom 19. 11. 2001; geänderter Vorschlag für eine Verordnung des Europäischen Parlaments und des Rates über den Ausschuß für die Sicherheit im Seeverkehr und die Verhütung der Umweltverschmutzung durch Schiffe und zur Änderung der Verordnungen über die Sicherheit im Seeverkehr und die Verhütung der Umweltverschmutzung durch Schiffe sowie geänderter Vorschlag für eine Richtlinie des Europäischen Parlaments und des Rates zur Änderung der Richtlinien über die Sicherheit im Seeverkehr und die Verhütung der Umweltverschmutzung durch Schiffe, KOM(2001) 788 endg. vom 27. 12. 2001; geänderter Vorschlag für eine Verordnung des Europäischen Parlaments und des Rates über die Errichtung eines Fonds zur Entschädigung für Ölverschmutzung in europäischen Gewässern und damit in Verbindung stehende Maßnahmen, KOM(2002) 313 endg. vom 12. 6. 2002.

182 Verordnung (EG) Nr. 1406/2002 des Europäischen Parlaments und des Rates vom 27. Juni 2002 zur Errichtung einer Europäischen Agentur für die Sicherheit des Seeverkehrs, ABl. Nr. L 208 vom 5. 8. 2002, S. 1.

183 Richtlinie 2002/59/EG des Europäischen Parlaments und des Rates vom 27. Juni 2002 über die Einrichtung eines gemeinschaftlichen Überwachungs- und Informationssystems für den Schiffsverkehr und zur Aufhebung der Richtlinie 93/75/EWG des Rates, ABl. Nr. L 208 vom 5. 8. 2002, S. 10.

E. Energie und Verkehr/Transport

Literatur:

Jürgen Basedow, Europäische Verkehrspolitik, Tübingen 1987; *Herbert Baum u. a.*, Kapazitätssituation der Verkehrsinfrastruktur in Deutschland, Zeitschrift für Verkehrswissenschaft 2001, Heft 1, S. 1; *Astrid Epiney, Reto Gruber*, Verkehrsrecht in der EU, Baden-Baden 2001; *Europäische Kommission*, Weißbuch: Die europäische Verkehrspolitik bis 2010: Weichenstellung für die Zukunft, Luxemburg 2001, s. auch KOM(2001) 370 endg. vom 12. 9. 2001; *Albrecht Frohnmeyer, Peter Mückenhausen*, EG-Verkehrsrecht, München, Stand Juli 1999; *Ingo Koller, Eberhard Hatzelmann*, Transportrecht, DVBl. 1999, S. 226; *Xavier Lewis*, Vers le marché unique des transports, Revue du Marché Unique européen 1991, p. 49; *Alexander Rahr*, Die Sicherung der Energietransportwege, Internationale Politik 1997, S. 25; *Michael Ronellenfitsch*, Der ÖPNV im europäischen Binnenmarkt, VerwArch. 2001, S. 131.

Seit der Gründung der EWG gehört die gemeinsame Verkehrspolitik zu den Grundlagen der Gemeinschaft[1]. Der heutige Titel V („Der Verkehr") im Dritten Teil („Die Politiken der Gemeinschaft") ermächtigt die Gemeinschaft insbesondere im Rahmen einer gemeinsamen Verkehrspolitik, „Maßnahmen zur Verbesserung der Verkehrssicherheit" und „alle sonstigen zweckdienlichen Vorschriften" zu erlassen (Art. 71 Abs. 1 c) und d) (ex-Art. 75) EGV). Seit Beginn des Industriezeitalters stehen der Verkehrs- und der Energiesektor in zunehmender wechselseitiger Abhängigkeit: Das steigende Verkehrsaufkommen erhöht den Energiebedarf, dessen Befriedigung wiederum zunehmende Energietransporte bedingt. Energie als bewegendes und selbst bewegtes Gut ist zugleich Motor wie Fracht, Subjekt wie Objekt des Transports[2].

Die Gemeinschaft selbst hat die Rückkoppelung zwischen Energie und Transport in beispielloser Weise verstärkt, da ihr eigentliches Regelungsziel, ihre „raison d'être", der gemeinsame Markt und Binnenmarkt[3] in der **Mobilität** von Gütern und Menschen besteht[4]. Auf dem Weg zu diesem Ziel hat die Gemeinschaft nicht nur schrittweise sämtliche mobilitätshemmenden Schranken beseitigt[5], sondern sie fördert Mobilität zusätzlich durch Programme und den Einsatz finanzieller Mittel[6]. Mobilität aber bedeutet Energieverbrauch und damit Schwund wichtiger Ressourcen sowie Belastung der Umwelt[7]. Hat der Energieverbrauch im Verkehrssektor der Gemeinschaft allein zwischen 1985 und 1998 um die Hälfte zugenommen[8], so wird sich das

---

1 S. den ursprünglichen Titel IV („Der Verkehr") im ursprünglichen Zweiten Teil („Die Grundlagen der Gemeinschaft") des EWG-Vertrags.

2 Beide Aspekte sind im englisch/französischen Begriff „Transport" (so die Überschrift des Titels V in beiden Sprachen) vereint, während der deutsche Begriff „Verkehr" eher auf die Bewegung als solche und die Ortsveränderung abstellt.

3 S. Art. 14 Abs. 2 EGV: „Der Binnenmarkt umfaßt einen Raum ohne Binnengrenzen, in dem der freie Verkehr von Waren, Personen, Dienstleistungen und Kapital ... gewährleistet ist".

4 S. hierzu *Jürgen Grunwald*, Der Mensch im Gemeinschaftsrecht, in: Europa der Bürger, Schriftenreihe des Forschungsinstituts für Europarecht der Karl-Franzens-Universität Graz, Band 7, 1994, S. 15.

5 Insbesondere im Vollzug der Art. 23, 28, 29 und 95 EGV.

6 Bis hin zur Förderung des Tourismus (s. ABl. Nr. L 231 vom 13. 8. 1992, S. 26). Zuletzt: Entschließung des Rates vom 21. Mai 2002 über die Zukunft des Tourismus in Europa, ABl. Nr. C 135 vom 6. 6. 2002, S. 1.

7 S. *Dennis Meadows*, Die Grenzen des Wachstums, Stuttgart 1972, S. 59 ff.

8 S. Eurostat, Integration – indicators for energy, 2001 Edition, Luxemburg 2001, p. 43.

Verkehrsvolumen nach vollzogener Osterweiterung der Gemeinschaft in den nächsten 15 Jahren voraussichtlich noch einmal verdoppeln mit den entsprechenden Konsequenzen für Energieverbrauch und Umwelt[9]. Dabei ist das Gesamtvolumen der transportierten Güter und Personen sehr ungleich auf die einzelnen Verkehrsträger verteilt. Während im **Güterverkehr** 1970 noch 47,6 % des Frachtguts auf der Straße befördert wurde und 32,6 % auf der Schiene, 11,9 % auf Binnenwasserstraßen und 7,8 % durch Pipelines, zeigen die Zahlen für 1999 eine dramatische Verlagerung auf den Straßenverkehr: 74,7 %, Schiene: 13,4 %, Binnenwasserstraßen: 6,8 %, Pipelines 5,1 %[10]. Noch straßenlastiger ist die Verteilung beim **Personenverkehr** (Zahlen für 1998): Straße: 86,7 % (davon PKW 78,2 %, Bus 8,5 %), Schiene: 6 %, U-Bahn/S-Bahn/Straßenbahn: 1 %, Wasserstraßen: 0,7 %, Luftverkehr: 5,5 %[11].

Jenseits von Energieverbrauch und Umwelt sind Energie und Transport gemeinsamer Gegenstand zahlreicher gemeinschaftsrechtlicher Regelungen, insbesondere auf den Gebieten **Transport von Energieprodukten** und **Einsatz von Energie im Verkehrssektor**[12]. Der enge Zusammenhang von Energie und Verkehr hat die Kommission im Jahre 2001 zur Einrichtung eines „Europäischen Energie- und Verkehrsforums" veranlaßt[13], nachdem sie schon 1999 ihre ehemalig eigenständigen Generaldirektionen „Energie" (GD XVII) und „Verkehr" (GD VII) zu einer einzigen Generaldirektion zusammengeführt hatte[14].

I. Transport von Energieprodukten

Literatur:

Herbert Baum, Deregulierung und Sicherheit im Straßengüterverkehr, ZfVerkWiss 1997, S. 191; *Wissenschaftlicher Beirat beim Bundesminister für Verkehr, Bau- und Wohnungswesen*, Verkehrspolitische Handlungserfordernisse für den EU-Beitritt von MOE-Staaten, ZfVerkWiss 2001, S. 1.

Während das frühe Transportrecht der EGKS für das Massengut Kohle die Nichtdiskriminierung auf dem Gebiet der Frachten und Tarife sicherzustellen suchte[15],

9 S. hierzu den Vorschlag der Kommission für eine Verordnung des Europäischen Parlaments und des Rates über die Gewährung von Finanzhilfen der Gemeinschaft zur Verbesserung der Umweltfreundlichkeit des Güterverkehrssystems, KOM(2002) 54 endg. vom 4. 2. 2002. S. auch die Stellungnahme des Wirtschafts- und Sozialausschusses zum Thema „Verkehr/Erweiterung", ABl. Nr. C 61 vom 14. 3. 2003, S. 164.

10 S. Eurostat, EU Energy and Transport in Figures, Statistical pocketbook 2001, Luxemburg 2001, S. 133.

11 A. a. O. S. 92.

12 S. zuletzt das Weißbuch der Kommission: Die Europäische Verkehrspolitik bis 2010: Weichenstellungen für die Zukunft, Luxemburg 2001. S. dazu die Stellungnahme des Ausschusses der Regionen in ABl. Nr. C 192 vom 12. 8. 2002, S. 8.

13 Beschluß der Kommission vom 11. Juli 2001 zur Einrichtung eines Beratenden Ausschusses mit der Bezeichnung „Europäisches Energie- und Verkehrsforum", ABl. Nr. L 195 vom 19. 7. 2001, S. 58. S. dazu den Aufruf zur Einreichung von Bewerbungen, ABl. Nr. C 205 vom 21. 7. 2001, S. 21. Das Forum tritt an die Stelle des durch Beschluß 96/642/EG der Kommission eingesetzten Beratenden Energieausschusses, dessen Mandat im Februar 2001 endete (ABl. Nr. L 292 vom 15. 11. 1996, S. 34).

14 Nunmehr GD „TREN".

15 S. oben 2. Teil A. IV. 2. und 3.

tragen die einschlägigen Vorschriften des EG-Rechts vornehmlich der **Gefährlichkeit** der Mineralölprodukte und des Erdgases Rechnung, insbesondere hinsichtlich des Schutzes vor Brand- und Explosionsgefahren sowie der Verseuchung von Boden und Wasser bei Unfällen.

1. Straßentransport

Aufgrund ihrer chemisch/physikalischen Eigenschaften gelten flüssige und gasförmige Mineralölprodukte und Gase als gefährliche Güter, deren Transport auf der Straße der Richtlinie 94/55/EG des Rates vom 21. November 1994 zur Angleichung der Rechtsvorschriften der Mitgliedstaaten für den **Gefahrguttransport auf der Straße**[16] unterliegt. Was den Bau und die Überrollstabilität von Tankfahrzeugen zur Beförderung gefährlicher Güter anbelangt, ist die Regelung Nr. 111 der Wirtschaftskommission der VN für Europa zu beachten[17]. Die Überwachung bestimmt sich nach der Richtlinie 95/50/EG des Rates vom 6. Oktober 1995 über einheitliche Verfahren für die Kontrolle von Gefahrguttransporten auf der Straße[18]. Für die Sicherheit von Kraftstofftanks an Kraftfahrzeugen gilt seit über 30 Jahren die Richtlinie 70/221/EWG des Rates zur Angleichung der Rechtsvorschriften der Mitgliedstaaten über die Behälter für flüssigen Kraftstoff und den Unterfahrschutz von Kraftfahrzeugen und Kraftfahrzeuganhängern[19]. Für nachrüstbare Anlagen für den Betrieb von Kraftfahrzeugen mit Flüssiggas (LPG) und Erdgas (CNG) werden z. Zt. Regelungen vorbereitet[20].

2. Schienentransport

Für den Transport gefährlicher Energieprodukte auf der Schiene gilt die Richtlinie 96/49/EG des Rates vom 23. Juli 1996 zur Angleichung der Rechtsvorschriften der Mitgliedstaaten für die Eisenbahnbeförderung gefährlicher Güter[21].

---

16 ABl. Nr. L 319 vom 12. 12. 1994, S. 7; zuletzt geändert durch die Richtlinie 2000/61/EG, ABl. Nr. L 279 vom 1. 11. 2000, S. 40; zuletzt an den technischen Fortschritt angepaßt durch die Richtlinie 2003/28/EG, ABl. Nr. L 90 vom 8. 4. 2003, S. 45. S. dazu Anlagen A und B zur Richtlinie 94/55/EG des Rates vom 21. November 1994 zur Angleichung der Rechtsvorschriften der Mitgliedstaaten für den Gefahrguttransport auf der Straße, Anlage A – Vorschriften über die gefährlichen Stoffe und Gegenstände, Anlage B – Vorschriften für die Beförderungsmittel und die Beförderung, ABl. Nr. L 275 vom 28. 10. 1996, S. 1, 2 und 425.

17 Regelung Nr. 111 der Wirtschaftskommission der Vereinten Nationen für Europa (ECE-UNO) – Einheitliche Vorschriften für die Genehmigung von Tankfahrzeugen der Klassen N und O hinsichtlich der Überrollstabilität, ABl. Nr. L 32 vom 1. 2. 2002, S. 22.

18 ABl. Nr. L 249 vom 17. 10. 1995, S. 35.

19 ABl. Nr. L 76 vom 6. 4. 1970, S. 23; zuletzt geändert durch die Richtlinie 2000/8/EG vom 20. März 2000, ABl. Nr. L 106 vom 3. 5. 2000, S. 7.

20 Vorschlag für eine Entscheidung des Rates über den Standpunkt der Europäischen Gemeinschaft zu dem Entwurf der Regelung der Wirtschaftskommission der Vereinten Nationen für Europa über einheitliche Vorschriften für die Genehmigung von i) nachrüstbaren Anlagen für den Betrieb von Kraftfahrzeugen mit Flüssiggas (LPG) und ii) nachrüstbaren Anlagen für den Betrieb von Kraftfahrzeugen mit Erdgas (CNG), ABl. Nr. C 71 E vom 25. 3. 2003, S. 3.

21 ABl. Nr. L 235 vom 17. 9. 1996, S. 25; zuletzt an den technischen Fortschritt angepaßt durch Richtlinie 2003/29/EG, ABl. Nr. L 90 vom 1. 2. 2001, S. 47.

3. Transport im Binnenschiffsverkehr

Abgesehen von den allgemein für Binnenschiffe geltenden technischen Vorschriften[22] stellt das Gemeinschaftsrecht für den Transport von Energieprodukten auf Binnenwasserstraßen keine zusätzlichen Anforderungen auf. Für den Binnenschiffsverkehr auf den vier großen Strömen Rhein, Donau, Elbe und Oder gelten jeweils Sonderregelungen aufgrund internationaler Abkommen, an denen die Gemeinschaft beteiligt ist[23].

4. Transport im Seeverkehr

Ausgelöst durch spektakuläre Tankerunfälle wie den der *Torrey Canyon, Amoco Cadiz* und *Erika* hat die Gemeinschaft in mehreren Rechtsetzungsschüben die Sicherheitsanforderungen an den Transport von Öl- und Ölprodukten auf See zunehmend verschärft. Schon 1978 stellte eine erste Richtlinie Mindestanforderungen an das Einlaufen von Öl-, Gas- und Chemikalientankern ab 1.600 BRT in Seehäfen der Gemeinschaft auf[24]. Im Jahre 1983 forderte das Europäische Parlament die Errichtung einer Europäischen Stiftung für Sicherheit auf See mit Sitz in Griechenland[25], und zehn Jahre später definierte der Rat die Grundlinien einer gemeinsamen Politik zur Verbesserung der Sicherheit im Seeverkehr[26]. Zwischen 1993 und 1995 erließ der Rat eine Serie von fünf Rechtsakten zur Erhöhung der Sicherheit im Seeverkehr[27]. Im Anschluß an die Mitteilung der Kommission an das Europäische Parlament und den Rat über die Sicherheit des Erdöltransports zur See[28] folgte 2001 und 2002 eine zweite

---

22 S. Richtlinie Nr. 82/714/EWG des Rates vom 4. Oktober 1982 über die technischen Vorschriften für Binnenschiffe, ABl. Nr. L 301 vom 28. 10. 1982, S. 1.

23 S. oben D. III. 2.

24 Richtlinie 79/116/EWG des Rates vom 21. Dezember 1978 über Mindestanforderungen an das Einlaufen von bestimmten Tankschiffen in Seehäfen der Gemeinschaft und das Auslaufen, ABl. Nr. L 33 vom 8. 2. 1979, S. 33; aufgehoben durch Richtlinie 93/75/EWG, s. unten Fn. 27.

25 Entschließung zur Errichtung einer Europäischen Stiftung für die Sicherheit auf See, ABl. Nr. C 322 vom 28. 11. 1983, S. 296.

26 Entschließung des Rates vom 8. Juni 1993 über eine gemeinsame Politik im Bereich der Sicherheit im Seeverkehr, ABl. Nr. C 271 vom 7. 10. 1993, S. 1.

27 – Richtlinie 93/75/EWG des Rates vom 13. September 1993 über Mindestanforderungen an Schiffe, die Seehäfen der Gemeinschaft anlaufen oder aus ihnen auslaufen und gefährliche oder umweltschädliche Güter befördern, ABl. Nr. L 247 vom 5. 10. 1993, S. 19;
– Verordnung (EG) Nr. 2978/94 des Rates vom 21. November 1994 zur Durchführung der IMO-Entschließung A. 747 (18) über die Vermessung der Ballasträume in Öltankschiffen und Tanks für getrennten Ballast, ABl. Nr. L 319 vom 12. 12. 1994, S. 1; mit Wirkung ab 31. 12. 2007 aufgehoben durch Verordnung (EG) Nr. 417/2002 (s. unten Fn. 29);
– Richtlinie 94/57/EG des Rates vom 22. November 1994 über gemeinsame Vorschriften und Normen für Schiffsüberprüfungs- und -besichtigungsorganisationen und die einschlägigen Maßnahmen der Seebehörden, ABl. Nr. L 319 vom 12. 12. 1994, S. 20;
– Richtlinie 94/58/EG des Rates vom 22. November 1994 über Mindestanforderungen für die Ausbildung von Seeleuten, ABl. Nr. L 319 vom 12. 12. 1994, S. 28;
– Richtlinie 95/21/EG des Rates vom 19. Juni 1995 zur Durchsetzung internationaler Normen für die Schiffssicherheit, die Verhütung von Verschmutzung und die Lebens- und Arbeitsbedingungen an Bord von Schiffen, die Gemeinschaftshäfen anlaufen und in Hoheitsgewässern der Mitgliedstaaten fahren (Hafenstaatkontrolle), ABl. Nr. L 157 vom 7. 7. 1995, S. 1.

28 KOM(2000) 142 endg. vom 21. März 2000.

Welle von weiteren fünf Rechtsakten zum selben Thema[29]. Kernstück der neuen Regelungen ist die beschleunigte Einführung von **Öltankschiffen mit Doppelhüllen** nach einem festgelegten Kalender bis spätestens zum Jahre 2015[30]. Zur Verschrottung alter Einhüllentankschiffe und zur Erneuerung der Öltankerflotte durch den Bau moderner Doppelhüllentanker liegt der Kommission bereits ein Beihilfeantrag Italiens vor[31]. Zur Erleichterung der Überwachung der Sicherheit und der Durchführung der erforderlichen Kontrollen wurde 2002 eine **Europäische Agentur für die Sicherheit des Seeverkehrs** eingerichtet[32]. Der kürzliche Tankerunfall der *Prestige* vor der Küste Spaniens hat der Politik erneut die Dringlichkeit des Erlasses der erforderlichen Maßnahmen vor Augen geführt[33].

---

29 – Richtlinie 2001/25/EG des Europäischen Parlaments und des Rates vom 4. April 2001 über Mindestanforderungen für die Ausbildung von Seeleuten, ABl. Nr. L 136 vom 18. 5. 2001, S. 17;
– Richtlinie 2001/96/EG des Europäischen Parlaments und des Rates vom 4. Dezember 2001 zur Festlegung von harmonisierten Vorschriften und Verfahrensregeln für das sichere Be- und Entladen von Massengutschiffen, ABl. Nr. L 13 vom 16. 1. 2002, S. 9;
– Richtlinie 2001/105/EG des Europäischen Parlaments und des Rates vom 19. Dezember 2001 zur Änderung der Richtlinie 94/57/EG des Rates über gemeinsame Vorschriften und Normen für Schiffsüberprüfungs- und -besichtigungsorganisationen und die einschlägigen Maßnahmen der Seebehörden, ABl. Nr. L 19 vom 22. 1. 2002, S. 9;
– Richtlinie 2001/106/EG des Europäischen Parlaments und des Rates vom 19. Dezember 2001 zur Änderung der Richtlinie 95/21/EG des Rates zur Durchsetzung internationaler Normen für die Schiffssicherheit, die Verhütung von Verschmutzung und die Lebens- und Arbeitsbedingungen an Bord von Schiffen, die Gemeinschaftshäfen anlaufen und in Hoheitsgewässern der Mitgliedstaaten fahren (Hafenstaatkontrolle), ABl. Nr. L 19 vom 22. 1. 2002, S. 17;
– Verordnung (EG) Nr. 417/2002 des Europäischen Parlaments und des Rates vom 18. Februar 2002 zur beschleunigten Einführung von Doppelhüllen oder gleichwertigen Konstruktionsanforderungen für Einhüllen-Öltankschiffe und zur Aufhebung der Verordnung (EG) Nr. 2978/94 des Rates, ABl. Nr. L 64 vom 7. 3. 2002, S. 1. S. dazu nach der Havarie der *Prestige* den Vorschlag für eine verschärfende Änderungsverordnung, KOM (2002) 780 endg. vom 20. 12. 2002, sowie dazu die Stellungnahme des Wirtschafts- und Sozialausschusses im ABl. Nr. C 133 vom 6. 6. 2003, S. 97.

30 S. Art. 4 der Verordnung (EG) Nr. 417/2002.

31 S. ABl. Nr. C 50 vom 23. 2. 2002, S. 7.

32 Verordnung (EG) Nr. 1406/2002 des Europäischen Parlaments und des Rates vom 27. Juni 2002 zur Errichtung einer Europäischen Agentur für die Sicherheit des Seeverkehrs, ABl. Nr. L 208 vom 5. 8. 2002, S. 1. S. dazu auch die Richtlinie 2002/59/EG des Europäischen Parlaments und des Rates vom 27. Juni 2002 über die Einrichtung eines gemeinschaftlichen Überwachungs- und Informationssystems für den Schiffsverkehr und zur Aufhebung der Richtlinie 93/75/EWG des Rates, ABl. Nr. L 208 vom 5. 8. 2002, S. 10. S. weiterhin die Verordnung (EG) Nr. 2099/2002 des Europäischen Parlaments und des Rates vom 5. November 2002 zur Einsetzung eines Ausschusses für die Sicherheit im Seeverkehr und die Vermeidung von Umweltverschmutzung durch Schiffe (COSS) sowie zur Änderung der Verordnungen über die Sicherheit im Seeverkehr und die Vermeidung von Umweltverschmutzung durch Schiffe, ABl. Nr. L 324 vom 29. 11. 2002, S. 1; Richtlinie 2002/84/EG des Europäischen Parlaments und des Rates vom 5. November 2002 zur Änderung der Richtlinien über die Sicherheit im Seeverkehr und die Vermeidung von Umweltverschmutzung durch Schiffe, ABl. Nr. L 324 vom 29. 11. 2002, S. 53.

33 S. Mitteilung der Kommission an das Europäische Parlament und den Rat zur Erhöhung der Sicherheit im Seeverkehr nach dem Untergang des Öltankschiffes *„Prestige“*, KOM (2002) 681 endg. vom 3. 12. 2002, sowie die Mitteilung der Kommission „Bericht an den Europäischen Rat über die angesichts der Folgen der Prestige-Katastrophe zu ergreifenden Maßnahmen“, KOM (2003) 105 endg. vom 5. 3. 2003.

5. Transport durch Pipelines

Literatur:

Jürgen Basedow, Erdgastransporte im europäischen Verkehrsrecht, in: *Ernst-Joachim Mestmäcker, Helmut Gröner, Jürgen Basedow*, Die Gaswirtschaft im Binnenmarkt, Baden-Baden 1990, S. 113; *Thomas Wilrich*, Zulassung, Betrieb und Überwachung von Rohrleitungsanlagen und Energieleitungen, NVwZ 2003, S. 787.

Obwohl Rohrleitungen nicht zu den ausdrücklich genannten Verkehrsträgern i. S. der Vorschriften über die gemeinsame Verkehrspolitik (Art. 70 bis 80 EGV) zählen, leisten sie einen bedeutenden Beitrag zum Transport von Erdöl, Erdölprodukten und Erdgas[34]. Als privilegierte Transportwege für flüssige und gasförmige Energieträger sind die großen Pipelinenetze der Gemeinschaft wesentlicher Bestandteil der europäischen Energieinfrastruktur, deren Auf- und Ausbau nach Maßgabe der Vorschriften über die transeuropäischen Netze (Art. 154–156 EGV) unterstützt werden kann. Wenn auch bislang auf diesem Gebiet keine spezifischen Rechtsakte für Pipelines ergangen sind[35], so hat das Europäische Parlament doch mehrfach auf ihre besondere Eignung als alternatives Transportmittel zu Schiff, Schiene und Straße hingewiesen und ihre Förderung angemahnt[36]. Eine kürzlich von der Kommission eingesetzte Sachverständigengruppe hat sich u. a. auch der Sicherheitsfragen des Energietransports durch Öl- und Gaspipelines anzunehmen[37].

II. Energieeinsatz im Verkehrssektor

Literatur:

Herbert Baum, Transport Intensity, Decoupling and Economic Growth, ZfVerkWiss 2000, S. 77; *ders.*, Der volkswirtschaftliche Nutzen des Verkehrs, ZfVerkWiss 1997, S. 27; *Ferdinand Dudenhöfer*, Automobile mit Brennstoffzellen-Antrieb: Eine Zukunftslösung für den Individualverkehr?, ZfVerkWiss 2001, S. 127; *Matthias Ernst*, Telematik als Instrument einer flexiblen Verkehrspolitik – Potentiale und Grenzen, ZfVerkWiss 2000, S. 40.

Die Gemeinschaft deckt ihren Energiebedarf auf dem Verkehrssektor seit vielen Jahren zu 95 % bis 98 % mit Mineralölerzeugnissen. Angesichts ihrer starken Abhängigkeit von Mineralöleinfuhren einerseits und der Belastung der Umwelt durch die Verbrennung von Mineralölprodukten andererseits ist die Gemeinschaft seit den

---

34 Im Jahre 1999 lag der Anteil der Pipelines am Gütertransport der Gemeinschaft bei 5,1 % und die beförderte Erdölmenge bei 89,2 Milliarden Tonnenkilometern.

35 S. aber den frühen Vorschlag der Kommission für eine Verordnung (EWG) des Rates über die grenzüberschreitenden Öl- und Gasrohrleitungen vom 13. Oktober 1972, der auf Art. 75 EWGV (Art. 71 n. F.) gestützt war und schon ein Common-Carriage-System vorsah, ABl. Nr. C 134 vom 27. 12. 1972, S. 22. S. dazu die Entschließung des Europäischen Parlaments, ABl. Nr. C 37 vom 4. 6. 1973, S. 23. Zu den späteren Erdgas-Richtlinien s. oben 2. Teil E. III. und V.

36 S. z. B. Entschließung zur Rolle und Anwendung fortgeschrittener neuer Verkehrstechnologien, ABl. Nr. C 288 vom 11. 11. 1985, S. 63, (65), Ziff. 20–22 sowie insbes. Entschließung zur Förderung des Transports über Pipelines in der Europäischen Gemeinschaft, ABl. Nr. C 262 vom 10. 10. 1988, S. 65.

37 S. Beschluß der Kommission vom 11. Juni 2003 zur Einsetzung einer Sachverständigengruppe zur Beratung der Kommission bei der Festlegung einer Strategie auf dem Gebiet von Unfällen im Verkehrssektor (2003/425/EG), ABl. Nr. L 144 vom 12. 6. 2003, S. 10.

70er Jahren bemüht, den Energieeinsatz im Verkehrssektor zu rationalisieren[38] und zu diversifizieren[39]. Eine **Rationalisierung** erfordert die Erhöhung der Energieeffizienz der einzelnen Verkehrsmittel und eine Verlagerung eines Teils des Verkehrsaufkommens auf jeweils energieeffizientere Transportmittel. Eine **Diversifizierung** kann innerhalb gewisser Grenzen durch den Einsatz alternativer Energien wie Biotreibstoffe, Flüssiggas, Wasserstoff und Elektrizität erreicht werden. Hierbei ergibt sich für jedes Verkehrsmittel ein anderes Bild.

1. Straßenverkehr

Die ältesten Maßnahmen der Gemeinschaft zur Entlastung der Straße stammen aus dem Jahre 1975 und gelten dem **kombinierten Güterverkehr Schiene/Straße** zwischen den Mitgliedstaaten[40]. Seitdem ist die Förderung des kombinierten bzw. **intermodalen** Güterverkehrs ein Ziel der gemeinsamen Verkehrspolitik geblieben[41], wobei außer der Schiene auch der Binnenschiffsverkehr[42] und die Seeschiffahrt[43] einbezogen worden sind[44].

---

38 S. schon die Empfehlungen 76/494/EWG und 76/495/EWG des Rates vom 4. Mai 1976 über die rationelle Nutzung der von Straßenfahrzeugen verbrauchten Energie durch Verbesserung des Fahrverhaltens und über die rationelle Nutzung der im Personenverkehr verbrauchten Energie, ABl. Nr. L 140 vom 28. 5. 1976, S. 14 und 16. S. auch die Mitteilung der Kommission an den Rat: Rationeller Energieeinsatz im Straßen-, Schienen- und Binnenschiffsverkehr, KOM(86) 393 endg. vom 22. 7. 1986.

39 S. Verordnung (EWG) Nr. 1302/78 des Rates vom 12. Juni 1978 über die Gewährung einer finanziellen Unterstützung für Vorhaben zur Nutzung alternativer Energiequellen, ABl. Nr. L 158 vom 16. 6. 1978, S. 3. S. hierzu zuletzt das Weißbuch der Kommission: Die europäische Verkehrspolitik bis 2010: Weichenstellungen für die Zukunft, Luxemburg 2001, S. 96 („Diversifizierung der im Verkehr genutzten Energieträger").

40 Richtlinie 75/130/EWG des Rates vom 17. Februar 1975 über die Festlegung gemeinsamer Regeln für bestimmte Beförderungen im kombinierten Güterverkehr Schiene/Straße zwischen Mitgliedstaaten, ABl. Nr. L 48 vom 22. 2. 1975, S. 31; aufgehoben durch die Richtlinie 92/106/EWG des Rates vom 7. Dezember 1992 über die Festlegung gemeinsamer Regeln für bestimmte Beförderungen im kombinierten Güterverkehr zwischen Mitgliedstaaten, ABl. Nr. L 368 vom 17.12.1992, S. 38.

41 S. die Entschließung des Rates vom 14. Februar 2000 über die Förderung der Intermodalität und des intermodalen Güterverkehrs in der Europäischen Union, ABl. Nr. C 56 vom 29. 2. 2000, S. 1, sowie die Entschließung des Rates vom 19. Juni 1995 über den Ausbau des Schienenverkehrs und des kombinierten Verkehrs, ABl. Nr. C 169 vom 5. 7. 1995, S. 1.

42 S. auch das seit 1992 bestehende Gemeinschaftsprogramm für Pilotaktionen zur Förderung des kombinierten Verkehrs (Pilot Actions for Combined Transport-PACT), zuletzt Verordnung (EG) Nr. 2196/98 des Rates vom 1. Oktober 1998, ABl. Nr. L 277 vom 14. 10. 1998, S. 1. S. zur Bewertung von PACT das Dokument KOM(2002) 54 endg. vom 4. 2. 2002, mit dem auch eine Nachfolgeregelung – genannt Marco Polo-Programm – vorgeschlagen wird. Diese erging in Gestalt der Verordnung (EG) Nr. 1382/2003 des Europäischen Parlaments und des Rates vom 22. Juli 2003 über die Gewährung von Finanzhilfen der Gemeinschaft zur Verbesserung der Umweltfreundlichkeit des Güterverkehrssystems („Programm Marco Polo"), ABl. Nr. L 196 vom 2. 8. 2003, S. 1.

43 S. die Entschließung des Rates vom 14. Februar 2000 zur Förderung des Kurzstreckenseeverkehrs, ABl. Nr. C 56 vom 29. 2. 2000, S. 1, sowie die Mitteilung der Kommission „Programm zur Förderung des Kurzstreckenseeverkehrs" nebst Vorschlag für eine Richtlinie des Europäischen Parlaments und des Rates über intermodale Ladeeinheiten, KOM (2003) 155 final vom 7. 4. 2003.

44 S. dazu den Bericht der Kommission über die Anwendung der Richtlinie 92/106/EWG des Rates vom 7. Dezember 1992 über die Festlegung gemeinsamer Regeln für bestimmte Beförde-

Zur Verminderung der Abhängigkeit des Straßenverkehrs vom Mineralöl und zur Reduzierung der Umweltbelastung hat die Gemeinschaft zahlreiche Forschungs- und Verbreitungsprojekte zur **Substitution der klassischen Brennstoffe Benzin und Diesel** durchgeführt[45]. Der Einsatz von Biodiesel[46] und Äthanol[47] wird durch die Gemeinschaft gefördert[48], und Aktionen zur Entwicklung von Elektrofahrzeugen[49] und Fahrzeugen mit Brennstoffzellen[50] werden mit EG-Mitteln unterstützt[51].

In Anbetracht der großen Kraftstoffmengen, die durch Verkehrsbehinderungen und Staus im Straßenverkehr unproduktiv verschwendet werden, hat die Gemeinschaft weiterhin die Entwicklung intelligenter **Verkehrsleit- und Navigationssysteme** gefördert[52], deren Einsatz zwar nicht zur Verkehrsminderung, aber doch zu einer rationelleren Verwendung der Energie beitragen kann[53].

---

rungen im kombinierten Güterverkehr zwischen Mitgliedstaaten in den Jahren 1996 bis 1999, KOM(2002) 215 endg. vom 2. 5. 2002.

45 Insbesondere im Rahmen des Thermie-Programms, ABl. Nr. L 185 vom 17.7.1990, S. 1 (s. oben 2. Teil G. I.). Die Kommission unterrichtet mit der Reihe „New Solutions in Energy Utilisation" über die neuen Technologien: s. z. B. „New city vehicles using methane as a fuel", Project TR/511/92, Brüssel 1999.

46 Biodiesel wird aus Ölpflanzen (vornehmlich Raps) gewonnen.

47 Äthanol wird aus pflanzlichem Alkohol gewonnen.

48 Die Förderung erfolgt im Rahmen des **Agrarrechts** durch Beihilfen, im Rahmen des **Forschungsrechts** durch die Kofinanzierung von Forschungs- und Demonstrationsprojekten, im Rahmen des **Energie-** und **Umweltrechts** durch die Unterstützung von Verbreitungsvorhaben und im Rahmen des **Steuerrechts** durch ermäßigte Steuersätze.

49 S. European Commission, New Solutions in Energy Utilisation, Progress of the Targeted Transport Projects, Brüssel 1999, S. 4.

50 S. European Commission, European Fuel Cell Projects 1995–2000, EUR 19368.

51 S. zuletzt zur Förderung alternativer Energien im Verkehr das Teilprogramm „STEER" der Entscheidung Nr. 1230/2003/EG des Europäischen Parlaments und des Rates vom 26. Juni 2003 zur Festlegung eines mehrjährigen Programms für Maßnahmen im Energiebereich: „Intelligente Energie-Europa" (2003–2006), ABl. Nr. L 176 vom 15. 7. 2003, S. 29. Zum Einsatz von Erdgas im Verkehr s. *Hans-Ulrich Tschätsch*, Eine flächendeckende Tankstelleninfrastruktur für Deutschland, et 2002, S. 494.

52 S. zuletzt Empfehlung der Kommission vom 4. Juli 2001 zur Entwicklung rechtlicher und wirtschaftlicher Rahmenbedingungen für die Beteiligung der Privatwirtschaft am Einsatz telematikgestützter Verkehrs- und Reiseinformationsdienste (VRI-Dienste) in Europa, ABl. Nr. L 1999 vom 24. 7. 2001, S. 20. S. auch die Verordnung (EG) Nr. 876/2002 des Rates vom 21. Mai 2002 zur Gründung des gemeinsamen Unternehmens GALILEO, ABl. Nr. L 138 vom 28. 5. 2002, S. 1. S. dazu die Mitteilung über den derzeitigen Stand des Galileo-Programms, KOM (2002) 518 endg. vom 24. 9. 2002 sowie *Jost Vielhaber, Daniel Sattler*, Europas Aufbruch zu größerer Unabhängigkeit. Ein Plädoyer für das Satellitenprojekt Galileo, Internationale Politik 9/2002, S. 47; *François Danis*, L'entreprise commune GALILEO, Revue du Marché commun et de l' Union européenne, mars 2003, p. 194. S. weiterhin den Beschluß des Rates vom 18. Juni 1998 über das Übereinkommen zwischen der Europäischen Gemeinschaft, der Europäischen Weltraumorganisation und der Europäischen Organisation zur Sicherung der Luftfahrt über einen europäischen Beitrag zur Errichtung eines globalen Satellitennavigationssystems (GNSS) (98/434/EG), ABl. Nr. L 194 vom 10. 7. 1998, S. 15, sowie die Mitteilung der Kommission an das Europäische Parlament und den Rat „Einbindung des Programms EGNOS in das Programm GALILEO, KOM (2003) 123 endg. vom 19. 3. 2003.

53 S. in diesem Sinne auch die Entschließung des Europäischen Parlaments zur Verkehrsüberlastung und den Verkehrsverhältnissen in den Städten, ABl. Nr. C 176 vom 13. 7. 1992, S. 240. S. zuletzt das Weißbuch der Kommission, Die europäische Verkehrspolitik bis 2010: Weichenstellung für die Zukunft, Luxemburg 2001, S. 59 ff. („Entlastung der großen Verkehrsachsen").

2. Schienenverkehr

Der älteste der modernen Verkehrsträger, die Eisenbahn, ist im Energieverbrauch zugleich auch der sparsamste. Während im Güterfernverkehr auf der Straße pro Tonnenkilometer im Schnitt 1.424 Kilojoule (kJ) und im Güternahverkehr sogar 4.637 kJ Energie verbraucht werden, benötigt die Eisenbahn nur 314 kJ. Im Personenverkehr ist das Verhältnis pro Personenkilometer ähnlich dramatisch: PKW: 2.325 kJ gegenüber Eisenbahn: 345 kJ[54]. Doch nicht nur ihr wirtschaftlich günstiger Energieverbrauch und die dadurch verminderte Umweltbelastung, auch die Entlastung der Straße als Verkehrsträger[55] spricht für eine Verlagerung des Verkehrs von der Straße auf die Schiene und insbesondere für die Förderung des kombinierten Verkehrs[56] sowie ggfs. des Huckepackverkehrs[57]. Da die Bahn trotz ihrer Vorteile gegenüber dem Straßenverkehr beständig an Marktanteilen verliert[58], hat die Gemeinschaft mit einer Reihe von Rechtsakten versucht, ihre Attraktivität zu erhöhen und den Trend zu wenden[59].

Die Sanierung des Eisenbahnsektors[60] und die Verbesserung seiner Leistungsfähigkeit[61] beschäftigt die Gemeinschaft seit Mitte der 70er Jahre. In der ersten Hälfte der 90er Jahre ergriff sie gezielte Maßnahmen zur Förderung des kombinierten Verkehrs[62], denen Rechtsakte zu einer weiteren Öffnung des Marktes[63] folgten. Der

---

54 Quelle: DIW (Stand 1987), Die Zeit Nr. 37 vom 6. 9. 1991.

55 S. hierzu Europäische Kommission, Bahn frei für Europa, Luxemburg 2000.

56 S. oben Ziffer 1.

57 Die Beförderung kompletter Lastkraftwagen mit der Eisenbahn (rollende Landstraße) wird hauptsächlich auf den alpenquerenden Verkehrswegen praktiziert. S. zur Zukunft des Huckepackverkehrs kritisch die schriftliche Anfrage Nr. 2219/92, ABl. Nr. C 47 vom 18. 2. 1993, S. 23.

58 1970 betrug das Verhältnis Straße zu Schiene beim Güterverkehr: 47,6 % zu 32,6 % und 1999 74,4 % zu 13,4 %.

59 S. hierzu zuletzt die Mitteilung der Kommission an den Rat und das Europäische Parlament „Schaffung eines integrierten europäischen Eisenbahnraums", KOM(2002) 18 endg. vom 23. 1. 2002. S. davor das Weißbuch der Kommission „Eine Strategie zur Revitalisierung der Eisenbahn in der Gemeinschaft", KOM(96) 421 endg.

60 S. Entscheidung 75/327/EWG des Rates vom 20. Mai 1975 zur Sanierung der Eisenbahnunternehmen und zur Harmonisierung der Vorschriften über die finanziellen Beziehungen zwischen diesen Unternehmen und den Staaten, ABl. Nr. L 152 vom 12. 6. 1975, S. 3; aufgehoben durch die Richtlinie 91/440/EWG, s. folgende Fußnote.

61 S. Richtlinie 91/440/EWG des Rates vom 29. Juli 1991 zur Entwicklung der Eisenbahnunternehmen der Gemeinschaft, ABl. Nr. L 237 vom 24. 8. 1991, S. 25; zuletzt geändert durch Richtlinie 2001/12/EG, ABl. Nr. L 75 vom 15. 3. 2001, S. 1.

62 S. Entschließung des Rates vom 30. Oktober 1990 über den Aufbau eines europäischen Netzes für den kombinierten Verkehr, Mitteilung des Generalsekretariats des Rates Nr. 9832/90 vom 12. November 1990; Beschluß Nr. 93/45/EWG der Kommission vom 22. Dezember 1992 über die Gewährung von Finanzhilfen für Pilotaktionen zur Förderung des kombinierten Verkehrs, ABl. Nr. L 16 vom 25. 1. 1993, S. 55; Entscheidung Nr. 93/174/EWG der Kommission vom 24. Februar 1993 zu einem Verfahren nach Art. 85 EWG-Vertrag (IV/34.494 – „Tarifstrukturen im kombinierten Güterverkehr"), ABl. Nr. L 73 vom 26. 3. 1993, S. 38.

63 S. Richtlinie 95/18/EG des Rates vom 19. Juni 1995 über die Erteilung von Genehmigungen an Eisenbahnunternehmen, ABl. Nr. L 143 vom 27. 6. 1995, S. 70; geändert durch Richtlinie 2001/13/EG, ABl. Nr. L 75 vom 15. 3. 2001, S. 26; Richtlinie 95/19/EG des Rates vom 19. Juni 1995 über die Zuweisung von Fahrwegkapazität der Eisenbahn und die Berechnung von Wegeentgelten, ABl. Nr. L 143 vom 27. 6. 1995, S. 75; aufgehoben durch Richtlinie 2001/14/EG des

verbesserten Verknüpfung und Durchdringung der Netze gelten zwei Richtlinien über die Interoperabilität des transeuropäischen Hochgeschwindigkeitsbahnsystems[64] und des konventionellen transeuropäischen Eisenbahnsystems[65], beide gestützt auf die Vorschriften über die transeuropäischen Netze. Zur ersten dieser Richtlinien ist anzumerken, daß sie im Personenverkehr nicht nur eine Verlagerung von der Straße auf die Schiene, sondern auch vom innergemeinschaftlichen Luftverkehr auf die Schiene bewirken soll, da hier das Energieverbrauchsverhältnis noch ungünstiger ist (Personenkilometer im Inlandsluftverkehr: 2.989 kJ gegenüber Eisenbahn: 345 kJ).

3. Binnenschiffsverkehr

Das Binnenwasserstraßennetz der Gemeinschaft umfaßt derzeit hauptsächlich sechs Länder: Belgien, die Niederlande, Luxemburg, Frankreich, Deutschland und Österreich, deren Netze ein Verbundsystem bilden. Aber auch andere Mitgliedstaaten verfügen über beachtliche Netze: Italien, Finnland, das Vereinigte Königreich, Irland und Portugal. Im Zuge der Erweiterung werden sechs weitere Länder hinzukommen, die über ein Netz von insgesamt 9.000 km Binnenwasserstraßen verfügen, nämlich die Tschechische Republik, Ungarn, die Slowakei, Rumänien, Bulgarien und Polen.

Nach Schätzungen des Wirtschafts- und Sozialausschusses[66] werden Wirtschaftswachstum und Erweiterung den Handel im Laufe der nächsten Jahrzehnte beleben und bis 2010 eine Zunahme des Warenverkehrsvolumens um ca. 40 % mit sich bringen. Vor diesem Hintergrund und angesichts des niedrigen Energieverbrauchs von Binnenschiffen[67] ist der Anteil der Binnenschiffahrt am Güterverkehr der Gemeinschaft (6,8 % im Jahr 1999)[68] durch geeignete Maßnahmen zu erhöhen. Tatsächlich jedoch zeichnet sich der Sektor Binnenschiffahrt durch Überkapazitäten aus, die die Gemeinschaft durch Abwrackaktionen abzubauen trachtet.

Nach ersten Regelungen für eine Strukturbereinigung in der Binnenschiffahrt Ende der 80er Jahre[69] und dem Erlaß von Bestimmungen auf dem Gebiet der Frachten und Tarife[70] hat der Rat mit der Verordnung (EG) Nr. 718/1999 vom 29. März 1999 „über

---

Europäischen Parlaments und des Rates vom 26. Februar 2001 über die Zuweisung von Fahrwegkapazität der Eisenbahn, die Erhebung von Entgelten für die Nutzung von Eisenbahninfrastruktur und die Sicherheitsbescheinigung, ABl. Nr. L 75 vom 15. 3. 2001, S. 29.

64 Richtlinie 96/48/EG des Rates vom 23. Juli 1996, ABl. Nr. L 235 vom 17. 9. 1996, S. 6; Empfehlung Nr. 2001/290/EG der Kommission vom 21. März 2001 zu den Parametern für das transeuropäische Hochgeschwindigkeitsbahnsystem gemäß Art. 5 Abs. 3 Buchstabe b) der Richtlinie 96/48/EG, ABl. Nr. L 100 vom 11. 4. 2001, S. 17.

65 Richtlinie 2001/16/EG des Europäischen Parlaments und des Rates vom 19. März 2001, ABl. Nr. L 110 vom 20. 4. 2001, S. 1.

66 S. Stellungnahme des Wirtschafts- und Sozialausschusses zum Thema „Die Zukunft des transeuropäischen Binnenwasserstraßennetzes“, ABl. Nr. C 80 vom 3. 4. 2002, S. 15.

67 Nach der o. a. Stellungnahme kann ein Binnenschiff mit 5 Litern Kraftstoff 1 Tonne Güter über eine Entfernung von 500 km transportieren, während dieselbe Menge Kraftstoff auf der Schiene für 330 km und auf der Straße nur für 100 km ausreicht.

68 Auf die Straße entfielen 74,7 %, auf die Schiene 13,4 % und den Transport durch Pipelines 5,1 %.

69 A. a. O. S. 17.

70 S. Richtlinie 96/75/EG des Rates vom 19. November 1996 über die Einzelheiten der Befrach-

kapazitätsbezogene Maßnahmen für die Binnenschiffahrtsflotten der Gemeinschaft zur Förderung des Binnenschiffsverkehrs"[71] einen Rechtsrahmen geschaffen, auf dessen Grundlage Abwrackprämien für Binnenschiffe, einschließlich Tankschiffe gewährt werden (sog. Alt-für-Neu-Regelung)[72]. Weiterhin verbleibt als Aufgabe der weitere Ausbau des Binnenwasserstraßennetzes und insbesondere die Beseitigung noch bestehender Engpässe sowie Investitionen in Umschlagplätze (Terminals) zur Förderung der Intermodalität Binnenschiff/Schiene/Straße.

F. Investitionen und Beschaffung im Energiebereich

Literatur:

EG-Kommission, Bericht für das Jahr 1998 über Investitionsvorhaben von gemeinschaftlichem Interesse im Energiebereich, KOM(2000) 449 endg. vom 24. 7. 2000; *Wolfgang Pfaffenberger*, Energiepolitische Rahmenbedingungen und Investitionen im Kraftwerksbereich bis 2020, et 2002, S. 602.

Wie oben gesehen widmen der EGKS- und der Euratom-Vertrag den Investitionen im Energiesektor jeweils eigene Bestimmungen, die die Anzeige, Förderung und Durchführung von Investitionen zum Gegenstand haben. Art. 54 Abs. 3 EGKSV ermächtigt die Hohe Behörde zum Erlaß von Entscheidungen kraft derer die Unternehmen ihr ihre Investitionsprogramme mitzuteilen haben, um „eine aufeinander abgestimmte Entwicklung der Investitionen zu begünstigen". Art. 41 EAGV verpflichtet die Unternehmen, „der Kommission Investitionsvorhaben für neue Anlagen sowie für Ersatzanlagen oder Umstellungen anzuzeigen".

Neben der obligatorischen **Anzeige** von Investitionen sehen beide Verträge die Möglichkeit ihrer **Förderung** aus Gemeinschaftsmitteln vor. Art. 54 Abs. 1 und 2 EGKSV stellt Kredite und Gewährleistungen bereit, Art. 172 Abs. 4 EAGV erlaubt die Aufnahme von Anleihen zur Finanzierung von Investitionen.

Art. 97 EAGV öffnet die nationalen **Beschaffungsmärkte**, da interessierte Unternehmen der Gemeinschaft „keiner Beschränkung aufgrund ihrer Staatszugehörigkeit" unterliegen, „wenn sie sich am Bau von Atomanlagen wissenschaftlicher oder gewerblicher Art in der Gemeinschaft beteiligen wollen".

Im Gegensatz zu den sektoriellen Verträgen sieht der EWG/EG-Vertrag als Rahmenvertrag eine Pflicht zur **Anzeige** von Investitionen an keiner Stelle vor.

Die Möglichkeit einer **Förderung** von Investitionen auf dem Energiesektor durch die Gemeinschaft ist als „Maßnahme" im Bereich Energie durch Art. 3 u) EGV umfaßt. Allerdings bedarf Art. 3 u) stets der Ergänzung durch eine spezifische Rechtsgrundlage, da Aufgabenbestimmungen allein noch nicht zu konkreten Einzelmaßnahmen

---

tung und der Frachtratenbildung im innerstaatlichen und grenzüberschreitenden Binnenschiffsgüterverkehr in der Gemeinschaft, ABl. Nr. L 304 vom 27. 11. 1996, S. 12.

71 ABl. Nr. L 90 vom 2. 4. 1999, S. 1.

72 S. Art. 4 der Verordnung.

ermächtigen. Für den spezifischen Bereich der **transeuropäischen Energienetze** sieht Art. 155 Abs. 1 (ex-Art. 129c) EGV eine Förderung von Vorhaben im Bereich der transeuropäischen Energienetze vor, „insbesondere in Form von Durchführbarkeitsstudien, Anleihebürgschaften oder Zinszuschüssen". Soweit die Verfolgung umweltpolitischer Ziele die Förderung von Energievorhaben erforderlich macht, steht Art. 175 (ex-Art. 130s) EGV als Rechtsgrundlage zur Verfügung. Hinsichtlich der Förderung von Vorhaben im Bereich der **Energieforschung** ist die Grenze zwischen Demonstrations- und Verbreitungsvorhaben zu ziehen. Erstere sind vom Forschungsrecht der Art. 163 bis 173 (ex-Art. 130f bis 130p) EGV umfaßt, letztere bedürfen einer eigenständigen Rechtsgrundlage.

Im übrigen wird eine finanzielle Förderung durch die Art. 158 bis 161 (ex-Art. 130a bis d) EGV im Rahmen der Politik zur **Stärkung des wirtschaftlichen und sozialen Zusammenhalts** ermöglicht. Diese Politik „setzt sich insbesondere zum Ziel, die Unterschiede im Entwicklungsstand der verschiedenen Regionen und den Rückstand der am stärksten benachteiligten Gebiete oder Inseln, einschließlich der ländlichen Gebiete, zu verringern" (Art. 158 Abs. 2). Zu diesem Zweck leistet die Gemeinschaft auch finanzielle Unterstützung, „die sie mit Hilfe der Strukturfonds (Europäischer Ausrichtungs- und Garantiefonds für die Landwirtschaft – Abteilung Ausrichtung, Europäischer Sozialfonds, Europäischer Fonds für regionale Entwicklung), der Europäischen Investitionsbank und der sonstigen vorhandenen Finanzierungsinstrumente" durchführt (s. Art. 159 Abs. 1). Insbesondere der **Europäische Fonds für regionale Entwicklung** hat die Aufgabe, „durch Beteiligung an der Entwicklung und an der strukturellen Anpassung der rückständigen Gebiete und an der Umstellung der Industriegebiete mit rückläufiger Entwicklung zum Ausgleich der wichtigsten regionalen Ungleichgewichte in der Gemeinschaft beizutragen" (Art. 160). Dies kann Finanzierungen von Investitionen auf dem Gebiet der Energie einschließen. Der nach Art. 161 errichtete **Kohäsionsfonds** trägt seinerseits ausdrücklich „zu Vorhaben in den Bereichen Umwelt und transeuropäische Netze auf dem Gebiet der Verkehrsinfrastruktur finanziell bei".

Auf das „Öffnen des einzelstaatlichen öffentlichen Auftragswesens" durch den EWG/EG-Vertrag wird in Art. 163 (ex-Art. 130f) EGV eher am Rande verwiesen.

I. Anzeige von Investitionen

Als einen ihrer frühesten Rechtsakte auf dem Energiesektor erließ die Gemeinschaft nach dem Vorbild der EGKS- und Euratomregeln die Verordnung (EWG) Nr. 1056/72 des Rates vom 18. Mai 1972 über die Mitteilung der Investitionsvorhaben von gemeinschaftlichem Interesse auf dem Erdöl-, Erdgas- und Elektrizitätssektor an die Kommission[1]. Diese Verordnung galt bis 1996, als sie durch die Verordnung (EG) Nr. 736/96 des Rates vom 22. April 1996 über die **Mitteilung der Investitionsvorhaben von**

1 ABl. Nr. L 120 vom 25. 5. 1972, S. 7. Diese Verordnung wurde ergänzt durch die Verordnung (EWG) Nr. 1069/73 der Kommission vom 16. März 1973 zur Durchführung der Verordnung (EWG) Nr. 1056/72 des Rates vom 18. Mai 1972 über die Mitteilung der Investitionsvorhaben von gemeinschaftlichem Interesse auf dem Erdöl-, Erdgas- und Elektrizitätssektor an die Kommission, ABl. Nr. L 113 vom 28. 4. 1973, S. 14.

gemeinschaftlichem Interesse auf dem Erdöl-, Erdgas- und Elektrizitätssektor an die Kommission[2] aufgehoben und ersetzt wurde. Diese noch heute geltende Verordnung wird ergänzt durch die Verordnung (EG) Nr. 2386/96 der Kommission vom 16. Dezember 1996 zur Anwendung der Verordnung (EWG) Nr. 736/96[3].

Die Verordnung sieht eine **zweistufige Anzeige von Investitionen** vor: Zunächst haben die **Unternehmen** des Energiesektors bis zum 15. März eines jeden Jahres den Mitgliedstaaten ihre Investitionsvorhaben mitzuteilen, sodann teilen die **Mitgliedstaaten** vor dem 15. April eines jeden Jahres der Kommission die von ihnen eingeholten Auskünfte mit. Bezüglich der geplanten oder im Bau befindlichen **Investitionsvorhaben** müssen die Mitteilungen folgende Angaben enthalten:

- Name und Sitz der Personen oder des Unternehmens, die bzw. das Investitionen vornehmen will,
- genauer Gegenstand und Art der Investition,
- vorgesehene Kapazität oder Leistung,
- voraussichtlicher Zeitpunkt der Inbetriebnahme,
- Art der verwendeten Rohstoffe.

Bezüglich der geplanten **Außerdienststellungen** müssen die Mitteilungen folgende Angaben enthalten:

- Art und Kapazität oder Leistung der Anlagen,
- voraussichtlicher Zeitpunkt der Außerdienststellung.

Die Mitteilungen sind jeweils mit Hilfe von spezifischen Fragebögen zu machen, die im Anhang zur Durchführungsverordnung (EG) Nr. 2386/96 festgelegt sind. Im einzelnen unterliegen folgende Investitionsvorhaben von gemeinschaftlichem Interesse der Anzeigepflicht:

1. **ERDÖL**

1.1. Raffination
  - Anlagen zur Destillation mit einer Kapazität von 1 000 000 t/Jahr oder mehr,
  - Erweiterung von Destillationsanlagen auf eine Kapazität von mehr als 1 000 000 t/Jahr,
  - Anlagen für Reforming/Cracking mit einer Kapazität von 500 t/Tag oder mehr,
  - Entschwefelungsanlagen für Rückstandsheizöle/Destillatheizöle/Feedstocks/ andere Mineralölerzeugnisse.

  Chemische Anlagen, die Heizöl und/oder Treibstoff nicht oder nur als Nebenerzeugnisse herstellen, sind ausgeschlossen.

2. **ERDGAS**

2.1. Transport
  - Grenzüberschreitende Gasrohrleitungen sowie Projekte gemeinschaftlichen Interesses, die in den in Anwendung von Art. 129c (Art. 155 n. F.) des Vertrags erstellten Richtlinien identifiziert worden sind,
  - Kopfstationen für die Einfuhr von flüssigem Erdgas.

---

2 ABl. Nr. L 102 vom 25. 4. 1996, S. 1.
3 ABl. Nr. L 326 vom 17. 12. 1996, S. 13.

Rohrleitungen und Kopfstationen für militärische Zwecke sowie zur Versorgung chemischer Anlagen, die Energieerzeugnisse nicht oder nur als Nebenerzeugnisse herstellen, sind ausgeschlossen.

2.2. Verteilung
- Unterirdische Speicheranlagen mit einer Kapazität von 150 000 000 m^3 oder mehr.

Anlagen für militärische Zwecke sowie Anlagen zur Versorgung chemischer Anlagen, die Energieerzeugnisse nicht oder nur als Nebenerzeugnisse herstellen, sind ausgeschlossen.

3. **ELEKTRIZITÄT**

3.1. Produktion
- Wärmekraftwerke (Maschinensätze von 200 MW oder mehr),
- Wasserkraftwerke (Kraftwerke mit 50 MW oder mehr).

3.2. Transport
- Übertragungsfreileitungen, soweit sie für eine Spannung von 345 kV oder mehr konzipiert sind,
- Erd- und Seekabel für Übertragungszwecke, soweit sie für eine Spannung von 100 kV oder mehr konzipiert sind und wesentliche Verbindungen in nationalen oder internationalen Verbundnetzen darstellen,
- Projekte gemeinschaftlichen Interesses, die in den in Anwendung von Art. 129 c (Art. 155 n. F.) des Vertrags erstellten Richtlinien identifiziert worden sind.

II. Förderung von Investitionen und sonstigen Maßnahmen

Literatur:

Christof Brückner, Finanzielle Instrumente der Europäischen Gemeinschaften, AöR 107, S. 561; *Dirk Ehlers*, Die Kontrolle von Subventionen, DVBl. 1993, S. 861; *ders.*, Die Handlungsformen bei der Vergabe von Wirtschaftssubventionen, VerwArch. 1983, S. 116; *Fritz Ossenbühl*, Rechtliche Probleme der Investitionskontrolle gemäß § 4 Energiewirtschaftsgesetz, DVBl. 1990, S. 1075; *Günter Püttner*, Gemeinden und Kreise in der Energieversorgung, DÖV 1990, S. 461; *Rudolf Ridinger*, Wirtschaftlicher und sozialer Zusammenhalt in der EG. Die zukünftige Gestaltung der EG-Regionalpolitik, EA 1992, S. 133; *Peter Schmidhuber, Gerhard Hitzler*, Die Planungskompetenz der Europäischen Gemeinschaft beim Ausbau der europäischen Infrastrukturen, DÖV 1991, S. 271; *Martin Seidel*, Subventionshoheit und Finanzierungslast in der Europäischen Wirtschaftsgemeinschaft, in: *Bodo Börner* u. a. (Hrsg.), Festschrift für *Karl Carstens*, Band 1, Köln u. a. 1984, S. 273; *Ulf R. Siebel*, Projekte und Projektfinanzierung, München 2001.

Die Förderung von Investitionen im Energiebereich durch die Gemeinschaft kann auf dreierlei Weise erfolgen. Zum einen kann die Gemeinschaft Finanzhilfen im Rahmen spezifischer Sondermaßnahmen gewähren, wobei die Hilfe auf eigens zu diesem Zwecke angenommenen Rechtsakten des Rates beruht. Zum zweiten können Gemeinschaftsmittel aus den Strukturfonds oder dem Kohäsionsfonds nach Maßgabe der Fonds-Vorschriften bewilligt werden. Und zum dritten kann die Europäische Investitionsbank zu ihren Konditionen Investitionsprojekte finanzieren.

1. Sondermaßnahmen auf dem Gebiet der Energiestrategie und andere Unterstützungsmaßnahmen

Für die Vergabe von Haushaltsmitteln zur finanziellen Förderung von Investitionsvorhaben bedarf die Gemeinschaft stets einer den Förderzweck stützenden Rechtsgrundlage. Nach Art. 3 lit. u) (ex-Art. 3 lit. t)) EGV gehören Maßnahmen im Bereich Energie zwar zu den Aufgaben der Gemeinschaft, doch stellt die Vorschrift ihrer Natur nach keine Rechtsgrundlage dar. Als solche wurde für Fördermaßnahmen im Energiesektor traditionell Art. 235 EWGV (Art. 308 EGV) herangezogen, bis diese Vorschrift aufgrund des wachsenden Einflusses des Umweltrechts mehr und mehr durch Art. 175 (ex-Art. 130s) EGV verdrängt wurde.

In einem ersten EWG-seitigen Rechtsakt zur Investitionsförderung auf dem Energiesektor ermächtigte der Rat 1982 die Kommission zur **Aufnahme einer Anleihe** von 1 Mia ECU[4] mit der Maßgabe, die Mittel für Darlehen zur Förderung von Investitionsprojekten zu verwenden, die im Hoheitsgebiet der Gemeinschaft durchgeführt und den vorrangigen Zielsetzungen der Gemeinschaft in den Bereichen Energie, Infrastruktur und KMU-Förderung entsprachen. Im Energiesektor kamen insbesondere Investitionen in folgenden Bereichen als förderungswürdig in Betracht: **rationelle Energienutzung, Substitution von Erdöl** durch andere Energiequellen und Infrastrukturen, die diese Substitution ermöglichen sowie **Energietransport**. In einem weiteren Rechtsakt forderte der Rat ein Jahr später gezielt zur **Förderung von Investitionen zur Verwendung fester Brennstoffe** auf[5].

Als weiteres Beispiel einer rein energiepolitisch motivierten Investitionsförderung haben die auf Art. 235 EWGV gestützten **Sondermaßnahmen auf dem Gebiet der Energiestrategie** aus der ersten Hälfte der 80er Jahre zu gelten. Wenn diese Maßnahmen auch nur zwei Mitgliedstaaten, nämlich **Deutschland** und dem **Vereinigten Königreich**, zugute kamen[6], könnten sie doch als Vorbild für künftige Förderungsmaßnahmen dienen, wie z. B. zur Unterstützung von Großvorhaben im Bereich der Wasserstofftechnologie, von Sonnenkraftwerken oder Anlagen zur Gewinnung von Strömungsenergie aus dem Meer.

Mit der **Verordnung (EWG) Nr. 625/83 des Rates vom 15. März 1983 betreffend im Gemeinschaftsinteresse liegende Sondermaßnahmen auf dem Gebiet der Energiestrategie**[7] stellte die Gemeinschaft 610 Millionen ECU für Vorhaben in folgenden Bereichen zur Verfügung:

---

4 S. Beschluß 82/169/EWG des Rates vom 15. März 1982 zur Ermächtigung der Kommission, Anleihen zur Investitionsförderung in der Gemeinschaft aufzunehmen, ABl. Nr. L 78 vom 24. 3. 1982, S. 19 sowie Beschluß 82/268/EWG des Rates vom 26. April 1982 über die Anwendung des Beschlusses 82/169/EWG, ABl. Nr. L 116 vom 30. 4. 1982, S. 16.

5 S. Empfehlung 83/250/EWG des Rates vom 24. Mai 1983 an die Mitgliedstaaten zur Förderung von Investitionen zur Verwendung fester Brennstoffe in der Industrie, ABl. Nr. L 140 vom 31. 5. 1983, S. 25 sowie Empfehlung des Rates vom 24. Mai 1983 an die Mitgliedstaaten zur Förderung von Investitionen zur Verwendung fester Brennstoffe in öffentlichen Gebäuden und in Fernheizungsanlagen, ABl. Nr. L 140 vom 31. 5. 1983, S. 26.

6 Als den beiden größten „Nettozahlern" der Gemeinschaft wurde beiden Ländern auf diesem Wege ein Teil ihrer Beiträge zum Gemeinschaftshaushalt zurückerstattet.

7 ABl. Nr. L 73 vom 19. 3. 1983, S. 8.

- Verbund der Leitungsnetze für Gas und Elektrizität in der Gemeinschaft;
- Forschung, Entwicklung und Versuchsvorhaben auf dem Gebiet der nicht-konventionellen thermischen Energie;
- Elektrizitätserzeugung auf der Grundlage konventioneller, thermischer sowie nuklearer und hydroelektrischer Energie; kombinierte Systeme von Wärme und Elektrizität;
- Teilnahme an der Ausbeutung von Kohlenwasserstoffvorräten;
- Vergrößerung der Speicherungsfähigkeit des Kohlenwasserstoffs;
- Vorhaben für neue Technologien, insbesondere zur Nutzung fester Brennstoffe;
- Maßnahmen zur Sicherung der Energieversorgung.

Als förderungsfähig kamen nur Vorhaben in Betracht, die unter maßgeblicher Beteiligung der öffentlichen Hand finanziert wurden und einige näher bezeichnete Bedingungen erfüllten, wie die Vereinbarkeit mit anderen Gemeinschaftspolitiken und die Abwesenheit von Wettbewerbsverzerrungen. Die Liste der zu fördernden Projekte wurde von der Kommission festgelegt[8] und umfaßte folgende Vorhaben:

Deutschland		**Vereinigtes Königreich**	
Solar Village SV3	Solardorf	Heysham I – Lancs	Fortgeschrittene Gas-Kohle-Reaktoren
„Rohrreaktor" Salzgitter	Kohleverflüssigung	Heysham II – Lancs	Fortgeschrittene Gas-Kohle-Reaktoren
VEW – KUV	Kohlevergasung	Torness, E. Lothian	Fortgeschrittene Gas-Kohle-Reaktoren
MKW Völklingen	Wirbelschicht-kraftwerk	Hartlepool – Cleveland	Fortgeschrittene Gas-Kohle-Reaktoren
Kokskohle	Produktions-beihilfen	Dungeness – Kent	Fortgeschrittene Gas-Kohle-Reaktoren
SNR 300 Kalkar	Schneller Brüter	Drax	Kohlekraftwerk
THTR-300 Schmehausen	Thorium Hoch-temperatur-Reaktor	Cross Channel link – Kent	Verbindung von Elektrizitätsversorgungsnetzen

8 S. für **Deutschland** die Entscheidung 83/122/EWG der Kommission vom 23. März 1983 betreffend im Gemeinschaftsinteresse liegende Sondermaßnahmen auf dem Gebiet der Energiestrategie, ABl. Nr. L 82 vom 29. 3. 1983, S. 23, geändert durch Entscheidung 84/7/EWG vom 12. Dezember 1983, ABl. Nr. L 9 vom 12. 1. 1984, S. 22. S. für das **Vereinigte Königreich** die Entscheidung 83/123/EWG vom 23. März 1983 betreffend im Gemeinschaftsinteresse liegende Sondermaßnahmen auf dem Gebiet der Energiestrategie, ABl. Nr. L 82 vom 29. 3. 1983, S. 25, geändert durch Entscheidung 84/6/EWG vom 12. Dezember 1983, ABl. Nr. L 9 vom 12. 1. 1984, S. 20.

Deutschland		**Vereinigtes Königreich**	
EBV Kokskohle	Rationaliserung der Produktion	Dinorwic – Gwynel	Pumpspeicherwerk
Heizung Universität Aachen	Druckbetriebene Wirbelschicht-Feuerung (Pilotanlage)	Fort Dunlop – W. Midlands	Heizkraftwerke
Rheinbraun	Hydrierende Braunkohlenvergasung im Wirbelschichtverfahren (Pilotanlage)	Morecambe – Lancs	Gasterminal
Saarbergwerke	Einsatz von Rauchgasentschwefelungsgips im Untertagebetrieb (Pilotprojekt)	Rough – Yorkshire	Gasterminal
		St. Fergus – Grampian	Gasterminal
		Hornsea – Yorkshire	Erdgasspeicher
		Dynevor Arms – Wales	Erdgasspeicher
		Nantgawr – Wales Avonmouth III – Avon	Erdgasspeicher Erdgasspeicher
		Isle of Grain – Kent	Erdgasspeicher

Eine **zweite Staffel von Förderungsmaßnahmen** folgte ein Jahr später mit der Verordnung (EWG) Nr. 1890/84 des Rates vom 26. Juni 1984 über im Gemeinschaftsinteresse liegende Sondermaßnahmen auf dem Gebiet der Energiestrategie[9], mit der nochmals 456 Mio ECU bewilligt wurden[10].

---

9 ABl. Nr. L 177 vom 4.7.1984, S. 7.

10 Umgesetzt durch die Entscheidungen 84/510/EWG und 84/511/EWG der Kommission vom 17. Oktober 1984 betreffend die Gewährung einer Finanzhilfe im Rahmen der im Gemeinschaftsinteresse liegenden Sondermaßnahmen auf dem Gebiet Energiestrategie, ABl. Nr. L 283 vom 27.10.1984, S. 48 und 50.

Abgesehen von den schon oben behandelten Programmen zur finanziellen Förderung der **Energieeinsparung** und der **erneuerbaren Energien**[11] unterstützt die Gemeinschaft schon seit 1973 gemeinschaftliche **Vorhaben im Bereich der Kohlenwasserstoffe.** Schon vor der ersten Energiekrise hatte die Kommission 1972 – gleichsam in tempore non suspecto – einen Rechtsakt vorgeschlagen, den der Rat dann kurz nach Eintritt dieser Krise annahm. Durch die **Verordnung (EWG) Nr. 3056/73 des Rates vom 9. November 1973 über die Unterstützung gemeinschaftlicher Vorhaben im Bereich der Kohlenwasserstoffe**[12] schuf die Gemeinschaft – ebenfalls auf Art. 235 EWGV (Art. 308 EGV) gestützt – einen Rechtsrahmen zur Förderung von Vorhaben zur Erhöhung der Versorgungssicherheit mit Kohlenwasserstoffen, in dem sie Darlehensbürgschaften, Darlehen und rückzahlbare Subventionen zur Verfügung stellte. Jedes zu fördernde Vorhaben mußte technologische Entwicklungstätigkeiten umfassen, die unmittelbar mit dem Aufsuchen, dem Abbau, der Lagerung oder dem Transport von Kohlenwasserstoffen verbunden waren. Die Verordnung galt bis 1985, als sie durch die Verordnung (EWG) Nr. 3639/85 des Rates vom 20. Dezember 1985 über ein Programm zur Unterstützung der technologischen Entwicklung im Bereich der Kohlenwasserstoffe aufgehoben und ersetzt wurde[13]. Diese letztgenannte Verordnung legte ein besonderes Schwergewicht auf folgende drei Elemente:

- Entwicklung innovativer Techniken, Verfahren oder Erzeugnisse oder Durchführung einer neuartigen Anwendung von Techniken, Verfahren oder Erzeugnissen, für die die Forschungsphase abgeschlossen ist;
- Aussicht auf Nutzbarkeit durch Industrie, Wirtschaft und Handel;
- Finanzierungsschwierigkeiten wegen großer technischer und kommerzieller Risiken, so daß die Vorhaben ohne finanzielle Unterstützung der Gemeinschaft wahrscheinlich nicht durchgeführt würden.

Außerdem räumte sie erstmalig Vorhaben einen Vorrang ein, bei denen das Zusammenwirken von mindestens zwei in verschiedenen Mitgliedstaaten ansässigen Unternehmen vorgesehen war.

In einem parallelen Rechtsakt vom gleichen Tage und ebenfalls auf Art. 235 EWGV (Art. 308 EGV) gestützt, der **Verordnung (EWG) Nr. 3640/85 zur Förderung von Demonstrationsvorhaben und industriellen Pilotvorhaben im Energiebereich durch finanzielle Unterstützung**[14], ersetzte der Rat einige frühere und punktuelle Fördermaßnahmen und vereinheitlichte die Förderbedingungen, ergänzt um das wichtige Prinzip: „Die von der Gemeinschaft gewährte Unterstützung darf auf die Wettbewerbsbedingungen keine Auswirkungen haben, die mit den einschlägigen Bestimmungen des Vertrages unvereinbar sind" (Art. 9).

Eine Fördermaßnahme ganz eigener Art beschloß der Rat mit der Verordnung (EWG) Nr. 1038/79 vom 24. Mai 1979 über die gemeinschaftliche Unterstützung eines Vor-

---

11 S. oben Ziffer B. III. und 2. Teil G. I.
12 ABl. Nr. L 312 vom 13. 11. 1973, S. 1.
13 ABl. Nr. L 350 vom 27. 12. 1985, S. 25.
14 ABl. Nr. L 350 vom 27. 12. 1985, S. 29.

habens zur **Exploration von Kohlenwasserstoffen in Grönland**[15]. Dieses Vorhaben wurde zwar wie vorgesehen verwirklicht, zog jedoch keine wirtschaftliche Nutzung nach sich (weshalb die Verordnung 1996 aufgehoben wurde[16]).

2. Förderung durch den Fonds für regionale Entwicklung

Der Fonds für regionale Entwicklung (EFRE) wurde 1975 auf der Grundlage des Art. 235 EWGV errichtet[17] und 1987 durch die Einheitliche Europäische Akte im Vertrage selbst verankert[18] (Art. 130 c EWGV, Art. 160 EGV n. F.). Nach der Reform der Strukturfonds gilt heute die Verordnung (EG) Nr. 1783/1999 des Europäischen Parlaments und des Rates vom 12. Juli 1999 über den **Europäischen Fonds für regionale Entwicklung**[19]. Nach Art. 2 Abs. 1 b) dieser Verordnung beteiligt sich der EFRE u. a. an „Infrastrukturinvestitionen, die in den unter Ziel 1 fallenden Regionen zum Wachstum des Wirtschaftspotentials, zur Entwicklung, zur Strukturanpassung ... einschließlich der Investitionen, die zur Errichtung und Entwicklung der transeuropäischen Netze in den Bereichen ... **Energie** beitragen; dabei ist der Notwendigkeit der Anbindung der Regionen, die aufgrund ihrer Insel-, Binnen- oder Randlage benachteiligt sind, an die zentralen Regionen der Gemeinschaft Rechnung zu tragen“.

Gemäß diesem Auftrag hat der EFRE sich an zahlreichen regionalen Entwicklungsprogrammen auf dem Energiesektor finanziell beteiligt. So verabschiedete der Rat am 27. Oktober 1986 die Verordnung (EWG) Nr. 3301/86 zur Einführung eines Gemeinschaftsprogramms zur Entwicklung bestimmter benachteiligter Regionen der Gemeinschaft durch die **Erschließung des endogenen Energiepotentials** (VALOREN-Programm)[20], die auf die seinerzeit geltende Fondsverordnung gestützt war[21]. Das Programm galt für 5 Jahre und kam Regionen in Spanien, Portugal, Korsika, Griechenland, dem Mezzogiorno, Irland und Nordirland zugute. Gefördert wurde

(1) die Nutzung der lokalen Energieressourcen, insbesondere aus erneuerbaren Energiequellen (Sonne, Wind, Biomasse, Verwertung von Haus- und Industriemüll, Mini-Wasserkraft und Erdwärme) sowie kleine Torf- und Braunkohlevorkommen,
(2) die rationelle Energienutzung, insbesondere durch Energieeinsparungen und Erdölsubstitution, sowie

---

15 ABl. Nr. L 132 vom 30. 5. 1979, S. 1. Grönland war von 1973 bis 1985 als Teil Dänemarks Mitglied der Europäischen Gemeinschaften. Seitdem gehört es zu den überseeischen Ländern und Hoheitsgebieten i. S. des Vierten Teils des EG-Vertrages und seines Anhangs II.

16 Verordnung (EG) Nr. 547/96 des Rates vom 28. März 1996 zur Aufhebung der Verordnung (EWG) Nr. 1038/79, ABl. Nr. L 80 vom 30. 3. 1996, S. 3.

17 Verordnung (EWG) Nr. 724/75 des Rates vom 18. März 1975, ABl. Nr. L 73 vom 21. 3. 1975, S. 1.

18 Verordnung (EWG) Nr. 4254/88 des Rates vom 19. Dezember 1988 zur Durchführung der Verordnung (EWG) Nr. 2052/88 in bezug auf den Europäischen Fonds für regionale Entwicklung, ABl. Nr. L 374 vom 31. 12. 1988, S. 15.

19 ABl. Nr. L 213 vom 13. 8. 1999, S. 1.

20 ABl. Nr. L 305 vom 31. 10. 1986, S. 6. Das Akronym VALOREN setzt sich aus **Valor**isierung und **En**ergie zusammen.

21 Verordnung (EWG) Nr. 1787/84 des Rates vom 19. Juni 1984 betreffend den Europäischen Fonds für regionale Entwicklung, ABl. Nr. L 169 vom 28. 6. 1984, S. 1.

(3) die Förderung einer besseren Nutzung des Energiepotentials auf lokaler und regionaler Ebene.

Das Programm wurde gemeinsam vom jeweiligen Mitgliedstaat und der Gemeinschaft finanziert, wobei der Gemeinschaftsanteil 55 % der gesamten öffentlichen Ausgaben nicht überschreiten durfte.

Als weitere Gemeinschaftsinitiativen aus der Vergangenheit sind insbesondere das REGEN-Programm[22] und die energiepolitischen Komponenten der Programme POSEIMA[23], REGIS[24] sowie die noch heute geltenden Energieregelungen der Programme INTERREG[25] und URBAN[26] zu nennen.

3. Förderung durch die Europäische Investitionsbank

Die Europäische Investitionsbank (EIB) mit Sitz in Luxemburg wurde durch die Art. 129 und 130 des EWG-Vertrages gegründet. Ihre Rechtsgrundlagen – in heutiger Numerierung die Art. 9 (ex-Art. 4b), 266 (ex-Art. 198d) und 267 (ex-Art. 198e) EGV –

22 S. Mitteilung mit Leitlinien für operationelle Programme im Rahmen einer Gemeinschaftsinitiative betreffend Transport- und Verteilernetze für Energie, zu denen die Mitgliedstaaten aufgerufen werden (REGEN), ABl. Nr. C 326 vom 28. 12. 1990, S. 7.

23 S. Beschluß 91/315/EWG des Rates vom 26. Juni 1991 über ein Programm zur Lösung der spezifisch auf die Abgelegenheit und Insellage Madeiras und der Azoren zurückzuführenden Probleme (POSEIMA), ABl. Nr. L 171 vom 29. 6. 1991, S. 10. S. Ziffer 10.1. des Anhangs: „Im Laufe des Jahres 1991 wird für drei Jahre und entsprechend den in den Nummern 10.2. bis 10.5. festgelegten Bedingungen eine Sonderbeihilfe der Gemeinschaft eingeführt, um die Mehrkosten für die Mineralölversorgung der Azoren und Madeiras auszugleichen". S. hierzu auch die Beschlüsse 92/435/EWG und 93/426/EWG der Kommission, ABl. Nr. L 239 vom 22. 8. 1992, S. 13 und ABl. Nr. L 196 vom 5. 8. 1993, S. 63.

24 S. Mitteilung an die Mitgliedstaaten zur Festlegung von Leitlinien für die von ihnen vorzuschlagenden Operationellen Programme im Rahmen einer Gemeinschaftsinitiative zugunsten der ultraperipheren Regionen (REGIS II), ABl. Nr. C 180 vom 1. 7. 1994, S. 44. S. dort Ziffer 8d): „Energie: Beihilfen für Investitionen zur Energieeinsparung, Energieerzeugung sowie in lokale Energiereserven, insbesondere die Nutzung erneuerbarer Energien (einschließlich der geothermischen Energie)".

25 S. Mitteilung an die Mitgliedstaaten über die Leitlinien für die von ihnen aufzustellenden Operationellen Programme im Rahmen einer Gemeinschaftsinitiative für die Entwicklung von Grenzregionen, grenzübergreifende Zusammenarbeit und ausgewählte Energienetze (INTERREG II), ABl. Nr. C 180 vom 1. 7. 1994, S. 60; s. zuletzt: Mitteilung der Kommission an die Mitgliedstaaten vom 28. April 2000 über die Leitlinien für eine Gemeinschaftsinitiative betreffend die transeuropäische Zusammenarbeit zur Förderung einer harmonischen und ausgewogenen Entwicklung des europäischen Raums – INTERREG III, ABl. Nr. C 143 vom 23. 5. 2000, S. 6. S. dort Ziffer 11 und Anhang II Ziffer 5 („Umweltschutz, Energieeffizienz und erneuerbare Energieträger").

26 S. Mitteilung an die Mitgliedstaaten zur Festlegung von Leitlinien für die von ihnen zu erstellenden Operationellen Programme im Rahmen einer Gemeinschaftsinitiative für städtische Gebiete (URBAN), ABl. Nr. C 180 vom 1. 7. 1994, S. 6. S. dort S. 8: „Verbesserung der Energieausnutzung"; s. zuletzt Mitteilung der Kommission an die Mitgliedstaaten vom 28. April 2000 über die Leitlinien für eine Gemeinschaftsinitiative betreffend die wirtschaftliche und soziale Wiederbelebung der krisenbetroffenen Städte und Stadtrandgebiete zur Förderung einer dauerhaften Stadtentwicklung – URBAN II, ABl. Nr. C 141 vom 19. 5. 2000, S. 8. S. dort Anhang I („Senkung des Verbrauchs von Kohlenwasserstoffenergie", „Förderung der rationellen Nutzung und Reduzierung des Verbrauchs von Energie", „Förderung von erneuerbaren Energiequellen"), a. a. O. S. 15.

verleihen ihr Rechtspersönlichkeit und bestimmen ihre Aufgaben. Ohne Verfolgung eines Erwerbszwecks erleichtert die EIB die Finanzierung von Investitionsprogrammen entweder allein oder in Verbindung mit der Unterstützung aus den Strukturfonds und anderen Finanzierungsinstrumenten der Gemeinschaft. Zu diesem Zweck gewährt sie gemäß Art. 267 EGV Darlehen und Bürgschaften für

„a) Vorhaben zur Erschließung der weniger entwickelten Gebiete;
b) Vorhaben zur Modernisierung oder Umstellung von Unternehmen oder zur Schaffung neuer Arbeitsmöglichkeiten, die sich aus der schrittweisen Errichtung des Gemeinsamen Marktes ergeben und wegen ihres Umfangs oder ihrer Art mit den in den einzelnen Mitgliedstaaten vorhandenen Mitteln nicht vollständig finanziert werden können;
c) Vorhaben von gemeinsamem Interesse für mehrere Mitgliedstaaten, die wegen ihres Umfangs oder ihrer Art mit den in den einzelnen Mitgliedstaaten vorhandenen Mitteln nicht vollständig finanziert werden können."

Die Einzelheiten der Darlehens- und Bürgschaftsgeschäfte sind in den Art. 18 bis 21 des Protokolls über die Satzung der EIB[27] festgelegt.

III. Beschaffung im Energiesektor

Literatur:

Harald Bartl, Handbuch Öffentliche Aufträge, 2. Aufl., Baden-Baden 2000; *Wolfgang Baur, Horst Franke, Marc Opitz*, EU-Vergaberecht, Berlin u. a. 2001; *J. Byok*, Das neue Vergaberecht, NJW 1998, S. 2774; *Thorsten Diercks, Georg Scharek*, Die Neuregelung der Auftragsvergabe im EG-Binnenmarkt und ihre Bedeutung für den deutschen Bergbau, EuZW 1993, S. 559; *Oliver Dörr*, Das deutsche Vergaberecht unter dem Einfluß von Art. 19 Abs. 4 GG, DÖV 2001, S. 1014; *Sabine Enzian*, Zur Frage, ob das Vergaberecht auf Dienstleistungskonzessionen anwendbar ist, DVBl. 2002, S. 235; *Angela Faber*, Öffentliche Aufträge an kommunal-beherrschte Unternehmen – In-house-Geschäfte oder Vergabe im Wettbewerb?, DVBl. 2001, S. 248; *Georg Hermes*, Gleichheit durch Verfahren bei der staatlichen Auftragsvergabe, JZ 1997, S. 909; *Stefan Hertwig*, Praxis der öffentlichen Auftragsvergabe, 2. Aufl., München 2001; *Peter M. Huber*, Der Schutz des Bieters im öffentlichen Auftragswesen unterhalb der sog. Schwellenwerte, JZ 2000, S. 877; *ders.*, Die Europäisierung des öffentlichen Auftragswesens in Deutschland, in: *Dieter Dörr* u. a. (Hrsg.), Die Macht des Geistes. Festschrift für *Hartmut Schiedermair*, Heidelberg 2001, S. 765; *Kay H. Kohlhepp*, Das europäische Recht des öffentlichen Auftragswesens, NVwZ 1989, S. 338; *Beate Maasch*, Die Zulässigkeit von Bietergemeinschaften, ZHR 150 (1986), S. 657; *Philipp Matthey*, Das Recht der Auftragsvergabe in den Sektoren. Unter besonderer Berücksichtigung der deutschen Elektrizitätswirtschaft, Baden-Baden 2001; *Eckard Pache*, Der Staat als Kunde – System und Defizite des neuen deutschen Vergaberechts, DVBl. 2001, S. 1781; *Olaf Reidt, Thomas Stückler, Heike Glahs*, Vergaberecht, Köln 2000; *J. Rogmans*, Vergabeverordnung und Nachprüfungsverordnung – Neuerungen im öffentlichen Auftragswesen, NJW 1994, S. 3134; *Michael Schenk*, Das neue Vergaberecht, Baden-Baden 2001; *Volker Schlette*, Der Begriff des „öffentlichen Auftraggebers" im EG-Vergaberecht, EuR 2000, S. 119; *Jürgen Schwarze* (Hrsg.), Die Vergabe öffentlicher Aufträge im Lichte des europäischen Wirtschaftsrechts, Baden-Baden 2000; *Heinrich Thieme, Cathrin Correll*, Deutsches Vergaberecht zwischen nationaler Tradition und europäischer Integration – Zur Neuregelung des Vergabewesens 1999, DVBl. 1999, S. 884; *Richard Wainwright*, Marchés Publics – Refonte des directives, Revue du marché Commun 2001, p. 394; *ders.*, Public Procurement and Social Considerations, European Law Reporter, 2000, p. 206; *Thomas Waldner*, Bieterschutz im Vergaberecht unter Berücksichtigung der europäischen Vorgaben, Baden-Baden 2000.

---

27 S. Europäische Union, Textsammlung, Band I, Teil I, Luxemburg 1999, S. 435.

Im öffentlichen Auftragsrecht der Gemeinschaft zählte der Energiesektor traditionell zu den ausgeschlossenen Sektoren, auf die die Richtlinien über die Vergabe öffentlicher Bau-[28], Dienstleistungs-[29] und Lieferaufträge[30] keine Anwendung fanden. Erst mit der Errichtung des Binnenmarktes wurde eine Marktöffnung auch auf diesem Gebiet erforderlich. Sie erfolgte durch die **Richtlinie 93/38/EWG des Rates vom 14. Juni 1993 zur Koordinierung der Auftragsvergabe durch Auftraggeber im Bereich der Wasser-, Energie- und Verkehrsversorgung sowie im Telekommunikationssektor**[31]. Diese Richtlinie gilt, was den Energiesektor anbetrifft, für Auftraggeber, die folgende Tätigkeiten ausüben:

- die Bereitstellung oder das Betreiben fester Netze zur Versorgung der Öffentlichkeit im Zusammenhang mit der Produktion, dem Transport oder der Verteilung von Strom, Gas oder Wärme oder die Versorgung dieser Netze mit Strom, Gas oder Wärme (Art. 2 Abs. 2 lit. a));
- die Nutzung eines geographisch abgegrenzten Gebietes zum Zwecke der Suche oder Förderung von Erdöl, Gas, Kohle oder anderen festen Brennstoffen (Art. 2 Abs. 2 lit. b)), sofern nicht eine Ausnahmeentscheidung nach Art. 3 der Richtlinie vorliegt[32].

Als Auftraggeber im Sinne der Richtlinie gelten staatliche Behörden[33] oder öffentliche Unternehmen[34] der o. a. Sektoren sowie Unternehmen, die diese Tätigkeiten aufgrund von besonderen oder ausschließlichen Rechten ausüben, die ihnen von den Mitgliedstaaten gewährt wurden[35]. Unternehmen, die im wesentlichen Eigenversorgung betreiben, sind von der Anwendung der Richtlinie ausgenommen[36].

---

28 S. zuletzt Richtlinie 93/37/EWG des Rates vom 14. Juni 1993 über die Koordinierung der Verfahren zur Vergabe öffentlicher Bauaufträge, ABl. Nr. L 199 vom 9. 8. 1993, S. 54; zuletzt geändert durch die Richtlinie 2001/78/EG, ABl. Nr. L 285 vom 29. 10. 2001, S. 1.

29 S. zuletzt Richtlinie 92/50/EWG des Rates vom 18. Juni 1992 über die Koordinierung der Verfahren zur Vergabe öffentlicher Dienstleistungsaufträge, ABl. Nr. L 209 vom 24. 7. 1992, S. 1; zuletzt geändert durch die Richtlinie 2001/78/EG, ABl. Nr. L 285 vom 29. 10. 2001, S. 1.

30 S. zuletzt Richtlinie 93/36/EWG des Rates vom 14. Juni 1993 über die Koordinierung der Verfahren zur Vergabe öffentlicher Lieferaufträge, ABl. Nr. L 199 vom 9. 8. 1993, S. 1; zuletzt geändert durch die Richtlinie 2001/78/EG, ABl. Nr. L 285 vom 29. 10. 2001, S. 1.

31 ABl. Nr. L 199 vom 9. 8. 1993, S. 84, geändert durch Richtlinie 98/4/EG des Europäischen Parlaments und des Rates vom 16. Februar 1998, ABl. Nr. L 101 vom 1. 4. 1998, S. 1. S. dazu auch die Verordnung (EG) Nr. 2195/2002 des Europäischen Parlaments und des Rates vom 5. November 2002 über das Gemeinsame Vokabular für öffentliche Aufträge (CPV), ABl. Nr. L 340 vom 16. 12. 2002, S. 1.

32 S. hierzu oben 2. Teil D. VIII.

33 S. Definition in Art. 1 Ziffer 1 der Richtlinie.

34 S. Definition in Art. 1 Ziffer 2 der Richtlinie.

35 Art. 2 Abs. 1 der Richtlinie. Als besondere oder ausschließliche Rechte gelten nach Art. 2 Abs. 3 der Richtlinie Rechte, die sich aus der von einer zuständigen Behörde des betreffenden Mitgliedstaats aufgrund einer beliebigen Rechts- oder Verwaltungsvorschrift erteilten Genehmigung ergeben, wonach die Ausübung der betreffenden Tätigkeit einem oder mehreren Auftraggeber(n) vorbehalten wird. Eine Tätigkeit auf der Grundlage von besonderen oder ausschließlichen Rechten wird insbesondere angenommen,
a) wenn ein Auftraggeber zum Bau eines Netzes oder anderen erforderlichen Einrichtungen durch ein Enteignungsverfahren oder Gebrauchsrechte begünstigt werden kann oder Einrichtungen auf, unter oder über dem öffentlichen Wegenetz anbringen darf;
b) wenn ein Auftraggeber ein Netz mit Elektrizität, Gas oder Wärme versorgt, das seinerseits von einem Auftraggeber betrieben wird, der von einer zuständigen Behörde des betreffenden Mitgliedstaats gewährte besondere oder ausschließliche Rechte genießt.

36 S. Art. 2 Abs. 5 der Richtlinie.

Nach Art. 2 Abs. 6 i. V. m. ihren Anhängen II bis V unterliegen der Richtlinie in **Deutschland** die Energieversorgungsunternehmen i. S. des Energiewirtschaftsrechts[37] (Elektrizität und Gas) sowie die Unternehmen i. S. des Bundesberggesetzes[38] (Gewinnung von Öl, Gas, Kohle und anderen festen Brennstoffen). In **Österreich** gilt die Richtlinie nach Maßgabe der Beitrittsakte[39].

Gemäß Art. 4 der Richtlinie haben die Auftraggeber bei der Vergabe ihrer Liefer-, Bau- und Dienstleistungsaufträge Verfahren anzuwenden, die den Vorschriften der Richtlinie entsprechen, und jedwede Diskriminierung von Lieferanten, Unternehmen oder Dienstleistungserbringern zu unterlassen. Im einzelnen legt die Richtlinie die Schwellenwerte für die Aufträge[40] und die Einzelheiten der Vergabeverfahren fest[41]. Hierbei ist für den Energiesektor von Bedeutung, daß die Richtlinie nicht für Aufträge gilt, „die die bezeichneten Auftraggeber für die Lieferung von Energie oder von Brennstoffen zum Zwecke der Energieerzeugung vergeben"[42]. Dies bedeutet z. B., daß Elektrizitätsversorgungsunternehmen beim Einkauf der zu verstromenden Einsatzenergien, wie Kohle oder Öl, der Richtlinie nicht unterliegen[43]. Umgekehrt sind öffentliche Auftraggeber bei der Beschaffung von Energie an die Richtlinien gebunden, soweit deren Voraussetzungen vorliegen. Mit der Frage, ob hierbei ein öffentlicher Auftraggeber bei der Beschaffung von Strom als Zuschlagskriterium den Anteil von Strom aus erneuerbaren Energien festlegen darf, ist z. Zt. der Gerichtshof befaßt[44].

---

37 S. zuletzt das Energiewirtschaftsgesetz i. d. F. des Art. 1 des Gesetzes zur Neuregelung des Energiewirtschaftsrechts vom 24. April 1998, BGBl. 1998 I S. 730.

38 Vom 13. August 1980, BGBl. 1980 I S. 1310.

39 S. Anhang I, XI. E. 3. der Beitrittsakte (ABl. Nr. C 241 vom 29. 8. 1994, S. 230 f):
– „Stellen, die Strom erzeugen, weiterleiten oder verteilen, gemäß dem 2. Verstaatlichungsgesetz (BGBl. Nr. 81/1947) und dem Elektrizitätswirtschaftsgesetz (BGBl. Nr. 260/1975) sowie gemäß den Elektrizitätswirtschaftsgesetzen der neuen Länder"
– „Gas: Vertraglich ermächtigte Stellen, die Gas weiterleiten oder verteilen, gemäß dem Energiewirtschaftsgesetz 1935, dRGBl. I S. 1451/1935 in der Fassung des dRGBl. I S. 467/1941.
Wärme: Vertraglich ermächtigte Stellen, die Wärme weiterleiten oder verteilen, gemäß der Gewerbeordnung (BGBl. Nr. 50/1974)".
– Öl und Gasgewinnung
– „Stellen gemäß dem Berggesetz 1975 (BGBl. Nr. 259/1975)".
– „Stellen, die nach Kohle und anderen festen Brennstoffen schürfen und diese gewinnen, gemäß dem Berggesetz 1975 (BGBl. Nr. 259/1975)".

40 S. Art. 14 der Richtlinie. S. dazu die vom 1. Januar 2002 geltenden Gegenwerte der in den Richtlinien über öffentliche Aufträge genannten Schwellenwerte, ABl. Nr. C 332 vom 27. 11. 2001, S. 21.

41 S. Art. 20 ff. der Richtlinie.

42 S. Art. 9 Abs. 1 b) der Richtlinie.

43 Der 17. Erwägungsgrund der Richtlinie gibt hierzu folgende Begründung: „Die Kommission hat mitgeteilt, daß sie Maßnahmen vorschlagen wird, um die Hemmnisse für den grenzüberschreitenden Handel mit Elektrizität bis 1992 zu beseitigen. Vergabevorschriften, wie sie für Lieferaufträge vorgeschlagen werden, würden nicht zur Überwindung der beim Kauf von Energie und Brennstoffen im Energiesektor bestehenden Hindernisse führen. Daher sollen Energiekäufe nicht in die Richtlinie einbezogen werden; diese Situation wird jedoch vom Rat auf der Grundlage eines Berichts und entsprechender Vorschläge der Kommission zu überprüfen sein."

44 Rechtssache C-448/01 (1. EVN AG, 2. Wienstrom GmbH ./. Republik Österreich), ABl. Nr. C 84 vom 6. 4. 2002, S. 38. S. dazu die Schlußanträge von Generalanwalt Mischo vom 27. Februar 2003.

Im Zuge der **Reform** des Rechts der öffentlichen Aufträge, die die Kommission mit einem Grünbuch[45] und zwei Legislativvorschlägen eingeleitet hat[46], hat die Kommission auch die für den Energiesektor wichtige Frage behandelt, ob und inwieweit **Umweltbelange** bei der Vergabe öffentlicher Aufträge berücksichtigt werden können[47]. Weitere Überlegungen gelten dem Themenkreis **Konzessionen** und öffentliches Auftragswesen[48].

G. Energieforschung

Literatur:

European Commission, RTD info: The priorities of the Sixth Framework Programme 2002–2006, Special Edition, November 2002; *Dieter Maass*, 6. EU-Rahmenprogramm für Forschung und Entwicklung, et 2002, S. 785; *Stephan Ramesohl*, Energieforschung – Schlüssel für Zukunftsmärkte, et 2003, S. 333.

Die Grundlagen der gemeinsamen Energie-, Forschungs- und Umweltpolitik wurden im EWG-Sekundärrecht zeitgleich in den Jahren 1973/74 gelegt[1]. Bei der Konzeption des EWG-Forschungsrechts stand der Energiesektor im doppelten Sinne Pate: zum einen weil die Gemeinschaftsforschung ihre Ursprünge dem EGKS- und Euratomvertrag verdankt und zum zweiten weil mit der ersten Ölkrise ein wachsender Forschungsbedarf auf Seiten der EWG-Energien entstand. Auch die dritte Politik der Trias, die Umweltpolitik, hat in großem Umfang Probleme zu lösen, die ihr der Energiesektor und insbesondere der Energieverbrauch stellt. Umwelt- und Forschungspolitik wiederum sind durch die Umweltforschung eng miteinander verbunden.

Bis zur Aufnahme eines eigenen Titels über die gemeinsame Forschungspolitik in den EWG-Vertrag durch die Einheitliche Europäische Akte[2] ergingen die Rechtsakte auf

---

45 „Das öffentliche Auftragswesen in der Europäischen Union: Überlegungen für die Zukunft", KOM(96) 583 endg. S. auch die Mitteilung „Das öffentliche Auftragswesen in der Europäischen Union", KOM(98) 143 vom 11. 3. 1998.

46 S. Vorschlag für eine Richtlinie des Europäischen Parlaments und des Rates über die Koordinierung der Verfahren zur Vergabe öffentlicher Lieferaufträge, Dienstleistungsaufträge und Bauaufträge (KOM(2000) 275 endg.) und Vorschlag für eine Richtlinie des Europäischen Parlaments und des Rates zur Koordinierung der Auftragsvergabe durch Auftraggeber im Bereich der Wasser-, Energie- und Verkehrsversorgung (KOM(2000) 276 endg.). S. dazu die Stellungnahme des Wirtschafts- und Sozialausschusses und des Ausschusses der Regionen im ABl. Nr. C 193 vom 10. 7. 2001, S. 1 und ABl. Nr. C 144 vom 16. 5. 2001, S. 23.

47 S. Interpretierende Mitteilung der Kommission über das auf das Öffentliche Auftragswesen anwendbare Gemeinschaftsrecht und die Möglichkeit zur Berücksichtigung von Umweltbelangen bei der Vergabe öffentlicher Aufträge, ABl. Nr. C 333 vom 28. 11. 2001, S. 12.

48 S. Entwurf einer Mitteilung der Kommission zu Auslegungsfragen im Bereich Konzessionen und gemeinschaftsrechtliche Bestimmungen zum öffentlichen Auftragswesen, ABl. Nr. C 94 vom 7. 4. 1999, S. 4.

1 Zu den Anfängen der EWG-Forschung s. *Jürgen Grunwald* in *v. d. Groeben, Thiesing, Ehlermann*, Kommentar zum EU-/EG-Vertrag, Vorbemerkung zu den Artikeln 130f bis 130 p, 5. Aufl., Baden-Baden 1999, Band 3, S. 3/1728 ff.

2 Ursprünglich: Dritter Teil, Titel VI („Forschung und technologische Entwicklung") Art. 130f bis 130q. Nunmehr: Dritter Teil, Titel XVIII, Art. 163 bis 173.

dem Gebiet der EWG-Forschungsförderung auf der Grundlage des Art. 235 (Art. 308 EGV)[3]. Seit dem Inkrafttreten der EEA werden die großen Forschungsthemen in periodischen **Rahmenprogrammen** (Art. 166 Abs. 1 EGV) festgelegt, die der Konkretisierung und Ausführung durch **spezifische Programme** (Art. 166 Abs. 3 EGV) bedürfen. Die Rahmenprogramme sind hierbei nach **Aktionsbereichen** gegliedert, die regelmäßig Forschungsthemen auf dem Energiesektor enthalten[4].

Zusätzlich zur Durchführung der Forschungsprogramme hat die Gemeinschaft im FuT-Bereich weiterhin die Aufgabe, die **Koordinierung der nationalen Forschungstätigkeiten** der Mitgliedstaaten zu fördern (Art. 165 EGV) und nach außen die **Zusammenarbeit mit dritten Ländern und internationalen Organisationen** zu gestalten (Art. 164 lit. b) und 170 EGV). In beiden Richtungen ist die Gemeinschaft auf dem Gebiet der Energieforschung aktiv[5].

I. Energie als Forschungsthema

Wie alle früheren Rahmenprogramme[6], so enthält auch das zuletzt verabschiedete **Sechste Rahmenprogramm (2002–2006)**[7] das Forschungsgebiet „Energie". Es ist Bestandteil des ersten Maßnahmenbereichs „Bündelung und Integration der For-

---

3 S. als ersten Rechtsakt der EWG-Energieforschung den Beschluß 73/176/EWG des Rates vom 18. Juni 1973 zur Festlegung eines Forschungsprogramms der Europäischen Wirtschaftsgemeinschaft auf dem Gebiet der neuen Technologien (Nutzung der Sonnenenergie und Rohstoffrückführung), ABl. Nr. L 189 vom 11. 7. 1973, S. 34.

4 S. die Stellungnahme des Wirtschafts- und Sozialausschusses zum Thema „Forschungsbedarf im Hinblick auf eine sichere und nachhaltige Energieversorgung", ABl. Nr. C 241 vom 7. 10. 2002, S. 13.

5 S. Mitteilung der Kommission: Die **regionale** Dimension des Europäischen Forschungsraums, KOM(2001) 549 endg., sowie dazu die Stellungnahme des Ausschusses der Regionen, ABl. Nr. C 278 vom 14. 11. 2002, S. 1. S. weiterhin die Mitteilung der Kommission: Die **internationale** Dimension des Europäischen Forschungsraums, KOM (2001) 346 endg. vom 25. 6. 2001.

6 Das **erste** Rahmenprogramm wurde bereits vor der EEA erlassen:
– Entschließung des Rates vom 25. Juli 1983 über Rahmenprogramme für die Tätigkeiten der Gemeinschaft im Bereich Forschung, Entwicklung und Demonstration und über das **erste** Rahmenprogramm 1984–1987, ABl. Nr. C 208 vom 4. 8. 1983, S. 1.
Es folgten:
– Beschluß 87/516/Euratom/EWG des Rates vom 28. 9. 1987 über das **zweite** gemeinschaftliche Rahmenprogramm im Bereich der Forschung und technologischen Entwicklung (1987–1991), ABl. Nr. L 302 vom 24. 10. 1987, S. 1;
– Beschluß 90/221/Euratom/EWG des Rates vom 23. April 1990 über das (**dritte**) gemeinschaftliche Rahmenprogramm im Bereich der Forschung und technologischen Entwicklung (1990–1994), ABl. Nr. L 117 vom 8. 5. 1990, S. 28;
– Beschluß Nr. 1110/94/EG des Europäischen Parlaments und des Rates vom 26. April 1994 über das **Vierte** Rahmenprogramm der Europäischen Gemeinschaft im Bereich der Forschung, technologischen Entwicklung und Demonstration (1994–1998), ABl. Nr. L 126 vom 18. 5. 1994, S. 1;
– Beschluß Nr. 182/1999/EG des Europäischen Parlaments und des Rates vom 22. Dezember 1998 über das **Fünfte** Rahmenprogramm der Europäischen Gemeinschaft im Bereich der Forschung, technologischen Entwicklung und Demonstration (1998–2002), ABl. Nr. L 26 vom 1. 2. 1999, S. 1.

7 Beschluß Nr. 1513/2002/EG des Europäischen Parlaments und des Rates vom 27. Juni 2002 über das **Sechste** Rahmenprogramm der Europäischen Gemeinschaft im Bereich der Forschung, technologischen Entwicklung und Demonstration als Beitrag zur Verwirklichung des Europäischen Forschungsraums und zur Innovation (2002–2006), ABl. Nr. L 232 vom 29. 8. 2002, S. 1.

schung der Gemeinschaft" und gehört dort zur thematischen Priorität „Nachhaltige Entwicklung, globale Veränderungen und Ökosysteme". Unter der Überschrift „Nachhaltige Energiesysteme" sind folgende Themen vermerkt[8]:

a) Kurz- und mittelfristig, insbesondere im städtischen Bereich:
   i) saubere Energien, insbesondere erneuerbare Energiequellen und deren Integration in die Energiesysteme, einschließlich Speicherung, Verteilung und Nutzung;
   ii) Energieeinsparungen und Energieeffizienz, auch soweit sie durch Verwendung erneuerbarer Rohstoffe erreicht werden;
   iii) alternative Kraftstoffe;
b) mittel- und langfristig:
   i) Brennstoffzellen und ihre Anwendung;
   ii) neue Technologien für Energieträger, Energietransport und Energiespeicherung in europäischem Maßstab, insbesondere Wasserstofftechnologie;
   iii) neue und fortschrittliche Konzepte für die Technologien erneuerbarer Energieträger mit einem signifikanten Zukunftspotential, für die langfristige Forschungsanstrengungen erforderlich sind;
   iv) Entsorgung von CO_2 in Verbindung mit sauberen Kraftwerken für fossile Brennstoffe.

Für die Forschung zu diesen Themen sind für die Programmdauer Fördermittel in Höhe von 810 Mio EURO ausgewiesen[9]. Die einzelnen Forschungsschwerpunkte auf dem Gebiet der Energie sind in den entsprechenden spezifischen Programmen näher ausgeführt[10].

II. Beteiligung des Energiesektors an Forschungsprogrammen und Verbreitung der Ergebnisse

Nach Art. 167 EGV legt der Rat zur Durchführung des Rahmenprogramms die Regeln für die Beteiligung der Unternehmen, der Forschungszentren und der Hochschulen sowie die Regeln für die Verbreitung der Forschungsergebnisse fest[11]. Auf dieser

---

8 A. a. O. S. 14 f.

9 A. a. O. S. 26.

10 S. Entscheidung 2002/834/EG des Rates vom 30. September 2002 über ein spezifisches Programm im Bereich der Forschung, technologischen Entwicklung und Demonstration: „Integration und Stärkung des Europäischen Forschungsraums" (2002–2006), ABl. Nr. L 294 vom 29. 10. 2002, S. 1. S. dazu die Aufforderung zur Einreichung von Vorschlägen im ABl. Nr. C 315 vom 17. 12. 2002, S. 1; Entscheidung 2002/835/EG des Rates vom 30. September 2002 über ein spezifisches Programm im Bereich der Forschung, technologischen Entwicklung und Demonstration: „Ausgestaltung des Europäischen Forschungsraums" (2002–2006), ABl. Nr. L 294 vom 29. 10. 2002, S. 44. S. dazu die Aufforderung zur Einreichung von Vorschlägen im ABl. Nr. C 315 vom 17. 12. 2002, S. 58; Entscheidung 2002/836/EG des Rates vom 30. September 2002 über ein von der Gemeinsamen Forschungsstelle durch direkte Aktionen durchzuführendes spezifisches Programm für Forschung, technologische Entwicklung und Demonstration (2002–2006), ABl. Nr. L 294 vom 29. 10. 2002, S. 60. S. auch die Schlußfolgerungen des Rates vom 26. November 2002 zu den Fortschritten, die beim Ausbau des Europäischen Forschungsraums und bei dem Versuch, ihm neue Impulse zu verleihen, erzielt worden sind, ABl. Nr. C 43 vom 22. 2. 2003, S. 1.

11 S. Verordnung (EG) Nr. 2321/2002 des Europäischen Parlaments und des Rates vom 16. Dezember 2002 über Regeln für die Beteiligung von Unternehmen, Forschungszentren und Hoch-

Grundlage veröffentlicht die Kommission für jedes Rahmenprogramm einen Leitfaden für Antragsteller unter dem Titel „Teilnahme an Europäischen Forschungsprogrammen“[12]. Dieser Leitfaden wird begleitet von zahlreichen Broschüren und Informationen über die einzelnen Forschungsthemen[13].

Auf der Grundlage der spezifischen Programme legt die Kommission jährliche Arbeitsprogramme fest[14], die ihrerseits zur Veröffentlichung von Mitteilungen führen, mit denen die Kommission zur Einreichung von Vorschlägen für konkrete Forschungsprojekte auffordert[15].

Über die tatsächliche Abwicklung der Programme erstattet die Kommission jedes Jahr ausführlich Bericht (Art. 173 EGV)[16]. So ist dem Jahresbericht 2000 zu entnehmen, daß im Jahre 1999 insgesamt 1060 Vorschläge für Energieforschungsprojekte bei der Kommission eingegangen sind, von denen 308 ausgewählt wurden[17].

Zur Unterstützung der Verbreitung neuer Energietechnologien hat die Kommission unter dem Vierten FuT-Rahmenprogramm[18] das **OPET-Netz**[19] eingerichtet, das sich nicht nur auf die Gemeinschaft erstreckt, sondern auch Länder Ost- und Mitteleuropas erfaßt. Das OPET-Netz ergänzt die EU-Verbindungsbüros für Forschung und Technologie (Innovation Relay Centres)[20].

III. Internationale Energieforschung

Der Auftrag der Gemeinschaft, auf dem FuT-Sektor die Zusammenarbeit mit dritten Ländern und internationalen Organisationen zu fördern (Art. 164 lit. b) und 170 EGV),

---

schulen an der Durchführung des Sechsten Rahmenprogramms der Europäischen Gemeinschaft (2002–2006) sowie für die Verbreitung der Forschungsergebnisse, ABl. Nr. L 355 vom 30. 12. 2002, S. 23.

12 S. Publikation EUR/9309, Luxemburg 2000. Online: http://www.europa.eu.int

13 S. z. B. die Broschüre „Umwelt, Energie, Europa: Investition in Gegenwart und Zukunft, Luxemburg 2000.“ Weitere Informationen sind über den FuT/FTE Informationsdienst CORDIS (http://www.cordis.Lu/) verfügbar.

14 S. z. B. Kommissionsentscheidung K (2002) 4789, aktualisiert durch Kommissionsentscheidung K (2003) 577.

15 S. z. B. Aufforderung zur Einreichung von Vorschlägen für indirekte FTE-Aktionen im Rahmen des spezifischen Programms für Forschung, technologische Entwicklung und Demonstration über „Integration und Stärkung des Europäischen Forschungsraums“, ABl. Nr. C 47 vom 27. 2. 2003, S. 18, sowie spezifisch zu „Nachhaltigen Energiesystemen“ ABl. Nr. C 141 vom 17. 6. 2003, S. 21.

16 S. z. B. die Jahresberichte über die Tätigkeiten der Europäischen Union im Bereich der Forschung und technologischen Entwicklung für 1998 (KOM (1998) 439 endg. vom 15. 7. 1998), 1999 (KOM (1999) 284 endg. vom 25. 6. 1999), 2000 (KOM (2000) 842 endg. vom 19. 12. 2000) und 2001 (KOM (2001) 756 endg. vom 22. 2. 2002).

17 A. a. O. S. 72.

18 S. o. Fn. 6 sowie die Entscheidung Nr. 94/917/EG des Rates vom 15. Dezember 1994 über das spezifische Programm „Verbreitung und optimale Nutzung der Ergebnisse aus Forschung, technologischer Entwicklung und Demonstration (1994–1998)“, ABl. Nr. L 361 vom 31. 12. 1994, S. 101.

19 S. ABl. Nr. C 337 vom 15. 12. 1995, S. 35. OPET steht für „Organizations for the Promotion of Energy Techniques“.

20 A. a. O.

hat zum Abschluß zahlreicher Forschungsübereinkommen geführt[21], in deren Rahmen u. a. Forschungsprojekte auf dem Energiesektor durchgeführt werden. Hierbei genießen die EWR-Staaten und die osteuropäischen Beitrittskandidaten insofern einen Sonderstatus, als sie am Rahmenprogramm der Gemeinschaft beteiligt sind, wobei sie allerdings ihre eigenen finanziellen Aufwendungen selbst zu tragen haben[22].

H. Energiestatistik

Literatur:

Verband der Industriellen Energie- und Kraftwirtschaft (Hrsg.), Statistik der Energiewirtschaft, Essen 2002.

Im Energiesektor – wie in jedem anderen Wirtschaftssektor – ist die Kenntnis der wichtigsten Wirtschaftsdaten für die Formulierung der politischen und rechtlichen Handlungsvorgaben unverzichtbar. Nicht nur langfristige Entwicklungstendenzen gilt es hierbei zu erkennen, auch ein kurzfristiges „Reagieren auf Lagen" (*Herbert Krüger*) erfordert eine gesicherte Faktenbasis.

I. Rechtsgrundlagen

Zur Einholung der erforderlichen Auskünfte ist die Gemeinschaft nach Art. 284 (ex-Art. 213) EGV von Anfang an ermächtigt gewesen: „Zur Erfüllung der ihr übertragenen Aufgaben kann die Kommission alle erforderlichen Auskünfte einholen und alle erforderlichen Nachprüfungen vornehmen; der Rahmen und die nähere Maßgabe hierfür werden vom Rat gemäß den Bestimmungen dieses Vertrags festgelegt". Auf der Grundlage dieser Vorschrift hat der Rat seit den 70er Jahren mehrere Rechtsakte auf dem Gebiet der Energiestatistik erlassen[1]. Der Vertrag von Amsterdam fügte der allgemeinen Regelung des Art. 284 einen speziellen Art. 285 (ex-Art. 213 a) EGV hinzu, nach dessen Abs. 1 der Rat „Maßnahmen für die Erstellung von Statistiken" beschließen kann, „wenn dies für die Durchführung der Tätigkeiten der Gemeinschaft

21 S. aus der letzten Zeit insbesondere die Abkommen über die wissenschaftliche und technische Zusammenarbeit mit Argentinien (ABl. Nr. L 6 vom 11. 1. 2000, S. 31), Australien (ABl. Nr. L 195 vom 28. 7. 1999, S. 31), China (ABl. Nr. L 6 vom 11. 1. 2000, S. 39), Indien (ABl. Nr. L 213 vom 9. 8. 2002, S. 29), Israel (ABl. Nr. L 83 vom 27. 3. 1999, S. 50), Kanada (ABl. Nr. L 156 vom 23. 6. 1999, S. 23), der Schweiz (ABl. Nr. L 114 vom 30. 4. 2002, S. 468) den Vereinigten Staaten von Amerika (ABl. Nr. L 284 vom 22. 10. 1998, S. 35), Rußland (ABl. Nr. L 299 vom 28. 11. 2000, S. 14) und der Ukraine (ABl. Nr. L 36 vom 12. 2. 2003, S. 31) sowie mit Chile (ABl. Nr. L 199 vom 7. 8. 2003, S. 19).

22 S. die Hinweise auf die Vereinbarungen zwischen der Gemeinschaft und den Kandidatenländern im ABl. Nr. C 64 vom 18. 3. 2003, S. 18–24.

1 S. z. B. Verordnung (EWG) Nr. 1729/76 des Rates vom 21. Juni 1976 betreffend die Mitteilung von Informationen über die Energieversorgungslage der Gemeinschaft, ABl. Nr. L 198 vom 23. 7. 1976, S. 1; aufgehoben durch Verordnung (EG) Nr. 24/97 des Rates vom 20. Dezember 1996, ABl. Nr. L 6 vom 10. 1. 1997, S. 6.

erforderlich ist". Abs. 2 bestimmt: „Die Erstellung der Gemeinschaftsstatistiken erfolgt unter Wahrung der Unparteilichkeit, der Zuverlässigkeit, der Objektivität, der wissenschaftlichen Unabhängigkeit, der Kostenwirksamkeit und der statistischen Geheimhaltung; der Wirtschaft dürfen dadurch keine übermäßigen Belastungen entstehen".

Auf der Ebene des Sekundärrechts hatte sich die Gemeinschaft für die Beschaffung und Verbreitung statistischer Daten schon 1997 einen allgemeinen Rechtsrahmen gegeben. Mit der **Verordnung (EG) Nr. 322/97 des Rates vom 17. Februar 1997 über die Gemeinschaftsstatistiken**[2] wurden die Rahmenregelungen für die statistischen Programme, die Grundprinzipien der statistischen Erhebungen, die Verbreitung der Daten und das Statistikgeheimnis festgelegt und die Kommission mit Durchführungsbefugnissen betraut. Innerhalb der Kommission ist das **Statistische Amt der Europäischen Gemeinschaften** (Eurostat) für die Erstellung und Veröffentlichung der Gemeinschaftsstatistiken zuständig[3].

Im **Statistischen Programm der Gemeinschaft 2003–2007**[4] ist der Sektor „Energie und Rohstoffe" insbesondere bei den Transeuropäischen Netzen[5], aber auch beim freien Warenverkehr[6], beim Wettbewerb, Steuerrecht und der Angleichung der Rechtsvorschriften[7] sowie bei der Umwelt[8] als Arbeitsthema von Eurostat vorgesehen. Ergänzend zu formellen Rechtsakten bezieht die Kommission auf der Grundlage

---

2 ABl. Nr. L 52 vom 22. 2. 1997, S. 1.

3 S. Beschluß 97/281/EG der Kommission vom 21. April 1997 über die Rolle von Eurostat bei der Erstellung von Gemeinschaftsstatistiken, ABl. Nr. L 112 vom 29. 4. 1997, S. 56.

4 Entscheidung 2367/2002/EG des Europäischen Parlaments und des Rates vom 16. Dezember 2002 über das Statistische Programm der Gemeinschaft 2003–2007, ABl. Nr. L 358 vom 31. 12. 2002, S. 1.

5 Die Leitlinien in Anhang I, Titel XII („Transeuropäische Netze") (a. a. O. S. 28) vermerken hierzu unter der Überschrift „Statistische Auswirkungen":
Die TEN-Initiative hat die Energiestatistik belebt und ihr eine neue Dimension gegeben. Energiestatistiken werden in erster Linie von der Gemeinschaft als Grundlage für ihre einschlägigen Maßnahmen herangezogen. Dabei handelt es sich um Maßnahmen, die unter den Aspekt „Energie" zahlreicher Politikbereiche fallen, z. B. Wettbewerb (und hier vor allem bei staatlichen Unternehmen), Binnenmarkt, Verkehr, Forschung und Entwicklung sowie Umwelt. Als objektive Basis für die Wahl der Maßnahmen dienen Struktur- und Konjunkturangaben über Energieerzeugung und -verbrauch und über die entsprechenden Preise.
Die Handelsstatistiken im Bereich der Energie werden konsolidiert und verbessert.
Es sollen Meßgrößen für die Umweltaspekte der Energie entwickelt werden, wie sie z. B. zur Abschätzung der Umweltauswirkungen von Schadstoffemissionen und der Möglichkeiten zu ihrer Verminderung benötigt werden. Dies betrifft vor allem die Entwicklung erneuerbarer Energien, die rationelle Energienutzung und die Fortsetzung der Substitutionsanstrengungen.
Die Arbeiten werden sich im wesentlichen konzentrieren auf
- die Konsolidierung und Verbesserung der Handelsstatistiken im Bereich Energie mit dem Ziel, eine Beobachtung der Auswirkungen des Energie-Binnenmarkts zu ermöglichen;
- die Entwicklung eines Satzes von Statistiken über die Umweltauswirkungen der Energie im Einklang mit den Verpflichtungen, die die Mitgliedstaaten im Rahmen der Strategie nach Kyoto eingegangen sind.

S. auch S. 31 (Thema 45).

6 A. a. O. S. 7 (Thema 45).

7 A. a. O. S. 17 (Thema 45).

8 A. a. O. S. 39 (Thema 45).

formloser Übereinkommmen mit den Mitgliedstaaten Informationen über die Energieversorgungssituation in der Gemeinschaft.

Neben diesen **programmatischen** Regelungen ist der Energiesektor seit Anbeginn Teil der **systematischen** Bestimmung der für die Statistik relevanten Wirtschaftszweige. Seit Anfang der 90er Jahre gilt die **Verordnung (EWG) Nr. 3037/90 des Rates vom 9. Oktober 1990 betreffend die statistische Systematik der Wirtschaftszweige in der Europäischen Gemeinschaft**[9] (NACE Rev.). Ab dem 1. Januar 2003 erhält diese Verordnung einen neuen Anhang, der folgende Wirtschaftszweige des Energiesektors auflistet[10]:

ABSCHNITT C	**BERGBAU UND GEWINNUNG VON STEINEN UND ERDEN**	
UNTERABSCHNITT CA	**KOHLENBERGBAU, TORFGEWINNUNG, GEWINNUNG VON ERDÖL UND ERDGAS, BERGBAU AUF URAN- UND THORIUMERZE**	
10	KOHLENBERGBAU, TORFGEWINNUNG	
10,1	**Steinkohlenbergbau und -brikettherstellung**	101
10,10	Steinkohlenbergbau und -brikettherstellung	1010
10,2	**Braunkohlenbergbau und -brikettherstellung**	102
10,20	Braunkohlenbergbau und Brikettherstellung	1020
10,3	**Torfgewinnung und -brikettherstellung**	103
10,30	Torfgewinnung und -brikettherstellung	1030
11	GEWINNUNG VON ERDÖL UND ERDGAS, ERBRINGUNG DAMIT VERBUNDENER DIENSTLEISTUNGEN	
11,1	**Gewinnung von Erdöl und Erdgas**	111
11,10	Gewinnung von Erdöl und Erdgas	1110
11,2	**Erbringung von Dienstleistungen für den Erdöl- und Erdgasbergbau**	112
11,20	Erbringung von Dienstleistungen für den Erdöl- und Erdgasbergbau	1120
12	BERGBAU AUF URAN-UND THORIUMERZE	
12,0	**Bergbau auf Uran- und Thoriumerze**	120
12,00	Bergbau auf Uran- und Thoriumerze	1200

9 ABl. Nr. L 293 vom 24. 10. 1990, S. 1.

10 S. Verordnung (EG) Nr. 29/2002 der Kommission vom 19. Dezember 2001 zur Änderung der Verordnung (EWG) Nr. 3037/90, ABl. Nr. L 6 vom 10. 1. 2002, S. 3.

ABSCHNITT D	**HERSTELLUNG VON WAREN**	
UNTERABSCHNITT DF	**KOKEREI, MINERALÖLVERARBEITUNG, HERSTELLUNG UND VERARBEITUNG VON SPALT- UND BRUTSTOFFEN**	
23	KOKEREI, MINERALÖLVERARBEITUNG, HERSTELLUNG UND VERARBEITUNG VON SPALT- UND BRUTSTOFFEN	
23,1	**Kokerei**	231
23,10	Kokerei	2310
23,2	**Mineralölverarbeitung**	232
23,20	Mineralölverarbeitung	2320
23,3	**Herstellung und Verarbeitung von Spalt- und Brutstoffen**	233
23.30	Herstellung und Verarbeitung von Spalt-und Brutstoffen	2330
ABSCHNITT E	**ENERGIE- UND WASSERVERSORGUNG**	
40	ENERGIEVERSORGUNG	
40.1	**Elektrizitätsversorgung**	401
40.11	Elektrizitätserzeugung	4010x
40.12	Elektrizitätsübertragung	4010x
40.13	Elektrizitätsverteilung und -handel	4010x
40.2	**Gasversorgung**	402
40.21	Gaserzeugung	4020x
40.22	Gasverteilung und -handel durch Rohrleitungen	4020x
40.3	**Wärmeversorgung**	403
40.30	Wärmeversorgung	4030

ABSCHNITT G	HANDEL; INSTANDHALTUNG UND REPARATUR VON KRAFTFAHRZEUGEN UND GEBRAUCHSGÜTERN	
50	Kraftfahrzeughandel; Instandhaltung und Reparatur von Kraftfahrzeugen; Tankstellen	
50.5	**Tankstellen**	505
50.50	Tankstellen	5050
51	Handelsvermittlung und Großhandel (ohne Handel mit Kraftfahrzeugen)	
51.1	**Handelsvermittlung**	511
51.12	Handelsvermittlung	5110x
51.5	**Großhandel mit nichtlandwirtschaftlichen Halbwaren, Altmaterialien und Reststoffen**	514
51.51	Großhandel mit festen Brennstoffen und Mineralölerzeugnissen	5141

II. Energie im Statistischen Rahmenprogramm

Der **Warenverkehr von Energieprodukten** wird durch zwei statistische Basisakte erfaßt: die Verordnung (EWG) Nr. 3330/91 des Rates vom 7. November 1991 über die Statistiken des **Warenverkehrs zwischen Mitgliedstaaten**[11] (Intrastat) und die Verordnung (EG) Nr. 1172/95 des Rates vom 22. Mai 1995 über die Statistiken des Warenverkehrs der Gemeinschaft und ihrer Mitgliedstaaten **mit Drittländern**[12] (Außenhandelsstatistik). Die Statistiken für den Intra- und Extrahandel beruhen auf der einheitlich zu verwendenden kombinierten Nomenklatur[13]. Die Erstellung und Verbreitung der Statistiken wird durch das Telematiknetz EDICOM (Electronic Data Interchange on Commerce) unterstützt[14].

---

11 ABl. Nr. L 316 vom 16. 11. 1991, S. 1 (einschließlich des elektrischen Stroms, s. Art. 2 b)). Zuletzt geändert durch die Verordnung (EG) Nr. 1624/2000 des Europäischen Parlaments und des Rates vom 10. Juli 2000, ABl. Nr. L 187 vom 26. 7. 2000, S. 1. S. dazu die Durchführungs-Verordnung (EG) Nr. 1901/2000 der Kommission vom 7. September 2000, ABl. Nr. L 228 vom 8. 9. 2000, S. 28.

12 ABl. Nr. L 118 vom 25. 5. 1995, S. 10. Zuletzt geändert durch die Verordnung (EG) Nr. 374/98 des Rates vom 12. Februar 1998, ABl. Nr. L 48 vom 19. 2. 1998, S. 6. S. dazu die Durchführungs-Verordnung (EG) Nr. 1917/2000 der Kommission vom 7. September 2000, ABl. Nr. L 229 vom 9. 9. 2000, S. 14.

13 S. Verordnung (EWG) Nr. 2658/87 des Rates vom 23. Juli 1987 über die zolltarifliche und statistische Nomenklatur sowie den Gemeinsamen Zolltarif, ABl. Nr. L 256 vom 7. 9. 1987, S. 1; zuletzt geändert durch die Verordnung (EG) Nr. 1832/2002 der Kommission vom 1. August 2002, ABl. Nr. L 290 vom 28. 10. 2002, S. 1.

14 S. Entscheidung 96/715/EG des Rates vom 9. Dezember 1996 betreffend die Telematiknetze zwischen Behörden für die Statistiken über den Warenverkehr zwischen Mitgliedstaaten (EDICOM), ABl. Nr. L 327 vom 18. 12. 1996, S. 34 sowie Entscheidung Nr. 507/2001/EG des Europä-

Die **Preise für Energieprodukte** gehen in die harmonisierten **Verbraucherpreisindizes** ein, die Eurostat nach Maßgabe des Gemeinschaftsrechts erstellt[15]. Hinzuweisen ist insbesondere auf die Teilindizes 04.5 (Elektrizität, Gas und andere Brennstoffe) und 07.2.2 (Kraft- und Schmierstoffe für private Verkehrsmittel)[16].

Auch im Rahmen der **Konjunkturstatistiken** spielt der Energiesektor eine bedeutende Rolle[17], wo er zu den industriellen Hauptgruppen gehört[18].

Als Güter der Wirtschaftszweige C und D der NACE Rev. 1 Systematik[19] unterfallen Energieerzeugnisse des verarbeitenden Gewerbes der Verordnung (EWG) Nr. 3924/91 des Rates vom 19. Dezember 1991 zur Einführung einer Gemeinschaftserhebung über die **Produktion von Gütern**[20]. Die Erhebung umfaßt die Güter der „PRODCOM-Liste"[21] und erfaßt die **Menge** und den **Wert** der im Erhebungszeitraum abgesetzten Produktion.

Auch das Ende der Warenkette, die Abfälle, sind für den Energiesektor von Belang, soweit sie Verwendung als Brennstoff finden oder als Altöl wiederverwendet werden. Zu ihrer Erfassung dient die Verordnung (EG) Nr. 2159/2002 des Europäischen Parlaments und des Rates vom 25. November 2002 zur **Abfallstatistik**[22].

III. Spezifische Energiestatistiken

Die von Eurostat veröffentlichten Energiestatistiken unterfallen in vier Gruppen: die Statistiken auf Jahres- und auf Monatsbasis, die Preisstatistiken sowie spezifische Projektstatistiken.

---

ischen Parlaments und des Rates vom 12. März 2001 über ein Maßnahmenpaket betreffend das transeuropäische Netz für die Sammlung, Erstellung und Verbreitung der Statistiken über den inner- und außergemeinschaftlichen Warenverkehr (Edicom), ABl. Nr. L 76 vom 16. 3. 2001, S. 1. S. hierzu zuletzt die Entscheidung Nr. 2003/374/EG der Kommission vom 21. Mai 2003 zur Anwendung der Entscheidung Nr. 507/2001/EG, ABl. Nr. L 128 vom 24. 5. 2003, S. 20.

15 S. Verordnung (EG) Nr. 2494/95 des Rates vom 23. Oktober 1995 über harmonisierte Verbraucherpreisindizes, ABl. Nr. L 257 vom 27. 10. 1995, S. 1, s. dazu zuletzt die Verordnung (EG) Nr. 1749/1999 der Kommission vom 23. Juli 1999 zur Änderung der Verordnung (EG) Nr. 2214/96 über die Teilindizes des Harmonisierten Verbraucherpreisindexes, ABl. Nr. L 214 vom 13. 8. 1999, S. 1.

16 S. o. Verordnung (EG) Nr. 1749/1999, a. a. O. S. 4, 5, 14 und 20.

17 S. Verordnung (EG) Nr. 1165/98 des Rates vom 19. Mai 1998 über Konjunkturstatistiken, ABl. Nr. L 162 vom 5. 6. 1998, S. 1 sowie Verordnung (EG) Nr. 586/2001 der Kommission vom 26. März 2001 zur Durchführung der Verordnung (EG) Nr. 1165/98 des Rates über Konjunkturstatistiken: Definition der industriellen Hauptgruppen (MIGS), ABl. Nr. L 86 vom 27. 3. 2001, S. 11.

18 S. o. Verordnung (EG) Nr. 586/2001, a. a. O. S. 14.

19 S. zuletzt Verordnung (EG) Nr. 1232/98 der Kommission vom 17. Juni 1998 zur Änderung der Verordnung (EWG) Nr. 3696/93 des Rates betreffend die statistische Güterklassifikation in Verbindung mit den Wirtschaftszweigen in der Europäischen Wirtschaftsgemeinschaft, ABl. Nr. L 177 vom 22. 7. 1998, S. 1; s. dort S. 7, 8, 32, 33.

20 ABl. Nr. L 374 vom 31. 12. 1991, S. 1.

21 S. Verordnung (EG) Nr. 347/2003 der Kommission vom 30. Dezember 2002 zur Erstellung der „Prodcom-Liste" der Industrieprodukte für 2003 gemäß der Verordnung (EWG) Nr. 3924/91 des Rates, ABl. Nr. L 57 vom 3. 3. 2003, S. 1.

22 ABl. Nr. L 332 vom 9. 12. 2002, S. 1.

Die **jährlichen Energiestatistiken** beruhen auf Erhebungen der Mitgliedstaaten, die die Daten Eurostat und der Internationalen Energie-Agentur in Paris übermitteln. Erfaßt werden die festen Brennstoffe, Mineralöl, Erdgas, Elektrizität und erneuerbare Energien. Die Erhebung folgt dem Produktzyklus, d. h. der Erzeugung, der Einfuhr (minus Ausfuhr), der Umwandlung und dem Verbrauch. Eurostat überprüft die Daten auf ihre interne Stimmigkeit und veröffentlicht sie im Zeitabstand T + 16 Monate[23].

Die **monatlichen Statistiken** beruhen auf Fragebogen von Eurostat und betreffen die festen Brennstoffe, Mineralöl, Erdgas und Elektrizität. Sie erfassen die Angebotsseite, Export und Import sowie den Verbrauch in vereinfachter Form. Die Veröffentlichung erfolgt im Zeitabstand T + 3 Monate[24].

Die Erstellung der **Preisstatistiken** für Elektrizität und Erdgas beruht auf der Richtlinie 90/377/EWG des Rates vom 29. Juni 1990 zur Einführung eines gemeinschaftlichen Verfahrens zur Gewährleistung der Transparenz der vom industriellen Endverbraucher zu zahlenden **Gas-** und **Strompreise**[25]. Auf freiwilliger Basis wurde die Richtlinie auf die Meldung der Gas- und Strompreise für Haushalte erstreckt. Die Veröffentlichung durch Eurostat erfolgt halbjährlich und für längere Zeiträume aggregiert[26]. In unregelmäßigen Abständen veröffentlicht Eurostat auch Darstellungen der nationalen **Preissysteme**[27].

Die Erhebungen über die **Rohölpreise** und die **Verbraucherpreise für Mineralölerzeugnisse** sind auf die Entscheidung 1999/280/EG des Rates gestützt[28]. Für Steinkohle, Braunkohle und ihre Veredelungserzeugnisse bestehen auf Gemeinschaftsebene keine Preisstatistiken.

Spezifische Projektstatistiken wurden in den letzten Jahren u. a. zur kombinierten Kraft-Wärme-Koppelung[29], zu erneuerbaren Energien[30], zu den Betriebsergebnissen

---

23 S. z. B. Eurostat, Energie: Jährliche Statistiken Daten 2000, 2002 Edition, Luxemburg 2002, sowie Eurostat, Energiebilanzen Daten 1999–2000, 2002 Edition, Luxemburg 2002. S. dazu auch Eurostat, Energy Statistics Methodology, Eurostat F4, 1998. S. weiterhin Eurostat, Integration – indicators for energy, Data 1985–98, Edition, Luxemburg 2001; Eurostat, Energy and environment indicators, Data 1985–2000, Luxemburg 2002, und EU Energy and Transport in Figures, Statistical Pocketbook 2002, Luxemburg 2002.

24 S. z. B. Eurostat, Energie: Monatliche Statistiken 12/2002, Luxemburg 2002.

25 ABl. Nr. L 185 vom 17. 7. 1990, S. 16. Für Deutschland nach dem Beitritt der ehemaligen DDR geändert durch Richtlinie 90/653/EWG (ABl. Nr. L 353 vom 17. 12. 1990, S. 46) und 93/87/EWG (ABl. Nr. L 277 vom 10. 11. 1993, S. 32).

26 S.: Eurostat, Gaspreise Daten 1990–2002, 2002 Edition, Luxemburg 2002, sowie Eurostat, Elektrizitätspreise Daten 1990–2002, 2002 Edition, Luxemburg 2002, sowie Eurostat, Energiepreise Daten 1990–2002, 2003 Edition, Luxemburg 2003.

27 S. zuletzt: Eurostat, Elektrizitätspreise – Preissysteme 2001, 2002 Edition, Luxemburg 2002, sowie Eurostat, Gaspreise – Preissysteme 2001, 2002 Edition, Luxemburg 2002.

28 Entscheidung des Rates vom 22. April 1999 über ein gemeinschaftliches Verfahren zur Unterrichtung und Konsultation über die Kosten der Versorgung mit Rohöl und die Verbraucherpreise für Mineralölerzeugnisse, ABl. Nr. L 110 vom 28. 4. 1999, S. 8 nebst Durchführungsentscheidung 1999/566/EG der Kommission vom 26. Juli 1999, ABl. Nr. L 216 vom 14. 8. 1999, S. 8.

29 Eurostat, Combined heat and power production (CHP) in the EU, Summary of Statistics, Data 1994–1998, 2001 Edition, Luxemburg 2001.

30 Eurostat, Renewable energy sources statistics in the European Union, Data 1989–1998, 2001

der Kernkraftwerke[31], zu Energieeffizienz-Indikatoren[32], zum Energieverbrauch im Dienstleistungssektor[33] und zu Wettbewerbsindikatoren im Elektrizitätsmarkt[34] erstellt. Die erforderlichen Daten werden auf freiwilliger Grundlage erhoben oder käuflich erworben.

I. Transeuropäische Netze im Energiebereich

Literatur:

European Commission, European Energy Infrastructure: Fighting congestion and building links, Luxembourg 2002; *Franz Lamprecht*, Zukünftige europäische Infrastruktur: Probleme und Lösungswege, et 2003, S. 110.

Mit den Vorschriften über die transeuropäischen Netze führte der Vertrag von Maastricht erstmals spezifisch energierechtliche Regelungen in den EG-Vertrag ein. In den Aufgabenkatalog des Art. 3 wurde „die Förderung des Auf- und Ausbaus transeuropäischer Netze" aufgenommen und thematisch von den allgemeinen „Maßnahmen in den Bereichen Energie, Katastrophenschutz und Fremdenverkehr" unterschieden. Im dritten Teil („Die Politiken der Gemeinschaft") widmet der Vertrag den transeuropäischen Netzen einen eigenen Titel mit drei Artikeln (Titel XV (ex-Titel XII)), während die Energie als solche weiterhin titellos blieb.

Nach Art. 154 (ex-Art. 129 b) EGV steht die Förderung des Auf- und Ausbaus der transeuropäischen Netze in den Bereichen Verkehr, Telekommunikation und Energie im Dienste des Binnenmarktes und des wirtschaftlich-sozialen Zusammenhalts in der Gemeinschaft:

> „Die Tätigkeit der Gemeinschaft zielt im Rahmen eines Systems offener und wettbewerbsorientierter Märkte auf die Förderung des Verbunds und der Interoperabilität der einzelstaatlichen Netze sowie des Zugangs zu diesen Netzen ab. Sie trägt insbesondere der Notwendigkeit Rechnung, insulare, eingeschlossene und am Rande gelegene Gebiete mit den zentralen Gebieten der Gemeinschaft zu verbinden"[1].

Zur Erreichung dieses Ziels besitzt die Gemeinschaft drei Handlungsermächtigungen, die in Art. 155 EGV wie folgt definiert sind:

Edition, Luxemburg 2001; Renewable energy sources statistics in the EU, Iceland and Norway, Data 1989–2002, Luxemburg 2002.

31 Eurostat, Betriebsergebnisse der Kernkraftwerke, Daten 1993–1999, 1999 Edition, Luxemburg 2000.

32 Eurostat, Energy efficiency indicators Data 1990–1999, 2002 Edition, Luxemburg 2002.

33 Eurostat, Energy consumption in the Services sector – Survey of EU Member States – Data 1995–1999, 2002 Edition, Luxemburg 2002.

34 Eurostat, Competition indicators in the electricity market – EU and Norway – Data 1999–2001, 2003 Edition, Luxemburg 2003.

1 S. Art. 154 Abs. 2 EGV.

- **Aufstellung von Leitlinien,** „in denen die Ziele, die Prioritäten und die Grundzüge der im Bereich der transeuropäischen Netze in Betracht gezogenen Aktionen erfaßt werden; in diesen Leitlinien werden Vorhaben von gemeinsamem Interesse ausgewiesen“;
- **Durchführung von Aktionen,** die sich als notwendig erweisen, „um die Interoperabilität der Netze zu gewährleisten, insbesondere im Bereich der Harmonisierung der technischen Normen“;
- **Unterstützung von Vorhaben von gemeinsamem Interesse,** die von den Mitgliedstaaten unterstützt werden und ausgewiesen sind, insbesondere „in Form von Durchführbarkeitsstudien, Anleihebürgschaften oder Zinszuschüssen“.

Jede dieser Handlungsmöglichkeiten ist für den Energiesektor getrennt zu betrachten[2].

I. Die Leitlinien für den Energiesektor

Die Leitlinien für den Energiesektor wurden durch die **Entscheidung Nr. 1254/96/EG des Europäischen Parlaments und des Rates vom 5. Juni 1996 über eine Reihe von Leitlinien betreffend die transeuropäischen Netze im Energiebereich**[3] festgelegt. Sie konkretisieren die **Art der Energienetze** und definieren gemäß dem Auftrag des Art. 155 Abs. 1 1. Gedankenstrich EGV die **Ziele,** die **Prioritäten** und die **Grundzüge der Aktionen** im Bereich der transeuropäischen Energienetze und weisen die **Vorhaben von gemeinsamem Interesse** aus.

Der Anwendungsbereich der Leitlinien erstreckt sich nach Art. 2 der Leitlinien auf folgende **Energienetze:**

> „1. im Bereich der Elektrizitätsnetze:
> - alle Hochspannungsleitungen, mit Ausnahme derjenigen in Vertriebsnetzen, und die unterseeischen Verbindungen, soweit diese Leitungen dem interregionalen oder internationalen Energietransport dienen;

2 S. zum gegenwärtigen Gesamtbild: European Commission, European Energy Infrastructure, Fighting congestion and building links, Luxembourg 2002.

3 ABl. Nr. L 161 vom 29. 6. 1996, S. 147; geändert durch die Entscheidung Nr. 1047/97/EG des Europäischen Parlements und des Rates vom 29. Mai 1997, ABl. Nr. L 152 vom 11. 6. 1997, S. 12 und Entscheidung Nr. 1741/1999/EG des Europäischen Parlaments und des Rates vom 29. Juli 1999, ABl. Nr. L 207 vom 6. 8. 1999, S. 1. S. dazu die Mitteilung der Kommission an das Europäische Parlament und den Rat „Europäische Energieinfrastruktur“ – Vorschlag für eine Entscheidung des Europäischen Parlaments und des Rates zur Änderung der Entscheidung Nr. 1254/96/EG nebst Bericht über die Umsetzung der Leitlinien für die transeuropäischen Netze im Energiebereich in der Zeit von 1996–2001, KOM(2001) 775 endg. vom 20. 12. 2001. S. dazu die Stellungnahme des Wirtschafts- und Sozialausschusses (ABl. Nr. C 241 vom 7. 10. 2002, S. 146) und des Ausschusses der Regionen (ABl. Nr. C 278 vom 14. 11. 2002, S. 35). S. auch Bericht der Kommission: Transeuropäische Netze 2000 – Jahresbericht, KOM(2002) 344 endg. vom 1. 7. 2002. S. zuletzt den gemeinsamen Standpunkt (EG) Nr. 10/2003 vom 6. Februar 2003, vom Rat festgelegt gemäß dem Verfahren des Artikels 251 des Vertrags zur Gründung der Europäischen Gemeinschaft im Hinblick auf den Erlaß der Entscheidung des Europäischen Parlaments und des Rates über eine Reihe von Leitlinien betreffend die transeuropäischen Netze im Energiebereich und zur Aufhebung der Entscheidung Nr. 1254/96/EG, ABl. Nr. C 64 E vom 18. 3. 2003, S. 22.

– alle Anlagen und Ausrüstungen, die für den reibungslosen Betrieb des betreffenden Systems unentbehrlich sind, einschließlich der Schutz-, Überwachungs- und Regulierungssysteme;

2. im Bereich der Erdgasnetze:
– die Hochdruck-Gasleitungen, mit Ausnahme derjenigen in Vertriebsnetzen, zur Versorgung der Regionen der Gemeinschaft mit Gas aus internen oder externen Quellen;
– die an die genannten Hochdruck-Gasleitungen angeschlossenen Untergrundspeicher;
– die Terminals zur Übernahme, Speicherung und Rücküberführung von Flüssiggas (LNG) in den gasförmigen Zustand sowie die Methan-Tanker entsprechend den zu beschickenden Kapazitäten;
– alle Anlagen und Ausrüstungen, die für den reibungslosen Betrieb des betreffenden Systems unentbehrlich sind, einschließlich der Schutz-, Überwachungs- und Regulierungssysteme."

Damit sind Mineralölpipelines von den Leitlinien nicht erfaßt[4].

Gemäß Art. 3 der Leitlinien fördert die Gemeinschaft den Verbund, die Interoperabilität und den Ausbau der transeuropäischen Energienetze sowie den Zugang zu diesen Netzen im Einklang mit dem geltenden Gemeinschaftsrecht mit dem **Ziel,**

> „– den Binnenmarkt und speziell den Energiebinnenmarkt effektiv zu verwirklichen; gleichzeitig soll die rationelle Erzeugung, Verteilung und Nutzung von Energie sowie die Erschließung erneuerbarer Energiequellen gefördert werden, um so die Energiekosten für die Verbraucher zu senken und die Wettbewerbsfähigkeit der europäischen Wirtschaft zu stärken;
> – die Entwicklung und Integration der weniger begünstigten Gemeinschaftsregionen zu erleichtern und so zur Stärkung des wirtschaftlichen und sozialen Zusammenhalts beizutragen;
> – die Sicherheit der Energieversorgung auch durch die Vertiefung der Beziehungen mit Drittländern im Energiebereich im beiderseitigen Interesse zu erhöhen, insbesondere im Rahmen des Vertrags über die Energiecharta sowie der von der Gemeinschaft geschlossenen Kooperationsabkommen."

Die **Prioritäten** der Gemeinschaftsaktion im Bereich der transeuropäischen Energienetze werden in Art. 4 der Leitlinien wie folgt definiert:

„1. bei den Elektrizitätsnetzen:
– Anbindung der isolierten Elektrizitätsnetze an die europäischen Verbundnetze (a);
– Ausbau des Verbundes zwischen den Mitgliedstaaten (b) und der internen Verbindungen, soweit dies für den Betrieb dieses Verbundes notwendig ist (c);
– Ausbau des mit Drittländern Europas und des Mittelmeerraums bestehenden Verbunds, der zur Verbesserung der Zuverlässigkeit und der Sicherheit der Elektrizitätsnetze der Gemeinschaft oder zu deren Elektrizitätsversorgung beiträgt (d);

4 Hieran zeigt sich wiederum die Verengung des klassischen Begriffs der Energiewirtschaft auf die leitungsgebundenen Energien Elektrizität und Erdgas.

2. bei den Erdgasnetzen:
   – Einführung von Erdgas in neue Regionen (e);
   – Anbindung der isolierten Erdgasnetze an die europäischen Verbundnetze einschließlich der Ausbaumaßnahmen, die hierzu an den bestehenden Netzen notwendig sind, sowie Anschluß getrennter Erdgasnetze (f);
   – Vergrößerung der zur Befriedigung der Nachfrage erforderlichen Kapazitäten in bezug auf Transport (Zuleitung) (h), Übernahme (LNG) und Speicherung (g) sowie Diversifizierung der Bezugsquellen und Anlieferungswege für Erdgas."

In Verfolgung der Ziele des Art. 3 und unter Berücksichtigung der Prioritäten nach Art. 4 bestehen die **Grundzüge der Aktionen** nach Art. 5 zum einen in der Ermittlung der **Vorhaben von gemeinsamem Interesse**, die im Anhang der Leitlinien in einer indikativen Liste aufgeführt sind, und zum andern in der **Schaffung günstigerer Rahmenbedingungen** für den Ausbau dieser Netze[5].

Mit der Anerkennung eines Vorhabens als Vorhaben von gemeinsamem Interesse wird weder eine finanzielle Beteiligung der Gemeinschaft noch die eines Mitgliedstaats präjudiziert (Art. 8). Doch löst diese Einstufung zwei unmittelbare **Rechtsfolgen** aus: zum einen die **Festlegung der Spezifikationen der Vorhaben durch die Kommission**[6] (Art. 6 Abs. 4) und zum zweiten die **Verpflichtung der Mitgliedstaaten**, „alle von ihnen für erforderlich gehaltenen Maßnahmen" zu treffen, „um die Verwirklichung der Vorhaben von gemeinsamem Interesse zu erleichtern und zu beschleunigen und um Verzögerungen so gering wie möglich zu halten" (Art. 6 Abs. 6). Hierbei sind gemeinschaftsrechtliche Vorschriften und internationale Übereinkommen auf dem Gebiete des Umweltschutzes einzuhalten und alle erforderlichen Genehmigungsverfahren schnell abzuschließen[7].

Mit der **Entscheidung Nr. 1229/2003/EG des Europäischen Parlaments und des Rates vom 26. Juni 2003 über eine Reihe von Leitlinien betreffend die transeuropäischen Netze im Energiebereich** und zur Aufhebung der Entscheidung Nr. 1254/96/EG wurde die Entscheidung Nr. 1254/96/EG neu gefaßt[8]. Die neue Entscheidung trägt den **neuen Prioritäten** Rechnung, die sich insbesondere aus der Schaffung eines offeneren und von mehr Wettbewerb geprägten Energiebinnen-

---

5 S. hierzu die Entscheidung des Rates vom 28. März 1996 betreffend eine Reihe von Aktionen zur Schaffung günstigerer Rahmenbedingungen für den Ausbau der transeuropäischen Netze im Energiebereich (96/391/EG), ABl. Nr. L 161 vom 29. 6. 1996, S. 154.

6 S. hierzu die Entscheidungen der Kommission zur Spezifikation der Vorhaben von gemeinsamem Interesse im Bereich der transeuropäischen Energienetze, die durch die Entscheidung Nr. 1254/96/EG des Europäischen Parlaments und des Rates ausgewiesen worden sind, vom 30. Juli 1996 (96/537/EG), ABl. Nr. L 230 vom 11. 9. 1996, S. 16, vom 11. Juli 1997 (97/548/EG), ABl. Nr. L 225 vom 15. 8. 1997, S. 25, vom 16. November 2000 (2000/761/EG), ABl. Nr. L 305 vom 6. 12. 2000, S. 22.

7 S. hierzu die Empfehlung der Kommission vom 14. Dezember 1998 zur Verbesserung der Verfahren zur Genehmigung transeuropäischer Energienetze (1999/28/EG), ABl. Nr. L 8 vom 14. 1. 1999, S. 27, mit der die Kommission auf eine Vereinfachung der Genehmigungsverfahren und eine rechtzeitige Konsultation zwischen den Mitgliedstaaten und mit den Betroffenen drängt.

8 ABl. Nr. L 176 vom 15. 7. 2003, S. 11.

markts ergeben[9], sowie aus der zunehmenden Bedeutung der transeuropäischen Energienetze für die Diversifizierung der Gasversorgung der Gemeinschaft, für die Einbeziehung der Energienetze der beitrittswilligen Länder und für die Gewährleistung eines koordinierten Betriebs der Elektrizitätsnetze Europas und des Mittelmeer- und Schwarzmeerraums[10]. Art. 6 i. V. m. Anhang III der Entscheidung führt die Vorhaben auf, die für einen Gemeinschaftszuschuß in Betracht kommen.

II. Aktionen zur Gewährleistung der Interoperabilität der Energienetze

Der Auftrag der Gemeinschaft dazu beizutragen, die Interoperabilität der Netze zu gewährleisten, insbesondere im Bereich der Harmonisierung der Normen, ist zunächst an die Harmonisierungs- und Normierungspolitik der Gemeinschaft gerichtet[11]. Mit Art. 95 EGV verfügt die Gemeinschaft über eine Rechtsgrundlage, die ihr die Angleichung jener Rechts- und Verwaltungsvorschriften der Mitgliedstaaten erlaubt, die die Errichtung und das Funktionieren des Binnenmarktes zum Gegenstand haben. Daß hierbei der „Festlegung gemeinsamer Normen" (Art. 163 Abs. 2 EGV) eine zentrale Bedeutung zukommt, hat die Gemeinschaft durch zahlreiche Normierungsvorhaben bestätigt[12], die z. T. durch entsprechende Forschungsbemühungen vorbereitet wurden.

Allerdings ist die Interoperabilität der transeuropäischen Energienetze nicht nur eine Sache der Normung, sondern auch der Planung, Genehmigungsverfahren und betrieblichen Kooperation ihrer Betreiber und der zuständigen mitgliedstaatlichen Stellen. Um diese zu verbessern und zu fördern, hat der Rat mit seiner **Entscheidung vom 28. März 1996 betreffend eine Reihe von Aktionen zur Schaffung günstigerer Rahmenbedingungen für den Ausbau der transeuropäischen Netze im Energiebereich (96/391/EG)**[13] die Gemeinschaft verpflichtet, die folgenden Maßnahmen zu unterstützen und ihre Koordinierung in enger Zusammenarbeit mit den Mitgliedstaaten zu fördern:

> „– Verwirklichung von Vorhaben der technischen Zusammenarbeit zwischen den für die transeuropäischen Energienetze zuständigen Stellen, die einen Beitrag zum reibungslosen Funktionieren der europäischen Verbundsysteme gemäß Artikel 2 der Entscheidung Nr. 1254/96/EG leisten;
> – Kooperation zwischen den Mitgliedstaaten durch gegenseitige Konsultationen im Hinblick auf eine Erleichterung der Durchführung der Genehmigungsverfahren für Vorhaben im Bereich der transeuropäischen Energienetze, um die Vorlaufzeiten zu verkürzen"[14].

---

9 A. a. O. 2. Erwägungsgrund sowie Art. 4 der Entscheidung.
10 A. a. O. 4. Erwägungsgrund sowie Art. 4 der Entscheidung.
11 S. zur Normung oben Ziffer B. I.
12 S. zur Festlegung gemeinsamer Normen *Hans von der Groeben, Jochen Thiesing, Claus-Dieter Ehlermann* (Hrsg.), Kommentar zum EU-/EG-Vertrag, 5. Aufl., Baden-Baden 1999, Band 3, S. 3/1764 ff.
13 ABl. Nr. L 161 vom 29. 6. 1996, S. 154.
14 S. Art. 2 der Entscheidung.

Zusätzlich kann die Gemeinschaft zur Schaffung günstiger **finanzieller** Rahmenbedingungen für den Ausbau der transeuropäischen Energienetze Finanzmittel bereitstellen.

III. Finanzielle Unterstützung der Vorhaben von gemeinsamem Interesse

Die Modalitäten der finanziellen Unterstützung der Vorhaben von gemeinsamem Interesse sind Gegenstand der **Verordnung (EG) Nr. 2236/95 des Rates vom 18. September 1995 über die Grundregeln für die Gewährung von Gemeinschaftszuschüssen für transeuropäische Netze**[15]. Die Vorhaben, die derzeit für einen Gemeinschaftszuschuß in Betracht kommen, sind in Art. 6 Abs. 4 i. V. m. Anhang III der Entscheidung Nr. 1229/2003/EG[16] aufgeführt. Nach dem 3. Erwägungsgrund dieser Entscheidung sollten allerdings für den Aufbau und die Unterhaltung der Energieinfrastruktur in der Regel **marktwirtschaftliche Grundsätze** gelten: „Gemeinschaftszuschüsse für Aufbau und Unterhaltung sollten daher ein **strikter Ausnahmefall** bleiben".

J. Außenbeziehungen im Energiesektor

Literatur:

Armin von Bogdandy, Martin Nettesheim, Volker Mahnken, Internationales Wirtschaftsrecht und Außenwirtschaftsrecht, München 1994; *Jacqueline Dutheil de la Rochère*, L'ère des compétences partagées. A propos de l'étendue des compétences extérieures de la Communauté européenne, Revue du Marché Commun et de l'Union européenne 1995, p. 461; *Volker Epping*, Die Außenwirtschaftsfreiheit, Tübingen 1998; *Eberhard Grabitz, Armin von Bogdandy, Martin Netttesheim*, Europäisches Außenwirtschaftsrecht, NJW 1995, S. 578; *Ludwig Gramlich*, Außenwirtschaftsrecht, Köln u. a. 1991; *Jörn Sack*, Die Europäische Union in den Internationalen Organisationen, ZEuS 2001, S. 267; *Hans-Jürgen Schroth*, Handbuch zum Außenwirtschaftsverkehr, Herne 1994; *Immo Stabreit*, Internationale Zusammenarbeit auf dem Gebiet der Energie: ein Gebot der wirtschaftlichen und politischen Vernunft, EA 1978, S. 145.

Angesichts der Tatsache, daß die Gemeinschaft über 50 % ihres Energiebedarfs durch Einfuhren aus dritten Ländern decken muß, kommt ihren Außenbeziehungen auf dem Energiesektor eine besondere Bedeutung zu. Gegenüber der fast völligen Regelungsabstinenz des EGKS-Vertrages im Bereich der Außenbeziehungen und der hohen Abkommensdichte des Euratom-Vertrages nehmen die energierechtlich relevanten Außenbeziehungen des EWG/EG-Vertrages eine Mittelstellung ein, die die ambivalente Position des Energierechts im Innern der Gemeinschaft nach außen reflektiert.

---

15 ABl. Nr. L 228 vom 23. 9. 1995, S. 1; geändert durch Verordnung (EG) Nr. 1655/1999 des Europäischen Parlaments und des Rates vom 19. Juli 1999, ABl. Nr. L 197 vom 29. 7. 1999, S. 1. S. dazu den Vorschlag und den geänderten Vorschlag für eine Änderungs-Verordnung (KOM (2001) 545 endg. vom 3. 12. 2001 und KOM(2002) 134 endg. vom 12. 3. 2002).
16 A. a. O.

Als **Rechtsgrundlage** für den Abschluß völkerrechtlicher Abkommen auf dem Energiesektor stehen die auch im Innern geltenden Ermächtigungsgrundlagen und zusätzlich Art. 133 (ex-Art. 113) EGV zur Verfügung, ergänzt um die **Verfahrensregel** des Art. 300 (ex-Art. 228) EGV und den neuen Art. 301 EGV. Soweit es sich um Assoziierungsabkommen handelt, gilt Art. 310 (ex-Art. 238) EGV.

Folgt man der klassischen Unterscheidung zwischen **völkerrechtlichen Abkommen** auf der einen und **autonomen Maßnahmen** auf der anderen Seite, so ist festzustellen, daß bei beiden Handlungsformen spezifisch energierechtliche Fragen weniger als eigenständige Regelungsthemen, sondern eher als **Annex- und Reflexmaterie** anderer Regelungsgebiete behandelt werden, von der Europäischen Energiecharta einmal abgesehen. Dies gilt insbesondere für den weiten Bereich der umweltrechtlichen Regelungen, die nicht nur innerhalb der Gemeinschaft, sondern auch nach außen große Teile des Energierechts absorbieren und konditionieren.

I. Energiespezifische Abkommen

Literatur:

Rudolf Geiger, Vertragsabschlußkompetenzen der Europäischen Gemeinschaft und auswärtige Gewalt der Mitgliedstaaten, JZ 1995, S. 973; *Klaus D. Stein*, Der gemischte Vertrag im Recht der Außenbeziehungen der Europäischen Wirtschaftsgemeinschaft, DVBl. 1988, S. 658.

Mehr noch als beim Energiebinnenrecht wachen die Mitgliedstaaten bei den Energieaußenbeziehungen über die strenge Einhaltung des Subsidiaritätsprinzips (Art. 5 Abs. 2 (ex-Art. 3 b) EGV). Entsprechend kurz ist die Liste der energiespezifischen Abkommen, an denen die Gemeinschaft aus eigenem Recht beteiligt ist oder bei denen sie Beobachterstatus besitzt und nur die Mitgliedstaaten Vertragsparteien sind.

1. Übereinkommen über ein Internationales Energieprogramm

Im Gefolge der ersten Energiekrise faßte der Rat der Organisation für Wirtschaftliche Zusammenarbeit und Entwicklung (**O**rganisation for **E**conomic **C**ooperation and **D**evelopment (OECD)) am 15. November 1974 in Paris den Beschluß zur Errichtung einer **Internationalen Energie-Agentur** (IEA) im Rahmen der OECD[1]. Der Beschluß setzte einen Verwaltungsaussschuß ein, dessen Aufgabe darin bestand, ein Internationales Energieprogramm für die Zusammenarbeit im Energiebereich zu beschließen und durchzuführen. Als Ziele dieses Programms wurden bestimmt:

i) Aufbau eines gemeinsamen Stands der Selbstversorgung mit Öl in Notständen;
ii) Einführung gemeinsamer Maßnahmen zur Drosselung der Nachfrage in Notständen;
iii) Einführung und Durchführung von Maßnahmen zur Verteilung des verfügbaren Öls in Notzeiten;

1 BGBl. 1975 II S. 738. Gründende Teilnehmerstaaten der Agentur waren Belgien, Dänemark, Deutschland, Irland, Italien, Japan, Kanada, Luxemburg, Österreich, die Niederlande, Schweden, die Schweiz, Spanien, die Türkei, das Vereinigte Königreich und die Vereinigten Staaten.

iv) Entwicklung eines Informationssystems betreffend den internationalen Ölmarkt und eines Rahmens für Konsultationen mit internationalen Ölgesellschaften;
v) Aufstellung und Durchführung eines langfristigen Programms über Zusammenarbeit zur Verringerung der Abhängigkeit von Öleinfuhren, das folgendes umfaßt: rationelle Energieverwendung, Entwicklung alternativer Energiequellen, Energieforschung und -entwicklung und Versorgung mit natürlichem und angereichertem Uran;
vi) Förderung von Beziehungen auf der Grundlage der Zusammenarbeit mit Ölförderländern und mit anderen Ölverbraucherländern, insbesondere den Entwicklungsländern.

Nach seinem Art. 3 stand und steht der Beschluß zur Errichtung der IEA „für die Europäischen Gemeinschaften offen, sobald sie dem Übereinkommen im Einklang mit seinen Bestimmungen beigetreten sind". Zwar hat die Kommission mehrfach erwogen, dem Rat einen solchen Beitritt vorzuschlagen, doch ist bis heute hieraus nichts geworden. In jedem Fall kann die IEA nach Art. 12 des Beschlusses zu „staatlichen oder nicht-staatlichen internationalen Organisationen", d. h. auch zur Gemeinschaft, „geeignete Beziehungen herstellen". Die Gemeinschaft besitzt einen Beobachterstatus und arbeitet mit der IEA eng zusammen[2].

Am 18. November 1974 haben die sechzehn Teilnehmerstaaten der IEA das **Übereinkommen über ein Internationales Energieprogramm** in Paris unterzeichnet[3] und die IEA (Art. 49 bis 66) mit seiner Durchführung beauftragt. Das Übereinkommen umfaßt 76 Artikel und enthält acht operationelle Kapitel (von insgesamt zehn):

I. Selbstversorgung in Notständen
II. Nachfragedrosselung
III. Zuteilung
IV. Inkraftsetzung von Maßnahmen
V. Informationssystem betreffend den internationalen Ölmarkt
VI. Rahmen für Konsultationen mit den Ölgesellschaften
VII. Langfristige Zusammenarbeit im Energiebereich
VIII. Beziehungen zu Förderländern und zu anderen Verbraucherländern.

Nach seinem Art. 72 steht das Übereinkommen für die Europäischen Gemeinschaften zum Beitritt offen und „behindert nicht die weitere Durchführung der Verträge zur Gründung der Europäischen Gemeinschaften". Ein derartiger Beitritt der Gemeinschaften ist bislang nicht erfolgt; auch insoweit ist es beim Beobachterstatus der EG verblieben.

---

2 S. Abkommen in Form eines Briefwechsels zwischen der Europäischen Atomgemeinschaft und der Europäischen Wirtschaftsgemeinschaft einerseits und der Internationalen Energie-Agentur (IEA) andererseits über die Zusammenarbeit auf dem Gebiet der Forschung und Entwicklung auf dem Energiesektor (in Kraft getreten am 6.7.1976), veröffentlicht in: Sammlung der von den Europäischen Gemeinschaften geschlossenen Übereinkünfte, Band 6, 1976, Luxemburg 1979, S. 973 ff. und 989 ff.

3 BGBl. 1974 II S. 702.

2. Europäische Energiecharta

Literatur:

Lorna Brazell, Draft Energy Charter Treaty: Trade, Competition, Investment and Environment, Journal of Energy and National Resources Law 1994, p. 299; *Arghyrios A. Fatouros*, Energy Transit and Investment in the Energy Charter Treaty, Revue hellénique de droit européen 1996, p. 185; *Jürgen Grunwald*, Die (nicht mehr ganz so) europäische Energiecharta, EuZW 1992, S. 1; *Richard Happ*, Investitionsschiedsverfahren unter dem Energiechartavertrag: AES Summit Generation/ Ungarn, RdE 2002, S. 39; *Antonia Layard*, The European Energy Charter Treaty: Tipping the Balance between Energy and the Environment, European Environmental Law Review, May 1995, p. 150; *Vaughan Lowe*, Legal Issues of the European Energy Charter, Characteristics of Charter, Sovereignty over natural resources, Partnership with other organizations, Utilities Law Review, Winter 1991, p. 155; *Rudolf Lukes*, Die Europäische Energiecharta, EuZW 1992, S. 401; *Esa Paasivirta*, The European Union and the Energy factor: The Case of the Energy Charter Treaty, in: *M. Koskenniemi* (ed.), International Law Aspects of the European Union, London – The Hague – Boston 1998, p. 197; *Peter Palinkas*, Die Europäische Energie-Charta und die Revision der EG-Verträge im Energiebereich, Veröffentlichung Nr. 284 des Europa-Instituts der Universität des Saarlandes, Saarbrükken 1992; *John Salter*, Energy Charter Treaty, Environmental Monitor [1995] 4 OGLTR 159; *Peter Schütterle*, Der Energiecharta-Vertrag: Fundament künftiger Ost-West-Energiekooperation, Veröffentlichung Nr. 354 des Europa-Instituts der Universität des Saarlandes, Saarbrücken 1997; *Ignaz Seidl-Hohenveldern*, The Energy Charter Treaty and the Energy Policy of the European Community, Mélanges en hommage à Michel Waelbroeck, Vol. I, Bruxelles 1999, p. 139; *Steve Thomas*, Nuclear Safety and the European Energy Charter, Policy towards existing plants – plants under construction, Utilities Law Review, Winter 1991, p. 159; *Coby van der Linde*, The Energy Charter and the plight of the oil industry in the former Soviet Union, Utilities Law Review, Winter 1991, p. 162; *Thomas W. Wälde* (Editor), The Energy Charter Treaty, An East-West Gateway für Investment and Trade, International Energy and Resources Law and Policy Series, London – The Hague – Boston 1996; *ders.*, Investment Arbitration under the Energy Charter Treaty – From Dispute Settlement to Treaty Implementation, Arbitration International, LCIA Vol. 12 No. 5, 1996, p. 429; *ders.*, International Investment under the 1994 Energy Charter Treaty: Legal, Negotiating and Policy Implications for International Investors within Western and Commonwealth of Independent States/Eastern European Countries, Journal of World Trade, Vol. 29 No. October 1995, p. 5; *Thomas W. Wälde, Patricia K. Wouters*, State Responsibility and the Energy Charter Treaty: The Rules regarding State Enterprises, Entities and Subnational Authorities, Hofstra Law & Policy Symposium, Vol. 2, 117, 1997, p. 117; *dies.*, State Responsibility in a Liberalised World Economy: „State, Privileged and Subnational Authorities" under the 1994 Energy Charter Treaty. An analysis of Articles 22 and 23, Netherlands Yearbook of International Law, Vol. XXVII, 1996, p. 143; *Christian Waeterloos*, Une Charte européenne de l'énergie: pour quoi faire?, Revue du Marché Commun 1991, p. 439; *John Watson*, Foreign Investment in Russia: The Case of the Oil Industry, Europe-Asia Studies, Vol. 48, No. 3, 1996, p. 32.

Die Idee zur Schaffung eines **multilateralen Rahmens zur Förderung der Beziehungen zwischen Ost und West auf dem Energiesektor** stammt vom damaligen niederländischen Premierminister *Ruud Lubbers*, der sie im Jahre 1990 dem Europäischen Rat in Dublin vortrug[4]. Ziel des Vorschlags war die Schaffung einer **gesamteuropäischen Energiegemeinschaft.** In ihrem Rahmen sollten Westeuropa, die Länder Mittel- und Osteuropas und die damals noch bestehende UdSSR zusammenarbeiten, um ihre jeweiligen Komplementaritäten zu nutzen und eine optimale Allokation ihrer finanziellen und natürlichen Ressourcen zu gewährleisten. Die Vorteile für alle Beteiligten lagen auf der Hand: Das Interesse der UdSSR an einer solchen Zu-

4 S. „Netherlands launches surprise plan for European Energy Community", in: EG Energy 19/7, July 1990.

sammenarbeit würde in der Förderung der Erschließung und Vermarktung ihrer Ressourcen bestehen. Sie selbst und die Länder Mittel- und Osteuropas erhielten die notwendige Hilfe zur Modernisierung ihrer Wirtschaft und Energieversorgung unter Verbesserung der Umweltbedingungen u. a. durch eine effizientere Energieausnutzung. Die Länder des Westens schließlich könnten durch Investitionen und erleichterten Zugang zu den Ressourcen ihre Versorgungssicherheit erhöhen und den Absatz ihrer Energietechnologien und ihres know-how fördern.

Die Kommission wurde mit einer Prüfung des Vorschlags beauftragt und legte im Februar 1991 ihre Stellungnahme sowie den Entwurf einer Gesamteuropäischen Energiecharta vor[5]. Nach kurzer Verhandlungsphase wurde dann bereits im Dezember 1991 die **Europäische Energiecharta** als **politische Absichtserklärung** von 45 Staaten und der Europäischen Gemeinschaft in Den Haag unterzeichnet[6]. Titel I definiert ihre Ziele:

> „Die Unterzeichner sind bestrebt, die Energieversorgung zu verbessern und die Effizienz der Erzeugung, Umwandlung, Beförderung, Verteilung und Nutzung von Energie zu maximieren, die Sicherheit zu erhöhen und die Umweltprobleme unter annehmbaren wirtschaftlichen Bedingungen zu minimieren.
> Im Rahmen der staatlichen Souveränität und der Souveränitätsrechte über die Energievorräte und im Geiste politischer und wirtschaftlicher Zusammenarbeit verpflichten sie sich, die Entwicklung eines leistungsfähigen europaweiten Energiemarktes und eines besser funktionierenden Weltmarktes zu fördern, und zwar aufbauend auf dem Grundsatz der Nichtdiskriminierung und auf der Grundlage marktorientierter Preisbildung, wobei sie die Belange des Umweltschutzes gebührend berücksichtigen. Sie sind entschlossen, ein die Unternehmenstätigkeit und den Investitions- und Technologiefluß begünstigendes Klima zu schaffen, indem sie in der Energiewirtschaft marktwirtschaftliche Grundsätze einführen."

Zur Erreichung dieser Ziele verpflichten sich die Unterzeichner im Titel II der Charta, die Schaffung eines größeren europäischen Energiemarktes anzustreben und das wirksame Funktionieren des Weltenergiemarktes mit gemeinsamen bzw. koordinierten Aktionen im Rahmen der Charta in folgenden Bereichen zu fördern:

- Zugang zu den Energieressourcen und deren Erschließung;
- Zugang zu den Märkten;
- Liberalisierung des Energiehandels;
- Förderung und Schutz der Investitionen;
- Sicherheitsgrundsätze und -richtlinien;

---

5 Mitteilung der Kommission über eine Gesamteuropäische Energiecharta, KOM(91) 36 endg. vom 14. Februar 1991. S. dazu die Entschließungen des Europäischen Parlaments vom 12. Juli 1991 (ABl. Nr. C 240 vom 16. 9. 1991, S. 285) und 13. Dezember 1991 (ABl. Nr. C 13 vom 20. 1. 1992, S. 458) sowie die Stellungnahme des Wirtschafts- und Sozialausschusses vom 4. Juli 1991, ABl. Nr. C 269 vom 14. 10. 1991, S. 79.

6 Unterzeichner waren alle Länder Westeuropas, die USA, Kanada, Japan, Australien, die mittel- und osteuropäischen Länder sowie die meisten Republiken der ehemaligen Sowjetunion. S. hierzu auch: *Jürgen Grunwald*, Die (nicht mehr ganz so) europäische Energiecharta, Editorial, EuZW 1992, S. 1.

- Forschung, technologische Entwicklung, Innovation und Verbreitung von Kenntnissen;
- Energieeffizienz und Umweltschutz;
- Aus- und Weiterbildung.

In einem Titel III („Spezifische Abkommen") verpflichten sich die Unterzeichner weiterhin, „nach Treu und Glauben in Verhandlungen über ein Basisabkommen und über Protokolle einzutreten". Diese Verhandlungen fanden im Rahmen der Europäischen Energiechartakonferenz statt und wurden nach knapp drei Jahren im Dezember 1994 in Lissabon mit der Unterzeichnung des **Vertrags über die Energiecharta** abgeschlossen. Im gleichen Monat beschlossen die Europäischen Gemeinschaften die **vorläufige Anwendung** dieses Vertrags[7]. Wiederum drei Jahre später wurde der Vertrag von den drei Europäischen Gemeinschaften am 23. September 1997 formell abgeschlossen[8]. Nach Hinterlegung der 30. Ratifizierungsurkunde am 16. Januar 1998 trat der Vertrag für die Europäischen Gemeinschaften am 16. April 1998 in Kraft[9]. Fünfzig Staaten[10] und die Europäischen Gemeinschaften sind Vertragsparteien des fünfzig Artikel umfassenden Regelwerks, das seit seinem Inkrafttreten schon in einigen Punkten geändert[11] und in einem weiteren ergänzt wurde[12].

---

7 S. Beschluß des Rates vom 15. Dezember 1994 betreffend die vorläufige Anwendung des Vertrags über die Energiecharta durch die Europäische Gemeinschaft (94/998/EG) und Beschluß des Rates vom 15. Dezember 1994 zur Genehmigung der vorläufigen Anwendung des Vertrags über die Energiecharta durch einen Kommissionsbeschluß im Namen der Europäischen Atomgemeinschaft (94/1067/Euratom), ABl. Nr. L 380 vom 31. 12. 1994, S. 1 und 113. S. dazu auch die Entschließung des Europäischen Parlaments vom 21. April 1994, ABl. Nr. C 128 vom 9. 5. 1994, S. 375 und die Stellungnahme des Wirtschafts- und Sozialausschusses vom 26. Oktober 1995, ABl. Nr. C 18 vom 22. 1. 1996, S. 146.

8 S. Beschluß des Rates und der Kommission vom 23. September 1997 über den Abschluß des Vertrags über die Energiecharta und des Energiechartaprotokolls über Energieeffizienz und damit verbundene Umweltaspekte durch die Europäischen Gemeinschaften (98/181/EG, EGKS, Euratom), ABl. Nr. L 69 vom 9. 3. 1998, S. 1. S. auch *Peter Schütterle*, Der Energiecharta-Vertrag: Fundament künftiger Ost-West-Energiekooperation, Veröffentlichung Nr. 354 des Europa-Instituts der Universität des Saarlandes, 1997.

9 S. Unterrichtung über das Inkrafttreten des Vertrags über die Energiecharta und des Energiechartaprotokolls über Energieeffizienz und damit verbundene Umweltaspekte, ABl. Nr. L 69 vom 9. 3. 1998, S. 116.

10 Albanien, Armenien, Australien, Österreich, Aserbaidschan, Belgien, Belarus, Bulgarien, Kanada, Kroatien, Zypern, Tschechische Republik, Dänemark, Estland, Finnland, Frankreich, Georgien, Deutschland, Griechenland, Ungarn, Island, Irland, Japan, Kasachstan, Kirgistan, Lettland, Liechtenstein, Litauen, Luxemburg, Malta, Moldau, Niederlande, Norwegen, Polen, Portugal, Rumänien, Russische Föderation, Slowakische Republik, Slowenien, Spanien, Schweden, Schweiz, Tadschikistan, Türkei, Turkmenistan, Ukraine, Vereinigtes Königreich Großbritannien und Nordirland, Vereinigte Staaten von Amerika, Usbekistan.

11 S. Beschluß des Rates vom 13. Juli 1998 zur Genehmigung des von der Energiechartakonferenz und der internationalen Konferenz der Unterzeichner des Vertrags über die Energiecharta vereinbarten Wortlauts zur Änderung der Handelsbestimmungen des Vertrags über die Energiecharta und zu deren vorläufiger Anwendung (98/537/EG), ABl. Nr. L 252 vom 19. 2. 1998, S. 21. Die Änderung des Vertrags gilt der Aufnahme des Verweises auf die einschlägigen WTO-Vorschriften in den Vertrag anstelle des darin enthaltenen Verweises auf die Bestimmungen des GATT 1947 sowie der Einbeziehung von energierelevanten Ausrüstungen in die Handelsbestimmungen.

12 S. Beschluß des Rates vom 25. November 1998 über den von der Gemeinschaft zu vertretenden Standpunkt zu den von der Energiechartakonferenz anzunehmenden Regeln für den Verlauf des Vergleichsverfahrens bei Transitstreitigkeiten (1999/37/EG), ABl. Nr. L 11 vom 16. 1. 1999, S. 37.

Der Vertrag über die Energiecharta (VECH) löst die in der Charta eingegangenen politischen Verpflichtungen ein und schafft den rechtlichen Rahmen für die Förderung langfristiger Zusammenarbeit im Energiebereich auf der Grundlage der gegenseitigen Ergänzung und des gegenseitigen Nutzens im Einklang mit den Zielen und Grundsätzen der Charta (Art. 2 VECH). Von zentraler Bedeutung ist hierbei die Verpflichtung, „für Primärenergieträger und Energieerzeugnisse den Zugang zu den internationalen Märkten unter marktüblichen Bedingungen zu erleichtern und ganz allgemein einen offenen und wettbewerblichen Markt zu entwickeln" (Art. 3). Dies schließt insbesondere die Beachtung der einschlägigen WTO-Regeln für Handel und Investitionen (Art. 4 und 5), die Transitfreiheit (Art. 7) sowie die Förderung und den Schutz von Investitionen (Teil III, Art. 10 bis 17) ein. Weitere Bestimmungen gelten der Souveränität über Energievorkommen (Art. 18), den Umweltaspekten (Art. 19) und der Besteuerung (Art. 21). Der Vertrag sieht spezielle Regeln zur Streitbeilegung (Teil V, Art. 26 bis 28) vor[13] und setzt zur Wahrnehmung der Aufgaben ein Sekretariat ein (Art. 35), das der Chartakonferenz zuarbeitet.

Dem Vertrag ist ein **Energiechartaprotokoll über die Energieeffizienz und damit verbundene Umweltaspekte** beigegeben[14], das die Vertragsparteien auf die folgenden Grundsätze verpflichtet:

- Zusammenarbeit und gegenseitige Unterstützung bei der Entwicklung und Umsetzung von Energieeffizienzpolitiken (Art. 3);
- Unterstützung neuer Ansätze und Methoden zur Finanzierung von Investitionen in den Bereichen Energieeffizienz und energiebezogener Umweltschutz (Art. 6);
- Förderung energieeffizienter Technologien durch Handel und Zusammenarbeit (Art. 7);
- Ausarbeitung inländischer Strategien zur Verbesserung der Energieeffizienz (Art. 5 und 8).

3. Seerechtsübereinkommen

Literatur:

Anderson u. a. (19 Autoren), The Entry into Force of the Convention on the Law of the Sea: A Redistribution of Competences Between Member States and International Organisations in Relation to the Management of the International Commons?, ZaöRV 1995, S. 273–656.

Als Unterzeichnerin des Seerechtsübereinkommens der Vereinten Nationen[15] und des Übereinkommens zur Durchführung seines Teils XI hat die Europäische Gemeinschaft als Vertragspartei im März 1998 das Seerechtsübereinkommen und sein

13 S. hierzu die Mitteilung der Europäischen Gemeinschaften im ABl. Nr. L 69 vom 9. 3. 1998, S. 115.

14 ABl. Nr. L 69 vom 9. 3. 1998, S. 93.

15 Nach Art. 305 Abs. 1 lit. f) liegt das Übereinkommen auch für „internationale Organisationen in Übereinstimmung mit Anlage IX" zur Unterzeichnung auf. Anlage IX regelt die „Teilnahme internationaler Organisationen". S. zum Text des Seerechtsübereinkommens und seiner Anlagen ABl. Nr. L 179 vom 23. 6. 1998, S. 3 (79, 113).

Durchführungsübereinkommen genehmigt[16]. Ein Großteil der Vorschriften dieses 320 Artikel umfassenden Regelwerks ist von unmittelbarer energierechtlicher Bedeutung. Schon der sechste Erwägungsgrund der Präambel weist darauf hin, „daß das Gebiet des Meeresbodens und des Meeresuntergrunds jenseits der Grenzen des Bereichs nationaler Hoheitsbefugnisse sowie seine Ressourcen gemeinsames Erbe der Menschheit sind, deren Erforschung und Ausbeutung zum Nutzen der gesamten Menschheit ungeachtet der geographischen Lage der Staaten durchgeführt werden". Nur wenige energierelevante Punkte aus der außerordentlichen Regelungsbreite des Übereinkommens können hier genannt werden:

In den **ausschließlichen Wirtschaftszonen**[17] hat der Küstenstaat souveräne Rechte zum Zwecke der Erforschung und Ausbeutung der natürlichen Ressourcen des Meeresbodens und seines Untergrunds „sowie hinsichtlich anderer Tätigkeiten zur wirtschaftlichen Erforschung und Ausbeutung der Zone sowie der Energieerzeugung aus Wasser, Strömung und Wind"[18]. Die Hoheitsbefugnisse erstrecken sich weiterhin auf die Errichtung und Nutzung von künstlichen Inseln, von Anlagen und Bauwerken[19], wie Ölbohrinseln und Plattformen[20].

Die Rechte des Küstenstaats am **Festlandssockel**[21] sind ausschließlich, insoweit als niemand ohne seine ausdrückliche Zustimmung den Festlandssockel erforschen oder seine natürlichen Ressourcen ausbeuten darf, selbst wenn der Küstenstaat selbst die Tätigkeiten unterläßt. Die natürlichen Ressourcen umfassen u. a. die mineralischen und sonstigen nichtlebenden Ressourcen des Meeresbodens und seines Untergrunds[22]. Bezüglich der Verlegung von Rohrleitungen auf dem Festlandssockel besitzt der Küstenstaat besondere Rechte[23]; er hat das ausschließliche Recht, Bohrarbeiten auf dem Festlandssockel für alle Zwecke zu genehmigen und zu regeln[24].

---

16 Beschluß des Rates vom 23. März 1998 über den Abschluß des Seerechtsübereinkommens der Vereinten Nationen vom 10. Dezember 1982 und des Übereinkommens vom 28. Juli 1994 zur Durchführung des Teils XI des Seerechtsübereinkommens durch die Europäische Gemeinschaft (98/392/EG), ABl. Nr. L 179 vom 23. 6. 1998, S. 1.

17 Art. 55 des Abkommens definiert die ausschließliche Wirtschaftszone als „ein jenseits des Küstenmeers gelegenes und an dieses angrenzendes Gebiet, das der in diesem Teil festgelegten besonderen Rechtsordnung unterliegt, nach der die Rechte und Hoheitsbefugnisse des Küstenstaats und die Rechte und Freiheiten anderer Staaten durch die diesbezüglichen Bestimmungen dieses Übereinkommens geregelt werden". Hierbei darf sich die ausschließliche Wirtschaftszone nicht weiter als 200 Seemeilen von den Basislinien erstrecken, von denen aus die Breite des Küstenmeers gemessen wird (Art. 57).

18 S. Art. 56 Abs. 1 lit. a).

19 S. Art. 56 Abs. 1 lit. b) i).

20 S. Art. 60.

21 Nach Art. 76 des Abkommens umfaßt der Festlandssockel eines Küstenstaats den jenseits seines Küstenmeers gelegenen Meeresboden und Meeresuntergrund der Unterwassergebiete, die sich über die gesamte natürliche Verlängerung seines Landgebiets bis zur äußeren Kante des Festlandrands erstrecken oder bis zu einer Entfernung von 200 Seemeilen von den Basislinien, von denen aus die Breite des Küstenmeers gemessen wird, wo die äußere Kante des Festlandrands in einer geringeren Entfernung verläuft.

22 S. Art. 77.

23 S. Art. 79.

24 S. Art. 81.

Die **Hohe See** steht allen Staaten, ob Küsten- oder Binnenstaaten, offen[25]. Jenseits der Grenzen und des Bereichs nationaler Hoheitsbefugnisse werden der Meeresboden und der Meeresuntergrund als **„Gebiet"** bezeichnet[26], das der Zuständigkeit einer eigens eingerichteten **Internationalen Meeresbodenbehörde** (Behörde) mit Sitz in **Jamaika** unterstellt wird[27]. Das Gebiet und seine Ressourcen[28] sind **das gemeinsame Erbe der Menschheit**[29]. Art. 137 bestimmt:

> „(1) Kein Staat darf über einen Teil des Gebietes oder seiner Ressourcen Souveränität oder souveräne Rechte beanspruchen oder ausüben; ebenso wenig darf sich ein Staat oder eine natürliche oder juristische Person einen Teil des Gebiets oder seiner Ressourcen aneignen. Weder eine solche Beanspruchung oder Ausübung von Souveränität oder souveränen Rechten noch eine solche Aneignung wird anerkannt.
> (2) Alle Rechte an den Ressourcen des Gebiets stehen der gesamten Menschheit zu, in deren Namen die Behörde handelt. Diese Ressourcen sind unveräußerlich. Die aus dem Gebiet gewonnenen Mineralien dürfen jedoch nur in Übereinstimmung mit diesem Teil und den Regeln, Vorschriften und Verfahren der Behörde veräußert werden.
> (3) Ein Staat oder eine natürliche oder juristische Person kann Rechte in bezug auf die aus dem Gebiet gewonnenen Mineralien nur in Übereinstimmung mit diesem Teil beanspruchen, erwerben oder ausüben. Auf andere Weise beanspruchte, erworbene oder ausgeübte Rechte werden nicht anerkannt."

II. Energie in Wirtschaftsabkommen

Seit ihrem Bestehen hat die Gemeinschaft eine Vielzahl bilateraler und multilateraler Wirtschaftsabkommen abgeschlossen, die neben Regelungen für andere Wirtschaftssektoren und Erzeugnisse auch Bestimmungen über Energie und Energieprodukte treffen. In den Anfangsjahren standen **Liberalisierungsabkommen** mit zahlreichen europäischen und außereuropäischen Ländern im Vordergrund; mit einigen privilegierten Drittstaaten wurden **Assoziierungsabkommen** abgeschlossen[30]. Darauf folgte der Typus des **Handels- und Kooperationsabkommens**, der in den 90er Jahren eine besondere Ausprägung in den **Partnerschafts- und Kooperationsabkommen** mit zahlreichen Nachfolgestaaten der UdSSR fand. Parallel dazu entwickelten sich die sog. **Europa-Abkommen**, mit denen nach dem Zerfall des Ostblocks die Länder Mittel- und Osteuropas an die Gemeinschaft herangeführt wurden[31]. Eine Sonderrolle nehmen die multilateralen **AKP-Abkommen** auf dem Gebiet der Entwicklungspolitik und der Rechtsrahmen des **GATT** sowie der **WTO** ein.

---

25 S. Art. 87.
26 S. Art. 1 Abs. 1 Ziffer 1 und Teil XI (Artikel 133–191).
27 S. Art. 1 Abs. 1 Ziffer 2 und Artikel 156 ff.
28 Nach Art. 133 lit. a) bedeutet „Ressourcen" alle festen, flüssigen oder gasförmigen mineralischen Ressourcen in situ, die sich im Gebiet oder unter dem Meeresboden befinden.
29 S. Art. 136.
30 S. für die Jahre 1958–1982 die Sammlung der von den Europäischen Gemeinschaften geschlossenen Übereinkünfte, Band 1 bis 12, Luxemburg 1977–1985.
31 S. zu den Europa-Abkommen unten L.

1. Liberalisierungsabkommen

Die frühen Liberalisierungsabkommen der Gemeinschaft mit Drittländern dienten der Beseitigung der Zölle im bilateralen Handelsverkehr und sonstigen Erleichterungen des Warenaustauschs zwischen den Partnern, wobei die Abkommen jeweils nur für Ursprungserzeugnisse der Gemeinschaft und der Partnerländer galten. Spezielle Protokolle legten die Ursprungsregeln zwischen den Partnern fest und bestimmten in beigefügten Listen, auf welche Erzeugnisse sie keine Anwendung fanden. Da sich der Rat für Mineralöl und Mineralölprodukte bis 1991 auf keine gemeinsamen Ursprungsregeln innerhalb der Gemeinschaft verständigen konnte[32], waren diese Erzeugnisse nach außen regelmäßig von den tariflichen Begünstigungen ausgenommen. Um die Perspektive derartiger gemeinschaftlicher Ursprungsregeln nicht aufzugeben, enthielten die Liberalisierungsabkommen jeweils einen Artikel folgenden oder ähnlichen Wortlauts:

> „(1) Die Gemeinschaft behält sich vor, die Regelung für Erdölerzeugnisse der Nrn. 27.10, 27.11, 27.12 ex 27.13 (Paraffin, Erdölwachs, Wachs aus bituminösen Mineralien, paraffinische Rückstände) und 27.14 des Brüsseler Zolltarifschemas bei Annahme einer gemeinsamen Begriffsbestimmung des Ursprungs für Erdölerzeugnisse, bei Entscheidungen im Rahmen der gemeinsamen Handelspolitik für die betreffenden Erzeugnisse oder bei Einführung einer gemeinsamen Energiepolitik zu ändern.
> In diesem Falle trägt die Gemeinschaft den Interessen (des Vertragspartners) in angemessener Weise Rechnung ...
> (2) (Der Vertragspartner) behält sich vor, entsprechend vorzugehen, wenn für (ihn) vergleichbare Situationen auftreten.
> (3) Vorbehaltlich der Absätze 1 und 2 werden die bei der Einfuhr von Erdölerzeugnissen angewandten nicht tariflichen Regelungen von diesem Abkommen nicht berührt[33]."

In einigen Fällen räumte die Gemeinschaft jedoch für Mineralöl und Mineralölprodukte – außerhalb der Ursprungsregeln – Drittländern Zollsenkungen im Rahmen eines jährlichen gemeinschaftlichen Globalzollkontingents ein. Im Gegenzug senkten die Partnerländer ihre Einfuhrzölle für die entsprechenden Produkte der Gemeinschaft.

2. Assoziierungsabkommen

Nach Art. 310 (ex-Art. 238) EGV kann die Gemeinschaft mit Drittstaaten Abkommen schließen, „die eine Assoziierung mit gegenseitigen Rechten und Pflichten, gemeinsamem Vorgehen und besonderen Verfahren herstellen".

Das älteste noch heute geltende Assoziierungsabkommen schloß die Gemeinschaft mit der Türkei[34]. Ein Zusatzprotokoll regelte die Modalitäten des freien Waren-

---

32 S. hierzu oben 2. Teil D. IV.

33 S. z. B. Art. 14 des Abkommens zwischen der EG und Österreich aus dem Jahre 1972, ABl. Nr. L 300 vom 13. 12. 1972, S. 1.

34 ABl. Nr. 217 vom 29. 12. 1964, S. 1.

verkehrs. Mit seinem Inkrafttreten beseitigte die Gemeinschaft die Zölle und die Abgaben gleicher Wirkung auf Einfuhren aus der Türkei (Art. 9 des Zusatzprotokolls); alle mengenmäßigen Ein- und Ausfuhrbeschränkungen wurden verboten (Art. 21 und 27), letztere allerdings nur insoweit, als hierdurch kein „Mangel an Grundstoffen" eintrat (Art. 27 Abs. 2). Eine Ausnahme vom Prinzip des freien Warenverkehrs bildeten wiederum das Mineralöl und Mineralölerzeugnisse, für die der Türkei abweichend von den genannten Artikeln nur ein jährliches zollfreies Globalzollkontingent von 200.000 t zugestanden wurde[35].

Von den sonst noch bestehenden Assoziierungsabkommen[36] sind die **Europa-Abkommen** und die Abkommen mit Malta und Zypern vornehmlich aus der Perspektive des Beitritts dieser Länder von Interesse[37]. Die Abkommen mit den **Maghreb-**[38] und **Maschrik-Staaten**[39] sind insofern energierechtlich von Bedeutung, als sie den Rahmen für die energiepolitische Zusammenarbeit zwischen diesen Staaten und der Gemeinschaft im Zuge der neuen Mittelmeerpolitik und des MEDA-Programms bilden[40]. Mit dem neuen Typus des **Europa-Mittelmeer-Abkommens**[41] erhält auch die Energie ein neues Gewicht. Art. 57 (Energie) des Abkommens mit Marokko bestimmt[42]:

> „Die Maßnahmen der Zusammenarbeit konzentrieren sich insbesondere auf
> a) erneuerbare Energien;
> b) die Förderung der Energieeinsparung;
> c) die angewandte Forschung auf dem Gebiet der Vernetzung von Datenbanken in Wirtschaft und Gesellschaft beider Vertragsparteien;
> d) die Unterstützung der Bemühungen um Modernisierung und Ausbau der Energieversorgungsnetze und ihres Verbunds mit den Netzen der Gemeinschaft."

Auch das Abkommen mit Israel[43] legt in Art. 51 (Energie) den Akzent auf die erneuerbaren Energien und die freie Durchleitung von Gas, Öl und Elektrizität[44]:

---

35 S. Anhang Nr. 1 über die Regelung der Einfuhr von Erdölerzeugnissen aus der Türkei in die Gemeinschaft.

36 D. h. Abkommen, die nicht durch den Beitritt der betreffenden Partnerländer zur Gemeinschaft erloschen sind.

37 S. hierzu unten L.

38 S. als Abkommen alten Typs die mit Algerien (ABl. Nr. L 263 vom 27. 9. 1978, S. 1); Marokko (ABl. Nr. L 264 vom 27. 9. 1978, S. 1); Tunesien (ABl. Nr. L 265 vom 27. 9. 1978, S. 1).

39 S. als Abkommen alten Typs die mit Ägypten (ABl. Nr. L 266 vom 27. 9. 1978, S. 1); Jordanien (ABl. Nr. L 268 vom 27. 9. 1978, S. 1); Libanon (ABl. Nr. L 267 vom 27. 9. 1978, S. 1); Syrien (ABl. Nr. L 269 vom 27. 9. 1978, S. 1).

40 S. unten III. 3.

41 S. Beschluß 2000/204/EG, EGKS des Rates und der Kommission vom 24. Januar 2000 über den Abschluß des Europa-Mittelmeer-Abkommens zur Gründung einer Assoziation zwischen den Europäischen Gemeinschaften und ihren Mitgliedstaaten einerseits und dem Königreich Marokko andererseits, ABl. Nr. L 70 vom 18. 3. 2000, S. 1.

42 A. a. O. S. 14.

43 S. Beschluß 2000/384/EG, EGKS des Rates und der Kommission vom 19. April 2000 über den Abschluß des Europa-Mittelmeer-Abkommens zur Gründung einer Assoziation zwischen den Europäischen Gemeinschaften und ihren Mitgliedstaaten einerseits und dem Staat Israel andererseits, ABl. Nr. L 147 vom 21. 6. 2000, S. 1.

44 A. a. O. S. 13.

„(1) Die Vertragsparteien sind der Ansicht, daß die Erwärmung der Erdatmosphäre und die Erschöpfung der fossilen Energieträger eine ernstliche Bedrohung der Menschheit darstellen. Die Vertragsparteien arbeiten daher mit dem Ziel zusammen, regenerative Energieträger zu entwickeln, die Umweltverschmutzung beim Einsatz der Energieträger zu begrenzen und die Energieeinsparung zu fördern.
(2) Die Vertragsparteien werden bemüht sein, Maßnahmen zur Förderung der regionalen Zusammenarbeit in Fragen wie Durchleitung von Gas, Öl und Elektrizität zu unterstützen."

Ein weiteres Europa-Mittelmeer-Abkommen wurde mit Jordanien abgeschlossen[45], dessen Art. 74 ebenfalls der Energie gewidmet ist und die Erleichterung der Durchleitung von Gas, Öl und Elektrizität vorschreibt.

3. Handels- und Kooperationsabkommen

Dieser neuere Abkommenstypus hat auf dem Energiesektor vornehmlich durch das wichtige Abkommen vom 18. Dezember 1989 zwischen der Europäischen Wirtschaftsgemeinschaft und der Europäischen Atomgemeinschaft und der **Union der Sozialistischen Sowjetrepubliken** über den Handel und die handelspolitische und wirtschaftliche Zusammenarbeit[46] Bedeutung erlangt. Es wurde nach dem Zerfall der Sowjetunion von Rußland weitergeführt und bildete bis zum Inkrafttreten des Vertrages über die Energiecharta[47] und des Abkommens über Partnerschaft und Zusammenarbeit[48] den alleinigen Rechtsrahmen für den Energiehandel zwischen der EG und Rußland[49]. Das Abkommen sieht zwischen den Vertragsparteien die Meistbegünstigung (Art. 3) und den Handel zu marktgerechten Preisen vor (Art. 14). Es zielt auf die Erschließung neuer Versorgungsquellen und Märkte ab (Art. 20 Abs. 1) und fördert die Zusammenarbeit bei Rohstoffen und Bergbau sowie Energie einschließlich Kernenergie und nukleare Sicherheit (physische Sicherheit und Strahlenschutz) (Art. 20 Abs. 2).

Ebenfalls Ende der 80er Jahre schloß die Gemeinschaft mit den **Ölförderländern der arabischen Golfregion** ein zeitlich unbegrenztes Kooperationsabkommen[50], dessen Art. 6 folgendes vorsieht:

„Im Energiesektor bemühen sich die Vertragsparteien, unter anderem folgendes zu fördern und zu erleichtern:

---

45 S. Beschluß 2002/357/EG, EGKS des Rates und der Kommission vom 26. März 2002 über den Abschluß des Europa-Mittelmeer-Abkommens zur Gründung einer Assoziation zwischen den Europäischen Gemeinschaften und ihren Mitgliedstaaten einerseits und dem Haschemitischen Königreich andererseits, ABl. Nr. L 129 vom 15. 5. 2002, S. 1.

46 ABl. Nr. L 68 vom 15. 3. 1990, S. 3.

47 S. oben J. I. 2.

48 S. unten J. II 4.

49 Von der Anwendung sind lediglich die EGKS-Produkte ausgenommen (s. Art. 2 Abs. 1).

50 Beschluß 89/147/EWG des Rates vom 20. Februar 1989 über den Abschluß des Kooperationsabkommens zwischen der Europäischen Wirtschaftsgemeinschaft einerseits und den Vertragsparteien der Charta des Kooperationsrates der Arabischen Golfstaaten (Vereinigte Arabische Emirate, Staat Bahrein, Königreich Saudi-Arabien, Sultanat Oman, Staat Katar und Staat Kuwait) andererseits, ABl. Nr. L 54 vom 25. 2. 1989, S. 1.

- die Zusammenarbeit zwischen energiewirtschaftlichen Unternehmen der Gemeinschaft und der GCC-Länder[51] in beiden Regionen,
- gemeinsame Analysen des Handels mit Rohöl, Erdgas und Erdölerzeugnissen zwischen den beiden Regionen und seiner industriellen Aspekte, um zu untersuchen, wie dieser Handel verbessert werden kann,
- den Meinungs- und Informationsaustausch über Energiefragen im allgemeinen und über die beiderseitige Energiepolitik unbeschadet der internationalen Verpflichtungen der Vertragsparteien,
- Ausbildungsmaßnahmen,
- Studien, vor allem im Bereich neuer und erneuerbarer Energiequellen."

Auch mit den wichtigen Ölförderländern **Mexiko**[52] und **Venezuela**[53] ist die Gemeinschaft durch Abkommen verbunden.

4. Partnerschafts- und Kooperationsabkommen

Im Gegensatz zu den Handels- und Kooperationsabkommen sind an den Partnerschafts- und Kooperationsabkommen außer der Gemeinschaft auch ihre Mitgliedstaaten beteiligt. Dieser Abkommenstypus regelt die Handels- und Wirtschaftsbeziehungen zwischen den drei Gemeinschaften und den GUS-Staaten, wobei das Abkommen mit der russischen Föderation[54] für den Energiesektor das wichtigste ist. Art. 22 dieses Abkommens regelt den Handel mit Kernmaterial[55]; die Art. 61, 65 und 66 gelten der wirtschaftlichen Zusammenarbeit bei Bergbau und Rohstoffen, Energie und auf dem Nuklearsektor. Art. 65 (Energie) bestimmt:

„(1) Die Zusammenarbeit erfolgt im Rahmen der Grundsätze der Marktwirtschaft und der gesamteuropäischen Energiecharta vor dem Hintergrund der schrittweisen Integration der Energiemärkte in Europa.
Die Zusammenarbeit umfaßt insbesondere folgende Bereiche:

- Verbesserung der Qualität und der Sicherheit der Energieversorgung auf ökonomisch und ökologisch vernünftige Weise;
- Formulierung einer Energiepolitik;
- Verbesserung der Verwaltung und der Regulierung des Energiesektors auf marktwirtschaftlicher Grundlage;

---

51 GCC: Golf Cooperation Council.

52 S. das Rahmenabkommen über die Zusammenarbeit zwischen der Europäischen Wirtschaftsgemeinschaft und den Vereinigten Mexikanischen Staaten, ABl. Nr. L 340 vom 11. 12. 1991, S. 2 sowie zuletzt das Abkommen über wirtschaftliche Partnerschaft, politische Koordinierung und Zusammenarbeit zwischen der Europäischen Gemeinschaft und ihren Mitgliedstaaten einerseits und den Vereinigten Mexikanischen Staaten andererseits, ABl. Nr. L 276 vom 28. 10. 2000, S. 45.

53 S. das Rahmenabkommen über die Zusammenarbeit zwischen der Europäischen Wirtschaftsgemeinschaft und dem Abkommen von Cartagena und seinen Mitgliedstaaten, der Republik Bolivien, der Republik Ecuador, der Republik Kolumbien, der Republik Peru und der Republik Venezuela, ABl. Nr. L 127 vom 29. 4. 1998, S. 11.

54 Abkommen über Partnerschaft und Zusammenarbeit zur Gründung einer Partnerschaft zwischen den Europäischen Gemeinschaften und ihren Mitgliedstaaten einerseits und der Russischen Föderation andererseits, ABl. Nr. L 327 vom 28. 11. 1997, S. 3. Das Abkommen ist am 1. Dezember 1997 in Kraft getreten und gilt zunächst für 10 Jahre (Art. 106).

55 S. zu Art. 22 auch die Gemeinsame Erklärung zu den Rechten der Euratom-Versorgungsagentur, a. a. O. S. 57.

- Schaffung der notwendigen institutionellen, rechtlichen, steuerlichen und sonstigen Voraussetzungen für die Förderung einer Ausweitung von Handel und Investitionen im Energiebereich;
- Förderung der Energieeinsparung und der rationellen Energienutzung;
- Modernisierung der Energieinfrastruktur, einschließlich des Verbunds der Gas- und Elektrizitätsversorgungsnetze;
- Umweltauswirkungen von Energieerzeugung, -versorgung und -verbrauch, um von diesen Tätigkeiten ausgehende Umweltschäden zu verhüten oder möglichst niedrig zu halten;
- Verbesserung der Energietechnik für Versorgung und Endverbrauch bei allen Energiearten;
- Managementausbildung und technische Ausbildung im Energiesektor."

Vorschriften derselben Art über Energie sind auch in den Partnerschafts- und Kooperationsabkommen mit den weiteren Nachfolgestaaten der Sowjetunion enthalten, und zwar mit Armenien[56] (Art. 54), Aserbaidschan[57] (Art. 55), Georgien[58] (Art. 56), Kasachstan[59] (Art. 53), der Kirgisischen Republik[60] (Art. 54), der Republik Moldau[61] (Art. 60), der Ukraine[62] (Art. 61) und Usbekistan[63] (Art. 53). Soweit diese GUS-Staaten wichtige **Ölförderländer** sind wie Aserbaidschan oder **Transitländer für Pipelines** in strategischer Lage wie die Kaukasusrepubliken Armenien und Georgien, ist ein Informationsaustausch über Investitionsprojekte im Energiesektor und insbesondere über den **Bau und die Instandhaltung von Erdöl- und Gasleitungen** oder sonstiger Mittel für den Transport von Energieerzeugnissen vorgesehen[64]. In Bezug auf Investitionen im Energiesektor wird weiterhin eine möglichst wirksame Umsetzung der Vorschriften über **Investitionsförderung** und **Investitionsschutz** vereinbart[65].

5. AKP-Abkommen und Assoziierung der überseeischen Länder und Hoheitsgebiete

Angesichts der besonderen Beziehungen der ehemaligen Kolonialmächte in der Gemeinschaft zu ihren außereuropäischen Kolonien enthielt der EWG/EG-Vertrag von Anfang an einen Vierten Teil mit dem Titel „Die Assoziierung der überseeischen Länder und Hoheitsgebiete" (Art. 182 bis 188 (ex-Art. 131 bis 136a) EGV). Der Vertrag von Maastricht fügte seinerseits mit Wirkung ab 1. November 1993 dem Dritten Teil des EG-Vertrages („Die Politiken der Gemeinschaft") einen Titel „Entwicklungszusammenarbeit" an (Art. 177 bis 181 (ex-Art. 130 u bis 130y) EGV), der auf diesem Gebiete eine Ergänzung der Politiken der Mitgliedstaaten vorsieht. War die Liste der

---

56 ABl. Nr. L 239 vom 9. 9. 1999, S. 3.
57 ABl. Nr. L 246 vom 17. 9. 1999, S. 3.
58 ABl. Nr. L 205 vom 4. 8. 1999, S. 3.
59 ABl. Nr. L 196 vom 28. 7. 1999, S. 3.
60 ABl. Nr. L 196 vom 28. 7. 1999, S. 48.
61 ABl. Nr. L 181 vom 24. 6. 1998, S. 3.
62 ABl. Nr. L 49 vom 19. 2. 1998, S. 3.
63 ABl. Nr. L 229 vom 31. 8. 1999, S. 3.
64 S. die Abkommen mit Armenien (Art. 54 Abs. 3), Aserbaidschan (Art. 55 Abs. 3) und Georgien (Art. 56 Abs. 3).
65 A. a. O.

überseeischen Länder und Hoheitsgebiete Ende der fünfziger Jahre noch lang[66], so wurde sie ab 1960 mit jeder **Unabhängigkeitserklärung** der ehemaligen Kolonien in Afrika, der Karibik und dem Pazifik (AKP) kürzer[67].

Zur finanziellen Förderung der assoziierten Überseegebiete schufen die Mitgliedstaaten einen **Entwicklungsfonds**, der von der Kommission verwaltet wird[68]. Am 20. Juli 1963 schloß die Gemeinschaft in Jaunde (Kamerun) mit den ihr assoziierten afrikanischen Staaten und Madagaskar ein erstes **Assoziierungsabkommen**[69] i. S. des Art. 238 EWGV a. F. (Art. 310 n. F.), ebenfalls dotiert durch einen (nunmehr zweiten) Europäischen Entwicklungsfonds. Auf das Abkommen Jaunde I folgte Jaunde II (1969–1975) und auf dieses – erweitert um den Kreis der ehemaligen britischen Kolonien im AKP-Raum – die Abkommen von Lomé (Togo) in Gestalt von Lomé I (1975–1980), Lomé II (1980–1985), Lomé III (1985–1990) und Lomé IV (1990–2000).

Auf Lomé IV folgte im Jahr 2000 das **„Partnerschaftsabkommen** zwischen den Mitgliedern der Gruppe der Staaten in Afrika, im Karibischen Raum und im Pazifischen Ozean einerseits und der Europäischen Gemeinschaft und ihren Mitgliedstaaten andererseits", das am 23. Juni 2000 in **Cotonou** (Benin) unterzeichnet wurde[70] und das gemäß seinem Art. 95 ab 1. März 2000 für einen Zeitraum von 20 Jahren gelten soll[71]. Dieses Abkommen, dessen Abschluß vom Rat am 19. Dezember 2002 genehmigt wurde[72] und das am 1. April 2003 in Kraft trat[73], ist für die ersten 5 Jahre seiner Laufzeit mit einer Fördersumme von 15,2 Milliarden EURO dotiert, von denen 13,5 Milliarden vom 9. Europäischen Entwicklungsfonds (EEF) getragen werden[74]. Das Abkommen sieht u. a. die Entwicklung eines „wettbewerbsfähigen ... Energiesektors bei gleichzeitiger Förderung der Beteiligung und Entwicklung der Privatwirtschaft vor" (Art. 23 lit. f)) und unterstützt die regionale Zusammenarbeit auf dem Gebiet der Energie (Art. 30 Abs. 1 lit. b)). Im Bereich Umwelt und natürliche Ressourcen besteht eines der Ziele in der Nutzung sich erneuernder Energiequellen, insbesondere der Sonnenenergie, sowie in der effizienten Energienutzung (Art. 32 Abs. 1 lit. iii)). Überdies wird die „Entwicklung und Förderung der Nutzung bezahlbarer sich erneuernder Energiequellen" als ein Weg zur Nutzung neuer Informations- und Kommunikationstechnologien und daher als Mittel zur aktiven Beteiligung der Bevölkerung an der Informationsgesellschaft begriffen (Art. 43 Abs. 4). In einer **Entschließung zur Nutzung erneuerbarer**

---

66 S. Anhang IV zum EWG-Vertrag.

67 S. Anhang II zum EG-Vertrag in der Fassung durch den Vertrag von Amsterdam.

68 S. Art. 136 a. F. i. V. m. den dem EWG-Vertrag beigefügten Durchführungsabkommen über die Assoziierung der überseeischen Länder und Hoheitsgebiete mit der Gemeinschaft.

69 ABl. Nr. 93 vom 11. 6. 1964, S. 1.

70 S. ABl. Nr. L 317 vom 15. 12. 2000, S. 3.

71 S. bis zum Inkrafttreten des Abkommens den Anhang zum Beschluß Nr. 1/2000 des AKP-EG-Botschafterausschusses vom 28. Februar 2000 über die ab 1. März 2000 geltenden Übergangsmaßnahmen, ABl. Nr. L 217 vom 26. 8. 2000, S. 1.

72 S. Beschluß 2003/159/EG des Rates vom 19. Dezember 2002 über den Abschluß des am 23. Juni 2000 in Cotonou unterzeichneten Partnerschaftsabkommens zwischen den Staaten in Afrika, im karibischen Raum und im Pazifischen Ozean einerseits und der Europäischen Gemeinschaft und ihren Mitgliedstaaten andererseits, ABl. Nr. L 65 vom 8. 3. 2003, S. 27.

73 S. Unterrichtung über das Datum des Inkrafttretens des AKP-EG-Partnerschaftsabkommens von Cotonou, ABl. Nr. L 83 vom 1. 4. 2003, S. 69.

74 S. Anhang I Finanzprotokoll, ABl. Nr. L 317 vom 15. 12. 2000, S. 67.

Energiequellen in den AKP-Staaten, die die Paritätische Parlamentarische Versammlung AKP-EU am 1. November 2001 angenommen hat, wird die Kommission aufgefordert, „die nachhaltige Energieversorgung, insbesondere durch Energieeffizienz und den Einsatz erneuerbarer Energieträger, als prioritäres Aktionsfeld in ihre neue Strategie für die Entwicklungspolitik aufzunehmen“[75].

Zum Zwecke der Förderung der verbliebenen **abhängigen Überseegebiete** der Mitgliedstaaten hat der Rat auf der Grundlage von Art. 136 EWGV (Art. 187 EGV) periodisch Assoziationsbeschlüsse gefaßt. Auf der Grundlage von Art. 187 EGV gilt derzeit der Beschluß 2001/822/EG des Rates vom 27. November 2001 über die Assoziation der überseeischen Länder und Gebiete mit der Europäischen Gemeinschaft (**„Übersee-Assoziationsbeschluß“**)[76], der am 2. Dezember 2001 in Kraft getreten ist und bis zum 31. Dezember 2011 gilt (Art. 63). Die Zusammenarbeit auf dem Energiesektor erstreckt sich auf folgende Gebiete: Energiepolitik und Schaffung von Einrichtungen; Elektrizitätserzeugung (aus nicht regenerativen und regenerativen Quellen); effiziente Nutzung der Energiequellen; Forschung und Ausbildung im Energiebereich; Förderung privatwirtschaftlicher Elektrizitätserzeugung und -verteilung (Art. 11 lit. f)). Zur Finanzierung der Fördermaßnahmen sind für den ersten Fünfjahreszeitraum 175 Mio. EURO aus dem 9. EEF und 20 Mio. EURO an Darlehen der EIB vorgesehen[77].

6. Welthandelsabkommen

Mit Beschluß 94/800/EG vom 22. Dezember 1994 hat der Rat die Übereinkommen, die im Rahmen der Uruguay Runde (1986–1994) ausgehandelt worden sind, für die Gemeinschaft genehmigt[78]. Weder im Übereinkommen zur Errichtung der Welthandelsorganisation[79] noch in den spezifischen multilateralen Handelsabkommen[80] sind Sonderregelungen für den Energiesektor vorgesehen, der damit uneingeschränkt den Bestimmungen dieser Übereinkommen unterliegt. Auch der Vertrag über die Energiecharta schafft insoweit zwischen den Vertragsparteien kein Sonderrecht, da gemäß seinem Art. 4 die Bestimmungen des GATT und die dazugehörigen Rechtsinstrumente nicht beeinträchtigt werden. Soweit eine Vertragspartei des Vertrages über die Energiecharta noch nicht Vertragspartei des GATT und der dazugehörigen Rechtsinstrumente ist, gilt die einstweilige Bestimmung des Art. 29 des Vertrages.

---

75 ABl. Nr. C 78 vom 2. 4. 2002, S. 35. S. auch die EU-Partnerschaftsinitiative „Energieinitiative für die Bekämpfung der Armut und für nachhaltige Entwicklung“ vom 1. 9. 2002 sowie die „Mitteilung der Kommission über die Zusammenarbeit mit den Entwicklungsländern im Energiebereich“, KOM (2002) 408 endg. vom 17. 7. 2002.

76 ABl. Nr. L 314 vom 30. 11. 2001, S. 1. S. dazu Anlage 2 des Anhangs III des Beschlusses 2001/822/EG, ABl. Nr. L 324 vom 7. 12. 2001, S. 1. S. dazu Verordnung (EG) Nr. 2304/2002 der Kommission vom 20. Dezember 2002 zur Durchführung des Beschlusses 2001/822/EG des Rates über die Assoziation der überseeischen Länder und Gebiete mit der Europäischen Gemeinschaft („Übersee – Assoziationsbeschluss“), ABl. Nr. L 348 vom 21. 12. 2002, S. 82; berichtigt im ABl. Nr. L 8 vom 14. 1. 2002, S. 46.

77 S. Anhang II A und II B, ABl. Nr. L 314 vom 30. 11. 2001, S. 26 und 28.

78 S. ABl. Nr. L 336 vom 23. 12. 1994, S. 1.

79 A. a. O. S. 3.

80 A. a. O. S. 11 ff.

Wegen der Einzelheiten ist hier auf die Übereinkommen und das einschlägige Spezialschrifttum[81] zu verweisen.

III. Autonome Fördermaßnahmen

Im Gegensatz zu Abkommen, die die Gemeinschaft mit Drittländern und internationalen Organisationen – ggfs. auch unter Beteiligung ihrer eigenen Mitgliedstaaten, soweit es sich um gemischte Abkommen handelt – **aushandeln** muß, erlaubt der Erlaß von einseitigen **autonomen** Maßnahmen ein schnelleres Handeln und Reagieren auf Lagen. Für den Energiesektor sind hierbei insbesondere die folgenden Programme und Initiativen von Bedeutung:

1. SYNERGIE/COOPENER

Seit ihren Anfängen ist die Gemeinschaft bestrebt, im Energiebereich mit Drittländern zusammenzuarbeiten[82]. Im Jahre 1988 wurde diese Zusammenarbeit auf eine programmatische Grundlage gestellt[83]. Schwerpunkt sind und waren die Förderung der Versorgungssicherheit, stabile Preise, der Umweltschutz und die Harmonisierung der Rechtsvorschriften[84]. Im Anschluß an das Weißbuch „Eine Energiepolitik für die Europäische Union" erließ der Rat am 14. April 1997 die **Verordnung (EG) Nr. 701/97 über ein Programm zur Förderung der internationalen Zusammenarbeit im Energiebereich (SYNERGIE-Programm)**[85]. Gemäß Art. 2 dieser Verordnung richtete sich SYNERGIE „an alle Länder, die nicht Mitglied der Gemeinschaft sind, und dabei in erster Linie an die Länder und Regionen, denen die Gemeinschaft bei ihren Außenbeziehungen in bezug auf ihre politischen Interessen, die Sicherheit ihrer Energieversorgung und ihre wirtschaftlichen Interessen Vorrang einräumt"[86]. Zur Erreichung der Ziele des Programms trägt die Gemeinschaft insbesondere zur Finanzierung folgender Maßnahmen bei:

---

81 S. *Pierre Didier*, WTO Trade Instruments in EU Law, London 1999; *Peter-Tobias Stoll*, *Frank Schorkopf*, WTO – Welthandelsordnung und Welthandelsrecht, Köln 2002; WTO Analytical Index, Guide to WTO Law and Practice, First Edition, Volume I + II, World Trade Organization, Geneva 2003; *Wolfgang Weiß*, *Christoph Herrmann*, Welthandelsrecht, München 2003.

82 Die Notwendigkeit dieser Zusammenarbeit ergibt sich aus der Tatsache, daß die Gemeinschaft zu über 50 % von Energieeinfuhren abhängig ist.

83 S. die Feststellung im Dokument „Der Binnenmarkt für Energie" (KOM(88) 238 endg. vom 2. 5. 1988): „Im Energiebereich muß die Gemeinschaft eine gemeinsame Außen- und Handelspolitik erhalten, mit der sie ... nötigenfalls wechselseitige Zugeständnisse ihrer Partner erwirken kann" (a. a. O. S. 8).

84 S. zuletzt das Grünbuch der Kommission: Hin zu einer europäischen Strategie der Versorgungssicherheit, Luxemburg 2001.

85 ABl. Nr. L 104 vom 22. 4. 1997, S. 1.

86 Nach Anhang I Ziffer II b) der Verordnung deckt SYNERGIE folgende Gebiete ab:
- Mittel- und Osteuropa, Zypern und Malta: Schwerpunkt auf dem Beitrittsprozeß;
- Gemeinschaft Unabhängiger Staaten;
- Mittelmeerraum;
- Lateinamerika: Schwerpunkt auf Mercosur, Chile, Mexiko und Venezuela;
- Asien: China, Indien und die ASEAN-Staaten;
- Afrika.

- energiepolitische Beratung und Ausbildung;
- energiebezogene Analysen und Vorhersagen;
- Veranstaltung von Konferenzen und Seminaren;
- Unterstützung der grenzüberschreitenden Regionalzusammenarbeit[87].

Im Hinblick auf die Förderung der Versorgungssicherheit legt das der Verordnung beigegebene Strategierichtprogramm folgende Prioritäten fest:

- Dialog mit den energieerzeugenden und -exportierenden Ländern: Arabisch-Persischer Golf, Rußland, Erzeugerländer in Amerika, Asien und Afrika;
- Förderung des Dialogs zwischen der Europäischen Gemeinschaft und den Energietransitländern sowie insbesondere zwischen den Transitländern und den Erzeugerländern durch Hilfe bei der Durchführung des Vertrags über die Energiecharta;
- Teilnahme an den Arbeiten der einschlägigen Einrichtungen und deren Unterstützung: Ministerkonferenzen, Erzeuger/Verbraucher-Konferenzen, Internationale Energieagentur;
- Unterstützung bei der Schaffung eines günstigen Umfelds für Investitionen in Drittländern im Bereich Energieerzeugung und Energietransit.

Zunächst nur auf ein Jahr angelegt, wurde SYNERGIE um ein weiteres Jahr verlängert[88] und danach durch die **Entscheidung des Rates vom 14. Dezember 1998 über ein Mehrjahresprogramm zur Förderung der internationalen Zusammenarbeit im Energiebereich** (1998–2002) (1999/23/EG)[89] fortgeführt. Das Programm deckte vorrangig folgende Gebiete ab[90]:

- Mittel- und Osteuropa,
- Neue Unabhängige Staaten (NUS),
- Drittländer des Mittelmeerraums,
- Lateinamerika: Schwerpunkt auf Mercosur, Chile, Mexiko und Venezuela,
- Asien: China, Indien und die ASEAN-Staaten,
- Afrika.

Zur Förderung der Versorgungssicherheit ist insbesondere der Dialog mit den Ländern am Kaspischen Meer hinzugetreten. Im April 2001 erließ der Rat neue Richtlinien für das SYNERGIE-Programm[91], in denen insbesondere das Ziel der Versorgungssicherheit und die Umsetzung des Kyoto-Protokolls im Vordergrund stehen.

Mit der Annahme der Entscheidung Nr. 1230/2003/EG des Europäischen Parlaments und des Rates vom 26. Juni 2003 zur Festlegung eines mehrjährigen Programms für Maßnahmen im Energiebereich: **„Intelligente Energie – Europa“ (2003–2006)**[92]

---

87 S. Art. 4 Abs. 3 der Verordnung.
88 Verordnung (EG) Nr. 2598/97 des Rates, ABl. Nr. L 351 vom 23. 12. 1997, S. 16.
89 ABl. Nr. L 7 vom 13. 1. 1999, S. 23.
90 S. Anhang: Richtprogramm, Ziffer II B.
91 Beschluß des Rates vom 9. April 2001 zur Festlegung der neuen Leitlinien für Aktionen und Maßnahmen im Bereich des Mehrjahresprogramms zur Förderung der internationalen Zusammenarbeit im Energiebereich (1998–2002) innerhalb des mehrjährigen Rahmenprogramms für Maßnahmen im Energiesektor und flankierende Maßnahmen (2001/353/EG), ABl. Nr. L 125 vom 5. 5. 2001, S. 24.
92 ABl. Nr. L 176 vom 15. 7. 2003, S. 29.

wird SYNERGIE durch **„COOPENER"** ersetzt und fortgeführt. Als einer der vier Teilbereiche des Programms „Intelligente Energie" ermöglicht COOPENER die Unterstützung von Initiativen zur Förderung erneuerbarer Energiequellen und der Energieeffizienz in Entwicklungsländern, insbesondere im Rahmen der Zusammenarbeit der Gemeinschaft mit Ländern in Afrika, Asien, Lateinamerika und im Pazifik[93]. Für diesen Zweck sind von 2003 bis 2006 insgesamt 17,6 Mio. EUR vorgesehen[94].

2. ALURE

Das Programm SYNERGIE wurde für die **Länder Asiens** und **Lateinamerikas** durch ein spezielles **Programm zur optimalen Nutzung der Energieressourcen** (ALURE) ergänzt, das auf der Verordnung (EWG) Nr. 443/92 des Rates vom 25. Februar 1992 über die finanzielle und technische Hilfe zugunsten der Entwicklungsländer Asiens und Lateinamerikas sowie über die wirtschaftliche Zusammenarbeit mit diesen Ländern[95] beruhte.

Spezifische Ziele des Programms waren der Ausbau der Präsenz der Gemeinschaft in diesem stark wachsenden Sektor sowie die Umstrukturierung der energiewirtschaftlichen Institutionen und Unternehmen der Länder Lateinamerikas, damit sie ihre Dienstleistungen wettbewerbsfähiger anbieten können.

Zu diesem Zweck verfolgte ALURE drei vorrangige Ziele:

- Verbesserung der Leistungsfähigkeit der lateinamerikanischen Energieversorgungsunternehmen, vor allem in den Wachstumssektoren (Elektrizität und Erdgas), und die Förderung der Geschäftsbeziehungen mit ihren europäischen Partnern, das heißt mit den Energieversorgungsunternehmen, den Finanz- und Industrieunternehmen und insbesondere mit den KMU der Gemeinschaft;
- Unterstützung der Anpassung der rechtlichen und institutionellen Rahmenbedingungen, soweit erforderlich;
- Förderung der nachhaltigen („sustainable") Entwicklung durch entsprechende Aktionen.

Bei der finanziellen Förderung erhielten solche Projekte Vorrang, die unmittelbar zu künftigen Investitionen führen[96].

Eine Nachfolgeregelung erging in Gestalt der Verordnung (EG) Nr. 2258/96 des Rates vom 22. November 1996 über Rehabilitations- und Wiederaufbaumaßnahmen zugunsten der Entwicklungsländer[97], der ein weiterer Rechtsakt zugunsten der Länder Asiens und Lateinamerika folgen soll[98].

---

93 S. Art. 3 Abs. 1 lit. d) der Entscheidung sowie ihren 10., 11., 12. und 22. Erwägungsgrund.

94 S. Ziffer 4 des Anhangs der Entscheidung.

95 ABl. Nr. L 52 vom 27. 2. 1992, S. 1.

96 S. zu ALURE auch die Schriftliche Anfrage E-3379/79 vom 23. Oktober 1997, ABl. Nr. C 174 vom 8. 6. 1998, S. 49.

97 ABl. Nr. L 306 vom 28. 11. 1996, S. 1.

98 S. Vorschlag für eine Verordnung des Europäischen Parlaments und des Rates über die Zusammenarbeit der Gemeinschaft mit den Ländern Asiens und Lateinamerikas und zur Änderung der Verordnung (EG) Nr. 2258/96, ABl. Nr. C 331 E vom 31. 12. 2002, S. 12.

3. MEDA

Seit Gründung der Gemeinschaft ist ihre Zusammenarbeit mit den nicht zur EG gehörenden Anrainern des Mittelmeers ein besonderes Anliegen der gemeinsamen Handels- und Außenpolitik. An den diversen Initiativen zur Kooperation ist auch der Energiesektor beteiligt, dessen Ausbau auch für die Gemeinschaft von großem Interesse ist[99]. Um diese Kooperation auch finanziell zu fördern, erließ der Rat die **Verordnung (EG) Nr. 1488/96 vom 23. Juli 1996 über finanzielle und technische Begleitmaßnahmen zur Reform der wirtschaftlichen und sozialen Strukturen im Rahmen der Partnerschaft Europa-Mittelmeer (MEDA)**[100]. Die Förderung erfolgt durch Finanzierung in Form von Zuschüssen, Risikokapital und Zinsvergünstigungen für Darlehen der Europäischen Investitionsbank[101].

Dabei ist die Lage der zwölf Mittelmeerpartnerländer auf dem Energiesektor sehr unterschiedlich[102]. Algerien und Ägypten sind Netto-Exporteure von Energie, Tunesien und Syrien weisen eine ausgeglichene Bilanz auf, während Marokko, Malta, Libanon, Israel, Jordanien, die Palästinensische Autonomiebehörde, Zypern und die Türkei Energieträger einführen müssen[103]. Die Koordinierung der Zusammenarbeit erfolgt im Rahmen eines **Europa-Mittelmeer Energieforums**[104], wobei folgende Themen im Vordergrund stehen: Rechtsreform und Umstrukturierung der Energieindustrien der Partnerländer; Angleichung der Energiepolitiken der EU und der Partner; Integration der Mittelmeermärkte und Aufbau von Verbundnetzen sowie nachhaltige Entwicklung in den Partnerländern und Einsatz erneuerbarer Energieträger[105].

4. EC-Investment Partners

Das ECIP-Programm (EC-Investment Partners) lief 1988 an und stellte das erste Finanzinstrument zur Förderung der Gründung von Joint-Ventures (einschließlich solcher auf dem Gebiet der Energie) zwischen Unternehmen der EU und örtlichen Unternehmen in bestimmten Drittländern dar[106]. Der letzte auf diesem Gebiet

---

99 Zu denken ist insbesondere an die Entwicklung und Anbindung des algerischen Erdgassektors an die europäischen Netze.

100 ABl. Nr. L 189 vom 30. 7. 1996, S. 1, zuletzt geändert durch ABl. Nr. L 311 vom 12. 12. 2000, S. 1. S. dazu den Beschluß 96/706/EG des Rates vom 6. Dezember 1996 über die Annahme von Leitlinien für die Richtprogramme über finanzielle und technische Begleitmaßnahmen zur Reform der wirtschaftlichen und sozialen Strukturen im Rahmen der Partnerschaft Europa-Mittelmeer (MEDA), ABl. Nr. L 325 vom 14. 12. 1996, S. 20.

101 S. Art. 266 f. EGV.

102 S. die Mitteilung der Kommission an das Europäische Parlament und an den Rat über die Partnerschaft zwischen der Europäischen Union und den Mittelmeerländern im Energiebereich, KOM(96) 149 endg. vom 3. 4. 1996 sowie Mitteilung über den Ausbau der Zusammenarbeit Europa-Mittelmeer im Verkehrs- und Energiesektor, KOM(2001) 126 endg. vom 7. 3. 2001.

103 S. a. a. O. KOM(2001) 126 endg., S. 11.

104 A. a. O. S. 12.

105 A. a. O. S. 13 f.

106 S. zum Hintergrund ausführlich die schriftliche Anfrage E-0307/97, ABl. Nr. C 319 vom 18. 10. 1997, S. 58.

erlassene Rechtsakt lief Ende 2001 aus[107]; ein nachfolgender Rechtsakt wurde nicht vorgeschlagen[108].

5. Gemeinsame Projekte EG/Industrieländer

Der gegenseitigen Marktdurchdringung im Verhältnis zwischen der EG und **fortgeschrittenen Industrieländern** dient die Verordnung (EG) Nr. 382/2001 des Rates vom 26. Februar 2001 über die Durchführung von Projekten zur Förderung der Zusammenarbeit und der Handelsbeziehungen zwischen der Europäischen Union und den Industrieländern in Nordamerika, im Fernen Osten und in Australasien und zur Aufhebung der Verordnung (EG) Nr. 1035/1999[109]. Im Rahmen dieser Verordnung, die der Zusammenarbeit mit den Vereinigten Staaten, Kanada, Japan, Südkorea, Australien und Neuseeland gilt, finanziert die Gemeinschaft u. a. Kooperationsprojekte in den Bereichen Energie, Verkehr und Umwelt[110], wobei die Finanzierung entweder in voller Höhe aus dem Gemeinschaftshaushalt oder in Form einer Kofinanzierung mit anderen Quellen erfolgt[111].

6. INOGATE

INOGATE (Interstate Oil and Gas Transport to Europe) ist ein Programm der Gemeinschaft, das 1995 eingeleitet wurde, um den Ausbau und die Vernetzung der Erdöl- und Erdgas-Fernleitungen zwischen der Gemeinschaft und den Regionen des Kaspischen Meeres, des Schwarzen Meeres und des südöstlichen Mittelmeeres zu fördern. Im Rahmen von INOGATE wurde ein internationales Übereinkommen (INOGATE Umbrella Agreement) abgeschlossen, das bisher von 17 Ländern in Südosteuropa (einschließlich der Türkei), im Kaukasus und in Zentralasien unterzeichnet wurde und das einen Rahmen für die Lösung von Problemen im Zusammenhang mit dem Betrieb, der Wartung und der Sicherheit dieser Energieeinrichtungen bietet[112].

---

107 S. Verordnung (EG) Nr. 772/2001 des Europäischen Parlaments und des Rates vom 4. April 2001 über den Abschluß und die Abwicklung der von der Kommission genehmigten Projekte im Rahmen der Verordnung (EG) Nr. 213/96 des Rates über die Anwendung des Finanzinstruments „EC Investment Partners" für Länder Lateinamerikas, Asiens, des Mittelmeerraums und Südafrika, ABl. Nr. L 112 vom 21. 4. 2001, S. 1.

108 S. schriftliche Anfragen P-2580/99 und E-2599/99, ABl. Nr. C 280 E vom 3. 10. 2000, S. 77 sowie schriftliche Anfrage E-1886/00, ABl. Nr. C 81 E vom 13. 3. 2001, S. 104.

109 ABl. Nr. L 57 vom 27. 2. 2001, S. 10.

110 S. Art. 4 lit. e) der Verordnung.

111 S. Art. 5 der Verordnung.

112 S. Mitteilung der Kommission an den Rat und das Europäische Parlament zum Ausbau der Zusammenarbeit Europa-Mittelmeer im Verkehrs- und Energiesektor, KOM(2001) 126 endg. vom 7. 3. 2001, S. 14.

IV. Embargos und sonstige Sanktionen

Literatur:

Ernst-Otto Czempiel, Werner Link (Hrsg.), Interventionsproblematik aus juristischer, politikwissenschaftlicher und ökonomischer Sicht, Kehl am Rhein, Straßburg, Arlington, Va. 1984; *Alan Dowty*, Zwiespältige Erfahrungen mit Sanktionen – das Beispiel Irak, EA 1994, S. 315; *Wolfgang Hellmann*, Haftung bei Embargoschäden, Köln u. a. 1999; *Stefan Kadelbach*, Staatshaftung für Embargoschäden, JZ 1993, S. 1134; *Roger Kampf*, Artikel 113 EWG-Vertrag als Grundlage für Embargomaßnahmen seitens der EWG, RIW 1989, S. 792; *Th. M. J. Möllers*, Zur Zulässigkeit des Verbraucherboykotts – Brent Spar und Mururoa, NJW 1996, S. 1374; *Nicola C. Neumann*, Internationale Handelsembargos und privatrechtliche Verträge, Baden-Baden 2001; *Esa Paasivirta, Allan Rosas*, Sanctions, countermeasures and related actions in the external relations of the EU: A search for legal frameworks, in: E. *Cannizaro* (ed.), The European Union as an Actor in International Relations, The Hague 2002; *Hans-Konrad Ress*, Das Handelsembargo. Völker-, europa- und außenwirtschaftsrechtliche Rahmenbedingungen, Praxis und Entschädigung, Berlin u. a. 2000.

Im Rahmen der Vorschriften des EU-Vertrages über die Gemeinsame Außen- und Sicherheitspolitik (GASP) kann der Rat gemeinsame Standpunkte annehmen, in denen das Konzept der Union für eine bestimmte Frage geographischer oder thematischer Art bestimmt wird (Art. 15 (ex-Art. J.5) EUV). Die **Mitgliedstaaten** haben dann dafür Sorge zu tragen, daß ihre einzelstaatliche Politik mit den gemeinsamen Standpunkten in Einklang steht. Ist in gemeinsamen Standpunkten „ein **Tätigwerden der Gemeinschaft** vorgesehen, um die Wirtschaftsbeziehungen zu einem oder mehreren dritten Ländern auszusetzen, einzuschränken oder vollständig einzustellen, so trifft der Rat die erforderlichen Sofortmaßnahmen" (Art. 301 (ex-Art. 228 a) EGV).

Was den Energiesektor anbetrifft, so hat der Rat zuletzt im Zuge des Kosovo-Krieges mit seinem Gemeinsamen Standpunkt 1999/273/GASP vom 23. April 1999 zu einem Boykott der Lieferung und des Verkaufs von Erdöl und Erdölerzeugnissen an die Bundesrepublik Jugoslawien [113] aufgerufen. Die Gemeinschaft setzte diesen Boykott durch ein Verbot des Verkaufs und der Lieferung von Erdöl und Erdölerzeugnissen durch [114]. Im Rahmen der Initiative „Energie für Demokratie" wurde dieses Verbot in der Folgezeit für bestimmte Gemeinden und andere Bestimmungsorte gelockert. Nach der Abwahl von Präsident *Milosevic* und der Wahl von Präsident *Kostunica* am 24. September 2000 konnten die Boykottmaßnahmen im Oktober 2000 aufgehoben werden [115].

---

113 ABl. Nr. L 108 vom 27.4.1999, S. 1.

114 Verordnung (EG) Nr. 2111/1999 betreffend das Verbot des Verkaufs und der Lieferung von Erdöl und bestimmten Erdölerzeugnissen an bestimmte Gebiete der Bundesrepublik Jugoslawien, ABl. Nr. L 258 vom 5. 10. 1999, S. 12.

115 S. Gemeinsamen Standpunkt des Rates vom 9. Oktober 2000 betreffend die Unterstützung für eine demokratische Bundesrepublik Jugoslawien und die sofortige Aufhebung restriktiver Maßnahmen (2000/599/GASP), ABl. Nr. L 261 vom 14. 10. 2000, S. 1. Gestützt auf Artikel 301 EGV und den vorbezeichneten Gemeinsamen Standpunkt erging die Verordnung (EG) Nr. 2228/2000 des Rates vom 9. Oktober 2000 zur Aufhebung der Verordnung (EG) Nr. 2111/1999 betreffend das Verbot des Verkaufs und der Lieferung von Erdöl und bestimmten Erdölerzeugnissen an bestimmte Gebiete der Bundesrepublik Jugoslawien, ABl. Nr. L 261 vom 14. 10. 2000, S. 4.

K. EG-Energierecht im Europäischen Wirtschaftsraum

Literatur:

Andreas Diem, Das Kartellrecht nach dem EWR-Abkommen, DB 1994, S. 823; *Josef Doswald*, The Future of EFTA, in: German Yearbook of International Law 1994, Berlin 1995; *Klaus Friedrich*, Das Abkommen über den Europäischen Wirtschaftsraum, DB 1994, S. 313; *N. Gugerbauer*, Der EFTA-Gerichtshof und sein Zusammenwirken mit dem EuGH, NJW 1994, S. 2743; *Christoph Liebscher, Erich Schweighofer, Christine Stix-Hackl*, EWR-Almanach, Wien 1994; *Sven Norberg, Karin Hökborg, Martine Johansson, Dan Eliasson, Lucien Dedichen*, The European Economic Area, EEA Law, A Commentary on the EEA Agreement, Stockholm 1993; *Arnold Streit*, Das Abkommen über den Europäischen Wirtschaftsraum, NJW 1994, S. 555.

Die Schaffung eines Europäischen Wirtschaftsraums (EWR) geht auf einen Gedanken des ehemaligen Kommissionspräsidenten *Jacques Delors* zurück, der den Beitritt der ehemaligen EFTA-Staaten[1] zur Gemeinschaft durch die Einrichtung eines Assoziierungsraums – je nach Lesart – vorbereiten bzw. verzögern wollte. Der Text des Abkommens über den Europäischen Wirtschaftsraum, das rechtlich ein Assoziierungsabkommen i. S. des Art. 310 (ex-Art. 238) EGV darstellt, wurde am 2. Mai 1992 in Porto unterzeichnet. Nach einem negativen Volksentscheid der Schweiz trat das Abkommen am 1. Januar 1994 ohne die Schweiz in Kraft. Seit dem Beitritt Österreichs, Schwedens und Finnlands zur Gemeinschaft am 1. Januar 1995 stehen dieser auf Seiten der EFTA-Staaten nur noch **Norwegen, Island** und **Liechtenstein** als Vertragsparteien gegenüber. Auf Seiten der Gemeinschaft sind deren Mitgliedstaaten, die EG und bis zu ihrem Erlöschen die EGKS beteiligt; die Europäische Atomgemeinschaft nimmt an der Assoziierung nicht teil.

Ziel des EWR-Abkommens ist die Stärkung der Handels- und Wirtschaftsbeziehungen zwischen den Vertragsparteien unter gleichen Wettbewerbsbedingungen und bei Einhaltung gleicher Regeln zu fördern, wobei die Assoziierung insbesondere folgende Elemente umfaßt[2]:

a) den freien Warenverkehr,
b) die Freizügigkeit,
c) den freien Dienstleistungsverkehr,
d) den freien Kapitalverkehr,
e) die Einrichtung eines Systems, das den Wettbewerb vor Verfälschungen schützt und die Befolgung der diesbezüglichen Regeln für alle in gleicher Weise gewährleistet, sowie
f) eine engere Zusammenarbeit in anderen Bereichen wie Forschung und Entwicklung, Umwelt, Bildungswesen und Sozialpolitik.

Die institutionelle Ausstattung des EWR besteht aus dem EWR-Rat[3], dem Gemeinsamen EWR-Ausschuß[4], der EFTA-Überwachungsbehörde[5] und dem EFTA-Gerichtshof[6].

---

1 ABl. Nr. L 1 vom 3. 1. 1994, S. 1; BGBl. 1993 II S. 266, 1294.
2 S. Art. 1 Abs. 2 EWR-Abkommen.
3 Art. 89 bis 91 EWR-Abkommen.
4 Art. 92 bis 94 EWR-Abkommen.
5 Art. 108 Abs. 1 EWR-Abkommen. S. auch EFTA-Überwachungsbehörde: Bekanntmachung über die Zusammenarbeit zwischen der EFTA-Überwachungsbehörde und den nationalen Ge-

Soweit Rechtsakte der Gemeinschaft in den Anhängen zum EWR-Abkommen aufgelistet sind oder Entscheidungen des Gemeinsamen EWR-Ausschusses auf sie Bezug nehmen, gelten sie auch in den EFTA-Vertragsparteien (Art. 7 EWR-Abkommen). Hinsichtlich des freien Warenverkehrs im Energiebereich gilt Art. 24 des EWR-Abkommens i. V. m. Anhang IV (Energie), der das Verzeichnis der anwendbaren Rechtsakte enthält. Speziell für Kohle- und Stahlerzeugnisse verweist Art. 27 des EWR-Abkommens auf die Protokolle 14[7] und 25[8]. Ebenfalls von Bedeutung für den Energiesektor sind die Wettbewerbsvorschriften für die Unternehmen[9], die Regeln für staatliche Beihilfen[10] und die Bestimmungen über öffentliche Aufträge[11]. Die Freizügigkeit der Arbeitnehmer und selbständig Erwerbstätigen sowie die Niederlassungs- und Dienstleistungsfreiheit im Energiesektor werden durch die Art. 28 ff EWR-Abkommen gewährleistet, wobei sich Art. 30 i. V. m. Anhang VII auf die Gemeinschaftsregelungen zur gegenseitigen Anerkennung beruflicher Qualifikationen bezieht[12].

Über die Zukunft des EWR im Zuge der Erweiterung der Gemeinschaft hat der Beratende Ausschuß des EWR am 26. Juni 2002 eine umfangreiche Entschließung gefaßt[13].

---

richten bei Anwendung der Artikel 53 und 54 des EWR-Abkommens, ABl. Nr. C 112 vom 4. 5. 1995, S. 7; Beschluß der EFTA-Überwachungsbehörde Nr. 1/94/KOL über die Geschäftsordnung der EFTA-Überwachungsbehörde, ABl. Nr. L 113 vom 4. 5. 1994, S. 19, zuletzt geändert durch Beschluß Nr. 272/02/KOL, ABl. Nr. L 80 vom 27. 3. 2003, S. 34. S. auch den Beschluß der EFTA-Überwachungsbehörde Nr. 177/02/KOL vom 30. Oktober 2002 über das Mandat von Anhörungsbeauftragten in bestimmten Wettbewerbsverfahren, ABl. Nr. L 80 vom 27. 3. 2003, S. 27.

6 Art. 108 Abs. 2 EWR-Abkommen. S. auch Verfahrensordnung des EFTA-Gerichtshofs, erlassen am 4. Januar und 1. Februar 1994, ABl. Nr. L 278 vom 27. 10. 1994, S. 1; geändert im ABl. Nr. L 47 vom 2. 3. 1995, S. 31. S. auch EFTA-Gerichtshof: Mitteilung 1/99: Leitlinien zu Anträgen nationaler Gerichte auf Erstellung eines Gutachtens, ABl. Nr. C 223 vom 5. 8. 1999, S. 4.

7 Protokoll 14 über den Handel mit Kohle und Stahlerzeugnissen.

8 Protokoll 25 über den Wettbewerb bei Kohle und Stahl.

9 Art. 53 bis 60 i. V. m. Anhang XIV (Wettbewerb) EWR-Abkommen.

10 Art. 56 bis 64 i. V. m. Anhang XV (Staatliche Beihilfen) EWR-Abkommen.

11 Art. 65 i. V. m. Anhang XVI (Öffentliches Auftragswesen) EWR-Abkommen.

12 Richtlinie 70/522/EWG des Rates vom 30. November 1970 über die Verwirklichung der Niederlassungsfreiheit und des freien Dienstleistungsverkehrs für selbständige Tätigkeiten des Kohlengroßhandels und für Vermittlungstätigkeiten auf dem Sektor Kohle (ex CITI-Gruppe 6112), ABl. Nr. L 267 vom 10. 12. 1970, S. 14; Richtlinie 70/523/EWG des Rates vom 30. November 1970 über die Einzelheiten der Übergangsmaßnahmen auf dem Gebiet der selbständigen Tätigkeiten des Kohlengroßhandels und der Vermittlungstätigkeiten auf dem Sektor Kohle (ex CITI-Gruppe 6112), ABl. Nr. L 267 vom 10. 12. 1970, S. 18; Richtlinie 64/428/EWG des Rates vom 7. Juli 1964 über die Verwirklichung der Niederlassungsfreiheit und des freien Dienstleistungsverkehrs für die selbständigen Tätigkeiten des Bergbaus einschließlich der Gewinnung von Steinen und Erden (CITI-Hauptgruppen 11–19), ABl. Nr. 117 vom 23. 7. 1964, S. 1871/64; Richtlinie 66/162/EWG des Rates vom 28. Februar 1966 über die Verwirklichung der Niederlassungsfreiheit und des freien Dienstleistungsverkehrs auf dem Gebiet der selbständigen Berufstätigkeiten der Zweige Elektrizität, Gas, Wasser und sanitäre Dienste (Abteilung 5 ISIC), ABl. Nr. 42 vom 8. 3. 1966, S. 584/66; Richtlinie 69/82/EWG des Rates vom 13. März 1969 über die Verwirklichung der Niederlassungsfreiheit und des freien Dienstleistungsverkehrs für die selbständigen Tätigkeiten des Aufsuchens (Schürfens und Bohrens) bei der Erdöl- und Erdgasgewinnung (aus CTIT-Hauptgruppe 13), ABl. Nr. L 68 vom 19. 3. 1969, S. 4.

13 ABl. Nr. C 58 vom 13. 3. 2003, S. 14 und ABl. Nr. C 67 vom 20. 3. 2003, S. 10.

L. EG-Energierecht und die Erweiterung der Gemeinschaft

Literatur:

Horst Bauer, Jürgen Kraemer, Wilhelm Riesner, Stand der energiewirtschaftlichen Beitrittsvorbereitungen in Polen und den Baltischen Ländern, et 2002, S. 840; *dies.*, Stand der energiewirtschaftlichen EU-Beitrittsvorbereitungen in Mittel-Osteuropa, et 2002, S. 526; *Jan Bergmann*, Die Osterweiterung der Europäischen Union, ZRP 2001, S. 18; *Jürgen Grunwald*, Die energiewirtschaftliche Zusammenarbeit der Europäischen Gemeinschaft mit den Staaten Osteuropas, in: *Wolfgang Harms* (Hrsg.), Ost-West-Zusammenarbeit in der Energiewirtschaft, Köln u. a. 1990; *Berthold Hannes, Jochen Hauff, Marian Svrcek, Michael Weiß*, Die Erweiterung des europäischen Energiemarktes als Herausforderung für Netzbetreiber in Zentral- und Osteuropa, et 2002, S. 846; *Peer H. Lange*, Baltische Brückenfunktion?, Internationale Politik 2003, S. 21; *Arthur Lopian*, Übergangsregime für Mitgliedstaaten der Europäischen Gemeinschaften, Baden-Baden 1994; *Matthias Niedobitek*, Tschechien und Polen auf dem Weg in die Europäische Union – Politische und rechtliche Aspekte, DÖV 2003, S. 67; *Markus Reichel*, Liberalisierung des polnischen Energiemarktes aus Kundensicht, et 2002, S. 540; *Stefan Richter*, Die Assoziierung osteuropäischer Staaten durch die Europäischen Gemeinschaften, DVBl. 1995, S. 704; *Frank Ruhland*, Polens Gaswirtschaft auf dem Weg nach Europa, et 2002, S. 536; *Edin Šarčević*, EU-Erweiterung nach Art. 49 EUV: Ermessensentscheidungen und Beitrittsrecht, EuR 2002, S. 461; *Dirk Schübel*, Die EU-Erweiterung – eine Bestandsaufnahme im Hinblick auf die Vorbeitrittsstrategie der EU, EuZW 2000, S. 641; *Peter Schütterle*, Effiziente Kontrolle staatlicher Beihilfen in den mittel- und osteuropäischen Ländern als Beitrittskriterium, EuZW 2001, S. 711; *Christian Theobald, Dorota Koszalka*, Der rechtliche Rahmen der polnischen Energiewirtschaft, et 2002, S. 532.

Nach Art. 237 EWGV, der bis zum Inkrafttreten des Vertrags von Maastricht galt, konnte jeder europäische Staat beantragen, Mitglied der Gemeinschaft zu werden. Mit dem Vertrag über die Europäische Union trat diese Vorschrift außer Kraft und die Regelung ging auf Art. O EUV über: „Jeder europäische Staat kann beantragen, Mitglied der Union zu werden". Nach dem Inkrafttreten des Vertrags von Amsterdam lautet die Vorschrift, nunmehr als Art. 49 (ex-Art. O) EUV umnumeriert: „Jeder europäische Staat, der die in Artikel 6 Absatz 1 genannten Grundsätze achtet, kann beantragen, Mitglied der Union zu werden" [1].

Nach den Beitritten der Vergangenheit[2] steht in der nächsten Zukunft die Osterweiterung der Europäischen Union bevor, die auch für den Energiesektor der Gemeinschaft nachhaltige Veränderungen mit sich bringen wird. Ab 1998 verhandelte die Gemeinschaft mit zwölf Staaten, die Beitragsanträge gestellt hatten[3] und zu deren Wirtschaftsprofilen sich die Kommission in individuellen Stellungnahmen geäußert hat[4]. Der Beitrittsvertrag vom 16. April 2003 sieht vor, eine erste Gruppe von zehn

---

1 Art. 6 Abs. 1 EUV lautet: „Die Union beruht auf den Grundsätzen der Freiheit, der Demokratie, der Achtung der Menschenrechte und Grundfreiheiten sowie der Rechtsstaatlichkeit; diese Grundsätze sind allen Mitgliedstaaten gemeinsam".

2 1973: Vereinigtes Königreich, Irland, Dänemark; 1981: Griechenland; 1986: Spanien, Portugal; 1995: Österreich, Schweden, Finnland. S. Dokumente betreffend die Beitritte zu den Europäischen Gemeinschaften 1987, Luxemburg 1988, und Dokumente betreffend den Beitritt zur Europäischen Union 1995, Luxemburg 1996.

3 Bulgarien, Estland, Lettland, Litauen, Malta, Polen, Rumänien, Slowakische Republik, Slowenien, Tschechische Republik, Ungarn, Zypern.

4 S. die Beilagen 6/97 bis 15/97 zum Bulletin der EG. S. auch ab 1997 die Kapitel „Erweiterung" in den jährlichen Gesamtberichten der Kommission über die Tätigkeit der Europäischen Union.

Kandidatenländern zum 1. Mai 2004 in die Gemeinschaft aufzunehmen[5], wodurch sich deren Fläche von 3,191 Mio km² um 0,738 Mio km² auf 3,929 Mio km² vergrößern und ihre Bevölkerung von 375,3 Mio um 75,2 Mio auf 450,5 Mio zunehmen wird[6].

Vorbereitet wurden die Beitritte in den 90er Jahren durch den Abschluß sog. **Europa-Abkommen**, mit denen die Gemeinschaften und ihre Mitgliedstaaten einerseits und die einzelnen Bewerberländer andererseits eine Assoziierung mit gegenseitigen Rechten und Pflichten, gemeinsamem Vorgehen und besonderen Verfahren herstellten (Art. 310 (ex-Art. 238) EGV)[7]. Am Europa-Abkommen mit Polen ist die Europäische Atomgemeinschaft nicht beteiligt, da dieses Bewerberland nicht über eine Nuklearwirtschaft verfügt[8].

Als Ziele der im übrigen zeitlich unbegrenzten Assoziierung wurden in den Abkommen festgelegt:

- die Schaffung eines geeigneten Rahmens für den politischen Dialog, der die Entwicklung enger politischer Beziehungen zwischen den Vertragsparteien ermöglicht;
- die Förderung des Handels und ausgewogener Wirtschaftsbeziehungen zwischen den Vertragsparteien, um dadurch die wirtschaftliche Entwicklung und den Wohlstand im Partnerland zu begünstigen;
- die schrittweise Errichtung einer Freihandelszone zwischen der Gemeinschaft und dem Partnerstaat;
- die Unterstützung des Partnerstaats bei der Entwicklung seiner Wirtschaft und beim Übergang zur Marktwirtschaft;
- die Schaffung eines geeigneten Rahmens für die schrittweise Integration des Partnerstaats in die Europäische Union.

Neben der Errichtung einer Freihandelszone sehen die Abkommen Vorschriften über die Freizügigkeit der Arbeitnehmer, das Niederlassungsrecht und den Dienstleistungsverkehr, den Wettbewerb und die Angleichung der Rechtsvorschriften vor. Für den Energiesektor sind insbesondere die Titel über die wirtschaftliche Zusammenarbeit von Interesse, die der **Energie** eigene Vorschriften der nachfolgenden Art widmen[9]:

---

5 Die Gruppe der Zwölf außer Bulgarien und Rumänien. S. ABl. Nr. L 236 vom 23. 9. 2003, S. 1.

6 Zum Vergleich: USA: 9,373 Mio km² und 275,1 Mio Einwohner; Japan: 0,378 Mio km² und 126,5 Mio Einwohner.

7 Mit Bulgarien ABl. Nr. L 358 vom 31. 12. 1994, S. 1; Estland ABl. Nr. L 68 vom 9. 3. 1998, S. 1; Lettland ABl. Nr. L 26 vom 2. 2. 1998, S. 1; Litauen ABl. Nr. L 51 vom 20. 2. 1998, S. 1; Polen ABl. Nr. L 348 vom 31. 12. 1993, S. 1; Rumänien ABl. Nr. L 357 vom 31. 12. 1994, S. 1; Slowakische Republik ABl. Nr. L 359 vom 31. 12. 1994, S. 1, Slowenien ABl. Nr. L 51 vom 26. 2. 1999, S. 1; Tschechische Republik ABl. Nr. L 360 vom 31. 12. 1994, S. 1; Ungarn ABl. Nr. L 347 vom 31. 12. 1993, S. 1. Mit Malta und Zypern bestanden schon Assoziationsabkommen aus den Jahren 1970 und 1972, ABl. Nr. L 61 vom 14. 3. 1971, S. 2 und ABl. Nr. L 133 vom 21. 5. 1973, S. 2.

8 Gleichwohl wird Polen – wie die anderen Bewerberländer – auch der Europäischen Atomgemeinschaft beitreten.

9 Der nachstehend zitierte Artikel ist dem Europa-Abkommen mit Slowenien entnommen (Art. 80), ABl. Nr. L 51 vom 26. 2. 1999, S. 1 (24). S. als Beispiel einer Kooperation auf dem Energiesektor das Abkommen in Form eines Briefwechsels zwischen der Europäischen Gemeinschaft und der Republik Polen über die Modernisierung des polnischen Ölsektors, das am 13. August 1998 in

„Energie
(1) Unter Beachtung der Grundsätze der Marktwirtschaft und der Grundsätze des Vertrags über die Europäische Energiecharta arbeiten die Vertragsparteien im Hinblick auf die schrittweise Integration der Energiemärkte in Europa zusammen.
(2) Die Zusammenarbeit umfaßt, soweit angebracht, technische Hilfe in den folgenden Bereichen:
- die Ausformulierung und Planung der Energiepolitik auf nationaler und regionaler Ebene unter Berücksichtigung ihrer langfristigen Aspekte;
- stärkere Öffnung des Energiemarktes, einschließlich der Erleichterung der Transitbeförderung von Gas und Strom;
- Studien zur Modernisierung der Energieinfrastruktur;
- Verbesserung des Vertriebs wie auch Verbesserung und Diversifizierung der Versorgung;
- Verwaltung und Ausbildung im Energiebereich;
- Entwicklung der Energieressourcen;
- Förderung von Energieeinsparungen und wirksamer Energienutzung;
- Umweltauswirkungen der Energieerzeugung und des Energieverbrauchs;
- Kernenergiesektor;
- Strom- und Gasversorgung, auch unter Berücksichtigung der Möglichkeit des Verbunds der Versorgungsnetze;
- Ausarbeitung der Rahmenbedingungen für die Zusammenarbeit zwischen Unternehmen dieses Sektors, auch durch Förderung von Joint-ventures;
- Transfer von Technologie und Know-how, auch durch Förderung und Vermarktung wirksamer Energietechnologien, soweit angebracht;
- Verwendung und Förderung neuer und erneuerbarer Energiequellen."

Soweit der Partnerstaat über eine Nuklearwirtschaft verfügt, schließen sich spezifische Vorschriften über die **nukleare Sicherheit** nachstehenden Inhalts an[10]:

„Nukleare Sicherheit
(1) Die Zusammenarbeit in diesem Bereich zielt auf eine hohe nukleare Sicherheit ab.
(2) Unter Berücksichtigung der spezifischen Situation (des Partnerlandes) erstreckt sich die Zusammenarbeit vor allem auf folgende Bereiche:
- nukleare Sicherheit einschließlich Rechts- und Verwaltungsvorschriften sowie operationeller Aspekte und Katastrophenmanagement;
- Strahlenschutz, einschließlich Überwachung der Strahlenbelastung der Umwelt;
- Probleme des Brennstoffzyklus und Sicherheit von Kernmaterial einschließlich Maßnahmen gegen den illegalen Handel mit Kernmaterial;
- Entsorgung radioaktiver Abfälle;
- frühzeitiger Informationsaustausch bei radiologischen Notfällen;
- Stillegung von Kernkraftwerken;
- Haftung gegenüber Dritten auf dem Gebiet der Kernenergie.
(3) Die Zusammenarbeit schließt auch einen Informations- und Erfahrungsaustausch sowie FuE-Tätigkeiten ... ein."

Kraft getreten ist, ABl. Nr. L 165 vom 10. 6. 1998, S. 15 (16) sowie ABl. Nr. L 265 vom 30. 9. 1998, S. 34.
10 A. a. O. (Art. 81).

Schon vor dem Abschluß des ersten Europa-Abkommens hatte die Gemeinschaft seit 1989 im Rahmen des **PHARE-Programms**[11] Energieprojekte, insbesondere solche auf dem Gebiet der nuklearen Sicherheit, in den Ländern Mittel- und Osteuropas (MOEL) finanziell unterstützt[12]. Mit der sich konkretisierenden Perspektive eines Beitritts dieser Länder stellte sich die Aufgabe, diese finanziellen Hilfen gezielt auf die Heranführung der MOEL an die Gemeinschaft auszurichten. Dies geschah zunächst programmatisch durch die Verordnung (EG) Nr. 622/98 des Rates vom 16. März 1998 über die Hilfe für die beitrittswilligen Staaten im Rahmen der Heranführungsstrategie, insbesondere über die Gründung von **Beitrittspartnerschaften**, in deren Rahmen auch die spezifischen Ziele für den Energiesektor festgelegt wurden[13]. Über den Inhalt, Prioritäten und Zwischenziele sowie ihre Hilfen berichtete die Gemeinschaft in einer Mitteilung[14], die im Text und in den Anlagen für jedes Bewerberland die noch zu bewältigenden Aufgaben auf dem Energiesektor aufzeigte. Wenig später wurde die PHARE-Verordnung an die neuen Vorgaben angepaßt[15] und mit der Verordnung (EG) Nr. 1267/1999 des Rates vom 21. Juli 1999 über ein strukturpolitisches Instrument zur Vorbereitung auf den Beitritt[16] ein Rechtsrahmen zur Unterstützung von Großprojekten im Umwelt- und Verkehrsbereich für den Zeitraum 2000–2006 bereitgestellt[17].

Der Beitrittsprozeß beruht auf zwei wesentlichen Elementen. Das erste Element ist die **Heranführungsstrategie** (mit den Hauptbestandteilen Beitrittspartnerschaften, Nationale Programme für die Übernahme des geltenden Gemeinschaftsrechts (Besitzstand), Heranführungshilfen, Beteiligung an Gemeinschaftsprogrammen und Assoziationsabkommen), die es allen dreizehn Kandidatenländern (einschließlich der Türkei) ermöglichen soll, den Besitzstand so schnell wie möglich und noch vor dem Beitritt zu übernehmen[18]. Das zweite Element ist der **Verhandlungsprozeß** selbst, an dem in einer ersten Gruppe acht mittel- und osteuropäische Länder sowie Zypern und Malta beteiligt waren.

Im März 1998 nahm die Gemeinschaft die Beitrittsverhandlungen zunächst mit einer Gruppe von sechs Ländern auf (Zypern, Tschechische Republik, Estland, Ungarn, Polen und Slowenien). Im Februar 2000 folgte eine zweite Gruppe von ebenfalls sechs Ländern (Bulgarien, Lettland, Litauen, Malta, Rumänien und Slowakei).

---

11 Verordnung (EWG) Nr. 3906/89 des Rates vom 18. Dezember 1989 über Wirtschaftshilfe für die Republik Ungarn und die Volksrepublik Polen, ABl. Nr. L 375 vom 23. 12. 1989, S. 11.

12 S. hierzu *Jürgen Grunwald*, Neuere Entwicklungen des Euratom-Rechts, ZEuS 1998, S. 275 (301 ff.).

13 ABl. Nr. L 85 vom 20. 3. 1998, S. 1 ff., ABl. Nr. L 121 vom 23. 4. 1998, S. 1 ff.; ABl. Nr. L 335 vom 28. 12. 1999, S. 1 ff.

14 ABl. Nr. C 202 vom 29. 6. 1998, S. 1.

15 Verordnung (EG) Nr. 1266/1999 des Rates vom 21. Juni 1999 zur Koordinierung der Hilfe für die beitrittswilligen Länder im Rahmen der Heranführungsstrategie und zur Änderung der Verordnung (EWG) Nr. 3906/89, ABl. Nr. L 161 vom 26. 6. 1999, S. 68.

16 ABl. Nr. L 161 vom 26. 6. 1999, S. 73, geändert durch die Verordnung (EG) 2382/2001 des Rates vom 4. Dezember 2001, ABl. Nr. L 323 vom 7. 12. 2001, S. 1.

17 S. hierzu den Sonderbericht Nr. 5/2003 des Rechnungshofes, ABl. Nr. C 167 vom 17. 7. 2003, S. 1.

18 S. für die Beschlüsse des Rates über die Beitrittspartnerschaften mit Bulgarien, Rumänien und der Türkei zuletzt ABl. Nr. L 145 vom 12. 6. 2003, S. 1, 21 und 40.

Bis zum Oktober 2001 wurden Verhandlungen über alle 31 Verhandlungskapitel begonnen[19]. Der Stand der Verhandlungen zur Energie (Kapitel 14) wurde von der Kommission im Oktober 2001 in einer Halbzeitbewertung zusammengefaßt[20]:

> „Dieses Verhandlungskapitel wurde im Falle aller Länder mit Ausnahme Bulgariens und Rumäniens eröffnet. Vorläufig abgeschlossen wurde es im Falle Ungarns, das keinerlei Übergangsregelungen beantragt hat, sowie im Falle Polens, Sloweniens, Zyperns und Maltas. Allen vier Ländern wurden Übergangsregelungen für die Ölvorräte gewährt, die im Falle Sloweniens bis Ende 2005 und im Falle Polens bis Ende 2008 gelten. Ebenso ist vorgesehen, noch während dem belgischen Vorsitz die Verhandlungen mit Bulgarien über dieses Kapitel aufzunehmen ...
>
> Was **Übergangsregelungen im Energiekapitel** betrifft, so sind die zentralen Themen die Ölvorräte und der Energiebinnenmarkt. Außerdem wird mit mehreren Kandidatenländern über die nukleare Sicherheit verhandelt.
>
> Hinsichtlich der **Ölvorräte** – ein typischer Investitionsbereich – hat es sich als gangbare Möglichkeit erwiesen, Übergangsregelungen vorzuschlagen. Unter der Voraussetzung, daß bestimmte Bedingungen erfüllt sind, wird die Kommission daher weiterhin entsprechende Vorschläge für Übergangsfristen vorlegen, die von den Kandidatenländern beantragt wurden. Insbesondere sollten die Kandidatenländer einen glaubwürdigen Investitionsplan vorlegen.
>
> Im Bereich des **Energiebinnenmarkts** (Elektrizitäts- und Gasrichtlinie), dem komplexen Kernstück der EU-Energiepolitik, prüft die Kommission derzeit einen Antrag (Tschechische Republik) auf eine Übergangsfrist bis Ende 2004 für die Umsetzung der Gasrichtlinie. Gegenwärtig befaßt sich die Kommission mit den Mitteilungen Estlands und Lettlands, wonach sie nach dem Beitritt die in der Gasrichtlinie vorgesehenen unbefristeten Ausnahmeregelungen in Anspruch nehmen wollen. Diese Ausnahmeregelungen ermöglichen die (teilweise) Nichtanwendung bestimmter Marktöffnungsvorschriften der Gasrichtlinie. Darüber hinaus analysiert die Kommission gegenwärtig die Situation im lettischen Erdgassektor mit Blick auf ein etwaiges langfristiges Monopol und seine Auswirkungen auf die Umsetzung der Gasrichtlinie.
>
> Ferner sollte geklärt werden, wie – vorzugsweise im Rahmen des gemeinschaftlichen Besitzstands (möglicherweise im Rahmen der Elektrizitätsrichtlinie, z. B. durch „verlorene Investitionen") – dem Antrag Estlands auf einen „Sonderstatus" für seinen Ölschiefer (ein spezieller lokaler Brennstoff) stattgegeben werden kann. In dieser Hinsicht könnte die infolge der laufenden Privatisierungsmaßnahme im Sektor mögliche zeitweilige Schließung eines Teils des estnischen Elektrizitätsmarkts mit den Schwellenwerten der Elektrizitätsrichtlinie zur Öffnung des Marktes in Konflikt geraten.
>
> Im Bereich der **nuklearen Sicherheit** ist die Kommission im Juli der Aufforderung des Rates nachgekommen, dessen Bericht über die nukleare Sicherheit im Kontext der Erweiterung an die Kandidatenländer zu übermitteln. Die Kandidatenländer wurden außerdem aufgefordert, bis 31. Oktober mitzuteilen, ob sie die Empfehlungen des Berichts akzeptieren, und Zeitpläne für die Umsetzung der Empfehlungen zu

---

19 S. Mitteilung der Kommission: Informationsvermerk für den Europäischen Rat über die Halbzeitbewertung der Umsetzung der Erweiterungsstrategie vom 2. 10. 2001, KOM(2001) 553 endg.

20 A. a. O. S. 17 f.

> nennen. Die Tschechische Republik und die Slowakei haben bereits erste Antworten übermittelt, die sie nun ergänzen. Ein Monitoring in Form von „Peer Reviews" unter der Federführung der Ratsgruppe für Atomfragen wird ins Auge gefaßt. Die Kommission wird sich an diesem Prozeß weiterhin in vollem Umfang beteiligen. Auch wenn es hier nicht um den Besitzstand im eigentlichen Sinne geht, sollte dieses Vorgehen es ermöglichen, das erforderliche hohe Maß an nuklearer Sicherheit in den Kandidatenländern zu gewährleisten. Die Stillegungsverpflichtungen im Hinblick auf die nicht nachrüstbaren Kraftwerkblöcke – Ignalina (Litauen), Bohunice-VI (Slowakei) und bestimmte Blöcke von Kozloduy (Bulgarien) – müssen eingehalten und mithin in die Beitrittsverträge aufgenommen werden."

Im November 2002 wurden die Verhandlungen mit den zehn Kandidatenländern abgeschlossen[21], und am 16. April 2003 konnte der Beitrittsvertrag in Athen unterzeichnet werden. Der Beitritt der zehn neuen Mitgliedstaaten ist zum 1. Mai 2004 vorgesehen, sofern vor diesem Tage alle Ratifizierungsurkunden hinterlegt worden sind[22].

Während der **Beitrittsvertrag** nur drei Artikel umfaßt, regelt die beigefügte **Beitrittsakte** in 62 Artikeln die eigentlichen Aufnahmebedingungen und die erforderlichen Anpassungen der EG-Verträge[23]. Von diesen Artikeln betreffen fünf spezifisch energierechtliche Regelungen:

- **Art. 16**, der die Anzahl der Mitglieder des Ausschusses für Wissenschaft und Technik nach Art. 134 EAGV auf neununddreißig festlegt;
- **Art. 31**, der die finanzielle Beteiligung der neuen Mitgliedstaaten am Forschungsfonds für Kohle und Stahl regelt;
- **Art. 34**, der für die neuen Mitgliedstaaten bis 2006 u. a. eine vorübergehende Finanzhilfe für den Bereich nukleare Sicherheit vorsieht;
- **Art. 50**, der das Ende der Amtszeit der derzeitigen und den Beginn der Amtszeit der neuen Mitglieder des Ausschusses für Wissenschaft und Technik bestimmt, sowie
- **Art. 59**, der die neuen Mitgliedstaaten verpflichtet, der Kommission ihre nationalen Rechts- und Verwaltungsvorschriften nach Art. 33 EAGV binnen drei Monaten nach dem Beitritt mitzuteilen.

Während eines Zeitraums von drei Jahren nach Inkrafttreten der Beitrittsakte sind im Falle erheblicher Schwierigkeiten der neuen oder alten Mitgliedstaaten **Schutzmaßnahmen** (Art. 37)[24] und im Falle von Pflichtverstößen der neuen Mitgliedstaaten besondere Maßnahmen (Art. 38) möglich. Nach Art. 20 i. V. m. Anhang II der Beitrittsakte werden die bestehenden Rechtsakte der EG angepaßt (Ziffer 12: Energie), und

---

21 S. als Schlußbilanz der Verhandlungen: Strategiepapier und Bericht der Europäischen Kommission über die Fortschritte jedes Bewerberlandes auf dem Weg zum Beitritt, KOM(2002) 700 endg. vom 9. 10. 2002. S. dazu die Stellungnahme des Ausschusses der Regionen im ABl. Nr. C 128 vom 29. 5. 2003, S. 56.

22 S. Art. 2 des Beitrittsvertrages, ABl. Nr. L 236 vom 23. 9. 2003, S. 1 (22).

23 Insgesamt umfaßt das Vertragspaket über 5000 Schreibmaschinenseiten.

24 Hierbei muß es sich um Schwierigkeiten handeln, „welche einen Wirtschaftszweig erheblich und voraussichtlich anhaltend treffen oder welche die wirtschaftliche Lage eines bestimmten Gebiets beträchtlich verschlechtern können."

nach Art. 24 i. V. m. den Anhängen V bis XIV die für die einzelnen Beitrittsländer individuell geltenden **Übergangsmaßnahmen** festgelegt[25]:

- Anhang V: Tschechische Republik (Ziffer 6. Energie)
- Anhang VI: Estland (Ziffer 8. Energie)
- Anhang VII: Zypern (Ziffer 8. Energie)
- Anhang VIII: Lettland (Ziffer 9. Energie)
- Anhang IX: Litauen (Ziffer 9. Energie)
- Anhang X: Ungarn (keine Übergangsregelung für Energie)
- Anhang XI: Malta (Ziffer 9. Energie)
- Anhang XII: Polen (Ziffer 11. Energie)
- Anhang XIII: Slowenien (Ziffer 8. Energie)
- Anhang XIV: Slowakei (Ziffer 8. Energie).

Der Beitrittsakte sind zehn **Protokolle** beigegeben, von denen Nr. 4 die Stillegung des Kernkraftwerks Ignalina in Litauen und Nr. 9 die Stillegung der Reaktoren 1 und 2 des Kernkraftwerks Bohunice in der Slowakei betreffen.

Das dritte Beitrittsdokument, die **Schlußakte**, enthält die drei folgenden den Energiesektor betreffenden Erklärungen:

- Gemeinsame Erklärung der Tschechischen Republik und der Republik Österreich zu ihrer bilateralen Vereinbarung über das Kernkraftwerk Temelin[26];
- Gemeinsame Erklärung der derzeitigen Mitgliedstaaten zu Ölschiefer, zum Elektrizitätsbinnenmarkt und zur Richtlinie 96/92/EG des Europäischen Parlaments und des Rates vom 19. Dezember 1996 betreffend gemeinsame Vorschriften für denElektrizitätsbinnenmarkt (Elektrizitätsrichtlinie): Estland[27];
- Gemeinsame Erklärung der Bundesrepublik Deutschland und der Republik Österreich zur Überwachung der nuklearen Sicherheit[28].

In einer Mitteilung vom Mai 2003 hat die Kommission ihre Vorstellungen zu einer künftigen **Energiepolitik im größeren Europa** entwickelt[29]. Eine Schlüsselrolle wird hierbei Rußland zufallen[30], und auch die Angewiesenheit auf Öl- und Gasimporte aus Kasachstan, Aserbaidschan, Turkmenistan und Usbekistan wird wachsen[31]. Gleichzeitig gilt es, die Transitwege zu sichern und die Netze auszubauen.

---

25 S. ABl. Nr. C 227 E vom 23. 9. 2003, S. 1. S. basierend auf früheren Beitritten: *Arthur Lopian*, Übergangsrégime für Mitgliedstaaten der Europäischen Gemeinschaften, Baden-Baden 1994.

26 S. Erklärung Nr. 4.

27 S. Erklärung Nr. 8.

28 S. Erklärung Nr. 20.

29 Mitteilung der Kommission an das Europäische Parlament und den Rat über die Entwicklung einer Energiepolitik für die erweiterte Europäische Union, ihre Nachbarn und Partnerländer, KOM (2003) 262 endg. vom 13. 5. 2003.

30 S. *Berit Meinhart, Christian von Hirschhausen, Andreas Chollet*, Russische Gasexporte in die EU, Optionen unter Einbeziehung der Transitländer Ukraine und Belarus, et 2002, S. 814; *Gawdat Bahgat*, Terrorismus und die Ölversorgung des Westens. Die Energiepartnerschaft mit Moskau, Internationale Politik 3/2003, S. 11; *Manfred Horn*, Die europäische Energieversorgung in langfristiger Perspektive, et 2003, S. 314; *Helga Steeg*, Risiken in der Energieversorgungssicherheit – Ursachen und Strategien zu ihrer Minderung, RdE 2002, S. 235.

31 *Alexander Isserlin*, Rußland und die GUS: energetische Problemlage und Wege aus der Krise, et 2002, S. 631; *Yelda Damirağ*, Energie aus der Kaspi-Region. Die Türkei als treibende Kraft bei der Transformation, Internationale Politik 3/2003, S. 17.

Stichwortverzeichnis

C

D

F

G

Dr. Jürgen Grunwald

1967–1972	Studium der Rechtswissenschaften in Hamburg
1973–1974	Teaching Assistent an der University of Illinois (USA) M.C.L.
1976–1979	Rechtsreferent des Bundesministeriums für Wirtschaft (davon 1978 Türkeikonsortium der OECD)
seit 1979	EG-Kommission Brüssel
seit 1981	Juristischer Dienst der EG-Kommission, zunächst Hauptverwaltungsrat, nun Hauptrechtsberater
seit 1989	Lehrbeauftragter am Europa-Institut der Universität des Saarlandes („Europäische Energiewirtschaft“)

www.ingramcontent.com/pod-product-compliance
Lightning Source LLC
LaVergne TN
LVHW010655300926
849161LV00005B/1132
* 9 7 8 3 8 9 9 4 9 0 7 8 7 *